KB166258

향약명 어휘의 체계와 변천

이 저서는 2017년 대한민국 교육부와 한국연구재단의 지원을 받아 수행된 연구임 (NRF-2017S1A6A4A01018895).

향약명 어휘의 체계와 변천

이은규

역락

머리말

질병은 인간 존재의 한 부분을 온전히 차지하는 것으로 사람살이와 뗄 수 없다. 인류는 질병을 어떻게 다스릴 것인가에 대해 끊임없이 탐구해 왔고 그 결과가 의학 지식으로 체계화되어 있다. 우리의 경우 이전 시기에 축적된 의학 지식은 의서에 오롯이 남아 있다. 현존 자료로만 보더라도, 멀게는 고려 중엽의 『향약구급방』을 비롯하여 가깝게는 20세기의 행림서원판 『향약집성방』에 이르기까지 의서는 끊임없이 간행되었다. 동시에 수많은 필사본이 이런저런 방식으로 편집・전사되어 생성되고 후대에 남겨져 있다.

의서를 구성하는 중요한 요소의 하나가 치료에 쓰이는 약재 이름인 향약명 어휘이다. 이 어휘들은 통시적으로 생성・공존・소멸을 겪은 동시에 수많은 이칭을 포함하면서 내적 체계를 확장해 왔다. 이는 향약명 어휘가 우리말 어휘 체계 내에 독자적인 하위 범주로 자리하고 있으며 시대에 따라 체계적으로 변화했다는 것을 의미한다. 이것이 필자가 향약명 어휘를 살펴보면서 가지게 된 첫 번째 바탕 생각이다. 이 점에 주목하여 이 책은 향약명 어휘 범주의 체계와 변천 양상을 어휘사적으로 살펴본 것이다. 향약명 어휘 체계 내에서 개념 규정과 범주 설정, 생성과 유형, 분류 체계, 개별 어휘사, 시대 구분 등을 종합적으로 기술하고자 하였다. 이런 목표 설정은 그동안의 연구들이 향약명 어휘라는 독자적 어휘 범주에 대한 인식 없이 이루어져 온 점을 되돌아본 결과이다.

필자가 향약명 어휘를 살펴보면서 가지게 된 두 번째 바탕 생각은, 문헌에 기록된 모든 어휘 자료는 적어도 한 번은 다루어질 가치가 있다는 것이다. 가치 없는 기록은 없다는 생각이, 단 한 번 기록된 어휘일지라도 반드시 채집되고 분석될 필요가 있다는 데에까지 이어진 것이다. 그 결과로 '단어족 개념의 향약명 어휘 DB'를 구축하게 되었다. 이것은 단순한 자료의 집적이 아니라 정보화를 거치고 단어족 개념을 적용한 뒤에 사전적 기능까지 보태어 재구성한 DB이다. 앞으로의 향약명 어휘 연구를 위한 기초 자료 구실을 할 것으로 기대한다.

이 책에서 단어족 개념의 향약명 어휘 DB를 구축한 것, 개별 어휘사를 일부 기술한 것, 생성과 소멸 양상을 분석한 것, 의서 간의 공유율을 비교한 것, 어휘사의 시대 구분을 한 것 등은 특정 어휘 범주를 대상으로 한 새로운 시도라 할 수 있다. 하지만 많은 양의 의서 텍스트와 어휘를 다루는 과정에서 정밀하지 못한 자료 처리로 인한 누락과 오류가 있을 것으로 짐작되는바 앞으로 꾸준히 보완되어야 한다.

이 책은 향약명 어휘 자료를 총정리하여 연구의 기초 자료를 제공하고자 그동안 필자가 향약명 어휘를 대상으로 쓴 글들을 중심으로 보태고 깁고 하여 향약명 어휘 범주의 테두리와 골격을 세워 보려고 한 것이었는데 그 결과는 너무나 미미하고 다시 출발점으로 되돌아온 듯하다. 향약명 어휘 연구의 첫걸음을 내딛은 것에 불과함을 절실히 느낀다. 다만 이 책이 앞으로의 연구에 조금이라도 보탬이 되었으면 하는 바람이다. 어휘 연구가 지난한 일임에 틀림없지만, 기다렸던 단어를 찾았을 때나 처음 보는 새로운 어휘를 만날 때에 느끼는 놀람과 감동을 쟁여 가면서, 더 나은 단계를 향해 나아가야 한다.

이 책이 이만큼이라도 모양을 갖추게 되기까지 많은 분들의 도움이 있었다. 필자가 국어학을 처음 접할 때부터 지금까지 많은 가르침을 주신 선생님들께 마음을 다해 감사드린다. 그리고 귀한 자료를 아낌없이 주신 선생님들께 깊이 감사드린다. 그리고 그동안 필자와 늘 함께 하면서 든든한 기둥이 되어 준 아내에게 진심으로 고마움을 전한다. 끝으로 이 책을 출판해 준 역락출판사의 이대현 사장님과 편집부 여러분들께 깊이 감사드린다.

2022년 10월 10일

이은규 씀.

차례

제1장

연구를 위한 기본 논의

1.1 범주 설정

고려시대에 간행된 의서 『향약고방』이나 『향약구급방』 이래 여러 의서의 책명에 '향약(鄕藥)'이라는 말이 사용된 것을 보면 우리 겨레의 언어 의식 내에 '향약'이 개념화되어 인식되었고 그것이 우리말 어휘 체계 내에 범주화되어 나타나 이어졌음을 알 수 있다. 17세기 자료 『사의경험방』에서 향약명 어휘의 목록을 '약물명(藥物名)'이라 한 것도 '향약명 어휘'라는 독자적 인식이 있었음을 말해 주는 예이다.

'향약명'은 '약재로 사용되는 사물의 명칭'이라는 뜻을 가지며, 이 개념의 내포가 되는 수많은 물명이 '향약명 어휘'가 된다. 더욱이 향약명 어휘는 특정 시기나 일부 의서에 한정되지 않고, 국어사상의 모든 시기에 걸쳐 기록되었고, 일정한 체계로 모든 의서에 반복·기술되었으며 지금까지 이어져 현재도 쓰이고 있다. 그리고 의학 지식 체계 내의 어휘들로서 뚜렷한 영역을 점유하는 특징을 가진다. 따라서 '향약명'이라는 개념 설정이 가능하고, 이에 속하는 어휘들을 묶는 상위어로 '향약명 어휘'를 상정하면 우리말 어휘 체계 내의 한 어휘 범주로 자리할 수 있다.[1)] 더욱이 후대로 올수록 향약명 어휘를 목록화하여 제시하는 의서가 많아진다는 점은 향약명 어휘의 범주 설정을 뒷받침하는 근거가 된다.

어휘 체계상으로 보면 향약명 어휘는 물명에 속하는데, 식물 명칭어가 대부분을 차지하며 그 다음이 동물, 광물명이나 기타 순이다.[2)] 따라서 향약명 어휘는 필연적으로 일반적인 물명의 영역과 겹치게 된다. 그래서 향약명 어휘라는 독자적인 범주가 필요하지 않다고 할 수도 있다. 하지만 의서라는 국한된 텍스트에 기록된 것이고, 치료에 쓰이는 사물이라는 점에서 일반적인 물명과는 구분되므로 독자적인 범주로 보는 것이 합리적이다.[3)]

향약명 어휘 범주를 설정할 때 그 위상을 어떻게 볼 것인가 하는 문제가 제기된다. 또한 향약명 어휘는 의서에 나타나는 어휘의 한 부분이므로 의서의 어휘를 어떻게 볼 것인가라는 거시적 관점도 고려해야 한다. 의서는 일반 민중의 일상사를 담고 있기 때문에 그 내용을 구성하는

1) 향약명 어휘의 어휘 범주 설정에 대한 논의로는, 우리말 어휘 체계를 짜면서 '향명류(鄕名類)'라는 어휘 범주를 설정한 홍윤표(1985:764-766)과, 향약명 어휘의 특성을 제시하면서 범주 설정의 필요성과 근거를 제시한 이은규(2014:100-101)이 있다.

2) 향약명 어휘를 가장 체계적으로 제시하고 있는 『동의』에는 1,401개의 어휘가 나오는데, 식물명 750개(53%), 동물명 513개(37%), 광물명 86개(6%), 기타 52개(4%)의 분포를 보인다.

3) 이런 점 때문에 이은규(2014:96-101)에서는 동일 식물명이 일반 문헌에 나올 때와 의서에 출현할 때를 구분해야 하고 후자의 경우만이 향약명 어휘가 된다고 규정하고 있다.

어휘도 대부분 일상어이다. 이런 특징은 구급방류 의서에 더 잘 드러난다. 따라서 향약명을 포함한 의서 어휘들을 포괄할 수 있는 상위어로 '일상어' 또는 '생활어'를 설정할 수도 있다.[4)]

향약명의 위상과 관련하여, 홍윤표(1985:764-766)의 우리말 어휘 체계의 설정은 시사하는 바가 있다. 즉 국어 어휘를 담고 있는 문헌 자료를 거시적으로 분류하면서 '醫書類'가 아니라 '鄕名類'라는 범주를 설정하였다. 나아가 홍윤표(2014:9-36)에서는 '재물'을 기본 개념으로 우리말 어휘 체계를 분류하고 있는데 다음과 같다.

1) '才物'을 기준으로 한 어휘의 분류 (三才[천.지.인] + 物)
   ① 종교류 : 불교, 유교, 도교, 기독교, 민간신앙 등
   ② 인생(생활)류 : 의, 식, 주 등
   ③ 자연류 : 천(天), 지(地)
   ④ 사물류 : 유정물, 무정물

1)은 '재물'을 기준으로 우리말 어휘 체계를 거시적으로 분류한 것이다. 이에 따르면 향약명 어휘는 '인생(생활)류'와 '사물류'에 걸쳐 있는 하위 범주에 해당한다. 미시적 관점에서 보면 향약명 어휘는 상위 개념인 물명의 하위 범주에 속한다. 따라서 '물명'이라는 상위 범주를 설정하면 그 하위어 범주의 하나로 향약명 어휘를 설정할 수 있다. 홍윤표(2017:12-13)에서는 이런 점을 고려하여 '의학 관련 어휘'를 '물명'의 한 부류로 설정하고 있다.[5)]

하지만 위와 같이 향약명 어휘의 범주를 설정한다고 해도 그 결과는 여전히 잠정적이라 하는 것이 옳다. 전체 향약명 어휘에 대한 분석의 결과가 도출되고, 우리말 어휘의 전체 체계 그리고 다른 어휘 범주들과의 상관관계에 대한 종합적 검토 과정을 거쳐야 하기 때문이다. 어휘 범주의 설정은 어휘 범주간의 상관관계가 명확히 드러나는 것은 물론 다른 범주와의 차별성도 분명해야 온전히 수립될 수 있다. 이런 한계가 있더라도 현 시점에서 명백한 것은, 의서에 나타나는 역사적 기록만으로도 향약명 어휘라는 범주가 우리말 전체 어휘 체계 내에 자리할 수 있다는 사실이다.

4) 향약명은 '생활어'라는 개념과 맞닿아 있으면서 동시에 '민중어'라는 사회학적 개념과도 연관성을 지닌다. 어휘 체계의 분류가 좀더 다변화할 필요성이 있음을 말해 준다.

5) 홍윤표(2017:13)은 '물명'의 하위 범주로 다음의 11가지를 설정하고 있다; ① 사전 자료, ② 기존 연구 자료, ③ 주석 자료, ④ 유서류 자료, ⑤ 물명류 자료, ⑥ 재물보류 자료, ⑦ 문자 관련 자료, ⑧ 사역원 역학서 자료, ⑨ 백화문 자료, ⑩ 의학 관련 어휘 자료, ⑪ 농사 관련 어휘 자료.

1.2 대상 문헌

지금까지 국어학이나 한의학계에 알려진 의서 목록은 아래와 같다.[6] 이 가운데에는 최근 발굴된 자료도 있고 필사본이나 수진본도 있다. 여기서는 기존에 잘 알려진 것은 목록 제시로 대신하고 비교적 최근에 새로 소개된 의서에 대해 간략히 살펴보기로 한다(알려진 간행 연도를 기준으로 순서를 삼았다.).[7]

2) 향약명 어휘 출전 문헌과 약호 (의서 목록을 겸함.)

① 13세기

『향구』 중엽 『향약구급방』 1417

② 14세기

『향제』 1398 『향약제생집성방』

③ 15세기

『향채』 1431 『향약채취월령』

『향집』 1433 『향약집성방』 1478, 1488, 1633

『구급』 1466 『구급방(언해)』

『구간』 1489 『구급간이방언해』

『신태』 1497 『신선태을자금단』

『구이』 1499 『구급이해방』

④ 16세기

『창진』 1517 『창진방촬요』

『간벽』 1525 『간이벽온방』 1578, 1613

『촌구』 1538 『촌가구급방』 1571 이전

『우마』 1541 『우마양저염역병치료방』 1578, 1636, 1644, 1755

『분온』 1542 『분문온역이해방』

『치종』 1559 『치종방』

『촌가』 1571 『촌가구급방』

『간벽』 1578 『간이벽온방』 1613

---

6) 의서 전반의 목록과 서지는 三木榮(1956), 김두종(1966), 김신근(1987) 등이, 국어사 분야에서 정리된 의서 목록은 홍윤표(1993), 이은규(1993:4-8, 200-201), 김동소(2007:357-420) 등이 참고된다. 특히 김동소(2007)은 주요 음운사가 함께 제시되어 있어서 유용하다.

7) 의서 이외에 시대별 어형을 참고하기 위해 물명을 인용한 문헌과 그 약호는 다음과 같다; 『훈몽자회』(『훈몽』 1599), 『산림경제』(『산경』 1600), 『방언유석』(『방유』 1778), 『물보』(『물보』 1802), 『물명고』(『물명』 1820년대), 『자전석요』(『자석』 1909), 『조선식물명휘』(『식휘』 1922), 『한조식물명칭사전』(『식명』 1982), 『동의학사전』(『동사』 1988), 『약용식물』(『약식』 1990), 『약이되는야생초』(『야초』 1990), 『집에서기르는야생화』(『야화』 1991).

『신마』　1580　『신편집성마의방』

⑤ 17세기

『언두』　1607　『언해두창집요』
『언구』　1608　『언해구급방』
『언태』　1608　『언해태산집요』
『동의』　1613　『동의보감』 1724, 1753, 1766, 1814, 1890
『신벽』　1613　『신찬벽온방』
『향집』　1633　『향약집성방』
『향동』　　　　『향약집성방』(동경대본)
『신마』　1633　『신편집성마의방』[8]
『우마』　1636　『우마양저염역병치료방』
『본목』　중엽　『본초목록』
『본정』　중엽　『본초정화』
『벽신』　1653　『벽온신방』 1724, 1727
『주신』　1659　『주촌신방』
『신황』　1660　『신간구황촬요』
『두경』　1663　『두창경험방』 1711
『마초』　1682　『마경초집언해』 1720년대, 17세기초
『언납』　1690　『언해납약증치방』
『사의』　　　　『사의경험방』

⑥ 18세기

『치언』　1707　『치종비방부(언해)』
『양금』　　　　『양방금단』 1700년대
『광비』　1790　『광제비급』
『광향』　　　　『광제비급향약오십종치법』
『제중』　1799　『제중신편』

⑦ 19세기

『태신』　1801　『태교신기언해』
『물보』　1802　『물보』
『물명』　　　　『물명고』 1820년대
『해혹』　　　　『해혹변이』
『백병』　1850　『백병구급신방』
『의종』　1860　『의종손익』 1868
『두신』　1864　『두역신방』

8) 『향동』과 『신마』는 각각 남풍현(1999)와 이건식(2011)을 참조하였음.

『구신』 1870 『구급신방』
『방합』 1884 『방약합편』
『경신』 말엽 『경험신방』
『경국』 말엽 『경험방_국중』
『경사』 말엽 『경험방_사우』

⑧ 20세기

『단신』 1909 『단방신편』
『의신』 1915 『의방신감』
『의본』 『의본』
『향성』 1942 『향약집성방』(행림서원판)

필사본의 경우 원간본과 차이가 있거나 필사 시점의 언어가 반영되었을 수도 있기 때문에 시기를 가늠하기가 쉽지 않다. 기존 연구의 결과를 적용하거나, 향약명 어휘의 표기법을 살펴 다른 의서의 것과 비교하여 시기를 추정하였다. 『사의』는 17세기 말엽 자료로, 『본정』과 『본목』은 『동의』 이후의 것으로 보아 17세기 중엽 자료로 판단하였다. 『양금』은 표기와 체재가 『동의』와 거의 동일한데 표기법을 보아 18세기 초엽 자료로 추정하였다. 필사본인 『경험신방』, 『경험방』(국립중앙도서관본), 『경험방』(사우당본) 등은 19세기 말엽 자료로 추정하였다. 『경험방』(국중)과 『경험방』(사우)는 방언형이나 특이한 형태를 많이 보이고 있다.

한편, 다음의 의서는 아직 국어학적으로 분석이 되지 않은 것도 있고, 판본과의 관계가 확연하게 밝혀지지 않은 것도 있다. 주로 고려대학교 민족문화연구원의 해외한국학자료센터에서 발굴한 것이거나 개인 소장본들이다. 해외한국학자료센터에서도 개괄적인 소개와 함께 이미지 자료를 공개하고 있다. 아울러 최근에 알려진 의서들도 함께 분석하여 향약명 어휘 DB에 포함하기로 한다.[9] 의서의 서지 사항을 간략히 정리하면 다음과 같다.

『치종방』(1559)는 버클리대 리치몬드문고 소장 목판본으로 표제 및 내제가 『治腫方』이다. 임언국(任彦國)의 『치종비방』에 허임의 『침구경험방』의 치종에 관련된 것을 덧붙여 만든 책이라 한다. 1559년은 안위의 서문(嘉靖 38년 乙未年)을 기준한 것이다. 현재 국내에는 장서각본과 『의휘(宜彙)』에 들어있는 『치종방』 등 필사본 2종류가 알려져 있다. 이 연구에서는 1707년에 간행된 언해본을 대상으로 삼았다(홍윤표 2012 참조).

『경험방』(1663 이후)는 일본 동양문고 소장본이다. 표제는 1권이 『경험방(건) 두창』, 2권은

9) 이들 중 일부 자료는 홍윤표(2017:54-57)에 소개된 것인데 서지 사항도 함께 인용한다.

『경험방(곤) 잡병』이다. 박진희의 『두창경험방』(판본)과 이의태의 『경험방휘편』(필사본)을 『경험방』으로 편집한 것이다. 겉면에 '前間恭作 소장본'이라는 표시가 있다. 2권 앞부분에 "萬藥名記"라 하여 향약명이 필사되어 있고, 본문은 "經驗方彙編"이라는 제목으로 시작된다. 해외한국학자료센터의 해제에서는 책 이름을 『경험방휘편』으로 소개하고 있다.

『벽온방』(17세기?)는 버클리대 리치몬드문고본으로 20쪽 분량이다. 내제가 『벽온방』이고 서문의 앞부분만 남아 있을 뿐 간기가 전혀 없다. 『간이벽온방』, 『벽온신방』, 『신찬벽온방』 등과의 관련성에 대해 살펴볼 필요가 있다.

『본초정화』(17세기 이후)는 한글 향약명이 기록된 필사본 의서이다. 간행시기, 간행자 등이 밝혀지지 않은 상태이다. 이덕호 외(2005) 등에서 다루었고, 이은규(2015)에서 새 향약명을 분석하였다. 특히 이 책은 『동의보감』처럼 독자적인 분류 체계를 적용하여 소개하고 있는 점이 특징이다. 향약명 어휘의 분류 체계를 비교·분석하는 데에 많은 도움을 준다.

『경험신방』은 버클리대 아사미문고 소장 필사본으로 표제명은 『杏林工程』이다. 1권은 "彙選集註藥性歌"로 약재에 대한 기록인데 한글표기 향약명이 나오며, 2권은 398여 종의 처방문으로 되어 있다.

『광제비급향약오십종치법』(1790 이후)는 버클리대 아사미문고 소장 필사본이다. 건권은 23개, 곤권은 27개의 약재를 기록하고 있다. 현재 건권만 남아 있다. 1790년 이경화가 간행한 『광제비급』 권4 부분을 취하여 언해한 것이다. 이은규(2017)에서 어휘를 다룬 바 있다.

『經驗方』(사우)는, 의성 김씨 사우당 종택 소장 필사본이다. 필요한 방문을 모아 편집한 것인데 방문 가운데 한글로 향약명 어휘를 적어 두고 있다. 특히 이 책은 방언형 어휘가 있어서 향약명 어휘의 외연을 확장하는 데에 도움을 준다.

『經驗方』(국중)은, 필사본으로 국립중앙도서관 소장본으로 『경험방』(사우)와 같은 성격의 책인데 방문의 양이 훨씬 많고, 한글로 기록된 향약명 어휘도 매우 많다. 특히 이 책은 새로운 어형을 많이 보여주고 있다는 점에서 주목된다.

『新編集成馬醫方』은, 1399년(정종 1)에 편찬한 말·소의 병과 관리에 대한 수의학서인데 중종 때 중간되었고 후대에 여러 번 복간되었다. 특히 이 책에는 차자표기가 다수 등장하는데 어휘사적으로 의미가 있는 것들이어서 주목된다. 이건식(2011)에서 차자표기를 해독하였다.

『本草目錄』은, 『本草綱目』의 목록 부분을 우리말로 번역한 책이다. 한글로 향약명을 번역한 것이 나타나 있고 그 양이 방대해서 향약명 연구에 도움을 준다.

『解惑辨疑』는 필사본으로 한국학중앙연구원의 장서각에 소장되어 있다. 1책 35장으로 한자 아래 한글로 물명을 표기하고 있는데 이 가운데 약재명이 포함되어 있다.

『四醫經驗方』은, 李碩幹, 蔡得己, 朴濂, 許任 등의 명의의 저서와 본초강목, 동의보감 등을 참조하고, 보고 들은 방문을 합쳐서 간행한 책으로 여러 이본이 있다. 표제는 『경험신방』이고 내제는 없다. 맨 앞에 '藥物名'이라 하여 향약명 어휘 목록을 제시하고 있는데, 독자적인 분류 체계가 있고 향약명 어휘의 수가 많다는 특징이 있다. 정승혜(2019)에서 이본간의 서지 사항과 향약명 어휘의 표기를 비교하였다.

『良方金丹』은, 규장각 소장본인데 18세기 필사본으로 추정된다. 권말에 '약재속명'이라 해서 970여 개의 향약명 어휘가 소개되어 있어 어휘사 연구에 큰 도움이 된다. 본문의 방문에도 약재 이름이나 병증의 한글표기가 나타나기도 한다. 대체로 『동의』를 그대로 따르고 있다.

1.3 용어 설정

이 연구는 국어학적 분석을 기반으로 한다. 따라서 학술 용어나 개념어 등도 국어학의 일반적인 쓰임을 따른다. 하지만 향약명 어휘라는 어휘의 특성을 반영하여 몇 가지 용어를 새롭게 규정할 필요가 있다.

1.3.1 향약명과 한어명

이 연구에서 가장 많이 사용되는 개념어는 '향약명'과 '한어명'이다. 이를 대신할 수 있는 용어와의 관계를 비교하여 통해 두 용어를 쓰는 이유를 살펴보기로 한다.

3) ① 향약명 : 향명 : 약물명 : 약재명 : 고유어
② 한어명 : 한자어

'향약명(鄕藥名)'은 '鄕名'과 같은 개념일 수 있다. 가장 오래된 의서인 『향구』에도 한어명이 제시되고 이에 대응되는 고유어라는 뜻으로 '鄕名'이 쓰이고 있기 때문이다. 그런데 이런 한어명

에 대응되는 고유어라는 뜻의 '향명'은 약재 명칭이 아닌 경우에도 쓰이기 때문에 '향약명'이라 하는 것이 합리적이다.

『사의』의 맨 앞부분에 향약명 어휘 목록이 제시되어 있는데 그 총괄 명칭이 '藥物名'으로 되어 있다. 의서에 직접 제시되고 있는 용어로서 인용하여 쓰일 만한 개념어일 수 있다. 그러나 이른 시기부터 '향약'을 포함하는 명칭의 의서가 더 많이 나타난다는 점과, '약물명'이라는 명칭은 거의 유일하다는 점을 고려하면 '향약명'으로 설정하는 것이 더 합리적이다.

다음으로 '약재명'은 외연을 포괄적으로 감쌀 수 있는 장점이 있다. 그런데 '약재명'이라고 할 경우 앞에 접두어를 붙이기가 쉽지 않다. '향약 약재명'이라 하면 '약'이 중복되는 감이 없지 않고, 그냥 약재명이라 하면 고유어적 성격이 드러나지 않는다. 이런 점을 생각하면 단순히 '고유어'라 할 수도 있다. 하지만 한어명에 대응된다는 의미로는 설정할 만하지만 지나치게 외연이 넓다. 이런 한계점을 고려하여 이 연구에서는 '향약명 어휘'라는 개념어를 설정하기로 한다. 즉 이 개념어를 우리말 어휘 체계 내의 하위 어휘 범주인 약재 이름 무리를 지칭하는 용어로 삼는다. 그리고 '향약명 어휘'를 줄여서 '향약명'이라 부르기로 한다.

다음으로 '한어명'과 '한자어'의 경우는, 이 연구에서 다루는 어휘가 모두 '약재의 이름'이라는 점에서 '한어 약재명'과 '한자 약재명'을 상정하여 비교해 보면 '한어명'이 더 합리적임을 알 수 있다. '고유어'에 대응되는 개념어로 '한자어'가 쓰이고 있지만, 이 연구에서 다루는 어휘의 성격을 고려하여 '한어명'이라는 용어를 사용하고자 한다. 기본적으로 '한어명'은 중국어 어휘를 이른다. '한자어'로 통용하고 있지만 '한자어'는 '한자에 기초하여 만들어진 말'이라는 뜻이다. 하지만 '한자어'는 우리말 어휘 체계 내에서 만들어진 것도 포함된다는 점과, '향약명'이 '중국어 어휘'에 대응되는 개념이기도 한 점을 고려하여 '한어의 물명'이라는 뜻을 나타낼 수 있어야 하므로 '한자어'보다는 '한어명'을 쓰는 것이 더 낫다고 여겨진다(이은규 2019ㄱ:2 참조).

마지막으로 '향약명'과 '향약명 어휘'이다. 이 두 용어는 뒤섞여 사용되는 일이 많다. 기본적으로 '향약명 어휘'를 상위어로 쓰기로 한다. 상위어 '향약명 어휘'는 '한어명'과 이에 대응하는 '고유어'를 포함한다. 문제는 '향약명'이라는 용어이다. '향약명'은 하위어인 '한어명'의 대립어이면서 동시에 '한어명'을 포함하는 상위어이기도 하다. 즉 '향약명 어휘'를 줄여서 '향약명'이라고 하면 '한어명'과 '고유어'를 포괄하는 개념이 되고, '한어명'과 대립해서는 '고유어'와 동의어가 된다. 이런 사정을 고려하여 여기서는 잠정적으로 '고유어'와 '한어명'을 대립적 관계로 설정하고, '향약명'은 '향약명 어휘'의 줄임말로 쓰기로 한다. 그러나 실제로는 '향약명 어휘'라 하든 '향약명'이라 하든 크게 문제가 되지 않는다. 대립 관계인 경우에는 '한어명 향약명'과 '우리말 향약명'으로 구분해서 쓸 수도 있는데 이 연구에서도 그렇게 쓰기로 한다.

이제 '향약명'이라는 용어를 일반화해서 사용하려면 이를 개념어로 설정하는 근거를 마련해야 한다. 개념어와 개념을 명확히 해야 외연과 내포가 분명해지고 어휘 범주가 명확해지기 때문이다. 여기서의 초점은, '향약명'의 개념 규정이 아니라, '의서나, 처방과 관련된 텍스트 혹은 목록에 나오는 약재를 가리키는 고유어나 한자어'(이은규 2014:96-100)라는 의미를 나타내는 개념어를 무엇으로 할 것인가 하는 문제이다.

의서에는 '향약'이라는 개념어와 함께 '향명'도 함께 나타난다. 이 두 개념어 중 어느 것이 어휘 범주의 상위어로 타당한지를 따져야 한다. 결국 이 문제는 '향약명'과 '향명'의 의미 관계 설정으로 귀결된다.

흔히 '향약명'과 '향명'을 동의어로 인식하는 경우가 많다. 하지만 이 둘의 개념은 다르다. '향약명'은 '의서에 나오는 약재명'을 뜻하는 반면, '향명'은 '한어명'에 대응되는 '고유어'라는 의미를 가진다. 물론 의서에서도 약재로 쓰이는 사물을 '한어명 : 고유어'의 대립항으로 제시하면서 이 둘을 연결하는 지시어로 '향명'이라는 용어를 쓰고 있다.[10] 예를 들면, '鷄冠 鄕名 鷄矣碧叱(『향구』상7ㄱ4)'의 '鷄冠'은 한어명이고 이에 대응하는 고유어가 '鷄矣碧叱'임을 '鄕名'이 지시하고 있다. 이런 예만 보면 '향명'과 '향약명'은 같은 개념으로 생각될 수 있다.

하지만 앞서 언급한 대로 '향명'은 의서가 아닌 문헌에서 약재명이 아닌 사물을 가리키는 경우에도 사용되었다. 따라서 '의서에 나오는 약재명'이라는 뜻의 '향약명'과 '향명'은 다른 개념으로 파악해야 한다. 이 때 '향명'을 상위어로 '향약명'을 하위어로 볼 수 있다. '향명'이 모든 고유어를 포함하는 개념이기 때문이다. 그렇다고 해서 '의서'에 나오는 '鄕名'의 경우를 '향약명'의 줄임말로 이해할 수는 없다고 판단된다.

결국 '향명'은 '한어명'에 대립되는 '고유어'라는 개념어로서 '고유어 물명'이라는 개념을 가지며, '향약명'은 '약재로 쓰이는 물명'이라는 뜻을 가진다. 이처럼 '향명'과 '향약명'은 전혀 다른 개념어임을 알 수 있다. 이런 사실은 어휘 범주의 상하 관계를 보더라도 잘 드러난다. '향약명'은 '물명'의 하위어가 될 수 있지만, '향명'은 '물명'의 하위어가 되기 어렵다. '향명'의 대립 개념이 '한어명'일 수는 있어도, '고유어'와 '한어명'을 포괄하는 개념이 '물명'일 수는 없기 때

10) '鄕名'을 '지시어'라 한 것은 조성오(1983)에서인데 여기서도 편의상 쓰기로 한다. 지시어에는 '鄕名' 말고도 '俗云', '俗謂', '又云', '一名' 등 다양하다. 하지만 이들이 항상 동일한 뜻으로 사용되는 것은 아니다.

문이다.

다음으로 '향약명'을 개념어로 설정할 때 이 개념어의 의미 구조를 어떻게 볼 것인가도 살펴볼 필요가 있다. '향약명'의 단어 구조는 다음 두 가지로 분석 가능하다.

4) ① '향약명' : [[향약]명] : '향약' + '명'
② '향약명' : [향[약명]] : '향' + '약명'

4)①은 '향약을 지칭하는 말'을 나타내고, 4)②는 '고유한 약재명'이라는 뜻이다. 즉 ①은 '향약'이라는 개념어를, ②는 '중국[唐]'에 대립되는 개념으로서 '鄕'이라는 뜻을 나타내는 구조이다. 그런데 '향약명'의 외연과 내포에는 '한어명'도 포함된다는 점을 고려하면 ①이 더 합리적이라 판단된다. 더욱이 우리 겨레가 오래 전부터 '향약(鄕藥)'이라는 개념을 보편적으로 인식했다는 점에서도 그러하다.

5) 『향약고방』, 『향약구급방』, 『향약채취월령』, 『향약집성방』 등
6) 『성종실록』 9년 무술 10월조 『향약집성방』에 대한 기사
今典校署有 鄕藥集成方 板本 其書以鄕藥爲主 請印此書 廣布中外 使人知用鄕藥 則不賴上國而有餘矣 傳曰 果如卿言 我國風土與中國不同 故雖服唐藥無效矣 '지금 전교서에 『향약집성방』의 판본이 있는데, 그 글이 향약(鄕藥)을 위주로 하였으니, 청컨대 이 책을 인쇄하여 중외에 널리 펴서 사람들로 하여금 향약 쓰는 것을 알게 하면, 중국에 힘입지 아니하여도 넉넉할 것입니다.' 하니, 전교하기를, '과연 경의 말과 같다. 우리나라의 풍토는 중국과 같지 아니하기 때문에 비록 당약(唐藥)을 먹을지라도 효력이 없다.' 하였다.(국사편찬위원회, 『조선왕조실록』 sillok.history.go.kr)

5)는 전래 의서의 책명이다. 의서의 책명에 '향약'이라는 개념어가 지속적으로 사용되었음을 말해 준다. 특히 『향약고방』은 고려 시대 의서인바 그 역사가 오래되었음을 알 수 있다. 6)은 '향약'이라는 개념을 보편적으로 인식하고 있었음을 말해 준다. 즉 『왕조실록』에도 '향약'이라는 말이 여러 번 등장한다. 성종실록 9년 무술 10월조의 『향약집성방』에 대한 기록을 보면, '향약(鄕藥)'을 '우리의 약재'로, '당약(唐藥)'을 '중국의 약재'로 구분해서 개념화하고 있다.

결국 '향약명'은 '향약'이라는 개념어를 어근으로 하여 생성된 단어이며 '향의 약이름'이 아니라 '향약의 이름'이라는 의미를 드러내는 것으로 파악된다. 따라서 '향약명'의 형태 · 의미 구조는 4)①의 '[[향약]명]'임이 분명하다.

1.3.2 어형 변화와 어형 교체

어휘사에서는 일반적으로 어휘의 변화를 '어형 변화'와 '의미 변화'로 나누어 기술한다. 전자는 개별 어휘의 형태가, 후자는 의미 영역이 변화하는 것을 구분한 것이다. 어형 변화는 대부분이 음운사적 변화에 의한 것이고, 의미 변화는 의미의 확대, 축소, 하락 등이 발생한 것이다.

그런데 '어형 변화'는 사실 음운사적 변화에 의한 것 이외에도 음운사적 변화로 설명하기 어려운, 단어 형태의 내부 구조가 바뀌는 경우도 있다.[11] 즉 어휘 자체의 생성, 공존, 소멸의 측면에서 어휘 변화를 기술할 필요도 있다. 이은규(2009)에서 시도된 향약명 어휘의 변천 과정 기술이 이런 관점에 속한다. 특정 단어가 형태가 바뀐 것과 의미가 바뀐 것만을 대상으로 할 것이 아니라 형태가 바뀐 것 내에서도 형태론적 차원의 변화 과정에 대한 세분화된 기술이 필요한 것이다.

향약명 어휘도 '어형 변화'와 '의미 변화'가 다 나타난다. 하지만 일반적인 경우와 다른 속성이 있다. 향약명 어휘는, 모든 의서에서 표제어에 해당하는 한어명을 기준으로 제시된다. 이런 특성은 20세기까지 그대로 유지된다. 곧 '한어명 : 향약명'의 틀이 기본 구조이다. 그런데 '한어명'은 극히 일부의 자형(字形) 변화나 이체자 혼용 등을 제외하고는 거의 변화가 없다. 물론 전혀 다른 한어명 각각이 동일한 지시물을 나타내는 경우도 있는데 이는 논외로 해야 한다.

이처럼 한어명이 고정적인 반면 향약명 어휘는 변화가 많다. 일반적인 어휘와 마찬가지로 향약명도 어휘 단위의 생성 · 공존 · 소멸은 물론이고 어휘의 내부 구조가 변하는 경우도 있는 것이다. 곧 어휘를 구성하는 형태소의 일부가 절단되거나, 새로운 형태소로의 교체되거나, 없던 형태소가 새롭게 결합되는 등 다양한 양상을 보인다.

이와 같은 점을 고려하여 향약명 어휘라는 상위 개념을 설정하고 이들의 역사적 변천 과정을 기술하기 위해서는 '어형 변화'와 '어형 교체'를 구분할 필요가 있다. 곧 음운사적 변화의 반영에 의한 어형 변화와 내부 구조를 이루는 형태소의 교체를 다르게 다루어야 한다.

먼저 실제로 향약명 어휘가 변화하는 사례를 들어 향약명 어휘 변천의 유형을 살펴보기로 한다(이은규 2009:479-481 참조).

11) 어휘사에 대한 일반론과 국어 어원 및 어휘사 연구의 전반에 대한 이론적 논의로는 홍윤표(2014:7-43)과 홍윤표(2019:207-240)이 참고된다.

7) 향약명 어휘의 어형 변화 유형

구분	한어명	13세기	15세기 이후	19세기 이후
①	括蔞	天叱月乙	하ᄂᆞᆳᄃᆞ래 / 하ᄂᆞᆯ타리	하날타리 / 하늘타리
②	馬齒莧	金非陵音	쇠비름	쇠비름
③	浮萍	魚矣食	머구릐밥 / 머구릐밥	ᄀᆡ구리밥 / 개구리밥
④	細辛	洗心	세ᄉᆡᆼ불휘	족도리풀불휘 / 족두리풀뿌리
⑤	蟾蜍	豆何非	두터비 / 둗거비 / 둣겁이	두꺼비

7)① '하늘타리'와 ② '쇠비름'은 가장 앞선 『향구』에서부터 지금까지 어형의 변화가 거의 없는 향약명이다. 일부 음운사적 변화가 반영된 것 외에는 기원적인 형태가 그대로 유지되고 있다. 반면 ③은 '머구릐밥'에서 'ᄀᆡ구리밥'으로 교체되었고, ④는 한어명이 사용되다가 근대 국어 이후 '족도리풀불휘'로 교체되어 현재는 '족두리풀'로 쓰이고 있다. ⑤는 '둗겁-'형과 '둗텁-'형이 공존해서 쓰이다가 후자가 소멸되어 '둗겁-'형만 쓰이고 있는 경우이다. ③-⑤는 음운사적 변화와는 상관없으며 어휘의 내부 구조에 변화가 일어난 것이다.

이처럼 향약명 어휘사 기술에서는 '어형 변화'와 '어형 교체'로 나누어 분석할 필요가 있다.[12] 이때 '어형 변화'는 다시 '음운사적 변화'와 '형태 내적 변화'로 구분된다. '어형 교체'는 어휘의 생성 · 공존 · 소멸에 따른 변화이다. 어휘 변화의 유형은 다음과 같이 갈래짓기가 가능하다.

8) 향약명 어휘의 변천
① 어형 변화 : 기본 어근 혹은 어기의 형태를 유지하면서 음운 변화만을 반영한 경우
② 어형 교체 : 시기에 향약명의 내부 형태가 교체되거나 전혀 다른 어형으로 교체되는 경우
㉠ 절단 : 향약명을 구성하는 형태소의 일부가 탈락하는 경우
㉡ 첨가 : 새로운 형태소가 결합하는 경우
㉢ 대치 : 형태소의 일부 혹은 전체가 다른 형태소로 바뀌는 경우
㉮ 완전 대치
㉯ 부분 대치

이 연구는 향약명 어휘의 어휘사적 접근에 초점을 둔다. 따라서 '어형 변화'는 다루지 않기로 한다. '어형 교체'만을 대상으로 통시적 변화 과정을 기술하고자 한다.

12) 이은규(2009:482-509)에서는 새로운 어형의 생성과 소멸을 교체로 보고 어형 교체의 하위 유형을, '두 어형이 공존하는 경우'와 '한 어형이 소멸하는 경우'로 분류한 바 있다.

1.3.3 해독과 재구

현존 향약명 어휘의 최고(最古)형은 『향구』의 차자표기이다. 이 차자표기 어형이 현재로서는 향약명 어휘의 기원 형태에 해당한다. 『향구』의 방문에 기록된 향약명과, 부록인 『방중향약목초부』의 향약명 어휘 목록을 보면, 『향구』가 쓰이던 시기 이전에 이미 향약명 어휘가 하나의 범주로 체계화되어 있었음에 틀림없다.

『향구』 이후, 15세기에는 『향채』에, 16세기에는 『촌구』와 『촌가』, 『신마』 등에, 17세기에는 『향집』, 『향동』, 『우마』 등에, 20세기에는 『향성』에 향약명 차자표기가 기록되어 있다. 차자표기법상으로 볼 때 이들 차자표기는 크게 세 부류로 나뉜다. 즉 '『향구』 - 『향채』, 『촌가』, 『촌구』 - 『신마』, 『향집』, 『향동』, 『향성』'이 그러하다. 『촌가』와 『촌구』 그리고 『향집』과 『향성』과 『향동』은 동일한 의서이지만 향약명 어휘의 차자표기가 부분적으로 다른 양상을 보여준다. 차자표기상으로는 별개의 문헌이나 마찬가지이다. 결국 차자표기 양상을 비교해 보면, 『향구』가 가장 독자적인 표기를 보여주며, 이를 『향채』와 『촌가』가 일부 이어받으면서 후대 차자표기 자료와의 연결고리 역할을 하는 것으로 파악된다.[13)]

다른 한편으로는 15세기의 『향채』부터는 한글표기형 향약명과 공존하는 시기여서 한글표기형과의 대응 관계가 긴밀하다. 따라서 『향구』의 차자표기가 다른 문헌의 차자표기보다 한글표기형과의 거리가 가장 멀다. 이는 『향구』가 그만큼 기원적인 형태를 표기하고 있다는 의미이다.

이와 같은 차자표기 향약명 자료의 특성을 고려하면서, 차자표기 향약명 어휘를 다룰 때에 분명히 인식해야 할 것은 『향구』와 나머지 차자표기 자료의 시기적 거리 문제이다. 『향구』는 중간본이지만 초간본이 13세기 말엽에 간행되었고 거의 복간 형태로 다시 간행된 것이다. 따라서 『향구』는 15세기 이후의 우리말 어휘 체계와는 다른 모습을 보여준다. 곧 고대국어의[14)] 어휘 체계 내에 속해 있는 어휘 형태라는 점을 명확히 인지해야 한다.

따라서 차자표기 향약명 특히 『향구』의 향약명 어휘를 분석할 때에는 '해독'의 개념과 '재구'의 본질을 분명히 구분해야 한다. 특히나 『향구』의 차자표기와 15세기 이후의 차자표기는 음운사적인 측면에서 성격을 달리한다. 그리고 15세기 이후 차자표기는 한글표기형과의 대응 관계도 유의해야 한다. 『향성』은 20세기 자료임에도 거의 모든 향약명 어휘에 차자표기를 덧붙이고

13) 이은규(1996)은 차자표기 향약명 어휘를 대상으로 차자표기법의 통시적 변화의 일면을 고찰한 것이다.
14) 국어사 시대 구분과 음운 체계는 김동소(2007:15-28)을 따른다.

있다. 이때의 차자표기는 15세기의 그것과는 성격을 또 달리하는 측면이 있다. 여기서는 이런 점들을 고려하여 해독과 재구의 개념을 다음과 같이 구분하고자 한다.

9) 해독과 재구의 개념 구분
① 해독(decoding) : 15세기의 한글표기 대응형으로 읽는 것.
② 재구(reconstruction) : 남아 있는 후대형을 바탕으로, 해당 시기 음운 체계를 고려하여 당시 형태를 추정하여 만드는 것.

'해독'이란 차자표기에 쓰인 한자 용자를 분석하여 후대형, 즉 『향구』를 기준으로 하면 가장 가까운 15세기의 한글표기 및 차자표기 어형으로 대응시켜 읽어 보는 것이다. 다시 말하면 후대의 '대응형'을 찾아 맞추어 보는 작업이다. 이와는 달리 '재구'는 역사언어학에서 쓰는 용어 그대로 남아 있는 우리말 자료를 총동원하여 13세기 중엽의 어형을 추정하여 만들어 내는 작업이다. 특히 재구는 음운론적 분석을 바탕으로 한다. 곧 음운사적 배경 내에서 이루어지는 분석이다.

이 두 개념의 구분이 중요한 이유는, 그동안 선행 연구들에서는 이 둘을 구분하지 않고 해독하거나 재구해 온 결과 13세기 어형과 15세기 어형이 동일하다는 결론에 이르는 오류를 낳았기 때문이다. 해독과 재구의 구분은 결국, 15세기 우리말 형태와 그 이전 고대국어의 형태를 구분하는 것이다. 그렇지 않으면 차자표기 형태는 이른바 '불완전한 표기'가 되고, 나아가 15세기 형태와 그 이전의 고대국어 시기의 형태가 동일한 것이 되어 버린다.

실제로 『향구』의 차자표기를 분석해 보면 표기법 자체도 15세기 형태와는 사뭇 다른 모습을 보여주는 것이 사실이다. 이런 차이가 단순히 표기법의 차이가 아니라 형태나 어형의 차이일 수 있음을 분명히 인지할 필요가 있다. 차자표기를 '불완전한 표기'로 인식하고 15세기 어형에 맞추어 해독하면 차자표기법 자체도 비논리적인 것이 될 뿐만 아니라, 고대국어 형태를 정확하게 밝히지 못하는 오류에 빠지게 된다. 차자표기와 다른 해독을 하는 것이 곧 재구가 아니기 때문에 향약명 어휘의 차자표기를 분석할 때에는 이 둘을 엄격히 구분할 필요가 있다.

한편, 앞으로 이루어질 향약명 어휘의 변천 과정에 대한 기술에서는 논의의 편의상 유보적인 입장을 취하여 재구의 측면보다는 해독의 입장에서 차자표기 자료를 다루고자 한다. 곧 재구와는 어느 정도의 거리를 두고 해독함으로써 향약명 어휘의 변천 과정을 살펴보기로 한다. 그것은 이 연구가 음운사적 분석이 아니라 어휘사적 측면의 기술에 초점을 두기 때문이다.

1.4 차자표기 자료의 성격

현 시점에서 향약명 어휘의 기원형은 모두 13세기 『향구』의 차자표기로 소급된다. 그리고 『향구』 이후의 의서 가운데에도 차자표기로 기록된 것이 있다. 그리고 『향구』 이후 한글표기와 함께 공존하는 『향채』, 『촌구』, 『촌가』, 『신마』, 『향집』, 『향동』, 『우마』, 『향성』 등의 차자표기 자료는 해당 시기별로 향약명 어휘의 형성과 변천 과정에 역할을 하고 있다. 이른바 향약명 어휘의 형성 과정에 차자표기 자료가 자리하고 있다는 점을 주목해야 한다. 따라서 차자표기 향약명의 속성에 대한 이해는 향약명 어휘 연구에서 매우 중요하다. 아울러 차자표기의 속성에 대한 이해는 국어 음운사와 형태사 기술을 위해서도 반드시 필요하다. 그렇지 않을 경우 차자표기에 대한 해독 혹은 재구는 혼동에 빠질 수밖에 없다.

이런 점을 고려하여 여기서는 『향구』의 차자표기를 분석한 기존 연구를 되돌아본 이은규(1994ㄱ)의 논의를 수정 · 보완하여 살펴보기로 한다. 이는 차자표기 자료를 바라보는 다른 관점을 설정하는 데에 초점이 있다. 결과적으로 해독과 재구의 가능성과 폭을 확대하는 것이다.

1.4.1 13세기 어형과 15세기 어형

차자표기 자료를 다룰 때 가장 문제가 되는 것이 '표기자 입장'을 견지할 것인가 아니면 '해독자 입장'에 설 것인가 하는 점이다. 이 두 관점의 경계는 바로 '13세기 어형과 15세기 어형의 이질성'에 놓여 있다.

미지의 역사적 자료를 분석하는 방법에는 두 가지가 있다. 즉, 순시적 방법과 역시적 방법이 그것인데, 뒤의 것을 취할 경우 주의해야 할 점은, '후대형'과 연구 대상 자료의 어형을 동일시하는 오류를 범하기 쉽다는 것이다. 기존의 연구 결과도 상당 부분 이런 오류에 빠져 있다. 13세기 차자표기를 해독하면서 15세기 어형을 그대로 재구형으로 삼는 것은 분명한 오류이다. 15세기 어형이 13세기 어형의 '대응형'일 수는 있어도 그것이 13세기 어형 자체일 수는 없기 때문이다.[15)]

15) 『향구』의 국어사적 가치를 본격적으로 논한 이기문(1963)에서는 대응형에 대한 분명한 인식을 바탕으로 13세기 어형과 15세기 어형을 명확히 구분하고 있다. 그런데 15세기 어형에 지나치게 이끌리는 경향이 나타나기도 한다. 예를 들면, '薏苡仁 伊乙梅'의 '伊乙'에 대해 "15세기의 '율믜'(訓正解例)에 對應하는 것이므로 '伊乙'은 '일'로 읽기

10) ① 粘米 출빨 (*cɔrpsɔr)[16] (糯米)
② ㉠ 塔菜 탑나믈 (*tapnɔmɔr) (戒火)
㉡ 靑台 쳥디 (*cjəɦtɔj) (藍)
㉢ 追加乙 틱갈 (*tɔjkar) (紫菀)
③ ㉠ 包衣 보릐 (*porɔj) (大麥)
㉡ 鼠苞衣 쥐보릐 (*cuj(ɨi)porɔj) (雀麥)
④ ㉠ 叱乙根 즐불휘 (*cɨrpurhuj) (葛根)
㉡ 紫蘇 ᄌ소 (*cɔsopsi) (蘇子)

10)의 예들은 유기음 재구와 관련된 어휘들인데 ①은 15세기 한자의 훈을 근거로 재구한 것이고, ②는 15세기 한자음을 근거로 재구한 것이다. 이것은 15세기 어형과 13세기 어형을 동일시한 대표적인 사례인데, 15세기 한자음이나 훈이 13세기의 그것과 동일하다는 결론이 된다.[17] ③처럼 유기음을 지닌 한자음으로 무기음을 지닌 15세기 어형을 적고 있음을 보면 13세기에 유기음이 음운론적으로 존재하지 않았음을 알 수 있다. 만약 13세기 유기음을 인정한다면 ③은 모두 [*포-]가 되어야 한다. 더구나 ④처럼 무기음을 지닌 한자로 15세기의 유기음에 대응되는 어형을 적고 있음은 13세기에 유기음이 존재하지 않았다는 사실을 분명히 해 준다. ①이나 ②에서 유기음 존재를 인정한다면 ④의 표기에서 무기음 한자를 사용했을 리가 없는 것이다. 이 예들은

보다 '율'의 부정확한 표기일 蓋然性이 크다."라고 한 것이나, '通草 伊乙吾音蔓, 伊屹烏音'의 '伊屹'에 대해서 "「으흐름」(方藥合編)에 對應하는 것이다. 十三世紀에 이것이 「이흐름」이었을 可能性이 전혀 없지는 않다고 할 수도 있으나 「伊屹烏音」은 역시 「으흐름」의 不正確한 表記라고 하는 것이 옳을 것이다."라 한 것이 그러하다. 그러나 이런 설명은 15세기 어형인 '율믜'와 '으흐름-'에 지나치게 이끌린 것으로 보인다. '伊'가 '이'로 읽힐 수 있음은 15세기나 후대 한글표기형에 '이흐름너출'(『구간』2:84ㄱ, 『동의』3:3ㄴ)이 있음을 보아서도 알 수 있다. 그리고 용자 '伊'가 『향구』를 비롯한 차자표기에서 음독자로서 언제나 [*i]로 읽힌다는 설명(같은 논문 69)과도 어긋난다.

아울러 '伊乙'을 [*일]로 읽느냐 [*이을]로 읽느냐 하는 문제도 마찬가지이다. '伊乙'의 '乙'을 어떻게 보느냐가 관건인데, 만약 표기자가 [율]을 적으려고 했다면 [율]음으로 읽히는 다른 용자, 예를 들면, '律, 栗' 등을 썼을 것이라는 개연성과, '乙'이 '을'로 읽히는 경우가 있음['芎藭 芎乙草'(『향구』하34ㄴ2)]를 참고하면, '*이을'로 읽힐 가능성도 충분하다. 동시에 차자표기의 일반적인 표기법에 따르면 '伊乙'을 '*일'로 읽을 가능성도 있다. 결국 13세기 어형은 '*일믜' 혹은 '*이을믜' 중의 하나가 될 것인데 이럴 경우에는 남아 있는 후대 자료를 근거로 재구형을 설정해야 한다.

16) 한글표기는 남풍현(1981)의 재구형이고 로마자는 이은규(1993)의 재구형이다. 이은규(1993)은 고대국어의 음운체계를 반영하여 재구하였지만 모음체계는 중세국어를 그대로 반영한 한계가 있고, 일자일음의 원칙과 표기 용자 중심의 재구를 일관성 있게 유지하지 못한 면이 있다.

17) 왜냐하면, 한자음이라는 것도 국어의 음운 변천의 영향을 받아 형성되기 때문이다. 남풍현(1981:123-124)에서도 15세기 한자음이나 훈이 13세기의 그것과 다르다는 입장에서 설명하고 있다. 즉, '蒼耳 升古亇伊, 刀古休伊'를 '도고마리'로 재구하면서 "15세기의 됫고마리는 '升'의 훈을 15세기 어형으로 읽은 것이며 …… 이는 문어가 구어에 영향을 끼친 것"이라는 설명과 함께 후대 차자표기 '吐叱古亇里(촌가)'의 '吐'도 "13세기였다면 '도'음을 표기하는 것"이라는 설명을 하고 있다.

결국 무기음에서 유기음으로 변해 갔음을 말해 준다.[18]

11) ① 月老, 月乙老 돌뢰 (*tɔrro) (薍子)
② 与老 여로 (*jəro) (膽)
③ 与老 (牛膽), 与老 (熊膽), 与老 (猪膽), 月老 (小蒜), 雉鳥老草 (升麻), 雉矣毛老邑 (半夏)

11)①, ②는 용자 '老'의 판독이 문제가 된다. 동일한 환경에 쓰인 '老'를 ①의 경우는 '뢰'로, ②에서는 '로'로 재구함으로써 일관성이 결여된 결과를 빚은 것이다. 13세기 어형이 '-뢰'와 '-로'였다면 『향구』의 기록자가 구별하여 적었을 것이다.[19] ①과 같이 재구한 것은 15세기 이후 어형인 '달뢰'를 지나치게 의식한 것으로 보인다. 특히 『향집』에는 '月乙賴伊'로 표기되어 있음을 고려한다면 더욱 그러하다. 이렇게 15세기 어형을 바탕으로 재구한다면 ②는 '열'로 재구해야 하고, 그렇게 되면 '老'가 말음첨기자가 된다. 그런데 ③에서 보듯이 『향구』에 '老'자가 여섯 번 쓰였는데 어느 것도 말음첨기로 쓰인 경우는 없으므로 ②를 '로'로 재구한 것으로 보인다. 결국 합리적인 해석은 ①의 '老'를 일관성 있게 [로]로 읽는 것이다.

12) ① 阿夫實 아부ᄡᅵ (*apupsi) (葵子)
② 雄鼠糞 수쥐ᄯᅩᇰ (*sucujstoɦ) (牡鼠矢)
③ 紫蘇實 ᄌᆞ소ᄡᅵ (*cɔsopsi) (蘇子)
④ 山羊角 산양ᄲᅳᆯ (*sanjaɦspɨr) (羚羊角)
⑤ 烏得夫得, 五得浮得 오ᄃᆞᆨ보ᄃᆞᆨ, 우득부득 (*otɨkputɨk) (藺茹)

12)는 어두자음군과 관련된 낱말들인데 ①~④는 모두 석독해서 얻어낸 것들이고 15세기 어형 그대로이다. 13세기에 어두자음군이 형성되지 않았다는 사실은 ⑤가 증명해 준다. 동일 문헌 내의 자료가 어두자음군이 형성되지 않았음을 말해 주고 있을 때에는 어두자음군으로 재구하기 어렵다고 본다.[20] 국어사 연구의 결과에 따르면, ①과 ②의 '實'은 '*pVsi'로, ②의 '糞'은 '*sVtoɦ'

18) 고대국어 차자표기 자료가 보이는 유기음과 평음 간의 혼란 양상은 김동소(2007:73-76)이 참조된다.
19) 남풍현(1981:54)에서는 '돌뢰'로 재구하는 또 다른 근거로 『향구』의 명사 어말음 표기에서 'i'가 붙거나 떨어지는 예가 많음을 들고서 위의 '月老'는 '伊'가 생략된 표기라고 설명하고 있다. 그러나 이표기로 확인되지 않는 것은 '伊'가 생략되었다고 말하기 어렵다고 본다. 『향구』에서 '伊'가 붙거나 떨어지는 현상을 보여 주는 차자표기는 반드시 이표기를 가지고 있다[唐枊伊/唐枊 (地膚子), 居毛伊/居毛 (蜘蛛)]. 흔히 차자표기는 불완전한 표기라는 인식을 전제하기 쉬우나 이런 접근은 신중해야 한다. 예를 들어, '말음 표기'나 '말음 첨기'는 차자표기가 매우 정교했음을 반증하는 것이다. 이런 점에서 '생략된 표기'라는 판단은 동일 문헌 내에서 생략되지 않은 표기 곧 완전형을 확인할 수 있는 경우에만 적용되어야 한다.

으로 재구하는 것이 옳다. 15세기로 넘어오면서 어중 모음이 탈락하면서 자음군이 생성된 것이다.

어두자음군의 표기 문제와 관련하여, 어두 자음군을 표기할 만한 한자가 없었기 때문에 훈독자를 사용하거나, 평음 한자를 사용하여 음독했을 것이라는 해석을 할 수도 있다. 예를 들면, ⑤의 후대형은 '오독ᄠᅩ기'이고 이 한글형이 존재하던 시기의 차자표기가 '吾獨毒只'(『향채』5월)이면 '毒'이 [*ᄠᅩᆨ]를 표기한 것이라는 설명이다. 즉 표기할 만한 한자가 없기 때문에 평음자 '毒'을 사용했다는 것이다. 만약 그러하다면 『계림유사』의 '白米曰漢菩薩'에서 '菩薩'은 '薩'자만 적었어도 되었을 것인데(실제로 용자 '薩'(또는 撒, 乷, 煞, 乽, 殺 등[21]))만 적혔다면 어두자음군이 있었다고 말할 수 있을지도 모른다.) 왜 '菩薩'로 적었는지를 고려해야 한다. 『계림유사』에 어두자음군을 나타내 주는 다른 용례가 있지 않는 한 어두자음군의 존재를 장담하기 어렵다. 그렇다면 일반적인 차자표기의 특징에 비추어 해석할 수밖에 없다. 그래서 국어학계에서 인정하고 있듯이 '菩薩'은 2음절 어형을 표기한 것이다.[22]

12)⑤의 '五得浮得'을 15세기의 '吾獨毒只'와 비교해 보면, '-只'는 접미사임이 분명하며, '五得-'은 '吾獨-'에 대응된다. 문제는 '-浮得'과 '-毒-'의 대응이다. '-毒-'은 한글형 '-ᄠᅩ-'에 대응되므로 '-浮得'은 '-ᄠᅩ-' 이전의 이음절 형태 표기가 분명하다. 즉, '浮'는 '*p-'가 아니라 '*pü-'이다. 15세기의 병서에서 어두자음군을 인정한다면 이와 같은 설명이 합리적이다. 특히 일반적인 차자표기의 원리와는 달리 어두자음군의 'ㅂ-'음에 대한 고정 표기자가 존재하지 않음은 이 설명을 뒷받침해 준다. 차자표기에 음절 말음 표기자와 같이 관습적 고정 표기가 있는 것과 대비된다. 결국 '五得浮得'은 어두자음군으로 발달되기 이전의 형태를 적은 것으로 추정된다.

13) ① 高叅猪 고솜돝 (*kosomtotiikac) (蝟皮)
② 亇汝乙 마ᄂᆞᆯ (*manər) (大蒜)

13)은 '叅'과 '汝'의 모음의 음가를 'ㆍ'로 재구한 것인데 전통 한자음에 따르면 [*삼]과 [*너]

20) 김동소(2007:193-194)에서는 어두자음군의 출현을 이두 자료를 근거로 하여 14세기 말로 추정하였다.
21) 차자표기에 사용되는 한자들은 사용 빈도가 높은 한자이거나 쉬운 한자인 경우가 많다. 그리고 한자의 뜻이 부정적인 것은 사용되지 않는 경향이 짙다. 그렇다면 '薩' 대신에 '殺'이나 '煞'자가 사용되었을 가능성은 아주 낮다. 물론 이두의 주격조사 '弋只'에 '주살'을 뜻하는 '弋'자가 쓰인 예가 있기도 하다.
22) 이문규(1995)에서는 어두자음군에 대한 기존 논의를 종합적으로 검토하고 있다.

로 읽는 것이 합리적이다. 남풍현(1981:108-109)에서는 15세기 어형 '人蔘'의 '蔘'이 '숨'으로 표기되어 있는 것을 근거로 ①도 '숨'으로 재구한 것인데, 고대국어의 모음체계를 달리 설정한다면 이 역시 지나치게 15세기 어형에 이끌린 결과로 보인다. 이은규(1993:178-179)에서는『향채』의 차자표기가 '所音'임을 근거로 '蔘'의 모음을 '*o'로 추정하였다. 이는 차자표기의 보수성에 기댄 것이기도 한데,『향채』의 차자표기가 15세기 어형을 그대로 적은 것이라면 이 추정 역시 13세기 어형과는 거리가 멀어진다(실제 한글표기들은 모두 '숨'으로 적고 있다). 그런데 위의 '고숨돌'은 오히려 해석 여하에 따라서는 15세기 모음 '·'가 13세기 모음 'ㅏ'에 대응되고 있음을 보여 주는 예가 될 수도 있다. 이 점은 모음체계의 변천과도 관련되는 것으로 13세기의 모음체계와 15세기의 그것을 같은 것으로 볼 것인가, 다른 것으로 볼 것인가 하는 문제와 직결된다.[23)]

14) ① 者里宮根 쟈리공불휘 (*cjarikoɦpurhuj) (商陸)
② 居毛伊, 居毛 거믜 (*kəmoj) (蜘蛛)

14)도 마찬가지이다. 한자음이 원래 지니고 있는 모음과는 달리 15세기 어형에 이끌려 재구한 것이다. '宮'의 13세기 한자음이 [공]이었다는 전제를 하지 않는 한 이러한 재구는 일관성을 결여하게 된다. 즉, 어떤 것은 15세기 한자음으로 읽고 어떤 것은 15세기 한글형의 표기 그대로 재구하는 결과가 된다. 표기자의 입장에 서서 생각해 보면 [공]을 나타낼 수 있는 한자음이 많은데 굳이 'ㅗ'음을 반영하기 위해서 'ㅜ'음을 지닌 한자를 쓸 이유가 없는 것이다.[24)] 이는 다음에 살펴볼 '대립모음설'과 관련있는데, 차자표기에 있어서 모음은 대개 불완전한 표기를 보인다는 인식을 전제로 한 것이다. 그런데 불완전한 표기로 보는 것은, 15세기 어형과 다르다는 인식이 있기 때문이다.

여기서 한 가지 분명히 해야 할 점은, 15세기 어형에 지나치게 이끌리지 말아야 한다는 말이 곧 15세기 어형을 무시하고 해독해야 된다는 뜻이 아니라는 것이다. 고대국어 자료를 해독할 때에는 가장 확실하고 가까운 모습을 보여 주는 15세기 어형에 기반을 둘 수밖에 없다. 다만

23) 김동소(2007:80-95)에서는 고대국어 모음체계를 15세기 모음체계에 존재하는 '·'와 'ㅡ'를 제외한 5모음체계로 수립하였다. 고대국어의 시기도 통설과 다르게 13세기 말까지로 설정하고 있다.

24) 차자표기를 전사한 표기자는 적어도 한자 수준이 어느 정도 위치에까지 이르렀을 것이라는 사실도 고려해야 한다. 그렇다면 표기자는 당시 우리말을 가능한 정확하게 반영하려고 애썼을 것이 분명하다. 결국『향구』의 해독에 있어서는『향구』의 차자표기가 '우리 겨레'에 의해서, '우리 한자음'으로 기록되었다는 사실이 중시되어야 한다.

15세기의 그것과 동일시해서는 안 된다는 뜻이다.

이제 이런 관점에서 13세기의 『향구』에 표기된 차자표기 향약명이 보여주는 형태와 15세기 한글표기형 향약명 사이의 이질성을 살펴보기로 한다.

13세기 어형이 15세기로 넘어가면서 15세기 표기법에 맞게 변해 간 낱말들이 있어 우리의 주목을 끈다. 이는 매우 중요한 시사를 하는 것인데 곧 13세기 언어와 15세기 언어의 이질성을[25] 말해 주는 것인 동시에 15세기의 표기법이 이질화를 심화시켰을 가능성이 있다는 점을 엿볼 수 있게 한다. 문자가 언어에 영향을 미치는 일이 15세기에 강하게 일어났다는 증거가 될 수 있는 것이다.

15) ① 烏得夫得, 五得浮得 오ᄃᆨ보ᄃᆨ/우득부득 (*otɨkputɨk) (蔄茹)
吾獨毒只『향채』
五毒獨只 오독도기『촌가』
오독ᄠᅩ기『동의』
② 豆也亇次火, 豆也味次 (*tujamacpɨr) (天南星)
豆也摩次作只『향채』
두야머주저깃불휘『구간』
豆也麻造作『촌가』
豆也麻造作只『촌가』
두여마조자기『촌가』
두여머조자기『동의』
③ 居毛伊, 居毛 거믜 (*kəmoj) (蜘蛛)
④ 目非也次, 目非阿叱 (*nunpiajc) (茺蔚)
目非也叱『향채』
눈비엿『구간』
目非也叱『촌가』
눈비얏『촌가』
눈비얏『동의』

15)①은 15세기로 올수록 모음조화의 영향을 받았음을 알 수 있는 예이다. 이는 어두자음군이

25) 이기문(1963:67-68)에서도『향구』가 표기법은 물론이고 어형에 있어서도 15세기 이후의 훈민정음 문헌들과 현격한 차이를 보여 준다는 설명을 하고 있다. 이는 물론 어휘적인 차이를 지적한 것이지만 두 시기 사이의 이질성을 말해 줄 수 있다는 점에서 주목할 만하다. 이은규(1993:198-199)에서도『향구』의 어휘 중 재구가 어렵거나『향구』에만 나오는 어휘의 수가 많음을 지적하고 있다.

생성되기 이전의 어형에서 어중모음탈락(syncope)을 거쳐 어두자음군이 생성된 이후 명사화 접미사 '-이'가 붙게 되는 과정을 거친 낱말이기 때문에 역시적으로는 합리적인 설명을 할 수 없는 예이다. 결국 13세기 어형이 15세기로 넘어오면서 표기법 자체가 15세기 표기법에 맞게끔 변해 갔으며 그 결과 13세기와는 다른 어형이 되었다고 말할 수밖에 없다.

②의 경우도 이런 과정을 짐작케 하는 예이다. 차자표기는 어느 시대를 막론하고 모두 '-也-' 형을 유지하고 있다. 차자표기는 대체로 보수성이 강함을 다시 확인할 수 있다. 그러나 한글표기는 15세기에 [-야-]와 [-여-]의 혼란 또는 변화(시대적으로는 [-야-]에서 [-여-]로 변화)를 겪다가 [-여-]로 정착되는 듯하다. 따라서 차자표기는 보수적인 표기를 하고 있으며, 한글표기는 현실 어형에 맞추어 적은 것으로 해석할 수 있는 것이다.

③의 경우도 15세기 어형과는 도저히 어울릴 수 없는 차자표기로 보이는데 '居毛'가 생략 표기이고 '居毛伊'가 완전한 표기 형태라면 13세기형은 '*거뫼'로 보아야 한다. 이를 대표음 '거뫼'에서 '거미'를 거쳐 '거믜'로 확대 변이된 것이라는 설명은(남풍현 1981:225) 위에서도 지적했듯이 두 단계씩이나 재해석해야 하는 과정을 거치게 된다. 표기자가 이렇게까지 복잡한 생각을 거쳐 모음 표기를 했다고 보아야 하는지 의문이 든다.

④는 더 분명한 모습을 보여 준다. 차자표기는 『향구』의 것을 그대로 답습하고 있고, 유독 『구간』에서만 '눈비엿'으로 나타나며 그 이후에는 다시 '-얏' 형태로 변한다. 15세기 한글형이 표기법의 영향을 받았음을 알 수 있다. 이 표기법이 현실음과 맞지 않아 후대에 다시 [-얏]이 된 것이 아닐까 한다. 이는 15세기에 비교적 잘 지켜진 것으로 보이는 모음조화가 16세기 이후 무너지기 시작하는 것과 맥을 같이 하는 것으로 볼 수 있다. 그렇다면 13세기 어형도 [*-얏]임이 분명하다.

이와 같이 13세기 어형과 15세기 어형의 이질성은 16세기 『촌가』의 차자표기와 한글표기를 비교해 보아서도 알 수 있다. 『촌가』에는 한글형이 함께 표기되어 있는데 몇몇 불완전한 표기를 고려하더라도 차자표기와 한글형을 비교할 때 모음 대응이 되지 않는 예가 있다. 이 역시 차자표기는 보수적인 표기를 답습하고 한글표기는 현실 어형을 적은 데서 오는 결과로 보인다.[26] 이는

26) 문헌의 연대와 표기가 보여주는 어형을 동일시하는 오류를 범하지 않으려면 표기에 대한 통시론적 고찰을 해야 한다. 『향구』의 차자표기가 후대 문헌에서 동일하게 나타나는 예로는 다음의 것들이 있다.
黃耆 甘板麻 (향구/향채/향집), 地榆 苽菜 (향구/향채/촌가), 地膚子 唐杻 (향구/향채/향집), 胡桃 唐楸子 (향구/향채/촌가/향집), 瞿麥 石竹花 (향구/촌가), 腐婢花 小豆花 (향구/향채/향집), 澤瀉 牛耳菜 (향구/향채/향집), 磁石 指南石 (향구/향채/촌가/), 苦蔘 板麻 (향구/향채/촌가/향집), 鶴虱 狐矣尿 (향구/향채/촌가), 射干 虎矣扇 (향구/향채).

결국 보수성을 띤 차자표기가 보여 주는 앞선 어형과 『촌가』 당시의 어형을 적은 한글형이 이질적이었음을[27] 반증하는 것이 된다.

16) ① 豆也麻造作, 豆也麻造作只 두여마조자기 (天南星)
② 叱科阿里, 叱科阿里 싀아리여름 (酸漿)
③ 末應德達, 末應德達只 멍덕달기 (覆盆子)
④ 高柴, 高柴 고싀 (胡荽)
⑤ 奴也只, 奴也只 노야기 (香薷)
⑥ 牛蒡子, 牛蒡子 우웡씨 (惡實)
⑦ 陽古米, 陽古未 양구미 (罌粟殼)
⑧ 鄭芥, 鄭介 뎡가 (假蘇)
⑨ 石竹花, 石竹花 셕쥭화 (瞿麥)
⑩ 莎草根, 沙草根 새촛불휘 (香附子)
⑪ 衰也只, 衰也只 소야기 (雀甕)
⑫ 居塞蓮, 居塞蓮 거싀련 (雞頭實)
⑬ 末栗, 菱栗 마람 (芰實)

위의 예들 중에는 물론 한글표기의 불완전성이나[28], 다른 차자표기상의 음운 현상으로 설명될 수 있는 것도 있지만(예를 들면, ⑧의 '鄭芥'를 '*정가'로 적은 것은, 『향구』에서처럼 명사 뒤에 'ㅣ'가 붙거나 떨어지는 현상으로 설명할 수도 있다.), 대개 차자표기들이 보수성을 그대로 지니고 있는 데에 반해, 한글표기는 16세기 언어를 말하고 있던 표기자에 의해 기록되었다는 점을 고려하면 무의미한 것으로 처리할 것이 아니다.

특히 우리의 주의를 끄는 것은 ⑦과 ⑨이다. 15세기 한글표기형과 차자표기 용자의 모음에 차이가 있다. 즉 15세기의 모음 'ㅜ'가 한자음에서는 'ㅗ'로 반영되어 있고, 15세기의 'ㅗ' 모음은 한자음이 'ㅜ'이다. 이는 13・4세기에 있었던 것으로 추정되는 모음추이와도 관련된다.

27) 이러한 이질성은 차자표기 자료인 석독 구결에서도 일면 확인할 수 있다.
28) 『촌가』의 한글표기가 불완전하다는 것은, '茵陳 加外作只(가외자기)', '大薊 大居塞(큰거싀)', '小薊 羅邑居塞(납거싀)', '蒺藜子 蠟居塞(납가싀)', '雞頭實 居塞蓮(거싀련씨)', '百合 犬伊日根(개나릿불휘)', '麥門冬 冬兒沙里根(겨ᄋ사릿쌀휘)' 등의 예를 통해서 알 수 있다. '加外'를 '가외'로 적은 것은 훈독해야 할 '加'를 음독한 결과이고, '居塞'를 '거싀' 또는 '가싀'로 적거나 '거싀'로 적고 있어서 혼란을 보이고 있다. 그리고 '根'에 대응하는 표기도 '불휘'와 '쌀휘' 등 두 가지로 적고 있다. 다만 '가외'의 경우는 표기상의 불완전성이라기보다 표기자가 어휘 해석을 잘못한 것으로 보아야 할 것이다.

1.4.2 대립 모음과 모음조화

『향구』에 모음조화를 반영하는 어휘는 없다(이은규 1993:22, 김동소 2007:95-97 참조). 만약 모음조화를 전제로 하지 않는다면 이른바 '대립 모음설'은 재검토될 여지가 있다고 본다.[29] '대립 모음'이라는 것은 '모음조화 현상 안에서 조화와 조화의 대립'으로만 이해되는 개념인바 전적으로 모음조화를 전제로 한다. 이러한 대립 모음설의 출발은 이숭녕(1955)에서 비롯된다. 남풍현(1981:5-18)에서는 차자의 원리를 연역법적으로 먼저 제시하고 있는데 이 과정에서 이숭녕(1955)에 제시되어 있는 '對立母音間의 融通'을 인용하여 차자표기 해독의 기본 원리로 삼고 있다.

한편, 이숭녕(1955)의 '대립모음간의 융통'은 소창진평(1929)와 양주동(1942)의 '일자다음주의'를[30] 극복하고자 하는 과정의 결과물인데[31], 아래에서 보듯이 결국은 일자다음주의의 범주를 벗어나지 못하는 결과를 낳고 있다.

17) ① 衣, 矣 : ᄋᆡ 의 간의 융통
② 等 : ᄃᆞᆯ 들 간의 융통
: ᄃᆞᆫ 든 간의 융통
③ 良 : 랑 렁 간의 융통
: 라 러 간의 융통

이숭녕(1955:162-163)에서는 대립음간의 융통만 즉 17)과 같은 경우만을 인정하고 나머지는 일자일음주의를 고수해야 한다고 주장하였다. 이 원리를 남풍현(1981)에서 이어 13세기 『향구』의 차자표기 자료 해독에 적용한 것이다.

그런데 여기서 한 가지 주목할 점은 왜 17)과 같은 융통을 허용하면서 모음 표기는 불완전한 것으로 말할 수밖에 없는가 하는 것이다. 결국 고대국어 자료가 보여 주는 음운 체계, 특히 모음 체계가 중세국어 모음체계와 동일하다는 시각에서 볼 때 위와 같은 융통성이 필요할 수밖에 없는 것이다. 즉, 15세기 어형에 이끌린 결과 13세기 어형이 15세기 체계에 맞지 않으므로 이를

29) '대립 모음으로의 확대(전용)'은 고려 시대 차자 구결의 해독에도 그대로 적용되고 있다(남풍현 1990:94-95 참조).
30) '일자다음주의(一字多音主義)'에 대한 비판은 배대온(1985:4-5)에서도 이루어졌다.
31) 이숭녕(1955:162)의 주장을 그대로 인용해 보면 다음과 같다. "漢字音으로 國語音을 表記한다 함은 語族이 다르고 音韻體系가 다른 만치 完全한 것이 못되기 때문에 여기 融通性있는 變貌된 讀法도 許容될 것이지만 거기에는 自然한 限界가 存在할 것이어서 一字에 十餘音을 단다는 그러한 態度는 있을 수 없는 일이다."

해결하기 위해서 대립 모음설이 필요했던 것이다. 그런데 이를 논리적으로 뒤집어 생각하면 중세국어 모음체계가 13세기의 그것과 달랐다는 반증이 되기도 하는데 지금까지 향약명 차자표기에 대한 연구들이 이 점을 고려하지 못했던 것으로 보인다.

18) ① ㉠ '아' : 良 아 → 어, 羅 라 → 러, 亇 마 → 머
㉡ '야' : 也 야 → 여
㉢ '요' : 要 요 → 유
㉣ '우' : 宮 궁 → 공, 夫 부 → 보, 浮 부 → 보
㉤ '오' : 蘇 소 → 수
㉥ '으' : 得 득 → 득, 勿 믈 → 믈
㉦ '의' : 矣 의 → 이, 衣 의 → 이
㉧ '.' : 等 둘 → 들, 每(梅) 미 → 믜, 背 비 → 븨
② ㉠ '오' : 毛 모 → 모 → 므
㉡ '으' : '叱' 즐 → 즈 → 즈

19) ① 數要木實 수요나모여름 (*sujunamo) (山茱萸)
② 者里宮根 쟈리공불휘 (*cjarikoɦpurhuj) (商陸)
③ 伊乙每, 伊乙梅 이을믜 (*iirmɔj) (薏苡)
④ 夫背也只 부븨여기 (*pupɔjjaki) (蠐螬)
⑤ 豆也亇次火, 豆也味次 두여맛불, 두여맛(*tujamacpɨr) (天南星)
⑥ 豆等良只 두드러기 (*tutɨraki) (癮疹)
⑦ 烏得夫得, 五得浮得 오득보득, 우득부득 (*otɨkputɨk) (藺茹)
⑧ 矣 의/이 (*ii)

18)은 남풍현(1981:223-226)에서『향구』해독의 결과로 제시한 대립 모음간의 융통 양상이다. 그리고 19)는 그 예이다. 우선 19)①은 대표음에서 한 번의 '확대'를 거치는 것이고, ②는 두 번의 '확대'를 겪은 것이다. 국어의 모음이 이음절 이하에서 심한 변화를 보이는 점을 인정한다 하더라도 두 차례씩이나 재해석되어 표기되었을까 하는 의문을 가지지 않을 수 없다. 즉, 이것을 표기자의 입장에서 본다면, 어떤 음을 표기하기 위해서 그 음과 아주 가까운 쉬운 글자를 두고서 그 음과 거리가 먼 글자를 일부러 가지고 와서 몇 번의 해석을 거친 다음 표기했다는 결론이 된다. 만약 그런 개연성을 인정한다 하더라도 예를 들어,『향구』에 쓰인 차자 중에는 [여]음을 나타낼 수 있는 '與(与)'자가 있고, [수]음을 나타낼 수 있는 '水'자가 있음을 어떻게 해석해야

하는지 의문이 든다.[32] 『향구』의 차자표기를 기록한 표기자의 의식을, 오늘날의 해독자인 해독자가 임의로 판단해서는 안 된다고 여겨진다. 곧, [여]음을 나타내려 했다면 한자 중에 수없이 많은 '여'자를 다 제쳐 두고 왜 '也'자를 썼는가를 생각해 볼 필요가 있다. 이 점을 단순히 『향구』의 차자표기는 '엄격한 표음주의에 입각한 것이 아니다'라는 것으로(남풍현 1981:225)로 설명하기는 어렵다고 본다. 이런 점을 통해서 차자표기를 다룰 때 해독자의 해석보다는 표기자의 의도를 먼저, 충분히 고려해야 한다는 사실을 알 수 있다.

흔히 18)과 같은 현상을 '넘나듦'으로 풀이하려는 경향이 있다. 그러나 이 '넘나듦' 현상에 대해서도 그 내용을 분명히 해야 할 필요가 있다. 위의 경우처럼 '也'가 '야'도 되고 '여'도 되는 것은 '也'를 '여'로 재구하기 때문에 넘나드는 것이다. 이런 '넘나듦'은 고대국어에 있어서 '叱'자가 13세기 중엽 이후부터 'ㅅ'을 표기하기도 하고 'ㅈ'을 표기하기도 했다는 설명 즉, 고대국어에서 'ㅅ'과 'ㅈ'이 넘나들었다고 하는 것과는 다른 것이다. 이표기에 의해서 'ㅅ'과 'ㅈ'음이 미분화 상태임이 드러나는 경우에는 'ㅅ'과 'ㅈ'이 '넘나들었다'라고 말할 수 있으나(예를 들면, <甘山寺阿彌陀佛像造像記>의 '金志全'과 '金志誠'의 경우가 그러하다.), 동일 표기를 다른 음으로 재구하면서 '넘나든다'라고 말하는 것은 구분되어야 한다. 설사 13세기의 현실음이 18)과 같았다고 하더라도 음운론적 재구는 한 가지로 통일해야 할 것이다.

한편 『향구』에는 모음조화와 관련지을 수 있는 낱말로 다음의 것이 있다.

20) ① 烏得夫得, 五得浮得 오독보독, 우득부득 (*otikputik) (藺茹)
　　② 置等⺀只, 豆等良只 두드러기 (*tutiraki) (癮疹)
　　③ 多里甫里, 多里甫伊 다리브리 (*taripori) (熨斗)

동일한 어형을 동일한 문헌에서 서로 다르게 표기한 이표기가 있을 때 그 어형의 추적을 가장 쉽게 할 수 있다. 20)①도 이표기이므로 '烏 : 五'와 '夫 : 浮'의 대응을 의심해서는 안 된다. 이를 일음절 모음 '오'에 맞추어 전체를 양성 모음으로 하여 '오독보독'으로 재구하거나, 세번째 음절 '부'에 맞추어 음성 모음으로 바꾸어 '우득부득'으로 재구하는 것은 합리적이지 않다고 여겨진다. 만일 표기자가 모음조화를 반영하려 했다면 '오 - 우 -'의 모음 연쇄를 선택했을 리가 없었을 것이다. 아울러 '부(夫, 浮)'를 [보]로 읽는다면 『향구』 내의 다른 쓰임도 [보]로 읽어야 할 것인데

32) 남풍현(1981:225)에서도, 『향구』에 함께 쓰인 용자를 확인하면서 완벽한 표기가 불가능한 것이 아님을 지적하고 있다; 良 : 於, 也 : 與, 乃 : 汝, 等 : 原, 毛 : 無, 夫 : 浮, 甫 : 包, 蘇 : 數.

(그래야만 '일자일음'을 지킬 수 있다.) 그렇지 않음을 보인다. 20)②는 '良 : 羅(ᄉ)'의 대응을 통해 볼 때 '*ra'로 읽어야 함이 분명하다. 이를 '豆'의 모음 'ㅜ'에 맞추어 '러'로 읽을 수 없는 것이다. 그리고 20)③을 '다리브리'로 재구하면 모음조화를 부인하는 결과가 된다. 아래 예에서도 마찬가지이다.

21) ① 夫背也只木實 부븨여기나모여름 (*pupɔjjakinamopsi) (木串)
　　夫背也只 부븨여기 (*pupɔjjaki) (螬螬)
② 紫夫豆菜 ᄌᆞ부두ᄂᆞᄆᆞᆯ (*cɔputu) (萵苣)
③ 阿夫實 아보ᄡᅵ (*apupsi) (葵子)

남풍현(1981)에서는 21)①을 일음절 '夫'가 음성 모음임에 맞추어 '부븨여기나모여름'으로 재구하였다. 그렇다면 ②는 'ᄌᆞ보도ᄂᆞᄆᆞᆯ'이 되어야 한다.

'대립모음설'에 입각한 재구는 다음의 일자일음의 원칙과도 깊이 관련된다.

1.4.3 일자일음의 원칙

동일한 문헌에 쓰인 어떤 용자를 경우에 따라 편의적으로 다른 음으로 해독·재구하는 것은 합리적이지 않다. 차자표기를 해독할 때, 어떤 용자를 석독 혹은 음독해야 하는 경우에 따라 두 가지 음으로 읽힐 수 있지만, 그 어느 경우도 한 가지 음으로 읽는 태도를 견지해야 한다. 적어도 동일 문헌 내에서는 이 원칙이 지켜져야 한다.

22) ① 也 : 注也邑 鼠厭木實[33] (走葉木 『향채』) (*cujəmnamo) (皂莢)
　　豆也亇次火 (*tujamacpir) (天南星)
② 夫 : 紫夫豆菜 (*cɔputu) (萵苣)
　　烏得夫得 (*otɨkputɨk) (蔄茹)
　　夫背也只 (*pupɔjjaki) (螬螬)
③ 亇 : 亇支 (*mapok) (薯蕷)
　　亇汝乙 (*manər) (大蒜)
　　消衣亇 松衣亇 (*sorɨima) (菖蒲)

33) 필자의 최근 판독으로는 '厭'이 아닐 수도 있다. 실제로 이 자형은 분명하지 않으며('猒' 부분이 그러하다), 부수도 '厂'부가 아니라 '疒'부일 가능성이 있는 듯하다(일본 궁내성 소장 마이크로필름 인화본 참조).

升古ケ伊 (*tojkomari) (蒼耳)
豆也ケ次火[34] (*tujamacpɨr) (天南星)
影ケ伊汝乙伊 (*kirɨmajnəhiri) (蠖螋)

22)① '注也邑'의 경우 16세기 한글표기형이 '주엽-'이라고 해서 13세기 어형도 동일하게 해독해서는 안 된다. '注也邑'은 『향구』 본문에 네 번 나오는데 모두 '-也-'형을 취한다. 이것이 15세기로 넘어오면서 '-葉-'의 형태를 취하게 된다. '일자일음' 원칙을 지킨다면 '얍'으로 읽어야 한다. 또 '豆也ケ次火'는 15세기 차자표기까지 줄곧 '-也-'를 유지하는데 한글형만이 '두야머주자깃불휘(『구간』1:1ㄴ)'에서 '두여머조자기(『동의』3:18ㄴ)'로 바뀌게 된다. 이러한 사실은 시사하는 바가 있다. 곧 약재명 어형이 13세기에서 15세기로 넘어가면서 그 표기도 15세기 표기법에 맞게 바뀌어 변화되었음을 말해 준다. 22)②의 '夫'와 ③의 'ケ'도 모음조화에 맞추어 [보/부]와 [마/머]로 읽을 필요없이 [부]와 [마]로 일관성 있게 읽어도 무리가 없다.

1.4.4 모음추이의 반영

모음추이 가설에 따르면 『향구』는 모음추이 이전의 자료에 해당한다(김주원 1993:25 참조). 그러나 지금까지 연구에서 모음추이를 적극적으로 반영하지 않았다고 볼 수 있다. 모음추이를 반영한다면 15세기 한자음에서 [오]음은 모두 '*u'로 재구해야 옳다. 예컨대, '桔梗 道羅次/刀亽次'는 '*turac/두랒'으로 읽어야 한다. 향약명 차자표기의 연구가 국어사의 흐름과 동떨어진 연구가 되지 않으려면 이 점을 중요하게 반영해야 할 것이다.[35]

『향구』의 차자표기에 사용된 용자의 한자음과 15세기 한글표기형을 비교할 때, '오 : 우'나 '우 : 오'의 모음 대립을 보여주는 것이 있는데 모음추이 반영 문제와 함께 주목을 끈다.[36]

---

34) 남풍현(1981)에서는 '火'를 15세기 '불휘'의 고대형 '불'을 나타낸 것이라 하면서 '블'로 재구하였다. 그러나 이 '火'는 후대형 '-作只 : -자기 : -지기'에 대응되며 이 '-자기'는 '草'에 대응되는 것인 만큼 의미상 '불휘'가 아니라 '플'을 나타내는 것으로 보인다. 만약 그렇다면 유기음이 확립되지 않은 시기의 '블(草)'를 적은 것이 된다.
　ㅇ 『향구』 豆也ケ次火, 豆也味次 → 『향채』 豆也ケ次作只 → 『촌가』 豆也ケ造作只
　ㅇ 『향구』 牛膝, 牛膝草 → 『구간』 쇠무룹플 → 『동의』 쇠무룹디기

35) 모음추이에 대한 주된 논의는 김주원(1993:13-63)을 참조할 수 있다. 특히 여기서는 모음추이설에 대한 연구사적 검토 과정에서 기존의 14세기 모음추이설을 제기하게 된 과정을 면밀히 분석하여 방법론적 오류를 지적하고 있다. 물론 모음추이의 존재를 부정하지 않고 있다. 여기서는 13세기 말까지를 고대국어로 설정하고 『계림유사』를 중심으로 차자표기 자료의 일음절 모음을 정밀하게 분석하여 고대국어 모음체계를 새롭게 재구한 김동소(2007)의 논의에 따르기로 한다.

23) ① 多里甫里, 多里甫伊 다리우리 (*taripori) (熨斗)
② 者里宮根 쟈리공 (*cjarikoɦ) (商陸)

23)①의 '甫'는 13세기 모음체계에 맞추어 읽는다면 '*bu'가 되어야 한다. 이의 15세기 어형은 '다리우리'이다. 그러나 이 예는 'ㅂ'음의 약화 등 여러 가지 문제점을 안고 있는 것이 사실이다.

23)②는 반대의 경우로 15세기 한자음이 'ㅜ' 모음을 가지는 것인데 한글표기형은 'ㅗ' 모음을 보이는 것이다. 특히 ②는 차자표기에서 15세기 한자음이 가진 '오' 모음을 반영한 예가 없고(宮, 居, 君 등인데, 居는 君의 오기로 볼 수 있다.), 한글표기는 16세기 『촌가』의 '쟈리공' 이후 '-공' 형으로만 나타난다. 이는 모음추이와 관련하여 해결되어야 할 문제로 보인다.

지금까지의 연구들에서는 차자표기가 불완전한 표기일 수밖에 없다는 인식을 가지고 접근하면서 『향구』의 어형을 지나치게 15세기 어형에 맞추어 해석함으로써 국어사의 전반적인 흐름과 거리가 있는 결과를 빚은 것이 사실이다. 아울러 표기자의 의도보다는 해독자의 해석이 앞서는 결과를 낳은 것도 사실이다. 이러한 불합리성은 방법론상의 오류에서 비롯된 것으로 해석된다. 차자표기 자료의 재구는 자음이나 모음 모두 국어사의 흐름과 관련지어 분석이 되어야 할 것이다. 특히 차자표기에 있어서 모음의 표기는 불완전하다는 인식하에 편의적으로 재구해 온 방법론은 관점을 달리하여 생각해 볼 필요가 있다. 그리고 표기자의 의도를 충분히 반영하여 일차적으로 자료가 보여 주는 대로 해독을 하고 그 결과를 가지고 국어사 기술을 해 내야 할 것이다. 아울러 적어도 동일 문헌 내에서는 일자일음 원칙을 지키도록 해야 일관성 있는 재구가 가능하리라고 보이며, 지금까지 전혀 고려하지 않았던 시각 즉, 고대국어와 중세국어가 서로 다른 점이 많다는 시각에서의 접근도 필요할 것으로 여겨진다.

1.5 연구사 검토와 과제

여기서는 지금까지 향약명 어휘를 직·간접적으로 다룬 연구 성과들을 종합적으로 검토해

36) 기존 연구에서 모음추이의 반영 흔적을 찾아보면, 이기문(1963)에서 '蚯蚓 居兒乎'를 'kəzɦu(i)'로 재구한 것, 남풍현(1981:288-289)에서 '水青木'을 'mərpreynamʉ'로, '矣'를 'əi'로 재구한 것 등이 있다. 그런데 이기문(1963:69)에서는 음독자 목록 중에서, '五, 古, 毛, 老, 所' 등의 모음은 'o'로, '尤, 夫, 豆' 등의 모음은 'u'로 재구하였다.

보고 향후 향약명 연구에서 밝혀져야 할 과제를 제시해 보기로 한다. 이 연구가 향약명 어휘를 대상으로 하여 어휘사를 기술하는 데에 목적이 있으므로, 기존 연구의 검토도 국어학 분야에 한정하고, 그 가운데서도 향약명 어휘를 직접 다룬 논의를 중심으로 살펴본다. 그것도 가급적 어휘론적 분석에 중점을 둔 것에 한정한다. 따라서 개별 의서를 국어학의 제 분야에서 종합적으로 연구한 성과들은 필요한 경우만 언급한다. 기존에 정리된 이은규(2014:105-110)의 내용을 수정 · 보완하여 살펴보기로 한다.

1.5.1 선행 연구 검토

일정한 테두리를 가지면서 시대를 거르지 않고 의서라는 국한된 문헌 자료에 기록된 향약명 어휘는 대표적인 우리말 어휘 범주의 하나이다. 따라서 향약명 어휘에 대한 연구는 개별 어휘사만이 아니라 어휘 체계사 기술이 가능하다는 점에서도 큰 의의를 가진다. 그럼에도 불구하고 지금까지 이루어진 향약명 어휘에 대한 연구는 이러한 인식을 전제하지 않고 단순히 개별 어휘사적으로 접근하거나, 국어학의 다른 부면의 연구를 위한 자료로 향약명 어휘를 인용하는 수준에 머문 것이 사실이다. 그 결과 아직까지 향약명 어휘의 테두리에 포함되는 우리말 어휘의 규모조차 명확하게 드러나지 않고 있다. 이러한 상황은, 연구 대상의 범위를 의서로 넓혀 놓고 보아도 마찬가지이다. 국어학 분야에서 의서 연구는 체계적이라기보다는 표기 · 음운 · 어휘 · 구문 등 국어사의 하위 부문 연구를 위한 텍스트로만 인식해 옴으로써 의서만이 가지는 국어학적 특성이 무엇인지를 뚜렷하게 밝히지 못한 상태라 해도 과언이 아니다.

의서에 나타나는 향약명 어휘는 표기상 차자표기와 한글표기로 나뉜다. 기존의 연구 성과도 이 둘로 분류할 수 있다. 차자표기 향약명은, 이른 시기 의서에 기록되어 있다는 점, 한정된 문헌에만 나타난다는 점, 해독이 우선 과제라는 점 등에서 한글표기 향약명과는 다른 측면이 있다. 더욱이 지금까지의 차자표기 향약명에 대한 연구는 음운사나 형태사적인 면에 더 초점을 두었다는 점도 갈래짓는 근거가 될 수 있다. 더욱이 차자표기는 이른 시기 향약명 어휘의 형태를 확정하는 데에 크게 작용할 뿐만 아니라, 때로는 어원을 추적하는 단서를 제공하기도 하고, 무엇보다 향약명 어휘사 기술의 출발점이 된다. 이런 점을 고려하여 여기서도 향약명 어휘에 대한 기존 연구 성과를 편의상 크게 '차자표기 향약명 연구', '한글표기 향약명 연구', '기타 관련 연구' 그리고 '성과와 한계' 등 네 부면으로 나누어 살펴보기로 한다.

1) 차자표기 향약명 연구

향약명 어휘의 연구는 차자표기 자료에서 비롯된다. 이른 시기의 향약명 어휘가 모두 차자표기 자료이기 때문인데, 특정 의서에 한정되어 나타나면서도 후대 한글표기 향약명과 형태를 달리하는 예가 많다는 점에서 어휘사적으로 중요하기 때문이다.

차자표기된 향약명 어휘가 나타나는 문헌으로는 『향약구급방』, 『향약채취월령』, 『촌가구급방』, 『향약집성방』, 『신편집성마의방』, 『우마양저염역병치료방』 등이 있는데, 선행 연구에서는 주로 이들 문헌별로 차자표기를 해독하는 데에 주력하였다.

① 『향약구급방』

『향구』에 대한 서지적 언급으로 가장 이른 것은 橘井清五郎(1936)이다(이은규 1993:5 참조). 이를 바탕으로 三木榮(1956:6-9)의 해제가 이루어졌다. 이후 김근수(1962)와 이기문(1963)에서 『향구』의 국어학적 가치에 대한 소개가 있었다. 『향구』의 차자표기를 본격적으로 해독한 것은, 홍순탁(1964)에서 시작되어 최범훈(1976ㄱ,ㄴ,ㄷ), 남풍현(1981), 이은규(1993) 등으로 이어진다. 홍순탁(1964)는 접미사 '-밤', 유기한자음 표기 '-次-', 접미사 '-이', '乃, 良'의 해독 문제 등을 다루었다. 최범훈(1976ㄱ,ㄴ,ㄷ)은 『향구』의 '방중향약목초부'에 기록된 향약명 가운데 '俗云'으로 표시된 119종을 뽑아 해독하였다. 『향구』의 차자표기를 전면적·체계적으로 해독한 것은 남풍현(1981)에 와서이다. 먼저 자료의 판독을 정밀하게 하고, 연역적으로 세운 차자표기법의 원리에 맞추어 용자마다 분석을 한 뒤에, 15세기 이후의 한글표기 향약명 어휘에 대응시켜 해독한 것으로 대표음의 전용 원리를 기반으로 하고 있다. 다만 차자표기 해독의 기본 원칙인 '일자일음의 원칙'을 일관성 있게 적용하지 못한 점이 과제로 남는다. 이은규(1993)은 음운사적인 면에 초점을 맞추어 고대 한국어의 음운체계에 맞게 재구하려 한 것인데, 동일 문헌에 나타나는 용자를 하나의 음가로 고정하여 재구하고자 한 것이다.[37] 하지만 모음의 재구는 후대형을 따르고 있는 점이 문제이다. 이은규(1995)는 『향구』의 차자표기에 사용된 한자의 용자례를 만들어

37) 차자표기의 모든 용자는 기본적으로 음독하거나 석독한다. 따라서 두 가지 음으로 읽힐 수 있다. 하지만 음독이든 석독이든 동일 문헌 내에서 두 가지 음으로 읽힐 수는 없다. 이것이 '일자일음의 원칙'이다. 이를 지키지 않으면 자의적 해독이 될 가능성이 매우 높다. 한편 차자표기는 우리 조상에 의한 것과 외국인에 의한 것으로 나누어지는데 전자의 예로는 『계림유사』와 『조선관역어』가 있고, 후자의 대표적인 예로 『삼국사기 지리지』의 지명 표기와 『향약구급방』이 있다. 우리 조상에 의한 차자표기는 전통 한자음과 새김으로 해독해야 하는 것이 원칙이다.

제시한 것으로 자료 판독과 연구를 위한 기초 자료이다. 한의학 분야의 연구로는, 전문을 현대 활자화하고 의사적 의미를 다룬 신영일(1995, 1996)이 있다. 그리고 이덕봉(1963ㄱ,ㄴ)은 '방중향약목초부'의 향약명을 고찰한 것인데 약재명별로 학명을 밝히고 '渡來考'를 기술하고 있어서 참고된다. 이경록(2018)은 『향구』의 전문을 우리말로 번역한 것으로 국어학은 물론 한의학 분야에 유용한 성과이다.

② 『향약채취월령』

『향채』의 차자표기 해독은 小倉進平(1933)에서 부분적으로 다루어졌고 남광우(1962)에서도 61개의 어사를 추려 해독하였다. 이후 방종현(1963)은 '萎蕤'부터 '澤漆'까지 47개의 어사를 해독하였다. 조성오(1983)은 남풍현(1981)의 차자표기 원리에 맞추어 전체 향약명을 해독하고 표기 체계를 정리한 것이다. 손병태(1994)는 연구의 범위를 한어 이칭까지 확대하고 방언 자료를 이용하여 어원을 추정하고 형태 분석을 시도하였다. 김홍석(2001, 2002, 2003)은 차자표기를 다시 해독한 것이다.

③ 『촌가구급방』

『촌구』은 차자표기만 있는 홍재휴본과 차자표기와 한글표기가 다 나타나는 성암문고본이 있는데 뒤의 것에 대해서는 안병희(1978)에서 소개 및 해독이 이루어졌고, 손병태(1990)에서 다시 검토되었다. 이은규(1994ㄴ)에서는 홍재휴본을 학계에 처음 소개하면서 성암문고본과 홍재휴본의 차자표기를 비교 분석하였다.

④ 『향약집성방』

『향집』(1633)은 권77-85에 제시되어 있는 한어명 약재명 일부에, 대응되는 향약명을 난상의 서미에 판각해 둔 차자표기가 해독의 대상이다. 김두찬(1983)에서 차자표기 전 항목을 해독하였다. 특히 『향성』(1942)의 차자표기를 추가하여 252개의 차자표기 향약명 어휘를 해독하면서 이전 시기 차자표기에서 표기 체계가 어떻게 달라졌는지를 밝혔다. 남풍현(1999)에서는 동경대 소장본과 차자표기와 표기 체계를 비교하면서 대표음 전용과 생략표기 현상 등을 적용하여 261개의 전체 향약명을 다시 해독하였다. 아울러 『향구』와 『향채』의 차자표기와 비교도 하고 있어서 차자표기 향약명의 전반적인 이해에 많은 도움을 준다.

『향성』은 700여 종의 한어명 목록과 함께, 대응되는 향약명의 차자표기와 고유어를 함께 보여주고 있다. 이 문헌의 차자표기를 전면적으로 분석한 연구가 없다. 대응되는 향약명 어휘를 한자로 표기한 것 중에는 차자표기가 아닌 한어명의 이칭(異稱)도 있다. 또한 이전 시기 『향집』과는 달리 모든 항목에 고유어 명칭을 부기하고 있는데 이들에 대한 별도의 연구도 필요하다. 이은규(2019ㄱ)은 『향성』의 향약명 어휘가 보여주는 특성을 분석하여 어휘사적 성격을 규명한 논의이다. 민은숙(1982)는 『향집』에서 86개, 『향구』에서 22개의 향약명을 표집하여, 방언형을 바탕으로 기존 연구와 다른 해독을 시도하였는데, 『향집』의 향명 7개가 16세기 이후 소실되었음을 밝혔다.

⑤ 『우마양저염역병치료방』

『우역방』은 '한문 원문 - 이두문 - 언해문'의 구조로 된 자료인데 이두문 안에 차자표기 향약명이 나온다. 안병희(1977)과 손병태(1989)에서는 이두문 가운데 있는 향약명 15개를 해독하였다. 특히 손병태(1989)에서는 차자표기가 없는 향약명의 목록을 함께 제시하고 있다. 이은규(2004)는 필사본을 포함한 이본을 정리한 것이다.

⑥ 『신편집성마의방』

이 책에 출현되는 향약명 어휘는 많지 않다. 하지만 이전에 보이지 않던 향약명 어휘가 차자표기되어 있어서 어휘사적으로 중요하다. 이건식(2011)에서 이들을 해독하였는데 특히 '田螺 古乙方'은 중세국어의 '골방'을 이은 것이어서 주목된다.

⑦ 차자표기 관련 연구

이은규(1994ㄱ)은 향약명 차자표기를 해독할 때에 고려해야 할 점들을 정리한 것인데, 13세기 어형과 15세기 어형의 동질성과 이질성, 해독과 재구, 대립모음설, 모음추이 문제 등을 다루었다. 특히 차자표기의 해독과 재구는 원칙적으로 국어 음운체계의 변화 과정을 고려해야 함을 결론삼고 있다. 이은규(1996)는 향약명의 해독이 아니라 차자표기법의 양상이 어떻게 변했는가를 밝히고자 한 것으로 두 문헌 이상에 표기된 것을, 표기 방식의 달라지는 양상에 따라 나누어 분석한 것인데 『향채』를 기준으로 그 이전에는 석독자가 이후에는 훈독자가 많아지는 경향이 있음을 밝혔다. 윤천탁(2001)은 차자표기 향약명 어휘를 중심으로 그 유형을 분류하고 표기 양상을 분석한 것인데 차자표기에서 한자어화한 것을 분석해 낸 것과 향명 차자표기어와 한자어화된 향명의 유형을 분류한 점이 두드러진다.

2) 한글표기 향약명 연구

① 어휘론적 분석

국어학적 연구 가운데 향약명 어휘를 대상으로 형태・의미론적 분석을 행한 것을 가려 개괄해보기로 한다.[38] 단순히 어휘를 추출한 것이나 어형을 비교한 것은 제외한다.[39]

유재영(1985)는 『구간』에 나오는 향약명을 대상으로 고유어 형태를 유지하고 있는 것과 한자어로 교체된 것 등으로 나누고 있고, 이른바 풀이형 향약명도 제시하고 있다.

김종학(1988)은 『향구』를 비롯한 의서 12종에서 292개의 어휘를 추출하여 『동의』의 분류기준으로 나누고, 문헌별로 어떤 형태가 나타나는지를 기술한 뒤에 음운사적 현상과 형태 어휘론적 특징을 간략히 기술한 것이다. 의미 축소, 확대, 분화를 기술하려 한 시도가 특징적이다. 곧 어휘 의미의 확대('赤箭'), 축소('검위', '납가식', '뵈짱이'), 분화('삽듀', '부루')를 나누어 기술하고 있다.

이철용(1992)는 향약명 어휘를 대상으로 하였지만, 주로 향약명 어휘에 나타난 표기법, 음운변화 현상을 주로 다루었다. 그리고 유의어간 교체, 한자어의 귀화어화, 새로운 말로의 교체 등을 다루었으며, 『동의』의 이본에 대해 고찰하고 있다.

손병태(1994)는 『향채』의 차자표기를 해독하면서, 한어명 이칭과 방언 자료를 원용하여 어원을 추정하고 의미를 바탕으로 형태 분석을 하였다.

손병태(1996)는 가장 많은 어휘 자료를 수집하여 통시적으로 분석한, 대표적인 어휘론적 향약명 연구이다. 239종의 어휘를 대상으로 차자표기 향약명을 해독하고, 문헌상의 변천 과정을 기술하고, 표기상에 반영된 음운 현상을 정리하였다. 형태론적으로는 형태적 복합어와 통사적 복합어로 구분하여 형태소 분석을 하였고, 각종 표지어(색채, 맛, 장소 등)를 분류하였다. 또 의미관계를 고려하여 향약명의 명명법까지 유형화하여 제시하는 등 향약명 어휘를 대상으로 한 폭넓은 연구 가능성을 보여 주었다. 특히 손병태(1996:157-173)은 차자표기 향약 약재명을 해독하여 유래을 밝히고, 향약 약재명의 표기, 음운, 형태, 의미 등을 종합적으로 분석한 연구이다. 특히

38) 더 자세한 것은 향약명 어휘의 의미론적 연구에 대해 정리한 이은규(2019ㄱ) 참조.

39) 향약명 어휘는 당연히 한의학의 연구 대상이기도 하다. 하지만 한의학에서는 어휘의 형태에 주목하는 것이 아니라 어휘가 가리키는 실물의 본초학적 분류 체계나 약물학적 효능 분석에 집중하기 때문에 국어학과는 거리가 있는 것이 사실이다. 의서 자체에 대한 연구 방법론도 마찬가지이다.

차자표기를 해독하는 데에만 머물지 않고, 향약명 어휘 239개를 분석한 결과를 바탕으로 형태 · 의미적 특성을 분석한 점이 주목된다. 주요 분석 결과를 좀더 자세히 정리하면 다음과 같다.

첫째, 형태론적 분석 결과를 보면, 약재명 어휘를 구성하는 형태소를 분석하여 의미론적으로 분류하였다. 약재명 어휘의 구조를 'X+나무'류, '참+X'류, 'X+풀뿌리'류 등 세 가지로 크게 유형화하였다. 그리고 어근 앞의 전부 요소는 약재의 특징을, 어근 뒤의 후부 요소는 약재의 사용 부위를 나타낸다는 사실을 밝혔다. 약재의 특징을 나타내는 하위구별표지로, '색채 표지어'('白', '黑'…), '맛과 냄새 표지어'('甘', '苦'…), '장소 표지어'('山', '唐'…), '크기 표지어'('大', '小'…), '비유 표지어'('犬', '虎'…), '소리, 모양, 동작 표지어'('豆乙音'…) 등을, 약재의 사용 부위를 나타내는 하위구별표지로는 '根, 皮, 草' 등 21개의 형태소를 설정하였다. 아울러 복합어로 구성된 약재명 어휘를, 형태적 복합어(예를 들면, '쁜너삼불휘')와 통사적 복합어(예를 들면, '벼락마져죽은즘생의고기')로 구분하고 각 어휘를 구성하는 형태소를 분석하여 제시하였다.

둘째, 의미론적 분석 결과를 보면, 향약명 명명법을 '의미간의 유사성에 따른 명명'과 '의미간의 인접성에 따른 명명'으로 나누었다. 유사성에 의한 명명을 다시 '외형적 유사성'에 의한 것과 '기능, 특성, 성질의 유사에 의한 것'으로 하위 분류하고, 전자의 예로 '술위나물'(<- 수레바퀴), '짚신나물'(<- 짚신) 등을, 후자의 예로 '개구리밥, 뱀딸기' 등을 제시하였다. 인접성에 기반한 향약명은 다시 '시간적 인접', '공간적 인접', '인과적 인접'으로 분류하였는데 각각의 예로 '제비꽃', '석죽', '개구리잎' 등을 들고 있다. 결국 향약명 어휘의 생성을 유사성에 의한 은유와 인접성에 의한 환유의 원리로 설명하였다. 그리고 의미 변화 현상은 '의미 확대', '의미 축소', '의미 분화'로 나누어 간략하게 기술하고 있다. 의미 확대의 예로 '겨우사리'를 들었다. 이 향약명은 [冬靑]을 나타내다가 [冬靑], [冬生], [忍冬] 등의 의미를 가진 다의어가 된 것으로 보았다. 의미 축소의 예로는 '납가싀'를 들었다. '小薊'와 '蒺藜子'의 명칭으로 쓰이다가 '小薊'가 '가싀'로 대체된 것으로 파악하였다. 의미 분화의 예로는 '삽듀'가 '朮'에서 '蒼朮'과 '白朮'로 분화한 것을 제시하고 있다.

김문오(2000)는 『동의』의 향약명 어휘를 대상으로 조어법 측면에서 형태소 분석을 한 뒤에 그 구성 방식을 분류한 것인데 접두사와 접미사의 목록을 제시하고 통사적 합성어와 비통사적 합성어로 나누고, 의미론적 유연관계까지 고려하여 분석하고 있다. 그리고 어원론적 정보가 더 필요한 향약명을 별도로 제시하고 있다. 예를 들면, '~의 ~', '~에서 나는 ~', '~의 ~'(환유), '~라는 ~', '~로 된 ~' 등이다. 그리고 조어법상 어원 규명이 필요한 어휘로 '비올히, 안깨'를,

어원 의식이 흐려진 예로 '거싀년밤, 가칙무릇, 가회톱, 온죠롱' 등을 들고 있다.

강유리(2004)는 『구간』과와 『동의』의 약재명을 비교 고찰한 것이다. 여기에 『대역 동의보감』의 자료까지 함께 다루고 있다. 문헌간 어휘가 어떻게 변화했는가와 향약명 어휘들의 형태소 분석에 초점을 둔 연구이다.

신전희 외(2006)은 『향집』의 <향약 본초>에 나오는 약재에 대한 종합 해설서이다. 부록으로 제시된 '향명의 시대별 변천 일람표'와 '향약집성방에 수록된 한약의 이명과 출전'은 향약명 연구에 도움을 줄 수 있다.

이은규(2009)는 향약명 어휘의 변천을 다룬 것으로 『향구』의 향약명이 현대 국어까지 어떻게 변천했는가를 살핀 것이다. 변천의 유형을 음운 체계의 변화만을 반영하는 어형 변화와 새로운 어형의 생성과 공존·소멸 관계 등으로 나타나는 어형 교체로 나누고 후자의 양상을 보이는 어휘 59개를 분석한 것이다. 개별 어휘사와 어휘 체계사 기술에 유용한 정보를 제공할 수 있다. 변천의 경향을 통계 자료로 제시하기도 했는데 20세기에 와서 새로운 어형이 압도적으로 많이 생성되었음을 밝히고 있다.[40)]

이은규(2014)는 기존의 향약명 어휘 연구의 성과를 점검하고 향약명 어휘 연구를 위한 기본적인 틀을 구성하기 위한 기초 연구로서, 향약명 어휘의 개념, 어휘 범주, 대상 문헌과 연구 영역, DB 구축 문제 등의 문제를 다루고 있다. 앞으로의 과제도 함께 제시하고 있다. 이은규(2015)는 『본정』에 나오는 향약명 어휘를 분석한 것이며, 이은규(2017)은 새로 발견된 『광향』과 『광비』의 향약명 어휘를 분석한 것이다.

정승혜(2019)는 『사의』의 이본을 서지적으로 비교 분석한 뒤에 약물명 어휘를 이본별로 비교한 것이다.

---

40) 향약명 어휘 '浮萍' 항목을 예로 들면 다음과 같다(이은규 2009:502 참조). '浮萍'은 복잡한 어휘사를 보이는데 『표준국어대사전』에는 '개구리밥'만 등재되어 있다.

浮萍 / 水萍 / 蝦蟵 / 䵶 / 青蛙 / 蝦蟆 / 紫萍

魚食 魚矣食	[13세기] 향구 목46ㄴ1, 중28ㄱ3
魚食	[15세기] 향채 3월
머구리 / 머고리	[15세기] 법화 3:156ㄴ5, 남명 하27
부평초	[15세기] 구간 3:39ㄴ3
머구릐밥 / 蛙食 머구릐밥	[16세기] 번박 상70, 촌가
머구릐밥 개고리 머구리	[17세기] 동의 3:9ㄱ9, 2:10ㄴ6, 8
머구리 개고리 / 기구리밥	[19세기] 의종 38ㄴ1, 방합 303
부평초 개구리밥 머구리밥 水萍	[20세기] 식휘 79
개고리밥 머구리밥	[20세기] 향성 621:1

② 향약명 관련 어휘 연구

손병태(1992)는 경북 동남방언의 산채류명에 대해 고찰한 것으로 방언형을 채집하여 향약명 연구에 이용하려는 취지에서 행한 연구이다. 문헌에 나타나는 향약명 어휘의 형태와 다른 방언형들을 소개하고 있다는 점이 눈에 띈다.[41] 이경미(2002)는 번역된 『향집』을 중심 텍스트로 하여 남북한 한의학 전문 용어를 비교한 것으로 이 방면 연구의 기초 자료를 제공하고 있다. 박지연(2011)은 15세기에서 17세기까지의 각 의서별로 한약 이름이 어떻게 나타나는지를 정리하여 통계 자료를 제시하고 있다.

장충덕(2007ㄱ)은 국어의 식물 어휘만을 모아서 통시적 변화 과정을 추적한 연구이다. 식물 어휘를 '채소', '풀', '꽃', '과일' 등 상위 개념어로 분류하여 통시적 분석을 한 뒤에 단어 구조적 특징과 어종상의 특징을 정리하고 있다.

신중진(2012, 2013, 2014)의 일련의 작업은, 『연경재전집』에 실린 '稻벼' 곡물명의 조사에서 시작하여 곡물명 분류어휘집에서의 곡물명을 수집하고, 『연경재전집』 잡곡명의 체계사를 조명한 것인데 이 일련의 작업은 '곡물명' 어휘에 대한 개별 어휘사와 어휘 체계사를 동시에 기술하는 데에 목적을 둔 것이다. 의서는 『동의』만을 다루고 있다.

3) 기타 관련 연구

① 개별 어휘 및 어원론

김원표(1948)과 (1949ㄱ,ㄴ)은 각각 '벼'와 '쌀', '누에' 그리고 '보리'의 어원에 대해 간략히 살펴본 것이다. 현평효(1968)는 제주도에서의 '나물'의 어원을 추정한 것으로 기저형을 '*ᄂᆞ'로 설정하고 있다.

이병근(2004)는 향약명 어휘인 '질경이(車前草)', '마름(菱仁)'과 '고양이(猫)'를 대상으로 개별 어휘사를 기술한 것이다. 문헌과 방언 자료 등에서 관련 형태를 찾아 서로간의 연결 관계까지 제시하고 있다. 같은 방법의 연구로 '명아주', '양귀비', '강아지풀'을 황선엽(2006, 2008, 2009)와, '가물치', '도토리' 등을 다룬 홍윤표(2009)가 있다. 그리고 신중진(2007)은 '냉이'의 어원과 방언

41) 예를 들면, 『향채』에는 '小薊'의 향약명으로 '曺方居塞'로 나오는데, 이의 영덕 지역 방언형은 '조뱅이, 자라귀, 조바리, 쪼바리, 조병이, 조방가새, 납거새, 떡채, 버꾹채' 등이 있음을, 또 표준형 '왕고들배기'의 방언형은 '사라구, 수애뚱, 왕고둘빼기, 방가지똥' 등이 있음을 밝히고 있다.

분화를 다루었고 신중진(2008)은 '두드러기'의 형태사를 추적한 것이다. 동물과 식물명을 대상으로 한 어휘사로는, '돼지'의 어휘사를 기술한 조항범(2002)를 비롯하여, '개나리'를 다룬 조항범(2020ㄱ)와, '구기자나무'를 비롯한 몇몇 나무 이름을 분석한 조항범(2020ㄴ), 그리고 '엄나무'외 나무 이름의 어휘사를 기술한 조항범(2020ㄷ)이 있다. 또한 조항범(2021)은 '쥐엄나무'의 어휘사를 다루었다.

향약명 어휘 자료를 대상으로 한자음을 분석한 연구가 있다. 윤장규(2004)는 『향채』의 차자표기 한자를 대상으로 중국음과의 비교를 통해 한자음을 다룬 것이다. 최중호(2008)은 『언해태산집요』의 약재명에 반영된 한자음을, 최미현(2009ㄱ)은 『동의』에 반영된 한자음을 분석한 것이다.

홍윤표(2014)는 국어의 어휘사 연구의 개념과 방법론에 대한 논의로서 어휘사 연구의 틀을 제시하고 있다. 홍윤표(2017)은 물명 연구의 이론적 설계를 제시하고 관련되는 문헌 자료를 개괄하는 동시에 물명 연구의 필요성과 중요성을 지적하면서 연구 방법을 제시하고 있어서 물명 연구의 길잡이 역할을 한다. 홍윤표(2019)는 그동안 이루어진 국어 어원 연구의 성과와 앞으로의 과제를 종합적으로 논의한 것인데 어원 연구의 이론적 기반까지 동시에 제기하고 있어서 어원 연구의 길잡이 역할을 한다.

물명 연구는 그동안 많은 연구 성과가 있었다. 하지만 개별 문헌별 연구라는 한계가 있었는데 물명에 대한 총체적 연구가 이루어지고 있어서 향약명 연구에도 많은 도움을 준다. 특히 물명 자료를 종합적으로 분석한 연구들이 있다. 이덕희(2007)은 근대 국어 물명 어휘집인 『재물보』, 『물명고』, 『물보』 등 5가지 문헌의 물명을 모두 모아서 형태 · 의미론적 분석을 한 것이다. 특히 부록으로 제시되어 있는 '물명어휘집 국어 어휘 비교 대조표'는 이들 문헌의 물명을 집성한 것이어서 연구에 많은 도움을 준다. 백승창(2008)은 '물명고'의 이본을 모으고 이들에 나타나는 어휘를 대상으로 의미론적으로 분류하고 조어법을 분석한 연구이다. 윤향림(2017)은 지금까지 알려진 물명어휘집의 계통을 세우고 물명어휘집에 나오는 어휘들을 형태론적으로 분석한 것인데 국어학적 접근을 심화한 것이어서 주목된다. 정승혜(2016)은 물명류 자료에 대한 총체적 연구로서 주요 자료를 개관하고 서지적 분석을 행한 뒤에 물명류 자료의 학술적 가치를 논한 것이다.

② 문헌 자료로서의 의서 연구

의서와 관련된 연구 성과는 매우 많다. 먼저 의서 텍스트의 어휘를 분석한 것이 있는데, 대부분 개별 문헌별로 이루어졌다. 이들은 의서에 나오는 모든 어휘를 분석 대상으로 삼은 것이다.

즉 향약명 어휘는 물론이고 일반 어휘까지 모두 다룬 것이다. 동시에 한자어에 대응되는 대역어에 대한 고찰도 이루어졌다. 이런 연구는 의서의 어휘 체계를 수립하기보다는 희귀어를 찾는 데에 주력한 것이 대부분이다.

의서의 언해문을 국어학적으로 분석한 연구도 많은데 이들은 크게 두 가지로 나뉜다. 하나는 개별 문헌만 다루거나, 주제별・시대별로 묶어 분석한 것이다. 표기・음운, 어휘, 문법 등 국어사적 기술에 목적을 둔 것으로 거의 대부분의 의서들이 이 방식으로 한 차례씩은 연구가 이루어졌으며, 나아가 의서간의 비교 연구에까지 이어지는 경우도 있다. 다른 하나는 의서 텍스트에서 하나의 주제를 정하여 집중적으로 분석한 것이다. 예를 들면, 병명만을 다룬 것, 병명의 언해 양상을 살핀 것, 분류사만 다룬 것, 구문론적 측면에서 치료, 증세, 처방 구문을 별도로 구분하여 다룬 것, 부정법의 양상을 살핀 것, 언해문에 반영된 한자음을 연구한 것, 언해문 텍스트에 있는 구결을 연구한 것, 언해문과 병행 제시되는 이두문을 분석한 것, 언해문이 번역문임에 착안하여 번역학적 분석을 한 것, 의서의 원문을 문헌별로 비교한 것 등 다양하다. 다만 이들 연구는 의서라는 텍스트가 가지는 독자적인 특징을 드러내는 단계에까지 미치지 못하고 있다.

③ 인접 학문의 연구

의서를 대상으로 한 서지학 영역에서의 연구는 지속적으로 있어 왔다. 새로운 의서가 발견될 때마다 서지학적 분석이 먼저 이루어진 것이다. 그리고 근래에 들어 한국한의학연구원, 대한한의학회, 대한한의학원전학회 등에서 한의학・의사(醫史)적 측면에서 의서들을 많이 다루고 있는데 주로 서지적 분석이나 본초학 측면의 연구 경향이 강하다. 『본초정화』를 예로 들면, 김홍균(2011)은 의사학적 입장에서 서지적 분석을 하고 있으며, 이덕호 외(2005)에서는 초부의 향약명을 직접 다루고 있고, 권영배 외(2005)는 人部에 대해 고찰하였는데 관련 의서의 어형을 함께 다루고 있다. 김일권(2015)는 생물 분류 체계와 관련 문헌자료를 고찰한 것인데 명칭과 실물의 관계를 규명하려는 시도이다. 김일권(2019)는 『향집』의 향명식물 목록화를 탐구한 것이다. 신현철 외(2107)은 향약명 어휘 '진교(秦艽)'를 대상으로 식물분류학적 연구를 행한 것인데, 많은 이칭 사이에서 '진교'에 해당하는 것을 규명한 것이다.

이런 유형의 연구는 주로 본초학 이론을 바탕으로 한 분석이 주를 이루는데 개별 의서를 대상으로 진행되고 있는 상황이다. 그러나 국어학이나 생물학과 연계해서 이루어진 연구는 거의 없는 실정이다.

4) 성과와 한계

지금까지 이루어진 향약명 어휘의 연구는, 국어학 영역으로 한정해서 보더라도, 차자표기의 해독과 일부 변천 과정의 기술 이상은 이루어지지 않았다고 해도 과언이 아니다. 그 결과 어휘론적 접근에 의한 형태·의미 분야의 연구가 미흡했고, 개별 어휘사는 시작 단계에 있다고 보아야 하며, 어휘 체계사는 시작 단계에 진입하지도 못한 상태라 보는 것이 옳다.

향약명 어휘는 다행스럽게도 시대를 거르지 않고 지속·반복적으로 기록되었다. 그렇기 때문에 쉽게 접근할 수 있다. 이런 점 때문에 오히려 역설적으로 관심을 덜 받았을 수도 있겠다. 너무나 잘 대응되는 후대형이 폭넓은 문헌에서 반복·확인되기 때문에 도리어 관심을 받지 못한 측면이 강하다. 이를테면 '먹다'라는 동사가 한글표기 이래 지속적으로 기록되었고 지금도 사용되고 있는 어휘이기 때문에 뭐 특별한 관심을 가지지 않는 것과 마찬가지로, 향약명 어휘도 오래 전부터 있었고, 큰 변화를 겪지 않았을 뿐만 아니라 지금도 사용되는 것이어서 주목할 만한 것으로 보지 않은 결과가 향약명 어휘의 연구를 별 특별함이 없는 것으로 만든 측면이 강하다.

결과적으로 이런 인식은 앞선 시기의 차자표기 향약명 연구에 지나치게 치중하는 결과를 낳았다. 국어사 기술을 위해 반드시 검토해야 하는 자료라는 인식과, 음운·형태사적으로 더 가치 있는 자료라는 생각이 바탕에 깔려 있다. 그러나 어휘론적으로 보면 오히려 중세국어 이후의 향약명 어휘들이 훨씬 다양한 반사형을 보인다는 점에서 더 많이 주목했어야 했다. 이렇게 된 가장 큰 원인은 향약명 어휘를 '하나의 어휘 범주 체계'로 설정하지 않고 접근한 데에 있다.

지금까지의 연구에 나타나는 한계점을 미시적으로 정리하면 다음과 같다.

① 의서를 분석 대상으로 삼았지만 이른 시기 의서를 제외하고는 대부분 국어학적 연구라는 범위를 설정하고 표기·음운, 어휘, 문법 등의 현상을 개별적으로 분석하는 데에 그치고 있다. 어휘 분야도 향약명 어휘를 별도로 다루기보다는 일반 어휘, 그것도 주로 희귀어를 주로 다루고 있고, 향약명 어휘는 함께 포함시키는 정도에 머물고 있다.

② 동일한 방법론에 의한 연구가 의서만 달리하면서 반복적으로 이루어졌다. 이는 두 가지로 나뉘는데 여러 문헌의 향약명 어휘를 수집하여 통시적으로 어떤 변화를 겪는지를 밝히는 것과, 특정 문헌을 대상으로 향약명 어휘를 뽑아 기술하면서 다른 문헌의 예를 함께 제시하는 방법이다. 새로 발견된 의서를 다루는 것이 아니라면 가급적 지양할 필요가 있다.

③ 향약명 어휘의 형태소 분석은 쉬운 편에 속하지만, 아직도 해석이 다르거나 어근에 대한 형태론적 분석이 이루어지지 않아 접근이 어려운 어휘들이 많이 남아 있다.

④ 해독과 변천 과정이라는 두 가지 측면에서 주로 연구가 이루어졌다. 하지만 변천 과정의 경우는 아주 제한된 범위에서 기술됨으로써 본격적인 개별 어휘사는 이루어지지 않았다.

⑤ 차자표기나 한글표기 향약명 어휘를 채집할 수 있는 의서 목록과, 향약명 어휘의 목록이 구축되지 않았다. DB의 구축이 선행되지 않은 채로 이루어지는 연구는 동어반복적이 될 가능성이 높고 항상 제한적일 수밖에 없다.

⑥ 다루어진 많은 의서에서 향약명 어휘에 소속될 어휘들은 거의 대부분 밝혀졌다. 특히 표제어인 한어명에 대응되는 고유어 향약명 어휘가 그러하다. 그러나 양적으로 훨씬 더 많은 이칭에 대한 정리는 산발적·부분적으로 다루어지고 있을 뿐 거의 정리가 되지 않은 상태이다.

⑦ 『동의』를 포함하여 17세기 이후에 간행된 판본 의서 그리고 수많은 필사본 의서에 대한 연구가 아직 제대로 이루어지지 않은 상태이다.

⑧ 향약명 어휘의 분류 체계에 대한 연구 역시 거의 이루어지지 않았고 본초학 연구 성과를 접목한 연구도 보이지 않는다. 이 분야는 의미론 영역에서 접근할 필요가 있다.

⑨ 차용어로 쓰이는 한어명 향약명의 정착 과정을 기술하지 못하고 있다. 이는 한자음 연구와도 상관관계가 깊다.

그 동안 이루어진 향약명 어휘의 연구 역시 '향약명'이라는 개념에 대한 인식에서 출발한 것은 분명하다. 하지만 어휘론적 측면에서 개념을 명확히 하고 범주를 설정한 뒤에 향약명의 목록을 작성하는 일에서부터 시작하지 못했다는 한계를 지닌다. 즉 문헌별로 나타나는 향약명에 관심을 가지고 개별 문헌 단위로 연구를 했지만, 뚜렷한 체계로서의 향약명에 대한 인식이 부족했던 것이 사실이다. 제 학문 분야에서의 관점과 관심도 서로 달랐기 때문에 이런 현상은 더 심화되었고, 그렇기 때문에 향약명의 특성을 제대로 밝혀내지 못했다고 판단된다. 결국, 지금까지의 연구 성과를 거시적으로 종합하면, '향약명 어휘라는 범주 인식'과, '체계적 접근'의 부재가 뚜렷한 한계로 남는다.

1.5.2 앞으로의 과제

향약명 어휘의 연구는 어휘 범주에 대한 확실한 인식과 개념의 설정 그리고 체계적 접근을 전제로 해야 올바른 지위를 확보할 수 있다. 앞으로의 연구 과제를 정리해 보면 다음과 같다.

[1] 향약명 어휘를 채집할 수 있는 문헌 자료의 발굴과 이의 목록화 및 서지적 분석이 우선되어야 한다. 특히 필사본이나 수진본 자료가 많으므로 주의를 기울일 필요가 있다. 향약명 어휘의 기록이 단순하고 반복적이라는 특징을 가지지만 새로운 형태의 어휘가 특정 시기부터 나타나는 경우도 많기 때문이다. 그리고 이미 알려진 의서 중에도 연구되지 않은 것들이 여전히 남아 있다.

[2] 표제어 구실을 하는 한어명과 고유어 향약명은 물론이고 이칭까지 빠짐없이 채집하는 작업이 필요하다. 이 경우 목록집 중심이 아니라 단어족 개념을 적용하여 폭넓게 채집할 필요가 있다. 즉 방문에 있는 향약명 어휘도 빠짐없이 추출되어야 한다. 다음 예를 보자.

24) ①	落蘇	茄子 本名			향구 목49ㄱ3
	落蘇	茄子根			향구 중18ㄴ2
	落蘇根	가짓불휘			구급 상8ㄱ1
	茄子	가지 落蘇 一名		菜部	동의 2:33ㄱ8
②	膽礬				구간 2:77ㄴ
	石膽	膽礬 一名	唐	石部	동의 3:45ㄴ5
	石膽	膽礬 一名	唐	石部	양금 512:10
③	螺螄殼	나삿당아리			구급 하14ㄱ7
	田螺	우롱이 螺螄 一名 鬼眼睛 又名		蟲部	동의 2:12ㄱ10

24)① '落蘇'는 13세기 자료인 『향구』에 두 차례 기록되어 있고 이후 『구급』에 표제어로 나온다.[42] 24)①의 기록은 '落蘇'가 곧 '茄子'임을 말해 준다. '茄子'가 한어명이며 '落蘇'라고도 한다는 의미이다. 이 '落蘇'가 15세기에 나타나다가 『동의』의 본문에 이칭으로 기록되어 있다. 이칭 추출 작업의 중요성을 알 수 있는 대목이다. 한편, 24)①에서 드는 의문은 '落蘇'는 고유어인가 아니면 한자어인가이다. '茄子 一名 落蘇'가 아니라 '落蘇 本名 茄子'이기 때문이다. 『표』에는

42) 『향구』의 용례는 차자표기의 용자례를 정리한 이은규(1995)가 참조된다. 그리고 향약명 어휘의 용례는 4장의 DB에서 인용하며 일일이 언급하지 않고 필요한 경우에만 밝히기로 한다.

'茄子'와 '가지'가 동의어로 등재되어 있는데 '落蘇'에 대한 언급은 없다. 반면 북한에서 나온 『동사』(16)에는 '가지'라는 표제어에 '락소'가 동의어임을 적시하고 있다.

24)② '膽礬' 역시 『구간』에 '초애 담번을 ᄀ라 져고매 이베 머구머시면'과 같이 두 차례 나타날 뿐 다른 의서에는 보이지 않던 것이었는데, 『동의』의 본문과 『양금』에 이칭으로 기록되어 있다. 24)③ '螺螄'는 『구급』에 나오는데 역시 『동의』 본문에도 인용되어 있다. 『표』에는 '가지'의 한어명으로 '茄子'나, '石膽'과 '膽礬' 그리고 '우렁이'의 한어명 '田螺' 및 '鬼眼睛'은 이칭으로 등재되어 있는데 '落蘇'와 '螺螄'는 실려 있지 않다.

또한 의서의 방문을 면밀히 재검토하는 것도 필수적으로 이루어져야 한다. 방문의 어느 곳에 특정 향약명 어휘가 있을 가능성은 늘 상존한다. 번역문만 있고 대응되는 한문 원문이 없는 경우는 향약명 어휘의 기원을 정밀하게 추적하여 밝혀야 한다.

방문의 기록을 면밀히 살펴야 한다는 사실은 아래 25)의 예에서 잘 드러난다. 25)②-⑥은 홍재휴본 『촌구』의 방문에 나타나는 한글표기이다. 이은규(1994ㄴ)에서 『촌구』를 처음 소개하면서 목록에 나오는 차자표기만을 다루고 방문의 한글표기 자료는 언급하지 않았다. 그 결과 25)②의 예가 소개되지 않았었다. 홍재휴본의 목록에는 한글표기가 없지만 본문에는 있었던 것이다.(아래 이탤릭체 부분은 필사된 것임.)

25) '鱔魚'

①	鱔魚 웅에 又名 △△△△	一名	촌구 6ㄱ10
	鱔魚 드렁허리		동의 2:3ㄴ4
	鱔魚 드렁허리		제중 8:18ㄴ7
	鱔魚 드렁허리		의종 7:40ㄴ1
	鱓魚 冬乙藍虛里 드렁허리	鄕名	향성 680-2
②	鰻鱺魚 웅에 又名 드렁*허리*	俗名	촌구 22ㄱ5
③	眞巢 춤깃		촌구 20ㄱ3
④	蚰蜒 진뒤	卽	촌구 32ㄴ6
⑤	壁鏡 납거믜	卽	촌구 33ㄱ2
⑥	泄瀉 *즈즤눈병*		촌구 49ㄴ6

25)① '鱔魚'의 우리말 향약명은 '웅에'와 '드렁허리'인데 『구간』에 나온다. 하지만 이은규(1994ㄴ)에서 소개한 홍재휴본 『촌구』의 본문에 '드렁허리'와 '웅에'가 나온다. 특히 '웅에'는 『구간』의

것이 사전상 유일예였는데(21ㄱ2 '大鱔魚 큰웅에') 이 예가 나옴으로써 유일예가 아니게 되었다.[43] 25)② '鰻鱸魚'는 '비얌쟝어'로 『동의』, 『제중』, 『의종』에는 '비얌장어'로, 『향성』에는 '뱀장어'로 나온다. 따라서 이는 분명한 오각으로 판단된다. 25)③ '眞巢'의 '참깃'은 일반적인 의서에도 보이지 않고 사전류에도 나타나지 않는다. 유일례로 판단된다.

25)④ '진뒤'는 '진드기'의 옛말이다. 『훈몽』에 '蜱'의 훈이 '진뒤'이다. 그렇다면 이 책의 '진뒤'가 더 앞서는 형태가 된다. 『표』에서는 '蚰蜒'이 '그리마'임을 밝히고 있다. 한자 '蚰'와 '蜒'이 모두 '그리마'를 가리킨다. 그렇다면 이 책의 '진뒤'는 오각인지 규명해야 한다.[44] 25)⑤ '壁鏡'은 '납거믜'로 되어 있는데 『훈몽자회』, 『동의』, 『의종』, 『방합』, 『향성』 등에 나온다. 『표』에서는 '壁錢'이 '대륙납거미'와 동의어임을 밝히고 있다. 또 '납거미', '壁鏡'이라고도 함을 설명하고 있다. 따라서 이 책의 예가 더 앞선다. 25)⑥ '泄瀉'의 '저즤는병'은 필사된 부분인데 '즈즤는병'의 오기로 판단된다. '즈즤다'는 『구급』에 가장 먼저 나온다. 이처럼 향약명을 채집할 때에는 방문도 면밀히 살펴야 한다.

[3] 향약명 어휘 자료에 대한 엄밀한 판독이 선행되어야 한다. 아래 26) '白薇'는 『향채』부터 나오는데 『촌가』 이본들까지는 '마아존'으로 읽혔던 것이다. 하지만 『동의』에서 '아마존'으로 바뀌고 현대국어까지 이어진다(이은규 1994ㄴ:105 참조). 'ㅇ'자와 'ㅁ'자의 판각 차이가 전혀 다른 형태를 나은 것이다.[45]

26) 白薇

白薇	摩何尊	鄕名	향채 3월
白薇	摩阿尊 又名 徐長卿		촌구 3ㄴ10:3
白薇	摩阿尊	鄕名	촌가
白薇	磨阿尊 마아존쪼셔댱경	鄕名	촌가

43) 『표』에서는 '鱔魚'가 곧 '드렁허리'라 하고, 동시에 '熊漁'도 '드렁허리'와 같은 말이라 풀이하고 있다. '웅에'는 '웅어1'의 평안북도 방언으로 설명하고 있다. '드렁허리', '웅어1', '熊漁2' '웅에' 등의 관계를 규명해야 할 것이다. 『촌구』가 함경도 방언을 반영하는 것으로 알려져 있다는 점에서 흥미롭다. 이와 관련해서는 안병희(1978:199)와 김주원(1997:33-34)가 참조된다.

44) '그리마'에 대응되는 이른 시기 향약명은 '蠖螋'이다(이은규 1993:167 참조).

45) 이런 일은 한어명에서도 일어날 가능성이 있다. 『촌구』와 『촌가』에 나오는 '秦艽'는 '진규'로 읽히는 미나리아재빗과의 여러해살이풀이다. 『표』에서는 '秦艽[진교]'의 동의어로 처리하고 있다. 문헌에는 '秦芃(『향채』), 秦艽(『촌구』, 『촌가』), 秦芃(『동의』), 蓁艽(『제중』), 蓁艽(『의종』) 蓁艽(『향성』)' 등으로 기록되었는데, 『향채』나 『동의』처럼 '芃[봉]'으로 잘못 적을 수 있다. 가장 앞선 형태는 『촌구』의 '秦艽'이다. '秦艽'에 대해 『표』에서는 '秦艽 진봉 『물보』(상8)'을 들어 '진교'의 옛말로 풀이하고 있다.

白薇	徐長卿	鄕名	촌가
白薇	아마존		동의 3:8ㄱ10
白薇	이마존		의종 7:6ㄴ2
白薇	百吉草 아마존	鄕名	향성 79:620:2
白薇	竹葉細辛 아마존	鄕名	향성 79:620:2

[4] 향약명 어휘의 총목록을 작성하고, 문헌별 · 시대별 자리매김을 하는 동시에, 향약명 어휘를 다양한 학문 분야에서 연구할 수 있도록 하는 기초 작업이 선행되어야 한다. 이런 작업이 효율적으로 이루어지려면 반드시 학제간의 연구가 필요하다.

[5] 목록 작성 후 우선적으로 선행되어야 할 작업이 있다. 바로 '이것이 그것인가?'라고 묻고 답을 하는 작업이다. 향약명 어휘는 'X는(의) {지시어} Y이다'로 표기되는데 X와 Y가 일치하는지를 검정하는 작업이 필요하다. 다시 말하면 '명칭'과 '실물'의 관계를 명확히 규명해야 한다. 물론 이 작업을 거쳐야 할 향약명 어휘가 많지 않을 것이다. 이 작업을 위해서는 현대 국어까지 이어진 이칭들의 정확한 학명(學名)을 밝혀야 한다. 만약 X와 Y가 다른 것이라면 해석을 달리 해야 한다. 아래 '百合'의 예를 보자.

27) 백합(百合)

百合	犬乃里花	俗云	향구 목46ㄱ6
百合根	犬伊那里根		향구 중18ㄱ6
百合	犬伊日	鄕名	향채 2월
百合	빅합		구급 하22ㄱ
百合	개나릿불휘		구간 2:111ㄱ
百合根	개나릿불휘		구간 3:31ㄴ
百合	火伊日根		촌구 3ㄴ2:1
百合	犬伊日根 개나릿불히	鄕名	촌가
百合	개나리불히		산경 288
百合	빅합		언태 45ㄱ
百合	개나리불휘		동의 3:5ㄱ6
百合	개나리불휘		본목 27ㄴ10
百合	개나리		신황 보18ㄴ
百合	개나리불휘		사의 1ㄴ2:8
百合	개나리불휘		양금 505:9
百合	개나리불휘		제중 8:9ㄴ4

百合	흰곳ᄀᆡ나리		물보 8
百合	ᄀᆡ나리불휘		경신 33ㄱ7
百合	당ᄀᆡ나리		식휘 89
百合	나리		식휘 89
百合	野百合		식휘 89
百合	介伊日根	鄕名	향성 79:617:3
百合	당개나리뿌리	鄕名	향성 79:617:3
百合	백합꽃뿌리	鄕名	향성 79:617:3
百合	나리		식명 30
百合	나리꽃		식명 30
百合	개나리		식명 30
百合	나리		동사 455
百合	참나리		약식 33
百合	당개나리		약식 33
百合	산나리		약식 33
百合	호랑나리		약식 33
百合	卷凡		약식 33
百合	ᄀᆡ나리		의본 244

27)을 보면 이전 시기 기록에서 '百合'은 대체로 '개나리'에 대응된다. 그런데 『표』에서는 '백합'을 '백합과의 여러해살이풀'로 정의하면서 학명을 'Lilium longiflorum'로 밝히고 있다. 한편 '개나리'는 '물푸레나뭇과의 낙엽 활엽 관목'과, '들에 저절로 나는 나리를 통틀어 이르는 말' 두 가지를 동음어로 등재해 두고 있다. 그러면서 후자의 학명을 'Forsythia koreana'라 규정하고 있다. 여기에다 『구간』의 '개나리'는 '개+나리'임을 덧붙여 설명하고 있다.

다시 『표』에서 '나리'를 찾아보면 '참나리'와 '백합'을 다의어로 설정하고 있다. 그러면서 '나리'와 '참나리'는 동의어로서 학명을 'Lilium lancifolium'으로 제시하고 있다. 『漢韓大字典』(민중서림, 1966:856쪽)에서도 '百合'의 설명 끝에 '나리'를 덧붙이고 있다. 이런 사정에 의하면, 13세기 중엽에 '百合'에 대응되는 고유어가 '*가히나리'였는지, 아니면 대응되는 가장 가까운 식물을 적은 것인지, 아니면 오류인지 등에 대한 판단이 쉽지 않다.[46] 이처럼 개별 향약명 어휘에 대한 명확

46) 한편 27)에서 눈에 띄는 것이 '당개나리'와 '호랑나리'이다. 『표』에 따르면 '당개나리'는 중국이 원산지인 '당나리'와 동의어로 '백합과의 여러해살이풀'인데 학명이 'Lilium brownii'이고 이칭으로는 '권단(卷丹)'이 있다. '호랑나리'는 『표』에 실려 있지 않다. 그런데 『三才圖會』(王圻 1607 6:15ㄱ 草木)에는 "百合有三種一名檀香百合子可烹惑蒸食之益氣一名[ ]百合子可食花遲一月不甚香一名虎皮百合能殺人不可食都波不知耕稼土多百合取其根以爲糧"라는 기

한 학술적 판단이 선행되어야 하는 경우도 있다. 이러한 작업을 효율적으로 하려면 서지학과 한의학 그리고 식물학 등과 반드시 연계하여 연구가 이루어져야 한다.

[6] 현대 방언에 남아 있는 향약명 형태의 채집이 필요하다. 가능하면 한약재를 다루는 분들의 살아있는 방언형을 전 방언권을 포괄하여 체계적으로 수집해야 한다. 사실 현재 향약명 연구는 모두 문헌어를 대상으로 한다는 점에서 한계를 가진다. 그리고 앞선 시대 의서의 기록에서도 방언을 반영한 것이 있는바 이들에 대한 연구도 함께 진행되어야 한다. 대표적인 사례로 『향성』의 예를 보자.

28) ① 귀융	猪槽上垢及土	돼지귀융에무든때와흙	향성 77:596:2
	猪槽中水	돼지귀융속의물	향성 77:601:3
② 뒤깐	古厠木	오랜뒤깐말정	향성 80:649:1
③ 할꼬지	銅弩牙	청동으로맨든할꼬지	향성 77:600:1

28)①에서 '槽'는 '귀융'에 대응되는데 『표』에 따르면 '귀융'은 '구유'의 강원도 방언형이다. 28)② '뒤깐'은 '변소'의 방언형으로 널리 쓰이는 말이다. 28)③ '할꼬지'는 '활꼬지/활곶이'의 오기라고 보이는데 '활고자'가 본말이다. 『표』에는 '활꼬지'가 '활고자'의 '북한말'로 되어 있다.

[7] 국어학적인 측면에서 어휘론적 연구가 좀더 활발히 이루어질 필요가 있다. 그 의미가 무엇인지, 형태소 분석이 어떻게 되는지 아직 불분명한 향약명이 많다. 또 향약명 어휘에 사용된 형태소 목록을 작성하여 기초 자료로 축적하는 작업도 필요하다. 의미가 무엇인지 잘 파악되지 않는 예를 몇몇 제시하면 아래와 같다. 이들의 의미는 여전히 추정치에 머물고 있으며 확실한 근거를 찾지 못하고 있다(4장 DB 참조).

29) ① 북짤미 : 鷄窠中草 닭의둥우리속의북짤미 『향성』(79:636:2)
② 말정 : 古厠木 오랜뒤깐말정 『향성』(80:649:1)
③ 산므에 : 白花蛇 산므에비얌 『동의』(2:12ㄴ10), 산므에배암 『향성』(83:692:3)
④ 수파 : 猪鬐膏 돼지수파머리기름 『향성』(81:665:3)
⑤ 흙번 : 鑄鐘黃土 쇠북부어낸흙번 『향성』(77:595:1)
⑥ 개댕이 : 鑄鏵鉏孔中土 보습부을때개댕이속의황토 『향성』(77:595:1)
⑦ 뜸배질 : 春牛角上土 뜸배질한쇠뿔에무든흙 『향성』(77:595:2)

록이 있다. '백합'에 세 종류가 있는데 그 한 종류로 '虎皮百合'이라는 것이 있음을 말하고 있다. 여기서 유래한 것이 '호랑나리'가 아닐까 추측해 본다.

[8] 어휘사 기술이 절실하다. 이는 '향약명 어휘 체계'라는 인식과 '단어족 개념의 도입'이 전제되어야 한다. 모든 어휘 연구에서 마찬가지이겠지만 향약명 어휘를 대상으로 하는 어휘사도 아래와 같이 설정될 수 있을 것이다.

30) 향약명 어휘의 통시적 연구 - '향약명 어휘사'
   ① 개별 어휘사
   ② 어휘 체계사
      - 분류 체계(주제)별 어휘 체계사
      - 단어족별 어휘 체계사

'개별 어휘사'는 향약명 어휘 낱낱의 역사를 기술하는 것이다. 이는 어원론의 기반이 되는 동시에, 어휘 체계사 기술을 위한 기초 작업 구실을 한다. 그리고 개별 어휘사를 통해서 향약명 어휘가 최초로 나타나는 시기는 물론이고, 어휘의 형태가 변하거나 다른 형태로 교체되거나 소멸하는 양상을 확인할 수 있다. 동시에 이칭의 반사를 시대적으로 살필 수도 있다. '분류 체계별 어휘 체계사'는 분류 체계나, 주제별로 어휘를 나누고 각각의 체계가 시대별로 어떤 변화를 보이는지 기술하는 것이고, '단어족별 어휘 체계사'는 한어명에 대응되는 고유어와 수많은 이칭이 형성하는 단어족이 시대별로 어떻게 변했는가를 정리하는 것이다. 물론 어휘론적으로 의미가 축소되거나 확대된 것, 어형이 다른 것으로 교체된 것, 유의어간에 교체된 것 등과 같은 분석이 기존의 연구에서 부분적으로 이루어졌지만 모든 향약명 어휘로 확대하여 전면적으로 고찰할 필요가 있다.

[9] 개별 어휘사의 한 부면이지만 어원론적 연구가 필요하다. 의미론적 기준을 앞세우는 것이 아니라 음운론적인 형태 확정부터 한 뒤에 어원론적 분석을 행하는 순서를 밟아야 함은 물론이다. 어원론은 향약명 어휘의 정확한 형태소 분석을 위해서도 필요하다.

31) '橡實'

橡實 猪矣栗	[13세기] 향구 목48ㄱ3
도토리	[16세기] 훈몽 상11ㄴ1
굴근도토리 참나모	[17세기] 동의 3:40ㄴ10, 한청 13:24ㄱ4
도토리	[18세기] 방유 4:22ㄱ4
샹슈리	[19세기] 물보 12:3
상소리	[19세기] 의종 7:33ㄴ1, 방합 334

상수리 참나무 상수리나무　　　　[20세기] 자석 172:3, 식휘 119
加邑可乙木實 떡갈나무열매　　　　[20세기] 향성 80:651:3

이은규(2009:504)에 따르면 '橡實'의 경우, 『두시언해』에 '도톨밤'이 보이지만, '상수리'형이 나타나면서 의서에는 '도토리'가 잘 나타나지 않는다. 차자표기 '猪矣栗'은 '*도틔밤'으로 재구되고 '도톨밤'으로 이어졌다. 그런데 '猪矣栗'의 '猪'는 단순한 석독자가 아니다. 현대 방언에 남아 있는 '꿀밤'의 '꿀'이 바로 '돌'과 연결된다. 민은숙(1982:37)에서도 '꿀밤'이 '돼지(꿀꿀이)의 밤'을 뜻한다고 기술하고 있고, 홍윤표(2009:111-115)에서도 어원론적 입장에서 '돼지'와 관련지어 '도토리'의 형태·의미적 변화 과정을 기술하고 있다.

[10] 13세기부터 나타난 향약명 어휘가 현대 국어에 어떻게 수용되었는지를 살펴볼 필요가 있다. 실제로 이전 시기 문헌에 나타나는 향약명이나 한어명과 그 이칭들이 대부분 『표』에 등재되어 있다. 이들에 대한 종합적인 어휘사적 검토가 필요하다. 그리고 이은규(2009)에서 지적한 대로 20세기에 오면서 향약명의 이칭이 급증하는 현상에 대한 규명도 필요하다. (1)~(9)까지의 연구가 이루어지면 이런 점도 자연스럽게 밝혀질 것이다. 이런 연구는 물명류 연구와의 연대가 필수적이다.

지금까지 살펴본 바에 따르면, 향약명 어휘 연구는 앞으로의 과제가 더 많이 남아 있다고 할 수 있다. '향약명 어휘 범주'에 대한 명확한 인식을 바탕으로 '체계적 접근'을 통해서 향약명 어휘의 규모와 특징을 밝혀내야 할 것이다. 이를 위해서 가장 먼저 해야 할 일이 전체 향약명 어휘를 모두 아우르는 '정보화된 향약명 어휘 DB' 좀더 자세히 말하면 '단어족 개념의 정보화된 향약명 어휘 DB'의 구축임은 아무리 강조해도 지나치지 않다.

제2장

향약명 어휘의 체계

2.1 범위와 개념

국어학에서 향약명이라는 어휘군의 존재를 인식한 것은 오래 되었지만, 그 특성이나 속성을 선명하게 말하기는 아직 쉽지 않은 듯하다. 그것은 하나의 어휘 체계로 접근하지 않고 국어사 기술을 위한 재료로만 다루어 왔기 때문으로 보인다. 따라서 어휘론적 입장에서 향약명의 개념과 어휘 범주를 설정하는 일부터 다시 해야 한다. 무엇이 향약명 어휘이고 어디까지가 향약명 어휘인지를 먼저 명확히 할 필요가 있다.

2.1.1 범위

무엇을 향약명 어휘로 볼 것인가? 향약명 어휘에 대한 연구는 이 질문에서 출발한다. 분석 대상에 대한 명확한 파악과 개념 규정이 모든 연구의 첫걸음이듯이 향약명 어휘의 뜻풀이를 올바르게 하기 위해서는, 의서의 방문(方文)에 향약명 어휘가 어떤 양상으로 제시되는지를 다양한 사례를 통해 살펴볼 필요가 있다.

실제로 의서나 의서와 관련된 문헌 자료에서 향약명 어휘를 추출하는 것이 그리 간단치 않다. 『동의』나 『사의』처럼 향약명으로 쓰이는 약재명의 목록을 방문과 별개로 제시하는 경우도 있지만 방문만 있는 의서도 많기 때문이다. 일반적으로 향약명 어휘라고 하면 약재로 쓰이는 사물인 까닭에 쉽게 '명사' 혹은 '명사형' 형태로 인식하고 있다. 그래서 '甘草, 半夏' 등과 같이 잘 알려진 한약재나, '물푸레나무껍질[秦皮]'(『향성』80:646:3), '나삿당아리[螺螄殼]'(『구급』하14ㄱ7), '노새고기[騾肉]'(『구급』하14ㄱ7)' 등과 같은 일상의 사물을 떠올리기 쉽다.

그런데 방문의 처방 부분에[47] 나오는 사물의 명칭이라고 해서 모두 향약명 어휘인 것은 아니다. 그리고 향약명 어휘라고 해도 해당 사물이 본래 모습 그대로 다시 말하면 해당 사물 전체가 향약명 어휘인 것도 아니다. 곧 향약명 어휘가 항상 고유명사나 보통명사의 형태로 고정되어 있고, 그것이 언제나 의서의 방문에 그대로 나타나며 처방에 이용되는 것이 아니라는 것이다. 동일 사물이라도 일정 부위만이 쓰일 수도 있고, 같은 사물이라도 전혀 다른 배경을 가진 사물만을 취해서 처방에 쓰도록 지시하는 경우가 많기 때문에 향약명 어휘에는 일정한 범위가 있음을

47) 이은규(2010ㄴ:79-83)에서는 의서 방문의 기본 구조를 '방문 [[병명](구분 표지)-[증세]-[처방]]으로 설정하였는데 향약명 어휘는 [처방]에 나온다.

인식할 필요가 있다.[48]

아래에서 다양한 사례들을 유형별로 살펴보면서 향약명 어휘의 범위와 관련된 문제를 파악해 보기로 한다.

1) 향약명의 제시

① 茵蔯蒿 더위자기, 王不留行 댱고새, 白蒿 ᄀᆞᆫ날제힌뿍 (『동의』3:1ㄱ)

② 卒中法 圓白天南星(두텹고 ᄒᆡᆫ 두야머주저깃불휘 濕紙裹煨)
문득 ᄇᆞᄅᆞᆷ 맛거든 두텹고 ᄒᆡᆫ 두야머주저깃불휘를 저즌 죠ᄒᆡ예 ᄡᅡ 구으니와 (『구간』1:1ㄴ~1:2ㄱ)

③ 新生犢子(ᄀᆞᆺ난 소ᇰ아지)未食草墮地臍屎曝乾爲末水調服一錢日四五服愈
ᄀᆞᆺ난 소ᇰ아지 플 먹디 아니 ᄒᆞ야셔 ᄯᅡ해 딘 빗복애 브텃던 ᄯᅩᇰ을 벼틔 ᄆᆞᆯ외야 ᄀᆞ라 한 돈곰 므레 프러 머고ᄃᆡ ᄒᆞᄅᆞ 너덧 번 머그면 됴ᄒᆞ리라 (『구간』2:113ㄴ~2:114ㄱ)

1)①이 일반적인 의서에 나오는 향약명 어휘 목록의 예이다. 방문이 제시되기 전이나 의서의 맨 뒤에 향약명 어휘가 나오는 경우이다. 한어명이 표제어로 제시되고 이에 대응하는 우리말 향약명을 함께 제시하는 것이다. 이런 경우 향약명 어휘의 추출은 간단하다. 표제어와 대응되는 우리말 향약명 그리고 더러 함께 제시되는 이칭(異稱) 자료를 모두 뽑아내면 된다. 목록 제시형은 『향채』처럼 아예 방문 방문 없이 향약명 어휘 목록만 제시되는 경우도 있다.

1)②와 ③은 15세기의 대표적 의서 『구간』의 예이다.[49] 1)②는 『구간』 맨 앞부분에 나오는 방문이다. 『구간』은 한문 원문을 먼저 제시하면서 주요 한어명 약재에 대응하는 우리말 향약명을 ( )에 넣어 제시하고 있다.[50] '中風'에 쓰는 첫 번째 약재가 '圓白天南星'인데 우리말로는

48) 이 책에서는 편의상, 향약명 어휘의 두 가지 층위를 '범주(範疇, category)'와 '범위(範圍, range)'로 나누어 구분해서 쓰기로 한다. '범주'는 '어휘 범주'를 의미하는 것으로 전체 어휘 체계 내에서의 한 갈래를 의미한다. 반면 '범위'는, 약재 대상 사물이 의서에 나타날 때 즉 처방에 사용될 때 어떤 조건을 충족해야 하는지 혹은 어떤 가공을 거쳐야 하는지 등을 포함한 의미 영역을 뜻한다.

49) 『구급』과 함께 『구간』은 새로운 '고유어형' 향약명 어휘가 생성하는 단계를 보여준다. 이 두 책에서 처음으로 한글표기형이 나타나면서 우리말 향약명 어휘가 만들어지는 것이다. 물론 앞선 시대의 차자표기 자료에서도 '고유어형' 향약명이 확인이 되지만, 한글표기형이 생겨나면서 새롭게 생성되는 향약명 어휘가 많아진다. 이러한 과정에는 의서의 방문이 한문을 번역한 것이라는 점도 영향을 끼친 것으로 생각된다. 이에 대해서는 이른 시기의 차자표기 향약명과의 비교를 통한 별도의 연구가 필요하다.

50) 이와 같은 향약명 어휘의 제시는 일종의 목록 구실을 한다고 볼 수 있다. 특히 '두텹고흰두야머주저깃불휘'와 같은 설명형 향약명이 『구간』에서 준목록화하여 구체적으로 제시되고 있는 점이 주목된다. 이는 설명형 향약명 어휘의 형성과도 관련된다. 그리고 이런 제시 방식은 다분히 독자를 배려한 조치로 보인다. 이어지는 번역문에도 한어명에 대응하는 고유어 향약명이 나오지만 한문 원문에서 미리 그것을 지시해 줌으로써 독자로 하여금 주목하도록 함과 동시에 정보에 대한 이해도를 높이는 것이다. 의서 방문에 대한 번역학적 분석이 필요한 대목이다.

'두텹고 흰 두야머주저깃불휘'라는 뜻이다. 1)③의 '新生犢子(굿난 숑아지)'도 동일한 형식으로 향약명을 제시하고 있다.

1)②를 두고 일반적으로는 한어명은 '天南星'이고 이에 대응하는 우리말 향약명은 '두여머주저깃불휘'와 같이 말한다. 물론 틀린 해석은 아니다. 『동의』와 같이 목록 형식으로 향약명을 제시할 때에는 예외없이 이런 방식이 적용된다.

그러나 1)의 방문을 자세히 살펴보면 '한어명'과 이에 대응하는 '향약명'을 1:1로 대응시켜 인식하기 어려운 측면이 있다. 1)②에서는 일반적인(무특정의) '天南星'이 아니라 '圓白 天南星'을 약재로 쓸 것을 지시하고 있다. 그렇다면 향약명을 '天南星'으로 해야 하는지 아니면 '圓白天南星'으로 해야 하는지 문제가 된다. 물론 후대 의서에서는 '圓白'이 생략된 경우가 훨씬 더 많으며 목록 형식으로 제시하는 의서에서는 예외없이 삭제되어 있다. 향약명 어휘사의 독특한 일면 엿볼 수 있다.[51)]

문제는 여기서 그치지 않는다. 1)② 『구간』의 방문은 여기서 더 나아가 '圓白天南星'도 아무것이나가 아니라 '濕紙裹煨한 것' 곧 '저즌 죠희예 빠 구으니'를 쓰라고 지시하고 있다. 현대어로 정확하게 말하면 '젖은 종이에 싸서 구운, 둥글고 흰 천남성'을 약재로 쓰라는 것이다. 그냥 '天南星' 아무거나 쓰지 말라는 뜻이다.

한편 1)②에서 알 수 있는 사실은 향약명 관련 부분 '두렫고 흰 두야머주저깃불휘를 저즌 죠희예 빠 구으니'가 [[[두렫고 흰] [두야머주저깃불휘를]] [저즌 죠희예 빠 구으니]]의 구조로 되어 있다는 점이다. 즉 어근 '두여머주저깃불휘'를 중심으로 앞 부분은 해당 사물의 상태 혹은 특징적인 면을, 뒷 부분은 약재를 어떻게 가공하는지를 기술하고 있다.

1)③을 보면, '新生犢子(굿난 숑아지)'는 한문 원문에 나오는 고유어 대응형이 향약명 어휘가 아닐 수 있다는 사실을 보여준다. 방문을 자세히 보면 '굿난 숑아지'는 처방에 사용하는 약재 대상이 아니다. 곧 해당 부분은 약재를 복약하는 방법을 설명하고 있는데, 정작 먹어야 할 대상은 '굿난 숑아지'가 아니라 '똥'이다. '똥'도 무특정의 아무런 것이 아니라 '굿 난 숑아지' 그것도 '풀을 먹기 시작하기 전의 숑아지가 땅에 배를 대었을 때 배꼽에 붙은 똥'을 말한다. 이처럼 방문에 제시되는 향약명 어휘는 단순히 '사물의 명칭'의 차원을 넘어서는 것이다.

이런 현상은 구급방류 의서에서 두드러지는데 20세기에 나온 의서에서도 마찬가지이다.

51) 일반적인 어휘사와 향약명 어휘사의 구분이 필요할 수도 있다.

2) 또 길희 집신빡을 그 총을 풀어 ᄉᆞᆯ와 더운 술의 타 먹으되 업더딘 집신은 나ᄂᆞᆫ 아희게 됴치 아니ᄒᆞ니라 (『백병』6ㄱ5-6ㄴ1)

2)는 수진본 의서의 하나인 『백병』의 예인데, 아예 [처방]에 대해 다 언급한 이후 별도로 약재의 조건에 대해 설명하고 있다. '집신짝'을 가공하여 먹어야 하는데 아무렇게나 엎어져 있는 집신을 쓰면 안 된다는 설명을 추가하고 있다.

이처럼 실제 의서의 방문에 나오는 약재들은 단순히 대상 사물만을 지시하는 경우가 잘 없다.[52] 최상의 약효를 위해서 동일한 약재라도 여러 가지 조건을 전제로 하고 있는 것이 대부분이다. 문제는 이럴 경우 향약명 어휘를 어떻게 설정할 것인가이다.

아래에서 다양한 방문들을 좀더 살펴보자. 미리 향약명 어휘가 어떠한가를 전제로 분류를 해서 살펴보는 것이 좋겠다.

3) 복약 관련
① 髮際 발제예 버들그릇 틔온 ᄂᆡ을 ᄡᅬ이고 굼벙이 즙을 먹고 ᄇᆞᄅᆞ라 (『백병』49ㄴ4-5)
② 諸塊及帶下 괴증과 ᄃᆡ하증의 건강과 ᄇᆡᆨ재약을 작말ᄒᆞ여 아적마다 더운 ᄉᆞᆼᄂᆡᆼ의 두세 술식 타 먹으라 또 벗히 ᄂᆡ거든 만히 ᄡᅡ 먹으라 (『백병』09ㄴ6-10ㄱ3)

3)①에는 '버들그릇'과 '굼벙이'가 나온다. 그런데 '버들그릇 틔온 ᄂᆡ'는 복약하는 향약명이 아니다. 이는 아래 다음 항목에서 살펴볼 처치 수단의 하나에 해당하는 것이다. 여기서는 '굼벙이' 그것도 '즙' 즉 '굼벙이즙'이 복약하는 향약명 어휘이다. 이 때에도 '굼벙이[蠐螬]'와 '굼벙이의즙' 가운데 어느 것을 향약명 어휘라 할지가 문제이다.

3)②에는 '건강(乾薑)'과 'ᄇᆡᆨ재약(白芍藥)'이라는 전형적인 한어명 어휘가 나오고, 고유어 향약명은 'ᄉᆞᆼᄂᆡᆼ'과 '벗히'가 나오는데 각각 '숭늉'과 '버찌'이다. 그런데 '숭늉'은 그냥 숭늉이 아니라 '더운 숭늉'이라야 한다. 한편, '더운 숭늉'에 타서 먹으라고 되어 있으므로 엄격한 의미에서는 '건강'과 '백작약'만 향약명 어휘라고 할 수도 있다. 하지만 포괄적 개념으로 보아서 전형적인 복약 대상이 아니라 하더라도 이런 경우의 '더운 ᄉᆞᆼᄂᆡᆼ'도 향약명 어휘로 처리해야 할 것이다.

52) 필사본 의서 『두신』은 대부분의 약재를 한어명 중심으로 기록하고 있다. 약재의 조건이나 가공 처리가 다른 의서보다는 훨씬 소략하다. 아마도 이 책은 한의학에서 말하는 '약재명' 중심으로 처방이 기술되어 있기 때문으로 보인다. 예를 들면, '㉠ [화독탕] ㉡ [ᄌᆞ쵸 용 싱마 ᄇᆡᆨ작약 감쵸 각 ᄒᆞᆫ 돈 산ᄉᆞ 육칠 푼 션퇴 거두시ᄒᆞ고 찹살 다셧 낫] ㉢ [너허 다려 먹으되 장셩ᄒᆞᆫ ᄌᆞ 비입ᄒᆞ라](07ㄱ01~04)'는 '① 한약재명, ② 약재, ③ 가공처리'로 되어 있다. 하지만 이런 경우는 의서의 보편성에서 볼 때 거의 예외에 해당한다.

4) 처치 수단 관련

① 길 가온대 더운 흙을 ᄇᆡ곱의 동골려 노코 그 가온대 오좀 누고 (『백병』37ㄴ6)

② 瘧疾 초학의 청심환을 먹으면 웃듬이오 빵분 ᄉᆞ이의 난 풀을 벼개에 너허 베고 (『백병』39ㄴ2)

③ 脫肛 밋 빠진 듸 회화나모 겁딜을 달혀 항ᄋᆡ 너코 그 우희 황문을 다혀 더운 긔운을 쐬이고 또 쇼년 부쳐 실루 베ᄂᆞᆫ 벼개 잇흘 초흘 적셔 축여셔 기애쟝을 덥게 달와 그 벼개잇흘 싸 황문의 다혀 찔고 (『백병』56ㄴ5-57ㄱ3)

④ 癮疹 두드어기 족닙흘 두들어 ᄇᆞᄅᆞ고 ᄇᆡᆨ번을 초희 달혀 ᄇᆞᄅᆞ고 월경슈을 먹고 삼 무든 구덩이의 돌흘 불의 달와 소금물의 ᄃᆞᆷ가 그 물을 먹고 듯은 빗히 어룽디거든 검은 콩 ᄒᆞᆫ 되 녹두 ᄒᆞᆫ 되 감초 ᄒᆞᆫ 분을 ᄒᆞᆫᄃᆡ 달혀 먹고 ᄀᆞ렵고 압흐거든 불근 흙을 닝슈의 타 먹으라 (『백병』33ㄴ6-34ㄱ6)

⑤ 놋그ᄅᆞᆺᄉᆞᆯ 귀에 다이고 두들이면 절노 나ᄂᆞ니라 (『백병』23ㄴ3-4)

⑥ 또 청듀 ᄒᆞᆫ 잔의 무쇠을 달와 ᄃᆞᆷ가 (『백병』08ㄴ1)

4)①-⑥에 나오는 향약명 어휘들은, 약재라기보다는 처방 수단에 해당한다. 핵심어에 해당하는 '흙', '풀', '기애쟝', '돌', '놋그릇', '무쇠' 등은 '약'이 아니다. 이들을 수단으로 이용해서 처치에 해당하는 행위 또는 조제할 것을 지시하고 있다. 이런 경우에도 이 핵심어들을 향약명 어휘로 볼 것인가 하는 문제가 제기된다.

향약명 어휘의 범위가 문제가 되는 예를 좀더 살펴보기로 한다.

5) 難産 ᄒᆡ산 비로서 쉬 못 난ᄂᆞᆫ 듸 쥐며ᄂᆞ리 닐곱만 싱으로 ᄉᆞᆷ키고 또 낟의 난 누에고치을 달혀 먹고 또 ᄀᆞ을보리 두서 되을 ᄉᆞᆯ마 그 물을 두어 그릇 먹으라 (『백병』06ㄱ1-4)

6) ① 腹瘧 ᄇᆡᆨ고곰의 두거비을 대칼로 쌔을 ᄇᆞᄅᆞ고 돌희 노코 즛두드려 쟝뉴슈의 피 업게 씨서 ᄎᆞᆷ기름 만히 ᄇᆞᆯ라 셋만 먹이되 뒷다리을 쓰라 (『백병』04ㄱ6-04ㄴ3)

② 唐瘡 당옴의 ᄎᆞᆷ머고리을 잡아 뒷다리 ᄉᆞᆯ흘 ᄌᆞᆯ게 환 지어 독ᄒᆞ니 ᄒᆞᆷ긔 만히 먹지 말고 (『백병』50ㄴ1-3)

7) 또 사ᄅᆞᆷ의 머리ᄡᅵ을 죠곰 눈의 너코 손톱 등을 갈로 ᄀᆞᄂᆞᆯ게 글거 그 ᄀᆞᄂᆞᆯ 춤의 ᄀᆡ야 너흐면 그 실이 모도일 거시니 (『백병』19ㄱ6-19ㄴ2)

8) 長髮 머리털 길게 ᄒᆞ기ᄂᆞᆫ 동으로 버든 대쵸 ᄲᅮᆯ희을 베혀 밥솟 우희 뼈셔 두면 (『백병』28ㄴ4-28ㄴ5)

5)에서 '낟의 난 누에고치'는 '누에고치'가 향약명이 분명하다. 하지만 'ᄀᆞ을보리'는 다르다. 방문에 따르면 'ᄀᆞ을보리를 삶은 물'을 먹으라는 것이다. 6)①을 보면 '두거비'가 약재 대상인데

약으로 쓰는 것은 '두거비' 자체가 아니라 '두거비의 뒷다리'이다. 6)②의 경우도 '출머고리'가 아니라 '출머고리의 뒷다리'를 약으로 쓰라 지시하고 있다. 7)도 마찬가지이다. '손톱'이 대상이지만 '손톱의 등을 칼로 가늘게 긁어 낸 가루'를 쓰라고 지시하고 있다. 8)에서도 '대쵸'가 핵심어이지만 반드시 '동쪽으로 뻗은 것'이라야 하고 '대쵸'의 가지가 아니라 '뿌리'를 약재로 써야 함을 지적하고 있다.

다음 예들은 방문 본문에서 향약명을 추출할 때에 제시된 어휘를 기록된 대로 추출해서는 안 되며, 문맥에 맞추어 향약명을 가공해서 추출해야 하는 경우이다.

9) 추출 과정에 가공이 필요한 경우
① 內腫 ᄂᆡ죵의 머괴나모 닙흘 ᄉᆞᆯ마 그물의 ᄎᆞᆷᄡᆞᆯ로 술을 비저 쟝복ᄒᆞ고 닙히 업거든 겁질도 ᄡᅳᄂᆞ니라 (『백병』14ㄱ3-14ㄱ5)
② 眯目 가ᄉᆡ든눈의 쇼나 사ᄉᆞᆷ의 힘이나 ᄀᆞ놀게 두드려 눈망올 우히 ᄀᆞ만ᄀᆞ만 ᄡᅳᆺ치면 가ᄉᆡ 무더나고 (『백병』19ㄴ6-20ㄱ2)
③ ᄯᅩ ᄉᆡᆼ강으로 괴 코을 글그면 괴가 오좀을 절노 누니 그 오좀을 너코 (『백병』23ㄴ1)
④ 中惡 듕악의 ᄉᆞ나희ᄂᆞᆫ 암ᄃᆞᆰ을 산 이로 병인의 입 우희 것구로 잡고 그 볏희 피을 내여 입의 들니고 부인은 수ᄃᆞᆰ을 쓰라 (『백병』34ㄴ1-3)
⑤ ᄯᅩ 널ᄉᆞᆫ사롱을 아이예 잡거ᄉᆞᆯ 대강 씻고 두번재 고쳐 ᄡᅵ서 그 물을 데여 먹으라 (『백병』38ㄴ1-3)

9)①은 '머괴나모의 잎'을 주재료로 사용하되 만약 없으면 '머괴나모겁질'을 써도 된다는 방문이다. 따라서 향약명 어휘를 추출할 때에는 '머괴나모'나 '머괴나모닢'만 추출해서는 안 되고 '머괴나모겁질'도 함께 가공해서 가려내야 한다. 9)②는 '쇼나 사ᄉᆞᆷ의 힘'을 가공해서 '쇠힘'과 '사ᄉᆞᆷ의힘'과 같은 두 어형을 추출해야 하고, 9)③은 '괴'가 향약명이 아니라 '괴가 눈 오좀'이 약재이므로 '괴오좀'으로 추출해야 한다. 9)④는 '암ᄃᆞᆰ'을 쓰는 경우와 '수ᄃᆞᆰ'을 쓰는 경우가 다르므로 '암ᄃᆞᆰ볏희피'와 '수ᄃᆞᆰ볏희피'로 가공해서 추출해야 한다. 마지막으로 9)⑤는 '널ᄉᆞᆫ사롱을 씻은 물'이 약재이므로 '널ᄉᆞᆫ사롱을씻을물' 혹은 '널ᄉᆞᆫ사롱ᄡᅵ슨물'이라는 형태, 이른바 설명형 향약명으로 가공하여 추출해야 한다.

이처럼 향약명 어휘는 방문에서 단어의 형태로만 노출되지 않기 때문에 문맥을 잘 살펴서 약재로 쓰는 형태를 찾아내야 하는 경우도 많다.

10) 향약명이 아닌 경우

① 又方治鬱肉濕脯毒張文仲云肉閉在密器中經宿者鬱燒狗糞爲末水服方寸匕凡生肉熟皆不用深藏密盖盖不泄氣皆殺人又肉汁在器中密盖氣不泄者亦殺人

ᄯᅩ 곰ᄠᅳᆫ고기와 져즌 脯뽕肉ᅀᅲᆨ괏 毒독ᄋᆞᆯ 고튜ᄃᆡ 張댱文문仲뜡이 ᄀᆞ로ᄃᆡ 고기ᄅᆞᆯ 칙칙ᄒᆞᆫ 器킝具꿍ㅅ안해 자자이셔 밤 디난 거슨 물 ᄠᅳᄂᆞ니 가히ᄯᅩᇰᄋᆞᆯ ᄉᆞ라 ᄀᆞᆯᄋᆞᆯ ᄆᆡᇰᄀᆞ라 므레 方방寸촌만 수를 머그라 믈읫 生ᄉᆡᇰ肉ᅀᅲᆨ 니그닌 다 기피 갈마 칙치기 덥디 마롤디니 더퍼 氣킝分분이 ᄉᆞᄆᆞ차 나디 몯ᄒᆞ면 다 사ᄅᆞᄆᆞᆯ 주기ᄂᆞ니라 ᄯᅩ 고깃 汁집이 器킝具꿍ᄉᆞ中듕에 잇거든 칙ᄎᆞ기 더퍼 氣킝分분이 ᄉᆞᄆᆞ차 나디 몯ᄒᆞᄂᆞᆫ 것도 ᄯᅩ 사ᄅᆞᄆᆞᆯ 주기ᄂᆞ니라 (『구급』하61ㄴ1-62ㄱ3)

② 又方用艾於傷處灸一百壯日過得安終身禁食狗肉若食蠶蛹此毒亦發不可救療三年之內亦須忌食一切毒物及房事勞倦常食杏仁以去其毒

ᄯᅩ ᄲᅮ그로 헌 ᄯᅡ해 一ᅙᅵᇙ百ᄇᆡᆨ 壯장ᄋᆞᆯ ᄡᅥ ᄒᆞᆯ리 디나ᅀᅡ 便뼌安한ᄒᆞ리니 모미 ᄆᆞᆺᄃᆞ록 가히고기ᄅᆞᆯ 먹디 말라 ᄒᆞ다가 누엣본도기ᄅᆞᆯ 머그면 이 毒독氣킝 ᄯᅩ 發벓ᄒᆞ야 고티디 몯ᄒᆞᄂᆞ니 (『구급』하72ㄴ3-73ㄱ1)

10)의 예에도 일반적으로 쓰이는 어휘가 나타난다. '곰ᄠᅳᆫ고기', '누엣본도기', '딜시르'가 그러하다. 하지만 이들은 약재로 쓰인 경우가 아니다. '鬱肉'에 해당하는 '곰ᄠᅳᆫ고기'를 먹어서 탈이 난 경우이거나, '蠶蛹' 곧 '누에번데기'의 소급형인 '누엣본도기'도 약이 아니라 독이 될 수 있음을 경계하고 있고, '질시루'의 소급형인 '딜시르'는 위에서 살펴보았던 처지 수단에 해당하는 어휘이다. 방문에 나타나는 어휘로서 더러 향약명 어휘로 사용되는 것이라 하더라도 병의 증세나 처방의 내용에 따라 향약명 어휘가 아닌 경우가 있는 것이다. 향약명 어휘를 엄격하게 규정한다면 10)의 방문에서 위 어휘들은 추출하지 말아야 한다.

지금까지 살펴본 대로 향약명 어휘는 방문이 결정한다. 물론 『향구』의 '방중향약목초부'이나 『동의』의 '탕액편'처럼 목록 형식으로 제시되는 어휘들은 모두 향약명 어휘로 쓰이는 것이므로 일괄 추출해야 하겠지만, 방문 내의 어휘들 또한 문맥을 잘 살펴서 가려내야 한다. 또 약재 대상의 조건이나 가공 등을 살펴서 처방에 맞는 향약명을 잘 추출해야 한다. 향약명 어휘는 단어 단위로 고정되어 있는 것이 아니며 따라서 처방에 따라 '범위'가 결정되기도 한다는 점을 기억해야 한다.

이 연구에서는 향약명 어휘의 전반적인 범주를 설정하고, 개별 향약명 어휘과 향약명 어휘 체계가 역사적으로 어떤 변화 과정을 거쳤는지를 기술하는 데에 초점을 두므로, 일단 목록 중심으로 향약명 어휘를 추출하기로 한다. 일반적으로 의서에는 약재로 쓰이는 사물의 목록을 제시하고 있는 경우가 많으므로 이점을 고려해야 한다. 다만 목록에서 향약명 어휘를 추출할 때에 복약으로 쓰이는 것만을 채집하지는 않기로 한다. 목록에는 복약으로 쓰는 것 말고도 병명이나 처치 수단 그리고 일반 어휘도 나타나는 경우가 있는데 어휘사적 가치를 고려하여 일괄 채집하기로 한다.

그리고 15・16세기 한글표기 의서 특히 구급방류 의서와 같이 별도의 목록이 없는 경우에는 방문 본문에 제시된 어휘를 추출하기로 한다. 다만, 이 과정에서도 향약명 어휘의 범위를 지나치게 엄격하게 적용하지 않기로 한다. 그것은 이 연구가 어휘사적 분석에 초점이 있기 때문이다. 포괄적으로 의서의 처치 과정에 쓰이는 약재와 처치 수단 그리고 때로는 신체어나 병명도 추출하기로 한다.

2.1.2 개념

이제 '향약명 어휘'의 개념을 규정해 보기로 한다.[53] '향약명 어휘'라는 개념의 설정은 본질적으로 의서 내에 존재하는 것이라는 전제를 바탕으로 한다. 따라서 의서에서 '향약명'과 관련된 요소들을 추출하는 것이 필요하다. 특히 향약명 어휘가 의서 내에서 어떤 형식으로 제시되고 있는지를 자세히 검토할 필요가 있다. 아래에서 이은규(2014:96-100)을 바탕으로 개념어 '향약명'의 설정 근거부터 찾아보기로 한다.

11) ① ㉠ 雞冠 鄕名 雞矣碧叱 『향구』(상7ㄱ4)
㉡ 雞冠 俗云 雞矣碧叱 『향구』(목50ㄱ8)
㉢ 木斫 鄕名 所訖羅 『농사직설』(1ㄱ10)
② 『鄕藥古方』[54], 『향약구급방』, 『향약제생집성방』, 『향약채취월령』, 『향약집성방』
③ 향약성(鄕藥性)
④ 약재명
⑤ 藥物名

53) 장서각 소장 한글 필사본 『동의보감언해』에는 '향약'을 다음과 같이 규정하고 있다; "향약인즉 싀골 일홈과 다뭇 약 나는 ᄯᅡ와 밋 ᄏᆡ야 취ᄒᆞᄂᆞᆫ 시월과 음양간정ᄒᆞᄂᆞᆫ 법을 긔록ᄒᆞ여시니 (鄕藥則書鄕名 與産地及採取時月 陰陽乾正之法)(1:10ㄱ)."(황문환 외 2018:21 참조). 그런데 이는 '향약'이 무엇인지 그 개념을 규정했다기보다는, '향약'에 관해서 기록할 때 반드시 적어야 하는 항목을 제시한 것이다. 그 중 관심을 끄는 것은, '싀골 일홈' 즉 '鄕名'을 가장 먼저 밝혀야 한다는 언급이다. 이 때의 '향명'이 바로 '향약명 어휘'인 것이다. '싀골 일홈'이라는 것은 한어명 '鄕名'을 축자적으로 번역한 것이다. 한어명에 대응하는 우리말 명칭이라는 의미로 해석된다.

54) 손병태(1996:17)은 고려 때 간행된 이 책명을 '鄕藥'이라는 말의 효시로 잡고 있다(김신근 1987:7 참조.).

11)의 ①㉠은 한어명 '鷄冠'의 우리말이 '雞矣碧叱'('*닭의볏', 맨드라미)라는 기록이다. 여기의 지시어 '鄕名'에 근거하면 '향명'이라는 개념어 설정이 가능하다. 김두찬(1983:12)에서는 '향명'을 '중국의 원한명에 대응하는 우리나라에서 흔히 쉽게 부르던 그 약재의 차자표기에 의한 명칭'으로, 손병태(1996:17)에서는 '우리나라에서 생산되는 약재의 총칭'으로 정의하였다. 이러한 정의는 '鄕'의 개념에 기댄 것이다. 하지만 '鄕名'은 약재명이 아닌 어휘의 차자표기에도 사용되었다. ①㉢은 농기구 '木斫'에 대응되는 우리말 '所訖羅(써레)'를 차자표기한 기록이다. 그리고 ①㉡처럼 '향명'과 같은 의미로 '俗云'이라는 지시어도 있음을 볼 때, '鄕名'이나 '俗云' 등은 유개념보다는 '한어명에 대응하는 우리말'이라는 뜻의 단순 지시어로 보는 것이 낫겠다.

11)②는 '향약'이라는 이름을 앞세운 의서명이다. 이른 시기부터 '향약'이라는 개념어가 보편적으로 사용되고 있었음을 말해 준다. 또 11)③ '향약성'은 '향약으로 사용되는 약재의 약물학적 특성'을 뜻하는 말로 현대 한의학에서 보편적으로 사용하는 개념어이다. 이에 ②, ③에서 '향약'이라는 개념을 분리 · 설정할 수 있다.

11)④ '약재명'을 개념어로 설정할 수도 있다. 포괄적인 범주를 나타낼 수 있다는 장점이 있지만, 이전 시기의 어휘 체계를 지칭해야 한다는 점과, 이전 시기 자료에서 일반적으로 사용된 개념어가 아니라는 점, '향약명'이 이미 개념화되어 있다는 점 등을 고려하면 이를 상위어로 세우기가 주저된다.

11)⑤ '藥物名'은, 『사의』의 앞부분에 제시되어 있는 향약명 어휘 목록의 제목이다. 이 용어는 일반적으로 쓰이지 않는 특이한 예인데 '향약'이라는 명칭을 수식어로 결합하기가 용이하지 않다. '향약약물명'으로 '藥'이 중복되기 때문이다. '조제되어 완성된 약'이라는 의미로도 쓰일 수 있기 때문에 향약명 어휘를 지칭하는 보편성을 획득하기는 어렵다고 본다.

결국 '우리 약재의 이름'이라는 뜻으로 '향약명'이라는 개념어를 설정하는 것이 가장 합리적이라 판단된다. '향약명'의 의미 구조는 '[[향][약명]]'이 아니라 '[[향약]명]'이 된다(1.1 용어 설정 참조). 그런데 단순히 '우리 약재의 이름'이라고 하면, 일반적인 식 · 동물명과 상당 부분 겹치게 되고 명확하게 구분이 되지 않아 향약명 어휘라는 범주 설정이 어려워진다. 따라서 '의서'와 '처방에 사용된'이라는 제한을 두어 향약명의 개념을 엄격하게 한정할 필요가 있다. 또 의서는 아니더라도 약재명이 등장하는 텍스트가 처방과 관련이 된다면 향약명 어휘로 볼 필요도 있다.[55]

55) 국어학 연구 영역에서 '향약명'이라는 용어를 처음 쓴 것은 방종현(1963)으로 보인다.

이런 점들을 종합하면, 향약명은 일차적으로 치료에 쓰이는 약재의 우리말 이름이라는 뜻으로, 아래 12)와 같이 정의된다.

12) 향약명의 개념(1)

의서를 중심으로 한, 처방과 관련된 텍스트나 약재명 목록에 나오는 약재의 우리말 이름

12)에 따르면, 『구간』의 방문에 등장하는 '括蔞 하ᄂᆞᆳᄃᆞ래'는 향약명이지만, 『물명』이나 『물보』 등에 나오는 '하늘탈이'나 '하늘타리'는 향약명이 아니다. 앞의 것은 식물명이면서 향약명이지만 뒤의 것은 식물명일 뿐이다.

그런데 12)에서는 '우리말 이름'이라고 할 때의 '우리말'의 범위를 어떻게 설정해야 하는가라는 문제가 제기된다. 실제로 향약명에는 고유어만 있는 것이 아니기 때문이다. 아래 13)의 '감ᄌᆞ'는 한어명을 그 음가대로 읽은 차용어이다. 대응되는 우리말이 없어서 한어명을 그대로 향약명으로 사용한 것이다.

13) ① 柑子 감ᄌᆞ 『제중』(8:22ㄴ1)
柑子 감ᄌᆞ 『의종』(32ㄴ8)
② 乳柑子 감ᄌᆞ 『동의』(2:18ㄱ5)
乳柑子 유감 『향성』(84:699:1)

여기서 향약명 어휘가 어떤 방식으로 제시되는지 살펴보기로 한다. 향약명 어휘는 의서 내의 방문과 목록[56] 두 공간에서 제시된다.[57]

14) 의서 방문과 목록에서의 향약명 제시

①	悉腫	本云	炮贖色	향구 중20ㄴ10
	熊膽		与老	향구 목49ㄴ8
	蚝虫	本名	蛄蟖	향구 목49ㄴ5
	假蘇	鄕名	鄭芥	향채 12월
	鱧腸	一名	蓮子艸	향채 2월

56) 이를테면 『동의보감 탕액편』은 '향약명 어휘를 모아서 일정한 기준에 따라 분류하고 체계화해 둔 목록'이기 때문에 '향약명 분류어휘집'이라 하는 것이 더 타당하지만, 별개의 책으로 이해될 수 있으므로 편의상 '목록'이라 한다.

57) 언해문에서의 향약명은 방문의 처방 부분에 나타난다; "中風 …… 舌不得轉 獨活(三兩) 竹瀝(댓진) 生地黃汁(各一升) 合煎取一升 ~ ᄇᆞᄅᆞᆷ 마자 ~ 혀ᄅᆞᆯ 놀이디 몯ᄒᆞ거든 독홠불휘 석 량과 댓진과 ᄉᆡᆼ디황 즛디허 ᄧᆞᆫ 즙 각 ᄒᆞᆫ 되와ᄅᆞᆯ ᄒᆞᆫᄃᆡ 글혀 ᄒᆞᆫ 되 ᄃᆞ외어든 (『구간』1:24ㄴ-25ㄱ).

	黃丹	又名	鈆草	향구 목50ㄱ8
	遠志	又云	阿只草	향구 목45ㄴ2
	代赭	卽	朱石	향집 77:16ㄱ
	蒴芎	俗云	蛇休草	향구 목45ㄴ4
	蒴芎	朱書	蛇避屮	향채 3월
	石韋	上層	石花	향채 2월
	鱧腸	俗謂	旱蓮子	향채 2월
	蘘荷	鄕名亦同		향구 상12ㄴ5
②	細辛		족도리풀불휘	의종 6ㄱ9
	芥菜		갓 又云 계ᄌᆞ	동의 2:29ㄴ
	延胡	本名	玄胡索	의종 5ㄴ9
	黃精		듁댓불휘 一名 仙人飯	동의 2:36ㄴ10
	鱖魚		소가리 卽 錦鱗魚	의종 7:39ㄴ9

14)①은 차자표기 자료이고, ②는 한글표기가 나오는 자료인데, 한어명과 향약명 사이에 '鄕名, 鄕名亦同, 本名, 本云, 俗云, 俗謂, 又名, 又云, 一名, 卽, 上層, 朱書' 등 다양한 지시어가 나타난다. '鄕名' 뒤에는 대개 고유어가, '本名, 本云' 뒤에는 주로 동의어가 나타난다. '俗云, 俗謂, 又名, 又云' 등은 이칭을 나타내는 경우가 많다. '朱書'와 '上層'은 『향채』에만 사용된 것인데 다른 문헌에서 인용하였음을 뜻한다(조성오 1983:7 참조).

지시어는 문헌별로 달리 해석될 수도 있다. 14)②처럼, '芥菜'의 향약명은 '갓' 또는 '계ᄌᆞ'라는 뜻으로 '又云'을, '黃精'의 향약명은 '듁댓불휘'인데 다른 말로 '仙人飯'이라 한다는 뜻으로 '一名'을 사용하고 있다.[58] 이들 용어가 중요한 것은 약재의 이름이 한자어인지 고유어인지 그리고 동의어로 어떤 것들이 있는지 등 향약명 어휘의 어원과 이칭간의 의미 관계를 밝히는 근거가 되기 때문이다.

14)의 예를 참고하면, 향약명의 기본적인 제시 방법은 다음과 같이 공식화된다.

15) 향약명 제시의 기본틀
X {鄕名/鄕名亦同/俗云/一云/本名…} Y {一名/本名…} Z

58) 향약명이 표제어 한어명과 상관없이 나타날 때도 있다. 『향집』(83:27ㄱ1~27ㄴ8)에는 '白花蛇'에 대한 긴 설명이 나오는데, 끝머리 27ㄴ6에 '白花蛇'와는 상관없는 '蝮蛇 鄕名 毒蛇'라는 기록이 있다.

X는 한어명, Y는 고유어, Z는 이칭으로 대표된다. 흔히 '고유어 Y'만을 향약명 어휘로 인식한다. 하지만 한어명도 향약명 어휘로 사용된 점을 고려할 때, 향약명 어휘의 범주를 포괄적으로 재설정할 필요가 제기된다. 즉 Y뿐만 아니라 Z와 X까지 모두 포괄하는 개념으로 파악할 필요가 있다. 이런 포괄적 인식과 개념 설정의 근거가 될 수 있는 지시어가 바로 '鄕名亦同'이다. 한어명과 향약명이 동일하다는 뜻인데, 이는 한어명이 차용어로 정착되어 향약명으로 사용되었음을 분명히 말해 준다.[59)]

이런 인식을 위해서 '단어족' 개념을 도입할 필요도 있다. 어떤 약재를 가리키는 여러 동의어 내지는 관련어를 묶는 단어족 개념을 도입하면 향약명 어휘의 개념을 포괄적으로 인식할 수 있을 뿐만 아니라 개별 어휘사나 어휘 체계사 기술도 쉬워진다(단어족 개념의 향약명 어휘 DB에 대해서는 4장 참조).

결국 약재로 쓰이는 사물이 있고, 그것을 지칭하는 명칭이 의서에 다양한 형태로 나타나는데 이들 모두를 넓은 의미의 향약명이라 할 수 있다. 이에 12)는 16)과 같이 다시 쓸 수 있다.

16) 향약명의 개념(2)
의서나, 처방과 관련된 텍스트 혹은 목록에 나오는 약재를 가리키는 고유어나 한자어

이와 같이 향약명 어휘의 범위를 포괄적으로 적용하여 16)과 같이 향약명 어휘의 개념을 규정한다. 이에 따라 의서나 처방 관련 텍스트로 한정하여 향약명 어휘를 인식하고 추출・분석해야 한다.

2.2 생성

향약명 어휘가 어떻게 생성되었는가라는 의문은 사실 불필요할 수 있다. 질병은 인간의 삶과 늘 공존했고, 그 질병에 따라 치료 행위가 이루어졌으며 그 과정에서 약재는 사용될 수밖에 없으므로 생성을 따지는 것은 무의미할 수도 있다. 하지만 변천 과정의 기술을 위해서는 언제

59) 『향구』에 '鄕名亦同'으로 표시된 향약명 어휘는 모두 5개이다; '乾蓮(중19ㄴ6), 蘘荷(상12ㄴ5), 牛蒡(상12ㄱ10), 黃蘗皮(중19ㄱ3), 茴香草(중17ㄱ3).

어떻게 생성되었는지에 대해서 논의할 필요가 있다. 향약명 어휘의 생성과 관련해서는 두 가지 면을 살펴볼 필요가 있다. 하나는 13세기의 『향구』의 차자표기 향약명 어휘의 위상 문제이고, 다른 하나는 15세기의 한글표기 향약명 어휘의 성격 문제이다.

먼저 현존 최고(最古) 의서인 13세기의 『향약구급방』에 나오는 차자표기 향약명 어휘를 어떻게 볼 것인가 하는 문제이다. 『향구』에는 방문에도 향약명 어휘가 산재되어 있을 뿐만 아니라 향약명 어휘 목록에 해당하는 '방중향약목초부'를 별도로 제시하고 있다. 이는 당시 향약명 어휘가 범주를 형성하고 일정한 체계를 갖추고 있었음을 말해 준다. 다시 말하면 『향구』 이전에 이미 '향약명 어휘'라는 인식과 범주 체계가 있어왔음을 증명한다. 이런 사실은 『향구』의 향약명 어휘 가운데에는 중세국어나 근대국어뿐만 아니라 현대국어에 남아 있는 향약명 어휘와 기원적인 어근 형태를 공유하는 것이 많다는 점이 뒷받침한다. 따라서 엄격하게 말하면 『향구』의 향약명 어휘는 '생성'의 단계를 지난 것으로 보는 것이 합리적이다.

문제는 『향구』 이전의 향약명 어휘에 대해 말해 주는 자료가 전혀 남아 있지 않다는 사실이다. 동시에 후대에 이어지는 향약명 어형이 많은 것도 사실이다. 따라서 현재로서는 『향구』를 '형성'의 단계로 상정하고 향약명 어휘의 변천 과정을 기술할 수밖에 없다.

다음으로 15세기의 한글표기 향약명 어휘의 성격을 어떻게 볼 것인가 하는 문제이다. 훈민정음의 창제 이후 향약명 어휘를 우리 문자로 기록하면서 이전 시기에 볼 수 없는 형태의 새로운 향약명 어휘가 대거 나타나기 시작한 것이다. 물론 이 역시 기록되지 않는 상태에서 새로운 문자를 통해서 표면으로 드러나게 된 것이므로 이전 시기나 당대에 이미 사용되고 있었다고 말할 수 있다. 따라서 이 역시 '생성'으로 보기 어렵다는 논리가 가능하다.

하지만 『향구』의 경우와 마찬가지로 기록으로 처음 등장하는 향약명 어휘를 '생성'의 단계를 지난 것으로 기술하기는 어렵다. 이 점은 두 가지 현상이 분명히 뒷받침해 준다. 하나는 15세기에 한글표기로 새롭게 등장하는 향약명 어휘가 양적으로 많이 나타나는 동시에 이 새로운 어휘들이 다음 시기 의서에서 이어받아 체계화하고 있다는 것이다. 다른 하나는 이 시기에 새로운 형태로 등장하는 이른바 '설명형' 향약명 어휘의 발생이 본격화한다는 것이다. 결국 15세기의 향약명 어휘 체계 역시 '형성'의 단계로 설정할 필요가 있다.

이제 구체적인 사례를 살펴보기로 한다. 아래 17)은 대표적인 구급방류 의서이다. 15세기의 대표적인 의서 『구급』과 『구간』 그리고 17세기의 『언구』인데 이들은 후대 의서에 많은 영향을 끼칠 뿐만 아니라 19세기의 수진본 의서인 『구신』과 『백병』에까지 이어진다.

17) ①『구급방』상ㆍ하 :『구급』
②『구급간이방언해』권1, 2, 3, 6, 7 :『구간』
③『언해구급방』상ㆍ하 :『언구』

17)①『구급』은 한글로 기록된 최초의 의서이다. 향약명 어휘도 한글로 표기되었는데 고유어형 향약명 어휘로 정착되는 기점이 된다. 하지만『구급』의 향약명 어휘는 한어명이 그대로 나타나는 경우가 많고 그것도 동국정운식 한자음으로 기록되어 있다는 특징이 있다. 이와 함께 고유어 향약명 어휘도 나타나지만 한어명보다는 상대적으로 훨씬 적다. 이 점이 바로 향약명 어휘의 형성 과정에 있음을 말해 준다.[60]

17)②『구간』은 고유어형 향약명 어휘의 전범으로 볼 수 있다. 한문으로 된 방문을 번역한 것이어서 번역체적인 향약명 어휘가 있기도 하다. 하지만 이 문헌에 표기된 향약명 어휘가 후대에 그대로 이어지는 경우가 아주 많다. 따라서 양적으로나 질적인 면에서 우리말 향약명 어휘의 보고라 할 만하다. 특히 고유어형 향약명 어휘가 정착하는 데에 결정적으로 작용한 문헌이다.

17)③은 17세기 문헌이지만 ①과 ②의 계통을 잇는 구급방류 의서로서 역시 고유어 향약명 어휘를 많이 보여주고 있고 15세기의 어형을 후대로 이어주는 구실을 하기 때문에 15세기 의서를 분석할 때 함께 포함시킬 필요가 있다.

이들 의서의 향약명 어휘에 대한 추적이 필요한 이유를 아래 예를 통해 살펴보기로 한다.

18) ① 光明白礬		구급 상4ㄴ3
光明白礬	몰군빅번	구간 1:5ㄴ
② 猪牙皂角		구급 상4ㄴ3
猪牙皂角	도틔엄ᄀᆞᄐᆞᆫ조각	구간 1:5ㄴ
③ 牙皂	쥬염나모여름	제중 8:11ㄱ6
牙阜	쥬업나모여름	의종 7:24ㄴ8
牙皂	쥬업나모여름	방합 313

18)①과 ②는 13세기의『향구』에는 보이지 않는다. 15세기의『구급』과『구간』에만 나타난다. 18)①은 '白礬'을 말하는데『구급』에는 전부 요소로 '光明'이 결합되어 있다.『구급』은 한자어에

60) 실제로『구급』과『구간』은 향약명 어휘가 형성되어 가는 과정을 보여준다. 즉 한 향약명 어휘가 여러 가지로 표기되기도 하고, 한문 원문에서와 언해문에서의 표기가 다른 경우도 있다. 한글표기형 향약명이 형성되어 가는 과정의 현상이라 할 수 있다. 4장의 DB에서는 이점을 반영하여 표기가 다른 경우도 포함하고 있다.

대응되는 고유어가 나타나지 않고 '光광明명白쀡礬뻔'과 같이 동국정운식 한자음이 확인될 뿐이다. 이 '光明白礬'이 같은 시기 의서인 『구간』에 등장하는데 대응되는 고유어가 '믈ᄀᆞ빅번'이다. 그 이후 의서에 '光明白礬'은 더 이상 보이지 않으며 '백반'으로만 나타난다. 희귀 어휘인 데다가 고유어형이 정착되는 과정을 엿볼 수 있는 예이다.

18)②는 얼핏 보면 '猪牙'와 '皀角' 두 향약명으로 보이지만 하나의 형태이다. '猪牙皀角'은 『구급』에서는 한어명(猪뎡牙앙皀쭇角각)으로만 나타나다가 『구간』에서 '도틱 엄 ᄀᆞᄐᆞᆫ 조각 ᄉᆞᆯ지고 염글오 좀 아니 머그니'에서와 같이 고유어 어휘로 정착되어 여러 차례 나타나다가 이후 의서에서는 보이지 않는다. 물론 '皀角'은 일반적인 향약명 어휘여서 모든 의서에 나타난다. 그런데 18세기 이후의 의서 『제중』과 『의종』에 '쥐엄나모'의 한어명으로 '牙皀'가 나온다. 이 한어명의 기원형이 바로 15세기의 '猪牙皀角'임을 알 수 있다. 한편 '猪牙'는 별도의 향약명으로도 쓰였는데, '猪牙'(『구급』하31ㄴ6)와 '猪牙 도틱엄'(『구급』하59ㄱ1)과 같이 『구급』에만 보인다. '猪'와 관련된 향약명이 많이 나오는 『동의』에도 '猪牙'는 없다.

이처럼 15세기 의서는 향약명 어휘의 '생성' 혹은 '형성기'에 해당하는 것이라는 점에서 어휘사적으로 매우 중요한 위치를 점한다. 특정 고유어형 향약명 어휘가 언제부터 비롯되었는지, 후대로 이어져 사용되었는지, 아니면 소멸되었는지 등을 분석하는 기점이 되기 때문이다. 더욱이 17)과 같은 의서에는 후대 문헌에 보이지 않는 어휘도 다수 나타난다.

15세기 의서가 향약명 어휘의 어휘사적 의미를 내포하고 있다는 것은 일견 당연하다. 그런데 어휘 생성의 측면에서 보면 15세기 향약명 의서는 공시적으로 볼 때 번역 과정과 무관하지 않다. 이른바 '설명형' 향약명 어휘가 그 예가 될 수 있는데 한어명 어휘를 우리말로 번역하여 기록하였고 이것이 그대로 정착되어 후대에 이어지는 경우가 많다는 점을 고려하면 번역이라는 변수에 대해 천착해 볼 필요가 있다. 전통적으로 이어져 온 모든 의서가 번역에 기반한 것이라는 사실이 의미하는 바를 밝혀야 한다.

아울러 '생성'의 관점에서는, 최초의 한글 기록 의서인 『구급』 이전의 차자표기 자료 향약명 어휘와 15세기의 한글표기 향약명 어휘를 면밀히 비교·분석할 필요가 제기된다. 이전 시기부터 있어온 향약명 어휘와 15세기에 번역 과정에서 생성된 향약명 어휘를 구분할 수 있기 때문이다. 아울러 그 수가 많든 적든 간에 어휘의 생성적 측면을 분석하여 기술하는 것도 어휘사에서는 반드시 필요한 작업이기 때문이다.

2.3 구조

향약명 어휘는 치료를 위해 쓰이는 사물 곧 약재의 명칭이다. 그런데 향약명 어휘가 지시하는 대상의 전체가 약재로 쓰이는 경우는 드물고 지시 대상의 한 부분인 경우가 많다. 동시에 지시 대상을 어떤 식으로든 가공하여 약재로 하는 경우가 많다. 이런 점 때문에 향약명 어휘는 복합어로 나타나는 경우가 훨씬 많다.

향약명 어휘는 지시물 전체이거나 무특정 대상 곧 상위 개념만으로 구성되는 경우는 드물다. 구체적인 지시 대상 자체를 '(핵심) 어근'이라고 할 때 앞부분에는 대상의 '상태'나 '조건'을, 뒷부분에는 '부위'나 '가공'을 나타내는 형태가 결합하는 것이 일반적이다(손병태 1996:156-161).

19) ① 甑氣水 밥지을때소댕에매친물, 밥눈물 『향성』(77:601:2)
　② 地骨皮 괴초나모불휘겁질 『경신』(36ㄱ8)
　③ ○○ 개타리나모버레즙 『구신』(16ㄱ:7)

19)①의 핵심어 곧 '최종 약재 대상'은 맨 뒤에 결합되어 있는 단일 형태소 '믈'이다. 한어명 '甑氣水'임을 보아도 알 수 있다. 따라서 '믈' 앞에 길게 결합된 형태소들은 모두 '믈'의 [조건]을 나타내고 있다. 반면 19)②의 핵심어는 '괴초나모'이다. 그리고 뒤에 결합된 '불휘'와 '겁질'은 각각 이 나무의 일부분으로 약재로 쓰는 [부위]를 나타내고 있다. 물론 19)③처럼 핵심어가 '개타리나모'인지 '벌레'인지 아니면 마지막 형태소 '즙'인지 판단이 쉽지 않은 경우도 있다. 세 가지 경우가 다 가능하다. '개타리나모'를 어근으로 하고 이 나무에 기생하는 '벌레'가 후부 요소일 수도 있고, '벌레'가 어근이고 '개타리나모'가 전부 요소일 수도 있다. 그리고 핵심어가 '즙'이고 나머지 앞부분이 '조건'에 해당하는 요소일 수도 있다. 그런데 19)③은 주 약재가 '벌레'이므로 '[개타리나모]+[버레]+[즙]'의 구조로 분석된다. 따라서 '개타리나모'는 '조건'을 '즙'은 '가공'을 나타낸다.

19)에서 살펴보았듯이 향약명 어휘의 복합어들은 다음과 같은 기저구조를 가진다.

20) 향약명 어휘의 기저구조
　[{[조건] [상태] … } + [핵심 어근] + {[부위] [가공] … }]

향약명 어휘가 복합어가 많은 것은 20)과 같은 기저구조를 가지는 본질적 성격에 기인한다. 치료에 쓰이는 약재의 대상은 그 자체로 약재로 쓰이는 경우도 있지만, 약효를 얻으려면 여러 가지 조건이 맞는 것이어야 하고 가장 합당한 방법으로 가공 처리되어야 한다. 이런 정보들을 향약명 어휘는 담고 있어야 하는 것이다.

이 때 이른바 핵심 형태소를 지칭하는 용어로는 전형적인 단어 구성소를 가리키는 '(핵심) 어근'을 사용하기로 한다. '어기'라는 용어도 있으나 이것은 어원과 관련된 형태를 의미하는 것이 일반적이고, 단어의 구조를 설명할 때는 '어근'을 더 보편적으로 쓴다는 점을 고려한 것이다.

일반적으로 '어근' 앞에 결합되는 요소를 '접두사' 혹은 '접두 요소'라 하거나, 뒤에 결합되는 요소를 '접미사' 혹은 '접미 요소'라고 하는데, 여기서는 '전부 요소'와 '후부 요소'라는 용어를 쓰기로 한다. 그 이유는 향약명 어휘를 보면, 어근의 앞부분과 뒷부분에 19)①처럼 통사적 결합체가 결합되는 경우가 많고, 이를 접두사나 접미사로 설정할 근거가 충분치 않은 경우가 대부분이기 때문이다. 따라서 20)의 기저구조에서 [조건]과 [상태]를 나타내는 형태를 '전부 요소', [부위]와 [가공]을 나타내는 형태를 '후부 요소'라 하기로 한다. 그리고 '핵심 어근'은 '어근'으로 통칭한다.

2.4 유형

향약명 어휘도 다른 일반 어휘와 같은 방법으로 분류할 수 있다. 즉 단어의 구조를 기준으로 하면 '단일어', '복합어', '합성어', '파생어' 등으로, 어종별로는 '고유어', '한어명', '혼종어' 등으로 갈래지을 수 있다. 다만 파생어의 경우 접두사나 접미사의 추정과 발달 과정을 기술하는 데에는 어려움이 있다. 특히 접미사의 설정이 그러하다. '후부 요소'라 부르는 이유이기도 하다.

먼저 향약명 어휘의 단어 유형 분류에 대한 기존 연구를 살펴보기로 한다.[61] 향약명 어휘의 유형을 체계적으로 분류한 것으로는 손병태(1996:147-153)이 있는데 다음과 같다.

21) 향약 약재명
① 고유어 : ㉠ 차자표기어

61) 김문오(2000)에서는 『동의』의 향약명 어휘에 보이는 합성어를 통사적인 것과 비통사적인 것으로 분류하고 있다.

ⓛ 한글표기어 : ㉮ 단일어 (단어형)
㉯ 복합어 (문장형)[62)]

② 외래어 : ㉠ 한어 : ㉮ 원한어
㉯ 이명어
ⓛ 梵語 등

21)의 분류는 향약명 어휘를 우선 '어종'을 기준으로 '고유어'와 '외래어'로 대별하고, 전자는 다시 '표기'를 기준으로 '차자표기어'와 '한글표기어'로 나누고 있고, 후자는 '한어'와 '범어'로 분류하였다. 일반적인 단어 생성법에서 말하는 '단일어'와 '복합어'는 '한글표기어'의 하위 범주로 설정되어 있는 특징을 보인다. 향약명 어휘의 자료를 포괄할 수 있는 분류를 시도한 것으로 어휘론적으로 의미가 있다. 다만 여기서는 21)를 바탕으로 향약명 어휘의 형태론적 특성을 반영하는 분류를 위해 논의를 좀더 확장해서 살펴보기로 한다.

첫째, 음운론적 차원의 '표기'와 형태론적 차원의 '단어'를 같은 층위에 놓고 분류하고 있는 점이다. 연구의 초점이 '차자표기'의 분석에 있었다는 점을 고려하더라도 재고해 볼 필요가 있다. 특히 고유어를 '차자표기어'와 '한글표기어'로 분류한 것이 그러하다. 표기가 차자이냐 아니면 한글이냐 하는 것은 단어의 유형을 분류하는 데에는 절대적 기준이 될 수가 없다. 차자표기나 한글표기나 동일 대상을 지칭하는 우리말 어형을 나타낸다는 점은 변할 수 없기 때문이다. 예를 들면, '金非陵音'과 '쇠비름'이 별개의 단어일 수는 없는 것이다. 표기를 근거로 단어를 분류하는 것은 형태론적 차원에서 효율성이 떨어진다.[63)]

둘째, 한글표기어를 '단일어'와 '복합어'로 나누고 '단어형'을 전자로 '문장형'을 후자로 설정한 점이다. 이렇게 되면 전형적인 '복합어'의 개념이 적용되기 어렵다. '새배처엄기른우믈믈'과 같은 향약명을 '문장형'으로 본 것인데, 이 경우 같은 결합 요소인 '우물물'의 처리가 문제가 된다. '우물물'은 '우물'과 '물'의 합성어이다. 곧 '우물물'을 단일어로 볼 수는 없다. 그리고 '우물물'은 '단어형'이지 '설명형'일 수도 없기 때문이다. 전형적인 단어의 분류 개념인 '단일어'와 '복합어'에 대한 경계가 불분명해지는 결과를 가져온다.

셋째, '한어'를 '원한어'와 '이명어'로 나눈 점이다. 향약명 어휘에는 고유어가 없이 한어명을

62) 손병태(1996:161-165)에서는 복합어를 다시 '형태적 복합어'와 '통사적 복합어'로 나누어 분석하고 있다. 전자의 예로는 '쁜너삼불휘', '명마긔똥' 등을, 후자의 예로는 '국화퍼기밋히셔나논믈', '뱃밑에낀잇기' 등을 들고 있다.
63) 윤천탁(2001:20)에서는 향명 표기의 유형 분류를 하면서 '향명 차자표기어'를 설정하고 있다.

그대로 차용해서 쓰는 경우도 많이 있다. 실제로 대표적인 향약명 어휘 목록인 『동의』나 『향성』을 보면 대응되는 고유어가 없는 경우가 아주 많다. 의서의 일반 방문에도 일관되게 한어명으로만 쓰이는 경우도 많다. 그리고 '이명어(異名語)'는 이른바 '이칭(異稱)'을 이르는 것일 텐데 이칭은 대부분 한어명이거나 고유어인데 한어명 이칭도 결국은 또다른 한어명일 뿐이다. 전통적으로 표제어로 나오는 것을 '원한어'로 하고 동의어 한어명을 '이명어'로 분류하는 것은 단어 유형 분류와는 다른 처리로 보인다.

이처럼 향약명 어휘는 일반적은 우리말 어휘와는 달리 독특한 형태로 나타나는 경우도 있어서 단어의 유형을 쉽게 갈래짓기 어렵다. 먼저 의서에 기록된 향약명 어휘에는 어떤 형태가 나타나는지를 살펴보면 다음과 같다.

22) ①	艾	쑥			구간 2:48ㄱ
②	井華水	우물물			광향 3ㄴ3
③	早禾稈	올볏딥			구급 하50ㄴ3
④	羊蹄根	所乙串		鄕名	향채 12월
	羊蹄根	솔옷불휘	草部		동의 3:19ㄱ4
	羊蹄	所乙串 소루쟁이 송구지	草部下品之下	鄕名	향성 79:631:3
⑤	茵陳	더위지기			방합 277
⑥	井花水	새배ᄂᆞᆷ아니기려셔몬져기론우믌믈			구간 1:110ㄱ
⑦	丁香	뎡향			구급 상35ㄱ6
⑧	蘘荷	양하	菜蔬部		사의 3ㄴ2-4
⑨	鬱金	심황	草部		동의 3:12ㄱ5
⑩	荊芥	졍씨는들씨갓트되송이가잘고츄분에썩거야쓰느니라			광향 3ㄱ10

22)①은 단일어이다. 향약명 어휘 DB를 검토해 보면 단일어가 상대적으로 적다. 향약명 어휘의 어휘 구조적 체계를 종합적으로 분석하지 않은 상태에서 일람해 보더라도 복합어가 단일어보다 훨씬 많다. 따라서 손병태(1996:138)에서 분석한 대로 향약명 어휘는 어근이 되는 단어가 있고 이를 중심으로 전부 요소와 후부 요소가 결합하는[64] 형식의 복합어로 구성되는 경우가 많다.

22)②와 ③은 전형적인 복합어이다. 일반적으로 복합어는 통사적 복합어와 비통사적 복합어로 나뉘는데 '우물물'과 '올볏딥'은 통사적 복합어의 예로 볼 수 있다.

64) 손병태(1996:156)에 따르면, 전부 요소는 '돈너삼'의 '돈[甘]'과 같이 주로 약재의 특징과 관련되는 형태이고, 후부 요소는 '즐불휘'의 '불휘'처럼 약재로 사용되는 부위를 나타내는 형태이다.

22)④에는 '솔옷'과 '소루쟁이' 그리고 '송구지'가 보인다. 이 향약명의 기원형이 '*솔곳'임은 『향채』의 차자표기 '所乙串'을 통해 알 수 있다. '*솔곳 > 솔옷'의 변화를 겪었는데, 이는 15세기의 공시적 음운 규칙인 'ㄹ' 아래 'ㄱ'의 약화 탈락 규칙이 적용되고 이것이 굳어진 채로 후대에 이어졌음을 보여준다. 기원형이 현대국어에 이어지면서 형태 변화까지 겪은 것이 '송구지'이다. 그렇다면 '송구지'는 파생어일 가능성이 높다.[65] 문제는 '솔옷'은 단일어인데 '소루쟁이'는 무엇이냐 하는 것이다. '솔옷'에 접미사 형태가 결합한 것으로 추정할 수도 있겠는데 현재로서는 정확한 생성 과정을 알 수 없다. 『표』에서도 '소루쟁이'를 단일어로 처리하고 있다. 이런 문제는 22)⑤의 '더위지기'에서도 마찬가지이다. '더위지기'는 '더위'에 '-지기'가 결합된 것으로 추정된다. '-지기'가 향약명 어휘를 구성하는 형태로 가끔 나타나는 것을 보면 접미사로 볼 여지도 있을 법하지만 역시 접미사로 확정할 근거는 아직 부족하다.[66]

22)⑦과 ⑧은 전형적인 한어명이다. '명향'과 '양하'는 다른 형태가 보이지 않는다. 대응되는 고유어가 없이 한자어로만 쓰인 것이다. 22)⑨는 『표』에 따르면 '심-黃'으로 구성된 혼종어이다. '담장'과 같은 유형에 해당한다. 22)⑩은 '荊芥'의 향약명 '정개'를 풀이하는 완전한 문장이다. 내용이 향약명 어휘의 형태와 관련된 것이 아니라 약재의 모양과 채취 시기를 설명한 것이어서 단어로 보기 어렵다. 이런 경우는 DB에 입력만 하고 단어로 보지 않기로 한다.

22)에서 가장 문제가 되는 것은 ⑥이다. '새배놉아니기러셔몬져기론우믌믈'과 같은 결합 형태를 단어로 볼 것인가 하는 점이다. 기존의 단어 분류 기준에 의하면 단어의 범주에 넣기가 주저된다. 이른바 '통사적 복합어' 혹은 '설명형'이나 '문장형' 어휘 등으로 부르는 것이다. '문장형'이나 '설명형' 등은 단어의 종류를 나타내는 개념으로는 적합하지 않다. 그 자체로 이미 단어의 범주를 넘는 의미를 내포하기 때문이다. 더욱이 '설명형'이라는 용어는 22)⑥과 같은 경우가 궁극적으로 한국어의 일반적 통사적 결합 형식을 띠기 때문에 사용하는 데에 한계가 있다. 그래서 통사적 복합어의 개념을 확장하여 이런 형태를 포괄할 수도 있다. 하지만 일반적으로 사용하는 개념어 통사적 복합어와는 내연이 다르기 때문에 이 또한 적절성에 한계가 있다.

여기서 한 가지 분명히 짚고 넘어갈 점이 있다. 앞서 '향약명 어휘의 개념' 규정에서 살펴보았듯이 의서에는 22)⑥과 같은 결합 형태가 예상을 넘는 수준으로 아주 많이 나타나기 때문에

65) 물론 현 단계에서는 '송구지'의 형태를 더 이상 분석하기 어렵다. 단지 기원형이 '*솔곳'임을 감안한다면 접미사가 결합하여 만들어진 형태일 가능성이 높다.

66) 이런 사정 때문인지 『표』에서도 이 둘을 단일어로 등재하고 있다.

예외적인 것으로 처리하기 어렵다는 사실과, 통시적으로 이런 결합 형태를 하나의 단어로 인식해 왔다는 점이다. 한글로 향약명 어휘를 적기 시작한 15세기의 의서를 예를 들면, 『구간』에서 이미 이런 유형의 결합 형태를 한문 원문 내에서 한어명에 대응하는 것으로 제시하고 있는데 이는 하나의 어휘로 인식했다는 방증일 수 있다. 이것이 『동의』나 『향성』과 같은 후대 의서에 지속적으로 이어져 목록화되어 있는 사실도 함께 고려해야 한다. 물론 향약명 어휘의 기록 과정에 드러나는 특징이 앞선 시대의 것을 그대로 이어 적는다는 점이 있다. 하지만 22)⑥과 같은 결합 형태도 하나의 단어로 설정하는 것이 맞다고 판단된다.

지금까지의 논의를 바탕으로 향약명 어휘의 유형을 어떻게 분류할 것인가에 대해 이은규(2019ㄱ:11-14)의 논의를 통해서 종합적으로 정리해 보기로 한다.

앞서 언급한 대로 향약명 중에는, 일반적인 우리말 단어와 구조가 다른 것이 있다. 이를테면 '井華水 새배남아니기러셔몬져기론우믌믈'(『구간』1:110ㄱ)은 구나 절로 보이는 형태이지만 여러 의서의 향약명 목록에 빠짐없이 제시되어 있다. 지금까지 이 유형에 대해 구체적으로 논의한 바가 없기도 하다. 단, 논의의 범위를 '향약명 어휘 범주' 내로 한정한다. 이와 같은 단어 유형을 보여주는 예를 『향성』의 것들을 중심으로 들면 다음과 같다.

23) ① ㉠ 瓦甑 시루 『향성』(77:595:3)
  ㉡ 白堊 백토 『향성』(77:599:2)
② ㉠ 墨 참먹 『향성』(80:647:1)
  ㉡ 茵蔯蒿 더위지기 『향성』(78:613:2)
③ ㉠ 鐵精 鐵粉 떡쇠가루 『향성』(77:593:2)
  ㉡ 酸棗 묏대추씨 『향성』(80:639:2)
  ㉢ 熊脂 곰의기름 『향성』(81:655:2)
  ㉣ 古文錢 오랜엽전 『향성』(77:600:2)
④ ㉠ 鐵落 쇠칠때머름에떠러진쇠부스럭이 『향성』(77:594:2)
  ㉡ 甑氣水 밥지을때소댕에매친물 『향성』(77:601:2)
  ㉢ 陳廩米 곳집에서묵은쌀 『향성』(84:708:3)
⑤ ㉠ 牛黃 쇠소개난우황 『동의』(1:42ㄱ1)
  ㉡ 牛黃 쇠속이우황 『의종』(7:45ㄱ1)

23)① '시루'는 단일어이다. 단일어에는 ㉡ '백토'와 같은 한어명도 포함된다. 한어명은 하나의 형태로 우리말에 정착된 것으로 봐야 하기 때문이다. ②㉠ '참먹'은 접두파생어인데, '참쑥, 참

마' 등과 같이 '참'은 생산성이 있다. ②ㄴ '더위지기'는 접미파생어이다. 『표』에서는 단일어로 처리하였지만 '더위+지기'로 분석되고 '-지기'는 이른 시기부터 [草]를 뜻하는 접미사로 쓰였다. 15세기 『촌가』의 차자표기 '加外作只'나 『향집』의 차자표기 '加外左只'를 보면, '作只 : 左只'의 대응 관계가 확인되는바 접미사 '-지기'의 앞선 형태는 '-*자기'였음이 분명하다. ③은 전형적인 통사적 합성어이다. 어근과 어근의 결합(ㄱ)과, 관형격조사(ㄴㄷ)나 관형사형(ㄹ)에 의한 수식 구조로 구분된다. '묏대추씨'는 '뫼+ㅅ+대추'와 '씨'의 결합인데 『향성』에는 관형격 조사 'ㅅ'에 의한 합성어는 거의 보이지 않는다. 현대국어에 와서 '묏'이 '멧'으로 되면서 접두사화한 것으로 볼 수도 있으나 어원적으로는 관형격 조사 'ㅅ'에 의한 합성 구성이었다.

문제는 23)④와 같은 예인데, 단어의 자격을 부여할 수 있는지가 관건이다. 여기서는 '기록과 생성의 연속성', '향약명의 구조', '통사적 구조체'라는 세 측면에서 단어로 설정하도록 한다. 물론 앞서 언급한 대로 향약명 어휘 체계 내에서의 설정이다.

첫째, 이들은 15세기의 『구급』이나 『구간』과 같은, 이른 시기 의서에서 한글표기를 하는 과정에서 생성·정착된 것으로 보인다. 예를 들면 '새배놈아니기러셔몬져기론우믌믈'은, 『구간』(1:110ㄱ)에 처음 기록된 이후, 이 구조 그대로 후대 문헌에 지속적으로 이어져 왔다. 이런 기록의 연속성으로 인해서 하나의 단어로 인식된 것으로 판단된다. 아울러 이런 형태는 20세기 의서 『향성』에서 새롭게 생성되고 있다는 점도 고려해야 한다. 일회적 현상이 아니라는 것이다.

둘째, 향약명의 구조상 이런 유형의 발생은 필연적이라 할 수 있다. 향약명은 핵심 어근을 중심으로 앞부분에는 '상태'나 '조건'을, 뒤에는 '부위'나 '가공'을 뜻하는 형태가 결합하는 것이 일반적이다(위 2.3 구조 참고). 그러다보니 앞 부분의 관형구가 중첩되거나 길어지는 현상이 자연스럽게 발생하게 되는 것이다. 기저 구조를 '[{[조건] [상태] … }+[핵심 어근]+{[부위] [가공] … }]'와 같이 닫힌 구조가 아니라 열린 구조로 설정한 이유도 여기에 있다.

셋째, 23)④의 예들은 모두 우리말의 전형적인 통사적 결합 구조를 가지고 있다. 따라서 이 구조를 한 단위로 인식한다면 합성어로 보지 않을 수 없다. 결합되는 성분의 수나 길이와는 무관하게 단어 규정의 원리에 어긋나지 않기 때문이다. 따라서 통사적 합성어의 개념을 확장하여 적용하는 것이 합리적이라 판단된다.

23)④를 향약명 어휘의 한 유형으로 설정한다면, 전형적인 합성어인 23)③과, 특이한 구조의 23)④를 모두 하나의 합성어라 할 수도 있고, 하위 분류하여 둘을 구분할 수도 있다. 이 연구에서는 23)③과 23)④가 구조상의 차이를 보이는 점을 근거로 후자의 방법을 택하기로 한다. 23)④가,

전형적인 합성어 24)③과 다른 점은, 관형 구조가 중첩되거나 관형어가 아닌 다른 문장 성분이 나타난다는 것이다. 예를 들면, 23)③에는 관형구가 하나만 있는데, 23)④에는 부사어를 비롯하여 2개 이상의 문장 성분이 드러나 있다. 이런 점을 고려하여 23)③과 같이 명사구 형식의 관형 구성만 나타나는 것은 단어형 합성어로, 23)④처럼 관형 구조가 중첩되거나 문장 성분이 둘 이상 나타나면 설명형 합성어로 보는 것이다. 물론 단어형과 설명형 각각은 다시 통사적 합성어와 비통사적 합성어로 나뉠 수 있다.[67]

23)과 같은 향약명을 단어 내부 구조의 특성이 아니라 어종에 따라 분류할 수 도 있다. 이는 일반적인 어휘의 분류와 같은바 '고유어', '한어명', '혼종어' 등으로 나눌 수 있다. '혼종어'의 예로는,『향성』에 나오는 '馬兜鈴'의 이칭 '등칙'(79:633:3)을 들 수 있다. '등칙'은 '등칡'을 잘못 기록한 것인데 '藤칡'을 이른다(『표』).

지금까지의 논의를 정리하면 향약명의 단어 유형은 다음과 같이 설정될 수 있다.

24) 향약명의 단어 유형
- ① 형태론적 분류
  - ㉠ 단일어
  - ㉡ 복합어
    - ㉮ 합성어 : 단어형, 설명형
    - ㉯ 파생어 : 접두파생어, 접미파생어
- ② 어종에 따른 분류
  - ㉠ 고유어
  - ㉡ 한어명
  - ㉢ 혼종어

물론 이와 같은 분류는 잠정적이며 더 심도 있는 논의가 필요한 것이 사실이다. '설명형'이라는 용어의 적절성도 재검토되어야 하고, 모든 향약명을 일관성 있게 분류할 수 있는 보편성을 가지는지에 대한 종합적인 검토도 필요하다. 예를 들면, 23)⑤㉠은 한어명 '牛黃'에 대응하는 동일한 향약명이면서 구성 요소도 같은데, 단지 결합 구조가 달라서 유형이 갈린다. 즉『동의』의 '쇠소개난우황'은 설명형 합성어가 되고,『의종』의 '쇠속의우황'은 단어형 합성어로 분류된다.

한편 24)에서 어종에 따른 분류인 '고유어', '한어명', '혼종어' 등도 '설명형'으로 나타날 수도

67) 장충덕(2008:254)에서는 일반적으로 식물 어휘에 비통사적 합성어가 거의 없다는 설명을 하고 있다.

있다. 그러한 예는 실제로 나타난다. 예를 들면 '水中細苔 믈에잇기플 『언구』 하34ㄱ4'가 그러한데 '水中細苔'는 사전류에도 단어로 등재되어 있지 않다. 한문으로 된 방문에 나오는 구인데 향약명 어휘로 정착된 것이다. 더 분명한 사례를 『동의』에 표제어로 등재된 '新生小兒臍 굳난아히빗복줄히니'(1:33ㄱ7)를 들 수 있다. 따라서 '단어형'과 '설명형'이라는 개념은 가장 먼저 적용되는 분류 기준이 된다. 이에 맞추어 이 연구에서는 '설명형 한어명', '설명형 고유어 향약명' 등으로 향약명 어휘를 분류하기로 한다.68)

여기서 24)의 분류를 『향성』의 향약명 어휘에 적용하여 유형별 빈도를 살펴보기로 한다. 『향성』에는 한글표기형 향약명이 모두 828개 나타나는데 이의 유형별 분포는 다음과 같다.

25) 『향성』의 고유어 향약명의 유형별 분포

구분	단일어	복합어				계
		합성어		파생어		
		단어형	설명형	접두파생	접미파생	
단어 수	189	459	128	31	21	828
비율(%)	23	55	15	4	3	100

합성어 비율이 전체의 70%로 아주 높다. 특히 단어형 합성어가 전체의 절반을 넘는 수를 보인다. 합성어 비율이 높은 것은, 향약명의 전형적인 특징을 잘 보여주는 것인바, 향약명은 의미 구조상 다른 의미자질을 나타내는 요소를 합성할 개연성이 높기 때문이다. 그 다음의 빈도를 보이는 것이 단일어이고 파생어의 비율이 가장 낮다. 파생어의 비율이 현저히 낮은 이유는 분명하지 않다. 향약명 어휘가 본질적으로 사물 이름이므로 명사를 어근으로 하여 만들어지기 때문으로 보인다. 즉 향약명 어휘의 기저구조가 25)와 같은 분포를 낳은 것이다.

25)에서 주목되는 것은 설명형 합성어가 128개, 전체의 15% 비율로 많이 나타나는 점이다. 이런 현상은 『동의』와 비슷한 양상이다. 『동의』의 한글표기 향약명은 674개인데 이중 100여 개가 설명형 합성어이다. 비율은 같지만 『향성』의 수가 더 많고, 대부분 새 향약명인 점이 다르다. 이전 시기 다른 의서에 생산적이지 않던 유형이 『동의』와 『향성』에 많이 보이는 현상은 향약명의 어휘사에서 규명해야 할 과제이다. 『향성』은 간행 시기가 20세기이므로 단순히 번역

68) '단어형'이라는 분류 기준은 굳이 나타내지 않아도 무방할 것이다. '설명형'에 대립되는 일종의 무표항으로 설정된 것이기 때문이다. 따라서 '고유어 합성어', '한어명 합성어' 등으로 부를 수 있다.

과정의 결과로 이해하기도 어렵다. 설명형 합성어라는 것이, 예외적인 현상이 아닌 향약명만이 가지는 특징이기도 하거니와, 나아가 우리말 단어의 구조와 유형을 다시 살펴보도록 한다는 점에서도 그러하다.69)

2.5 규모

향약명 어휘의 규모가 어느 정도인지를 살펴보기로 한다. 4장에 구축된 '향약명 어휘 DB'에 따르면, 의서에 표제어로 나타나는 것과 이칭 자료까지 포함해서, 표제 항목에 제시된 한어명이 2,880개이다. 그런데 향약명 어휘의 정확한 수를 파악하기 어려운 것은, 의서마다 편찬 의도에 따라 향약명 어휘가 기록되는 양상이 다르고, 따라서 표제어 항목 수도 다르며 한어명과 고유어 향약명이 제시되는 양상도 제 각각이기 때문이다. 이런 점을 고려하여 여기서는 대략적인 규모를 살펴보기로 한다. 통계 처리된 숫자는 향약명 어휘를 어떻게 판독하느냐에 따라 달라질 수 있으므로 전반적인 경향성을 살펴보는 데에 초점을 둔다.

주요 의서의 표제어 항목 수는 다음과 같다(항목 수는 산출 기준에 따라 다를 수 있음).

26) 주요 의서의 표제어 항목 수

의서	향구	향채	향집	구급	구간	언구	동의
표제어	168	155	92	476	898	420	1,411
고유어	147	145	70	271	817	357	674
한어명	21	10	22	205	81	63	737
의서	본정	사의	양금	제중	의종	방합	향성
표제어	166	319	973	386	539	530	701
고유어	166	250	756	275	389	405	828
한어명	0	69	217	110	150	125	6

표제어는 모든 의서에서 한어명으로 제시된다. 그리고 표제어에 대응되는 우리말 향약명이

69) 『향성』이 20세기에 간행되었다는 점에서, 다른 의서보다 훨씬 많은 고유어 향약명을 수록하고 있는 것은, 향약명 어휘 체계사에 시사하는 바가 있다. 곧 『향성』은 고려 시대 중엽의 『향구』 이후 15세기 의서를 거치고 『동의』를 지나면서 전통적인 향약명의 계보를 잇는 대표적인 의서로서, 이전 시기의 향약명을 집성하여 현대국어에 이어주는 연결고리 역할을 한다는 것이다(이은규 2019ㄱ:30 참조).

있는 경우도 있고, 그렇지 않은 경우도 있다. 26)은 주요 의서의 표제어 항목 수와 대응되는 우리말 향약명 어휘의 수를 산출한 것이다. 한어명은 표제어에 대응되는 우리말 향약명이 없는 경우에 해당한다. 차자표기 자료인 『향구』, 『향채』, 『향집』 등의 한어명 여부는 '一名, 本名, 卽, 鄕名亦同' 등과 같은 지시어의 사용이나, 후대 한글표기형과의 비교를 통해서 판정한 것이다.

13세기의 『향구』는 표제어가 168개 항목인데 우리말 향약명이 147개, 한어명은 21개이다. 표제어가 가장 많은 의서는 『동의』인데, 상위어와 하위어로 제시된 표제어를 모두 합한 것이 1,411개이다. 대응되는 고유어 향약명이 있는 것이 674개이고 고유어 향약명이 없는 항목이 737개이다. 20세기 의서인 『향성』은 표제어가 701개이다. 그런데 고유어가 828개로 표제어보다 많은 것은, 고유어 이칭이 대거 나타나기 때문이다. 표제어와 우리말 향약명의 대응을 1:1로 보면 고유어가 695개이지만 추가로 기록된 고유어 이칭 133개를 포함하면 828개가 된다. 이에 반해 한어명은 6개에 불과하다.

다음으로, 『향성』의 어휘 규모를 인접해 있는 다른 의서와 비교하는 방식으로 분석한 이은규(2019ㄱ:9-11)의 논의를 인용하여 향약명 어휘의 규모 문제를 좀더 구체적으로 살펴보기로 한다.

26)에서 보듯이 『향성』의 '향약본초(각론)'에 수록된 향약명 어휘의 항목 수는 701개이다. 각 항목은 '표제어 한어명-차자표기-한글표기 향약명-이칭-향약명 설명-주석'의 구조로 되어 있다.

표제어 한어명의 이표기 혹은 이칭을 (　)에 넣어 제시 것이 23개 있다. 이칭으로는 '水花(浮石) 버큼돌', '女萎(萎蕤) 豆應仇羅 둥굴레뿌리', '莎草根(香附子) 사초뿌리' 등 20개이고, 한자음이 같은 이표기는 '蘹香子(茴香) 회향', '苦瓠(古瓢) 쓴박' 등 2개이다. 그리고 설명형은 '麻蕡(麻花上粉) 삼꽃우의누른가루' 1개이다. 표제어 자리에 이칭이나 이표기를 함께 제시한 것은 다른 의서에서는 찾아보기 힘들다.

한어명에 대응되는 차자표기는 186개이다. 그런데 차자표기 자리에 제시된 것 중에는 표제 한어명의 이칭도 있어서 구분할 필요가 있다. 차자표기 여부는 대응되는 고유어의 음상과 비교하면 쉽게 파악된다. 하지만 이칭은 별도의 기준이 필요한데, 『표』에 등재되었는지 여부로 판단할 수 있다. 예를 들면, '地笋 澤蘭 띄동골나물뿌리', '鱧腸 旱蓮草 한련초', '淫羊藿 三枝九葉草 삼지구엽초풀' 등의 '澤蘭, 旱蓮草, 三枝九葉草' 들은 한자어로 등재되어 있다. 이런 항목이 모두 31개이다.

이와 같은 『향성』의 향약명 어휘의 규모를 근접해 있는 근대국어 시기의 주요 의서와 비교해 보기로 한다.

27) 『향성』과 인접 의서와의 규모 비교 (이은규 2019ㄱ:9-10 참조)

구분	한어명		향약명			
	표제어	덧붙임	기본	이칭	덧붙임	계
동의	1,404	7	654	13	7	674
제중	386	·	275	1	·	276
의종	513	26	362	1	26	389
향성	701	·	695	133	·	828

27)에서 '표제어'는 한어명이고 '향약명'과 '이칭'은 한글표기형 향약명이다. '덧붙임'은 '비표제어'로서 표제어와 관련된 별도 약재의 한어명과 향약명을 추가한 것이다. 예를 들면 『의종』의 '覆盆子'(33:8) 항목에서는, 향약명 '나모빨기'를 제시하고, 설명 정보 말미에 '蓬蘽 멍덕빨기'를 덧붙이고 있다. 이는 다른 향약명이므로 별개의 항목으로 처리할 필요가 있다. '기본'은 표제어에 대응되는 주 향약명을 이른다. 이와 다른 명칭이 '이칭'이다.

27)의 통계 자료가 의미하는 바를 살펴보면, 먼저 표제어 항목 수는 『동의』가 가장 많고 그 다음이 『향성』이다. 하지만 한글표기형 향약명은 『향성』이 다른 의서보다 훨씬 많다. 이것은 두 가지 면에서 주목된다. 하나는, 표제어 대비 한글대응형의 비율이 압도적으로 높다는 것이다. 『동의』 47%, 『제중』 71%, 『의종』 71%에 비해 『향성』은 99%이다. 표제어 항목 수가 절대적으로 많은 『동의』의 고유어 노출 비율이 47%에 불과한 것에 비하면 『향성』은 거의 모든 항목에서 고유어를 제시하고 있다는 특성을 보인다. 이런 사실은 향약명의 총수에서도 잘 나타나는바 『향성』이 828개로 가장 많다. 다음으로 주목할 것은, 고유어 이칭의 양인데, 이 역시 『향성』이 가장 많이 나타나 다른 의서와는 압도적인 차이를 보인다. 이칭은 향약명 어휘 체계를 변화시키는 핵심적인 요소이다. 이런 이칭이 『향성』에 많다는 것은 향약명 어휘 체계사에 시사하는 바가 있다. 아울러 『향성』의 이칭에 현대국어가 반영되어 있는 점도 어휘사적 의미를 지닌다.

4장에서는 '단어족 개념을 적용한 향약명 어휘 DB'를 구축하여 제시하고 있다. 이 DB는 일반적인 어휘 집적이 아니라 정보화를 거친 다음에, 동의어와 관련 어휘 등을 한자리에 모아 단어족을 만들고 유의어나 관련 어휘를 해당 항목을 찾아가도록 사전식으로 만든 것이다. 어휘 범주에 맞는 DB로의 역할을 할 수 있도록 구성한 것이다. 이 DB에 나오는 표제어는 총 2,880개이다. 그리고 이를 단어족으로 재구조화한 항목은 모두 1,159개이다. 그리고 찾아가기 항목으로 설정된 것이 1,721개이다. 의서에 표제어로 나오는 향약명은 물론 표제어로 나오지 않지만 이칭 자료로 기록된 것을 포함한 숫자이다. 현재로서는 전체 향약명 어휘의 규모가 이 정도로 파악이 된 셈이다. 하지만 이 규모는 한어명을 기준으로 한 것이며, 우리말 향약명까지 별도로 포함하면 실제 향약명은 훨씬 더 상회한다(4장 참조).

2.6 분류 체계

의서 내의 향약명 제시는 크게 세 가지 방식으로 이루어진다. 『구간』과 같이 방문에만 나오거나, 『향채』처럼 목록만 기록된 경우, 『향구』와 같이 방문과 목록이 다 나오는 경우 등이다. 이 중 목록인 경우 일부 의서에는 독자적인 분류 체계를 적용하기도 한다. 분류 체계는 향약명 어휘 범주 내에서 의미 자질을 기준으로 분류하는 것인데 해당 의서에서 어휘의 속성을 어떻게 인식했는가를 파악하고, 어휘 체계를 의미론적 측면에서 분석할 수 있도록 하는 근거가 된다.

향약명 어휘의 분류 체계에 대해서는 기존 연구에서 다루어진 바가 없다. 특히 분류어휘집 연구 분야에서도 다루어지지 않았다.[70] 앞으로 향약명 어휘의 분류 체계를 순수하게 의미론적 측면에서 정밀하게 분석할 필요가 있다. 분류의 기준이 되는 의미 자질의 추출과 의서 간의 차이를 밝혀 내는 것이 주요 과제이다.

향약명 어휘 체계를 구성하는 상위어는 '식물명', '동물명', '광물명', '기타' 등으로 나누어질 수 있는데 의서의 향약명은 이와 같은 상위 개념을 적용하여 1차 분류까지만 되어 있기도 하고, 상위 개념의 분류를 바탕으로 하위 의미 자질을 적용하여 세분화된 2차 분류까지 거친 경우도 있다. 이처럼 의서마다 적용되는 의미론적 기준이 다른 양상을 보인다.

목록이 제시되어 있는 의서의 분류 항목과, 각 분류 항목에 포함된 표제어 향약명 어휘의 수를 보이면 다음과 같다.

70) 임지룡(1989)에서는 『조선관역어』에서 『우리말갈래사전』에 이르기까지 23개 분류어휘집 문헌의 어휘 분류 체계를 분석하였다. 연규동(1996)에서는 유해서류 4종과 『방언집성』을 대상으로 어휘 부류 체계를 분석하였다. 하지만 의서에 제시된 향약명 어휘의 분류 체계를 의미론적으로 다룬 연구는 없다. 그리고 한의학에서의 분류 체계 연구도 특정 의서와 본초학의 분류 체계를 비교하는 것이 대부분이다. 현존 의서 간의 분류 체계 비교는 의미론 분야에서 반드시 다루어야 할 과제이다.

28) 의서별 분류 체계

① 『향약구급방』 : 총 168개 : 분류 없음.

② 『향약채취월령』 : 총 156개 : 채취 시기별 분류임.

一月 1 二月 35 三月 17 四月 11 五月 14 六月 1 七月 12 八月 5 九月 15 十月 4 十一月 1 十二月 40

③ 『본초정화』 : 총 166개

草部-山草類 16 草部-芳草類 4 草部-隰草類 16 草部-毒草類 8 草部-蔓草類 8 草部-水草類 3 草部-苔類 1 穀部-麻麥類 12 穀部-菽豆類 3 菜部-葷菜類 11 菜部-柔滑類 7 菜部-蓏菜類 2 果部-山果類 1 菜部-夷果類 1 菜部-蓏果類 3 菜部-水果類 3 木部-喬木類 3 木部-灌木類 2 蟲部-卵生類 7 蟲部-化生類 2 蟲部-濕生類 2 鱗部-龍蛇類 1 鱗部-魚類 6 鱗部-無鱗魚類 10 介部-龜鼈類 10 禽部-水禽類 4 禽部-原禽類 5 禽部-林禽類 4 獸部-獸類 6 土部 1 補遺-山草 1 補遺-隰草 2 補遺-蔓草 1

④ 『사의경험방』 : 총 300개

草部 102 木部 48 禽部 10 獸部 12 穀部 21 菜蔬部 16 果部 15 水部 8 土部 3 火部 1 金部 1 人部 2 石部 12 虫部 49

⑤ 『동의보감 탕액편』 : 총 1,401개

水 34 土 18 穀 106 人 23 禽 107 獸 236 魚 52 蟲 95 果 90 菜 124 草 267 木 163 玉 0 石 53 金 33

⑥ 『향약집성방』(1633), (1924) 동일함 총 701개

石部上品 16 石部中品 41 石部下品 53 草部上品之上 29 草部上品之下 23 草部中品之上 27 草部中品之下 33 草部下品之上 21 草部下品之下 45 木部上品 29 木部中品 34 木部下品 16 人部 20 獸部上品 12 獸部中品 53 獸部下品 20 禽部上品 19 禽部中品 7 禽部下品 19 蟲魚部上品 18 蟲魚部中品 27 蟲魚部下品 35 果部上品 10 果部中品 6 果部下品 11 米穀部上品 6 米穀部中品 23 米穀部下品 7 菜部上品 18 菜部中品 10 菜部下品 13

⑦ 『양방금단』 : 총 973개

草部 218 木 101 玉 4 石 48 金 29 魚 34 蟲 78 果 57 菜 76 水 33 土 18 穀 74 人 22 禽 64 獸 117

⑧ 『제중신편』 권8 藥性歌 : 총 386개

⑨ 『의종손익(附餘)』 藥性歌 : 총 404개

山草 30 芳草 15 隰草 42 毒草 17 蔓草 24 水草 10 石草 1 苔草 1 香木 10 喬木 14 灌木 14 寓木 0 苞木 1 葷辛菜 13 柔滑菜 9 蓏菜 4 芝栭 0 五果 5 山果 16 夷果 4 蓏果 6 水果 3 麻麥稻 9 稷粟 7 菽豆 5 造釀 10 卵蟲 10 化蟲 6 龍 1 蛇 2 魚 12 無鱗魚 17 龜鱉 6 蚌蛤 10 水禽 2 原禽 7 林檎 3 畜 8 獸 9 鼠 2 人 6 水 8 土 5 金石 20

⑩ 『방약합편』 損益本草目錄 : 총 181개

山草 43 芳草 33 濕草 49 毒草 20 蔓草 31 水草 10 石草 2 苔草 1 香木 28 喬木 20 灌木 20 寓木 5 苞木 5 葷辛菜 16 柔滑菜 10 瓜菜 4 芝栭 2 五果 6 山果 17 夷果 5 瓜果 7

水果 3 麻麥稻 9 稷粟 8 菽豆 4 造釀 9 卵蟲 10 化蟲 4 龍 4 蛇 2 魚 13 無鱗魚 19 龜鼈 5 蚌蛤 12 水禽 2 原禽 8 林禽 3 畜 9 獸 11 鼠 2 人 6 水 1[71] 土 2 金石 35

『향구』는 분류를 하지 않고 있어서 이른 시기 분류 체계 인식의 양상을 알 수 없다. 『향채』는 책명과 같이 약재를 채취하는 시기를 기준으로 분류하고 있는데 2월과 12월에 채취하는 향약명이 가장 많다. 『제중』은 '藥性歌' 형식의 목록인데 분류를 하지 않고 있다. 이와는 달리 분류 체계가 동일하여 의서 간 영향 관계를 짐작케 하는 경우도 있다. 『동의』와 『양금』, 『향집』과 『향성』, 『의종』과 『방합』은 분류 체계가 동일하다. 『의종』과 『방합』은 표제어를 기준으로 산출한 것이다. 그러나 실제로는 어휘 항목이 거의 동일하다. 『방합』은 하나의 표제어 아래 관련되는 향약명을 모아서 제시하는데 이를 다 포함하면 『의종』과 거의 동일하다. 『향성』은 20세기에 중간한 것이어서 『향집』의 체계를 잇고 있으며, 『방합』은 『의종』의 체계를 그대로 따르고 있다. 『양금』은 『동의』의 분류 체계를 잇고 있는데 실제 향약명의 어형도 거의 동일하다. 『향집』과 『향성』은 다른 의서와 같은 기준으로 1차 분류를 한 뒤에 각 분류 영역 내에서 약재의 품질 등급을 기준으로 2차 분류를 하고 있다.

이제 아래 29)의 분류 체계에 나타나는 분류 항목을 비교해 보기로 한다.

29) 향약명 어휘 분류 항목 비교

구분	분류 항목	동의	향집	본정	사의	양금	의종	방합	향성
식물	草	○	○	○	○	○	○	○	○
	穀	○	○	○	○	○	○	○	○
	菜	○	○	○	○	○	○	○	○
	果	○	○	○	○	○	○	○	○
	木	○	○	○	○	○	○	○	○
	芝						○	○	
	釀						○	○	
동물	蟲	○	○	○	○	○	○	○	○
	禽	○	○	○	○	○	○	○	○
	獸	○	○	○	○	○	○	○	○
	人	○	○		○	○	○	○	○
	魚	○				○	○	○	

71) 『방합』에서는 '水'에 해당하는 것으로 '臘雪水'을 내세우면서 '立春雨水', '雹', '夏氷', '半天河水', '甘爛水', '井華水', '溫泉', '地漿', '百沸湯', '生熟湯', '漿水', '長流水' 등 모두 13개의 물을 하나의 항목으로 처리하고 있다. 이 점은 『의종』도 마찬가지이다. 이에 반해 『동의』는 모든 어휘를 별도의 표제어로 내세우고 있다.

구분	분류 항목	동의	향집	본정	사의	양금	의종	방합	향성
동물	鱗			○					
	蚧			○			○	○	
	蓄						○	○	
	龍						○	○	
	蛇						○	○	
	鼠						○	○	
	龜						○	○	
광물	水	○			○	○	○	○	
	土	○		○	○	○	○	○	
	石	○	○		○	○	○	○	○
	火				○				
	金	○			○	○			
	玉	○				○			
계		15	10	11	14	15	21	21	10

앞서 언급한 대로 『동의』와 『양금』, 『향집』과 『향성』, 『의종』과 『방합』은 분류 체계가 각각 동일하다. 대체로 10개~15개의 항목이 설정되어 있다. 그런데 『의종』과 『방합』은 분류 항목의 수도 21개로 가장 많을 뿐만 아니라, 분류 항목의 설정과 명칭이 여타 의서와 다른 것이 많다. 예를 들면 다른 의서의 '穀部'에 해당하는 항목이 '麻麥稻', '稷粟', '菽豆' 등으로 하위 분류되어 있다. 또한 '광물'의 '金'과 '石'부가 통합되어 '金石'부로 설정되어 있다. 또 '芝栭', '造釀', '龜鼈', '畜', '鼠', '龍', '蛇' 등과 같은 분류 항목은 다른 의서에는 유사 항목조차 없다.

모든 의서에 공통적으로 나타나는 분류 항목은 [식물]의 '草, 穀, 菜, 果, 木' 등 5개이고, [동물]의 '蟲, 禽, 獸' 등 3개이다. [광물]에는 없다. '石' 항목이 가장 많이 나타나는데 『본정』에서 이를 설정하지 않고 있다. 향약명 어휘에는 '식물'류가 가장 많다는 사실이 분류 항목의 설정에서도 나타난다.

분류 체계의 양상을 비교해 보면 의서별로 차이를 보여주는데 거시적 분류와 미시적 분류로 나뉜다. 『본정』은 전체 향약명 어휘 수가 상대적으로 적은 편이지만 미세 분류를 하고 있다. 이에 반해 『사의』는 『동의』와 마찬가지로 거시적 분류만 하고 있다. 그리고 『양금』도 『동의』와 동일한 분류 체계를 적용하고 있다. 이에 반해 『향집』과 『의종』 그리고 『방합』은 미시적 분류를 하고 있다. 결국 『사의』, 『동의』, 『양금』이 거시적 분류를, 『본정』, 『향집』, 『향성』, 『의종』, 『방합』이 미시적 분류 체계를 가지고 있다.

미시적 분류 체계를 반영하고 있는 의서는 다시 『향집』과 『향성』 부류와, 『본정』, 『의종』, 『방합』 부류로 크게 나뉜다. 『향집』과 『향성』은 '上品', '中品', '下品' 등 '약재의 品質'을 기준으로 미세 분류를 하고 있는 반면, 『본정』, 『의종』, 『방합』은 향약의 약성(藥性)이나 식물 분류학적 특징을 하위 개념으로 설정하여 적용하고 있다. 결국 의서의 어휘 분류 체계에 적용된 의미 자질은 다음과 같이 정리될 수 있다.

30) 향약명 어휘 분류 체계의 의미 자질

구분	분류 기준	적용 의서	예시
거시 분류	[상위어]	『사의』, 『동의』, 『양금』	草部
미시 분류	[상위어] [하위어]	『본정』, 『의종』, 『방합』	草部-山草類, 草部-芳草類
	[상위어] [품질등급]	『향집』, 『향성』	草部上品之上, 草部上品之下

28)~30)을 보면, 분류 체계 자체는 향약명 어휘의 시대적 흐름과는 크게 관련성이 없는 것으로 판단된다. 즉 향약명 어휘 체계의 통시적 흐름상의 특징을 나타내지는 않는다. 개별 의서의 편집 의도나 편찬자의 판단에 따라 임의로 적용되는 것이다. 다만 분류 체계는 의서 간의 거리나 영향 관계를 살필 수 있는 근거가 될 수 있다. 실제로 『동의』와 『양금』, 『향집』과 『향성』 그리고 『의종』과 『방합』은 분류 체계가 동일하다.

의서별로 공통적으로 적용되는 분류 항목이 많다. 그럼에도 불구하고 동일 분류 항목에 포함시키고 있는 향약명 어휘는 다르게 나타나기도 한다. 각각의 의서의 분류 항목에 속하는 개별 어휘의 종류와 수는 의서마다 상이하다. 의서별 그리고 분류 항목별로 어떤 향약명 어휘를 포함시키고 있는지 '人部'를 예로 들어 비교해 보기로 한다.

31) '人部'의 비교

① 『본정』 : '人部' 없음.

② 『사의』 : '人部' 2
髮灰, 京墨

③ 『동의』 : '人部' 23
亂髮, 髮髲, 髭鬚, 頭垢, 故膩頭巾, 耳塞, 牙齒, 齒涎, 口中涎及唾, 天靈蓋, 人乳汁, 婦人胞衣, 胞衣變成水, 人尿, 人中白, 秋石, 婦人月水, 紅鉛, 人裩襠, 人屎, 人中黃, 人爪甲, 新生小兒臍

④ 『양금』 : '人部' 22

亂髮, 髮髲, 髭鬚, 頭垢, 耳塞, 牙齒, 齒垽, 口中涎及唾, 天靈蓋, 人乳汁, 婦人胞衣, 胞衣變成水, 人尿, 人中白, 秋石, 婦人月水, 紅鉛, 人裩襠, 人屎, 人中黃, 人爪甲, 新生小兒臍

⑤ 『향집』, 『향성』 : '人部' 20

亂髮, 人乳汁, 頭垢, 人牙齒, 人屎, 人溺, 溺白垽, 婦人月水, 浣褌汁, 人口巾涎及唾, 懷妊婦人爪甲, 天靈蓋, 人髭, 胞, 婦人褌襠, 男子陰毛, 死人枕及蓆, 夫衣帶, 衣中古錦絮, 新生小兒臍中屎

⑥ 『의종』 : '人部' 6

紫河車, 人之頭髮, 人屎, 童便, 人乳, 口津

⑦ 『방합』 : '人部'

31)에서 보듯이 동일하게 미세 분류를 하더라도 『본정』과 같이 '人部'를 설정하지 않는 경우도 있다. 또한 '人部'를 설정하더라도 이에 속하는 개별 향약명 어휘는 다르며 그 편차는 심한 편이라 할 수 있다. 더구나 『동의』와 『양금』의 비교에서 보듯이 두 의서의 분류 체계가 동일하더라도 분류 항목별로 소속되는 향약명 어휘가 다르게 나타나기도 하다. 특히 『양금』이 모든 체재를 『동의』를 따르는 데에도 실제 향약명 어휘는 다르게 나타나는 것이다. 또한 『사의』의 '人部'에는 두 개의 향약명 어휘만 있으며, '京墨'이 소속되어 있어서 사뭇 다르다.

여기서 개별 의서의 분류 체계상의 특징을 『향성』의 경우를 예로 하여 살펴보기로 한다. 이은규(2019ㄱ:10)에 따르면 『향성』의 한어명 표제어는 모두 701개이고 향약명 어휘의 총 수는 모두 850개인데 이를 10개의 상위어로 분류하고 있다. 상위어로 분류된 향약명 수를 정리하면 다음과 같다.[72]

32) 상위어별 어휘 수

항목	石	草	木	人	獸	禽	蟲魚	果	米穀	菜	계
어휘	120	241	98	20	97	50	98	33	42	51	850
비율	14	28	12	2	11	6	12	4	5	6	100

『향성』의 분류 체계의 상위어별 어휘 수는, '草部'가 241개로 가장 많다. 그 다음이 '石部'이고 '人部'가 20개로 가장 적다. 분류 체계를 '사람'(人部), '식물'(草部, 木部, 果部, 米穀部, 菜部),

72) 참고로 『동의』, 『향성』, 『제중』, 『의종』 등에 공통적으로 나타나는 상위어는 '果部, 禽部, 木部, 獸部, 人部, 菜部, 草部' 등 7개이다.

'동물'(獸部, 禽部, 蟲魚部), '광물'(石部)로 나누면, '식물'이 423개로 압도적으로 많고, '동물' 245개, 광물 120개이며, '사람'이 20개로 가장 적다. 상위어별 어휘의 수 비율은 모든 의서에 공통적일 가능성이 높다.

이와 같은 『향성』의 분류 체계가 보이는 특징을 살펴보면, 첫째는, 약재의 품질을 기준으로 하위 분류하고 있는 점이다. 『의종』에서 향약의 약성이나 식물 분류학적 특징을 반영하고 있는 것과는 사뭇 다르다. '人部'를 제외한 9개 상위어는 약재로서의 품질에 따라 일차적으로 '上品-中品-下品'으로 하위 분류되어 있다. 그리고 '草部'는 하위 분류를 더 세분화하여 '上品-中品-下品' 각각을 다시 '上品之上-上品之下'로 2단계 하위 분류하여 6등급으로 나누었다. 이는 아마도 '草部'가 241개로 종류가 가장 많고, 향약으로 손쉽게 많이 쓰이는 것이어서 등급을 더 세분화한 것으로 파악된다. 이에 따라, '雲母'는 '石部-上品'으로, '藍實'은 '草部-上品之下'로 분류하였다.

둘째는, '人部'의 경우 하위 분류를 하지 않고 있다는 점이다. 즉 '사람'과 관련된 어휘는 어떤 것이든 하위 분류하지 않았다는 점이다. 포함되는 향약명이 20개 정도에 불과해 비율이 가장 낮기도 하지만, 약재에 대한 일반적인 인식과는 다르게 취급한 것으로 판단된다. 즉 사람의 신체는 물론이고 사람과 관련된 것에는 품질상의 등급 차이를 두지 않으려 한 것으로 해석할 수 있다.

셋째는, 분류 항목의 제시 순서가 특징적이다. 32)에서 보듯이 '광물'-'식물1'-'동물'-'식물2'로 되어 있다. '광물'이 가장 먼저 나온다는 점, '식물'이 '草-木部'와 '果-米穀-菜部'로 양분되어 있다는 점, 그 사이에 '동물'이 배열되어 있는 점 등이 두드러진다. 이렇게 된 의미론적 기저가 무엇인지 현재로서는 알기 어렵다. 이런 배열 순서는 의서별로 다 다르게 나타나는데 어휘 범주에 대한 인식의 차이임에 틀림없다.

결국 의서의 분류 체계는 개별 의서마다 다 다름을 알 수 있다. 이러한 분류상의 차이는 어디에서 오는 것인지에 대해서는 일차적으로 의미론적 분석이 이루어져야 한다. 나아가 이러한 현상은 식물학과 같은 인접 학문과의 학제간 연구를 통해서 밝혀질 수 있다.

제3장

향약명 어휘의 변천

3.1 단어족 개념의 DB 구축

어휘사 기술의 중요한 두 부면은 개별 어휘사와 어휘 체계사이다. 전자는 낱낱의 어휘가 걸어온 역사적 과정을, 후자는 어휘 체계가 시대별로 어떤 변화를 보이는지를 분석·기술하는 것이다. 그 동안 국어사에서 개별 어휘사가 다루어져 왔지만 일부 어휘에 한정된 것이 사실이다. 어휘 체계사는 더 영성한 상태이다. 어휘 범주의 설정, 분석 방법론의 개발, 기초 자료 수집 등 모든 면에서 여전히 답보 상태라 해도 과언이 아니다. 이렇게 된 데에는 어휘 영역 자체의 특징과 한계 때문이기도 하지만 무엇보다 문헌에 나타나는 어휘를 채집하고 정보화하여 DB로 구축하는 작업이 없었기 때문이다. 개별 어휘사와 어휘 체계사를 위해서는 향약명 어휘 DB가 먼저 구축되어야 한다.[73]

향약명 어휘 DB는 단순히 어휘를 집적하는 것이 아니라 '있어 온 연구의 성과'를 반영하는 것인 동시에 '앞으로의 연구'를 위한 것이어야 한다. 이것이 선행되지 않고서는 온전한 어휘사는 불가능하다. 이 연구에서는 향약명 어휘 범주에 대한 인식을 바탕으로 '단어족 개념의 향약명 어휘 DB'를 구축하였다. 그 과정은 다음과 같다.

1) 향약명 어휘 DB 구축 과정
 ① 1단계 : 의서에 산재되어 있는 향약명 어휘의 집적
 ② 2단계 : 개별 향약명 어휘와 관련된 모든 정보 기술
 ③ 3단계 : 단어족 개념을 적용한 재구조화

이은규(2014:110-117)에서는 향약명 어휘 DB 구축을 위한 논리, 설계, 실제 작업 과정 등이 자세히 설명되어 있다. 이는 1)의 1단계와 2단계에 해당한다. 여기서는 3단계 구축 작업에 대해 살펴보기로 한다(실제 DB에 대한 자세한 설명은 4장 참조).

3단계의 '단어족 개념의 향약명 어휘 DB'는, 의서에서 추출된 향약명 어휘 자료를 집적하여 그대로 제시하는 것이 아니라, 향약명 어휘가 복합어와 동의어 그리고 이칭 자료가 많다는 점을 고려하여 한자리에서 모두 확인할 수 있도록 단어족화하여 구축한 것이다. 향약명 어휘는 고유어 이칭이 동일하거나 유사한 어형을 보이는 경우에도 대응되는 한어명이 다르게 나타나는 일도

73) DB 구축에 관한 논의를 4장이 아니라 3.1에 둔 이유이기도 하다.

있기 때문이다. 이처럼 향약명 어휘 간의 유기적 관계 맺기를 통해서 형태·의미 관계를 체계적으로 파악하고 변천 과정까지 확인할 수 있도록 재구조화한 것을 말한다.

예를 들면, '假蘇' 항목에는 표제어로 나오는 동의어 '荊芥'를 비롯 '荊芥穗', '荊芥葉', '荊芥子', '荊葉汁', '薑芥汁'과 같은 복합어도 함께 나온다. 그리고 각 어휘에 들어 있는 정보(이칭, 분류 체계, 지시어 등)를 제시해 준다. 그리고 표제어가 아닌 이칭 자료도 '찾아가기' 기능을 통해서 확인할 수 있도록 한다. 결국 이 DB는 향약명 어휘간의 형태·의미 관계를 체계적으로 파악하고, 동시에 개별 향약명 어휘의 변천 과정을 한자리에서 일람할 수 있도록 구성한 것을 말한다. 여기에 향약명 어휘의 변천 과정을 덧붙인다. 이런 과정을 거치면 DB가 사전적 기능을 일부 수행하게 되는 단계까지 나아간다.

단어족 개념의 향약명 어휘 DB를 위해서는 다음과 같은 전제가 필요하다.

2) DB의 전제

① 의서의 방문과 목록에서 향약명 어휘를 추출함.
② 문헌이 보여 주는 모든 정보를 담음.
③ 단어족 개념의 DB로 재구성함.
④ 어휘사 기술이 DB를 겸하도록 함과 동시에 사전적 기능을 하도록 함.
⑤ 동일한 형태의 향약명이 중복되더라도 의서별로 다 제시함.
⑥ 어휘사의 기술을 어형 교체를 중심으로 국어학 영역 내에서 함.

2)①은 향약명 어휘의 범위를 말한다. 일반적으로 향약명 어휘는 의서의 맨 앞이나 뒤에 있는 목록을 대상으로 한다. 하지만 목록이 없는 경우도 있고, 방문에 기록된 향약명이 더 자세한 경우도 많다. 따라서 방문의 향약명 어휘도 추출해야 한다. 이점을 고려하여 방문의 향약명을 채집하였다. 이 과정에서 15·6세기 의서의 방문 분석이 중요하다는 사실이 드러나기도 하였는데, 이 시기의 의서 방문에 출현하는 향약명이 후대 의서에 정착하는 경우가 아주 많다.

2)②는 향약명 어휘가 내포하는 정보를 말한다. 향약명 어휘에 대한 정보는 물론이거니와 향약명 어휘가 제시되는 의서의 서지적 정보도 함께 DB에 수렴해야 한다. 문헌에 나타나 있는 정보는 향약명 어휘의 어원이나 성격 등을 파악하는 데에 단서가 될 수도 있기 때문이다.

2)③은 DB의 핵심 개념을 말한다. 향약명 어휘 DB가 단순한 어휘의 집적에 머물러서는 안 된다는 것이다. 개별 어휘는 자신이 속한 어휘장이 있고, 또 지칭어가 다를 수 있기 때문에 이들

을 한 자리에 모아서 구조화해야 한다. 그렇지 않으면 향약명 어휘간의 의미론적 연관성이나 형태론적 계열성 등이 파악되기 어렵다. 어휘사는 해당 어휘의 발생 시점과 현재 시점 사이의 변화 과정을 기술하는 것이므로 단어족 개념으로 어휘장을 구성하고 기술해야만 체계적인 파악이 가능하다. 다시 말하면, 향약명 어휘 간의 의미론적 관계나, 이칭의 동의성 유무, 유사 형태의 관련짓기 등 개별 어휘사 기술 과정에서 드러나는 정보들을 반영해야 한다.

2)④ 분석과 기술을 하고 DB를 별도로 제시하는 것은 공간의 낭비이기도 하거니와 자료 이용면에서도 불편한 것이 사실이다. 따라서 어휘사 기술이 DB 역할을 동시에 수행하도록 하는 것이 효율적이다. 이를 위해서 동일한 어형이 시기별로 교체나 변화 없이 반복해서 나타난다 하더라도 의서에 제시된 향약명 형태들을 시대별로 일람할 수 있도록 다 제시하는 것이 필요하다. 이런 구조화는 사전적 기능을 부과하는 데에도 훨씬 유리하다.

2)⑤ 문헌별 향약명 기록 양상을 자세하게 밝힐 필요성이 있다. 비록 같은 형태가 시대를 달리하는 의서마다 다 동일하게 나타나서 중복되더라도 이를 자세히 밝히는 것은 여러 모로 유용하다. 이는 지금까지 향약명의 전모가 단 한 차례도 제대로 밝혀진 적이 없다는 점에서도 그러하고, 다른 면에서는 개별 향약명에 대한 기존의 정보를 보완하기 위해서도 그러하다. '藍藤根'을 예로 들어보기로 한다. 『한국민족문화대백과』에서는 다음과 같이 기술하고 있다.

3) 남등근 [藍藤根] (한국민족문화대백과, 한국학중앙연구원)

조선시대에는 문헌의 기록이 있으나 근래에는 사용하지 않았으므로 기원이 분명하지 않다. 다만, 이두향명으로는 '가사초(加士草)'·'남칠(藍漆)'이라고 표기하였는데, 『동의보감』의 탕액편(湯液篇)에는 '가ᄉᆞ새'로 기술되어 있다. 그러나 1600년대 이후의 문헌에서는 기록을 찾아볼 수가 없다.

3)은 문헌에 나오는 자료를 모두 포괄하지 못한 상태에서 기술된 것이다. 이 연구에서 구축된 향약명 어휘 DB에는 '南藤根' 항목이 다음과 같이 되어 있다.

4) 0361) 藍藤根

藍柒	藍藤根	本名	향구 목45ㄴ3
藍藤根	加士中	鄕名	향채 12월
藍柒	加■■伊		촌구 4ㄱ10:3
藍柒	加士沙伊 가ᄉᆞ새	鄕名	촌가

藍藤根	가ᄉᆞ새	草部		동의 2:43ㄱ7
藍藤根	加士草		鄕名	향집 78:17ㄱ
藍藤根	가사시	草部		양금 503:10
藍藤根	加士草 가사새	草部上品之上	鄕名	향성 78:610:1

4)에서 보듯이, 3)의 설명과는 달리 '藍藤根'에 대한 기록은 16세기 이후에도 지속되었다. 현대 국어에서도 '藍藤根'으로 쓰이고 있고 사전류에도 등재되어 있다. 이와 같이 향약명에 대한 의서의 정보를 충실히 기술하고, 시대별 어형을 일람할 수 있도록 집적된 대로 다 제시한다.

2)⑥ 향약명 어휘의 변천 과정에 대한 기술은 국어학 영역 내에서 행한다. 향약명 어휘가 가지는 한의학적 정보는 제외한다. 최소한의 사전적 정의만을 인용하며, 중심 내용은 국어학 영역의 어형 교체 과정이나 동의어 관계, 형태론적 특징 등을 중심으로 기술한다. 한의학적 정보와 식물, 동물, 광물학적 정보는 해당 분야의 전문 사전들에 미루는 것이 옳다.

3.2 개별 어휘사

여기서는 4장의 DB를 바탕으로 향약명 어휘의 개별 어휘사 기술을 해 보기로 한다. 수많은 개별 향약명 어휘 모두를 대상으로 개별 어휘사를 기술하는 것은 워낙 방대한 작업이다. 4장의 DB에서 모든 향약명 어휘 항목을 대상으로 개별 어휘사를 시도했지만 '간략 기술'에 불과하다. 앞으로 DB를 바탕으로 정밀한 개별 어휘사 기술을 해야 할 것이다.

여기서는 무작위로 선정한 향약명 어휘에 한하여 어형 교체와 이칭 관계를 중심으로 통시적 변화 과정을 자세히 기술을 해 보기로 한다(항목 번호는 4장 DB의 것임.).[74] 먼저 기술 범위를 분명히 할 필요가 있다. 즉 향약명 어휘 체계 내로 한정한다. 향약명 어휘는 일반 물명과 겹치는 경우가 많기 때문에 의서 이외의 자료까지 확대하게 되면 향약명 어휘의 독자적인 특성이 드러나지 않게 된다. 의서 이외의 자료는 최소화하여 참고하기로 한다. 그리고 향약명 어휘가 통시적으로 어떤 어형 교체를 보였는지를 중심으로 기술하기로 한다.

---

74) 여기의 개별 어휘사와 4장에서 기술된 어형 변천 과정 중심의 간략 어휘사는 모두 '향약명 어휘 DB'를 기반으로 한 것이다. 곧 의서에 나오는 향약명 어휘 체계 내에 한정하여 기술한 것이다.

5) 0007) 訶子 / 訶梨勒

訶梨勒	아ᄌᆞ			구간 2:22ㄴ
訶子肉	아ᄌᆞᆺ솔		俗	구간 3:5ㄱ
訶子	訶梨勒 一名	唐 木部		동의 3:39ㄱ9
訶子	訶梨勒 一名	唐 木部		양금 511:5
訶子				제중 8:7ㄱ7
訶子	訶黎勒 一名	喬木		의종 7:25ㄱ2
訶子	訶黎勒 一名	喬木		방합 31ㄴ
訶子	訶梨勒 一名			경신 37ㄱ6

'訶子'는 사군자과의 낙엽 교목인 '訶梨勒의 열매'를 이르는데, 오래된 설사, 기침, 糞便血, 대하帶下 따위에 쓰는 약재이다(『표』). '訶子'는 일부 의서에만 나타난다.

15세기에는 '아ᄌᆞ[訶梨勒]'과 '아ᄌᆞᆺ솔[訶子肉]'에서 보듯이 '아ᄌᆞ'가 한어명 '訶子'에 대응하는 우리말 향약명으로 쓰였다. '아ᄌᆞᆺ솔'은 '아ᄌᆞ+ㅅ+솔'로 형태 분석되며 '가리륵 열매의 살'을 뜻한다. '아ᄌᆞ'는 13세기의 『향구』에는 나타나지 않으며 15세기에 쓰이다가 사라지는 희귀어이다.

한어명 '訶子'와 '訶梨勒'은 15세기에 동의어로 쓰이다가 17세기 의서 『동의』에 와서 '訶子'가 표제어가 되고 '訶梨勒'은 이칭으로 다루어지기 시작하였다. 이것이 후대 의서를 거쳐 현대국어에까지 이어진다. 그리고 『의종』과 『방합』에는 '訶梨勒'이 아니라 새로운 한어명 '訶黎勒'이 나오면서 세 가지 한어명이 공존하게 된다. 『표』에서도 '訶梨勒'과 '訶黎勒'을 모두 표제어로 등재하고 같은 내용으로 설명하고 있다.

결국 15세기에는 '訶子'와 '訶梨勒'이 '아ᄌᆞ의 살'이라는 의미로 함께 쓰이다가 후대로 오면서 '訶梨勒'은 나무를 가리키고 '訶子'는 열매를 가리키는 명칭으로 쓰이는 것을 알 수 있다. 이 과정에 한어명 '訶黎勒'이 발생하여 현재까지 공존하고 있다.

6) 0021) 甘菊 / 菊花 / 苦薏 / 白菊花 / 野菊花 ⇒ 旋覆花

菊花	구화		구간 3:16ㄴ
甘菊葉	강셩황닙		언구 하38ㄴ5
甘菊花	강셩황	草部	동의 2:37ㄴ1
菊	국화		본목 14ㄴ7
甘菊	강셩황	草部	사의 1ㄱ1:8

甘菊花	강셩화	草部	양금 503:3
菊花	강셩황		제중 8:10ㄱ7
菊花	감국		의종 7:10ㄱ4
菊花	감국	隰草	방합 13ㄱ
菊花	강성황		경신 19ㄱ10
菊花	국화 강성황	草部上品之上 鄕名	향성 78:602:3
苦薏		草部	동의 2:37ㄴ7
苦薏	들의픠ᄂᆞᆫ국화	草部	양금 503:4
白菊花	흰국화	草部	동의 2:37ㄴ5
白菊花	흰국화	草部	양금 503:3
野菊	산구화과		언구 하43ㄱ2
野菊花	들국화	草部	사의 1ㄱ3:6

'甘菊'은 국화과의 여러해살이풀로 어린잎은 식용하고 꽃은 약용하거나 말려서 술에 넣는 식물로 '菊花'와 동의어이다(『표』). 의서에서는 '甘菊'과 '甘菊花', '菊花' 등이 함께 표제어로 쓰였다. 이점은 19세기 의서 『의종』에 '菊花'에 대응하는 향약명이 '감국'으로 나오는 것을 통해서 잘 알 수 있다. 『구간』 이래로 '甘菊'과 '菊花'와 '甘菊花'가 모두 표제어로 나타나다가 『제중』에서부터 '菊花'로 고정되는 경향을 보여준다. 대체로 15세기부터 『동의』와 『양금』까지는 '甘菊'류가, 그 이후는 '菊花'가 사용되었다.

'菊花'에 대응되는 우리말 향약명은 『언구』에 나오는 '강셩황'이다. 이를 『동의』에서 이어받았고, 『향성』에도 '강성황'으로 기록하고 있다. 한어명 '菊花'와 '甘菊'은 『표』에 등재되어 동의어로 처리되어 있지만 '강성황'은 나오지 않는다. 의미론적으로는 '甘菊'은 국화의 꽃을 이르는 말이므로 식물 전체를 나타내는 '菊花'와는 개념이 다르다. 하지만 향약명 어휘로는 두 어휘가 동의어로 쓰이는데 향약명 어휘의 다의성에 기인하는 것으로 파악된다.

이 밖에 '菊花'와 관련된 한어명 어휘로 『동의』의 '苦薏', 『동의』의 '白菊花', 『언구』의 '野菊' 등이 있다. '苦薏'는 대응되는 우리말 향약명이 잘 나타나지 않는데 『양금』에 '들의픠ᄂᆞᆫ국화'라고 기록된 것을 보면 '野菊'과 동의어로 사용된 한어명임을 알 수 있다. '野菊'은 『언구』에는 '산국화'로, 『사의』에는 '들국화'로 기록되어 있다. 『표』에서도 '野菊'과 '山菊'을 동의어로 처리하고 있다.

7) 0086) 決明子 / 草決明

決明子	狄小豆	俗云	향구 목45ㄴ6

決明子	狄小豆		朱書	향채 10월
決明子	초결명			산경 513
決明子	결명ᄌ			언두 하55ㄱ
決明子	초결명 還瞳子 一名	草部		동의 2:46ㄴ6
決明	초결명			본목 16ㄴ10
草決明	초결명 還瞳子 一名			마초 상95ㄱ
決明子	초결명	草部		사의 1ㄱ3:9
決明子	초결명 還瞳子 一名	草部		양금 504:4
決明子	초결명			제중 8:10ㄱ10
決明	초결명			물명 74
決明子	초결명			의종 7:14ㄱ1
決明子	초결명	隰草		방합 17ㄴ
草決明	초경명 還瞳子 一名			경신 19ㄴ8
決明子	초결명씨	草部上品之下	鄕名	향성 78:611:3
決明	초결명 결명초 결명차 결명자			식명 352
決明子	결명씨 환동자			동사 59
決明子	결명자 하부소 결명차 하부차			야초 54
決明子	草決明 野綠豆 槐豆			야초 54
決明葉		草部		동의 2:46ㄴ10

'決明子'는 결명차의 씨를 이르는데 肝熱을 내리고 눈을 밝게 하며 두통, 변비에 쓰이는 약재이다(『표』). 한어명 이칭으로 '還瞳子'가 있는데 『동의』에 기록된 이래 후대 의서에서 인용하고 있으며 『표』에도 소개되어 있다.

의서에서는 표제어로 주로 '決明子'가 쓰이며, '草決明'은 이칭으로 나온다. '草決明'을 표제어로 제시한 의서는 『마초』와 『경신』뿐이다. '草決明'은 콩과의 한해살이풀로 열매는 활처럼 굽은 길쭉한 莢果를 맺는데 그 안의 씨를 '결명자'라고 하여 차나 약으로 쓴다(『표』). 이렇게 보면 '草決明'과 '決明茶'는 나무 이름이고 '決明子'는 열매의 씨를 이른다.

'決明子'에 대응되는 우리말 향약명은 『향구』와 『향채』에만 나타난다. 두 의서에 모두 차자표기 '狄小豆'로 기록되어 있다. 따라서 적어도 15세기 초반까지는 이 어형이 쓰였음을 알 수 있다. 차자표기 '狄小豆'는 '狄+小豆'로 분석되는 파생어이다. '小豆'는 한어명인데 '폿'이라는 우리말 어형을 나타낸 것이고, '狄'은 석독자로 '되'로 읽히는데 '북쪽 오랑캐'나 '중국'을 뜻하는 접두사이다. 따라서 '狄小豆'는 '*되폿'으로 해독된다. 하지만 15세기 『향채』 이후 의서에서 사라진다.

8) 0132) 苦苣 ⇒ 苦菜

苦苣	싀화			구간 6:51ㄴ
苦苣	싀화 褊苣 一名	菜部		동의 2:30ㄱ9
苦苣	愁伊禾		鄕名	향집 85:7ㄴ
苦苣	부류	草部		사의 1ㄴ3:8
苦苣	부루	菜部		양금 519:10
苦苣	愁伊花 싀화 고잣바기	菜部上品	鄕名	향성 85:711:3
苦苣	방가지풀			동사 72
苦苣莖	쁜부룻대			구급 하78ㄴ4
苦苣根	싀횟불휘			구간 2:60ㄱ
苦苣根		菜部		동의 2:30ㄴ1

'苦苣'는 게스네리아과의 여러해살이풀인데 어린잎을 위장약으로 쓴다(『표』). 이칭으로 '野苣', '褊苣' 등이 있다. '褊苣'는 『동의』에 이칭으로 나온다. '苦苣'는 『표』에 등재되어 있지 않다.

'苦苣'에 대응되는 우리말 향약명은 '싀화'이다. 『구간』의 '싀횟불휘[苦苣根]'에서 확인된다. 복합어 '싀횟불휘'는 '싀화+ㅅ+불휘'로 분석되는데 '시화의 뿌리'라는 의미이다. 15세기 어형 '싀화'는 근대국어를 거치면서 '시화'로 현대국어에 정착되었다. '싀화'형에 해당하는 차자표기로는 『향집』의 '愁伊禾'와, 『향성』의 '愁伊花'가 있다. 두 차자표기의 용자는 모두 음독자로 '愁伊'는 '쉬'음을 '花'와 '禾'는 '화'음을 적은 것이다. 용자 '伊'는 하향 이중모음 '위'의 반모음 'j'를 나타내는 말음표기이다. 따라서 차자표기는 모두 '*쉬화'로 해독된다.

한편, 『구급』에 기록된 '쁜부룻대[苦苣莖]'의 '부루'는 '苦苣'가 아니라 '苣'에 해당한다. 즉 '苦苣+莖'이 아니라 '苦+苣+莖'으로 축자 번역한 결과 '쁜부룻대'로 나타난 결과이다. '苣'의 새김이 '부루'인 점이 참고된다(『훈몽』 苣 부루 거). 이점은 15세기 의서 『구간』의 '싀횟불휘[苦苣根]'와 『구간』에 나오는 '萵苣子 부룻씨'를 비교해 보아도 분명하다. 그렇다면 『사의』의 '苦苣 부류'와, 『양금』의 '苦苣 부루'는 오류로 짐작된다. 특히 『양금』이 따르고 있는 『동의』에서 '苦苣 싀화'와 '萵苣 부루'를 분명히 구분하고 있는 것을 통해서도 알 수 있다. 이처럼 '부루'는 이른 시기부터 '萵苣'에 대응되는 우리말 향약명이었다. '萵苣'에 대응되는 '부루'는 현대국어에서는 방언형으로만 남아 있으며 '상치'로 교체되었다. 『표』에는 '시화'는 등재되어 있지만 '부루'는 나오지 않는다.

한편 형태 '부루'는 '白苣'에 대응되는 우리말 향약명에도 보인다. 『향집』(85:21ㄱ)과 『향성』(85:717:2)에 '白苣'에 대응되는 우리말 향약명이 '斜羅夫老'로 차자표기되어 있는데 용자는 모두 음독자로 '*사라부로'로 해독된다. 이의 앞선 형태는 『훈몽』(초:상8)의 '薼 사라부루 一名 苦苣'에서 확인된다. '샤라부루'는 근대국어 시기에 '사라부루'로 바뀐 뒤 현대국어에 정착한다. '一名 苦苣'를 고려하면 '苦苣'를 '부루'형으로 지칭했을 개연성도 있지만 유일례라서 확실히 말하기 어렵다. 『표』에도 '사라부루'가 등재되어 '쉽싸리' 종류의 하나로 모양이 차조기와 비슷하며, 잎과 뿌리는 무쳐서 먹는다고 풀이되어 있다.

다음으로 『향성』에는 '苦苣'에 대응되는 우리말 향약명 이칭으로 '고잣바기'가 기록되어 있다. 그러나 의서에는 '고좃바기'가 '苦苶'에 대응되는 우리말 향약명으로 나온다. 『동의』의 '苦苶 고좃바기 一名 遊冬葉'이 참고된다. 따라서 『향성』의 '고잣바기'는 오류로 판단된다. 의서에서도 '苦苶'와 '苦苣'를 별개의 표제어로 분명히 구분하고 있다. 다른 관점에서 보면 '苦苶'가 '苦苣', '遊冬', '褊苣' 등의 유의어로 사용된 다의어였을 가능성도 있다.

『물보』(2)에서 '酸模'에 대응되는 우리말을 '싀화'로 기록하고 있음도 참고된다. '酸模'는 '수영'에 해당하는 것으로 '苦苣'와는 전혀 다른 식물이다. 또한 『동사』에서는 '苦苣'에 대응되는 우리말 향약명으로 '방가지풀'을 소개하고 있다. '방가지풀'은 '방가지똥'의 북한말이다. 『한의학대사전』에서도 '苦苣'에 대해 '국화과 식물인 방가지풀의 전초를 말린 것'으로 풀이하고 있다. 하지만 『표』의 설명에 따르면 두 식물은 학명은 물론 특징이 전혀 다르다.

9) 0205) 貫衆 / 薇 ⇒ 狗脊

貫衆	牛高非		鄕名	향채 2월
貫衆	관즁			구급 상48ㄱ3
貫衆	회초밋불휘			구간 6:10ㄱ
貫衆	牛高非			촌구 3ㄴ8:1
貫衆	牛高非		鄕名	촌가
貫衆	廻初音		鄕云	신마
貫衆	회초밋불휘 黑狗脊 一名	草部		동의 3:17ㄴ3
貫衆	牛高非		鄕名	향동 79:45ㄴ
貫衆	회초밋불휘			본목 11ㄴ4
貫衆	회춈	草部		사의 1ㄴ3:2
貫衆	회초밋블희 草鴟頭 一名 黑狗脊 一名	草部		양금 507:5
貫中	회초밋불휘 黑狗脊 一名			의종 7:2ㄴ10
貫衆	회초밋불휘 黑狗脊 一名	山草		방합 3ㄴ
貫衆	회초밋불휘 黑狗脊 一名 貫節 一名			경신 28ㄱ5

貫众	회춤이		경국 119:12
貫衆	희초밑뿌리	草部下品之上 鄕名	향성 79:629:3
薇	회초미	菜部	동의 2:34ㄴ8
薇	회초미		본목 27ㄴ4
薇	회초미 大巢菜 一名	菜部柔滑類	본정 상136
薇	희쵸미	菜部	양금 520:7

'貫衆'은 면마과의 여러해살이풀로 말린 뿌리줄기를 '綿馬根'이라 하여 구충제로 사용한다. 이칭으로는 '貫渠', '貫節', '綿馬' 등이 있다(『표』). 이 밖에 의서에 나타나는 한어명 이칭으로는 '黑狗脊'(『동의』), '草鴟頭'(『양금』) 등이 있다. 한편 표제어 '貫衆'은 '薇'로도 나타난다. 『동의』를 비롯한 후대 의서에서 '薇'를 표제어 제시하고 우리말 향약명을 '회초미'로 기록하고 있다. 그리고 『본정』에는 '薇'의 이칭으로 '大巢菜'가 나온다. '黑狗脊', '草鴟頭', '大巢菜' 등은 『표』에 보이지 않는다.

'貫衆'에 대응되는 우리말 향약명은 '회초미'형과 '쇠고비'형의 두 계열이 있다. 의서에서는 15세기에 두 향약명이 공존하다가 후대로 올수록 '쇠고비' 계열은 잘 나타나지 않고 '회초미' 계열이 우세하게 쓰인다. 특히 '쇠고비' 계열은 차자표기로만 되어 있음도 특징적이다. 『향채』의 '牛高非'를 『촌구』와 『향동』에서 인용하고 있다. 용자 '牛'는 석독자이고 '高'와 '非'는 음독자로 '*쇠고비'로 해독되는데 근대국어 시기에 '쇠고비'로 정착되어 현대국어에 남아 있다.

한편 차자표기 '牛高非'는 '牛+高非'로 분석된다. 즉 '쇼+고비'의 결합이다. 15세기의 일반적인 현상에 의하면 선행 명사 '쇼' 뒤에 관형격조사 '이'가 결합되어 '쇠고비'가 되어야 하고 차자표기도 '牛伊高非'로 해야 한다. 그런데 '牛高非'에는 관형격조사에 대응하는 표기가 없다. 따라서 엄격하게 말하면 '*쇼고비'로 해독해야 한다. 여기서는 생략된 것으로 보아 '*쇠고비'로 해독해 둔다. 남풍현(1999:178)에서도 '쇠고비'로 해독하였다. 『표』에도 '쇠고비'가 등재되어 있다.

'회초미' 계열의 향약명은 『구간』에 '회초밋불휘'로 처음 나온다. 뿌리를 약재로 쓴다는 사실을 향약명에서 확인할 수 있다. 의서에서는 이 향약명이 20세기까지 이어진다. '회초밋불휘'는 '회초미의 뿌리'라는 뜻으로 '회초미+ㅅ+불휘'로 분석된다. '회초미'는 어근 '회촘'에 접미사 '이'가 결합된 파생어가 분명하다. 이는 17세기 자료 『신마』에 '廻初音'으로 차자표기되어 있는 것과, 『사의』에 '회촘'으로 기록되어 있는 점을 보면 분명하다. 차자표기 '廻初音'의 용자는 모두 음독자이고, '音'은 말음 'ㅁ'을 적는 용자이므로 '*회촘'으로 해독된다. 이 어휘의 기원적인 어근이 '*회촘'이었음을 알 수 있다. 문헌에는 '회초미' 형태도 나타난다. 예를 들면 『박언 중34』의 '져기 고사리치 회초미치 두룹치 삽듀치를 사오라'에 나오는 '회초미치'가 그러하다. 한편, 『향성』에는 '회초밑뿌리'로 기록되어 있는데 '회초미+ㅅ'을 '회초밑'으로 오분석한 결과로 판단된다. 『표』에는 '회초미'형이 나오지 않으며 『샘』에 '貫衆'의 옛말로 풀이되어 있을 뿐이다. 한편, 『광재물보』에는 '貫衆'에 대응되는 우리말 'ᄉᆞ철고비'가 나오는데 계열이 전혀 다른 어형이다.

이칭 '黑狗脊'은 '狗脊'의 일종으로 보이는데 사전류에 잘 보이지 않는다. '狗脊'은 고빗과의 여러해살이풀로 어린잎과 줄기는 식용하고, 뿌리는 약용하는데 우리말로는 '고비'이다(『표』). '狗脊'은 『동의』에서부터 나오는데 대응되는 우리말이 제시되어 있지 않으며 한어명으로 쓰였다. 『양금』에 '金毛狗脊'이라는 이칭이 소개되어 있다. 또 『해혹』에는 '貫仲'이 이칭으로 나온다. '狗脊'과 '貫衆'이 동의 관계에 있었을 것으로 짐작된다.

10) 0269) 芎藭 / 江籬 / 雀腦芎 ⇒ 蘼蕪

芎藭	芎乙草			향구 하34ㄴ2
藭芎	蛇避草		俗云	향구 목45ㄴ4
藭芎	蛇休草		俗云	향구 목45ㄴ4
藭芎	蛇避屮		朱書	향채 3월
藭芎	蛇休屮		朱書	향채 3월
芎窮	궁궁			구급 상56ㄱ7
芎藭	궁궁잇불휘			구간 7:7ㄴ
京芎	궁궁잇불휘			구간 2:8ㄴ
芎藭	궁궁			분온 15ㄴ
芎藭	궁궁이	草部		동의 2:43ㄴ10
芎藭	궁궁이			본목 13ㄱ6
芎藭	궁궁이			우마 7ㄱ
芎藭	궁궁			마초 하21ㄴ
芎藭	궁궁이	草部		양금 504:1
芎藭	궁궁이			물명 97
芎	궁궁이			자석 311
芎藭	궁궁이뿌리	草部上品之下	鄕名	향성 78:609:2
芎蘼苗	궁궁이싹			동사 105
江籬	궁궁이싹			동사 41
雀腦芎	궁궁이			동사 687

'芎藭'은 산형과의 여러해살이풀로 어린잎은 식용하고, 뿌리는 한약재로 쓰며 '궁궁이'라고도 한다(『표』). '궁궁이'는 한어명 '芎藭'에 접미사 '이'가 결합된 파생어이면서 혼종어이다. 의서에서도 이 '궁궁이'가 표제어 '芎藭'에 대응되는 향약명으로 나온다. 『표』에는 '芸草', '芸香', '천궁이' 등이 이칭으로 등재되어 있다. 하지만 의서에는 특별한 이칭이 나오지 않는다.

『구급』에 '궁궁'으로 나타난 이후 『동의』에서 '궁궁이'가 되어 현대국어에까지 이어진다. 『향성』에는 '궁궁이뿌리'가 기록되어 뿌리가 약재로 쓰임을 반영하고 있다. '芎藭'에 대응하는 우리말 향약명의 기원형은 『향구』에 나오는 차자표기 '蛇避草'와 '蛇休草'이다. 이 두 차자표기는 『향채』에 인용되어 '蛇避屮'와 '蛇休屮'로 기록되어 있다. 용자 '草'를 통용 한자 '屮'로 교체했을 뿐이다. 이를 통해서 15세기까지 이 어휘가 쓰였음을 알 수 있다. '蛇休草'의 용자는 모두 석독자이어서 '*ᄇᆡ얌말플' 정도로 해독된다. 남풍현(1981:47-48)에서는 '*ᄇᆡ얌마리플'로 해독하였다. '蛇避草'는 해독이 어려운데 남풍현(1981:47)에서는 'ᄇᆡ얌두르플'로 읽히지만 'ᄇᆡ얌두러기플'을 표기한 것으로 보았다. 이은규(1993:38-40)에서는 '蛇休草'는 '*뱀말플'로 재구하였다. '芎乙草'는 '*궁을초'로 재구했지만 분명하지 않으며, '蛇避草'는 해독을 하지 못했다. 실제로 두 차자표기에서 '休'와 '避'의 의미론적 유사성을 근거로 하여 두 차자표기를 같은 형태로 해독할 수 있지만 명확한 근거를 찾기가 어렵다.

『향구』에는 '芎藭'에 대응하는 다른 차자표기 '芎乙草'가 나온다. 남풍현(1981:45-46)에서는 '乙'이 '藭'이나 '窮'을 적은 것으로 보고 '*궁궁초'로 해독하였다. 그런데 문헌을 보면 분명히 '乙'로 판독된다. '芎乙'이 어떤 형태를 표기한 것인지 불분명하다. 차자표기에서 용자 '乙'은 음독자로 'ㄹ'음을 적는 데에 쓰인다. 이를 고려하면 차자표기 '芎乙草'은 '*궁을초' 정도로 읽을 수 있지만 이 역시 확실한 근거가 없다. 분명한 것은 한어명에 기반한 '궁궁이'라는 향약명에 앞서서 'ᄇᆡ얌말-'형 향약명이 13세기부터 존재했다는 사실이다. 그런데 이 어휘는 15세기에 소멸되어 후대로 이어지지 않는다.

11) 0348) 亂髮 / 頭髮 / 頂心髮 / 男髮

亂髮	허튼머리터럭		구간 2:103ㄴ
亂髮	허튼머리터럭		구간 3:3ㄱ
亂髮	허튼머리터리		구간 1:81ㄱ
亂髮	절로뻐러딘머리털	人部	동의 1:30ㄴ3
亂髮	절노뻐러진머리털 血餘灰 一名	人部	양금 525:5

亂髮	머리ᄭᅳᆯᄉᆞᆯ온것				광비
亂髮	절로빠진머리털		人部	鄕名	향성 81:652:3
頭髮	머리터럭				구급 하66ㄱ5
頭髮	머리터럭				구간 3:94ㄱ
人髮	머리터럭				구간 3:30ㄴ
人之頭髮	졀로ᄯᅥ러진머리털	血餘 一名	人		의종 7:46ㄴ5
頭髮	졀로ᄯᅥ러진머리털	血餘 一名	人		방합 58ㄴ
頂心髮	뎡바기옛머리터리				구간 1:30ㄴ
男髮	남진의머리터럭				구간 3:45ㄴ

‘亂髮’은 ‘헝클어진 머리털’을 이른다(『표』). 한방에서는 실제로 머리털을 태운 재를 약재로 사용한다. ‘亂髮’에 대응하는 우리말 향약명은 『구간』에 ‘허튼머리터럭’으로 처음 나온다. ‘허튼머리터럭’은 ‘허틀-+-ㄴ+머리터럭’으로 분석되는데, ‘허틀다’는 ‘흐트러지다’의, ‘터럭’은 ‘털’의 옛말이다. 따라서 ‘흐트러진 머리털’이라는 뜻이다. 한어명 ‘亂髮’의 뜻을 직역한 것이다.

『동의』에서부터 ‘졀로ᄯᅥ러딘머리털’로 향약명이 달라지고 이후 의서에서는 이 어형을 따른다. ‘졀로ᄯᅥ러딘머리털’은 ‘졀로 # ᄯᅥ러디-+-ㄴ # 머리털’로 분석된다. 일반적인 향약명과 달리 어떤 머리털인지 자세하게 설명하는 명사구 형식을 취하고 있다.

『광비』에는 ‘머리ᄭᅳᆯᄉᆞᆯ온것’으로 기록되어 있다. ‘머리ᄭᅳᆯ # ᄉᆞ로-+-ㄴ # 것’으로 분석된다. ‘머리ᄭᅳᆯ’은 ‘머리털’을 말하는데 고어사전류나 『표』에 보이지 않는 희귀어이다. 『샘』에서 ‘머리끌’이 함남방언임을 밝히고 있는 점이 참고된다. ‘머리끌’이 ‘머리털’을 뜻하는 형태라면, ‘머리끄덩이’는 ‘머리끌’에 접미사 ‘덩이’가 결합되어 형성된 파생어로 볼 수 있다. 즉 ‘머리끌+덩이’의 결합에서 ‘ㄹ’음이 ‘ㄷ’ 앞에서 탈락하는 현상이 적용된 것이다. 『표』에서는 ‘머리끄덩이’를 ‘머리+끄덩이’로 분석하고 있으나 ‘끄덩이’보다는 ‘덩이’를 접미사로 보는 것이 더 합리적이라 판단된다. 더욱이 『표』에서는 ‘끄덩이’를 등재하고 ‘머리털이나 실 따위의 뭉친 끝’으로 풀이하였지만 실제로 ‘머리끄덩이’만 등재되어 있는 점도 참고된다. 다음으로 ‘ᄉᆞ로-’는 ‘사르다[燒]’는 뜻의 동사이다. 어근 ‘ᄉᆞᆯ-’에 사동접미사 ‘-오-’가 결합된 것이다. 결국 ‘머리ᄭᅳᆯᄉᆞᆯ온것’은 ‘머리털을 불에 태운 재’를 뜻한다.

한편, 『양금』에는 ‘血餘灰’라는 한어명 이칭이 나오는데 『의종』과 『방합』에도 ‘血餘’로 인용되어 있다. ‘血餘’는 ‘사람의 머리털을 불에 태워 만든 재’를 이르는데 고약의 원료나 지혈제로 쓰고 또 어린아이의 경련이나 열, 임질, 대소변 불통에 쓴다(『표』). 이칭으로 ‘亂髮灰’가 있다.

12) 0386) 狼毒 / 藺茹

狼毒	吾獨毒只		一名	향채 2월
狼毒	낭독			구급 상56ㄴ6
狼毒	五毒獨只			촌구 3ㄴ7:2
狼毒	五毒獨只		鄕名	촌가
狼毒	五毒獨只 오독도기		鄕名	촌가
狼毒	오독뽀기	草部		동의 3:19ㄴ5
狼毒	오독뽀기			본목 18ㄱ10
狼毒	오독쏘기	草部毒草類		본정 상88
狼毒	오독쏘기	草部		양금 507:5
狼毒	오독도기		俗	해혹 6ㄴ4
狼毒	오독뽀기	毒草		의종 7:15ㄴ2
狼毒	오독뽀기	毒草		방합 19ㄴ
狼毒	오독뽀기			경신 35ㄱ4
藺茹	烏得夫得			향구 중21ㄴ3
藺茹	五得浮得		俗云	향구 목47ㄱ6
藺茹	吾獨毒只		鄕名	향채 5월
藺茹		草部		동의 3:21ㄴ9
藺茹		草部		양금 508:7
藺茹	吾獨毒只 오독도기	草部下品之下	鄕名	향성 79:634:1

'狼毒'은 한라투구꽃의 뿌리를 말린 것으로 오랜 체증으로 배 속에 뭉치가 생기는 癥瘕, 積聚, 헌데, 옴 따위의 치료에 쓴다(『표』). 의서에서는 '狼毒'과 함께 '藺茹'도 표제어로 나타난다. 『향구』와 『향성』에는 '藺茹'가 표제어로 나오고, 『향채』, 『동의』, 『양금』 등에서는 '狼毒'과 '藺茹'를 별도의 표제어로 제시하고 있다. 대응되는 우리말 향약명의 제시도 다르다. 『향채』에는 두 한어명이 별도의 표제어로 나오지만 대응되는 우리말 향약명은 '吾獨毒只'로 동일하다. 『동의』에서는 '狼毒 오독뽀기'와, '藺茹'(3:21ㄴ9)를 구분하고 있다. 다만 '藺茹'에는 대응되는 우리말 향약명이 없다. 『양금』은 『동의』와 동일하고, 『향성』에는 표제어 '藺茹'만 제시되어 있다. 『표』에는 '藺茹'가 나오지 않으며 『한어대사전』에도 마찬가지이다. 결국 이른 시기에는 '狼毒'과 '藺茹'가 동의어로서 동일한 지시대상을 가리켰으나 후대에 와서 구분되기도 했음을 알 수 있다.

『향구』에는 '藺茹'에 대응하는 우리말 향약명이 '烏得夫得'과 '五得浮得'으로 차자표기되어 있다. 두 차자표기는 이표기 관계를 보여주는데 '烏 : 五'와 '夫 : 浮'의 대응은 용자가 모두 음독자이며 각각 '*오'와 '*부'로 읽힘을 말해 준다. 따라서 '*오득부득'으로 해독된다(재구형은 *utɨkpütɨk이다). 이 어형은 후대형과 비교하면 된소리 발생 이전 단계를 보여준다. 곧 '*오득부득'의 제3 음절 '*부[浮/夫]'의 모음이 탈락하여 15세기의 '오독ᄠᅩ기'형으로 변화한다. 이를 반영한 것이 『향채』의 차자표기 '吾獨毒只'이다. 『촌구』에는 같은 어형이 '五毒獨只'로 기록되어 있다. 두 차자표기는 '只'를 제외하면 음절별로 이표기 관계를 가진다. '五 : 吾' 그리고 '獨 : 毒'의 대응은 이들이 모두 음독자이고 각각 '*오'와 '*독'으로 읽힘을 말해 준다. 따라서 '*오독도기'로 해독된다. 『향채』의 차자표기 '吾獨毒只'는 20세기 의서인 『향성』에 그대로 인용되어 있다.

'狼毒'에 대응되는 우리말 향약명의 한글표기는 『촌가』에 '오독도기'가 나온 이래로 『동의』에 '오독ᄠᅩ기'가 기록되고 이어 '오독ᄯᅩ기'를 거쳐서 『향성』에 와서 '오독도기'로 정착하였다. 결국 '狼毒'의 우리말 향약명은 '*오득부득 > 오독ᄠᅩ기 > 오독ᄯᅩ기 > 오독또기'의 과정을 거쳤으며 『표』에 '오독도기'로 등재되었다.

13) 0442) 漏蘆

漏蘆	루로			구간 3:30ㄱ
漏蘆	루롯불휘			구간 1:89ㄴ
漏蘆	絶穀大			촌구 4ㄴ10:3
漏蘆	絶穀大 졀곡대		鄕名	촌가
漏蘆	졀국대	草部		동의 2:46ㄱ8
漏蘆	伐曲大		鄕名	향집 78:22ㄴ
漏蘆	졀국대			본목 15ㄴ4
漏蘆	졀국ᄃᆡ	草部隰草類		본정 상74
漏蘆	졀국대	草部		양금 504:3
漏蘆	졀국ᄃᆡ			제중 8:8ㄴ7
漏蘆	졀국ᄃᆡ			의종 7:11ㄱ9
漏蘆	졀국ᄃᆡ	隰草		방합 14ㄴ
漏蘆	졀국ᄃᆡ 野蘭 一名			경신 20ㄱ10
漏蘆	伐曲大 질국대뿌리	草部上品之下	鄕名	향성 78:611:2
漏蘆莖葉		草部		동의 2:46ㄴ1

'漏蘆'는 '절굿대의 뿌리'를 이르는데 열과 독을 풀고 종기나 젖몸살에 쓰는 약재이다(『표』). '절굿대'는 국화과의 여러해살이풀로 뿌리를 약용하는데, 이칭으로는 '개수리취'와 '野蘭'이 있다

(『표』). 의서에는 '漏蘆'가 표제어로 제시되어 있으며, 『경신』에 이칭 '野蘭'이 기록되어 있다. '漏蘆'는 15세기에는 '루로'(『구간』) 혹은 '루롯불휘'(『구간』)처럼 한어명을 음가대로 읽어 사용하였다. 그러다가 『촌구』에 우리말 향약명이 차자표기 '絶穀大'와 한글표기 '졀곡대'로 나타난다. '絶穀大'는 모두 음독자로 '*졀곡대'로 해독된다. 이 형태가 제2 음절의 모음이 교체되어 『동의』에서 '졀국대'로 바뀐다. 근대국어 시기에 '절국대'로 어형이 고정되어 현대국어에까지 이어진다. 다만 『향성』에는 '질국대뿌리'로 나오는데 방언형을 반영한 것으로 보인다. 결국, '漏蘆'에 대응되는 우리말 향약명은 '*졀곡대 > 졀국대 > 절국대'의 과정을 겪었다.

『향집』에는 차자표기 '伐曲大'가 나오는데 『향성』에 그대로 인용되어 있다. 이 차자표기의 용자도 모두 음독자이므로 '*벌곡대'로 해독이 된다. 하지만 '漏蘆'에 대응되는 우리말 향약명이 모든 의서에서 '졀곡대'형으로 기록되어 있다는 점을 고려하면 이 차자표기는 오기일 가능성도 있다. 물론 『향집』의 향약명 차자표기의 정밀성을 고려하고, 용자 '絶'과 '伐'이 혼동될 여지가 낮다는 점을 참조하면 '졀곡대'형의 다른 형태로 '*벌곡대'가 있었을 개연성도 완전히 배제하기는 어렵다.

한편 『표』에는 '절국대'와 '절굿대'가 모두 표제어로 등재되어 있다. '절국대'는 학명이 'Siphonostegia chinensis'인 현삼과의 반기생 한해살이풀로 산후의 지혈이나 이뇨제로 쓰며 한어명 이칭으로는 '鬼油麻', '莢蒿' 등이 있다. 반면 '절굿대'는 학명이 'Echinops setifer'인 국화과의 여러해살이풀로 뿌리를 약용하며 한어명 이칭으로는 '개수리취'와 '야란'이 있다. 이에 따르면 '절국대'와 '절굿대'는 전혀 다른 식물이다. 『경신』에 기록된 이칭 '野蘭'을 참고하면 의서에 기록된 '절국대'는 『표』의 '절굿대'에 해당한다. 『표』의 설명이 잘못이 아니라면 '절국대'가 '절굿대'로 된 연유를 설명해야 하는데 음운론적 근거를 찾기 어렵다. 고대국어 시기에 있었던 종성 위치의 'ㄱ'과 'ㅅ'의 혼란 현상과 관련이 있는지 알 수 없다. 편 『물명고』(건46ㄱ)에는 '법고치'가 나오는데 의서에서는 보이지 않는다.

14) 0572) 冬麻子 ⇒ 大麻子

冬麻子	叱乙麻	鄕名	향채 9월
冬麻子	돌열씨		구간 1:11ㄱ
冬麻子	叱乙麻		촌구 4ㄱ4:3
冬麻子	叱乙麻 돌삼	鄕名	촌가

'冬麻子'는 '돌삼씨'(『한국고전용어사전』) 곧 '들에 저절로 나는 삼씨'를 이른다. 『표』에는 '冬麻子'가 등재되어 있지 않다. 의서에도 『향채』, 『구간』, 『촌구』, 『촌가』에만 보인다.

『향채』의 차자표기 '吐乙麻'는 『촌구』와 『촌가』에 그대로 인용되어 있다. 『촌가』에는 '돌삼'이라는 우리말 표기가 병기되어 있어 차자표기 해독의 실마리를 제공하고 있다.

『구간』에는 '冬麻子'에 대응되는 우리말 향약명이 '돌열ᄡᅵ'로 나온다. 그러면 『향채』의 차자표기 '吐乙麻'는 '*돌열'로 해독된다. 용자 '吐'는 '*도'음을, '乙'은 종성의 'ㄹ'음을 표기한 것이므로 '*돌'로 해독된다. 그리고 '麻'는 석독자로 '*열'에 해당함을 알 수 있다. 곧 '麻'의 새김이 '열'이었음을 확인해 준다. 이런 정황은 13세기 『향구』(하38ㄴ2)의 '大麻子 与乙'로 소급된다. 차자표기 '与乙'은 한어명 '麻'에 대응되고, 용자 '与', '乙'은 음독자로서 '*열'로 읽힌다. 13세기에 '麻'의 새김이 '*열'이었음을 알 수 있다. 이것이 15세기까지 이어진 것이다. 한어명 '大麻子'에 대응되는 우리말 향약명이 『구급』에 '열ᄡᅵ'로 나타난 연유이다. 동시에 '大麻'가 '삼'으로 기록된 것은 『구간』의 '大麻根 삸불휘'에서 찾을 수 있다. 이러한 기록들로 종합해 볼 때 15세기에 '麻'의 새김으로 '열'과 '삼'이 공존했음을 알 수 있다. 그리고 기원적으로는 '*열'이 앞서는 것으로 보인다. 이후 의서들에서는 '열'과 '삼'이 공존하는 양상을 보여준다. 예를 들면 『동의』에는 표제어 '麻子'에 대응되는 우리말로 '삼ᄡᅵ'와 '열ᄡᅵ'가 모두 기록되어 있다. '돌열ᄡᅵ' 혹은 '돌삼'에 결합되어 있는 '*돌'은 '야생'의 의미를 덧붙이는 접두사이다.

한편 표제어 '冬麻子'는 표기 자체로 '*돌열ᄡᅵ'를 차자표기한 것일 가능성이 있다. 즉 한어명이 아니라는 것이다. 용자를 보면, '冬'은 차자표기에서 '돌/돌'로 읽히고, '麻子'의 우리말이 '열ᄡᅵ/삼ᄡᅵ'에 해당하므로 개연성은 충분하다. 더욱이 '冬麻子'가 『한어대사전』에서 한어명으로 검색되지 않는 점도 참고된다. 또한 한어명 '冬葵子'에 대응되는 우리말 향약명이 '돌아혹ᄡᅵ'인 점도 참고된다. '冬葵子' 역시 『한어대사전』에 표제어로 등장하지 않는다.

15) 0621) 馬兜鈴 / 獨走根 / 兜鈴

獨走根	勿兒隱提良	俗云	향구 목47ㄱ7
獨走根	勿叱隱阿背 馬兜鈴 一名	鄕名	향구 중15ㄱ2
獨走根	勿叱隱提阿 馬兜鈴 一名	鄕名	향구 중15ㄱ2
馬兜鈴	勿兒冬乙羅	鄕名	향채 7월
馬蔸零	冬兒冬乙羅		촌구 5ㄱ9:1
馬蔸零	冬兒冬乙羅 쥐방올	鄕名	촌가

馬兜鈴	쥐방울		산경 535
馬兜鈴根末	쥐방울불휘ᄀᆞᄅᆞ		언구 하32ㄱ5
馬兜鈴	쥐방올	草部	동의 3:21ㄱ4
馬兜鈴根	獨行根 又名	草部	동의 3:21ㄱ7
馬兜鈴	쥐방올		본목 20ㄱ3
馬兜鈴	쥐방올	草部	사의 1ㄴ4:8
馬兜鈴	쥐방올	草部	양금 507:7
兜鈴	쥐방올		제중 8:9ㄴ3
馬兜鈴	쥐방울		물명 78
兜鈴	쥐방올		의종 7:18ㄴ1
兜鈴	쥐방올	蔓草	방합 23ㄴ
馬兜鈴	쥐방울		경신 36ㄴ5
馬兜鈴	쥐방울		경국 118:7
馬兜鈴	쥐방울 마도령		식휘 128
馬兜鈴	勿兒隱冬乙乃 쥐방울 등칙	草部下品之下 鄕名	향성 79:633:3
馬兜鈴	토정 목향 쥐방울뿌리		식명 416
馬兜鈴	방울풀열매 마도령		동사 306

'馬兜鈴'은 쥐방울덩굴과의 여러해살이 덩굴풀로 뿌리와 열매를 약재로 쓰는데 '쥐방울덩굴', '쥐방울', '마두령' 등이 이칭으로 사용되고 있다(『표』). 『표』에는 '마도령'과 '마두령'이 모두 등재되어 있다. '兜'의 한자음은 원래 '두'이지만 '도'로도 읽힌 데에 기인한다.

『향구』에는 표제어 '獨走根'과 이칭 '馬兜鈴'이 기록되어 있다[獨走根 俗云 馬兜鈴]. 하지만 '獨走根'은 후대 의서에 나오지 않으며 『표』에도 등재되어 있지 않고 『한어대사전』에도 나오지 않는다. 이후 의서에서는 『동의』에 '馬兜鈴根 又名 獨行根'과 같이 이칭 '獨行根'이 나올 뿐이다.

'馬兜鈴'에 대응되는 우리말 향약명은 『향구』에 '勿叱隱阿背'와 ''勿叱隱提阿' 그리고 '勿兒隱提良'이 차자표기되어 나온다. 두 이표기에 쓰인 용자는 모두 음독자이며, 각각 '勿叱隱+阿背', '勿叱隱+提阿', '勿兒隱+提良'로 형태 분석된다. 따라서 전부 요소는 '勿叱隱 : 勿兒隱'의 대응이 가능한데 '叱'과 '兒'를 통해서 'ㅅ/ㅿ'을 확인할 수 있다. 그리고 '勿'은 '믈', '隱'은 '은'으로 읽히는 음독자이다. 따라서 전부 요소는 '*믈ᅀᅳᆫ'으로 해독된다. 후부 요소는 '阿背'와 '提阿/提良'가 대응되는데 각각 다른 어형으로 추정된다. '阿背'는 '*아븨' 정도로 해독된다. '-아비'형 식물명이 있음이 참고가 된다. '提阿'와 '提良'는 이표기 관계에 있으므로 '*뎨라' 정도로 해독할 수 있다. '提阿'와 '提良'를 '-라'형으로 해독하는 데에는 『향채』의 차자표기 '勿兒冬乙羅'가 참고된다. 이는 '*믈ᄉᆞᄃᆞᆯ라'로 해독된다. 용자 '冬'은 차자표기에서 '*ᄃᆞᆯ'음을 적은 데에 사용되었고 '乙'은 선행 음절의 말음 'ㄹ'을 표기하는 말음첨기자이다. 그리고 '羅'는 차자표기에서 '라'음을 적을 때 쓴다. 결국 13세기 '獨走根'에 대응되는 우리말 향약명은 '*믈슨아비'와 '*믈슨뎨라'가 있었음을 확인할 수 있다. 남풍현(1981:62-64)에서는 '*ᄆᆞᆯ슨아비'와 '*ᄆᆞᆯ슨ᄃᆞᆯ아'로 해독하였다. 이 13세기 어형은 후대 의서에 나타나지 않는데, 『향성』의 차자표기 '勿兒隱冬乙乃'에 비슷한 어형이 보인다. 용자 '乃'는 차자표기에서 '나'음을 적고 있으므로 '*믈슨ᄃᆞᆯ나'로 해독된다. 13세기 『향구』의 '-뎨라'형을 이어받고 있다.

『향채』에는 차자표기 '勿兒冬乙羅'가 나온다. 이를 16세기 『촌구』가 이어받아 '冬兒冬乙羅'로 기록하고 있는데 '冬兒'는 '勿兒'를 잘못 표기한 것이다. 따라서 '*믈ᄉᆞ'로 해독된다. 후부 요소 '冬乙羅'는 '*ᄃᆞᆯ라'로 읽힌다. 결국 '勿兒冬乙羅'는 용자대로 해독하면 '*믈ᄉᆞᄃᆞᆯ라' 정도로 해독된다. 이 어형도 13세기 어형을 이은 것인데 이후 의서에는 나타나지 않는다.

『촌가』에는 우리말 향약명 '쥐방올'이 나타난다. 이 '쥐방올'이 후대 의서에 지속적으로 나타나며 '쥐방울'로 모음 교체가 일어나 현대국어에 정착되었다. 그리고 『향성』에는 '등칙'이 이칭으로 소개되어 있다. 이는 혼종어 '등칡(藤칡)'을 잘못 표기한 것인데 '쥐방울덩굴과의 낙엽 활엽 덩굴나무'이다. 그리고 『동사』에는 '방울풀'이 '쥐방울덩굴'의 북한말로 소개되어 있다(『샘』).

16) 0624) 馬藺 / 蠡花 / 辛夷 / 蠡實 / 豕首

蠡花	馬藺花	卽	향구 상11ㄱ8
馬藺花	筆花		향구 상12ㄱ1
馬藺	붇곳		구간 2:46ㄴ
馬藺花	붇곳곶		언구 상26ㄱ2
馬藺花	마린화		마초 상92ㄴ
馬藺	붓곳		물명 65
馬藺	쑥부쟝이 맥취		식휘 347
馬藺	타래붓꽃 꽃창포 마란자		식명 418
馬藺根	붇곳		산경 437
馬藺根	붇곳불휘		언구 상26ㄱ2
馬藺根	붓곳		의본 240
馬藺根	타래붓꽃뿌리 馬藺子		동사 308
馬藺根末	붓곳불휘ᄀᆞᄅᆞ		언구 하32ㄱ4

馬蘭葉	붇곳닙			구간 2:46ㄴ
馬蘭葉	붇곳닙			언구 상26ㄱ2
馬蘭草	마린초			방유 4:23ㄴ
馬藺子	붇곳여름 蠡實 一名		俗	해혹 31ㄴ4
馬藺子	타래붓꽃씨	草部中品之上	鄕名	향성 79:616:3
馬藺子	타래붓꽃씨 려실 극초 시수			동사 871
豕首	타래붓꽃			동사 615
辛夷	붇곳	木部		동의 3:29ㄱ8
辛夷	붓곳			본목 32ㄴ5
辛夷	붓곳 木筆 一名 迎春 一名	木部		양금 509:8
辛夷	붓곳	香木		의종 7:22ㄱ1
辛夷	붓곳	香木		방합 27ㄴ
蠡實	馬蘭子		俗云	향구 목46ㄱ4
蠡實	筆花		俗云	향구 목46ㄱ4
蠡實	馬藺子			촌구 5ㄱ7:1
蠡實	馬藺子 부ᄉ공		鄕名	촌가
蠡實	붇곳여름 馬藺子 卽	草部		동의 3:4ㄱ8
蠡實	붓곳여름			본목 15ㄴ8
蠡實	붓곳여름	草部		양금 504:10
蠡實根	붇곳열음불의 마란 一名			광비 58
蠡實	馬藺草			식휘 98
蠡實	타래붓꽃씨	草部中品之上	鄕名	향성 79:616:3
蠡實	타래붓꽃			동사 267
蠡實花葉		草部		동의 3:4ㄴ1

'馬藺'은 붓꽃과의 여러해살이풀로 '꽃창포'를 이른다(『표』). '꽃창포'는 현대국어에서 생성된 어휘이다. 『향구』에는 '蠡花 卽 馬藺花'로 기록되어 있는데 동의어임을 말해 준다. 실제로 『표』에는 '蠡實'이 꽃창포 열매의 씨를 이르는 말로 황달, 설사, 이질, 출혈증 따위에 쓴다고 설명되어 있고 동의어로 '馬藺子'를 소개하고 있다.

이 향약명과 관련된 한어명 표제어는 '馬藺花', '辛夷', '蠡花', '蠡實' 등 다양하게 나타난다. 이 가운데 '辛夷'는 '붓꽃'을 가리키는 말로만 쓰이며 나머지는 '붓꽃씨' 혹은 '붓꽃' 등을 나타낸다. 『향구』에는 '馬藺花'가 표제어로 등재되어 있고 대응되는 우리말 향약명이 '筆花'로 차자표기되어 있다. 용자는 모두 석독자이므로 '*붇곶'으로 해독된다. 이 어형이 중세국어와 근대국어를 거쳐 현대국어의 '붓꽃'으로 정착되었다. '*붇곶' > '붇꽃' > '붓꽃'의 과정을 겪은 것이다. 중세국어의 '붇'이 '붓'으로 바뀐 것은 근대국어 시기에 종성의 'ㅅ'과 'ㄷ'의 혼기 현상을 겪은 결과이다.

의서에서는 『향구』 이래 '馬藺花', '馬藺子', '馬藺根' 등이 표제어로 나오는데 이에 대응하는 우리말 향약명은 '붇곳불휘', '붇곳닙', '붇곳' 등으로 나타난다. '붓꽃'형 어휘가 사용되는 가운데 20세기 의서 『향성』에 새로운 어휘 '타래붓꽃'이 나타난다. 그런데 『표』에 따르면 '타래붓꽃'은 어근 '붓꽃'에 전부 요소로 명사 '타래'가 결합된 합성어인데 여기의 '타래'는 '실타래'의 '타래'와 같은 형태이다. '잎이 줄 모양으로 비틀려 자라기'(『표』) 때문에 '타래'가 덧붙은 것으로 짐작된다. '타래붓꽃'은 뿌리줄기를 金瘡과 인후염을 치료하거나 지혈제로 사용한다.

'馬藺'과 관련된 한어명으로는 '辛夷'와 '蠡實'이 있다. '辛夷'는 『동의』에 '辛夷 붇곳'으로 나온 이래 『본목』(32ㄴ5)의 '붓곳', 『양금』의 '붓솟', 『의종』의 '붓솟', 『방합』의 '붓솟' 등 일부 의서에 인용되어 있다. '馬藺'의 꽃을 '辛夷'라고 했음을 알 수 있다. 다만 『표』에서는 '辛夷'가 '목련과의 낙엽 교목', '목련', '개나리' 등을 뜻하기도 한다고 소개하고 있는데 '목련'과의 관련성을 파악하기 어렵다. 물론 '붓꽃'은 별개의 표제어로 등재되어 있다. 한편 『촌가』에는 '蠡實 馬藺子 부ᄉᆞ공'이 기록되어 있는데 여기의 한글표기 'ᄇᆞᄉᆞ공'이 무엇인지 불분명하며 사전류에서 찾기 어렵다.

17) 0688) 牡蠣 / 石花

牡蠣甲	屈召介		俗云	향구 목49ㄱ8
牡蠣甲	屈召介甲			향구 상12ㄱ2
牡蠣	大屈乙曹介 犬			향채 12월
牡礪	모려			구급 상83ㄴ8
牡蠣	굸죠개			구간 3:56ㄱ
牡蠣	굸죠갯거플			구간 1:25ㄱ
牡蠣	屈照蚧			촌구 4ㄴ8:1
蠣	굴 려			훈몽 상20ㄱ
牡蠣	屈照蚧		鄕名	촌가
牡蠣	굴죠개			산경 546
牡蠣	굴죠개	蟲部		동의 2:6ㄱ3
牡蠣	굴죠개			본목 46ㄱ4
牡蠣	모녀			마초 하111ㄱ
牡蠣	굴죠개썹딜	虫部		사의 4ㄴ1:9

牡蠣	굴죠기	蟲部		양금 516:2
牡蠣	굴죠개			제중 8:13ㄱ1
牡蠣	굴죠기		俗	해혹 4ㄱ5
牡蠣	굴죠기겁질	蚌蛤		의종 7:42ㄱ8
牡蠣	눌죠기겁질			방합 356
牡蠣	굴죠기겁질	蚌蛤		방합 52ㄴ
牡蠣	굴조기			경신 26ㄴ8
牡蠣	大屈乙曹介 큰굴조개	蟲魚部上品	鄕名	향성 82:677:1
牡蠣	굴조개껍질 려합 牡蛤			동사 105
牡蠣粉	모려분			구급 상67ㄱ8
牡蠣粉	굸죠개분			구간 2:120ㄴ
牡蠣粉	굴죠기	介部蚌蛤類		본정 하213
牡蠣肉	굴	蟲部		동의 2:6ㄱ7
牡蠣肉	石花 卽	蚌蛤		의종 7:42ㄱ9
牡蠣肉	石花 卽	蚌蛤		방합 53ㄱ
石花	굴	虫部		사의 4ㄴ2:7
石花	굴			경국 119:10

'牡蠣'는 '굴'의 살을 말린 것으로 몽정, 대하, 갈증, 盜汗 따위에 쓰인다(『표』). 『표』에서는 '구조개'를 등재하고 '굴과 조개'라고 설명하고 있다. 즉 '牡蠣'와 '구조개'를 별개의 어휘로 처리하고 있다. 하지만 의서의 향약명 기록에 의하면 '牡蠣'가 곧 '구조개'이다.

『향구』에는 '牡蠣'에 대응되는 우리말 향약명이 '屈召介甲'과 '屈召介'로 차자표기되어 있다. '屈召介'의 용자는 모두 음독자로 '*굴죠개'로 해독되고 '甲'은 석독자로 '*거플'로 해독된다. '屈召'를 '*구죠'가 아니라 '*굴죠'로 해독하는 이유는, 13세기에는 'ㅈ'음 앞에서 'ㄹ'음이 탈락하지 않았기 때문이다. 15세기의 『향채』에 나오는 차자표기 '大屈乙曹介'와 비교해도 같은 어형을 얻을 수 있다. '屈 : 屈乙' 그리고 '召 : 曹'의 대조를 통해서 '*굴죠'가 확인된다. 더욱이 '乙'은 말음첨기이므로 '屈乙'을 'ㄹ'로 끝나는 음으로 읽어야 한다. 또한 '召 : 曹'의 대응은 '召'를 '소'가 아닌 '죠'로 읽어야 함도 분명히 알려준다. 『촌구』의 차자표기 '屈照蚧'에서도 마찬가지이다. 특히 이 차자표기에는 '介'가 같은 음독자 '蚧'로 표기되어 있는데 의미도 고려한 표기이다. 『향성』에는 『향채』의 '大屈乙曹介'가 그대로 인용되어 있다. 결국 '牡蠣'에 대응되는 우리말 향약명의 기원형은 '*굴죠개'임을 알 수 있다.

한편『향채』의 차자표기 '大屈召曹介'에는 접두사 '大'가 결합되어 있다. 이것이 '*큰'을 표기한 것인지 아니면 '*한'을 적은 것인지 불분명하다. '크다'는 의미를 나타내는 우리말 접두사가 이른 시기부터 '한'이었음을 고려하지 않을 수 없다. 이를 그대로 인용한『향성』의 '큰굴조개'는 현대국어에서 '큰'을 보편적으로 사용하는 현상을 반영한 결과로 보인다.

『구간』에는 한글표기 '굸죠개'로 나온다. '굴+ㅅ+죠개'로 형태 분석된다. '굴죠개'를 거쳐 '굴조개'가 된 것이다. 의서에서는 '구조개'가 나타나지 않는다. 음운사적으로는 '굴조개'에서 다시 'ㄹ'이 탈락하여 '구조개'로 변화하여 현대국어에 남아 있다. 한편『향구』의 '屈召介甲'을 이은 것으로 보이는『구간』의 '굸죠개거플'은『사의』에서 '굴죠개껍딜'로 어형 교체를 겪는다. '거플'이 '껍딜'로 바뀐 것이다. 이후 의서에서는 '-겁질'형으로만 나타난다.

이 밖에 '牡蠣'를 어근으로 한 향약명 '牡蠣粉'과 '牡蠣肉'이 일부 의서에 나온다.『구급』에서는 '牡蠣粉'을 한자음대로 '모려분'으로 읽고 있고,『구간』에는 '굸죠개분'과 같이 혼종어로 나타난다.『동의』에서는 '牡蠣'와 '牡蠣肉'을 별도의 표제어로 등재하고 있는데 '牡蠣 굴죠개'와, '牡蠣肉 굴'이 그것이다.『본정』에서는 '牡蠣粉'을 '굴죠기'로 명명하고 있다.『의종』에서는 '牡蠣肉'을 '石花' 곧 '굴'로 풀이하고 있다.

18) 0735) 無患子

木串子	夫背也只木實		俗云	향구 목48ㄱ2
木串子	夫背也只木實		鄕名	향구 상11ㄱ11
無患子	모관쥬			언구 상31ㄴ2
無患子皮	모관쥬나못겁질	木部		동의 3:42ㄱ2
無患子	모관쥬나모			본목 34ㄱ3
無患子皮	모감듀나모겁질	木部		양금 511:10
無患子	모관주나무			식휘 242
無患子皮	모간주나무열매껍질	木部下品	鄕名	향성 80:651:2
無患子	무환자나무 모감주나무			식명 643

'無患子'는 무환자나뭇과의 낙엽 활엽 교목인 무환자나무의 열매를 한방에서 이르는 말이다(『표』). 원래의 한어명은 '槵'인데 이를 흔히 '無患木'이라 한다는 기록이『훈몽』(상5ㄴ)에 나온다([槵 모관쥬 환 俗呼無患木]).『향구』에는 '木串子 夫背也只木實'로 기록되어 있고 부록의 '方中鄕藥木草部'에도 동일하게 나온다. 남풍현(1981:70-72)에서는 표제어 '木串子'를 한어명이 아니라

차자표기로 보고 '*모관ᄌᆞ'로 해독하였다. 그러면서 후대에 나오는 '모관쥬'는 이 '*모관ᄌᆞ'와 '염주(念珠)'의 '쥬(珠)'가 혼효된 것으로 설명하고 있다.

의서에서는 『향구』에만 '木串子'가 표제어로 나타나며, 이후 『언구』부터는 모든 의서의 표제어가 한어명 '無患子'로 되어 있다. 그리고 대응하는 우리말 향약명이 '모관쥬'(『언구』) 혹은 '모관쥬나못겁질'(『동의』)로 나온다. 이 '모관쥬'가 『양금』에 '모감듀나모겁질'로 기록되어 있고 20세기 의서 『향성』에 '모간주나무열매껍질'로 나온다. 즉 '모관쥬'에서 '모감주'형으로 바뀐 것이다. 결국 이 향약명은 '*모관ᄌᆞ > 모관쥬 > 모감주'로 어형이 교체되었음을 알 수 있다. '모관'이 '모감'으로 바뀐 것은 음운론적으로 설명이 어렵다. 『표』에도 '모관주'는 등재되어 있지 않고 '모감주'가 나오는데 '모감주나무'의 이칭 '금강자나무(金剛子나무)'를 함께 소개하고 있다.

『향구』의 다른 차자표기 '夫背也只木實'은 '夫背也只+木+實'로 분석된다. '夫背也只'의 용자는 모두 음독자로 '*부븨야기'로 해독된다. 여기에 '나모'와 '여름'이 결합한 '*부븨야기나모여름'이 13세기 중엽에 있었음을 알 수 있다. '모감주나무'에 해당하는 우리말 어형이지만 13세기 『향구』에만 나오는 어휘이다. 한편 '夫背也只'는 '蠐螬' 즉 '굼벵이'의 13세기 어형이기도 하다. '蠐螬'에 대응되는 우리말 향약명이 '夫背也只'(『향구』중31ㄴ9)로 차자표기되어 있는데 동일하게 '*부븨야기'로 해독된다. 이 어휘도 13세기 자료에만 보인다. 15세기부터 나오는 '굼벙이'(『구급』하06ㄱ5)형과 전혀 다른 어형이다. 형태 '*부븨야기'를 공유한다는 점에서 '모감주나무'와 '굼벵이'의 의미론적 관련성이 연상되지만 연결고리를 찾기 어렵다.

19) 0777) 薄荷

薄荷	芳荷			향구 상12ㄱ5
薄荷	芳荷		俗云	향구 목49ㄱ2
薄荷	英生		鄕名	향채 12월
薄荷	박하			구급 하44ㄱ5
薄荷	영싱			구간 6:65ㄴ
薄荷	英生			촌구 4ㄴ9:2
薄荷	英生 영싱		鄕名	촌가
薄荷	영싱이			산경 505
薄荷	박하			언구 상15ㄱ7
薄荷	박하			언두 상14ㄱ
薄荷	영싱이	菜部		동의 2:33ㄱ5
薄荷	英生		鄕名	향집 85:14ㄱ

薄荷	영싱			본목 14ㄴ2
薄荷	영싱이	草部芳草類		본정 상69
薄荷	박하			두경 15ㄴ
薄荷	박하			마초 하17ㄱ
薄荷	박하			언납 7ㄱ
薄荷	영싱이	菜蔬部		사의 3ㄴ3:1
薄荷	영싱이	菜部		양금 520:4
薄荷	영싱이			제중 8:3ㄴ2
薄荷	빅히 기			물보 10
薄荷	영싱이			물명 68
薄荷	영싱이			의종 7:9ㄴ2
薄荷	영싱이	芳草		방합 12ㄱ
薄荷	영싱이 灸蘇 一名			경신 15ㄴ5
薄荷	박하 영싱이			식휘 303
薄荷	英生 영생 박하	菜部中品	鄕名	향성 85:714:3
薄荷	토박하 박하			식명 55
薄荷	박하			동사 359
薄荷	박하 薄荷腦 薄荷油			약식 67
薄荷葉	박핫닙			구급 상44ㄱ1
薄荷汁	박핫즙			구급 하65ㄱ
薄荷汁	영싱ᄀᆞ론즙			구간 6:75ㄱ
薄荷汁	박하즙			언구 상15ㄱ7

'薄荷'는 꿀풀과의 여러해살이풀인데 한방에서는 잎을 약용하고 향기가 좋아 향료, 음료, 사탕 제조에도 쓴다. 다른 이름으로는 '박하풀', '영생이' 등이 있다(『표』). '薄荷'에 대응되는 우리말 향약명은 원래 '*방하'였다. 『향구』의 차자표기 '芳荷'가 '*방하'로 해독된다. 남풍현(1981:75)에서는 '芳荷'를 '薄荷'의 차용어로 보았다.

'薄荷'에 대응되는 다른 우리말 향약명은 『향채』에 기록된 차자표기 '英生'과 『구간』의 '영싱'에서 확인된다. 한글표기 '영싱'을 참고하면 차자표기 '英生'은 '*영싱'으로 해독된다. 따라서 이른 시기 '薄荷'에 대응되는 우리말 향약명은 '*방하'와 '*영싱'이 있었음을 알 수 있다. 하지만 '*방하'는 후대 의서에 나타나지 않고 일찍 소멸했다. 반면 '영싱'은 『동의』에 와서 접미사 '-이'가 결합된 '영싱이'로 나타난다. 이후 한어명 '薄荷'와 우리말 향약명 '영싱이'가 함께 쓰인다.

한편 『경신』에는 '薄荷 一名 灸蘇'라는 기록이 나오는데 '灸蘇'가 무엇인지 불분명하다. 사전류에서도 찾기 어렵다. 그런데 '芳荷'라는 형태가 '水蘇'에 대응되는 우리말 향약명 차자표기 '水芳荷'(『향채』에도 나온다. 이 차자표기는 '*믈방하'로 해독되는데 『구간』(3:97ㄱ)의 한글표기 '믌방하'에 대응된다. 이렇게 볼 때 '*방하'는 '蘇'류와 관련이 있는 것으로 짐작된다.

20) 0780) 斑猫 / 葛上亭長 / 芫靑 / 地膽

斑猫	加乙畏		鄕名	향채 9월
斑猫	반묘			구급 하71ㄱ7
斑猫	청갈외			구간 3:16ㄴ
班苗	靑加乙外			촌구 4ㄱ2:3
班苗	靑加乙外 청갈외		鄕名	촌가
斑猫	갈외			언구 상18ㄱ1
斑猫	갈외	蟲部		동의 2:14ㄴ4
斑蝥	갈외			본목 40ㄴ1
斑猫	갈외	蟲部卵生類		본정 하197
斑猫	갈외	虫部		사의 4ㄴ4:8
斑猫	갈외	蟲部		양금 517:5
斑猫	갈외			제중 8:11ㄱ9
斑猫	芫靑 春 葛上亭長 夏 斑猫 秋 地膽 冬			해혹 2ㄱ9
斑猫	갈외	卵蟲		의종 7:37ㄴ10
斑猫	갈외	卵蟲		방합 47ㄱ
班猫	갈외			경신 53ㄴ10
葛上亭長	靑加乙畏 청갈외	蟲魚部下品	鄕名	향성 83:691:1
斑猫	加乙畏 갈외	蟲魚部下品	鄕名	향성 83:692:1
芫靑	쳥갈외			언구 하21ㄴ7
芫靑	쳥갈외	蟲部		동의 2:14ㄴ7
芫靑	쳥갈외			본목 40ㄴ2
芫靑	쳥갈외	蟲部卵生類		본정 하197
芫靑	쳥갈의	蟲部		양금 517:5
地膽		蟲部		동의 2:14ㄴ8
地膽		蟲部		양금 517:6

'斑猫'는 '가뢰'를 한방에서 이르는 말로 성질이 차고 독성이 있으며 '瘰癧'에 쓴다(『표』). '가뢰'는 가룃과의 곤충을 통틀어 이르는데 광택이 있는 검은색이다. 날개가 퇴화하여 날지 못하고

농작물에 해를 준다. 먹가뢰, 황가뢰, 청가뢰 따위가 있다. 그리고 '땅가뢰', '斑蝥/盤蝥', '地膽', '土斑蝥', '土斑貓' 등의 한어명 이칭도 있다(『표』). 이처럼 '斑猫'의 이칭은 아주 다양하다.

'斑猫'에 대응되는 우리말 향약명의 가장 이른 기록은 『향채』의 차자표기 '加乙畏'이다. 용자가 모두 음독자여서 '*갈외'로 해독된다. 이후 후대의 의서에 나오는 '斑猫'의 향약명은 『동의』에서처럼 모두 '갈외'로 되어 있다.

『촌구』에는 '靑加乙外'로 차자표기되어 있는데 용자가 모두 음독자로 '*쳥갈외'로 해독된다. 『촌가』에 '쳥갈외'라는 한글표기가 나오기 때문에 틀림없다. 그런데 향약명 '청갈외'에 해당하는 한어명은 '芫靑'이다. 『동의』의 '斑猫 갈외'와 『동의』의 '芫靑 쳥갈외'를 보면 표제어와 우리말 향약명을 명확히 구분하고 있음을 알 수 있다. 그런데 15세기에는 이런 구분이 없었던 것으로 판단된다. 『구간』에서 '斑猫'에 대응되는 우리말 향약명을 '쳥갈외'로 기록하고 있기 때문이다. 결국 '갈외'와 '쳥갈외'의 구분은 『동의』에서부터 이루어진 것으로 추정된다.

『동의』와 『양금』에서는 '斑猫'의 한어명 이칭 '地膽'을 표제어로 등재하고 있다. 대응되는 우리말 향약명은 제시하고 있지 않지만 '斑猫'와 '芫靑' 그리고 '地膽'을 구분하고 있음을 알 수 있다.

『향성』에는 '葛上亭長'을 표제어로 하고 『촌구』의 차자표기 '靑加乙畏'를 인용한 뒤에 한글표기 '청갈외'를 덧붙이고 있다. 그리고 『향성』에서는 '斑猫'를 표제어로 하여 『향채』의 차자표기 '加乙畏'를 인용한 뒤에 한글표기 '갈외'를 기록하고 있다. 『향성』에서도 '갈외'와 '청갈외'를 구분하고 있음을 알 수 있다. '葛上亭長'에 대한 기록은 『한어대사전』의 '地膽' 항목에 보이는데, '地膽'이 '芫靑'을 가리키며, 별명이 '葛上亭長'이라고 소개하고 있다. 그렇다면 『향성』에서 '葛上亭長'을 '청갈외'로 풀이한 것은 타당하다. '葛上亭長'은 『표』에도 등재되어 있는데 '가뢰'의 한 종류인 '먹가뢰'와 동의어로 처리하고 있다. 그외 '葛上亭長'의 이칭으로 '검은가뢰', '豆斑猫', '콩잎가뢰' 등을 함께 제시하고 있다.

한편 '갈외'의 다양한 이칭과 관련하여 『해혹』(2ㄱ9)에는 흥미로운 기록이 나온다. 곧 '春芫靑 夏葛上亭長 秋斑猫 冬地膽'이 그것이다. 사계절에 따라 '갈외'를 다르게 부른다는 뜻인데 다른 기록이 없기 때문에 단정하기는 어려우며, 『한어대사전』의 주석 '元靑, 春食芫華, 故云元靑, 秋爲地膽'과도 약간의 차이를 보인다.

결국 '斑猫'는 이른 시기에 '갈외'와 '청갈외'를 모두 아우르는 상위어였을 개연성이 높다. 후대로 내려오면서 '갈외'는 '斑猫'로, '청갈외'는 '芫靑'으로 세분화되었다고 하겠다. 따라서 '斑猫'는 상위어인 동시에 하위어로 쓰이는 이름이다.

21) 0838) 白蘞

白斂	犬刀叱草			향구 중20ㄱ2
白斂	犬刀次草			향구 중22ㄱ2
白斂	犬伊刀叱草		俗云	향구 목46ㄴ7
白斂	犬伊刀叱草		鄉名	향구 중16ㄴ8
白斂	加海吐		朱書	향채 2월
白藥	犬矣吐叱 大全本++ 白斂 云如		鄉名	향채 9월
白斂	빅렴			구급 하5ㄴ3
白藥	빅약			구급 상44ㄴ2
白歛	가히돗불휘			구간 7:44ㄴ
白歛	犬矣吐邑			촌구 4ㄱ5:3
白歛	犬矣吐邑 가히톱		鄉名	촌가
白歛	가희톱			산경 210
白歛	가희톱	草部		동의 3:17ㄱ2
白蘞	가희톱			본목 20ㄴ4
白蘞	가희톱	草部蔓草類		본정 상103
白歛	빅념			마초 상90ㄱ
白蘞	가희톱	草部		양금 507:4
白蘞	가희톱			의종 7:19ㄱ9
白歛	가히톱			방합 300
白歛	가희톱			경신 49ㄴ9
白蘞	가해톱	草部下品之上	鄉名	향성 79:628:3
白藥子	犬矣吐叱 개의톱	草部中品之下	鄉名	향성 79:625:1
白歛	가위톱 가위톱뿌리			식명 23
白蘞	가위톱 白歛			동사 443

'白蘞'은 포도과의 낙엽 활엽 덩굴나무인 '가회톱'의 뿌리를 이르는데 창독과 화상을 치료하는 데에 쓴다(『표』). 『표』에는 '崑崙', '猫兒卵', '白根', '冤核/菟核' 등의 한어명 이칭과 '가위', '가위톱' 등의 우리말 이칭이 소개되어 있다.

13세기 『향구』에서부터 현대국어에 이르기까지 우리말 향약명의 기본 어형을 유지하는 대표적인 명칭의 하나이다. 『향구』에는 '犬伊刀叱草', '犬刀叱草', '犬刀次草', '犬伊刀叱草' 등과 같이 이표기 관계를 보이는 차자표기가 나온다. 먼저 '犬 : 犬伊'의 대응은 '犬'이 석독자이고 '伊'는 음독자로 말음첨기자임을 말해 준다. 따라서 '*가히'로 해독된다. '刀叱 : 刀次'의 대응에서는

'刀'가 음독자로 '*도'로 읽히고, 종성을 표기한 '叱 : 次'는 '*ㅅ'을 적은 것으로 추정된다. 남풍현(1981:77-78)에서는 '가희돕+ㅅ+플'의 결합에서 종성 'ㅂ'이 탈락하여 '가희돗플'이 되었을 것으로 추정하였다. 기원적인 어근을 '가희돕'으로 설정한 것이다. 그렇다 하더라도 '叱'과 '次'의 대응은 일반적이지 않다. 차자표기에서 '叱'은 'ㅅ'음을 '次'는 'ㅈ, ㅊ'음을 표기하는 글자인데 이 차자표기에서는 같은 음 '*ㅅ'을 적고 있기 때문이다. 다른 가능성은 '*돚'으로 읽혔을 수 있다는 것이다. '叱'이 『향구』에서부터 'ㅈ'음을 적기도 했기 때문이다. 예를 들면 『향구』(목46ㄱ1)의 '葛根 叱乙根'에서 '叱乙根'은 '*즐불휘'로 해독된다. 나머지 용자 '草'는 '*플'로 해독된다. 따라서 『향구』의 차자표기는 '*가히돗플' 혹은 '*가히돚플'로 해독된다.

『향채』에는 차자표기 '加海吐'가 나오는데 '*가히토'로 해독된다. 그리고 『촌구』에는 '加海吐'를 이은 '犬矣吐邑'이 나오고, 『촌가』에는 '犬矣吐邑 가히톱'이 기록되어 있다. 이들 이표기를 비교해 보면 '*가히톱'이라는 어형이 새로 생성되었음을 알 수 있다. 따라서 『향채』의 '加海吐'는 말음 'ㅂ' 표기를 생략한 것으로 보인다.

13세기의 '*가히돗플'에서 15~6세기의 '가히톱'으로 바뀐 과정은 음운론적으로 설명이 가능하다. 먼저 13세기의 '*가히돗플'에서 제3 음절 '돗'의 초성 'ㄷ'이 유기음화하는데, 이는 유성음화 방지를 위한 'ㄷ > ㅌ'의 유기음화이다. 다음으로 종성 'ㅅ'이 내파화하여 'ㄷ'이 된 뒤에, 마지막 음절 초성 'ㅍ'음의 영향으로 조음위치동화를 겪어 'ㄷ'이 'ㅂ'으로 바뀌어 '*톱'이 생성된 것이다. 즉 '돋플'이 '돕플'로 바뀐 것이다. 그리고 차자표기 '犬矣吐邑'은 '가히+의+톱'으로 분석되는데 15세기 우리말 형태소 결합 관계를 잘 보여준다. 당시 우리말에서는 명사 '가히'에 관형격조사 '의'가 결합되면 '가희'가 된다. 그리고 이때부터 13세기에 결합되었던 '플'이 절단되어 '가히톱'으로 어형이 고정되고 이것이 후대 의서에 반영되어 이어진다.

『향성』에는 '犬矣吐叱 개의톱'이 기록되어 있는데 이는 『향채』의 차자표기 '犬矣吐叱'를 인용하면서 용자 '犬'이 '개'에 해당하는 점을 재해석한 것이다. 또한 '가해톱'도 함께 기록하고 있는데 이는 『향채』의 차자표기 '加海吐'를 참고한 결과로 보인다. '가히톱'은 '가희톱'을 거쳐 현대국어에서는 '가회톱'이 되었다(『표』). 결국 '白蘞'에 대응되는 우리말 향약명은 '*가히돗플 > *가히돗플 > 가히톱플 > 가히톱 > 가희톱 > 가회톱'의 변화 과정을 겪은 것으로 추정된다.

한편 『표』에서 왜 '가해' 혹은 '가희'형이 아닌 '가회톱'을 표제어로 잡았는지는 근거를 찾기가 어렵다. 『동사』나 『식휘』에는 '가위톱'으로 나온다. '가회톱'이나 '가위톱'은 '白蘞'에 대응되는 우리말 향약명의 역사적 변천 과정으로 볼 때 매우 이질적인 형태이다. 기원적인 '가히'와는 의미론적 연관성이 전혀 없는 형태이기 때문이다.

22) 0850) 白薇 / 徐長卿

白薇	摩何尊		鄕名	향채 3월
白薇	빅미			구급 상87ㄱ4
白薇	마하죤불휘			구간 3:116ㄱ
白薇	摩阿尊 又名 徐長卿			촌구 3ㄴ10:3
白薇	摩阿尊		鄕名	촌가
白薇	磨阿尊 마아죤도셔당경		鄕名	촌가
白薇	徐長卿		鄕名	촌가
白薇	아마존	草部		동의 3:8ㄱ10
徐長卿	摩何尊		鄕名	향집 78:28ㄴ
白薇	아마존			본목 12ㄴ7
白薇	아마존	草部		양금 506:4
白薇	이마존			의종 7:6ㄴ2
白薇	이마존	山草		방합 8ㄴ
白薇	아마존			경신 20ㄱ1
徐長卿	摩何尊 산해박	草部上品之下	鄕名	향성 78:613:3
白薇	百吉草 竹葉 細辛 아마존	草部中品之上	鄕名	향성 79:620:2

'白薇'는 박주가릿과의 여러해살이풀인 백미꽃의 뿌리를 이르며 열을 내리고 피를 시원하게 하여 골증열이나 산후 발열에 쓴다(『표』). 『표』에서는 '白薇'에 대응되는 우리말 '백미꽃'을 소개하고 있다.

『향채』에는 '白薇'에 대응되는 우리말 향약명이 '摩何尊'으로 차자표기되어 있다. 『구간』에 나오는 '마하죤불휘'을 고려하면 '摩何尊'의 용자는 모두 음독자이므로 '*마하존'으로 해독된다. 『향채』의 차자표기 '摩何尊'은 『향집』과 『향성』에 그대로 인용되어 있다. 이어 『촌구』에는 '摩阿尊 又名 徐長卿'으로 되어 있고 『촌가』에는 한글표기 '마아죤도셔당경'이 나온다. 이 한글표기는 '마아존 또 셔당경'이라는 뜻으로 우리말 향약명 '마아존'과 한어명 이칭 '셔당경'을 밝힌 것이다. 따라서 차자표기 '摩阿尊'은 '*마아존'으로 해독된다. 즉 15세기 어형 '*마하존'의 'ㅎ'음이 유성음 환경에서 약화 탈락하여 '마아존'으로 형태가 변했음을 알 수 있다. 이후 『동의』에는 '白薇'에 대응되는 우리말 향약명이 '아마존'으로 기록되어 있다. 이전 시기 어형 '마아존'의 제1 음절 'ㅁ'과 제2 음절 'ㅇ'이 뒤바뀌어 '아마존'이 된 것이다. 판독과 표기의 오류가 어형의 변화를 낳은 것이다. 『동의』 이후 후대 의서에서는 모두 '아마존'으로 나온다.

한편 『향집』에서는 '白薇'에 대한 언급 없이 '徐長卿'을 표제어로 제시하고 차자표기 '摩何尊'을 기록하고 있다. 반면 『향성』에서는 '徐長卿'과 '白薇'를 별도의 표제어로 등재하여 구분하고 있다. 즉 『향성』에는 '徐長卿 摩何尊 산해박'으로, 『향성』에는 '白薇 百吉草 竹葉細辛 아마존'으로 나온다. 두 기록에서는 '아마존'을 공통적으로 제시하면서도 '徐長卿'과 '白薇'를 다른 식물로 구분한 것이다. 이전 시기 의서에서 '徐長卿'과 '아마존'이 모두 '白薇'에 대응되는 어휘였음을 밝히고 있는데 역사적인 기록을 혼동한 결과로 짐작된다.

『표』에는 '아마존'과 '白薇'가 동의어로 되어 있는 반면 '徐長卿'은 나오지 않는다. 『샘』에서 '徐長卿'을 등재하고 '박주가릿과에 속하는 산해박의 생약명'으로 풀이하고 있다. 이처럼 현대국어에 와서 '白薇', '아마존', '徐長卿', '산해박' 등이 서로 다른 대상을 지칭하는 결과를 낳았는데 그 자세한 사정을 추정해 볼 필요가 있다. 아울러 『향성』에 기록된 한어명 이칭 '百吉草'는 『표』나 『한어대사전』에 나오지 않는다. 다른 한어명 이칭 '竹葉細辛'은 『표』에 등재되어 '박주가릿과의 여러해살이풀인 산해박의 뿌리를 이르는 말로 풀이되어 있다.

23) 1065) 蛇床子

蛇床子	蛇音置良只菜實		俗云	향구 목45ㄴ6
蛇牀子	常食蛇牀菜子			향구 중28ㄴ10
蛇床子	蛇都羅叱		鄕名	향채 4월
蛇床子	蛇音置良只		鄕名	향채 4월
蛇床子	빅얌도랏씨			구간 2:42ㄴ
蛇床子				촌구 4ㄱ8:1
蛇床子	蛇道乙羅叱 빅얌돌랏		鄕名	촌가
蛇麻子	빅얌도랏씨			산경 524
蛇床子	샤상ᄌᆞ			언태 2ㄱ
蛇床子	빅얌도랏씨	草部		동의 2:48ㄱ6
蛇床子	蛇都羅叱		鄕名	향집 78:26ㄱ
蛇牀	빅얌도랏씨			본목 13ㄱ7
蛇床子	빅얌도랏씨	草部芳草類		본정 상59
蛇床子	샤상ᄌᆞ			마초 하28ㄴ
蛇床子	빅암돌앗	草部		사의 1ㄱ4:7
蛇床子	빅얌도랏씨	草部		양금 504:6
蛇床子	쥐손플			광비

蛇床子	쥐손풀			광향 3ㄱ11
蛇床	빅얌도랏삐			제중 8:8ㄴ10
蛇牀	바얌도랏			물명 97
蛇床	빅얌도랏삐			의종 7:7ㄱ1
蛇床	빅얌도랏삐	芳草		방합 9ㄱ
蛇床子	빅얌도랏삐			경신 50ㄱ4
蛇床子	사상ᄌᆞ 窮衣 破衣草			식휘 274
蛇床子	蛇都羅叱 배암도랏씨	草部上品之下	鄕名	향성 78:612:3
蛇床	벌사상자			식명 557
蛇床子	蛇米 사속 훼상 사익 승독 조극			동사 467

'蛇床子'는 '뱀도랏'을 이르는데 한방에서는 이의 성숙한 열매를 요통이나 발기불능 그리고 낭습증 등을 치료하는 데에 쓴다(『표』). 의서에서도 이른 시기부터 '蛇床子'에 대응되는 우리말 향약명으로 '뱀도랏'형을 제시하고 있다.

『향구』에 '蛇音置良只菜實'로 차자표기되어 있는데, 『향채』의 차자표기 '蛇都羅叱'와 '蛇音置良只'도 같은 계열의 어휘를 보여 주는 이표기이다. 『향채』가 『향구』의 어형을 이어받은 것이다. 이표기를 비교하면, '蛇音 : 蛇'의 대응에서는 용자 '蛇'가 석독자이고 '音'이 'ㅁ'음을 표기하는 말음첨기자이므로 '*빅얌'으로 해독된다. 이는 『구간』의 '빅얌도랏삐'를 통해서 확인된다. '置良只 : 都羅叱'의 대응에서 '置良只'는 '*두라기'로, '都羅叱'은 '*도랏'으로 해독된다. 첫 음절의 '두 : 도'의 차이는 고대국어와 중세국어 사이에 있었던 것으로 추정되는 모음추이에 따른 것이다. 나머지 용자 '菜'와 '實'은 모두 석독자로 각각 '*ᄂᆞ물'과 '*삐'로 해독된다. 따라서 '蛇音置良只菜實'은 '*빅얌두라기ᄂᆞ물삐'로, '蛇都羅叱'은 '*빅얌도랏'으로 해독된다. 13세기의 기원적인 형태가 15세기에도 유지되었음을 알 수 있다.

하지만 이후 의서에서는 13세기 어형이 아니라 15세기의 '-도랏'형이 이어진다. 『촌가』에는 '蛇道乙羅叱 빅얌돌랏'이 나오는데 용자 '乙'을 통해서 어중의 'ㄹㄹ'음을 표기하고 있다. 앞선 시기의 형태와 같은 계열에 속하지만 '-돌랏'형은 이 문헌에만 나온다. 『향집』과 『향성』에는 『향채』의 차자표기 '蛇都羅叱'이 인용되어 있다. '蛇床子'에 대응되는 우리말 향약명은, 『동의』에 '빅얌도랏삐'가 제시된 이래 전후 의서에 이 형태가 유지된다. 그리고 『향성』에 현대국어를 반영한 '배암도랏씨'가 나오며 『표』에도 '뱀도랏'으로 등재되어 있다. 결국 이 향약명은 '*빅얌두라기 > *빅얌도랏 > 뱀도랏'의 과정을 겪은 것으로 '-두라기'형에서 '-도랏'형으로 교체된 것이 눈에 띈다.

한편 18세기 말엽의 의서 『광비』와 『광향』에는 '蛇床子'에 대응되는 우리말 향약명으로 '쥐손풀'이 제시되어 있다. 이 어형은 다른 문헌이나 사전류에 보이지 않는다. 『표』에 '쥐손이풀'만 등재되어 있는데 '쥐손이풀과의 여러해살이풀'로 '蛇床子'와는 전혀 다르다. 『식휘』의 '窮衣 破衣草'는 사전류에서 찾기 어려운 한어명 이칭이다

24) 1084) 麝香

射香	샤향			구급 상15ㄴ6
麝香	샤향			구급 하65ㄱ
麝香	샤향			구간 1:47ㄱ
麝香	샤향			언구 상2ㄱ9
麝香	국놀의비쏙	獸部		동의 1:41ㄱ8
麝香	국놀의	獸部獸類		본정 하248
射香	큰놀의비쏙	獸部		사의 3ㄱ2:8
麝香	국노로비곱 四味臭 一名	獸部		양금 528:3
麝香	국놀의비솝			제중 8:13ㄱ09
麝香	국놀의비솝	獸		의종 7:45ㄴ9
麝香	국놀의비솝	獸		방합 57ㄴ
麝香	국노루빅곱			경신 53ㄴ7
麝香	사향 국노루배꼽	獸部上品	鄕名	향성 81:654:3

'麝香'은 사향노루의 사향샘을 건조하여 얻는 향료를 이르는데 강심제나 각성제로 쓰인다(『표』). '사향노루'는 '궁노루'를 말한다. 한어명 이칭으로는 '麝鹿', '牙獐', '香獐' 등이 있다.

『구급』과 『구간』에는 한어명 '麝香'을 한자음대로 읽은 '샤향'이 나온다. 이후 『동의』에 우리말 향약명 '국놀의비쏙'으로 기록된 이후 후대 의서에도 이 어휘가 그대로 나타난다. '국놀의비쏙'은 '국노ᄅ+의+비쏙'으로 형태 분석된다. 명사 '노ᄅ[獐]' 뒤에 모음으로 시작하는 조사가 연결되면 '놀ㅇ'으로 교체되는 현상이 적용되어 '국노ᄅ+의'가 '국놀의'로 된 것이다. 이렇게 보면 15세기에도 이 향약명이 존재했을 개연성을 배제할 수 없다. 『동의』의 향약명 '국놀의비쏙'은 이와 같은 명사의 형태 교체형 '국놀의'에 다시 '비쏙'이 결합한 복합어이다. '비쏙'은 '빗복'으로 '배꼽'을 뜻한다. '빗복'이 결합된 것은 '배에 있는 사향주머니'라는 의미를 비유적으로 표현한 것으로 보인다. 결국 이 향약명은 '궁노루의 배꼽'이라는 뜻을 나타낸다.

『향성』에는 '국노루배꼽'으로 나타난다. '빗복'이 '배꼽'으로 교체된 것이다. 하지만 『표』에는 '궁노루'가 표제어로 등재되어 있다. '궁노루'는 '국노루'의 제1 음절 종성 'ㄱ'이 제2 음절 비음 'ㄴ'을 만나 비음동화를 겪은 결과이다. 현대국어에서 일어난 음운 변동의 결과를 표준형으로 삼은 결과이다. 하지만 '궁노루'의 기원형은 '국노ᄅᆞ'였음이 분명하다. 『표』에는 '궁노루'만 등재되어 있는데 이는 '국노ᄅᆞ'의 음운 변동형이 굳어진 것이다. 『향성』의 '국노루배꼽' 혹은 '궁노루배꼽'을 『표』에 등재할 만하다

한편 '국노ᄅᆞ'가 '국+노ᄅᆞ'의 결합이 분명하다면 '국'은 접두사일 가능성이 높다. 이 '국'이 어떤 의미를 덧보태는지 불분명하다. 다만 『사의』에 '麝香'에 대응되는 우리말 향약명이 '큰놀의비ᄶᅵᆨ'으로 기록되어 있는 점을 참고하면 접두사 '국-'이 '크다'라는 뜻일 가능성이 있다.

25) 1106) 山茨菰 / 慈菰 ⇒ 野茨菰

山慈菰根	金燈花		一名	향채 12월
山慈菰根	馬無乙串		鄕名	향채 12월
山茨菰	馬無乙串			촌구 5ㄱ4:1
山茨菰	馬無乙串		鄕名	촌가
山茨菰	가칙무릇 金燈籠 俗名	草部		동의 3:23ㄱ6
山慈姑	가칙무릇			본목 12ㄴ1
山慈菰	가칙무릇	草部山草類		본정 상55
山茨菰	갓치므릇 金燈籠 俗名	草部		양금 508:4
山慈菰根	馬無乙串 말무릇 까치무릇	草部下品之下	鄕名	향성 79:635:3
慈菰	자고			구급 상53ㄱ6
慈菰	몰물옷			구간 6:19ㄱ
慈姑	물옷			본목 32ㄱ7
慈姑	무릇	菜部水果類		본정 상159
慈菰	가칙무릇			의종 7:6ㄱ4
慈菰	가칙무릇	山草		방합 7ㄴ

'山茨菰'는 백합과의 여러해살이풀인데 우리말로는 '까치무릇'이다(『표』). 의서의 표제어는 '山茨菰' 또는 '茨菰'로 제시되어 있다.

'山茨菰'에 대응되는 이른 시기의 우리말 향약명으로는 '*몰물곶'형과 '까치무릇'형이 있었다. 이 둘은 시기적으로 다르게 나타난다. 앞선 시기에는 주로 '*몰물곶'이 쓰였고, 『동의』 이후로는

‘까치무릇’형이 쓰였다.

『향채』에는 ‘山茨菰根’을 표제어로 하여 한어명 이칭 ‘金燈花’와 우리말 향약명 ‘馬無乙串’을 기록하고 있다. ‘金燈花’는 『표』과 『한어대사전』에 나오지 않는다. 차자표기 ‘馬無乙串’은, 『구간』의 ‘몰물옷’을 참고하면, ‘馬’는 석독자이고 나머지 용자는 음독자이다. ‘乙’이 종성의 ‘ㄹ’음을 적는 용자이므로 ‘無乙’은 ‘*믈’, ‘串’은 ‘*곶’으로 읽힌다. 따라서 ‘*몰믈곶’으로 해독된다. 이 어형이 ‘山茨菰’에 대응되는 우리말 향약명의 기원형이다. 15세기 중엽에 ‘ㄹ’음 뒤의 ‘ㄱ’이 약화 탈락하는 현상이 있었음을 고려하면 ‘馬無乙串’은 용자 ‘串’을 통해서 ‘ㄱ’음이 유지된 앞선 시기 형태를 반영하고 있다. 이 차자표기는 『촌구』와 『향성』에 그대로 인용되어 있다. ‘*몰믈곶’은 15세기에 ‘몰물옷’(『구간』)으로 어형이 바뀐다. ‘ㄱ’이 약화 탈락하고 제3 음절 모음이 ‘ㅜ’로 교체된다. 그리고 종성 ‘ㅈ’이 ‘ㅅ’으로 표기되어 고정된다. 이후 의서에 보이지 않다가 『향성』에 ‘말무릇’으로 기록되어 있다. 이화작용의 하나로 제3 음절의 모음 ‘ㅜ’가 ‘ㅡ’로 바뀐 것이다. 결국 ‘*몰믈곶 > 몰물옷 > 말무릇’의 변화 과정을 거친 것인데 『표』에는 보이지 않는다.

‘山茨菰’의 또다른 우리말 향약명은 『동의』에 보이는 ‘가치무릇’이다. 이후 의서에는 ‘몰물옷’형은 보이지 않고 ‘가치무릇’형만 나타난다. ‘가치무릇’은 ‘가치+의+무릇’으로 형태 분석된다. ‘가치의’가 ‘가치가 되고 여기에 ‘무릇’이 결합하여 ‘까치무릇’이 된 것이다. 17세기에 생성된 ‘가치무릇’이 20세기까지 이어져 『향성』에 ‘까치무릇’으로 정착되고 『표』에 ‘까치무릇’으로 등재되었다.

한편 ‘가치무릇’의 후부 요소인 ‘무릇’은 그 자체로 ‘野茨菰’와 동의어로 쓰이기도 하며, ‘澤瀉’를 가리키는 ‘慈姑’를 이르기도 한다. 『본정』의 ‘慈姑 무릇’과 『본목』의 ‘慈姑 물옷’이 참고된다. 따라서 ‘무릇’은 상위 개념을 나타내는 형태소였을 가능성이 높다.

‘山茨菰’의 한어명 이칭으로는 『향채』의 ‘金燈花’를 비롯해서, 『동의』와 『양금』의 ‘金燈籠’이 있다. ‘金燈花’는 찾기가 어렵고, ‘金燈籠’은 『샘』에 등재되어 백합과의 여러해살이풀로 풀이되어 있다.

26) 1131) 三稜 / 京三稜 / 草三稜 / 荊三稜

京三稜	結叱加次根	俗云	향구 목46ㄴ3
京三稜	結次邑笠根		향구 하37ㄱ11
京三稜	牛夫月乙	鄕名	향채 9월
京三稜	경삼릉		구급 상57ㄴ7

京三陵	牛夫月乙			촌구 4ㄱ3:3
京三陵	牛夫月乙 쇠부돌		鄕名	촌가
京三稜	牛夫月乙		鄕名	향집 79:24ㄴ
京三棱	牛天月乙 매자기뿌리	草部中品之下	鄕名	향성 79:623:3
三稜	믜자깃불휘			구간 2:5ㄱ
三稜	每作只根			촌구 3ㄴ5:1
三稜	每作只根		鄕名	촌가
三稜	믜자깃불휘	草部		동의 3:11ㄴ4
三稜	믜자깃불휘	草部		사의 2ㄱ3:9
三稜	믜디깃블희	草部		양금 506:8
三稜	믜자깃불휘			제중 8:8ㄱ6
三稜	믜자깃불휘			의종 7:8ㄴ9
三稜	믜자깃불휘	芳草		방합 11ㄱ
三稜	믜지깃불휘			경신 31ㄱ9
草三稜	每作只根		鄕名	향채 2월
草三稜根	每作只 매자기뿌리	草部下品之下	鄕名	향성 79:636:2
荊三稜	매자기			식명 346
荊三稜	매자기			동사 984
荊三稜	메자기			동사 65

'三稜'은 매자기의 뿌리를 한방에서 이르는 말인데 출산 뒤의 惡血을 제거하고, 積聚와 癥瘕를 풀며 鎭痙劑로도 쓴다(『표』). '매자기'는 사초과의 여러해살이풀로 한어명 이칭으로는 '三稜草', '荊三稜' 등이 있다.

이른 시기 의서 『향구』, 『촌구』, 『향집』 등에는 '京三棱'이 표제어로 나타나 있으며, 『향채』와 『향성』에는 '京三棱'과 '草三稜'이 별도의 표제어로 나온다. 『동의』 이후 의서에는 '三稜'이 표제어로 쓰였다. 하지만 '京三棱'과 '草三稜'은 『표』에는 등재되어 있지 않다.

한어명은 대응되는 우리말 향약명에 따라 두 부류로 나뉜다. 『향채』 이후 '京三棱'에 대응하는 우리말 향약명은 '*쇠부돌'이고, '三稜', '草三稜', '荊三稜' 등에 대응하는 우리말 향약명은 '믜자기'이다. 물론 『향구』에는 '京三棱'에 대응되는 향약명이 '믜자기'형으로 나온다. 하지만 15세기 이후에는 분명히 구분된다. 그리고 『표』에서 이칭으로 소개한 '三稜草'가 바로 '草三稜'일 가능성도 있다.

'三稜'에 대응되는 우리말 향약명은 '매자기'형과 '쇠부돌'형이 있다. '매자기'형 향약명의 기원은 『향구』의 차자표기 '結次邑笠根'과 '結叱加次根'에서 비롯된다. 용자 가운데 '結', '笠', '根' 등은 석독자이고 '次', '叱', '邑', '加' 등은 음독자이다. 남풍현(1981:30-34)에서는 '結次邑笠根'은 '*믹즙갇불휘'로, '結叱加次根'은 '*믹즛갓불휘'로 해독하였다. 용자 '次'의 일반적인 쓰임을 고려하면 '結叱加次根'은 '*믹즈갓불휘'로 재구할 수도 있다(근거는 4장 DB 1131) 참조).

13세기 어형은 15세기에 '믹자기'형으로 바뀐다. 『향채』의 차자표기 '每作只根'은 '*믹자기불휘'로 해독된다. 『구간』의 '믹자깃불휘'가 '믹자기+ㅅ+불휘'로 형태 분석되는바 '믹자기'라는 이름이 생성되었음을 알 수 있다. 이 어형은 다시 『촌구』의 차자표기 '每作只根'에서 분명히 확인된다. 결국 '*믹즙갇불휘 > 믹즈깃불휘 > 매자기뿌리'의 어형 교체를 겪어 현대국어에 정착되었다. 『표』에는 '매자기'로 등재되어 있다.

'*쇠부둘'은 『향채』, 『촌구』, 『향집』, 『향성』 등에 '牛夫月乙'로 차자표기되어 나온다. 『향집』의 기록은 『향채』의 차자표기를 인용한 것이다. 『촌가』에 기록되어 있는 한글표기 '쇠부둘'을 참고하면 '*쇼부둘'로 재구된다. 더 정확한 차자표기는 '牛伊夫月乙'이 될 터이나 관형격 조사 '伊'가 없다. 한글표기 '쇠부둘'은 '쇼+ㅣ+부둘'로 분석된다. 'ㅣ'가 관형격 조사이기 때문이다. 그렇다면 '부둘'은 명사가 된다. 하지만 '부둘'이 무엇인지 알 수 없다. '*쇼부둘'은 관형격조사 'ㅣ'가 표기되지 않은 어형이다. '쇠부둘'은 15~6세기에만 나타나는바 이른 시기에 소멸된 어형이다. 『향성』에서는 '牛夫月乙'을 기록하면서도 한글표기형을 '매자기'로 제시하고 있는 점이 이를 방증한다. 현대 국어 사전류에 전혀 흔적을 찾을 수 없다. 한편, 『향채』의 한어명 '草三稜'은 『향성』에 흔적을 남기는데 현대 국어의 이칭 '三稜草'와 관련이 있는 듯하다.

27) 1407) 升麻 / 川升麻

升麻	雉骨木	俗云	향구 목45ㄱ7
升麻	雉骨木	鄕名	향구 상11ㄴ9
升麻	雉鳥老草	俗云	향구 목45ㄱ7
升麻	知骨木	上層	향채 2월
升麻	雉鳥老屮	上層	향채 2월
升麻	승마		구간 3:37ㄴ
升麻	승맛불휘		구간 1:25ㄴ
升麻	雉脚		촌구 3ㄴ3:2
升麻	숭마 씌댱가리불휘		분온 24ㄴ
升麻	雉脚 씌쟝가리	鄕名	촌가

升麻	숭마		간벽 7ㄱ
升麻	씌졀가랏불휘		산경 529
升麻	씌뎔가릿불휘	草部	동의 2:41ㄱ2
升麻	씌텰가릿불휘		본목 12ㄱ9
升麻	씌뎔가릿불휘	草部山草類	본정 상52
升麻	승마		벽신 2ㄱ
升麻	승마		두경 14ㄴ
升麻	승마		마초 상111ㄱ
升麻	씌뎔가리불휘	草部	사의 1ㄱ4:8
升麻	씌졀갈잇블희	草部	양금 503:7
升麻	씌뎔가릿불휘		제중 8:3ㄱ7
升麻	승마		물보 10
升麻	가쌍두룹		물명 90
升麻	씌뎔가릿불휘		의종 7:5ㄴ1
升麻	씌멸가릿불휘	山草	방합 7ㄱ
升麻	씌뎔가릿불휘		경신 15ㄴ10
升麻	씌멸가릿불휘 승마		식휘 154
升麻	끼멸가리뿌리	草部上品之上 鄕名	향성 78:606:1
升麻	황새승마 끼멀가리 끼멸까리 개드릅		식명 561
升麻	周麻 끼멸가리		동사 755
川升麻	천승마		구급 상42ㄱ3

'升麻'는 미나리아재빗과의 여러해살이풀로 열매는 골돌과(蓇葖果)이며 뿌리는 약용하는데 '끼멸가리', '끼절가리'와 같은 우리말 이름이 있다(『표』).

'升麻'에 대응되는 우리말 향약명의 기원형은 『향구』의 차자표기 '雉骨木'과, '雉鳥老草'이다. 두 차자표기는 『향채』에 그대로 인용되어 있다. '雉骨木'의 용자 '雉'는 석독자로 '끼'로 읽힌다. '수꿩'을 이르는 '장끼'의 '끼'이다. '骨'은 음독자로 '골' 그리고 '木'은 석독자로 '나모'로 읽힌다. 따라서 '*끼골나모'로 해독된다. 다른 관점에서, 용자 '雉'를 음독하여 '*티골나모'로 해독할 수도 있다. 그 근거가 될 수 있는 표기가 『향채』에 나오는 차자표기 '知骨木'이다. 이것이 '雉骨木'의 오기가 아니라면 '*디골나모'로 해독되는데 이에 근거하면 『향구』의 '雉骨木'은 '*티골나모'로 해독되는 것이 더 합리적이다. 하지만 대응되는 후대형이 없기 때문에 추정일 뿐이다. 남풍현(1981:95-96)에서는 '雉骨木'을 한어명으로 추정하였다. 그러나 후대 의서는 물론이거니와 『표』나 『한어대사전』에도 '雉骨木/知骨木'은 나타나지 않는다. 분명한 것은 13세기에 '*찌골나모' 혹은 '*티골목'과 유사한 어형이 동의어로서 '升麻'에 대응되는 우리말 향약명으로 존재했다는 사실이다.

『향구』의 다른 차자표기 '雉鳥老草'는 용자 '雉'와 '草'는 석독자이고 '鳥'와 '老'는 음독자로 보인다. 따라서 '*찌됴로플'로 해독된다. 그런데 이 어형이 '찌+됴로+플'로 분석되는 것이 틀림없지만 '찌'가 '꿩'과 관련되고 '草'가 '플'을 의미한다는 사실만 확인될 뿐 '됴로'가 무엇인지 알 수 없다. 남풍현(1981:95-96)에서는 후대에 나오는 '찌뎔가리'와 연관지어 '찌됴로-'가 '찌뎔-'에 대응하며 여기에 '分'의 뜻을 가진 명사 '가리'가 결합한 것으로 추정하였다. 즉 '찌됴로플'을 '찌뎔가리'의 기원형으로 파악한 것이다. 그렇더라도 '찌됴로-'가 무엇인지는 여전히 불분명하다. 문제의 13세기 어형 '*찌됴로플'과 '*티골나모'는 『향채』까지만 이어지고 소멸된다.

『분온』에는 '씌댱가리불휘'가 나오고 『촌가』에는 차자표기 '雉脚'과 함께 '씌쟝가리'가 나타난다. 이전 시기 어형과는 다른 모습이다. 먼저 '雉脚'은, 중세국어 시기에 '脚'이 주로 '발[足]'의 뜻으로 쓰였음을 참조하면(『훈몽』 脚 발 각) '*씌발' 정도로 해독된다. '꿩의 발'이라는 뜻이 되는데 이 역시 후대형이 없어서 추정일 뿐이다. '찌'에 '댱'과 '가리'가 결합된 형태는 16세기에만 보인다. 『촌가』의 '쟝'은 '댱'이 구개음화한 결과를 반영한 것인데 필사가 후대에 이루어졌음을 보여준다. '씌댱가리'는 '찌+의+댱+가리'의 결합 과정에서 '찌'의 말음 'ㅣ' 모음이 탈락한 결과이다. 따라서 '끼절가리'의 '끼'는 '꿩'을 뜻하는 '찌'임이 분명하다. 그럼에도 불구하고 '찌됴로', '찌뎔', '찌댱', '씌발' 등의 형태가 음운·의미론적으로 어떻게 관련되는지는 불분명하다.

『동의』에는 '씌뎔가릿불휘'가 나온다. '찌뎔가리+ㅅ+불휘'로 분석되는데 이 형태가 후대 의서에 지속적으로 나타난다. 앞선 의서에 나타나는 '찌뎔'이 구개음화를 겪어 '끼절가리'가 되어 현대국어에 정착된다. 그런데 『방합』과 『향성』에는 '끼멸가리뿌리'라는 어형이 나타난다. 앞선 시기의 '찌뎔'이 '끼멸'로 교체가 되었는데 이는 음운론적으로 설명이 어렵다. 혹 '끼뎔'을 '끼멸'로 잘못 판독했을 가능성도 있다. 『식휘』의 '끼멸가릿불휘'나 『동사』의 '끼멸가리'도 보인다. 이런 사정을 고려하면 19세기 말엽 이후에 '끼멸가리'형이 발생하여 '끼절가리'와 공존한 것으로 보는 것이 합리적일 것이다. 이런 정황을 고려한 것인지 『표』에도 '끼절가리'와 '끼멸가리'가 모두 등재되어 있다. '升麻'는 이처럼 많은 어형 교체를 겪은 대표적인 향약명이다. 정리하면, '*찌골나모, *찌됴로플 > *찌됴로플 > 씌댱가리불휘 > 찌뎔가릿불휘 > 찌멸가릿불휘, 찌멸가릿불휘 > 끼절가리, 끼멸가리'와 같다.

한편 '升麻'의 우리말 향약명으로 '-드릅'형이 있다. 『물보』의 '가짱두룹'과 『식명』의 '개두릅'이 그것이다. '두룹'이 '두릅'으로 바뀐 것은 일종의 이화작용이다. '두릅'을 제외하면 '가짱'과 '개'가 대응되는데, '가짱'이 접두사 '개-'의 의미 즉 '야생 상태의' 또는 '질이 떨어지는', '흡사하지만 다른'의 의미와 관련된 것일 가능성이 있다. 하지만 우선 '가짱'의 형태론적 분석이 선행되어야 하는데 근거를 찾기가 쉽지 않다.

28) 1532) 羊蹄 ⇒ 馬蹄菜

羊蹄根	所乙串		鄕名	향채 12월
羊蹄根	所乙串			촌구 4ㄴ1:1
蹄	솔옷 뎨			훈몽 상9ㄴ
羊蹄根	所乙串 솔옷		鄕名	촌가
羊蹄根	所串 斫串		鄕云	신마
羊蹄獨根	솔옷뫼불휘			구간 2:69ㄴ
羊蹄根	솔옷블휘			산경 598
羊蹄根	솔옷불휘	草部		동의 3:19ㄱ4
羊蹄	솔옷 所乙古叱			우마 3ㄱ
羊蹄	솔옷불휘			본목 22ㄱ1
羊蹄根	소롯블희			신황 보15ㄱ
羊蹄根	솔옷불휘	草部		사의 1ㄴ3:9
羊蹄根	솔오쟝이블희	草部		양금 508:3
羊蹄菜	소로쟝이			방유 3:28ㄱ
羊蹄	솔오댱이			물명 92
羊蹄	소루징이 쉬영			식휘 135
羊蹄	所乙串 소루쟁이 송구지	草部下品之下	鄕名	향성 79:631:3
羊蹄	솔구지 소로지			식명 718
羊蹄	참소루장이 참송구지 소리쟁이			식명 718
羊蹄根	소리쟁이			동사 1078
羊蹄	소루쟁이 참소루장이 참송구지			야초 73
羊蹄	소리쟁이 솔구지			야초 73
羊蹄實	金蕎麥 一名	草部		동의 3:19ㄱ6
羊蹄葉	솔옷닙			언구 하27ㄱ7
羊蹄葉		草部		동의 3:19ㄱ7

'羊蹄'는 마디풀과의 여러해살이풀 '소루쟁이'를 이르는데, '禿菜', '羊蹄草', '牛舌菜 등의 이칭

이 있다(『표』). 『동의』에 '羊蹄根', '羊蹄實', '羊蹄葉' 등이 표제어로 제시되어 있는바 이 식물의 뿌리, 열매, 잎을 약재로 쓴다는 것을 알 수 있다.

의서에서는 『향채』의 차자표기 '所乙串'이 가장 앞선 기록이다. 용자는 모두 음독자로 '*솔곶'으로 해독된다. 중세국어 시기에 한자 '串'에 대응되는 우리말이 '곶'이었음과[『용비어천가』(1:36)에 나오는 '暗林串 암림곶' 참조], '串'의 음이 '곶'으로도 읽히는 것이 근거이다. 이 차자표기는 『촌가』에 인용되어 '所乙串 솔옷'으로 나온다. 그리고 『우마』에는 '所乙古叱'으로 차자표기되어 있고 『향성』에도 '所乙串'이 인용되어 있다. 차자표기 '所乙古叱'은 이 시기에 이미 '솔옷'이 보편적이었음에도 불구하고 용자 '古'를 표기함으로써 기원적인 형태를 그대로 보여주고 있다. 그러면서 '叱'을 사용한 것은 '솔옷'의 마지막 'ㅅ'을 정확히 표기하고자 한 것으로 보인다. 즉 '*솔곶'에서 '솔옷'으로 바뀐 결과를 반영하여 '叱'로 표기한 것이다. 다른 해석도 가능하다. 즉 『우마』의 차자표기에 사용된 용자 '叱'은 'ㅅ'뿐만 아니라 'ㅈ' 그리고 'ㄱ'음에도 대응되는 양상을 보이는바 이 문헌의 표기상의 특징으로 볼 수도 있다.

『신마』에는 '羊蹄根 鄕云 所串'(전주본)과 '羊蹄根 鄕云 斫串'(제주본)의 두 차자표기가 나온다. '所串'은 '所乙串'의 생략 표기로 보이는 반면 '斫串'은 무엇을 표기한 것인지 불분명하다. 용자 '斫'은 '所'의 오기일 가능성이 있다. 이건식(2011:283)에서는 『농사직설』에 나오는 '木斫 所訖羅[서흐레]'와 『언구』의 '솔홋'을 참고하여 '斫串'을 '*서흘옷'으로 추정하였다.

'*솔곶'의 어형 변화형인 15세기의 한글표기 '솔옷'은 『동의』까지 '솔옷불휘'로 쓰이다가 『양금』에 와서 '솔오장이블희'로 바뀐다. 접미사 '-장이'가 결합된 것이다. 이 '솔옷장이'가 '솔오댱이/소로장이'를 거쳐 현대국어에 와서 『향성』의 '소루쟁이'로 정착하게 된다. 결국 '*솔곶 > 솔옷 > 솔오장이 > 소루장이 > 소루장이 > 소루쟁이'의 변화 과정을 거친다. 이밖에 『향성』에 '송구지'가 나오는데 『샘』에 따르면 '소루쟁이'의 북한말이다.

29) 1581) 連翹

連翹	어어리나모여름	草部	동의 3:21ㄴ3
連翹	어어리나모여름		본목 17ㄱ9
連翹	어여리나모여름	草部隰草類	본정 상85
連翘	이ᄉᆞ리나모	木部	사의 2ㄴ4:7
連翘	어어리나무여름	草部	양금 508:5
連翹	어어리나모여름		제중 8:2ㄴ4

連喬	連翹 卽		해혹 28ㄱ10
連翹	이어리나모여름		의종 7:14ㄴ6
連翹	이어리나모여름	隰草	방합 18ㄴ
連翅	어어리나모여름		경신 23ㄱ4
連翹	개나리 련요 신리화나무		식휘 286
連翹	노랑개나리 개나리		식명 383
連翹	세잎개나리 련교		동사 668
連翹	개나리 辛夷花 望春 개나리꽃나무		약식 53

'連翹'는 물푸레나뭇과의 낙엽 활엽 관목으로 이른 봄에 잎보다 먼저 노란 꽃이 피고 9월에 蒴果인 열매를 맺는데, 이 열매를 한방에서 이르는 말이다. 옴·여드름·종기·연주창 따위에 약재로 쓰이며, 우리말 이칭으로는 '개나리'가 있다(『표』). 『표』에는 '望春', '迎春' 등의 한어명 이칭을 함께 소개하고 있는데 모두 '이른 봄'과 관련된 이름이다. '이른 봄' 그리고 '노란 꽃' 등의 의미와 관련지어 '개나리'라고도 불렸던 것으로 추정된다.

의서에서는 '連翹'가 『동의』에 '어어리나모여름'으로 나온다. 이 어형이 후대 의서에 그대로 이어지는데 『의종』에서는 '어어리나모여름'의 제1 음절 '어'가 '이'로 바뀌어 '이어리나모여름'으로 변화한다. 그러다가 현대국어로 오면서 이 어형은 사라지고 대신 '개나리'형이 생성되어 쓰이는데 '노랑개나리'(『식휘』), '세잎개나리'(『동사』) 등이 그것이다.

『사의』에는 '連翹'에 대응되는 우리말 향약명 '이ᄉᆞ리나모'가 나온다. 이 어형은 유일례이다. 음운사적으로는 '이ᄉᆞ리'가 '이어리'의 앞선 형태일 가능성이 높지만 명확한 근거를 찾기 어렵다. 한편 '이ᄉᆞ리' 혹은 '이어리'와 유사한 형태로, '威靈仙'에 대응되는 우리말 향약명 '어사리/어아리'가 있다. 『광향』(2ㄴ1)의 '어아리ᄲᅮ리'와, 『물명』(82)의 '어사리'가 그것이다. '어사리/어아리'는 후대에 제1 음절 모음이 '으'로 교체되어 '으아리'형으로 정착된다. 하지만 '連翹'의 '이ᄉᆞ리'와 '威靈仙'의 '어사리'가 관련성이 있을 개연성은 낮다고 짐작된다. '이ᄉᆞ리'는 '이어리'로, '어사리'는 '으아리'로 변화하기 때문이다. 더욱이 '連翹'는 물푸렛나뭇과의 식물인 데에 반해 '威靈仙'은 미나리아재빗과로 전혀 다른 식물이다. '連翹'와 '어어리나무' 혹은 '이어리나무'는 『표』에 나오지 않는다. 『샘』에는 '어어리나모'가 '개나리'의 옛말로 소개되어 있다. 하지만 이른 시기 의서에 나타나는 '개나리'는 한어명 '百合'에 대응하는 우리말이었다. 『향구』(중18ㄱ6)의 '百合根 犬伊那里根'과 『동의』(3:5ㄱ6)의 '百合 개나리불휘' 등이 참조된다. '連翹'와 '개나리'와의 관련성에 대해 좀더 정밀한 추정이 필요하다.

30) 1693) 烏賊魚骨

烏賊魚骨	未起骨		鄕名	향채 12월
烏賊魚骨	오즉어뼈			구급 상64ㄱ3
烏賊魚骨	미긔치			구간 2:89ㄴ
賤魚骨	미긔치			구간 2:112ㄴ
烏賊骨	未起骨			촌구 4ㄴ10:1
烏賊骨	未起骨 미긔뼈		鄕名	촌가
烏賊魚骨	오증어뼈 미긔치 海螵蛸 一名	魚部		동의 2:2ㄱ2
烏賊魚骨	오증어뼈	魚部		양금 515:2
五賊骨	오증어뼈		俗	해혹 5ㄴ7
烏賊魚骨	未起骨 이긔치 오증어뼈	蟲魚部中品	鄕名	향성 83:684:2
海螵蛸	오증어뼈			제중 8:10ㄴ6
海螵蛸	오증어뼈	無鱗魚		의종 7:41ㄱ4
海螵蛸	오증어뼈	無鱗魚		방합 51ㄱ
海螵蛸	오증에뼈 纜魚 烏賊魚骨 一名			경신 53ㄴ2
烏賊魚	오증어			본목 45ㄱ1
烏賊魚	오증어			제중 8:19ㄱ10
烏賊魚	오증어	無鱗魚		의종 7:41ㄱ3
烏賊魚	오증어	無鱗魚		방합 51ㄱ
烏賊魚肉		魚部		동의 2:2ㄱ6
烏賊魚肉	오증어고기	魚部		양금 515:3
烏賊魚腹中墨		魚部		동의 2:2ㄱ7

'烏賊魚骨'은 '오징어의 뼈'를 이르는데 빛이 희고 바탕이 단단하며 두껍고 잔구멍이 많이 있으며, 여러 가지 출혈증과 눈병, 위궤양 따위에 쓴다(『표』). 한어명으로 '海螵蛸'라고도 한다. '海螵蛸'는 『동의』에 '烏賊魚骨'의 이칭으로 기록된 이후 『제중』에서부터는 아예 '海螵蛸'가 표제어로 제시되고 있으며 『의종』과 『방합』 그리고 『경신』 등에서도 이를 따르고 있다. 이처럼 의서에서는 '烏賊魚骨', '烏賊骨', '海螵蛸' 등 다양하게 나타난다.

『향채』에는 '烏賊魚骨'에 대응되는 우리말 향약명이 '未起骨'로 차자표기되어 있다. 『구간』의 '미긔치'를 참고하면 '未起骨'은 '*미긔치'로 해독된다. 이 차자표기가 『촌구』와 『향성』에 그대로 인용되어 있다. 『촌가』에는 차자표기 '未起骨'과 함께 한글표기 '미긔뼈'가 기록되어 있다. '*미긔치'의 '치'가 '뼈'를 나타내는 우리말임을 알 수 있다. 그렇다면 '*미긔치'는 '미긔'와 '치'가 결합된 복합어가 된다. 따라서 '미긔'가 '오징어'를, '치'가 '뼈[骨]'을 뜻하는 말이었음을 알 수 있다. '치'가 '뼈'의 뜻으로 쓰인 예로는 『훈몽』(상25)에 보이는데, 한자 '肋[늑]'에 대해 '녑발치 肋骨'로 주석하고 있다.

이처럼 15세기를 비롯한 이른 시기에는 '미긔치'가 우리말 향약명으로 사용되었다. 그러다가 『동의』에 와서 '미긔치'와 함께 '오증어뼈'가 기록된 이후에는 두 어휘가 공존하게 된다. 하지만 실제로 『동의』 이후에는 '오증어뼈'가 보편적으로 쓰이고, '미긔치'는 기록으로만 가끔 남게 된 것으로 보인다. '미긔'는 근대국어 후반부에 모음 'ㅢ > ㅣ'의 변화를 겪었다면 현대국어에서는 '미기치'로 존재해야 하나 『표』를 비롯한 사전류에 '미기치'는 보이지 않는다. 다만 『샘』에서 '미긔치'를 등재하고 '오징어의 뼈'를 뜻하는 옛말로 풀이하고 있다.

31) 1811) 威靈仙

威灵仙	能消		一名	향구 하39ㄱ3
威灵仙	車矣菜		俗云	향구 목47ㄱ2
威灵仙	豹尾草		鄕名	향구 하39ㄱ3
威灵仙	豹尾草		鄕名	향구 하40ㄴ10
威灵仙	車衣菜		鄕名	향채 9월
葳靈仙	위령선			구급 하1ㄴ6
威靈仙	위령선			구간 6:80ㄱ
威靈仙	술위ᄂᆞ믈블휘			산경 535
威靈仙	위령선			언두 하57ㄱ
威靈仙	술위ᄂᆞᄆᆞᆯ불휘	草部		동의 3:18ㄱ7
威靈仙	술위ᄂᆞᄆᆞᆯ불휘			본목 20ㄴ10
威靈仙	술위ᄂᆞ무블휘	草部蔓草類		본정 상104
威靈仙	줄위ᄂᆞᄆᆞᆯ불휘	草部		사의 1ㄱ1:3
威靈仙	술위나믈블희	草部		양금 507:3
威靈仙	어아리ᄲᅮ리			광향 2ㄴ01
葳靈	술위나ᄆᆞᆯ불휘			제중 8:5ㄱ9
威靈仙	어사리			물명 82
葳靈	술위나모불휘			의종 7:19ㄴ1
葳靈	술위나모불휘	蔓草		방합 24ㄴ
威靈仙	술위나ᄆᆞᆯ불휘			경신 16ㄴ10
威靈仙	숨위나물			식휘 319
威靈仙	불위나물 술위나물	草部下品之下	鄕名	향성 79:630:3
威靈仙	참으아리풀 위령선이뿌리	草部下品之下	鄕名	향성 79:630:3

威靈仙	누른종덩굴	식명 631
威靈仙	으아리	동사 1157
威靈仙	으아리 고추나물 천교	야화 27

'威靈仙'은 큰꽃으아리의 뿌리를 이르는데 風濕을 없애고 담을 삭이며 기를 잘 돌게 하고 아픔을 멈추게 함으로써 관절 증상과 마비 증상을 치료하는 데 쓴다(『표』). '큰꽃으아리'는 미나리아재빗과의 낙엽 활엽 덩굴나무이다.

『향구』에 '威靈仙'에 대응되는 향약명으로 '能消', '車矣菜', '豹尾草' 등이 나온다. '能消'는 '一名'을 부기한 것으로 보아 '威靈仙'의 이칭이 분명하다. 그런데 『향채』의 '玄蔘 能消中'에서 보듯이 '能消'는 '玄蔘'의 이름이기도 하다. 하지만 『표』의 설명에 따르면 '威靈仙'과 '玄蔘' 서로간의 공통점을 찾기 어렵다. 13세기에 '威靈仙'을 '能消'라고 부르기도 했다는 사실만 확인될 뿐이다. '能消'는 『한어대사전』에도 보이지 않는다. 만약 이를 차자표기로 본다면 '*능쇼'로 해독할 수 있다.

'威靈仙'에 대응되는 13세기 우리말 향약명은 차자표기 '車矣菜'와 '豹尾草'에서 확인된다. '車矣菜'는 '車'와 '菜'가 모두 석독자이고 '矣'는 음독자이므로 '*술위의ᄂᆞ물'로 해독된다. 이 어휘는 '술위+의+ᄂᆞ물'로 분석되는데 후대 의서에는 '술위ᄂᆞ물'(『동의』)로 나온다. '*술위의ᄂᆞ물'에서 선행 명사의 말음 'ㅣ'가 탈락하고, 모음 '우'와 'ㅡ'가 충돌하여 '우'만 남아 '술위ᄂᆞ물'이 된 것이다. 만약 관형격조사의 문제가 아니라면 '술위의 > 술위이 > 술위'의 과정으로 해석할 수도 있다.

한편 『향집』에 '圖經曰 …… 葉似柳葉 作層 每層六七葉如車輪'으로 풀이되어 있는 것을 보면 '술위ᄂᆞ물'은 '수레바퀴 모양'임에 근거하여 붙여진 이름이다(남풍현 1981:106-108 참조). 13세기의 차자표기에서 용자 '車'를 선택한 이유도 여기에 있다. '술위ᄂᆞ물'은 별다른 어형 교체를 겪지 않고 『향성』의 '술위나물'까지 이어진다.

다른 차자표기 '豹尾草'는 대응되는 후대형이 없어서 해독이 어렵다. 용자 '豹', '尾', '草'는 모두 석독자로 보이며 '*범ᄭᅩ리플' 정도로 해독될 가능성이 높다. 하지만 '범꼬리풀[紫蔘]'은 마디풀과의 여러해살이풀로 '威靈仙'과는 전혀 다른 식물이다(『표』). 이은규(1993:120-121)에서는 '豹'의 새김 '시라손'(『훈몽』)을 참고하여 '*시라미ᄂᆞ물'로 해독했지만 근거가 충분하지 않다. 13세기에 '*술위ᄂᆞ물'과 '*범ᄭᅩ리플' 두 어형이 동의어였을 개연성만 확인될 뿐이다.

『향채』에는 차자표기 '車衣菜'가 나오는데 '*술위의ᄂᆞ물'로 해독된다. 13세기 어형을 잇고 있음을 확인할 수 있다. 동시에 한어명 '威靈仙'과 함께 17세기에 접어들면서 '술위ᄂᆞ물'로 형태가 고정되고 현대국어에 와서 '술위나물'로 정착된다.

18세기에는 '어사리/어아리'라는 새로운 향약명이 생성된다. 『광향』에 '어아리ᄲᅮ리'가 기록되어 있다. 『물명』의 '어사리'와 같은 계열의 어휘이다. 음운론적으로는 '어사리'형이 '어아리'형보다 앞선 형태일 가능성이 더 높다. '어사리/어아리'는 제1 음절 모음이 '으'로 교체되어 '으아리'형으로 정착된다. 그 결과 '威靈仙'의 향약명은 '술위나물'계열과 '으아리'계열이 공존하게 된다.

『향성』에는 '술위나물' 외에도 '불위나물', '참으아리풀', '위령선이뿌리' 등 다양한 이칭이 나타난다. '불위나물'은 '술위나물'의 방언형이 아닐까 한다. '참으아리풀'은 '으아리'의 다른 이름이다. '위령선이뿌리'는 한어명 '위령선'에 명사화접미사 '이'가 결합된 것으로 뿌리를 약재로 쓰는 점을 고려하여 생성된 명칭이다.

『표』에서는 '술위나물'이 아니라 '수뤼나물'을 등재하고 '현삼과의 여러해살이풀'로 설명하고 있다. 이것은 13세기의 '能消'가 '威靈仙'과 '玄蔘'을 가리키는 동음어였었는데 '威靈仙'을 이르는 '能消'는 후대로 이어지지 못했고, '玄蔘'의 이칭으로 쓰인 '能消'가 현대국어에까지 이어졌기 때문인 것으로 추정된다. 결국 '能消'는 '威靈仙'과 '玄蔘'의 이칭으로 존재하다가 '威靈仙'이 '수뤼나물'로 정착하는 바람에 '威靈仙'의 이칭으로서의 역할이 소멸되고 '玄蔘'의 향약명으로만 존재하게 된 것으로 보인다.

32) 2585) 萹蓄 / 百節草

萹蓄	百節		鄕名	향채 5월
萹蓄	百節草			촌구 5ㄱ8:1
萹蓄	百節草 온ᄆᆡᄃᆡ		鄕名	촌가
萹蓄	온ᄆᆞᄃᆞᆸ			언구 상41ㄴ8
稨蓄	온ᄆᆞᄃᆞᆸ	草部		동의 3:19ㄴ2
萹蓄	온ᄆᆞᄃᆞᆸ			본목 17ㄱ9
萹蓄	온마답	草部		양금 508:3
萹蓄	온마답			제중 8:16ㄴ10
萹蓄	혼마답		俗	해혹 4ㄴ7
萹蓄	옥ᄆᆡ답			의종 7:15ㄱ1
萹蓄	옥ᄆᆡ답	隰草		방합 19ㄱ
萹蓄	온ᄆᆞᄃᆞᆸ			경신 28ㄱ3
萹蓄	옷ᄆᆞᄃᆡ			경국 74:2

萹蓄葉	옷ᄆᆞᄃᆡ		경국 102:3
萹蓄	百節 온매듭	草部下品之下 鄕名	향성 79:631:3
百節草	牛轉草 卽		해혹 31ㄱ3

‘萹蓄’은 마디풀과의 한해살이풀 곧 ‘마디풀’을 이르는데, 어린잎은 식용하고 줄기와 잎은 황달, 곽란, 복통 따위에 약재로 쓴다(『표』). 『향채』에 ‘萹蓄’에 대응되는 우리말 향약명이 ‘百節’로 차자표기되어 있는데 『향성』에 그대로 인용되어 있다. 『촌가』에도 차자표기 ‘百節草’와 함께 ‘온ᄆᆡᄃᆡ’라는 한글표기가 나온다. 이에 따르면 차자표기 ‘百節草’의 용자는 모두 석독자이며 ‘*온ᄆᆞᄃᆡ플’로 해독된다. 『촌가』의 한글표기 ‘온ᄆᆡᄃᆡ’는 ‘ᄆᆞᄃᆡ’의 방언형을 기록한 것으로 짐작된다. 이 향약명은 ‘萹蓄’이 마디가 많기 때문에 붙여진 이름으로 추정된다.

중세국어 시기에 ‘온’은 ‘百’을 뜻하는 수사였는데, ‘많다’라는 의미를 더하는 접두사로도 쓰였음을 이 향약명을 통해 알 수 있다. 현대국어의 ‘온세상’, ‘온누리’ 등에 결합된 접두사 ‘온’과 같은 형태이다.

한편 15~6세기에는 ‘온ᄆᆞᄃᆡ’와 ‘온ᄆᆞᄃᆞᆸ’이 공존했던 것으로 짐작된다. 그러다가 『언구』에서부터 ‘온ᄆᆞᄃᆞᆸ’으로 기록되고 이를 『동의』에서 이어받은 후 후대 의서에는 ‘온ᄆᆞᄃᆞᆸ’형이 주로 쓰였다. 실제로 ‘ᄆᆞᄃᆡ’형은 의서에 거의 나타나지 않는다. 결국 ‘ᄆᆞᄃᆡ’형은 일찍 소멸되고 ‘ᄆᆞᄃᆞᆸ’형이 후대까지 이어진 것이다. 『경국』에 ‘옷ᄆᆞᄃᆡ’라는 기록이 있을 뿐이다. ‘옷ᄆᆞᄃᆡ’의 ‘옷’은, 기원적인 원래의 형태 ‘온’을 ‘옫’으로 오분석한 것으로 짐작된다. 즉 ‘옫’이 비음 ‘ㅁ’을 만나서 비음동화를 겪은 결과로 유추하여 기저형을 ‘옫’으로 설정하고, 여기에 근대국어 시기에 있었던 종성의 ‘ㅅ’과 ‘ㄷ’의 혼기 현상을 적용하여 ‘옷’으로 표기한 결과로 추정된다. 이 밖에 『의종』과 『방합』에는 ‘옥ᄆᆡ답’으로 기록되어 있다. 제1 음절의 ‘온’이 ‘옥’으로 바뀐 것인데 음운론적 설명이 어렵다. 단순히 오기이거나 아니면 방언형일 가능성이 있다. 현대국어를 반영하는 『향성』에는 ‘온매듭’으로 등재되어 있다. 『표』에는 ‘온매듭’과 ‘온마디’가 모두 등재되어 있지 않다.

한편 『해혹』에는 ‘百節草’를 표제어로 제시하고 ‘卽 牛轉草’로 풀이하고 있다. 이는 『향채』에 나오는 차자표기 ‘百節’을 한어명으로 인식한 결과로 보인다. ‘百節草’는 『표』는 물론 『한어대사전』에도 나오지 않는다. 그리고 ‘牛轉草’는 『본초강목』의 풀이를 인용한 것이다. 『한어대사전』에 인용된 『본초강목』의 설명에 따르면 ‘牛齝는 牛轉草라고도 하며 곧 齝草를 말한다. 그리고 齝草는 다른 말로 牛轉草라 하며, 소가 먹은 뒤에 다시 내어놓는 것을 뜻한다([牛齝 亦稱 牛轉草.

卽齝草. 牛反芻出來的草, 中醫可入藥. 齝草, 一名牛轉草, 卽牛食而復出者])'. 이 설명에 따르면 '우치(牛齝)' 곧 '牛轉草'는 '소가 되새김질하여 다시 내놓은 것'을 말한다. '萹蓄'과는 거리가 있는 설명으로 보인다. 『표』에는 '牛齝'와 '牛轉草' 모두 등재되어 있지 않다.

33) 2877) 莃薟 / 稀薟 / 豨薟

稀薟	蟾矣衿		鄕名	향채 7월
稀薟	진득출 火枕草 一名	草部		동의 3:19ㄴ8
豨薟	진득출			본목 16ㄱ1
豨薟	진득찰	草部隰草類		본정 상75
莃薟	진득찰 火枕草 一名	草部		양금 507:5
稀薟	진득출			해혹 32ㄴ7
稀薟	진득찰			의종 7:11ㄴ8
稀薟	진득찰	隰草		방합 15ㄱ
豨薟	蟾矣衿 희검 진득찰 진득이 실품이씨	草部下品之下	鄕名	향성 79:632:1

'稀薟'은 '진득찰'을 이르는데 국화과의 한해살이풀로 풀 전체에 끈적끈적한 선모가 있어 옷에 잘 달라붙고 열매는 약용하며, '粘糊菜', '火枕草', '希仙' 등의 한어명 이칭이 있다(『표』). 『표』에는 한어명 '稀薟/豨薟'이 나오지 않는다. 의서에서는 '稀薟'이 '豨薟'(『본정』), '莃薟'(『양금』) 등으로 표기되기도 했다. 『本草綱目』에는 '豨薟'으로 나온다(『한어대사전』 참조).

'稀薟'에 대한 가장 이른 기록은 『향채』의 차자표기 '蟾矣衿'이다. 용자 '蟾'과 '衿'은 석독자로 각각 '*두터비'와 '*옷깃'(옷깃 > 옷깃)으로 해독된다. '矣'는 관형격조사 '의'이다. 그리고 '두터비+의'의 결합은 선행 명사의 말음 'ㅣ'가 탈락하고 '*두터븨'가 된다. 결국 이 차자표기는 '*두터븨옷깃'으로 해독된다. 이 어형은 후대 의서에 이어지지 않는다. 『향성』에 이 차자표기가 그대로 인용되어 있을 뿐이다.

이와 관련된 흥미로운 기록이 1517년에 간행된 『사성통해』에 나온다. '豨薟 藥 두터븨니블'(하:85)'가 그것이다. '稀薟'을 '두터븨니블'이라 소개하고 있는데 『향채』의 '*두터븨옷깃'과 흡사하다. '옷깃'이 '니블'로 교체되었을 뿐이다. '두터븨니블'은 "두꺼비"를 뜻하는 '두텁-'에 속격조사 '의', 그리고 '이불'을 뜻하는 명사 '니블'이 결합된 것인데 어떻게 이와 같은 이름을 갖게 된 것인지는 명확하지 않다. 다만 두꺼비 표면이 끈적끈적한 특성이 연관되었을 것으로 짐작될 뿐이다. 즉 '두터운 옷깃' 혹은 '두터운 이불' 등은 '稀薟'의 별명으로서 비유적인 표현이다. '풀 전체에 끈적끈적한 선모가 있어 옷에 잘 달라붙는다.'는 『표』의 설명을 참조하면 의미론적 상관성이 높은 이름이라 할 수 있다. 한어명 이칭인 '粘糊菜'도 같은 연유로 생성된 이름이다.

『동의』에 '진득출 一名 火枚草'가 기록된 이래 '稀薟'에 대응되는 우리말 향약명은 '진득출'로만 나타나고 이것이 현대국어에 와서 '진득찰'로 정착되어 쓰인다. 『향성』에 '진득이', '실품이씨' 등도 함께 기록되어 있다. '실품이'는 희귀어인데 『표』에 나오지 않는다.

3.3 어휘 체계사

여기서는 향약명 어휘가 시대의 흐름에 따라 그 체계가 어떻게 바뀌어 왔는지를 살펴본다. 비록 완전한 어휘 체계사를 기술할 수 있는 단계는 아니지만 어휘 체계의 변화를 확인할 수 있는 작업의 하나가 바로 '시대 구분'이다. 다시 말해서 어휘 체계사 관점에서 향약명 어휘사의 시대 구분을 시도해 보는 것인데, 정밀한 어휘 체계사를 본격적으로 살피기에는 향약명 어휘의 특성이나 개별 어휘사가 아직 완전한 모습을 드러내지 않은 상태임을 고려한 것이다. 시대 구분을 하는 것도 결국은 향약명 어휘 전체의 역사적 흐름의 한 단면을 보여 줄 수 있다고 본다.

시대 구분을 할 때 가장 주의해야 할 점은, 일반적인 언어사의 시대 구분과 마찬가지로 향약명 어휘 체계 전체의 통시적 흐름상에서 '내적인 큰 변화'가 일어난 시점을 기준으로 해야 한다는 것이다. 향약명 어휘 체계 밖의 어떤 요소가 적용되어서는 안 된다. 따라서 먼저 해야 할 일은 향약명 어휘 체계의 변화 과정을 추정할 수 있는 내적 근거들을 찾아 분석하는 것이다.

다른 어휘 범주들과는 달리 향약명 어휘는 일정한 체계를 유지하면서 공백기 없이 기록되어 왔기 때문에 변화의 내적 근거를 포착하면 독자적인 어휘사의 흐름을 기술할 수 있고 결과적으로 시대 구분도 가능하다. 여기서는 이은규(2009, 2019, 2022)의 논의를 바탕으로 하고, 4장의 DB와 개별 어휘사 기술 과정에서 드러난 어휘사적인 특징들을 종합하여 향약명 어휘사의 시대 구분을 할 수 있는 내적 근거를 먼저 분석한다. 즉 '양적 변화의 흐름', '시대별 생성과 소멸 양상', '의서 간의 공유 관계', '주요 의서에 나타난 향약명 어휘 체계의 특징' 등을 살펴본다. 그런 다음 이들 내적 근거의 논의 결과를 종합하여 통시적 흐름을 해석함으로써 향약명 어휘사의 시대 구분을 해 보기로 한다.

3.3.1 관점의 설정

시대 구분은, 어떤 체계의 흐름을 뚜렷한 변화의 양상에 따라 시기를 나누어 포착하는 데에 목적이 있다. 이를 위해서는 무엇보다 변화의 양상을 어떤 시각으로 바라볼 것인가 하는 관점의 설정이 중요하다. 향약명 어휘의 시대 구분을 위해서는 다음과 같은 관점이 필요하다.

첫째, 주제의 위상 문제이다. 즉 어휘 체계사의 하나인 향약명 어휘사의 시대 구분이라는 주제를 어느 지점에서 논의할 것인가이다. 향약명 어휘사의 위상은 다음과 같이 설정된다.

34) 향약명 어휘사의 위상
[국어사 [[국어 음운사] [국어 문법사] [국어 어휘사 [[X 어휘사] [Y 어휘사] [향약명 어휘사] …]]]]

34)에서 보듯이 향약명 어휘사는 국어사나 어휘사 내에 존재하기 때문에 자연스럽게 국어사나 국어 어휘사적 시각과 테두리에서 벗어날 수 없다. 하지만 여기서는 '향약명 어휘'라는 어휘 범주의 변천 내로 테두리를 한정한다. 따라서 '(전체) 국어사의 시대 구분'이나 '(전체) 국어 어휘사의 시대 구분'은 고려하지 않는다.[75] 그 이유는, 거시적 관점에서 출발해서 미시적 현상을 파악하는 연역적 방식이 아니라, 미시적 현상에 대한 분석 결과들의 집합이 거시적 변화의 흐름을 구성한다고 보는 귀납적 태도를 견지하기 때문이다. 곧 어휘 범주별 시대 구분이 집적되어야 전체 국어 어휘사의 시대 구분을 논의할 수 있다고 본다.

둘째, 분석 범위의 문제이다. 언어가 변화하는 데에 외사(外史)의 영향은 피할 수 없다. 하지만 여기서는 향약명 어휘 체계의 내적 변화, 곧 내사(內史)만을 기준으로 시대 구분을 시도한다.[76] 의서의 기록을 넘어서는 그 어떠한 것도 논의에 포함시키지 않는다. 이를테면 역사적으로 많이 회자되는 실학의 등장이나 근대성 문제, 근대국어 시기에 집중적으로 나타난 물명서류의 영향 등 모든 외사(外史)는 일단 배제한다.[77]

셋째, 분석 대상의 문제이다. 이는 향약명의 개념 설정과 직결된다. 향약명은 '물명'이라는

75) 물론 특정 어휘사의 시대 구분 문제는 국어사 전체의 그것과 무관하지 않다. 국어사의 시대 구분 문제를 다룬 대표적인 논의로는 홍윤표(1995), 김동소(2007:15-28), 장윤희(2019) 등을 들 수 있다.

76) 국어사가 언어 내사를 바탕으로 해야 한다는 원칙은 하위 어휘 범주에도 적용되어야 한다. 언어 내사의 중요성은 이기문(1998:17-18)과 김동소(2007:23-25)의 논의가 참고된다.

77) 물론 민현식(1995:346-351)에서도 여러 차례 지적된 바와 같이, 어휘 영역이 언어 외적 요인의 영향을 가장 많이 받는 것은 사실이다. 홍윤표(2014:20-24)에서 어휘의 변화를 '어휘의 생성, 변화, 소멸'로 크게 나누고 '어휘의 생성'을 '내적 요인, 외적 요인, 차용어'로 분류한 것도 같은 관점을 적용한 결과로 판단된다.

상위 범주에 속하기 때문에 일반적인 물명과 겹치는 부분이 많다. 그래서 향약명의 범주를 엄격하게 설정하지 않으면 일반적인 물명 연구와 다를 바가 없게 된다. 이런 점을 고려하여 분석 대상을 의서에 기록된 약재명으로 제한한다.

이와 같은 관점을 견지하면, 향약명 어휘사는 의서라는 언어 자료만을 중심으로 기술되고, 큰 변화를 반영하는 주요 의서를 변곡점으로 세워 시대 구분을 할 수 있게 된다.

3.3.2 내적 근거의 분석

향약명 어휘사의 흐름을 파악할 수 있는 내적 근거로는 '규모의 흐름', '생성과 소멸 양상', '공유 관계', '개별 의서의 특징' 등과 개별 어휘사(3.2와 4장 참조) 기술에서 드러난 특징이 있다.

먼저 내적 근거를 추출할 주요 의서 14개를 선정하고 의서의 특징에 따라 묶으면 다음과 같다. 주요 의서는 어휘사적으로 두드러진 특징을 보이는 것인데 시대별로 추린 것이다.

35) 주요 의서
[가] 『향구』, 『향채』, 『향집』
[나] 『구급』, 『구간』, 『언구』
[다] 『동의』, 『본정』, 『사의』, 『양금』, 『제중』, 『의종』, 『방합』
[라] 『향성』

35)[가]는 차자표기 자료이다. 15세기 이후 자료인 『향채』와 『향집』을 [가]에 묶은 것은 비교적 항목 수가 적고 『향구』를 계승하고 있는 점을 고려한 것이다.[78] [나]는 15세기에 간행된 구급방 계열의 의서인데 별도의 어휘 목록이 없지만 방문의 한글표기형이 새로운 형태를 반영한다는 점이 특징적이다. 『언구』는 1608년에 간행되었지만 『구급』과 『구간』을 잇는 구급방류라는 점을 고려하여 [나]에 포함시킬 수 있다. [다]는 17세기 이후의 대표적인 의서들이다. 이들은 분류 체계를 적용한 향약명 어휘 목록을 제시하고 있다. [라]는 『향집』을 1942년에 행림서원에서 다시 중간한 것인데 향약명 목록 부분이 다르고 차자표기까지 기록되어 있다.

78) 형태론적인 면에서 차자표기와 한글표기의 구분은 큰 의미가 없다. 어떤 형태를 표기한 것인지가 관건이기 때문이다. [가]군은 모두 이른 시기 향약명 어휘를 반영하고 있다는 점에서 중요하다.

3.3.2.1 규모의 흐름

의서의 목록은, 해당 시기 향약명 어휘의 양적 규모를 말해 줌과 동시에 향약명 어휘의 체계를 확인할 수 있는 점에서 유용하다. 여기서는 전자의 성격에 기대어 주요 의서의 목록을 비교함으로써 향약명 어휘의 규모가 어떻게 변모하였는지를 살펴보기로 한다. 목록이 없는 경우는 방문에서 추출한 향약명 어휘로 한다.

물론 특정 시기 의서에 나타나지 않는다고 해서 어떤 향약명 어휘가 당대에 없었다고 말할 수는 없다. 의서는 기록자나 편찬자의 의도나 목적에 따라 내용이 구성되고 이에 맞추어 향약명 어휘가 선택되기 때문이다. 그렇다 하더라도 의서에 담겨진 향약명 어휘의 수는 생성 · 소멸의 과정을 반영한 결과로서 대략적인 변화의 흐름을 짐작케 한다. 특정 시기에 어휘가 증폭되는 현상은 시대 구분의 주요 기준이 될 수 있다고 본다.

주요 의서의 표제어 항목 수를 시대별로 정리하면 다음과 같다. 이것은 2장의 '규모'에서 제시된 것을 시대별로 배열하고 의서의 성격에 따라 묶어 제시한 것이다.

36) 주요 의서의 향약명 항목 수

구분	의서	항목	비고
[가]	**『향구』**	**168**	고유어 147, 한어명 21(一名, 本名, 卽, 鄕名亦同)
	『향채』	155	고유어 145, 한어명 10 (一名)
	『향집』	92	고유어 70, 한어명 22 (卽)
[나]	『구급』	476	고유어 271, 한어명 205
	『구간』	**898**	고유어 817, 한어명 81
	『언구』	420	고유어 357, 한어명 63
[다]	**『동의』**	**1,411**	고유어 661, 이칭 13, 한어명 737
	『본정』	166	고유어 166, 한어명 0
	『사의』	319	고유어 250, 한어명 69
	『양금』	973	고유어 756, 한어명 217
	『제중』	386	고유어 275, 이칭 1, 한어명 110
	『의종』	539	고유어 388, 이칭 1, 한어명 150
	『방합』	530	고유어 405, 한어명 125
[라]	**『향성』**	**701**	고유어 695, 이칭 133, 한어명 6

[가]에서는 출발점으로서의 『향구』가 주목된다. 168개 항목이 나타나는데 대응되는 고유어가 있는 항목이 147개이고 표제어인 한어명이 그대로 쓰인 경우가 21개이다. '一名, 本名, 卽, 鄕名亦同' 등의 지시어는 한어명이 그대로 향약명으로 사용되었음을 말해 준다. 특히 '鄕名亦同'이라는 지시어는 이른 시기부터 한어명을 향약명으로 인식했음을 잘 말해 준다. 비고란의 한어명은 모두 『표』에 한자어로 등재되어 있다.

[나]에서 주목할 만한 의서는 『구간』으로 898개 항목이 나타난다. 『구급』이나 『언구』보다 훨씬 많다. 향약명 어휘가 한글로 표기되기 시작하여 우리말 향약명 어휘가 정착되는 시기이다. 의서별로는 최초의 한글표기 문헌인 『구급』이 『구간』보다 한어명이 더 많이 나타난다. 예를 들면, 두 문헌에만 나오는 '膩粉'(『구급』상67ㄴ7)과 '뇨흔분'(『구간』3:66ㄱ)은 물론이고, 다른 문헌에도 나오는 '石菖蒲'나 '天南星'도 '石菖蒲'(『구급』1ㄴ7)과 '돌서리예난숑의맛불휘'(『구간』1ㄴ5), '圓白天南星 도렫고흰천남셩'(『구급』1ㄴ5)과 '圓白天南星 두렫고흰두야머주저깃불휘'(『구간』1ㄴ2)와 같이 비교된다. 고유어 비율을 보더라도 『구급』은 57%에 불과하나 『구간』은 91%로 많은 차이를 보인다.

[다]에서는 『동의』가 주목된다. 전체 의서를 통틀어 가장 많은 1,411개의 항목 수를 보여준다. 고유어 향약명 어휘는 이칭을 포함하여 674개이고, 한어명은 737개이다. 한어명이 압도적으로 증가한 것을 알 수 있다. 또한 『동의』는 개별 향약명을 상위어와 하위어로 구분하여 제시하고 있는데 1,411개는 이를 모두 포함한 항목 수이다. [다]의 다른 의서들은 규모면에서 대개 비슷한 양상을 보여준다. 『양금』은 973개의 항목인데 향약명 어휘가 『동의』와 거의 일치한다. 『의종』과 『방합』도 향약명의 규모와 형태가 거의 동일하다.

[라]는 1942년에 간행된 중간본 『향약집성방』이다. 701개의 항목 수를 보여준다. 전체 항목 수는 『동의』보다 적지만 고유어 향약명의 수는 828개로 『동의』의 674개보다 훨씬 많다. 『향성』에 와서 고유어 향약명 이칭이 급증한 결과이다.

전체적인 흐름을 보면, 『향구』에서 시작된 향약명 어휘가 [나] 시기에 와서 고유어가 늘어나고 [다] 시기에는 한어명이 증폭된다. 그리고 [라] 시기에 이칭이 대폭 수용되는 양상을 보여준다.

3.3.2.2 생성과 소멸 양상

특정 향약명 어휘가 어느 시대 어떤 의서에서 처음 나타나는지를 살펴보는 것은 향약명 어휘의 생성의 흐름을 파악할 수 있는 한 방법이다. 그리고 특정 형태의 향약명 어휘가 어느 시기까지 공존했는지를 살펴보는 것도 전반적인 흐름을 파악하는 데에 도움을 준다. 물론 표제어인 한어명 즉 항목을 기준으로 할 때와, 그에 대응되는 향약명까지 포함할 때의 결과 값은 달라진다. 이 두 경우를 나누어 살펴보기로 한다.

가) 항목의 생성

표제어인 한어명 즉 항목을 기준으로 생성의 흐름을 정리한 결과는 다음과 같다.

37) 항목 생성의 흐름

[가]			[나]			[다]							[라]
향구	향채	향집	구급	구간	언구	동의	본정	사의	양금	제중	의종	방합	향성
168	87	10	315	193	69	486	65	14	19	30	50	1	1

『향구』에서 168개로 출발한 향약명 어휘는 15세기 『구급』에 이르면 315개 항목이 새로 나타난다. 『구간』의 193개 항목과 함께 새로운 향약명 어휘 항목의 생성이 증폭되는 양상을 보인다. 그러다가 『동의』에서는 486개 항목이 새로 나타나는 것으로 정점을 이룬다. 이에 반해 『동의』 이후에는 새로운 표제어 항목의 생성이 활발하지 않음을 알 수 있다. 거시적인 관점에서 볼 때 36)에서 보이는 흐름과 궤를 같이하는 것으로 판단된다.

한편, 표제어를 기준으로 특정 의서에만 보이는 향약명 어휘의 수를 비교해 보아도 37)과 비슷한 양상을 나타낸다. 의서를 단위로 보면 [다] 시기의 『동의』가 가장 많다. 그 다음은 [나]의 『구간』 그리고 [라]의 『향성』 순이다. 그리고 [나]의 『구급』과 『언구』도 나머지 다른 의서보다 많다. 물론 기준 설정과 정밀성이 더 확보되어야 하지만 특정 의서에만 나타나는 향약명을 살펴보는 것도 의미가 있다.

나) 향약명의 생성과 소멸

표제어에 대응되는 향약명 어휘의 생성과 소멸의 단면은 이은규(2009:509-514)에서 분석된 바 있다. 어형 교체를 보이는 향약명 어휘 59개를 대상으로 유의어의 생성과 공존 그리고 소멸 양상을 정리하여 제시한 것이다. 여기에 이를 인용하되 의서 이외의 기록은 제외하고, 그 이후 확대된 '향약명 어휘 DB'를 반영하여 수정한 것을 제시한다. 물론 적은 수의 향약명 어휘를 표집한 것이어서 전체 양상을 옹글게 대변하지 못한다는 한계가 있다. 더욱이 전체 향약명을 대상으로 분석 시기를 촘촘히 좁히면 전혀 다른 새로운 결과가 나타날 수도 있다. 이러한 불확실성이 있지만 전반적인 경향성은 엿볼 수 있다.

38) 시기별 생성 양상

① [15세기]

계로기[薺苨], 굼버이[蠐螬], 能消中[玄蔘], 두터비[蟾蜍], 만드라미ᄡᅵ[鷄冠花子], 숭암촛불휘[當歸], 염교[韭], 영싱[薄荷], 예촛ᄡᅵ[酸棗仁], 죠핏여름[川椒], 토란[芋], ᄆᆡ야ᄆᆡ헝울[蟬蛻], 쇠부ᄃᆞᆯ[京三稜]

② [16세기]

납가ᄉᆡ[蒺藜], 부ᄉᆞ공[馬藺], 산대초[酸棗], 三日草[牽牛子], 셔당경[白薇], 젹젼불ᄒᆡ[赤箭], 쳔금목지[安息香], 큰거ᄉᆡ[大薊], 텬맛삭[赤箭], ᄭᅴ장가리[升麻], ᄯᅡ외[地楡]

③ [17세기]

가ᄎᆡ무릇[山茨菰], 머구릐밥[浮萍], 븕나모[安息香], 아가외[山楂子], 괴좃나모[地骨皮], 나모ᄯᆞᆯ기[覆盆子], ᄂᆞᆫ되[秦椒], 멍우릐간[獺肝], 뫼대쵸ᄡᅵ[酸棗], 슈자ᄒᆡ좃[赤箭], 우롱이[田螺], 졸[韮], 집우디기[景天], 초결명[決明子], 할ᄆᆡ십가빗불휘[白頭翁], ᄃᆞᆯᄀᆡ십가비[蘩蔞], ᄯᅡᆺ둘흡[獨活]

④ [18세기]

소로쟝이[羊蹄], 곰의쓸게[熊膽], ᄎᆞ미ᄭᅩᆨ지[瓜蔕], 조리참나모[槲若]

⑤ [19세기]

ᄃᆞᆸ거비[蟾蜍], 상취[萵苣], 뫼둘흡뿌리[獨活], 상소리[橡實], 족도리풀불휘[細辛], ᄀᆡ구리밥[浮萍], ᄆᆡ아미허믈[蟬蛻], 홀아비좃[天門冬]

⑥ [20세기]

설설이[蠖螋], 까치콩[扁豆], 꿩의비름[景天], 나팔꽃씨[牽牛子], 도둑놈의지팽이[苦蔘], 멍덕딸기[覆盆子], 멍석딸기[覆盆子], 메누리목쟁이[半夏], 바위솔[景天], 박주가리[藜蘆], 부지깽이나물뿌리[天門冬], 삿갓나물[蚤体], 수달피간[獺肝], 불위나물[威灵仙], 참으아리풀[威灵仙], 위령선이뿌리[威灵仙], 정구지[韭], 족도리풀[細辛], 만병초[細辛], 주먹참외[土瓜], 타래붓꽃[馬藺], 홀아지좃[天門冬], 황칠나모진[安息香], 엉겅퀴[大薊]

39) 시기별 소멸 양상

① [15세기]

見甘介[蘩蔞], 能消[威灵仙], 狼矣牙[狼牙], 毛立[芋], 白毛立[芋], 夫背也只[蠐螬], 心廻草[玄蔘], 魚矣食[浮萍], 汝注乙豆[扁豆], 獐矣加次[薺苨], 塔菜[景天], 豹尾草[威灵仙]

② [16세기]

雞矣碧叱[雞冠], 古冬非居叅[蒺藜], 金燈花[山茨菰], 金陵屮[鱧腸], 都羅本[赤箭], 蓮子屮[鱧腸], 非師豆刀草[遠志], 예촛씨[酸棗], 狄小豆[決明子], 地乙梨[山樝子], 걼위[蚯蚓], 雉骨木[升麻], 雉鳥老草[升麻]

③ [17세기]

三日草[牽牛子], 부ᄉᆞ공[馬藺], 셔당경[白薇], 쳔금목지[安息香], 큰거싀[大薊], 虎驚草[獨活], 쌰외[地榆]

④ [18세기]

구믹(화)[瞿麥], 촘외고고리[瓜蔕]

⑤ [19세기]

두터비[蟾蜍], 믹야믹헝울[蟬蛻]

⑥ [20세기]

紫河車[蚤体]

생성은 해당 시기에 새로 나타난 것이고 소멸은 이전 시기까지 생존하다가 해당 시기부터 사라진 것이다. 59개 항약명 어휘의 변천 과정에서 새로 나타난 어휘가 77개이고 소멸된 어휘는 38개로 모두 115개이다. 생성과 소멸의 비율은 각각 67%와 33%로 생성이 소멸의 2배에 해당한다. 생성이 소멸보다 더 많은 것은 항약명 어휘가 일상어이기 때문인 것으로 짐작된다. 즉, 일상어로 고착되면 어형 교체나 소멸이 생산적으로 일어나기보다는 기존의 형태를 유지하려는 경향이 강하게 작용할 것이기 때문이다. 물론 앞선 시기의 어형을 그대로 옮겨 적었을 개연성은 상존한다.

다음은 시기별로 항약명 어휘의 생성과 소멸 양상이 어떤 흐름을 보이는지 살펴보기로 한다. 38)과 39)의 생성과 소멸 가짓수를 비율과 함께 제시하면 다음과 같다.

40) 시기별 생성과 소멸 비율

구분	15세기	16세기	17세기	18세기	19세기	20세기	계
생성	13	11	17	4	8	24	77
	17%	15%	**22%**	5%	10%	**31%**	67%
소멸	12	13	7	2	3	1	38
	32%	**34%**	**18%**	5%	8%	3%	33%

생성은 15세기에서 17세기까지 지속되다가 18・9세기에는 그 비율이 낮아지고 20세기에 들

어서 크게 증가한다. 15·6세기에 일정 비율을 보이는 것은 이 시기가 한글표기에 의한 새로운 향약명이 생성되는 시기라는 점과 관련이 있다. 그리고 17세기와 20세기가 22%와 31%로 높은 비율을 보이는 것도 새 향약명 어휘가 가장 많이 나타나는 시기라는 점과 무관하지 않다. 특히 『향성』으로 대표되는 20세기가 31%로 가장 높은데 『향성』에서 고유어 이칭 자료를 많이 수용한 결과이다. 그리고 19세기가 두 자리 숫자를 보이는 데에는 『제중』과 『의종』이 역할을 하였다.[79)]

소멸은 이른 시기에 집중된다. 15세기와 16세기에 가장 많은 소멸 양상을 보이는데 15세기의 소멸은 『향구』의 향약명이 15세기로 넘어오면서 소멸된 결과이고, 16세기의 소멸은 15세기 『향채』의 차자표기 향약명의 소멸이 크게 작용하였다. 17세기 들어서면서 소멸된 예들은 16세기의 『촌구』, 『촌가』의 어휘가 많다. 결과적으로 소멸은 차자표기형과 깊은 관련성을 가진다. 반면에 후대로 넘어가면서 소멸은 극히 적어진다. 상대적으로 많은 의서들이 간행되면서 앞선 형태가 유지되는 경향을 보이는 것이다.

소멸의 원인은 크게 세 가지로 파악된다. 이른 시기의 차자표기 형태가 후대로 이어지지 않거나, 유의어 경쟁에 의한 소멸이거나, 향약명 구성 요소의 교체에 따른 것 등이다. 차자표기 형태의 소멸은 주로 13세기에서 15세기로 넘어가는 시기에 발생했다. 유의어 경쟁에 의한 소멸은 35개로 전체 소멸 어휘 수 38개의 92%에 해당할 정도로 많다. 三日草[牽牛子]', '부ㅅ공[馬藺]', '셔댱경[白薇]', '쳔금목지[安息香]', '虎驚草[獨活]', '것위[蚯蚓]', 'ᄯᅡ외[地榆]' '구믹(화)[瞿麥]', '쇠부둘[京三稜]', '두터비[蟾蜍]', '紫河車[蚤休]' 등이 그러하다. 향약명 어휘의 형태론적 구성 요소의 교체에 의한 소멸의 예는 3개로 8%에 불과하다. '한거싀[大薊]'에 대응되는 형태로 '큰거싀'가 16세기에 나타났지만 오히려 기존 어형의 세력에 눌려 바로 소멸되고 말았고, '믹야믹헝울[蟬蛻]'은 '헝울'이 '허믈'형으로 바뀌면서 소멸되었다. '춤외고고리[瓜蒂]'는 '-고고리'가 '-ᄭᅩᆨ지'로 교체되면서 사라졌다.

전반적인 흐름을 보면 생성과 소멸 모두 쏠림 현상을 보여준다. 변화가 가장 많이 나타난 것은 16세기에서 17세기로 넘어가는 시기와, 19세기에서 20세기로 전환되는 시기라 할 수 있다. 다만 두 시기의 차이는 15세기를 포함한 16세기에는 생성과 소멸이 동시에 일어났으나, 20세기

79) 분석 대상 어휘의 새로운 형태가 19세기의 『물명』과 『물보』, 20세기의 『식명』에 보이는 것이 있다. 이를 반영하면 19세기와 20세기의 생성 비율은 더 높아진다; 19세기: '가쌍두릅[升麻]', '새마름[蒺藜]', '슈박나물[地榆]', '어사리[威灵仙]', '집신나물[狼牙]', '펴량이쏫[瞿麥]'/ 20세기: '개드릅[升麻]', '개미취[紫菀]', '꽃창포[馬藺]', '모시디[薺苨]', '솔구지[羊蹄]', '제비콩[扁豆]', '조리풀[細辛]', '참새귀리[雀麥]', '도둑풀[馬齒莧]', '돼지풀[馬齒莧]', '땅구슬[半夏]', '말비름[馬齒莧]' 등.

에는 소멸은 거의 일어나지 않고 새로운 향약명의 생성이 증폭되는 양상을 보이는 점이다. 이런 점을 근거로 이은규(2009:514)에서는 향약명 어휘의 어형 교체 흐름을 '15 · 16세기', '17세기', '18 · 19세기', 그리고 '20세기'로 나눌 수 있다고 하였다.

3.3.2.3 공유 관계

의서는 간행 시기가 다르더라도 일정한 범위의 향약명 어휘를 공유하기 때문에 통시적 차원에서 비교가 용이하다. 약재와 그 명칭은 시대를 초월해서 지속되기 때문이다. 그래서 동일한 향약명 어휘를 공유하는 경우가 많다. 예를 들면 다음과 같다.

41) ① 黃褐候 호도애 『동의』(1:40ㄱ9)
黃褐衣 호도ᄋᆡ 『양금』(527:8)
② 彈丸土 탄ᄌᆞᆺ홁 『구간』(7:30ㄱ)
彈丸土 진익여둥글게만든흙 『향성』(77:595:2)
③ 海參 믜 『제중』(8:20ㄴ9)
海參 믜 『의종』(7:42ㄴ9)
海參 믜 『방합』(53ㄴ)
④ 蜆 가막죠개 『동의』(2:11ㄴ9)
蜆 가막죠개 『본목』(46ㄱ6)
蜆肉 가막조ᄀᆡ 『본정』(하214)
蜆 가막죠개 『사의』(4ㄴ4:6)
蜆 가막죠ᄀᆡ 『양금』(517:1)

의서 간의 향약명 어휘를 비교하여 공유 관계를 도출하면, 의서 간의 친밀도나 영향 관계는 물론이고 특정 의서의 향약명 어휘사적 위치를 가늠할 수도 있다. 동시에 밀접한 관계를 가지는 의서들을 묶을 수 있게 됨으로써 향약명 어휘의 흐름을 추정하고 시대 구분을 하는 데에 기준을 제시할 수 있다.[80] 이를 '공유율'로 부를 수 있는데 그 개념은 다음과 같다.

80) 이은규(2019ㄱ:25-27)에서는 『향성』의 어휘사적 성격을 규명하기 위해서, 시기적으로 근접한 『동의』, 『제중』, 『의종』 등과 공유 정도를 분석하였는데, 『향성』은 『동의』와 가장 밀접한 관계를 맺는 것으로 드러났다. 그리고 『동의』가 나머지 모든 의서와 관계하고 있음도 밝혀졌다. 『동의』의 영향력을 새삼 확인할 수 있다.

42) 공유 관계의 개념 (공유율)
둘 이상의 의서에 동일한 향약명 어휘가 출현하는 정도

공유 관계 빈도를 추출하여 비율을 낸 것이 '공유율'이다.[81] 물론 이것은 비율을 산출하는 것이기에 비교 대상 의서들의 전체 항목이나 향약명 어휘 수가 동일해야 한다. 하지만 의서는 그런 경우가 거의 없기 때문에 비율 산출은 사실상 불가능하다. 『의종』과 『방합』이 거의 같을 뿐이며 나머지 의서들의 항목 수는 천차만별이다. 분류 체계나 표제어에 대응되는 향약명이 『동의』와 거의 같은 『양금』도 전체 표제어의 수에서는 차이가 많다. 이런 점을 고려하여 여기서는 공유율이 아니라 공유 빈도를 통해서 주요 의서 간의 공유 관계를 가늠해 보기로 한다.

여기서는 36)에서 확인된 시기별 대표 의서인 『향구』, 『구급』, 『구간』, 『동의』, 『향성』을 대상으로 상호간의 공유 관계를 살펴보기로 한다. 기준은 표제어 한어명이며, 한어명이 일부 다르거나 대응 고유어가 없더라도 동일 향약명으로 확인되면 공유 관계로 처리하였다(예. '雀卵'의 경우, 『향성』(82:672:1)은 '참새알'로, 『동의』(1:36ㄴ6)에는 한어명만 나온다. 이런 경우 두 문헌 공유로 처리함).

43) 향약명 어휘 공유 양상과 빈도

구분	유형	『향구』	『구급』	『구간』	『동의』	『향성』	빈도
[1] (2문헌)	①	○	○				2
	②	○		○			9
	③	○			○		10
	④	○				○	4
	⑤		○	○			**141**
	⑥		○		○		22
	⑦		○			○	7
	⑧			○	○		54
	⑨			○		○	17
	⑩				○	○	**256**
[2] (3문헌)	⑪	○	○	○			6

81) '어휘의 생성과 소멸 비율'도 전체 어휘 체계의 흐름을 파악할 수 있는 기준이 될 수 있다. 예를 들면, '續斷'은 『촌구』에서, '降眞香'은 『동의』에서 비롯된 향약명이다.

구분	유형	『향구』	『구급』	『구간』	『동의』	『향성』	빈도
	⑫	○	○		○		3
	⑬	○	○			○	2
	⑭	○		○	○		4
	⑮	○		○		○	2
	⑯	○			○	○	24
	⑰		○	○	○		**53**
	⑱		○	○		○	9
	⑲		○		○	○	17
	⑳			○	○	○	**80**
[3] (4문헌)	㉑	○	○	○	○		12
	㉒	○	○		○	○	7
	㉓	○		○	○	○	**24**
	㉔		○	○	○	○	**55**
[4] (5문헌)	㉕	○	○	○	○	○	37

의서별로 공유에 참여하는 유형의 가짓수에는 큰 차이가 없다. 『동의』만이 15개 유형이고 나머지는 모두 14개 유형에 참여하고 있다. 따라서 유의미한 차이점은 없는 것으로 판단된다.

43)의 공유 빈도는, 이를테면 ①유형은 『향구』와 『구급』 두 문헌에만 나오는 어휘의 수가 2개이고, ⑩유형은 『동의』와 『향성』 두 문헌에서만 공유하고 있는 어휘 수가 256개라는 뜻이다. 이런 공유 관계를 보이는 유형은 모두 25가지이고 이를 다시 공유 관계에 참여하는 의서의 수로 구분한 것이 [1]~[4]이다.

43)[1]은 두 문헌 간의 공유를 보이는 것인데, ⑩유형인 『동의』와 『향성』 두 의서간의 공유 관계가 256개로 가장 많다. 이 결과는 이은규(2009:25-27)에서도 드러난 바인데 다시 확인된 셈이다. ⑩은 전체 공유 유형 가운데서도 가장 높은 빈도를 보이는데 압도적이라 할 만하다. 결국 『향성』은 『동의』의 절대적인 영향을 받았음을 알 수 있다. 다음으로 높은 빈도를 보인 것이 ⑤유형인 『구급』과 『구간』의 공유 관계이다. 141개 항목으로 전체 공유 유형에서도 두 번째이다. 『구간』의 향약명 어휘의 많은 부분이 『구급』에서 유래되었음을 알 수 있다. 15세기의 한글표기 향약명의 정착 과정에서 발생한 자연스러운 현상이다.

43)[2]에서 두드러진 유형은 ⑰과 ⑳이다. 이 두 유형은 『구급』과 『구간』의 영향력을 보여준다. ⑰은 두 의서가 『동의』에 끼친 영향을, ⑳은 『구간』이 『향성』에 끼친 영향력을 잘 말해준다. ⑰과 ⑳유형이 나타내는 양상에 ⑩유형의 결과를 함께 적용하면, 결과적으로 『구급』과 『구간』의 향약명 어휘가 『동의』에 수렴되고, 그것이 다시 『향성』으로 전해졌음을 알 수 있다. 이런 양상은 [3]에서도 계속된다. ㉓과 ㉔유형에서 보듯이 『구급』과 『구간』이 『동의』에 끼친 영향력을 재확인할 수 있다.

43)[4]는 다섯 의서 간에 공유하는 빈도인데 37개로 예상보다 낮다. 이는 『향구』의 영향력과 관계가 있다고 추정된다. 실제로 [1]~[4]를 보면 『향구』가 관계하는 공유 유형의 빈도가 상대적으로 낮고 그것도 앞선 시기에 치중되어 있음을 알 수 있다.

3.3.2.4 개별 의서의 특징

어휘사적 측면에서의 개별 의서가 가지는 특징도 뚜렷이 드러났다. 특정 의서가 기록하고 있는 향약명 어휘를 다른 의서의 것과 비교하는 작업을 통해서 자연스럽게 밝혀지는 것이다. 개별 의서가 보여주는 어휘사적 특징은 향약명 어휘 체계사의 시대 구분을 하는 데에 직접적으로 관련된다. 또한 의서간의 영향 관계를 밝히는 데에도 많은 정보를 제공할 수 있다. 주요 의서의 특징을 간략히 정리해 보면 다음과 같다.[82)]

『향구』는 현존 최고의 의서로서 향약명 어휘의 기원적인 형태를 보여준다. 후대형으로 이어지지 않는 형태가 많이 나타난다.

『향채』는 차자표기 향약명을 싣고 있는데 『향구』와 15세기 한글형의 중간 고리 역할을 한다. 차자표기법으로 보아도 그러하다. 또 차자표기법상으로 『향구』보다 더 정밀한 표기가 나타난다. 『향채』의 차자표기가 『촌가』와 『향집』은 물론이거니와[83)] 『향성』에도 많이 인용되고 있다.

『구급』은 15세기 의서로 향약명 어휘가 한글로 표기된 문헌이다. 그런데 『구급』의 향약명은

82) 개별 어휘사를 기술하는 과정에서 의서의 특징만이 아니라 오류도 확인된다. '秦艽'를 예로 들면, 『향채』의 차자표기 '網草'는 '*망초'로 해독된다. 이후 후대 의서에 모두 '망초불휘'로 나타나고 『향성』에서 '망초뿌리'로 정착된다. 그런데 『촌가』에서는 '網草'를 '그믈플'로 주석하고 있는데 이는 '網'을 석독한 결과이다. 하지만 '그물풀'은 다른 의서나 사전류에 보이지 않는다. 따라서 『촌가』의 오류로 판단된다. 한편, 의서에 기록되어 온 '망초뿌리'는 『표』에 나오지 않는다. 『표』에 등재된 '망초'는 '莽草'로 '붓순나뭇과의 여러해살이풀'이다. 동일한 식물인지조차 불분명하다. 한편 '秦艽'의 명칭에 대해서는 신현철 외(2017)이 참고된다.

83) 이은규(1996)은 『향구』의 차자표기 양상이 『향채』와 『촌가』 및 『촌구』로 이행되면서 그 표기법이 어떻게 변모했는지를 살핀 것으로 차자표기의 통시적 분석에 참고된다.

'生菖蒲根 눌챵폿불휘'(『구급』상16ㄴ1)처럼 한어명을 한자음대로 기록한 것이 아주 많다. 이 점은 같은 15세기에 나온 『구간』에 '눌숑의맛불휘'(『구간』3:32ㄴ)로 되어 있는 것과 비교된다.

『구간』은 한어명에 대응되는 우리말 향약명을 대거 기록하고 있다. 또한 한문 방문을 번역하는 과정에서 '車轂中脂 술윗통앳기름'(2:50ㄴ)과 같은 설명형 향약명이 대거 생성되는 과정을 보여준다. '술윗통앳기름'은 이 향약명은 20세기 『향성』의 '釭中膏 굴때에엉킨기름'(77:600:1)로 이어진다. 한어명을 우리말로 풀어쓰거나, 원래의 고유어 향약명이 정착되는 양상은 물론, 후대형의 기원이 되는 향약명도 많이 나타나는 등 우리말 향약명이 본격적으로 나타나는 대표적인 의서이다.

『언구』는 17세기 초에 간행된 것인데, 후대 문헌에 나오는 유일예의 기원이 되는 향약명이 몇몇 나타난다. 15세기의 『구급』과 『구간』의 계열을 이어 『동의』로 넘겨주는 역할을 담당한다고 할 수 있다. 예를 들면, '諸魚膽 온간고기쓸게'(상29ㄱ3)의 '온간고기'는 다른 의서에 나타나지 않다가 20세기의 『향성』에 '諸魚 여러가지물고기'(83:688:2)로 나온다.

『동의』는 이전 시기 향약명의 집대성이다. 동시에 수많은 한어명 이칭이 대폭 수렴되어 있다. 그리고 『동의』에서 비롯되는 향약명 어휘도 상당수 나타난다. 후대 의서에 많은 영향을 끼칠 뿐만 아니라 우리말 향약명이 완전히 정착・체계화하는 모습을 보여준다. 예를 들면, '鯽魚'는 이른 시기에 한어명 '鮒魚'를 음가대로 읽어 사용하다가 『동의』에 와서 '붕어'(2:1ㄴ5)가 생성되어 현대국어까지 이어졌다. 이른 시기 향약명을 수렴한 예를 들면, '生藿'은 『향구』에만 나오는 향약명으로 '小豆葉'(상3ㄴ11)으로 기록되었던 것이다. 이 '小豆葉'이 『동의』로 이어져 새로운 한어명이 되고 우리말 향약명 '폿닙'(1:22ㄱ8)이 생성된 것이다. 15세기에 나타나는 향약명 어휘가 『동의』로 수렴된 것도 많다. 예를 들면, '紫莧'은 '쇠비름'을 이르는 한어명으로 '馬齒莧'과 같은 단어족을 이룬다. 그런데 '紫莧'은 『구간』(6:50ㄴ)에 처음 나오는데 이것이 『동의』(2:27ㄱ9)에 수렴되어 있고 다른 의서에는 나타나지 않는다. 이처럼 『동의』는 향약명 어휘 변천의 큰 전환점 역할을 하고 있다.

『양금』의 향약명 어휘는 『동의』의 그것과 거의 동일하며 체계도 일치한다. 예를 들면 '竊脂'는 『동의』와 『양금』에만 나오는데 각각 '고지새'(『동의』1:40ㄴ8)과 '고지식'(『양금』527:10)으로 기록되어 있다.[84] 극히 소수의 향약명만 다르다. 『경국』, 『해혹』, 『경신』, 『경사』 등은 『동의』 이후의

84) '豚'을 어근으로 하는 단어족은 '豚肝', '豚骨髓', '豚肚', '豚齒' 등 13개 어휘의 어휘로 구성되는데 모두 『동의』와 『양금』에만 나오는바 『양금』이 『동의』의 직접적인 영향을 받은 사실을 알 수 있다. 어근 '牡狗'가 만드는 단어족도

것으로 방언형이 많이 나타난다. 『본정』은 표기법상으로 볼 때 『동의』 이후의 것으로 판단된다. 『양금』보다 시기가 빠르다. 『의종』과 『방합』은 체계와 향약명이 거의 일치한다. 예를 들면 '鱣魚 젼어'는 두 의서에만 출현한다(『의종』7:40ㄴ5, 『방합』50ㄴ).

『향성』은 차자표기와 한글표기 향약명이 함께 기록되어 있는데 이전 시기 향약명 어휘를 집대성하면서 동시에 20세기의 새로운 우리말 이칭을 대거 반영하고 있다. 특히 『향성』은 이전 의서에 보이지 않는 새 향약명이 259개나 나타난다. 전체 향약명의 37%에 해당하는 것으로 비율이 상당히 높다. 『동의』와 마찬가지로 향약명 어휘사에서 새로운 전환점 구실을 하고 있다.

3.3.3 어휘사의 시대 구분

어휘는 본질적으로 생성 · 공존 · 소멸의 생태적 주기를 반복한다. 그 과정에서 특정 시기에 나타나는 어휘사적 특징이나 양상이 전체 어휘 체계의 변화를 가져오는 계기가 되기도 한다. 이 변곡점을 찾아내면 어휘사의 시대 구분이 가능해진다.

향약명 어휘 체계는 얼핏 보면 변곡점이 될 만한 변화가 없는 것처럼 여겨지기도 한다. 『양금』과 『방합』처럼 앞선 시기 의서의 체계와 향약명 어휘를 그대로 전사한 것처럼 보이기도 하고, 향약명 어휘가 이른 시기 의서부터 현대국어에 이르기까지 기본 형태를 유지하는 경우가 많으며, 시대 차이를 넘어서 의서 간 공유하는 비율이 비교적 높은 것도 사실이기 때문이다.

하지만 위에서 살펴본 대로, 지금의 향약명 어휘 체계가 되기까지의 과정은, 단편적이고 일률적인 흐름만으로는 설명되지 않는다. 체계 내적 변화가 있었고 그 변화의 변곡점 역할을 하는 의서가 있어 왔다. 따라서 향약명 어휘의 체계가 어떻게 변모되어 왔는가를 잘 드러낼 수 있는 시대 구분이 가능하고 또 필요하다.

앞에서 살펴본 '규모의 비교', '생성과 소멸 양상', '공유 관계' 등의 분석 결과를 수렴하고, 주요 의서의 특징 그리고 개별 향약명의 유의어, 파생 어휘, 관련어 등을 한자리에 모아 단어족을 만든 뒤에 이를 기반으로 기술한 개별 어휘사가 보여주는 어휘사적 사실들을 종합하여 향약명 어휘 체계의 통시적 변화 과정을 시대 구분하면 다음과 같다.

마찬가지인데 『향성』의 한 예만 제외하고 나머지는 모두 『동의』와 『양금』에만 나오는 향약명으로 구성되어 있다.

44) 향약명 어휘사의 시대 구분

① 제1기 : 형성기Ⅰ : 13세기~14세기 : 『향구』
② 제2기 : 형성기Ⅱ : 15세기~16세기 : 『구간』
③ 제3기 : 정착기 : 17세기~19세기 : 『동의』
④ 제4기 : 확장기 : 20세기~현재 : 『향성』

시대 구분의 상한은 『향구』를 기점으로 삼는다. 현재로서는 『향구』 이전 시기에는 향약명 어휘에 대한 기록이 없기 때문이다. 언어사 기술에서 기록이 없는 경우는 현존하는 가장 오래된 자료를 기점으로 삼는 것이 가장 합리적이다.[85] 각 시기별 특성을 대표하는 의서는 『향구』, 『구간』, 『동의』, 『향성』을 내세웠다. 앞서 분석한 내적 근거에서 드러났듯이 이들이 향약명 어휘사의 흐름에서 큰 변화의 변곡점 구실을 하기 때문이다.

시대 구분에 있어서는 각 시기를 어떻게 명명할 것인가가 매우 중요하다. 각 시기의 이름은 해당 시기 향약명 어휘 체계가 보여주는 특징을 잘 드러내야 한다.[86] 그런데 제1기와 제2기를 명명하는 일이 쉽지 않은 것이 사실이다.

우선 『향구』로 대표되는 제1기를 '생성기'가 아니라 '형성기Ⅰ'이라 한 것은, 『향구』가 비록 현재로서는 최초의 향약명 어휘 범주를 보여주기는 하지만, 어휘 체계의 수적 규모나 어형의 고정성을 볼 때 '처음 생겨나는 시기'의 것이라 하기는 어려운 것이 사실이고,[87] 『향구』 이전 시기의 향약명 어휘에 대해 아무것도 확정해서 말할 수 없기 때문이다. 동시에 형성기적 성격을 선명하게 나타내는 제2기와의 상관관계도 고려해야 한다. 제2기는 한글표기에 따른 새로운 향약명이 나타나는 시기이기 때문에 '형성기'라 하는 것이 합리적이다. 제2기를 형성기라 한다면 제1기는 생성기는 아니더라도 이에 준하는 시기로 명명할 수밖에 없다. 이런 점을 고려하면, 전체적인 흐름으로 볼 때 제1기와 제2기는 모두 향약명 어휘사적으로 형성기적 성격을 띠고 있다고 판단되기 때문에 각각 '형성기Ⅰ'과 '형성기Ⅱ'로 명명한 것이다.

제3기를 '정착기'라 했지만 실제로는 '정형화와 체계화'를 바탕으로 '정착'한 모습을 보여주고 있다(아래 ③ 설명 참조). 그래서 '체계화' 시기로 명명할 수도 있다. 하지만 '정착'의 의미에 '체계화'가 내포되어 있기도 하거니와, 이 시기에 어휘 범주로 완전히 정착되었다는 점을 크게

85) 이는 국어사 시대 구분의 상한(上限) 설정 문제와 궤를 같이한다. 김동소(2007:17-20)에서는 국어사 기술의 기점을 우리 조상에 의한 최초 기록인 5세기의 『광개토대왕비』로 잡고 있다.
86) 장윤희(2019)에서도 '시대 구분의 용어 문제'가 주요하게 다루어야 할 사항임을 지적하고 있다.
87) '생성기'는 '어떤 것이 처음 생겨나는 시기'를, '형성기'는 '어떤 사물이 형성되는 시기나 그 기간'을 뜻한다(『표』).

보아 '정착기'로 하였다.

다음으로 『향채』와 『구급』의 처리에 대해서도 언급할 필요가 있다. 먼저 『향채』는 『향구』와 후대 의서를 잇는 고리 역할을 하기 때문에 1기와 2기 중 어느 쪽으로 보아도 무관하다. 전체 어휘가 155개에 불과하지만 87개가 새로 등장한 것이어서 제2기에 포함될 여지가 충분하다. 하지만 차자표기 어형을 보여주면서 『향구』를 계승하고 있다는 점에서 제1기에 포함시켰다(아래 ② 설명 참조). 그리고 제2기의 대표 의서로 『구급』이 아니라 『구간』을 내세운 문제이다. 두 의서는 같은 성격을 지니면서 15세기의 향약명을 담고 있기 때문에 향약명 어휘사상의 역할이 동일하다. 그래서 『구급』이 제2기의 시작을 열고 있고, 새로운 향약명도 315개로 『구간』의 193개보다 더 많이 등장하는 점을 고려하면 『구급』을 대표 의서로 내세울 수 있다. 하지만 전체 어휘 규모로 보면 『구간』이 898개로 『구급』의 476개보다 훨씬 많고, 고유어 향약명이 상대적으로 더 많이 나타난 점을 고려하여 제2기의 대표 의서로 삼았다.

이제 각 시기 구분의 근거와 시기별 특징을 살펴보기로 한다.

① 제1기 : 형성기Ⅰ : 13세기~14세기

제1기는 13세기 중엽에서 14세기까지이다. 『향구』의 향약명 어휘 체계가 대표하고 『향채』와 『향집』이 여기에 속한다. 『향구』는 현존 최고(最古)의 의서로 방문에도 향약명이 산재되어 있고 부록으로 향약명 어휘의 목록이 있다. 분류 체계가 적용되지는 않았지만 나름의 체계성을 확보한 것으로 판단된다. 그리고 『향채』와 『향집』은 후대에 간행되었지만 당대의 어휘보다는 『향구』에 더 가까운 것으로 여겨진다.

『향구』에 표제어가 168개 나타난다는 사실은 그 이전에 벌써 범주화되었음을 말해 준다. 그렇지만 『향구』 이전의 의서가 현존하지 않음을 고려하여 '형성기Ⅰ'로 부르기로 한다. 이 시기의 특징은 『향구』의 향약명 어휘가 보여주는 어휘사적 성격으로 요약되는데 다음과 같다.

첫째, 『향구』의 향약명 어휘 체계가 15세기의 그것과 다른 면모를 보여준다. 이른바 내적 체계의 다름이다. 차자표기로 기술된 『향구』의 향약명 어휘 형태가 15세기 대응형과는 사뭇 다른 모습을 보여준다. 실제로 『향구』의 향약명 어휘를 재구하면 15세기 대응형과 형태가 다른 경우가 많다. 이는 『향구』가 고대 한국어의 음운 체계를 반영한 것이 원인이기도 하지만, 개별 어휘사 기술에 기대면 형태적으로도 많은 차이를 보인다. 예를 들면, '京三棱'은 『향구』에 '結叱加次根(목46ㄴ3)'와 '結次邑笠根(하37ㄱ11)'로 표기되어 있다. 이들의 재구형은 각각 '*믹ᄌᆞ갖불휘'와

'*미좁간불휘'인데 15세기의 '믹자기불휘'와 다르다. 『향채』에서 이미 '毎作只根 *믹즈기불휘'로 어형 교체가 일어났고 곧이어 '*쇠부돌'이라는 유의어도 나타난다.

둘째, 『향구』의 향약명 어휘 가운데 상당수가 15세기 이후의 의서에 이어지지 않는다. 달리 말하면 다른 시기와 비교해 볼 때 이 시기를 지나면서 소멸된 향약명 어휘가 많다는 것이다. 예를 들면 '決明子'는 '狄小豆'(『향구』목45ㄴ6)으로 기록되었는데 후대 의서에는 모두 '초결명'으로 나온다. '狄小豆'를 '狄+小豆'의 합성어로 보면 '*되폿' 정도로 재구되는데 후대형과는 동떨어진 형태이다. 이은규(1993:198-199)에 의하면 『향구』의 차자표기 향약명 어휘 154개 중, 재구가 어렵거나 잠정적인 경우 17개를 제외한 137개 가운데, 후대 의서에 대응형이 나오는 것은 88개뿐이며, 나머지 49개는 후대에 이어지지 않는다. 그만큼 많은 양의 향약명이 소멸된 것이다.

이렇게 볼 때 『향구』와 그 이후의 의서 사이에는 '큰 변화'가 있었다고 말할 수 있다. 여기에 『향구』를 중심으로 하는 시기가 향약명 어휘 체계의 출발점이라는 어휘사적 의미가 있으므로 '형성기 I'로 부르는 것이다.

② 제2기 : 형성기 II : 15세기~16세기

제2기는 15세기에서 16세기까지의 기간을 말한다. 『구간』이 이 시기를 대표하고 『구급』과 『언구』가 여기에 속한다. 제1기에서 건너오면서 한 차례의 큰 소멸을 겪은 후 새로운 향약명이 대거 생성되는 시기이다. 이점을 고려하여 '형성기 II'로 부른다. 이 시기의 주요 의서는 『구급』과 『구간』으로 이들은 새로운 향약명의 생성에 크게 기여한다. 두 의서에는 별도의 목록집이 없고 방문에만 향약명이 나타난다. 그리고 17세기 초 문헌 『언구』를 제2기에 포함시킨 것은, 『언구』의 어휘사적 역할 때문이다. 『동의』의 향약명 가운데 『언구』에 기원을 둔 것이 상당수 나타나는 것을 보면 『언구』가 『구급』이나 『구간』과 같은 역할을 했음을 알 수 있는바 함께 묶는 것이 합리적이다. 의서의 내용과 체재도 동일하다.

『구급』과 『구간』 사이에는 내적 차이도 있다. 『구급』은 한어명 어휘의 경우 한자음을 그대로 읽어 사용한 경우가 많은 반면, 『구간』은 동일한 향약명이라도 고유어 향약명으로 나타나는 빈도가 높다. 실제 표제어에 대응되는 향약명 어휘의 고유어 비율을 보면 『구급』은 57%이나 『구간』은 91%에 이를 정도로 차이가 심하다(위 3.3.2.1 참조). 이점은 어휘사적으로 시사하는 바가 있다. 즉 훈민정음 창제 이후 가장 먼저 나온 의서 『구급』에서는 아직 고유어 향약명 체계가 완전히 자리잡지 않은 상태임을 말해 준다. 반면 『구간』에 오면 고유어 대응형이 많이 생성된다. 예를 들면 '光明白礬'(『구급』상04ㄴ3)과 '光明白礬 뵈ᄅᆞᆫ빅번'(『구간』1:5ㄴ)이 그러하다. 『구간』의 중요성을 짐작할 수 있는 대목이다. 제2기의 특징은 다음과 같다.

첫째, 새로운 우리말 향약명 어휘가 대량 생성되었다. 이런 생성에 기여한 것이 한글표기이다. 한글표기형은 차자표기형에 대립되는 표기 개념이지만, 제1기의 형태와는 다른 향약명이 생성되는 결과를 낳았다. 즉 한글표기에 따른 새로운 고유어 향약명의 생성이라는 내재적 특징이 두드러진 시기이다. 36)과 37)의 표에서도 잘 드러난다. 이점은 제3기의 의서들에 나오는 향약명의 기원이 제1기 『향구』보다는 15세기 한글표기형에 소급되는 경우가 훨씬 많은 데에서도 증명된다. 예를 들면, '牙皀'는 '牙皀 쥬염나모여름'(『제중』8:11ㄱ6), '쥬업나모여름'(『의종』25ㄴ8, 『방합』313)처럼 18・9세기의 『제중』, 『의종』, 『방합』에만 나온다. 이의 기원형은 15세기의 '猪牙皀角'(『구급』상4ㄴ3), '猪牙皀角 도틔엄ᄀᆞᄐᆞᆫ조각'(『구간』1:5ㄴ)으로 소급된다. '牙皀'의 원형이 '猪牙皀角'임을 알 수 있다. 이런 점에서 『구급』과 『구간』의 시기는 새로운 향약명 어휘가 양산된 '형성기II'라 명명할 수 있다.

둘째, 향약명 어휘의 구체성이 두드러진다. 일반적으로 향약명 어휘라고 하면 '바탕 약재 이름'으로만 이해하기 쉽고 실제로 그렇게 다루어 온 것이 사실이다. 형태론적으로 말하면 '핵심어근' 중심의 이해이다. 이런 점은 그간의 향약명 어휘 연구가, 의서의 맨 앞에 제시되는 목록 중심으로 이루어진 것으로도 증명된다. 그런데 이 시기 향약명 어휘는 형태론적 구성이 구체적이라는 점이다. 예를 들면, '紫蘇'는 그 자체로 약재명이지만, 실제 약재로 쓰이는 것은 씨나 잎이다. 『구급』과 『구간』에는 'ᄌᆞ소'(『구급』하58ㄱ6), 'ᄎᆞ소'(『구간』2:13ㄴ)과 함께 'ᄎᆞ솟닙'(『구간』1:102ㄴ), 'ᄎᆞ소ᄡᅵ'(『구간』2:12ㄱ) 등이 나타난다. 이런 구체적인 향약명이 제3기 『동의』로 이어져 'ᄎᆞ소기'(『동의』2:32ㄴ7)', '紫蘇子'(『동의』2:32ㄴ10), '紫蘇莖'(『동의』2:33ㄱ2) 등과 같이 별도의 표제어로 분리・정착된다. 설명형 향약명이 나타난 것도 이런 구체성을 반영한 것이다.

셋째, '설명형' 향약명의 생성기이다. 향약명 어휘를 '단어형'과 '설명형'으로 나눌 때 '설명형' 향약명의 생성은 15세기 의서에서 비롯된다.88) 특히 이 시기 의서는 모두 한문을 번역한 것이고, 번역 과정에서 설명형 향약명이 생성되어 쓰이다가 제3기 『동의』에서 목록화하여 향약명 어휘의 한 유형으로 정착된다. 이를테면 '두렫고힌두야머주저깃불휘'(『구간』1ㄴ2), '돌서리예난숑의맛불휘'(『구간』1ㄴ5), '車轂中脂 술윗통앳기름'(『구간』2:50ㄴ) 등이 그러하다. '술윗통앳기름'은

88) 『향구』의 '朝生暮落花子[牽牛子](중26ㄱ6)'을 설명형 향약명의 효시로 볼 수도 있다.

이후의 많은 의서에 나타나지 않다가 20세기 『향성』의 '釭中膏 굴때에엉킨기름'(77:600:1)로 이어진다.

넷째, 이 시기 차자표기 향약명 어휘는 한글표기형의 형태에 더 가깝다. 제2기의 차자표기는 『촌구』와 『촌가』에 나온다. 개별 어휘사의 분석에 따르면 『향채』의 차자표기 향약명 어휘의 형태는 『향구』에 가깝고, 『촌구』와 『촌가』는 15·6세기 한글표기형 곧 『구급』과 『구간』의 것과 동일한 경우가 많다.[89] 『향채』를 제1기에 포함시킨 이유이기도 하다.

③ 제3기 : 정착기 : 17세기~19세기

제3기는 정착기이다. 정확하게 말하면 '정형화와 체계화를 기반으로 하는 정착기'이다. 제1기와 제2기에 걸쳐 형성된 향약명이 정형화하여 목록으로 자리잡으면서 범주화하고, 그 목록에 의미론적 분류 체계와 상·하위어 개념을 적용하여 체계화한 시기이다. 이런 목록화와 체계화를 통한 정착에 기여한 의서가 『동의』이다. 그리고 『본정』, 『사의』, 『양금』, 『제중』, 『의종』, 『방합』 등이 이 시기에 포함되는데 이들 모두 『동의』와 같은 체재를 보인다. 따라서 제3기는 『동의』의 시대라 불릴 만하다.

어휘사적 측면에서 볼 때 『동의』는 다음과 같은 특징을 지닌다. 이는 의서 『동의』가 가지는 자료상의 특징이기도 하지만, 향약명 어휘사에 큰 영향을 끼친 것이 명백하다. 즉 개별 어휘사는 물론이거니와 향약명 어휘 체계사의 흐름을 바꾸는 데에 작용한 특징들로서 시대 구분의 내적 근거로 작용하고 있다고 판단된다.

첫째, 『동의』는 『향구』에서 1차 형성된 향약명 어휘부터 15·6세기의 어휘들에 이르기까지 이전의 향약명 어휘를 집대성함으로써 어휘사적 전환점 역할을 한다. 36)의 표에서 보듯이 단일 의서로는 가장 많은 표제어를 담고 있다. 앞서 살펴본 예를 다시 들면, '生藿'은 『향구』에만 나오는 향약명인데 '小豆葉(『향구』상3ㄴ11)'로 기록되었던 것이다. 이 '小豆葉'이 『동의』에서 새로운 표제어가 되고 우리말 향약명 '픗닙'(1:22ㄱ8)이 생성된 것이다. 15세기에 나타나는 향약명 어휘가 『동의』로 수렴된 것도 많다. '紫莧'은 '쇠비름'을 이르는 한어명으로 '馬齒莧'과 같은 단어족을 이룬다. 그런데 '紫莧'은 『구간』(6:50ㄴ)에 처음 나오는데 이것이 『동의』(2:27ㄱ9)에

89) 이 현상은 주목된다. 지금까지는 차자표기 향약명이 나오는 개별 의서 단위로 분석하거나, 개별 향약명 단위로 『향채』, 『촌구』, 『향집』 등의 차자표기를 다룬 것이 대부분이다. 『향채』와 『촌구』 및 『촌가』의 차자표기가 가지는 특성이나 상호 통시적 영향 관계 및 우리말 향약명과의 거리 등에 대한 분석이 필요하다.

수렴되어 있다. 다른 의서에는 나타나지 않는다. '鯽魚'도 이른 시기에 한어명 '鮒魚'를 한자음대로 읽어 사용하다가 『동의』에 와서 '붕어'가 생성되어 현대국어까지 이어졌다.

둘째, 제2기의 향약명과 비교해 보면, 15・6세기의 언해문에 나타나는 향약명이 그대로 이어지지 않는 경우도 많이 보인다. 『구급』, 『구간』, 『언구』에 나타나던 향약명이 이어지지 않고 단절된 수가 568개에 이른다. 아울러 설명형 향약명이 줄어들면서 정형화하는 모습을 보인다. 15・6세기에 구체적으로 나타나던 향약명 어휘가 정형화하고 이것이 목록으로 고정되어 후대에 이어진다. 제2기와의 사이에 경계가 있음을 확인할 수 있다.

셋째, 『동의』에 한어명 어휘가 새로운 표제어로 대거 반영되어 있다. 그 결과 대응되는 고유어 향약명이 나타나지 않는 한어명의 비율이 다른 의서에 비해 상대적으로 높다. 36)의 표에서 보듯이 737개의 한어명이 대응되는 향약명 없이 표제어로 제시되어 있다. 특히 '동물류' 향약명에서 두드러진다. 이점은 『동의』가 가능한 많은 향약명 어휘를 집적하려 했음을 말해 주는 것이다.

넷째, 표제어로 제시되는 핵심 어근에서 파생된 어휘나 관련되는 어휘를 함께 제시하는 이원적 체계를 보여준다. 예를 들면, 표제어 '防風 병풍ᄂᆞ물불휘'(2:45ㄴ) 아래에 '防風葉'과 '防風花', '防風子' 등을 이원적으로 체계화하여 하위어로 제시하고 있다. 또 '絡石 담쟝이'(2:44ㄴ)에는 관련 어휘인 '薜荔'를, '蒲黃 부들곳ᄀᆞᄅᆞ'(2:45ㄴ)에는 관련어인 '香蒲'와 '敗蒲席' 등을 이원적으로 함께 제시하고 있다. 『동의』의 체계성과 사전적 성격을 잘 말해 주는 특징이다.

다섯째, 분류 체계와 상하위어 개념을 적용하여 목록화하고 있다. 『동의』는 '水部'에서 '金部'까지 모두 15개 항목의 거시적 분류 체계를 적용하고 있다. 이전 시기의 『향채』도 분류 체계를 적용했지만 약재를 캐는 시기로 나누었을 뿐이어서 어휘사적 의미는 없는 것이었다. 반면 『동의』에서는 한어명과 고유어 향약명을 망라하여 의미론적으로 분류함으로써 어휘의 체계화를 본격화하고 있다. 이후 『본정』, 『사의』, 『양금』, 『의종』, 『방합』 등 『동의』 이후에 간행된 의서들에서 이를 따르고 있다(의서의 분류 체계는 2.6 참조).

여섯째, 표제어 한어명의 이칭 자료를 많이 반영하고 있다. 이는 표제어에 대한 주석 본문에 나타난다. 이를테면 '絡石 담쟝이'(2:44ㄴ)의 주석에는 '一名 石薜荔'가, '忍冬 겨ᄋᆞ사리너출'(2:48ㄱ)에는 '一名 老翁鬚草 一名 鷺鷥藤 又名 水楊藤' 등의 다양한 이칭이 기록되어 있다. 향약명을 집대성하면서 이칭도 집적한 것이다. 이들 이칭 자료는 『동의』 이후의 의서에 지속적으로 인용・기록되고 있다.

일곱째, 이전 시기에 나타나지 않다가 『동의』에서 처음 나타나는 향약명 어휘도 상당수이다.

예를 들면, '營實 딜위여름'(『동의』2:46ㄴ2), '練鵲 댓가치'(『동의』1:38ㄴ3), '柘木 뫼뽕'(『동의』3:30ㄱ6), '麝香 국놀의비쫙'(『동의』1:41ㄱ8), '梁上塵 들보우희듣글'(『동의』1:20ㄱ6), '鼺鼠 ᄂᆞᄂᆞᆫ ᄃᆞ라미'(『동의』1:58ㄴ5), '連翹 어어리나모여름'(『동의』3:21ㄴ3) 등이다.[90] 이점은 『동의』의 어휘사적 가치를 가장 잘 드러내 주는 특징이다.

결국 향약명 어휘 체계사상에서 형성기를 지난 후 새로운 체계로의 이행에 결정적인 전환점 구실을 한 의서가 『동의』라 할 수 있다.

④ 제4기 : 확장기 : 20세기~현재

제4기는 정착기를 거친 다음의 확장기에 해당한다. 새로운 고유어 이칭이 대거 포함되고 현대 국어를 반영하는 점이 두드러진다. 이를 잘 보여주는 의서는 『향성』인데 그 특징을 살펴보면 다음과 같다.

첫째, 이전 시기 향약명 어휘를 집대성하고 있다. 이점은 『향성』이 앞선 시대 의서와 밀접한 관련성을 맺고 있다는 사실로 확인된다. 43)의 공유 항목 빈도표에서 보듯이 『동의』와 공유하는 항목의 수가 256개로 전체 공유 유형 중에서 가장 높다. 동시에 15세기의 『구급』과 『구간』과도 연계되어 연속성을 유지하고 있다. 예를 들면 『구간』(7:30ㄱ)의 '탄ᄌᆞᆺ홁'은 다른 의서에는 나타나지 않다가 『향성』에만 '彈丸土 진익여둥글게만든흙'(77:595:2)로 나온다.

둘째, 표제어에 새 항목이 큰 폭으로 생성되었다. 『향성』의 새 항목은 259개로 표제어 701개의 37%에 이른다(이은규 2019:15-17 참조). '布鍼 작대기바눌'(『향성』77:592:2), '銅盆 구리동이'(『향성』77:592:2), '鐵鏽 쇠녹'(『향성』77:592:2) 등이 그 예이다.

셋째, 고유어 향약명의 이칭을 많이 수용하고 있다. 이전 시기 의서에는 없는 고유어가 133개나 나온다. '馬兜鈴 勿兒隱冬乙乃 쥐방울 등칙'(『향성』79:633:3), '半夏 雉毛奴邑 꾀무릇 메누리목쟁이밑'(『향성』79:626:1), '杜鵑 接冬 접동새 솟적다새'(『향성』82:675:3), '威靈仙 불위나물 술위나물 참으아리풀 위령선이'(『향성』79:630:3), '蚌蛤 大朴曹介 함박조개 댑조개'(『향성』83:689:2) 등이 대표적인 예이다. 20세기로 접어들면서 향약명 어휘는 고유어 향약명의 이칭이 증가하는 양상을 보여주는데(이은규 2009:509-514 참조) 『향성』이 이를 적극적으로 반영하고 있는 것이

90) 이 어휘들은 20세기에 오면서 어형 교체를 보여주는데 어휘 변화의 일면을 엿볼 수 있다; 찔네열매, 질위열매(『향성』611:3), 가시뽕나무(『향성』652:1), 국놀의비삽(『제중』8:13ㄱ09), 들뽀위의몬지(『향성』600:1), 나는다람쥐(『향성』668:3), 개나리(『식휘』286).

다. 그 결과 『동의』보다 더 많은 양의 고유어 향약명을 수록하고 있다.

넷째, 새로운 설명형 향약명을 생성하고 있다. 『향성』의 설명형 합성어는 128개로 전체 향약명의 15%에 해당한다. '鐵落 쇠칠때머름에떠러진쇠부스럭이'(『향성』77:594:2), '船底苔 뱃밑에낀잇기'(『향성』79:625:2), '燒石 불에달근돌'(『향성』77:592:2) 등이 그 예이다. 『동의』에서 정착된 설명형 합성어가 이 시기에 와서 다시 생성되는 것은 주목할 만하다. 흔히 설명형은 한어명에 대응하는 고유어가 없는 경우 만들어지는 것인데, 이 시기에 생성되는 이유를 탐색해 볼 필요가 있다.

다섯째, 현대국어를 반영하고 있다. 『향성』에 가장 가까운 『방합』만 하더라도 이전 시기 향약명 형태를 주로 수록하고 있는 반면에 『향성』은 당대의 향약명도 반영하고 있다. 이런 사실은 『향성』의 많은 향약명이 『표』에 반영되어 있다는 사실로도 방증된다(이은규 2019ㄱ:28-29 참조). 물론 이는 『향성』의 간행 시기와도 맞물려 있는 것이기는 하지만 현대국어 어휘 체계의 형성에 『향성』이 일정 부분 영향을 미친 것으로 해석될 수 있다.

여섯째, 거의 모든 향약명 어휘 항목에 차자표기를 병기해 두고 있다. 비록 표기의 문제이기는 하지만, 이전 시기 차자표기 자료를 포괄적으로 수용했다고만 보기 어렵다. 독자적인 표기도 많이 보이기 때문이다. 이처럼 기본 편제는 『향집』과 같지만 향약명 어휘를 제시하는 '향약본초' 부분은 『향집』과 전혀 다른 체재와 내용으로 되어 있다.

결국 『향성』은 이전 시기 향약명 어휘를 집대성함과 동시에 당대의 많은 이칭 자료를 수용함으로써 향약명 어휘 체계가 현대국어로 이행하도록 하는 전환점 구실을 하고 있다.

3.4 어휘사적 특징

여기서는 4장의 기술 과정에서 얻어진 향약명 어휘사의 몇 가지 성과를 정리해 보기로 한다. 이는 향약명 어휘의 통시적 특징이라 할 수도 있다. '새 향약명', '새 이칭', '새 어휘와 방언형', '이칭의 의미 관계 규명' 등으로[91] 세분하여 살펴보기로 한다.

91) 이 밖에 향약명 어휘사(DB)에는 다양한 현상이 나타난다. 이를테면, '菊花, 甘菊, 甘菊花' 등과, '甘草, 粉草, 粉甘草' 등의 한어명 이칭들은 '혼태'에 의한 새로운 어휘의 생성으로 보이고, '芭蕉'가 '반쵸'로 나타나는 것은 한어명의 고유어화로 보인다.

3.4.1 새 향약명

어휘사 분석 과정에서의 가장 큰 소득은 새 어휘의 발굴이다. 향약명 어휘사에서도 마찬가지이다. 모두를 다 언급할 수 없으므로 여기서는 4장의 기술 과정에서 찾은 새 향약명의 예를 먼저 살펴본 뒤, 이은규(2019ㄱ:15-19)에 정리된 『향성』의 새 향약명을 수정하여 살펴본다.

아래 45)의 예들은 고유어 향약명이 무엇을 가리키는지 알기 어렵다. 또 표제어 한어명도 불분명한 경우가 대부분이다. 설명형 향약명을 구성하는 형태소의 어원이 불분명한 경우도 있다.

45) ① 輕粉 빈ᄂᆞ 『경국』(55:8)
② 鷄窠中草 닭의둥우리속의북짤미 『향성』(79:636:2)
③ 膏淋 디삼 『사의』(1ㄴ2:7)
④ 蜞鍼 거멸이 『해혹』(32ㄱ8)
⑤ 拜謁草 쎄알초 『경국』(120:9)
⑥ 蜂薑 『사의』(4ㄴ3:7)

45)① '輕粉'은 '염화 수은'을 말하는데 의서에서는 한어명 '경분' 혹은 '汞粉'으로 나타난다. 『경국』의 '빈ᄂᆞ'가 무엇인지 알 수 없다. ②의 설명형 향약명의 구성 요소 '북짤미'도 마찬가지이다. '북짤미'는 한어명의 '草'에 대응한다. 『구간』(6:93ㄴ)에 '鷰窠中草'가 '져븨집깃'으로 나온다. 그리고 『향성』(79:635:3)에는 '鷰蓐草 제비집속의북짤미'도 나오는데 역시 '북짤미'는 '草'에 대응한다. 따라서 '새 둥우리의 풀' 정도의 의미로 보인다. ③의 '膏淋'은 병명으로 '淋疾'의 하나이인데 '디삼'은 무엇인지 알 수 없다. ④ '蜞鍼'은 '거멸이'로 나오지만 '거머리'가 아니다. 의서에 '거머리'는 '水蛭'로 제시된다. 더욱이 한어명도 사전류에서 찾기 어려우며, '蜞'는 '방게'를 뜻하지만 어원을 추정하기 어렵다. ⑤ '쎄알초'는 한어명 '拜謁草'를 한어명대로 읽은 것인데 '拜謁草'가 무엇인지 사전류에서도 찾기 어렵다. ⑥ '蜂薑'는 『사의』에만 나오는데 무엇인지 알 수 없다.

다음의 46)과 47)의 예들도 한어명이 사전류에서 찾기 어렵거나, 고유어 향약명의 어원이나 형태가 불분명하거나 처음 나타나는 경우이다. 모두 『표』에 등재할 만한 것들이다.

46) ① 甘苔 단닉기 『의종』(7:21ㄱ1)
② 苦蔘 板麻 쓴너삼 도독놈의몽치 도둑놈의집팽이 뱀의정자 『향성』(79:615:3)

③ 故甑蔽 묵은시루방석 『향성』(80:648:3)

④ 枸杞子 괴좃나모여름 地仙 一名 仙人杖 一名 『동의』(3:26ㄴ4)

⑤ 狗蠅 개ᄑᆞ리 『본목』(40ㄴ8)

⑥ 麻石 삼곳돌 『경국』(120:9)

⑦ 米糒 미시 『해혹』(29ㄴ1)

⑧ 薛子米 조기름 粟薛子 卽 『양금』(524:1)

⑨ 鴇 너쾌 『본정』(하218)

⑩ 鳳凰退 병알이깐겁질 『해혹』(33ㄱ1)

46)①의 '甘苔'는 '김'을 이른다. 우리말 향약명이 '단닉기'인데 현대국어라면 '단이끼'이다. 무엇인지 불분명한 형태이다. ②의 '도독놈의지팽이'는 『샘』에만 '도둑놈의지팡이'로 소개되어 있을 뿐 '도둑놈의몽치'와 '뱀의정자'는 사전류에서 찾기 어렵다. 『표』에 '도둑놈의갈고리'라는 식물이 등재되어 있다. ③ '묵은시루방석'은 '시루 밑에 까는 오래된 방석'을 이른다. '시루방석'은 지금도 쓰이는 어휘이다(『샘』). ④ '괴좃나모여름'은 '구기자'를 이르는 우리말 향약명인데 사전류에서 찾기 어렵다. ⑤의 '개ᄑᆞ리'는 사전류에 보이지 않는다. 강원방언의 '개파리'는 '개구장이'를 뜻하는 말이어서 다른 어휘이다(『샘』). 한어명 '狗蠅'을 참고하면 '개에게 꼬여드는 파리'를 뜻하는 것으로 추정된다. ⑥ '麻石'은 『경국』에만 나오는데 사전류에서 찾기 어렵다. '삼곳돌'은 '삼곳의 아궁이 위에 쌓아 놓는 돌'이다(『표』). '삼곳'은 '껍질을 벗기기 위하여 삼을 넣고 찌는 구덩이나 솥'이나 '그렇게 찌는 것'을 뜻하는 말이다. 결국 '삼곳할 때 쓰는 돌'이라는 뜻이다. ⑦ '미시'는 '미숫가루'로 추정되는 형태이다. '미수'의 방언형일 가능성이 높다. ⑧의 '조기름'과, 이에 대응되는 한어명 '薛子米', '糵米', '粟薛子' 등은 사전류에서 찾기 어렵다. '粟薛子'과 '조기름'을 고려하면 '조를 짠 기름'으로 파악된다. ⑨ '鴇'는 '능에' 곧 '느싯과의 겨울새'로 '느시'와 동의어이다(『표』). '獨豹', '野雁' 등의 한어명 이칭이 있다. '너쾌'라는 형태는 다른 문헌에 보이지 않는다. 『훈민정음 해례』의 '너ᅀᅵ'가 바로 이 새인데 '너시'를 거쳐 '느시'가 된 것이다(이은규 2015:209 참조). 『물명』에는 '그믄춍'으로 나오는데 이는 '鴇'의 또다른 새김인 '오총이(烏驄이)'를 말한다. ⑩ '鳳凰退'는 『해혹』의 우리말 향약명에 의하면 '병아리를 깐 껍질'을 뜻한다. 사전류에서 찾기 어렵다.

47) ⑪ 飛羅麪 비라면 『구급』(상59ㄴ6)

⑫ 梭頭 북모소리 『향성』(80:649:1)

⑬ 蛇含草 빅아미혀플 『언구』(하10ㄱ10)
⑭ 杉 익씨나모 『해혹』(2ㄴ8)
⑮ 錫銅鏡鼻 깨진구리거울꼭지 『향성』(77:597:3)
⑯ 室女月經布 겨집의월슈무든ᄀᆞ짐 『언구』(상05ㄱ10)
⑰ 頑涎 건춤 『구급』(상43ㄴ1)

47)⑪ '飛羅麪'은 사전류에서 찾기 어렵다. 『구간』의 'ᄀᆞᄂᆞᆫ밀ᄀᆞᄅᆞ'를 참고하면 '가는 밀가루'로 추정된다. ⑫ '梭頭'는 『향성』에만 나온다. '梭'는 '북'으로 '베틀에서, 날실의 틈으로 왔다 갔다 하면서 씨실을 푸는 기구'를 말하는데 이 '북의 모서리'를 뜻하는 명칭이다(이은규 2019ㄱ:24 참조). ⑬ '蛇含草'는 '장미과의 여러해살이풀'인데 고유어 이칭으로 '가락지나물'이 있다(『표』). '빅아미혀플'은 『동의』를 거쳐 『양금』에까지 이어진다. '뱀의혀풀' 형태로 등재할 만하다. ⑭ '杉'의 새김은 '삼나무'이다. 옛말에는 '잇갈', '잇개나모', '익개나모' 등이 나타난다. 모두 '이깔나무' 즉 '삼나무'를 이른다. 『표』에 보이지 않는다. ⑮의 '거울꼭지'는 청동거울에 일반적으로 '꼭지'가 달려 있는 점을 고려하면 사전에 등재할 만하다. ⑯ '겨집의월슈무든ᄀᆞ짐'의 'ᄀᆞ짐'은 '개짐'의 소급형으로 판단된다. '개짐'은 경북방언이다(『샘』). ⑰ '頑涎'은 '해수 천식과 그르렁거리는 소리를 나게 하는 타액'인데[『한국전통지식포털』[『지』] 『구급』에만 나온다.

다음의 향약명에 나오는 한어명이나 우리말 향약명도 단어나 구성 형태를 사전에 등재할 만한 것들이다.

48) ① 鼠坌土 쥐멷낸흙 『구간』(3:25ㄱ)
② 續斷 검산풀불휘 『의종』(7:11ㄱ6)
③ 松筍 솔순 『사의』(2ㄴ3:6)
④ 柘木 가시뽕나무 『향성』(80:652:1)
⑤ 地蒼 기흙이찌 『해혹』(26ㄴ9)
⑥ 車轄 車所也只 수레쐐기 굴대빗장 메뚜기쇠 『향성』(77:594:3)
⑦ 鶬鶊 아리새 『동의』(1:40ㄴ9)
⑧ 蜀椒 난듸나무열매 분지나무열매 『향성』(80:649:2)

48)①의 한어명 '鼠坌土', '鼠壤土'는 사전류에서 찾기 어렵다. 고유어 향약명에 따르면 '쥐가 면낸 흙'을 말한다. '면'은 '쥐나 개미가 갉아서 파 놓은 보드라운 흙'을 말한다(『표』). '면'의 소급형 '멷'이 나타나는 예는 『구간』뿐이다. ② '續斷'은 '꿀풀과의 여러해살이풀'이다(『표』).

『촌구』부터 한어명으로만 쓰이다가 『의종』에 와서 '검산풀불휘'가 나타나 현대국어로 이어진다. 『표』에는 현대국어 이칭 '광대수염'만 나타난다. ③ '松筍'은 '소나무의 새순'을 이른다. 『사의』에 혼종어 '솔쑨'으로 나온다. ④ '가시뽕나무'는 『향성』에만 보인다. 『동의』를 비롯한 다른 의서에는 '뫼뽕'으로 나오는데 이의 현대국어 형태가 '메뽕나무'이다. 이 어휘는 사전에 등재할 만하다.

48)⑤ '地蒼'은 사전류에서 찾기 어렵다. 『해혹』의 고유어 향약명은 '기흙이씨'로 되어 있다. '기흙' 즉 '개흙'은 '갯바닥이나 늪 바닥에 있는 거무스름하고 미끈미끈한 고운 흙'이다(『표』). 따라서 '기흙이씨'는 그런 흙에 낀 이끼를 이른다. '개흙이끼'를 등재할 만하다. ⑥의 한어명 ''車割' 또는 '車轄'은 물론이거니와 우리말 향약명 '수레쐐기'와 '메뚜기쇠'도 사전류에서 찾기 어렵다. ⑦ '아리새'는 『동의』와 『양금』에만 보인다. 사전류에서 찾기 어렵다. 『동의』에서는 '꾀꼬리'는 '百舌鳥'로, '鶬鶊'은 '아리새'로 구분하고 있는데 『표』에서는 '鶬鶊'을 '꾀꼬리'로 풀이하고 있다. ⑧의 '난듸나무열매'와 '분지나무열매'는 20세기 의서에 나오는데 사전류에서 찾기 어렵다.

다음으로 『향성』에 나오는 새 향약명을 살펴보기로 한다. 『향성』은 특히 이전 시기에 보이지 않는 설명형 향약명이 많이 나타난다는 점에서 의의가 있다. 아래의 예도 대부분이 설명형 향약명이다.

49) ① 石鍾乳 돌고드름 『향성』(77:591:1)
② 古鏡 오랜쇠거울 『향성』(77:592:1)
③ 鐵鏽 쇠녹 『향성』(77:592:2)
④ 布鍼 작대기바눌 『향성』(77:592:2)
⑤ 銅盆 구리동이 『향성』(77:592:2)
⑥ 水中石子 냇물속에잠긴죄악돌 『향성』(77:592:2)
⑦ 燒石 불에달근돌 『향성』(77:592:2)
⑧ 溫石及燒塼 불에구은돌과벽돌 『향성』(77:592:3)
⑨ 鐵華粉 쇠애쓸은녹가루 醋酸鐵의 粉末 『향성』(77:594:1)
⑩ 彈丸土 진익여둥글게만든흙 『향성』(77:595:2)

49)의 향약명들은 『향성』에 보이는 것인데 이전 시기 의서에는 보이지 않는 새 향약명이다. 『향성』에는 이와 같은 새 향약명이 모두 259개 나타난다. 단일어, 파생어, 단어형 합성어가 모두

171개, 설명형 합성어가 88개이다. 표제항 701개의 37%에 이르는 것으로 그 비율이 매우 높다. 새 향약명이 많다는 것은 후대형이 많이 반영되어 있음을 말해 준다. 향약명의 어휘 범주가 한정되어 있고, 향약명은 일반적으로 앞선 시기의 것을 반복・기술한다는 사실을 고려하면, 어휘사적으로 매우 유의미한 현상이다.

새 향약명 출현의 의의는 단순히 새로운 형태의 어형을 추가하는 데에 그치지 않는다. 앞선 시기 의서에 한어명만 기록되다가 후대 의서에 대응되는 고유어 향약명이 나타나는 경우도 있다. 이는 한어명에 대응하는 향약명의 정체를 밝혀 준다는 점에서 어휘사적 의미를 가진다.

50) ① ㉠ 續斷 『촌가』
㉡ 續斷 『촌구』 5ㄱ5:3
㉢ 續斷 『동의』 2:46ㄱ4
㉣ 續斷 검산풀불휘 『의종』 11ㄱ6
㉤ 續斷 광대수염뿌리 『향성』 78:611:1

50)의 '續斷'은 16세기의 『촌가』와 『촌구』 그리고 17세기의 『동의』에서도 한어명만 나타났었다.(『경신』도 마찬가지임.) 그러다가 후대 의서 『의종』에 '검산풀불휘'가 나타나고, 『향성』에 새 어휘 '광대수염뿌리'가 출현한 것이다. 『물명』(3:21)에는 '금셩취'로 나타나는데 『표』에도 등재되어 있다. 『표』에는 '광대수염'만 있고 '검산풀불휘'는 없다.

『향성』의 새 향약명 가운데 현대 국어사전 특히 『표』에 없는 예를 들면 다음과 같다. 『향성』이 20세기 언어를 반영하고 있다는 점을 고려하면 이들은 등재할 만하다.

51) ① 銅盆 구리동이 『향성』(77:592:2)
② 冬灰 겨울재 『향성』(77:599:2)
③ 燈花 등잔불똥 『향성』(79:630:1)
④ 海藻 갯말음 『향성』(79:622:1)

51)① '구리동이'는 『향성』에만 나오는데 현대국어사전류에 보이지 않는다. ② '겨울재'는 『동의』(1:19ㄴ7)에 '명회순직'로 나오는데 전혀 다른 새 어휘 '겨울재'로 교체되었다. 한어명을 그대로 직역한 것으로 보인다. 한편, '명회순직'는 '명회를 사른 재'로 추정된다. '명회'는 '명아주'의 옛말이다('藜 명회 려' 『신증유합』(상:8) 참조). ③의 한어명 '燈花'와 향약명 '등잔불똥'은 다른

의서에 보이지 않는다. ④ '海藻'의 일반적인 향약명은 '말'인데, 새 향약명 '갯말음'이 나타난 것이다. 사전류에 '갯말'이 있을 것으로 예견되지만 '갯마을'의 방언만 나온다.

새 향약명에는 현대국어로 판단되는 것도 다수 있다.

52) ① 鍛竈灰 풀무독(솟탕)속의재 『향성』(77:600:1)
② 酪 수유 빠다 『향성』(81:656:3)
③ 松節 소나무옹두라지 『향성』(80:637:1)
④ 皀莢 아제베과질나무 『향성』(80:649:3)
⑤ 天南星 豆也未注作只 두여미조자기뿌리 토여미초뿌리 『향성』(79:631:2)
⑥ 鶴虱 狐矣尿 여의오즘 담배풀 『향성』(79:634:2)

52)① '풀무독(솟탕)속의재'의 '풀무독'은 '풀무'의 경기방언이다(『샘』). '솟탕'은 '광산에서 풀무를 이르는 말'을 뜻하는 현대국어 '소탕'에 해당한다. '풀무독'은 '풀무+독'으로 분석된다(『샘』). 『양금』(523:1)의 '鍛鐵竈中灰 풀무질ᄒᆞ는부억의지'가 참고된다. ② '酪'은 『동의』(1:44ㄱ10)와 『향성』에만 나온다. 『동의』의 향약명은 '타락'이다. '빠다'는 『표』에 '버터의 잘못'으로 되어 있다. 여기의 '빠다'가 동사 '빨다' 혹은 '빼다'일 가능성은 없다. 방문이 아니라 어휘 목록에 나오기 때문이다. ③ '松節'은 『구간』(1:89ㄱ)에 '숤공이'로 처음 나타난 것인데 『동의』(3:26ㄱ1)에는 한어명만 있다. 『향성』에 와서 새 향약명 '소나무옹두라지'가 출현한 것이다. '옹두라지'는 '나무에 난 자그마한 옹두리'를 말한다.(『샘』)

52)④ '皀莢'은 이전 시기에 '주엽나모'형만 나타난다. 『향성』에 와서 '아제베과질나무'가 등장한다. '아제배+과질+나무'로 분석되며, '아제배'는 '아저씨'의 방언형 '아재비(아저씨)'의 다른 형태이고, '과질'은 '과줄'로서 '아재비과즐나무'에 해당한다. 음운사적으로는 '과즐 > 과질'의 개연성이 더 높은데 『표』에는 '과즐'형이 표준형으로 되어 있다. 동의어로 '과줄주엽나무'가 있다. ⑤ '天南星'은 대부분의 의서에서 '두여머조자기'형으로 나온다. 현대국어 '토여미초뿌리'는 『향성』(79:631:2)와 『동사』(813)에 보인다. ⑥은 '여의오좀'형이 보편적인데 『향성』에 '담배풀'이 처음 등장하였다. 『동사』(944)에는 '담배풀열매'로 나온다.

3.4.2 새 이칭

『향성』 향약명의 또 다른 어휘사적 특징은 한글표기형 이칭이 많다는 점이다. 표제항 701개 가운데 이칭을 덧붙인 것은 모두 110개 항목이고, 그 수는 모두 128개이다. 향약명의 경우, 근대국어에서 현대국어로 넘어오는 시점에 이칭이 급격하게 증가하는 점을 고려하면 『향성』의 이칭은 어휘사적으로 중요한 위치를 차지한다(이은규 2009:509-514 참조). 『향성』은 대개 전통적인 향약명을 앞에 먼저 제시하고 이어 이칭을 추가하고 있다.

53) ① 杜鵑 接冬 접동새 솟적다새 『향성』(82:675:3)
② 馬兜鈴 勿兒隱冬乙乃 쥐방울 등칙 『향성』(79:633:3)
③ 半夏 雉毛奴邑 끼무릇 메누리목쟁이밑 『향성』(79:626:1)
④ 蚌蛤 大朴曹介 함박조개 댑조개 『향성』(83:689:2)
⑤ 五加皮 땃두릅나무 섯두릅나무껍질 오갈피나무껍질 『향성』(80:640:3)
⑥ 威靈仙 불위나물 술위나물 참으아리풀 위령선이 『향성』(79:630:3)

53)① '杜鵑'은 차자표기와 같은 형태인 '접동새'형으로 나타나는데 『향성』에 '소쩍새'와 같은 단어족인 '솟적다새'라는 새 어휘가 등장한 것이다. ② '馬兜鈴'은 13세기 『향구』에서부터 출현하는데 '獨走根'의 이칭이다. 차자표기형은 후대에 이어지지 않는다. 이후 의서에서는 주로 '쥐방울'형이 나타난다. 『향성』의 이칭 '등칙'은 혼종어로서 '등칡(藤-칡)'인바 다른 의서에 보이지 않는 어형이다. 『동사』(244)의 '등칡줄기'는 '通草'의 향약명으로 이와 다르다. ③ '半夏'의 향약명은 '끼무릇'형이 일반적이다. 이칭 '메누리목쟁이밑'은 이전 시기에 보이지 않는데, '메누리+목쟁이+밑'으로 분석될 가능성이 높다. '목쟁이'는 '목정강이의 잘못된 말'이다. 이는 『한조식물명칭사전』(1982), 『약용식물』(1990) 등 20세기 후반의 문헌에 '半夏'의 이칭으로 나타난다. 『향성』의 어휘사적 위치를 짐작케 하는 예이다. ④ '蚌蛤'은 일반적으로 '함박조개'형으로 나타난 것인데 『향성』에 '댑조개'라는 새 향약명이 출현한 것이다. ⑤ '五加皮'는 『촌가』와 『촌구』에 한어명만 기록된 것인데 『동의』(3:29ㄱ1)에서부터 '쌋둘홉'으로 나타난다. '섯두릅나무껍질'은 희귀한 형태인데 『양금』(509:10)의 '셧두롭'이 참조된다. 하지만 합성어 '땃두릅나무'와 '오갈피나무껍질'은 『향성』에만 보인다. ⑥ '威靈仙'은 '술위나물'형이 일반적인데 '불위나물'이 새로 등장한다. 대표형으로 '술위나물'이 아니라 '불위나물'을 제시한 것이 흥미롭다.

54) ⑦ 蕺 滅乙 멸 밀때 『향성』(85:717:3)
⑧ 甑氣水 밥지을때소댕에매친물 밥눈물 『향성』(77:601:2)
⑨ 澤蘭 쉽사리뿌리 쇠귀나물뿌리 『향성』(79:622:2)
⑩ 海獺 바다수달 바다만달찌 『향성』(81:657:1)
⑪ 玄蔘 能消草 능소초 야지마 『향성』(79:617:2)
⑫ 豨薟 蟾矣衿 희검 진득찰 진득이 실품이씨 『향성』(79:632:1)

54)⑦ '蕺'의 일반적인 향약명은 '멸'인데, 『향성』에 전혀 새로운 형태 '밀때'가 나타났다. ⑧ '밥눈물'은 현대국어 사전류에도 보이지 않는 합성어인데, 『동의』(1:18ㄱ8)의 '밥찌는시르둡게예믹친믈'과 『양금』(522:4)의 '밥찌는시로둑게의믹치는믈'이 참조된다. ⑨ '澤蘭'은 '쇠귀나물'형이 일반적이다. '쉽사리뿌리'는 새 향약명인데 『향성』에서는 이를 대표 향약명으로 제시하고 있다. 『표』에 등재되어 있는 '쉽싸리'와 같은 어형이다. 기원적으로는 '쇠+ᄡᆞ리'인 것으로 보인다.

54)⑩ '바다만달찌'도 현대국어 사전류에서 찾기 어렵다. '바다'는 자립 형태소임에 분명하지만 '만달찌'는 불분명한 형태이다. ⑪ '능소초'도 희귀 형태이다. 이전 시기에 '凌霄花'가 나타나지만 '紫葳 금등화'에 해당하여 '현삼'과는 다르다. '野芝麻'는 '꿀풀과에 속한 광대수염'을 이르는데(『샘』) 이 역시 '현삼'과는 거리가 있다. 『향성』에도 '광대수염'이 나오지만 '續斷'의 향약명이다. ⑫ '진득이'와 '실품이씨'도 처음 나타나는 향약명이다. '진득이'와 '실품이씨'는 현대국어 사전류에서 찾기 어렵다.

3.4.3 새 어휘와 방언형

여기서도 4장의 기술 과정에서 나타난 새 어휘나 방언형의 예를 먼저 살펴보기로 한다. 그런 다음 이은규(2019ㄱ)에 정리된 『향성』의 향약명 형태 가운데에서 새로운 어휘나 방언형을 수정・인용해 본다. 『동의』 이후의 근대국어 필사본 의서에 방언형이 많이 나타난다.

55) ① 鷄冠血 볘슬피 『경국』(10:3)
② 小麥奴 밀깜비기 『경사』(6:1)
③ 竹篦 비치기 『해혹』(32ㄴ4)

55)①의 '볘술피'는 '벼슬의 피'를 뜻한다. '볘술'은 방언형이 분명하다. ② '小麥奴'는 '밀이 병들어 새까맣게 된 이삭' 곧 '밀깜부기'를 이른다(『표』). 『동의』 고유어 향약명 '밀감보기'는 어형 변화를 거쳐 지금의 '밀깜부기'가 되었다. 『경사』의 '밀쏫비기'는 방언형이다. 경남방언 '밀깜비'와 같은 어형으로 보인다. ③ '竹篦'는 '대빗'을 이른다. 『해혹』의 '비치기'는 어원 추정이 어려운 어휘이다. 접미사 '-개'의 결합형으로 짐작된다.

56) ① 개댕이 : 鑄鐸鉏孔中土 보습부을때개댕이속의황토 『향성』(77:595:1)
② 말정 : 古厠木 오랜뒤깐말정 『향성』(80:649:1)
③ 산므에 : 白花蛇 산므에비얌 산므에배얌 『향성』(83:692:3)
④ 우물두덩 : 井口邊草 우물두덩의풀 『향성』(79:630:1)
⑤ 장벌 : 市門土 장벌흙 『향성』(77:595:1)
⑥ 흙번 : 鑄鐘黃土 쇠북부어낸흙번 『향성』(77:595:1)
⑦ 홋닢나무 : 衛矛 排帶會 홋닢나무 『향성』(80:647:3)

56)①에서는 형태 '개댕이'가 확인되지만 정확히 무엇을 이르는 말인지 알 수 없다. ② '말정'은 한어명 '古厠木'의 '木'에 대응한다. '말'이 '말뚝'을 뜻하므로 '말정'이 '나무나 말뚝'을 뜻하는 합성어인 것은 분명하지만 명확한 근거를 찾기 어렵다. ③ '산므에비얌'은 『표』에 '산무애뱀'으로 등재되어 있는데 '얕은 산, 풀밭, 습지, 물가 등에 있는 뱀'이다. 따라서 '산+므에+뱀'의 결합임에 틀림없다. 하지만 '므에'가 무엇인지 분명치 않다. '믈+에'일 개연성은 있다고 본다. ④ '井口邊草 우물두덩의풀'은 새 향약명이다. 형태소 '우물두덩'은 '우물 둘레의 작은 둑 모양으로 된 곳'을 이르는데 『샘』에 '우물둔덕'의 북한말로 되어 있다.

56)⑤ '장벌흙'은 한어명 '市門土'에 대응하므로 '장벌+흙'으로 분석된 다. '市門'이 '시(市)의 입구가 되는 문'이라는 뜻이므로 '장벌흙'은 '시문의 벽(돌) 흙'이 아닐까 추정해 본다. 『샘』에는 '벽돌 따위를 한 장 쌓은 높이나 두께를 나타내는 단위'를 뜻하는 북한말 '장벌'을 소개했지만 여기의 향약명 '장벌'과는 다르다. 또 '바닷가, 해안가'를 일컫는 서산 안면도 지역의 말(『샘』)도 있지만 '市門'과 사뭇 거리가 있다. ⑥ '흙번'은, '쇠북'을 주조하고 난 '거푸집'으로 판단된다. 따라서 '흙+번'으로 분석되고, '번'은 '본(本)'이 아닐까 한다. 그렇다면 '흙으로 만든 거푸집'으로 추정된다. ⑦ '홋닢나무'의 '홋닢'의 형태가 불분명하다. '衛矛'는 '鬼箭羽'와 동의어로, '화살나무' 혹은 '배대회'로 불리는 것인데, '홋닢'은 현대국어 어형으로 추정될 뿐이다.

다음으로 방언형으로 추정되는 어휘를, 표준어와 음상이 다른 것과 형태가 다른 것으로 나누어 살펴보기로 한다(방언형에 대한 설명은 『샘』의 풀이를 따른 것임.).

57) ① 가얌 : 榛子 가얌 『향성』(84:701:2)
② 갈가마귀 : 慈鴉 霧乙加亇耳 갈가마귀 『향성』(82:674:3)
③ 답싸리 : 地膚子 唐杻 답싸리씨 『향성』(78:613:1)
④ 말자갈쇠 : 馬銜 말자갈쇠 『향성』(77:594:3)
⑤ 멱이 : 鮇魚 未由棄 멱이 『향성』(82:680:1)
⑥ 모소리 : 梭頭 북모소리 『향성』(80:649:1)
⑦ 모추라기 : 鶉 毛次羅只 모추라기 『향성』(82:674:2)
⑧ 바눌결이 : 鍼線袋 바눌결이 『향성』(83:694:3)
⑨ 아궁지 : 伏龍肝 釜底下土 솟건아궁지바닥황토 구벽토 『향성』(77:596:2)
⑩ 저구리 : 啄木鳥 廸古里 저구리 땟저구리 『향성』(82:674:3)
⑪ 할꼬지 : 銅弩牙 청동으로맨든할꼬지 『향성』(77:600:1)

57)은 표준형과 음상이 비슷해서 오기처럼 보이지만 모두 방언형이다. ① '가얌'은 '개암'의 경기 · 경북 · 전남방언이고, ② '갈가마귀'는 '갈까마귀'의 강원 · 경북 · 전남 · 충청방언이며, ③ '답싸리'는 '댑싸리'의 경기 · 경남 · 평남 · 함북방언이다. ④ '말자갈쇠'는 새 향약명인데 '말자갈'은 '말재갈'의 방언이다. ⑤ '멱이(며기)'는 '메기'의 강원 · 경기방언이고, 차자표기 '未由棄'는 '미유기'인데, 『표』에는 '메기와 비슷한 물고기'로 되어 있다. ⑥ '북모소리'의 '북'은 '梭'에 해당하는데 '베틀에서, 날실의 틈으로 왔다 갔다 하면서 씨실을 푸는 기구'를 말한다. '모소리'는 '모서리'의 강원 · 전라방언이다. ⑦ '모추라기'는 '메추라기'의 충청방언이다.

57)⑧ '바눌결이'는 새 향약명으로 '바늘겨레'의 경기 · 연변방언 '바늘겨리'에 해당한다. '헝겊 속에 솜이나 머리카락을 넣어 만든 수공예품'을 이른다. ⑨ '아궁지'는 '아궁이'에 대응하는 전라 · 강원 · 평북방언이다. 이칭 '구벽토'는 '오래된 바람벽의 흙'이라는 뜻으로 '아궁이'와 의미가 다르다. ⑩ '저구리'는, 한어명 '啄木鳥'가 '딱따구리'를 이르고, 함경방언 '저고리'가 있음을 보아, '저구리'도 '딱따구리'의 방언형이 틀림없다. 『표』에서 '졸망저구리'를 '쇠딱따구리(딱따구릿과의 새)의 잘못'이라 한 것도 참조된다. '딱따구릿과의 새'를 가리키는 상위어였을 가능성도 있다. '뎌고리, 댓뎌근리'(『동의』1:39ㄱ6), '닷져고리'(『해혹』30ㄱ1), '짜져구리'(『양금』527:5), '뎌고리'(『본목』48ㄴ7) 등이 참고된다. ⑪ '할꼬지'는 '시위를 메는 활의 양끝 머리 부분'

을 가리키는 '활고자'이다.

58) ① 뉘번덕이 : 璽鹵汁 뉘번덕이짠물 『향성』(83:694:213)
② 메뚜기쇠 : 車轄 車所也只 메뚜기쇠 『향성』(77:594:3)
③ 버큼 : 水花(浮石) 버큼돌 『향성』(77:601:1)
④ 밝어숭이 : 蜻蛉 밝어숭이 『향성』(83:693:3)
⑤ 불치다 : 黃犍牛烏牯牛溺 불친소나암소의오좀 『향성』(81:659:2)
⑥ 염지 : 韭 蘇勅 염지 졸 정구지 『향성』(85:712:3)
⑦ 장흙 : 赤石脂 찰장흙 硬質의粘土 『향성』(77:592:1)
⑧ 진서리 : 鉛霜 초에색힌납의진서리 醋酸鉛 『향성』(77:600:2)

58)은 표준어형과 어형이 다른 예이다. ① '뉘번덕이'는 '누에의 번데기'를 말한다. 전북방언의 '뉘고치(누에고치)'를 고려하면 '뉘'는 '누에'의 방언이다. '번덕이'는 『표』에 없지만 '번데기'의 방언형으로 보인다. ② '메뚜기쇠'는 '비녀장'의 경북방언인데 『표』에 없다. '비녀장'은 '바퀴가 벗어나지 않도록 굴대 머리 구멍에 끼우는 큰 못'을 이른다. ③ '버큼'은 '거품'의 경상・전라・충청방언이다. '버큼돌'은 사전류에서 찾기 어렵다. 『표』에 '거품돌[浮石]'이 '물 위로 반쯤 드러나서, 떠 있는 것처럼 보이는 바위'로 풀이되어 있을 뿐이다. ④ '蜻蛉'은 '잠자리'를 이른다. 비표준어 '밝어숭이'(『한』)가 어느 방언인지는 확실치 않다.

58)⑤ '불치다'는 '불까다'의 제주방언이다. ⑥ '염지'는 '부추'의 함경방언인데, 충청방언 '졸'과 경상방언 '정구지'도 함께 기록되어 있다. ⑦ '찰장흙'은 '찰+장흙'으로 분석된다. '찰-'은 '찰지다'는 뜻의 접두사이다. 설명 정보인 '硬質의粘土'도 참조된다. '장흙'은 '고령토'의 강원방언이다. ⑧ '鉛霜'은 다른 의서에 보이지 않고 『양금』(514:3)에 한어명만 나타난다. '초에색힌납의진서리'는 새 향약명인데, 형태소 '진서리'는 '수증기'의 강원방언이다.

3.4.4 이칭의 의미 관계

개별 어휘사의 기술 과정에서 사전류에 보이지 않는 한어명이나 이칭이 많이 나타났다. 통시적 관점에서 볼 때 이칭은 크게 두 단계를 거쳐 향약명 어휘 체계를 변모시켰다고 할 수 있다. 첫 번째 단계를 보여주는 『동의』에는 이전 시기에 보이지 않는 한어명 이칭을 대거 수렴하고 있다. 두 번째 단계는 『향성』이 분기점 구실을 하는바 이 의서에서는 우리말 향약명 이칭을 많이 반영하고 있다. 그것도 대부분이 20세기 형태를 수렴하고 있다. 이칭은 일반적으로 동의어로 인식된다. 하지만 동일한 향약명에 속하는 이칭이라 하더라도 의미 관계가 동일하지 않은 경우도 나타난다.92) 먼저 이칭의 분석이 중요한 이유를 보여주는 예를 하나 들어보기로 한다.

59) 白棘

白棘	棘鍼 一名	木部		동의 3:37ㄱ3
白棘	棘鍼 一名 棘刺棘 一名	木部		양금 511:2
白棘	酸棗加柴 묏대추나무가시	木部中品	鄕名	향성 80:647:1

'白棘'은 사전류에 보이지 않는다. 『동의』의 '棘鍼'이나 '棘刺棘'도 보이지 않는 이칭이다. 『동의』와 『양금』의 기록으로는 무엇인지 잘 알 수 없다. 그런데 『향성』에서 이 향약명을 구체적으로 기록하고 있다. 즉 고유어 향약명 '묏대추나무가시'를 통해서 '白棘'이 무엇인지 알 수 있다. 그리고 차자표기 '酸棗加柴'도 이를 표기하고 있는데 표기가 독특하다. '酸棗'는 독자적인 한어명 향약명이고 이에 대응되는 우리말 향약명은 '묏대추'이다. 이 형태에 '加柴'라는 차자표기를 더한 것이다. 즉 기존의 실질 형태소에 차자표기를 더한 표기이다. 이런 경우 '酸棗'는 '묏대추'에 대응해서 해독해야 한다.

이제 이칭의 관계 규명의 예로 '景天'과 '瓦松'을 들어보면 다음과 같다.

60) 景天 / 景天草 ⇒ 昨葉何草

戒火	景天			향구 중20ㄱ1
戒火	景天		一名	향구 목45ㄴ7
戒火	塔菜		俗云	향구 목45ㄴ7
景天	집우지기 愼花草 一名			산경 405
景天	집우디기 愼火草 謂	草部		동의 2:48ㄴ4
景天	집우지기			본목 22ㄴ6
景天	집우지기 愼火草	草部		양금 505:5
景天	집우디기			물명 102
景天	집우더기 ■火草 一名			경국 108:13
景天	집우지기	草部上品之下	鄕名	향성 78:613:1
景天	큰꿩의비름			식명 346

92) 대체로 『표』에 풀이되어 있는 각 이칭의 정의를 기준으로 할 때 의서에서는 이칭으로 나타나는데 『표』에는 다른 것을 지칭하는 경우도 있고 그 반대의 예도 나타난다. 이칭 간의 의미 관계 규명은 앞으로의 연구 과제이다.

紫景天	자주꿩의비름	식명 804
景天	꿩의비름	동사 1047
景天草	기린초	야화 40

『향구』에 따르면 '景天'과 '戒火'는 동의어이다. 그리고 '戒火'의 우리말을 '塔菜'로 차자표기했는데 '*탑ㄴ믈' 정도로 해독된다. 『경신』의 '집우더기'는 오기임이 분명하며 보이지 않는 글자는 '愼'이 확실하다. '愼花草'는 '景天'의 이칭이다. '景天'은 이른 시기부터 오래 동안 '집우지기' 형으로 쓰이다가 현대국어에서 '지부지기'로 정착되었고(『표』), 이와 함께 20세기에 '꿩의비름' 이라는 새로운 어형이 생겨났다. '景天'의 이칭은 매우 복잡하다. 문헌상으로는 이른 시기 이칭인 '戒火'를 비롯해서 '愼花草', 그리고 '瓦松' 등의 관계를 밝혀야 한다.

'景天'의 이칭이 복잡한 연유는 '경천'이 다의어이기 때문이다. 『표』에 제시된 대로 '경천'은 같은 돌나물과의 여러해살이풀인 '꿩의비름'과 '바위솔'을 다 가리킨다. 둘의 외형은 다른 것으로 풀이되어 있다. 사전류에서는 이 둘의 관계에 대해 명확히 설명하고 있지 않다. 결국 '꿩의비름'은 '신화'와 이칭 관계에 있고, '바위솔'은 '와송, 지부지기' 등과 이칭 관계에 있다. 한편 '계화'는 『표』에 없고, 『지』에 '경천의 딴이름', '꿩의비름'(『한국고전용어사전』)등으로 소개되어 있다.

이런 사정에 따르면, 의서에 나오는 위의 이칭들은 다음과 같이 정리된다. 즉, 『향구』의 '계화'는 '꿩의비름'이고, 17세기 이후에 나타나는 '집우디기'는 '신화초'와 함께 '꿩의비름'을 나타낸 것이다. 그러다가 20세기에 들어서 '꿩의비름'이라는 명칭이 새롭게 자리를 잡은 것으로 파악된다. 이 과정에서 '지부지기'는 다의성을 획득하게 된다. 곧 '집우지기'는 '꿩의비름'과 '바위솔'을 다 나타내게 된다(이 점은 '昨葉何草' 항목 참조). 결국 '경천'과 '집우디기'의 다의성 때문에 이칭도 복잡한 양상을 띠게 된 것이다. 『표』에서는 '지부지기'를 '바위솔'의 이칭으로만 규정하고 있지만 역사적으로는 '꿩의비름'도 함께 나타낸 다의어였던 것이다.

이와 같이 이칭의 관계 규명이 필요한 사례를 아래에 더 들어보기로 한다.

61) ① 鷄卵中白皮 : 鳳凰衣
② 蘿藦 : 女蘿
③ 絡石 : 薜荔
④ 衛矛 : 鬼箭羽, 魂箭羽
⑤ 杜沖 : 南燭
⑥ 木蝱 : 蜚蝱

⑦ 沒食子 : 五倍子, 文蛤

⑧ 하늘타리 : 과루, 괄루, 오과, 쥐참외, 천원자, 큰새박, 하눌타리

61)①은 『동의』에 나오는 향약명이다. '鳳凰衣'가 '계란의 흰 껍질'임을 알 수 있다. 그런데 『표』에서는 '鳳凰衣'를 등재하고 '새끼를 깐 새알 껍데기 속의 희고 얇은 속껍질'로 풀이하고 있다. 상위어로 설정할 수 있을지는 모르겠지만 의서의 의미와 다르다. ② '女蘿'는 『훈몽』에 나오는 '蘿蔔'의 이칭이다. 『표』에서는 '女蘿'를 '선태식물에 속하는 이끼의 하나'로 풀이하고 있어서 '蘿蔔'과는 다르다. ③ '絡石'과 '薜荔'의 고유어 향약명이 모두 '담장이'이다. 한어명 이칭은 '石薜荔'이다. 그런데 현대국어 사전류에 따르면 '絡石'과 '薜荔'과 '담쟁이'는 모두 다른 식물이다. '낙석'은 '털마삭줄'이고 '벽려'는 노박덩굴과의 상록 활엽 덩굴나무로 '줄사철나무'이다. '담쟁이'는 '포도과에 속하는 넌출성식물'이다. ④ '衛矛'은 '노박덩굴과의 화살나무'이다. 이칭으로는 '鬼箭羽'와 '魂箭羽'가 있다. '회잎나무'의 '鬼煎'과 '화살나무'의 '鬼箭'은 같은 과에 속하는 나무이다. 그래서 이칭으로 함께 기록했을 가능성이 높다.

61)⑤ '杜沖'의 이칭은 '思仙木', '石思仙' 등이 있다. 『향성』에는 '둘중나무'도 나오는데 사전류에서 찾기 어렵다. 『본목』에서는 '南燭'을 '두충나모'라 하고 있다. 그런데 '南燭'은 '매자나뭇과의 상록 관목'이고 이칭은 '南天'이다. '두충나무'와는 다른 것이다. ⑥ 『향성』에서는 '木寍'과 '蜚寍'을 구분하고 있다. '木寍'은 '환생하지 못한 등에'를, '蜚寍'은 일반적인 '등에'를 말한다. 하지만 『표』에서는 '木寍'과 '蜚寍'을 모두 '등에'의 이칭으로 제시하고 있다. ⑦ 흔히 '沒食子'의 이칭으로 '無食子', '五倍子', '文蛤' 등을 들기도 한다. 실제로 『표』에서는 이들을 다의어로 처리하고 있다. '벌레집'이라는 공통점 때문인 듯하다. 하지만 의서에서는 '五倍子'와 '沒食子'가 별개의 향약명으로 나타난다. ⑧ '하늘타리'는 '栝蔞'의 우리말 향약명이다. 『표』에서는 '하늘타리'를 등재하고 동의어로 '과루, 괄루, 오과, 쥐참외, 천원자, 큰새박, 하눌타리' 등을 제시하고 있다. 그런데 '쥐참외', '오과', '큰새박' 등은 다른 식물이어서 동의 관계가 혼란스럽게 되어 있다.

제4장

단어족 개념의 향약명 어휘 DB

여기서는 3.1에서 논의된 대로 구축된 '단어족 개념의 향약명 어휘 DB'를 제시하고 이를 바탕으로 하여, 어형 교체에 초점을 두고 단어족 항목별로 개별 향약명 어휘의 변천 과정을 대략적으로 기술해 보기로 한다.[93]

◇ 일러두기

① 개별 향약명 어휘 항목은 다음과 같이 제시됨.

: 芡仁 거싀년밤 鷄頭實 一名 鷄雍 一名 果部 동의 2:19ㄱ10

: [표제어 - 대응 향약명 - 이칭 자료 - 분류 체계 - 지시어 - 출전]

② 향약명 어휘 항목은 한어명을 기준하여 가나다순으로 배열함(두음법칙 적용함).

③ 단어족 개념을 적용하여 향약명 항목을 구성함.

㉠ 단어족의 표제어는 개별 향약명 혹은 단어족의 대표 어형을 내세우고 일련번호를 부여함.

㉡ 핵심 어근을 중심으로 단일어, 복합어, 관련 어휘 등을 한 항목에 모음.

: '犬尾', '犬糞', '犬肉', '犬蹄' 등은 핵심 어근 '犬' 항목으로 모음.

㉢ 핵심 어근을 먼저 내세우고 복합어나 관련 어휘는 그 뒤에 배열함.

: 단어족 '茄子' 항목은 '茄子'-'茄子莖'/'茄子蔕'-'茄蔕'의 순서로 함.

㉣ 일부 항목은 집단군으로 단어족을 만듦.

: 핵심 어근이 '水(믈)', '土(흙)', '酒(술)', '灰(재)' 등인 경우는 모두 한 항목에 모음.

=> '井華水', '甘爛水', '臘雪水', '半天河水' 등은 모두 '水' 항목에 모음.

④ 단어족 항목 내에서의 향약명 배열은 변천 흐름을 파악하는 데에 초점을 둠.

㉠ 1차 정렬 : 전체를 표제어인 한어명 기준으로 배열

㉡ 2차 정렬 : 우리말 향약명을 고려하여 재배열

㉢ 3차 정렬 : 1, 2차 배열 결과를 시대순으로 배열

⑤ 단어족 찾아가기 (☞)

: 해당 표제어나 이칭 자료는 소속된 단어족 항목으로 찾아가라는 뜻임.

⑥ 관련어 및 관련 형태 찾아가기 (⇒)

: 해당 향약명과 관련되는 다른 향약명이나, 구성 형태소가 동일한 향약명을 찾아가게 함.

=> '白粱米'와 '黃粱米'는 서로 다른 향약명이지만 의미론적으로 밀접하므로 '白粱米 ⇒ 黃粱米', '黃粱米 ⇒ 白粱米'와 같이 표시하여 서로 참고하도록 함.

⑦ 현재까지 구축된 표제어는 한어명을 기준으로 총 2,880개임. 여기에는 단어족 항목 1,159개, 찾아가기 1,721개가 포함된 것임.

93) 애초에는 DB와 개별 어휘사를 별도로 기술하려 하였다. 하지만 많은 양의 향약명 어휘 자료의 중복 기술을 피하고, 단어족 개념의 DB가 주는 정보를 활용하기 위해 통합하였다.

◇ 예시

[1] 0104) 鷄尿白 ☞ 鷄糞

[2] 0105) 鷄頭實 / 芡實 / 芡仁

[3]

鷄頭實	居塞蓮		鄕名	향채 9월
鷄頭實	계두실			구급 상44ㄴ6
鷄頭實	居塞蓮			촌구 5ㄱ1:2
鷄頭實	居塞蓮 거싀련ㅆㅣ		鄕名	촌가
鷄頭實	居塞蓮		鄕名	향집 84:5ㄱ
鷄頭	芡仁			해혹 15ㄴ6
鷄頭實	芡實			해혹 31ㄱ4
鷄頭實	居塞蓮 거싀련밥	果部上品	鄕名	향성 84:696:3
芡實	거싀련여름			구간 2:37ㄱ
芡仁	거싀년밤 鷄頭實 一名 鷄雍 一名	果部		동의 2:19ㄱ10
芡實	거싀년밤			본목 32ㄱ6
芡実	거싀년밤 鷄頭 一名 鷄雍 一名	菜部水果類		본정 상158
芡仁	거싀연밤	果部		양금 518:4
芡實	거싀련밤			제중 8:17ㄴ6
芡實	거싀련밤 鷄頭實 一名	水果		의종 7:34ㄴ5
芡實	거싀련밤 鷄頭實 一名	水果		방합 43ㄱ
芡實	거싀년반 鷄頭實 鷄雍 水硫黃 一名			경신 55ㄴ5

[4] '鷄頭實'은 '가시연밥'을 이른다. '芡實'과 '芡仁'이 대표적 이칭이다. 그리고 '鷄雍', '水硫黃'도 이칭이다. 『향채』의 차자표기 '居塞蓮'을 통해서 이른 시기부터 '거싀련'형의 고유어가 있었음을 알 수 있다. '거싀련밤'은 '가시연꽃의 열매'를 말하는데 '거싀련밤 > 거싀련밥 > 가시연밥'의 어형 교체를 겪었다. '-밤'형이 '-밥'형으로 형태소 일부가 바뀐 것을 『향성』이 보여준다. '가시연꽃'의 열매가 '가시연밥'이라면 이전 시기의 '거싀'는 '가시'를 뜻하는 형태소에 해당한다. 이 점은 같은 '거싀' 형태소가 결합된 '大薊 한거싀', '小薊 조방가싀'도 마찬가지이다.

[5] 0117) 鷄雍 ☞ 鷄頭實

[6] 1369) 水硫黃 ☞ 鷄頭實

[7] 0014) 葛藤, 葛麻 ☞ 葛根

[8] 1361) 水槐 ☞ 苦蔘

[9] 0096) 景天 / 戒火 ⇒ 昨葉何草, 2002) 昨葉何草 / 瓦松 ⇒ 景天

[10] 2395) 青黛 / 蓼藍 / 青澱 ⇒ 藍, 大靑

위 예시를 설명하면 다음과 같다.

[1] '鷄屎白'은 '닭의똥'을 이르므로 단어족 '鷄糞' 항목으로 찾아가라는 뜻임.

[2] 단어족 '鷄頭實' 항목의 표제어 부분임. 이 항목에는 맨 앞의 '鷄頭實'이 단어족 항목의 대표 표제어이며 '芡實', '芡仁'을 표제어로 하는 향약명도 나온다는 뜻임.

[3] 의서에서 향약명 '鷄頭實'을 추출하여 단어족으로 구축된 DB의 내용임. '鷄頭實', '芡實', '芡仁'을 표제어로 배열한 것임. '芡實'과 '芡仁'은 우리말 향약명이 동일하므로 함께 시대순으로 배열함.

[4] 구축된 DB를 기반하여 기술한 간략 어휘사 내용임. 형태소와 관련된 어형 교체와 이칭 관계 그리고 현대국어에서의 반사형 등을 차례로 기술함.[94]

[5] '鷄雍'은 표제어로 나오지 않는데, '鷄頭實'의 이칭이므로 '鷄頭實' 항목을 찾아가라는 뜻임.

[6] '水流黃'도 표제어로 나오지 않는데, '鷄頭實'의 이칭이므로 '鷄頭實' 항목을 찾아가라는 뜻임.

[7] 복합어 '葛藤'과 '葛麻'는 핵심 어근 '葛'에서 나온 것이므로 단어족 '葛根' 항목에 나온다는 뜻임. '葛藤'은 의서에 표제어로 나오고 '葛麻'는 이칭으로 나오는 향약명임.

[8] '水槐'는 표제어로 나오지 않는데, '苦蔘'의 이칭이므로 '苦蔘' 항목을 찾아가라는 뜻임.

[9] '戒火'는 표제어로 나오는 '景天'의 동의어이므로 단어족 '景天' 항목에 있음을 뜻함. 그리고 '景天'을 확인할 때에는, 이칭 '瓦松'과 관련되므로 '昨葉何草' 항목도 참고하라는 뜻임.

[10] '靑黛'와 '蓼藍'과 '靑澱'은 같은 단어족에 속하는데, 이들을 확인할 때에는 '藍' 항목과 '大靑' 항목도 병행해서 각각 참고하라는 뜻임.

94) 모든 향약명 어휘마다 상세한 어휘사를 기술하는 것은 워낙 방대한 작업이다. 여기서는 DB가 보여주는 정보에 한정하여 주요 내용만 대략적으로 기술하기로 한다(일부 향약명 어휘를 대상으로 한 상세 어휘사는 3.2 참조).

ㄱ

0001) 𩨗

𩨗　　장긔쎠[95)]　　해혹 28ㄴ-9[96)]

'𩨗'는 '허리뼈, 무릎뼈'를 이른다. 우리말 '장긔쎠'는 『표』에 '장기뼈'로 실려 있는데 '종자뼈'의 잘못된 말로 나온다. '종자뼈'는 '관절을 지나가는 힘줄에서 형성되어 힘줄이나 인대의 속에 있는 뼈'를 말하며, '종자골(種子骨)'과 동의어이다.

0002) 家狸 ☞ 猫

0003) 訶梨勒 ☞ 訶子

0004) 猳鼠 ☞ 牡鼠

0005) 假蘇 / 荊芥

假蘇　　鄭芥　　鄕名　향채 12월

假蘇　　荊芥 一名　　향채 12월

95) 향약명 어휘의 개념에 의하면 치료의 수단이 되는 물명이나 '장긔쎠'와 같은 신체 어휘나 병명 등은 제외되어야 한다. 하지만 향약명 DB가 어휘사에 초점을 두고 있는 점을 고려하여, 방문이나 목록에 나오는 물명 가운데 드문 예나 유일례 등 어휘사적 일면을 확인할 수 있는 어휘는 포함하기로 한다.

96) 최근 유희의 『文通』 권8에 기록된 향약명 어휘를 볼 수 있었다. 분류 항목은 '醫藥類'이며, 약재에 대한 설명이 있다. 다른 의서에 보이지 않는 한어명과 희귀한 형태의 우리말 향약명이 나온다. 또한 '東醫寶鑑誤認稷米爲피발'처럼 『동의』의 기록이 오류임을 지적하는 내용도 나온다. 미처 DB 작업에 포함하지 못하여 여기에 일단 정리해 둔다; 도리채나물, 꿀꽃, 南草 담배, 南蠻椒 고쵸, 香鼠 샤양쥐, 九節蟲 누린나모버레, 葛蠹屑 츩좀가라, 豊基蹲柿 곧감, 稗子粟 피, 鈴鐺麥 귀리보리, 玉蜀秫 옥슈슈, 南瓜 호박, 食茱萸樹葉 슈유나모닙, 枳椇 흰갇나모여름 一名 鷄足子 一名 交加枝, 人黃 오래덕대의누른고드림, 海蔘 뮈, 八稍魚 문어, 蜱 파리, 山臊 금자라 一名 뫼빈대, 鋪地草 약진아비, 金光草 도쳐산, 鶴萓 한새동취 등.

假蘇	鄭芥			촌구 4ㄴ5:2
假蘇	鄭芥		鄕名	촌가
假蘇	鄭介 뎡가		鄕名	촌가
假蘇	鄭芥		鄕名	향집 85:11ㄱ
假蘇	뎡가			본목 14ㄴ1
假蘇	鄭芥 정가	菜部中品	鄕名	향성 85:713:2
假蘇	형개			동사 15
荊芥	假蘇 一名			향구 목49ㄱ2
荊芥	형개			구급 상60ㄱ3
荊芥	뎡가			구간 1:18ㄴ
荊芥	뎡개			산경 505
荊芥	형개			언두 상14ㄱ
荊芥	뎡가			언구 상34ㄴ9
荊芥	형개			언태 59ㄴ
荊芥	뎡가 假蘇 本名	菜部		동의 2:32ㄴ4
荊芥	형개 형가			두경 17ㄱ
荊芥	형개			마초 상92ㄴ
荊芥	형개			치언 9ㄴ10
荊芥	졍가	菜部		양금 520:4
荊芥	졍씨			광향 3ㄱ10
荊芥	뎡가			제중 8:3ㄴ4
荊芥	뎡가			물명 71
荊芥	명가 假蘇 本名	芳草		의종 7:9ㄱ9
荊芥	명가 假蘇 本名	芳草		방합 12ㄱ
荊芥	뎡가 假蘇 一名			경신 15ㄴ3
荊芥	형개 가소 서명 강개			동사 983
京芥穗	경개슈			구급 하22ㄴ1
荊芥穗	뎡갓이삭			구간 2:65ㄱ
荊芥穗	뎡가이삭			언구 상36ㄴ1
荊芥穗	뎡가			언구 하33ㄱ7
荊芥穗	뎡가이삭			언태 39ㄱ
荊芥穗	형긔풀이삭			광향 10ㄴ8
荊芥葉	뎡가닢			언구 상34ㄴ9
荊芥子	졍가씨	菜部		양금 520:4
荊葉汁	뎡갓닙디혀뽄즙			구간 2:113ㄴ
薑芥汁	강계즈즙			치언 22ㄴ1

薑芥	형개			동사 40

'假蘇'는 '정가의 잎과 줄기'를 뜻한다.[97] '荊芥'는 '명아줏과의 한해살이풀'이다. 우리말은 '정가'이다. 역사적으로는 한어명 '假蘇' '荊芥'와 고유어 '정가'가 함께 쓰였다.『향구』의 기록을 통해 '荊芥'와 '假蘇'가 동의어임을 알 수 있고『향채』이래의 차자표기 '鄭芥'를 통해서 고유어 '정가'가 이른 시기부터 사용되었음을 알 수 있다. '荊芥'는 '荊芥穗'와 같은 합성어를 형성하기도 했다.『구급』에는 '京芥穗'로 나오기도 한다. 이칭으로 '서명', '강개' 등이 있다(『동사』).『의종』과『방합』의 '명가'는 '뎡가'의 오기임이 분명하다.

0006) 茄子 / 落蘇

落蘇	茄子		本名	향구 목49ㄱ3
落蘇	茄子根			향구 중18ㄴ2
落蘇根	가짓불휘			구급 상8ㄱ1
茄子	가지			구간 7:81ㄱ
茄子	가지 落蘇 一名	菜部		동의 2:33ㄱ8
茄	가지			본목 28ㄱ4
茄子	가지	菜部		양금 520:5
茄子	가지			제중 8:23ㄴ6
茄子	가지	蓏菜		의종 7:30ㄴ6
茄子	가지	蓏菜		방합 38ㄴ
茄子	가지	菜部下品	鄕名	향성 85:716:3
茄子莖	가짓줄기			구급 상8ㄱ2
茄子根及枯莖葉		菜部		동의 2:33ㄴ1
茄子葉	가짓닙			구급 상8ㄱ2
茄蔕	가짓고고리			구간 3:114ㄴ

'茄子'는 '가지'를 말한다. 이 향약명은 한어명과 고유어 모두 어형 변화를 겪지 않았다. '茄子'와 '落蘇'는 동의어임은『향구』에서 확인된다. 이후 '落蘇'는『구급』과『동의』에만 나타난다. 15세기까지 '落蘇'가 사용되었음을 알 수 있다. 그 이후 나타나지 않다가『동의』에서 인용만 되었을 것으로 짐작된다.『구급』과『구간』에 따르면 '가지의 잎, 고고리, 뿌리' 등을 약재로 사용했음을

97) 향약명의 풀이말은『표』의 것을 인용하며 필요한 경우를 제외하고 일일이 밝히지 않기로 한다.

알 수 있다. '落蘇'는 『표』에 나오지 않는다. '고고리'는 '꼭지'의 옛말인데 『표』에 없다.

0007) 訶子 / 訶梨勒

訶梨勒	아ᄌᆞ			구간 2:22ㄴ
訶子肉	아ᄌᆞᆺ술		俗	구간 3:5ㄱ
訶子	訶梨勒 一名	唐 木部		동의 3:39ㄱ9
訶子	訶梨勒 一名	唐 木部		양금 511:5
訶子				제중 8:7ㄱ7
訶子	訶黎勒 一名	喬木		의종 7:25ㄱ2
訶子	訶黎勒 一名	喬木		방합 31ㄴ
訶子	訶梨勒 一名			경신 37ㄱ6

'訶子'는 '가리륵의 열매'를 말한다. 15세기에 '아ᄌᆞ'가 쓰였는데 후대에 이어지지 않는다. 희귀어라 할 만하다. 우리말 '아ᄌᆞ'는 사전류에 실려 있지 않다. 『표』의 '牙子'는 '짚신나물의 뿌리'를 뜻하는 전혀 다른 어휘이다. 한어명 '訶梨勒'과 '訶黎勒'은 동의어이며 '사군자과의 낙엽 교목'이다. 이전 시기 의서의 기록으로는 '訶子 = 訶梨勒 = 訶黎勒'이 동의어인 것처럼 되어 있지만 '訶子'는 '열매'이고 '가리륵'은 나무로 구분된다(상세 어휘사는 3.2 참조).[98]

0008) 茄蔕 ☞ 茄子

0009) 殼菜 ☞ 淡菜

0010) 癎

癎	瘨■癎	향구 하36ㄴ7

'癲癎'은 '뇌전증'을 이른다. 『향구』도 이를 표기한 것인데 제2 음절의 판독이 분명치 않다.

98) 동의 관계의 향약명 어휘들 간에는 이런 경우가 많다. 동일 지시물의 부위에 따라 다른 명칭을 사용하는 것이다.

<갈>

0011) 蝎, 蠍 ☞ 全蝎

0012) 葛根

葛	츩 葛藤 츩너출			훈몽 상9ㄱ
葛	츩			본목 20ㄱ8
葛	츩			물명 75
葛	칙 측 葛藤			식휘 221
葛穀		草部		동의 3:2ㄱ1
葛根	叱乙根		俗云	향구 목46ㄱ1
葛根	叱乙■夫乙田仲			향채 4월
葛根	츩불휘			구급 하4ㄱ6
葛根	츩불휘			구간 1:113ㄴ
葛根	츠릐블희			산경 522
葛根	갈근			언두 상13ㄴ
葛根	츩불휘			언구 하33ㄱ6
葛根	츩불휘 鹿藿 一名	草部		동의 3:1ㄴ6
葛根	츩불휘ᄀᆞᄅᆞ			우마 8ㄴ
葛根	츩블희			신황 보3ㄱ
葛根	갈근			두경 14ㄴ
葛根	츩블희			언납 9ㄱ14ㄴ
葛根	츩블희 鹿藿 一名	草部		양금 504:8
葛根	츩불휘			제중 8:3ㄴ1
葛根	츩불휘	蔓草		의종 7:18ㄴ7
葛根	츩불휘	蔓草		방합 24ㄱ
葛根	츩불휘 鹿藿 一名			경신 23ㄱ8
葛根	츩뿌리	草部中品之上	鄕名	향성 79:615:1
葛根	칡뿌리 칡			동사 860
葛根	칡 딜근 치 칡덩굴 갈근 葛藤 葛麻			야초 54
葛根汁	츩블휘글힌즙			구간 6:30ㄱ
葛藤	츩			방유 4:23ㄴ
葛藤	츠리			물보 11
葛藤	칡 달근 츩 침덩굴			식명 233
葛粉	츩불휘ᄆᆞᆯ외야ᄀᆞ론ᄀᆞᄅᆞ			구간 1:12ㄴ
葛粉	츩부희ᄀᆞᄅᆞ			산경 241
葛粉		草部		동의 3:2ㄱ4

葛粉	츩뿌리가루	草部中品之上	鄕名	향성 79:615:2
葛生根		草部		동의 3:1ㄴ10
葛葉		草部		동의 3:2ㄱ2
葛花	츩곳			구간 3:111ㄱ
葛花	츨곳	草部		사의 1ㄱ1:10
葛花		草部		동의 3:2ㄱ3
乾葛	건갈			간벽 7ㄱ
乾葛	간갈			언태 46ㄴ
乾葛	츩불휘			벽신 2ㄱ
生葛根	놀츩불휘			구간 2:105ㄱ
生葛根	싱갈근 놀츩불휘			분온 26ㄱ
赤葛根	적갉ㅅ불휘			구급 하21ㄴ3

'葛'과 관련된 어휘는 상당히 많다. '葛根'이 대표적 어휘이다. '칡뿌리'를 약재로 주로 사용하기 때문이다. 그 외 '葛穀', '葛藤', '葛粉', '葛花', '生葛根', '赤葛根' 등이 나타난다. '葛根'은 『향구』에서부터 어형 교체 없이 '칡뿌리'형을 그대로 유지하고 있다. 『향구』의 차자표기는 '叱乙根'은 '*즐불휘'로 해독된다.[99] 『향채』의 차자표기 '叱乙■夫乙田仲'은 해독이 불분명한 것인데 '즐불' 까지만 해독이 분명하다.

0013) 喝起草 ☞ 蒼耳
0014) 葛藤, 葛麻 ☞ 葛根
0015) 葛上亭長 ☞ 斑猫
0016) 蝎螫

蝎螫	虫部	사의 4ㄴ3:8

'蝎螫'은 '全蠍에 물려 팔다리가 땅기고 통증이 있는 병변'을 뜻한다(『지』).[100] 『사의』에서는 병명임에도 '全蝎'에 의한 것이므로 '虫部'에 기록한 것으로 보인다.

99) 『향구』를 비롯한 차자표기 해독은 남풍현(1981)과 이은규(1993)을 주로 참조하였다. 여기서는 음운사적 분석에 바탕한 '재구'가 아니라 어형 변화에 초점을 두고 '해독'을 하였다(1.4 참조).

100) 전통 약재나 질병에 대한 동·식·광물학 및 한의학적 정보는 주로 '네이버 지식백과'를 참조하였다. 여기에는 다양한 사전류의 정보를 제공하고 있어서 많은 도움이 된다. 주로 인용한 사전은 『한의학대사전』(『한』), 『한국고전용어사전』(『고』), 『한국전통지식포탈』(『지』), 『한약재감별도감』(『약』) 등이다.

0017) 蝎梢 ☞ 全蝎

<감>

0018) 泔 / 米泔 / 糯米泔 / 粟米泔

泔	ᄡᆞᆯ시슨ᄯᅳ믈			구간 7:85ㄴ
泔	ᄯᅳ믈			구간 1:10ㄱ
泔	ᄯᅳ물		俗	해혹 12ㄴ3
米泔	쌀ᄯᅳ물		俗	해혹 5ㄴ4
米泔		麻麥稻		의종 7:35ㄱ9
米泔		麻麥稻		방합 44ㄴ
糯米泔	ᄎᆞᄡᆞᆯᄯᅳ믈			언구 하25ㄴ11
粟米泔	조ᄡᆞᆯᄯᅳ믈			언구 상22ㄱ3
粟米泔汁	조ᄡᆞᆯ싄ᄯᅳ믈	穀部		동의 1:22ㄴ10
粟米泔汁	좁쌀시츤ᄯᅳᆷ믈	穀部		양금 524:8

'泔'은 '쌀뜨물'을 말한다. 핵심 어근에 따라서 '米泔', '糯米泔', '粟米泔' 등 다양한 '뜨물'이 약재로 사용되었다. 15세기 의서에 나타나며 이후 『해혹』의 'ᄯᅳ믈'이 확인된다. 다른 의서에는 핵심 어근을 결합한 형태가 나타난다. 20세기의 『향성』에는 나타나지 않는다.

0019) 蚶, 蚶殼 ☞ 瓦壟子

0020) 甘藿 ☞ 海菜

0021) 甘菊 / 菊花 / 苦薏 ⇒ 旋覆花

菊花	구화			구간 3:16ㄴ
甘菊葉	강셩황닙			언구 하38ㄴ5
甘菊花	강셩황	草部		동의 2:37ㄴ1
菊	국화			본목 14ㄴ7
甘菊	강셩황	草部		사의 1ㄱ1:8
甘菊花	강셩화	草部		양금 503:3
菊花	강셩황			제중 8:10ㄱ7
菊花	감국	隰草		의종 7:10ㄱ4
菊花	감국	隰草		방합 13ㄱ
菊花	강성황			경신 19ㄱ10
菊花	국화 강성황	草部上品之上	鄕名	향성 78:602:3

苦薏		草部	동의 2:37ㄴ7
苦薏	들의피ᄂᆞᆫ국화	草部	양금 503:4
白菊花	흰국화	草部	동의 2:37ㄴ5
白菊花	흰국화	草部	양금 503:3
野菊	산구화		언구 하43ㄴ2
野菊花	들국화	草部	사의 1ㄱ3:6

'甘菊'은 '국화'를 이른다. '甘菊'과 '甘菊花' 그리고 '菊花'가 섞여 사용되었는데 이런 점은 '菊花'를 '甘菊'이라 규정한 『의종』이 가장 잘 보여 준다. 대체로 이른 시기에는 '감국'류가, 후대로 올수록 '국화'가 사용되었고 점차 '菊花'로 합류된다. 우리말은 '강셩황'으로 분명히 기록되었는데 현대 국어 사전류에는 보이지 않는다. '苦薏'는 『양금』의 기록에서 '들에 피는 국화'임을 알 수 있다. 의미론적으로는 '甘菊'은 국화의 꽃을 이른다. 따라서 엄밀히 말하면 '감국'과 '국화'는 달리 볼 수 있다. 이 역시 향약명 어휘의 다의성에 기인한다(상세 어휘사는 3.2 참조).

0022) 甘爛水 ☞ 水

0023) 橄欖

橄欖	夷果	의종 7:33ㄴ5
橄欖	夷果	방합 42ㄱ

'감람'은 '감람나무의 열매'이다. 『의종』과 『방합』에만 보인다.

0024) 甘松

甘松香	唐	草部	동의 3:13ㄴ8
甘松香	唐	草部	양금 506:3
甘松			제중 8:6ㄱ6
甘松		芳草	의종 7:7ㄴ3
甘松		芳草	방합 9ㄴ
甘松香			경신 49ㄱ4

'甘松香'은 '중국에서 나는 향기로운 풀'이다. 한어명으로만 쓰였는데 '甘松'과 동의어이다. 이른 시기 의서에는 보이지 않으며 『동의』부터 나타난다.

0025) 甘遂

甘遂	毒草		의종 7:15ㄴ6
甘遂	毒草		방합 20ㄱ

'甘遂'는 '대극과의 여러해살이풀'을 이른다. 한어명으로 『의종』과 『방합』에 나온다.

0026) 甘蔗 ☞ 甘藷, 砂糖

0027) 柑子 / 乳柑子

乳柑子	감ᄌᆞ	果部		동의 2:18ㄱ5
柑	감ᄌᆞ			본목 30ㄱ2
乳柑子	감ᄌᆞ	果部		양금 518:2
柑子	감ᄌᆞ			제중 8:22ㄴ1
柑子	감ᄌᆞ	山果		의종 7:32ㄴ8
柑子	감ᄌᆞ	山果		방합 41ㄱ
乳柑子	유감	果部中品	鄕名	향성 84:699:1

'柑子'는 '홍귤나무의 열매'이고, '乳柑子'는 '운향과의 과일 나무'로 동의어로 판단된다. '감ᄌᆞ'나 '유감'은 모두 한어명을 한자음대로 읽은 것이다. 『동의』 이전에는 보이지 않는다는 점이 어휘사적으로 주목된다. 『동의』 이후 의서들에 나타나는데 다만 분류 체계의 명칭이 다르다.

0028) 甘藷 ⇒ 砂糖

甘藷				제중 8:24ㄱ2
甘蔗	砂糖草		俗	해혹 9ㄴ6
甘藷		柔滑菜		의종 7:30ㄴ1
甘藷		柔滑菜		방합 38ㄱ

'甘蔗'는 '甘藷'로도 쓰였는데 『해혹』에 '砂糖草'가 나오는데 불확실한 정보로 짐작된다. 현재 쓰고 있는 '감자'는 한어명 '甘蔗'나 '甘藷'가 그 어원이다(『표』). 이전 시기에 '감자'가 나타나지 않은 것은 '감자'의 전래 시기와 무관하지 않다.

0029) 甘草 / 粉甘草 / 粉草

甘草	감초		구급 상1ㄴ7

甘草	감초		구간 1:2ㄱ
甘草	감초		언구 상21ㄱ10
甘草	國老 號	草部	동의 2:38ㄱ8
甘草	감초	草部	양금 503:4
甘草			제중 8:1ㄱ10
甘草	國老 一名	山草	의종 7:1ㄱ8
甘草	國老 一名	山草	방합 1ㄴ
甘草	粉草 一名 國老 一名 蕗草 一名		경신 28ㄴ10
甘草梢		草部	동의 2:38ㄴ2
甘草節		草部	동의 2:38ㄴ3
甘草節	감초마듸		광향 18ㄱ3
粉甘草	분감초		광향 42ㄱ11
粉草	甘草		해혹 32ㄴ7
生甘草	싱감초		치언 9ㄴ9

'甘草'는 지금도 한어명 그대로 사용되고 있다. 『동의』에 이칭으로 '國老'가 기록되어 있는데 사용 분포가 넓지 않은 것으로 보인다. 『경신』의 이칭 '粉草'와 '蕗草'도 동의어이다. 『해혹』의 기록이 이 점을 분명히 해 준다. 『광향』의 '粉甘草'는 '粉草'와 '甘草'의 혼태어이다. 『동의』에만 나오는 '甘草梢'는 '감초 뿌리의 끝부분'을 말한다(『지』).

0030) 甘蕉 ☞ 芭蕉

0031) 甘苔 / 乾苔 ⇒ 靑苔(藍)

甘苔	靑苔 一名	菜部	동의 2:36ㄴ3
甘苔		菜部	양금 521:1
甘苔			제중 8:21ㄱ7
甘苔	단닉기	水草	의종 7:21ㄱ1
甘苔	단닉기	水草	방합 26ㄴ
乾苔	김	草部中品之下 鄕名	향성 79:626:1

'甘苔'는 '김'을 말한다. 『향성』에 '乾苔'라는 한어명이 나타난다. 『표』에서는 '乾苔'를 '종이같이 얄팍하게 말린 김'으로 규정하고 있다. 『동의』에서 '甘苔'의 이칭으로 '靑苔'를 소개하고 있는데 이를 이어 『의종』과 『방합』에서 '단닉기'라 한 것으로 판단된다. '단이끼'는 사전류에 보이지 않는데 '단'이 무엇인지 현재로서는 알 수 없다. '단이끼'를 사전에 등재할 만하다. 그런데 '靑苔'

는 다의어로 '푸른 이끼, 김, 참갈파래' 등의 뜻을 가지고 있다. 문제는 한어명과의 대응 관계인데 '甘苔'는 '김'을 뜻한다는 점이다. 따라서 『동의』 이래 '甘苔'를 '이끼'로 혼동한 것으로 보인다. '김'은 '甘苔'로만 나타난다.

<강>

0032) 薑 ☞ 生薑

0033) 薑芥 ☞ 假蘇

0034) 江南豆 ☞ 豌豆

0035) 蜣螂 / 螗螂 ⇒ 桑螵蛸

蜣蜋	강랑			구급 하1ㄴ5
蜣蜋	물똥구으리			구간 3:87ㄱ
蜣蜋	물똥구리			언구 상33ㄴ11
蜣蜋	물똥구으리 蛣蜋 一名	蟲部		동의 2:15ㄱ3
蜣螂	ᄆᆞᆯ똥구울리			본목 41ㄴ1
蜣蜋	물똥구으리	蟲部化生類		본정 하198
蝗螂	물둥구오리 蜣螂 一云	虫部		사의 4ㄴ1:2
蜣螂	말똥구리	蟲部		양금 517:6
蜣螂	말똥굴이		俗	해혹 23ㄴ3
螗螂	물똥구리			경국 50:8
蜣螂	馬叱同仇火乃 말똥굴이	蟲魚部下品	鄕名	향성 83:693:2
蜣螂心	물똥구으리솝			구간 3:21ㄴ
死蜣螂	절로주근물똥구으리ᄉᆞ로니			구간 3:87ㄱ

'蜣螂'은 '쇠똥구리'이다. 15세기부터 '말똥구리' 형태를 지금까지 유지하고 있다. 『표』에는 '蜣螂'의 우리말을 '쇠똥구리'로 풀이하면서 '말똥구리'와 동의어임을 밝히고 있다. 흥미로운 점은 전통적으로는 '말똥구리'형인데 현대 국어에서 어떤 과정을 거쳐 '쇠똥구리'가 되었는가 하는 점이다. 이에 대해서는 추적할 만한 단서가 없다. 한어명을 보면 『사의』의 '蝗螂', 『동의』의 '蛣蜋'이 '蜣螂'의 이칭이다. 『향성』의 차자표기 '馬叱同仇火乃'는 '馬'와 '火'는 석독자로 각각 '말'과 '블'에 해당하고 나머지 용자는 모두 음독자이다. '叱同'은 '똥'을, '乃'는 차자표기에서 일반적으로 '나'음을 적는다. 차자표기대로 해독하면 '*말똥구브나'가 된다. '블' 뒤에 'ㄴ'이 연결되어 'ㄹ'이 탈락하는 현상을 반영한 것이다. '乃' 대신 '里'로 적었다면 더 정확한 표기가 되었을

것이다.

0036) 江蘺 ☞ 芎藭[101]

0037) 絳緋

絳緋	블근깁			구간 3:20ㄴ

'絳緋'는 '붉은 비단'을 뜻한다. 15세기의 우리말 향약명 '블근깁'은 합성어이다.

0038) 碙砂 ☞ 硭砂

0039) 江西痲姑酒 ☞ 酒

0040) 江瑤柱 ☞ 瓦壟子

0041) 江子 ☞ 巴豆

0042) 殭蠶 ☞ 白殭蠶

0043) 薑汁 ☞ 生薑

0044) 降眞香

降眞香		唐 木部		동의 3:33ㄱ5
降眞香		唐 木部		양금 510:9

'降眞香'은 '향나무로 만든 향'을 말한다. 『표』에 따르면 '紫藤香'이라는 이칭이 있다.

0045) 鋼鐵

鋼鐵	시우쇠	金部		동의 3:54ㄱ5
鋼鐵	시오쇠	金部		양금 514:5
鋼鐵	시우쇠	石部中品	鄕名	향성 77:594:2

'鋼鐵'의 우리말은 '시우쇠'로 '무쇠를 불에 달구어 단단하게 만든 쇠붙이'이다.

0046) 羌靑 ☞ 羌活

0047) 薑湯 ☞ 生薑

0048) 江鰾 ☞ 鮰魚

0049) 糠火 ⇒ 舂杵頭細糠

101) 단어족 구성은 더 일반적인 어형을 기준으로 한다. '궁궁이'나 한어명 '芎藭'이 '江蘺'보다 더 일반적이다.

糠火	겻블	火部		사의 4ㄱ2:2

'糠'은 '겨'이며 '糠火'는 '겨를 태우는 불'을 뜻한다. 『사의』에만 보인다.

0050) 羌活

羌活	강활			구간 1:18ㄴ
羌活	강활			언구 하35ㄱ9
羌活	강호리	草部		동의 2:40ㄴ9
羌活	강호리			본목 12ㄱ7
羌活	강호리	草部山草類		본정 상51
羌活	강호리	草部		양금 503:7
羌活	강호리			제중 8:3ㄴ6
羌活	강호리	山草		의종 7:5ㄱ6
羌活	강호리	山草		방합 6ㄴ
羌活	강호리 羌靑 一名			경신 15ㄱ9

'羌活'은 '산형과의 두해살이풀 또는 여러해살이풀'이다. 우리말 향약명 '강호리'는 형태 변화를 겪지 않고 쓰였다. 『경신』의 '羌靑'은 '羌活'이 아니라 '獨活'의 딴 이름으로 나와 있다(『지』). 둘 사이의 이칭 관계를 추적해 보아야 한다.

0051) 薑黃 ☞ 鬱金

<개>

0052) 芥子 / 芥菜 / 白芥

芥	계ᄌᆞᆺ개 芥菜 俗稱 뎡가 又			훈몽 상14ㄱ
芥	荊芥 假蘇 一名			훈몽 상14ㄱ
芥	갓 겨ᄌᆞ			본목 26ㄱ10
芥	갓			물명 85
芥	갓 辛芥 芥菜			식휘 172
芥	겨자	菜部上品	鄕名	향성 85:710:3
芥子	계ᄌᆞ			구간 1:15ㄱ
芥子	계ᄌᆞ			언구 하11ㄴ3

芥子	갓씨	菜部葷菜類		본정 상129
芥菜	갓 又云 계ᄌᆞ	菜部		동의 2:29ㄴ9
芥菜	갓	菜部葷菜類		본정 상129
芥菜	갓	菜部		양금 519:9
芥菜	계ᄌᆞ			제중 8:18ㄱ5
芥菜	계ᄌᆞ	葷辛菜		의종 7:29ㄱ1
芥菜	계ᄌᆞ	葷辛菜		방합 36ㄴ
芥菜子	계ᄌᆞ			구간 1:91ㄴ
芥菜子		菜部		동의 2:30ㄱ2
芥菜子	계ᄌᆞ			언구 하14ㄱ9
白芥	흰겨자	菜部上品	鄕名	향성 85:711:3
白芥	흰겨ᄌᆞ			본목 26ㄱ10
白芥	흰계ᄌᆞ	菜部		동의 2:30ㄱ3
白芥子		菜部		동의 2:30ㄱ4
白芥子		菜部		양금 519:9
白芥子		葷辛菜		의종 7:29ㄱ4
白芥子		葷辛菜		방합 36ㄴ
白芥子	흰겨ᄌᆞ벼			경신 45ㄴ6
白芥子	흰계ᄌᆞ			제중 8:7ㄴ7
泥芥菜	ᄒᆞᆰ조촌갓			구간 7:77ㄱ
岐芥	밋갓			물보 5

'芥子'는 『동의』의 기록대로 '겨ᄌᆞ'와 '갓'을 아울러 가리키는 말이었다. '계ᄌᆞ > 겨ᄌᆞ'의 어형 변화를 겪은 것으로 판단된다. '겨ᄌᆞ'와 '갓'은 '십자화과의 두해살이풀'이다. '겨ᄌᆞ'의 이칭으로 '青芥'가 있다(『표』). '白芥子'는 '흰색'을 띠는 것이다. 『구간』의 'ᄒᆞᆰ조촌갓'은 '흙이 묻은 갓'을 말한다. 어떤 약재를 사용해야 하는지를 자세하게 밝히고 있다. 『물보』의 '밋갓'은 현대 국어 '밑갓'의 소급형이다. '갓의 하나'로 '뿌리가 크게 자라며 그 뿌리로 김치, 생채 따위를 만들어 먹는다.'(『표』).

0053) 粳米

粳米	힌ᄡᆞᆯ	구간 1:13ㄱ

粳米	니ᄡᆞᆯ			언구 하33ㄱ3
粳米	됴ᄒᆞᆫ니ᄡᆞᆯ 卽 晩米	穀部		동의 1:23ㄱ4
粳	니ᄊᆞᆯ			본목 24ㄱ5
粳米	이ᄊᆞᆯ	穀部麻麥類		본정 상115
粳米	죠ᄒᆞᆫ니ᄡᆞᆯ	穀部		사의 3ㄱ3:7
粳米	됴ᄒᆞᆫ니ᄊᆞᆯ	穀部		양금 524:1
粳米	ᄆᆡᆺᄡᆞᆯ	麻麥稻		의종 7:35ㄱ10
粳米	ᄆᆡᆺᄡᆞᆯ	麻麥稻		방합 44ㄱ
粳米	멥쌀 입쌀	米穀部中品	鄕名	향성 84:704:2
粳米飯	ᄡᆞᆯ밥			언구 하43ㄱ8
粳米飯		麻麥稻		의종 7:35ㄱ10
粳米浙二泔		麻麥稻		의종 7:35ㄴ1
白粳米	ᄒᆡᆫᄡᆞᆯ			구간 1:102ㄴ
白米	ᄒᆡᆫᄡᆞᆯ			구간 1:11ㄴ
大米	니ᄡᆞᆯ			구간 1:86ㄱ

'粳米'는 '메벼에서 나온 차지지 않은 쌀'을 뜻한다. 『표』에 따르면 이칭으로 '粳白米'가 있는데 『구간』의 '白粳米'와 어형상의 어떤 연관성이 있는 것으로 판단된다. 위의 단어족은 '粳'을 중심으로 형성된 것인데 쌀의 종류가 다양하다. 우선 '粳米'의 고유어로는 'ᄒᆡᆫᄡᆞᆯ', '니ᄡᆞᆯ', 'ᄆᆡᆺᄡᆞᆯ', '멥쌀' 등 다양한 대응을 보여준다. 『구간』에서는 'ᄒᆡᆫᄡᆞᆯ'과 '니ᄡᆞᆯ'을 각각 '白米'와 '大米'에 대응시키고 있다. 『의종』의 'ᄆᆡᆺᄡᆞᆯ'은 사전류에 보이지 않는다. 이들 고유어 어휘들의 의미 관계를 밝혀야 한다.

0054) 粳粟米 ☞ 粟米

0055) 苣 ☞ 萵苣
0056) 拒冬実 ☞ 續隨子
0057) 蘧麥 ☞ 瞿麥
0058) 巨勝仙 ☞ 胡麻

<건>

0059) 乾薑, 乾薑屑 ☞ 生薑

0060) 乾薊 ☞ 大薊, 小薊

0061) 褰鼻蛇 ☞ 花蛇

0062) 乾生薑 ☞ 生薑

0063) 乾柹 ☞ 柹

0064) 乾艾 ☞ 艾

0065) 乾羊屎 ☞ 羊

0066) 乾蓮 / 乾荷

乾蓮	乾蓮		鄕名亦同	향구 중19ㄴ6
乾荷	ᄆᆞᆯ은년	草部		사의 2ㄱ2:1

'乾蓮'은 '마른 연'을 이른다. 『향구』의 '鄕名亦同'은 한어명을 그대로 차용해서 썼음을 말해 준다. 『사의』에는 고유어 '마르-'를 결합한 혼종어 'ᄆᆞᆯ은년'이 나타난다.

0067) 乾藕 ☞ 藕

0068) 乾蘇葉 ☞ 紫蘇

0069) 乾地龍末 ☞ 地龍

0070) 乾地黃 ☞ 地黃

0071) 乾菖蒲 ☞ 菖蒲

0072) 乾棗 ☞ 大棗

0073) 乾漆

乾漆	건칠			구급 하88ㄱ5
乾漆	ᄆᆞ른옷			구간 7:48ㄱ
乾漆	ᄆᆞ른옷	木部		동의 3:28ㄴ6
乾漆	말은옷	木部		양금 509:8
乾漆	마른옷			제중 8:8ㄱ9
乾漆	마른옷	喬木		의종 7:24ㄱ9
乾漆	마른옷	喬木		방합 30ㄴ
乾漆	ᄆᆞ른옷			경신 41ㄱ10
漆	옷나무			식휘 236
乾漆	마른옷 옷나무진마른것	木部上品	鄕名	향성 80:640:3
生漆		木部		동의 3:28ㄴ9
生漆		喬木		의종 7:24ㄱ10

生漆	喬木		방합 30ㄴ

'乾漆'은 대응되는 우리말 향약명대로 '마른옷'이다. 한어명도 이칭이 보이지 않으며 고유어도 형태 교체를 겪지 않고 유지된다. '生漆'이 같은 단어족에 속하는 것으로 판단된다.

0074) 乾苔 ☞ 甘苔
0075) 乾荷 ☞ 乾蓮
0076) 乾荷葉 ☞ 蓮葉

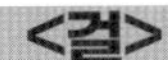
<걸>

0077) 乞力伽 ☞ 白朮

<검>

0078) 芡實, 芡仁 ☞ 鷄頭實
0079) 撿和草 ☞ 白鮮皮

<격>

0080) 鶪 ☞ 博勞
0081) 隔年葱 ☞ 葱

<견>

0082) 犬 / 猘犬 ⇒ 狗

猘犬	狂犬	俗云	향구 상5ㄱ10
犬頸下熱血	가히목아래더운피		구급 하49ㄱ1
犬膽	개쁠게		언구 하11ㄱ8
犬尾	가히꼬리		구간 6:42ㄴ
犬尾	가히꼬리		구급 하68ㄴ5
犬糞	가히똥		구간 6:38ㄱ

犬糞	개똥		언구 하24ㄱ9
犬屎	개똥		언구 하11ㄱ7
犬肉	기고기		제중 8:17ㄴ4
犬肉	기고기	畜	의종 7:44ㄴ1
犬肉	기고기	畜	방합 55ㄴ
犬蹄		畜	의종 7:44ㄴ1
犬蹄		畜	방합 55ㄴ
白犬血	흰가희피		구간 1:55ㄴ
白犬斷頭取熱血	센개머리버혀더운피		언구 상11ㄱ2

'犬'을 어근으로 하는 단어족이다. 『향구』에는 '*미친가히'로 해독되는 복합어가 보인다. 『언구』에서는 '白犬'을 '센개'로 언해하고 있는데 '셰-'에 '희다'는 의미가 있었음을 알 수 있는 예이다. 『구간』의 '흰가히'와 대조된다. '가히'를 어근으로 하여 '개'의 부위를 나타내는 형태를 결합하여 복합어를 만들고 있다. 위의 예들은 '가히[ka-hi] > 개[kai] > 개[kaj] > 기[kɛ]'의 변화 과정을 보여 준다.

0083) 繭 ☞ 蠶
0084) 繭鹵汁 ☞ 水
0085) 牽牛子

牽牛子	朝生暮落花子			향구 중26ㄱ6
牽牛子	견우즈			구급 상70ㄱ7
牽牛	견우			구간 3:75ㄱ
牽牛子	견우즈			구간 3:71ㄱ
牽牛子				촌구 5ㄱ8:3
牽牛子	三日草		鄕名	촌가
牽牛子	견우즈			언구 상40ㄴ7
牽牛子	白丑 黑丑	草部		동의 3:18ㄱ10
牽牛	견우			마초 상117ㄱ
牽牛子		木部		사의 2ㄴ4:5
牽牛子	白丑 白曰 黑丑 黑曰	草部		양금 507:3
牽牛				제중 8:8ㄱ3
牽牛	黑丑 一名	蔓草		의종 7:18ㄴ2
牽牛	黑丑 一名	蔓草		방합 23ㄴ
牽牛子				경신 33ㄴ2

牽牛子	나팔꽃씨	草部下品之下	鄕名	향성 79:631:1
牽牛	털잎나팔꽃 견우자 나팔꽃 백축 흑축			식명 493
牽牛子	나팔꽃씨			동사 58
牽牛	나팔꽃 白丑 黑丑 털잎나팔꽃			약식 47
牽牛	나팔꽃씨 南牛花			약식 47
白牽牛	나팔꽃씨			동사 442
黑牽牛	흑견우			구급 상69ㄱ7
黑牽牛	흑견우			마초 하40ㄴ
黑牽牛	나팔꽃씨			동사 1003
牽牛頭末	견우ᄌᆞ처엄ᄌᆞᆫᄀᆞᄅᆞ			언구 상19ㄱ10

'牽牛子'는 '나팔꽃씨'를 말한다. 흰색을 띠는 '白丑', 검은색의 '黑丑'이 있다. 현대 국어에 이르기까지 한어명 '牽牛子' 혹은 '牽牛'로 불렸다. 『향성』에 와서야 '나팔꽃씨'라는 명칭으로 기록된다. 『향구』의 '朝生暮落花子'는 차자표기가 아니며 한문 문장으로 된 설명인데 '아침에 피고 저녁에 지는 꽃의 씨'라는 뜻으로 '나팔꽃씨'를 말한다.

<결>

0086) 決明子 / 草決明

決明子	狄小豆		俗云	향구 목45ㄴ6
決明子	狄小豆		朱書	향채 10월
決明子	초결명			산경 513
決明子	결명ᄌᆞ			언두 하55ㄱ
決明子	초결명 還瞳子 一名	草部		동의 2:46ㄴ6
決明	초결명			본목 16ㄴ10
草決明	초결명 還瞳子 一名			마초 상95ㄱ
決明子	초결명	草部		사의 1ㄱ3:9
決明子	초결명 還瞳子 一名	草部		양금 504:4
決明子	초결명			제중 8:10ㄱ10
決明	초결명			물명 74
決明子	초결명	隰草		의종 7:14ㄱ1
決明子	초결명	隰草		방합 17ㄴ
草決明	초경명 還瞳子 一名			경신 19ㄴ8
決明子	초결명씨	草部上品之下	鄕名	향성 78:611:3

決明	초결명 결명초 결명차 결명자		식명 352
決明子	결명씨 환동자		동사 59
決明子	결명자 하부소 결명차 하부차		야초 54
決明子	草決明 野綠豆 槐豆		야초 54
決明葉		草部	동의 2:46ㄴ10

'決明子'는 '草決明'으로 불렸다. '草決明'은 '콩과의 한해살이풀'로 그 씨를 '決明子'라고 한다. 둘 다 한어명으로 동의어이며 이칭으로 '還瞳子'가 있다. 『표』에서는 '決明차'를 등재하고 이의 씨를 '결명자'라 한다고 설명하고 있다. '결명차'의 어원적 근거는 추적이 어렵다. 현대국어에 나타나는 '하부차'는 '결명자를 볶아 만든 차'라고 한다.(『지』) 이와 함께 '野綠豆', '槐豆'와 같은 이칭도 생겨났다. 『향구』의 '狄小豆'는 '小豆'가 '팥'을 뜻하고 '狄'의 새김이 '되'인 것을 고려하면 '*되폿' 정도로 해독되는데 후대에 이어지지 않는 어형이다(이은규 1993:17-18 참조)(상세 어휘사는 3.2 참조).

<경>

0087) 京芥穗 ☞ 假蘇

0088) 京芎 ☞ 芎藭

0089) 苘麻

苘實	어저귀여름	草部	동의 3:24ㄴ2
苘麻	어저귀		본목 15ㄴ6
苘實		草部	사의 2ㄱ1:2
苘實	어져귀여름 白麻 一名	草部	양금 508:10

'苘麻'는 '아욱과의 한해살이풀'이다. '苘'을 '茼'으로 보기 쉬우나 '苘'이 분명하다. 고유어 향약명 '어저귀'는 '苘'의 새김이다. '茼'은 '貝母'이다(아래 '貝母' 항목 참조). 한어명 이칭으로는 『양금』의 '白麻'와 함께 '靑麻'도 있다(『표』).

0090) 京墨 ☞ 墨

0091) 輕粉 / 膩粉

輕粉	경분		구급 하13ㄴ3

輕粉	경분		구간 3:49ㄱ
輕粉	경분		언구 하43ㄱ8
輕粉	汞粉 一名 水銀粉 一名 膩粉 亦名 峭粉 或曰	金部	동의 3:52ㄱ10
輕粉	汞粉 水銀粉 一名 膩粉 又名 峭粉 或	金部	양금 514:2
輕粉	汞粉 一名 膩紛 又名	金石	의종 7:48ㄴ6
輕粉	汞粉 一名 膩紛 又名	金石	방합 61ㄱ
輕粉	汞粉 一名 膩粉 一名 水銀粉 一名		경신 53ㄱ3
輕粉	빈ᄂᆞ		경국 55:8
膩粉	이분		구급 상67ㄴ7
膩粉	됴ᄒᆞᆫ분		구급 하76ㄴ
膩粉	됴ᄒᆞᆫ분		구간 3:66ㄱ
膩粉	분		구간 6:59ㄱ

'輕粉'은 '염화 수은'을 지칭하는 말이다. 15세기에는 한어명을 그대로 사용하였다. 『동의』에서 다양한 한어명 이칭이 기록된 이래 후대 문헌에서도 모두 이를 따르고 있다. '汞粉', '水銀粉', '膩粉', '峭粉' 등이 그러하다. 고유어는 『경국』의 '빈ᄂᆞ'가 있는데 그 어원을 알 수 없다. 이칭으로 '膩粉'이 있다. 『구급』에는 한어명대로 나타나고 『구간』에는 혼종어 '됴ᄒᆞᆫ분'이 보인다.

0092) 京三棱 ☞ 三稜
0093) 硬粟 ☞ 粟米
0094) 苘實 ☞ 苘麻
0095) 經衣 / 經布

月經衣	월경ᄒᆞᆫ옷	구급 하64ㄱ1
月經衣	겨지븨월경슈무든것	구간 6:32ㄴ
經衣	월경슈무든것	구간 6:30ㄴ
童女月經衣	남진아니어른갓나희월경슈무든것	구간 2:54ㄱ
婦人月經衣	월경ᄒᆞ야실젯듕의	구간 1:108ㄴ
女人月經衣	겨지븨월경슈무든것	구간 3:25ㄴ
室女月經布	겨집의월슈무든ᄀᆞ짐	언구 상5ㄱ10

'經衣'는 15세기 의서 『구급』과 『구간』에만 보인다. 한어명과 향약명 모두 다양하게 나타난다. 『언구』에 나오는 'ᄀᆞ짐'은 현대 국어 '개짐'의 소급형이다. 『표』에는 '개짐'이 등재되어 있고 『샘』에서 '가짐'이 '개짐'의 경북 방언임을 밝히고 있다.

0096) 景天 / 戒火 ⇒ 昨葉何草

戒火	景天			향구 중20ㄱ1
戒火	景天		一名	향구 목45ㄴ7
戒火	塔菜		俗云	향구 목45ㄴ7
景天	집우지기 愼花草 一名			산경 405
景天	집우디기 愼火草 謂	草部		동의 2:48ㄴ4
景天	집우지기			본목 22ㄴ6
景天	집우지기 愼火草	草部		양금 505:5
景天	집우디기			물명 102
景天	집우더기 愼火草 一名			경국 108:13
景天	집우지기	草部上品之下	鄕名	향성 78:613:1
景天	큰꿩의비름			식명 346
紫景天	자주꿩의비름			식명 804
景天	꿩의비름			동사 1047
景天草	기린초			야화 40

'景天'은 '돌나물과의 여러해살이풀'이다. 『향구』에 따르면 '景天'과 '戒火'는 동의어이다. 그리고 '戒火'의 우리말을 '塔菜'로 차자표기했는데 '*탑ᄂᆞ물' 정도로 해독된다. 『경신』의 '집우더기'는 오기임이 분명하며 보이지 않는 글자는 '愼'이 확실하다. '愼花草'는 '景天'의 이칭이다. '景天'은 이른 시기부터 오래 동안 '집우지기'형으로 쓰이다가 현대 국어에서 '지부지기'로 정착되었고(『표』), 이와 함께 20세기에 '꿩의비름'이라는 새로운 어형이 생겨났다. '景天'의 이칭은 매우 복잡하다. 문헌상으로 이른 시기 이칭인 '戒火'를 비롯해서 '愼花草', 그리고 '瓦松' 등의 관계를 밝혀야 한다. '景天'의 이칭이 복잡한 연유는 '경천'이 다의어이기 때문이다. 『표』에 제시된 대로 '景天'은 같은 돌나물과의 여러해살이풀인 '꿩의비름'과 '바위솔'을 다 가리킨다. 둘의 외형은 다른 것으로 풀이되어 있다. 사전류에서는 이 둘의 관계에 대해 명확히 설명하고 있지 않다. 결국 '꿩의비름'은 '愼花'와 이칭 관계에 있고, '바위솔'은 '瓦松, 지부지기' 등과 이칭 관계에 있다. 한편 '戒火'는 『표』에 없고, 『지』에 '경천의 딴이름', '꿩의비름'(『한국고전용어사전』) 등으로 소개되어 있다. 이런 사정에 따르면, 의서에 나오는 위의 이칭들은 다음과 같이 정리된다. 즉, 『향구』의 '계화'는 '꿩의비름'이고, 17세기 이후에 나타나는 '집우디기'는 '신화초'와 함께 '꿩의비름'을 나타낸 것이다. 그러다가 20세기에 들어서 '꿩의비름'이라는 명칭이 새롭게 자리를 잡은 것으로 파악된다. 이 과정에서 '지부지기'는 다의성을 획득하게 된다. 곧 '집우지기'는

‘꿩의비름’과 ‘바위솔’을 다 나타내게 된다.(이 점은 ‘昨葉何草’ 항목 참조.) 결국 ‘경천’과 ‘집우디기’의 다의성 때문에 이칭도 복잡한 양상을 띠게 된 것이다. 『표』에서는 ‘지부지기’를 ‘바위솔’의 이칭으로만 규정하고 있지만 역사적으로는 ‘꿩의비름’도 함께 나타낸 다의어였던 것이다.

0097) 硬炭 ☞ 木炭

<계>

0098) 桂 ☞ 桂皮

0099) 鷄[102)]

鷄	ᄃᆞᆰ		구간 1:34ㄴ
鷄肝	ᄃᆞᆯᄀᆡ간		구급 하40ㄱ1
鷄肝	ᄃᆞᆯᄀᆡ간		구간 7:35ㄱ
鷄羹	ᄃᆞᆰ탕		구급 상47ㄱ7
鷄窠中草	닭의둥우리속의북짤미	草部下品之下 鄕名	향성 79:636:2
鷄膽	ᄃᆞᆯᄀᆡ담		구급 하40ㄱ
鷄足	ᄃᆞᆰ긔발		언구 상28ㄴ11
鷄血	ᄃᆞᆰ의피		구급 상76ㄱ
鷄血	ᄃᆞᆰ의피		구간 1:61ㄴ

‘鷄’는 ‘닭’을 말한다. ‘鷄肝’, ‘鷄血’ ‘鷄足’, ‘鷄羹’ 등의 한어명과 이에 대응되는 우리말이 15세기 의서에 나타난다. 『향성』의 ‘鷄窠中草 닭의둥우리속의북짤미’가 흥미롭다. ‘鷄窠’는 ‘닭의 둥우리’와 대응하고, ‘中’은 ‘속의’, ‘草’는 ‘북짤미’에 해당한다. 한편 『구간』(6:93ㄴ)에 ‘燕窠中草’가 ‘져븨집깃’으로 나온다. 또 『향성』(79:635:3)에는 ‘燕蓐草 제비집속의북짤미’도 나오는데 역시 ‘북짤미’는 ‘草’에 대응한다. 따라서 ‘새 둥우리의 풀’로 판단된다. 『향구』(중27ㄱ9)의 ‘燕窠蓐 燕窠內草’에 나오는 차자표기가 이를 뒷받침한다.

0100) 鷄冠 ⇒ 靑葙子

鷄冠	鷄矣碧叱	俗云	향구 목50ㄱ8
鷄冠	鷄矣碧叱	鄕名	향구 상7ㄱ4

102) ‘鷄’나 ‘猪’와 같이 핵심 어근으로부터 형성된 향약명이 많은 경우에는 편의상 분리하기로 한다.

鷄冠	ᄃᆞᆯᄀᆡ볏		구급 상46ㄴ5
鷄冠花子	만드라미ᄡᅵ		구간 2:110ㄱ
鷄冠	만도라미		산경 158
鷄冠花	만ᄃᆞ라밋곳	草部	동의 3:18ㄱ5
鷄冠	만ᄃᆞ라밋곳		본목 15ㄱ10
鷄冠花	만다람쏫	草部	양금 507:3
鷄冠花	만도람이		방유 4:23ㄱ
鷄冠花	만도람이		물보 9
鷄冠花	ᄆᆡᆫ도람이		물명 104
鷄冠花	ᄆᆡᆫ도라미쏫		해혹 4ㄴ4
鷄冠花	ᄆᆡᆫ도람쏫		경국 128:4
鷄冠	맨드램이쏫		식휘 140
鷄冠子	맨드람이씨	草部下品之下　鄕名	향성 79:636:2
鷄冠花	단기맨드래미 긴잎맨드라미 맨드라미		식명 308
鷄冠花	맨드라미꽃　鷄公花		동사 143
鷄冠草	만ᄃᆞ아미풀	草部	사의 2ㄱ2:7

‘鷄冠’은 ‘맨드라미’를 말한다. ‘鷄冠’, ‘鷄冠草’, ‘鷄冠花’ 등의 한어명이 있다. 『동사』를 통해서 ‘鷄公花’라는 이칭이 있음을 알 수 있다. 『향구』의 차자표기 ‘鷄矣碧叱’은 ‘*ᄃᆞᆰ의볏’으로 해독된다. 이 어형은 15세기 『구급』까지만 나타나고 그 이후는 ‘만드라미’가 쓰였고 이의 음운 변화형인 ‘맨드라미’형이 현대 국어까지 이어지고 있다. 『식명』에는 ‘단기맨드래미’, ‘긴잎맨드라미’ 등이 기록되어 있는데, ‘단기맨드라미’는 ‘鷄冠花’의 이칭으로 알려져 있다(『지』).

0101) 鷄公花 ☞ 鷄冠花

0102) 鷄冠血

鷄冠血	ᄃᆞᆯᄀᆡ벼셋피	구급 하43ㄱ
鷄冠血	ᄃᆞᆯᄀᆡ머리벼셋피	구간 6:71ㄱ
鷄冠血	ᄃᆞᆯᄀᆡ벼셋피	구간 1:58ㄴ
鷄冠血	ᄃᆞᆰ긔볏쳐피	언구 상44ㄴ6
鷄冠血	베ᄉᆞᆯ피	경국 10:3

‘鷄冠血’은 ‘닭의 볏의 피’를 말한다. 15세기 의서에 쓰이다가 『경국』에 보인다. ‘베ᄉᆞᆯ피’의 ‘베ᄉᆞᆯ’은 ‘벼슬’과 같이 ‘볏’의 방언형이다.

0103) 鷄內金 ⇒ 生雉

烏雄鷄肶胵裏黃皮	멀더건소개누른겁질	禽部		동의 1:34ㄱ10
肶胵裡黃皮	멀쩌군이속의누른겁질	禽部		양금 526:5
鷄內金	둙의멀더구니속에누른겁플			제중 8:16ㄴ8
鷄內金	닭의멀쩌군이		俗	해혹 3ㄴ7
鷄內金	둙의멀더구이에누름겁질		俗	해혹 33ㄱ1
鷄內金	둙의멀터군이속에누른겁질	原禽		의종 7:43ㄴ1
鷄內金	둙의멀터군이속에누른겁질	原禽		방합 54ㄴ

'鷄內金'은 '모이주머니의 누른 껍질'을 이른다. '鷄內金'이라는 한어명은 『제중』에서 기록되었다. 설명형 향약명의 어근 중에 '멀더건', '멀쩌군이', '멀터구니'와 같은 형태가 있는데 이는 '멀떠구니' 즉 '모이주머니'를 말한다. 어원적으로 '멀더건'류와 '멀더구니'류로 분류될 수 있다. '멀쩌군이'와 '멀터구니'는 2음절 초성을 경음화하느냐 혹은 유기음화하느냐에 따라 분화된 것이다.

0104) 鷄尿白 ☞ 鷄糞

0105) 鷄頭實 / 芡實 / 芡仁

鷄頭實	居塞蓮		鄕名	향채 9월
鷄頭實	계두실			구급 상44ㄴ6
鷄頭實	居塞蓮			촌구 5ㄱ1:2
鷄頭實	居塞蓮 거싀련씨		鄕名	촌가
鷄頭實	居塞蓮		鄕名	향집 84:5ㄱ
鷄頭	芡仁			해혹 15ㄴ6
鷄頭實	芡實			해혹 31ㄱ4
鷄頭實	居塞蓮 거싀련밥	果部上品	鄕名	향성 84:696:3
芡實	거싀련여름			구간 2:37ㄱ
芡仁	거싀년밤 鷄頭實 一名 鷄雍 一名	果部		동의 2:19ㄱ10
芡實	거싀년밤			본목 32ㄱ6
芡実	거싀년밤 鷄頭 一名 鷄雍 一名	菜部水果類		본정 상158
芡仁	거싀연밤	果部		양금 518:4
芡實	거싀련밤			제중 8:17ㄴ6
芡實	거싀련밤 鷄頭實 一名	水果		의종 7:34ㄴ5
芡實	거싀련밤 鷄頭實 一名	水果		방합 43ㄱ
芡實	거싀년반 鷄頭實 鷄雍 水硫黃 一名			경신 55ㄴ5

'鷄頭實'은 '가시연밥'을 이른다. '芡實'과 '芡仁'이 대표적 이칭이다. 그리고 '鷄雍', '水硫黃'도 이칭이다. 『향채』의 차자표기 '居塞蓮'을 통해서 이른 시기부터 '거싀련'형의 고유어가 있었음을 알 수 있다. '거싀련밤'은 '가시연꽃의 열매'를 말하는데 '거싀련밤 ∽ 거싀련밥 ∽ 가시연밥'의 어형 교체를 겪었다. '~밤'형이 '~밥'형으로 형태소 일부가 바뀐 것을 『향성』이 보여준다. '가시연꽃'의 열매가 '가시연밥'이라면 이전 시기의 '거싀'는 '가시'를 뜻하는 형태소에 해당한다. 이 점은 같은 '거싀' 형태소가 결합된 '大薊 한거싀', '小薊 조방가싀'도 마찬가지이다.

0106) 鷄卵 ☞ 鷄子

0107) 鷄卵中白皮 / 鳳凰退

鷄卵中白皮	鳳凰衣 一名	禽部	동의 1:35ㄱ10
鳳凰退	병알이싼겁질	俗	해혹 33ㄱ1

'鷄卵中白皮'의 이칭으로 '鳳凰衣'가 나오는데 '계란의 하얀 속껍질'을 뜻한다. 『지』에서도 '닭의 알 껍질 안에 있는 막'으로 풀이하였다. 『표』에서는 '鳳凰衣'를 등재하고 '새끼를 깐 새알 껍데기 속의 희고 얇은 속껍질'로 풀이하고 있다. 원래의 의미와는 다르다. 『해혹』의 '鳳凰退'도 관련되는 한어명인데 설명형 향약명에 의하면 '병아리를 깐 껍질'을 뜻한다. '鳳凰退'는 『표』에 나오지 않으며 사전류에서도 찾기 어렵다.

0108) 桂末 ☞ 桂皮

0109) 鷄毛 ☞ 鷄羽

0110) 鷄白屎, 鷄白矢 ☞ 鷄糞

0111) 鷄糞 / 鷄白屎

鷄糞	돌기똥	구급 상88ㄴ4
鷄糞	돌기똥	구간 3:110ㄱ
鷄屎	돍의똥	구간 6:50ㄱ
鷄白屎	돌기힌똥	구급 상5ㄴ1
鷄白矢	돍의똥힌디	구간 1:14ㄱ
鷄屎白	돌기똥힌것	구급 상22ㄴ1
鷄屎白	돍의똥힌디	구간 1:57ㄴ

'鷄糞'은 한어명대로 '닭똥'을 말한다. 15세기 의서 『구급』과 『구간』에만 나온다.

0112) 桂屑 ☞ 桂皮

0113) 鷄舌, 鷄舌香 ☞ 丁香

0114) 鷄蘇 ☞ 水蘇

0115) 鷄屎, 鷄屎白 ☞ 鷄糞

0116) 桂心, 桂心末 ☞ 桂皮

0117) 鷄雍 ☞ 鷄頭實

0118) 鷄羽

鷄羽	달ᄀᆡ짓			구급 하10ㄱ2
鷄毛	ᄃᆞᆯᄀᆡ짓			구급 하45ㄴ6
鷄翅	ᄃᆞᆯᄀᆡᄂᆞ래			구급 상57ㄱ3

‘鷄羽’는 ‘닭의 날개’를 말한다. 『구급』에만 나타나는데 한어명이 다 다르다.

0119) 鷄子 / 鷄卵

鷄子	ᄃᆞᆯᄀᆡ알			구급 상27ㄱ5
鷄子	ᄃᆞᆰ의알			구간 1:107ㄴ
鷄子	ᄃᆞᆰ의알	禽部		동의 1:35ㄱ5
鷄子	닭의알	禽部		양금 526:6
鷄子	닭의알	禽部上品	鄕名	향성 82:670:3
鷄子殼	ᄃᆞᆯᄀᆡ앐거플			구급 하14ㄱ3
鷄卵殼		禽部		동의 1:35ㄴ1
鷄子頭	ᄃᆞᆰ의알머리			구간 6:51ㄴ
鷄子白	ᄃᆞᆯᄀᆡ알힌믈			구급 하10ㄱ5
鷄子白	ᄃᆞᆯᄀᆡ알소뱃힌믈			구간 2:58ㄱ
鷄子白	ᄃᆞᆯᄀᆡ알안햇힌믈			구간 6:18ㄱ
鷄子白	ᄃᆞᆯᄀᆡ알힌ᄌᆞᅀᆞ			구간 7:75ㄱ
鷄子白	ᄃᆞᆰ긔알흰ᄌᆞᅌᅵ			언구 하9ㄴ8
鷄卵白	ᄃᆞᆰ의알흰ᄌᆞ의	禽部		동의 1:35ㄱ7
鷄子淸	ᄃᆞᆯᄀᆡ앐ᄆᆞᆯᄀᆞᆫ믈			구급 상7ㄱ6
鷄子淸	ᄃᆞᆯᄀᆡ알ᄆᆞᆯᄀᆞᆫ믈			구간 2:110ㄴ
鷄子淸	ᄃᆞᆯᄀᆡ알소뱃힌ᄆᆞᆯᄀᆞᆫ믈			구간 3:39ㄴ
鷄子淸	ᄃᆞᆯᄀᆡ알소뱃ᄆᆞᆯᄀᆞᆫ믈			구간 3:53ㄴ
鷄子淸	ᄃᆞᆰ긔알흰ᄌᆞ의			언구 하17ㄴ4
鷄子黃	ᄃᆞᆯᄀᆡ앐누른것			구급 상52ㄱ
鷄卵黃	ᄃᆞᆯᄀᆡ알소뱃누른믈			구간 3:85ㄱ

鷄子黃	ᄃᆞᆯᄀᆡ알소뱃누른ᄌᆞᅀᆞ			구간 6:5ㄴ
鷄子黃	ᄂᆞᆯᄃᆞᆰ긔알누른ᄌᆞ의			언구 상7ㄱ6
鷄子黃	ᄃᆞᆰ의알노ᄅᆞᆫᄌᆞᄋᆡ			언구 상29ㄱ2
鷄卵黃	ᄃᆞᆰ의알누른ᄌᆞ의	禽部		동의 1:35ㄱ9
生鷄子黃	ᄉᆡᆼ계ᄌᆞ황			치언 16ㄴ9
生鷄卵	ᄂᆞᆯᄃᆞᆰ긔알			언구 상17ㄴ4
新生鷄子	ᄀᆞᆺ나ᄒᆞᆫᄃᆞᆯᄀᆡ알			구간 7:6ㄴ

'鷄子'는 '달걀'이다. 한어명 '鷄子'와 고유어 'ᄃᆞᆯᄀᆡ알'을 어근으로 여러 합성어가 형성되었다. 형태적으로 특이한 것은 보이지 않는다.

0120) 鷄腸草 ☞ 蘩蔞
0121) 鷄腸菜 ☞ 鷄腸草
0122) 鷄足 ☞ 鷄
0123) 桂汁 ☞ 桂皮
0124) 鸂鶒 ⇒ 水鷄

鸂鶒	비올히	禽部		동의 1:39ㄱ2
鸂鷘	비올히			본목 47ㄱ7
鸂鶒	비오리	禽部		양금 527:4
溪鶒	비오리		俗	해혹 27ㄴ2
鸂鶒	豆音伏只 비오리	禽部下品	鄕名	향성 82:673:3

'鸂鶒'은 '비오리'이다. '오릿과의 물새'인데 이칭으로는 '鸂鴨', '水鷄', '紫鴛鴦'이 있다(『표』). 『동의』에서부터 출현하는데 '비올히 > 비올이 > 비오리'의 어형 변화 과정을 거쳤다. 『향성』의 차자표기 '豆音伏只'는 '뜸보기'로 해독되는데 오늘날의 '뜸부기'를 기록한 것이다. '뜸부기'는 '뜸부기과의 여름새'로 '비오리'와 다른 어휘이다. '뜸부기'의 이칭으로는 한어명 '鶅鷄'와 고유어 '팟다리'가 있다(『표』). 『향성』의 오류로 판단된다.

0125) 桂湯 ☞ 水
0126) 桂皮 ⇒ 肉桂

桂枝	계지			구급 상55ㄱ4
桂枝		木部		동의 3:25ㄱ6

桂枝				제중 8:6ㄴ10
桂枝			香木	의종 7:21ㄴ10
桂枝			香木	방합 27ㄴ
桂枝				경신 43ㄱ7
桂	계피			구간 1:26ㄴ
桂皮	계핏ᄀᆞᄅᆞ			구급 상23ㄱ5
桂皮	계피			언구 상19ㄱ8
桂皮		唐	木部	동의 3:24ㄴ9
桂皮	계피	唐	木部	양금 509:7
桂皮	筒桂 一名		香木	의종 7:21ㄴ7
桂皮	筒桂 一名		香木	방합 27ㄴ
桂末	계피ᄀᆞᄅᆞ			구급 상18ㄱ8
桂末	계핏ᄀᆞᄅᆞ			구간 1:50ㄴ
桂屑	계핏ᄀᆞᄅᆞ			구간 2:58ㄱ
桂心	계심			구급 하69ㄴ
桂心	계피갓근숍			구간 1:25ㄴ
桂心	계핏숍			구간 2:26ㄱ
桂心	계피			언구 상34ㄴ5
桂心			木部	동의 3:25ㄱ2
桂心			香木	의종 7:21ㄴ9
桂心			香木	방합 27ㄴ
桂心末	계피갓근숍ᄀᆞᄅᆞᆫᄀᆞᄅᆞ			구간 1:84ㄱ
桂心末	계핏숍ᄀᆞᄅᆞᆫᄀᆞᄅᆞ			구간 2:85ㄱ
桂心末	계피ᄀᆞᄅᆞ			언구 상20ㄴ7
桂汁	계핏즙			구간 1:17ㄱ

‘桂皮’는 ‘육계나무의 껍질’을 이르는데 고유어는 없으며 한어명 그대로 사용되었다. ‘桂’를 어근으로 하여 ‘桂枝’, ‘桂心’, ‘桂末’ 등 다양한 합성어가 만들어져 쓰였다.

0127) 鷄血 ☞ 鷄

0128) 鷄翅 ☞ 鷄羽

0129) 戒火 ☞ 景天

<고>

0130) 苽

苽	외			언구 하19ㄴ3
苽蔓	욋너출			언구 하19ㄴ3
生苽	ᄂᆞᆯ외			구급 하49ㄱ4

'苽'는 '외' 곧 '오이'를 이른다. 『언구』와 『구급』에 나온다. 『언구』의 '욋너출'은 '외+ㅅ+너출'로 분석되며 비음동화가 반영되어 있다. 후대에 이어지는 않는다.

0131) 糕

糕	셜기		俗	해혹 2ㄱ10

'糕'는 '떡'이다. 『해혹』의 '셜기'는 '설기' 즉, 시루떡의 하나로 '백설기'와 동의어다. '설기'의 어원은 근대국어의 '셜고'(『역어유해』 상51)에 소급된다.

0132) 苦苣 ⇒ 苦菜

苦苣	싀화			구간 6:51ㄴ
苦苣	싀화 褊苣 一名	菜部		동의 2:30ㄱ9
苦苣	愁伊禾		鄕名	향집 85:7ㄴ
苦苣	부류	草部		사의 1ㄴ3:8
苦苣	부루	菜部		양금 519:10
苦苣	愁伊花 싀화 고잣바기	菜部上品	鄕名	향성 85:711:3
苦苣	방가지풀			동사 72
苦苣莖	쁜부룻대			구급 하78ㄴ4
苦苣根	싀홧불휘			구간 2:60ㄱ
苦苣根		菜部		동의 2:30ㄴ1

'苦苣'는 '褊苣', '野苣' 등의 이칭을 가진 '제스네리아과의 여러해살이풀'이다. '萵苣'와는 다른 식물이다. 위 예를 보면, 대응하는 고유어가 '싀화'류와 '부루'류로 나뉜다. '苣'의 의미에 이끌린 결과로 판단된다. 혼동이 분명한 것은 『동의』에서 '싀화'라 한 것을 『양금』에서 '부루'라 한 데에서 알 수 있다.[103] '싀화'는 이중모음의 단모음화를 겪어 '시화'로 바뀌었다. 『향집』과 『향성』

의 차자표기 '愁伊禾'와 '愁伊花'의 용자는 모두 음독자이며 '*싀화'로 해독된다. '伊'는 하향 이중모음의 반모음 'j'를 적은 용자이다. 『향성』은 『향집』을 이어받아 표기한 것이다. 한편, 『동사』에는 '방가지풀'로 나타나는데 『한』에서도 '苦苣'를 '국화과 식물인 방가지풀['방가지똥'(『표』)]의 전초를 말린 것'으로 풀이하고 있다. 그런데 학명상으로 '苦苣'와 '방가지풀'은 다른 식물이다(상세 어휘사는 3.2 참조).

0133) 故鋸鐵齒

舊鋸子	오란톱			구간 6:20ㄴ
故鋸鐵齒		金部		동의 3:55ㄱ8

'鋸'를 핵심 어근으로 하는 한어명이다. 『구간』의 '오란톱'을 고려하면 『동의』의 '故鋸鐵齒'는 '鋸齒'가 '톱니'를 말하므로 '오래된 쇠톱의 이'를 뜻한다.

0134) 古鏡 / 銅鏡鼻

古鏡	눌ᄀᆞᆫ거우로			구간 1:111ㄱ
古鏡	오랜쇠거울	石部上品	鄕名	향성 77:592:1
銅鏡鼻		金部		동의 3:53ㄴ4
銅鏡鼻		金部		양금 514:4
錫銅鏡鼻	깨진구리거울꼭지	石部下品	鄕名	향성 77:597:3

'古鏡'은 '오래된 거울'을 말한다. 관련되는 어휘로 '銅鏡'류가 있다. 특이한 것은 한어명의 '鼻'가 고유어의 '꼭지'에 대응된다는 점이다. 일반적으로 청동거울의 뒷면에는 '꼭지'가 달리는데 이것이 한어명의 '鼻'에 대응된다. 잘 알려진 대로 '거우로 > 거울'의 어형 변화를 겪었다. '쇠거울'과 '구리거울'은 『표』에도 등재되어 있다. '거울꼭지'도 등재할 만하다.

0135) 苦梗 ☞ 桔梗
0136) 古老錢 ☞ 古文錢
0137) 苦靳 ☞ 水芹
0138) 菰根

103) 이런 판단은 『동의』와 『양금』은 목록과 대응되는 향약명 고유어가 거의 일치하는 점에 근거한다.

菰根		草部	동의 3:19ㄱ9
菰根		草部	양금 508:3

'菰根'은 『동의』와 『양금』에만 나오는 향약명이다. 볏과의 여러해살이 풀인 '줄(줄풀)'의 뿌리를 말한다. '眞菰', '沈苽' 등의 이칭이 있다(『표』).

0139) 故膩頭巾

故膩頭巾		人部	동의 1:31ㄱ2

'故膩頭巾'은 '오래 써서 반질반질한 두건'을 뜻한다. 『동의』에만 보이는 향약명이다.

0140) 苦茶 ☞ 茶

0141) 高良薑 ⇒ 紅荳蔲

高良薑	고량강		구간 2:54ㄱ
高良薑		唐 草部	동의 3:10ㄴ4
高良薑		唐 草部	양금 506:7
高良薑			경신 43ㄴ5
良薑	량강		구간 2:28ㄱ
良薑			제중 8:7ㄱ10
良薑		芳草	의종 7:7ㄴ4
良薑		芳草	방합 9ㄴ

'高良薑'은 '生薑'의 한 종류이다. 15세기부터 한어명으로만 쓰였고, 이칭으로는 '良薑'이 있는데 각각이 사용되는 시기에 차이가 있다. 씨를 '紅荳蔲'라 한다(아래 '紅荳蔲' 항목 참조).

0142) 苦練根 ☞ 練根

0143) 苽蔞根 ☞ 栝蔞

0144) 膏淋

膏淋	肉淋	又名	향구 중27ㄱ2
膏淋	디삼	草部	사의 1ㄴ2:7

'膏淋'은 병명으로 '淋疾'의 하나이다. 『향구』의 '肉林'은 '又名'이라 하여 이칭으로 기록된 것이

지만 『표』에 보이지 않는다. 『사의』에는 '디삼'으로 되어 있는데 근대국어를 거치면서 '지삼'으로 변했겠지만 어원을 알 수 없다.

0145) 故麻鞋底

故麻鞋底	삼으로겨른메트리챵		穀部		동의 1:21ㄴ3
故麻鞋底	삼으로결은며토리챵	千里馬 一名	穀部		양금 523:7
路傍草鞋	길ᄭᅠ애ᄇᆞ련ᄂᆞᆫ메트리				언구 하46ㄱ5
古麻鞋底	헌민투리바닥		草部下品之下	鄕名	향성 79:633:3
麻鞋履底	메트릿바당				구간 6:61ㄱ
産母鞋底	아기낟ᄂᆞᆫ어믜신챵				구급 하89ㄱ2
産母鞋底	아기낟ᄂᆞᆫ어믜신챵				구간 7:49ㄴ

한자어 '鞋'를 핵심 어근으로 모은 단어족이다. '메트리'와 '신챵'이 나온다. 이른 시기에는 '메트리'였다가 '미투리'로 바뀌었다. '신챵'이 15세기에도 사용되었음을 알 수 있다. '신창'은 신발에 덧대거나 까는 '신발창'을 말한다. 『동의』의 '겨른'은 '결-+-은'으로 분석되는데 어간 '결-'은 '짜다[織]'의 의미로 해석된다. '짚신 삼다'의 '삼-'과 같은 의미이다.

0146) 菰蔓 ☞ 菰
0147) 苦木 ☞ 椿木葉
0148) 古文錢

古老錢	오란돈			구간 3:2ㄴ
古文錢	靑桐錢 卽	金部		동의 3:53ㄴ9
古文錢	靑銅錢 卽	金部		양금 514:5
古文錢		金石		의종 7:48ㄱ6
古文錢		金石		방합 60ㄴ
古文錢	오랜엽전	石部下品	鄕名	향성 77:600:2
錢	돈			구급 하85ㄴ
錢	돈			구간 7:46ㄱ
靑錢	프른돈			구간 2:34ㄴ

15세기 『구간』에 '古老錢'이 『동의』에서 '古文錢'으로 바뀌어 후대에 이어진다. '靑桐錢'과 '古文錢'은 동의어이다. 『향성』의 '오랜엽전'은 일종의 번역어로 판단된다. 『구간』의 '靑錢'은 '靑銅

錢'의 줄임말이 아닐까 한다.

0149) 枯礬, 枯白礬 ☞ 白礬

0150) 故屛風紙

故屛風紙	늘ᄀᆞᆫ편풍앳죠히			구간 2:92ㄱ

'故屛風紙'는 '오래된 병풍의 종이'를 뜻한다. 『구간』에 보이는 향약명이다.

0151) 藁本 / 蒿茉

蒿茉	弓弓苗			촌구 4ㄴ3:3
蒿茉	弓弓苗		鄕名	촌가
蒿茉	地新草 숭의ᄂᆞᄆᆞᆯ		鄕名	촌가
藁本		草部		동의 3:7ㄴ6
藁本		草部		양금 505:4
藁本				제중 8:3ㄴ9
藁本		芳草		의종 7:7ㄱ4
藁本		芳草		방합 9ㄱ
藁本				경신 16ㄱ9
藁本	나물 산곽향 고본	草部中品之上	鄕名	향성 79:620:1

'藁本'은 산형과 여러해살이풀의 뿌리를 말한다. 『한』에 '산곽향'과 '鬼卿', '地新', '微莖' 등이 이칭으로 소개되어 있다. 따라서 『촌가』의 '蒿茉'이 '藁本'을 표기한 것임을 확실히 알 수 있다. '芎藭苗'는 '蘼蕪'의 이칭이다. 『촌구』의 기록을 검토해 볼 필요가 있다. '숭의나물' 역시 『촌가』에 보이지만 현대 국어 사전류에서는 확인이 어렵다.

0152) 故緋帛

故緋帛	비단조각	蟲魚部下品	鄕名	향성 83:694:3

'故緋帛'의 향약명을 '비단조각'으로 기록하고 있다. 그런데 분류 체계를 蟲魚部로 한 것은 의문이다.

0153) 苦參 ☞ 苦蔘

0154) 苦蔘

苦蔘	板麻		俗云	향구 목46ㄱ2
苦蔘	板麻		鄕名	향구 중19ㄱ6
苦蔘				향채 7월
苦蔘	板麻		鄕名	향채 3월
苦蔘	고숨			구급 하52ㄴ7
苦參	쁜너삾불휘			구간 1:98ㄱ
苦參	板麻			촌구 5ㄱ10:2
苦蔘	쁜너삼ᄲᅮᆯ휘			분온 22ㄱ
苦參	板麻 너삼		鄕名	촌가
苦蔘	쁜너삼불휘			간벽 16ㄱ
苦參	쁜너삼			언구 하41ㄱ11
苦參	쁜너삼불휘 水槐 一名 地槐 一名	草部		동의 3:2ㄴ6
苦參	쁜너삼			본목 12ㄱ9
苦蔘	쁜너삼불휘	草部		사의 1ㄱ4:9
苦參	쓴너숨블희 水槐 一名 地槐 一名	草部		양금 504:8
苦蔘	고들박이	菜部		양금 520:1
苦蔘	쓴너암나무뿌리니 도독놈의집퓡이			광향 3ㄱ03
苦參	쁜너숨불휘			제중 8:5ㄴ4
苦參	쁜너숨불휘	山草		의종 7:5ㄴ4
苦蔘	쁜너숨불휘	山草		방합 7ㄱ
苦蔘	쓴너삼ᄲᅮᆯ휘 水槐 一名 池槐 一名			경신 25ㄱ4
苦參	슨너삼			경국 72:4
苦參	슨너셤			경국 56:6
苦蔘	고삼 도둑놈외지퓡이 野槐			식휘 221
苦蔘	板麻 쓴너삼 도독놈의몽치	草部中品之上	鄕名	향성 79:615:3
苦蔘	도둑놈의집팽이 뱀의정자	草部中品之上	鄕名	향성 79:615:3
苦蔘	넓은잎능암 너삼 도둑놈의지팽이			식명 361
苦蔘	뱀의정자나무			식명 361
苦蔘	너삼			동사 75
苦蔘實		草部		동의 3:2ㄱ10

'苦蔘'은 '쓴너삼'이다. 이른 시기에는 '너삼'과 '쓴너삼'이 함께 쓰인 것으로 보인다. '水槐', '地槐', '野槐' 등의 이칭이 있다. 15세기부터 '쁜너삼' 형태가 굳어져 현대 국어에까지 이어졌다.

차자표기는 『향구』의 '板麻'가 그대로 이어졌는데 '*널삼'으로 해독되며 후대 차자표기는 당대의 현실음과 관계없이 '板麻'로 기록한 것으로 보인다.[104] 뿌리를 약재로 쓰는 까닭에 '불휘'를 결합한 형태로 더 많이 나타난다. 20세기에 오면 '도둑놈의지팡이', '도둑놈의몽치', '뱀의정자', '넓은잎능암' 등의 다양한 이칭이 생성된다. 『표』에 '도둑놈의갈고리'라는 식물이 등재되어 있음을 고려하면 이들도 등재할 만하다. 『식명』의 '넓은잎능암'은 북한말이다. 북한에서는 '너삼'을 '능암'이라고 한다(『샘』). 한편, 『양금』의 '고들박이'는 현대 국어의 '고들빼기'인데 이것의 한어명은 '苦菜'이므로 오기임이 분명하다(아래 '苦菜' 항목 참조).

0155) 枯蟬 ☞ 蟬蛻

0156) 故梳 / 木梳

故梳	늘근빗		구급 하67ㄴ1
故梳	늘근빗		구간 6:35ㄴ
舊木梳	오란얼에빗		구간 2:50ㄴ
多年木梳	여러힛무근얼에빗		구간 3:106ㄴ
木梳	얼에빗		구간 6:66ㄱ
象牙梳	샹아빗		구간 6:7ㄴ
弊馬梳	늘근물솔	獸部	사의 3ㄱ2:10

한어명의 '梳'를 어근으로 하는 단어족이다. 향약명으로 나타나는 '빗'의 어형들이다. 15세기 의서에 쓰였는데 『사의』 이후에 더 이상 이어지지 않는다. '梳'를 『사의』에서는 '솔'에 대응시켰다. 『구급』과 『구간』의 '빗'은 모두 '성상'을 나타내는 말이 결합되었으나, 『사의』의 '梳'는 '말'의 털을 빗는 '솔'로서 '용도'와 관련된다. '얼에빗'은 '빗살이 굵고 성긴 큰 빗'을 뜻하는 '얼레빗[月梳]'의 옛말이다.

0157) 羔兒酒 ☞ 酒

0158) 羖羊 ⇒ 羚羊角

羖羊角	수양의쁠	獸部		동의 1:47ㄴ10
羖羊角	수양의쁠	獸部		양금 528:10
羖羊角	숫양의뿔	獸部中品	鄕名	향성 81:660:1
羖羊肝		獸部		동의 1:48ㄱ6

104) 차자표기는 한글표기보다 보수성이 더 강하다. 20세기 자료 『향성』의 차자표기가 이를 잘 말해 준다.

羖羊肝	獸部	양금 529:1
羖羊脛骨	獸部	동의 1:48ㄴ6
羖羊骨	獸部	동의 1:48ㄴ4
羖羊骨	獸部	양금 529:1
羖羊膽	獸部	동의 1:48ㄱ7
羖羊膽	獸部	양금 529:1
羖羊頭	獸部	동의 1:48ㄱ2
羖羊頭	獸部	양금 528:10
羖羊髓	獸部	동의 1:48ㄴ1
羖羊髓	獸部	양금 529:1
羖羊屎	獸部	동의 1:48ㄴ9
羖羊腎	獸部	동의 1:48ㄱ10
羖羊心	獸部	동의 1:48ㄱ8
羖羊胃	獸部	동의 1:48ㄱ9
羖羊肉	獸部	동의 1:48ㄱ4
羖羊肉	獸部	양금 529:1
羖羊脂	獸部	동의 1:48ㄴ2
羖羊脊骨	獸部	동의 1:48ㄴ5
羖羊齒	獸部	동의 1:48ㄴ7
羖羊皮	獸部	동의 1:48ㄴ8
羖羊血	獸部	동의 1:48ㄴ3

'羖羊'은 '암양'을 말한다. 한자말에는 '빈양(牝羊)'이 있다. '羖羊'을 어근으로 하는 합성어들이 매우 많다. '양'의 여러 부위를 나타내는 한어명이 주로 『동의』에 표제어로 기록되어 있다.105) 대응되는 고유어가 있는 경우는 '羖羊角'인데 '숫양의 뿔'을 말한다. '羖羊'이 암수 양을 다 가리킨 것으로 판단된다. 관련 향약명 어휘인 '羚羊角'은 '산양의 뿔'로 나타나는바 이를 방증한다.

0159) 故魚網

魚網	고깃그믈		구급 상49ㄱ2
魚網	고기잡는그믈		구간 6:4ㄱ
故魚網	믈고기잡는오란그물	穀部	동의 1:21ㄴ5

105) 『동의』에는 동물의 부위를 나타내는 한어명 향약명이 다른 의서보다 아주 많이 표제어로 기록되어 있는데 『동의』의 향약명 수가 많은 한 이유이기도 하다.

故魚網	오란그믈	穀部		양금 523:8
古魚網	오랜그물	草部中品之下	鄕名	향성 79:626:1

'魚網'은 '고기 잡는 그물'을 말한다. 오래 된 것을 약재로 쓰는데 『동의』에서부터 '오란그믈'형 어휘가 형성되었다.

0160) 苦牛蒡實 ☞ 牛蒡子
0161) 苦薏 ☞ 甘菊
0162) 鼓子花 ☞ 旋花
0163) 苦杖 ☞ 虎杖根
0164) 古磚, 古塼 ☞ 磚
0165) 苦酒 ☞ 酒, 酢
0166) 苦竹葉

苦竹葉	오듁닙		언구 상34ㄴ8
苦竹葉	오듁	木部	동의 3:30ㄴ2
苦竹葉	오듁		본목 36ㄴ6
苦竹葉	오듁	木部	양금 510:3

'苦竹葉'은 '오죽의 잎'을 말한다. 『표』에서는 '苦竹'을 '왕죽, 참대, 참대나무, 황죽' 등의 이칭을 가진 대나무로 풀이하고 있다. 그런데 '왕죽'은 '烏竹'과 다르다. 의서의 '苦竹'은 '烏竹'으로 되어 있다. '烏竹'은 향약명 어휘의 목록에 보이지 않는다. 따라서 '苦竹'은 '烏竹'과 동의어였을 것으로 추정된다.

0167) 故甑蔽

故甑蔽	묵은시루방석	木部中品	鄕名	향성 80:648:3

'故甑蔽'은 '오래된 시루의 방석'이다. 『향성』에 '묵은시루방석'으로 되어 있다. '甑蔽'를 '시루방석'으로 대응시키고 있는데 '시루방석'은 '내용물이 시루 밑에 난 구멍으로 빠지지 않게 하려고 시루 밑에 까는 방석'(『샘』)이다. 『표』에 등재할 만하다.

0168) 苦菜 ⇒ 苦苣

苦菜	고ᄌᆞᆺ바기 遊冬葉 一名	菜部	동의 2:30ㄴ2
苦菜	고ᄌᆞᆺ바기		본목 27ㄱ7
苦菜	고ᄌᆞᆺ바기	菜部柔滑類	본정 상135
苦蔘	고들박이	菜部	양금 520:1

'苦菜'에 대응하는 고유어는 '고ᄌᆞᆺ바기'이다. '遊冬葉'의 '遊冬'은 '苦菜'의 이칭이다(『표』). '苦菜'는 다의어로 '씀바귀'와 '고들빼기'의 두 가지 의미를 가진다. 위의 예들은 '씀바귀'에 해당한다. 『표』에서 '고자빠기'를 '씀바귀'의 잘못된 말로 풀이하고 있고, 『동의』의 이칭 '遊冬'도 '씀바귀'인 점을 고려하면 '고ᄌᆞᆺ바기'는 '씀바귀'를 뜻함이 분명하다. 그런데 형태론적으로는 '고ᄌᆞᆺ바기'가 '고들빼기'형으로 교체되었을 가능성도 있다. 즉, '고ᄌᆞᆺ바기 > 고들박이 > 고들빼기'로 어형이 교체된 것으로도 볼 수 있겠다. '고ᄌᆞᆺ > 고들'을 음운 변화로는 설명하기 어렵다. 이은규(2015:208)에서는 '고들빼기'와 관련된 어휘로 『해동가요』의 '고돌싹이'와 『물명』의 '고돌비'를 들고 있다. 『양금』의 한어명이 '苦蔘'으로 된 것은 오기로 보인다. 다만 '고들박이'는 같은 단어족에 포함된다.[106]

0169) 藁薦 ☞ 薦席

0170) 蠱虫 ☞ 蠱蝕

0171) 蠱蝕

蠱蝕	노올굴인사ᄅᆞᆷ의게셔난벌에	蟲部	동의 2:16ㄴ4
蠱虫	노을든ᄉᆞ람의겨셔난버리	蟲部	양금 517:9

'蠱蝕'은 '蠱를 일으키는 蟲毒'으로 요즘의 '血吸蟲' 곧 '디스토마균'에 해당한다. 『동의』의 '노올 굴인'의 '노올'은 'ᄂᆞ올 > 노올 > 노을'의 어형 변화를 겪는다. '노올 굴-'이라는 관용적 표현이 있었다. 형태론적으로는 '노올굴-'이라는 통사적 합성어가 형성되고 피동 접미사 '-이-'가 결합되어 '노올굴이-'라는 동사가 생성되었다.

0172) 古炊箒 ☞ 灰

0173) 古厠木

106) 형태 '고돌-'을 상정하고 단어족을 구성해 볼 만하다. 『향구』와 『향채』의 차자표기 '蒺藜子 古冬非居參'에도 '고들-' 형태가 나타난다.

古厠木	오랜뒤깐말정	木部中品	鄕名	향성 80:649:1

'古厠木'은 『향성』에만 나오는 유일례이다. '오랜뒤깐말정'은 '오래된 뒷간의 말뚝이나 나무'를 뜻하는 것으로 추측된다(이은규 2019ㄱ:22 참조). '말정'은 '말뚝'으로 짐작된다.

0174) 故汗衣

故汗衣	눌근땀옷	구급 상16ㄱ3
故汗衣	오래땀무든옷	언구 상8ㄴ1
久汗衣	오래땀무든속옷	언구 상10ㄴ11

'汗衣'는 '땀받이'나 '땀이 밴 옷'이다. 이른 시기 의서에 나타난다.

0175) 古鞋底下土 ☞ 土

0176) 苦瓠 / 甛瓠 / 苦葫蘆

苦瓠	朴		俗云	향구 목49ㄱ2
苦瓠葉	朴葉			향구 상13ㄱ7
苦瓠	쁜박			구급 하46ㄴ
苦瓢	쁜박			구간 6:29ㄱ
苦瓠	쁜박			언구 하29ㄴ8
苦瓠	쁜박	菜部		동의 2:35ㄴ3
苦瓠	苦瓢		卽	향집 85:15ㄱ
苦瓠	쓴박	菜部		양금 520:9
苦瓠	古瓢 쓴박	菜部下品	鄕名	향성 85:715:1
甛瓠	둔박	菜部		동의 2:35ㄴ1
甛瓢	단박	菜部		양금 520:8
瓠子	조롱박			식명 283
瓢葉	박닙			구간 6:22ㄴ
苦葫蘆根	쁜박불휘			구급 하75ㄴ2
苦葫蘆根	쁜죠롱박불휘			구간 6:57ㄱ
苦葫蘆子	쁜죠롱박씨			구간 2:4ㄱ

'瓠'를 핵심 어근으로 하는 말에 '苦瓠 쓴박'과 '甛瓠 단박'이 있다. 『향구』의 차자표기는 '朴'인데 음독자로 '*박'으로 해독된다. 15세기부터 '苦瓠'는 '쓴박'형으로 나타나서 현대 국어까지

이어진다. '苦瓠'는 '박'과 동의어로 쓰인 것으로 판단된다. 『향구』의 차자표기가 이를 잘 말해 준다. 『향집』의 차자표기 '苦瓢'는 용자가 모두 석독자로 '*쓴박'으로 해독된다. 이를 이어받은 『향성』의 '古瓢'는 '苦'를 잘못 표기한 것으로 판단된다.[107] 『식명』의 '조롱박'은 '쓴박'과 다른 어휘인데 '瓠'의 새김 '박, 조롱박'을 그대로 인용하여 적은 것으로 보인다. 『구급』과 『구간』의 '苦瓠蘆'의 '瓠蘆'는 '호리병박'으로 '조롱박'과 같은 뜻이다(『표』). '쓴박'은 『표』에 없으며 '여주'의 북한말로 알려져 있다(『샘』). '여주'는 '박과의 한해살이풀'로 '苦瓜', '蔓荔枝' 등의 이칭이 있다.

<곡>

0177) 鵠 ☞ 天鵝
0178) 槲實, 槲若 ☞ 橡實
0179) 穀實, 穀 ☞ 楮實
0180) 穀賊

穀賊	곡식에몯내퓐이사기굳고ᄢᅵᄡᆞᆯᄒᆞᆫ것	구급 상46ㄱ2
穀賊	벼ᄭᆞᄉᆞ라기나보리ᄭᆞᄉᆞ라기나세고ᄡᆞᆯᄡᆞᆯᄒᆞᆫ것	언구 상29ㄴ
生穀賊	곡식에몯내염근거시라	구간 2:76ㄱ

'穀賊'은 '까끄라기'와 관련이 있다. '곡식의 까끄라기가 목구멍에 걸려 목에 열이 나고 부으며 아픈 병'을 이른다(『표』). 그런데 『구급』에는 '곡식에 몯내 퓐 이사기 굳고 ᄢᅵᄡᆞᆯᄒᆞᆫ 것'이라고 되어 있는데, 'ᄢᅵᄡᆞᆯᄒᆞ-'는 '깔깔하다'는 뜻으로 희귀어이다.

0181) 穀精草

穀精草	곡졍초		구간 2:93ㄱ
穀精草	고읫가ᄅᆞᆷ	草部	동의 3:22ㄴ8
穀精草	고읫가ᄅᆞᆷ		본목 17ㄴ10
穀精草	고윗가름	草部	양금 508:1
穀精草	고위긔뭄	隰草	의종 7:15ㄱ3
穀精草	고위긔뭄	隰草	방합 19ㄱ
穀精草	고윗가름 戴聖草 一名		경신 20ㄴ9

107) 『향성』 집필자의 차자표기에 대한 인식과 무관하지 않은 듯하다. 『향성』에 대해서는 이은규(2019ㄱ) 참조.

穀精草	고위깃몸꽃	草部下品之下　鄕名	향성 79:635:2

'穀精草'는 '곡정초과의 한해살이풀'이다. 15세기에도 한어명으로 쓰였는데 고유어는 『동의』에서 비롯된다. '고윗가ᄅᆞᆷ > 고위가름 > 고위긔뭄 > 고이깃몸 > 고위까람'의 변화 과정을 겪었다. '고윗'이 '고위'로 된 것은 어형 변화에 해당한다. '가ᄅᆞᆷ'이 '가름'을 거쳐 '긔몸'과 '깃몸'과 '까람'이 된 것은 어형 교체로 판단된다. 음운 현상으로 설명하기 어렵기 때문이다. 현대 국어 '고위까람'은 '별수염풀(별鬚髥풀)'이라는 이칭이 있다(『표』). 『경신』에 이칭 '戴聖草'가 기록되어 있는데, '文星草', '流星草'도 있다고 한다(『한』).

0182) 槲尖北陰白皮 ☞ 橡實

<곤>

0183) 坤草 ☞ 茺蔚子

0184) 昆布

昆布	다ᄉᆞ마머육		구간 2:80ㄱ
昆布		菜部	동의 2:36ㄴ1
昆布	곤포	菜部	양금 521:1
昆布	곤포		제중 8:21ㄱ6
昆布	곤포	水草	의종 7:20ㄴ9
昆布	곤포	水草	방합 26ㄴ
昆布	곤포	草部中品之下　鄕名	향성 79:622:3

'昆布'는 '다시마'를 말한다. 15세기에 '다ᄉᆞ마'로 나온다. 이후에는 한어명 '昆布'가 쓰였다.

<골>

0185) 骨碎補

骨碎補	골쇠보		구급 하20ㄱ3
骨碎補		唐　草部	동의 3:21ㄴ1
骨碎補		唐　草部	양금 508:7
骨碎補		石草	의종 7:21ㄱ6

骨碎補		石草	방합 26ㄴ

'骨碎補'는 '넉줄고사리의 뿌리'를 말한다(『표』). 『구급』 이래 한자음으로 나타난다.

<공>

0186) 魟魚 / 海鷂魚

魟魚	가오리	魚部	동의 2:4ㄱ1
魟魚	가오리	魚部	양금 515:6
魟魚	가오리		제중 8:20ㄱ2
魟魚	가오리	無鱗魚	의종 7:40ㄴ8
魟魚	가오리	無鱗魚	방합 51ㄱ
海鷂魚	가오리		본목 45ㄱ2

'魟魚'의 우리말은 '가오리'이다. 『동의』 이래 '가오리' 형태로만 나타난다. 이칭으로 '洪魚'와 '石礪'가 있다(『표』). 『본목』의 '海鷂魚'는 '海鷄魚'로 '가오리'를 이른다.

0187) 釭中膏 ☞ 車脂

0188) 空青 / 曾青

空青			石部	동의 3:45ㄱ10
空青	楊梅青 一名	唐	石部	양금 512:9
曾青			石部	동의 3:45ㄴ3
曾青	空青 同	唐	石部	양금 512:9

'空青'은 남동석으로 한어명으로만 쓰였다. 『한』에 따르면 '空青'과 '曾青'은 같은 약재이며, 이칭으로 '楊梅青'이 있다. 『동의』와 『양금』에만 나타난다.

<과>

0189) 瓜帶 ☞ 瓜蔕

0190) 蝌蚪 / 活師

蝌蚪	올창이		언구 하17ㄴ2

蝌蚪	올창이	虫部		사의 4ㄴ2:6
蝌斗	올창이			본목 42ㄱ3
蝌斗	올창이		俗	해혹 27ㄱ8
活師	올창이	蟲部		동의 2:16ㄴ1
活師	올챵이	蟲部		양금 517:8
活師	兀蒼伊 올챙이	蟲魚部下品	鄉名	향성 83:694:3

'蝌蚪'는 '올챙이'이다. 이른 시기의 '올창이'에서 '올챙이'로 어형 변화를 겪었다. 근대국어 시기 이후의 움라우트를 겪은 것이 표준형이 되었다. 『향성』의 차자표기 '兀蒼伊'는 모두 음독자로 '*올창이'로 해독된다.

0191) 蜾蠃 ☞ 蠮螉
0192) 瓜蔞 ☞ 栝樓
0193) 瓜蔞根, 瓜蔞紛, 瓜蔞實, 瓜蔞仁 ☞ 栝蔞
0194) 寡婦床頭塵土 ☞ 土
0195) 過山龍 ☞ 茜根
0196) 瓜子菜 ☞ 馬齒莧
0197) 瓜蔕

瓜帶	ᄎᆞ밋고고리			구간 2:4ㄱ
瓜蔕	ᄎᆞ밋고고리			구간 1:110ㄱ
瓜蒂末	ᄎᆞᆷ외고고리ᄀᆞᄅᆞ			언구 하28ㄱ5
瓜蒂末	ᄎᆞᆷ외곡지ᄀᆞᄅᆞ			언구 상2ㄱ7
甛瓜蔕	ᄎᆞᆷ외고고리 苦丁香 一名	菜部		동의 2:28ㄴ7
瓜蔕	眞瓜蔕		卽	향집 85:2ㄴ
瓜蔕	외곡지	菜蔬部		사의 3ㄴ2:5
瓜蔕	참외곳지	菜部		양금 519:8
瓜蔕	참외꼭지			제중 8:11ㄱ7
瓜蔕	참외곡지	苽果		의종 7:34ㄱ1
瓜蔕	참외곡지	苽果		방합 42ㄱ
瓜蒂	ᄎᆞ뫼곡지 苦丁 一名			경신 18ㄱ1
眞苽蔕	ᄎᆞᆷ외곡지			경국 70:11
眞苽蒂	ᄎᆞᆷ의꼭지			경국 119:10
瓜蔕	참외꼭지	菜部上品	鄉名	향성 85:709:3
眞瓜蔕	참외꼭지	菜部上品	鄉名	향성 85:709:3

'瓜蒂'는 '참외꼭지'이다. 현대 국어 의서 『향성』에는 한어명이 '眞苽蒂'로 나타나기도 한다. 이칭으로 '苦丁香'이 있다. 형태 '츰외'는 어형 교체를 보이지 않는다. 후부 요소인 '곡지'는 '고고리'와 교체된다. 즉 15세기 의서에는 '고고리'형이 쓰였고, 『언구』에 와서 '곡지'가 나타나 '고고리'와 함께 쓰이다가 『사의』 이후 '곡지'형으로 완전히 교체된다.

<곽>

0198) 藿

藿菜	멱육		경국 24:9
藿	콩닙 곽 머여		자석 328

'藿'은 '콩잎'을 말한다. 『경국』의 '멱육'과 『자석』의 '머여'는 분명히 같은 어원인 듯하나 정확한 형태가 무엇인지 확인이 어렵다.

0199) 藿菜 ☞ 藿

0200) 藿香

藿香		唐 木部	동의 3:32ㄴ8
藿香		唐 木部	양금 510:8
藿香			제중 8:4ㄴ7
藿香		芳草	의종 7:9ㄱ4
藿香		芳草	방합 11ㄴ
藿香			경신 44ㄴ7

'藿香'은 '꿀풀과의 여러해살이풀'이다. 이칭으로 '土藿香', '排草香' 등이 있다고 한다. 『동의』에서부터 나오며 한어명으로만 쓰였다. '방아풀'이라는 우리말과 동의어라고 한다(『한』).

<관>

0201) 鸛骨

鸛骨	한새	禽部	동의 1:39ㄴ2
鸛	환시		본목 46ㄴ10

鸛骨	황새		禽部	사의 3ㄱ1:6
鸛骨	황식		禽部	양금 527:6

'鸛骨'은 '황새'를 뜻한다. '鸛'의 새김과 음이 '황새 관'이다. 『훈몽』(초 상8)에도 '한새 관'으로 나온다. 우리말 형태는 '한새'와 '황새'가 나타난다. 『사의』와 『양금』에서 '황새'로 어형 교체되어 현대 국어로 이어진다.

0202) 款冬花 / 款花 / 白菜

款冬花	관동화			구간 2:25ㄱ
款冬花	顆冬 一名		草部	동의 3:11ㄱ2
款冬花	顆冬 一名	唐	草部	양금 506:8
款花				제중 8:9ㄴ7
款花			隰草	의종 7:13ㄴ8
款花			隰草	방합 17ㄴ
款冬花	顆冬花 一名			경신 36ㄴ7
白菜	머휘		菜部	동의 2:36ㄴ8
白菜	머휘		菜部	양금 521:2

'款冬花'는 '말린 머위의 꽃봉오리'를 이른다. 이칭으로 '顆冬花'가 있다. 『동의』와 『양금』에는 '白菜'가 '머휘'임을 밝히고 있다. '머휘'는 '머위'를 말하는데 국화과의 여러해살이풀을 이른다. 한어명 이칭이 '款冬'이다.

0203) 罐子

小長罐	져고맛대항		구간 7:71ㄱ
罐子	탕관	俗	해혹 6ㄱ5

'罐子'는 사전류에서 찾기 어렵다. 대응하는 향약명이 '탕관'으로 되어 있는데 '약을 달이는 용기'이다.

0204) 管仲 ☞ 狗脊

0205) 貫衆 / 薇 ⇒ 狗脊

貫衆	牛高非	鄕名	향채 2월

貫衆	관즁				구급 상48ㄱ3
貫衆	회초밋불휘				구간 6:10ㄱ
貫衆	牛高非				촌구 3ㄴ8:1
貫衆	牛高非			鄕名	촌가
貫衆	廻初音			鄕云	신마
貫衆	회초밋불휘	黑狗脊 一名	草部		동의 3:17ㄴ3
貫衆	牛高非			鄕名	향동 79:45ㄴ
貫衆	회초밋불휘				본목 11ㄴ4
貫衆	회춈		草部		사의 1ㄴ3:2
貫衆	회초밋블희	草鴟頭 一名 黑狗脊 一名	草部		양금 507:5
貫中	회초밋불휘	黑狗脊 一名	山草		의종 7:2ㄴ10
貫衆	회초밋불휘	黑狗脊 一名	山草		방합 3ㄴ
貫衆	회초밋불휘	黑狗脊 一名 貫節 一名			경신 28ㄱ5
貫衆	회춈이				경국 119:12
貫衆	회초밑뿌리		草部下品之上	鄕名	향성 79:629:3
薇	회초미		菜部		동의 2:34ㄴ8
薇	회초미				본목 27ㄴ4
薇	회초미	大巢菜 一名	菜部柔滑類		본정 상136
薇	회쵸미		菜部		양금 520:7

'貫中'은 '면마과의 여러해살이풀'이다. 위에 제시된 이칭 '草鴟頭', '貫節', '黑狗脊' 등은 현대 국어 사전류에 보이는데 『본정』의 '大巢菜'는 찾기 어렵다. 이 밖에 알려진 이칭으로는 '貫渠' '百頭', '貫仲' 등이 있다(『한』). 우리말은 '쇠고비'형과 '회초미'형이 있다. 15세기 『향채』의 차자표기 '牛高非'의 '牛'는 석독자, '高非'는 음독자로 '*쇠고비'로 해독된다. 『구간』의 '회초미'를 통해서 15세기에 '쇠고비'와 '회초미'가 공존했음을 알 수 있다. 그러다가 15세기 이후에는 '쇠고비'는 더 이상 나타나지 않는다. 『향동』에 기록된 차자표기 '牛高非'는 앞선 시기의 차자표기를 그대로 전사한 것으로 판단된다.

'회초미'는 『표』를 비롯한 현대 국어 사전류에 보이지 않는다. 『표』에는 '貫衆'만 등재되어 있고 '회초미'에 대한 정보는 전혀 없다. '회초미'는 뿌리를 약재로 쓰기 때문에 '불휘'가 결합된 복합어가 형성되어 쓰였는데 15세기부터 나타나다가 형태 변화나 교체 없이 현대 국어로 이어졌다. 주목할 만한 기록은 『신마』의 차자표기 '廻初音'과 『사의』의 '회춈'이다. '廻初音'은 모두 음독자이고 '音'은 말음표기 'ㅁ'이므로 '*회춈'으로 해독된다. 『사의』의 한글표기 '회춈'과 일치한다. 결국 '회촘'이라는 형태가 실존했음을 알 수 있다. 이 '회촘'에 접미사 '이'가 결합해서 '회초미'기 되었을 것으로 추정된다. 한편, 『박통사언해』(중34)의 '져기 고사리치 회초미치 두룹치 삽듀치롤 사오라'에 '회초미치'가 보이는바 참고된다(상세 어휘사는 3.2 참조).

0206) 款花 ☞ 款冬花

<괄>

0207) 栝蔞 / 瓜蔞 / 天花粉

栝蔞	天原乙		鄕名	향구 중28ㄱ3
苦蔞	天原乙		鄕名	향구 중28ㄱ5
栝蔞	天原乙		鄕名	향구 하39ㄱ1
栝蔞	天乙根		俗云	향구 목46ㄱ1
苦蔞	天叱月乙			향구 상10ㄱ10
括樓				향채 7월
括樓根	天叱月伊		鄕名	향채 2월
苽蔞根	과루ᄀᆞᆫ			구급 하33ㄴ4
括蔞	괄루			구급 하5ㄱ2
菰蔞	하ᄂᆞᆳᄃᆞ래			구간 1:22ㄱ
菰蔞根	하ᄂᆞᆳᄃᆞ랫불휘			구간 6:22ㄴ
生菰蔞根	ᄂᆞᆯ하ᄂᆞᆳᄃᆞ랫불휘			구간 3:44ㄱ
黃菰蔞	누른하ᄂᆞᆳᄃᆞ래			구간 3:56ㄴ
苦蔞	天叱他里			촌구 3ㄱ8:3
天圓子	天乙他里			촌구 4ㄴ9:3
苦蔞	天叱他里 하ᄂᆞᆯ타리		鄕名	촌가
天圓子	天乙他里 하ᄂᆞᆯ타리		鄕名	촌가
瓜蔞根	하ᄂᆞᆯ타리블휘			산경 522
瓜蔞	과루			언두 하6ㄴ
瓜蔞根	과루근			언두 하62ㄴ
瓜蔞仁	하으타리ᄡᅵ	草部		사의 2ㄱ3:1
瓜蔞根	하ᄂᆞᆯ타리불휘 天花粉 果嬴 天瓜 一名	草部		동의 3:2ㄱ6
瓜蔞紛		草部		동의 3:2ㄱ5
瓜蔞實		草部		동의 3:2ㄱ10
瓜蔞仁	瓜蔞實 卽	草部		동의 3:2ㄴ3

栝蔞	하눌타리불휘		우마 12ㄱ
栝樓	하놀타리		본목 20ㄱ7
瓜蔞	과루		마초 하17ㄱ
瓜蔞	하늘ᄐᆞ리블희 天花粉 一名	草部	양금 504:8
天瓜	하놀타리		방유 3:28ㄴ
瓜蔞	하놀타리ᄡᅵ		제중 8:15ㄴ03
瓜蔞	하눌타리		물보 10
栝蔞	하눌탈이		물명 79
瓜蔞	하날타리ᄡᅵ	蔓草	의종 7:18ㄴ4
瓜蔞	하날타리ᄡᅵ	蔓草	방합 23ㄴ
瓜蔞仁	天圓子 一名		경신 36ㄱ3
苽蔞仁	하놀ᄃᆞ래씨		경국 74:4
瓜蔞根	하놀타리		경국 80:11
苽蔞根	天叱月伊 한울타리뿌리	草部中品之上 鄕名	향성 79:615:2
栝樓	과루인 천화분 쥐참외		식명 232
栝樓	하늘타리 과루근 하늘수박		식명 232
瓜蔞	苦蔞根 苦蔞仁 씨 苦蔞皮 껍질		동사 154
瓜蔞	하늘타리열매		동사 154
栝樓	하늘타리열매 栝樓仁 하늘타리씨		동사 160
天圓子	하늘타리열매		동사 821
括樓	藥果 野考 瓜 天化粉		약식 101
括樓	하늘타리 하늘수박 苦瓜		약식 101
天花粉	텬화분		언두 하5ㄱ
天花粉	하놀타리불휘	草部	사의 1ㄴ1
天花粉	쳔화분		마초 하5ㄱ
天花粉	하놀타리불휘가로 瓜蔞根 卽		제중 8:10ㄱ4
天花粉	하날타리불휘 苽蔞根 卽	蔓草	의종 7:18ㄴ5
天花粉	하날타리불휘 苽蔞根 卽	蔓草	방합 23ㄴ
天花粉	하날타리불휘가로 瓜蔞根 卽 天瓜 一名		경신 35ㄴ10
天花粉	하늘타리뿌리		동사 820

'栝蔞'는 '하늘타리'이다. '瓜蔞'와 '天圓子'가 표제어로 함께 나타난다. 이들은 모두 이칭 관계에 있다. '하늘타리'의 뿌리를 약재로 쓰기 때문에 '불휘' 형태가 결합하여 합성어로 쓰였다. '天花粉'은 '하늘타리 뿌리를 말려서 만든 가루'로(『표』) '栝蔞'와 구분되었다. 『향구』의 차자표

기 '天原乙', '天叱月乙'는 각각 '*하ᄂᆞᆯ달', '*하ᄂᆞᆳ달'로 해독되고 『향채』의 '天叱月伊'는 '*하ᄂᆞᆯᄃᆞᆯ이' 그리고 『촌가』와 『촌구』의 '天叱他里'는 '*하ᄂᆞᆳ타리', '天乙他里'는 '*하ᄂᆞᆯ타리'로 해독된다. '天, 原, 月'은 석독자이고 나머지 용자는 모두 음독자이다. '叱'은 'ㅅ'음을 '乙'은 'ㄹ'음을 나타낸다. 한글 표기 형태는 '하ᄂᆞᆯ > 하늘'의 음운 변화를 반영한 것 외에는 달라진 것이 없이 현대 국어로 이어진다. 현대 국어 자료에 '쥐참외'가 나온다. 하지만 의서에는 '쥐참외'가 '王瓜'의 고유어로 나타난다.[108] '하늘수박'은 경상·전라 방언으로 알려져 있다(『샘』). 그리고 『표』에 '하늘타리'와 '하눌타리'가 다 표제어로 등재되어 있다.

<광>

0208) 獷 ☞ 黃鼠

0209) 穬麥 ⇒ 大麥

穬麥	것보리	穀部		동의 1:25ㄴ2
穬麥	米麰		鄕名	향집 84:29ㄴ
穬麥	것보리			본목 24ㄱ3
穬麥	봄보리	穀部麻麥類		본정 상115
穬麥	것보리	穀部		양금 524:5
穬麥	겉보리	米穀部中品	鄕名	향성 84:706:3

'穬麥'은 '겉보리'를 이른다. '봄보리'는 『본정』에만 나타난다. 『표』에도 '이른 봄에 씨를 뿌려 첫여름에 거두는 보리'라는 뜻의 '봄보리'만 등재되어 있고 한어명 '穬麥'은 없다. 『동의』부터는 '겉보리'가 쓰이고 현대 국어까지 이어진다. 일반적으로 '보리'는 알이 껍질에서 잘 떨어지는지에 따라 '쌀보리'와 '겉보리'로, 파종 시기에 따라 '가을보리'와 '봄보리'로 나눈다(『표』). '겉보리'는 '탈곡을 할 때 겉껍질이 벗겨지지 아니하는 보리'로 이칭으로는 '皮麥'이 있다(『표』). 『신간구황촬요』에도 '것ᄡᅥ리'가 나온다. 『향집』의 차자표기 '米麰'의 용자는 모두 석독자이며 '*ᄡᆞᆯ보리'로 해독된다.

0210) 光明白礬 ☞ 白礬

108) 『표』에서는 '하늘타리'의 동의어로 '과루, 괄루, 오과, 쥐참외, 천원자, 큰새박, 하눌타리' 등 여러 이칭을 소개하고 있다. 이들의 의미 관계를 분석해 볼 필요가 있다.

0211) 光粉 ☞ 鉛

<괴>

0212) 槐

槐	廻之木		俗云	향구 목47ㄴ3
槐	회홧 괴			훈몽 상10ㄴ
槐	회화			언구 하42ㄱ6
槐	괴화나무 회			자석 169
槐	회나무 괴화나무 槐樹			식휘 222
槐	회화나무 괴화 괴각 괴미꽂봉오리			식명 291
槐	속단			동사 148
槐膠		木部		동의 3:26ㄴ2
槐膠	홰나무진	木部上品	鄕名	향성 80:638:1
槐根	홰나무뿌리	木部上品	鄕名	향성 80:637:3
槐米	홰나무꽃			동사 149
槐尨	홰나무꽃			동사 150
槐白皮	槐花木皮		鄕名	향채 12월
槐白皮	회화남긧힌거플			구간 6:24ㄱ
槐白皮		木部		동의 3:26ㄴ1
槐白皮		喬木		의종 7:24ㄴ6
槐白皮		喬木		방합 31ㄱ
槐白皮	홰나무속껍질			동사 149
槐樹	회화나모			방유 4:20ㄴ
槐實	회화나무여롬 槐角 一名			산경 495
槐實	회화나모여름 槐角 一名	木部		동의 3:26ㄱ6
槐實	회화나모여름 槐角 一名 莢 卽 宁官 又	木部		양금 510:1
槐實		喬木		의종 7:24ㄴ6
槐實		喬木		방합 31ㄱ
槐實	홰나무열매	木部上品	鄕名	향성 80:637:3
槐實	홰나무열매			동사 149
槐鵝	홰나무꽃			동사 150
槐茸	회화나모버슷	木部		사의 2ㄴ1:10
槐耳		菜部		동의 2:36ㄱ1
槐子	괴자			구급 상58ㄱ2

槐子	괴화삐			구급 하81ㄴ8
槐子	회화삐			구간 7:19ㄴ
槐子	회화여름			구간 7:29ㄴ
槐枝		木部		동의 3:26ㄱ10
槐枝		喬木		의종 7:24ㄴ6
槐枝		喬木		방합 31ㄱ
槐枝	홰나무가지	木部上品	鄕名	향성 80:637:3
新生槐枝	올히난회홧가지			구급 상30ㄱ3
新生槐枝	새로도둔회홧가지			구간 2:34ㄱ
槐皮	홰나무껍질	木部上品	鄕名	향성 80:637:3
槐花	괴화			구급 하60ㄱ
槐花	회화나못곳			구간 1:16ㄴ
槐花	회홧곳			구간 2:88ㄱ
槐花	회화			구간 3:93ㄴ
槐花	槐鵝 一名			산경 495
槐花	회화			언구 하36ㄱ2
槐花	槐鵝 一名	木部		동의 3:26ㄴ3
槐花	회화나모쏫			제중 8:9ㄱ9
槐花	회화			물보 11
槐花	회화나모쏫	喬木		의종 7:24ㄴ5
槐花	회화나모쏫	喬木		방합 31ㄱ
槐花	회화나모쏫 槐鵝 一名			경신 40ㄱ3
槐花	홰나무꽃	木部上品	鄕名	향성 80:638:1
槐花	홰나무꽃 괴아 회화나무			약식 25
槐花	홰나무 槐角 槐米 꽃봉오리			약식 25

'회화나무'는 15세기 이래 어형을 그대로 유지한다. 초기에 '괴화'형이 쓰이기도 하고 이 형태가 후대 의서에 기록되기도 하지만 드물다. 『향구』의 '廻之木'은 '*횟나모'로 해독된다. '之'는 고대 차자표기에서 관형격을 나타낸 용자이다. 『향채』의 '槐花木皮'는 '*회화나뭇겁질'로 해독되는데 당대의 어형을 잘 보여준다. '회화나무'는 잎, 꽃, 껍질, 열매 등 약재로 사용되는 부위가 다양하여 복합어 형성도 생산적이다. 그에 따른 이칭도 별도로 있어서 열매는 '槐角', 꽃은 '槐鵝' 혹은 '槐米'이다. 『양금』에 보이는 이칭 '守官'이 특이하다.

0213) 槐豆 ☞ 決明子

0214) 魁蛤 ☞ 瓦壟子

<교>

0215) 咬犬取腦

咬犬取腦	믄가히머릿골슈			구간 6:40ㄱ

설명형 향약명이다. '개가 물었을 때 그 개의 머리 골수'를 말한다.

0216) 交藤 ☞ 何首烏

0217) 蕎麥

蕎麥	木麥		俗云	향구 목48ㄴ5
蕎	모밀 蕎麥 俗呼			훈몽 상12ㄴ
蕎麥	木麥		鄕名	산경 128
蕎麥	모밀	穀部		동의 1:26ㄱ1
蕎麥	木麥		鄕名	향집 84:30ㄱ
蕎麥	모밀			본목 24ㄱ4
蕎麥	모밀	穀部麻麥類		본정 상115
蕎麥	모밀	穀部		양금 524:6
蕎麥	모밀			제중 8:22ㄱ1
蕎麥	모밀			물보 5
蕎麥	모밀			물명 73
喬麥	모밀		俗	해혹 6ㄴ4
蕎麥	모밀	麻麥稻		의종 7:35ㄱ6
蕎麥	모밀	麻麥稻		방합 43ㄴ
蕎麥	모밀			식휘 130
蕎麥	木麥 모밀	米穀部中品	鄕名	향성 84:706:3
蕎麥	메밀 蕎子 메밀			동사 88
花麥	메밀			해혹 27ㄴ10
蕎麥粉	모밀ᄀᆞᄅᆞ			언구 하17ㄴ8
蕎麥麵	모밀ᄀᆞᄅᆞ	穀部		동의 1:26ㄱ3
大麥麪	모밀가로	穀部		양금 524:7
蕎麥麪		麻麥稻		의종 7:35ㄱ6

蕎黍囊	모밀느정이		산경 243
蕎麥穰	모밀느정이	穀部	동의 1:26ㄱ5
大麥穰	모밀는졍이	穀部	양금 524:7
蕎麥葉	모밀닙	穀部	동의 1:26ㄱ4

'蕎麥'은 '모밀'이다. 『향구』, 『산경』, 『향집』, 『향성』의 차자표기 '木麥'은 '*모밀'로 해독된다. 이 '모밀'이 현대 국어까지 어형 변화나 교체 없이 이어지고, 20세기에 와서 '메밀' 형태가 생성되어 공존한다. '모밀 > 메일'의 어형 변화를 겪은 것이다. '蕎麥穰'은 '모밀느정이'인데 '느정이'는 '줄기'를 나타내는 옛말이다. 한편, 『산경』의 '蕎黍囊'은 '蕎麥穰'의 오기가 분명하다. 또한 『양금』에서는 '大麥麪'과 '大麥穰'을 각각 '모밀가로'와 '모밀는졍이'로 기록하고 있는데 '大麥'은 '蕎麥'을 잘못 기록한 것으로 판단된다. '大麥'은 '보리'를 뜻하는 것은 물론 『양금』이 『동의』를 그대로 따른다는 점을 고려할 때 분명하다.

0218) 巧婦鳥 / 鷦鷯 ⇒ 蒿雀

巧婦鳥	볍새	禽部	동의 1:40ㄱ4
巧婦鳥	볍시	禽部	양금 527:7
鷦鷯	볍시	禽部原禽類	본정 하225
鷦鳥	뱝새		경국 27:13

'볍새'는 '뱁새'를 말한다. 한어명 이칭이 '鷦鷯', '巧婦鳥', '鷦鳥' 등 여럿 나타난다.

0219) 鮫魚 ⇒ 鱣魚

鮫魚	교어		구급 하57ㄴ8
鮫魚	사어	鱗部無鱗魚類	본정 하208
鮫魚	상어		사의 25ㄴ3
鮫魚	샹어	虫部	사의 4ㄴ3:5
鮫魚	사어		제중 8:19ㄴ3
鮫魚	亽어	無鱗魚	의종 7:41ㄱ2
鮫魚	亽어	無鱗魚	방합 51ㄱ
鮫魚肉		魚部	동의 2:2ㄴ9
鮫魚肉	사어고기	魚部	양금 515:4
鮫魚皮	사어겁질		언구 하26ㄴ9

鮫魚皮	사어피	魚部		동의 2:2ㄴ7
鮫魚皮	사어피	魚部		양금 515:4
鮫魚皮	상어껍질	蟲魚部中品	鄕名	향성 83:687:2

'鮫魚'는 '상어'이다. 의서의 기록으로는 '사어 > 상어'의 어형 변화를 겪은 것으로 판단된다. 『사의』의 '상어'는 좀더 정밀한 추정이 필요하다. 복합어로 '鮫魚肉'과 '鮫魚皮'가 나타난다.

<구>

0220) 狗 ⇒ 犬

狗	가히			훈몽 상19ㄴ
狗	개			언구 상29ㄱ9
狗	개			본목 49ㄴ5
狗子	강아지			구간 1:34ㄴ
狗腦	개골	獸部中品	鄕名	향성 81:661:2
狗膽	개쓸개	獸部中品	鄕名	향성 81:661:2
狗頭骨	개머리뼈	獸部中品	鄕名	향성 81:661:2
狗毛	가히터리			구간 6:45ㄴ
狗寶		獸部		동의 1:52ㄱ3
狗寶		獸部		양금 529:4
狗糞	가히쫑			구급 하61ㄴ7
狗糞	개쫑			언구 하26ㄱ10
狗四脚蹄	개의네다리굽	獸部中品	鄕名	향성 81:661:3
狗蠅	개프리			본목 40ㄴ8
狗屎中骨	개똥속에든뼈	獸部中品	鄕名	향성 81:661:3
狗心	개염통	獸部中品	鄕名	향성 81:661:2
狗涎	개춤			언구 상29ㄱ9
狗肉	가히고기			구급 하61ㄱ1
狗肉	개고기			언구 하25ㄴ7
狗肉	개고기	獸部中品	鄕名	향성 81:661:3
抱狗子	강아지			구간 1:34ㄴ

'狗'는 '개'를 뜻한다. 중세국어에는 '가히'였는데 'ㅎ' 탈락, 이중모음의 단모음화 등 어형 변화를 겪어 '개'가 된 것이다. 개의 여러 부위를 약재로 쓰는 까닭에 다양한 합성어가 형성되어

나타난다. 이를테면 '狗寶'는 '개의 쓸개 속에 든 결석' 이른다(『표』). 『본목』의 '狗蠅 개프리'는 흥미롭다. 현대 국어 사전류에서는 '개파리'를 찾기 어렵다. 강원 방언의 '개파리'는 '개구장이'를 뜻한다(『샘』). '개프리'는 '개에게 꼬여드는 파리'를 뜻하는 것으로 추정된다. 사전에 등재할 만하다. '抱拘子'는 '강아지'를 이르는데 『구간』에만 보인다.

0221) 鳩 / 斑鳩 / 鵓鴿 / 白鴿 / 鳴鳩

鳩肉	비둘기고기	林禽		의종 7:44ㄱ5
鳩肉	비둘기고기	林禽		방합 55ㄱ
斑鳩肉	뫼비들기	禽部林禽類		본정 하226
斑鳩	뫼비둘기	禽部		사의 3ㄱ1:3
斑鷦	묏비둘기부희니 斑鳩 卽	禽部		동의 1:38ㄴ4
斑鷦	묏비듥기부흰것 斑鳩 一名	禽部		양금 527:3
鵓鴿	흰묏비둘기	禽部		동의 1:38ㄴ8
鵓鴿	흰묏비듥기	禽部		양금 527:4
鵓鴿糞	左蟠龍 名 野鴿糞 卽	禽部		동의 1:38ㄴ9
白鴿	흰집비둘기	禽部		동의 1:38ㄴ6
白鴿	白鳩		卽	향동 82:12ㄱ
白鴿	집비듥기흰것	禽部		양금 527:3
白鴿	흰집비둘기	禽部下品	鄕名	향성 82:674:2
白鴿糞		禽部		동의 1:38ㄴ7
白鴿肉	집비들기	禽部原禽類		본정 하224
鳴鳩肉	벅국시	禽部林禽類		본정 하227
鳴鳩	법국새			본목 48ㄴ4

'비둘기'와 관련된 향약명들이다. '비둘기', '묏비둘기', '집비둘기' 등이 한어명에 대응하여 나타난다. 『본정』과 『본목』의 '벅국시'는 '뻐꾸기'를 말하는데 한어명 '鳴鳩'는 '비둘기'를 뜻한다. 잘못 기록한 것으로 짐작된다. 『동의』의 '묏비둘기부희니'는 설명형 향약명인데 '묏비둘기 # 부희-+-ㄴ # 이'로 분석된다. '부희-'는 '부옇다'는 뜻의 옛말이다. 『표』에 따르면, '鳴鳩', '斑鳩'는 '염주비둘기'와 동의어이다. '鵓鴿糞'의 '鵓鴿'은 '사람의 집에 사는 비둘기를 통틀어 이르는 말'이다(『표』). 곧 '집비둘기'를 뜻한다. '鵓鴿糞'은 '집비둘기의 똥'이다. 이칭으로 나오는 '左蟠龍'은 『지』에 나오는데 '野鴿糞'은 보이지 않는다.

0222) 鷗 / 白鷗肉

鷗	ᄀᆞᆯ며기			본목 47ㄱ9
白鷗肉	ᄀᆞᆯ며기	禽部		동의 1:40ㄴ7
白鷗肉	갈먹이고기	禽部		양금 527:10

'鷗'는 '갈매기'를 뜻한다. 이전 시기 형태는 'ᄀᆞᆯ며기'였다. 'ᄀᆞᆯ며기 > 갈매기'의 어형 변화를 거쳤다. 『동의』에서부터 보인다.

0223) 龜 / 水龜 / 秦龜

龜甲	거붑의당아리			구간 7:57ㄱ
龜甲	남셩의등겁질 神屋 一名	蟲部		동의 2:6ㄱ8
龜甲	남셩의등겁즐	蟲部		양금 516:2
龜甲	남셩의등겁질			제중 8:10ㄴ3
龜甲	남싱의등겁질	龜鱉		의종 7:41ㄴ4
龜甲	남싱의등겁질	龜鱉		방합 52ㄱ
龜甲	남셩의겁질 神屋 一名			경신 26ㄱ10
龜	남셩이			경국 18:6
龜甲	거북등껍질	蟲魚部上品	鄕名	향성 82:677:2
龜尿		蟲部		동의 2:6ㄴ5
龜肉		蟲部		동의 2:6ㄴ4
龜肉	남셩의고기	蟲部		양금 516:3
龜肉	쟈라고기	龜鱉		의종 7:41ㄴ8
龜肉	쟈라고기	龜鱉		방합 52ㄱ
龜板	남셩의빗바당	蟲部		동의 2:6ㄴ1
龜板	남셩의비밧탕	蟲部		양금 516:2
龜板		龜鱉		의종 7:41ㄴ5
龜板		龜鱉		방합 52ㄱ
龜膠		龜鱉		의종 7:41ㄴ5
龜膠		龜鱉		방합 52ㄱ
水龜	남셩이			본목 45ㄴ3
秦龜	산에잇는거북	蟲魚部上品	鄕名	향성 82:677:3

'龜'는 '남성이'이다. 『구간』에 '거붑'으로 나오는데 『표』에 따르면 '거북'보다 좀더 작은 것을 말한다. '남셩 > 남성 > 남성이 > 남생이'의 어형 변화를 겪었다. 『동의』에 '龜甲'의 이칭 '神屋'이

나오는데 『한』에서는 '龜板'의 이칭으로 소개하고 있다. 『동의』와 『양금』의 '바당'과 '밧탕'은 '바닥'이라는 뜻이다. '바당 > 바탕'의 어형 변화를 겪었다.

0224) 韭 / 薤

韮	厚菜			향구 상4ㄴ5
韮	厚菜		俗云	향구 목49ㄱ5
韮菜	구치			구급 하42ㄴ7
韭	염교			구간 6:35ㄱ
韭菜	염교			구간 1:17ㄱ
韮	염교			구간 2:16ㄴ
韭	염규			분온 4ㄴ
韮	염교			훈몽 상13ㄱ
韭	염규			간벽 15ㄴ
韭	부칙			산경 149
韭	부칙			언두 하40ㄱ
韭	蘇勃		鄕名	향집 85:10ㄱ
韭	蘇勃		鄕名	향동 85:10ㄴ
韭	부칙	菜蔬部		사의 3ㄴ1:6
韭	부칙			제중 8:14ㄴ06
韭	졸			물보 6
韭	부칙			물명 64
韭	부칙	葷辛菜		의종 7:28ㄴ2
韭	부칙	葷辛菜		방합 36ㄱ
韭	부칙			경신 45ㄴ4
韭	蘇粅 염지 졸 정구지	菜部中品	鄕名	향성 85:712:3
韭	부추			식명 347
韮菜	부칙			언구 상31ㄱ9
韭菜	부칙	菜部		동의 2:32ㄱ6
韭菜	부칙	菜部葷菜類		본정 상126
韭菜	부체			두경 62ㄴ
韭菜	부칙	菜部		양금 520:3
韮菜	부취			광향 4ㄱ03
韭菜	부칙			방합 323
韮菜	뎡구지			경국 55:8
韭根	부칫불휘			구급 상24ㄱ4

韭菜根	구ᄎᆡᆺ불휘			구급 하67ㄱ8
韭根	염곶불휘			구간 1:82ㄴ
韮根	부치			경국 96:1
韭頭露	염교앳이슬			구간 6:84ㄴ
韭白	덩구지			경국 64:10
韭葉	부ᄎᆡᆺ닙			구급 상24ㄱ4
韭葉	구챗닙			구급 하95ㄱ
韭葉	염곶닙			구간 1:82ㄴ
韭子	부치ᄡᅵ	葷辛菜		의종 7:28ㄴ4
韭子	부치ᄡᅵ	葷辛菜		방합 36ㄱ
韭菜子		菜部		동의 2:32ㄱ10
韭黃	염곶누른고기양			구간 1:41ㄴ
辣韭薤	부치 졸			두경 14ㄱ
薤白	海菜白根			향구 상6ㄱ1
薤白	해ᄎᆡᆺ믿			구급 하15ㄱ1
薤白	부치믿힌ᄃᆡ			구간 3:119ㄴ
薤白	부ᄎᆡᆺ믿힌ᄃᆡ			구간 6:10ㄴ
薤白	염교			언구 상28ㄱ8
韮白	부치밑			언구 상28ㄱ8
薤白	염교	菜部葷菜類		본정 상127
薤白	염교		俗	해혹 7ㄱ3
薤	海菜		俗云	향구 목49ㄱ4
薤	解菜		鄕名	향구 중19ㄱ2
薤	解菜		鄕名	향구 중19ㄴ6
薤	解菜		鄕名	향구 하38ㄱ3
薤	염규			구급 하78ㄱ
薤	부치			구간 1:44ㄴ
薤	부치			분온 4ㄴ
薤	부치			훈몽 상13ㄱ
薤	힉치			간벽 15ㄴ
薤	염교			산경 149
薤	염교			언두 하40ㄱ
薤	付菜		鄕名	향집 85:10ㄴ
薤	염교			본목 26ㄱ6
薤	염교 火			물보 6
薤	염교		俗	해혹 9ㄴ2

薤	염교 野頭子			식휘 84
薤	付菜 부추 염교	菜部中品	鄕名	향성 85:713:1
薤菜	염교	菜部		동의 2:32ㄴ1
薤菜	염교	菜蔬部		사의 3ㄴ2:6
薤菜	염교	菜部		양금 520:3
韭汁	염굣즙			구급 상19ㄴ5
韭菜汁	부ᄎᆡ즙			언구 상36ㄴ5
韭汁	염굣즙			구간 1:50ㄱ
韭汁	부ᄎᆡ즙			언구 상11ㄱ3
薤葉	부ᄎᆡᆺ닙			구간 1:42ㄱ
薤汁	부ᄎᆡᆺ즙			구간 6:45ㄱ
薤汁	쉰칠국			언구 상2ㄱ9

‘韭’와 ‘薤’를 핵심 어근으로 하는 단어족이다. 다양한 복합어가 생성되어 쓰였다. ‘韮’, ‘韮菜’, ‘薤’, ‘薤菜’에 대응되는 고유어는 ‘염교’와 ‘부ᄎᆡ’로 나타난다. 그리고 ‘염지’는 함경방언이고 ‘ᄌᆞᆯ’은 충청방언 그리고 ‘정구지’는 경상방언인데 현대 국어에도 남아 있다. 현대 국어 표준어는 ‘부추’이다. 『향구』의 차자표기 ‘厚菜’는 ‘*후ᄎᆡ’로, ‘海菜’와 ‘解菜’는 ‘*해ᄎᆡ’로 해독된다. 『향집』과 『향동』의 차자표기 ‘蘇勃’, 『향성』의 ‘蘇勅’은 모두 방언형 ‘ᄌᆞᆯ’을 기록한 것으로 추정되는바 ‘*ᄉᆞᆯ’로 해독된다. ‘勃’은 고대국어 차자표기에 말음 ‘ㄹ’을 적는 용자였다. 다만, 『향성』의 ‘勅’는 근거를 찾기 어려운데, ‘勃’을 잘못 표기한 것일 가능성이 높다. 『식휘』의 ‘野頭子’는 사전류에서 찾기 어렵다.

0225) 龜甲 ☞ 龜

0226) 舊鋸子 ☞ 故鋸鐵齒

0227) 久乾猪糞 ☞ 猪糞

0228) 九孔螺 ☞ 石決明

0229) 韭根, 韮根 ☞ 韭

0230) 枸杞子 / 仙人杖 ⇒ 地骨皮

枸杞子				촌구 5ㄱ1:3
枸杞子			鄕名	촌가
枸杞子	괴좃나모여름 地仙 一名 仙人杖 一名	木部		동의 3:26ㄴ4
枸杞	괴좃나모	木部		사의 2ㄴ1:3
枸杞子	괴좃나무여름 地仙 一名 仙人杖 一名	木部		양금 509:7

枸杞	괴좃나모여름			제중 8:11ㄴ9
枸杞	구긔ᄌᆞ여름	灌木		의종 7:27ㄱ4
枸杞	구긔ᄌᆞ여름	灌木		방합 34ㄱ
枸杞子	괴좃나모여름 地仙 一名 仙人杖 一名			경신 39ㄱ4
枸杞	구긔자 괴좃나무열매	木部上品	鄕名	향성 80:638:1
枹杞根皮	구긔ᄌᆞ나모불휘겁질			언구 하18ㄴ4
仙人杖		苞木		의종 7:28ㄱ8
仙人杖		苞木		방합 35ㄴ
仙人杖	저절로죽은댓순	木部中品	鄕名	향성 80:647:2

'枸杞子'는 한자 차용어이다. '구긔자 > 구기자'의 어형 변화를 겪은 것 말고는 이른 시기 형태가 지금도 그대로 쓰인다. '枸杞' 혹은 '枸杞子'가 다 '구긔자여름'으로 나타난다. 이칭으로는 '地仙'과 '仙人杖'이 있다. 대응되는 고유어는 '괴좃나무'이다. 이 향약명도 형태 변화 없이 현대 국어에 이어져 사용된다. 『표』에 '구기자'는 등재되어 있지만 '괴좃나무'는 없는바 등재할 만하다. 『향성』의 설명형 향약명 '저절로죽은댓순'은 '저절로 # 죽-+-은 # 댓순'으로 분석되는데 '枸杞子'와 상관없는 듯하다.

0231) 枸杞酒 ☞ 酒

0232) 龜尿 ☞ 龜

0233) 韭頭露 ☞ 韭

0234) 鉤藤 ☞ 釣藤

0235) 瞿麥 / 蘧麥 / 石竹花

瞿麥	鳩目花		俗云	향구 목46ㄱ4
瞿麥	石竹花			향구 중18ㄴ8
瞿麥	石竹花		俗云	향구 목46ㄱ4
瞿麥	석듁화			구간 7:19ㄴ
瞿麥	셕듁화여름			구간 7:14ㄱ
瞿麥	石竹花			촌구 4ㄴ8:2
瞿麥	石竹花 셕쥭화		鄕名	촌가
瞿麥	石竹花 一名			산경 513
瞿麥	구믹			언두 하18ㄴ
瞿麥	셕듁화			언구 상41ㄴ9
瞿麥	셕듁화 石竹 一名	草部		동의 3:4ㄴ2

瞿麥	셕듁화		본목 17ㄱ2
瞿麥	구ᄆᆡᆨ		마초 하60ㄴ
瞿麥	셕쥭화 石升 一名	草部	양금 504:10
瞿麥	셕쥭화		제중 8:15ㄱ09
瞿麥	펴량이쏫		물명 67
瞿麥	石竹花子		해혹 1ㄴ8
瞿麥	셕듁화 石竹花 一名	隰草	의종 7:14ㄱ4
瞿麥	셕듁화 石竹花 一名	隰草	방합 18ㄱ
瞿麥	셕쥭화 石竹 一名		경신 32ㄴ9
瞿麥	패링이풀 셕쥭화		식휘 143
瞿麥	石竹花 석죽화 패랑이꽃	草部中品之上 鄕名	향성 79:617:1
瞿麥	구름패랭이꽃 술패랭이꽃		식명 507
瞿麥	참술패랭이꽃 참대풀		식명 507
瞿麥	패랭이꽃		동사 929
瞿麥	술패랭이		야화 24
瞿麥穗	셕듁화이삭		구간 3:91ㄴ
瞿麥葉		草部	동의 3:4ㄴ6
瞿麥子		草部	동의 3:4ㄴ5
蘧麥	거ᄆᆡᆨ		구급 하39ㄱ7
蘧麥	석듁화여름		구간 7:14ㄱ
蘧麥	셕듁화		구간 3:78ㄴ

'瞿麥'은 『구급』과 『구간』의 한어명 이칭 '蘧麥'을 제외하면 줄곧 한어명 '石竹花'와 함께 쓰였다. '패랭이꽃'이다. 『향구』에 한어명 이칭 '石竹花'와 차자표기 '鳩目花'가 함께 나타난다. '鳩目花'는 유일례이어서 해독이 어렵다. '鳩目'의 용자가 석독자인지 음독자인지 알 수 없다. '*구목화'로 음독해 둔다(이은규 1993:36-37 참조). 이처럼 '瞿麥'은 이른 시기부터 '石竹花'와 동의어로 사용되었고, 『동의』 무렵까지 한어명으로만 쓰이다가 이후 '패랭이꽃'형이 생성되어 한어명과 공존하고 있다. 현대 국어에 와서 '참술패랭이꽃', '구름패랭이꽃', '술패랭이꽃' 등과 같은 고유어 이칭도 생성되었다.

0236) 韭白, 韮白, 韭葉 ☞ 韭
0237) 舊木梳 ☞ 故梳
0238) 灸蘇 ☞ 薄荷

0239) 救月杖

救月杖	월식할때에만든집팽이	木部中品	鄕名	향성 80:649:1

'救月杖'는 『향성』에만 나오는 향약명이다. '월식할 때에 만든 지팡이'를 뜻한다. '집팽이'는 '지팡이'에 움라우트 현상이 반영된 것이다.

0240) 氍毹 ☞ 毾㲪

0241) 龜肉 ☞ 龜

0242) 蚯蚓 / 白頸蚯蚓 / 六一泥 ⇒ 地龍

蚯蚓	居兒乎		俗云	향구 목49ㄴ4
蚯蚓	居乎			향구 상4ㄴ9
蚯蚓	地龍子		一名	향구 목49ㄴ4
蚯蚓	土龍		一名	향구 목49ㄴ4
蚯蚓	것위			구급 하43ㄴ8
蚯蚓	겄위			구간 3:80ㄴ
蚯蚓	디롱이			분온 24ㄱ
蚯	거싀 구			훈몽 상21ㄴ
蚓	거싀 인			훈몽 상21ㄴ
蚯蚓	디룡이			언구 상41ㄴ9
蚯蚓	디룡이 地龍 一名	蟲部		동의 2:13ㄴ8
蚯蚓	지룡이			본목 42ㄱ8
蚯蚓	地龍	虫部		사의 4ㄱ4:2
蚯蚓	지룡이	蟲部		양금 517:4
蚯蚓	디룡이			제중 8:16ㄱ5
蚯蚓	지룡이	化蟲		의종 7:38ㄴ4
蚯蚓	지룡이	化蟲		방합 48ㄱ
蚯蚓	디룡이 地龍 一名			경신 27ㄴ6
蚯蚓	지렁이 토룡 지룡 백경구인			동사 774
蚯蚓糞	것위똥			구급 하73ㄱ4
蚯蚓糞	겄위똥			구간 6:61ㄴ
蚯蚓糞	디룡의똥			언구 하43ㄴ3
蚯蚓濕糞	저즌디룡의똥			언구 하44ㄱ9
蚯蚓屎		蟲部		동의 2:14ㄱ2
蚯蚓屎	六一泥 一名 蚓螻 一名			경신 27ㄴ7

白頸蚯蚓	목힌것위			구간 3:90ㄴ
白頸蚯蚓	흰띄지렝이	蟲魚部下品	鄕名	향성 83:690:2
六一泥	경구밧틔蚯蚓			경사 49:2

'蚯蚓'은 '지렁이'를 말한다. 『향구』에 한어명 '地龍子'와 '土龍' 그리고 차자표기 '居兒乎'와 '居乎'가 나와서 고대국어 당시 어형을 추정할 수 있다. '居兒乎'는 15세기의 '것위'에 대응된다. 이은규(1993:169)에서는 고대국어 음운체계를 고려하여 '居兒乎'를 '*거스구'로 재구하였다. 이는 현대 국어의 방언형 가운데 2음절 초성이 'ㅅ'인 형태의 소급형에 해당한다.[109] 즉, '거수에, 거수의 거시, 거시랑, 거시랑치, 거시랭이, 그시, 꺼싱이, 꺼생이' 등이 그러하다(김병제 1980 참조). 15세기부터 한자어 '지룡'에 접미사 '이'가 결합한 파생어 '지룡이'형이 '것위'형과 함께 쓰인 것으로 판단되는데 의서에는 주로 '지룡이'형으로 나온다. 현대 국어에 들어와서 '지룡 > 지렁'의 어형 변화를 겪어 지금의 '지렁이'가 형성되었다. 한편, 제주 방언에는 이 어형 변화를 겪지 않은 '지룡이', '지룽이'가 남아 있다(『샘』). 『구간』의 '목힌것위'는 흥미로운 향약명이다. 20세기 의서 『향성』의 '흰띄지렝이'로 이어진다.

0243) 韭子 ☞ 韭
0244) 韮子 ☞ 破古紙
0245) 狗子 ☞ 狗
0246) 九節者 ☞ 菖蒲
0247) 狗精 ☞ 牡狗
0248) 舊竈門上黃泥 ☞ 伏龍肝
0249) 口中涎及唾 / 口津

口中涎及唾	입에춤	人部	동의 1:31ㄱ6
口中涎及唾	입의츰	人部	양금 525:7
口津	입에춤	人	의종 7:47ㄱ4
口津	입에춤	人	방합 59ㄱ

한어명이 다르지만 '입에춤'은 '사람의 침'을 말한다.

0250) 韭汁 ☞ 韭

109) 2음절 초성이 'ㄱ'인 방언형으로는 '걸갱이, 걸껑이, 껄갱이, 끈깽이' 등이 있다.

0251) 口津 ☞ 口中涎及唾

0252) 九眞藤 ☞ 何首烏

0253) 韭菜, 韮菜, 韭菜根, 韭菜子 ☞ 韭

0254) 狗脊 / 管仲 ⇒ 貫衆

狗脊		草部	동의 3:6ㄴ3
狗脊	金毛狗脊 一名	草部	양금 505:2
管仲	狗脊 一名		해혹 24ㄴ10
狗脊	貫仲 一名	山草	해혹 2ㄴ9
狗脊		山草	방합 3ㄴ

'狗脊'은 '고빗과의 여러해살이풀'이다. 우리말로는 '고비'이다. 의서에 '고비'는 나타나지 않는다. 『해혹』에서는 '管仲', '貫仲'과 동의어로 파악한 듯하다. 이 이칭들은 사전류에서 찾기 어렵다.

0255) 舊漆器

舊漆器	녯칠혼긔구	구급 하95ㄱ8
舊漆器	늘근옷칠혼그릇	구간 7:64ㄱ

'舊漆器'는 어근 '漆器'에 접두사 '舊'가 결합된 것이다. 『구급』과 『구간』에 설명형 향약명으로 나타난다.

0256) 龜板 ☞ 龜

0257) 久汗衣 ☞ 故汗衣

0258) 韭黃 ☞ 韭

0259) 鵁鶄

鵁鶄		禽部	동의 1:39ㄴ9
鵁鶄	慧鳥 一名	禽部	양금 527:7

'鵁鶄'은 '붉은왜가리'이다(『지』). 『양금』에 기록된 이칭 '慧鳥'는 사전류에 잘 보이지 않는다. 『표』에는 '붉은왜가리'가 등재되어 있고 이칭으로 '紫鷺'가 나온다.

0260) 蠷螋 / 蚰蜒

蠷螋	影良汝乙伊	俗云	향구 목49ㄴ1

蠖螋	影亇伊汝乙伊			향구 상5ㄱ2
蠼	그르메너흐리			훈몽 상22ㄱ
螋	그르메너흐리			훈몽 상22ㄱ
螋蠼	글음에 蜈蚣 又名			산경 443
蠼螋	ᄌᆞ짓벌네			광향 23ㄱ5
蠼螋	그림아 집게벌애			물명 50:9
蠼螋	그리마		俗	해혹 7ㄴ9
蠷螋	影汝訖 그리마 설설이	蟲魚部中品	鄕名	향성 83:688:2
蚰	지차리 유			훈몽 상12
蚰蜒	유연			구급 하43ㄴ
蚰蜒	진뒤		卽	촌구 32ㄴ6
蚰蜒	지차리			언구 상32ㄴ1
蚰蜒	그림아			본목 42ㄱ7

‘蠼螋’는 ‘집게벌레’를 이른다. 먼저 고유어를 살펴보면, 『향구』의 차자표기는 후대형 ‘그르메너흐리’의 소급형이다. ‘影良汝乙伊’는 ‘*그리마너을이’로 ‘影亇伊汝乙伊’는 ‘*그리매너을이’로 해독된다. 16세기 자료 『훈몽』에 ‘그르메너흐리’로 되어 있다. 이후 형태 교체를 겪는바, ‘그르메너흐리 > 그리마’로 ‘그르메’가 ‘그리마’로 교체되고 ‘너흐리’가 절단되어 후대에 이어진다. 여기에 『향구』의 ‘影良’이나 ‘影亇伊’를 ‘*그리마’로 해독할 단서가 있다.[110] 즉, 고대국어 시기에 이미 ‘*그리마’ 형태가 있었을 것으로 추정된다. 또 『훈몽』의 ‘지차리’ 역시 ‘그리마’이다. 따라서 적어도 16세기에는 ‘蠼螋’를 뜻하는 고유어로 ‘그리마’, ‘그르메너흐리’, ‘지차리’ 세 형태가 공존했다고 판단된다. 이후 ‘지차리’는 소멸되고 19세기에 ‘그르메너흘이’는 ‘그리마’에 합류하며, 동시에 새로운 형태 ‘집게벌애’가 생성되어 ‘그리마’와 공존하게 된다. 현대 국어에도 ‘집게벌레’와 ‘그리마’가 다 쓰인다. 그런데 『표』에 따르면 ‘집게벌레’와 ‘그리마’는 다른 동물이다. ‘집게벌레’는 ‘蠼螋’로 ‘민집게벌레, 수협자, 협충’ 등의 동의어를 가지고 있으며, ‘그리마’는 ‘蚰蜒’으로 그리마과의 동물이다. 결국 이전 시기에는 ‘그리마’가 ‘蠼螋’와 ‘蚰蜒’을 뜻하는 다의어였을 가능성이 매우 높다. 한편, 『광향』에는 ‘ᄌᆞ짓벌네’가 나온다. ‘ᄌᆞ짓’는 『훈몽』에 나오는 ‘蠖’의 새김 ‘자재’와 같은 형태이다. ‘ᄌᆞ짓벌네’도 어형 교체를 거쳐 ‘자벌레’가 된다. ‘蠖’의 현대 국어 새김이 ‘자벌레’이다. 『촌구』의 ‘진뒤’는 ‘진드기’를 이른다[‘螕 진뒤 비 『훈몽』(초 상12)]. 오기로 짐작된다. 하지만 『훈

110) 이렇게 해독하는 것은 고대국어 차자표기에서 ‘良’은 ‘[*아]’, ‘亇’는 [*마]로 읽히고, 이 향약명의 후대형에 ‘그르마’가 없고 ‘그리마’만 있기 때문이다.

몽』의 예보다 앞선다. 『향성』의 '설설이'는 '설서리'로 보이는데 '그리마'의 평북방언이다(『표』).

0261) 鉤鵅 / 瑦鵂 / 鵂鶹

瑦鵂	부헝이			본목 49ㄱ6
鵂鶹	부렁이	禽部		사의 3ㄱ1:8
鉤鵅	付凰 부헝이	禽部下品	鄕名	향성 82:675:3

『사의』의 '鵂鶹'는 '올빼밋과의 부엉이를 통칭하는 개념'이다(『표』). 대응되는 향약명이 '부렁이'로 나오는데 이것이 방언형인지 아니면 '부헝이'의 오기인지 불분명하다. 『본목』과 『향성』의 '鉤鵅'과 '瑦鵂'는 현대 국어 사전류에서 찾기 어렵다. 『표』에 '부엉이'의 이칭으로 '鵋鵙'와 '木兎'가 소개되어 있다. 『향성』의 차자표기 '付凰'은 '*부헝'으로 해독된다.

<국>

0262) 麴 / 神麴 / 神曲

麯	누륵			구급 하10ㄱ4
麴	누룩	穀部		동의 1:24ㄴ8
麴	누룩			본목 25ㄴ4
麴	누록 麴完 粽子 黃衣 一名	穀部		양금 524:4
麴	누룩	米穀部中品	鄕名	향성 84:706:3
神麴	됴ᄒᆞᆫ누룩			구급 하96ㄱ7
神麴	누룩			구간 7:65ㄱ
神麴	약의드ᄂᆞᆫ누룩	穀部		동의 1:24ㄴ10
神麴		穀部		양금 524:5
神麴	약의드ᄂᆞᆫ누록			제중 8:7ㄴ3
神麴	약의드ᄂᆞᆫ누록	造釀		의종 7:36ㄴ6
神麴	약의드ᄂᆞᆫ누록	造釀		방합 45ㄴ
神曲	5월五日別造曲	穀部		사의 3ㄱ3:4
神曲	약의드ᄂᆞᆫ누룩			경신 31ㄴ8

'누룩'은 15세기부터 지금까지 형태를 그대로 유지하고 있다. '神麴'은 특히 '소화약으로 쓰는 누룩'을 말한다. 의서에도 '약의 드ᄂᆞᆫ 누룩'으로 되어 있다. 『사의』의 '5월 五日 別造曲'은 '누룩'을

만드는 시기를 설명한 것이다.

0263) 麯 ☞ 麴
0264) 國老 ☞ 甘草
0265) 菊花 ☞ 甘菊
0266) 菊花水 ☞ 水
0267) 菊花酒 ☞ 酒

<군>

0268) 莙薘

莙薘	근대	菜部		동의 2:35ㄱ6
莙菜	근대			본목 27ㄱ3
莙薘	근뒤	菜部葷菜類		본정 상134
莙薘	근뒤	菜部		양금 520:8

'莙薘'은 명아줏과의 두해살이풀로 '근대'이다. 현대 국어에서도 '근대'로 쓰인다.

<궁>

0269) 芎藭 / 江籬 / 雀腦芎 ⇒ 蘼蕪

芎藭	芎乙草			향구 하34ㄴ2
藭芎	蛇避草		俗云	향구 목45ㄴ4
藭芎	蛇休草		俗云	향구 목45ㄴ4
藭芎	蛇避屮		朱書	향채 3월
藭芎	蛇休屮		朱書	향채 3월
芎藭	궁궁			구급 상56ㄱ7
芎藭	궁궁잇불휘			구간 7:7ㄴ
京芎	궁궁잇불휘			구간 2:8ㄴ
芎藭	궁궁			분온 15ㄴ
芎藭	궁궁이	草部		동의 2:43ㄴ10
芎藭	궁궁이			우마 7ㄱ
芎藭	궁궁이			본목 13ㄱ6

芎藭	궁궁		마초 하21ㄴ
芎藭	궁궁이	草部	양금 504:1
芎藭	궁궁이		물명 97
芎藭	궁궁이뿌리	草部上品之下　鄕名	향성 78:609:2
芎藭苗	궁궁이싹		동사 105
江籬	궁궁이싹		동사 41
雀腦芎	궁궁이		동사 687

'芎藭'은 한자 차용어이다. 우리말 '궁궁이'는 어근 '芎藭'에 접미사 '이'가 결합된 파생어이다. 15세기에 생성된 어휘인데 현대 국어에도 그대로이다. 그러나 『향구』의 차자표기 '芎乙草', '蛇避草', '蛇休草'는 어형이 다르다. '芎乙草'는 '궁궁'과 관련 있을 듯하지만 전혀 그렇지 않다. '乙'이 결합된 것은 선행 한자어 '芎'을 석독하여 'ㄹ'로 끝나는 말로 읽으라는 뜻이기 때문이다. 이은규(1993:38-40)에서는 '蛇休草'는 '*뱀말플'로 재구하였다. '芎乙草'는 '*궁을초'로 재구했지만 분명하지 않으며, '蛇避草'는 해독을 하지 못했다. '避'와 '休'의 의미론적 연관성을 가지고 같은 어형으로 재구할 수도 있으나 분명한 근거가 없다(상세 어휘사는 3.2 참조).

0270) 弓弩弦 / 弓弦

弓弦	활시울		구급 하45ㄱ6
弓弦	활시울		언구 상28ㄴ1
弓弩絃	활와놋시울		구급 하86ㄱ
弓弩弦	쇠놋긴		구간 7:46ㄱ
弓弩弦	활시울		구간 7:34ㄱ
弓弩弦	활시위	草部下品之下　鄕名	향성 79:635:1
斷弓絃	그츤활시울		구간 2:97ㄱ

'弓弩'는 '활과 쇠뇌를 아울러 이르는 말'이다. 의서에서는 '활시울' 즉 '활시위'로 나온다. 『표』에는 '弓弦'이 '활시위'로 되어 있다. 『구간』의 '그츤활시울'은 '끊어진 활시울'이다. 15세기 의서 『구급』, 『구간』에 나오다가 20세기 『향성』으로 이어진다.

0271) 窮衣 ☞ 蛇床子
0272) 宮脂 ☞ 槖脂
0273) 弓弦 ☞ 弓弩弦

<권>

0274) 卷柏 / 佛手草

卷栢	부텨손플		구간 7:69ㄱ
卷栢	부텨손	草部	동의 2:43ㄱ4
卷柏	부쳐손		본목 23ㄱ10
卷柏	부텨손	草部苔類	본정 상111
卷栢	부쳐손	草部	양금 503:10
拳栢	부텨손	苔草	의종 7:21ㄱ8
拳栢	부텨손	苔草	방합 27ㄱ
卷柏	부텨손		경신 41ㄴ4
卷柏	부처손	草部上品之上 鄕名	향성 78:609:3
佛手草	부쳐손	草部	사의 1ㄴ4:4

'卷柏'은 '부처손'을 말한다. 15세기 '부텨손'에서 음운 변화를 겪어 '부처손'으로 되어 지금에 이른다. 『사의』에는 '佛手草'라 되어 있는데 이는 고유어 향약명 '부쳐손'을 음차 표기한 것으로 일종의 차자표기로 판단된다. '佛手'라는 형태는 '불수감나무'에만 나온다(『표』).

0275) 拳栢 ☞ 卷柏
0276) 卷凡 ☞ 百合
0277) 卷耳 ☞ 蒼耳子

<궐>

0278) 鱖魚

鱖魚	소가리 鱖豚 一名 錦鱗魚 卽今	魚部	동의 2:2ㄴ10
鱖魚	소가리		본목 44ㄱ5
鱖魚	소괄이	鱗部魚類	본정 하205
鱖魚	소가리	魚部	양금 515:4
鱖魚	소가리 錦鱗魚 卽		제중 8:19ㄴ4
鱖魚	소가리 錦鱗魚 卽	魚	의종 7:39ㄴ9
鱖魚	소가리 錦鱗魚 卽	魚	방합 49ㄴ
鱖魚	所加里 쏘가리	蟲魚部中品 鄕名	향성 83:687:3
鱖魚膽	소가릐쁠게		언구 상30ㄱ4

鱖魚膽		魚部		동의 2:3ㄱ2

'鱖魚'는 16세기 『훈몽』에 '소과리'로 나온다. 의서에는 『동의』에서부터 '소가리'형이 나오며 『향성』에 이르기까지 형태를 유지한다. 현대 국어 표준어는 '쏘가리'이다. 『동의』에 한어명 이칭 '鱖豚', '錦鱗魚' 등이 나오고 후대 문헌에 인용된다.

0279) 鱖魚膽 ☞ 鱖魚

0280) 蕨菜

蕨菜	고사리	菜部		동의 2:34ㄴ6
蕨	고사리			본목 27ㄴ3
蕨菜	고사리	菜部柔滑類		본정 상135
蕨菜	고ᄉᆞ리	菜部		양금 520:6
蕨菜	고ᄉᆞ리			제중 8:23ㄴ8
蕨菜	고ᄉᆞ리	柔滑菜		의종 7:30ㄱ8
蕨菜	고ᄉᆞ리	柔滑菜		방합 38ㄱ
蕨	고사리	菜部上品	鄕名	향성 85:712:1
蕨根	고사리불휘	草部		사의 2ㄱ1:5

'蕨菜'는 '고사리'이다. 15세기 문헌에도 나타난다. '고사리' 형태가 현대 국어에 이어진다.

0281) 蹶兎 ☞ 兎

<궤>

0282) 麂肉

麂肉	효근노로	獸部	동의 1:47ㄴ8
麂肉		獸部	양금 528:10

'麂肉'은 『동의』에 '효근노로'로 나온다. 흥미로운 점은 '麂'의 현대 국어 새김이 '큰 노루'라는 점이다. 『동의』에서 '작다'는 뜻의 '효근'을 결합한 근거를 찾기 어렵다. 『지』에서는 '노루고기'로만 풀이되어 있다.

<귀>

0283) 鬼臼 ☞ 天南星
0284) 鬼眼睛 ☞ 田螺
0285) 鬼箭, 鬼箭羽 ☞ 衛矛
0286) 鬼煎木 ⇒ 衛矛

鬼煎木	횃닙ᄂᆞ무	경국 142:11

'鬼煎木'은 『경국』에만 나온다. 현대 국어 표준어는 '회잎나무'이다. 의서에는 '衛矛'의 이칭인 '鬼箭'이 나오는데 우리말은 '화살나무'이다. 그런데 '鬼煎'과 '鬼箭'은 같은 노박덩굴과의 낙엽 활엽 관목이다(『표』). 학명도 거의 같고 『표』의 풀이말도 거의 동일하다. 둘 사이의 관계는 식물학적 분석을 요한다. 이런 사실을 바탕으로 『향성』에는 '鬼箭'의 이칭으로 '홋닢나무'가 기록되어 있는데 '鬼煎'의 '회잎나무'가 아닐까 추정해 본다('衛矛' 항목 참조).

0287) 鬼皂莢 ☞ 皂莢
0288) 鬼髑髏 ☞ 桃
0289) 鬼齒

鬼齒	흙속에무친썩은댓뿌리골	木部中品	鄕名	향성 80:649:1

'鬼齒'는 '혀밑샘의 결석과 비슷한 것으로 혀밑샘 부위에 돌처럼 딱딱한 멍울이 생기는 병증'이다(『지』). 그런데 『향성』의 설명형 향약명은 '흙속에무친썩은댓뿌리골'이어서 전혀 다르다. 이는 '흙 # 속에 # 무친 # 썩은 # 댓뿌리 # 골'로 분석된다. '鬼齒'가 사전류에 잘 나오지 않아서 좀더 추정해 볼 필요가 있다.

<규>

0290) 葵莖灰 ☞ 灰
0291) 葵子 ⇒ 冬葵子

陳葵子	過冬葵	향구 중27ㄴ6
葵	아옥	구급 하81ㄱ7
葵	아옥	훈몽 상15ㄱ
葵	아혹	언구 상30ㄴ11

葵根	아혹불휘		구간 3:72ㄱ
葵子	阿夫實	俗云	향구 목49ㄱ5
葵子	규ᄌᆞ		구급 상67ㄱ
葵子	아옥ᄡᅵ		구급 하84ㄱ
葵子	아혹ᄡᅵ		구간 3:105ㄴ
葵子	아혹ᄡᅵ		언태 26ㄴ
葵子	아옥씨		신황 보9ㄴ
葵子	아욱ᄡᅵ	草部	사의 2ㄱ1:1
葵子	돌아욱 동규 동규자 冬莧菜		식명 108
葵菜	아혹치		언구 상31ㄱ8
葵菜	아혹		벽신 18ㄱ
葵菜	아옥	草部	사의 1ㄴ3:6
葵花	규화	隰草	의종 7:13ㄴ3
葵花	규화	隰草	방합 17ㄱ
露葵	아옥		물명 103
黃葵子	황규ᄌᆞ		구급 하85ㄴ6

‘葵子’는 ‘아욱씨’를 말한다. 『향구』의 ‘陳葵子’는 사전류에서 찾기 어렵다. 함께 기록된 ‘過冬葵’도 한어명이다. ‘陳’과 ‘過冬’은 같은 의미이다. 『향구』의 차자표기 ‘阿夫實’은 ‘*아부ᄡᅵ’로 해독된다. 용자 ‘夫’는 2음절 초성이 ‘ㅂ’임을 분명히 말해 준다. 따라서 ‘아욱’의 고대국어 어형은 [*abü]였다. 15세기 한글표기형은 ‘아혹ᄡᅵ’이고 이후 ‘아욱씨’가 되었다. 따라서 ‘*아부 > 아혹 > 아욱’의 어형 변화를 겪었다. 『물명』의 ‘露葵’는 『표』에 ‘아욱’의 이칭으로 나오지만 『구급』의 ‘黃葵子’는 사전류에서 찾기 어렵다.

0292) 葵菜汁 ☞ 水

0293) 菌 ⇒ 馬勃

菌	버슷		훈몽 상13ㄴ
菌	버섯		자석 317
菌子	ᄯᅡ해도든버슷	菜部	동의 2:36ㄱ4
土菌	ᄯᅡ히도든버섯		본목 29ㄱ1

菌子	짜의도든버섯	菜部	양금 520:10
菌子	짜희버섯		물명 106
桃木茸	복셩화남긧버슷		구간 3:76ㄴ
蘑菰	표고	菜部	동의 2:36ㄱ2
蘑菰	표고	菜部	양금 520:9
木耳	남긧버슷		구간 6:4ㄴ
木耳	남긔도돈버슷	菜部	동의 2:35ㄴ4
木耳	남긔도든버섯		본목 28ㄴ5
木耳	낭게도든버섯	菜部	양금 520:9
桑木耳	뽕남긧버슷		구간 2:94ㄱ
桑耳	桑黃 一名	菜部	동의 2:35ㄴ10
桑耳	뽕나모버섯	菜部	양금 520:9
柳樹上木耳	버드나무우희도돈버슷		구간 6:24ㄱ
笠菌	갓버삿	木部	사의 2ㄴ2:5
笠箘	가버슷		경국 118:9
笠茸	갓버슷		경국 25:12
楓樹菌	싣남긧버슷		구급 하48ㄱ6
楓樹菌	단풍나모버슷		언구 하29ㄴ3
蛇菜	빅에도든버섯		본목 28ㄴ10
杉菌	익게나모버섯		본목 28ㄴ7
松耳		菜部	동의 2:36ㄱ6
松耳	솔나모버섯	菜部	양금 520:10
松耳		芝栭	의종 7:31ㄱ3
松耳		芝栭	방합 39ㄱ

'菌' 즉 '버섯'을 핵심 어근으로 하는 향약명 어휘들이다. 형태론적으로 특이한 점은 없다. 『구급』의 '싣남긧버슷'과 『언구』의 '단풍나모버섯'은 '싣나모'가 '단풍나모'로 교체된 양상을 보인다. '싣나모'의 15세기 어형은 '싣나모'이다. 『본목』의 '蛇菜 빅에도든버섯'은 '蛇菜'도 사전류에 잘 보이지 않고, 고유어 향약명도 무슨 의미인지 파악이 어렵다. '빅에 # 도든 # 버섯'으로 분석되지만 '빅'가 무엇의 '빅'인지 혹은 '빕'의 오기인지 분명치 않다.

0294) 菌毒

菌毒	木瘡		향구 상3ㄴ1
菌毒	背	俗云	향구 상3ㄴ1

菌毒	地瘡			향구 상3ㄴ1

한어명 '菌毒'은 글자의 뜻대로 버섯의 독에 중독된 것을 말한다. 『향구』에만 나오는데 '木瘡'이나 '地瘡'은 사전류에 잘 보이지 않는다. 고유어 어형을 적은 것으로 보이는 차자표기 '背'는 무엇인지 불분명하지만 '背'가 음독자로만 쓰인 점을 고려하면 '*비'로 해독된다.

<귤>

0295) 橘 / 陳皮 / 靑皮 ⇒ 橙子

橘皮	귤피			구급 하57ㄴ1
橘皮	귨거플			구간 1:33ㄴ
橘皮	귤겁질			언구 상34ㄴ8
橘皮汁	동뎡귤겁질			언구 하26ㄴ6
橘皮	동뎡귤	果部		동의 2:17ㄱ9
橘	동정귤			본목 30ㄱ1
陳皮	동텽귤	木部		사의 2ㄴ3:10
橘皮	동정귤겁즐	果部		양금 518:1
陳皮	동뎡귤			제중 8:4ㄱ8
陳皮	동정굴 橘皮 一名	山果		의종 7:32ㄴ3
陳皮	동정굴 橘皮 一名	山果		방합 40ㄴ
陳皮	동뎡귤 橘皮 一名			경신 30ㄱ7
橘柚	귤껍질	果部上品	鄕名	향성 84:695:2
橘囊上筋膜		果部		동의 2:17ㄴ6
橘肉		果部		동의 2:17ㄴ4
橘肉	귤살	果部		양금 518:2
橘核		果部		동의 2:17ㄴ7
眞陳皮	됴ᄒᆞᆫ귨거플			구간 3:63ㄴ
陳橘皮	무근귨거플			구간 2:17ㄴ
陳橘皮	귨거플			구간 2:82ㄱ
靑橘葉		果部		동의 2:18ㄱ2
靑橘皮	프른귤 靑皮 一名	果部		동의 2:17ㄴ8
靑橘皮	플은귤겁즐	果部		양금 518:2
靑皮	쳥피			구급 상14ㄱ4
靑皮	선귨거플			구간 1:39ㄴ

靑皮	프은귤	木部	사의 2ㄴ3:9
靑皮	쳥피		치언 16ㄴ6
靑皮	프른귤		제중 8:4ㄱ6
靑皮	쳥귤피	山果	의종 7:32ㄴ6
靑皮	쳥귤피	山果	방합 40ㄴ
靑皮	프른귤 靑橘皮 一名		경신 30ㄱ10

'귤'을 핵심 어근으로 하는 향약명 어휘들이다. 한어명에 따라 대응되는 고유어 향약명도 다양하게 나타난다. 한어명 '동정귤'이 많이 나타난다. 『표』에 따르면 '동정귤'은 한어명 '洞庭橘'로서 '품종이 좋은 귤'을 이른다. 주로 '橘皮'에 대응한다. 고유어 '귤거플'형이 사용된 것은 15세기이고 이후는 '동졍귤'이 주로 쓰였다. '靑橘皮' 역시 15세기의 '프른귤'형을 제외하면 한어명대로 쓰이는 것이 일반적이었다.

<극>

0296) 屐屧鼻繩

屐屧鼻繩	평격지압고	草部	동의 3:24ㄴ6
屐屧鼻繩	평격지압곱		본목 38ㄱ3
屐屧鼻繩	평격지압코 千里馬 一名	草部	양금 509:5
屐屧鼻繩灰	평격지앞코	草部下品之下　鄕名	향성 79:636:1
鼻絡小耳繩	압챗고노ㅎ		언구 하46ㄱ6

『동의』의 '평격지앞코'는 '평격지 # 앞코'로 분석된다. '평격지'는 '나막신'의 옛말이다. '굽이 있는 나막신'을 뜻하는 '굽격지'와, 같은 단어족에 속하는 '편격지'가 옛말에 나온다. '앞코'는 '신의 맨 앞 끝'을 이른다. 『표』에는 '평격지'나 '편격지'가 나오지 않는다. '굽격지'도 '썰매의 잘못된 말'로만 나온다. 『양금』에서 이칭으로 '千里馬'를 들고 있는데 흥미롭다. 그런데 『동의』의 해설을 보면 '千里馬'는 '草鞋'를 설명하는 이칭이다. 따라서 『양금』의 오류로 짐작된다. 『한어대사전』에 나오는 설명 [『本草綱目·服器一·草鞋』: "<釋名>草履, 屩, 不借, 千里馬."]가 참고된다. 『언구』(하46ㄱ2~6)의 '압챗고노ㅎ'는 '屐屧鼻繩'과 관련한 자세한 내용을 말해 주는데, 해당 본문 '길ㅅ애 ㅂ련ᄂᆞᆫ 메트리 … 어더다가 압챗고노흘 ㅆ혀(路傍草鞋一隻取鼻絡小耳繩)…'이 참고된다.

0297) 棘刺棘, 棘鍼 ☞ 白棘

0298) 棘針 ☞ 大棗

<근>

0299) 堇 ☞ 川烏

0300) 筀竹葉

筀竹葉	왕댓닙	木部	동의 3:30ㄱ7
筀竹葉	왕댓닙		본목 36ㄴ6
筀竹葉	왕대닙	木部	양금 510:1
筀	왕대		해혹 27ㄴ7

'筀竹葉'은 '왕대잎'이다. '외떡잎식물 벼목 화본과의 대나무'를 말한다.

0301) 槿花 ☞ 木槿

<금>

0302) 金蕎麥 ☞ 羊蹄

0303) 金燈籠 ☞ 山茨菰

0304) 金鈴子 ☞ 練根

0305) 金箔 ☞ 金屑

0306) 金鳳花 ☞ 鳳仙花

0307) 金盆露 ☞ 酒

0308) 金沸草 ☞ 旋覆花

0309) 金線重樓 ☞ 紫河車

0310) 金禪草

金禪草	草部	사의 2ㄱ3:5

'金禪草'는 사전류에 등재되어 있는 '金線草'가 아닐까 한다. '琴線草'는 쌍떡잎식물 마디풀과의 여러해살이풀인 '아비여뀌'를 말한다(『지』).

0311) 金屑

金屑		唐 金部	동의 3:51ㄱ4
金屑		唐 金部	양금 514:2
金屑	금	金石	의종 7:47ㄴ9
金箔	금	金石	방합 60ㄱ

'金屑'은 '금가루'를 뜻한다. 『의종』과 『방합』에 '금'으로 나타난다.

0312) 金鎖匙 ☞ 山豆根

0313) 金櫻子

金櫻子	唐 木部	동의 3:33ㄱ9
金瓔子	唐 木部	양금 510:10
金櫻子	灌木	의종 7:26ㄴ7
金櫻子	灌木	방합 33ㄴ

'金櫻子'는 '장미과의 상록 관목의 열매'를 뜻한다.

0314) 金銀花 ☞ 忍冬

0315) 金盞銀臺 ☞ 王不留行

0316) 金盞草

金盞草	금젼화	본목 17ㄱ3

'금잔화'는 『본목』에만 나오는데 '국화과의 한해살이풀'이다. '金松花', '長春花' 등의 이칭이 있다(『표』).

0317) 金錢花 ☞ 旋覆花

0318) 急流水 ☞ 水

0319) 急性子 ☞ 鳳仙花

0320) 岐芥 ☞ 芥子

0321) 麒麟竭, 騏驎竭, 猉麟竭 ☞ 血竭

0322) 寄生 ☞ 桑寄生

0323) 芰實 / 菱仁 ⇒ 藻

芰實	末栗		鄕名	향채 12월
芰實	末栗			촌구 5ㄱ3:2
芰	말왐			훈몽 상12ㄱ
芰實	菱栗 마람		鄕名	촌가
芰實	末栗		鄕名	촌가
菱仁	말왐 芰實 一名	果部		동의 2:19ㄴ4
芰實	말왐			본목 32ㄱ5
菱仁	말음	果部		양금 518:4
芰	마름			물보 8
芰	셋쁠마름			자석 311
菱	마름			식휘 264
芰實	말음열매	果部上品	鄕名	향성 84:697:2
芰實	마름열매			동사 777

'芰實'은 마름과의 한해살이풀 '마름'의 열매를 이른다. 『향채』에 처음으로 나오는데 차자표기 '末栗'의 용자는 각각 음독자와 석독자로 '*말밤'으로 해독된다. 15세기 표기형으로는 '말밤'이다. 이 어휘의 기원형은 2음절 초성이 'ㅂ'이었음을 알 수 있다. 'ㅂ'음의 변화로 '말왐'이 되고 이어 '마름'으로 변화했다. 즉 '*말밤 > 말왐 > 말음 > 마름'의 어형 변화를 거쳤다.

0324) 蜞鍼

蜞鍼	거멸이		俗	해혹 32ㄱ8

'蜞鍼'이 무엇인지 알 수 없다. 사전류에서 찾기 어렵다. '거멸이'는 '거머리'가 아니다. 의서에 '거머리'는 '水蛭'로 제시된다. '蜞'는 '방게'를 뜻하지만 어원을 추정하기 어렵다.

<길>

0325) 桔梗

吉梗	刀ㅅ次		俗云	향구 목46ㄴ5
桔梗	道羅次			향구 상6ㄴ9
桔梗	道羅次		鄕名	향구 상11ㄴ5
桔梗	都乙羅叱		鄕名	향채 2월
桔梗	길경			구급 상26ㄴ4
桔梗	도랒			구간 2:65ㄱ
桔梗末	도랒ᄀᆞᄅᆞᆫᄀᆞᄅᆞ			구간 1:51ㄴ
桔梗	道乙阿叱			촌구 5ㄱ9:3
桔梗	길경			분온 10ㄱ
桔梗	道乙阿叱 돌앗		鄕名	촌가
桔梗	도랒			산경 507
桔梗	길경			언두 상14ㄱ
桔梗	도랒	菜部		동의 2:31ㄱ5
桔梗	돌앗			우마 12ㄱ
桔梗	도랒			본목 11ㄱ6
吉梗	도랒	草部山草類		본정 상39
桔梗	도랒			신황 촬10ㄴ
桔梗	돌앗			신황 보2ㄱ
桔梗	길경			두경 17ㄴ
桔梗	길경			마초 하17ㄴ
桔梗	돌랒	草部		사의 2ㄱ3:8
桔梗	도랒	菜部		양금 520:2
桔梗	도랒			제중 8:3ㄱ8
桔梗	도랒			물보 10
桔梗	도랒			물명 91
桔梗	도랒	山草		의종 7:1ㄴ9
桔梗	도랒	山草		방합 255
吉慶	도랒			경신 22ㄱ4
桔梗	도라지			식휘 340
桔梗	都乙羅叱 도랒 도라지	草部下品之上	鄕名	향성 79:627:1
桔梗	도라지 질경 백도라지 산도라지			식명 333
苦梗	도라지			동사 72
桔草	도라지			동사 67

桔梗	도라지 苦桔梗 梗草 질경	야초 35
桔梗	산도라지 도라지뿌리	야초 35
桔梗	도라지 산도라지	야화 82
白花桔梗	백도라지 도라지	야초 34
白花桔梗	흰도라지 도라지뿌리	야초 34

'桔梗'은 '도라지'를 말한다. 형태 '도라지'가 나타난 것은 20세기 이후이다. 『향구』의 차자표기 '刀ㅅ次'과 '道羅次'은 모두 음독자로 '*도랒'으로 해독된다. 용자 '次'는 고대국어 차자표기에서 'ㅈ, ㅊ'음을 기록한 자형이다. 이후 15세기 『향채』의 차자표기 '都乙羅叱'은 '*돌랏'으로, 『촌구』의 차자표기가 '道乙阿叱'는 '*돌앗'으로 해독된다. 15세기 한글표기형 '도랏'에 대응한다. 결국 '도랒 > 도랏'의 변화를 상정해야 하는데 2음절 말음이 'ㅈ'에서 'ㅅ'으로 바뀐 것에 대해서는 해석이 더 필요하다. 일반적으로 'ㅅ > ㅈ'의 변화는 가능하지만 'ㅈ > ㅅ'은 어렵기 때문이다. 이를 15세기의 종성 표기법과 연관지을 수도 있기는 한데 차자표기법상의 일반성을 확보하는 문제가 있다. 나아가 '도라지'형의 생성도 문제이다. 15세기 이래 한글형이 모두 'ㅅ'으로 끝난다면 접미사 '이'가 결합하면 '*도라시'가 되어야 하는데 이런 형태는 보이지 않는다. '次'와 '叱'가 나타내는 음가의 통시적 변화와 관련이 있는바 음운론적 분석이 필요하다. 한편, 한어명과 고유어 모두 별다른 이칭을 가지지 않는다.

ㄴ

<나>

0326) 騾

騾	노신			본목 50ㄱ4
騾肉	노새고기	獸部		동의 1:55ㄱ7
騾肉	노신고기	獸部		양금 529:7

'騾'는 '노새'를 말한다. 『동의』와 『양금』에 복합어 '노새고기'가 나온다.

0327) 糯稈 ☞ 糯稻

0328) 糯稻 / 稻稈 / 糯稻稈 ⇒ 旱禾稈

稻稈	벗딥			구급 하34ㄴ5
稻稈	출벼딥			언구 하13ㄱ2
稻稈	출우케딥			언구 하21ㄴ2
糯稻稈	출벼딥	穀部		동의 1:23ㄴ5
糯稈	출벼딥			신황 촬9ㄴ
糯稻稈	찰벼집	穀部		양금 524:2
稻	벼			본목 24ㄱ5
稻米	찹쌀	米穀部下品	鄕名	향성 84:707:3
糯稻	찰벼			식명 473
糯稻根	찰벼뿌리			동사 165

'稻'와 관련된 향약명 어휘군이다. '糯稻'는 '찰벼'를 말하고 '稈'은 '볏집'을 뜻한다. 고유어 '출벼

딥'은 '찰벼짚'이다. 『언구』의 '출우케딥'은 '출+우케+딮'으로 분석되는데 '우케'는 '벼'와 동의어이다. '찰벼짚'은 『표』에 등재할 만하다.

0329) 螺蛄腦 ☞ 螻蛄

0330) 羅根

羅根		菜部	동의 2:34ㄱ7
羅根子		菜部	동의 2:34ㄱ8

'羅根'은 사전류에 보이지 않는다. '羅根子'는 '羅根'의 씨가 분명하다. 『동의』에만 보인다.

0331) 糯稻稈, 糯稻根 ☞ 糯稻

0332) 羅勒

羅勒	싱치		본목 26ㄴ8
羅勒		菜部	양금 520:5

'羅勒'은 『한』에 따르면 꿀풀과 식물이며 이칭으로는 '蘭香'이 있다. 『본목』에서 '싱치'라 하였는데 정확한 대응어는 아닌 듯하다. 『표』에 등재된 '생채'는 '생나물'을 의미하기 때문이다.

0333) 蘿藦子 / 雀瓢 ⇒ 何首烏

蘿藦草	새박너출		구간 6:68ㄱ
蘿藦子	새박 雀瓢 一名	草部	동의 3:12ㄱ3
蘿藦	싀박		본목 21ㄱ5
雀瓢	새박죠가리	草部	사의 1ㄴ1:6
羅藦子	싀박 雀瓢 一名	草部	양금 506:9
蘿藦子	鳥朴 새박 박주가리	草部中品之下 鄕名	향성 79:624:1
蘿藦白汁	새박너추렛힌즙		구간 6:85ㄱ

'蘿藦子'는 '새박'이다. '새박'은 15세기부터 형태 변화없이 현대 국어에 그대로 이어졌다. 한어명 이칭으로는 '雀瓢'가, 고유어 이칭으로는 '새박죠가리'가 있다. 후자는 '새박+죠가리'로 분석되며 '죠가리'는 후대에 '주가리'로 바뀌었다. 『향성』의 '박주가리'도 이칭의 하나이다. 그리고 차자표기 '鳥朴'은 석독자 '鳥'와 음독자 '朴'의 결합으로 '*새박'으로 해독된다.

0334) 螺毛

螺毛	머리우의가마	俗	해혹 4ㄴ4

'螺毛'는 '부처의 머리털'로 소라 껍데기처럼 틀어 말린 모양이라 하여 이렇게 이른다(『표』). 『해혹』의 우리말 향약명은 '머리 우의 가마'라 하였다.

0335) 糯米

糯米	仁粘米			향구 중25ㄱ5
糯米	粘米			향구 중22ㄱ6
糯米	粘米		俗云	향구 목48ㄴ5
糯米	ᄎᆞᄡᆞᆯ			구급 하11ㄴ1
糯米	출ᄡᆞᆯ			구간 1:96
糯米	ᄎᆞᄡᆞᆯ			구간 2:58ㄴ
糯	ᄎᆞᄡᆞᆯ			훈몽 2:58ㄴ
糯米	ᄎᆞᄡᆞᆯ			언두 상19ㄴ
糯米	ᄎᆞᄡᆞᆯ			언구 상37ㄴ1
糯米	니ᄎᆞᄡᆞᆯ			언구 상22ㄱ2
糯米	ᄎᆞᄡᆞᆯ			언태 13ㄱ
糯米	니ᄎᆞᄡᆞᆯ	穀部		동의 1:23ㄱ10
糯米	ᄎᆞᆸ쌀	穀部麻麥類		본정 상115
糯米	ᄎᆞᆸᄡᆞᆯ			신황 보6ㄴ
糯米	ᄎᆞᆸᄡᆞᆯ			두경 하61ㄴ
糯米	ᄎᆞᆸᄡᆞᆯ			마초 상12ㄴ
糯米	출ᄡᆞᆯ	穀部		사의 3ㄱ3:5
糯米	니참ᄡᅡᆯ	穀部		양금 525:4
糯米	참ᄡᆞᆯ			제중 8:21ㄴ2
糯米	참ᄡᆞᆯ			물명 55
糯	粳米			해혹 2ㄴ1
糯	眞米			해혹 29ㄱ9
糯米	참ᄡᆞᆯ 稻 一名	麻麥稻		의종 7:35ㄱ8
糯米	참ᄡᆞᆯ 稻 一名	麻麥稻		방합 44ㄱ
糯米	참ᄉᆞᆯ			의신 80ㄱ
糯米	참쌀 찰벼			동사 807
糯米粉	ᄎᆞᄡᆞᆳᄀᆞᄅᆞ			구간 7:6ㄴ

糯米餈	ᄎᆞᄫᆞᆯ떡	구간 3:118ㄴ
道地粳米	일으난짱찹쌀	해혹 29ㄱ10

'糯米'는 '찰벼'를 찧은 쌀 곧 '찹쌀'을 말한다. 『향구』의 차자표기는 '仁粘米'와 '粘米'이다. '粘米'의 용자 모두 석독자이다. 따라서 '*출뿔'로 해독된다. '仁粘米'의 '仁'은 어떤 형태를 표기한 것인지 불문명하다. 남풍현(1981:50-51)에서도 논외로 하였다. 15세기 『구간』의 어형과 동일하다. 현대 국어의 소급형인 '촙뿔'이 나타난 것은 『신황』에 와서이다. 결국 '출뿔 > ᄎᆞᆸ쌀 > 찹쌀'의 어형 변화를 겪었다. 『언구』와 『동의』의 '니ᄎᆞᄫᆞᆯ'은 '이찹쌀'을 말하는데 '糯米'의 이칭이다. 『표』에서는 '찹쌀'의 잘못된 말로 규정했지만 이칭으로 보아야 한다. 『해혹』의 '眞米'는 '*참쌀' 정도로 해독되는 차자표기이다. 『샘』에서 제주 방언 '참쌀'과 황해 방언 '니참쌀'을 소개하고 있어서 참고된다.

0336) 糯米泔 ☞ 泔

0337) 螺蚌

螺蚌	도내됴게	경국 24:4

'螺蚌'은 사전류에서 찾기 어렵다. 고유어 향약명 '도내됴게'는 '도내+됴게'로 '조개'의 일종으로 판단되는데 '도내'가 무엇인지 불분명하다.

0338) 蘿蔔 / 萊菔 ⇒ 蔓菁

蘿菖	唐菁		俗云	향구 목48ㄴ8
蘿菖	萊菔		一名	향구 목48ㄴ8
蘿蔔	댓무수민			구간 2:82ㄴ
蘿	댓무수라 又 마새박 女蘿 새삼			훈몽 상14ㄱ
蘿蔔	댄무우			언두 하42ㄱ
蘿蔔	댄무우			언구 상37ㄱ11
蘿蔔	댄무ᄋᆞ민			우마 14ㄴ
蘿菖	댄무우			신황 보9ㄴ
蘿菖	쉿무우			두경 13ㄱ
蘿菖	무			마초 하87ㄴ
蘿菖	댓무우			언납 27ㄴ
蘿蔔	댓므오	菜蔬部		사의 3ㄴ1:7

蘿葍	댄무우	菜部		양금 519:7
蘿蔔	무우			방유 3:29ㄱ
蘿蔔	쉬무우			경국 76:3
蘿蔔	무 萊菔			식휘 176
蘿卜	무우 萊菔 무			식명 411
蘿蔔	무			동사 260
蘿蔔根	댓무수믿			구간 3:105ㄱ
蘿葍根	단무우			산경 597
蘿葍根	댄무우 萊菔 一名	菜部葷菜類		본정 상130
蘿葍子	唐菁實			향구 상14ㄱ7
蘿蔔子	댓무수삐			구간 1:36ㄴ
蘿蔔子	댓무우삐			언구 하43ㄴ5
蘿葍子	댄무우벼			경신 45ㄴ8
生蘿蔔汁	놀댓무수즙			구간 2:2ㄴ
生蘿蔔	놀댓무우			언구 하44ㄴ3
生蘿蔔	싱댓무우			언구 하44ㄴ9
萊菔	댄무우 蘿葍 俗名 蘆菔 亦曰	菜部		동의 2:27ㄴ9
萊菔	唐菁		鄕名	향집 85:5ㄴ
萊菔	댄무우			본목 26ㄴ1
萊菔	댄무우			제중 8:23ㄱ4
萊菔根	댄무우 蘿葍 一名	葷辛菜		의종 7:29ㄱ9
萊菔	댄무우 蘿葍 一名	葷辛菜		방합 37ㄱ
萊菔根	唐菁 댄무	菜部上品	鄕名	향성 85:710:3
萊菔子		菜部		동의 2:28ㄱ2
萊菔子	댄무우삐 蘿蔔子 卽			제중 8:18ㄱ4
萊菔子	댄무우삐 蘿葍子 卽	葷辛菜		의종 7:29ㄴ1
萊菔子	댄무우삐	葷辛菜		방합 37ㄱ

'蘿蔔'과 '萊菔'은 이칭 관계이다. 고유어 향약명은 '댓무수 > 댓무우 > 댄무우'의 어형 변화를 거쳤다. 음운 변화를 반영한 결과로 20세기까지 이어졌다. 『표』에는 '蘿蔔'과 '萊菔'을 등재하고 '무'로 소개하고 있을 뿐 '댄무우'에 대한 정보는 없다. 『향구』의 '唐菁'은 '*댓무수'로 해독된다. '唐'이 고유어 '대'에 대응되는 석독자이다. 한편, 『훈몽』의 '女蘿'는 『표』에 따르면 '선태식물에 속하는 이끼의 하나'이다. '蘿蔔'과는 무관한 듯하다. 좀더 정밀한 분석이 필요하다.

0339) 螺螄, 螺螄殼 ☞ 田螺
0340) 癩疙疵 ☞ 蟾蜍

<낙>

0341) 酪

好酪	됴흔타락			구급 하43ㄴ
酪	타락	獸部		동의 1:44ㄱ10
酪	타락	獸部		양금 528:7
酪	수유 빠다	獸部上品	鄕名	향성 81:656:3

'酪'은 '타락'이다. 『향성』의 '빠다'는 '버터'를 말하는데, 20세기의 기록인 점을 고려하면 당대의 어형으로 보인다.

0342) 絡石 / 薜荔

絡石	담쟝이 石薜荔 一名	草部	동의 2:44ㄴ2
絡石	담쟝이		본목 21ㄱ8
絡石	담쟝이	草部蔓草類	본정 상107
絡石	담쟝이돌우희난담쟝이 石薜荔 一名	草部	양금 504:1
薜荔葉	담쟝이닙		언구 하36ㄱ6
薜荔		草部	동의 2:44ㄴ5
薜荔	담우희담쟝이	草部	양금 509:3

'絡石'과 '薜荔'의 고유어 향약명이 모두 '담쟝이'이다. 이칭은 '石薜荔'이다. '담쟝이 > 담장이 > 담쟁이'의 어형 변화를 거쳤다. 현대 국어 사전류에 따르면 '絡石'과 '薜荔'과 '담쟁이'는 모두 다른 식물이다. '낙석'은 '털마삭줄'이고 '薜荔'는 노박덩굴과의 상록 활엽 덩굴나무로 '줄사철나무'이다. '담쟁이'는 '포도과에 속하는 넌출성식물'이다. 좀더 정밀한 추정이 필요하다.

0343) 落蘇 ☞ 茄子
0344) 落蹄 ☞ 馬蹄菜
0345) 落箒子 ☞ 地膚子
0346) 落齒 ☞ 牙齒

0347) 落花生

落花生		山果	의종 7:33ㄱ7
落花生		山果	방합 41ㄴ

'落花生'은 콩과의 한해살이풀로 '땅콩'을 뜻한다.

<난>

0348) 亂髮 / 頭髮 / 頂心髮 / 男髮

亂髮	허튼머리터럭			구간 2:103ㄴ
亂髮	허튼머리터럭			구간 3:3ㄱ
亂髮	허튼머리터리			구간 1:81ㄱ
亂髮	절로뼈러딘머리털	人部		동의 1:30ㄴ3
亂髮	절노쩌러진머리털 血餘灰 一名	人部		양금 525:5
亂髮	머리슬쏠온것			광비
亂髮	절로빠진머리털	人部	鄕名	향성 81:652:3
頭髮	머리터럭			구급 하66ㄱ5
頭髮	머리터럭			구간 3:94ㄱ
人髮	머리터럭			구간 3:20ㄴ
人之頭髮	졀로뼈러진머리털 血餘 一名	人		의종 7:46ㄴ5
頭髮	졀로뼈러진머리털 血餘 一名	人		방합 58ㄴ
頂心髮	뎡바기옛머리터리			구간 1:30ㄴ
男髮	남진의머리터럭			구간 3:45ㄴ

'亂髮'은 '헝클어진 머리털'이다(『표』). 고유어 향약명은 설명형으로 나타나는데 15세기에 '허튼 # 머리터럭'으로 나타나다가 『동의』에서부터 '절로 # 뼈러진 # 머리털'로 어형 교체를 겪는다. 『향성』에 오면 '절로 # 빠진 # 머리털'로 다시 바뀐다. 어형 교체가 일어났다. 『광비』의 '머리슬'은 고어사전류에 보이지 않는 형태이다. 함남 방언에 '머리끌'이 있음이 참고되는데 (『샘』)111) '머리털'과 같은 뜻이다(상세 어휘사는 3.2 참조). '頭髮'은 '머리털'을 말하다. 15세기 형태는 '머리터럭'과 '머리터리'가 있었다. '頂心髮'은 '정수리의 머리털'을 이른다. 『구간』의

111) 『표』에서는 '머리끄덩이'를 '머리+끄덩이'로 분석하였는데 사실은 '머리끌+덩이'일 가능성이 있다. 곧 'ㄷ' 앞의 'ㄹ'이 탈락하고 '머리끄덩이'가 된 것으로 볼 수 있다.

설명형 향약명과 같다. '男髮'은 '남자의 머리털'을 이르는데 『구간』에 나온다.

0349) 亂髮灰 ☞ 灰

0350) 卵白

卵白	닭의알흰ᄌᆞ외	禽部		양금 526:7
卵白	닭알의흰자위	禽部上品	鄕名	향성 82:670:3
卵中白皮	닭알의속껍질	禽部上品	鄕名	향성 82:670:3
卵黃	ᄃᆞᆰ의알누른ᄌᆞ외	禽部		양금 526:7

'卵白'은 '계란의 흰자위'이다. 『향성』에 '닭알'이 나오는데 옛말의 'ᄃᆞᆰ의알'을 이은 것으로 볼 수도 있다. 『샘』에서는 북한말로 소개하고 있다.

0351) 煖酒 ☞ 酒

0352) 蘭草

蘭草	난초	草部		양금 504:5
蘭草	란초	草部上品之下	鄕名	향성 78:612:2

'蘭草'는 한어명 그대로 사용된다. '난초'이며 두 의서에 나타난다.

0353) 暖湯 ☞ 水

0354) 卵黃 ☞ 卵白

<날>

0355) 辣韭薤 ☞ 韭

0356) 辣細辛 ☞ 細辛

<남>

0357) 藍 ⇒ 靑黛

藍	靑乙召只	俗云	향구 상2ㄴ3
藍	靑台		향구 상2ㄱ3

藍	青苔		鄕名	향구 상2ㄴ3
藍	青苔		鄕名	향구 상7ㄱ3
藍	족			구급 상79ㄱ1
藍	족남			훈몽 상9ㄴ
藍	족			본목 17ㄴ1
藍	쪽			물보 11
藍根	족블회 족불회			언납 12ㄱ
藍露	青黛			동사 263
藍實	青黛		鄕名	향채 4월
藍實	족삐			언구 하18ㄱ10
藍實	족삐	草部		동의 2:43ㄱ9
藍實	青黛實		鄕名	향집 78:17ㄱ
藍實	쪽삐	草部		양금 504:1
藍實	쪽삐	隰草		의종 7:14ㄴ9
藍實	쪽삐	隰草		방합 18ㄴ
藍實	青黛實 쪽씨	草部上品之下	鄕名	향성 78:609:1
藍實	쪽실 藍子			동사 263
藍青	족닙			구간 1:62ㄱ
藍青葉	족닙			구간 6:65ㄱ
藍葉	람엽			구급 하54ㄱ4
藍葉	족닙			분온 26ㄴ
藍葉	족닙			언구 하18ㄱ10
藍葉	족닙			벽신 8ㄱ
藍葉	쪽잎			동사 263
藍澱		草部		동의 2:43ㄴ7
藍澱	반물독우희골으고불쏘쓴거품	草部		양금 509:3
藍靛	청딧즈싀			구간 1:106ㄱ
藍汁	青台■		俗云	향구 목45ㄴ3
藍汁	족즙			구급 하81ㄱ
藍汁	청딧즙			구간 2:84ㄱ
藍汁	족즛두드려뽄믈			구간 6:69ㄱ
藍汁	족믈			언구 하21ㄴ10
青藍汁	족닙잇근믈			언구 하21ㄱ11

‘藍’과 ‘青黛’는 동의어이며 향약명은 ‘쪽’이다. 이른 시기에는 ‘족’으로 쓰이다가 어두 경음화

를 겪어 '쪽'이 되었다. 현대 국어에서도 '쪽'으로 쓰인다. 『향구』의 차자표기 '青乙召只'은 '*푸를족'으로 해독된다. 이것도 일종의 설명형 향약명이다. 왜냐하면 '푸른 족'으로 분석되기 때문이다. '青台'와 '青苔'는 '青黛'의 의미를 고려하여 음차한 것으로 '*쳥디'로 해독된다. '青台■'은 『구간』의 '藍汁 쳥딧즙'을 참고하면 '■' 부분은 '汁'이 분명하며 '*쳥디즙'으로 해독된다. 어근 '藍'은 부위나 다른 가공 방법에 따른 합성어를 만들어 쓰고 있다. 반면 '青黛'는 '青黛實'과 '青黛汁' 정도의 합성어를 형성한다. 한편, 『양금』의 '藍澱'도 '쪽'을 나타내는 한어명이다. 이칭으로 '藍靛'이 있다(『지』). 고유어 설명형 향약명은 '반물독우희골으고불긔뜬거품'인데 '반물+독 # 우희 # 골으고 # 불긔 # 뜬 # 거품'으로 분석된다. '반물'은 '검은빛을 띤 짙은 남색'을 말한다. 따라서 '반물독'은 '짙은 남색의 독'을 말한다. '골으고'는 '고르고', '불긔'는 '붉고'로 추정된다. '짙은 남색의 물독 위에 고르게 붉게 뜬 거품' 정도의 의미가 아닐까 한다.

0358) 南京金華酒 ☞ 酒

0359) 南瓜

南瓜	호박		본목 28ㄱ7
南瓜	호박	菜部蓏菜類	본정 상138
南瓜	호박		제중 8:23ㄴ2
南瓜	호박	苽菜	의종 7:30ㄴ9
南瓜	호박	苽菜	방합 38ㄴ
南苽	호박		경사 40:4

'南瓜'는 '호박'이다. 현대 국어의 어형과 동일하다.

0360) 南藤 ☞ 丁公藤

0361) 藍藤根 / 藍柒

藍柒	藍藤根		本名	향구 목45ㄴ3
藍藤根	加士中		鄕名	향채 12월
藍柒	加■■伊			촌구 4ㄱ10:3
藍柒	加士沙伊 가ᄉᆞ새		鄕名	촌가
藍藤根	가ᄉᆞ새	草部		동의 2:43ㄱ7
藍藤根	加士草		鄕名	향집 78:17ㄱ
藍藤根	가사식	草部		양금 503:10
藍藤根	加士草 가사새	草部上品之上	鄕名	향성 78:610:1

'藍藤根'은 '藍柒'의 한어명이다. 『향구』의 기록으로 보면 기원적인 명칭이었다. 『표』에는 두 한어명 모두 없다. 『향구』의 '藍藤根'은 『동의』에서부터 의서의 표제어로 나타난다. '藍柒'은 15세기까지 '藍藤根'과 함께 쓰인 것으로 보인다. '藍柒'의 고유어 향약명은 『촌구』의 차자표기 '加 士屮'가 기원형인데 '*가ᄉᆞ새'로 해독된다. '屮'은 '풀'을 의미하는 [새]를 나타내는 용자이다. 『향집』의 '加士草'와 비교하면 '草'에 대응됨을 알 수 있다. 그리고 한글표기형이 모두 '-새'형이므로 '屮'을 '새'로 해독하는 것이다. 『촌가』의 '加士沙伊'도 동일하게 해독되는데 '伊'는 하양 이중모음의 'j'를 표기한 것이다. 『촌구』의 '■'와 '■'는 『촌가』를 참고하면 '士沙'가 분명하다. '가ᄉᆞ새'는 어형 교체 없이 그대로 현대 국어로 이어져 '가사새'로 쓰이는데 『표』에 나오지 않는다.

0362) 藍露 ☞ 藍
0363) 楠木 ☞ 厚朴
0364) 南木香

南木香	남목향	구급 상1ㄴ5
南木香	남목향	구간 1:2ㄱ

'남목향'은 사전류에 보이지 않는다. 15세기 의서 『구급』과 『구간』에서는 한어명 그대로 사용하였다. 후대 의서에 나타나지 않는다.

0365) 男髮 ☞ 亂髮
0366) 南番 ☞ 葫蘆巴
0367) 南星, 南星末 ☞ 天南星
0368) 藍實, 藍葉 ☞ 藍
0369) 藍實汁, 藍葉汁 ☞ 水
0370) 纜魚 ☞ 烏賊魚骨
0371) 南牛花 ☞ 牽牛子
0372) 男子棍襠 ☞ 人裩襠
0373) 南仔木 ☞ 厚朴
0374) 男子陰毛

男子陰毛	남자불거웃	人部	鄕名	향성 81:654:2

'男子陰毛'에 대응되는 고유어 향약명을 '남자불거웃'으로 기록하고 있다. '남자 # 불 # 거웃'으로 분석된다. '불'은 '고환'을 뜻하며 '거웃'은 '생식기 주위의 털'을 뜻한다.

0375) 藍澱, 藍靛, 藍汁, 藍靑 ☞ 藍
0376) 南燭 ☞ 杜沖
0377) 藍柒 ☞ 藍藤根
0378) 南扁豆 ☞ 扁豆

<납>

0379) 蠟 ☞ 蜜
0380) 臘茶 ☞ 水, 茶
0381) 臘茶淸 ☞ 水
0382) 臘雪, 臘雪水, 臘月雪水 ☞ 水
0383) 臘月猪脂, 臘猪脂 ☞ 猪脂
0384) 臘月兎頭 ☞ 兎

<낭>

0385) 狼

狼糞	일희ᄯᅩᆼ			구급 상49ㄴ2
狼糞	일희ᄯᅩᆼ			구간 6:6ㄴ
狼筋		獸部		동의 1:57ㄴ2
狼屎		獸部		동의 1:57ㄴ1
狼牙	일희엄			구급 하66ㄴ
狼肉	일희고기	獸部		동의 1:57ㄱ8
狼喉		獸部		동의 1:57ㄱ10
狼	일희			본목 52ㄱ6
狼筋	이리힘쭐	獸部下品	鄕名	향성 81:669:2

'狼'은 '이리'이다. '狼'을 어근으로 다양한 한어명과 이에 대응하는 고유어 향약명이 나타난다. '이리'는 '일희 > 이릐 > 이리'의 어형 변화를 겪었다.

0386) 狼毒 / 藺茹

狼毒	吾獨毒只		一名	향채 2월
狼毒	낭독			구급 상56ㄴ6
狼毒	五毒獨只			촌구 3ㄴ7:2
狼毒	五毒獨只		鄕名	촌가
狼毒	五毒獨只 오독도기		鄕名	촌가
狼毒	오독ᄠᅩ기	草部		동의 3:19ㄴ5
狼毒	오독ᄠᅩ기			본목 18ㄱ10
狼毒	오독ᄯᅩ기	草部毒草類		본정 상88
狼毒	오독ᄯᅩ기	草部		양금 507:5
狼毒	오독도기		俗	해혹 6ㄴ4
狼毒	오독ᄠᅩ기	毒草		의종 7:15ㄴ2
狼毒	오독ᄠᅩ기	毒草		방합 19ㄴ
狼毒	오독ᄠᅩ기			경신 35ㄱ4
藺茹	烏得夫得			향구 중21ㄴ3
藺茹	五得浮得		俗云	향구 목47ㄱ6
藺茹	吾獨毒只		鄕名	향채 5월
藺茹		草部		동의 3:21ㄴ9
藺茹		草部		양금 508:7
藺茹	吾獨毒只 오독도기	草部下品之下	鄕名	향성 79:634:1

'狼毒'은 '한라투구꽃의 뿌리를 말린' '오독도기'를 이른다. 의서의 기록은 『향구』에서 15세기로 이행하는 시기에 어형의 변화가 있는 것 말고는 기원적인 어형이 현대 국어까지 그대로 이어진다. 사전류에는 이 향약명의 형태에 대한 의서의 정보를 거의 다루지 않고 있다. 특히 『향구』에 나오는 '藺茹'는 사전류에서 찾기 어렵다. 『향구』의 차자표기 '烏得夫得'과 '五得浮得'은 된소리 발생 이전 단계를 보여주고 있다. 즉 이들은 현재로서는 '*오득부득'으로 해독된다(재구형은 *utikpütik이다). 이후 15세기로 넘어오면서 제3 음절 '부'의 모음이 탈락하면서 'ᄠᅩ'형이 생성되었고 이것이 후대로 이어져 된소리화를 겪은 뒤 현대 국어에 이어진 것이다. 그런데 『표』에서는 표준형을 '오독또기'가 아닌 '오독도기'로 잡았다(상세 어휘사는 3.2 참조).

0387) 狼糞, 狼屎 ☞ 狼
0388) 狼牙1 ☞ 狼
0389) 狼牙2 / 牙子

狼牙	皆嵩之吳大			향구 상3ㄱ3
狼牙	狼矣牙		俗云	향구 목47ㄱ1
狼牙草	낭아초			구급 상83ㄴ2
狼牙	낭아초 牙子 一名	草部		동의 3:17ㄴ5
狼牙	낭아초			본목 18ㄴ1
狼牙	낭아초 牙子 一名	草部		양금 506:10
狼牙	집신나물			물명 102
狼牙	엉어이			경국 122:7
牙子	짚신나물	草部下品之上	鄕名	향성 79:629:3
狼牙草	짚신나물	草部下品之上	鄕名	향성 79:629:3
狼牙草	집신나물 랑치 랑자 선학초 룡아초			동사 264

'狼牙'는 '짚신나물의 뿌리'를 말한다. 『향구』의 차자표기 '皆嵩之吳大'는 정확하게 무엇인지 알 수 없다. '狼矣牙'는 '*일희엄'으로 해독할 수 있다. 이 어형은 후대에 이어지지 않는다. 15세기에는 한어명 그대로 쓰이다가 근대국어 후기에 '집신나물'이 출현하여 이후 대표 향약명이 되었다. '狼牙'의 이칭으로 '牙子'가 보인다.

0390) 狼肉 ☞ 狼

0391) 莨菪子

莨菪子	牛黃 天仙子		一名	향채 5월
莨菪子	草		鄕名	향채 5월
莨菪子	草牛雄			촌구 4ㄴ8:3
莨菪子	草牛雄		鄕名	촌가
莨菪子	草牛黃 초우황		鄕名	촌가
莨菪	초우황			언구 하22ㄱ10
莨菪子	초우웡씨 天仙子 一名	草部		동의 3:15ㄴ9
莨菪	초우웡씨 니알씨			본목 18ㄴ4
莨菪子	초우웡씨 天仙子 一名	草部		양금 506:4
莨菪子	쵸우웡씨 天仙子 一名	毒草		의종 7:15ㄴ10
莨菪子	쵸우웡씨 天仙子 一名	毒草		방합 20ㄱ
莨菪子	草牛黃 초우엉씨	草部下品之上	鄕名	향성 79:627:2

'莨菪子'는 '미치광이풀의 씨'를 말한다. 한어명 이칭으로는 '天仙子'가 있다. 『향채』의 차자표

기 '牛黃'은 '*우황'으로 해독된다. 이어지는 『촌가』의 차자표기 '草牛雄'과 '草牛黃'은 각각 '*초우웅', '*초우황'으로 해독된다. 즉 두 어형이 공존하게 된다. 그러다가 『동의』에서부터 '초우웅'으로 고정되어 후대에 이어진다. 따라서 이 향약명의 기원형은 '*우황'으로 추정된다. 여기에 '초(草)'가 결합된 '초우웅'과 '초우황'이 생성되었다가 '초우웅'이 남게 된 것으로 판단된다. 물론 '초우황'이 어형 변화를 겪어 '초우웅'이 되었을 개연성은 남아 있다. 그렇다하더라도 '*우황'에서 '초우황'으로 된 것은 어형 교체임이 틀림없다. 사전류에는 '莨菪子'와 '天仙子'에 대한 정보만 소개되어 있을 뿐이며 '초우웅'형에 대한 설명은 찾아볼 수 없다.

0392) 狼喉 ☞ 狼

<내>

0393) 柰

柰子	먿 농빈 或云	果部		동의 2:25ㄱ1
柰	먿			본목 29ㄴ8
柰子	벗 농빈 或	果部		양금 519:2
柰	벗	果部下品	鄕名	향성 84:701:2

'柰'는 '멎'을 말한다. 15세기에 '멎'으로 나온다. '멎'은 '버찌'의 옛말이다(『샘』). 그런데 『두시언해』에 나오는 '멎'은 한자 '榛'에 해당하는데 이는 '능금'을 말한다. 그래서 『고어(한)』에는 '능금의 한 가지'로 풀이하고 있다. 이 '멎'이 '멋'으로 표기되고 여기에 종성의 'ㅅ'과 'ㄷ'의 혼기 현상이 더해져서 『동의』에 '먿'으로 기록된 것이다. 이처럼 근대국어의 표기 혼란을 겪으면서 '멎'은 '멋'으로 고정되고 이어 어두음의 교체가 일어나 '벗'이 된 것이다. '멎'이 '벚'으로 교체된 것은 『두시언해』 중간본에서이다. 초간본의 '멎'이 '벚'으로 나온다. 이렇게 보면, 『표』에서 '벚'을 '버찌의 준말'이라 한 것과는 다른 어형이라는 결론이 된다. '버찌'는 '벚나무의 열매'이기 때문이다. 현대국어 사전류에는 '능금의 한 종류'인 '멎'과 '벚'에 대한 설명을 찾아보기 어렵다.

0394) 來禽 ☞ 林檎
0395) 萊菔, 萊菔根, 萊菔子 ☞ 蘿蔔

<냉>

0396) 冷飯團 ☞ 萆薢
0397) 冷水, 冷泉 ☞ 水
0398) 冷竈內中心土 ☞ 土
0399) 冷灰 ☞ 灰

<노>

0400) 蘆 / 蘆蓬茸

蘆	갈			훈몽 상8ㄱ
蘆	갈			언납 16ㄴ
蘆	갈 葦			식휘 50
蘆根	葦乙根		俗云	향구 목47ㄱ5
蘆根	ᄀᆞᆳ불휘			구급 하3ㄴ6
蘆根	로ᄀᆞᆫ			구급 하57ㄱ7
蘆管	ᄀᆞᆳ대			구간 1:59ㄱ
蘆根	ᄀᆞᆯ불휘			언구 하25ㄱ11
蘆葦根	ᄀᆞᆯ불휘			언구 하26ㄴ7
葦根	ᄀᆞᆯ불휘			언구 하43ㄱ9
蘆根	ᄀᆞᆯ불휘	草部		동의 3:20ㄴ10
蘆	ᄀᆞᆯ불휘			본목 16ㄱ2
蘆根	갈블희	草部		양금 507:7
蘆根	갈때뿌리	草部下品之下	鄕名	향성 79:633:1
蘆根	ᄀᆞᆯ뿌리			동사 275
蘆根	갈 갈대 달 달뿌리풀 갈팡줄기 水蘆竹			약식 80
明何草	갈쌜희			경국 122:4
蘆根汁	ᄀᆞᆳ불휫즙			구간 2:84ㄱ
蘆葉	ᄀᆞᆳ닙			구간 2:49ㄴ
蘆葦		草部		사의 2ㄱ2:5
蘆葦	갈 갈대 달 로근			식명 402
蘆蓬茸	로봉용			구급 하57ㄱ8
蘆蓬茸	ᄀᆞᆯ곶			언구 하27ㄴ4
蘆花	ᄀᆞᆯ곶			언구 상22ㄱ1
蘆花	蓬蕽 名	草部		동의 3:21ㄱ3

'蘆'는 '갈대'이다. 이전 시기 어형은 '골'이다. '蘆根'은 '말린 갈대의 뿌리'이다(『표』). 『향구』의 '葦乙根'는 '*골불휘'로 해독된다. 용자 '乙'은 말음첨기로서 '葦'를 석독해서 'ㄹ'로 끝나는 우리말로 읽으라는 뜻이다. 어형 교체는 일어나지 않았다. '蘆'를 어근으로 다양한 복합어가 생성되어 있다. 『경국』의 '明何草'는 사전류에서 찾기 어려운 한어명이다.

0401) 爐甘石

爐甘石	唐	石部	동의 3:50ㄴ8
爐碁		石部	양금 513:8
爐甘石		金石	의종 7:49ㄱ6
爐甘石		金石	방합 61ㄴ
爐甘石			경신 51ㄴ5

'爐甘石'은 '철, 칼슘, 마그네슘과 약간의 카드뮴 따위를 함유한 광석'으로 안약으로 사용한다. 이칭으로 '爐先生'이 있다. 『동의』의 '爐碁'는 '爐甘石'을 잘못 적은 것으로 보인다.

0402) 老薑 ☞ 生薑

0403) 蘆管 ☞ 蘆

0404) 露葵 ☞ 冬葵

0405) 弩氣

弩氣	가님	俗	해혹 4ㄴ3

'弩氣'는 활과 관련된 어휘로 추정된다. 향약명 '가님'은 무엇인지 알 수 없다.

0406) 櫓豆 ☞ 黑豆

0407) 路傍草鞋 ☞ 故麻鞋底

0408) 露蜂房 / 蜂窠 / 紫金沙

露蜂房	亐蜂家	俗云	향구 목49ㄱ8
露蜂房	牛蜂家	鄕名	향채 7월
露蜂房	노봉방		구급 하56ㄴ
露蜂房	몰버릐집		구간 3:3ㄱ
露蜂窠	몰버릐집		구간 3:39ㄴ
露蜂房	蜂家		촌구 5ㄱ5:2

露蜂房	蜂家 버릐집		鄕名	촌가
蜂窠	벌의집			언구 하38ㄴ1
露蜂房	몰버릐집	蟲部		동의 2:5ㄴ10
露蜂房	몰벌의집			본목 39ㄴ7
露蜂房	뭥벌의딥	虫部		사의 4ㄱ4:8
露蜂房	말벌의집	蟲部		양금 516:2
蜂房	버릐집			구간 6:63ㄴ
蜂房	몰벌의집			제중 8:9ㄱ7
蜂房	몰벌의집	卵蟲		의종 7:37ㄴ1
蜂房	몰벌의집	卵蟲		방합 46ㄴ
蜂房	몰벌의집			경신 54ㄱ4
露蜂房	왕벌의집			경국 96:11
露蜂房	牛蜂家 말벌집	蟲魚部中品	鄕名	향성 83:682:2
露蜂房	말벌집			동사 276
蜂腸	말벌집			동사 403
露蜂房彎頭	벌의집쪽지		俗	해혹 23ㄴ4
大黃蜂	말벌집			동사 257
紫金沙	蜂房蔕 버릐집브튼고고리			구간 3:63ㄱ
紫金皮	자금피			구급 하31ㄴ6

‘露蜂房’은 ‘말벌집’이다. 『표』에는 ‘말벌집’은 보이지 않는다. 『향구』의 차자표기 ‘亐蜂家’은 ‘*말버릐집’으로 해독된다. 『향채』의 ‘牛蜂家’와 함께 분석할 필요가 있다. ‘亐’는 음이 ‘우’이다. ‘牛’와 동일하다. 그러나 ‘牛’로 보고 석독하여 ‘쇼버릐집’으로 해독하기는 어렵다. 후대형과 다르기 때문이다. 이은규(1993:170)에서는 ‘亐’와 ‘牛’가 ‘午’를 잘못 적은 것으로 보고 ‘午’가 일곱째 지지의 ‘말’을 뜻하므로 ‘*말버릐집’으로 해독했다. ‘몰벌의집’은 그 형태를 그대로 유지하다가 현대 국어에 와서 ‘말벌집’으로 되었다. 어형 교체는 일어나지 않았다. 『사의』의 ‘뭥벌의딥’의 ‘뭥벌’은 현대 국어의 ‘땅벌’이다. 『경국』의 ‘왕벌의집’의 ‘왕벌’은 ‘말벌’의 동의어이다(『표』). 『구간』의 ‘紫金紗’는 ‘露蜂房’의 이칭인데 『구급』에는 ‘紫金皮’로 나온다.

0409) 蘆蓬茸 ☞ 蘆
0410) 鷺鷥藤 ☞ 忍冬
0411) 鷺鷥肉

鷺鷥肉	해아로비	禽部	동의 1:40ㄴ6

蘆	해아로비			본목 47ㄱ8
鷺鷥肉	힌오리고기	禽部		양금 527:9

'鷺鷥'는 '해오라기'를 뜻한다. 『동의』에는 '해아로비'로 나타난다. '해아로비 > 해오라비'의 어형 변화는 음운전위를 겪은 것이다. '해오라비'는 다시 '해오라기'로 어형이 교체되어 현대 국어에 이어진다. 『샘』에서는 '해오라비'를 '해오라기'의 경상 방언으로 소개하고 있다.

0412) 路上熱土 ☞ 土
0413) 老生薑 ☞ 生薑
0414) 老鼠糞 ☞ 鼠
0415) 弩牙

弩牙	놋아			구급 하86ㄱ5
弩牙	쇠놋가퇴			구간 7:46ㄱ
努牙	손뢰고동			해혹 34ㄱ1
銅弩牙	청동으로맨든할꼬지	石部下品	鄕名	향성 77:600:1

'努牙'는 '쇠뇌의 시위를 걸어 매는 곳. 쇠뇌는 화살이나 돌을 연달아 쏠 수 있는 장치'를 이른다(『고』). 『구간』의 '쇠놋가퇴'는 '쇠노+ㅅ+가퇴'로 분석되는데 '가퇴'가 무엇인지 불분명하다. 『해혹』의 '손뢰고동'은 '손뢰 # 고동'으로 분석된다. '손뢰'는 '소뇌 > 손뇌 > 손뢰'의 어형 변화를 거친 것으로 추정된다('소뇌(弩弓) 『한청문감』(123d) 참조). 따라서 이는 '쇠뇌활'을 말한다. '고동'은 '작동을 시작하게 하는 기계 장치'로 추정된다(『표』). 『향성』의 '할꼬지'는 '시위를 메는 활의 양끝 머리 부분'을 가리키는 '활고자'이다(이은규 2019ㄱ:24 참조).

0416) 鱸魚 / 鲈魚

鱸魚	로어	魚部	동의 2:3ㄱ8
鱸魚	로어		본목 44ㄱ4
鱸魚	노어 四鰓魚 一名	鱗部魚類	본정 하205
鲈魚	로어	虫部	사의 4ㄴ3:6
鱸魚	노어	魚部	양금 515:5
鱸魚	로어		제중 8:19ㄴ8
鱸魚	로어	魚	의종 7:39ㄴ8
鱸魚	로어	魚	방합 49ㄴ

'鱸魚'에 대응하는 우리말은 '농어'이다. 의서에는 한어명만 나타난다. 이칭으로 '巨口細鱗'이 있다(『표』). 『본정』의 '四鰓魚'는 사전류에 보이지 않는다.

0417) 老翁鬚草, 老翁須草 ☞ 忍冬

0418) 老牛噍沫

老牛噍沫	늘근쇼시븐춤		구간 2:85ㄱ

'老牛噍沫'은 고유어 향약명대로 '늙은 소의 침'을 말한다. 설명형 향약명은 '늘근 # 쇼 # 십-+-은 # 춤'으로 분석된다. '늙은 소가 씹은 춤'을 말한다. 아마 '되새김질하면서 흘리는 침'을 이르는 것으로 판단된다. 『구간』에만 보인다.

0419) 弩肉

弩肉	손톱눈	俗	해혹 7ㄱ10

'努肉'은 '헌데에 두드러지게 내민 군더더기 살'을 뜻하는 '궂은살'을 말한다. 이에 대응하는 향약명 '손톱눈'은 '손톱의 좌우 양쪽 가장자리와 살의 사이'를 뜻한다(『표』). 따라서 둘의 의미에 차이가 있다. 『경국』(20:9-10)에 '瘜肉 코속의 나민 술'이 나오는데 참고된다.

0420) 鸕鷀

鸕鷀	水鳥如鳥		향구 상5ㄴ10
鸕鷀	烏支 水鳥如㲋	云	향구 목50ㄱ7
鸕鷀	가마오디		구급 상47ㄴ7
鸕鷀	가마오디		구간 6:1ㄱ
鸕	가마오디 로		훈몽 17ㄴ
鷀	가마오디 ᄌᆞ		훈몽 17ㄴ
鸕鷀	가마우디		본목 47ㄱ10
鸕鷀	가마우듸 쇠시	禽部水禽類	본정 하219
鸕鷀骨	로ᄌᆞ뼈		구급 상53ㄱ2
鸕鷀骨	가마오듸뼈		구간 6:2ㄴ
鸕鶿頭		禽部	동의 1:39ㄴ6
鸕鷀頭	가마우지머리	禽部	양금 527:6
鸕鷀屎	가마오듸쫑		구간 6:2ㄱ

鸕鷀屎	가마우듸똥 蜀水花 一名	禽部		동의 1:39ㄴ4
鸕鶿屎	가마우지똥 蜀水花 一名	禽部		양금 527:6
鸕鷀屎	加亇五知 가마우지똥 더펄새똥	禽部下品	鄕名	향성 82:674:1

'鸕鶿'는 '가마우지'이다. 『향구』의 '水鳥如鳥', '烏支 水鳥如鳧'에서 '烏支'만이 차자표기로 판단된다. '水鳥如鳥'는 '水鳥如烏'의 오기로 보이며 '물새인데 가마기와 흡사하다'는 뜻의 설명이다. '水鳥如鳧'도 '물새인데 오리와 흡사하다'는 설명이다. '烏支'는 '*오디'로 해독된다. '가마오디'의 '오디'에 대응한다. 이른 시기에는 '가마오디'형이 우세하다. 후대로 오면서 모음교체를 겪어 '가마오디'가 되고 구개음화를 입어 '가마우지'로 정착한다. '骨', '頭', '屎' 등이 결합하여 복합어를 이룬다. 『동의』에 나오는 이칭 '蜀水花'는 『표』에 나오지 않는다. 『지』에 '癧瘍'을 고치는 '蜀水花膏'가 소개되어 있는데 참고된다. 『향성』의 '더펄새'는 '가마우지'의 이칭이다(『표』).

0421) 鸕鶿藤 ☞ 忍冬
0422) 爐中煨灰 ☞ 灰
0423) 勞鐵

勞鐵	만히쓴쇠	石部上品	鄕名	향성 77:592:2

'勞鐵'에 대응되는 향약명 '만히쓴쇠'는 '만히 # 쓴 # 쇠'로 분석된다. '오래된 쇠'라는 뜻으로 여겨진다. 사전류에서 '勞鐵'은 찾기 어렵다.

0424) 蕗草 ☞ 甘草
0425) 鹵鹹 ☞ 塩滷
0426) 路行人糞下土 ☞ 土
0427) 蘆薈

蘆薈		唐	草部	동의 3:12ㄱ7
蘆薈		唐	草部	양금 506:10
蘆薈				제중 8:14ㄱ3
蘆薈			香木	의종 7:23ㄴ3
蘆薈			香木	방합 29ㄴ
蘆薈	象膽 一名 婆斯國木 卽			경신 50ㄱ8

'蘆薈'는 백합과의 상록 여러해살이풀 곧 '알로에'를 말한다. 『경신』의 '象膽'은 '알로에의 액즙을 건조한 약재'이다(『표』).

<녹>

0428) 鹿

鹿	사ᄉᆞᆷ 록			훈몽 상18ㄱ
鹿	사슴			본목 51ㄴ5
鹿角	沙參矣角		俗云	향구 목50ㄱ3
鹿角	사ᄉᆞᄆᆡᄲᆞᆯ			구급 하75ㄴ
鹿角	사ᄉᆞᄆᆡᄲᆞᆯ			구간 2:43ㄴ
鹿角		獸部		동의 1:46ㄱ7
鹿角		獸部		양금 528:8
鹿角	사슴의ᄲᆞᆯ고은ᄲᆞᆯ	獸		의종 7:45ㄴ8
鹿角	사슴의ᄲᆞᆯ고은ᄲᆞᆯ	獸		방합 57ㄴ
鹿角	사슴의늙은ᄲᅮᆯ	獸部中品	鄕名	향성 81:658:2
鹿角灸	사ᄉᆞᄆᆡᄲᆞᆯᄉᆞ론지			구간 6:56ㄴ
鹿角霜		獸部		사의 3ㄱ2:1
鹿角霜		獸部		동의 1:43ㄴ10
鹿角霜		獸部		양금 528:5
鹿角屑	사ᄉᆞᄆᆡᄲᆞᆯᄀᆞ론ᄀᆞᄅᆞ			구간 7:24ㄴ
鹿骨		獸部		동의 1:46ㄴ2
鹿骨		獸部		양금 528:9
鹿骨	사슴의뼈	獸部中品	鄕名	향성 81:658:2
鹿糞		獸		의종 7:45ㄴ5
鹿糞		獸		방합 57ㄴ
鹿腎		獸部		동의 1:47ㄱ1
鹿腎		獸部		양금 528:9
鹿腎		獸		의종 7:45ㄴ5
鹿腎		獸		방합 57ㄴ
鹿腎	사슴의콩팟	獸部中品	鄕名	향성 81:658:3
鹿茸	사ᄉᆞᄆᆡᄀᆞᆺ도다난털조찬ᄲᆞᆯ			구간 2:43ㄴ
鹿茸	사ᄉᆞᆷ의ᄀᆞᆺ내민ᄲᆞᆯ			산경 554
鹿茸	녹용			언태 2ㄴ

鹿茸	사ᄉᆞᄆᆡᄀᆞᆯ내민ᄲᅳᆯ	獸部		동의 1:46ㄱ3
鹿茸	사슴의갓ᄂᆡ민ᄲᅳᆯ	獸部		양금 528:8
鹿茸	사슴의ᄀᆞᆫᄂᆞᆫᄲᅳᆯ			제중 8:12ㄴ10
鹿茸	사슴의고은ᄲᅳᆯ 斑龍 一名	獸		의종 7:45ㄴ4
鹿茸	사슴ᄋᆡ고은ᄲᅳᆯ 斑龍 一名	獸		방합 57ㄱ
鹿茸	사슴의갓ᄂᆡ밋ᄲᅳᆯ			경신 39ㄴ3
鹿茸	사슴의갓내민쁠	獸部中品	鄕名	향성 81:658:1
生鹿肉	사ᄉᆞᄆᆡᄂᆞᆯ고기			구간 1:23ㄴ
鹿肉	사ᄉᆞᄆᆡ고기			구간 7:84ㄱ
鹿肉		獸部		동의 1:46ㄴ6
鹿肉		獸部		양금 528:9
鹿肉	효근노로	獸部		양금 528:10
鹿肉		獸		의종 7:45ㄴ5
鹿肉		獸		방합 57ㄴ
鹿肉	사슴의고기	獸部中品	鄕名	향성 81:658:3
鹿血		獸部		동의 1:46ㄴ4
鹿血		獸		의종 7:45ㄴ5
鹿血		獸		방합 57ㄴ
鹿筋	사ᄉᆞᄆᆡ힘			구급 하37ㄱ7
鹿筋	사ᄉᆞᄆᆡ힘			구간 6:10ㄱ
鹿筋	사ᄉᆞᆷ의힘			언구 상28ㄱ11
鹿筋		獸部		동의 1:47ㄱ3
鹿頭		獸部		동의 1:46ㄴ10
鹿髓		獸部		동의 1:46ㄴ3
鹿髓		獸部		양금 528:9
鹿髓	사슴뼈속기름	獸部中品	鄕名	향성 81:658:2
鹿蹄		獸部		동의 1:47ㄱ2

'鹿' 즉 '사슴'을 핵심 어근으로 하는 향약명은 아주 많다. 15세기의 '사ᄉᆞᆷ'이 어형 변화를 겪어 '사슴'으로 된 뒤에 현대 국어에도 그대로 사용한다. 『향구』의 차자표기 '沙參矣角'은 '*사ᄉᆞᄆᆡᄲᅳᆯ'로 해독된다.

0429) 鹿角菜

鹿角菜		菜部	동의 2:36ㄴ4

鹿角菜	청각			본목 28ㄴ2
鹿角菜	청각	菜部		양금 521:1
鹿角	청각 青角 疑今			제중 8:21ㄱ8
鹿角	청각 青角 疑今	水草		의종 7:21ㄱ2
鹿角菜	청각	水草		방합 26ㄴ

'鹿角菜'는 '녹조류 청각과의 해조'를 이른다. 이칭으로 '青角'이 있는데 의서에도 '청각'으로 나온다. 『표』에도 '鹿角菜'와 '青角'이 등재되어 있다.

0430) 鹿角膠 ☞ 白膠
0431) 鹿角屑 ☞ 鹿
0432) 鹿角灰 ☞ 灰
0433) 鹿藿 ☞ 葛根
0434) 菉豆

菉豆	록두			구급 상35ㄴ1
菉豆	록두			구간 2:56ㄱ
菉豆	녹두			언구 하21ㄱ11
菉豆	녹두	穀部		동의 1:26ㄴ1
菉豆	녹두	穀部		양금 524:9
菉豆	록두			제중 8:18ㄴ4
菉豆	녹두	菽豆		의종 7:36ㄱ9
菉豆	녹두	菽豆		방합 45ㄱ
菉豆				경신 54ㄱ10
菉豆	록두	米穀部中品	鄕名	향성 84:707:2
菉豆粉	록둣ᄀᆞᄅᆞ			구간 6:19ㄱ
菉豆粉	녹둣ᄀᆞᄅᆞ			구급 하35ㄱ
菉豆紛	녹두분			언구 하15ㄱ1
菉豆粉	슈비ᄒᆞᆫ녹둣ᄀᆞᄅᆞ	穀部		동의 1:26ㄴ4
菉豆粉	슈비한녹두가로 菉末 卽	穀部		양금 524:9
菉豆皮		菽豆		의종 7:36ㄱ10
菉豆皮		菽豆		방합 45ㄱ
菉豆煮汁	녹두달힌믈			언구 하20ㄴ10
菉豆煎湯	녹두달힌믈			언구 하35ㄱ8

'菉豆'는 '녹두'인데 15세기부터 한어명을 그대로 사용하였고 현대 국어까지 이어진다. 『동의』의 '슈비ᄒᆞ-'는 '물에 씻는 것'을 뜻한다.

0435) 鹿頭酒 ☞ 酒

0436) 綠礬 / 紅礬 / 皀礬 / 黃礬石

綠礬	靑礬 一名	石部	동의 3:45ㄱ6
綠礬	靑礬 一名	石部	양금 512:8
綠礬		金石	의종 7:50ㄴ9
綠礬		金石	방합 63ㄴ
紅礬	靑礬 卽	石部	동의 3:45ㄱ9
黑礬	皀礬 又名	石部	동의 3:45ㄱ8
皀礬		金石	의종 7:50ㄴ9
皀礬		金石	방합 63ㄴ
黃礬石		石部	사의 4ㄱ3:6

'礬'을 어근으로 하는 한어명들이다. '綠礬', '靑礬', '紅礬' 등이 모두 이칭 관계에 있음을 알 수 있다. '綠礶'은 '철을 묽은 황산에 녹여서 만든 녹색 결정 물질'을 이른다(『표』).

0437) 鹿葱 ☞ 藜蘆, 萱草

0438) 濃米飮 ☞ 粥

<뇌>

0439) 腦子

腦子	뇌ᄌᆞ	구급 하25ㄱ3

'腦子'는 『구급』에만 보인다. 『지』에서는 '녹나무과'에 속하는 것으로, 김문웅(2004:242)에서는 '미나리아재빗과에 속하는 바꽃류의 뿌리 주위에 붙어서 나는 독약'으로 소개하고 있다.

0440) 雷丸

雷丸		唐 木部		동의 3:40ㄴ9
雷丸		唐 木部		양금 511:9
雷丸		寓木		의종 7:28ㄱ2
雷丸		寓木		방합 35ㄱ
雷丸	竹苓 卽			경신 50ㄱ7

'雷丸'은 '대나무 뿌리에 기생하는 버섯'을 말한다. 이칭으로 '雷楔'이 있다(『표』).

<누>

0441) 螻蛄 / 土狗

螻蛄	도로래			구간 3:82ㄴ
螻蛄	도로래			언구 하10ㄴ1
螻蛄	도로래 螢 一名 土狗 俗名	蟲部		동의 2:15ㄴ3
螻蛄	도로래			본목 41ㄴ2
螻蛄	도로ᄅᆡ	蟲部化生類		본정 하199
螻蛄	도로래	虫部		사의 4ㄴ2:1
螻蛄	도로ᄅᆡ	蟲部		양금 517:7
螻蛄	도로ᄅᆡ		俗	해혹 6ㄴ9
螻蛄	도로래			경국 124:1
螻蛄	뵈장이			경국 33:1
螻蛄	求其乙波耳 도로래	蟲魚部下品	鄕名	향성 83:693:2
螺蛄腦	도로래머리			언구 하17ㄱ2
螻蛄腦	도로래머리에믈			언구 상30ㄱ2
螻蛄腦		蟲部		동의 2:15ㄴ6
螻蛄活者	산도로래			언구 상41ㄴ11
土狗	하날밥도독		俗	해혹 5ㄱ5

'螻蛄'는 '땅강아지'를 말한다. 한어명 이칭으로는 '螢', '螅蛄', '天螻', '石鼠' 등이 있다(『한』). 『동의』의 '土狗'도 이칭이다. 『해혹』에는 표제어가 '土狗'로 되어 있는데 대응되는 우리말 향약명 '하날밥도독'이 제시되어 있다. 이는 '하늘밥도둑'인데 『표』에서는 '땅강아지'의 잘못된 말로 설명하고 있고 한어명 '土狗'만 등재되어 있다. '땅강아지'는 '土狗'의 번역차용어로 볼 수 있다(손병

태 1993:132). 향약명 '도로래'는 어형 교체가 없다. '도로래'는 『표』에 나오지 않는다. 『향성』의 차자표기 '求其乙波耳'는 어형을 추정하기 어려운데 '耳'는 석독자이고 나머지는 음독자이므로 '*구길바귀' 정도로 해독되지 않을까 한다. 손병태(1996:132)에서는 '耳'를 음독하여 '구길바ᅀᅵ'로 해독하였다. 『경국』의 '뵈장이'는 '車前子'의 향약명을 잘못 표기한 오류이다.

0442) 漏蘆

漏蘆	루로			구간 3:30ㄱ
漏蘆	루롯불휘			구간 1:89ㄴ
漏蘆	絶穀大			촌구 4ㄴ10:3
漏蘆	絶穀大 졀곡대		鄕名	촌가
漏蘆	졀국대	草部		동의 2:46ㄱ8
漏蘆	伐曲大		鄕名	향집 78:22ㄴ
漏蘆	졀국대			본목 15ㄴ4
漏蘆	졀국ᄃᆡ	草部隰草類		본정 상74
漏蘆	졀국대	草部		양금 504:3
漏蘆	졀국ᄃᆡ			제중 8:8ㄴ7
漏蘆	졀국ᄃᆡ	隰草		의종 7:11ㄱ9
漏蘆	졀국ᄃᆡ	隰草		방합 14ㄴ
漏蘆	졀국ᄃᆡ 野蘭 一名			경신 20ㄱ10
漏蘆	伐曲大 질국대뿌리	草部上品之下	鄕名	향성 78:611:2
漏蘆莖葉		草部		동의 2:46ㄴ1

'漏蘆'는 '절굿대의 뿌리'이다. 한어명 이칭은 『경신』의 '野蘭'이 있는데 『표』에도 나온다. 『촌구』의 차자표기 '絶穀大'는 '*졀곡대'로 해독된다. 이것이 모음교체를 겪어 '졀국대'가 되어 현대 국어까지 이어진다. 어형 교체나 고유어 향약명의 형태 교체도 없다. 『향성』의 차자표기 '伐曲大'는 '伐'이 '절국대'와 전혀 연결이 되지 않는다. 오기로 판단된다. 한편, 『표』에 등재되어 있는 '절국대'는 '현삼과의 반기생 한해살이풀'로 '鬼油麻'와 '荚蒿' 등의 이칭을 가진 식물이다. 반면 『표』에는 '절굿대'가 '국화과의 여러해살이풀'로 등재되어 있는데 이칭으로는 '개수리취'와 '野蘭'이 소개되어 있다. 결국 '漏蘆'는 '절국대'가 아니라 '절굿대'에 해당한다. '野蘭'이 단서가 된다. 한 가지 문제는 '절국대'라는 형태가 어떻게 '절굿대'로 되었느냐 하는 점이다. 좀더 정밀한 추정이 필요하다. 한편 『물명고』(건46ㄱ)에는 '법고치'가 나오는데 의서에서는 보이지 않는다

(상세 어휘사는 3.2 참조).

0443) 鼺鼠 / 飛生皮毛

鼺鼠	ᄂᆞᄂᆞᆫᄃᆞ라미 鼯鼠 是	獸部		동의 1:58ㄴ5
鼺鼠	나ᄂᆞᆫ달암이	獸部		양금 530:2
鼺鼠	飛月阿末 나는다람쥐	獸部下品	鄕名	향성 81:668:3
飛生皮毛	ᄂᆞᆯᄃᆞ라미가족			언구 하46ㄴ9
飛生毛	ᄃᆞ라미털		俗	해혹 33ㄴ9

'鼺鼠'는 '나는다람쥐'를 말한다. '鼯鼠'라고도 한다. 고유어 향약명은 'ᄂᆞᄂᆞᆫᄃᆞ라미'이다. 이 형태가 형태 교체를 겪어 '나는다람쥐'로 되었다. 『표』에서는 '나는다람쥐'를 '하늘다람쥐'의 잘못된 말로 규정하였는데 전통적인 형태는 '나는다람쥐'임을 확인할 수 있다. '鼺鼠'가 '나는다람쥐'임은 『동의』의 이칭 '鼯鼠'를 통해 알 수 있는데, '鼯鼠'가 바로 '나는다람쥐'이다. 한편 『표』에서는 '나는다람쥐'와 함께 '날다람쥐'도 등재하였는데, '다람쥣과의 날다람쥐, 북미날다람쥐, 큰날다람쥐 따위를 통틀어 이르는 말'로 풀이하고 있다. '飛生皮毛'는 'ᄂᆞᆯᄃᆞ라미' 즉 '날다람쥐'의 털을 이른다. 『언구』와 『해혹』에 나온다.

0444) 蔞蒿 ☞ 艾
0445) 嫩胡椒 ☞ 華澄茄

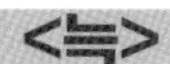

0446) 勒魚

鰣魚	쥰치		본목 44ㄱ2
勒魚	쥰치	鱗部魚類	본정 하204

'勒魚'는 '鰳魚'로도 적는다. '준치'를 말한다. 『본목』에서는 '鰣魚'로 표기하고 있다.

0447) 菱仁 ☞ 芰實

0448) 鯪鯉魚 ☞ 鱔魚

0449) 鯪鯉甲 ☞ 穿山甲

0450) 凌霄花 ☞ 紫葳

0451) 凌霄草 ☞ 玄參

ㄷ

0452) 茶

細茶葉	찻닙			구간 3:36ㄴ
臘茶末	섯ᄃᆞ래ᄠᅳᆫ찻ᄀᆞᄅᆞ			구간 3:33ㄴ
好臘茶	섯ᄃᆞ래ᄠᅳᆫ쟉셜차			구간 1:95ㄴ
茗苦茶	雀舌茶			촌구 4ㄴ4:1
茗苦茶	雀舌茶 쟉셜차		鄕名	촌가
茶	쟉셜차			언구 상32ㄱ9
茗	닙차			언구 상16ㄱ11
苦茶	쟉셜차	木部		동의 3:35ㄱ10
茗				본목 31ㄴ5
苦茶	雀舌 一名	木部		양금 510:6
茶茗	쟉셜차			제중 8:14ㄴ09
雀舌				해혹 3ㄱ8
茶茗	작셜차	香木		의종 7:23ㄴ6
茶茗	작셜차	香木		방합 30ㄱ
茶茗葉	작셜ᄎᆞ 雀舌 一名 臘茶 卽			경신 55ㄱ10
茗苦搽茗	차잎사귀	木部中品	鄕名	향성 80:646:2

'茶'를 핵심 어근으로 하는 향약명이다. 대체로 한어명 '雀舌茶'가 많이 쓰인다. 형태론적으로 특이한 것은 보이지 않는다.

0453) 多年空屋下鼠穴中土 ☞ 土
0454) 多年木梳 ☞ 故梳
0455) 多年石灰 ☞ 石灰
0456) 多年烟熏壁土 ☞ 土

<단>

0457) 斷弓絃 ☞ 弓弩弦
0458) 丹毒

丹毒	所乙			鄕名	향구 중20ㄱ4

'丹毒'은 '피부의 헌데나 다친 곳으로 세균이 들어가서 열이 높아지고 얼굴이 붉어지며 붓게 되어 부기(浮氣), 동통을 일으키는 전염병'이다. 『향구』의 차자표기 '所乙'은 '*솔'로 해독된다. '솔'은 현대 국어 방언에서 쓰이고 있는 말이다. 『표』에 등재할 만하다.

0459) 丹砂 ☞ 朱砂
0460) 丹蔘

丹參	奔馬草 又名		草部		동의 2:47ㄱ1
丹蔘	莖葉如薄荷而有毛	唐	草部		양금 504:4
丹參					제중 8:5ㄴ3
丹參			山草		의종 7:3ㄴ4
丹蔘			山草		방합 4ㄴ
丹蔘	奔馬草 一名				경신 21ㄴ9

'丹蔘'은 '꿀풀과의 여러해살이풀'이다. 이칭으로 '奔馬草'가 있다. 고유어 향약명은 없다. 『양금』의 기록은 향약명에 대한 설명으로 '薄荷'와 비슷하다는 내용이다.

0461) 丹黍米 ☞ 黍米
0062) 團魚 ☞ 鼈甲
0463) 丹雄鷄 ☞ 雄鷄
0464) 猯肉

猯肉	吾兒尼肉			鄕名	향채 12월
猯肉	吾兒里				촌구 4ㄴ7:1

猯肉	吾兒里		鄕名	촌가
猯肉	오ᄉᆞ릐고기 獾豚 一名 土猪 俗名	獸部		동의 1:56ㄴ1
貒	오소리			본목 52ㄱ4
貒肉	오소리	獸部獸類		본정 하249
猯肉	오ᄉᆞ릐고기	獸部		양금 529:9
猯肉	오ᄉᆞ릐고기			제중 8:22ㄱ10
猯肉	오소릐고기	獸		의종 7:46ㄱ4
猯肉	오소릐고기	獸		방합 57ㄴ
猯肉胞膏	吾兒尼 오소릐의고기와앳보의기름	獸部下品	鄕名	향성 81:668:1
猯脂膏		獸部		동의 1:56ㄴ3
猯胞		獸部		동의 1:56ㄴ4

'猯肉'은 '오소리고기'를 말한다. 『동의』에 의하면 '獾豚', '土猪' 등의 이칭이 있다. 어형 교체는 보이지 않으며 현대 국어에서도 '오소리'로 쓰인다. 『향채』의 차자표기 '吾兒尼'와 『촌구』의 '吾兒里'는 각각 '*오ᅀᅵ니'와 '*오ᅀᅵ리'로 해독된다. '兒'의 15세기 한자음이 'ᅀᅵ'이기 때문이다. 『향성』의 차자표기는 『향채』를 이은 것이다. 『향성』에서는 '오소리'의 부위를 구체적으로 설명하고 있다. '앳보'는 '胞'에 대응되고, '胎褓' 곧 '태아를 싸고 있는 막과 태반'을 말하는데 '삼', '胞衣'라고도 한다. 그렇다면 '앳보'는 '애+ㅅ+보'로 분석된다. 『표』에 등재할 만하다.

0465) 鍛竈灰 ☞ 灰

0466) 鍛鐵竈中灰 ☞ 灰

0467) 猯胞 ☞ 猯肉

0468) 檀香 / 白檀香 / 紫檀香 / 紫檀

檀香				제중 8:17ㄱ5
檀香			香木	의종 7:22ㄱ7
檀香			香木	방합 28ㄱ
白檀香			木部	동의 3:32ㄴ10
白檀香		唐	木部	양금 510:9
白檀			香木	의종 7:22ㄱ7
白檀			香木	방합 28ㄱ
白檀香	紫眞檀 一名			경신 45ㄱ6
紫檀香	ᄌᆞ단향			구간 2:52ㄴ
紫檀香	紫眞檀 一名		木部	동의 3:33ㄱ4
紫檀香	紫眞檀 一名		木部	양금 510:5

紫檀	ᄌᆞ단		구급 상83ㄴ
紫檀		香木	의종 7:22ㄱ8
紫檀		香木	방합 28ㄱ

'檀香'은 '자단, 백단 따위의 향나무를 통틀어 이르는 말'이다. 『구간』에서는 한자음대로 읽고 있다. 고유어 향약명은 없으며 파생어로 '紫檀香'과 '白檀香'이 있다.

0469) 檀桓 ☞ 黃栢

<달>

0470) 獺肝, 獺骨, 獺膽, 獺四足 ☞ 水獺
0471) 獺髓, 獺腎, 獺肉, 獺皮 ☞ 水獺

<담>

0472) 膽南星

膽南星	牛膽ᄋᆡ製ᄒᆞᆫ그시라	경사 53:10

'膽南星'은 『경사』에만 보이는데 '牛膽ᄋᆡ 製ᄒᆞᆫ 그시라'는 '소의 쓸개로 약을 만든 것'이라는 뜻이다. 『샘』에 '牛膽南星'이 나오는데 '천남성 가루를 소의 쓸개에 넣어 말린 약'이라고 한다.

0473) 淡豆豉

豉	젼국		구급 상29ㄱ5
豆豉	젼국		구간 1:18ㄱ
豉	젼국		구간 1:15ㄴ
豉	젼국		언구 하33ㄱ6
豉	쳥국	穀部	사의 3ㄱ4:10
淡豆豉	슴슴ᄒᆞᆫ젼국		구간 3:64ㄴ
豉	약젼국	穀部	동의 1:29ㄴ1
大豆豉	약젼국		본목 25ㄱ7
豉	약젼국	穀部	양금 525:2

淡豆豉	담두구			광향 56ㄴ5
淡豆豉	약전국			제중 8:15ㄱ03
淡豆豉	약젼국	造釀		의종 7:36ㄴ1
淡豆豉	약젼국	造釀		방합 45ㄴ
淡豆豉	약전국			경신 54ㄴ1
豉	약전국	米穀部中品	鄕名	향성 84:707:1
豉心	며속			광향 41ㄴ11
豉汁	쟝국			구간 1:12ㄴ
豉湯	두탕			광향 58ㄱ7
夏開豆豉	녀름젼국			구급 하72ㄱ2
好豉	됴ᄒᆞᆫ젼국			구간 1:105ㄱ

'淡豆豉'는 '약전국'을 이른다. '약전국'은 '藥'과 우리말 '전국'의 합성어이다. 『사의』에서는 '전국'을 '청국'이라 하였다. 『구간』의 '슴슴ᄒᆞᆫ젼국'은 '淡豆豉'의 '淡'을 번역한 말이다. 『광향』의 '담두구'는 '淡豆豉'와 '荳蔻'를 혼동한 표기가 아닌가 한다.

0474) 膽礬 / 石膽

膽礬				구간 2:77ㄴ
膽礬	담번			구간 3:23ㄴ
石膽	膽礬 一名	唐	石部	동의 3:45ㄴ5
石膽	膽礬 一名	唐	石部	양금 512:10

'膽礬'은 '황산 구리로 이루어진 황산염 광물'로 '石膽'이라고도 한다. 모양이 콩팥 모양을 닮은 데서 유래한 명칭이라 한다.

0475) 淡漿水 ☞ 水

0476) 淡竹葉 / 竹葉 ⇒ 竹瀝

淡竹葉	담듁닙			구급 상65ㄱ5
淡竹葉	담듁엽			구급 하56ㄱ8
淡竹葉	소옴댓닙			구간 2:117ㄱ
淡竹葉	綿竹葉			촌구 5ㄱ6:2
淡竹葉	綿竹葉 소옴댄닙		鄕名	촌가
淡竹葉	소옴댓닙	木部		동의 3:30ㄱ10

淡竹葉	소음댓닙			본목 36ㄴ6
淡竹葉	소옴대닙	木部		양금 510:3
淡竹瀝	소옴댓진			구간 1:15ㄴ
竹葉	댓닙			구급 상65ㄴ2
竹葉	댓닙			구간 2:117ㄱ
竹葉	소옴댓닙			구간 1:13ㄴ
竹葉				제중 8:14ㄱ8
竹葉		苞木		의종 7:28ㄱ4
竹葉		苞木		방합 35ㄴ
竹葉	소음ᄃᆡ닙			경신 27ㄱ2
竹葉	왕댓닢	木部中品	鄕名	향성 80:643:3
竹葉湯	댓닙글힌믈			구간 1:115ㄴ

'淡竹葉'은 '솜대의 잎'을 말한다. '솜대'는 '볏과의 하나'로 '왕대보다 가지는 가늘게 갈라지고 마디는 더 높이 솟는다.'고 한다. 『촌구』의 차자표기 '綿竹葉'는 용자가 모두 석독자로 '*소옴대닢'으로 해독된다. '소옴 > 솜'의 어형 변화를 겪었다. 한편, 『광재물보』에는 '淡竹'을 '신의대'라고 기록하였다. '신의대'의 어원은 현재로서는 알 수 없다. 『표』에서도 '볏과의 대나무'라고만 풀이하고 있다. '竹葉'은 '대나무 잎'이다. '댓닢', '소옴댓닙', '왕댓닙'이 섞여 쓰였음을 알 수 있다.

0477) 淡菜

淡菜	홍합 셥 又云 殼菜 一名 東海夫人 又名	蟲部		동의 2:12ㄱ5
淡菜	紅蛤		鄕名	향동 83:20ㄱ
淡菜	홍합			본목 46ㄴ4
淡菜	홍합	介部蚌蛤類		본정 하217
淡菜		菜蔬部		사의 3ㄴ2:10
淡菜	홍합	蟲部		양금 517:2
淡菜	홍합			제중 8:20ㄴ7
淡菜	홍합 東海夫人 一名 紅蛤 又名	蚌蛤		의종 7:42ㄴ7
淡菜	홍합 東海夫人 一名 紅蛤 又名	蚌蛤		방합 53ㄴ
淡菜	홍합	蟲魚部下品	鄕名	향성 83:689:3

'淡菜'는 해조류 '홍합'을 뜻한다. 『동의』에 '殼菜'와 '東海夫人'이라는 이칭이 보인다. 『의종』에

서 '淡菜'가 '紅蛤'임을 밝히고 있다. 『향동』의 '紅蛤'도 차자표기가 아니라 이칭을 적은 것이다. 『표』에도 '紅蛤'의 다른 말로 '東海夫人'이 등재되어 있다.

<당>

0478) 棠毬子 ☞ 山査

0479) 當歸 / 杜當歸

當皈	旦貴草		俗云	향구 목46ㄱ2
當皈	黨皈菜			향구 중24ㄱ11
當歸	黨皈菜		鄕名	향구 하40ㄱ11
當歸	黨皈菜根			향구 상8ㄴ11
當歸	僧庵朩		鄕名	향채 2월
當歸	당귀			구급 하8ㄱ7
當歸	승암촛불휘			구간 2:4ㄴ
當歸	僧掩草			촌구 3ㄱ9:3
當歸	僧掩草		鄕名	촌가
當歸	승엄초불휘			산경 517
當歸	당귀			언두 하2ㄴ
當歸	당귀			언구 하15ㄱ11
當歸	승엄초불휘			언구 하45ㄴ8
當歸	당귀			언태 2ㄱ
當歸	승엄초불휘	草部		동의 3:3ㄱ1
當歸	승엄초불휘			본목 13ㄱ6
當歸	당귀			두경 4ㄱ
當歸	승엄초블히	草部		양금 504:9
當歸	승암초 승감초쑤리			광비
當歸	승감초쑤리			광향 2ㄱ04
當歸	승엄초불휘			제중 8:1ㄴ2
當歸	승엄초			물명 97
當歸	승엄초불휘	芳草		의종 7:6ㄴ5
當歸	승검초불휘	芳草		방합 8ㄴ
當歸	승엄초불휘			경신 38ㄱ8
當歸	승검초불휘			식휘 268
當歸	僧庵草 승엄초뿌리 승검초뿌리 신감채뿌리	草部中品之上	鄕名	향성 79:616:1

當歸	승엄초 당귀	식명 268
當歸	당귀 궁궁이 천궁 신감채 참당귀	동사 151
當歸	신감초 신감재	동사 628
當歸	승엄초 참당귀 승엄초뿌리	약식 37
當歸尾	당귀ᄭᅩ리	광향 11ㄴ4
杜當歸	두당귀	구급 하31ㄴ7
日當歸	일당귀	약식 36
日當歸	일당귀	동사 1195

'當歸'는 '신감채의 뿌리'이다. 『향구』의 차자표기 '旦貴草'와 '黨帀菜'는 한어명 '當歸'의 음을 그대로 적은 것으로 '*단귀'와 '*당귀'로 해독된다. '단귀'가 조음위치 동화를 겪으면 '당귀'가 되는데 13세기 중엽에 이 동화가 있었는지 확실치 않다. 이후 『향채』의 차자표기 '僧庵屮'에서 '*승암초' 형태가 확인된다. 그러다가 『촌구』의 차자표기 '僧掩草'가 '*승엄초' 형태를 보여준다. 이후 의서에서는 '승엄초'형이 쓰인다. 그러다가 『광비』와 『광향』에 오면 '승감초'형이 발생한다. 이 형태가 후대 문헌에 '승검초'로 나타나지만 흔히 쓰이는 것은 아니다. 결국 '승암초 > 승엄초 > 승엄초, 승감초 > 승엄초, 승검초'의 어형 변화 과정을 겪었다고 볼 수 있다. 이은규(2017:311)에서는 '승감초'형의 발생 원인을 '승검초'와 '신감채'의 혼태로 추정한 바 있다. 『표』에는 이전 시기에 주로 사용된 '승엄초' 대신 '승검초'만 등재되어 있다. 현대 국어의 '日當歸'는 '미나리과 식물인 일당귀의 뿌리를 말린 것'이다(『한』). '杜當歸'는 사전류에 보이지 않는데 '杜沖'과 '當歸'를 함께 이르는 말이라고 한다(김문웅 2004:245 참조).

0480) 當歸酒 ☞ 酒
0481) 餳糖 ☞ 飴餹
0482) 螗螂, 螳螂 ☞ 蜣螂
0483) 螳螂子 ☞ 桑螵蛸
0484) 鐺墨, 鐺底墨 ☞ 百草霜
0485) 唐米菓 ☞ 秫薥
0486) 煻灰 ☞ 灰

<대>

0487) 大薊 ⇒ 小薊

大薊	大居塞		鄕名	향채 4월
大薊	한거싀			구간 3:97ㄱ
大薊	大居塞			촌구 4ㄱ3:2
大薊	大居塞 큰거싀		鄕名	촌가
大薊	항가싀 地丁 卽	草部		동의 3:9ㄴ7
大薊	항가싀			본목 15ㄴ2
大薊	항가싀	補遺隰草		본정 하294
大薊	항가싀 地丁 一名	草部		양금 505:8
大薊	항가싀	隰草		의종 7:11ㄱ4
大薊	항가싀	隰草		방합 14ㄱ
大薊根	엉거리			경국 51:1
大薊	大居塞 대거새 엉경퀴	草部中品之下	鄕名	향성 79:621:3
乾薊	ᄆᆞ룬계			구급 상62ㄱ8

'大薊'는 '엉겅퀴'를 말한다. 이칭으로 '地丁'이 있다. 향약명으로는 '항가새'형이 쓰였다. 『향채』의 차자표기 '大居塞'의 '大'는 석독자이고 '*한거싀'로 해독된다. 15세기에는 '한거싀'형이 쓰이다가 『동의』에서부터 조음위치동화와 모음 교체를 겪어 '항가싀'가 되고 이것이 현대 국어까지 이어진다. 『경국』의 '엉거리'는 '엉겅퀴'의 방언형으로 짐작될 뿐이다. 『샘』에 따르면 '엉거리'는 '엉덩이'(함북 방언), '낭떠러지'(경남 방언), '잉걸'(충남 방언) 등의 뜻을 나타낸다. 『향성』의 '대거새'는 차자표기를 한자음대로 읽은 것으로 오류이다.

0488) 大口 / 大口魚

大口魚皮	대구겁질		언구 상38ㄱ6
杏魚	대구 大口魚 俗名	魚部	동의 2:4ㄱ6
大口魚		魚部	양금 515:8
大口魚	대구		제중 8:20ㄱ4
大口魚	더구	魚	의종 7:39ㄴ10
大口	더구	魚	방합 49ㄴ

'大口'는 어류 '대구'를 말한다. 한어명 그대로 쓰인 차용어이다. 『동의』의 '杏魚'는 '大口魚'를

적은 것이다.

0489) 大戟 / 澤漆

大戟	楊等柒		俗云	향구 목46ㄴ7
大戟	楊等柒根			향구 상4ㄱ2
大戟	柳漆		鄕名	향채 12월
大戟	대극			구급 하55ㄱ5
大戟	柳柒			촌구 4ㄱ5:1
大戟	柳柒		鄕名	촌가
大戟	버들옷 澤漆根 卽			산경 418
大戟	대극			언구 하22ㄴ10
大戟	버들옷	草部		동의 3:17ㄱ9
大戟	버들옷			본목 18ㄴ2
大戟	버들옷	草部毒草類		본정 상88
大戟	버들옷 澤漆根	草部		양금 507:4
大戟	버들옷			제중 8:7ㄴ9
大戟	능쇼버들			물보 10
大戟	능슈버들			물명 91
大戟	버들옷	毒草		의종 7:15ㄴ4
大戟	버들옷	毒草		방합 20ㄱ
大戟	버들옷			경신 33ㄴ7
大戟	우독쵸			식휘 234
大戟	柳漆 버들옷	草部下品之上	鄕名	향성 79:629:1
大戟	대극 자웅 우독초 대극뿌리			식명 134
大戟	버들옻뿌리 우독초뿌리			식명 134
大戟	버들옻			동사 245
澤漆	柳漆		鄕名	향채 3월
澤漆	大戟苗	草部		동의 3:17ㄴ2
澤漆	大戟苗	草部		양금 507:5
澤漆	둥대풀싹	草部下品之上	鄕名	향성 79:629:2

'大戟'은 '버들옷'을 말한다. 『향구』의 차자표기 '楊等柒'과 『향채』의 '柳漆', 『촌구』의 '柳柒' 등은 모두 '*버들옷'으로 해독된다. '漆'의 새김은 '옻'인데 중세국어의 종성 표기법에 따른 '옷'이 그대로 굳어진 것으로 판단된다. 현대 국어까지 형태 교체 없이 이어진다. 『동사』에는 '버들

옻’으로 되어 있는데 ‘백두산버들옻’, ‘싸리버들옻’, ‘흰버들옻’ 등과 같이 북한말에서는 ‘옻’ 형태가 쓰인다. 『식휘』의 ‘우독초’를 『표』에서는 ‘대극’의 잘못된 말로 풀이하고 있다.

0490) 帶根葱頭 ☞ 葱

0491) 大豆 / 黃大豆 ⇒ 黑豆

大豆	콩			구간 1:113ㄴ
大豆	콩			언구 상47ㄴ1
大豆	흰콩	穀部		동의 1:21ㄴ6
大豆	흰콩			본목 24ㄴ9
大豆	흰콩	穀部		양금 523:8
大豆	굴근콩			광비
大豆	굴근쿵			광향 2ㄱ06
大豆	흰콩			제중 8:21ㄱ9
大豆	흰콩	菽豆		의종 7:36ㄱ4
大豆	흰콩	菽豆		방합 45ㄱ
大豆葉	콩닙			구간 6:51ㄱ
大豆汁	콩글힌믈			구간 1:17ㄴ
黃大豆	콩			구간 7:80ㄴ

‘大豆’는 ‘콩’을 말한다. 『광비』와 『광향』에 ‘굴근콩’, 『동의』 이후 ‘흰콩’으로 나타난다.

0492) 大豆豉 ☞ 淡豆豉

0493) 大豆黃卷

大豆黃卷	콩기룸	穀部		동의 1:22ㄱ3
大豆黃卷	콩기름			본목 24ㄴ9
大豆黃卷	콩기름	穀部菽豆類		본정 상119
大豆黃卷	콩기름	穀部		양금 523:9
大豆黃卷	콩길음		俗	해혹 31ㄴ6
大豆黃卷	콩기름순	菽豆		의종 7:36ㄱ7
大豆黃卷	콩기름순	菽豆		방합 45ㄱ
大豆黃卷	콩나물 콩기름 무종태	米穀部中品	鄕名	향성 84:703:3

‘大豆黃卷’은 고유어 향약명이 ‘콩기름’으로 나타난다. 여기의 ‘콩기름’은 ‘콩에서 짜낸 기름’

(『표』)이 아니다. '콩나물'을 의미한다. 『표』에서도 '大豆黃卷'을 '말린 콩나물순'으로 풀이하고 있다. 『의종』과 『방합』의 '콩기름순'도 참고된다. '콩기름'이 구개음화를 겪으면서 '콩지름'이 되었는데 이것이 '콩나물'을 나타내는 말이었다. 현대 국어 방언에 '콩질금'이 있는데(전라, 충청, 함경) 이는 '콩기름'과 '콩지름'의 혼태에 의한 것으로 짐작된다.

0494) 大豆黃末 ☞ 豆黃

0495) 大力子 ☞ 牛蒡子

0496) 大麻 ☞ 萆麻子

0497) 大麻 / 麻子 / 火麻 ⇒ 冬麻子

大麻子	与乙		鄕名	향구 하38ㄴ2
大麻仁	대마ᄉᆡᆫ			구급 상68ㄴ7
大麻仁	열ᄡᅵ			구급 상86ㄱ4
大麻子	대마ᄌᆞ			구급 하3ㄴ4
大麻仁	열ᄡᅵ			구간 7:12ㄴ
大麻子	열ᄡᅵ			구간 3:69ㄴ
大麻子	삼ᄡᅵ			구간 3:103ㄴ
大麻子	대마자			신황 보9ㄱ
大麻子	역삼씨			동사 247
麻子	与乙		俗云	향구 목48ㄴ6
麻子	열ᄡᅵ			구간 3:72ㄱ
麻子	열ᄡᅵ			분온 4ㄱ
麻子	열ᄡᅵ			간벽 18ㄴ
麻子	삼ᄡᅵ			산경 490
麻子	열ᄡᅵ			언구 상40ㄴ6
麻子	삼ᄡᅵ 열ᄡᅵ 或云	穀部		동의 1:21ㄱ4
麻子	삼씨 열씨 或	穀部		양금 523:6
麻子	삼씨			광향 3ㄴ09
麻子仁	삼씨 열ᄡᅵ 一云 火麻子 一名			경신 40ㄴ6
麻子	역삼씨 참깨			동사 309
大麻根	삸불휘			구간 7:34ㄱ
大麻葉	삼닙			구간 6:53ㄴ
大麻子根	삸불휘			구간 3:99ㄴ
火麻	화마			구급 하71ㄴ4
火麻	삼ᄡᅵ			제중 8:10ㄴ7

火麻	胡麻			해혹 30ㄴ10
火麻	삼삐 大麻 一名	麻麥稻		의종 7:35ㄱ1
火麻	삼삐 大麻 一名	麻麥稻		방합 43ㄴ
火麻根				의종 7:35ㄱ1

'大麻子'는 '삼씨'를 말한다. 한어명 '大麻子', '麻子', '火麻'가 이칭 관계를 형성한다. 『향구』의 차자표기 '与乙'은 '*열'로 해독된다. 이 형태에 '삐'가 결합하여 '열삐'가 생성되어 쓰인다. 그런데 15세기부터 '麻'에 대응되는 우리말 '삼'이 생성되어 '열'과 공존하게 된다. 대체로 『동의』를 기점으로 '삼씨'형이 더 빈번하게 나타난다. '麻'의 새김이 기원적으로는 '*열'이었음을 알 수 있다.

0498) 大麥 / 麥芽 / 黃麥 ⇒ 穬麥

大麥苗	包衣		鄕名	향구 하40ㄴ8
大麥	包來		俗云	향구 목48ㄴ4
大麥	보리			구급 하38ㄱ2
大麥	보리			구간 3:35ㄱ
大麥	보리밯	穀部		동의 1:25ㄱ9
大麥	보리쏠			본목 24ㄱ2
大麥	보리	穀部麻麥類		본정 상114
大麥	보리쏠	穀部		양금 524:7
大麥	보리밯			제중 8:21ㄴ10
大麥	보리			물보 5
大麥	보리			물명 58
大麥	보리		俗	해혹 14ㄴ5
大麥	보리 牟麥 一名	麻麥稻		의종 7:35ㄱ5
大麥	보리 牟麥 一名	麻麥稻		방합 43ㄴ
大麥	보리			경국 18:5
大麥	보리			식휘 44
大麥	보리	米穀部中品	鄕名	향성 84:706:2
大麥	보리			식명 136
大麥麵	巴衣末		鄕名	향구 하38ㄴ11
大麥麪	보릿ᄀᆞᄅᆞ			구간 1:22ㄴ
大麥麵	보리밯ᄀᆞᄅᆞ	穀部		동의 1:25ㄴ6
大麥麪	보리쌀가로	穀部		양금 524:8

大麥蘖	보릿기름	穀部		동의 1:25ㄴ8
大麥蘖	보리기름	穀部		사의 3ㄱ4:7
大麥蘖	보리기름	穀部		양금 524:5
麥芽	보리기름			제중 8:7ㄴ4
麥芽	보리길음	造釀		의종 7:36ㄴ9
麥芽	보리길음	造釀		방합 46ㄱ
麥芽	보릿기름 麥蘖 一名			경신 31ㄴ10
蘖	麥芽			해혹 12ㄴ4
大麥葉	모밀닙	穀部		양금 524:7
大麥汁	보리달힌믈			언구 상34ㄱ10
黃麥	누른보리			광향 18ㄱ9

'大麥' 곧 '보리'를 어근으로 하는 한어명 단어족이다. 『향구』의 차자표기 '包衣', '包來', '巴衣'는 모두 '*보릐'로 해독된다. '보의'와 '보릐'의 두 형태가 있었을 가능성도 배제할 수 없는데 '보의'는 후대형을 찾기 어렵다. 제1 음절의 초성이 모두 'ㅍ'음을 가졌는데 결국 이 시기까지 유기음 'ㅍ'이 음소로 생성되지 않았음을 의미한다(김동소 2007 참조). 일단 '*보릐'로 해독해 두기로 한다. 이 형태가 15세기에 오면 '보리'로 바뀌고 그대로 현대 국어까지 이어진다. 『동의』에서는 '大麥'을 '보리밠'로 기록하였다. '大麥'이나 '麥'을 어근으로 다양한 합성어가 생성되어 쓰였다. '蘖'은 '곡식에 싹이 자란 것'을 이른다. 후대 의서에 나오는 한어명 '麥芽'는 '보리에 물을 부어 싹이 트게 한 다음에 말린 것'을 이른다(『표』).

0499) 玳瑁 / 瑇瑁

蝳瑁	代尾		鄕名	향채 12월
瑇瑁	야긔겁질	蟲部		동의 2:7ㄱ8
瑇瑁肉		蟲部		동의 2:7ㄱ9
玳瑁甲	야긔겁질	介部龜鼈類		본정 하211
瑇瑁	야긔겁질	蟲部		양금 516:4
瑇瑁肉	야긔고기	蟲部		양금 516:4
玳瑁	야긔겁질	龜鱉		의종 7:41ㄴ6
玳瑁	야긔겁질	龜鱉		방합 52ㄱ
瑇瑁	代尾 대모 야긔껍질	蟲魚部上品	鄕名	향성 82:678:2

‘玳瑁’는 ‘瑇瑁’로 적기도 한다. ‘玳瑁의 등과 배를 싸고 있는 껍데기’를 이른다. 『향채』의 차자 표기 ‘代尾’는 ‘*대미’로 해독되는데 후대형과 이어지지 않는다. 17세기에 ‘야ᄀᆡ겁질’ 형태가 나타나 현대 국어에까지 이어진다. 어형 ‘야ᄀᆡ겁질’의 핵심 어근은 ‘약’인데 『훈민정음 언해』(용자례)에 ‘약 爲龜鼊’이 있음을 참고하면 ‘약+ᄋᆡ+겁질’로 분석된다. ‘약’이 ‘대모’의 우리말로 15세기에쓰였음을 알 수 있다. 곧 15세기부터 ‘玳瑁’와 ‘야ᄀᆡ겁질’ 두 향약명이 공존해서 쓰였던 것이다. 현대 국어 표기법이라면 ‘야기껍질’ 혹은 ‘약껍질’이 될 터인데 사전류에 보이지 않는다.

0500) 大米 ☞ 粳米

0501) 大半夏 ☞ 半夏

0502) 大柏 ☞ 側柏

0503) 大蝮蛇 ☞ 蝮蛇

0504) 大腹皮 / 腹皮 ⇒ 檳榔

大腹皮		木部	동의 3:33ㄴ9
大腹皮	唐	漏部	양금 530:5
腹皮			제중 8:4ㄴ9
腹皮		香木	의종 7:22ㄴ6
腹皮		香木	방합 28ㄴ
大腹皮			경신 31ㄱ2

‘大腹皮’는 대응되는 고유어 향약명이 없다. ‘빈랑나무의 익은 과피를 말린 것’이다.

0505) 大附子 ☞ 附子

0506) 大蒜 / 葫子 / 小蒜 / 野蒜 / 鵲蒜

大蒜	亇■乙		俗云	향구 목49ㄱ4
大蒜	굴근마ᄂᆞᆯ			구급 상10ㄴ8
大蒜	큰마ᄂᆞᆯ			구급 상63ㄱ6
大蒜	굴근마ᄂᆞᆯ			구간 2:100ㄴ
大蒜	마ᄂᆞᆯ			구간 1:32ㄴ
大蒜	마ᄂᆞᆯ	菜部葷菜類		본정 상128
大蒜	마ᄂᆞᆯ			언구 상6ㄱ3
大蒜	마ᄂᆞᆯ	菜部		동의 2:31ㄴ9
大蒜	마ᄂᆞᆯ			언납 1ㄴ
大蒜	마늘	菜部		양금 520:2

大蒜	큰마늘			광비
大蒜	큰마늘			광향 3ㄱ02
大蒜	마놀			제중 8:14ㄴ07
大蒜	마놀			물명 8:14ㄴ
大蒜	마날	葷辛菜		의종 7:28ㄴ8
大蒜	마날	葷辛菜		방합 36ㄱ
大蒜	마놀 葫 一名 葷菜 卽			경신 55ㄱ3
大蒜	마늘 葫			동사 306
蒜	마놀			구간 2:2ㄱ
蒜	마놀			간벽 15ㄴ
蒜	마놀			분온 4ㄴ
蒜	마놀			언두 하39ㄴ
蒜	마놀			언태 14ㄴ
蒜	마늘	菜蔬部		사의 3ㄴ1:9
蒜	만을			두경 14ㄱ
蒜	마늘 胡蒜 大蒜			물보 6
蒜	마날		俗	해혹 2ㄴ5
蒜	마늘 葫			식휘 86
蒜	마놀	菜部下品	鄕名	향성 85:715:2
蒜	月乙賴伊 달래	菜部下品	鄕名	향성 85:715:3
蒜	마늘 大蒜			식명 595
生蒜汁	ᄆᆞ론마놀달힌즙			구급 하58ㄱ
蒜汁	마놀달힌믈			언구 하27ㄴ3
葫	마놀			본목 26ㄱ8
葫	蒜			향집 85:16ㄴ
葫	마놀	菜部下品	鄕名	향성 85:715:2
獨顆	獨頭蒜 謂	菜部		동의 2:32ㄱ1
獨顆大蒜	되야마놀			구간 3:84ㄱ
獨顆蒜	ᄒᆞᆫ알힌마놀			구급 하75ㄱ4
獨顆蒜	도야마놀			구간 6:57ㄱ
獨顆蒜	되야마놀			구간 2:69ㄱ
獨頭蒜	도야마놀			물명 65
獨頭蒜	되야마놀			구간 3:46ㄱ
獨頭蒜	마늘			동사 213
獨頭蒜	쪽마늘			광향 27ㄴ2
獨頭蒜	외토리마늘	菜蔬部		사의 3ㄴ1:10

獨蒜	되야마놀			구간 3:11ㄴ
獨蒜	마놀			동사 214
蒚子	小蒜根			향구 중24ㄴ7
蒚子	月乙老		俗云	향구 목49ㄱ3
蒚	달			훈몽 상8ㄱ
蒚	달			자석 326
小蒜	月老			향구 중20ㄴ1
小蒜	도야마놀			구급 하80ㄱ
小蒜	되야마놀			구급 하81ㄱ5
小蒜	호ᄇᆞ마놀			구급 상33ㄴ2
小蒜	마놀			구간 2:36ㄱ
小蒜	호ᄇᆞ마놀			구간 1:107ㄱ
小蒜	효간마놀			분온 22ㄴ
小蒜	ᄃᆞ뢰			훈몽 상13ㄱ
小蒜	효간마놀			간벽 16ㄴ
小蒜	죡지 蒿根 一名 蒚子 名	菜部		동의 2:32ㄱ3
小蒜	月乙賴伊		鄕名	향집 85:17ㄱ
小蒜	죡지	菜部葷菜類		본정 상128
小蒜	족지	菜部		양금 520:2
小蒜	죵지			물보 6
小蒜	돌늬			물명 64
小蒜	되야마놀			경국 96:1
小根蒜	산달래 들달래			식명 680
小蒜	달래			동사 554
山蒜	족지			물명 65
山蒜	산달래 달래 산마늘			식명 550
野蒜	돌랑괴	菜部		동의 2:32ㄱ5
野蒜	달낭귀	菜部		양금 520:3
鵲蒜	가치마놀			산경 568

'蒜'을 핵심 어근으로 하여 생성된 한어명 가운데 주로 많이 나타나는 것은 '大蒜', '獨頭蒜', '小蒜' 등이다. 고유어 향약명은 '마늘'인데, '大蒜'이 일반적인 '마늘' 혹은 '굵은마늘'에, '獨頭蒜'은 '되야마놀' 혹은 '쪽마늘'에, '小蒜'은 '효간마놀', '죡지', '달래' 등에 대응한다. 먼저 『향구』의 차자표기 중 '大蒜'에 대응되는 '亇■乙'은 '*마놀'로 해독된다. 제2 음절은 불분명하지만 '汝'로

판독된다. 그리고 '薍子'에 대응되는 '月乙老'는 '*달로'로 해독된다. '薍子'는 『향구』에 '小蒜根'임을 밝히고 있고, 『동의』에서도 '小蒜'과 같음을 말하고 있다. 이것이 『향집』과 『향성』의 '月乙賴伊'에 이어지는데 '*달뢰'로 해독된다. 따라서 '달래'의 기원형은 '*달로'임을 알 수 있다. '獨頭蒜'은 '한 통에 한 쪽만 든 마늘' 곧 '외톨마늘'인데(『표』) 이전 시기 형태 '되야마늘'은 물론 '족지'의 후대형인 '족지'도 『표』에 나오지 않는다. 『표』에 나오는 '쪽마늘'은 '통마늘'의 반의어로 의서의 '족지'와는 다른 개념이다. 『표』에 '野蒜'이 등재되어 있는데 '달래'로 풀이되어 있다. 『동의』에서 비롯된 '둘랑괴' 혹은 '달랑귀'는 무엇인지 분명치 않다. '달래'의 다른 어형일 것이다. 『산경』의 '鵲蒜'과 '가치마늘(까치마늘)'도 사전류에서 찾기 어렵다.

0507) 大鱔魚 ☞ 鱔魚
0508) 大烏梅 ☞ 烏梅
0509) 大碗子 ☞ 薏苡
0510) 代赭 / 赤土

大赭	朱石		鄕名	향채 12월
代赭石	됴흔쥬토 血師 一名	石部		동의 3:50ㄱ5
代赭	朱石		卽	향집 77:16ㄱ
赭	쥬토 朱土			우마 6ㄱ
代赭石	됴흔듀토 血師 一名	石部		양금 513:7
代赭	조흔쥬토			제중 8:16ㄱ10
代赭石	赤土			해혹 4ㄱ8
代赭石		金石		의종 7:49ㄴ4
代赭石		金石		방합 62ㄱ
代赭石	됴흔주토 血師 一名			경신 41ㄴ5
代赭石	좋은주토	石部下品	鄕名	향성 77:598:1
赤土	ᄀ장불근쥬토	土部		동의 1:19ㄱ6
赤土	가쟝불근쥬토	土部		양금 522:8

'代赭石'은 '잘 부스러져 흙과 같이 되는 어두운 붉은색의 적철석'이다. 이칭으로 '朱石', '血師', '赤土' 등이 있다. 『향채』의 차자표기 '朱石'은 한어명을 적은 것으로 보인다. 고유어 향약명으로는 '좋은주토'형이 쓰였다.

0511) 大赭 ☞ 代赭

0512) 大猪頭

大猪頭		獸部		동의 1:53ㄱ3

'大猪頭'는 『동의』에 나오는데 '큰 돼지의 머리'이다. 대응되는 고유어 향약명이 없다.

0513) 大棗 / 生棗 / 棘針 ⇒ 酸棗

大棗	대조			구급 상14ㄱ5
棗	대초			구간 1:40ㄱ
棗子	대초			구간 2:36ㄱ
大棗	대쵸			언구 상47ㄴ8
棗	대쵸			언구 상21ㄴ6
大棗	대츄 乾棗 一名	果部		동의 2:18ㄱ7
棗	대츄			본목 29ㄱ10
大棗		果部		양금 518:2
大棗	대죠			제중 8:18ㄴ5
大棗		五果		의종 7:31ㄴ9
大棗		五果		방합 39ㄴ
大棗	乾棗 一名			경신 55ㄱ8
大棗	대초	果部上品	鄕名	향성 84:695:3
大棗皮		五果		의종 7:31ㄴ10
大棗皮		五果		방합 39ㄴ
大棗核中仁		果部		동의 2:18ㄴ1
生棗		果部		동의 2:18ㄱ10
生棗		五果		의종 7:31ㄴ10
生棗		五果		방합 39ㄱ
棗木根	대쵸나모불휘			언구 하43ㄴ2
棗穰	대촛술			구간 1:74ㄱ
棗肉	대촛술			구간 3:81ㄱ
棗葉		果部		동의 2:18ㄴ2
棗葉	대촛닙			구간 6:29ㄱ
棘針	효ᄀᆞᆫ대초나못가시			구간 3:20ㄴ

'大棗'는 '대추'를 말한다. 15세기에 한어명을 그대로 읽은 '대조'가 『구급』과 『구간』에 나타난다. 이후 이 한자음이 '대쵸'로 바뀌어 고유어화하기 시작한다. 『동의』에서 '대츄' 형태가 나타

나 '대쵸'와 공존하다가 '대추'로 바뀐다. 한자어의 고유어화의 사례이다.

0514) 大皂角 ☞ 皂角
0515) 大皂莢 ☞ 皂莢
0516) 大甑中蒸土 ☞ 土
0517) 大蜘蛛 ☞ 蜘蛛
0518) 大川烏 ☞ 川烏
0519) 大靑 ⇒ 靑黛

大靑	靑黛 靑花		鄕云	신마
大靑		草部		동의 3:8ㄴ2
大靑		草部		양금 506:4
眞靛花	청화 靑花			구급 하51ㄱ5

'大靑'은 '십자화과의 두해살이풀'이다. '唐靑華', '唐靑' 등의 이칭이 있다. 쪽빛 물감으로도 쓴다. 그래서 『신마』에서 이칭으로 '靑黛'를 소개하고 있는 듯하다. 하지만 '靑黛'와 '大靑'은 다른 식물이다. 『신마』의 한어명 '靑花'는 『구급』에 나오는 것인데 '眞靛花'라는 한어명 이칭이 있다. 모두 '쪽'에 속하는 것들로 보인다.

0520) 大虫 ☞ 虎骨
0521) 大虫杖 ☞ 虎杖根
0522) 大風子

大風子	唐	木部	동의 3:43ㄱ10
大風子	唐	木部	양금 512:3

'大風子'는 '대풍수 열매의 씨'이다. 고유어 향약명은 없으며 『동의』와 『양금』에만 나온다.

0523) 大黃 / 川大黃

大黃	대황		구급 상7ㄴ5
大黃	대홦불휘		구간 3:26ㄱ
大黃	대황		언구 하26ㄴ8
大黃	쟝군플	草部	동의 3:15ㄱ10
大黃	쟝군풀		본목 18ㄱ9

大黃	將軍草根	草部		사의 1ㄱ1:9
大黃	쟝군플	草部		양금 506:10
大黃	쟝구풀			광향 2ㄱ10
大黃	쟝군풀			제중 8:2ㄴ10
大黃	將軍草		俗	해혹 1ㄱ7
大黃	장군풀	毒草		의종 7:15ㄱ7
大黃	장군풀	毒草		방합 19ㄴ
大黃	장군풀			경신 23ㄴ7
大黃	將軍草 장군풀	草部下品之上	鄕名	향성 79:626:2
大黃末	대황ᄀᆞᄅᆞ			언구 하17ㄴ4
川大黃	텬대황			구급 하10ㄱ8
川大黃	텬대황불휘			구간 7:13ㄱ
川大黃	됴ᄒᆞᆫ대황불휘			구간 3:52ㄴ

'大黃'은 '마디풀과의 여러해살이풀의 뿌리'를 말한다. 고유어 향약명은 '장군풀'이다. 15세기 『구급』과 『구간』을 비롯 후대의 『언구』까지 한어명 '대황'을 그대로 사용했다. 이런 점은 '대황ᄀᆞᄅᆞ'나 '텬대황', '텬대황불휘'를 보아도 알 수 있다. 그러다가 『동의』에서 '쟝군플'이 나타나 현대 국어에까지 이어졌다. 따라서 '將軍草'라는 표기는 차자표기이다. '장군풀'은 어형의 교체가 일어나지 않았다.

0524) 大黃蜂 ☞ 露蜂房

0525) 大茴

大茴			제중 8:6ㄱ8
大茴		芳草	의종 7:9ㄴ9
大茴		芳草	방합 12ㄴ

'大茴'는 '大茴香'의 이칭이 아닐까 한다. '茴香의 열매'를 '大茴香'이라 한다.

0526) 桃 / 毛桃花

桃	복숑아	언구 하28ㄴ2
桃	복숑화	언구 하42ㄱ6

桃	복숑화		본목 29ㄱ8
桃莖白皮		果部	동의 2:22ㄴ10
桃木膠	복셩화나못진		구간 3:112ㄴ
桃膠		果部	동의 2:23ㄱ2
桃膠		五果	의종 7:31ㄴ4
桃膠		五果	방합 39ㄴ
桃奴		五果	의종 7:31ㄴ4
桃奴		五果	방합 39ㄴ
桃東南枝白皮	복셩화나모東南녁가지힌것		구급 하67ㄴ3
桃東南枝白皮	동남녀그로버든복셩홧나못가지힌거플		구간 6:36ㄱ
東引桃枝	동녁으로버든복셩홧가지		구간 2:28ㄴ
桃蠹		果部	동의 2:22ㄴ9
桃毛		果部	동의 2:22ㄴ8
桃毛	복숑화여름에털	果部	양금 518:9
桃白皮	복샹화나못힌겇		구급 상28ㄱ1
桃白皮	복셩화나모힌것		구급 하69ㄱ
桃白皮	복셩화나모ᄉᆞ싓힌거플		구간 2:35ㄱ
桃白皮	복셩화나못힌거플		구간 6:43ㄴ
桃符		果部	동의 2:23ㄱ5
桃實		果部	동의 2:23ㄱ3
桃實	복숑화여름	果部	양금 518:9
桃實		五果	의종 7:31ㄴ4
桃實		五果	방합 39ㄴ
桃葉	복셩홧닙		구급 상16ㄱ2
桃葉	복셩홧닙		구간 2:49ㄱ
桃葉		果部	동의 2:23ㄱ1
桃葉		五果	의종 7:31ㄴ4
桃葉		五果	방합 39ㄴ
桃仁	도싄		구급 상69ㄴ8
桃仁	복셩화삐		구간 2:30ㄱ
桃仁	복셩화삐솝		구간 2:18ㄴ
桃仁	복송아시		광향 3ㄴ02
桃仁	복숑화씨		제중 8:8ㄴ2
桃仁	복송화삐	五果	의종 7:31ㄴ3
桃仁	복송화삐	五果	방합 39ㄴ
桃枝	복샹화나모		구급 상21ㄱ6

桃枝葉	복셩홧가지			구급 상16ㄱ2
桃核	복셩홧ᄌᆞᅀᆞ			구급 하73ㄴ3
桃核	복셩화ᄌᆞᅀᆞ			구간 6:40ㄴ
桃核仁	복숑화ᄲᅵ	果部		동의 2:22ㄱ7
桃核仁	복숑화씨	果部		양금 518:8
桃核仁	복송화씨			경신 40ㄱ5
桃核仁	복송아씨	果部下品	鄕名	향성 84:699:2
桃花	복셩홧곳			구간 3:34ㄱ
桃花		果部		동의 2:22ㄴ1
桃花	복숑화ᄭᅩᆺ	果部		양금 518:8
桃花		五果		의종 7:31ㄴ4
桃花		五果		방합 39ㄴ
桃梟	남ᄀᆡ돌연ᄂᆞᆫᄆᆞᄅᆞᆫ복숑아			언구 하28ㄴ2
桃梟	남긔브터ᄆᆞᄅᆞᆫ복숑와			언구 상13ㄴ3
桃奴	남긔셔몰나셧돌의ᄯᅳᆫ거시라	果部		사의 3ㄴ3:4
桃梟	桃奴 一名 鬼髑髏 一名	果部		동의 2:22ㄴ4
桃梟	남긔셔몰나셧돌의ᄯᅳᆫ거시라	果部		사의 3ㄴ3:3
桃梟	복숑화여름치되지못ᄒᆞ고낭거셔말은것	果部		양금 518:8
毛桃花	가출복셩홧곳			구간 3:73ㄴ

'桃'를 핵심 어근으로 생성된 복합어 단어족이다. '桃'는 15세기의 '복셩화'에서 '복숑화'와 '복송아'로 어형 변화를 거친 다음 현대 국어의 '복숭아'가 되었다. 어형 교체는 일어나지 않았다. 향약명 가운데 특이한 것으로 '桃奴'와 '桃梟'가 있는데 '나무에서 말라 버린 복숭아'를 뜻한다. 『구간』의 '毛桃花'는 사전류에 보이지 않는다. '가출복셩홧곳'은 '가출 # 복셩화+ㅅ+곳'으로 분석되는데 '가출'은 형태 분석이 어렵다.

0527) 稻, 稻稈 ☞ 糯稻

0528) 都季根皮 ☞ 郁李

0529) 桃奴 ☞ 桃

0530) 稻芒 / 麥芒 / 牟芒

稻芒	볏ᄀᆞᅀᆞ라기	구급 하37ㄴ6
稻芒	볏ᄀᆞᄉᆞ라기	언구 상34ㄱ6
稻尖	볏ᄀᆞᅀᆞ라기	구급 하82ㄱ6
麥芒	보릿ᄀᆞᅀᆞ라기	구급 하37ㄴ6

麥芒	보리ᄀᆞᄉᆞ라기		언구 상34ㄱ6
牟芒	보리가ᄉᆞ락기	木部	사의 2ㄱ4:8

'볏ᄀᆞᄉᆞ라기'의 'ᄀᆞᄉᆞ라기'는 '가시랭이'이다. 그런데 『표』에서는 'ᄀᆞᄉᆞ라기'의 현대 어형은 '가스라기'인데 이를 '가시랭이'의 잘못된 말로 규정하고 있다.112) 하지만 '芒'은 '까끄라기'를 뜻하며, 이 어휘는 '벼, 보리 따위의 낟알 껍질에 붙은 깔끄러운 수염. 또는 그 동강이'를 뜻한다. 이칭으로 제시된 한어명도 '芒角'이다. '麥芒'은 '보리가스라기'를 말한다. 『구급』의 'ᄀᆞᄉᆞ라기'와 『사의』의 '가ᄉᆞ락기'는 현대 국어 표준어 '까끄라기'의 소급형이다. 아마도 2음절 초성이 'ㅅ'인 방언과 'ㄱ'인 방언이 다 존재했을 것으로 판단된다.

0531) 桃木膠 ☞ 桃
0532) 桃木茸 ☞ 菌
0533) 稻米, 稻穉, 稻尖 ☞ 糯稻
0534) 道上熱塵土, 道上熱土 ☞ 土
0535) 刀煙 ☞ 鐵爇
0536) 道人頭 ☞ 蒼耳
0537) 道中熱塵土, 道中熱土 ☞ 土
0538) 道地粳米 ☞ 糯米
0539) 焰硝 ☞ 焰焇
0540) 逃河 ☞ 鵜鴣

<독>

0541) 讀脚蓮 ☞ 天南星
0542) 獨顆栗

獨顆栗子灰	외트리밤ᄉᆞ론지	구간 6:70ㄴ
獨顆栗	외동이밤	경국 82:1

'獨顆栗'은 『경국』에만 보인다. 한어명의 전부 요소 '獨顆-'는 '외톨이' 혹은 '외동'의 의미를 나타내는 접두사로 파악된다('獨顆蒜 되야마늘, 외톨이마늘' 참조). 고유어 향약명은 '외동이밤'

112) 『표』에서 이전 시기에 쓰였던 옛말 형태를 표준어가 아닌 '잘못된 말'로 처리하는 경우가 많다. 향약명에서도 마찬가지인데 이런 처리는 재고할 필요가 있다.

으로 나오는데 '외동이+밤'의 합성어이다. 『표』에서는 '외동이'를 '외둥이'의 잘못으로 풀이하였다.

0543) 獨顆蒜, 獨頭蒜 ☞ 大蒜
0544) 獨顆栗子灰 ☞ 灰
0545) 蝳蝐 ☞ 玳瑁
0546) 毒蛇 ☞ 蝮蛇
0547) 獨搖草 ☞ 獨活
0548) 犢子

犢子耳中塞	쇠야지귀쳥			구간 3:31ㄴ
犢子臍屎	송아지배내똥	獸部中品	鄕名	향성 81:665:1
新生犢子	ᄀᆞᆺ난숑아지			구간 2:114ㄱ
黃犢子糞	누른숑아지ᄯᅩᆼ			언구 상21ㄴ11

'犢子耳中塞'은 『구간』에 '쇠야지귀쳥'으로 나타난다. '쇠야지+의+귀쳥'으로 분석되며 '송아지의 귀청'을 이른다. '犢子臍屎'는 『향성』에만 나온다. 고유어 항약명이 '송아지배내똥'인데 '송아지가 먹은 것 없이 처음 싸는 똥'을 이른다. '新生犢子'와 '黃犢子糞'에 대응되는 'ᄀᆞᆺ난숑아지'와 '누른숑아지ᄯᅩᆼ'은 모두 설명형 향약명이다.

0549) 獨走根 ☞ 馬兜鈴
0550) 獨足蓮 ☞ 天南星
0551) 鵚鶖

鵚鶖	무슈리	禽部水禽類	본정 하218

'鵚鶖'는 '황샛과의 물새'로 현대 국어 '무수리'이다. 한어명 이칭으로는 '鴜鶬', '鶩鶬', '鷀鶬'와 '扶老'가 있다고 한다. 고유어 향약명 '무슈리'는 '믈+슈리'가 기원형이다. 『훈몽』에 '鵚'의 훈이 '므수리'로 되어 있다. '물새'인 점을 고려하면 '므'는 '믈'이 분명하다.

0552) 禿筆

禿筆	무듼붇	구간 3:106ㄱ

'禿筆'은『구간』에 나온다. 고유어 향약명은 '무듼붇'이다. '무듸-+-ㄴ+붇'으로 분석되며 '무딘 붓'을 뜻한다.

0553) 獨行根 ☞ 馬兜鈴

0554) 獨活 / 川獨活 ⇒ 五加皮

獨活	虎驚草		俗云	향구 목45ㄱ7
獨活	虎驚艹		上層朱書	향채 2월
獨活	독활			구간 1:18ㄴ
獨活	독홠불휘			구간 1:16ㄱ
獨活	짯둘훕			산경 538
獨活	독활			언두 상14ㄱ
獨活	독활			언태 38ㄴ
獨活	짯둘훕 獨搖草 一名	草部		동의 2:40ㄴ4
獨活	地頭乙戶邑		鄕名	향집 78:9ㄴ
獨活	짯둘훕			본목 12ㄱ7
獨活	짯둘훕	草部山草類		본정 상51
獨活	독활			두경 18ㄱ
獨活	짜둘훕 獨搖草 一名	草部		양금 503:7
獨活	짤들훕			제중 8:3ㄴ7
獨活	쌧둘훕	山草		의종 7:5ㄱ9
獨活	묏둘훕	山草		방합 7ㄱ
獨活	짯두읍 獨搖草 一名			경신 15ㄱ6
獨活	地頭乙戶邑 땃둘훕뿌리 묏둘훕뿌리	草部上品之上	鄕名	향성 78:605:3
川獨活	천독활			구간 1:14ㄴ

'獨活'은 '두릅나뭇과의 여러해살이풀'로 고유어 이칭은 '땅두릅'이다.『동의』에서부터 나오는 한어명 이칭 '獨搖草'는『표』에는 없고『샘』에 소개되어 있다.『향구』의 차자표기 '虎驚草'는 해독이 어렵다. '虎'는 후대형 '짯'과 대응하는데 연관성을 찾기 어렵다. '驚草'는 '둘훕'에 대응할 개연성이 있다. 이은규(1993:66)에서는 '虎'를 뜻하는 만주어가 'tasha'인데 ''-ha'가 접미사이므로 'tas'가 '虎'에 대응되는 점에 착안하여 '*짯'으로 '驚'을 '두렵'으로 보아 '*짯두렵플'로 해독하였다. 하지만 완전하지 않다.『향집』과『향성』의 차자표기 '地頭乙戶邑'은 용자 '地'가 석독자이고 나머지는 음독자로 '*짯둘훕'으로 해독된다. 15세기의 '짯둘훕'은 어형 교체 없이 음운

변화만을 반영하여 현대 국어의 ‘땅두릅’이 된다.

<돈>

0555) 豚

豚肝	獸部	동의 1:53ㄱ7
豚肝	獸部	양금 529:5
豚骨	獸部	동의 1:53ㄱ6
豚骨髓	獸部	동의 1:53ㄱ5
豚骨髓	獸部	양금 529:5
豚鬐膏	獸部	동의 1:53ㄱ2
豚鬐膏	獸部	양금 529:5
豚腦	獸部	동의 1:53ㄱ4
豚膽	獸部	동의 1:53ㄴ5
豚膽	獸部	양금 529:6
豚肚	獸部	동의 1:53ㄴ3
豚肚	獸部	양금 529:5
豚肪膏	獸部	동의 1:52ㄴ9
豚脾	獸部	동의 1:53ㄱ9
豚四足	獸部	동의 1:54ㄱ1
豚四足	獸部	양금 529:6
豚舌	獸部	동의 1:53ㄴ10
豚屎	獸部	동의 1:54ㄱ7
豚屎	獸部	양금 529:6
豚腎	獸部	동의 1:53ㄴ1
豚腎	獸部	양금 529:5
豚心	獸部	동의 1:53ㄱ8
豚心	獸部	양금 529:5
豚乳汁	獸部	동의 1:53ㄴ9
豚肉	獸部	동의 1:52ㄴ7
豚肉	獸部	양금 529:5
豚耳中垢	獸部	동의 1:54ㄱ4
豚腸	獸部	동의 1:53ㄴ4
豚齒	獸部	동의 1:53ㄴ8
豚齒	獸部	양금 529:6

豚肺		獸部		동의 1:53ㄱ10
豚肺		獸部		양금 529:5
豚血		獸部		동의 1:53ㄱ1
豚脏		獸部		동의 1:53ㄴ7

'豚'을 핵심 어근으로 하는 향약명 어휘의 단어족이다. 한어명으로만 나타나며『동의』와『양금』에만 나온다.

0556) 豚卵

豚卵	돋틱불 豚顚 一名	獸部		동의 1:52ㄴ5
豚■	돗희블 豚顚 一名	獸部		양금 529:4
豚卵	돼지불알	獸部下品	鄕名	향성 81:665:1

'豚卵'은『향성』의 기록대로 '돼지불알'이다. 이칭으로 '豚顚'이 있다.『양금』의 2음절은『동의』와『향성』으로 볼 때 '卵'이 분명하다.『표』에는 '豚卵'이 나오지 않는다.

0557) 豘腸草 ☞ 旋花
0558) 豚顚 ☞ 豚卵
0559) 豚懸蹄 ☞ 馬夜目

<동>

0560) 桐 / 梧桐子

棟實	동실			구급 상57ㄴ6
梧桐子	오동ᄌᆞ			구급 상56ㄴ
梧桐子	머귀여름			구간 2:10ㄱ
桐白	머괴나모	木部		사의 2ㄴ2:8
桐葉	머귀나모닙	木部		동의 3:41ㄴ2
桐葉	머귀나무닢 오동닢사귀	木部下品	鄕名	향성 80:651:2
桐油		木部		동의 3:41ㄴ6
桐皮		木部		동의 3:41ㄴ5
桐葉	머귀나모닙	木部		양금 511:10
桐油	머귀씨로낸기름	木部		양금 511:10

'桐'을 핵심 어근으로 하는 단어족이다. '桐'은 '오동나무'이다. 이에 대응하는 고유어 향약명이 '머귀나무'로 나온다. '머괴나무'가 어형 변화를 거쳐 '머귀나무'로 바뀐 것이다. 『표』에 따르면 '머귀나무'는 동음어이다. 하나는 '운향과의 낙엽 활엽 소교목'으로 이칭으로는 '食茱萸'가 있다(아래 '食茱萸' 항목 참조). 다른 하나가 바로 '오동나무'이다. 그런데 『표』에서는 '머귀나무'를 '오동나무'의 잘못된 말로 규정하고 있다.

0561) 銅鏡鼻 ☞ 古鏡

0562) 冬瓜 / 白冬瓜 / 白瓜子

冬瓜	동화			구간 3:43ㄴ
冬瓜	동화			언구 하27ㄴ3
冬瓜	동화			본목 28ㄱ6
冬瓜	동아			광향 2ㄱ12
冬瓜	동화			제중 8:23ㄱ10
冬瓜	동화		俗	해혹 5ㄱ4
冬瓜	동화	菰菜		의종 7:30ㄴ8
冬瓜	동화	菰菜		방합 38ㄴ
冬瓜子	동과삐			구급 상13ㄴ4
冬瓜子	동화삐			구간 3:77ㄴ
冬瓜子	동화삐	果部		사의 3ㄴ3:10
冬瓜子煎湯	동화삐글힌믈			구간 1:39ㄱ
冬瓜汁	동과즙			구급 하58ㄱ
冬瓜汁	동화즛디허뽄즙			구간 3:88ㄱ
冬瓜汁	동화쥐뽄즙			언구 하27ㄴ3
冬瓜皮	동홧거플			구간 7:72ㄴ
白冬瓜	동화 地芝 一名	菜部		동의 2:29ㄱ5
白冬瓜	동와	菜部上品	鄕名	향성 85:709:3
白冬瓜子		菜部		동의 2:29ㄱ8
白冬瓜藤		菜部		동의 2:29ㄱ10
白冬瓜葉		菜部		동의 2:29ㄴ1
白瓜子	冬瓜仁		鄕名	향채 12월
白瓜子	동와씨	菜部上品	鄕名	향성 85:709:3

'冬瓜'는 '박과의 한해살이 덩굴성 식물'이다. 고유어 향약명은 15세기의 '동화'형이 있다. 이

형태가 현대 국어에까지 이어지다가 '동와'로 어형 변화를 겪는다. 『표』에는 '동아'로 등재되어 있다. 어형 교체는 일어나지 않았다. 기원적인 형태는 한어명을 차용한 '*동과'로 추정되며 '*동과 > 동화 > 동와 > 동아'의 어형 변화 과정을 거친 것으로 판단된다.

0563) 銅鑛石

銅鑛石	구리섞인광돌 銅鑛	石部下品	鄕名	향성 77:599:3

'銅鑛石'은 '구리가 든 광석'을 말한다. 『향성』의 향약명도 이와 같다.

0564) 冬葵 / 冬葵子 ⇒ 葵子

冬葵	아옥			산경 157
冬葵	아옥			물보 5
冬葵	돌아욱 동규 동규자 冬莧菜			식명 164
冬葵根	동규ᄅᆞᆫ			구급 상53ㄱ7
冬葵根	돌아혹불휘			구간 3:117ㄱ
冬葵根		菜部		동의 2:26ㄴ5
冬葵葉		菜部		동의 2:26ㄴ6
冬葵葉		柔滑菜		의종 7:30ㄴ3
冬葵葉		柔滑菜		방합 38ㄱ
冬葵子	阿郁		鄕名	향채 12월
冬葵子	돌아혹ᄡᅵ			구간 3:59ㄱ
冬葵子	돌아옥ᄡᅵ			산경 506
冬葵子	돌아옥ᄡᅵ	菜部		동의 2:26ㄴ2
冬葵子	阿郁		鄕名	향집 85:1ㄱ
冬葵子	돌아옥씨	菜部		양금 519:6
冬葵子	아옥ᄡᅵ 露葵 一名	柔滑菜		의종 7:30ㄴ3
冬葵子	아옥ᄡᅵ 露葵 一名	柔滑菜		방합 38ㄱ
冬葵子	돌아옥ᄡᅵ			경신 41ㄱ1
冬葵子	阿郁 아욱씨	菜部上品	鄕名	향성 85:709:1
冬葵子	아욱씨			동사 1059
生冬葵根	놀돌아혹불휘			구간 3:62ㄴ

'冬葵'는 '아욱'이며 그 씨를 '冬葵子'라 한다. '아욱'은 '*아부 > 아혹 > 아욱'의 어형 변화를

겪은 어휘이다(위 '葵子' 항목 참조). '冬葵子'의 고유어 향약명은 '돌아혹'으로 나타난다. '冬'은 차자표기에서 '*돌/돌'로 읽힌다(아래 '冬麻子' 항목 참조). 따라서 '돌아혹'은 일종의 번역 차용어일 가능성이 높다. 『의종』과 『방합』에 한어명 이칭 '露葵'가 보인다.

0565) 銅氣上汗 ☞ 水
0566) 童女裩 ☞ 人裩襠
0567) 童女月經衣 ☞ 經衣
0568) 銅弩牙 ☞ 弩牙
0569) 童溺 ☞ 童便
0570) 銅綠 / 銅靑 ⇒ 鐵鏽

銅綠	동록			구간 3:49ㄴ
銅靑	동록			구간 6:51ㄱ
銅靑	銅綠 一名	金部		동의 3:53ㄴ-2
銅靑	銅綠		鄕名	향집 77:16ㄱ
銅靑	동녹	金部		양금 514:4
銅綠	초삼녹			광향 14ㄱ5
銅靑	銅綠 구리쇠녹	石部下品	鄕名	향성 77:598:1

'銅綠'은 '구리 표면에 슨 녹'이다. 주로 한어명으로 쓰였다. 이칭으로 '銅靑'이 있다.

0571) 東流水 ☞ 水
0572) 冬麻子 ⇒ 大麻子

冬麻子	吐乙麻	鄕名	향채 9월
冬麻子	돌열씨		구간 1:11ㄱ
冬麻子	吐乙麻		촌구 4ㄱ4:3
冬麻子	吐乙麻 돌삼	鄕名	촌가

'冬麻子'는 '대마의 씨'를 이른다(『고』). 『표』에는 등재되어 있지 않다. 『향채』의 차자표기 '吐乙麻'는 '冬'을 표기한 '吐乙'과 '麻'로 분석되는데 '*돌삼'으로 해독된다. 『촌가』의 차자표기와 '돌삼'이 이를 증명한다. 『구간』에는 '돌열씨'로 나오는데 '삼'과 '열'이 같은 뜻이었다. '大麻'의 차자표기가 『향구』에 '与乙'로 나오는 것이 근거이다(위 '大麻子' 항목 참조)(상세 어휘사는 3.2 참조).

0573) 東壁土 ☞ 土

0574) 童便 / 童子小便 ⇒ 小便

童溺	아희오좀		언구 상7ㄱ7
童便	아희오좀		제중 8:15ㄱ06
童便	아희오좀	人	의종 7:46ㄴ9
童便	아희오좀	人	방합 58ㄴ
童便	오좀 溲溺 一名 輪回 一名 還元 一名		경신 27ㄴ9
童子小便	아희소변		구급 상65ㄴ5
童子小便	아희오좀		구급 하46ㄴ2
童子小便	손아희오좀		구간 2:52ㄱ
少男兒尿	져믄손아희오좀		구간 1:105ㄱ
童溺熱	ᄉᆞ나희아희더운오좀		언구 하11ㄱ5
熱童便	아희더온오좀		언구 상17ㄴ6

'童便'은 '아이의 오줌'을 말한다. 다양한 복합어가 나타난다. 『경신』에 '溲溺', '輪回', '還元' 등의 이칭이 보인다.

0575) 銅盆

銅盆	구리동이	石部上品	鄕名	향성 77:592:2

'銅盆'은 '구리동이'이다. 『향성』에만 보인다. 현대국어 사전류에서 찾기 어렵다.

0576) 冬霜

冬霜	겨올에온서리	水部		동의 1:15ㄴ6
冬霜	겨을에온서리	水部		양금 521:6
冬霜	서리	石部下品	鄕名	향성 77:601:1

'冬霜'은 한자어 뜻대로 '겨울에 온 서리'를 말한다. 『향성』에는 '서리'로만 되어 있다.

0577) 東陽酒 ☞ 酒

0578) 鱧魚 ☞ 蠡魚

0579) 東引桃枝 ☞ 桃

0580) 童子小便 ☞ 童便

0581) 銅靑 ☞ 銅綠

0582) 冬靑 ☞ 女貞實

0583) 凍葱 ☞ 葱白

0584) 銅枰

銅枰		金部		사의 4ㄱ2:4

'銅枰'은 '구리로 만든 저울'이다. 『사의』에만 보인다.

0585) 東海夫人 ☞ 淡菜

0586) 東向蘘荷根 ☞ 蘘荷

0587) 冬莧菜 ☞ 冬葵

0588) 冬灰 ☞ 灰

0589) 杜鵑

杜鵑	졉동새 子規 一名	禽部		동의 1:40ㄴ1
杜鵑	졉동새			본목 48ㄴ10
杜鵑肉	졉동식	禽部林禽類		본정 하227
杜鵑	졉동식 子規 一名	禽部		양금 527:9
杜鵑	接冬 졉동새 솟적다새	禽部下品	鄕名	향성 82:675:3

'杜鵑'은 '두견새'를 말한다. 한어명 이칭은 '子規'이고 고유어 향약명은 '졉동식'이다. 『향성』의 차자표기 '接冬'은 '*졉동'으로 해독된다. 『표』에서는 '두견', '두견새', '두견이' 등을 등재하고 있지만 '접동새'는 '김소월의 시 제목'으로만 나온다. 『샘』에는 '두견'의 경남 방언으로 '접동새'가 소개되어 있다. 『향성』의 '솟적다새'는 사전류에 보이지 않는 새 어휘이다. '소쩍새'와 같은 단어족으로 판단된다(이은규 2019ㄱ:20 참조).

0590) 頭骨

頭骨		獸部		양금 528:7

'頭骨'은 '척추동물의 머리 뼈'를 이른다. 『양금』에만 보인다.

0591) 頭垢 / 人頭垢

頭垢	머리옛쩌			구급 하60ㄱ8
頭垢	머리옛쩌			구간 6:43ㄱ
頭垢	머릿쩌			구간 2:83ㄱ
人頭垢	사름믹머리예쩌			언구 하24ㄱ10
人頭垢	사름믹머리쩌			언구 하24ㄴ4
頭垢	머리예쩌	人部		동의 1:30ㄴ10
頭垢	머리쎠	人部		양금 525:5
頭垢	亽람의머리쎠			광향 2ㄴ07
頭垢	머리때 비듬	人部	鄕名	향성 81:653:1

'頭垢'는 '머리의 때'를 말한다. 이칭으로는 '風屑'이 있다.

0592) 頭岐 ☞ 菘菜

0593) 肚內黃水 ☞ 水

0594) 杜丹 ☞ 牡丹

0595) 杜當歸 ☞ 當歸

0596) 兜鈴 ☞ 馬兜鈴

0597) 豆淋酒 ☞ 酒

0598) 頭髮 ☞ 亂髮

0599) 豆腐

豆腐	두부		구급 하22ㄱ1
豆腐	두부	穀部	동의 1:30ㄱ4
豆腐	두부	穀部	양금 525:3
豆腐	두부		제중 8:22ㄱ5
豆腐	두부	造釀	의종 7:36ㄴ3
豆腐	두부	造釀	방합 45ㄴ
泡水	두부물		광비 127

'豆腐'는 한어명 그대로 '두부'로 쓰였고 현대 국어까지 형태 변화나 교체 없이 이어졌다. 『해혹』(1ㄱ6)에는 '두부숨물'이 나오는데 『광비』의 '泡水'일 가능성이 높다.

0600) 豆粉 ☞ 赤小豆

0601) 豆豉 ☞ 淡豆豉

0602) 豆醬

豆醬	두쟝	구급 하48ㄴ4
豆醬汁	쟝즙	구급 하11ㄱ1
豆醬汁	쟈ᇱ즙	구간 3:121ㄱ
豆醬淸	쟈ᇱ믈	구급 하68ㄱ2
豆醬淸	ᄆᆞᆯᄀᆞᆫ쟝	구간 6:36ㄴ

'豆醬'을 어근으로 하는 어휘들이다. '豆醬'은 '볶은 콩을 장에 넣고 기름, 깨소금, 고춧가루 및 다진 파 따위를 넣어 버무린 반찬'으로 다른 말로는 '콩장'이라 한다. 15세기 의서에 나오는 어휘들인데 '豆醬汁'을 '쟝즙'으로 불렀다.

0603) 頭醋 ☞ 酢

0604) 杜沖

杜仲	思仙木 一名 石思仙 一名	唐	木部		동의 3:31ㄴ6
杜沖	思仙木 一名 石思仙 一名	唐	木部		양금 510:4
杜沖					제중 8:12ㄴ4
杜沖			喬木		의종 7:24ㄱ5
杜沖			喬木		방합 30ㄴ
杜沖	思仙木 一名 思仙 一名				경신 47ㄴ6
杜沖	둘중나무		木部上品	鄕名	향성 80:642:1
南燭	두츙나모				본목 35ㄴ1

'杜沖'은 한어명 그대로 현대 국어에서도 사용된다. 이칭으로는 '思仙木', '石思仙' 등이 있다. 『향성』의 '둘중나무'는 사전류에서 찾기 어렵다. 한편, 『본목』에서는 '南燭'을 '두츙나모'라 하고 있다. 그런데 '南燭'은 '매자나뭇과의 상록 관목'이고 이칭은 '南天'이다. '두충나무'와는 다르다.

0605) 豆黃

大豆黃末	코ᇱᄀᆞᄅᆞ		구급 하19ㄴ2
豆黃	콩ᄀᆞᄅᆞ	穀部	동의 1:22ㄱ2
豆黃	콩가로	穀部	양금 523:8

'豆黃'은 '콩을 빻아서 만든 가루' 즉 '콩가루'를 말한다. 『동의』와 『양금』에만 나온다.

0606) 燈脚

燈脚	등잔고도롬			해혹 31ㄱ7

'燈脚'은 사전류에서 찾기 어렵다. 『해혹』에 '등잔고도롬'으로 되어 있는데 '등잔+고도롬'의 합성어이다. 정확한 의미 파악이 필요하다.

0607) 燈籠草 ☞ 酸漿
0608) 藤梨 ☞ 獼猴桃
0609) 燈心草 / 燈草

燈心草	古乙心		鄉名	향채 12월
燈心	등심			구급 상69ㄱ8
燈心	골속			구간 2:110ㄱ
燈心	골숍			구간 3:92ㄱ
燈心草根	곬불휘			구간 3:106ㄴ
燈心草苗	곬움			구간 3:106ㄴ
燈心	古乙心			촌구 4ㄴ2:1
燈心	古乙心 골속		鄉名	촌가
燈心草	골속	草部		동의 3:23ㄱ10
燈心草	古乙心		鄉名	향동 79:53ㄴ
燈心草	골속	草部		사의 1ㄴ1:4
燈心草	골속	草部		양금 508:4
燈草	골속			제중 8:14ㄱ10
燈草	골속	隰草		의종 7:12ㄱ10
燈草	골속	隰草		방합 15ㄴ
燈心草	골속			경신 35ㄱ2
燈心草	골쏙	草部下品之下	鄉名	향성 79:636:1
燈心煎湯	골숍달힌믈			구간 7:16ㄱ

'燈心草'는 '골풀과의 여러해살이풀'이다. 『향채』의 차자표기 '古乙心'은 '*골숍'으로 해독된다. '心'은 석독자이다. '속'보다 '숍'이 더 앞선 형태이고 『구간』에 '골숍'으로 나오는 것을 근거로 해독해야 한다. 이후 '숍'이 '속'으로 형태 교체가 일어나서 현대 국어까지 '골속'으로 쓰인다.

0610) 橙子 ⇒ 橘

橙子皮		唐 果部	동의 2:20ㄱ2
橙	큰귤		본목 30ㄱ2
橙子皮		果部	양금 518:5

'橙子'는 '등자나무'를 이른다. '귤나무'의 일종으로 보인다. 『본목』에 '큰귤'로 되어 있다.

0611) 燈盞油

燈盞油	등잔앳기름	구급 하67ㄱ

'燈盞油花'는 『구급』에 나오는 향약명이다. 등잔에 사용하는 기름을 말한다.

0612) 燈花

燈花	등잔불똥	草部下品之上 鄕名	향성 79:630:1

'燈花'는 『향성』의 고유어 향약명대로 '등잔의 불똥'을 말한다. 다른 의서에는 보이지 않는다.

ㅁ

<마>

0613) 馬

馬脛骨		畜		의종 7:45ㄱ3
馬脛骨		畜		방합 56ㄴ
馬肝	ᄆᆞᆯ간			언구 하25ㄱ10
馬糞	ᄆᆞᆯᄯᅩᆼ			구급 상37ㄱ1
馬糞	ᄆᆞᆯᄯᅩᆼ			구간 2:46ㄴ
馬屎	ᄆᆞᆯᄯᅩᆼ			구급 상24ㄴ4
馬屎	ᄆᆞᆯᄯᅩᆼ			구간 1:43ㄱ
馬屎		獸部		양금 528:8
新馬糞	ᄀᆞᆺ눈ᄆᆞᆯᄯᅩᆼ			구간 3:35ㄱ
馬通汁	ᄆᆞᆯᄯᅩᆼᄠᅳᆫ믈			구간 2:103ㄱ
馬牙齒	ᄆᆞᆯ니			구간 3:20ㄴ
馬乳		獸部		동의 1:44ㄱ9
馬乳		獸部		양금 528:6
馬乳	말젓	獸部上品	鄕名	향성 81:656:3
馬肉	ᄆᆞᆯ고기			언구 25ㄱ10
馬肉	ᄆᆞᆯ고기	畜		의종 7:45ㄱ2
馬肉	ᄆᆞᆯ고기	畜		방합 56ㄴ
馬肉	ᄆᆞᆯ고기	畜		방합 56ㄴ
馬蹄	ᄆᆞᆯ굽			구급 상82ㄴ2
鑿下馬蹄	갓가ᄇᆞ린ᄆᆞᆯ굽			구간 7:73ㄴ

'馬脛骨'은 '말의 정강이 뼈'를 말한다. '馬糞'은 한어명대로 'ᄆᆞᆯᄯᅩᆼ'이다. '白馬通'은 '백마의 오줌을 한방에서 이르는 말. 약으로 쓴다.'(『샘』). 한자 형태소 '通'이 '똥'과 '오줌'에 다 쓰이고 있는 점이 특이하다. '馬牙齒'는 『구간』의 기록대로 '말의 이'를 말한다. '馬乳'는 '말젖'이다. 『동의』에서 비롯되었다. '馬肉'은 '말고기'이다. '馬蹄'는 '말굽'을 말한다.

0614) 馬薊 ☞ 蒼朮
0615) 蘑菰 ☞ 菌
0616) 麻根

麻	삼			구간 2:47ㄱ
麻根	삾불휘			구간 3:54ㄱ
麻根	삼불횟겁질	穀部		동의 1:21ㄴ2
麻根	삼블희겁질	穀部		양금 523:7
麻根	열독ᄡᆞᆯ희			경국 122:2

'麻根'은 '삼의 뿌리'를 이른다. 『동의』에서는 '껍질'을 약재로 쓰기 때문에 '껍질'을 결합하여 향약명으로 삼고 있다. 『경국』에 우리말 향약명 '열독ᄡᆞᆯ희'가 나오는데 '열'은 '삼'의 이른 시기 어형임이 분명한데 '독'이 무엇인지 분명치 않다.

0617) 馬蜞 ☞ 水蛭
0618) 馬尿 ☞ 馬
0619) 馬刀

馬刀	ᄆᆞᆯ십죠개 馬蛤 一名	蟲部		동의 2:11ㄴ6
馬刀	ᄆᆞᆯ십죠개			본목 46ㄱ5
馬刀殼	ᄆᆞᆯ십조ᄀᆡ 馬蛤 齊蛤 一名	介部蚌蛤類		본정 하214
馬刀蛤	ᄆᆞᆯ십죠개	虫部		사의 4ㄴ1:8
馬刀	말씸죠ᄀᆡ	蟲部		양금 517:1
馬刀	馬十曹介 말씹조개	蟲魚部下品	鄕名	향성 83:689:1

'馬刀'는 '말조개'를 말한다. '馬蛤', '齊蛤' 등과 같은 이칭이 있다. 고유어 향약명은 'ᄆᆞᆯ십조ᄀᆡ'인데 현대 국어는 '말조개'가 되었다. 형태 '십'이 탈락하여 어형 교체가 일어난 것이다. 비속어를 꺼리는 완곡어법이 적용된 듯하다. 한어명 이칭 '馬蛤'을 번역 차용하면 '말조개'가 된다.

하지만 고유어 향약명의 원래 형태는 '몰십조기'였다. 사전류에서 찾기 어려운 형태이다. 등재할 만한 것으로 판단된다.

0620) 磨刀石 ☞ 礪石

0621) 馬兜鈴 / 獨走根 / 兜鈴

獨走根	勿兒隱提良		俗云	향구 목47ㄱ7
獨走根	勿叱隱阿背 馬兜鈴 一名		鄕名	향구 중15ㄱ2
獨走根	勿叱隱提阿 馬兜鈴 一名		鄕名	향구 중15ㄱ2
馬兜鈴	勿兒冬乙羅		鄕名	향채 7월
馬蔸零	冬兒冬乙羅			촌구 5ㄱ9:1
馬蔸零	冬兒冬乙羅 쥐방올		鄕名	촌가
馬兜鈴	쥐방울			산경 535
馬兜鈴根末	쥐방울불휘ᄀᆞᄅᆞ			언구 하32ㄱ5
馬兜鈴	쥐방올	草部		동의 3:21ㄱ4
馬兜鈴根	獨行根 又名	草部		동의 3:21ㄱ7
馬兜鈴	쥐방올			본목 20ㄱ3
馬兜鈴	쥐방올	草部		사의 1ㄴ4:8
馬兜鈴	쥐방올	草部		양금 507:7
兜鈴	쥐방올			제중 8:9ㄴ3
馬兜鈴	쥐방울			물명 78
兜鈴	쥐방올	蔓草		의종 7:18ㄴ1
兜鈴	쥐방올	蔓草		방합 23ㄴ
馬兜鈴	쥐방울			경신 36ㄴ5
馬兜鈴	쥐방울			경국 118:7
馬兜鈴	쥐방울 마도령			식휘 128
馬兜鈴	勿兒隱冬乙乃 쥐방울 등칙	草部下品之下	鄕名	향성 79:633:3
馬兜鈴	토정 목향 쥐방울뿌리			식명 416
馬兜鈴	방울풀열매 마도령			동사 306

'馬兜鈴'은 현대 국어의 '쥐방울'이다. 『향구』에는 '獨走根'으로 나오는데 사전류에 보이지 않는다. 『향구』의 차자표기는 후대형 '쥐방올'과 전혀 연결되지 않는다. 용자를 검토하면 '勿兒隱提良'와 '勿叱隱提阿'는 같은 어형을 표기한 것으로 '*믈슨뎨라' 정도로 해독되고, '勿叱隱阿背'는 '*믈슨아비'로 해독된다. 전자를 '*-라'형으로 해독하는 근거의 하나는 『향채』의 차자표기

'勿兒冬乙羅'인데 용자대로 해독하면 '*믈ᅀᆞ돌라'이다. 15세기에도 이 어형이 사용되었는지는 장담할 수 없다. 한글표기형이 나타나지 않고 『향구』의 차자표기를 참고하여 기록했을 가능성도 있기 때문이다. 『촌가』의 차자표기 '冬兒冬乙羅'의 '冬'은 '勿'을 잘못 기록한 것으로 판단된다. 15세기 한글표기형은 '쥐방올'인데 모음 교체를 겪어 '쥐방울'이 된 것 이외의 형태 변화는 없다. 『향성』의 '등칙'은 '등칡'을 잘못 기록한 것이다. '등칡'은 '藤칡'으로 혼종어이고, '쥐방울덩굴'이다. 『동사』의 '방울풀'은 '쥐방울덩굴'의 북한말이다(『샘』)(상세 어휘사는 3.2 참조).

0622) 馬陸 / 山蚿蟲

馬陸	노랴기	본목 42ㄱ6
山蚿蟲	뫼노랴기	본목 42ㄱ7

'馬陸'은 '노래기강의 절지동물'로 '노래기'를 뜻한다. 『본목』에만 나온다. '노랴기'가 움라우트를 겪어 '노래기'가 된 것이다. '山蚿蟲'은 '산에 있는 노래기'인데 사전류에서 찾기 어렵다.

0623) 馬勒口鐵 ☞ 馬嚼鐵

0624) 馬藺 / 蠡花 / 辛夷 / 蠡實 / 豖首

蠡花	馬藺花	卽	향구 상11ㄱ8
馬藺花	筆花		향구 상12ㄱ1
馬藺	붇곳		구간 2:46ㄴ
馬藺花	붇곳곶		언구 상26ㄱ2
馬藺花	마린화		마초 상92ㄴ
馬藺	붓쏫		물명 65
馬藺	쑥부쟝이 맥취		식휘 347
馬藺	타래붓꽃 꽃창포 마란자		식명 418
馬藺根	붇곳		산경 437
馬藺根	붇곳불휘		언구 상26ㄱ2
馬藺根	붓곳		의본 240
馬藺根	타래붓꽃뿌리 馬藺子		동사 308
馬藺根末	붓곳불휘ᄀᆞᄅᆞ		언구 하32ㄱ4
馬藺葉	붇곳닙		구간 2:46ㄴ
馬藺葉	붇곳닙		언구 상26ㄱ2
馬藺草	마린초		방유 4:23ㄴ

馬藺子	붇곶여름 蠡實 一名		俗	해혹 31ㄴ4
馬藺子	타래븟꽃씨	草部中品之上	鄕名	향성 79:616:3
馬藺子	타래븟꽃씨 려실 극초 시수			동사 871
豕首	타래븟꽃			동사 615
辛夷	붇곶	木部		동의 3:29ㄱ8
辛夷	븟곳			본목 32ㄴ5
辛夷	븟곳 木筆 一名 迎春 一名	木部		양금 509:8
辛夷	븟곳	香木		의종 7:22ㄱ1
辛夷	븟곳	香木		방합 27ㄴ
蠡實	馬藺子		俗云	향구 목46ㄱ4
蠡實	筆花		俗云	향구 목46ㄱ4
蠡實	馬藺子			촌구 5ㄱ7:1
蠡實	馬藺子 부ᄉᆞ공		鄕名	촌가
蠡實	붇곶여름 馬藺子 卽	草部		동의 3:4ㄱ8
蠡實	븟곶여름			본목 15ㄴ8
蠡實	븟곳여름	草部		양금 504:10
蠡實根	붇곶열음불의 마란 一名			광비 58
蠡實	馬藺草			식휘 98
蠡實	타래븟꽃씨	草部中品之上	鄕名	향성 79:616:3
蠡實	타래븟꽃			동사 267
蠡實花葉		草部		동의 3:4ㄴ1

‘馬藺’은 ‘븟꽃과의 여러해살이풀’로 ‘꽃창포’이다. ‘꽃창포’는 현대 국어에서 생성된 것으로 보인다. 『표』에는 ‘타래븟꽃’도 실려 있는데 ‘馬藺’과의 관련성에 대해서는 설명이 없다. 『향구』와 『해혹』의 기록은 ‘蠡花’과 ‘馬藺花’가 동의어임을 잘 말해준다. 차자표기 ‘筆花’는 ‘*붇곶’으로 해독된다. 『향구』에서부터 20세기의 『향성』에 이르기까지 ‘붇곶 > 븟꽃’의 어형 변화만 있었을 뿐 형태 교체는 없었다. 『향성』에 와서 ‘타래븟꽃’이라는 형태가 생성된다. 형태 ‘타래’는 ‘실타래’와 같이 이 꽃의 잎이 ‘줄 모양으로 비틀려 자라기’(『표』) 때문에 붙여진 것으로 보인다(상세 어휘사는 3.2 참조). ‘辛夷’는 ‘목련과의 낙엽 교목’ 즉 ‘목련’을 이른다. 『동의』에서부터 ‘븟꽃’형으로 나타난다. ‘목련’과 ‘븟꽃’은 전혀 다른데 이 ‘븟꽃’형이 현대 국어에까지 이어진다. 『양금』의 이칭 가운데 ‘木筆’은 『표』에 있으나 ‘迎春’은 나오지 않는다. ‘蠡實’은 ‘꽃창포 열매의 씨’인데 한어명 이칭이 ‘馬藺子’이다. 한편, 『촌가』의 ‘부ᄉᆞ공’은 무엇을 가리키는지 알 수 없다. 사전

류에서 찾기 어렵다.

0625) 馬鳴肝 ☞ 蠶砂

0626) 馬鳴退 ☞ 蠶

0627) 麻勃 ☞ 麻蕡

0628) 馬勃 ⇒ 菌

馬勃	馬天乙茸		鄕名	향채 12월
馬勃				촌구 4ㄴ3:1
馬勃	馬夫乙茸 몰불버슷		鄕名	촌가
馬勃	몰불버슷	草部		동의 3:23ㄴ1
馬勃	말블버섯	草部		양금 508:4
馬勃	말버셧			해혹 28ㄱ7
馬勃	馬夫乙伐士叱 말불버섯	草部下品之下	鄕名	향성 79:636:1

'馬勃'은 '말불버섯'을 말한다. 고유어 향약명도 모두 '말불버섯'형으로 나타난다. 『향채』의 차자표기 '馬天乙茸'의 '天'은 '夫'의 오기임이 틀림없다. 『촌구』의 차자표기나 한글표기를 통해서 확인이 된다. '茸'은 석독자이므로 '*말불버슷'으로 해독된다. 『향성』의 '馬夫乙伐士叱'은 '*말불버섯'의 형태를 가장 정밀하게 차자표기한 것이다. 『해혹』의 '말버셧'은 방언형으로 짐작된다.

0629) 馬糞 ☞ 馬

0630) 麻蕡

麻蕡	麻花上粉		卽	향채 7월
麻蕡	삼꼿우희누른ᄀᄅ 麻勃 一名	穀部		동의 1:21ㄱ9
麻蕡	麻花上粉		卽	향집 84:18ㄴ
麻蕡	삼꼿우희누른가로 麻勃 一名	穀部		양금 523:6
麻蕡	麻花上粉 삼꽃우의누른가루	米穀部上品	鄕名	향성 84:702:1

'麻蕡'은 '삼의 꽃가루'이다. 『향채』의 차자표기 '麻花上粉'은 '*삼꼿우희ᄀᄅ'로 해독된다. 『동의』에는 이 어형에 '누른'을 더 결합한 형태로 되어 있다. 이칭 '麻勃'은 '삼의 꽃'을 말한다(『표』).

0631) 麻沸湯 ☞ 水

0632) 麻石

蔴石	삼굿돌			경국 120:9

'蔴石'은 사전류에서 찾기 어렵다.『경국』에만 나오는 향약명이다.『표』에서는 '삼굿돌'을 '삼굿의 아궁이 위에 쌓아 놓는 돌'로 풀이하고 있다. '삼굿'은 '껍질을 벗기기 위하여 삼을 넣고 찌는 구덩이나 솥'이나 '그렇게 찌는 것'을 뜻한다. 결국 '삼굿할 때 쓰는 돌'이라는 뜻이다.

0633) 蔴繩

蔴繩	삼노			구급 하45ㄱ4

'蔴繩'은 '삼노끈'이다. 곧 '삼 껍질로 꼰 노끈'을 이른다.『구급』에만 보인다.

0634) 蔴籸灰 ☞ 灰

0635) 馬牙硝 ⇒ 朴硝

馬牙硝	마아쇼			구급 상45ㄴ1
馬牙硝	마아쇼			구간 2:75ㄴ
馬牙硝	英絹 又名	石部		동의 3:48ㄱ9
馬牙消	焰消		卽	향집 77:3ㄱ
馬牙硝	英硝 一名	石部		양금 513:4
馬牙硝	염초 含水硫酸曹達	石部上品	鄕名	향성 77:591:2

'馬牙硝'는 '朴硝를 두 번 달여서 만든 약재'이다. 이칭으로 '芒硝'가 있다. 15세기 의서에는 '마아쇼'로 나오는데 이는 한어명을 한자음대로 차용한 것이다.『향집』의 '焰消'는 차자표기가 아니라 '馬牙硝'의 이칭이다.『동의』의 '英絹'는 '英硝'의 오기이다. '英絹'는 중국산 비단이다.『양금』에 '英硝'로 되어 있는 것도 이를 방증한다. '英硝'는 '황산나트륨'이다(『지』).

0636) 馬牙齒 ☞ 馬

0637) 馬夜目 / 豚懸蹄 / 猪懸蹄

馬夜目	■馬脚內如■			향구 상13ㄴ2
白馬懸蹄	馬夜眼	獸部	俗名	동의 1:45ㄴ7
懸蹄		獸部		양금 528:8
白馬懸蹄	흰말의며누리발톱	獸部中品	鄕名	향성 81:657:2
豚懸蹄		獸部		동의 1:54ㄱ2

豚懸蹄		獸部		양금 529:6
猪懸蹄	도티머눌톱			구간 3:33ㄴ
猪後蹄垂甲	도야지뒤다리에며노리발톱		俗	해혹 7ㄱ5
猪蹄		畜		의종 7:44ㄱ10
猪蹄		畜		방합 55ㄴ

'馬夜目'은 사전류에서 찾기 어렵다. 다만 『동의』의 '馬夜眼'에 대응되는 한어명이 '白馬懸蹄'로 되어 있다. '懸蹄'는 '말의 앞다리 무릎 안쪽에 두두룩하게 붙은 군살' 곧 '밤눈'을 이른다(『표』). 결국 '馬夜目'과 '馬夜眼'은 같은 것으로 짐작된다. 그리고 '夜目'과 '夜眼'은 우리말 '밤눈'을 차자표기한 것일 가능성이 높다. 이렇게 보면 『향구』의 '■馬脚內如■'의 첫 글자는 '白'일 가능성이 있다. '馬夜眼'도 『표』에 보이지 않는다. 『지』에 '백말의 무릎 위의 군살'로 풀이되어 있다. 한편, 『향성』의 '흰말의며누리발톱'은 '懸蹄'가 다른 뜻에도 쓰이고 있음을 말해 준다. '며느리발톱'은 '말이나 소 따위 짐승의 뒷발에 달린 발톱'을 이른다(『표』). 또 '새끼발톱 뒤에 덧달린 작은 발톱'이란 뜻도 가지고 있다. '豚懸蹄'와 '猪懸蹄'의 우리말 향약명이 이런 뜻임을 나타내고 있다. '懸蹄'의 의미를 좀더 정밀하게 추정할 필요가 있다. 『구간』의 '도티며눌톱'이 나온다. '며눌톱'은 15세기에 나오는 유일례이다. 『해혹』에는 '도야지뒤다리에며노리발톱'으로 되어 있는데 '돝'이 '도야지'로 어형이 교체되었다.

0638) 馬夜眼 ☞ 白馬

0639) 麻葉

麻葉	삼닙	穀部	동의 1:21ㄴ1
麻葉	삼닙	穀部	양금 523:7

'麻葉'은 '삼잎'이다. 『동의』와 『양금』에만 나온다.

0640) 麻油 / 香油 ⇒ 白麻油, 胡麻, 淸油

麻油	마유		구급 하8ㄱ7
麻油	춤기름		구급 하81ㄱ
麻油	춤기름		구간 3:54ㄱ
麻油	춤기름		언구 하21ㄱ9
麻油		穀部	사의 3ㄱ4:8

麻油	참기름			제중 8:18ㄱ8
麻油	참길음		俗	해혹 6ㄱ5
麻油	참기롬	麻麥稻		의종 7:34ㄴ10
麻油	참기름	麻麥稻		방합 43ㄱ
麻油	흰춤기름 香油 一名			경신 40ㄴ9
麻油	춤기롬			경국 118:11
生麻油	싱마유			구급 상67ㄴ8
生麻油	눌춤기름			구간 3:66ㄱ
眞麻油	춤기름			구간 3:43ㄱ
香油	춤기름			구급 상3ㄴ4
香油	춤기름			구간 6:58ㄱ
香油	춤기름			언구 상2ㄱ1
香油	흰춤개눌로쫀길음	穀部		사의 3ㄴ1:1
香油	참기름			광향 2ㄴ11
生眞油	싱진유			치언 14ㄴ7

'麻油'는 '참기름'을 말한다. '香油'라고도 한다. '눌춤기름'은 접두사 '눌'이 결합한 파생어이다. '香油' 역시 '참기름'을 이른다. 의서에서도 '춤기름'으로 나타난다. 『사의』에는 설명형 향약명이 제시되어 있는데 '흰 # 춤개 # 눌로 # 쫀 # 길음'으로 분석된다. '흰 참깨를 날것으로 짠 기름'이라는 뜻이다. '麻油', '淸油', '白麻油' 등이 모두 '참기름'에 해당한다. 『치언』의 '生眞油'도 마찬가지인데 『표』에 '眞油'가 등재되어 있다.

0641) 馬乳, 馬肉, 馬肝, 馬蹄 ☞ 馬

0642) 麻子 ☞ 大麻子

0643) 馬蹄菜 / 落蹄 ⇒ 羊蹄

落蹄	熊月背	향구 상4ㄴ5
馬蹄菜	곰돌릐	방유 3:28ㄱ
馬蹄菜	곰달닉	물보 6

'馬蹄菜'는 '국화과의 여러해살이풀' 곧 '참취'를 이른다. 『향구』의 차자표기 '熊月背'는 '*곰돌비'로 해독된다. 제3 음절의 초성이 'ㅂ'이었음을 알 수 있다. '*곰돌비'는 '곰돌릐'를 거쳐 '곰달래'가 된다. '곰달래'는 사전류에 잘 보이지 않는다. '馬蹄菜'를 이른다는 설명뿐이다(『고』).

0644) 馬齒莧　/ 紫莧 / 齒莧 ⇒ 莧

馬齒莧	金非陵音			향구 중18ㄴ4
馬齒莧	金非陵音			향구 중33ㄱ8
馬齒莧	金非音		俗云	향구 목49ㄱ1
馬齒莧	마치현			구급 상86ㄴ7
馬齒莧	쇠비름			구간 3:4ㄴ
馬齒莧	쇠비ᄅᆞᆷ			언두 하64ㄴ
馬齒莧	쇠비름			언구 하38ㄱ5
馬齒莧	쇠비름	菜部		동의 2:27ㄱ10
馬齒莧	金非廩		鄕名	향집 85:15ㄴ
馬齒莧	쇠비름			본목 27ㄱ7
馬齒莧	쇠비름	菜部柔滑類		본정 상135
馬齒莧	마치현			마초 하112ㄴ
馬齒莧	쇠비옴	草部		사의 1ㄴ1:10
馬齒莧	쇠빌흠			치언 16ㄴ5
馬齒莧	쇠비롬	菜部		양금 519:7
馬齒莧	쇠비듬			광비
馬齒莧	소비름			광향
馬齒莧	쇠비름			광향 2ㄱ08
馬齒莧	쇠비름		俗	해혹 33ㄴ8
馬齒莧	쇠비름	柔滑菜		의종 7:30ㄱ6
馬齒莧	쇠비름	柔滑菜		방합 38ㄱ
馬齒莧	쇠비놈			경국 56:4
馬齒莧	쇠비ᄂᆞᆷ			경국 51:3
馬齒莧	쇠비럼			경사 42:2
馬齒莧	쇠비름 마치멱 瓜子菜			식휘 141
馬齒莧	金非廩 쇠비름	菜部下品	鄕名	향성 85:715:2
馬齒莧	돼지풀 쇠비름 도둑풀 말비름			식명 416
馬齒莧	쇠비름			동사 669
馬齒莧	쇠비름 돼지풀 도둑풀 말비름			야초 60
馬齒莧	五行草 長命菜			야초 60
馬齒菜	마치ᄎᆡ			구급 하16ㄴ5
馬齒菜	쇠비름ᄂᆞ믈			구간 6:72ㄴ
馬齒菜子	쇠비름나믈삐			구간 6:73ㄱ
馬齒莧子		菜部		동의 2:27ㄴ4
紫莧	쇠비름ᄂᆞ믈			구간 6:50ㄴ

紫莧		菜部		동의 2:27ㄱ9
齒莧	쇠비음			경국 27:9
紅莧菜	돌비름		俗	해혹 33ㄴ8

'馬齒莧'은 '쇠비름'이다. 『향구』의 차자표기 '金非陵音'은 정확하게 '*쇠비름'으로 해독된다. 이후 이 어휘는 현대 국어까지 형태 교체 없이 이어진다. 20세기에 오면 '돼지풀', '도둑풀', '말비름' 등의 이칭이 많이 생겨난다. 『야초』의 '五行草'와 '長命菜'는 한어명 이칭인데 『표』에도 등재되어 있다. 『해혹』에 나오는 '紅莧菜'는 사전류에서 찾기 어렵다. '돌비름'은 '쇠비름'의 강원도 방언이다(『샘』). 따라서 '돌비름'과 '쇠비름'은 동의어이다.

0645) 馬齒莧子 ☞ 馬齒莧

0646) 馬通 ☞ 白馬

0647) 馬通汁 ☞ 馬

0648) 馬鞭 / 馬鞭梢

馬鞭	뭘채	구급 하15ㄱ8
馬鞭梢	뭘챗변쵸	구급 하15ㄴ4
馬鞭	뭘채	구간 6:71ㄴ
馬鞭梢	뭘챗귿	구간 6:70ㄱ

'馬鞭'은 '말채찍'을 말한다. 15세기 의서에는 '뭘채'로 나온다.

0649) 馬鞭草 / 牛轉草

馬鞭草	마편초		구급 하57ㄴ5
馬鞭草		草部	동의 3:20ㄱ3
馬鞭草		草部	사의 1ㄴ4:1
馬鞭草		草部	양금 507:6
牛轉草	馬鞭草 剪刀草 一名		해혹 29ㄴ3

'馬鞭草'는 '마편초과의 여러해살이풀'이다. '牛轉草', '剪刀草' 등의 한어명 이칭이 있다. 한어명으로만 사용되었다.

0650) 馬鞭梢 ☞ 馬鞭

0651) 馬銜鐵 / 馬銜 / 馬含鐵 / 馬嘶鐵

馬含鐵	마함쇠			구급 상43ㄴ5
馬嘶鐵	마함쇠			구간 2:74ㄴ
馬嘶鐵	몰마함쇠 馬勒口鐵	金部		동의 3:55ㄱ5
馬啣鐵	말마함쇠	金部		양금 514:9
馬銜	말자갈쇠	石部中品	鄕名	향성 77:594:3

'馬銜'은 '말자갈' 곧 '말의 입에 재갈로 물린 쇠'를 뜻한다. 15세기에는 한어명 '마함'에 '쇠'를 결합한 혼종어 '마함쇠'가 쓰였는데 『동의』에서부터 '몰'을 합성한 '몰마함쇠'로 나타난다. 이어 『향성』에 오면 '마함'이 고유어 '자갈'로 교체되어 '말자갈쇠'가 된다. 한어명에서 고유어로 완전히 교체되는 대표적인 사례이다. 그러나 『표』에는 '말자갈쇠'가 나오지 않는바 등재할 만하다.

0652) 馬蛤 ☞ 馬刀

0653) 痲鞋履底 ☞ 故痲鞋底

0654) 馬蟥 ☞ 水蛭

0655) 痲黄

痲黄	마황		구급 상88ㄱ1
痲黄	마황		구간 1:25ㄴ
痲黄	마황		언구 상16ㄴ10
痲黄		草部	동의 3:2ㄱ7
痲黄		草部	사의 1ㄱ2:3
痲黄	마황		치언 9ㄴ8
痲黄	마황	草部	양금 504:9
痲黄			제중 8:3ㄱ10
痲黄		隰草	의종 7:12ㄱ3
痲黄		隰草	방합 15ㄱ
痲黄			경신 16ㄱ10
越婢	痲黄 一名		해혹 24ㄴ3

'越婢'는 '痲黄'이라고 『해혹』에 나오는데 '痲黄'은 '마황과의 상록 관목의 줄기'를 이른다.

<만>

0656) 鰻鱺魚 / 海鰻 ⇒ 鱔魚

鰻鱺魚脂	ᄇᆡ얌댱어기름			구간 6:86ㄱ
鰻鱺魚	ᄇᆡ얌쟝어	鱗部無鱗魚類		본정 하206
鰻鱺魚	ᄇᆡ얌댱어	魚部		동의 2:2ㄴ3
鰻鱺魚	ᄇᆡ얌댱어			본목 44ㄴ2
鰻鱺	ᄇᆡ암댱어	虫部		사의 4ㄴ3:3
鰻鱺魚	ᄇᆡ얌댱어	魚部		양금 515:3
鰻鱺魚	ᄇᆡ얌쟝어			제중 8:18ㄴ6
鰻鱺魚	ᄇᆡ얌쟝어	無鱗魚		의종 7:40ㄱ10
鰻鱺魚	ᄇᆡ얌쟝어	無鱗魚		방합 50ㄱ
鰻鱺魚	ᄇᆡ암장어			경국 128:4
鰻鱺魚	웅어 등렁헐치 一名			경국 10:6
鰻鱺魚	蛇長魚 뱀장어	蟲魚部中品	鄕名	향성 83:684:3
海鰻		魚部		동의 2:2ㄴ6
海鰻	바다희ᄇᆡ얌쟝어	魚部		양금 515:3

'鰻鱺魚'는 '뱀장어'를 말한다. 15세기의 'ᄇᆡ얌댱어'가 어형 변화를 겪어 '비얌장어'가 된 뒤에 '뱀장어'가 된 것이다. 어형 교체는 보이지 않으며 이칭도 거의 없다. 『향성』의 차자표기 '蛇長魚'는 '*뱀장어'로 해독된다. 『경국』의 '웅어', '등렁헐치'는 '鰻鱺魚'가 아니라 '鱔魚'의 고유어이다(아래 '鱔魚' 항목 참조).

0657) 晩蠶蛾, 晩蠶蛾紙 ☞ 原蠶蛾

0658) 蔓菁 / 蕪菁 ⇒ 蘿蔔

蔓菁子	眞菁實		俗云	향구 목48ㄴ7
蔓菁子	眞菁實		鄕名	향구 중3011
蔓菁子	댓무ᅀᅮᆺᄡᅵ			구급 상68ㄱ1
蔓菁子	쉿무ᅀᅮᄡᅵ			구간 3:116ㄴ
蔓菁子		菜部		동의 2:27ㄴ8
蔓菁子	쉰무우씨			신황 보7ㄴ
蔓菁子	쉰무우씨	菜部		양금 519:7
蔓菁子	숫무우ᄡᅵ	葷辛菜		의종 7:29ㄱ7
蔓菁子	숫무우ᄡᅵ	葷辛菜		방합 36ㄴ

蔓菁根	댓무숫불휘			구급 상59ㄱ3
蔓菁根	쉿무수밑			구간 7:73ㄱ
蔓菁葉	쉿무수닙			구간 7:73ㄱ
蔓菁汁	쉿무수즙			구간 6:37ㄴ
蔓菁子油	쉿무수삣기름			구간 3:64ㄱ
蔓菁子油		葷辛菜		의종 7:29ㄱ8
蔓菁子油		葷辛菜		방합 37ㄱ
蔓菁	쉰무우 蕪菁 或稱			산경 153
蔓菁	쉰무우			언두 하42ㄱ
蔓菁	쉰무우			언구 상47ㄴ7
蔓菁	쉰무우	菜部		동의 2:27ㄴ5
蔓菁	쉰무우 諸葛菜 一名	菜部葷菜類		본정 상130
蔓菁	댓무우			두경 13ㄱ
蔓菁	쉿므오	菜蔬部		사의 3ㄴ2:1
蔓菁	쉰무우	菜部		양금 519:7
蔓菁	쉿무우			방유 3:28ㄴ
蔓菁	쉰무우			제중 8:23ㄱ3
蔓菁	쉰무우			물보 5
蔓菁	�무우	葷辛菜		의종 7:29ㄱ5
蔓菁	숯무우	葷辛菜		방합 36ㄴ
蔓菁	숫무우			경국 124:4
蕪菁	쉿무수			구간 6:68ㄴ
蕪菁	쉰무수			간벽 15ㄴ
蕪菁	禾菁		鄕名	향집 85:1ㄴ
蕪菁	쉰무우			본목 26ㄴ1
蕪菁		菜蔬部		사의 3ㄴ2:8
蕪菁	순무우 순무			식명 645
蕪菁及蘆菔	순무	菜部上品	鄕名	향성 85:709:2
蕪菁子	쉿무수삐			구간 7:15ㄱ
菁	쉿무수			훈몽 상14ㄱ
菁	순무우			자석 317

'蔓菁'은 현대 국어 표준어가 '순무'이다. '蔓菁子'는 '순무의 씨'를 말한다. 『향구』의 차자표기 '眞菁實'은 '眞'의 음가를 무엇으로 보느냐가 관건이다. 석독하면 '*춤'이 되고 음독하면 '*진'이 되는데 어느 쪽도 후대형과 연결되지 않는다. 이은규(1993:70)에서는 '眞'의 음가를 '*신'으로

추정하고, 후행하는 'ㅁ'음에 동화되어 '쉰'으로 읽힌 것으로 보고 '*쉰무수삐'로 해독하였다. 결국 이 어휘는 '쉿무수 > 쉿무우 > 쉰무우 > 순무우 > 순무'의 어형 변화를 겪었다. 한편, 『구급』에 기록된 '댓무수'는 오기로 판단된다. '댓무수'는 '蔓菁'이 아니라 '蘿蔔'이다.

0659) 慢陀羅花

慢陀羅花	만다라화	구급 하32ㄱ2

'慢陀羅花'는 '만다라꽃'을 말한다. 『표』의 표제어는 '曼陀羅華'인데 이 어휘는 다의어로 '연꽃'을 뜻하기도 한다.

0660) 蔓荊

蔓荊實	僧法實		卽	향채 9월
蔓荊實	승법실	木部		동의 3:29ㄱ5
蔓荊實	승법실	木部		양금 510:2
蔓荊	승법실			제중 8:9ㄴ2
蔓荊	승범실	灌木		의종 7:27ㄱ7
蔓荊	승범실	灌木		방합 34ㄱ
蔓荊子	승법실			경신 17ㄱ6
蔓荊實	僧法實 승법실 순비기나무	木部上品	鄕名	향성 80:641:2

'蔓荊實'은 '僧法實'을 말한다. 『향채』의 '僧法實'은 차자표기가 아니라 한어명 이칭이다. 이는 '순비기나무의 열매'를 이른다. 고유어 향약명은 『향성』에 와서 '순비기나무'가 나타났다.

<말>

0661) 末醬

末醬	며조	경국 61:11

'末醬'은 '메주'를 뜻한다(『지』). 『경국』에는 '메주'의 이전 형태인 '며조'로 나온다.

<망>

0662) 硭砂 / 硇砂 / 磠砂

硇砂	뇨사			구급 상45ㄴ1
碙砂	망사			구간 6:7ㄱ
磠砂	로새			구간 2:64ㄱ
硭砂	北庭砂 一名	唐	石部	동의 3:49ㄴ9
磠砂			石部	사의 4ㄱ2:10
磠砂	北庭砂 一名	唐	石部	양금 513:6
碙砂				제중 8:14ㄱ4
磠砂	硇砂 北亭砂 一名		金石	의종 7:50ㄴ3
磠砂	硇砂 北亭砂 一名		金石	방합 63ㄱ
磠砂	北庭砂 一名			경신 52ㄴ8

'磠砂'는 '염화암모늄을 주성분으로 하는 광석'이다. '硭砂'와 '磠砂'는 동의어이고 '北庭砂'와 '北亭砂'는 이표기에 불과하며 모두 '磠砂'의 이칭이다. 15세기의 『구간』에 나오는 '로새'는 현대국어의 '노사(硵沙 / 磠砂)'에 해당한다. '노사'라는 어형은 '硇砂'의 한자음과 관련이 있는 듯하다. 그렇다면 '노사'도 한어명이 고유어화한 것이 된다. 하지만 아주 이른 시기의 고유어가 '로새'였을 가능성도 배제할 수 없다.

0663) 芒硝 / 朴硝 ⇒ 馬牙硝

朴硝	박쇼		구급 상42ㄴ3
朴硝	박쇼		구간 2:74ㄱ
芒硝	盆硝 亦名	石部	동의 3:48ㄱ6
朴硝	硝石 一名	石部	동의 3:48ㄱ2
芒硝		石部	양금 513:3
朴硝	硝石 一名	石部	양금 513:2
芒硝	朴硝 卽	金石	의종 7:50ㄱ8
芒硝	朴硝 卽	金石	방합 62ㄴ
芒硝	盆硝 一名		경신 24ㄱ1
盆硝	분쇼		구급 상44ㄱ2

'芒硝'와 '朴硝'는 이칭 관계에 있다. 15세기의 '박쇼'는 한어명을 음가대로 읽은 것이다. 『동의』

의 '盆硝'는 『구급』과 『경신』에 기록되어 있는데 사전류에 잘 보이지 않는다. 한어명으로만 쓰인 향약명이다. 『표』에 따르면 '朴硝'는 '초석을 한 번 구워 만든 약재'이고, '芒硝'는 '박초를 두 번 구워 만든 약재'로 '馬牙硝'와 동의어이다. 그런데 의서에서는 '朴硝'와 '芒硝'가 동의어로 나타난다. 결국 '朴硝', '芒硝', '馬牙硝'는 의미의 많은 부분을 공유하고 있음을 알 수 있다.

<매>

0664) 梅實 ⇒ 烏梅

梅實	믹실			구급 상32ㄱ3
梅	믹실			구급 상84ㄴ
梅	믹실			언구 상24ㄱ4
梅實	믹화여름	果部		동의 2:20ㄱ4
梅	믹화여름			본목 29ㄱ7
梅實	믹화여름	果部		양금 518:5
梅實	매화열매	果部中品	鄕名	향성 84:697:2
梅葉		果部		동의 2:20ㄱ10
梅肉	믹홧여름			구간 1:3ㄱ
梅子末	믹홧삐ㄱㄹ			구급 하67ㄴ6
梅子末	믹실ㄱ로니			구간 6:36ㄴ

'梅實'은 '매화의 열매'를 이른다. 한어명을 그대로 읽어 '믹실'로 쓰이기도 했고, '믹화나무'의 '믹화'에 '여름'을 합성시켜 '믹화여름'을 쓰였다. 따라서 '믹화여름'은 혼종어이다.

0665) 梅雨水 ☞ 水

<맥>

0666) 麥 ☞ 小麥

0667) 麥芒 ☞ 稻芒

0668) 麥門冬

麥門冬	冬沙伊	俗云	향구 목45ㄱ6
麥門冬	冬乙沙伊		향구 중33ㄴ8

麥門冬	冬沙伊		上層	향채 2월
麥門冬	ᄆᆡᆨ문동			구급 하53ㄱ7
麥門冬	ᄆᆡᆨ문도ᇱ불휘			구간 2:109ㄴ
麥門冬	冬兒沙里根			촌구 3ㄴ2:2
麥門冬	冬兒沙里根 겨ᄋᆞ사릿ᄲᅮᆯ휘		鄕名	촌가
麥門冬	겨으사리블휘			산경 541
麥門冬	ᄆᆡᆨ문동			언두 하5ㄱ
麥門冬	ᄆᆡᆨ문동			언구 상39ㄱ7
麥門冬	ᄆᆡᆨ문동			언태 3ㄴ
麥門冬	겨으사리불휘	草部		동의 2:40ㄱ10
麥門冬	겨으사리불휘			본목 16ㄴ1
麥門冬	ᄆᆡᆨ문동			두경 32ㄴ
麥門冬	겨으사리불휘	草部		사의 1ㄴ1:2
麥門冬	겨오ᄉᆞ리	草部		양금 503:7
麥門	겨으ᄉᆞ리불휘			제중 8:2ㄱ3
麥門冬	겨으술이			물명 64
麥門	겨으ᄉᆞ리불휘	隰草		의종 7:13ㄱ10
麥門	겨으ᄉᆞ리불휘	隰草		방합 17ㄱ
麥門冬	겨오살리불휘			경신 35ㄱ10
麥門冬	겨우사리불휘			식휘 91
麥門冬	겨우사리뿌리	草部上品之上	鄕名	향성 78:605:3
麥門冬	맥문동 오구 양구 오구			동사 351
麥門冬	맥문동 개맥문동 士麥冬 魚子蘭			야초 66

‘麥門冬’은 ‘겨우살이뿌리’를 이른다. 『향구』의 차자표기 ‘冬沙伊’, ‘冬乙沙伊’는 ‘*겨ᅀᅳᆯ사리’로 해독된다. ‘ㅅ’음 앞에서 ‘ㄹ’이 탈락하지 않았음을 용자 ‘乙’이 증명한다. ‘伊’는 ‘ㄹ’음이 유지된 [*리]로 추정된다. 『향채』의 차자표기 ‘冬沙伊’도 ‘*겨ᅀᅳᆯ사리’로 읽을 수 있으나 15세기에는 이미 ‘ㅅ’음 앞에 오는 ‘ㄹ’이 탈락했으므로 ‘*겨ᅀᅳ사리’로 읽어야 한다. 이런 점은 『촌구』의 차자표기 ‘冬兒沙里根’이 잘 말해 준다. ‘乙’이 개재되지 않았고 ‘兒’의 음가가 ‘ᅀᆞ’이기 때문이다. 따라서 ‘*겨ᅀᅳᆯ사리 > 겨ᅀᅳ사리 > 겨으사리 > 겨우사리’의 어형 변화를 겪었다. 현대 국어에 오면 다양한 이칭이 생성되는데 ‘개맥문동’은 접두사 ‘개’가 결합한 것이다. ‘士麥冬’, ‘魚子蘭’ 등과 같은 한어명 이칭도 나타난다.

0669) 麥飯石 ⇒ 方解石

麥飯石	粘石			향구 중15ㄱ8
白麥飯石	粘石		俗云	향구 목50ㄴ3
白麥飯石		石部		동의 3:51ㄱ10

‘麥飯石’은 『향구』와 『동의』에만 보인다. 『향구』의 차자표기 ‘粘石’은 ‘*출돌’로 해독된다. ‘白麥飯石’은 글자대로 ‘흰 맥반석’이다(『고』). 한편 ‘*출돌’은 15세기가 되면 ‘ᄎᆞ돌’이 되는데 이 형태가 『분문』에 나온다. 그리고 『동의』에서는 ‘方解石’을 ‘ᄎᆞ돌’이라 기록하고 있는데 ‘麥飯石’과 ‘方解石’의 의미 관계를 좀더 살펴볼 필요가 있다.

0670) 麥麩 ☞ 麩

0671) 麥芽, 麥蘗 ☞ 大麥

0672) 貉肉

貉肉	담뷔고기	獸部	동의 1:56ㄴ7
貉	담뷔		본목 52ㄱ3
貉肉	담뷔	獸部獸類	본정 하249
貉肉	담븨고기	獸部	양금 529:9

‘貉肉’은 ‘담비고기’를 말한다. 이른 시기 형태는 ‘담뵈’였다(『용가』 5:12). 이것이 『동의』 무렵부터 ‘담뷔’로 바뀌고 이후 ‘담븨’를 거쳐 현대 국어의 ‘담비’가 되었다. 즉 ‘담뵈 > 담뷔 > 담븨 > 담비’의 어형 변화를 겪은 것이다.

<맹>

0673) 莔根 ☞ 貝母

0674) 蝱蟲 / 木蝱 / 蜚蝱

蝱虫	밍튱			구급 하20ㄱ8
蝱蟲	밍튱			구급 상85ㄴ
蝱蟲	등의	蟲部		동의 2:9ㄴ8
木蝱	등의			본목 41ㄴ8
虻蟲	등의	蟲部		양금 516:9
虻	등익		俗	해혹 30ㄴ1

木蝱	登外未飛者 환생못다된등에	蟲魚部中品	鄕名	향성 83:687:1
蜚蝱	登外 등에	蟲魚部中品	鄕名	향성 83:687:1

'䖟蟲'은 현대 국어의 '등에'에 해당한다. 그런데 『표』에는 '등에'의 이칭 '蝱蟲'을 등재하고 있는데 '망충'으로 읽고 있다. 하지만 '蝱'의 새김과 음은 '등에 맹'이다. 이뿐만 아니라 『표』에서는 '木蝱', '蜚蝱'의 '蝱'도 모두 '망'으로 읽고 있는데 오류로 판단된다. 『훈몽』에서도 '虻'을 '밍'으로 읽고 있다. 15세기에도 고유어 향약명 '등에'가 '둥위'(『능엄』 9:68), '둥의'(『훈몽』)로 나타난다. 두 어형이 공존하다가 '둥위'가 소멸한 것으로 판단된다. 이후 『동의』를 비롯한 후대 의서에 '등의'로 나타나다가 『향성』에 와서 '등에'가 되었다. 즉, '둥위, 둥의 > 등의 > 둥에'의 어형 변화를 겪었다. 『향성』에서는 '木蝱'과 '蜚蝱'을 구분하고 있다. '목맹'은 '환생하지 못한 등에'를 말하고, '蜚蝱'은 일반적인 '등에'를 말한다. 하지만 『표』에서는 '木蝱'과 '蜚蝱'을 모두 '등에'의 이칭으로 풀이하고 있다.

0675) 猛熁石 ☞ 磁石

<면>

0676) 綿

綿	픗소옴	언두 하14
綿	소옴	언구 상45ㄱ7
綿	픗소옴	언구 상26ㄴ2
綿	픗소옴	언태 68

'綿'은 현대 국어의 '솜'이다. 『언구』에 '솜'의 이전 시기 어형인 '소옴'과 함께 '픗소옴'도 나온다. '픗소옴'의 원형은 '픐소옴'일 가능성이 높다. 즉 '플+ㅅ+소옴'으로 분석된다. 15세기에 '믓방하'(『구간』2:56ㄱ)가 '믌방하'로 기록된 것이 참조된다.

0677) 麪

麵	眞末	향구 중17ㄴ2
白麵	眞末	향구 중26ㄴ7

麵	밊ᄀᆞᄅᆞ		구급 상9ㄴ4
麪	밊ᄀᆞᄅᆞ		구간 1:34ㄴ
麵	밊ᄀᆞᄅᆞ		구간 3:17ㄱ
麪糊	진ᄀᆞᄅᆞ		구간 1:8ㄴ
白麪	밊ᄀᆞᄅᆞ		구간 2:68ㄱ
細麪	밊ᄀᆞᄅᆞ		구간 7:59ㄱ
麵糊	밀플		언구 하35ㄱ7
白麵	밀ᄀᆞᄅᆞ		언구 상36ㄴ2
麪	밀가로	穀部	양금 524:4

'麪'은 '밀가루'이다. 『향구』의 '眞末'은 차자표기가 아니라 '밀가루'를 뜻하는 한어명이다. '밊ᄀᆞᄅᆞ'가 어형 변화를 겪어 지금의 '밀가루'가 되었다. 어형 교체는 보이지 않는다.

0678) 面脂

面脂	고지		구간 3:7ㄴ
面脂	밀길음	俗	해혹 20ㄴ6

'面脂'는 『구간』과 『해혹』에 나오는데 사전류에서 찾기 어려운 한어명이다. 『구간』에는 '고지'로 되어 있고, 『해혹』은 '밀길음'이다. '밀길음'은 '밀랍과 참기름을 섞어서 끓여 만든 머릿기름'을 말한다(『표』). 따라서 '밀길음'은 '밀[蜜蠟]'과 '기름'의 합성어이다. 『구간』의 '고지'는 '脂膏' 곧 '지방'을 말한다(김문웅 2008:29 참조).

0679) 麵糊 ☞ 麪

<명>

0680) 茗, 茗苦搽茗, 茗苦茶 ☞ 茶
0681) 鳴鳩 ☞ 鳩
0682) 榠樝

榠樝	명쟈	果部	동의 2:20ㄴ8
榠樝	명쟈		본목 29ㄴ6
榠樝	명자	果部	양금 518:5

'榠樝'는 '장미과의 낙엽 활엽 소관목'이다. 이칭으로는 고유어 '풀'이 결합된 혼종어 '풀명자'가 있다. 『동의』의 '명쟈'는 한어명을 음가대로 읽은 것인데 차용어로 쓰였음을 알 수 있다.

0683) 明何草 ☞ 蘆

<모>

0684) 茅 / 白茅根 /

茅錐	茅香其根			향구 목46ㄱ5
茅錐	茅香內■■葉			향구 중17ㄱ10
茅香根	置伊存根		鄕名	향구 중28ㄴ2
茅花	置伊存		鄕名	향구 중29ㄴ5
茅香	白茅香			향채 5월
茅香	모향			구간 3:32ㄱ
茅根	뒷불휫			구급 하27ㄴ2
茅根	쀳불휘			구간 3:94ㄴ
茅根	쀠블휘 白茅根 卽			산경 528
茅根	쀳불휘 白茅根 卽	草部		동의 3:6ㄴ6
茅根	쒸불희	草部		양금 505:3
茅根	쒻불휘			제중 8:17ㄴ9
茅根	쮯불휘 白茅根 卽	山草		의종 7:6ㄱ5
茅根	쮯불휘	山草		방합 8ㄱ
茅根	띄뿌리	草部中品之上	鄕名	향성 79:619:1
茅根	띠뿌리			동사 325
茅根	띠 삐비 삘기 망우초			야초 99
茅根	白茅根 茅草 茅根			야초 99
白茅	쀳불휘			본목 12ㄴ3
白茅根	빅못불휘			구급 하6ㄱ
白茅根	쀳불휘			구간 6:25ㄴ
白茅根	흰쀳불휘			구간 3:111ㄱ
白茅根	쀠불휘	草部		사의 1ㄱ4:3
白茅根	도롱이치는씌부리			경국 126:13
茅香花	흰쀠꼿	草部		동의 3:14ㄱ7
茅香花	흰쒸꼿	草部		양금 506:2

茅香花	흰띄꽃	草部中品之下 鄕名	향성 79:625:3
茅鍼	茅笋 卽	草部	동의 3:6ㄴ9
茅花		草部	동의 3:6ㄴ8

'茅'를 핵심 어근으로 하는 단어족이다. 매우 다양한 한어명이 얽혀 있다. 하지만 향약명은 기본적으로 '띠뿌리'형임을 알 수 있다. 『향구』의 한어명은 '茅錐'인데 『표』에는 없고 『고』에 '벼과에 속하는 다년생 초본식물인 띠'로 소개되어 있다. 『향구』에서는 '茅錐'가 '茅香'임을 말하고 있다. 15세기 이후부터는 '茅香', '茅根'이 많이 쓰인다. 『동의』에는 '茅笋'을 '茅鍼'이라 한다는 설명도 있다. 『향구』의 차자표기 '置伊存根'은 '*뒷불휘'로 해독된다. '置'는 전통적 쓰임대로 석독하여 '두', '存' 역시 석독해서 '잇'으로 읽으면 된다. 『향채』의 '白茅香'은 한어명으로 판단된다. 15세기의 '뛧불휘'는 어형 변화를 거쳐 '띠뿌리'가 된다. 20세기에 '삐비', '삘기', '망우초' 등 다양한 이칭이 생성된다. 한편, 『경국』에는 '白茅根'을 '도롱이치는씌부리'라 하였는데, '도롱이 # 치-+-는 # 씌부리'로 분석된다. '부리'는 '뿌리'의 현실 발음이므로 '도롱이를 만드는 띠의 뿌리'이다. '도롱이'는 '비가 올 때 어깨에 걸쳐 둘러 입던 雨裝을 말하는데 짚이나 띠로 만든다. 따라서 '도롱이 친다'는 '도롱이를 만든다'는 뜻이다.

0685) 牡狗

牡狗肝		獸部	동의 1:52ㄱ8
牡狗腦		獸部	동의 1:52ㄱ3
牡狗膽		獸部	동의 1:52ㄱ9
牡狗膽		獸部	양금 529:4
牡狗頭骨		獸部	동의 1:52ㄱ1
牡狗頭骨		獸部	양금 529:4
牡狗四脚蹄		獸部	동의 1:52ㄴ1
牡狗四脚蹄		獸部	양금 529:4
牡狗腎		獸部	동의 1:52ㄱ7
牡狗心		獸部	동의 1:52ㄱ6
牡狗乳汁		獸部	동의 1:52ㄱ4
牡狗肉		獸部	동의 1:51ㄴ7
牡狗肉		獸部	양금 529:3
牡狗陰莖	수가히음깅 狗精 一名	獸部	동의 1:51ㄴ5
牡狗陰莖	수기腎	獸部	양금 529:3

牡狗陰莖	숫캐신	獸部中品	鄕名	향성 81:661:1
牡狗齒		獸部		동의 1:52ㄱ5
牡狗齒		獸部		양금 529:4
牡狗血		獸部		동의 1:51ㄴ10
牡狗血		獸部		양금 529:3

'牡狗'를 핵심 어근으로 하는 향약명이다. 대부분 한자어로만 쓰였다. 고유어 향약명이 나타나는 것은 '牡狗陰莖'뿐인데 『동의』의 '음깅'이 『양금』에는 한어명 '腎' 그리고 『향성』에는 『양금』을 이어 한어명의 음가인 '신'으로 기록되었다. 한어명 형태소의 교체를 보인다.

0686) 牡丹 ☞ 牧丹

0687) 毛桃花 ☞ 桃

0688) 牡蠣 / 石花

牡蠣甲	屈召介		俗云	향구 목49ㄱ8
牡蠣甲	屈召介甲			향구 상12ㄱ2
牡蠣	大屈乙曹介 犬			향채 12월
牡礪	모려			구급 상83ㄴ8
牡蠣	굸죠개			구간 3:56ㄱ
牡蠣	굸죠갯거플			구간 1:25ㄱ
牡蠣	屈照蚧			촌구 4ㄴ8:1
蠣	굴 려			훈몽 상20ㄱ
牡蠣	屈照蚧		鄕名	촌가
牡蠣	굴죠개			산경 546
牡蠣	굴죠개	蟲部		동의 2:6ㄱ3
牡蠣	굴죠개			본목 46ㄱ4
牡蠣	모녀			마초 하111ㄱ
牡蠣	굴죠개껍딜	虫部		사의 4ㄴ1:9
牡蠣	굴죠기	蟲部		양금 516:2
牡蠣	굴죠개			제중 8:13ㄱ1
牡蠣	굴죠기		俗	해혹 4ㄱ5
牡蠣	굴죠기겁질	蚌蛤		의종 7:42ㄱ8
牡蠣	굴죠기겁질	蚌蛤		방합 52ㄴ
牡蠣	굴조기			경신 26ㄴ8
牡蠣	大屈乙曹介 큰굴조개	蟲魚部上品	鄕名	향성 82:677:1

牡蠣	굴조개껍질 려합 牡蛤		동사 105
牡蠣粉	모려분		구급 상67ㄱ8
牡蠣粉	굸죠개분		구간 2:120ㄴ
牡蠣粉	굴죠기	介部蚌蛤類	본정 하213
牡蠣肉	굴	蟲部	동의 2:6ㄱ7
牡蠣肉	石花 卽	蚌蛤	의종 7:42ㄱ9
牡蠣肉	石花 卽	蚌蛤	방합 53ㄱ
石花	굴	虫部	사의 4ㄴ2:7
石花	굴		경국 119:10

'牡蠣'는 『표』에 '굴의 살을 말린 것'으로 되어 있다. 그리고 '굴조개'는 없고, '구조개'를 등재하면서 '굴과 조개'라고 풀이하고 있다. 의서의 기록에 의하면 '牡蠣'가 '굴조개'임을 알 수 있는데 『표』의 설명은 '牡蠣'와 '구조개'의 개념이 다른 것이다. 『향구』에는 '牡蠣甲'의 차자표기가 '屈召介', '屈召介甲'으로 나온다. '*굴죠개'로 해독된다. 『향구』 시기에는 'ㅈ'음에 선행하는 'ㄹ'이 탈락하지 않았기 때문이다. 이것이 15세기에도 그대로 이어져 '굸죠개'로 나타난다. 『향채』의 차자표기 '大屈乙曹介'는 '*큰굴죠개'로 해독할 수 있다. 이후 15세기의 '굸죠개'는 '굴죠개'를 거쳐 '굴조개'로 어형 변화를 겪는다(상세 어휘사는 3.2 참조).

0689) 牟芒 ☞ 稻芒

0690) 牟麥 ☞ 大麥

0691) 牡裳 ☞ 薺苨

0692) 牡鼠

雄鼠	수쥐			언두 상28ㄴ
雄鼠	수쥐			언두 상28ㄴ
牡鼠	수쥐			언구 하13ㄴ6
猳鼠	雄鼠			해혹 29ㄴ6
牡鼠	숫쥐	蟲魚部下品	鄕名	향성 83:688:3
牡鼠骨		獸部		동의 1:58ㄱ10
牡鼠膽		獸部		동의 1:58ㄱ5
牡鼠目		獸部		동의 1:58ㄱ7
牡鼠四足及尾		獸部		동의 1:58ㄱ9
牡鼠矢	雄鼠糞		俗云	향구 목49ㄴ4
雄鼠糞	수쥐똥			구급 하16ㄱ6

雄鼠屎	수쥐똥			언구 하25ㄴ1
牡鼠糞		獸部		동의 1:58ㄴ1
牡鼠糞		獸部		양금 530:1
牡鼠屎	슈쥐똥			광향 2ㄴ06
兩頭尖	雄鼠屎			해혹 27ㄴ10
牡鼠肉	수쥐고기	獸部		동의 1:58ㄱ3
牡鼠肉	수쥐고기 父鼠 一名	獸部		양금 530:1
鼠肉	슈쥐고기	鼠		의종 7:46ㄱ6
鼠肉	슈쥐고기	鼠		방합 58ㄱ
牡鼠肉	숫쥐고기	蟲魚部下品	鄕名	향성 83:689:1
牡鼠脂		獸部		동의 1:58ㄱ8

'牡鼠'를 핵심 어근으로 하는 단어족이다. '牡鼠'는 '雄鼠', '猳鼠' 등과 같은 이칭이 있었다. 그런데 '猳鼠'는 사전류에 보이지 않는다. 다만, '猳鼠糞湯'이라는 치료법이 있다고 한다(『지』). 『향구』의 차자표기 '雄鼠糞'는 '*수쥐똥'으로 해독된다. '수쥐똥'은 어형 교체 없이 후대까지 이어진다. '수쥐고기'도 마찬가지이다.

0693) 毛席 ☞ 氈單

0694) 茅屋漏水 ☞ 水

0695) 母猪

母猪尾頭	어싀도틱꼬릿근	구급 하79ㄱ
母猪尾頭	암도틱꼬릿근	구간 6:49ㄱ
母猪耳中垢	암도틱귀엣띡	구간 6:50ㄱ
母猪糞	암도틱똥	구간 3:21ㄱ

'母猪'를 핵심 어근으로 하는 향약명이다. 이 향약명은 '암돝'의 합성어들이다. 후대형이 나타나지 않는데 향약명의 새로운 생성기임을 말해 준다.

0696) 母猪尾頭, 母猪糞, 母猪耳中垢 ☞ 母猪

0697) 牡猪糞 ☞ 猪糞

0698) 茅鍼, 茅花, 茅香花 ☞ 茅

0699) 牡蛤 ☞ 牡蠣

0700) 牡荊

牡荊	頑荊		卽	향채 9월
牡荊實	柏荊	木部上品	鄕名	향성 80:641:1

'牡荊'은 한어명으로만 나타난다. '마편초과에 속한 낙엽 작은 키 나무인 좀목형의 과실'이다(『고』). 『향채』의 '頑荊'과 『향성』의 '柏荊'은 차자표기가 아니라 한어명으로 추정되는데 사전류에서 찾기 어렵다.

<목>

0701) 鶩 ⇒ 鴨

鶩	집올히			본목 47ㄱ5
鶩頭		禽部		동의 1:35ㄱ2
鶩卵		禽部		동의 1:35ㄱ3
鶩肪	집올히기름	禽部		동의 1:35ㄴ10
鶩肪	집오리기름	禽部		양금 526:8
鶩肪	鴨脂 집오리기름	禽部上品	鄕名	향성 82:671:2
鶩血		禽部		동의 1:36ㄱ1
鶩卵	집오리알	禽部		양금 526:8

'鶩'은 '집오리'를 이른다. 형태 '집올히'가 어형 변화를 겪어 '집오리'가 되었다.

0702) 木瓜

木瓜	목과			구급 상31ㄴ1
木瓜	모과			언구 상22ㄱ3
木瓜	모과	果部		동의 2:20ㄴ1
木瓜	모과			본목 29ㄴ5
木瓜	모과	果部		양금 518:7
木瓜	모과			제중 8:5ㄱ8
木瓜	목과	山果		의종 7:32ㄱ3
木瓜	목과	山果		방합 40ㄱ
木苽	모과			경신 33ㄱ4
木瓜實	모과	果部中品	鄕名	향성 84:697:3
木瓜根		果部		동의 2:20ㄴ7

木瓜枝葉		果部		동의 2:20ㄴ6
木瓜枝葉		山果		의종 7:32ㄱ4
木瓜枝葉		山果		방합 40ㄱ
木瓜湯	모과달힌믈			구간 2:56ㄱ

'木瓜'는 '모과'를 말한다. 한어명을 그대로 읽어 '모과'가 된 것이다.

0703) 木串子 ☞ 無患子

0704) 木槿

木槿	무궁화	木部		동의 3:43ㄱ3
木槿	무궁화나모			본목 35ㄴ7
木槿	무궁화	木部		사의 2ㄴ2:9
木槿	무궁화	木部		양금 512:2
木槿	無窮花木 무궁화나무	木部下品	鄕名	향성 80:652:1
木槿花		木部		동의 3:43ㄱ3
槿花	무궁화꼿	木部		양금 512:2

'木槿'은 '무궁화'를 말한다. 현대 국어 어형과 동일하다.

0705) 牧丹

牡丹	모단			구급 상86ㄴ4
杜丹	모랎불휘			구간 2:44ㄱ
牧丹	모란꼿불휘겁질 牡丹花 卽	草部		동의 3:11ㄴ1
牡丹	모란곳불휘겁질			본목 13ㄱ10
牧丹	모란꼿블희	草部		양금 505:10
牧丹	모란꼿불휘겁질			제중 8:5ㄱ10
牧丹	모란꼿불휘	灌木		의종 7:27ㄱ9
牧丹	모란꼿불휘	灌木		방합 34ㄴ
牧丹	모란꽃뿌리껍질	草部中品之下	鄕名	향성 79:623:3
牧丹皮	목단피			구급 하20ㄱ8
牡丹皮	모단피			구급 하3ㄱ
牡丹皮	모란꼿불휘겁질			경신 36ㄱ6

'牧丹'은 '작약과의 낙엽 활엽 관목'으로 뿌리의 껍질을 약재로 쓴다. 15세기에는 '牡丹'과 '牧丹'을 한자음대로 읽어 사용했는데 『구간』에서부터 '모란'형이 사용된다. '목단 > 모단 > 모란'의 어형 변화를 겪은 것으로 파악된다. 현대 국어까지 '모란'형이 유지된다.

0706) 木頭菜

木頭菜	둘훕		菜部	동의 2:36ㄴ7
木頭菜	들읍		菜部	양금 521:2

'木頭菜'는 '두릅을 살짝 데쳐서 소금·기름이나 초고추장에 무친 반찬'이다. 『동의』와 『양금』에 보이는데 '둘훕 > 둘읍 > 두릅'의 어형 변화를 겪었다.

0707) 木龍藤 ☞ 蘡薁
0708) 木蝱, 木虻 ☞ 虻蟲
0709) 木防己 ☞ 防己
0710) 木鼈

木鱉子	목별ᄌᆞ			구급 하31ㄴ6
木鼈子	木實	唐	木部	동의 3:42ㄴ7
木鱉子		唐	木部	양금 512:1
木鼈				제중 8:9ㄱ6
木鼈			蔓草	의종 7:18ㄱ9
木鱉			蔓草	방합 23ㄱ
木鼈子				경신 51ㄱ4

'木鼈'은 '박과의 여러해살이 덩굴풀'을 말하는데 '木鼈子'는 그 씨이다. 한어명으로만 쓰였다. 『동의』의 '木實'은 '木鼈實'이 아닐까 한다.

0711) 木梳 ☞ 故梳
0712) 苜蓿

苜蓿	거여목	菜部	동의 2:34ㄴ9
苜蓿	거여목		본목 27ㄱ6
苜蓿	거여목	菜部柔滑類	본정 상134
苜蓿	게여목	菜部	양금 520:7

苜蓿	거여목			제중 8:23ㄴ9
苜蓿	거여목		俗	해혹 20ㄴ9
苜蓿	거어목	柔滑菜		의종 7:30ㄱ5
苜蓿	거어목	柔滑菜		방합 38ㄱ

'苜蓿'은 '콩과의 두해살이풀'로 다양한 이칭이 있는데 그 중 하나가 '거여목'이다. 형태 변화 없이 후대로 이어진다.

0713) 木實 ☞ 木饅子

0714) 木耳 ☞ 菌

0715) 木猪苓 ☞ 衛矛

0716) 木賊

木賊	省只草			향구 중32ㄱ8
木賊	省只草		俗云	향구 목47ㄴ1
木賊	束草		鄕名	향채 3월
木賊	속새			구급 상88ㄱ1
木賊草	속새			구간 6:18ㄱ
木賊	목적			언두 하56ㄴ
木賊	속새	草部		동의 3:22ㄴ2
木賊	속싀			본목 16ㄱ4
木賊	목적			마초 상95ㄱ
木賊	속싀	草部		양금 508:1
木賊	속싀			제중 8:10ㄱ9
木賊	속새			물명 1058
木賊	속싀	隰草		의종 7:12ㄱ7
木賊	속싀	隰草		방합 15ㄴ
木賊	속싀			경신 19ㄴ10
木賊	束草 속새	草部下品之下	鄕名	향성 79:635:1
木賊	속새			식명 457
木賊	속새 木賊草			동사 331
筆管草	띠속새			식명 45

'木賊'은 '양치식물 속샛과의 상록 여러해살이풀'이다. 한방에서는 '줄기'를 쓴다. 『향구』의 차자표기 '省只草'는 '省'의 속음(俗音)이 '소'이고(남풍현 1981:71 참조) '只'는 말음표기이므로

'*속'으로 읽힌다. '草'는 '새' 혹은 '플'로 읽히므로 '*속새'로 해독된다. 『향채』의 '束草'도 마찬가지이다. 어형의 변화나 교체가 없었다. 『식명』의 '띠속새'는 사전류에서 찾기 어렵다.

0717) 木津 ☞ 胡桐淚

0718) 木炭

炭	숡		구급 하96ㄴ
木炭	숡		구급 상51ㄱ4
木炭	숫		구간 6:14ㄱ
好炭皮	됴흔숫거플		구간 6:12ㄴ
硬炭	믹온숫		구급 하41ㄴ
硬炭	빅탄숡		언구 상30ㄱ11
白炭	뜬숫	俗	해혹 34ㄴ5
輔炭	뜬숫		해혹 32ㄴ2
炭煙	숫닉		언구 하44ㄴ3
炭火	믹온숫블		구간 7:68ㄱ
通紅炭火	스뭋블근숫블		구급 하35ㄱ

'木炭'은 '숯'을 말한다. 한어명이 여러 가지로 나타난다. 고유어 향약명 '뜬숫'은 '장작을 때고 난 뒤에 꺼서 만든 숯 또는 피었던 참숯을 다시 꺼 놓은 숯'을 말한다. '硬炭'은 『표』에 '석탄의 일종'으로 풀이되어 있고, '白炭'은 '빛깔은 맑지 못하고 흰 듯하며 화력이 매우 센 참숯'으로 되어 있다. '輔炭'은 사전류에서 찾기 어렵다. 이들 간의 차이를 규명할 필요가 있다.

0719) 木通 ☞ 通草

0720) 木通湯 ☞ 水

0721) 木筆 ☞ 馬藺

0722) 木香

木香	목향		구급 하32ㄱ
木香	목향		구간 1:14ㄱ
木香		草部	동의 2:41ㄴ1
木香	목향	草部	양금 503:8
木香			제중 8:6ㄴ3
木香		芳草	의종 7:7ㄴ1
木香		芳草	방합 9ㄴ

木香	靑木香 卽			경신 45ㄱ2

'木香'은 국화과의 여러해살이풀이다. 이칭으로는 『경신』에 나오듯이 '靑木香'이 있다.

<몰>

0723) 沒食子 ⇒ 五倍子

沒食子	無食子 一名		木部	동의 3:40ㄴ7
沒食子	無食子 一名	唐	木部	양금 511:6

'沒食子'는 '어리상수리혹벌의 알이 부화할 때 생기는 물질'인데 이칭으로 '無食子'가 있다. 그런데 '沒食子'는 '붉나무에 생긴 혹 모양의 벌레집' 즉 '五倍子'를 가리키기도 한다. 『표』에서는 다의어로 처리하고 있다. 그러나 의서에서는 '五倍子'와 '沒食子'가 별도의 항목으로 나온다. '벌레집'이라는 공통점 때문인 듯하다. '沒食子', '無食子', '文蛤' 등의 의미 관계에 대한 분석이 필요하다.

0724) 沒藥

沒藥	몰약			구급 상27ㄴ7
沒藥	몰약			구간 3:28ㄴ
沒藥	몰약			언구 하15ㄴ1
沒藥			木部	동의 3:37ㄱ10
沒藥		唐	木部	양금 511:1
沒藥				제중 8:13ㄴ1
沒藥			香木	의종 7:23ㄱ4
沒藥			香木	방합 29ㄱ
沒藥	婆斯國松脂			경신 50ㄴ4

'沒藥'은 한어명으로만 쓰였다. 『경신』에서는 '파사국의 소나무 기름'으로 설명하고 있다.

<묘>

0725) 猫

猫頭	괴머리		구급 하64ㄴ4
猫糞	괴똥		구급 하64ㄴ2
猫兒鬚	괴입거웃		구급 하64ㄴ7
猫兒鬚	괴입거웃		구간 6:76ㄱ
猫頭	괴머리		구간 6:76ㄱ
猫毛	괴터리		구간 6:75ㄴ
猫糞	괴똥		구간 6:76ㄱ
猫兒鬚	괴입거웃		구간 6:76ㄱ
黑猫兒糞	거믄괴똥		구간 1:92ㄴ
家狸	괴 猫 一名	獸部	동의 1:51ㄱ2
貓	괴		본목 51ㄴ9
家狸	괴 狸奴 一名	獸部	양금 529:2

'猫'를 핵심 어근으로 하는 단어족이다. 대부분 15세기 의서에 나타나며 『동의』, 『본목』, 『양금』에는 '고양이'를 지칭하는 '괴'만 나온다. 한어명 이칭으로 '家狸', '狸奴' 등이 있는데 이들은 『표』에 보이지 않는다.

<무>

0726) 無根水 ☞ 水

0727) 無名異

無名異	무명이		구급 하24ㄴ
無名異		石部	동의 3:51ㄱ6
無名異		唐 石部	양금 513:9

'無名異'는 '바위에 붙어서 나는, 검은 갈색의 윤기가 있는 쌀알만 한 작은 덩이의 광물'을 말하는데 '無名石'이라고도 한다.

0728) 戊戌酒 ☞ 酒

0729) 無食子 ☞ 沒食子

0730) 無心草 ☞ 黃芩

0731) 蕪荑 ⇒ 楡白皮

蕪荑	白楡實		俗云	향구 목47ㄴ6
蕪荑	무이			분온 12ㄱ
蕪荑	무이			간벽 11ㄴ
蕪荑仁	楡仁 卽			산경 310
蕪荑	느릅나모삐 山楡仁	木部		동의 3:34ㄴ5
蕪荑	느릅나모씨			본목 34ㄱ10
蕪荑	느릅나모삐 楡仁 一名	木部		양금 510:5
蕪荑		喬木		의종 7:25ㄱ9
蕪荑		喬木		방합 32ㄱ
蕪荑	느릅나무씨	木部中品	鄕名	향성 80:645:2
蕪荑	느릅나무열매 蕪荑仁			동사 341

'蕪荑'는 '느릅나무의 씨'를 말한다. 『표』에는 '난티나무의 열매'로 되어 있다. 『동의』에 나오는 이칭 '山楡'가 '난티나무'이다. 『향구』의 차자표기 '白楡實'은 후대형을 고려하면 용자가 모두 석독자로 '*힌느릅나모삐'로 해독된다.

0732) 蕪菁, 蕪菁及蘆菔 ☞ 蔓菁

0733) 無泰魚 ☞ 北魚

0734) 無花果

無花果		果部		동의 2:25ㄴ3

'無花果'는 '무화과'로 한어명으로만 쓰인다. 『동의』에만 보인다.

0735) 無患子 / 木串子

木串子	夫背也只木實		俗云	향구 목48ㄱ2
木串子	夫背也只木實		鄕名	향구 상11ㄱ11
無患子	모관쥬			언구 상31ㄴ2
無患子皮	모관쥬나못겁질	木部		동의 3:42ㄱ2
無患子	모관쥬나모			본목 34ㄱ3
無患子皮	모감듀나모겁질	木部		양금 511:10
無患子	모관주나무			식휘 242

無患子皮	모간주나무열매껍질	木部下品	鄕名	향성 80:651:2
無患子	무환자나무 모감주나무			식명 643

'無患子'는 '무환자나뭇과의 낙엽 활엽 교목'을 말한다. 『향구』의 '木串子'는 한어명이 아니라 차자표기이다(남풍현 1918:70-72 참조). '*모관즈'로 해독된다. 이에 대응되는 또다른 차자표기 '夫背也只木實'는 '*부빙야기나모여름'으로 해독된다. 이 형태는 후대에 이어지지 않는다. '夫背也只'는 '蠐螬[굼벙이]'의 향약명이기도 하다. 분명한 사실은 고려 시대에 '*부빙야기나모'가 있었다는 것이다. '夫背也只', '無患子', '蠐螬' 등은 후대에 이어지지 않는 형태이다. 다만 '木串子'는 후대의 '모관쥬나모'에 이어진다. 『표』에는 '모관주나무'가 없다. '無患子'만 '금강자나무'라는 이칭과 함께 실려 있다. 한편, 『표』에는 '모감주나무'가 실려 있는데 동일한 식물이다. 그렇다면 '모관주' > '모감주'의 변화 가능성이 제기된다. 『표』에서 '모감주'라는 형태의 기원이 '모관주'에 있음을 밝힐 필요가 있다(상세 어휘사는 3.2 참조).

0736) 蕪菁子 ☞ 蔓菁
0737) 無患子皮 ☞ 無患子
0738) 無灰酒, 無灰好酒, 無灰常酒 ☞ 酒

<묵>

0739) 墨 / 松煙墨 / 京墨

好墨	됴흔묵		구급 상64ㄱ7
細墨	됴흔먹		구간 7:29ㄱ
香墨	됴흔먹		구간 6:87ㄱ
好墨	됴흔먹		구간 2:102ㄴ
好墨	됴흔먹		언구 상33ㄱ2
松烟墨	숑연먹		언구 상36ㄴ4
松烟墨	숑연으로밍ᄀᆞᆫ먹	木部	동의 3:36ㄴ8
松煙墨		木部	양금 511:1
松烟墨汁	숑연먹ᄀᆞ론믈		구간 2:108ㄴ
京墨		人部	사의 4ㄱ2:7
京墨	향묵		광향 11ㄴ4
京墨	숑연먹	土	의종 7:47ㄴ7

京墨	숑연먹	土		방합 60ㄱ
墨	참먹	木部中品	鄕名	향성 80:647:1

'墨'을 핵심 어근으로 하는 향약명이다. 『구급』의 '됴훈묵'을 보면 한어명을 차용하여 쓰다가 '먹'으로 된 것을 알 수 있다. '松煙墨'은 '소나무를 태워 만든 먹'을 뜻한다. '먹'은 어형 변화나 교체 없이 후대에 이어진다.

<문>

0740) 文林郎 ☞ 林檎

0741) 文武火

文武火	쇠쁠	경국 59:1

'文武火'는 『표』에 '뭉근하게 타는 불과 세차게 타는 불'로 풀이되어 있다. 『한』에서는 '세지도 약하지도 않은 불기운. 불기운의 세기가 약할 때는 문화(文火), 셀 때는 무화(武火)라고 하며 그 중간에 해당되는 불기운을 문무화'로 설명하고 있다. 『경국』에만 보인다.

0742) 門限裏土 ☞ 土

0743) 蚊蛤 ☞ 五倍子

0744) 文蛤1 ☞ 五倍子

0745) 文蛤2

文蛤海蛤		蟲部		동의 2:11ㄴ4
文蛤	보라빛나는조개껍질	蟲魚部上品	鄕名	향성 82:679:3
海蛤	낡은조개껍질	蟲魚部上品	鄕名	향성 82:679:1

'文蛤'은 '백합과의 조개'이다. 『동의』에는 '海蛤'이 나오는데 '가무락조개' 혹은 '모시조개'라 한다(『지』). 한편, '文蛤'은 '五倍子'의 이칭이기도 하다.

<미>

0746) 薇 ☞ 貫衆

0747) 蘼 ☞ 蘼蕪

0748) 麋角

麋角	大鹿		卽	향채 10월
麋角	큰사ᄉᆞ믜쁠			구간 2:31ㄱ
麋角		獸部		동의 1:47ㄱ7
麋角		獸部		양금 528:9
麋角	고란이뿔	獸部下品	鄕名	향성 81:667:1
麋骨		獸部		동의 1:47ㄱ10
麋茸				동의 1:47ㄱ6
麋肉		獸部		동의 1:47ㄴ1
麋肉		獸部		양금 528:9
麋脂	ᄀᆞ장큰사ᄉᆞ믜기름 宮脂 一名 고란이 俗名	獸部		동의 1:47ㄱ4
麋脂	가쟝코ᄉᆞ슴의기름	獸部		양금 528:9
麋脂	고란이기름	獸部下品	鄕名	향성 81:666:3

'麋'를 핵심 어근으로 하는 단어족이다. '麋角'은 '큰 사슴의 뿔'이다. '고란이'는 현대 국어의 '고라니'이다. 형태 변화 없이 현대 국어에 이어진다.

0749) 米泔 ☞ 泔

0750) 麋骨 ☞ 麋角

0751) 蘼蕪 ⇒ 芎藭

蘼蕪	江籬 一名 芎藭苗 卽	草部		동의 2:44ㄱ6
蘼蕪	궁궁이삭 江籬 一名	草部		양금 509:1
蘼蕪	궁궁이입			물보 10
蘼蕪	芎藭苗 궁궁이싹	草部上品之下	鄕名	향성 78:609:3
蘼蕪	궁궁이싹			식명 444
蘼蕪	궁궁이싹 강리 궁궁묘 천궁묘			동사 106

'蘼蕪'는 '궁궁이의 싹'을 이른다. 『동의』에는 한어명 이칭으로 '江籬'가 소개되어 있다. '江籬'는 '홍조류 꼬시래깃과의 海藻'를 뜻하기도 하는 동음어이다. 그런데 『표』에는 '꼬시래기'를 뜻하는 '江籬'만 등재하고 있다. 『한』에서 '궁궁이의 싹'임을 설명하고 있는 것과 대조적이다.

0752) 米粉

米粉　미분　구급 하53ㄴ8
米粉　뽤ᄀᆞᄅᆞ　구간 7:75ㄱ

'米粉'은 '쌀가루'를 말한다. 15세기 의서에 나온다.

0753) 米粃
米粃　겨　본목 25ㄴ10

'米粃'는 '겨'를 말한다. '米粃'는 사전류에서 찾기 어렵다.

0754) 米糒
米糒　미시　俗　해혹 29ㄴ1

'米糒'는 '미시'로 되어 있는데 '미시'는 '미숫가루'로 판단된다. 『표』에서는 '미시'를 '미수'의 잘못된 말로 설명하고 있다. '미수'는 '설탕물이나 꿀물에 미숫가루를 탄 여름철 음료'인데 한어명으로는 '糜食'이다. '미수'의 방언형일 가능성이 높다.

0755) 眉酥 ☞ 蟾蜍
0756) 麋茸, 麋肉, 麋脂 ☞ 麋角
0757) 米飮 ☞ 粥
0758) 美草 ☞ 旋花
0759) 靡草, 蘼草 ☞ 夏枯草
0760) 米醋
米醋　ᄡᆞᆳ초　구급 하24ㄴ3
米醋　뽤초　구간 3:95ㄴ

'米醋'는 한어명대로 '뽤초'에 해당한다. 번역어에 해당한다.

0761) 米湯 ☞ 粥
0762) 獼猴
獼猴　진납　唐　獸部　동의 1:57ㄴ4
獼猴　진납　본목 52ㄴ9

獼猴	잔납이	唐 獸部		양금 529:10
獼猴頭骨		獸部		동의 1:57ㄴ6

'獼猴'는 '원숭이'를 말한다. 『동의』와 『본목』의 '진납'은 '잔납이'의 이전 형태이다. 그렇다면 'ᄌᆞᆫ납 > 진납 > 잔납이'의 어형 교체를 겪은 것으로 판단된다. 다른 의서에는 잘 보이지 않는다.

0763) 獼猴桃

獼猴挑	ᄃᆞ래			구간 3:109ㄴ
獼猴桃	ᄃᆞ래 藤梨 一名	果部		동의 2:24ㄴ7
獼猴桃	月乙羅		鄕名	향집 84:16ㄱ
獼猴桃	ᄃᆞ래			본목 31ㄴ10
獼猴桃	다릐	果部		양금 519:1
獼猴桃	ᄃᆞ릐			광비 114
獼猴桃	다래			제중 8:22ㄴ9
獼猴桃	다릐	蓏果		의종 7:34ㄱ7
獼猴桃	다릐	蓏果		방합 42ㄴ
獼猴桃	月乙羅 다레	果部下品	鄕名	향성 84:701:1

'獼猴桃'는 '다래'를 말한다. 고유어 향약명은 'ᄃᆞ래 > 다래'의 어형 변화를 거쳤다. 『향집』과 『향성』의 차자표기 '月乙羅'는 '*ᄃᆞᆯ라'로 해독된다. 『한』에 의하면 '獼猴桃'의 이칭으로는 '藤梨', '木子', '獼猴梨' 등이 있다고 한다.

0764) 獼猴頭骨 ☞ 獼猴

<밀>

0765) 蜜 / 蠟

蠟	밀		구급 상79ㄴ2
蠟	밀		구간 2:11ㄴ
蠟	밀		언구 상47ㄴ9
蠟		卵蟲	의종 7:37ㄱ9
蠟		卵蟲	방합 46ㄴ
密	ᄢᅮᆯ		구급 상28ㄱ8

蜜	ᄢᅮᆯ			구간 1:79ㄴ
蜜	ᄭᅮᆯ			언구 상15ㄱ8
蜜	재비꿀 꿀풀	草部下品之下	鄕名	향성 79:635:3
蜜蠟	누른밀 黃蠟 俗人	蟲部		동의 2:5ㄴ4
蜜蠟	밀			본목 39ㄴ5
蜜蠟	누른밀	蟲部		양금 516:1
蜜蠟	밀 누른밀 황초	蟲魚部上品	鄕名	향성 82:676:3
白蠟	ᄒᆡᆫ밀			구급 하8ㄱ7
白蠟	흰밀	蟲部		동의 2:5ㄴ6
白蠟	흰밀	蟲部		양금 516:1
白蜜	ᄒᆡᆫᄢᅮᆯ			구급 상37ㄱ1
白蜜	ᄒᆡᆫᄢᅮᆯ			구간 2:85ㄴ
白蜜	됴ᄒᆞᆫᄭᅮᆯ			언구 하17ㄴ2
白蜜	빗흰ᄭᅮᆯ 石蜜 一名 崖蜜 卽	蟲部		동의 2:5ㄱ6
白蜜	빗흰ᄭᅮᆯ	蟲部		양금 516:1
白砂蜜	ᄇᆡᆨ청밀			구간 3:42ㄴ
蜂蜜	ᄭᅮᆯ			본목 39ㄴ5
生蜜	ᄂᆞᆯᄢᅮᆯ			구간 3:59ㄴ
石蜜	石飴		一名	향채 12월
石蜜	石淸蜜		鄕名	향채 12월
石蜜	ᄭᅮᆯ			제중 8:14ㄴ04
石蜜	ᄭᅮᆯ	卵蟲		의종 7:37ㄱ9
石蜜	ᄭᅮᆯ	卵蟲		방합 46ㄴ
石蜜	석청 꿀	蟲魚部上品	鄕名	향성 82:676:1
崖蜜	돌ᄠᅳᆷ에지ᅀᅳᆫᄢᅮᆯ			구간 2:84ㄴ
煉蜜	煉ᄒᆞᆫᄢᅮᆯ			구급 상39ㄴ6
煉蜜	달힌ᄢᅮᆯ			구간 2:22ㄱ
煉蜜	달힌ᄭᅮᆯ			언구 상30ㄴ4
淸蜜	쳥밀			구급 상50ㄴ6
淸蜜	ᄢᅮᆯ			구간 6:19ㄴ
好蜜	됴ᄒᆞᆫ밀			구급 하37ㄴ3
黃蠟	黃蜜		鄕名	향구 하40ㄴ1
黃蠟	누른밀			구급 하9ㄴ7
黃蠟	밀			구간 6:77ㄴ
黃蠟	밀 蜜乙			우마 9ㄱ
黃蠟	누른밀			신황 보4ㄱ

黃蠟	황납		마초 하69ㄱ
黃蠟	밀	虫部	사의 4ㄴ4:9
蜜蜂	뿔벌		구간 6:92ㄴ

'蜜'과 '蠟'을 핵심 어근으로 하는 단어족이다. 한어명을 음가 순서대로 정렬한 것이다. '蠟'은 '밀'에, '蜜'은 '뿔'에 대응되는 점이 흥미로운데 '白蠟'과 '白蜜'이 각각 '힌밀'과 '힌뿔'로 나타나는 데에서도 확인된다. 특이한 형태로는 '崖蜜'에 대응하는 고유어 향약명이다. 『구간』에 '돌뻼에지순뿔'으로 나온다. 여기의 '돌뻼'은 '돌+뻼'으로 분석된다. 『구급』의 '白蠟'은 '밀랍을 표백한 물질'을 말한다. '힌밀'로 되어 있다. 한편, '白蠟'은 '므프레나모진'을 뜻하기도 하는 동음어이다(아래 '秦皮' 항목 참조).

0766) 蜜蠟 ☞ 蜜

0767) 蜜蒙花

密蒙花	唐	木部	동의 3:38ㄴ4
蜜蒙花	唐	木部	양금 511:5
密蒙花			제중 8:10ㄱ6
密蒙花		灌木	의종 7:27ㄴ
密蒙花		灌木	방합 34ㄴ
蜜蒙花			경신 19ㄴ4

'蜜蒙花'는 중국에서 나는 상록 관목이다. 한어명으로만 나타난다.

0768) 蜜蜂 ☞ 蜜

0769) 蜜水 ☞ 水

0770) 蜜酒 ☞ 酒

0771) 密陀僧

蜜陀僧	밀타승			구급 하25ㄱ8
密陀僧			石部	동의 3:47ㄴ10
密陀僧		唐	石部	양금 513:2
密陀僧			金石	의종 7:48ㄱ4
密陀僧			金石	방합 60ㄴ
蜜陀僧				경신 52ㄴ1

'密陀僧'은 '일산화 납'을 이른다. 한어명으로만 나타난다.

0772) 蜜陀僧 ☞ 密陀僧

<박>

0773) 雹

雹	무릐	水部	동의 1:15ㄴ8
雹	무리	水部	양금 521:6
雹	우박	水	의종 7:47ㄱ7
雹	우박	水	방합 59ㄱ

'雹'은 '우박'을 이른다. 이전 시기에는 『동의』에서처럼 '무릐' 형태가 쓰였고 이것이 '무리'로 어형 변화를 겪는다. '우박'은 한어명으로 『의종』에 보인다. '우박'을 가리키는 고유어로는 '누리'도 있는데 현대 국어에서 생성된 것으로 추정된다. 결국 이 향약명도 '무릐 > 무리'의 어형 변화를 겪은 뒤 '우박'과 경쟁을 하다가 문헌에서 사라졌다. 『샘』에서는 '무릐'를 '우박'의 함남 방언으로 소개하고 있다.

0774) 博勞

博勞	伯勞 一名 鵙 一名	禽部	동의 1:40ㄱ1
博勞	伯勞 一名 鵙 一名	禽部	양금 527:7

'博勞'와 한어명 이칭 '伯勞'는 사전류에서 찾기 어렵다. '鵙'은 일반적으로 '대까치'를 이르는데 의서에서는 '練鵲'이 '댓가치'로 나타난다. 이 향약명이 무엇인지 규명할 필요가 있다.

0775) 艄上茴香 ☞ 茴香

0776) 朴硝 ☞ 硭硝

0777) 薄荷

薄荷	芳荷			향구 상12ㄱ5
薄荷	芳荷		俗云	향구 목49ㄱ2
薄荷	英生		鄕名	향채 12월
薄荷	박하			구급 하44ㄱ5
薄荷	영싱			구간 6:65ㄴ
薄荷	英生			촌구 4ㄴ9:2
薄荷	英生 영싱		鄕名	촌가
薄荷	영싱이			산경 505
薄荷	박하			언두 상14ㄱ
薄荷	박하			언구 상15ㄱ7
薄荷	영싱이	菜部		동의 2:33ㄱ5
薄荷	英生		鄕名	향집 85:14ㄱ
薄荷	영싱			본목 14ㄴ2
薄荷	영싱이	草部芳草類		본정 상69
薄荷	박하			두경 15ㄴ
薄荷	박하			마초 하17ㄱ
薄荷	박하			언납 7ㄱ
薄荷	영싱이	菜蔬部		사의 3ㄴ3:1
薄荷	영싱이	菜部		양금 520:4
薄荷	영싱이			제중 8:3ㄴ2
薄荷	빅히 기			물보 10
薄荷	영싱이			물명 68
薄荷	영싱이	芳草		의종 7:9ㄴ2
薄荷	영싱이	芳草		방합 12ㄱ
薄荷	영싱이 灸蘇 一名			경신 15ㄴ5
薄荷	박하 영싱이			식휘 303
薄荷	英生 영생 박하	菜部中品	鄕名	향성 85:714:3
薄荷	토박하 박하			식명 55
薄荷	박하			동사 359
薄荷	박하 薄荷腦 薄荷油			약식 67
薄荷葉	박핫닙			구급 상44ㄱ1
薄荷汁	박핫즙			구급 하65ㄱ
薄荷汁	영싱ᄀᆞ론즙			구간 6:75ㄱ

薄荷汁	박하즙			언구 상15ㄱ7

'薄荷'는 한어명 '박하'와 고유어 향약명 '영생이'형이 함께 섞여 나타난다. 『향구』의 차자표기 '芳荷'와 『향채』의 '英生'이 이를 잘 말해 준다. '芳荷'는 '*방하'로 해독된다. 그런데 15세기부터 이 형태는 '薄荷'의 향약명으로 나타나지 않는다. '水蘇'의 향약명이 '水芳荷'인데 이의 한글 표기형이 '믈방하'이다. 결국 '방하'는 두 향약명에 쓰이다가 '薄荷'의 경우 한어명 그대로 '박하'라 하든가 아니면 '영싱이'로 불렀던 것으로 추정된다. '영생이'는 '꿀풀과의 여러해살이풀'이다(『표』)(상세 어휘사는 3.2 참조).

0778) 薄荷腦, 薄荷油 ☞ 薄荷

<반>

0779) 斑鳩, 斑鳩肉 ☞ 鳩

0780) 斑猫 / 葛上亭長 / 芫靑 / 地膽

斑猫	加乙畏		鄕名	향채 9월
斑猫	반묘			구급 하71ㄱ7
斑猫	청갈외			구간 3:16ㄴ
班苗	靑加乙外			촌구 4ㄱ2:3
班苗	靑加乙外 청갈외		鄕名	촌가
斑猫	갈외			언구 상18ㄱ1
斑猫	갈외	蟲部		동의 2:14ㄴ4
斑蝥	갈외			본목 40ㄴ1
斑猫	갈외	蟲部卵生類		본정 하197
斑猫	갈외	虫部		사의 4ㄴ4:8
斑猫	갈외	蟲部		양금 517:5
斑猫	갈외			제중 8:11ㄱ9
斑猫	芫靑 春 葛上亭長 夏 斑猫 秋 地膽 冬			해혹 2ㄱ9
斑猫	갈외	卵蟲		의종 7:37ㄴ10
斑猫	갈외	卵蟲		방합 47ㄱ
斑猫	갈외			경신 53ㄴ10
斑猫	加乙畏 갈외	蟲魚部下品	鄕名	향성 83:692:1
葛上亭長	靑加乙畏 청갈외	蟲魚部下品	鄕名	향성 83:691:1

芫靑	쳥갈외		언구 하21ㄴ7
芫靑	쳥갈외	蟲部	동의 2:14ㄴ7
芫靑	쳥갈외		본목 40ㄴ2
芫靑	쳥갈외	蟲部卵生類	본정 하197
芫靑	쳥갈의	蟲部	양금 517:5
地膽		蟲部	동의 2:14ㄴ8
地膽		蟲部	양금 517:6

'斑猫'는 '가뢰'를 말한다. '가뢰'의 이칭으로 '길앞잡이'가 있는데 '여름에 흔히 사람의 앞길을 뛰어 날아다니므로' 이런 이름이 붙었다고 한다(『표』). 의서에서는 '가뢰'의 앞선 형태 '갈외'와 '쳥갈외' 두 어휘가 나온다. 『향채』의 차자표기 '加乙畏'는 '*갈외'로 해독된다. 그리고 『촌구』의 차자표기 '靑加乙外'와 『구간』의 '쳥갈외'를 통해서 15세기의 '청가뢰'형을 확인할 수 있다. 결국 '斑猫'의 두 종류를 고유어 향약명으로 구분한 것이다. 그런데 『언구』 이후 나타나는 '芫靑'은 모두 '쳥갈외'로 나타난다. '가뢰'의 종류에 따라 여러 이칭이 생겨났다고 볼 수 있다. 이런 추정의 근거는 『해혹』의 설명이다. 사계절에 따라 '가뢰'를 부르는 한어명 이칭이 달랐음으로 밝히고 있다. 芫靑(春), 葛上亭長(夏), 斑猫(秋), 地膽(冬) 등이 그러하다. 또 『향성』에서 '葛上亭長'을 '청가뢰'라 했지만 『표』에서는 '葛上亭長'은 '먹가뢰', '芫靑'을 '청가뢰'로 다르게 풀이하고 있다. 이칭 관계를 좀더 면밀히 따져볼 필요가 있다. 결국 이전 시기 의서에서는 '斑猫'가 '가뢰'와 '청가뢰'를 다 나타내었고, 후대에 와서 '芫靑'이 '청가뢰'를 나타낸 것으로 볼 수 있다. 한편, 『동의』와 『양금』에 나오는 '地膽'은 '가룃과의 곤충을 통틀어 이르는 말'로 풀이되어 있는데(『표』) 『해혹』의 기록을 참고하면 상위어인 동시에 하위어였던 것으로 판단된다(상세 어휘사는 3.2 참조).

0781) 礬石 ☞ 白礬

0782) 斑蜘蛛 ☞ 蜘蛛

0783) 半天河水 ☞ 水

0784) 斑鷦 ⇒ 鳩

0785) 半夏

半夏	雉矣毛老邑		향구 상6ㄴ2
半夏	雉矣毛立	俗云	향구 목46ㄴ4
半夏	雉毛邑	鄕名	향채 5월

半夏	반하			구급 상1ㄴ6
半夏	ᄢᅴ모롭불휘			구간 1:114ㄴ
半夏	雉毛奴邑			촌구 4ㄱ5:2
半夏	雉毛奴邑 쎵의모롭		鄕名	촌가
半夏	ᄢᅴ물옷			산경 523
半夏	반하			언두 상14ㄱ
半夏	반하			언구 상9ㄱ6
半夏	반하			언태 3ㄴ
半夏	ᄢᅴ물웃	草部		동의 3:15ㄱ6
半夏	ᄢᅴ물웃			본목 19ㄱ3
半夏	반하			벽신 6ㄱ
半夏	반하			두경 17ㄴ
半夏	반하			마초 하51ㄱ
半夏	괴믈옷	草部		사의 1ㄱ2:4
半夏	ᄢᅴ무릇	草部		양금 506:10
半夏	ᄢᅴ물웃			제중 8:4ㄴ5
半夏	괴무릇			물보 10
半夏	ᄢᅴ무릇			물명 98
半夏	ᄢᅴ물룻	毒草		의종 7:17ㄱ2
半夏	ᄢᅴ물웃	毒草		방합 21ㄴ
半夏	ᄢᅴ물웃 守田 一名			경신 30ㄱ3
半夏	반하 짜무릇 三不棹			식휘 79
半夏	雉毛奴邑 꾀무릇 메누리목쟁이밑	草部下品之上	鄕名	향성 79:626:1
半夏	끼무릇 메누리목쟁이 꿩의무릇			식명 35
半夏	땅구슬 꿩의밥			식명 35
半夏	끼무릇 지문 수옥 수전 시고			동사 1046
半夏	게무릇 메누리목쟁이 꿩의무릇			약식 57
半夏	땅구슬 끼무릇덩이뿌리			약식 57
半夏末	반핫ᄀᆞᄅᆞ			구급 하74ㄱ
半夏末	ᄢᅴ모롭불휘ᄀᆞ론ᄀᆞᄅᆞ			구간 1:47ㄴ
半夏末	ᄢᅴ모롭불휫ᄀᆞᄅᆞ			구간 7:76ㄱ
半夏末	반하ᄀᆞᄅᆞ			언구 하12ㄱ5
大半夏	굴근ᄢᅴ모롭불휘			구간 2:13ㄴ
白羊眼半夏	힌양ᄋᆡ눈ᄀᆞᆮᄒᆞᆫ반하			구급 상1ㄴ6
白羊眼半夏	힌양의눈ᄀᆞᄐᆞᆫᄢᅴ모롭불휘			구간 1:1ㄴ

'半夏'는 '천남성과의 여러해살이풀의 덩이줄기'를 이른다. 이른 시기부터 고유어 향약명이 '끼무릇'형으로 쓰였다. 『향구』의 차자표기 '雉矣毛老邑', '雉矣毛立'은 '*끠모롭'으로 해독된다. 이 형태는 '끼+의+모롭'으로 분석된다. 20세기 '꿩의밥'을 참고하면 '모롭'은 '밥'이 아닐까 생각이 들지만 현재로서는 근거가 없다. 15세기 『구간』의 '끠모롭불휘'와 일치한다. 『향채』의 차자표기 '雉毛邑'은 오기인 것으로 파악된다. 『촌구』의 '雉毛奴邑'이 이를 반증한다. 따라서 이 향약명의 가장 이른 형태가 '*끠모롭'임을 알 수 있다. 동시에 『촌가』의 '찡의모롭'이라는 표기를 통해서 '끼'가 '찡'임을 확인할 수 있다. '장끼'에 이 '끼'가 남아 있다. '끠모롭'은 음운 교체를 통해서 '끠무릇'형으로 바뀐 뒤 현대 국어의 '끼무릇'이 된다. 특별한 어형 교체는 확인되지 않는다. 오히려 『촌가』의 '찡의모롭'이 드문 표기형에 해당한다. 20세기 『향성』에서부터 다양한 이칭이 많이 나타난다. '메누리목쟁이밑', '꿩의밥', '땅구슬' 등이 대표적이다. '메누리목쟁이밑'은 사전류에 잘 보이지 않는데, '메누리+목쟁이+밑'으로 분석될 가능성이 높다. '목쟁이'는 '목정강이의 잘못된 말'이다. 이는 『한조식물명칭사전』(1982), 『약용식물』(1990) 등 20세기 후반의 문헌에 '半夏'의 이칭으로 나타난다. '꿩의밥'은 『표』에서는 '골풀과의 여러해살이풀'로 풀이하고 있는데 '半夏'와는 다른 식물이다. 그리고 『샘』에서는 '땅구슬'을 '玄胡索'의 북한말로 소개하고 있는데 의서의 '玄胡索'에는 그런 흔적이 보이지 않는다(아래 '玄胡索' 항목 참조).

0786) 半夏精 ☞ 天南星
0787) 反魂 ☞ 紫菀

<발>

0788) 葧薺 ☞ 烏芋
0789) 髮髲 ⇒ 女人頭髮傀

髮髲	버혀돌외민털	人部	동의 1:30ㄴ6
髮髲	버혀달의민털	人部	양금 525:5

'髮髲'는 『동의』와 『양금』에만 나오는데 '스무 살 이상의 건강한 남자의 머리털을 깎아, 조협자(皂莢子)나 고삼(苦蔘)을 하룻밤 담갔던 물에 넣어 두었다가 건져 말려서 태운 재'를 이른다(『표』). 그런데 『동의』와 『양금』의 설명형 고유어 향약명은 뜻이 다르다. '버혀돌외민털'은 '버혀 # 돌외

믹-+-ㄴ # 털'로 분석되고 '베서 다리를 만든 털'로 해석된다. '돌외'는 현대 국어의 '다리'인데 '예전에, 여자들의 머리숱이 많아 보이라고 덧넣었던 딴머리'(『표』)이다. 좀더 면밀한 추정이 필요하다.

0790) 鵓鴿, 鵓鴿糞 ☞ 鳩
0791) 髮灰 ☞ 灰

<방>

0792) 方莖 ☞ 胡麻
0793) 防葵

防葵	방규		구급 상56ㄴ7

'防葵'는 『구급』에 한어명을 그대로 읽은 '방규'로 나온다. '防葵'는 '산형과의 여러해살이풀'로 '갯기름나물'이라고도 한다(『표』).

0794) 旁其 ☞ 烏藥
0795) 防己 ⇒ 通草

防己	이흐름너출		구간 1:25ㄴ
防己		唐 草部	동의 3:10ㄱ4
防己		唐 草部	양금 506:1
防己			제중 8:5ㄴ7
防己		蔓草	의종 7:19ㄴ5
防己		蔓草	방합 25ㄱ
防己			경신 25ㄱ8
防己	댕댕이덩굴 木防己 土木香 牛木香		약식 72
防己	靑藤子 小葛藤		약식 72
防己	댕댕이덩굴 댕강넝쿨 木防己		야초 106
防己	土木香 牛木香 靑藤香		야초 106
漢防己	한방긔		구급 하54ㄴ

'防己'는 '새모래덩굴과의 낙엽 활엽 덩굴나무'이다. '防己'는 이른 시기에는 한어명으로 쓰이다

가 현대 국어에 와서 '댕댕이덩굴, 댕강덩굴' 등의 이칭이 생겨났다. 『구간』에서 '이흐름너출'이라 한 것은 오류가 아닌가 한다. '이흐름너출'은 '通草'를 지칭하는 말이다(아래 '通草' 항목 참조).

0796) 魴魚

魴魚	방어			본목 44ㄱ4
魴魚	방어			제중 8:19ㄴ1
魴魚	방어	魚		의종 7:39ㄴ7
魴魚	방어	魚		방합 49ㄴ

'魴魚'는 '방어'로 나타나는데 한어명대로 쓰였다.

0797) 方諸水 ☞ 水

0798) 防風

防風	방풍			구급 상56ㄱ7
防風	방픐불휘			구간 6:42ㄱ
防風	방풍			구간 1:25ㄴ
防風	屛風菜			촌구 3ㄴ4:2
防風	■■菜		鄕名	촌가
防風	屛風葉 평풍ᄂᆞᄆᆞᆯ		鄕名	촌가
防風	병풍ᄂᆞᄆᆞᆯ불휘	草部		동의 2:45ㄴ1
防風	병풍나ᄆᆞᆯ불휘			본목 12ㄱ7
防風	병풍ᄂᆞ믈불휘	草部		사의 2ㄱ1:8
防風	병풍나물블희	草部		양금 505:1
防風	병풍나모불휘			제중 8:3ㄴ3
防風	병풍나모불휘	山草		의종 7:5ㄱ2
防風	병풍나모불휘	山草		방합 6ㄱ
防風	병풍나물불휘			경신 15ㄱ3
防風	병풍나물뿌리	草部上品之下	鄕名	향성 78:610:2
防風葉		草部		동의 2:45ㄴ5
防風子		草部		동의 2:45ㄴ7
防風花		草部		동의 2:45ㄴ6

'防風'은 『촌구』에서부터 '병풍ᄂᆞᄆᆞᆯ'형태가 나타난다. 15세기에는 한어명을 사용한 것으로 판

단된다. 『촌구』의 차자표기 '屛風菜'는 '*병풍ᄂᆞᄆᆞᆯ'로 해독된다. 이후 약재로 쓰는 '불휘'를 결합한 '병풍나물불휘'가 생성되고 이후 『제중』에서 '병풍나모불휘'가 나타나 현대 국어로 이어진다. 'ᄂᆞᄆᆞᆯ'이 '나모'로 형태 교체를 겪은 것이다.

0799) 防風葉, 防風子, 防風花 ☞ 防風

0800) 蚌蛤 ⇒ 海粉

蚌蛤紛	구조갯ᄀᆞᄅᆞ			구간 7:81ㄴ
蚌蛤	바다굴근죠개	蟲部		동의 2:11ㄱ1
蚌	굴근죠개			본목 46ㄱ5
蚌肉	굴근조기	介部蚌蛤類		본정 하214
蚌蛤	바다희굴근죠기	蟲部		양금 516:10
蚌蛤	大朴曹介 함박조개 댑조개	蟲魚部下品	鄕名	향성 83:689:2

'蚌蛤'은 『표』에 나오지 않는다. 고유어 향약명은 '굴근조기'로 되어 있다. 『향성』에 와서 '함박조개'와 '댑조개'라는 새로운 이칭이 나타난다. '댑조개'는 사전류에 보이지 않는데, 『샘』에는 '대합'의 제주 방언으로 '대조개'가 소개되어 있어서 참고된다. 한편, 『구간』에서는 '구죠개'라 하였는데 '구죠개'는 '牡蠣'에 해당한다.

0801) 芳香 ☞ 白芷

0802) 螃蟹 ⇒ 蟹

螃蟹	방게		제중 8:16ㄴ7
螃蟹	방게	龜鱉	의종 7:42ㄱ4
螃蟹	방게	龜鱉	방합 52ㄱ

'螃蟹'는 '방게'이다. 현대 국어도 마찬가지 형태로 쓰인다.

0803) 方解石 ⇒ 麥飯石

方解石	ᄎᆞ돌	石部	동의 3:47ㄱ5
粘石	ᄎᆞ돌	石部	사의 4ㄱ3:7
方解石	차돌	石部	양금 513:1
眞石	ᄎᆞ돌		경국 59:1

'方解石'은 『동의』에서부터 'ㅊ돌'로 나타난다. 『사의』와 『경국』의 '粘石'과 '眞石'은 사전류에 잘 보이지 않는데 차자표기일 수도 있다.

<배>

0804) 拜謁草

拜謁草	빼알초	경국 120:9

'拜謁草'는 『경국』에만 기록된 것인데 사전류에서 찾기 어렵다. 향약명 '빼알초'도 한어명 '拜謁草'를 그대로 읽은 것이다. 무엇인지 규명할 필요가 있다.

<백>

0805) 柏 ☞ 側柏
0806) 白薑 ☞ 薑
0807) 白殭蠶 ⇒ 蠶

白殭蠶	빅강잠			구급 상3ㄴ1
殭蠶	절로주근누에			구간 3:17ㄴ
白殭蠶	절로주거ᄆᆞ른흰누에			구간 1:17ㄱ
白殭蠶	절로주근흰누에			구간 2:3ㄱ
白殭蠶	누에주거ᄆᆞᄅᆞ니	蟲部		동의 2:8ㄴ3
白殭蠶	누에주거ᄆᆞᄅᆞ니 蚕痼 一云	虫部		사의 4ㄴ3:9
白殭蠶	누에죽어말은것	蟲部		양금 516:6
殭蠶	누에죽어ᄆᆞᄅᆞ니			제중 8:9ㄱ5
彊蠶	누에죽어ᄆᆞᄅᆞ니	卵蟲		의종 7:37ㄴ5
彊蠶	누에죽어ᄆᆞᄅᆞ니	卵蟲		방합 46ㄴ
白殭蠶	누에죽어ᄆᆞ른니			경신 18ㄴ3
白殭蠶	누에죽어말른것	蟲魚部中品	鄕名	향성 83:685:1

'白殭蠶'은 '백강병으로 죽은 누에'를 이른다. 고유어 향약명은 15세기와 그 이후로 구분된다. 『구간』에는 '절로주거ᄆᆞ른흰누에'와 같이 설명형인 데 반해서 『사의』 이후에는 '누에 주거 ᄆᆞᄅᆞ니'로 되어 있다. 설명형의 구조가 바뀐 것이다. 일종의 어형 교체이다. 이것이 현대 국어에까지

이어진다. 『사의』의 '蚕瘑'는 사전류에 잘 보이지 않는데 '누에의 병' 정도로 풀이된다.

0808) 白芥, 白芥子 ☞ 芥子
0809) 白粳米 ☞ 粳米
0810) 白苣, 白苣汁 ☞ 萵苣
0811) 白犬斷頭取熱血, 白犬血 ☞ 犬
0812) 白牽牛 ☞ 牽牛子
0813) 白頸蚯蚓 ☞ 蚯蚓
0814) 白鷄

白鷄	힌돐		구간 2:18ㄱ
白鷄距及腦	힌돐의며눌톱과머릿골슈		구간 7:30ㄴ
白鷄距及腦		禽部	동의 1:33ㄴ9

'白鷄'는 '흰닭'이다. 『구간』에 이와 관련된 여러 향약명이 있다. 『동의』의 기록은 '흰닭의 발톱과 뇌'라는 뜻이다.

0815) 白菓, 白果 ☞ 銀杏
0816) 白瓜子 ☞ 冬瓜
0817) 白膠 / 鹿角膠 / 黃明膠

白膠	鹿角膠		卽	향채 12월
白膠	黃明膠		一名	향채 12월
白膠	녹각교 黃明膠 一名	獸部		동의 1:43ㄴ8
白膠	녹각교	獸部		양금 528:5
白膠	사슴의뿔고은것	獸部上品	鄕名	향성 81:655:3
鹿角膠	사ᄉᆞ미쁠로고온플			구간 7:56ㄱ
鹿角膠	사ᄉᆞ미쁠로고온갓플			구간 3:99ㄱ
鹿角膠	사슴의쁠고은것			제중 8:17ㄱ7
鹿角膠	사슴의쁠고은것	獸		의종 7:45ㄴ7
鹿角膠	사슴의쁠고은것	獸		방합 57ㄱ
鹿角膠	노각교 白膠 一名 黃明膠 一名			경신 39ㄴ6
鹿角膠	사슴의뿔고은것	獸部上品	鄕名	향성 81:655:3
黃明膠	白膠 一名			향구 목50ㄱ5
黃明膠	황명교			구급 하84ㄱ
黃明膠	물ᄀᆞᆫ갓플			구간 2:105ㄴ

黃明膠	누르고몰군갓플			구간 2:93ㄴ
黃明膠	누러헌아교			광향 17ㄱ6
黃明膠	갓플			경국 20:8

‘白膠’는 ‘사슴과에 속하는 꽃사슴의 노화된 뿔을 오래 고아 아교 상태로 만든 것’을 말한다(『고』). ‘鹿角膠’, ‘黃明膠’ 등의 이칭이 있다. 『향성』에는 ‘사슴의 뿔을 고은 것’이라는 설명형으로 되어 있다. ‘黃明膠’는 ‘阿膠’ 혹은 ‘鹿角膠’의 딴 이름이다(『한』). 『표』와 『샘』에는 이 한어명이 보이지 않는다. 『향구』의 한어명 ‘白膠’는 ‘사슴뿔을 고아서 아교풀처럼 만든 것’을 이른다(『샘』). 『구간』에 여러 설명형으로 제시되어 있다.

0818) 白膠香

白膠香	빅교향				구급 상67ㄱ7
白膠香	빅교향				구간 2:120ㄴ
白膠香			木部		동의 3:32ㄴ7
白膠香	楓香脂 一名	唐	木部		양금 510:8
風香脂	백교향		木部上品	鄕名	향성 80:642:2

‘白膠香’은 ‘단풍나무의 진’을 이른다. 『양금』의 이칭 ‘楓香脂’를 통해서도 짐작할 수 있다. 한어명을 그대로 사용하고 있다.

0819) 白狗

白狗糞	흰개똥			언구 하18ㄱ9
白狗屎		獸部		동의 1:52ㄱ2
白狗血	흰개피	獸部中品	鄕名	향성 81:661:3

‘白狗’를 핵심 어근으로 하는 단어족이다. ‘흰개똥’과 ‘흰개피’의 합성어가 있다.

0820) 白鷗肉 ☞ 鷗

0821) 白蔻 ☞ 肉荳蔻

0822) 白菊花 ☞ 甘菊

0823) 白棘

白棘	棘鍼 一名	木部	동의 3:37ㄱ3

白棘	棘鍼 一名 棘刺棘 一名	木部		양금 511:2
白棘	酸棗加柴 묏대추나무가시	木部中品	鄕名	향성 80:647:1

'白棘'은 사전류에 잘 보이지 않는다. 『동의』의 '棘鍼'이나 '棘刺棘'도 보이지 않는 이칭이다. 『향성』에는 이 향약명을 구체적으로 기록하고 있다. 차자표기 '酸棗加柴'는 독특하다. '酸棗'는 한어명 향약명 곧 '묏대추'이다. 이 형태에 '加柴'라는 차자표기를 더한 것이다. 기존의 실질형태소에 차자표기를 더한 유형이다. 그런데 우리말 향약명이 '묏대추나무가시'로 되어 있는데 이는 '棘針'에 해당한다. 『구간』(3:20ㄴ)의 '棘針 효ᄀᆞᆫ대초나못가싀'가 참고된다.

0824) 白芨

白芨	竹栗膠		鄕名	향채 2월
白芨	대왐픐불휘			구간 2:109ㄱ
白芨	竹束■			촌구 3ㄴ7:1
白芨	竹束■		鄕名	촌가
白芨	대왐플	草部		동의 3:17ㄱ6
白芨	대왕플			본목 11ㄴ10
白及	ᄃᆡ왐플	草部山草類		본정 상46
白芨	ᄃᆡ왐플	草部		양금 507:4
白芨	대왐풀			제중 8:8ㄴ9
白芨	ᄃᆡ왐풀	山草		의종 7:3ㄴ8
白芨	ᄃᆡ왐풀	山草		방합 4ㄴ
白芨	ᄃᆡ왐			경신 49ㄴ8
白芨	竹栗膠 대암풀	草部下品之上	鄕名	향성 79:629:1

'白芨'은 '자란(紫蘭)의 뿌리'를 뜻한다. '紫蘭'은 '난초과의 여러해살이풀'인데 우리말 이칭이 바로 '대암풀'이다. 의서에서도 이 형태가 기본적으로 유지되고 있다. 『향채』의 차자표기 '竹栗膠'는 '竹栗'이 차자표기이고 '膠'는 가공과 관련된 형태로 판단된다. '竹栗'은 모두 석독자이며 '*대밤'으로 해독된다. 기원형은 2음절 초성에 'ㅂ'음을 지니고 있었음을 확인할 수 있다. 즉, '*대밤 > 대왐 > 대암'의 어형 변화를 겪었다. 현대 국어에서도 '대암풀'이 쓰인다. 한편, 『촌구』의 차자표기 '竹束■'은 첫 음절이 석독자로 '*대'인 것을 제외하고는 공시적으로 공존하는 형태와 연결짓기가 어렵다.

0825) 百吉草 ☞ 白薇
0826) 白螺螄殼 ☞ 海螺
0827) 白檀, 白檀香 ☞ 檀香
0828) 白糖

白糖	흰엿	구간 6:16ㄴ

'白糖'은 '흰엿'이다. 『구간』에 보인다.

0829) 白冬瓜, 白冬瓜藤, 白冬瓜葉, 白冬瓜子 ☞ 冬瓜
0830) 白豆 ☞ 小豆
0831) 白蠹 ☞ 衣魚
0832) 白荳蔻, 白蔻 ☞ 肉荳蔻
0833) 白頭翁

白頭翁				향채 2월
白頭翁	注之花		鄕名	향채 7월
白頭翁	注之花			촌구 3ㄴ9:3
白頭翁	注之花 주짓곶		鄕名	촌가
白頭翁	주지곳 할ᄆᆡ십가빗불휘 又云 胡王使者 一名	草部		동의 3:20ㄴ3
白頭翁	注之花		鄕名	향집 79:45ㄴ
白頭翁	주지곳 又云 할ᄆᆡ십갑빗불휘			본목 11ㄴ10
白頭翁	주지곳	草部		사의 2ㄱ3:6
白頭翁	주디꼿 할미씨갑이블희 胡王使者 一名	草部		양금 508:6
白頭翁	注之花 주리꽃 할미씨까비 할미꽃 노고초	草部下品之下	鄕名	향성 79:632:2

'白頭翁'은 '미나리아재빗과의 여러해살이풀' 곧 '할미꽃'을 말하다. 대응되는 고유어 향약명은 '주지꽃'인데 『표』에 이에 대한 설명이 없다. 이른 시기에는 '주짓곶'으로 나타난다. 『향채』의 차자표기 '注之花'은 '*주지곶'으로 해독된다. 이것이 '주지꽃'이 되어 현대 국어까지 이어진다. 『동의』에서 '할ᄆᆡ십가빗불휘'가 생성되어 공존하기 시작하는데 현대 국어에 '할미씨가비'가 된다. '할미꽃'은 20세기에 생성된다. 『표』에는 '할미씨가비'형에 대한 설명도 없다.

0834) 白鑞 ☞ 錫
0835) 白蠟1 ☞ 蜜
0836) 白蠟2 ☞ 秦皮

0837) 白粱米 ⇒ 黃粱米

粱米粉	량미분			구급 하53ㄴ7
白粱米飯	힌출조뿔밥 힌출조밥			구간 1:12ㄱ
白粱米	흰냥미	穀部		동의 1:24ㄱ3
粱	출조쑬			본목 24ㄴ1
白粱米	흰양미	穀部		양금 524:3
白粱米	흰냥미	米穀部中品	鄕名	향성 84:705:2

'白粱米'는 '조의 한 품종'이다(『표』). '粱'은 '출조뿔'로 되어 있다. 즉 '차조쌀'이다. 『동의』의 '흰냥미'가 후대에 이어지는데 우리말 '흰'과 '粱米'를 결합한 혼종어이다.

0838) 白蘞

白斂	犬刀叱草			향구 중20ㄱ2
白斂	犬刀次草			향구 중22ㄱ2
白斂	犬伊刀叱草		俗云	향구 목46ㄴ7
白斂	犬伊刀叱草		鄕名	향구 중16ㄴ8
白斂	加海吐		朱書	향채 2월
白藥	犬矣吐叱 大全本艹 白斂 云如		鄕名	향채 9월
白斂	빅렴			구급 하5ㄴ3
白藥	빅약			구급 상44ㄴ2
白歛	가히톳불휘			구간 7:44ㄴ
白歛	犬矣吐邑			촌구 4ㄱ5:3
白歛	犬矣吐邑 가히톱		鄕名	촌가
白歛	가희톱			산경 210
白歛	가희톱	草部		동의 3:17ㄱ2
白蘞	가희톱			본목 20ㄴ4
白蘞	가희톱	草部蔓草類		본정 상103
白歛	빅념			마초 상90ㄱ
白斂	빅념			치언 9ㄴ9
白蘞	가희톱	草部		양금 507:4
白蘞	가희톱	蔓草		의종 7:19ㄱ9
白歛	가히톱	蔓草		방합 300
白歛	가희톱			경신 49ㄴ9
白蘞	가해톱	草部下品之上	鄕名	향성 79:628:3

白藥子	犬矣吐叱 개의톱	草部中品之下	鄕名	향성 79:625:1
白斂	가위톱 가위톱뿌리			식명 23
白蘞	가위톱 白斂			동사 443

'白蘞'은 '포도과의 낙엽 활엽 덩굴나무'이다. 『향구』에서부터 현대 국어까지 기본 어형을 그대로 유지하고 있는 향약명이다. 『향구』의 차자표기 '犬刀叱草', '犬刀次草', '犬伊刀叱草'은 모두 '*가히돗플'로 해독된다. '次'와 '叱'이 모두 후대형 'ㅅ'에 대응되는 점이 특이하다. 왜냐하면 일반적으로 '次'는 차자표기에서 'ㅈ, ㅊ'음을 적은 용자이기 때문이다. 이 형태가 『향채』에서도 이어지는데 다만 유기음화가 적용된다. '加海吐'와 '犬矣吐叱'는 '*가히톳'으로 해독된다. 이것이 『촌구』에서 '犬矣吐邑'으로 나타나는데 '*가히톱'형이 된다. 결국 차자표기와 15세기 어형을 고려하면 '*가히돗플 > 가히톳플 > 가히톱'이 된 것이다. 이 과정은 음운 현상으로 설명이 가능하다. 즉 유성음화 방지를 위한 'ㄷ > ㅌ'의 유기음화와, '플' 결합에 의한 'ㄷ > ㅂ'의 조음위치동화가 적용된 어형 변화에 해당한다. 이후 '가히톱'이 다시 '가희톱'을 거쳐 지금은 『표』에 '가회톱'으로 등재되어 있다. 왜 '가회톱'형을 표준형으로 잡았는지는 알 수 없다. 현대 국어 각종 문헌에는 '가위톱'이 나타난다. 한어명의 경우 '白藥'으로 나타나는 경우가 있기는 하지만 '白蘞'으로 쓰인 것이 일반적이다(상세 어휘사는 3.2 참조).

0839) 伯勞 ☞ 博勞

0840) 白龍腦 ☞ 龍腦

0841) 白馬

白馬肝		獸部		동의 1:45ㄱ8
白馬莖	흰몰음깅	獸部		동의 1:45ㄱ1
白馬莖	흰말의腎	獸部		양금 528:7
白馬莖	흰말의신	獸部中品	鄕名	향성 81:657:1
白馬脛骨		獸部		동의 1:45ㄴ3
白馬鬐頭膏		獸部		동의 1:45ㄴ1
白馬鬐頭膏	흰말목덜미의기름	獸部中品	鄕名	향성 81:657:2
白馬鬐毛		獸部		동의 1:45ㄴ8
白馬尿		獸部		동의 1:45ㄴ10
白馬溺	흰말오줌	獸部中品	鄕名	향성 81:657:3
白馬頭骨		獸部		동의 1:45ㄴ2
白馬屎	馬通 一名	獸部		동의 1:46ㄱ1

白馬通		畜		의종 7:45ㄱ3
白馬通		畜		방합 56ㄴ
白馬心		獸部		동의 1:45ㄱ6
白馬眼		獸部		동의 1:45ㄴ5
白馬眼	흰말의눈	獸部中品	鄕名	향성 81:657:1
白馬肉		獸部		동의 1:45ㄱ4
白馬肉	흰말고기	獸部		양금 528:7
白馬肉	흰말고기	獸部中品	鄕名	향성 81:657:2
白馬蹄		獸部		동의 1:45ㄴ6
白馬蹄	흰말굽	獸部中品	鄕名	향성 81:657:2
白馬鬃毛		獸部		동의 1:45ㄴ9
白馬脂		獸部		동의 1:45ㄱ10
白馬齒		獸部		동의 1:45ㄴ4
白馬齒	흰말니	獸部中品	鄕名	향성 81:657:2
白馬肺		獸部		동의 1:45ㄱ7
白馬肺	흰말의부하	獸部中品	鄕名	향성 81:657:2
白馬脯	말린흰말고기포	獸部中品	鄕名	향성 81:657:3

'白馬'를 핵심 어근으로 하는 향약명 단어족이다. 형태적으로 특이한 것은 보이지 않는다. 다만, 『동의』의 '馬通'은 한어명 '白馬通'의 준말로 보인다. '白馬通'은 '백말의 오줌'을 이른다(『표』).

0842) 白麻 ☞ 茼實

0843) 白馬通 ☞ 馬糞

0844) 白麻油 ☞ 白油麻

0845) 白馬懸蹄 ☞ 馬夜目

0846) 白梅

白梅	빅매		구급 하6ㄱ8
白梅	믈외욘미홧여름		구간 6:25ㄴ
白梅	힌미실		구간 3:9ㄴ
白梅肉	미실술		언구 하16ㄴ1
白梅		果部	동의 2:20ㄱ9
白梅	그저믈는미실	木部	사의 2ㄱ4:4
白梅		果部	양금 518:6

‘白梅’는 『구간』의 ‘ᄆᆞᆯ외욘미홧여름’과 『사의』의 ‘그저ᄆᆞᆯ는ᄆᆡ실’을 통해서 무엇인지 알 수 있다. ‘마른 매화 열매’를 뜻한다. ‘白梅’를 『표』에서는 ‘익어서 떨어질 무렵의 매실나무 열매를 소금에 절인 것’으로 풀이하고 있다.

0847) 白麥飯石 ☞ 麥飯石

0848) 白麨 ☞ 麨

0849) 白茅根 ☞ 茅

0850) 白薇 / 徐長卿

白薇	摩何尊		鄕名	향채 3월
白薇	ᄇᆡᆨ미			구급 상87ㄱ4
白薇	마하죤불휘			구간 3:116ㄱ
白薇	摩阿尊 又名 徐長卿			촌구 3ㄴ10:3
白薇	摩阿尊		鄕名	촌가
白薇	磨阿尊 마아죤도셔댱경		鄕名	촌가
白薇	徐長卿		鄕名	촌가
白薇	아마존	草部		동의 3:8ㄱ10
徐長卿	摩何尊		鄕名	향집 78:28ㄴ
白薇	아마존			본목 12ㄴ7
白薇	아마존	草部		양금 506:4
白薇	이마존	山草		의종 7:6ㄴ2
白薇	이마존	山草		방합 8ㄴ
白薇	아마존			경신 20ㄱ1
白薇	百吉草 竹葉細辛 아마존	草部中品之上	鄕名	향성 79:620:2
徐長卿	摩何尊 산해박	草部上品之下	鄕名	향성 78:613:3

‘白薇’는 ‘박주가릿과의 여러해살이풀’의 뿌리를 이른다. 고유어 향약명은 ‘아마존’이다. 향약명의 기원형은 『향채』의 차자표기 ‘摩何尊’인데 ‘*마하존’으로 해독된다. 『구간』의 ‘마하죤불휘’가 근거이다. 『촌구』에서 ‘徐長卿’이 이칭임을 알 수 있다. 실제로 『향집』과 『향성』에는 표제어가 ‘徐長卿’으로 나타나기도 한다. 그런데 이 ‘마하존’이 『동의』에서 ‘아마존’으로 기록되면서 형태가 바뀌어 현대 국어까지 이어진다. ‘마하존’이 ‘아마존’으로 된 것은 어형 변화라면 ‘마하존 > 마아존’이 되어야 하는데 ‘아마존’이 된 것이다(이은규 1994ㄴ 참조). 이는 ‘ㅇ’과 ‘ㅁ’을 혼동한 것이다. 『향성』에는 ‘百吉草’가 나타나는데 사전류에 잘 보이지 않는다(상세 어휘사는 3.2 참조).

0851) 白米 ☞ 粳米

0852) 白蜜 ☞ 蜜

0853) 白礬 / 礬石

枯白礬	고빅번			구급 상31ㄴ6
枯白礬	브레노긴빅번			구간 2:36ㄴ
枯白礬末	블에술온빅번ᄀᆞᄅᆞ			언구 상24ㄱ2
枯礬	고빅반			광향 13ㄴ2
枯礬		金石		의종 7:50ㄴ8
枯礬		金石		방합 63ㄴ
光明白礬	광명빅번			구급 상4ㄴ3
光明白礬	ᄆᆞᆯᄀᆞᆫ빅번			구간 1:5ㄱ
礬石	빅번			구간 1:25ㄱ
白礬	빅번			언구 하14ㄴ8
礬石	빅번	石部		동의 3:45ㄱ2
礬石	빅반			본목 10ㄴ9
礬石	白礬 一名	石部		양금 512:8
礬石	백반 硫酸礬土	石部上品	鄕名	향성 77:591:1
白礬	빅번			구급 상26ㄱ2
白礬末	빅번ᄀᆞᄅᆞ			언구 하27ㄱ6
白礬	ㅂ아블의노기면枯礬 礬石 又云	石部		사의 4ㄱ3:2
白礬	빅반			광향 3ㄱ06
白礬	빅번			제중 8:11ㄴ5
白礬	빅번	金石		의종 7:50ㄴ8
白礬	빅번	金石		방합 63ㄴ
白礬	빅반 礬石 一名			경신 52ㄱ5
白枲	고빅분			경사 48:4
生白礬	싱빅번			구급 상3ㄴ8
生白礬	ᄂᆞᆯ빅번			구간 2:77ㄴ
白礬湯	빅번글힌믈			구간 6:6ㄱ

'白礬'류의 단어족이다. 종류에 따라 다양한 한어명 이칭이 있다. '枯白礬'은 '불에 녹인 백반'을 뜻한다. '光明白礬'은 '맑은 백반', '礬石'과 '白礬'은 동의어로 쓰이며 '生白礬'은 '날백반'을 뜻한다. 핵심 어근은 '白礬'이고 대응되는 고유어 향약명은 나타나지 않고 한어명으로만 쓰인다. 『경사』의 '고빅분'은 '枯白礬'을 가리키는 것으로 추정된다.

0854) 百倍 ☞ 牛膝

0855) 柏白皮, 栢白皮 ☞ 側柏

0856) 白茯苓 ☞ 茯苓

0857) 百部

百部根	빅부ᄀᆞᆫ			구급 상50ㄴ4
百部根	빅부근			구간 2:12ㄴ
百部根		唐 草部		동의 3:10ㄴ6
百部根		唐 草部		양금 506:8
百部		蔓草		의종 7:19ㄱ1
百部		蔓草		방합 24ㄱ
百部根				경신 22ㄱ5

'百部根'은 '파부초 뿌리'를 이른다. '婆婦草'는 '백부과의 여러해살이풀'로 '野天門冬'이라고도 한다. '百部根'은 한어명으로만 나타난다. 15세기에서 『동의』로 바로 연결된다.

0858) 白浮石 ☞ 水泡石

0859) 白附子 ⇒ 附子

白附子	白波串		卽	향채 7월
白附子	빅부ᄌᆞ			구급 하62ㄱ
白附子	ᄒᆡᆫ바곳불휘			구간 2:6ㄴ
白附子	白波串			촌구 5ㄱ3:3
白附子	白波串 바곳불히		鄕名	촌가
白附子	빅부ᄌᆞ			언구 상16ㄴ10
白附子	흰바곳	草部		동의 3:22ㄱ8
白附子	흰바곳			본목 19ㄱ1
白附子	흰바곳	草部毒草類		본정 상94
白附子	흰바곳	草部		양금 508:1
白附	흰바곳			제중 8:9ㄱ2
白附	흰바곳	毒草		의종 7:16ㄴ7
白附	흰바곳	毒草		방합 21ㄴ
白附子	흰바곳			경신 17ㄴ6
白附子	白波串 흰바곳	草部下品之下	鄕名	향성 79:634:3

'白附子'는 '흰바곳'이다. 『향채』의 차자표기 '白波串'은 '*흰바곳'으로 해독된다. 이후 현대

국어까지 이 형태가 유지된다. 『표』에 '흰바꽃'으로 등재되어 있다. 고유어 이칭으로는 '노랑돌쩌귀'가 있다.

0860) 百沸湯 ☞ 水

0861) 白砂蜜 ☞ 蜜

0862) 白蔘 ☞ 沙蔘

0863) 白桒 ☞ 白礬

0864) 白石英

白石英	廣石		郎	향집 77:3ㄴ
白石英	廣石 흰빛나는수정	石部上品	鄕名	향성 77:591:3

'白石英'은 '빛깔이 없는 맑은 수정'을 말한다. 『향성』의 설명형 향약명이 이를 잘 말해 준다. '廣石'은 차자표기인지 한어명 이칭인지 불분명하다.

0865) 白鮮皮

白鮮	檢花		鄕名	향채 7월
白鮮皮	檢花根			촌구 3ㄴ7:3
白鮮皮	檢花根 검홧불휘		鄕名	촌가
白鮮	검홧불휘 俗呼 白羊鮮	草部		동의 3:7ㄴ1
白鮮	거홧불휘			본목 12ㄱ10
撿和草		草部		사의 2ㄱ2:2
白鮮	검홧블희	草部		양금 505:4
白鮮皮	검홧불휘	山草		의종 7:5ㄴ7
白蘚皮	검홧불휘	山草		방합 7ㄴ
白蘚皮	檢花 검화뿌리	草部中品之上	鄕名	향성 79:619:3

'白鮮皮'는 '운향과의 여러해살이풀'인 '백선'의 뿌리 껍질을 이른다. 『향채』의 차자표기 '檢花'가 기원형인데 '*검화'로 해독된다. 『촌구』의 '檢花根'은 오기가 아닌가 한다. '檢花根'은 사전류에도 없다. '撿'을 '檢'로 잘못 적은 것이다. '검홧불휘'는 형태 교체 없이 현대 국어까지 이어진다.

0866) 白善土 ☞ 白堊

0867) 百舌鳥 ⇒ 鶬鶊

百舌鳥	괴쇼리	禽部		동의 1:40ㄱ8
百舌鳥	鶯		卽	향집 77:12ㄱ
鸎	꾀쇼리			본목 48ㄴ7
百舌鳥	꾀고리	禽部		양금 527:8
百舌鳥	꾀꼬리	禽部下品	鄕名	향성 82:675:2

'百舌鳥'는 '지빠귀'를 말한다. 그런데 『동의』에는 고유어 향약명이 '괴쇼리'로 나온다. '괴쇼리'는 어형 변화를 거쳐 '꾀꼬리'로 된다.

0868) 百舌鳥窠中土 ☞ 土

0869) 白蘇子 ☞ 荏子

0870) 栢樹, 栢實, 柏實 ☞ 側柏1

0871) 白柹 ☞ 柹

0872) 白鵝 ⇒ 鵝

白鵝	거싀고기			의종 7:43ㄱ3
白鵝膏		禽部		동의 1:35ㄴ6
白鵝膏	흰거유기름	禽部		양금 526:7
白鵝膏	家居有 흰거위의기름	禽部上品	鄕名	향성 82:671:1
白鵝卵		禽部		동의 1:35ㄴ9
白鵝卵	흰거유알	禽部		양금 526:7
白鵝毛		禽部		동의 1:35ㄴ7
白鵝尾罌		禽部		동의 1:35ㄴ8
白鵝肉	흰거유	禽部		동의 1:35ㄴ4
白鵝肉	흰거유	禽部		양금 526:7
白鵝肉	거유고기			제중 8:19ㄱ6
白鵝肉	거싀고기	水禽		의종 7:43ㄱ3
白鵝肉	거싀고기	水禽		방합 53ㄴ

'白鵝'는 '거위'이다. 핵심 어근 '白鵝'의 단어족이다. '거위'의 앞선 형태는 '거유'이다. '거유 > 거위'의 어형 변화를 겪었다. 『향성』의 차자표기 '家居有'는 '*집거유'로 해독된다.

0873) 白堊

白堊	ᄇᆡᆨ토 白善土 一名	土部		동의 1:19ㄱ7
白堊	白土		鄕名	향동 77:19ㄱ
白堊	ᄇᆡᆨ토 白善土 一名	土部		양금 522:8
堊	白土			해혹 34ㄴ4
白堊	白土 백토	石部下品	鄕名	향성 77:599:2

'白堊'은 '빛깔이 희고 부드러우며 고운 흙'을 이른다. 곧 의서에 나오는 대로 '白土'이다. 『동의』에서 비롯되었으며 '白善土'라는 이칭이 있다. 한어명으로만 쓰였다.

0874) 白鴨屎, 白鴨肉 ☞ 鴨

0875) 白艾 ☞ 艾

0876) 白藥 ☞ 白蘞

0877) 百藥

百藥	ᄇᆡᆨ약		구간 2:75ㄱ
百藥煎	ᄇᆡᆨ약젼		구간 3:92ㄴ
百藥		卵蟲	의종 7:37ㄴ4
百藥		卵蟲	방합 46ㄴ

'百藥'은 『구간』에서는 한어명대로 읽고 있는데 무엇인지 분명치 않다. 더욱이 『의종』과 『방합』에 따르면 이 향약명이 '卵蟲'류에 속한다.

0878) 白楊

白楊樹皮	사ᄉᆞ나모겁질			언구 하11ㄱ4
白楊樹皮	사ᄉᆞ나못겁질	木部		동의 3:41ㄱ7
白楊	사ᄉᆞ나모			본목 34ㄱ7
白楊	시ᄌᆞ나모	木部		사의 2ㄴ2:7
白楊樹皮	ᄉᆞᄉᆡ나모겁질	木部		양금 511:9
白楊	ᄉᆞᄉᆡ나모겁풀	喬木		의종 7:25ㄱ6
白楊	ᄉᆞᄉᆡ나모겁풀	喬木		방합 32ㄱ
白楊樹皮	沙瑟木 사시나무껍질	木部下品	鄕名	향성 80:651:1

'白楊'은 '사시나무'이다. 기원형은 '사ᄉᆞ나모'였다. '사ᄉᆞ나모 > 사싀나모 > 사시나모'의 어형 변화를 겪었다. '사ᄉᆞ > 사싀'의 변화는 '이'가 첨가된 것인데 고유어 명사류에 말음으로

'이'가 첨가되는 것은 여러 향약명에서 확인이 된다. 다만, '이'가 들고 나고 하는 것을 어형 교체로 보느냐 하는 문제는 좀더 살펴볼 필요가 있다. 『향성』의 차자표기 '沙瑟木'은 '*사싀나모' 정도로 해독된다. 'ㄹ' 탈락이 적용되는 환경이다.

0879) 白蘘荷 ☞ 蘘荷

0880) 白魚1

白魚		魚部		동의 2:4ㄴ3
白魚	빙어	魚部		양금 515:7
白魚	빙어			제중 8:20ㄱ8
白魚	빙어	無鱗魚		의종 7:41ㄱ10
白魚	빙어	無鱗魚		방합 51ㄴ

'白魚'은 '뱅어'를 이른다. '빙어'는 한어명의 음가대로 읽은 것에 'ㆁ'이 첨가된 것이다. '잉어'와 같은 현상이다.

0881) 白魚2 ☞ 衣魚

0882) 白塩 ☞ 鹽

0883) 柏葉, 栢葉 ☞ 側柏

0884) 白雄鷄 ☞ 雄鷄

0885) 白油麻 ⇒ 香油

白油麻	흰ᄎᆞᆷᄢᅢ	穀部		동의 1:20ㄴ8
白油麻	흰참씨	穀部		양금 523:5
白油麻葉	흰ᄎᆞᆷᄢᅢ닙	穀部		동의 1:20ㄴ10
白油麻葉	흰참씨닙	穀部		양금 523:5
白油麻油	흰ᄎᆞᆷᄢᅢ기름	穀部		동의 1:21ㄱ1
白油麻油	흰참씨기름 香油 一名	穀部		양금 523:5
白麻油	흰참깨기름 참기름	米穀部上品	鄕名	향성 84:702:3

'白油麻'는 '참깨'를 말한다. 고유어 향약명으로는 '흰참깨'형으로 나타난다. '흰'을 접두한 것은 한어명에 '白'이 있기 때문으로 보인다. '흰ᄎᆞᆷᄢᅢ > 흰참깨'로 어형 변화를 거쳤다.

0886) 栢子 ☞ 側柏

0887) 白磁屑

白磁屑	石部	동의 3:51ㄱ8
白磁屑	石部	양금 513:10

'白磁屑'은 『동의』와 『양금』에만 나온다. 사전류에 보이지 않는다. 무엇을 가리키는지 불분명하다.

0888) 柏子仁, 栢子仁 ☞ 側柏
0889) 白芍, 白芍藥 ☞ 芍藥
0890) 百節草 ☞ 萹蓄
0891) 白丁香 ☞ 雄雀矢
0892) 白酒 ☞ 酒
0893) 白粥 ☞ 粥
0894) 白芷

白芷	仇里竹		鄕名	향채 2월
白芷	빅지			구급 상65ㄱ
白芷	구리댓불휘			구간 1:7ㄴ
白芷	仇里大根			촌구 4ㄱ1:1
白芷	仇里大根		鄕名	촌가
白芷	구리댓불휘	草部		동의 3:5ㄴ8
白芷	구리댓불휘			본목 13ㄱ9
白芷	구리댓불희	草部芳草類		본정 상59
白芷	구리댓불휘	草部		사의 1ㄱ1:5
白芷	구리딋블희	草部		양금 505:1
白芷				광향 4ㄱ04
白芷	구리댓불휘			제중 8:3ㄴ8
白芷	구리댓불휘	芳草		의종 7:7ㄱ5
白芷	구릿댓불휘	芳草		방합 9ㄱ
白芷	구리씨불휘 芳香 一名			경신 16ㄱ5
白芷	仇里竹根 구리때뿌리	草部中品之上	鄕名	향성 79:618:1
白芷葉	蒿麻 名	草部		동의 3:6ㄱ2
香白芷	향빅지			구급 하83ㄴ7
香白芷	구릿댓불휘			구간 1:7ㄱ

'白芷'는 '구릿대뿌리'이다. 『향채』의 차자표기 '仇里竹'는 '*구리대'로 해독된다. 15세기 어형은 『구간』의 '구리댓불휘'에서 확인되며, 이후 이 어형이 교체없이 현대 국어까지 이어진다. '蒚麻', '芳香'과 같은 이칭이 있다. 『구급』에서처럼 '香白芷'라 하기도 했다.

0895) 白蒺藜 ☞ 蒺藜

0896) 白菜 ☞ 款冬花, 菘菜

0897) 百草霜 / 鐺墨 / 煤炱 / 釜底墨 ⇒ 伏龍肝

煤炱	釜下黑			향구 상12ㄴ2
煤炱	釜腰黑			향구 목50ㄴ3
百草霜	빅초상			구급 상44ㄱ4
百草霜	솓미틧거믜영			구간 2:109ㄱ
百草霜	손밑검듸영			언두 하10ㄱ
百草霜末	검듸영ᄀᆞᄅᆞ			언구 상21ㄴ11
百草霜末	손미틔검듸영ᄀᆞᄅᆞ			언구 상17ㄴ5
百草霜	오란브억어귀옛검듸영 竈堗墨 又名	土部		동의 1:20ㄱ2
百草霜	오랜브럭검듸양	土部		사의 4ㄱ1:10
百草霜	오란부억귀여검듸양	土部		양금 523:2
百草霜	솟밋희안즌검다이 안즌검다이			광비
百草霜	솟밋틔안진검듸양			광향 3ㄱ04
百草霜	검두양		俗	해혹 4ㄴ10
百草霜	오란부억에검듸영	土		의종 7:47ㄴ5
百草霜	오란부억에검듸영	土		방합 60ㄱ
百草霜	■■거명			경국 24:11
百草霜	■底거명			경국 53:2
百草霜	■下거명			경국 96:6
百草霜鼎底	거명			경국 38:3
百草霜	솟밋ᄶᅳ명			경사 71:5
鐺底墨	솓미틧거믜영			구간 2:27ㄴ
鐺墨	솓미틔검듸영	土部		동의 1:20ㄱ5
鐺墨	鼎金音臺英		鄕名	향집 77:13ㄱ
鐺墨	소밋희검듸양	土部		양금 523:2
鐺墨	鼎今音臺英 솟밑의안진검영	石部下品	鄕名	향성 77:596:3
竈中墨	브ᅀᅥ빗검듸영			구급 상40ㄴ4
竈突內煤	브셕구듨골샛거믜영			구간 6:76ㄴ

竈突墨	가마미텻거믜영	구간 3:121ㄱ
竈突墨	부수목읫거믜영	구간 7:41ㄴ
竈突中墨	구듨골샛거믜영	구간 7:20ㄴ
竈屋上墨	브억집우흿거믜영	구간 7:47ㄱ
竈屋上塵墨	브억집우흿드틀와거믜영	구간 7:53ㄴ
竈中墨	가마미틧거믜영	구간 1:54ㄴ
竈突黑	百草霜 突中塵	동사 724
釜底墨	가마미틧검듸영	구급 상16ㄴ4
釜底墨	가마미틧거믜영	구간 1:48ㄴ
釜底上炲煤	가마미틧거믜영	구간 2:89ㄱ
鏊子底黑煤	새용미틧거믜영	구간 3:6ㄴ
釜下墨	百草霜	해혹 6ㄱ1
深村百草霜末	기픈촌집의손미티검듸영	언구 상36ㄱ9

'百草霜'은 '솥 밑에 붙은 검은 그을음'이다. 『표』에 등재된 우리말은 '앉은검정'이다. 의서에 나오는 한어명 이칭으로는 '鐺墨', '竈突墨', '釜底墨' 등 매우 다양하다. '鐺墨'은 『표』에 등재되어 있으나 나머지는 없다. 『동의』의 기록을 고려하면 등재할 만한다. 핵심 어근은 '墨 / 煤'에 해당하는 '그을음'이다. 『표』에서 대응되는 우리말을, 현대 국어 '검정'에 '그을음'이라는 의미가 없음에도 '앉은검정'이라 한 것은 이전 시기 의서의 형태를 고려한 것으로 보인다. 고유어 향약명은 '[장소]+거믜영' 구조를 가진다. 15세기에는 '거믜영'이었다가 '검듸영'을 거쳐 『향성』에 와서 '검영'이 되었고 현재는 '검정'이다. 음운 현상으로 설명하기 어려우므로 어형 교체로 본다. 『해혹』의 '검두양', 『광비』의 '검다이', 『경국』의 '거명', 『경사』의 'ᄭᅥ멍' 등은 방언형이 분명하다. 한편, 『구간』에는 '부엌'에 해당하는 어휘가 '브억', '가마', '구듨골새' 등으로 다양하게 나타난다. 『언구』의 경우는, '深村 기픈촌집'과 같은 수식어가 덧붙기도 한다. 아마도 '오래된 검정'일수록 약효가 더 있다는 인식 때문인 것으로 판단된다. 차자표기를 살펴보면, 『향구』에는 한어명이 '炲炱'이고 '釜下黑', '釜腰黑'이 기록되어 있는데 남풍현(1981:148)에서는 차자표기가 아닌 설명문으로 보았다. 하지만 '釜下黑', '釜腰黑'은 용자 '腰'가 문제이지만 후대형과 연결지을 수 있다. '*가마미틧검듸영'으로 해독된다. 『향집』의 '鼎金音臺英'은 '*솓미티검듸영'으로 해독되며, 『향성』의 '鼎今音臺英'의 용자 '今'은 '金'의 오기이다.

0898) 百草灰 ☞ 灰

0899) 白葱 ☞ 葱

0900) 白丑 ☞ 牽牛子

0901) 白朮 / 朮 ⇒ 蒼朮

白朮	沙邑菜		俗云	향구 목45ㄱ4
朮	沙邑菜		鄕名	향구 하39ㄱ2
白朮	빅츌			구급 상6ㄱ7
白朮	삽듓불휘			구간 1:113ㄴ
白朮	빅튤			간벽 12ㄴ
白朮	沙邑條根			촌구 3ㄴ10:1
白朮	빅튤			분온 10ㄱ
白朮	沙邑條根		鄕名	촌가
朮	삽듀불휘			산경 595
白朮	빅튤			언두 상21ㄱ
白朮	빅튤			언구 상20ㄱ4
朮	삽듓불휘			언구 상47ㄴ6
朮	튤			언태 51ㄱ
白朮	삽듓불휘 乞力伽 一名	草部		동의 2:39ㄱ2
朮	白朮		卽	향집 78:5ㄱ
白朮	삽듓불휘			우마 7ㄱ
朮	삽듓불휘			본목 11ㄴ2
白朮	삽듀불휘	草部山草類		본정 상42
朮	삼쥬불희			신황 보14ㄱ
白朮	빅튤			두경 43ㄴ
朮	빅튤			언납 30ㄱ
白朮	삽듀블희 乞力伽 一名	草部		양금 503:5
白朮	삽듓불휘			제중 8:1ㄱ8
朮	삽쥬			물명 94
白朮	삽듀불휘	山草		의종 7:2ㄴ4
白朮	삽듀불휘	山草		방합 257
白朮	삽쥬불휘 吃力伽 一名			경신 29ㄱ6
朮	삽주뿌리	草部上品之上	鄕名	향성 78:604:1

'白朮'은 '朮'로도 쓰였다. 그리고 대응되는 고유어 향약명도 '朮'과 '白朮'이 섞여 쓰였다. 일반적으로는 '白朮'이라 한다. '삽주의 덩이줄기를 말린 것'을 뜻한다(『표』). 고유어 향약명은 『향구』의 차자표기 '沙邑菜'에서 비롯되는데 '*삽치'로 해독된다. 15세기 형태는 『구간』의 '삽듓

불휘'와 『촌구』의 차자표기 '沙邑條根'에서 확인된다. '*삽조불휘'로 해독된다. 그렇다면 '삽치'에서 '삽듀'가 된 것인데 음운 현상으로 설명하기가 어렵다. 두 가지 어형이 있었을 가능성도 배제할 수 없다. 따라서 여기서는 '*삽치'가 '삽듀'로 교체된 것으로 해 둔다. 남풍현(1981:78-79)에서는 '삽치+듈 -> 삽듀'로 보았다. 여기의 '듈'은 한어 '朮'에서 비롯되었다는 설명이다. 15세기의 '삽듓불휘'는 어형 교체없이 이어져 현대 국어의 '삽주뿌리'가 되었다. 『동의』의 '乞力伽'는 『표』에도 등재되어 있는 한어명 이칭이다. 『경신』의 '吃力伽'는 '乞力伽'의 오기이다.

0902) 白虫倉 ☞ 五倍子
0903) 白炭 ☞ 木炭
0904) 白湯 ☞ 水
0905) 白扁豆 ☞ 扁豆
0906) 百荷塩 ☞ 鹽
0907) 白鶴

白鶴　두루미 鶖鵚 一名　禽部　동의 1:39ㄱ9
白鶴　두롬이 鷀鴣 一名　禽部　양금 527:5
白鶴　두루미　禽部下品　鄕名　향성 82:675:1

'白鶴'은 '두루미'이다. '두루미' 형태가 변화없이 이어진다. 『동의』의 '鶖鵚'는 '두루미'가 아니라 '황새과의 물새'인 '무수리'를 말한다(『표』). 『양금』의 '鷀鴣'는 사전류에서 찾기 어렵다.

0908) 白蛤

白蛤　흰죠개　虫部　사의 4ㄴ2:5
白蛤　겹질흔조개　蚌蛤　의종 7:42ㄱ6
白蛤　겹질흔조개　蚌蛤　방합 52ㄴ

'白蛤'은 '백합과의 조개'를 말한다. 『의종』과 『방합』의 '겹질흔조개'는 '겹질흰조개'를 잘못 기록한 것이다.

0909) 百合

百合　犬乃里花　俗云　향구 목46ㄱ6
百合根　犬伊那里根　향구 중18ㄱ6

百合	犬伊日		鄕名	향채 2월
百合	빅합			구급 하22ㄱ
百合	개나릿불휘			구간 2:111ㄱ
百合根	개나릿불휘			구간 3:31ㄴ
百合	火伊日根			촌구 3ㄴ2:1
百合	犬伊日根 개나릿불히		鄕名	촌가
百合	개나리불히			산경 288
百合	빅합			언태 45ㄱ
百合	개나리불휘	草部		동의 3:5ㄱ6
百合	개나리불휘			본목 27ㄴ10
百合	개나리			신황 보18ㄴ
百合	개나리불휘	草部		사의 1ㄴ2:8
百合	개ᄂᆞ리블희			양금 505:9
百合	개나리불휘			제중 8:9ㄴ4
百合	흰ᄭᅩᆺᄀᆡ나리			물보 8
百合		芳草		의종 7:10ㄱ2
百合		芳草		방합 12ㄴ
百合	ᄀᆡ나리불휘			경신 33ㄱ7
百合	ᄀᆡ나리			의본 244
百合	당ᄀᆡ나리 나리 野百合			식휘 89
百合	介伊日伊 당개나리뿌리 백합꽃뿌리	草部中品之上	鄕名	향성 79:617:3
百合	나리 나리꽃 개나리			식명 30
百合	나리			동사 455
百合	참나리 당개나리 산나리			약식 33
百合	호랑나리 卷凡			약식 33

'百合'은 '개나리'와 대응한다.113) 『표』에 따르면 '백합과의 여러해살이풀'을 나타내는 '상위어'이기도 하고, 그 중의 하나인 하위어 '백합'을 나타내기도 한다. 그리고 상위어 '백합'은 '나리'와 동의어이다. 그런데 '나리' 역시 '참나리'와 동의어로 쓰이기도 하고 '백합'과 같은 뜻이기도 하다. 의미론적 분석이 필요하다. 『향구』와 『향채』의 차자표기 '犬乃里花', '犬伊那里', '犬伊日'는 모두 '*가히나리'로 해독된다. 이 형태는 15세기에 곧 '개나리[kajnari]'가 되고 이것이 후대

113) '대응'이라 한 것은, '백합'과 '개나리'는 다른 식물이기 때문이다. 향약명 연구의 난점 가운데 하나가 기호로서의 향약명과 실제 사물과의 일치 여부 문제이다(이은규 2014:119-120 참조).

에 그대로 이어진다. 20세기에 오면 ‘당개나리’, ‘호랑나리’, ‘卷丹’ 등의 이칭이 생겨난다. 『당개나리』는 『표』에 실려 있는데 『호랑나리』는 없다.[114] 『약식』의 ‘卷凡’은 ‘卷丹’의 오기이다.

0910) 白鴿, 白鴿糞, 白鴿肉 ☞ 鳩

0911) 白蜆殼

白蜆殼	구간 2:15ㄴ

‘白蜆殼’은 ‘蜆’은 ‘가막조개’, ‘바지라기’를 뜻하는데 이들의 흰 껍질을 말한다.

0912) 白蒿 ☞ 艾

0913) 白花桔梗 ☞ 桔梗

0914) 白花蛇 ☞ 花蛇

<번>

0915) 繁露水 ☞ 秋露水

0916) 蘩蔞 / 鷄腸草[115]

蘩蔞	見甘介		俗云	향구 목49ㄱ4
鷄腸	둘기믿가비			구간 3:119ㄴ
鷄腸葉	둘기믿가빗닙			구간 3:85ㄱ
鷄腸草	둘기믿가비			구간 3:103ㄱ
蘩蔞	둘기십가비 鷄腸草 卽	菜部		동의 2:35ㄱ9
蘩蔞	鷄矣十加非		鄕名	향집 85:20ㄱ
繁縷	둘기십가비			본목 27ㄱ5
蘩蔞	닭의씨갑이	菜部		양금 520:8
鷄腸草	둘긔집가비			경국 51:4
蘩蔞	닭의십갑			의본 252
鷄腸草	닭의씨가비	菜部下品	鄕名	향성 85:717:2

114) 『三才圖會』(6:15ㄱ)에 따르면 ‘百合’에는 ‘檀香百合’, ‘[ ]百合’, ‘虎皮百合’ 등 3종류가 있다고 한다. 그 중 ‘虎皮百合’이 ‘호랑나리’와 같은 형태 구성이어서 어원 추정에 참고된다(이은규 2014:120 참조).

115) 향약명의 모음과 용례의 배열은 향약명에 따라 다르게 한다. 이 경우는, 한자음 순으로는 ‘鷄腸草’가 앞서지만 용례의 출현 시기는 ‘蘩蔞’가 더 빠르기 때문에 ‘蘩蔞’ 항목에 모은 것이다. 그리고 한어명별로 정렬을 하지 않은 것은 두 한어명의 고유어가 동일 계통이기 때문에 형태 변화 과정을 일람하는 데에는 고유어를 중심으로 배열하는 것이 합리적이기 때문이다.

蘩蔞　　鷄矣十加非 닭의씨가비　　　菜部下品　　鄕名　향성 85:717:1

'蘩蔞'와 '鷄腸草'는 동의어이며 '닭의장풀과의 한해살이풀'로 다른 우리말은 '닭의장풀'이다. 『향성』에서처럼 '蘩蔞'와 '鷄腸草'는 별도의 향약명으로 다루어지기도 한다. 하지만 대응되는 고유어는 '닭의씻개비'형으로 동일하다. 이칭으로 '鷄距草'도 있다. 『향구』의 차자표기 '見甘介'는 15세기 이래의 후대형과 연결되지 않는다. '*보돌개' 정도로 해독되지만 형태 분석과 의미를 파악하기 어렵다. 15세기 의서 『구간』에는 '돌기믿가비'로 나온다. 이것이 『동의』에 와서 '돌기십가비'로 교체되어 현대 국어까지 이어진다. 『표』의 표제어는 '닭의씻개비'로 등재되어 있다. 한편, 『표』에서는 '닭의장(欌)풀'이 '蘩蔞'와 '鷄腸草'의 동의어로 등재되어 있다. 하지만 의서에는 '닭의장풀'이 보이지 않는다. 그런데 '鷄腸'을 '닭의장' 곧 '欌'으로 본 것은 문제가 있다. 『三才圖會』(10:21)의 "'蘩蔞'는 '鷄腸'과 유사해서 '鷄腸草'라 한다(蘩蔞卽鷄腸草也…作蔓斷之有絲縷又細而中空似鷄腸因名)."라는 설명을 보면 '닭의장풀'의 '장'은 '鷄腸'과 관련이 있다고 보는 것이 더 맞다. 그리고 '닭의장풀'의 이칭인 '닭의씻개비/닭의씨깨비'의 형태 '씻개비'가 무엇인지 정확하게 알 수 없다. 김종학(1988:29)에서는 기피어를 피하려는 의도로 '십가비'가 '장풀'로 대체된 것으로 파악하였고, 이은규(1993:87)에서는 '*십가비'가 '창자'와 관련이 있을 것으로 추측하고 있다.

0917) 燔脣

燔脣　　口脣腫　　　　　　향구 하34ㄱ4

'燔脣'은 '口脣腫'으로 병명이다. '입술에 나는 종기'를 이른다.

<벽>

0918) 壁鏡 ☞ 壁錢
0919) 薜荔, 薜荔葉 ☞ 絡石
0920) 蘗木 ☞ 黃栢
0921) 蘗米 ☞ 薛子米
0922) 壁魚 ☞ 衣魚
0923) 壁魚水 ☞ 水

0924) 薛子米

薛子米	조기름 粟薛子 卽	穀部		양금 524:1
蘗米	조기름	米穀部中品	鄕名	향성 84:705:3

한어명 '薛子米', '蘗米', '粟薛子' 등은 사전류에서 찾기 어렵다. 고유어 향약명 '조기름' 역시 사전류에 보이지 않는다. '粟薛子'과 '조기름'을 고려하면 '조를 짠 기름'으로 파악된다.

0925) 壁底黃土 ☞ 土

0926) 壁錢

壁鏡	납거믜		卽	촌구 33ㄱ2
壁錢	납거믜			언구 하9ㄴ11
壁錢	납거믜 壁鏡 一名	蟲部		동의 2:13ㄴ6
壁錢	납거믜			본목 40ㄴ4
壁錢	낙거믜	蟲部		양금 517:4
壁錢	납거믜	卵蟲		의종 7:38ㄱ6
壁錢	납거믜	卵蟲		방합 47ㄴ
壁鏡	납거믜			경국 83:7
壁錢蛛	납거믜			경국 140:3
壁錢	猿蛛 납거미	蟲魚部下品	鄕名	향성 83:694:2

'壁錢'은 '납거미'를 말한다. 『촌구』에서부터 '납거믜' 형태로 나타나는데 어형 변화를 겪어 '납거미'가 되었다. 『향성』의 '猿蛛'는 한어명으로 보이는데 사전류에서 찾기 어렵다.

0927) 鷿鷉膏

鷿鷉膏		禽部		동의 1:40ㄴ5

'鷿鷉膏'의 '鷿鷉'는 '논병아릿과의 철새' 곧 '논병아리'를 말한다(『표』). '벽체로 만든 고'를 말한다.

0928) 壁土 ☞ 土

0929) 碧海水 ☞ 水

0930) 壁虎 ☞ 蜻蛉

<변>

0931) 藊豆 ☞ 扁豆
0932) 萹蓄 ☞ 萹蓄
0933) 便香附子 ☞ 香附子

<별>

0934) 鼈甲

鼈甲	쟈래당아리			구간 3:112ㄴ
鱉甲	쟈래당아리			구간 7:34ㄴ
鼈甲	쟈라등겁질	蟲部		동의 2:6ㄴ8
鼈	쟈라			본목 45ㄴ7
鱉甲	ᄌᆞ라등겁질	蟲部		양금 516:3
鼈甲	쟈라등겁질			제중 8:10ㄴ4
鼈甲	쟈라등겁질 團魚 一名	龜鱉		의종 7:41ㄴ10
鼈甲	쟈라등겁질 團魚 一名	龜鱉		방합 52ㄱ
鱉甲	자라등겁질 團魚 一名 守神 一名			경신 26ㄴ4
鱉甲	자라등껍질	蟲魚部中品	鄕名	향성 83:682:2
鱉碁	鱉腦骨			해혹 32ㄴ1
鱉頭	자래머리			구간 7:68ㄴ
鼈頭		蟲部		동의 2:7ㄱ5
鼈肉		蟲部		동의 2:7ㄱ2
鱉肉	ᄌᆞ라고기	蟲部		양금 516:3
鼈肉	쟈라고기			의종 7:41ㄴ8
鼈肉	쟈라고기			방합 52ㄱ
鼈耳	쟈래당아리			구간 2:43ㄴ

'鼈'을 핵심 어근으로 하는 단어족이다. '鼈'은 15세기 『구간』에는 '쟈래'로 나오다가 『동의』에서부터 '쟈라'로 바뀌어 현대 국어 '자라'가 되었다. 한어명 이칭 '團魚'는 『고』에 '자라'로 소개되어 있는데 『표』에는 없다. '鱉甲'은 '쟈래당아리'에서 '쟈라등겁질'로 어형이 교체된다. '당아리'는 '깍정이'나 '딱지'를 가리킨다. '자라의 등껍질'을 이르는 말이다.

0935) 鼈草

鼈草	쟈라草		경국 102:8

'鼈草'는 다른 의서에 보이지 않는다. '자라풀'을 이른다. 『표』에는 '자라풀'이 등재되어 있고 한어명 '水鼈'과 우리말 '자라마름'을 이칭으로 소개하고 있다.

0936) 蟞草	경사 19:2

'蟞草'는 다른 의서에 보이지 않는다. '콩과의 낙엽 활엽 관목'인 '개미풀'을 이른다(『표』). '개느삼'이라는 이칭이 있다.

<병>

0937) 餠蛙 ☞ 黽
0938) 餠子酒 ☞ 酒

<보>

0939) 鴇

鴇	너홰	禽部水禽類	본정 하218

'鴇'는 '능에' 곧 '느싯과의 겨울새'로 '느시'와 동의어이다. '獨豹', '野雁' 등의 한어명 이칭이 있다. '너홰'라는 형태는 다른 문헌에 보이지 않는다. 『훈민정음 해례』의 '너ᅀᅵ'가 바로 이 새인데 '너시'를 거쳐 '느시'가 된 것이다(이은규 2015:209 참조). 어형 변화로 판단된다. 『물명』에는 '그믄춍'으로 나오는데 이는 '鴇'의 다른 새김인 '오총이(烏驄이)'를 말한다.

0940) 補骨脂 ☞ 破古紙
0941) 寶豆

寶豆		灌木	의종 7:27ㄴ2
寶豆		灌木	방합 34ㄴ

‘寶豆’는 ‘마송과의 떨기나무’이다(『지』). 『표』에 보이지 않는다.

0942) 輔炭 ☞ 木炭

<복>

0943) 葍 ☞ 松蘿

0944) 茯苓

茯苓	복령			구간 6:10ㄱ
茯苓	북령			구간 1:115ㄱ
茯苓		木部		동의 3:27ㄱ5
茯令		木部		양금 510:1
茯苓				제중 8:1ㄱ9
茯苓		寓木		의종 7:27ㄴ5
茯苓		寓木		방합 34ㄴ
茯苓				경신 29ㄴ2
茯苓	복령	木部上品	鄕名	향성 80:638:3
茯苓皮		寓木		의종 7:27ㄴ7
茯苓皮		寓木		방합 34ㄴ
白茯苓	빅복령			구급 상47ㄴ2
白茯苓	힌북령			구간 6:6ㄱ
白茯苓	빅북령			구간 3:101ㄱ
白茯苓		草部		사의 1ㄱ2:9
赤茯苓	젹복령			구급 상68ㄴ5
赤茯苓	블근북령			구간 7:14ㄱ
赤茯苓	젹북령			구간 3:119ㄱ
赤茯苓	젹복녕			언구 상20ㄱ4

‘茯苓’은 ‘구멍장이버섯과의 버섯’이다. ‘赤茯苓’와 ‘白茯苓’은 색깔에 따른 구분이다. ‘茯苓’은 한어명으로만 쓰였다.

0945) 伏龍肝 / 竈中黃土 / 釜底土 ⇒ 百草霜

伏龍肝	古釜下掘地有黃土	향구 상6ㄴ4

伏龍肝	竈中■釜下黃土			향구 목50ㄴ2
伏龍肝	竈中黃土			향구 중28ㄴ9
伏龍肝	가맛미틧검듸영			구급 하50ㄴ5
伏龍肝	가마미틧ᄒᆞᆰ			구간 7:21ㄱ
伏龍肝	가마믿마춤아랫ᄒᆞᆰ			구간 1:85ㄴ
伏龍肝	가마믿마춤아랫ᄒᆞᆰ			구간 2:105ㄱ
伏龍肝	복룡간			분온 19ㄴ
伏龍肝	손미틔누른ᄒᆞᆰ			언구 상12ㄴ2
伏龍肝	솟미틔블근ᄒᆞᆰ			언태 74ㄱ
伏龍肝	오란솓미틔누른ᄒᆞᆰ	土部		동의 1:18ㄴ6
伏龍肝	釜底下土		卽	향집 77:12ㄱ
伏龍肝	오랜손밋틔누른ᄒᆞᆰ	土部		사의 4ㄱ1:8
伏龍肝	오란솟밋히누른흙	土部		양금 522:7
伏龍肝	가마솟밋츨바로깁피파면불근흑덩이			광향 3ㄴ07
伏龍肝	오런솟밋히누른흙			제중 8:16ㄱ2
伏龍肝	솟알에흙			해혹 27ㄱ8
伏龍肝	오런속밋희누른흙	土		의종 7:47ㄴ3
伏龍肝	오런솟밋희누른흙	土		방합 59ㄴ
伏龍肝	오란손밋히누른흙			경신 51ㄴ7
伏龍土	아궁지바닥흙			경국 134:14
伏龍肝	부엌미틔土			경사 47:8
伏龍肝	釜底下土 솟건아궁지바닥황토 구벽토	石部下品	鄕名	향성 77:596:2
伏龍肝	釜下土 竈心土 부월하 竈中黃土			동사 397
釜月下土	가마믿마춤아랫ᄒᆞᆰ			구간 2:17ㄴ
釜底土	가마미틧ᄒᆞᆰ			구간 7:75ㄱ
釜下土	伏龍肝			해혹 6ㄴ8
竈心土	가마미틧ᄒᆞᆰ			구급 상19ㄱ7
冷竈內中心	춘브셥앖가온딧ᄒᆞᆰ			구급 하12ㄱ
竈心土	가마믿마춤아랫ᄒᆞᆰ			구간 2:59ㄱ
竈心土	솓믿마춤아랫ᄒᆞᆰ			구간 2:37ㄱ
竈中黃土	가마믿마춤아랫ᄒᆞᆰ			구간 3:54ㄱ
竈下黃土	가마믿마춤아랫누런ᄒᆞᆰ			구간 1:25ㄱ
舊竈門上黃泥	브셕니마우흿누른흘			구간 2:100ㄴ
竈中黃土	가마아래ᄒᆞᆰ			우마 6ㄱ

'伏龍肝'은 '아궁이 바닥에서 오랫동안 불기운을 많이 받아 누렇게 된 흙'이다. '釜下土', '竈心土', '竈下黃土' 등의 한어명으로 나타난다. 고유어 향약명은 대개 설명형이다. 『향구』의 '古釜下掘地有黃土', '竈中■釜下黃土', '竈中黃土' 등은 후대 설명형 향약명의 생성에 크게 영향을 준 것으로 판단된다. 이들이 『향집』의 '釜底下土'와 같은 한어명을 생성하고 그것이 의서의 목록에 기록됨으로써 하나의 향약명 어휘로 굳어진 것으로 파악된다. 고유어 향약명에서 주목할 만한 어휘로는 '브ᅀᅥᆸ'이다. '브ᅀᅥᆸ'에서 '부ᅀᅥᆨ'을 거쳐 '부억'이 된 것이다. 『향성』의 '솟건아궁지바닥황토'는 '솥 # 건 # 아궁지 # 바닥 # 황토'로 분석된다. '아궁지'는 '아궁이'의 전라·강원·평북방언이다. 또 '구벽토'는 '오래된 바람벽의 흙'이라는 뜻으로 '아궁이'와 의미가 다르다.

0946) 覆盆子 / 蓬蘽

覆盆子	末應德幸		鄕名	향채 5월
覆盆子	末應德達			촌구 4ㄱ7:2
覆盆子	末應德達		鄕名	촌가
覆盆子	末應德達只 멍덕달기		鄕名	촌가
覆盆子	나모빨기	果部		동의 2:19ㄱ4
覆盆子	나모ᄡᆞᆯ기			본목 19ㄴ10
覆盆子	나모빨기	草部蔓草類		본정 상98
覆盆子	나모ᄡᅡᆯ	果部		사의 3ㄴ4:3
覆盆子	나무ᄡᅡᆯ기	果部		양금 518:3
覆盆子	나모ᄈᆞᆯ기			제중 8:15ㄴ09
覆盆子	짜알기		俗	해혹 5ㄴ6
覆盆子	나모ᄈᆞᆯ기	山果		의종 7:33ㄱ8
覆盆子	나모ᄈᆞᆯ기	山果		방합 41ㄴ
覆盆子	나무ᄡᅡᆯ긔			경신 55ㄴ7
覆盆子	나무딸기	果部上品	鄕名	향성 84:697:1
覆盆子	末應德達		鄕名	향동 84:6ㄱ
覆盆子根	복분ᄌᆞᆺ불휘			구급 상52ㄱ2
覆盆子根	멍덕빨기불휘			구간 6:12ㄱ
蓬蘲	멍덕빨기	果部		동의 2:19ㄱ7
蓬藥	멍덕ᄡᅡᆯ기			본목 19ㄴ9
蓬蘽	味應德達汝注乙		鄕名	향집 84:5ㄴ
蓬蘲	멍덕ᄡᅡᆯ기	果部		양금 518:4
蓬蘲	멍석ᄡᅡᆯ구			경신 55ㄴ7

蓬虆	末應德達汝注乙 멍덕딸기 멍석딸기	果部上品	鄕名	향성 84:696:3

'覆盆子'는 '복분자딸기의 열매'이다. 이 향약명은 특이한 이칭 관계를 가진다. '覆盆子'는 '나무딸기'형이고 '蓬藟'는 '멍덕딸기'형으로 나뉜다. 물론 '覆盆子'가 '멍덕딸기'형으로 나타난 경우가 있는데 15세기 차자표기와 『구간』에서 그러하다. 결국 『향성』에서는 '覆盆子'와 '蓬藟'를 구분하고 각각을 '나무딸기'와 '멍석딸기'로 규정한다. 『표』에서는 '나무딸기', '멍덕딸기', '멍석딸기' 등이 다 '딸기'의 다른 종류임을 밝히고 있다. 『향채』의 차자표기 '末應德幸'은 '*망덕달'로 해독된다. 용자 '幸'은 '達'의 오기이다. 기저형을 '*망덕빨기'로 보았지만 표기를 완전하게 하지 않았다. 『촌구』의 '末應德達'도 마찬가지이다. 『촌가』의 '末應德達只'가 정확한 표기이다. '*망덕달기'로 해독된다. 이후 『동의』에서 '나모빨기'로 나타나고 어형 변화를 거쳐 '나무딸기'가 된다. '蓬藟'는 『동의』에 '멍덕빨기'로 나오며 이것이 『향성』으로 이어진다. 『향성』의 차자표기 '未應德達汝注乙'의 용자 '未'는 '末'의 오기이며 '*망덕달너줄'로 해독된다. 그리고 『향성』에는 '멍석딸기'가 나온다. '장미과의 낙엽 활엽 관목'으로 '사슨딸기'를 말한다(『표』). 이렇게 보면 '覆盆子'의 기원형은 '*망덕달'이며, 이것이 15세기에 '멍덕달기'로 어형 변화를 겪어 지금의 '멍덕딸기'가 된 것으로 보인다. 이 흐름 속에서 '나무딸기'가 생성되어 '覆盆子'의 의미를 담당하게 되었고, 원래의 '멍덕딸기'는 '蓬藟'를 뜻하게 된 것으로 보인다.

0947) 蝮蛇

蝮蛇	毒蛇			구급 하81ㄱ6
蝮蛇膽	독샤의쁠게	蟲部		동의 2:13ㄱ9
蝮蛇	毒蛇		鄕名	향집 83:27ㄴ
蝮蛇肉	독ᄉᆞ	鱗部龍蛇類		본정 하203
大蝮蛇	독샤	虫部		사의 4ㄴ1:5
蝮蛇膽	독샤의슬기	蟲部		양금 517:3
蝮蛇膽	毒蛇 살모사쓸개	蟲魚部下品	鄕名	향성 83:690:3

'蝮蛇'를 핵심 어근으로 하는 단어족이다. '蝮蛇'는 '살무삿과의 뱀' 곧 '살무사'를 말한다. 한어명대로 '독사'로 주로 쓰였다. '살모사'가 나타난 것은 『향성』에서이다.

0948) 茯神

茯神		木部		동의 3:27ㄴ1
茯神		木部		양금 509:7
茯神				제중 8:5ㄴ9
茯神	神木 心木 卽 黃松節 名	寓木		의종 7:27ㄴ8
茯神		寓木		방합 35ㄱ
茯神	黃松節 一名			경신 29ㄴ7
茯神	솔뿌리싼복령	木部上品	鄕名	향성 80:638:3

'茯神'은 '소나무의 뿌리에 난 복령'을 이른다. 이칭 '黃松節'은 '茯神이 싸고 있는 소나무의 뿌리'를 말한다. 한어명으로 주로 쓰였으며, 『향성』에는 '솔뿌리싼복령'이라는 설명형이 제시되어 있다. '솔뿌리 # 싸-+-ㄴ # 복령'으로 분석되는바 '黃松節'의 정확한 개념을 나타낸다.

0949) 鰒魚 ☞ 石決明

0950) 伏翼 / 蝙蝠 / 天鼠 / 夜明砂

伏翼	붉쥐 蝙蝠 一名	禽部		동의 1:37ㄱ5
伏翼	붉쥐			본목 48ㄱ9
伏翼	박쥐 蝙蝠 一名	禽部		양금 526:10
伏翼	蝙蝠 天鼠 一名	原禽		의종 7:43ㄴ9
伏翼	勃叱鼠 박쥐	禽部中品	鄕名	향성 82:672:3
伏翼糞	夜明砂 名	禽部		동의 1:37ㄱ8
蝙蝠	박듸	禽部原禽類		본정 하225
蝙蝠	붉쥐	獸部		사의 3ㄱ2:7
蝙蝠	붉쥐			경국 32:4
蝙蝠糞	붉쥐쫑			구간 6:68ㄱ
夜明砂	붉쥐쫑			제중 8:17ㄱ10
夜明砂	伏翼屎			해혹 6ㄴ3
夜明砂糞	박쥐쫑 伏翼 蝙蝠 天鼠 一名	原禽		의종 7:43ㄴ9
夜明砂糞	박쥐쫑 伏翼 蝙蝠 天鼠 一名	原禽		방합 55ㄱ
夜明砂	붉쥐뚱 蝙蝠屎 伏翼糞 天鼠屎 一名			경신 49ㄱ1
夜眼沙	볼쥐쫑			경국 17:6
天鼠	셕죵유나는굴에인는붉쥐 仙鼠 伏翼 一名	禽部		동의 1:37ㄱ9
天鼠	셕둉유나는굴예잇는박쥐 仙鼠 肉芝 又	禽部		양금 527:1
天鼠糞	伏翼屎 卽 夜明砂 一名			해혹 22ㄴ9
天鼠屎	석종유나는굴속에잇는박쥐의똥	禽部中品	鄕名	향성 82:673:1

'伏翼'은 '박쥐'이다. 한어명 이칭으로 '蝙蝠'과 '天鼠'가, 그리고 '박쥐의 똥'을 가리키는 '夜明砂'도 표제어로 나타난다. 다만 『구간』과 『동의』에서는 '蝙蝠糞'과 '伏翼糞'을 표제어로 하고 있다. 고유어 향약명이 '볽쥐'로 나타나는데 어형 변화를 거쳐 '박쥐'가 되었다. 『경국』의 '볼쥐'는 '박쥐'의 방언형이다. 『향성』의 차자표기 '勃叱鼠'의 용자 '叱'은 'ㄱ'음을 적은 흔하지 않는 예이다. '*볽쥐'로 해독된다. 『동의』의 설명형 향약명은 '셕죵유 # 나-+-는 # 굴+에 # 잇-+-는 # 볽쥐'로 분석되는데 '종유굴에 있는 박쥐'라는 뜻이다.

0951) 服猪脂 ☞ 猪脂
0952) 腹皮 ☞ 大腹皮

<봉>

0953) 蜂窠 ☞ 露蜂房
0954) 蜂蕈

蜂蕈		虫部	사의 4ㄴ3:7

'蜂'은 '벌'인데 『사의』에 나오는 '蜂蕈'은 무엇인지 분명하지 않다.

0955) 蓬藟 ☞ 覆盆子
0956) 鳳尾草 ☞ 側栢
0957) 蜂蜜 ☞ 蜜
0958) 蜂房, 蜂房蔕 ☞ 露蜂房
0959) 蓬砂 ☞ 硼砂
0960) 鳳仙花 / 急性子

鳳仙花子	봉션화ᄡᅵ		언구 상28ㄴ7
鳳仙花	봉션화 金鳳花 一名	草部	동의 3:24ㄴ4
鳳仙	봉션화		본목 19ㄱ8
鳳仙花	봉소화	草部	사의 1ㄴ2:2
鳳仙花	봉션화 金鳳花 一名	草部	양금 508:10
鳳仙子	봉션화ᄡᅵ 急性子 一名	毒草	의종 7:17ㄱ6
鳳仙子	봉션화ᄡᅵ 急性子 一名	毒草	방합 22ㄱ
急性子		果部	동의 2:23ㄱ4

'鳳仙花'는 '봉선화'인데 그 씨를 주로 약재로 사용한다. 이칭으로 '金鳳花'와 '急性子'가 있는데 모두 『표』에 실려 있다. 『사의』에는 '봉소화'라고 되어 있는데 방언형이 아닐까 한다.

0961) 蓬莪茂

蓬莪茂	蓬朮 卽	唐	草部		동의 3:13ㄱ4
蓬莪茂		唐	草部		양금 507:9
莪朮					제중 8:8ㄱ7
莪朮	蓬莪茂 一名		芳草		의종 7:8ㄴ7
莪朮	蓬莪茂		芳草		방합 11ㄱ
蓬莪朮					경신 31ㄴ2

'蓬莪茂'은 '생강과의 여러해살이풀'로 '莪茂'이라고도 한다. '莪朮'은 '蓬茂'의 뿌리줄기'를 뜻한다(『표』). 의서에는 이들이 섞여서 이칭 관계임을 나타내고 있다. 한어명으로만 쓰였다.

0962) 蓬仰上竹皮 ☞ 竹皮

0963) 蜂子

蜂子	버릐삿기	蟲部		동의 2:5ㄴ1
蜂子	벌의삭기	蟲部		양금 516:1
蜂子	벌의색기	蟲魚部上品	鄕名	향성 82:676:2

'蜂子'는 '벌의 새끼'를 말한다. 고유어 향약명이 이를 잘 말해준다.

0964) 蜂腸 ☞ 露蜂房

0965) 蓬硝 ☞ 硼砂

0966) 蓬朮 ☞ 蓬莪茂

0967) 鳳凰衣, 鳳凰退 ☞ 鷄卵中白皮

<부>

0968) 鳧 ☞ 鴨

0969) 麩

麩	只火乙	향구 중23ㄱ9

麥麩	밄기울			구간 3:74ㄱ
穬麵	밄기울			구간 7:12ㄴ
麩	밀기울	穀部		동의 1:25ㄱ3
麩皮	밀겁딜	穀部		사의 3ㄱ3:10
麩	밀기울	穀部		양금 524:5
麩子	밀기올			방유 3:26ㄱ

'麩'는 '밀기울'이다. 『향구』의 차자표기 '只火乙'이 기원형인데 '*기블'로 해독된다. 이것이 15세기에 '밄기울'형으로 형태소 첨가에 의한 어형 교체를 겪고 현대 국어에 이어졌다.

0970) 負殼蛞蝓 ☞ 蝸牛

0971) 夫褌帶

夫褌帶	제남진의고읫긴			구간 7:37ㄴ
夫衣帶	남편의옷고름	人部	鄕名	향성 81:654:3
浣褌汁	속고의빤물	人部	鄕名	향성 81:653:3

'고의'와 관련된 향약명이다. 모두 설명형으로 되어 있다. 『구간』의 '夫褌帶'는 『향성』의 '夫衣帶'로 이어진다. '제남진의고읫긴'은 '제 # 남진+의 # 고의+ㅅ # 긴'으로, '남편의옷고름'은 '남편+의 # 옷고름'으로 분석된다. '浣褌汁'은 '속 고의를 빤 물'을 뜻한다.

0972) 附骨疽

附骨疽	骨無伊	俗云	향구 중21ㄱ8
附骨疽	뮈나는 병이라		경국 56:12

'附骨疽'는 '뼈의 한 부분이 썩어서 못 쓰게 되는 병'으로 고유어로는 '무'라고 한다. 『향구』의 차자표기 '骨無伊'는 고유어 '무'를 고려하면 '*골뮈'로 해독된다. 『경국』의 설명형에서 형태 '무'가 분석된다. 따라서 '*뮈 > 무'의 어형 변화가 있었을 것으로 추정된다.

0973) 浮權 ☞ 胡椒

0974) 夫內衣 / 夫單衣

夫內衣	샤옹의솝옷	구급 하92ㄱ8
夫單衣	샤옹의ᄒᆞᆫ옷옷	구급 하92ㄱ7

夫內衣	제남진의솝옷			구간 7:21ㄱ
夫單衣	제남진의ᄒᆞ옷옷			구간 7:51ㄱ

15세기 의서에 '夫內衣'는 '샤옹의솝옷'으로, '夫單衣'는 '제남진의ᄒᆞ옷옷'으로 나온다. 전자는 '샤옹+의 # 솝옷', 후자는 '제 # 남진+의 # ᄒᆞ옷옷'으로 분석된다. '單衣'가 'ᄒᆞ옷옷'으로 되어 있다. 남편의 속옷이나 홑옷을 이른다. 생성기의 향약명이라 할 수 있다.

0975) 夫尿 ☞ 小便

0976) 斧頭

斧頭	도칫머리			구간 7:22ㄴ

'斧頭'는 '도끼머리'를 이른다. 『구간』의 고유어 향약명은 '도치+ㅅ+머리'로 분석되는데 '도치'는 '도최' 즉 '도끼'이다.

0977) 浮麥 ☞ 浮小麥

0978) 腐木

腐木	썩은나무	木部中品	鄕名	향성 80:649:1

'腐木'은 한어명대로 '썩은나무'이다. 『향성』에만 보인다.

0979) 腐婢花 / 小豆花

腐婢花	小豆花			향구 목48ㄴ6
腐婢花	小豆花			향구 상8ㄱ7
腐婢	小豆花		卽	향채 7월
腐婢	小豆花		卽	향집 84:33ㄱ
腐婢花	豆花			물보 5
腐婢	퐛꽃	米穀部下品	鄕名	향성 84:708:2
小豆花	ᄑᆞᆺ곳			구간 3:14ㄱ
小豆花	ᄑᆞᆺ곳 腐婢 一名 赤小豆花 卽	穀部		동의 1:22ㄱ9
小豆花	퐛꽃	米穀部下品	鄕名	향성 84:708:2
赤小豆花	퐛곳	穀部		양금 523:9
豆粉	ᄑᆞᆺᄀᆞᄅᆞ			구급 하22ㄱ

'腐婢花'는 '팥꽃'이다. 의서에는 '腐婢花'와 '小豆花'가 함께 나타난다. 『동의』에 의하면 '赤小豆花'도 동일한 이칭이며 『양금』에 표제어로 나온다. 『향구』의 '小豆花'는 한어명으로 보이지만 차자표기로 볼 수 있다. '小豆'가 '팥'이기 때문이다. 따라서 '*풋곶'으로 해독된다. 이 형태의 고유어 향약명이 현대 국어까지 이어진다. 한편, 『표』에는 '팥꽃'의 이칭으로 '팥노굿'이 소개되어 있다. '노굿'은 '콩이나 팥 따위의 꽃'을 말한다.

0980) 父鼠 ☞ 牡鼠
0981) 浮石 ☞ 水泡石
0982) 浮小麥

浮小麥	주근밀	穀部	동의 1:25ㄱ5
浮麥	주근밀	穀部麻麥類	본정 상114
浮小麥	귀밀	穀部	사의 3ㄱ4:3
浮小麥	죽은밀	穀部	양금 524:6
浮小麥	밀빰복이	麻麥稻	의종 7:25ㄱ4
浮小麥	밀빰복이	麻麥稻	방합 43ㄴ
浮小麥	쭘비기		경사 47:8

'浮小麥'은 '밀 쭉정이'를 이른다. 고유어 향약명은 『동의』의 '주근밀'이 후대에 이어지다가 『의종』에서 형태 교체가 일어나 '밀빰복이'가 된다. 이것이 현대 국어 '밀깜부기'로 이어진다. 『경사』에는 방언형 '쭘비기'가 보인다. 『사의』의 '귀밀'은 '귀리'를 뜻하는 말인데 오류로 판단된다.

0983) 夫十指爪甲

夫十指爪甲	샤옹의열가라깃손톱	구급 하84ㄱ8
夫十指爪甲	제남진의손톱버효니	구간 7:44ㄱ

'夫十指爪甲'은 『구급』에 '샤옹의열가라깃손톱'으로, 『구간』에 '제남진의손톱버효니'로 나온다. 각각 '샤옹+의 # 열 # 가락+잇 # 손톱'과 '제 # 남진+의 # 손톱 # 버히-+-오-+-ㄴ # 이'로 분석된다. '남편의 열 손가락의 손톱' 과 '손톱 자른 것'을 이른다.

0984) 鮒魚 ☞ 鯽魚
0985) 芙蓉葉 ☞ 蓮葉

0986) 釜月下土 ☞ 伏龍肝

0987) 夫陰毛

夫陰毛	제남진의슈신엣터리	구간 7:42ㄱ

'夫陰毛'는 『구간』에 설명형 향약명으로 나온다. '제 # 남진+의 # 슈신+엣 # 터리'로 분석된다. '슈신'은 '음경'을 말한다.

0988) 夫衣帶 ☞ 夫褌帶

0989) 芣苡, 芣苢 ☞ 車前子

0990) 婦人裩襠 ☞ 人裩襠

0991) 婦人月經衣 ☞ 經衣

0992) 婦人月水 / 紅鉛 ⇒ 經衣

婦人月水	월경슈			구간 6:72ㄴ
婦人月水	겨지븨월경슈	人部		동의 1:32ㄴ3
婦人月水	계집의월경슈	人部		양금 525:9
婦人月水	월경수	人部	鄕名	향성 81:653:2
紅鉛	겨지븨처엄난월슈	人部		동의 1:32ㄴ5
紅鉛	계집처음는월경슈	人部		양금 525:10
月水		人		의종 7:46ㄴ3
月水		人		방합 58ㄱ

'婦人月水'는 『구간』의 기록대로 '월경슈'를 말한다. 이 한어명이 『동의』로 이어져 향약명으로 정착되었다. '月水'의 우리말 이칭으로 '몸엣것'이 있는데(『표』) 완곡 표현이다. 『동의』와 『양금』에 설명형으로 나오는 '紅鉛'은 '초경'을 이른다. '겨지븨처엄난월슈'는 '겨집+의 # 처엄 # 나-+-ㄴ # 월슈'로 분석된다.

0993) 婦人自己手足指甲

婦人自己手足指甲	겨지븨제손밠톱	구급 하88ㄴ7
婦人自己手足指甲	겨지븨제손톱과발톱	구간 7:49ㄱ

'婦人自己手足指甲'은 15세기 의서 『구급』과 『구간』에 나온다. '겨지븨제손밠톱'은 '겨집+의 # 제 # 손발+ㅅ+톱'으로 분석된다.

0994) 婦人中衣本 ☞ 人裩襠

0995) 婦人胞衣 ☞ 胞衣

0996) 鳧茨 ☞ 烏芋

0997) 附子 ⇒ 白附子, 烏頭, 天雄

附子	부ᄌᆞ		구급 상5ㄴ6
附子	부ᄌᆞ		구간 1:25ㄱ
附子	부ᄌᆞ		언구 하20ㄴ7
附子	烏頭 烏喙 天雄 側子	唐 草部	동의 3:14ㄴ5
附子		唐 草部	양금 507:1
附子			제중 8:6ㄱ10
附子		毒草	의종 7:16ㄱ8
附子		毒草	방합 20ㄴ
附子			경신 42ㄱ10
大附子	대부ᄌᆞ		구급 하88ㄱ4
大附子	큰부ᄌᆞ		구간 1:4ㄴ

'附子'는 '바꽃'의 뿌리를 말한다. 『동의』에 여러 한어명 이칭이 나타난다. '附子'에 대응하는 고유어 향약명은 나타나지 않았다. '大附子'를 『구간』에서 '큰부ᄌᆞ'라 하였는데 혼종어이다.

0998) 腐腸 ☞ 黃芩

0999) 釜底墨 ☞ 百草霜

1000) 釜底土 ☞ 伏龍肝

1001) 浮椒, 浮草 ☞ 胡椒

1002) 浮萍 ⇒ [illegible]

浮萍	魚食		향구 중18ㄴ9
浮萍	魚食	俗云	향구 목46ㄴ1
浮萍	魚矣食	鄕名	향구 중28ㄱ3
水萍	魚食	鄕名	향채 3월
浮萍草	부평초		구간 3:39ㄱ
水萍	蛙食		촌구 4ㄴ6:3
萍	머구릐밥 평		훈몽 상9ㄴ
水萍	蛙食 머구릐밥	鄕名	촌가
浮萍	머구릐밥		언두 상49ㄴ
浮萍	머구릐밥		언구 하42ㄱ8

浮萍	머구릐밥	草部	동의 3:9ㄱ9
水萍		草部	동의 3:9ㄱ3
浮萍	머구릐밥		벽신 4ㄱ
浮萍草	머구릐밥	草部	사의 1ㄴ4:7
浮萍	머구리밥	草部	양금 505:7
水萍	水中大萍 卽是	草部	양금 505:7
浮萍	모싀난부평		광비
浮萍	모셰난부평		광향
浮萍	못셰나는부평말음		광향 2ㄴ05
浮萍	머구릐밥		물명 108
浮萍	기구리밥	水草	의종 7:20ㄴ4
浮萍	기구리밥	水草	방합 303
萍	개고리밥 평		자석 317
浮萍	부평초 개구리밥 머구리밥 水萍		식휘 79
水萍	개고리밥 머구리밥	草部中品之下 鄕名	향성 79:621:1
浮萍	개구리밥 수화 수백 수소 수평		식명 138
浮萍	개구리밥 좀개구리밥		식명 209
水萍	개구리밥		동사 592
紫萍	개구리밥		동사 681

'浮萍'은 '개구리밥'을 말한다. 한어명 이칭은 '水萍'과 '紫萍이 있다. 이 어휘는 어형 교체의 전형을 보여준다. 『향구』의 차자표기 '魚食'과 '魚矣食' 그리고 『향채』의 '魚食'은 '*고긔밥'으로 해독된다. 이 형태는 15세기까지 유지되었다. 15세기에 '머구리'와 '밥'이 결합하여 '머구릐밥'이 된다. 이는 '머구리+의 # 밥'으로 분석된다. 『촌구』의 차자표기 '蛙食'이 이를 말해 준다. 이후 '浮萍'의 고유어 향약명은 '머구릐밥' 형태가 쓰인다. 그러다가 『의종』에서 '기구리'가 되는데 16세기에 출현하는 '개고리'가 '머구릐'를 대체한 것이다. 이후 '머구릐밥'형은 나타나지 않는다. '개고리'와 '머구릐'의 어휘사는 다를 수 있지만 '浮萍'의 고유어 향약명은 '*고긔밥 > 머구릐밥 > 기고리밥'으로 형태 교체를 겪는다. 『표』에는 '머구리밥'이 나오지 않는다. '머구리'도 '메기'의 잘못된 말만 등재되어 있다. 『샘』에서는 '머구리밥풀'을 '개구리밥'의 북한말로 소개하고 있다.[116] 한편, 『식명』의 '좀개구리밥'도 동의어인데 『표』에 등재되어 있다. 20세기에 들면

116) 『표』에서 북한말로 소개하고 있는 어휘들 중에는 옛말이 상당히 많다. 우리말 어휘사의 흐름 가운데 있는 특정 어휘를, 남한어에서 사용하지 않거나, 북한말 사전에 등재되어 있다는 이유로 '북한말'이라 규정해 버리는 것은

서 한어명 이칭이 많이 생겨났다.

1003) 夫靴
夫靴　남진의훠　구간 7:7ㄱ

'夫靴'는 『구간』에 나오는 설명형 향약명이다. '남진+의+훠'로 분석된다. '훠'는 '木靴'로 '신발'을 뜻한다.

<북>

1004) 北魚
北魚　명틔 無泰魚 卽　魚　의종 7:40ㄱ5
北魚　명틔 無泰魚 卽　魚　방합 50ㄱ

'北魚'는 '말린 명태'를 이른다. 『의종』과 『방합』에 나오는데 한어명 이칭 '無泰魚'는 『표』에 없고, 『샘』에서 '명태'의 함경 방언으로 소개하고 있다. 『샘』에는 한자 표기가 나와 있지 않다.

1005) 北庭砂, 北亭砂 ☞ 硭砂

<분>

1006) 粉 ☞ 燕脂
1007) 糞
糞　屎　향구 상6ㄱ5

한어명 '糞'에 대해 『향구』에는 '屎'라 하고 있다. 이를 차자표기를 볼 수 있는지는 의문이다. 한어명 이칭으로 보는 것이 합리적이다.

1008) 粉甘草 ☞ 甘草

옳은 처리가 아니다. 이런 현상은 비단 향약명에만 있는 것이 아니다(이은규 2018:75 참조).

1009) 盆砂 ☞ 硼砂

1010) 粉霜

粉霜	븘즈싀		구간 3:49ㄱ

'粉霜'은 수은을 고아서 얻은 하얀 결정으로 수렴(收斂)의 효과가 있어 외과약으로 쓰며 '白靈砂'라고도 한다(『표』). 고유어 향약명이 『구간』에 '븘즈싀'로 나온다. 이는 '분+ㅅ+즈싀'로 분석되는데 '분가루'라는 뜻이다.

1011) 鼢鼠, 紛鼠 ☞ 鼴鼠

1012) 鼢鼠壤土 ☞ 鼠坌土

1013) 豶猪

豶猪	슈되아지	俗	해혹 3ㄴ2

'豶猪'는 '수퇘지'이다. 『해혹』에 이전 시기 형태 '되아지'가 남아 있다.

1014) 糞淸 ☞ 人中黃

1015) 粉草 ☞ 甘草

1016) 盆硝 ☞ 芒硝

<불>

1017) 佛手草 ☞ 卷柏

1018) 佛耳草

佛耳草	唐 草部	동의 3:24ㄴ1
佛耳草	唐 草部	양금 508:10

'佛耳草'는 '국화과의 두해살이풀'로 '떡쑥'이라고도 한다. 『동의』와 『양금』에 나타나며 고유어 향약명은 나오지 않는다.

1019) 不蛀皂角, 不蚛皂角 ☞ 皂角

1020) 佛座鬚 ☞ 蓮花

1021) 不虫皂莢 ☞ 皂莢

1022) 不灰木

不灰木	불회목		구급 하1ㄴ5
不灰木		唐 石部	동의 3:50ㄱ9
不灰木		唐 石部	양금 513:7

'不灰木'은 '불에 타도 재가 되지 아니하고 제 모양대로 남는 나무'이다. 『구급』에 나오는 향약명이다. 이후 『동의』와 『양금』에만 기록되어 있다.

<붕>

1023) 硼砂

硼砂	蓬砂 一名	唐 石部	동의 3:48ㄴ10
鵬硝	蓬硝 一名	唐 石部	양금 513:5
硼砂			제중 8:14ㄱ5
硼砂	蓬砂 一名 盆砂 又名	金石	의종 7:50ㄴ5
硼砂	蓬砂 一名 盆砂 又名	金石	방합 63ㄱ

'硼砂'는 '붕산 나트륨의 결정체'이다. 고유어 향약명은 없고, '蓬砂, 蓬砂, 盆砂' 등의 한어명 이칭만 보인다.

<비>

1024) 飛羅麪 ⇒ 小麥

飛羅麪	비라면	구급 상59ㄴ6
飛羅麪	밄ᄀᆞᄅᆞ	구간 2:111ㄱ
飛麪	ᄀᆞᄂᆞᆫ밄ᄀᆞᄅᆞ	구간 3:9ㄱ
飛羅麵	비라면	광향 10ㄱ7

'飛羅麪'은 이은규(2017:316)에서 '국수의 일종'으로 추정했지만, 『구간』의 'ᄀᆞᄂᆞᆫ밀ᄀᆞᄅᆞ'를 볼 때 '가는 밀가루'가 아닐까 한다. 한어명이 다른 문헌이나 사전류에 보이지 않는다.

1025) 鼻絡小耳繩 ☞ 屐屧鼻繩

1026) 籠麻子 ☞ 萆麻子

1027) 萆麻子 / 蓖麻子

萆麻子	阿叱加伊實			향구 하34ㄱ9
萆麻子	阿次加伊		俗云	향구 목47ㄱ3
蓖麻子	阿次叱加伊		鄕名	향채 12월
蓖麻子	비마ᄌ			구간 7:22ㄱ
萆麻子	비마ᄌ씨			구간 1:20ㄱ
萆麻子	피마ᄌ			구간 3:45ㄱ
蓖	피마ᄌ 蓖麻 俗呼 大麻 又呼			훈몽 상15ㄱ
萆麻子	피마ᄌ			언구 상27ㄴ4
蓖麻子	비마ᄌ			언태 30ㄴ
萆麻子	아ᄌᆞᆺ가리	草部		동의 3:18ㄴ4
莨麻	아ᄌᆞᆺ가리			본목 18ㄴ5
萆麻葉	아ᄌ가리	草部		사의 1ㄱ1:7
籠麻子	아잣가리	草部		양금 507:3
蓖麻	피마ᄌ			방유 4:23ㄴ
莨麻子	아즉짜리씨 삼씨			광비
莨麻子	아쥬가리			광향 03ㄱ09
籠麻子	아쥬가리			광향 3ㄱ09
蓖麻子	비마ᄌ			제중 8:16ㄴ1
蓖麻	아족가리			물명 98
蓖麻	피마쟈 大麻			물보 5
蓖麻子	비마ᄌ	毒草		의종 7:16ㄱ2
蓖麻子	비마ᄌ	毒草		방합 20ㄴ
萆麻子	아ᄌᆞᆺ가리			경신 20ㄴ2
蓖麻子	피마ᄌ 蓖麻			식휘 234
莨麻子	피마자 아주가리가리씨	草部下品之下	鄕名	향성 79:631:1
蓖麻	아주까리 피마자 피마주			식명 45
蓖麻子	피마주씨			동사 423
蓖麻	아주까리 大麻子 피마주 피마자기름			약식 45

'萆麻子'는 '피마자'를 말한다. 『표』에서는 '비'음이 '피'음으로 변했음을 말하고 있다. 이 유기음화는 의서의 예를 볼 때 15세기에서 16세기로 넘어가면서 일어난 것으로 보인다. 『향구』의 차자표기 '阿叱加伊實', '阿次加伊'는 '*아ᄌ가리'로 해독된다. '叱'이 『향구』에서 '叱乙根'처럼

(위 '葛根' 항목 참조) 'ㅈ'음을 표기하기 시작하는데 이것이 반영된 것으로 보인다. 15세기 『향채』의 차자표기 '阿次叱加伊'는 '*아즛가리'로 해독되어서 이후 후대형의 새로운 기원이 된다. '아ᄌ가리'에서 '아즛가리'로 변한 것이다. 'ㅅ' 소리가 왜 첨가되었는지는 불분명하다. '아즛가리'는 형태 교체 없이 이어져 현대 국어의 '아주까리'가 된다.

1028) 蜚蝱 ☞ 虻蟲

1029) 比目魚

比目魚	가자미	魚部	동의 2:3ㄴ9
比目魚	가자미		본목 44ㄴ9
比目魚	가자미	鱗部無鱗魚類	본정 하207
比目魚	가자미	魚部	양금 515:5
比目魚	가ᄌ미		제중 8:20ㄱ1
比目魚	가죰미	無鱗魚	의종 7:41ㄱ1
比目魚	가죰미	無鱗魚	방합 51ㄱ

'比目魚'는 '가자미'를 이른다. 『동의』의 이 어형은 변화없이 이어진다.

1030) 砒礵 / 信砒

信砒	비샹			구간 3:49ㄴ
砒霜	비상			언구 하21ㄱ7
砒礵	信石 一名	唐	石部	동의 3:50ㄱ2
砒礵	비샹		石部	사의 4ㄱ3:8
砒礵	信石 一名	唐	石部	양금 513:7
礵霜				제중 8:13ㄴ5
信砒	砒霜			해혹 32ㄱ10
礵霜	信 一名 信石 又名		金石	의종 7:49ㄴ8
礵霜	信 一名 信石 又名		金石	방합 62ㄱ
砒霜	信 一名 人 一名			경신 52ㄴ5

'砒霜'은 '砒石에 열을 가하여 승화시켜 얻은 결정체'이다. 15세기에는 한어명을 그대로 읽어 사용하였고, 『동의』에서부터 한어명 이칭 '信石'이 나타나며 이후 '信', '人' 등으로 불리기도 했다.

1031) 飛生皮毛 ☞ 鸓鼠

1032) 萆薢 ☞ 萆薢

1033) 椑柹 ☞ 小柹

1034) 臂亞骨

臂亞骨	풀구머리			경국 65:9

한어명 '臂亞骨'은 사전류에 잘 보이지 않는다. 우리말 향약명이 '풀구머리'인데 이는 '팔꿈치'를 말한다. 『역어유해』(상34)의 '풀ㅅ구머리[拐肘子]'가 참조된다. '풀+ㅅ+구머리'로 분석되는데 '구머리'는 희귀한 형태소이다.

1035) 肥羊肉 ☞ 羊

1036) 榧子 / 榧實

榧子	비ᄌᆞ 玉榧 一名	果部		동의 2:25ㄱ6
榧子	비ᄌᆞ			본목 30ㄴ7
榧子	비ᄌᆞ	果部		사의 3ㄴ3:6
榧子	비ᄌᆞ	果部		양금 519:2
榧實	비ᄌᆞ			제중 8:18ㄴ3
榧實	비ᄌᆞ	夷果		의종 7:33ㄴ6
榧實	비ᄌᆞ	夷果		방합 42ㄱ
榧子	玉榧 一名			경신 56ㄱ2
榧實	비자	木部下品	鄉名	향성 80:652:1

'榧子'는 '비자나무의 열매'이다. '榧實'로도 나타났는데 모두 한어명 '비ᄌᆞ'로만 쓰였다. 『동의』와 『경신』의 '玉榧'는 『표』에는 없고 『지』에 소개되어 있다.

1037) 肥猪 ☞ 猪肉

1038) 肶胵裡黃皮 ☞ 鷄內金

1039) 枇杷

枇杷實		果部	동의 2:21ㄴ3
枇杷實	唐	果部	양금 518:7
枇杷葉	唐	果部	동의 2:21ㄴ1
枇杷葉	唐	果部	양금 518:7
枇杷葉		香木	의종 7:22ㄴ9

枇杷葉		香木	방합 29ㄱ

'枇杷'는 '비파나무'를 가리킨다. 고유어 향약명은 없으며 한어명 이칭도 보이지 않는다.

1040) 萆薢 / 土茯笭 ⇒ 茯苓

萆薢	멸애불휘		언구 하43ㄱ3
萆薢	멸앳불휘 土茯苓 一名 仙遺粮 一名 冷飯團 又名	草部	동의 3:8ㄱ5
萆薢	멸앳불휘		본목 20ㄴ3
萆薢	멸의블희 土茯苓 仙遺粮 冷飯團 一名	草部	양금 506:4
萆薢	멸앳불휘		제중 8:13ㄱ05
萆薢	土茯苓		해혹 2ㄱ8
萆薢	열읫불휘 竹木 一名	蔓草	의종 7:19ㄱ5
萆薢	열읫불휘 竹木 一名	蔓草	방합 28ㄴ
萆薢	멸앳불휘 土茯苓 仙遺粮 冷飯團 一名		경신 48ㄱ1
萆薢	형멸예볼희		경국 58:1
土茯笭	상비히 仙遺粮 一名	蔓草	의종 7:19ㄱ7
土茯笭	상비히 仙遺粮 一名	蔓草	방합 24ㄴ

'萆薢'는 '나도물통이의 뿌리'이다. '쐐기풀과의 여러해살이풀'인데 고유어 이칭으로는 '山歸來'가 있다. 의서에 나오는 고유어 향약명은 『언구』의 '멸애불휘'가 처음이며 『동의』에서부터 '멸앳불휘'로 나타나 이 형태가 후대에까지 이어진다. 어형 교체는 없었다. 『의종』에 '상비히'가 나온다. 그런데 이는 '山萆薢'가 아닐까 한다. 표기대로라면 한어명의 고유어화라 할 수 있다. 『샘』에 '마과에 속하는 도꼬로마의 생약명'이라고 소개되어 있다. 한어명 이칭이 많이 나오는데 '土茯苓, 仙遺粮, 冷飯團'이 대표적이다. 『의종』에는 표제어가 '土茯笭'으로 되어 있다. 『표』의 풀이에 따르면 '仙遺粮'은 '나도물통이의 뿌리'로 '萆薢'와 동의어이고, '土茯苓'은 '청미래덩굴의 뿌리'이다. 이들의 의미론적 상관관계를 좀더 정밀하게 분석할 필요가 있다.

<빈>

1041) 檳榔 ⇒ 大腹皮

檳榔	빈랑	구급 하26ㄱ3
檳榔湯	빙랑글힌믈	구간 2:22ㄴ

檳榔	빙낭				언구 상20ㄴ8
檳榔		唐	木部		동의 3:33ㄴ2
檳榔			果部		사의 3ㄴ3:5
檳榔			木部		양금 510:10
檳榔					제중 8:4ㄴ8
檳榔			香木		의종 7:22ㄴ4
檳榔			香木		방합 28ㄴ
檳榔					경신 46ㄱ2

'檳榔'은 '빈랑나무'를 이른다. 한어명으로만 쓰였다.

<빙>

1042) 氷 / 夏氷

氷	어름			언구 하19ㄴ4
冰水	빙슈			언구 상22ㄴ10
氷泮	살얼음		俗	해혹 16ㄱ3
氷泫	살얼음			해혹 2ㄴ3
夏氷	어름	水部		동의 1:15ㄴ9
夏氷	어름	水部		양금 521:6
夏氷		水		의종 7:47ㄱ7
夏氷		水		방합 59ㄱ
夏氷	어름	石部下品	鄕名	향성 77:601:1

'氷'을 핵심 어근으로 하는 단어족이다. '어름'의 형태가 변화를 겪지 않았다. '살얼음'을 뜻하는 한어명 '氷泮'과 '氷泫'은 『표』에 나오지 않는다.

1043) 氷臺 ☞ 艾
1044) 氷片 ☞ 龍腦

<사>

1045) 沙

沙	몰애			구급 상72ㄴ
細白沙	ᄀᆞᄂᆞᆫ힌몰애			구간 3:101ㄱ
六月河中熱沙	뉴월믈ᄭᅵ애더온몰애	土部		동의 1:19ㄴ2
六月河中熱沙	유월믈가의더온모릐	土部		양금 522:10
六月河中諸熱沙	五六月물가의더운모래	石部上品	鄕名	향성 77:592:3
井底沙	우믈미틔몰애	土部		동의 1:19ㄴ1
井底沙	우믈밋희모릐	土部		양금 522:9
井底沙	우물밑바닥의모래	石部下品	鄕名	향성 77:598:1

'細白沙'는 사전류에서 찾기 어렵다. 『구간』의 'ᄀᆞᄂᆞᆫ힌몰애'는 'ᄀᆞᄂᆞᆯ-+-ㄴ # 희-+-ㄴ # 몰애'로 분석된다. '가늘고 흰 모래'를 뜻한다. '六月河中熱沙'는 설명형 한어명으로 『동의』에서 비롯해서 『향성』까지 이어진다. '유월 물가의 더운 모래'를 뜻한다. '井底沙'는 『동의』의 '우믈미틔몰애'에서 시작하여 『양금』을 거쳐 『향성』의 '우물밑바닥의모래'가 되었다. 어형 교체를 겪은 것이다.

1046) 獅

獅	ᄉᆞᄌᆡ	본목 51ㄱ8

'獅'는 '사자'를 뜻한다. 『본목』에 나온다.

1047) 射干

射干	虎矣扇		俗云	향구 목46ㄴ6
射干	虎矣扇根			향구 상12ㄱ6
射干	虎矣扇		鄕名	향채 3월
射干	凡矣扇		鄕云	신마
射干	샤간			언두 하51ㄴ
射干根	범부체불휘			언구 상26ㄱ3
射干	범부체 烏扇 一名	草部		동의 3:16ㄱ9
射干	범부치			본목 19ㄱ6
射干	범부치	草部毒草類		본정 상96
射干	샤간			마초 하116ㄱ
射干根	범부채불휘	草部		사의 1ㄴ4:2
射干	범부치 烏扇 一名	草部		양금 506:6
射干	범부치			제중 8:15ㄴ05
射干	범부치			물명 63
射干	범부치		俗	해혹 3ㄴ6
射干	범부체	毒草		의종 7:17ㄱ5
射干	범부치	毒草		방합 22ㄱ
射干	범부처 烏扇根 一名			경신 31ㄱ7
射干	범부체			경국 23:3
射干	봄붓체			경국 56:2
射干	범부제 사간 扁竹			식휘 98
射干	虎矣扇 범부채	草部下品之上鄕名		향성 79:628:2
射干	범부채			식명 559
射干	범부채 오선 오포 오삽 오취 초강			동사 377
射干	범부채 사간꽃뿌리 山蒲扁 扁竹 扁把草			야초 113

'射干'은 '붓꽃과의 여러해살이풀'이다. 『향구』와 『향채』의 차자표기 '虎矣扇'는 '*버믜부채'로 해독된다. 『신마』의 차자표기 '凡矣扇'도 '凡'이 음독자라는 것만 다를 뿐 동일하다. 용자 '凡'은 앞선 시대 차자표기의 '虎'를 석독해서 '*범'으로 읽어야 함을 분명히 해 준다. 15세기 이후에 한글표기형이 나타나는데 『향구』에서 비롯된 향약명이 현대 국어까지 어형 교체없이 이어진다. 『동의』에 나오는 한어명 이칭 '烏扇'은 『한』에 소개되어 있는데 『표』에는 없다. 20세기에 새로운 이칭이 많이 나타난다. 『식휘』의 '扁竹'은 '마디풀과의 한해살이풀'이다(『표』).

1048) 死蜣螂 ☞ 蜣螂

1049) 莎鷄 ☞ 樗鷄

1050) 絲瓜

絲瓜根	수세외불휘		언구 하39ㄱ3
絲瓜葉	수세외닙		언구 하39ㄱ3
絲瓜	수세외 天蘿 一名 天絡絲 一名	菜部	동의 2:29ㄴ6
絲瓜	수세외		본목 28ㄱ8
絲瓜	슈셰외	菜部	양금 520:3
絲瓜	수쉬외		광향 2ㄱ11
絲瓜	수싀외		제중 8:23ㄴ4
絲瓜	수싀외	蔓草	의종 7:20ㄱ6
絲瓜	수싀외	蔓草	방합 25ㄴ
絲瓜	수세외 天羅 一名 天絡 一名		경신 55ㄱ6

'絲瓜'는 '수세미'를 말한다. 우리말 이칭으로는 '수세미외'가 있다. 『동의』에 한어명 이칭 '天蘿', '天絡絲' 등이 보인다. 『언구』의 '수세외'가 현대 국어 무렵까지 어형 변화 없이 이어지고 현대 국어에서 '수세미'가 되었다. '외'가 '미'로 바뀐 것인데 어형 교체로 판단된다.

1051) 使君子

使君子	唐	草部	동의 3:14ㄱ10
使君子	唐	草部	양금 506:3
使君			제중 8:11ㄴ1
使君		蔓草	의종 7:18ㄱ7
使君		蔓草	방합 23ㄱ
使君子			경신 32ㄴ1

'使君子'는 '사군자과의 덩굴성 상록 관목'이다. 한어명으로만 나타난다.

1052) 渣芹 ⇒ 水芹

渣芹		菜部	동의 2:33ㄴ5
渣	쯕긔		광향 29ㄱ1

'渣芹'은 『지』에 소개되어 있는데 '미나리'를 말한다. 『광향』의 '쯕긔'는 '즛의' 곧 '찌꺼기'를

뜻하는 말이다. '渣芹'과는 다른 말이다.

1053) 社壇 ☞ 土
1054) 砂糖 ☞ 沙糖
1055) 梭頭

梭頭	북모소리	木部中品	鄕名	향성 80:649:1

'梭頭'는 『향성』에만 나온다. 이은규(2019ㄱ:70)에 따르면 '梭'는 '북'을 말하는데, '베틀에서, 날실의 틈으로 왔다 갔다 하면서 씨실을 푸는 기구'이다(『표』). '모소리'는 강원 · 전라 방언이다. '북의 모서리'라는 뜻이다.

1056) 蛇頭草 ☞ 天南星
1057) 四稜草 ☞ 茺蔚子
1058) 蛇庥子 ☞ 蛇床子
1059) 蛇莓

蛇莓	비얌빨기			구간 1:109ㄱ
蛇莓	비얌빨기	草部		동의 3:22ㄱ1
蛇莓	蛇達只		鄕名	향집 79:48ㄱ
蛇莓	비얌빨기			본목 20ㄱ1
蛇莓草	비암빨기	草部		사의 1ㄴ4:3
蛇莓根	비얌빨불휘			치언 10ㄴ6
蛇莓	비얌빨기	草部		양금 508:8
蛇莓	비암의달기			광비 74
蛇莓	蛇達只 배암딸기	草部下品之下	鄕名	향성 79:634:2
地盆子蔓	빵쏠기덩굴			경국 29:7

'蛇莓'는 '장미과의 여러해살이풀' 곧 '뱀딸기'를 이른다. 15세기 의서에서부터 '비얌빨기'형으로 나타나서 현대 국어까지 어형 교체 없이 어형 변화만 겪은 채로 이어졌다. 『향집』과 『향성』의 차자표기 '蛇達只'도 '*비얌빨기'로 해독된다. '地盆子蔓'은 『경국』의 '빵쏠기'는 '장미과의 여러해살이풀' 곧 '뱀딸기'를 이른다(『표』). '地盆子'는 사전류에서 찾기 어렵다. 향약명은 '빵쏠기'에 '덩굴'을 결합한 복합어이다.

1060) 土麥冬 ☞ 麥門冬

1061) 蛇米 ☞ 蛇床子

1062) 四味臭 ☞ 麝香

1063) 四壁土 ☞ 土

1064) 沙蔘

沙蔘				향채 7월
沙蔘	加德		鄕名	향채 2월
沙蔘	더덕			구간 3:30ㄴ
沙參	더덕			언구 상38ㄴ9
沙參	더덕	菜部		동의 2:30ㄴ10
沙蔘	加德		鄕名	향동 78:29ㄱ
沙參	더덕			본목 11ㄱ5
沙蔘	더덕	草部山草類		본정 상39
沙參	더덕	草部		사의 1ㄴ3:1
沙蔘	더덕	菜部		양금 519:10
沙參	더덕			제중 8:5ㄴ2
沙參	더덕	蔓草		의종 7:17ㄴ10
沙參	더덕	蔓草		방합 23ㄱ
沙蔘	더덕 白蔘 一名			경신 21ㄱ9
沙參	더덕			경국 46:1
沙蔘	加德 더덕	草部上品之下	鄕名	향성 78:613:3

'沙蔘'은 '더덕'을 말한다. 『향채』, 『향동』, 『향성』의 차자표기 '加德'은 '*더덕'으로 해독된다. 형태 변화나 교체없이 현대 국어로 이어진다.

1065) 蛇床子

蛇床子	蛇音置良只菜實	俗云	향구 목45ㄴ6
蛇牀子	常食蛇牀菜子		향구 중28ㄴ10
蛇床子	蛇都羅叱	鄕名	향채 4월
蛇床子	蛇音置良只	鄕名	향채 4월
蛇床子	비얌도랏삐		구간 2:42ㄴ
蛇床子			촌구 4ㄱ8:1
蛇床子	蛇道乙羅叱 비얌돌랏	鄕名	촌가
蛇脈子	비얌도랏삐		산경 524

蛇床子	샤상ᄌᆞ			언태 2ㄱ
蛇床子	ᄇᆡ얌도랏ᄡᅵ	草部		동의 2:48ㄱ6
蛇床子	蛇都羅叱		鄕名	향집 78:26ㄱ
蛇牀	ᄇᆡ얌도랏ᄡᅵ			본목 13ㄱ7
蛇床子	ᄇᆡ얌도랏씨	草部芳草類		본정 상59
蛇床子	샤상ᄌᆞ			마초 하28ㄴ
蛇床子	ᄇᆡ암돌앗	草部		사의 1ㄱ4:7
蛇床子	ᄇᆡ얌도랏ᄡᅵ	草部		양금 504:6
蛇床子	쥐손플			광비
蛇床子	쥐손풀			광향 3ㄱ11
蛇床	ᄇᆡ얌도랏ᄡᅵ			제중 8:8ㄴ10
蛇牀	바얌도랏			물명 97
蛇床	ᄇᆡ얌도랏ᄡᅵ	芳草		의종 7:7ㄱ1
蛇床	ᄇᆡ얌도랏ᄡᅵ	芳草		방합 9ㄱ
蛇床子	ᄇᆡ얌도랏ᄡᅵ			경신 50ㄱ4
蛇床子	사상ᄌᆞ 窮衣 破衣草			식휘 274
蛇床子	蛇都羅叱 배암도랏씨	草部上品之下	鄕名	향성 78:612:3
蛇床	벌사상자			식명 557
蛇床子	蛇米 사속 훼상 사익 승독 조극			동사 467

‘蛇床子’는 ‘산형과의 두해살이풀’인 ‘뱀도랏’의 성숙한 열매를 이른다. 가장 이른 형태는『향구』의 차자표기 ‘蛇音置良只菜實’이다. ‘蛇’와 ‘置’를 석독하고 나머지 용자를 음독하면 ‘*비얌두라기ᄂᆞ물열ᄆᆡ’로 해독된다. 15세기『향채』의 차자표기 ‘蛇都羅叱’과 ‘蛇音置良只’는 ‘都’와 ‘置’가 ‘*도’로 읽혔음을 말해 준다.『촌가』의 차자표기 ‘蛇道乙羅叱’과『향집』과『향성』의 ‘蛇都羅叱’도 마찬가지이다. 다만『촌가』의 ‘蛇道乙羅叱’과 ‘ᄇᆡ얌돌랏’은 용자 ‘乙’을 통해서 어중의 ‘ㄹ ㄹ’을 표기하고 있다. 차자표기 자료의 이런 사정은『구간』의 ‘비얌도랏ᄡᅵ’가 잘 말해 준다. 이후 이 어근 형태가 어형 교체를 겪지 않고 현대 국어에까지 이어지고 ‘뱀도랏’으로『표』에 실려 있다. ‘ᄇᆡ얌 > 뱀’은 어형 변화의 결과이다.『광비』와『광향』에는 ‘쥐손풀’로 되어 있는데『표』에는 ‘쥐손이풀’로 등재되어 있다. ‘쥐손이풀과의 여러해살이풀’로 ‘蛇床子’와는 다른 것으로 판단된다.『식휘』의 ‘窮衣 破衣草’는 사전류에서 찾기 어려운 한어명 이칭이다(상세 어휘사는 3.2 참조).

1066) 死鼠肝 ☞ 鼠

1067) 思仙木 ☞ 杜仲

1068) 蛇蛻皮 / 蛇退

蛇蛻	빅야미허울			구급 하83ㄱ
蛇蛟皮	빅야미형울			구간 6:85ㄴ
蛇蛻皮	빅야미형울			구간 2:71ㄱ
蛇退皮	빅야미형울			구간 7:54ㄱ
蛇蛻	빅암의형울			언구 하38ㄴ2
蛇蛻	빅야미형울 龍子衣 一名	蟲部		동의 2:13ㄱ5
蛇蛻	빅얌의형울			본목 43ㄱ5
蛇退	빅얌의험울			제중 8:15ㄴ02
蛇退	빅얌의허믈	蛇		의종 7:39ㄱ4
蛇退	빅얌의허믈	蛇		방합 48ㄴ
蛇蛻	빅냠허물 龍子衣 一名			경신 18ㄴ10
蛇蛻	蛇脫皮 뱀의허물	蟲魚部下品	鄕名	향성 83:690:1

'蛇蛻'는 '蛇退'라 하기도 했다. '뱀의 허물'을 말한다. 15세기에는 '빅야미형울'이 쓰이다가 '형울'이 '허믈'로 교체되어 '빅야미허믈'이 되고 이것이 '뱀의허물'로 정착되었다. 어형 변화를 겪은 것이다. 다른 고유어 이칭은 보이지 않는다. 한어명 이칭 '龍子衣'는 『한』에 소개되어 있다.

1069) 蛇蛻皮灰 ☞ 灰

1070) 死小魚

死小魚	주근효근고기	언구 상32ㄱ6

'死小魚'는 '죽은 작은 고기'라는 뜻의 설명형 향약명이다. 『언구』에 나온다.

1071) 絲蓴 ☞ 蓴菜

1072) 麝肉

麝肉	獸部	동의 1:41ㄴ7

'麝肉'은 '노루고기'를 말한다. 한어명만 나오는데 사전류에서 찾기 어렵다.

1073) 砂仁 ☞ 縮砂

1074) 死人枕及薦

死人枕及薦	죽은사람의벼개와자리		人部	鄕名	향성 81:654:2

'死人枕及薦'은 '死人枕'과 '死人薦'을 함께 이른다. 『향성』에만 나오는데 '죽은 사람의 베개와 자리'라는 뜻이다.

1075) 蛇菜 ☞ 菌

1076) 莎草, 莎草根 ☞ 香附子

1077) 沙糖 / 砂糖

沙糖	사탕				구급 하64ㄴ1
沙糖	사탕				구간 6:31ㄱ
沙糖			果部		동의 2:22ㄱ5
砂糖		唐	果部		양금 518:8
砂糖					제중 8:18ㄱ6
砂糖			苽果		의종 7:34ㄱ8
砂糖			苽果		방합 42ㄴ
砂糖	甘蔗 卽				경신 54ㄴ9
蔗	사당폴			俗	해혹 27ㄴ1

'沙糖'은 '砂糖'으로도 쓰인다. 한어명으로만 쓰였다. 『경신』의 '甘蔗'는 '사탕수수'를 이른다. 『해혹』의 '사당폴' 역시 '사탕풀'로 같은 의미이다.

1078) 蛇退 ☞ 蛇蛻

1079) 蛇脯

蛇脯	비얌ᄆᆞᄅᆞ니				구급 하68ㄱ4

'蛇脯'는 '저며서 말린 뱀의 고기'를 이른다. 『구급』의 설명형 향약명은 '비얌 # ᄆᆞᄅᆞ-+-ㄴ # 이'로 분석된다. '뱀 마른 것'이라는 뜻이다.

1080) 蛇含 ☞ 蛇含草

1081) 蛇含石

蛇含石	蛇黃 一名	唐 石部		동의 3:51ㄱ1
蛇含石	蛇黃 一名	唐 石部		양금 513:8

'蛇含石'은 '뱀이 겨울을 지낼 때에 입에 물었다가 봄에 뱉은 흙덩이'를 말하며 이칭은 '蛇黃'이 있다(『표』). 『동의』와 『양금』에만 보인다.

1082) 蛇含草

蛇含草	비아미혀플			언구 하9ㄴ10
蛇含	비야미혀	草部		동의 3:16ㄴ2
蛇含	비얌의혀			본목 17ㄱ6
蛇含草		草部		사의 2ㄱ2:8
蛇含	비얌의혀	草部		양금 506:6

'蛇含草'는 '장미과의 여러해살이풀'로 고유어 이칭으로 '가락지나물'이 있다. 『언구』에서 비롯된 고유어 향약명 '비아미혀플'은 후대에까지 이어지는데 '플'이 절단되어 '비야미혀'만 남는다. 어형 교체를 겪은 것이다. '뱀의 혀 모양의 풀'로 판단된다. '뱀의혀풀'로 『표』에 등재할 만하다.

1083) 射香 ☞ 麝香

1084) 麝香

射香	샤향			구급 상15ㄴ6
麝香	샤향			구급 하65ㄱ
麝香	샤향			구간 1:47ㄱ
麝香	샤향			언구 상2ㄱ9
麝香	국놀의빅쏙	獸部		동의 1:41ㄱ8
麝香	국놀의	獸部獸類		본정 하248
射香	큰놀의빅쏙	獸部		사의 3ㄱ2:8
麝香	국노로빅곱 四味臭 一名	獸部		양금 528:3
麝香	국놀의빅솝			제중 8:13ㄱ09
麝香	국놀의빅솝	獸		의종 7:45ㄴ9
麝香	국놀의빅솝	獸		방합 57ㄴ
麝香	국노루빅곱			경신 53ㄴ7
麝香	사향 국노루배꼽	獸部上品	鄕名	향성 81:654:3

'麝香'은 '사향노루의 사향샘을 건조하여 얻는 향료'를 이른다. 곧 '궁노루'의 배에 있는 사향 주머니를 뜻한다. 의서에는 '국놀의비솝'이 나온다. 이는 '국노ᄅᆞ'가 관형격 조사 '의'를 만나서 '국놀'로 교체된 뒤에 '비솝'이 결합된 것이다. '국놀의'에 결합된 '비솝'은 '배에 있는 사향주머니'를 비유적으로 표현한 것으로 짐작된다. 한어명 이칭으로 『양금』의 '四味臭'가 있는데 『한』에 소개되어 있다. '국놀의비솝'은 『향성』에 '국노루배꼽'으로 남았지만 현대 국어 사전류에 보이지 않는다. 『표』에는 '궁노루'만 등재되어 있는데 이는 '국노ᄅᆞ'의 음운 변동형이 굳어진 것이다. 『향성』의 '국노루배꼽' 혹은 '궁노루배꼽'을 『표』에 등재할 만하다(상세 어휘사는 3.2 참조).

1085) 蛇黃 ☞ 蛇含石

<삭>

1086) 蒴藋

蒴藋	馬尿木		俗云	향구 목47ㄱ4
蒴藋	馬尿木		鄕名	향구 하40ㄴ11
蒴藋	ᄆᆞᆯ오좀나모 接骨木 一名	草部		동의 3:18ㄴ7
蒴藋	ᄆᆞᆯ오좀나모			본목 17ㄱ10
蒴藋	말노즘나무 接骨草 一名	草部		양금 508:2

'蒴藋'는 '말오줌나무'인데 『표』에는 한어명 '蒴藋'는 없고 '말오좀나무'만 등재되어 있다. '인동과의 낙엽 교목'이다. 『향구』의 차자표기 '馬尿木'은 '*ᄆᆞᆯ오좀나모'로 해독된다. 『동의』를 거쳐 후대에 이어졌다. 한어명 이칭 '接骨木'은 『표』에도 나오는데 고유어 이칭으로 '넓은잎딱총나무'가 제시되어 있다.

<산>

1087) 蒜 ☞ 大蒜
1088) 酸車草 ☞ 酢漿草
1089) 山薊 ☞ 蒼朮
1090) 山蛩蟲 ☞ 馬陸
1091) 山獺 ☞ 獾

1092) 山東秋露白 ☞ 酒

1093) 山豆根

山豆根	金鎖匙 俗名			제중 8:10ㄴ8
山豆根	金鎖匙 俗名	蔓草		의종 7:19ㄱ10
山豆根	金鎖匙 俗名	蔓草		방합 24ㄴ
山豆根				경신 22ㄴ5

‘山豆根’은 ‘만년콩의 뿌리’를 이르며 한어명 이칭으로 ‘金鎖匙’, ‘唐木香’이 있다(『표』). 고유어 향약명은 없다.

1094) 山蓮 ☞ 蒼朮

1095) 山茅 ☞ 薯蕷

1096) 酸模

酸摸	승아	草部		동의 3:19ㄱ8
酸模	승아			본목 22ㄱ2
酸膜	승아	草部		양금 508:3

‘酸模’는 ‘마디풀과의 여러해살이풀’인데 고유어 이칭으로 ‘승아’와 ‘수영’이 있다. 『동의』에서 비롯된 향약명이다. ‘승아’는 ‘酢漿草’의 우리말 향약명 ‘괴승아’에도 보이는데 이 둘의 연관성은 짐작하기 어렵다.

1097) 産母鞋底 ☞ 故麻鞋底

1098) 山白菀 ☞ 紫菀

1099) 産婦自己髮尾

産婦自己髮尾	산싱ᄒᆞᆫ겨지븨제마릿ᄭᅩ리			구급 하92ㄱ

‘産婦自己髮尾’는 향약명과 같이 ‘아이를 낳은 여자의 머리꼬리’를 이른다.

1100) 山査 / 棠毬子

棠毬子	地乙梨		鄕名	향채 12월
山樝子	아가외 棠毬子 一名	果部		동의 2:25ㄱ8
山樝	아가외			본목 29ㄴ7

山査肉	아가외	果部		사의 3ㄴ4:2
山査子	아가외	果部		양금 519:2
山査	아가외			제중 8:7ㄴ1
山査	아가외 棠毬子 一名	山果		의종 7:32ㄱ5
山査	아가외 棠毬子 一名	山果		방합 40ㄱ
山査子	아가외 棠毬子 一名			경신 32ㄱ3
山査核		山果		의종 7:32ㄱ6
山査核		山果		방합 40ㄱ

'山査'는 '산사나무의 열매'을 이른다. 한어명 이칭으로 '棠毬子'가 있다. 차자표기 '地乙梨'는 '*딜비' 정도로 해독되는데 후대에 이어지지 않는다. 고유어 향약명이 '아가외'였는데 어형 변화를 거쳐 지금의 '아가위'가 되었다. 형태 교체는 보이지 않는다.

1101) 山蒜 ☞ 大蒜

1102) 山茱萸

山茱萸	數要木		俗云	향구 목48ㄱ1
茱萸	吳茱萸			향구 중23ㄴ7
茱萸	수유			구급 하48ㄴ7
山茱萸	石棗 一名			산경 496
山茱萸	산슈유			언태 2ㄱ
山茱萸	石棗 一名	木部		동의 3:31ㄴ2
山茱臾	石棗 一名	木部		양금 510:3
山茱	石棗 名			제중 8:12ㄱ6
山茱		灌木		의종 7:26ㄴ5
山茱		灌木		방합 33ㄴ
山茱萸	石棗 一名			경신 47ㄴ4
山茱萸	산슈유			식휘 275
山茱萸	산수유	木部中品	鄕名	향성 80:646:3
山茱萸	산수유			식명 552
山茱萸	산수유 촉조 석조 계족 기실			동사 480
茱萸	산수유나무 山菜黃 山菜肉			약식 60

'山茱萸'는 '산수유나무의 열매'로 한어명 이칭이 '石棗'이다. 『향구』의 차자표기 '數要木'은 '*수요나모'로 해독된다. 기원형은 '*수요'형이었을 가능성이 높다. 15세기부터 '수요'형이 쓰이

고 어형 변화없이 현대 국어까지 이어진다. '吳茱萸'는 한어명 이칭으로 기록되어 있지만 다른 식물이다(아래 '吳茱萸' 항목 참조). 한어명으로만 나타난다.

1103) 山藥, 山芋 ☞ 薯蕷

1104) 山楡仁 ☞ 蕪荑

1105) 山葱 ☞ 藜蘆

1106) 山茨菰 / 慈菰 ⇒ 野茨菰

山慈菰根	金燈花		一名	향채 12월
山慈菰根	馬無乙串		鄕名	향채 12월
山茨菰	馬無乙串			촌구 5ㄱ4:1
山茨菰	馬無乙串		鄕名	촌가
山茨菰	가치무릇 金燈籠 俗名	草部		동의 3:23ㄱ6
山慈姑	가치무릇			본목 12ㄴ1
山慈菰	가치무릇	草部山草類		본정 상55
山茨菰	갓치므릇 金燈籠 俗名	草部		양금 508:4
山慈菰根	馬無乙串 말무릇 까치무릇	草部下品之下	鄕名	향성 79:635:3
慈菰	자고			구급 상53ㄱ6
慈菰	몰물웃			구간 6:19ㄱ
慈姑	물웃			본목 32ㄱ7
慈姑	무릇	菜部水果類		본정 상159
慈菰	가치무릇	山草		의종 7:6ㄱ4
慈菰	가치무릇	山草		방합 7ㄴ

'山茨菰'는 '백합과의 여러해살이풀'로 고유어 이칭은 '까치무릇'이다. 사전류에는 '까치무릇'만 보인다. '말무릇'에 대한 정보는 찾기 어렵다. 그러나 의서에 나타나는 향약명은 다르다. 기원형으로 판단되는 『향채』의 차자표기 '馬無乙串'은 '*몰물곶'으로 해독된다. 이의 15세기형은 'ㄱ 탈락'이 적용된 『구간』의 '몰물옷'이다. 이 형태는 이후 쓰이지 않다가 『향성』에 기록을 남긴다. 차자표기의 영향으로 판단된다. '몰물옷'은 『동의』에서 '가치무릇'으로 교체되어 현대 국어 '까치무릇'으로 이어진다. 한어명 이칭도 『향구』의 '金燈花'에서 『동의』의 '金燈籠'으로 바뀐다. 따라서 이 향약명은 어형 교체를 겪은 것으로 판단된다. 이런 사정을 고려하면, '말무릇'을 『표』에 등재할 만하다. 『본정』과 『본목』에는 한어명이 '慈姑'로 나타난다. '慈姑'는 '澤瀉'를 가리키기도 한다(상세 어휘사는 3.2. 참조).

1107) 山啄木 ☞ 啄木鳥

1108) 酸漿

酸漿	吒利阿里		鄕名	향채 4월
酸漿	꽈리			구급 상63ㄱ1
酸漿草	꽈리나모			구간 3:82ㄴ
酸奬皮	꽈릿거플			구간 7:34ㄱ
酸漿	吒科阿里			촌구 4ㄱ1:2
酸漿	吒科阿里 꼬와리여름		鄕名	촌가
酸漿	꼬아리	草部		동의 3:7ㄴ4
酸奬	꼬아리			본목 16ㄴ7
酸奬	꼬아리	草部		사의 2ㄱ3:4
酸醬	꼬아리	草部		양금 505:4
酸漿	꾸아리	隰草		의종 7:13ㄴ6
酸漿	꾸아리	隰草		방합 17ㄴ
酸漿	吒科阿里 꽈리	草部中品之上	鄕名	향성 79:619:3
燈籠草	꼬알이		俗	해혹 31ㄱ8

'酸漿'은 '꽈리'를 말한다. 『향채』의 차자표기 '吒利阿里'는 '吒科阿里'의 오기가 분명하다. 『촌가』의 '吒科阿里 꼬와리여름'를 보면 알 수 있다. '*꽈아리'로 해독되는데 이 어형이 기원형이다. '科' 다음에 '阿'를 덧붙여 기록한 것에 주목할 필요가 있다. 15세기에는 '꽈리'나 '꽈아리' 모두 현실 발음은 동일했다. 이 형태가 『동의』에서 '꼬아리'로 나타난다. 어형 교체가 아니라 변화를 겪은 것으로 판단된다. 그리고 현대 국어의 '꽈리'로 이어진다. 한어명 이칭 '燈籠草'는 『해혹』에 '꼬알이'로 나오는데 현대 국어로는 '꽈리'이다.

1109) 酸漿水 ☞ 漿水

1110) 山猪膽 ☞ 猪膽

1111) 山精 ☞ 蒼朮

1112) 山藷 ☞ 薯蕷

1113) 酸棗 ⇒ 大棗

酸棗	三弥大棗	俗云	향구 목49ㄱ7
酸棗	三彌尼大棗	鄕名	향채 9월
酸棗	산초		구급 하7ㄴ1
酸棗	예초		구간 6:20ㄴ

酸棗人	예초삐솝			구간 1:12ㄴ
酸棗仁	예좃삐			구간 1:114ㄱ
酸棗仁	山大棗			촌구 4ㄱ10:2
酸棗仁	山大棗 산대초		鄕名	촌가
酸棗仁	묏대쵸삐			산경 502
酸棗仁	산조인			언태 38ㄴ
酸棗仁	묏대쵸삐	木部		동의 3:27ㄴ10
酸棗	묏대초			본목 35ㄱ3
酸棗仁	묏대쵸삐	果部		사의 3ㄴ3:9
酸棗仁	묏대쵸삐	木部		양금 509:7
酸棗	묏대쵸삐			제중 8:6ㄱ2
酸棗	묏더쵸삐	灌木		의종 7:26ㄴ3
酸棗	묏더쵸삐	灌木		방합 33ㄴ
酸棗仁	묏더초삐			경신 37ㄴ10
酸棗	묏대추 산초			식휘 245
酸棗	三彌尼大棗 묏대추씨	木部上品	鄕名	향성 80:639:2
酸棗	메대추나무 묏대추나무			식명 595
酸棗	살매나무 산매나무			식명 595

'酸棗'는 '멧대추'를 이른다. 『구간』의 '예초'는 '멧대추'의 옛말인데(『샘』), 실제로 경상 방언에서는 '대추'를 '예추'라 한다. 15세기 형태가 유지되고 있는 것이다. '酸棗'는 어형 교체를 겪는다. 『향구』와 『향채』의 차자표기 '三弥大棗', '三彌尼大棗'는 같은 어형을 적은 것인데 한어명 '大棗'에 '三彌'와 '三彌尼'가 결합된 것이다. 이것의 어원은 불확실하다. 남풍현(1981:85)는 '沙彌僧'에 유추하여 '極小'의 의미로, 최범훈(1977ㄴ:8)은 '뫼[山]'으로 추정하였으나 확실한 근거는 없다. 이 어형은 15세기로 이어지지 않는다. 15세기에는 다시 일시적으로 '예초'가 쓰인다. 그러다가 곧 『촌구』의 차자표기 '山大棗'가 나타난다. '*묏대쵸'로 해독된다. 이것이 후대로 이어져 현대 국어의 '멧대추'가 된 것이다. 20세기에는 '살매나무', '산매나무' 등과 같은 이칭이 나타나는데, '산매나무'는 사전류에서 찾기 어렵고, '살매나무'는 '멧대추나무'의 북한말로 소개되어 있다(『샘』). 『조선향토대백과』에 다르면 황해북도 수안군 석담리에 '살매나무골'이 있는데 '살매나무(멧대추나무)'가 많아 붙여진 이름이라 한다. 혹 이 형태의 '살매'가 『향구』의 '三彌'와 관련이 있지 않을까 싶지만 근거가 없다.

1114) 酸棗人, 酸棗仁 ☞ 酸棗
1115) 山菜黄, 山菜肉 ☞ 山茱萸
1116) 山川芎 ☞ 川芎
1117) 山椒, 山椒樹 ☞ 秦椒
1118) 酸醋 ☞ 酢
1119) 山梔子 ☞ 梔子
1120) 山葡萄 ☞ 蘡薁
1121) 山蒲扁 ☞ 射干
1122) 産血

産血	아기나흔피		구급 하93ㄴ

'産血'은 '아기 낳을 때 흘린 피'라는 뜻이다.

1123) 珊瑚

珊瑚		唐 木部	동의 3:44ㄱ4
珊瑚		唐 玉部	양금 512:6

'珊瑚'는 한어명으로만 『동의』와 『양금』에 실려 있다.

1124) 酸化鉛 ☞ 鉛

<삼>

1125) 杉

衫	잇게나모	본목 32ㄴ2
杉	익씨나모	해혹 2ㄴ8

'杉'의 새김은 '삼나무'이다. 옛말에는 '잇갈', '잇개나모', '익개나모' 등이 나타난다. 모두 '이깔나무' 즉 '삼나무'를 이른다. 『표』에는 찾을 수 없다. 『본목』의 한어명 '衫'은 '杉'의 오기가 분명하다. 그리고 '잇갈' 다음 형태인 '잇개'형을 잇고 있다. 비록 15, 16세기 의서에 나타나지 않지만 이 향약명도 어형 교체를 겪은 것을 볼 수 있다. 『표』에는 나오지 않는다.

1126) 三家洗椀水 ☞ 水

1127) 杉菌 ☞ 菌

1128) 三年陳醬 ☞ 醬

1129) 三年大酢 ☞ 酢

1130) 蔘藍 ☞ 青黛

1131) 三稜 / 京三稜 / 草三稜 / 荊三稜

京三稜	結叱加次根		俗云	향구 목46ㄴ3
京三稜	結次邑笠根			향구 하37ㄱ11
京三稜	牛夫月乙		鄕名	향채 9월
京三稜	경삼릉			구급 상57ㄴ7
京三陵	牛夫月乙			촌구 4ㄱ3:3
京三陵	牛夫月乙 쇠부돌		鄕名	촌가
京三稜	牛夫月乙		鄕名	향집 79:24ㄴ
京三棱	牛夫月乙 매자기뿌리	草部中品之下	鄕名	향성 79:623:3
三稜	믹자깃불휘			구간 2:5ㄱ
三稜	每作只根			촌구 3ㄴ5:1
三稜	每作只根		鄕名	촌가
三稜	믹자깃불휘	草部		동의 3:11ㄴ4
三稜	믹자깃불휘	草部		사의 2ㄱ3:9
三稜	믹디깃블희	草部		양금 506:8
三稜	믹자깃불휘			제중 8:8ㄱ6
三稜	믹자깃불휘	芳草		의종 7:8ㄴ9
三稜	믹자깃불휘	芳草		방합 11ㄱ
三稜	믹지깃불휘			경신 31ㄱ9
草三稜	每作只根		鄕名	향채 2월
草三稜根	每作只 매자기뿌리	草部下品之下	鄕名	향성 79:636:2
荊三稜	매자기			식명 346
荊三稜	매자기			동사 984
荊三稜	메자기			동사 65

'三稜'은 '사초과의 여러해살이풀' 곧 '매자기'를 이른다. 『표』에 이칭 '三稜草'와 '荊三稜'은 나오는데 의서에 많이 나타나는 '京三稜'은 없다. 『향구』의 차자표기 '結叱加次根'과 '結次邑笠根'이 '매자기'형의 기원형이다. '結叱'과 '結次'는 모두 '및-'을 적은 것으로 보인다. 15세기에 '믹-'와 '및-'이 다 나타나지만 '結'에 대응되는 것은 '및-'이기 때문이다.[117] 따라서 『향구』의 차자표기

각각은 '*미ᄌᆞᆽ불휘'와 '*미ᄌᆞᆸ간불휘'로 해독된다. 이는 15세기 대응형을 상정한 해독이다. 이를 이은 15세기 형태는 『향채』의 차자표기 '每作只根'와 『구간』의 '미자깃불휘'에서 확인된다. '每作只根'은 '*미자기불휘'로 해독된다. 그리고 이것이 현대 국어의 '매자기'로 이어진다. 따라서 『향구』의 '*미ᄌᆞᆸ간불휘'는 15세기에 이어지지 않고 소멸한다. 그리고 '*미ᄌᆞᆽ불휘'에서 비롯된 '매자기'형은 현대 국어까지 어형 변화만 겪고 기본 어형을 유지한다. 한편, 『향채』의 차자표기 '牛夫月乙'은 『촌가』의 한글표기형을 고려하면 '*쇠부ᄃᆞᆯ'로 해독된다. 더 정확한 차자표기는 '牛伊夫月乙'이 될 터이나 관형격 조사 '伊'가 없다. 한글표기 '쇠부ᄃᆞᆯ'은 '쇼+ㅣ+부ᄃᆞᆯ'로 분석된다. 'ㅣ'가 관형격 조사이기 때문이다. 그렇다면 '부ᄃᆞᆯ'은 명사가 된다. 하지만 '부ᄃᆞᆯ'이 무엇인지 알 수 없다. '쇠부ᄃᆞᆯ'은 『향집』에 차자표기로 기록되고 이를 이은 『향성』에 표기되지만 『향집』 이후 소멸된 것으로 보인다. 『향성』에서는 '牛夫月乙'을 기록하면서도 한글표기형을 '매자기'로 제시하고 있는 점이 이를 방증한다. 현대 국어 사전류에 전혀 흔적을 찾을 수 없다. 한편, 『향채』의 한어명 '草三稜'은 『향성』에 흔적을 남기는데 현대 국어의 이칭 '三稜草'와 관련이 있는 듯하다(상세 어휘사는 3.2 참조).

1132) 三日草 ☞ 牽牛子

1133) 三七

三七	山草	의종 7:3ㄴ10
三七	山草	방합 5ㄱ

'三七'은 '오갈피나무과의 식물 삼삼칠(蔘三七)'을 이른다(『한』). 『샘』에는 북한말 '人蔘三七'을 소개하면서 뿌리를 말린 것을 '三七'이라 한다고 설명하고 있다. 『표』에는 보이지 않는다.

1134) 橡殼 ☞ 橡實

1135) 桑根 ☞ 桑根白皮

117) 예를 들면, '色ᄋᆞ로 보며 聲ᄋᆞ로 구ᄒᆞ면 당다이 罪 ᄆᆡᄌᆞ리니 色見聲求ㅣ면 應結罪ᄒᆞ리니(『금삼 4:63』)'이 그러한데 '結'과 연결되는 'ᄆᆡ-'의 용례는 찾기 어렵다.

1136) 桑根白皮 / 桑

桑樹	ᄲᅩᆼ나모			구급 상81ㄱ6
桑	ᄲᅩᆼ			언구 하42ㄱ6
桑	ᄲᅩᆼ나모			본목 34ㄴ10
桑根	ᄲᅩᆼ나못불휘			구급 상84ㄱ7
桑根白皮	ᄲᅩᆼ나못불흿ᄒᆡᆫ것			구급 하39ㄱ4
桑根白皮	ᄲᅩᆼ나못불흿ᄒᆡᆫ거플			구간 2:16ㄴ
桑根白皮	ᄲᅩᆼ나모불휘겁질	木部		동의 3:29ㄴ5
桑根白皮	ᄲᅩᆼ나모블희겁질	木部		양금 510:2
桑根白皮	ᄲᅩᆼ나모불휘겁질			경신 22ㄱ8
桑根白皮	뽕나무뿌리껍질	木部中品	鄕名	향성 80:642:2
桑白皮	ᄲᅩᆼ나못불흿ᄒᆡᆫ거플			구간 2:25ㄱ
桑白皮	ᄲᅩᆼ나모ᄒᆡᆫ거플			구간 7:17ㄱ
桑白皮	상ᄇᆡᆨ피			언구 상39ㄱ7
桑白皮	ᄲᅩᆼ나모썹딜	木部		사의 2ㄴ1:1
細切桑根白皮	ᄲᅩᆼ나못불흿ᄒᆡᆫ거플ᄀᆞᄂᆞ리사ᄒᆞ로니			구간 2:16ㄴ
桑樹白汁	ᄲᅩᆼ남ᄀᆞᆺᄒᆡᆫ즙			구급 하75ㄱ
桑樹白汁	ᄲᅩᆼ남ᄀᆞᆺᄒᆡᆫ진			구간 6:55ㄴ
桑葉	ᄲᅩᆼ닙			구급 하12ㄴ7
桑葉	ᄲᅩᆼ나못닙			구간 1:105ㄴ
桑葉		木部		동의 3:28ㄴ8
桑葉		灌木		의종 7:25ㄴ10
桑葉		灌木		방합 32ㄴ
桑枝	ᄲᅩᆼ나못가지			구간 1:105ㄴ
桑枝		木部		동의 3:28ㄴ10
桑枝		灌木		의종 7:25ㄴ10
桑枝		灌木		방합 32ㄴ
桑蠹蟲		木部		동의 3:29ㄱ5
桑木上虫屑	ᄲᅩᆼ남ᄀᆞᆺ벌에머근ᄀᆞᄅᆞ			구간 6:7ㄴ
桑木中蠹屑	ᄲᅩᆼ나모속애벌어긔ᄯᅩᆼᄀᆞᄅᆞ			언구 상29ㄱ7
桑炭盛焰	ᄲᅩᆼ나모ᄉᆞᆺ블셩히퓐것			치언 11ㄱ10

'桑'을 핵심 어근으로 하는 단어족인데 '뽕나무'이다. 가장 많은 형태가 '桑根白皮'이다. 『구간』의 'ᄲᅩᆼ나못불흿ᄒᆡᆫ거플'과 『동의』의 'ᄲᅩᆼ나모불휘겁질'를 비교해 보면 '껍질'을 뜻하는 형태소가 '거플'에서 '겁질'로 교체되었음을 알 수 있다. 『치언』의 설명형 향약명은 다른 의서에 보이지

않는 것이다.

1137) 桑根下土 ☞ 土

1138) 象膽 ☞ 蘆薈

1139) 橡斗 ☞ 橡實

1140) 桑蠹蟲 ☞ 桑根白皮

1141) 商陸

商陸	者里宮			향구 상12ㄱ7
商陸	者里宮根		鄕名	향구 하38ㄴ7
商陸	章柳根		俗云	향구 목46ㄴ8
商陸根	者里宮			향구 중20ㄱ7
商陸	文章柳		朱書	향채 2월
商陸	這里居		鄕名	향채 2월
商陸	這里君			촌구 3ㄴ9:1
商陸	這里君		鄕名	촌가
商陸	쟈리공볼회 章陸 章柳根 一名			산경 515
商陸末	쟈리공ᄀᄅ			언구 하32ㄱ7
商陸	쟈리공불휘 章柳根 一名 章陸 一名	草部		동의 3:17ㄴ9
商陸	쟈리공불휘			본목 18ㄱ9
商陸	쟈리공불희	草部毒草類		본정 상88
商陸	쟈리공불휘	木部		사의 2ㄴ4:2
商陸	쟈리광블희 章柳根 一名 章陸 一名	草部		양금 507:2
商陸	쟈리공불휘			제중 8:8ㄱ1
商陸	쟝녹			물명 92
商陸	쟈리광이			물보 10
商陸	쟈리공불휘	毒草		의종 7:15ㄱ9
商陸	쟈리공불휘	毒草		방합 19ㄴ
商陸	쟈리공불휘 章陸 一名 章柳根 一名			경신 34ㄱ3
商陸	쟈리공이			경국 122:6
商陸	쟈리공불휘 샹륙			식휘 141
商陸	這里君 자리공뿌리	草部下品之下	鄕名	향성 79:630:2
商陸	자리공			식명 554
商陸	자리공 야호 장륙 장류근			동사 675
商陸	자리공 자리콩 王母牛 장녹 상녹			약식 106

'商陸'은 '자리공의 뿌리'를 이른다. 한어명 이칭으로는 '章柳根', '章陸' 등이 있다. 『향구』의 차자표기 '者里宮'은 후대형을 고려하면 '*자리궁'으로 해독된다. 『향채』의 차자표기 '這里居'의 '居'는 '君'의 오기가 분명하다. 『촌구』의 '這里君'이 근거이다. 『향구』의 '*자리궁'의 15세기 한글표기 대응형을 찾기 어렵다. 하지만 16세기 이후 '쟈리공'으로 나타나는 것을 보면 15세기에도 '자리궁'으로 쓰였을 가능성이 높다. 문제는 『향채』와 『촌구』의 차자표기가 '*저리군'으로 해독된다는 점이다. 현재로서는 이칭으로 볼 수밖에 없다. 『동의』 무렵의 '쟈리공불희'형이 『향성』의 '자리공뿌리'까지 형태 교체 없이 이어진다. 『물명』에 '쟝녹'이 나오는데 『표』에서 '장녹'을 '자리공'의 잘못으로 풀이하고 있다. 『약식』의 '王母牛'는 사전류에서 찾기 어려운 이칭이다.

1142) 桑木上虫屑, 桑木中蟲屑, 桑白皮 ☞ 桑根白皮

1143) 桑木耳 ☞ 菌

1144) 牀四脚下土 ☞ 土

1145) 常山 / 蜀漆

常山	조팝나못불휘	草部	동의 3:16ㄴ5
常山	조팝나모		본목 18ㄴ5
常山	조팝나무블희	草部毒草類	본정 상90
常山	죱팝나모블희	草部	양금 506:6
常山	조팝나모불휘		제중 8:7ㄱ9
常山	조팝나모불휘	毒草	의종 7:16ㄱ4
常山	조팝나모불휘	毒草	방합 20ㄴ
常山	조팝나모불휘		경신 46ㄱ5
常山根	조밤나모		경국 66:7
蜀漆	常山苗 卽	草部	동의 3:16ㄴ8
蜀漆	常山苗 卽	草部	양금 506:7

'常山'은 '조팝나무의 뿌리'를 말한다. 『동의』에서부터 이 향약명은 '나모 > 나무'의 어형 변화 외에는 어형 교체 없이 현대 국어에 이어졌다. '蜀漆'은 '초피나무의 어린싹'을 말하는데(『표』). 『동의』와 『양금』에서는 '常山苗'라 규정하고 있다. 『지』에서도 '常山의 어린 가지와 잎'으로 설명하고 있다. 『표』의 풀이를 검토해 볼 필요가 있다.

1146) 桑上寄生

桑寄生	桑樹上冬乙沙里		郎	향채 7월
桑寄生	桑木冬兒沙里			촌구 3ㄴ4:3
桑寄生	桑木冬兒沙里 ᄲᅩᆼ나모겨ᄋᆞ사리		鄕名	촌가
桑上寄生	ᄲᅩᆼ나모우희겨으사리	木部		동의 3:29ㄴ1
桑寄生	ᄲᅩᆼ나모겨오ᄉᆞ리	木部		양금 509:10
寄生	ᄲᅩᆼ나모우히겨으사리			제중 8:13ㄱ06
桑寄生	ᄲᅩᆼ나모히겨으시리			해혹 7ㄱ6
寄生	ᄲᅩᆼ나모우히겨으사리	灌木		의종 7:26ㄱ3
寄生	ᄲᅩᆼ나모우히겨으사리	灌木		방합 33ㄱ
桑上寄生	ᄲᅩᆼ나무우희겨ᄋᆞ살리			경신 20ㄱ5
桑上寄生	桑樹上之冬乙沙里 뽕나무겨으살이	木部上品	鄕名	향성 80:641:3

‘桑上寄生’은 ‘뽕나무겨우살이’를 이르는데 특히 줄기와 잎을 ‘桑寄生’이라 한다. 『향채』의 차자표기 ‘桑樹上冬乙沙里’는 ‘*ᄲᅩᆼ나모우희겨ᅀᅳᆯ사리’로 해독된다. 15세기라면 ‘겨ᅀᅳ사리’가 되어야 하는데 ‘冬乙’은 분명히 ‘겨슬’로 읽힌다. 고대국어의 형태를 반영한 표기이다. 『촌구』의 차자표기 ‘桑木冬兒沙里’는 ‘*ᄲᅩᆼ나모겨ᅀᆞ사리’로 해독되어 중세국어 형태를 보여준다. 여기에 ‘우희’가 첨가되어 『동의』의 ‘ᄲᅩᆼ나모우희겨으사리’가 나타나고 어형 변화를 겪어 현대 국어의 ‘뽕나무겨우살이’가 되었다. 부분적인 형태 교체를 겪었음을 알 수 있다.

1147) 桑上寄生 ☞ 桑寄生

1148) 桑上鵲巢土 ☞ 土

1149) 桑樹, 桑樹白汁 ☞ 桑根白皮

1150) 桑柴灰, 桑柴灰淋汁 ☞ 灰

1151) 橡實 / 槲實 / 槲若

橡	도토리			훈몽 상11ㄴ
橡	상수리			자석 172
橡殼		木部		동의 3:41ㄱ3
橡斗	상슈리		俗	해혹 4ㄴ4
橡實	猪矣栗		俗云	향구 목48ㄱ3
橡實	도토리			산경 595
橡實	도토리			언구 상47ㄴ7
橡實	굴근도토리	木部		동의 3:40ㄴ10
橡實	샹슈리			본목 30ㄱ9

橡實	도토리	果部		사의 3ㄴ4:5
橡實	굴근도토리 櫟李 一名	木部		양금 511:8
橡實	샹슐리			물보 12
橡實	상소리	山果		의종 7:33ㄱ10
橡實	상소리	山果		방합 41ㄴ
橡實	참나무 상수리나무			식휘 119
橡實	加邑可乙木實 떡갈나무열매	木部下品	鄕名	향성 80:651:3
槲木北陰白皮	소리춤나모븍다히흰겁지			언구 하32ㄱ5
槲實	도토리			본목 30ㄱ10
槲實	도토리	山果		의종 7:33ㄴ1
槲實	도토리	山果		방합 41ㄴ
槲若	소리춤나모닙	木部		동의 3:41ㄱ5
槲若	죠리참나모닙	木部		양금 511:8
槲若	所里眞木 조리참나무닢	木部下品	鄕名	향성 80:651:1

'橡實'은 '상수리나무의 열매'를 말한다. 이의 고유어 향약명이 '도토리'인데 『표』에서는 '갈참나무, 졸참나무, 물참나무, 떡갈나무 따위의 열매를 통틀어 이르는 말'로 규정하면서 다의어로 취급하고 있다. 한어명은 '橡實'과 함께 '槲實'로도 나타난다. 『표』에서는 '槲實'이 '도토리'와 같다고 설명하고 있다. 이처럼 이 향약명은 여러 이칭간의 복잡한 의미 관계를 보여준다. 기원형은 『향구』의 차자표기 '猪矣栗'인바 '*도틱밤'으로 해독된다. 현대 국어 경상 방언의 '꿀밤'의 '꿀'이 '*돝'에 해당한다. 민은숙(1982:37)에서도 '꿀밤'이 '돼지(꿀꿀이)의 밤'으로 보았다. '*도틱밤'은 15세기의 '도톨왐'(『두시』 초25:26)을 거쳐 '도토리'로 정착되고 현대 국어까지 이어진다. '도톨왐 > 도토리'의 변화 과정에서 실질 형태소 '밤'이 접미사 '이'로 교체된다. 『본목』에 '샹슐리'가 일정 기간 '상소리'로 쓰이기도 하는데 이의 현대 국어 형태 '상수리'가 '상수리나무의 열매'라는 뜻으로 『표』에 등재되어 있다. 그리고 현대 국어에 와서 '참나무'와 '떡갈나무' 형태가 생성된다. 『향성』의 차자표기 '加邑可乙木實'는 '*덥갈나무열매'로 해독된다. '떡갈나무'의 기원형인데 '*덥갈 > 떡갈'의 어형 변화를 거쳤다(아래 '櫟樹皮' 항목 참조). 한편, '槲實'은 『본목』에서 비롯되었는데 '도토리'로 나타난다. 그 이전 『언구』에 '槲'이 '소리춤나모'로 나온다. 이것이 현대 국어까지 이어진다. 『향성』의 차자표기 '所里眞木'는 '*소리참나무'로 해독된다. 그런데 『향성』에서 한글표기를 '조리참나무'로 하고 있다. 의서상으로 볼 때, '橡實'과 '槲實'은 '*도틱밤'을 기원형으로 하여 '도토리'로 불렸으며 이것이 현대 국어로 오면서 '橡實'은 '떡갈나무',

'槲實'은 '수리참나무'형으로 분화된 것으로 판단된다. 이 흐름 가운데 '상소리'형도 쓰이다가 문헌에 나타나지 않고 『표』에는 등재되어 있다('橡實 도토리'의 어원은 홍윤표 2009:111-115 참조).

1152) 桑椹子

椹子	오도		구간 6:8ㄱ
桑椹		木部	동의 3:29ㄱ2
桑椹	뽕나모오딕	木部	양금 509:8
桑椹子	오듸		제중 8:19ㄱ2
桑椹子	오딕	灌木	의종 7:25ㄴ8
桑椹子	오딕	灌木	방합 32ㄴ

'桑椹子'는 '뽕나뭇과에 속한 오디의 생약명'이다(『샘』). 『구간』에는 '오도'로 나오는데 『동의』의 '오딕'가 어형 변화를 겪어 현대 국어의 '오디'가 되었다.

1153) 象牙 / 牙笏

象牙	샹아		구급 상52ㄴ8
象牙	샹아		언구 상29ㄱ10
象牙屑	샹아ᄀᆞᄅᆞ		언구 하16ㄴ2
象牙		唐 獸部	동의 1:43ㄴ7
象	코기리		본목 51ㄱ10
象牙		唐 獸部	양금 528:5
牙笏	샹아홀		구간 6:7ㄴ

'象牙'는 '코끼리의 엄니'이다. 『구급』에서부터 나타나는데 한어명으로 쓰였다. 『언구』에는 'ᄀᆞᄅᆞ'가 결합한 합성어도 보인다. 『구간』의 '牙笏'은 향약명 '샹아홀'대로 '상아로 만든 홀'을 이른다.

1154) 象牙梳 ☞ 故梳

1155) 桑葉, 桑枝 ☞ 桑根白皮

1156) 桑耳 ☞ 菌

1157) 桑椹酒 ☞ 酒

1158) 桑螵蛸

桑螵蛸	桑木上倘衣阿之家	鄕名	향채 2월

桑螵蛸	뽕남긧당의아지집			구간 3:83ㄱ
桑螵蛸	뽕남긧당의아지집			구간 6:8ㄴ
桑螵蛸	桑上倘衣阿之家			촌구 3ㄴ9:2
桑螵蛸	桑上倘衣阿之家		鄕名	촌가
桑螵蛸	桑上儅衣阿之家 뽕남긔당의아지집		鄕名	촌가
桑螵蛸	뽕나모우희당의아지집 蝕疣 蟷螂子 一名	蟲部		동의 2:8ㄱ4
桑螵蛸	뽕나모우희당의아지집			본목 40ㄱ2
桑螵蛸	뽕나모우희당의아지집	蟲部		양금 516:5
桑螵蛸	뽕나모우희당외아지집	灌木		의종 7:26ㄱ2
桑螵蛸	뽕나모우희당외아지집	灌木		방합 33ㄱ
桑螵蛸	돌파니			경국 19:13
桑螵蛸	桑木上倘衣阿之家 뽕나무위당아재집	蟲魚部上品	鄕名	향성 82:678:3

'桑螵蛸'는 '뽕나무에 붙은 사마귀의 알집'을 이른다. 한자음 '蛸'가 '초'로 바뀌었다. 『향채』의 차자표기에서 비롯되었는데 '桑木上倘衣阿之家'은 『구간』의 향약명을 참조하면 '*뽕나모우희당의앗집'으로 해독된다. '之'는 이른 시기 차자표기에서 관형격을 표시한다. 선행 체언이 무정물이므로 'ㅅ'으로 해독하는 것이 옳다. 그런데 『구간』의 '뽕남긧당의아지집'은 '之'에 대응되는 관형격이 '의'로 나타난다. 『촌구』의 '桑上倘衣阿之家'도 같은 어형으로 해독되고, 『향성』의 차자표기는 『향채』와 동일하다. '뽕나모우희당의아지집'은 '뽕나모 # 우ㅎ+의 # 당의앗+의 # 집'으로 분석되는 설명형 향약명이다. '당의앗'이 무엇인지가 불분명하다. '사마귀'의 이칭으로는 '버마재비'가 있는데 이것과는 형태적으로 거리가 멀다. 『동의』의 한어명 이칭 '蟷螂子'는 '桑螵蛸'를 가리키기도 하고 어린아이의 병명을 나타내기도 하는 동음어이다. '蝕疣'는 사전류에서 찾기 어렵다. '疣'가 '사마귀'를 가리키므로 '桑螵蛸'의 이칭임은 분명하다.

1159) 桑皮

桑皮	뽅갗		구급 하16ㄴ2
桑皮	뽕나못거플		구간 6:71ㄴ
桑皮	뽕나모불휘겁질		제중 8:9ㄴ9
桑皮	뽕나모불휘겁풀	灌木	의종 7:25ㄴ9
桑皮	뽕나모불휘겁풀	灌木	방합 32ㄴ

'桑皮'는 『표』에 나오지 않는데 고유어 향약명은 '뽕나모불휘겁질'이다. 『구급』의 '뽅갗'에서

'쏭나못거플'을 거쳐 '쏭나모불휘겁질'로 정착되는데 '겁질'이 '거플'로 교체된다.

1160) 上好磁石 ☞ 磁石

1161) 床下土 ☞ 土

1162) 桑花

桑花		木部		동의 3:29ㄱ3
桑花		木部		양금 509:10
桑花		灌木		의종 7:26ㄱ1
桑花		灌木		방합 32ㄴ
桑花	뽕나무꽃	木部中品	鄕名	향성 80:643:2

'桑花'는 『향성』의 향약명대로 '뽕나무꽃'이다.

1163) 霜後芙蓉葉 ☞ 蓮葉

<생>

1164) 生葛根 ☞ 葛根

1165) 生薑 / 乾薑

生薑	싱강			구급 상1ㄴ8
生姜	싱강			구급 하2ㄱ
生薑	싱앙			구간 1:2ㄴ
生薑	싱강			언구 하11ㄴ4
薑	싱강			언구 상6ㄱ4
白薑		菜部		동의 2:26ㄱ3
生薑	싱강	菜部		동의 2:25ㄴ5
生薑		菜部		양금 519:5
生薑	싱강			광향 2ㄴ12
生薑	싱강			제중 8:15ㄱ07
生薑	싱강	葷辛菜		의종 7:29ㄴ2
生薑	싱강	葷辛菜		방합 37ㄱ
生薑	싱강			경신 43ㄱ3
生薑	생	草部中品之上	鄕名	향성 79:614:2
乾姜	건강			구급 상64ㄱ6

乾薑	건강		구급 상5ㄴ
乾薑	모룬싱앙		구간 1:29ㄱ
乾薑	건강		언구 상16ㄴ11
乾薑		菜部	동의 2:25ㄴ9
乾薑	말은싱강	菜部	양금 519:5
乾薑			제중 8:6ㄱ9
乾薑		葷辛菜	의종 7:29ㄴ4
乾薑		葷辛菜	방합 37ㄱ
乾薑			경신 43ㄴ3
乾薑	말린생	草部中品之上 鄕名	향성 79:614:2
乾薑末	건갌ᄀᆞᄅᆞ		구급 하70ㄱ
乾薑屑	모룬시앖ᄀᆞᄅᆞ		구간 2:62ㄱ
乾生薑		菜部	동의 2:26ㄱ4
老薑	무근싱앙		구간 2:77ㄱ
老生薑	무근싱앙		구간 1:72ㄱ
生薑自然汁	싱강자연즙		구급 상3ㄴ
生薑自然汁	싱앙즙		구간 1:54ㄱ
薑汁	싱강즙		언구 상1ㄴ10
生薑汁	싱강즙		언구 상37ㄱ6
薑湯	싱앙글힌믈		구간 1:59ㄴ
薑湯	싱강탕		언구 상6ㄴ4
薑湯	싱강달힌믈		언구 상40ㄴ8
生薑湯	싱앙글힌믈		구간 2:5ㄱ
乾薑煮汁	건강달힌믈		언구 하23ㄱ9
炮薑	싱앙구으니		구간 6:67ㄱ

'薑'을 핵심 어근으로 하는 단어족이다. '生薑'이 대표적인 향약명이다. '生薑'은 한어명으로만 쓰였다. '싱앙'으로 나타나기도 한다.

1166) 生薑自然汁 ☞ 生薑
1167) 生乾地, 生乾地黃 ☞ 地黃
1168) 生鷄卵 ☞ 鷄子
1169) 生穀賊 ☞ 穀賊
1170) 生苽 ☞ 苽

1171) 生藿 / 小豆葉

生藿	小豆葉			향구 상3ㄴ11
生藿	小豆葉		俗云	향구 목48ㄴ3
小豆葉	풋닙	穀部		동의 1:22ㄱ8

『향구』의 '生藿'은 '콩과에 속하는 1년생 초본 식물인 붉은 팥의 잎'을 이르는데(『고』) 『향구』의 것이 『동의』에 나타난다. 『동의』에 고유어 향약명 '풋닙'이 기록되어 있다.

1172) 生蘿蔔 ☞ 蘿蔔

1173) 生大豆

生大豆	눌콩			구급 상33ㄴ8
生大豆	눌콩			구간 2:62ㄱ
生大豆	生太		卽	향집 84:21ㄱ
生大豆	生太 날콩	米穀部中品	鄕名	향성 84:703:1

'生大豆'는 '날콩'을 말한다. 『표』에 '生大豆'는 없고 '날콩'만 보인다. 『향집』과 『향성』의 차자 표기 '生太'는 '*날콩'으로 해독된다.

1174) 生大螺 ☞ 田螺

1175) 生銅 ☞ 自然銅

1176) 生冬葵根 ☞ 冬葵

1177) 生蘿蔔汁 ☞ 蘿蔔

1178) 生鹿肉 ☞ 鹿

1179) 生栗 ☞ 栗

1180) 生梨 ☞ 梨

1181) 生麻

生麻	싱삼	구급 하79ㄴ8
生麻	눌삼	구간 6:56ㄴ
生麻根	싱삼불휘	언구 하11ㄱ4
生麻葉	싱삼닙	언구 하11ㄱ5

'生麻'는 '삶아서 뽀얗게 처리하지 아니한 삼'을 말한다. 『구급』과 『언구』에 보인다. '불휘'와 '닢'이 결합한 합성어가 있다.

1182) 生蜜 ☞ 蜜
1183) 生白礬 ☞ 白礬
1184) 生蛇龍 ☞ 地龍
1185) 生薯蘗 ☞ 薯蕷
1186) 生熟湯, 生熱湯 ☞ 水
1187) 生惡實 ☞ 牛蒡子
1188) 生羊血 ☞ 羊
1189) 生藕 ☞ 藕
1190) 生芋頭 ☞ 芋
1191) 生油

生油	놀기름			구급 하44ㄱ
生油	놀기름			구간 2:28ㄴ

'生油'는 '놀기름'을 이른다. 『구간』에 보인다.

1192) 生人骨 ☞ 牙齒
1193) 生猪膽 ☞ 猪膽
1194) 生猪血 ☞ 猪血
1195) 生田螺 ☞ 田螺
1196) 生蠐螬 ☞ 蠐螬
1197) 生棗 ☞ 大棗
1198) 生竹皮 ☞ 竹
1199) 生地, 生地黃, 生地黃汁 ☞ 地黃
1200) 生地龍 ☞ 地龍
1201) 生地麻 ☞ 胡麻
1202) 生地膚苗 ☞ 地膚子
1203) 生眞油 ☞ 麻油
1204) 生菖蒲, 生菖蒲根 ☞ 菖蒲
1205) 生鐵

生鐵	무쇠	金部		동의 3:54ㄱ2
生鐵	무쇠	金部		양금 514:5
生鐵	무쇠	石部中品	鄕名	향성 77:594:1

한어명 '生鐵'의 고유어 향약명은 '무쇠'이다. 『동의』의 향약명이 현대 국어로 이어진다.

1206) 生淸油 ☞ 淸油

1207) 生椒, 生椒葉 ☞ 川椒

1208) 生葱 ☞ 葱

1209) 生雉 ⇒ 鷄內金

雌雉	멀더안	사의 5ㄱ9
生雉	멀덕운이	경국 128:9

한어명 '生雉'는 '익히거나 말리지 않은 꿩고기'를 말한다(『표』). 『경국』의 고유어 향약명은 '멀덕운이'인데 '꿩의 멀덕운이'라는 뜻으로 파악된다. '멀덕운이'는 '멀떠구니'로 '모이주머니'를 뜻한다. 『사의』의 '雌雉'는 '멀더안'은 '멀더구니'의 이른 시기 형태 '멀더건'과 관련이 있는 방언형이 아닐까 한다.

1210) 生漆 ☞ 乾漆

1211) 生蝦蟆 ☞ 蝦蟆

<서>

1212) 鼠

鼠	쥐		훈몽 상19ㄴ
鼠	쥐		본목 52ㄴ1
鼠肝	쥐간		구간 6:22ㄱ
鼠肝	쥐간		언구 하10ㄴ1
死鼠肝	주근쥐간		구급 하5ㄱ7
鼠骨		鼠	의종 7:46ㄱ6
鼠腦	쥐머릿골슈		구급 하5ㄱ8
鼠腦	쥣머리예골슈		구간 6:22ㄱ
鼠腦	쥐머리예골		언구 하10ㄴ1
鼠腦	쥐머릿골		언구 하17ㄱ3
鼠腦厚	쥐머리골치		언구 상30ㄱ3
鼠腦厚	쥐머리예골		언구 하16ㄱ1
鼠頭	쥐머리		구간 7:29ㄱ
鼠屎	쥐ᄯᅩᆼ		구급 상19ㄱ3
鼠屎	쥐ᄯᅩᆼ		구간 6:36ㄴ

鼠屎	쥐ᄯᅩᆼ		언구 상23ㄴ3
鼠糞	쥐ᄯᅩᆼ		구간 7:80ㄱ
鼠糞	셔분		마초 하89ㄱ
老鼠糞	늘근쥐ᄯᅩᆼ		구급 하65ㄱ1
老鼠糞	늘근쥐ᄯᅩᆼ		구간 6:75ㄴ
鼠血	쥐피		구급 하1ㄴ7

'鼠'를 핵심 어근으로 하는 단어족이다. '쥐'의 여러 부위를 나타내는 합성어가 향약명으로 나타난다. 『언구』에 '골치'가 '골'의 의미로 쓰였는데 『훈몽』에도 '골치'가 나온다. '老鼠糞'은 『구급』과 『구간』에만 나오는데 '늘근쥐ᄯᅩᆼ'이다.

1213) 犀角

犀角	서각		구급 상15ㄴ7
犀角		唐 獸部	동의 1:49ㄱ5
犀角			제중 8:10ㄴ1
犀角	무소ᄲᅳᆯ	獸	의종 7:45ㄱ9
犀角	무소ᄲᅳᆯ	獸	방합 56ㄴ
犀角			경신 24ㄴ5
犀角末	셔각ᄀᆞᄅᆞ		언구 하26ㄱ5

'犀角'은 '무소의 ᄲᅳᆯ'을 말한다. 15세기에는 한어명대로 쓰였고 『의종』에 와서 고유어 향약명 '무소ᄲᅳᆯ'이 나타난다.

1214) 西瓜 ⇒ 地椒

西瓜	슈박	菜部		동의 2:28ㄴ1
西瓜	슈박			본목 31ㄴ8
西瓜	수박	菜部蓏果類		본정 상155
西瓜	슈박	菜部		양금 519:8
西瓜	슈박			제중 8:23ㄱ8
西瓜	수박		俗	해혹 31ㄱ6
西瓜	슈박	苽果		의종 7:34ㄱ2
西瓜	슈박	苽果		방합 42ㄴ

'西瓜'는 '수박'을 일컫는다. 이전 시기 '슈박'의 형태가 현대 국어에까지 그대로 이어진다.

1215) 鼠狼 ☞ 黃鼠

1216) 瑞蓮 ☞ 蓮實

1217) 鼠李 ☞ 牛李子

1218) 黍米 / 黍穰 / 丹黍米 / 黃米

黍米	只叱		俗云	향구 목48ㄴ4
黍	기장			훈몽 상12ㄴ
黍	기장			언두 상29ㄴ
黍	기장 稷 芑 거			식휘 49
黍	메기장			식명 573
黍米	기장쌀			구급 하10ㄱ4
黍米	기장쌀			구간 2:53ㄴ
黍米	기장쌀	穀部		동의 1:24ㄱ4
黍	기장쌀			본목 24ㄱ9
黍米	기장쌀	穀部麻麥類		본정 상116
黍米	기쟝쌀	穀部		양금 524:2
黍末	기장쌀			제중 8:21ㄴ7
黍米	기쟝쌀	稷粟		의종 7:35ㄴ5
黍米	기장쌀	稷粟		방합 44ㄱ
黍米	기장쌀	米穀部中品	鄕名	향성 84:704:3
黍	기장쌀			동사 127
黍米淘汁	기장쌀시슨믈			구간 2:35ㄴ
黍穰	기장딥			구급 하46ㄴ4
黍穰	기장부거미			언두 하45ㄴ
黍穰	기장이삭부거미			언구 하20ㄴ9
丹黍米	블근기장쌀 赤黍米 卽	穀部		동의 1:24ㄱ6
丹黍米	블근기쟝	穀部		양금 524:3
丹黍米	붉은기장쌀	米穀部中品	鄕名	향성 84:705:1
黃米	기장쌀 黍米 卽			구급 상34ㄱ4
黃米	기장		俗	해혹 15ㄴ2

한어명 '黍米'는 『표』에 보이지 않는다. '기장쌀'만 '찧어서 껍질을 벗긴 기장 열매'로 등재되어 있다. 『한』에 따르면 '벼과 식물인 기장의 여문 씨의 껍질을 벗겨 버린 것'이다. 의서에 '黍米'는

‘기장발’로 나온다. 『향구』의 차자표기 ‘只叱’는 ‘*깃’으로 해독된다. 민은숙(1982:37)에서는 13세기 기원형을 ‘*기지’로 보고 ‘ㅣ’모음 탈락 후 접미사 ‘앙’이 결합되어 ‘기장’이 생성된 것으로 보고 있다. 남풍현(1981:88)에서는 ‘*깆’으로 보았다. ‘叱’이 이 시기에 ‘ㅈ’음으로 읽혔다는 점에서 설득력이 있는 설명이다. 그런데 『샘』에서 ‘기장’의 경남 방언 ‘깃’을 소개하고 있다. 그렇다면 ‘只叱’을 ‘*깃’으로 해독할 수도 있다. 단, ‘기장’의 생성을 설명하기가 어려운 점이 있다. 한편, ‘기장’을 어근으로 하는 향약명으로 ‘黍穰’이 있다. 『구급』의 ‘기장딮’, 『언두』의 ‘기장부거미’, 『언구』의 ‘기장이삭부거미’가 그것이다. 형태 ‘딮’과 ‘부거미’가 분석된다. 향약명으로 보면 ‘딮’이 ‘부거미’로 교체된 것이다. ‘딮’은 ‘짚’이다. ‘부거미’는 『표』에 ‘짚의 잔부스러기’라는 뜻의 ‘부검지’의 잘못된 말로 되어 있다. 하지만 옛말에 해당한다. 『식명』의 ‘메기장’은 ‘차지지 아니하고 메진 기장’이며 대립어로는 ‘찰기장’이 있다(『표』). ‘丹黍米’는 ‘붉은 기장쌀’을 말한다. 『동의』의 기록대로 ‘赤黍米’라고도 한다. ‘丹’과 ‘赤’은 성상을 나타내는 접두사이다. ‘黃米’는 ‘기장쌀’을 말한다. 『훈몽』(상6ㄴ)에 ‘穄 기장 졔 俗呼米 曰黃米’라는 기록이 있다. 『구급』에서도 ‘黍米’임을 밝히고 있다. ‘黃米’는 『표』와 『샘』에 나오지 않는다.

1219) 西壁土 ☞ 土

1220) 鼠婦

鼠婦	쥐며느리 鼠負 一名	蟲部		동의 2:16ㄱ3
鼠婦	쥐며느리			본목 41ㄴ4
鼠婦	쥐며ᄂᆞ리	蟲部		양금 517:7
鼠婦	쥐며누리	蟲魚部下品	鄕名	향성 83:694:1

‘鼠婦’는 ‘쥐며느릿과의 절지동물’ 즉 ‘쥐며느리’를 이른다. 『동의』의 ‘쥐며느리’가 현대 국어에까지 형태를 유지한다.

1221) 鼠坌土 / 鼠壤土

鼠坌土	쥐몃낸ᄒᆞᆰ			구간 3:25ㄱ
鼠新坌土	쥐새로몃낸ᄒᆞᆰ			구간 3:14ㄱ
鼠壤土	쥐가몀낸흙	石部中品	鄕名	향성 77:595:3
鼢鼠壤土	두지쥐닌흙			본목 6ㄱ6

한어명이 '鼠坌土', '鼠壤土'로 나타나는데 사전류에서 찾기 어렵다. 『표』에도 나오지 않는다. 고유어 향약명에 따르면 '쥐가 면낸 흙'을 말한다. '면'은 '쥐나 개미가 갉아서 파 놓은 보드라운 흙'을 말한다(『표』). '면'이 나타나는 예는 『구간』뿐이다. 『구간』의 '쥐새로몃낸홁'은 '쥐 # 새로 # 몃내-+-ㄴ # 홁'으로 분석된다. 그렇다면 '면'의 기원형은 '몃'이었을 가능성이 높다. 즉 '몃내- > 면내- > 면내-'로 동화를 겪으면서 '면'으로 굳어진 것이다. '쥐면낸흙' 정도의 형태로 사전에 등재할 만하다. 『본목』의 '두지쥐닌흙'은 '두지+쥐 # 니-+-ㄴ # 흙'으로 분석된다. 형태 '두지'는 '두더지'의 전라방언이다(『샘』).

1222) 鼠屎 ☞ 牡鼠

1223) 鱮魚

鱮魚	년어	본목 43ㄴ5

'鱮魚'는 『본목』에 나오는데 '연어'를 이른다. '鱮'의 새김이 '연어(鰱魚)'이다.

1224) 薯蕷

薯蕷	亇支		俗云	향구 목45ㄱ8
生薯蕷	늘마			구간 3:119ㄴ
薯蕷	山藥			촌구 3ㄱ8:2
薯	마			훈몽 상14ㄱ
薯蕷	山藥 마		鄕名	촌가
薯蕷根	마			산경 596
薯蕷	마			언두 하42ㄱ
薯蕷	마			언구 상47ㄴ7
薯蕷	마 山芋 一名 玉延 一名	草部		동의 2:41ㄴ4
薯蕷	山藥		卽	향집 78:11ㄱ
薯蕷	마			본목 27ㄴ8
薯蕷	마ㅎ			신황 보3ㄴ
薯蕷	마			두경 13ㄱ
薯蕷	마	草部		사의 2ㄱ2:3
薯蕷	마 山芋 玉延 山藥 一名	草部		양금 503:8
薯蕷	마 乾山藥 卽			제중 8:12ㄱ10
薯蕷	山藥			해혹 9ㄴ7

薯蕷	마 山藥 卽	蔓草	의종 7:17ㄴ7
薯蕷	마 山藥 卽	蔓草	방합 22ㄴ
薯蕷	마 山藥 玉延 山芽 一名		경신 29ㄱ10
薯蕷根	마		의본 244
薯蕷	마 산약		식휘 97
薯蕷	마 참마	草部上品之上 鄕名	향성 78:606:3
薯蕷	마 산약		식명 574
薯蕷	마		동사 528
薯蕷	마 山藥 山薯 山芋 참마		야초 68
薯蕷	생산약 山藷 土藷		야초 68

'薯蕷'는 '마'를 말하고 한어명 이칭 '山藥'은 '마의 뿌리'를 일컫는다. 『향구』에서 비롯되었는데 차자표기 '亇支'는 '*마ㅎ'로 해독된다. 15세기형이 'ㅎ말음 명사'인 점이 참고된다. 이 형태가 형태 교체없이 현대 국어까지 이어진다. 『동의』에서부터 다양한 한어명 이칭이 나타난다.

1225) 茅屋漏水 ☞ 水
1226) 鼠肉 ☞ 牡鼠
1227) 徐長卿 ☞ 白薇
1228) 鼠粘子 ☞ 牛蒡子
1229) 書中白魚 ☞ 衣魚
1230) 鼠血 ☞ 鼠

<석>

1231) 錫 ⇒ 鉛

錫	白鑞 卽	金部	동의 3:53ㄱ9
錫	납 白鑞 卽	金部	양금 514:4

'錫'은 '白鑞'을 이르는데 '납과 주석의 합금'을 말한다. 이칭으로는 '땜납'이 있다. 『동의』와 『양금』에 나온다.

1232) 石距 ☞ 小八梢魚

1233) 石決明

石決明	生鮑甲			향구 중18ㄱ3
石決明	生鮑甲		俗云	향구 목49ㄴ2
石決明	生鮑		鄕名	향채 2월
石決明	生鮑殼			촌구 3ㄴ10:2
石決明	生鮑殼 싱폿겁지		鄕名	촌가
石決明	싱포겁질			언두 하57ㄱ
石決明	싱포겁질 九孔螺 千里光 一名	蟲部		동의 2:7ㄴ1
石決明	싱포겁질			본목 46ㄱ7
石決明	셕결명			마초 상94ㄴ
石決明	싱복겁질	蟲部		양금 516:4
石決明	싱복			제중 8:20ㄴ3
石決明殼		蚌蛤		의종 7:42ㄴ3
石決明	싱복겁질 九孔螺 一名			경신 27ㄱ10
石決明	生鮑 생점복껍질	蟲魚部上品	鄕名	향성 82:678:3
石決明	전복껍질			동사 529
石決明肉	鰒魚 名	蟲部		동의 2:7ㄴ4
石決明肉	싱복고기	蟲部		양금 516:4
石決明肉	싱복 全鰒 一名	蚌蛤		의종 7:42ㄴ3
石決明肉	싱복 全鰒 一名	蚌蛤		방합 53ㄱ

'石決明'은 표제어 한어명이 변화가 없다. '전복의 껍데기'를 이른다. 『향구』의 차자표기 '生鮑甲'과 『촌구』의 '生鮑殼'은 모두 한어명 '生鮑'에 '甲'이 결합된 것인데 '石決明'의 이칭 '生鮑'에 '겁질'을 결합한 셈이다. 향약명은 '싱포겁질'로 쓰였다. 『동의』의 이칭 '九孔螺'는 『표』에는 없고 『고』에 보인다. 『향성』의 '생점복껍질'은 한어명 '生鮑'를 '생점복(<생전복)'으로 읽은 것이다.

1234) 石膏

石膏	셕고		구급 상83ㄴ8
石膏	셕고		구간 1:30ㄱ
石膏		石部	동의 3:47ㄱ1
石膏		石部	사의 4ㄱ3:5
石膏		石部	양금 513:1
石膏			제중 8:2ㄴ5

石膏		金石		의종 7:48ㄴ10
石膏		金石		방합 61ㄴ
石膏	解石 一名			경신 24ㄱ9
石膏	석고 含水硫酸石灰	石部中品	鄕名	향성 77:592:3

'石膏'는 '황산 칼슘의 二水化物로 이루어진 석회질 광물'이다. 한어명으로만 쓰였다.

1235) 石斛

石斛				촌구 5ㄱ4:3
石斛			鄕名	촌가
石斛	셕곡플	草部		동의 2:42ㄴ2
石斛	셕곡플			본목 22ㄴ3
石斛	셕곡풀	草部		양금 504:7
石斛	셕곡풀			제중 8:12ㄱ8
石斛	셕곡풀		俗	해혹 4ㄴ7
石斛	셕곡풀	石草		의종 7:21ㄱ4
石斛	셕곡풀	石草		방합 26ㄴ
石斛	셕곡풀	石草		경신 23ㄱ10
石斛	석골풀	草部上品之上	鄕名	향성 78:608:1

'石斛'는 '난초과의 여러해살이풀'인데 한어명을 그대로 읽은 '셕곡'에 '플'을 합성한 형태가 현대 국어까지 이어졌다.

1236) 石南葉

石南葉		木部	동의 3:43ㄱ9
石南葉	唐	木部	양금 512:3

'石南'은 '진달랫과의 상록 활엽 관목'인데 그 잎을 '석남잎'이라 한다. 이칭으로는 '萬病葉'이 있다. '뚝갈나무'라고도 한다. 『동의』와 『양금』에만 보인다.

1237) 石膽 ☞ 膽礬

1238) 錫銅鏡鼻 ☞ 古鏡

1239) 石絡 ☞ 石菜

1240) 石蓮子 ☞ 蓮實

1241) 石龍子

石龍子	都馬蛇		鄕名	향채 5월
石龍子	도룡 蜥蜴 一名	蟲部		동의 2:9ㄴ5
石龍子	도룡			본목 43ㄱ1
石龍子	도룡룡	蟲部		양금 516:8
石龍子	都馬蛇 도마뱀	蟲魚部中品	鄕名	향성 83:686:2

'石龍子'는 '도마뱀'을 말한다. 『향채』의 차자표기 '都馬蛇'는 '*도마ᄇᆡ암'으로 해독된다. 『향성』의 '도마뱀'까지 이어진다. 『동의』, 『본목』, 『양금』에서는 '도룡룡'으로 나온다. '石龍子'는 '도마뱀'과 '도룡뇽'을 가리키는 동음어이다. 『양금』의 '도룡룡'이 'ㄹ의 비음화'를 겪어 '도룡뇽'이 된 것이다. 『동의』의 이칭 '蜥蜴'은 사전류에 보이지 않는다.

1242) 石榴 ⇒ 安石榴

石榴	셕류		구급 하78ㄱ
石榴	셕류		구간 3:120ㄱ
石榴	셕뉴	果部	동의 2:23ㄴ2
石榴		果部	양금 518:10
石榴		山果	의종 7:32ㄴ2
石榴		山果	방합 40ㄴ
石榴殼		果部	동의 2:23ㄴ4
石榴東行根皮		果部	동의 2:23ㄴ6
石榴根		山果	의종 7:32ㄴ2
石榴根		山果	방합 40ㄴ
石榴樹根	셕류나못불휘		구간 2:108ㄱ
石榴皮	셕류불휘겁질		제중 8:18ㄱ1
石榴皮		山果	의종 7:32ㄴ2
石榴皮		山果	방합 40ㄴ
石榴花	셕륫곳		구급 상82ㄴ7
石榴花	셕륫곳		구간 2:94ㄱ
石榴花		果部	동의 2:23ㄴ5
榴末	셕륫ᄀᆞᄅᆞ		구간 3:17ㄱ

'石榴'는 한어명으로만 쓰였다. '뿌리', '껍질', '꽃' 등과 합성어를 이루어 나타나기도 한다. 『동의』의 '석뉴'는 'ㄹ의 비음화'가 반영된 표기이다.

1243) 石硫黃 ☞ 硫黃

1244) 菥蓂子 ⇒ 葶藶子, 薺菜

菥蓂子	굴근나이삐	草部		동의 2:43ㄱ2
菥蓂	굴근나이			본목 27ㄱ4
菥蓂子	굴근낭이삐	草部		양금 503:10
菥蓂子	낭이삐	柔滑菜		의종 7:30ㄱ2
菥蓂子	낭이삐	柔滑菜		방합 37ㄴ
菥蓂子	한새냉이씨 굵은낭이씨	草部上品之上	鄕名	향성 78:609:3
菥蓂子	羅耳實		鄕名	향동 78:16ㄴ

'菥蓂子'는 『표』에는 없다. 『한』에 의하면 '말냉이의 씨를 말린 것'이다. 『동의』의 향약명 '굴근나이삐'가 일반적인 형태이다. '나이'의 기원형은 '나싀'인데 '나싀 > 나이 > 낭이 > 냉이'의 어형 변화 과정을 거쳤다. 『향동』의 차자표기 '羅耳實'은 '*나싀삐'로 해독된다. 『향성』에는 '한새냉이씨'가 소개되고 있는데 이는 사전류에서 찾기 어렵다. '한새'는 '황새'를 나타내는 옛말인데 '굵은냉이'의 의미를 '한새'를 통해 나타낸 것으로 판단된다. 실제로 『표』에는 '황새냉이', '큰황새냉이'와 '꽃황새냉이'가 소개되어 있다. 이렇게 보면 '굵은냉이'가 쓰이다가 '한새냉이'로 교체되고 이것이 '황새냉이'가 된 것으로 보인다.

1245) 石蜜 ☞ 蜜

1246) 石沙

石沙	호곤돌	구급 상33ㄱ3

'石沙'는 사전류에 보이지 않는다. 『구급』에 나오는 고유어 향약명 '효곤돌'은 '횩-+-온+돌'로 분석된다. '작은 돌'을 뜻한다.

1247) 石思仙 ☞ 杜仲

1248) 石首魚 / 石魚

石首魚	조긔	구간 3:112ㄱ

石首魚	조긔	魚部		동의 2:3ㄱ4
石首魚	조긔			본목 43ㄴ10
石首魚	조긔	鱗部魚類		본정 하204
石首魚	조긔	魚部		양금 515:4
石魚	조긔			제중 8:19ㄴ6
石魚	죠긔	魚		의종 7:39ㄴ3
石魚	죠긔	魚		방합 49ㄱ
石首魚	조기	蟲魚部中品	鄕名	향성 83:687:3
石首魚頭石	조ᄀᆡ머리옛돌			구간 3:76ㄴ
石首魚頭中石		魚部		동의 2:3ㄱ5

'石首魚'는 '조기'를 말한다. 『구간』의 '조ᄀᆡ'는 '조긔'를 거쳐 현대 국어의 '조기'로 이어진다. 어형 변화를 겪었다. 『구간』과 『동의』에 나오는 '石首魚頭石'은 향약명의 생성과정을 나타내는 예이다. 즉 『동의』에 표제어 한어명만 나오는데 『구간』에서 이것을 확인할 수 있는 것이다. '조ᄀᆡ머리옛돌'은 '조ᄀᆡ머리+엣 # 돌'로 분석된다. '조기 머리의 돌'을 뜻한다. 여기의 '돌'이 무엇인지는 확실치 않다.

1249) 石燕, 石燕子 ☞ 蓮實

1250) 石雄黃 ☞ 雄黃

1251) 石葦 / 瓦葦

石韋	石花			향구 중17ㄱ5
石葦	石花		一名	향구 목46ㄱ7
石韋	石花		上層	향채 2월
石韋		草部		동의 3:8ㄱ1
石葦	바위옷			물명 106
石韋	일엽초	草部中品之上	鄕名	향성 79:620:2
石葦	석위			식명 567
石葦	석사 석피			동사 533
瓦韋		草部		동의 3:8ㄱ4
瓦葦		草部		양금 509:4

'石葦'는 '고란초과의 상록 여러해살이풀'로 한어명 이칭으로는 '瓦葦'가 있다. 고유어 향약명은 『향구』의 차자표기 '石花'에서 비롯되는데 '*돌곶'으로 해독된다. 『동의』에 고유어 향약명이

없고, 『물명』과 『향성』에는 다른 향약명이 기록되어 있다. 『물명』의 '바위옷'은 '바위에 낀 이끼'를 뜻하는 것이어서(『표』) 좀더 정밀한 추정이 필요하다. 혹 '*돌곶 > *돌옷'의 어형 변화와 '돌옷 > 바위옷'의 어형 교체가 일어난 것이 아닐까 추정해 본다.

1252) 石油

石油		金石		방합 63ㄴ

'石油'는 『방합』에만 나오는 한어명이다.

1253) 石耳

石耳	靈芝 名曰	菜部		동의 2:36ㄱ3
石耳	셕이	菜部		양금 520:9
石耳		芝栭		의종 7:31ㄱ4
石耳		芝栭		방합 39ㄱ

'石耳'는 '석이과의 버섯'이다. 『표』에 '석이버섯'이 등재되어 있다. 『동의』에 한어명 이칭으로 '靈芝'가 나온다. 이후 한어명으로만 나타난다.

1254) 石棗 ☞ 山茱萸

1255) 石鍾乳

石鍾乳		石部		양금 512:8
石鍾乳		金石		의종 7:49ㄱ8
石鍾乳		金石		방합 61ㄴ
石鍾乳				경신 48ㄴ8
石鍾乳	돌고드름	石部上品	鄕名	향성 77:591:1

'石鍾乳'는 '종유굴의 천장에 고드름같이 달려 있는 석회석'이다. 『향성』에 '돌고드름'으로 나오는데 『양금』 이후 한어명으로 주로 쓰였다.

1256) 石菖蒲 ☞ 菖蒲

1257) 石菜 / 石蒂

石蒂			草部	양금 506:2
石菜	돌나물			경국 124:3
石絡	돌ᄂᆞ믈			경국 75:8

'石菜'는 『표』에 보이지 않는다. 『지』에는 '근대'로 풀이하고 있다. 『경국』에서 '돌나물'이라 하였는데 '돌나물과의 여러해살이풀'이다(『표』). 『경국』에 나오는 '石絡'도 사전류에서 찾기 어려운 한어명이다. '돌ᄂᆞ믈'로 되어 있다. 『양금』의 '石蒂'도 사전류에서 찾기 어렵다.

1258) 蜥蜴 ☞ 石龍子

1259) 石蟹

石蟹	가재			언구 상25ㄴ10
石蟹			石部	동의 3:50ㄴ6
石蟹	가재		蟲部	동의 2:8ㄱ3
石蟹			虫部	사의 4ㄴ3:1
石蟹		唐	石部	양금 513:8
石蟹	가지		蟲部	양금 516:5
石蟹	가재			경국 23:6
石蟹	가지			경국 120:1

'石蟹'는 '가재'를 이른다. 고유어 향약명 '가재'는 『언구』에서 비롯되어 현대 국어까지 그대로 이어진다.

1260) 石花 ☞ 牡蠣, 石葦

1261) 石灰

石灰	셕회			구급 상8ㄱ5
石灰	셕회			구간 1:23ㄱ
石灰	惡灰 一名	石部		동의 3:50ㄴ1
石灰	惡灰 一名	石部		양금 513:7
石灰	회	石部下品	鄕名	향성 77:596:2
石灰末	셕회ᄀᆞᄅᆞ			언구 하9ㄴ8
多年石灰	오란셕회			구간 2:30ㄴ
風化石灰	오래사근셕회			구간 3:60ㄱ

'石灰'는 '석회석에서 얻는 산화칼슘이나 수산화칼슘'을 이른다. '灰'라고도 하는데 한어명대로 쓰였다. 『동의』와 『양금』의 '惡灰'는 '石灰'와 동의어인데 『표』에 나오지 않는다. 『한』에는 '堊灰'로 소개되어 있다.

<선>

1262) 蟬殼, 蟬蛟 ☞ 蟬蛻

1263) 仙靈脾 ☞ 淫羊藿

1264) 仙茅

仙茅			제중 8:17ㄱ8
仙茅	山草		의종 7:3ㄱ7
仙茅	山草		방합 4ㄱ

'仙茅'는 '국화과의 두해살이풀'이다. 『제중』에서부터 보인다. 고유어 향약명은 나타나지 않는다. '파라문삼(婆羅門參)'이라 불린다고 한다(『약』).

1265) 旋覆花 / 金沸草

旋覆花	夏菊		鄕名	향채 5월
旋復根	선복ᄀᆞᆫ			구급 상82ㄱ4
旋覆花	녀름구화 鄕名			언구 하14ㄱ2
旋復花	하국 金沸草 一名	草部		동의 3:16ㄱ4
旋覆花	하국			본목 15ㄱ9
旋覆花	하국 金沸草 一名	草部隰草類		본정 상73
旋覆花	션복화			마초 상95ㄱ
旋葍		草部		사의 2ㄱ3:2
旋覆花	하국 金沸草 一名	草部		양금 504:5
旋覆花	金沸草			해혹 3ㄱ9
旋覆花	하극 金沸草 一名 金錢花 一名			경신 31ㄱ5
旋覆花	하국 금불초 내얌풀			식휘 359
旋覆花	夏菊 하국	草部下品之上	鄕名	향성 79:628:1
旋覆花	금불초 금잔화 옷풀 하국 들국화			식명 703
旋覆花	여름국화			동사 536
旋覆花	금불초			야화 91

旋覆花根	션복화불휘			언구 하13ㄴ11
金沸草	하국			제중 8:9ㄴ8
金沸草	하국 旋覆花 又名		俗	해혹 28ㄱ1
金沸草	하국 旋覆花 一名	隰草		의종 7:10ㄴ8
金沸草	하국 旋㮂花 一名	隰草		방합 13ㄴ

'旋覆花'는 '국화과의 여러해살이풀'인데 '金佛草, 金沸草, 夏菊, 夏菊꽃' 등의 이칭이 있다. 의서에서도 이들 이칭이 섞여 나타난다. 『향채』의 '夏菊'은 한어명으로 『표』에 등재되어 있다. 실제로 한자음대로 후대 의서에 나타난다. 『언구』의 '녀름구화 鄕名'이라는 기록은 기원적으로 '녀름국화'형이 있었을 가능성을 제기해 준다. 만약 그렇다면 차자표기가 한어명으로 굳어진 예가 된다.

1266) 仙鼠 ☞ 伏翼

1267) 蟬蛻 / 蟬殼 / 蟬退

蟬蛻	蟬殼			향구 하35ㄴ10
蟬花	蟬脫		鄕名	향채 7월
蟬殼	미야미헝울			구간 3:11ㄴ
蟬蛟	미야미헝울			구간 6:78ㄱ
蟬蛻	미야미헝울			구간 3:17ㄴ
蟬退	미야미헝울 미여미헝울			구간 3:19ㄱ
蟬殼	미야미헝울			언두 하56ㄱ
蟬退	션퇴			언두 하10ㄱ
蟬退	미야미헝울			언태 29ㄴ
蟬殼	미야미헝울	蟲部		동의 2:8ㄱ7
蟬蛻	미얌의헝울			본목 41ㄱ10
蟬殼	션퇴			두경 18ㄴ
蟬退	션퇴			두경 21ㄴ
蟬殼	션각			마초 상99ㄱ
蟬退	션퇴			마초 상85ㄴ
蟬殼	매암의허믈	虫部		사의 4ㄱ4:10
蟬退	마얌의허믈	禽部		사의 3ㄱ1:9
蟬殼	미얌의허믈	蟲部		양금 516:5
蟬退	미야미험울			제중 8:9ㄱ4
蟬退	미아미허믈	化蟲		의종 7:38ㄱ9

蟬退	ᄆᆡ아미허믈	化蟲		방합 47ㄴ
蟬退	ᄆᆡᄋᆞ미허물 蟬脫 一名 蟬殼 一名			경신 18ㄴ6
蟬殼	마야미			경국 32:4
蟬花	蟬脫 맴이허물	蟲魚部中品	鄕名	향성 83:684:1
枯蟬	매미허물			동사 75
蟬蛻	매미허물 蟬殼 蟬退 고선			동사 538

'蟬蛻'는 '매미가 탈바꿈할 때 벗은 허물'을 이른다. 한어명 이칭으로는 '蟬殼', '蟬退'가 있다. 『향구』의 '蟬殼'은 차자표기가 아니라 한어명 이칭으로 판단된다. 『향채』의 표제어 '蟬花'는 『향성』에서 잇고 있다. 15세기 『구간』의 'ᄆᆡ야ᄆᆡ헝울'이 쓰이다가 '헝울'이라는 형태를 '허믈'로 교체한 어형 '매암의허믈'이 『사의』에 나타나 공존한다. 그러다가 『양금』에서부터는 'ᄆᆡ얌의허믈'형만 남게 되고 이것이 현대 국어의 '매미허물'이 된다. '매미허물'을 『표』에 등재할 만하다.

1268) 鱓魚 ☞ 鱔魚

1269) 鱔魚 / 鱓魚 ⇒ 鰻鱺魚

大鱔魚	큰웅에			구간 1:21ㄱ
鱓魚	드렁허리			구간 7:74ㄴ
鱔魚	웅에 一名 드렁허리 又名			촌구 6ㄱ10
鱔魚	드렁허리 鱓魚 一名	魚部		동의 2:3ㄴ4
鯪鯉魚	드렁허리			본목 43ㄱ1
鱓魚	드렁허리			본목 44ㄴ3
鱓魚	드렁허리	鱗部無鱗魚類		본정 하206
鱔魚	드렁허리	虫部		사의 4ㄴ1:10
鱔魚	드렁허리	魚部		양금 515:5
鱔魚	드렁허리			제중 8:18ㄴ7
鱔	들엉어리		俗	해혹 5ㄴ8
鱔魚	드렁허리	無鱗魚		의종 7:40ㄴ1
鱔魚	드렁허리	無鱗魚		방합 50ㄴ
鱔魚	드렁허리 鱔魚 一名			경신 56ㄴ1
鱔魚	웅어			경국 121:11
鱓魚	冬乙藍虛里 드렁허리	蟲魚部上品	鄕名	향성 82:680:2
鰻鱺魚	웅어 등렁헐치 一名			경국 10:6
鱔魚頭骨		魚部		동의 2:3ㄴ7
鱔魚皮		魚部		동의 2:3ㄴ8

鱔魚血	魚部	동의 2:3ㄴ6

'鱔魚'는 '드렁허릿과의 민물고기'인데 한어명 이칭으로 '熊魚'가 있다. 『구간』의 '웅에'는 '에' 모음이 하향 이중모음임을 고려하면 한어명 '웅어'에 '이'가 결합된 것으로 보인다. 『샘』의 '웅어의 평북 방언'이라는 설명도 참고된다. 일종의 혼종어가 된 셈이다. 고유어 향약명으로는 '드렁허리'가 15세기부터 나타나 현대 국어에까지 어형 교체없이 쓰인다. 『향성』의 차자표기 '冬乙藍虛里'는 용자대로라면 '*들람허리'로 해독되는데 '應'자를 '藍'으로 오기한 것으로 추정된다. 방언형으로 보이는 『경국』의 '등렁헐치'가 주목된다. '드렁허리'의 어원을 짐작케 한다는 점에서 그러하다. 즉, '드렁허리'와 '등렁헐치'를 비교하면 '드렁헐'이 분석된다. 이 형태에 접미사 '이'와 '치'가 교체된 것이다. 한편, 『촌구』(22ㄱ5)에는 '鰻鱸魚 웅에 俗名 드렁허리 又名'로 나오는데 이는 '鰻鱺魚'와 '鱔魚'를 혼동한 것이다. '鰻鱺魚'는 '비암당어'이다(위 '鰻鱺魚' 항목 참조). 『경국』도 마찬가지이다.

1270) 仙遺粮 ☞ 萆薢
1271) 仙人飯 ☞ 黃精
1272) 仙人杖 ☞ 枸杞子
1273) 船底苔

船底苔	뱃밑에낀잇기	草部中品之下	鄕名	향성 79:625:2

'船底苔'는 한자의 뜻 그대로이다. 『향성』에만 나오는데 설명형 향약명 '뱃밑에낀이끼'는 '배+ㅅ # 밑+에 # 끼-+-ㄴ # 잇기'로 분석된다.

1274) 蟬退 ☞ 蟬蛻
1275) 旋花

旋葍根	메		언구 상47ㄴ7
旋花	멧곳 鼓子花 一名	草部	동의 2:47ㄴ2
旋花	멧곳		본목 20ㄱ5
旋花	메곳 鼓子花 一名	草部	양금 506:5
旋花根	美草 一名 豘腸草 一名	草部	동의 2:47ㄴ5

'旋葍根'이 『언구』에 '메'로 되어 있다. '메'는 '메꽃과의 여러해살이 덩굴풀' 혹은 그 뿌리를

이른다. 『동의』에서 '旋花'로 나타난다. 다른 이칭으로는 '鼓子花'가 있다. 고유어 향약명으로는 '멧곶'으로 쓰였고 현대 국어 어형은 '메꽃'이다. 『동의』의 '美草'와 '羪腸草'가 '메꽃'의 다른 이칭이다(『표』).

<섬>

1276) 暹羅酒 ☞ 酒

1277) 蟾蜍 / 蟾酥 ⇒ 蝦蟆

蟾蜍	豆何非		俗云	향구 목49ㄴ3
蟾蜍	豆何非		鄕名	향구 중29ㄱ1
蟾蜍	蝦蟆		一名	향구 목49ㄴ3
蟾蜍	두터비			산경 549
蟾蜍	두터비진			언두 상27ㄴ
蟾蜍	두터비 癩疙麻 俗名 風鷄 又名	蟲部		동의 2:10ㄱ8
蟾蜍	두터비			본목 42ㄱ2
蟾蜍	두터비	虫部		사의 4ㄴ2:8
蟾蜍	두터비	蟲部		양금 516:9
蟾蜍	두텁비			제중 8:18ㄴ9
蟾蜍	둡거비	化蟲		의종 7:38ㄱ10
蟾蜍	둡거비	化蟲		방합 47ㄴ
蟾	둑겁이	蟲魚部下品	鄕名	향성 83:688:2
蟾	마른두꺼비			동사 545
蟾蜍	두꺼비진 섬소			동사 545
蟾蜍	마른두꺼비 라홀마			동사 307
蟾蜍肪		蟲部		동의 2:10ㄴ4
蟾蜍屎		蟲部		동의 2:10ㄴ5
蟾酥	蟾眉上酥		卽	향채 5월
蟾酥	두터븨니마힛진			언구 하37ㄴ8
蟾蜍眉酥		蟲部		동의 2:10ㄴ1
眉酥	두터비미간의눈흰즙	蟲部		양금 516:10
蟾酥	니마의진			경국 50:6
蟾灰	둣겁이회			치언 21ㄴ5

'蟾蜍'는 '두꺼비'를 말한다. 한어명으로는 『동의』의 '癩疙麻'와 '風鷄'가 있다. '風鷄'는 『표』

에 없다. 『향구』의 차자표기 '豆何非'는 '*두가비'로 해독된다. 후대형 '두터비'의 기원형은 '두텁'이다(『훈민정음』). '두텁'에 '이'가 결합되어 '두터비'가 되었다. 17세기경에 '둗겁-'에 접미사 '이'가 결합된 '둗거비' 형태가 생성되고 『의종』에 '둡거비', 『물보』의 '둣겁이'가 나타나 『향성』의 '두겁이'로 이어진다. 이 과정에서 '두터비'는 소멸되는 어형 교체가 일어나 현대 국어에까지 이어진다. 『향구』에 '蝦蟆'가 기록되어 있는데 이는 '개구리'를 이른다. 한편, '蟾酥'는 『향채』의 기록과 『언구』와 『양금』의 설명형 향약명을 통해 알 수 있다. '두터븨니마힛진'으로 되어 있는데 '두터비+의 # 니맣+의+ㅅ # 진'으로 분석된다. 곧 '두꺼비의 고막 뒤의 耳腺에서 분비되는 흰색의 액체를 말린 약'을 이른다(『표』). 『치언』의 '둣겁이회'는 '두꺼비'를 태운 재를 이르는데 한어명 '蟾灰'가 『표』에 등재되어 있다.

<세>

1278) 細麪 ☞ 麪

1279) 細墨 ☞ 墨

1280) 細白沙 ☞ 沙

1281) 細辛

細辛	洗心		俗云	향구 목45ㄴ2
細辛	洗心		鄕名	향구 상7ㄱ2
細辛	細		上層	향채 2월
細辛	셰신			구급 상1ㄴ7
細辛	셰싟불휘			구간 2:8ㄱ
細辛	셰신			분온 12ㄴ
細辛	셰신			간벽 12ㄴ
細辛	셰심			산경 243
細辛	셰신			언두 하47ㄱ
細辛	셰심			언구 상1ㄴ6
細辛		草部		동의 2:42ㄱ8
細辛		草部		사의 1ㄱ2:5
細辛	셰신	草部		양금 504:7
細辛				제중 8:3ㄴ5
細辛	셰신			물보 10
細辛	족도리풀불휘	山草		의종 7:6ㄱ9

細辛	족도리풀불휘	山草		방합 8ㄱ
細辛				경신 16ㄱ2
細辛	죠리풀 세신			식휘 128
細辛	족도리풀 만병초	草部上品之上	鄕名	향성 78:607:3
細辛	민족도리푸르 만병초			식명 657
細辛	털족도리풀 조리풀 족도리풀			식명 657
細辛	족두리풀뿌리 민족두리풀뿌리			동사 743
辣細辛	ᄆᆡ온셰신			구급 상1ㄴ7
辣細辛	ᄆᆡ온셰싮불휘			구간 1:2ㄱ

'細辛'은 '족두리의 뿌리'를 이른다. 정작 '족두리'형은 19세기에 나타난다. 이른 시기 의서에서부터 주로 한어명으로 쓰인다. 『향구』의 '洗心'은 '*세심'으로 해독된다. 『향채』의 '縕'는 '細心'을 한 글자로 적은 것이다. 후대형을 고려하면 '세신'이어야 하는데 '*세심'이 된 것은, 이 약재가 '뿌리'를 사용하기 때문에 '세신+불휘'가 되면 'ㄴ'이 'ㅂ'에 동화되어 '심'이 되기 때문이다(이은규 1993:101 참조). 다만, 13세기 중엽에 종성 자음의 내파화가 일어났는지가 문제이다. '세신'은 『의종』에 와서 '족도리풀불휘'가 나타나 공존하게 된다. 그리고 20세기에 새로운 이칭이 많이 생겨나게 된다.

1282) 洗兒水 ☞ 水

<소>

1283) 酥 / 酥油

酥	수유			구간 1:88ㄴ
酥油	수유			구급 하39ㄱ
酥	소유	獸部		동의 1:44ㄴ1
酥油		虫部		사의 4ㄴ4:10
酥	슈유	獸部		양금 528:6
酥油		畜		의종 7:45ㄱ5
酥油		畜		방합 56ㄴ
酥	타락 油皮 酥油 卽	獸部上品	鄕名	향성 81:656:2

'酥'는 '우유를 끓여서 만든 기름'을 말한다. 『구간』에 한어명 '수유'로 되어 있는데 『동의』에서 '소유'로 기록되었다. 이는 '酥'의 한자음이 '수'와 '소'로 다 읽히기 때문이다. 『향성』에는 '우유'를 뜻하는 한어명 이칭 '駝酪'이 나온다.

1284) 蘇 ☞ 紫蘇

1285) 小葛藤 ☞ 防己

1286) 小薊 ⇒ 大薊

小薊	曹方居塞		鄕名	향채 4월
小薊	쇼계			구급 상62ㄱ7
小薊	조방이			구간 2:115ㄴ
小薊	조방거싀			구간 3:97ㄱ
小薊	羅邑居塞			촌구 4ㄱ4:2
小薊	羅邑居塞 납거싀		鄕名	촌가
小薊	조방가싀 刺薊 一名	草部		동의 3:9ㄴ9
小薊	조방가싀			본목 15ㄴ2
小薊根	조방가싀	補遺隰草		본정 하294
小薊	조방가싀 刺薊 一名	草部		양금 505:8
小薊	조방가싀			해혹 31ㄴ2
小薊	조방가싀	隰草		의종 7:11ㄱ4
小薊	조방가싀	隰草		방합 14ㄱ
小薊	曹方居塞 거새뿌리	草部中品之下	鄕名	향성 79:621:3
小薊	조방가싀			언구 상38ㄴ7
乾薊	ᄆᆞ론조방이			구간 2:115ㄴ

'小薊'는 '조뱅이' 혹은 '조방가새'를 이른다. 한어명은 '小薊'로만 쓰였다. 『동의』의 이칭 '刺薊'는 『표』에 나온다. 『향채』의 차자표기 '曹方居塞'는 '*조방거싀'로 해독된다. 『구간』의 '조방거싀'와 일치한다. 15세기 『구간』에 고유어 향약명 이칭으로 '조방이'는 주목되는 향약명이다. '조방거싀'와 '조방이'를 비교하면 '조방'에 '거싀'와 '이'가 결합된 것을 알 수 있다. 그런데 '조방이'는 이후 의서에 보이지 않는다. 그러다가 '조방이'의 어형 변화형 '조뱅이'가 『표』에 표제어도 등재되어 있다. 『촌구』의 '羅邑居塞 납거싀'는 '蒺藜子'를 가리키는 향약명인데(아래 '蒺藜子' 항목 참조) 오류로 판단된다. '*조방거싀'는 『동의』의 '조방가싀'로 어형 변화를 겪어 현대 국어까지 이어진다. 『향성』의 '거새뿌리'는 '조방거새뿌리'의 약칭으로 보인다.

1287) 梳垢

梳頭梳中垢	머리비슨비셋뗙			구급 하75ㄴ
梳垢	비세무더잇는머릿뗙			구간 3:13ㄱ
梳中垢	비셋뗙			구간 6:50ㄴ
梳垢	빗쩍			광향 36ㄴ1
梳篦	때무든빗쌀 빗치개	木部中品	鄕名	향성 80:649:1

'梳垢'는 '빗에 묻은 때'를 말한다. 사전류에 보이지 않는다. 『구간』의 설명형 향약명 '비세무더잇는머릿뗙'가 '비셋뗙'를 거쳐 『광향』의 '빗쩍'로 나타난다. 설명형이 향약명 어휘가 바탕 구실을 함을 알 수 있다. '빗쩍'는 '빗때'로 『표』에 등재할 만하다. 『향성』의 '빗치개'는 '빗 # 치-+-개'로 분석된다. '빗살 틈에 낀 때를 빼거나 가르마를 타는 데 쓰는 도구'라는 뜻이어서 참고 어휘로 기록한 것으로 보인다.

1288) 小根蒜 ☞ 大蒜

1289) 少男兒尿 ☞ 童便

1290) 昭腦 ☞ 龍腦

1291) 小豆 ⇒ 赤小豆

小豆	퐃			구급 하92ㄴ
小豆	퐃			구간 7:52ㄱ
小豆	폰			벽신 11ㄱ
小豆	퐃			방유 3:25ㄴ
小豆	불근존퐃			광비
小豆	불근잔퐛			광향 2ㄱ07
小豆	퐛			물보 5
小豆	퐃			물명 73
小豆	퐛 赤小豆 殘豆			식휘 220
早小豆	올퐃			산경 123
白豆	흰퐛	米穀部中品	鄕名	향성 84:707:2

'小豆'는 '팥'을 이른다. 『구간』의 '퐃'이 어형 변화를 겪어 '팥'이 되었다. 『광비』와 『광향』에 좀더 자세한 형태가 나온다. '불근존퐃'은 '븕-+-은 # 잘-+-ㄴ # 퐃'으로 분석된다.

1292) 小豆花 ☞ 腐婢花

1293) 小螺 ☞ 田螺

1294) 蘇麻 ☞ 荏子

1295) 小麥

小麥	眞麥			향구 상10ㄴ6
小麥	眞麥		俗云	향구 목48ㄴ4
小麥	밀			구급 하11ㄴ
小麥	밀			구간 1:113ㄱ
麥	밀 蕎麥 俗呼			훈몽 상12ㄴ
小麥	밀	穀部		동의 1:24ㄴ1
小麥	밀			본목 24ㄱ2
小麥	밀	穀部麻麥類		본정 상113
小麥	밀	穀部		양금 524:3
小麥	밀			제중 8:21ㄴ9
小麥	밀			물보 5
小麥	밀			물명 58
小麥	밀		俗	해혹 4ㄱ5
小麥	밀	麻麥稻		의종 7:35ㄱ3
小麥	밀	麻麥稻		방합 43ㄴ
小麥	밀			경국 80:8
小麥	밀			식휘 56
小麥	밀	米穀部中品	鄕名	향성 84:705:3
小麥	밀			동사 551

'小麥'은 '밀'이다. 『향구』의 '眞麥'은 한어명 이칭이다. 『구간』의 '밀'이 아무런 변화없이 현대 국어로 이어진다.

1296) 小麥奴

小麥奴	밀감보기	穀部		동의 1:25ㄱ7
小麥奴	밀감복이	穀部		양금 524:6
小麥奴	밀감보기			해혹 28ㄱ6
小麥奴	밀짯비기			경사 6:1

'小麥奴'는 '밀이 병들어 새까맣게 된 이삭' 곧 '밀깜부기'를 이른다. 『동의』에서 나타나는 고유

어 향약명 '밀감보기'는 어형 변화를 거쳐 '밀깜부기'가 되었다. 『경사』의 '밀쌋비기'는 방언형이다. 경남 방언 '밀깜비'와 같은 어형으로 보인다. 『경국』(153:3)에 '밀감북이'가 보인다.

1297) 小麥麵

小麥麵	밀ㄱㄹ	穀部	동의 1:24ㄴ5
小麥麪		麻麥稻	의종 7:35ㄱ4
小麥麪		麻麥稻	방합 43ㄴ

'小麥麵'은 '밀가루'를 말한다. 『동의』와 『의종』에 보인다.

1298) 小麥苗

小麥苗	밀ᄀᆞᆫᄌᆞ란삭	穀部	동의 1:25ㄱ6
小麥苗	밀갓자란쏠	穀部	양금 524:5

'小麥苗'는 『동의』와 『양금』에 보이는데 '밀의 어리고 연한 줄기와 잎'을 이른다. 『표』에는 나오지 않는다. '밀ᄀᆞᆫᄌᆞ란삭'은 '밀 # ᄀᆞᆫ # ᄌᆞ라-+-ㄴ # 삭'으로 분석된다. 『양금』의 '쏠'은 '싹'의 오기이다.

1299) 蘇木 / 蘇方木

蘇木	다목			구급 하97ㄴ3
蘇枋木	다목			구간 6:79ㄴ
蘇木	다목			언구 하10ㄴ5
蘇方木	다목 蘇木 一名	唐 木部		동의 3:41ㄱ10
蘇方木	다목			본목 34ㄱ10
蘇方木	다아목 蘇木 一名	唐 木部		양금 511:9
蘇木	다목			제중 8:8ㄴ1
蘇方木	다목 蘇木 卽		俗	해혹 32ㄴ2
蘇木	다목 蘇方木 一名	喬木		의종 7:25ㄱ10
蘇木	다목 蘇方木 一名	喬木		방합 32ㄱ
蘇方木	다목			경신 41ㄱ4
蘇木	다목			경국 80:10
小木香	쇼목향			구급 상14ㄱ

蘇木香	소목향	구급 상15ㄴ6

'蘇木'은 '콩과에 속하는 상록 교목의 속살'을 이른다. 고유어 향약명은 『구급』에서부터 '다목'으로 나타나 현대 국어까지 그대로 이어진다. 『양금』의 '다아목'은 방언형인지 오기인지 불분명하다. 『구급』의 '小木香'은 '蘇木'의 다른 표기로 보인다.

1300) 小米 ☞ 粟米

1301) 蘇方木 ☞ 蘇木

1302) 小便 ⇒ 童便

小便	쇼변	구급 상20ㄱ7
小便	오좀	구급 하8ㄴ
小便	오좀	구간 1:44ㄱ
小便	쇼마	언구 상42ㄱ10
小水	小便	해혹 28ㄴ9
新小便	새오좀	구급 하9ㄱ3
新小便	깃눈오좀	구급 하52ㄴ
夫尿	제남진의오좀	구간 7:19ㄱ
小兒尿	슨아희오좀	구간 6:29ㄱ
熱小便	더운오좀	구간 1:78ㄴ
熱小便	더운오좀	언구 하12ㄱ2
熱人溺	더온오좀	언구 상6ㄱ4
溺	오좀	구간 2:40ㄴ
自己溺	제오좀	언구 상24ㄱ6

'小便'은 '오줌'이다. 15, 6세기의 복합어가 보인다. '自己溺'은 '환자 자신의 오좀'을 말한다.

1303) 小粉

小粉	분	구간 3:57ㄱ

'小粉'은 '분'을 이른다. 한어명 '小粉'은 사전류에서 찾기 어렵다.

1304) 梳篦 ☞ 梳垢

1305) 繅絲湯 ☞ 水
1306) 小蒜 ☞ 大蒜
1307) 燒石

燒石	불에달근돌	石部上品	鄕名	향성 77:592:2

'燒石'은 사전류에 보이지 않는다. 『향성』에 설명형 향약명으로 나온다. '불에달근돌'은 '불+에 # 달그-+-ㄴ # 돌'로 분석된다. '달그-'는 방언형으로 보인다.

1308) 小蘇 ☞ 小薊
1309) 小水 ☞ 小便
1310) 小柹 / 椑柹

椑柹		果部	동의 2:21ㄱ10
小柹	고욤	果部	동의 2:21ㄱ9
椑柹	피옴		본목 29ㄴ10
椑柹	고욤 椑柹 烏柹 고욤 郎今	果部山果類	본정 상145
椑柹		果部	양금 518:6
小柹	괴욤	果部	양금 518:6

'椑柹'는 사전류에서 찾기 어렵다. '小柹'는 '고욤'이다. ''椑柹'와 '小柹'가 함께 쓰인다. 『본목』의 '피옴'은 '괴욤'의 오기이다. 『동의』의 '고욤'형이 현대 국어까지 이어진다.

1311) 小兒尿 ☞ 小便
1312) 鮹魚 ☞ 鮹魚
1313) 蘇葉, 蘇子 ☞ 紫蘇
1314) 酥油 ☞ 酥
1315) 小楡葉 ☞ 楡白皮
1316) 燒酒 ☞ 酒
1317) 蘇州小瓶酒 ☞ 酒
1318) 小蒂 ☞ 柹子
1319) 小草 ☞ 遠志
1320) 小八梢魚 / 章魚 ⇒ 八梢魚

小八梢魚	章擧魚 名 石距 一名	魚部	동의 2:4ㄱ9
小八梢魚	낙지	魚部	양금 515:6

小八梢魚	락데		제중 8:20ㄱ6
小八梢魚	락데	無鱗魚	의종 7:41ㄱ9
小八梢魚	락데	無鱗魚	방합 51ㄴ
章魚	낙지	鱗部無鱗魚類	본정 하208
章魚	낙졔		본목 45ㄱ2

'小八梢魚'는 '낙지'이다. 한어명 이칭 '章魚'가 표제어로 나오기도 한다. 『동의』의 '石距'는 『표』에 있으나 '章擧魚'는 없다. 『양금』의 '낙지'는 표기 차이를 보이는 여러 형태를 거쳐 현대 국어에 이어진다.

1321) 小長罐 ☞ 罐子

1322) 小草 ☞ 遠志

1323) 掃破草 ☞ 地膚子

1324) 蘇合香

蘇合香	唐	木部	동의 3:33ㄱ7
蘇合香	唐	木部	양금 510:9
蘇合香			제중 8:17ㄱ2
蘇合香		香木	의종 7:23ㄱ9
蘇合香		香木	방합 29ㄴ
蘓合香			경신 50ㄴ10

'蘇合香'은 한어명으로만 나타난다. '소합향나무의 수지를 모은 것'이다.

1325) 小茴

小茴		제중 8:6ㄱ7
小茴	芳草	의종 7:10ㄱ1
小茴	芳草	방합 12ㄴ

'小茴'는 사전류에서 찾기 어렵다.

1326) 燒灰漿 ☞ 漿水

<속>

1327) 粟殼 ☞ 罌粟殼

1328) 粟糗 ☞ 粟米

1329) 續斷

續斷				촌구 5ㄱ5:3
續斷			鄕名	촌가
續斷		草部		동의 2:46ㄱ4
續斷		草部		양금 504:3
續斷				제중 8:13ㄱ8
續斷	검산풀불휘	隰草		의종 7:11ㄱ6
續斷	검산풀불휘	隰草		방합 14ㄱ
續斷				경신 47ㄴ8
續斷	광대수염뿌리	草部上品之下	鄕名	향성 78:611:1

'續斷'은 '꿀풀과의 여러해살이풀'이다. 『촌구』부터 한어명으로만 쓰이다가 『의종』에 와서 '검산풀불휘'가 나타나 현대 국어로 이어진다. 『향성』에 오면 '광대수염뿌리'가 다시 나타난다. 『표』에는 '광대수염'만 등재되어 있다. '검산풀뿌리'를 등재할 만하다.

1330) 粟米

粟	조			구급 하17ㄴ
粟	조ᄡᆞᆯ			구간 6:71ㄴ
粟米	조ᄡᆞᆯ			구간 6:31ㄱ
粟米	조ᄡᆞᆯ	穀部		동의 1:22ㄴ1
粟	조�			본목 24ㄴ1
粟米	좁ᄊᆞᆯ 小米 一名 硬粟 一名	穀部		양금 523:10
粟米	조ᄡᆞᆯ			제중 8:21ㄴ1
粟米	조ᄡᆞᆯ	稷粟		의종 7:35ㄴ9
粟米	조ᄡᆞᆯ	稷粟		방합 44ㄴ
粟米	조쌀	米穀部中品	鄕名	향성 84:704:1
粳粟米	졍히디흔좁ᄡᆞᆯ	穀部		사의 3ㄱ4:2
陳粟米	무근조ᄡᆞᆯ	穀部		동의 1:22ㄴ5
陳粟米	무근죠ᄊᆞᆯ	穀部		양금 523:10
粟糗	조ᄡᆞᆯ미시	穀部		동의 1:22ㄴ8

粟米糗	됴ᄡᆞᆯ미시	穀部		양금 524:1
粟米粉	조ᄡᆞᆯᄀᆞ라안촌ᄀᆞᄅᆞ	穀部		동의 1:22ㄴ6
粟米粉	좁ᄡᆞᆯ가로안촌가로	穀部		양금 523:10
粟蘖米	조기룸	穀部		동의 1:23ㄱ1
新粟米飯	싱좁쌀밥			광향 38ㄴ4

'粟米'를 핵심 어근으로 하는 단어족이다. '粟米'는 '좁쌀'이다. 15세기의 '조ᄡᆞᆯ'이 형태 변화를 겪어 '좁쌀'로 이어진다. 『동의』와 『양금』의 '粟糗', '粟米糗'는 '좁쌀로 만든 미숫가루'를 말한다. '미시'는 『해혹』의 '米糒'도 '미시'로 되어 있다. 『동의』의 '조ᄡᆞᆯ싄ᄠᅳ믈'은 '조ᄡᆞᆯ # 싀-+-ㄴ # ᄠᅳ믈'로 분석되는데 '싀-'는 『양금』의 '시ᄎᆞᆫ'을 참고하면 '씻-'의 의미로 파악된다. 『사의』의 '粳粟米'는 '깨끗하게 찧은 좁쌀'이라는 뜻이다.

1331) 粟薛子 ☞ 薛子米

1332) 續隨子

續隨子				촌구 5ㄱ7:3
續隨子	千金子 쳔금ᄌᆞ		鄕名	촌가
續隨子末	ᄉᆞᆨ슈ᄌᆞᄭᆞᄅᆞ			언구 하32ㄱ8
續隨子	千金子 一名 聯步 一名	草部		동의 3:21ㄴ7
續隨子	千金子 一名 聯步 一名	草部		양금 508:7
續隨子	千金子 一名	毒草		의종 7:15ㄴ8
續隨子	千金子 一名	毒草		방합 20ㄱ
續隨子	千金子 一名 拒冬実 一名			경신 34ㄱ7
續隨子	속수자	草部下品之下	鄕名	향성 79:633:3

'續隨子'는 '대극과의 두해살이풀'이며 한어명 이칭으로 의서에 나오는 '千金子', '聯步', '拒冬' 등이 『표』에 다 실려 있다. 한어명으로만 쓰였다

<송>

1333) 松膏 ☞ 松脂

1334) 松公伊 ☞ 松節

1335) 松根白皮

松根白皮		木部		동의 3:26ㄱ3
松根白皮	솔뿌리속겁질	木部上品	鄕名	향성 80:637:1

'松根白皮'는 『동의』와 『향성』에 나온다. 『향성』의 향약명은 합성어 '솔뿌리속껍질'이다.

1336) 松蘿

松蘿	소나모우희숑낙 女蘿 一名	木部		동의 3:37ㄴ7
松蘿	송낙			본목 36ㄴ2
松蘿	소나모우희송낙	菜蔬部		사의 3ㄴ2:7
松蘿	솔나모우희숑락 女蘿 一名	木部		양금 511:3
蔦	솔겨으사리 무			자석 319
松蘿	소나무겨으살이	木部中品	鄕名	향성 80:647:2

'松蘿'는 '송라과의 지의류'로 '소나무겨우살이'이다. 『동의』의 한어명 이칭 '女蘿'는 '女蘿衣'라고도 하는데(『표』) '선태식물에 속하는 이끼의 하나'이다. 『동의』의 '소나모우희숑낙'이 현대 국어에 와서 '소나무겨우살이'로 어형이 교체되었다. 곧 '숑낙'이 '겨우살이'로 바뀐 것이다. 그런데 형태 '숑낙'의 의미가 무엇인지 불분명하다. '숑'이 '솔'을 나타낸다면 '낙'은 무엇인지 알 수 없다.

1337) 松明 ⇒ 松節

松明	관솔	木部		사의 2ㄴ3:5

'松明'은 '송진이 많이 엉긴, 소나무의 가지나 옹이'를 이르는데 우리말 이칭이 바로 『사의』에 나오는 '관솔'이다(『표』).

1338) 松木屑

松木屑	소나못ᄀᆞᄅᆞ			구간 2:9ㄴ

'松木屑'은 『구간』에 보이는데 '소나무의 가루'를 이른다.

1339) 松肪 ☞ 松脂

1340) 松樹皮

松樹皮	소나못것			구급 하11ㄱ4
松樹皮上綠衣	艾蒳香 名	木部		동의 3:26ㄱ5

'松樹皮'는 '소나무껍질'을 이른다. 『동의』의 '艾蒳香'은 『표』에 보이지 않는데 그 뜻을 분명히 알 수 없다. 『동의』의 한어명 표제어를 보면 '소나무껍질 위의 綠衣' 즉 '이끼'가 아닐까 한다.

1341) 松筍

松筍	솔순	木部		사의 2ㄴ3:6

'松筍'은 '소나무의 새순'을 이른다. 『사의』에는 '솔순'으로 나온다. '솔순'은 혼종어인데 『샘』에서 '송순의 북한말'로 소개하고 있다. 『표』에는 나오지 않는다.

1342) 松實

松實		木部		동의 3:25ㄴ9
松實	솔씨	木部上品	鄕名	향성 80:637:1

'松實'은 '소나무씨'이다. 『동의』와 『향성』에 나오는데 『향성』에 '솔씨'로 되어 있다. 『표』에는 보이지 않는다.

1343) 松魚

松魚		魚部		동의 2:4ㄴ1
松魚	송어	魚部		양금 515:6

'松魚'는 '연어과의 바닷물고기'이다. 『동의』와 『양금』에 나온다. 한어명으로만 쓰였다.

1344) 松煙墨, 松煙墨汁 ☞ 墨

1345) 松葉

松葉	솔닙			언구 상47ㄱ10
松葉		木部		동의 3:25ㄴ10
松葉	솔입사귀	木部上品	鄕名	향성 80:637:1
靑松葉	프른숤닙			구간 1:26ㄱ

'松葉'은 '솔잎'이다. 『향성』에는 '솔입사귀'로 나온다. '솔잎사귀' 형태로 『표』에 등재할 만하다. 『구간』에는 '青松' 즉 '푸른 솔잎'으로 나온다.

1346) 松葉酒 ☞ 酒

1347) 松耳 ☞ 菌

1348) 松子油

松子油	잣기름			구간 1:62ㄱ

'松子'는 '잣'이다. '松子油'는 『구간』에 '잣기름'으로 나온다.

1349) 松藷

松藷		木部		동의 3:26ㄱ4

'松藷'는 『동의』의 '木部'에 나오는데 무엇인지 알 수 없다. 사전류에서 찾기 어렵다.

1350) 松節 ⇒ 松明

松節	솘공이			구간 1:89ㄱ
松節		木部		동의 3:26ㄱ1
松公伊		木部		사의 2ㄴ1:9
松節	소나무옹두라지	木部上品	鄕名	향성 80:637:1

'松節'은 '소나무의 마디'를 이른다(『표』). 『구간』에 '솘공이'로 나온다. 『사의』에서는 '松公伊'로 표제어가 되어 있는데 이는 '*솔공이'로 해독되는 차자표기이다. '솔공이'형은 『향성』에 와서 '소나무옹두라지'로 어형이 교체된다. '옹두라지'는 '나뭇가지가 부러지거나 상한 자리에 결이 맺혀 혹처럼 불퉁해진 것'을 이르는데 '옹두리'라고도 한다(『표』). '옹두'의 기원형은 '옹도'이다.

1351) 松節酒 ☞ 酒

1352) 松脂 / 松膏

松脂	솘진			구급 하63ㄱ7
松脂	소진			구간 3:5ㄴ
松脂	숑진			언구 하16ㄱ6

松脂	소나모진 松膏 一名 松肪 一名	木部		동의 3:25ㄴ4
松脂	솔나모진	木部		양금 509:9
松脂	송진 瀝靑 一名	香木		의종 7:21ㄴ3
松脂	송진 瀝靑 一名	香木		방합 27ㄱ
松脂	송진	木部上品	鄕名	향성 80:637:1
松膏	소진			구간 1:91ㄱ

'松脂'는 '소나무의 진'을 말한다. 『구급』에는 '솘진'으로 나온다. 『구간』에서 '소진'이 된 것은 'ㄹ탈락' 현상이 적용되었기 때문이다. 『동의』와 『양금』에서는 '송'을 우리말로 교체하여 '소나무진', '솔나무진'으로 되어 있다. 이후 한어명으로 다시 교체된다. '솘진'과 '소나무진'은 혼종어이다. 『의종』과 『방합』의 '瀝靑'은 한어명 이칭인데 『지』에 소개되어 있다. '松膏'는 '소나무나 잣나무에서 분비되는 끈적끈적한 액체'로 '송진'이라 한다(『표』). 『구간』의 '소진' 역시 '솔진'에서 'ㄹ'이 탈락한 형태이다.

1353) 水鐵 ☞ 鍒鐵

1354) 松花

松花	松黃 名	木部	동의 3:26ㄱ2

'松花'는 '소나무의 꽃가루'이다. 『동의』에 한어명 이칭 '松黃'이 기록되어 있다.

1355) 松黃 ☞ 松花

<쇄>

1356) 瑣陽 ☞ 肉蓰蓉

1357) 螋 ☞ 蠼螋

1358) 穗

穗	伊沙只	향구 하34ㄴ9

'穗'는 한자의 새김대로 '이삭'을 뜻한다. 『향구』의 차자표기 '伊沙只'은 정확히 '*이삭'으로 해독된다. '穗'는 합성어 향약명을 생성하는 어근 형태소로 기능한다. 예를 들면 '뎡갓이삭', '셕듁화이삭', '기장이삭부거미' 등이다.

1359) 水(물)

桂湯	계피글힌믈		구간 1:59ㄴ
葵菜汁	아혹글힌믈		구간 6:18ㄴ
葵菜汁	아혹달힌믈		언구 하22ㄱ6
急流水	여흐레ᄲᆞᆯ리흐르ᄂᆞᆫ믈	水部	동의 1:17ㄱ6
急流水	여흘에ᄲᆞᆯ니흘으ᄂᆞᆫ믈	水部	양금 522:1
菊花水	구화퍼기미틔셔나ᄂᆞᆫ믈 菊英水 一名	水部	동의 1:15ㄱ2
菊花水	구화퍼기밋히셔나모믈 菊英水 一名	水部	양금 521:4
菊花水	국화포기밑에서나는물	石部下品 鄕名	향성 77:598:2
甘爛水	만히동당이텨거품진믈 一名 百勞水	水部	동의 1:16ㄴ10
甘爛水	동뎡이쳐거품진믈	水	의종 7:47ㄱ8
甘爛水	동뎡이쳐거품진믈	水	방합 59ㄴ
甘瀾水	만이동뎡이쳐셔거품진믈	水部	양금 521:9
甘爛水	만히흘려따러서떠오른거품	石部下品 鄕名	향성 77:599:2
繭鹵汁	뉘번덕이짠물	蟲魚部下品 鄕名	향성 83:694:2
暖湯	더운믈		구급 상10ㄱ3
藍實汁	족ᄡᅵᄶᅵ흔믈		언구 하28ㄱ9
藍葉汁		草部	동의 2:43ㄴ1
藍葉汁	족닙잇츤믈		언구 하23ㄴ5
藍葉汁	족닙잇근믈		언구 하28ㄱ9
臘茶淸	섯ᄃᆞ래ᄠᅳᆫ작셜찻믈		구간 2:6ㄴ
臘茶	납셜슈	草部	사의 1ㄴ1:9
臘雪	납향때에온눈녹은물	石部下品 鄕名	향성 77:598:3
臘雪水	납평ᄭᅴ눈녹은믈	水部	양금 521:5
臘月雪水	섯ᄃᆞ래눈노ᄀᆞᆫ믈		구간 1:111ㄴ
臘雪水	섯ᄃᆞᆯ납향ᄢᅴ온눈노근믈	水部	동의 1:15ㄱ6
臘雪水	섯ᄃᆞᆯ눈노ᄀᆞᆫ믈		언구 상15ㄱ9
臘雪水	셧ᄃᆞᆯ납평ᄭᅴ온눈녹은물	水	의종 7:47ㄱ6
臘雪水	셧ᄃᆞᆯ납평ᄭᅴ온눈녹은물	水	방합 59ㄱ
冷水	닝슈		언구 상43ㄱ8

冷水	ᄎᆞᆫ믈		언구 상9ㄴ8
冷泉	맛시ᄡᅧᆯ고ᄎᆞᆫ믈 椒水 俗謂	水部	동의 1:17ㄴ1
冷泉	맛시ᄡᅧᆸ고찬믈	水部	양금 522:1
淡漿水	ᄡᆞᆯ글힌ᄆᆞᆯᄀᆞᆫ믈		구간 2:106ㄴ
東流水	동녀그로흐ᄅᆞᄂᆞᆫ믈		구급 하93ㄱ
東流水	동유슈		광향 17ㄱ9
肚內黃水	비소개누른믈[굼벙이]		언구 상3ㄴ3
麻沸湯	ᄉᆡᆼ삼술믄믈	水部	동의 1:18ㄱ5
麻沸湯	ᄉᆡᆼ삼살믄믈	水部	양금 522:3
梅雨水	ᄆᆡ실누를제온빈믈	水部	동의 1:16ㄱ3
梅雨水	ᄆᆡ실누른져온빗믈	水部	양금 521:7
茅屋漏水	ᄉᆡ집우희셔흘어ᄂᆞ린믈	水部	양금 521:7
木通湯	이흐름너출달힌믈		구간 3:93ㄴ
無根水	비와ᄯᅡᆼ의모인물		해혹 30ㄱ7
蜜水	ᄢᅮᆯ믈		구간 3:19ㄱ
蜜水	ᄭᅮᆯ믈		언구 하17ㄴ5
半天河水	나모구무과왕대ᄡᅳ르히고ᄋᆞᆫ빈믈	水部	동의 1:16ㄱ4
半天河水	나모굼기나대그르히나고ᄋᆞᆫ빈믈		언구 상13ㄴ2
半天河水	나무구무와왕버글ᄂᆡ괸니빗믈	水部	양금 521:7
半天下水		水	의종 7:47ㄱ7
半天下水		水	방합 59ㄴ
半天河水	나무구멍과왕대그릇에괴인빗물	石部下品 鄕名	향성 77:599:1
樹空中水	숍궁근남긔고온믈		구간 6:85ㄴ
方諸水	블근돌애죠개예바ᄃᆞᆫ믈	水部	동의 1:16ㄱ1
方諸水	발근달의죠기에바든믈	水部	양금 521:6
百沸湯	ᄇᆡᆨ번이나ᄭᅳᆯ흔믈	水部	사의 4ㄱ1:1
百沸湯	여러번ᄭᅳᆯ인물		광향 3ㄴ04
百沸湯		水	의종 7:47ㄱ10
百沸湯		水	방합 59ㄴ
百沸湯	일ᄇᆡᆨ번글흔믈		언구 상23ㄱ11
白水	ᄆᆞᆯᄀᆞᆫ믈		구급 하14ㄱ
白湯	당숫믈		구급 상53ㄴ8
白湯	글힌믈		구간 2:47ㄴ
白湯	더운믈		구간 1:63ㄱ
碧魚水		水部	사의 3ㄴ4:9
碧海水	바다ᄧᆞᆫ믈	水部	동의 1:16ㄴ3

碧海水	바다물 짠물	石部下品	鄕名	향성 77:600:3
碧海水	바다ᄧᆞᆫ믈	水部		사의 4ㄱ1:2
碧海水	바다짠믈	水部		양금 521:9
銅氣上汗	통그ᄅᆞᆺᄉᆡᄆᆡ친믈	水部		양금 522:4
銅器上汗	퉁그ᄅᆞᆾᄉᆡᄆᆡ친믈	水部		동의 1:18ㄱ9
銅器上汗	퉁쇠그릇에매친김	石部下品	鄕名	향성 77:602:1
三家洗椀水	세집에서사발씻은물	石部下品	鄕名	향성 77:601:3
生熟湯	글흔믈과ᄎᆞᆫ믈ᄩᆞ니	水部		동의 1:17ㄴ10
生熟湯	ᄭᅳᆯ은믈과ᄎᆞᆫ믈탄것	水		의종 7:47ㄱ10
生熱湯	ᄭᅳᆯ은물과ᄎᆞᆫ물탄것	水		방합 59ㄴ
生熱湯	끌인물에찬물탄것	石部下品	鄕名	향성 77:601:2
生熱湯	ᄭᅳᆯ은믈예찬믈탓것	水部		양금 522:2
茅屋漏水	새집우희셔흘러ᄂᆞ린믈	水部		동의 1:16ㄱ10
洗兒水	아기시순믈			구급 하92ㄴ2
洗兒水	아기시ᄉᆞᆫ믈			구간 7:64ㄱ
洗兒水	아기싯긴믈			구간 7:51ㄴ
繅絲湯	누에살문물		俗	해혹 31ㄴ8
順流水	슌이흘너오ᄂᆞᆫ믈	水部		양금 521:10
順流水	슌히흘러오ᄂᆞᆫ믈	水部		동의 1:17ㄱ5
市門衆人溺坑中水	여러사람이오즘눈웅뎅이에괴인빗물	石部下品	鄕名	향성 77:601:3
新汲水	ᄀᆞᆺ기론믈			구간 1:106ㄱ
新汲水	새로기론믈			구간 2:108ㄱ
新汲水	ᄀᆞᆺ기룬믈			구급 상10ㄴ6
新汲水	ᄀᆞᆺ기른믈			언구 상23ㄱ11
新汲水	새믈			구급 상45ㄱ2
新汲水	새기른믈			구급 하8ㄴ
新水	ᄀᆞᆺ기룬믈			구급 상7ㄴ6
新水	ᄀᆞᆺ기론믈			구간 7:67ㄴ
新水	ᄎᆞᆫ믈			언구 하18ㄱ7
野人乾糞漬水	야인간불운믈			언구 상15ㄱ9
涼水	ᄎᆞᆫ믈			구급 상28ㄴ2
逆流水	거스리도라흐르ᄂᆞᆫ믈	水部		동의 1:17ㄱ3
逆流水	거스리도라흐흐ᄂᆞᆫ물	水部		양금 521:10
熱湯	더운믈			구급 상29ㄴ1
熱湯	더운믈			구간 1:33ㄴ
熱湯	더운믈			언구 상22ㄴ10

熱湯	더웁게끄린물	石部下品	鄕名	향성 77:599:1
熱湯	덥게글힌믈	水部		동의 1:18ㄱ3
熱湯	덥게끄린믈 陰陽湯 一名	水部		양금 522:3
五木水		水部		사의 4ㄱ1:4
屋漏水	지븨비신믈			구간 6:74ㄴ
屋漏水	초가집첨하끝의낙수물	石部下品	鄕名	향성 77:601:3
屋霤水	디새집우희셔흘러ᄂᆞ린믈	水部		동의 1:16ㄱ8
屋滿水	집웃기슭믈			구급 하63ㄴ1
屋雨留水	ᄉᆡ집우희셔흘너ᄂᆞ린믈	水部		양금 521:8
玉井水	옥나ᄂᆞᆫᄃᆡ셔심ᄂᆞᆫ믈	水部		동의 1:16ㄴ1
玉井水	옥나모ᄧᅡ셔서음나ᄂᆞᆫ믈	水部		양금 521:8
溫水	ᄃᆞᄉᆞᆫ믈			구급 상27ㄴ4
溫水	드슨믈			언구 상2ㄱ8
溫水	ᄃᆞᄉᆞᆫ믈			언구 상5ㄱ9
溫漿	ᄃᆞᄉᆞᆫ슉령			구간 2:107ㄴ
溫泉	더온ᄉᆡ은믈	水部		양금 522:1
溫泉	더운ᄉᆡ암믈	水		의종 7:47ㄱ8
溫泉	더운ᄉᆡ암물	水		방합 59ㄴ
溫泉	더운심믈	水部		동의 1:17ㄱ8
溫湯	더운믈			구급 상11ㄱ
溫湯	더운믈			언구 하19ㄴ1
溫湯	溫泉		卽	향집 77:22ㄱ
溫湯	溫泉 더운샘물	石部下品	鄕名	향성 77:601:1
潦水	뫼쏠애비와고ᄋᆞᆫ믈 無根水 又名	水部		동의 1:17ㄴ7
潦水	뫼골에비와고인믈	水部		양금 522:2
六天氣		水部		동의 1:18ㄴ1
陰地流泉	음지에서흐르는샘물	石部下品	鄕名	향성 77:601:3
煮鐵	쇠글힌믈			구간 6:30ㄴ
長流水	千里水 卽	水		의종 7:47ㄴ1
長流水	千里水 卽	水		방합 59ㄴ
猪槽中水	돼지귀융속의물	石部下品	鄕名	향성 77:601:3
田中冷水	논ᄭᅩ해ᄎᆞᆫ믈			언구 상32ㄱ8
井水	ᄎᆞᆫ우믈믈			언구 상38ㄴ5
井水	우믈믈			언구 상15ㄱ8
井華水	ᄉᆡ벽에처음기른우물믈	水		의종 7:47ㄱ8
井華水	ᄉᆡ벽에처음기른우물믈	水		방합 59ㄴ

井花水	우믌가온덧믈		구급 하85ㄴ
井花水	새배눔아니기려셔몬져기론우믌믈		구간 1:110ㄱ
井華水	새배눔아니기려셔몬져기론우믌믈		구간 3:116ㄴ
井華水	새배처엄기른우믈믈	水部	동의 1:14ㄴ5
井花水	새배처엄기른우믈이라	水部	사의 3ㄴ4:10
井華水	새벽에처음기른우물물	石部下品　鄕名	향성 77:598:2
井花水	ᄉᆡ벽쳐음길으은우믈믈	水部	양금 521:4
井華水	우물물		광향 3ㄴ03
井花水	정화슈		구급 상16ㄱ1
繅絲湯	고티현믈	水部	동의 1:18ㄱ6
繅絲湯	고치현믈	水部	양금 522:3
繅絲湯	고치켠물	卵蟲	의종 7:37ㄴ7
繅絲湯	고치켠물	卵蟲	방합 47ㄱ
甑氣水	밥ᄢᅵᄂᆞᆫ시르둡게예ᄆᆡ친믈	水部	동의 1:18ㄱ8
甑氣水	밥씨ᄂᆞᆫ시로둑게의ᄆᆡ치ᄂᆞᆫ믈	水部	양금 522:4
甑氣水	밥지을때소댕에매친물 밥눈물	石部下品　鄕名	향성 77:601:2
千里水	멀리셔흘러오ᄂᆞᆫ강믈	水部	동의 1:16ㄴ5
千里水	멀이셔흘어오ᄂᆞᆫ믈	水部	양금 521:9
千里水及東流水	멀리흘러오는강물과동쪽에서흘러오는물	石部下品　鄕名	향성 77:600:3
泉水	샘물	石部下品　鄕名	향성 77:598:3
鐵液	무쇠불운믈		언구 상15ㄱ6
鐵液	鐵落 一名	金部	동의 3:54ㄱ9
鐵液	鐵落 一名	金部	양금 514:6
鐵液漿	무쇠ᄃᆞᆷ가우린믈	水部	사의 4ㄱ1:6
鐵漿	쇠ᄃᆞ마우러난믈		구간 1:98ㄱ
鐵漿	무쇠ᄃᆞᆷ가우린믈	金部	동의 3:55ㄱ2
鐵漿	무쇠당가우린믈	金部	양금 514:9
鐵漿	무쇠당가울닌믈	金石	의종 7:48ㄱ6
鐵漿	무쇠당가울닌물	金石	방합 60ㄴ
鐵漿	무쇠당거우린물	石部中品　鄕名	향성 77:593:3
鐵獎	쇠ᄃᆞ마우러난믈		구간 1:98ㄱ
春雨水	정월처엄온빋믈 正月雨水 卽	水部	동의 1:15ㄱ9
春雨水	정월처음온비믈	水部	양금 521:5
立春雨水		水	의종 7:47ㄱ7
立春雨水		水	방합 59ㄱ
炊湯	무근숙닝믈	水部	동의 1:18ㄱ10

炊湯	묵은숙냉물	石部下品	鄕名	향성 77:602:1
炊湯	묵은슉닝믈	水部		양금 522:5
浸苧水	모시ᄌᆞ몬믈			구급 하89ㄱ
浸苧水	모시좀갯던믈			구간 7:50ㄴ
浸椒水	쳔쵸ᄃᆞᆷ갯던믈			구간 6:75ㄱ
土石間新出泉水	돌새에서갓나오는샘	石部下品	鄕名	향성 77:601:2
寒泉水	ᄎᆞᆫ심믈　好井水 卽	水部		동의 1:14ㄴ9
寒泉水	찬ᄉᆡ음믈	水部		양금 521:4
海粉水	바다죠개우린믈	水部		사의 4ㄱ1:3
好井水	맛잇는우물물	石部下品	鄕名	향성 77:601:2
好淸水	됴ᄒᆞᆫᄆᆞᆯᄀᆞᆫ믈			구급 하38ㄱ
黃水		水部		사의 4ㄱ1:5

'水' 혹은 '믈/물'을 핵심 어근으로 하는 단어족이다. 한어명의 핵심 어근이 '汁'인 것도 있는데 고유어 향약명이 '물'로 되어 있는 것은 이 단어족에 포함시켰다. 그리고 예를 들어 '아혹달힌믈'이라는 향약명은 '아혹' 항목에 배열할 수도 있지만 '믈'이 핵심 어근이라는 점에서 이 항목에 포함시켰다. 고유어 향약명의 대부분이 설명형이다. 의미의 파악이 불분명한 것은 거의 없다. 『향성』의 '繭鹵汁'은 '누에번데기를 삶은 물'이다(『지』). 설명형 향약명 '뉘번덕이짠물'은 '뉘번덕이 # 짜-+-ㄴ # 물'로 분석된다. '뉘'는 '누에'의 경남, 전북, 충청 방언형이다(샘). '뉘번데기'는 합성어로 『표』에 등재할 만하다. 『동의』 '六天氣'는 '물의 한 종류'인데 『본초강목』에 의하면 이 물을 마시면 배가 고프지 않고 장수하며 얼굴이 고와진다고 한다(『지』). 『향성』의 '甑氣水'에 대응되는 우리말 향약명 '밥눈물'은 현대국어 사전류에서 찾기 어려운 합성어인데, 『동의』(1:18ㄱ8)의 '밥ᄢᅵᄂᆞᆫ시르둡게예ᄆᆡ친믈'과 『양금』(522:4)의 '밥ᄶᅵᄂᆞᆫ시로둑게의ᄆᆡ치ᄂᆞᆫ믈'을 참조하면 '솥뚜겅에 매치는 물'로 판단된다.

1360) 水鷄 ⇒ 鸂鶒

水鷄	듬북ᄉᆡ	俗	해혹 29ㄱ2

'水鷄'는 '비오리'를 이른다. 그런데 『해혹』에는 '듬북ᄉᆡ' 곧 '뜸북새'라 하고 있다. '뜸북새'는 『표』에 없으며 『샘』에서 '뜸부기'의 전라 방언으로 소개하고 있다. '비오리'는 의서에 '鸂鶒'로 나온다. 그런데 『향성』에서 '鸂鶒'를 '豆音伏只 비오리'로 기록하고 있다(위의 '鸂鶒' 항목 참조).

결국 『해혹』과 『향성』은 '뜸부기'와 '비오리'를 혼동한 것으로 판단된다.

1361) 水槐 ☞ 苦蔘
1362) 水龜 ☞ 龜
1363) 水狗 ☞ 水獺
1364) 水狗皮 ☞ 獾
1365) 水芹 / 水蘄 / 苦蘄 ⇒ 柴胡

水芹	미나리			언구 하23ㄴ6
水芹	미나리 水英 一名	菜部		동의 2:33ㄴ2
苦蘄	미나리			본목 26ㄴ5
水芹	미ᄂᆞ리	菜部		양금 520:5
水芹	미나리			제중 8:23ㄴ7
水芹	미나리	菫辛菜		의종 7:29ㄴ7
水芹	미나리	菫辛菜		방합 37ㄴ
水蘄	미나리	菜部下品	鄕名	향성 85:716:2
水芹汁		菫辛菜		의종 7:29ㄴ7
水芹汁		菫辛菜		방합 37ㄴ

'水芹'은 '미나리'를 말한다. 『언구』에 '미나리'로 나오지만 기원형은 『향구』의 차자표기 '山叱水乃立'에서 확인되듯이 '*묏믈나리'이다(아래 '柴胡' 항목 참조). 이른 시기에 '*믈나리 > 미나리'의 어형 변화를 겪었다. 이후 '미나리'는 형태 변화없이 현대 국어로 이어진다. 한어명 이칭으로 '水英'이 있다.

1366) 溲溺 ☞ 童便
1367) 水獺

水獺	멍우리			본목 52ㄱ8
水獺	멍우리	獸部獸類		본정 하250
水獺骨	슈달의뼈			구급 상49ㄱ4
水獺骨	슈다릐뼈			구간 6:3ㄴ
獺肝	멍우릐간 水狗 一名 水獺 郎今	獸部		동의 1:55ㄴ8
獺肝	경울의간 水狗 一名 水獺 一名 今	獸部		양금 529:8
獺肝	멍우리간 수달피간	獸部下品	鄕名	향성 81:667:3
獺骨		獸部		동의 1:56ㄱ7

獺膽		獸部		동의 1:56ㄱ4
獺四足		獸部		동의 1:56ㄱ9
獺髓		獸部		동의 1:56ㄱ8
獺腎		獸部		동의 1:56ㄱ6
獺肉		獸部		동의 1:56ㄱ2
獺肉		獸部		양금 529:8
獺肉	멍우리고기 수달피고기	獸部下品	鄕名	향성 81:667:3
獺皮		獸部		동의 1:56ㄱ10

'水獺'을 핵심 어근으로 하는 단어족이다. 15세기에는 한어명 '水獺'을 그대로 사용하였다. 그러다가 『동의』에서 '멍우리'가 생성되어 현대 국어까지 이어진다. 따라서 일부 사전에서 『동의』의 '멍우릐간'을 '멍울+의'로 분석하여 '水獺'의 우리말을 '멍울'로 보는 것은 잘못이다. '멍우리+의'가 '멍우릐'로 된 것으로 보아야 한다. 『양금』의 '경울의간'은 '멍울의간'의 오기이다. 19세기에 '수달'에 '피'를 결합한 복합어 '슈달피'가 생성되어 '멍우리'와 공존한다.

1368) 水蓼 ☞ 蓼
1369) 水硫黃 ☞ 鷄頭實
1370) 水馬 ☞ 海馬
1371) 水面浮牙

水面浮牙	물우희어린것	해혹 31ㄱ4

'水面浮牙'는 사전류에사 찾기 어렵다. 『해혹』의 '물우희어린 것'은 '물 # 우ㅎ+의 # 어리-+-ㄴ # 것'으로 분석된다. '물 위에 어린 것'이란 뜻인데 정확히 어떤 것인지 불분명하다.

1372) 水麝

水麝	獸部	동의 1:41ㄴ8

'水麝'는 『동의』에 나오는데 사전류에서 찾기 어렵고 무엇인지 불분명하다. '麝'가 '사향노루'이므로 이와 관련된 것인지 알 수 없다.

1373) 垂絲柳 ⇒ 水楊

垂絲柳		喬木	의종 7:25ㄱ4
垂絲柳		喬木	방합 31ㄴ

'垂絲柳'는 '버드나뭇과의 낙엽 활엽 교목' 즉 '능수버들'을 이른다. 『의종』과 『방합』에 보인다.

1374) 水蘇 / 鷄蘇

水蘇	水芳荷		鄕名	향채 7월
水蘇	믌방하			구간 3:97ㄱ
蘇	水蘇 믈왕하 又 雞蘇 一名			훈몽 상8ㄱ
水蘇	水芳荷		鄕名	향집 85:13ㄴ
水蘇	水芳荷	菜部中品	鄕名	향성 85:714:2
鷄蘇	계소			구급 상51ㄴ1
鷄蘇	뭇방하			구간 2:56ㄱ
鷄蘇	믌방하			구간 3:115ㄴ
鷄蘇		草部		사의 1ㄴ3:5
鷄蘇汁	뭇방하즙			구간 2:106ㄱ

『한』에 따르면, '水蘇'와 '鷄蘇'는 이칭 관계의 동의어이다. 『훈몽』의 기술이 이를 잘 말해 준다. 의서의 표제어에서도 섞여 나타난다. 이 한어명과 고유어 향약명 '믌방하'형은 『표』에 보이지 않는다. '水蘇'는 '꿀풀과 식물인 석잠풀의 전초를 말린 것'이다(『한』). 『향채』의 차자표기 '水芳荷'는 '*믈방하'로 해독된다. 이후 '물방하'는 '믈왕하'로 어형 변화를 거치는데 '물왕하'의 형태는 의서에 더 이상 나타나지 않는다. 『향집』과 『향성』의 차자표기에만 남아 있다. 한어명과 '물방하' 형태를 『표』에 등재할 만하다.

1375) 守神 ☞ 鼈甲

1376) 水楊 ⇒ 垂絲柳

水楊	긔버들	喬木	의종 7:25ㄱ4
水楊	긔버들	喬木	방합 31ㄴ
水楊葉		喬木	의종 7:25ㄱ6
水楊葉		喬木	방합 32ㄱ
水楊枝		喬木	의종 7:25ㄱ6
水楊枝		喬木	방합 32ㄱ

'水楊'은 '버드나뭇과의 낙엽 활엽 관목' 즉 '갯버들'을 이른다. 『의종』과 『방합』에 나오는데 고유어 향약명은 'ㄱ버들'이다. 이것이 형태 교체 없이 '갯버들'로 이어진다.

1377) 水楊藤 ☞ 忍冬
1378) 秀魚 ☞ 鯔魚
1379) 水英 ☞ 水芹
1380) 茱萸 ☞ 山茱萸
1381) 水銀

水銀	슈은			구급 하82ㄴ5
水銀	슈은			구간 6:17ㄱ
水銀	슈은			언구 상30ㄴ8
水銀	汞 一名	唐	金部	동의 3:52ㄱ3
水銀		唐	金部	양금 514:2
水銀				제중 8:13ㄴ3
水銀	汞 一名		金石	의종 7:48ㄴ4
水銀	汞 一名		金石	방합 61ㄱ
水銀	汞 一名			경신 53ㄱ1

'水銀'은 한어명으로만 쓰였다. 이칭은 '汞'이다.

1382) 水銀粉 ☞ 輕粉
1383) 水慈菰 ☞ 澤瀉
1384) 守田 ☞ 半夏
1385) 水精

水精	슈졍	구급 상50ㄱ
水精珠	슈쳥구슬	구간 6:15ㄱ

'水精'은 '무색투명한 석영의 하나'이다. 『구간』의 '水精珠'는 사전류에서 찾기 어렵다. 향약명은 혼종어 '슈쳥구슬'로 되어 있는데 '슈쳥'은 한어명 '水精'을 한자음대로 읽은 것이다.

1386) 水藻

水藻	勿	俗云	향구 목46ㄴ2
水藻	말		물명 107

'水藻'는 『향구』에만 나온다. '물속에서 자라는 마름'이다. 『향구』의 차자표기 '勿'은 '*믈'로 해독된다. 15세기의 '말'에 대응된다. 형태 교체 없이 현대 국어 '말'로 이어진다.

1387) 手足爪甲 ☞ 人爪甲

1388) 水中石子

水中石子	낸믈가온대돌			언구 하27ㄴ8
水中石子		石部		동의 3:51ㄴ2
水中石子	냇물속에잠긴죄악돌	石部上品	鄕名	향성 77:592:2

'水中石子'는 설명형 한어명으로 볼 수 있다. 『언구』의 설명형 향약명 '낸믈가온대돌'이 『동의』를 거쳐 『향성』의 '냇물속에잠긴죄악돌'이 되었다. 어형 교체를 겪었다. '죄악돌'은 '조약돌'의 강원 방언이다(『샘』).

1389) 水中細苔

水中細苔	므렛효근잇	구간 1:108ㄱ
水中細苔	믈에잇기플	언구 하34ㄴ4

'水中細苔'는 설명형 한어명이다. 『구간』과 『언구』에 보이는데 '므렛효근잇'은 '믈+엣 # 효근 # 잇'으로 분석된다. '잇'은 15세기에 '이끼'라는 뜻으로 쓰였다. 『언구』의 '믈에잇기플'은 어형 교체를 겪은 형태이다. '믈+에 # 잇기플'로 분석된다. 『표』에 '물이끼과의 이끼류'란 뜻으로 '물이끼'가 등재되어 있다.

1390) 水芝丹 ☞ 蓮實

1391) 水蛭

水蛭	巨末伊		鄕名	향채 5월
水蛭				구급 상85ㄱ5
水蛭	거머리			구간 7:62ㄴ
水蛭	巨末里			촌구 5ㄱ6:3
水蛭	巨末里 거마리		鄕名	촌가
水蛭	거머리			언구 하13ㄱ1
水蛭	검어리 馬蜞 一名 馬蟥 一名	蟲部		동의 2:14ㄱ10
水蛭	거머리			본목 40ㄴ6

水蛭	거머리	蟲部卵生類		본정 하198
水蛭	거머리	蟲部		양금 517:5
蛭	거멀이		俗	해혹 30ㄴ1
水蛭	거머리	卵蟲		의종 7:38ㄱ5
水蛭	거머리	卵蟲		방합 47ㄴ
水蛭	거머리			경국 33:2
水蛭	巨末伊 거머리	蟲魚部下品	鄕名	향성 83:691:3

'水蛭'은 '거머리'를 뜻한다. 『향채』의 차자표기 '巨末伊'는 '*거마리'로 해독된다. 『촌구』의 차자표기 '巨末里'도 마찬가지이다. 15세기 향약명은 '거머리'인데 현대 국어에까지 어형 교체 없이 이어진다.

1392) 水萍 ☞ 浮萍

1393) 水泡石 / 浮石 / 水花 / 海石

水泡石				향채 12월
水泡石	속돌 浮石 一名	石部		동의 3:51ㄱ3
水泡石	속돌 浮石 一名	石部		양금 513:9
白浮石	속돌		俗	해혹 7ㄴ4
浮石	속돌		俗	해혹 5ㄱ2
水花	浮石 버큼돌	石部下品	鄕名	향성 77:601:1
海石		蟲部		동의 2:11ㄴ1
海石		蟲部		양금 517:1

'水泡石'은 '화산의 용암이 갑자기 식어서 생긴, 多孔質의 가벼운 돌'을 이르는데 이칭으로 '浮石', '水花', '海石' 등이 있다. 『동의』의 고유어 향약명 '속돌'이 현대 국어에까지 그대로 이어진다. 『향성』의 '버큼돌'은 '버큼'이 '거품'의 경상・전라・충남 방언이고 『표』의 '거품돌'이 '水泡石'과 같은 뜻이므로 '버큼돌'은 곧 '거품돌'의 방언형으로 판단된다. '浮石'은 '물 위로 반쯤 드러나서, 떠 있는 것처럼 보이는 바위'라는 뜻도 가진 다의어이다.

1394) 水花 ☞ 水泡石

1395) 水花硃 ☞ 銀硃

1396) 宿芩 ☞ 黃芩
1397) 宿冷猪肉 ☞ 猪肉
1398) 熟艾 ☞ 艾
1399) 熟地, 熟地黃, ☞ 地黃

<순>

1400) 鶉

鶉肉	뫼ᄎᆞ라기	禽部		동의 1:38ㄴ10
鶉	뫼추리			본목 48ㄱ4
鶉肉	뫼추아기	禽部原禽類		본정 하224
鶉	뫼ᄎᆞ아기	禽部		사의 3ㄱ1:5
鶉肉	모초랏기	禽部		양금 527:4
鶉肉	뫼ᄎᆞ라기			제중 8:22ㄱ9
鶉肉	뫼쵸라기고기	原禽		의종 7:43ㄴ5
鶉肉	뫼쵸라기고기	原禽		방합 54ㄴ
鶉	毛次羅只 모추라기	禽部下品	鄕名	향성 82:674:2

‘鶉’은 ‘메추라기’를 말한다. 한어명 표제어는 ‘鶉’과 ‘鶉肉’이 함께 쓰였다. 『동의』의 ‘뫼추라기’형이 『향성』의 ‘모추라기’를 거쳐 현대 국어의 ‘메추라기’로 정착했다. 어형 변화를 거쳤고 어형 교체는 없었다. 『향성』의 차자표기 ‘毛次羅只’은 ‘*모차라기’로 해독된다. ‘모추라기’는 ‘메추라기’의 충청방언이다.

1401) 順流水 ☞ 水
1402) 淳酒, 醇酒 ☞ 酒
1403) 蓴菜

蓴菜	슌 絲蓴 通名	菜部		동의 2:33ㄴ6
蓴菜		草部		사의 1ㄴ3:7
蓴菜	슌	菜部		양금 520:5
蓴菜	슌치	柔滑菜		의종 7:30ㄱ4
蓴菜	슌치	柔滑菜		방합 37ㄴ
蓴	순채	菜部下品	鄕名	향성 85:716:1

‘蓴菜’는 ‘수련과의 여러해살이 수초’를 이른다. ‘슌’ 혹은 ‘슌치’와 같이 한어명으로만 쓰였다.

<숭>

1404) 菘菜

菘菜	無蘇		향구 하41ㄴ6
菘菜	ᄇᆡ치		분온 9ㄱ
菘	ᄇᆡ치 白菜 俗呼		훈몽 상14ㄱ
菘菜	ᄇᆡᄎᆞ		산경 154
菘菜	ᄇᆡ치	菜部	동의 2:28ㄱ4
菘	ᄇᆡ초		본목 26ㄱ9
菘菜	ᄇᆡ치		언납 1ㄴ
菘菜	ᄇᆡ치	菜蔬部	사의 3ㄴ2:2
菘菜	ᄇᆡ치	菜部	양금 519:8
菘菉	ᄇᆡ치		제중 8:23ㄱ5
菘	ᄇᆡ차		물명 85
菘菜	ᄇᆡᄎᆞ		해혹 29ㄴ6
菘菜	白菜 一名	葷辛菜	의종 7:28ㄴ10
菘菜	白菜 一名	葷辛菜	방합 36ㄴ
菘菜虀		菜部	동의 2:28ㄱ7
菘菜子		菜部	동의 2:28ㄱ6
菘菜子油		葷辛菜	의종 7:29ㄱ1
菘菜子油		葷辛菜	방합 36ㄴ
白菜	ᄇᆡ챠 頭岐		물보 5

‘菘菜’는 ‘배추’를 이른다. 한어명 이칭으로는 『훈몽』의 ‘白菜’가 있다. 이 한어명의 차용어가 ‘ᄇᆡᆨ채 > ᄇᆡ치 > ᄇᆡ채 > 배추’의 어형 변화를 거쳐 고유어화한 것이다. 『향구』의 차자표기 ‘無蘇’는 ‘*무소’로 해독되는바 ‘菘菜’와 다른 것으로 ‘무’에 대응된다. 그 외 ‘菘菜’를 어근으로 하는 합성어도 있다. 여기의 ‘白菜’는 ‘십자화과의 두해살이풀’인 ‘배추’를 이른다.

<슬>

1405) 虱子

虱子	니	蟲部	동의 2:16ㄱ9
虱子	니	蟲部	양금 517:8

‘虱子’는 ‘이’를 말한다. 『동의』와 『양금』에 보인다.

1406) 蠅

蠅	ᄑᆞ리	본목 40ㄴ8

‘蠅’은 한어명의 새김대로 ‘파리’인데 『본목』에도 ‘ᄑᆞ리’로 나온다.

1407) 升麻 / 川升麻

升麻	雉骨木		俗云	향구 목45ㄱ7
升麻	雉骨木		鄕名	향구 상11ㄴ9
升麻	雉鳥老草		俗云	향구 목45ㄱ7
升麻	知骨木		上層	향채 2월
升麻	雉鳥老屮		上層	향채 2월
升麻	승마			구간 3:37ㄴ
升麻	승맛불휘			구간 1:25ㄴ
升麻	雉脚			촌구 3ㄴ3:2
升麻	ᄉᆞᆼ마 ᄢᅴ댱가리불휘			분온 24ㄴ
升麻	雉脚 ᄢᅴ쟝가리		鄕名	촌가
升麻	ᄉᆞᆼ마			간벽 7ㄱ
升麻	ᄢᅴ절가랏블휘			산경 529
升麻	ᄢᅴ뎔가릿불휘	草部		동의 2:41ㄱ2
升麻	ᄢᅴ뎔가릿불휘			본목 12ㄱ9
升麻	ᄢᅴ뎔가릿불휘	草部山草類		본정 상52
升麻	승마			벽신 2ㄱ
升麻	승마			두경 14ㄴ
升麻	승마			마초 상111ㄱ
升麻	ᄢᅴ뎔가리불휘	草部		사의 1ㄱ4:8
升麻	ᄢᅴ절갈잇블희	草部		양금 503:7
升麻	ᄢᅴ뎔가릿불휘			제중 8:3ㄱ7

升麻	승마		물보 10
升麻	가짱두룹		물명 90
升麻	씌뎔가릿불휘	山草	의종 7:5ㄴ1
升麻	씌멸가릿불휘	山草	방합 7ㄱ
升麻	씌뎔가릿불휘		경신 15ㄴ10
升麻	씌멸가릿불휘 승마		식휘 154
升麻	끼멸가리뿌리	草部上品之上 鄕名	향성 78:606:1
升麻	황새승마 끼멸가리 끼멸까리 개드룹		식명 561
升麻	周麻 끼멸가리		동사 755
川升麻	천승마		구급 상42ㄱ3

'升麻'는 '미나리아재빗과의 여러해살이풀' 즉 '끼멸가리' 혹은 '끼절가리'를 말한다. 『향구』의 차자표기 '雉骨木'은 '*찌골나모' 정도로 해독된다. 후대형과 전혀 연결이 되지 않기 때문에 정확성을 담보하기는 어렵다. 남풍현(1981:98)에서는 한어명으로 추정하였다. '雉骨木'은 사전류에 보이지 않는다. 『향구』의 다른 차자표기 '雉鳥老草'는 '*찌됴로플'로 해독된다. 그렇다면 두 어형이 공존했다고 볼 수도 있다. 『향채』에도 두 표기가 동일하게 나타난다. '知骨木'의 '知'는 '雉'의 오기이다. 『촌구』의 차자표기 '雉脚'은 해독이 용이하지 않다. 결국 고대국어의 두 어형 중 '*찌됴로플'이 15세기에 한어명 '升麻'와 함께 쓰였다. 그러다가 『분온』에 와서 '씌당가리불휘'가 나타나 '*찌됴로플'은 소멸된다. '찌당가리불휘'도 일찍 소멸하고 『동의』에서 '씌뎔가릿불휘'가 나타나 후대로 이어진다. 그러다가 『방합』에 와서 '찌멸가릿불휘'가 나타나면서 두 어형이 공존한다. 『표』에 '찌절가리'와 '찌멸가리'가 다 보이는 연유이다. '升麻'는 이처럼 많은 어형 교체를 겪은 대표적인 향약명이다. 정리하면, '*찌골나모, *찌됴로플 > *찌됴로플 > 씌당가리불휘 > 찌뎔가릿불휘 > 찌뎔가릿불휘, 찌멸가릿불휘 > 끼절가리, 끼멸가리'와 같다. 한편, 『물명』의 '가짱두룹'과 『식명』의 '개드룹'은 현대 국어의 새로운 이칭이다. 『표』에는 '개두룹'과 '땅두룹'이 표제어로 등재되어 있다. '가짱'의 '짱'은 '땅'이 분명한데 '가'가 무엇인지 불확실하다. 혹 '개두룹'과 '땅두룹'의 혼태형은 아닐까 짐작해 본다(상세 어휘사는 3.2 참조).

1408) 升心竹

升心竹	딘창	경사 47:8

'升心竹'은 사전류에 나오지 않는다. 『경사』의 고유어 향약명은 '뎌창'인데 '대로 만든 창'인지 확실하지 않다.

<시>

1409) 豕

豕	도야지			본목 49ㄴ2

'豕'는 '돼지'를 이른다. 『본목』에 이전 시기 형태 '도야지'가 기록되어 있다.

1410) 鵄 ☞ 鵄頭

1411) 豉 ☞ 淡豆豉

1412) 柹

乾柹	ᄆᆞ른감			구간 3:116ㄱ
白柹	乾柹 一名 黃柹 一名	果部		동의 2:21ㄱ7
白柹	볏ᄒᆡ말닌감	果部		양금 518:6
白柹		山果		의종 7:32ㄱ10
白柹		山果		방합 40ㄴ
小蒂	괴읍곡지			의종 7:32ㄱ9
小蒂	괴읍곡지			방합 40ㄴ
柹	감			본목 29ㄴ9
柿	감	果部中品	鄕名	향성 84:698:2
柹餠	곡쌈			해혹 31ㄴ3
柹子	감			제중 8:17ㄴ10
柹子	감 小蒂 괴읍곡지	山果		의종 7:32ㄱ9
柹子	감 小蒂 괴읍곡지	山果		방합 40ㄴ
柹蒂	감고고리			언구 상35ㄱ11
柹蒂	小蒂 卽 괴읍곡지	山果		의종 7:32ㄱ10
烏柹		山果		의종 7:32ㄱ10
烏柹	블에말닌감	果部		양금 518:5
烏柹	火柹 一名	果部		동의 2:21ㄱ6
紅柹	감	果部		동의 2:21ㄱ1
紅柹	감	果部		양금 518:5

'柹'를 어근으로 하는 단어족이다. 고유어 향약명은 '감'이며 이의 다양한 복합어가 보인다. '柹子'는 '감'을 말한다. '柹子', '柹蒂', '小蒂'가 섞여 있다. 이들은 같은 의미로 쓰인 것으로 판단된다. '柹蒂'는 '감의 꼭지'를 말한다(『표』). 그렇다면 '감고고리'와 '괴읍곡지'가 같은 것을 지칭한다. 따라서 '감 : 괴읍', '고고리 : 꼭지'의 대응임을 알 수 있다. '고고리 > 곡지'의 어형 교체를 겪었다. 그런데 『의종』에 처음 나오는 '괴읍'이 무엇인지 불분명하다.

1413) 市門衆人溺坑中水 ☞ 水
1414) 市門土 ☞ 土
1415) 屎白 ☞ 雄鷄
1416) 豕首 ☞ 馬藺
1417) 試水 ☞ 秋露水
1418) 豉心, 豉汁, 豉湯 ☞ 淡豆豉
1419) 尸羊角 ☞ 羊
1420) 鰣魚 ☞ 勒魚
1421) 葈耳 ☞ 蒼耳
1422) 柹子 ☞ 柹
1423) 柴草 ☞ 柴胡
1424) 豺皮

豺皮	승냥의가족	獸部		동의 1:57ㄱ6
豺	승냥이			본목 52ㄱ5
豺皮	승냥의가족	獸部		양금 529:10
豺皮	升量伊 승냥이가죽	獸部下品	鄕名	향성 81:668:3

'豺皮'는 '승냥이 가죽'을 이른다. 『동의』의 고유어 향약명 '승냥의가족'이 현대 국어로 이어진다. 『향성』의 차자표기 '升量伊'도 '*승냥이'로 해독된다.

1425) 柴胡 ⇒ 水芹

柴胡	山叱水乃立	俗云	향구 목45ㄱ5
柴胡	猪矣水乃立	鄕名	향구 하40ㄱ6
柴胡	靑玉葵	鄕名	향구 하40ㄱ6
柴胡	椒菜	俗云	향구 목45ㄱ5
柴胡	싀호		구급 하33ㄴ4
柴胡	싀홋불휘		구간 2:12ㄴ

柴胡	■■		촌구 3ㄴ1:2
柴胡	싀호 묏미나리불휘		분온 25ㄴ
柴胡	■■	鄕名	촌가
柴胡	뫼미나리블휘		산경 528
柴胡	싀호		언두 상14ㄱ
柴胡	묃미나리	草部	동의 2:40ㄱ4
茈胡	묏미나리		본목 12ㄱ6
柴胡	묏미나리	草部山草類	본정 상49
柴胡	싀호		벽신 6ㄱ
柴胡	싀호		두경 20ㄱ
柴胡	싀호		마초 하15ㄱ
柴胡	묏미나리	草部	사의 1ㄱ4:4
柴胡	묏미ᄂᆞ리	草部	양금 503:6
柴胡	묏미나리		제중 8:3ㄱ4
柴胡	시호		물보 10
柴胡	묏미ᄂᆞ리		물명 67
柴胡	묏미나리	山草	의종 7:4ㄴ7
柴胡	묏미나리	山草	방합 6ㄱ
柴胡	묏미나리		경신 25ㄴ1
柴胡	묏미나리 시호		식휘 269
柴胡	묏미나리뿌리 참나물뿌리	草部上品之上 鄕名	향성 78:605:2
柴胡	뫼미나리 묏미나리 시호뿌리 시호		식명 67
柴胡	시호 柴草 지훈 산채 여초		동사 617
柴胡	뫼미나리 묏미나리 시호뿌리		약식 38

'柴胡'는 '산형과의 여러해살이풀'이다. 『향구』의 차자표기 '山叱水乃立'은 '*묏믈나리'로, '猪矣水乃立'은 '*도틱믈나리'로 해독된다. 'ㄴ' 위의 'ㄹ'이 탈락하지 않던 시기이기에 '*믈나리'로 해독해야 한다. 13세기 중엽에 두 어형이 공존한 것이다. 이 가운데 '*도틱믈나리'는 후대에 이어지지 않는다. 『표』에 '돌미나리'가 등재되어 있지만 의미론적으로 다르다(위 '橡實' 항목의 '猪矣栗' 참조). 『향구』의 '青玉葵'와 '椒茱'는 한어명이 분명한데 사전류에서 찾기 어렵다. 15세기 의서에는 한어명 '柴胡'에 '불휘'를 합성한 혼성어가 쓰이기도 했다. 그러다가 『분온』 이후 '묏미나리불휘'형이 생성되어 후대로 이어지고 현대 국어의 '멧미나리'로 정착된다. '묏미나리불휘'는 어형 변화만 거친다.

1426) 鴟鵂 ☞ 鉤鵅

<식>

1427) 食茱萸

食茱萸	수유나모여름	木部		동의 3:31ㄱ8
食茱萸	슈유나모여름			본목 31ㄴ4
食茱臾	뉴유나모여름	木部		양금 510:4
食茱萸	보리수	木部中品	鄕名	향성 80:645:1
食茱萸	머귀나무열매 애자			동사 319
食茱萸樹皮		木部		동의 3:31ㄴ1

'食茱萸'은 '운향과의 낙엽 활엽 소교목'으로 우리말 이칭은 '머귀나무'이다. '머귀나무'는 동음어로 '오동나무'를 가리키기도 한다(위 '桐' 항목 참조). 우리말 향약명은 『동의』의 '수유나모여름'으로 혼종어이다. 『표』에서는 '수유나무'를 등재하고 이칭으로 '쉬나무'를 소개하고 있다. 『향성』에서는 '보리수'라 하였는데 '수유나무'와 다른 것이다.

1428) 食鹽 ☞ 鹽

1429) 息肉 / 瘜肉

息肉		獸部	사의 3ㄱ2:9
瘜肉	코속의나민술 궂은술		경국 54:3

'息肉'은 다른 말로 '瘜肉'이라고도 하며 한어명 이칭으로 '贅肉'이 있다(『한』). 『경국』의 '내민살'과 '궂은술'과 같이 '헌데에 두드러지게 내민 군더더기 살' 곧 '군살' 혹은 '궂은살'을 말한다(『표』). '굳은살'과 다르다.

<신>

1430) 信 ☞ 砒霜

1431) 蜃 ☞ 車螯

1432) 神曲, 新麴 ☞ 麴

1433) 新汲水 ☞ 水

1434) 新屠羊血熱 ☞ 羊

1435) 新羅海狗 ☞ 腽肭臍

1436) 新馬糞 ☞ 馬糞

1437) 新綿

新綿		蟲部		동의 2:9ㄱ4

'新綿'은 사전류에서 찾기 어려운 한어명인데 '綿'은 '무명'이나 '무명실'을 가리킨다.

1438) 神木 ☞ 茯神

1439) 信砒 ☞ 砒霜

1440) 新生犢子 ☞ 犢子

1441) 新生鷄子 ☞ 鷄子

1442) 新生槐枝 ☞ 槐

1443) 新生小兒臍

新生小兒臍	ᄀᆞᆺ난아희빗복ᄀᆞᆯ희니	人部		동의 1:33ㄱ7
新生小兒臍	갓ᄂᆞᆫ아희비곱	人部		양금 525:1
新生小兒臍中屎	갓난아해배내똥	人部	鄕名	향성 81:654:3

'新生小兒臍'는 설명형 한어명이다. 『동의』에서 비롯된 설명형 향약명 'ᄀᆞᆺ난아희빗복ᄀᆞᆯ희니'는 'ᄀᆞᆽ # 나-+-ㄴ # 아희 # 빗복 # ᄀᆞᆯ희-+-ㄴ # 이'로 분석된다. 'ᄀᆞᆯ희-'는 '가리다'는 뜻이다. 『양금』에서 '빗복'이 '비곱'으로 어형이 교체되었다. 『향성』에는 '배내똥'이 결합하였다.

1444) 新生蠶蛾 ☞ 原蠶蛾

1445) 信石 ☞ 砒礵

1446) 新小便 ☞ 小便

1447) 新粟米飯 ☞ 粟米

1448) 新水 ☞ 水

1449) 新熟酒 ☞ 酒

1450) 辛夷 ☞ 馬藺

1451) 神草 ☞ 人蔘

1452) 新布

新布	새뵈			언구 상34ㄱ7

'新布'는 『언구』에 나타나는데 '새뵈'를 말한다. 현대 국어의 '새 베'에 해당한다.

1453) 愼火草 ☞ 景天

<실>

1454) 室女月經布 ☞ 經衣

1455) 悉腫

悉腫	炮黷色	本云	향구 중20ㄴ10

'悉腫'은 병명인데 사전류에 보이지 않는 한어명이다. 『향구』에 '炮黷色'으로 나오지만 이 역시 무엇인지 불분명하다.

<심>

1456) 桪 ☞ 秦皮

1457) 心木 ☞ 茯神

1458) 椹子 ☞ 桑椹子

1459) 深村百草霜末 ☞ 百草霜

<쌍>

1460) 雙杏仁 ☞ 杏仁

ㅇ

1461) 鵝 ⇒ 白鵝

鵝翎	거유ᄂᆞᆯ갯짓			구급 상53ㄴ7
鵝羽	거유짓			구급 하13ㄱ4
鵝羽	거유짓			구간 6:17ㄴ
鵝毛	거유짓			구간 2:83ㄴ
鵝	거유			언구 하20ㄱ5
鵝肉	게유고기			언구 25ㄴ11
鵝口中涎	게유의입안해춤			언구 상29ㄴ7
鵞	거유			본목 47ㄱ3
鵞毛	거위털	禽部上品	鄕名	향성 82:671:1

'鵝'를 핵심 어근으로 하는 단어족이다. '거위'를 이른다. 이른 시기 어형은 '거유'이다. '거위'로 어형 변화를 겪었다.

1462) 鵝管石

鵝管石	唐	石部	동의 3:50ㄴ10
鵝管石	唐	石部	양금 513:8

'鵝管石'은 '속이 텅 빈 돌고드름'으로 '석회 동굴의 천장에 고드름처럼 달려 있는 것'을 말한다. 『동의』와 『양금』에 있는데 한어명만 나타난다.

1463) 阿膠

阿膠	아교				구급 상62ㄱ1
阿膠	갓플				구간 2:13ㄴ
阿膠	갓플		獸部		동의 1:44ㄱ1
阿膠			獸部		양금 528:5
阿膠	갓풀				제중 8:11ㄴ4
阿膠	갓풀		畜		의종 7:44ㄴ10
阿膠	갓풀		畜		방합 56ㄱ
阿膠	갓풀				경신 37ㄱ4
阿膠	갓풀 쇠가죽고은것		獸部上品	鄕名	향성 81:656:1
透明阿膠	ᄆᆞᆯᄀᆞᆫ갓플				구간 3:73ㄱ

'阿膠'는 '갓풀'을 이른다. 『구급』에는 한어명으로 쓰였고 『구간』에서부터 '갓플'형으로 나타나 현대 국어에까지 형태 교체 없이 이어진다. 『향성』에는 '쇠가죽고은 것'이라는 설명형도 나온다.

1464) 阿芙蓉, 啞芙蓉 ☞ 罌子粟

1465) 阿魏 / 眞阿魏

阿魏			草部		동의 3:10ㄴ1
阿魏		唐	草部		양금 506:7
眞阿魏	진아위				광향 39ㄱ6
阿魏					제중 8:13ㄴ2
阿魏			香木		의종 7:23ㄴ2
阿魏			香木		방합 29ㄴ
阿魏					경신 32ㄱ5

'阿魏'는 '산형과의 여러해살이풀'이다. 한어명으로 쓰였는데 『광향』의 표제어 '眞阿魏'의 '眞'은 접두사로 보이는데 어떤 뜻을 나타내는지 불분명하다. 사전류에서 찾기 어렵다.

1466) 鴉肉 ☞ 烏鴉

1467) 牙子 ☞ 狼牙

1468) 牙皀 ☞ 皀莢

1469) 牙齒 / 人牙齒

牙齒	빠딘니 生人骨 一名 落齒 卽		人部		동의 1:31ㄱ4

牙齒	빠진니 生人骨 一名	人部		양금 525:6
人牙齒	빠진사람의니	人部	鄕名	향성 81:653:1

'牙齒'는 한자어로는 '어금니'에 해당한다. 하지만 『동의』와 『양금』의 향약명은 '빠딘니' 즉 '빠진 이'를 말한다. 『동의』의 한어명 이칭 '落齒'가 이를 잘 말해 준다. '生人骨'은 『한』에 소개되어 있다. 『향성』에는 설명형 향약명으로 나타난다.

1470) 鴉片 ☞ 罌子粟
1471) 牙笏 ☞ 象牙

<악>

1472) 堊 ⇒ 白堊
1473) 鶚目 ☞ 鶚
1474) 惡實, 惡實根莖 ☞ 牛蒡子
1475) 惡實 ☞ 鼠粘子
1476) 惡血

惡血	모딘피	구급 하95ㄱ

'惡血'은 '나쁜 피'를 말하는데 『구급』에 '모딘피'로 나온다. 형용사 '모딜다'의 의미 영역을 확인할 수 있다.

1477) 惡灰 ☞ 石灰

<안>

1478) 雁肪

雁肪	그려긔기름	禽部		동의 1:36ㄱ10
鴈肪	그려긔기롬	禽部		사의 3ㄱ1:1
雁肪	거러기기름	禽部		양금 526:9
雁肪	雁脂 기럭이기름	禽部上品	鄕名	향성 82:671:3
鴈糞	그려긔똥			구간 6:2ㄱ

鴈　　기러기　　　　　　　　　　　　　　　　　본목 47ㄱ4

'雁'을 핵심 어근으로 하는 단어족이다. '鴈肪'은 '기러기 기름'이다. 『동의』의 '그려긔'형이 '기러기'로 어형 변화한 것이다.

1479) 案上塵 ☞ 梁上塵

1480) 安石榴 ⇒ 石榴

安石榴　　셕뉴　　　　　　　　　　　　　　　　본목 30ㄱ1
安石榴　　석류　　　　　果部下品　　鄕名　　향성 84:700:1

'安石榴'는 『표』에 없다. '석류'와는 다른 식물인 듯하다(『지』). 『본목』과 『향성』에 '셕뉴'로 나타난다.

1481) 安息香 / 千金木 ⇒ 五倍子

安息香　　안식향　　　　　　　　　　　　　　　구급 상15ㄴ6
安息香　　千金木脂　　　　　　　　　　　　　　촌구 5ㄱ2:1
安息香　　千金木脂 쳔금목지　　　　　　鄕名　　촌가
安息香　　븕나모진　　　木部　　　　　　　　　동의 3:37ㄴ3
安息香　　븕나모진 火乙叱羅毛津　　　　　　　　우마 9ㄴ
安息香　　븍나모진　　　木部　　　　　　　　　양금 511:2
安息香　　북나모진　　　　　　　　　　　　　　제중 8:17ㄱ3
安息香　　황　　　　　　　　　　　　　俗　　　해혹 2ㄴ7
安息香　　북ᄂᆞ모진　　　香木　　　　　　　　　의종 7:23ㄱ7
安息香　　북ᄂᆞ모진　　　香木　　　　　　　　　방합 29ㄴ
安息香　　북나모진　　　　　　　　　　　　　　경신 51ㄱ2
安息香　　북나무진 황칠나무진　木部中品　鄕名　향성 80:647:2
千金木　　　　　　　　　木部　　　　　　　　　사의 2ㄴ2:3
千金木葉　븕나모닙 火乙叱羅毛葉　　　　　　　　우마 3ㄴ

'安息香'은 '안식향나무의 나무껍질에서 나는 진액'을 이른다(『표』). 『촌구』의 '千金木'은 '옻나뭇과의 낙엽 활엽 소교목'인 '붉나무'를 이른다(『표』). 『동의』에서부터 '븕나모진'이 나타나 『제중』에서 '북나모진'형으로 바뀌어 『향성』까지 이어진다. 『표』에는 '붉나무'가 등재되어 있다.

『우마』의 차자표기 '火乙叱羅毛津'은 '*ᄇᆞᆰ나모진'으로 해독된다. '叱'이 'ㄱ'음을 나타내는 드문 예이다. 『사의』와 『우마』에는 표제어가 '千金木'으로 나오기도 한다.

<암>

1482) 菴蕳子

菴蕳子	眞珠蓬		鄕名	향채 10월
菴蕳子	암려ᄌᆞ			구급 하18ㄴ2
菴蕳子	眞珠蓬			촌구 4ㄴ7:2
菴蕳子	眞珠蓬 진쥬봉		鄕名	촌가
菴蕳子	진쥬봉	草部		동의 2:42ㄴ10
菴蕳子	眞珠蓬		鄕名	향집 78:15ㄴ
菴蕳	진쥬봉			본목 14ㄴ8
菴蕳子	진듀봉	草部		양금 503:6
菴蕳子	진쥬봉		俗	해혹 5ㄱ6
菴蕳子	眞珠蓬 진주봉	草部上品之上	鄕名	향성 78:608:2

'菴蕳子'는 '맑은대쑥의 씨'를 말한다. 『향채』의 차자표기 '眞珠蓬'은 '*진쥬봉'으로 해독되며 이 형태가 현대 국어까지 이어진다. 그런데 『표』에는 '진주봉'이 등재되어 있지 않다.

<압>

1483) 鴨 ⇒ 鶩

鴨	올ᄒᆡ		언구 하20ㄱ6
鳧	올ᄒᆡ		본목 47ㄱ6
鴨肉	올ᄒᆡ고기		언구 하25ㄴ11
鴨肉	오ᄅᆡ고기		제중 8:19ㄱ7
鴨肉	오ᄅᆡ고리	水禽	의종 7:43ㄱ4
鴨肉	오ᄅᆡ고기	水禽	방합 54ㄱ
白鴨肉		禽部	동의 1:35ㄱ4
白鴨肉	흰오ᄅᆡ고기	禽部	양금 526:8
白鴨屎	흰올ᄒᆡᄯᅩᆼ		언구 하23ㄴ5
白鴨屎		禽部	동의 1:35ㄱ5

白鴨屎	흰오리똥	禽部上品	鄕名	향성 82:671:2
野鴨肉	뫼올히	禽部		동의 1:36ㄱ8
野鴨肉	뫼오리고기	禽部		양금 526:9
黑鴨肉		禽部		동의 1:35ㄱ6
鴨血	올히피			언구 상45ㄱ8
靑頭鴨	머리프른올히			구간 3:105ㄱ
鴨羹	올히술문국			언구 하22ㄴ7

'鴨'을 핵심 어근으로 하는 단어족이다. '올히 > 오리'의 어형 변화를 거쳤다. 『의종』의 '오리고리'는 '오리고기'의 오기가 분명하다. '野鴨'은 '청둥오리'를 뜻한다. 『동의』와 『양금』에는 '뫼오리'형으로 나타난다. '뫼올히'형은 사전류에서 찾기 어렵다. 『표』에도 없다. '黑鴨肉'은 '黑鴨' 즉 '검둥오리'의 고기를 말한다. 『표』에서는 '검둥오리'만을 등재하고, '검은오리'를 북한말로 규정하고 있다. 역사적으로는 '검은오리'형이 더 고형일 가능성이 높다.

1484) 鴨脚樹 ☞ 銀杏
1485) 鴨羹 ☞ 鴨

<앙>

1486) 鰊魟 ☞ 黃顙魚
1487) 仰天皮

仰天皮	뜰에드러운물이괴엿다말은앙금	石部中品	鄕名	향성 77:596:1

'仰天皮'는 『향성』에만 나오는데 『표』를 비롯한 사전류에서 찾기 어렵다. 『향성』의 설명형 향약명은 '뜰에 더러운 물이 고였다가 마른 앙금'을 말한다.

<애>

1488) 艾 / 艾葉 / 蘡蒿 / 白蒿 / 靑蒿

艾	뿍	구급 상50ㄴ7
艾	뿍	구간 2:48ㄱ
艾	참쑥	광향 3ㄱ05

艾	ᄎᆞᆷ쑥			광비
艾實		草部		동의 3:8ㄴ8
艾葉	ᄡᅮᆨ닙			구간 7:23ㄴ
艾葉	ᄉᆞ지발ᄡᅮᆨ 氷臺 一名 醫草 一名	草部		동의 3:8ㄴ4
艾	ᄉᆞ지발ᄡᅮᆨ			본목 14ㄴ9
艾葉	사지발쑥 氷臺 一名 醫草 一名	草部		양금 505:6
艾葉	ᄉᆞ지발ᄡᅮᆨ			제중 8:14ㄴ01
艾葉	사지발ᄡᅮᆨ	隰草		의종 7:10ㄱ6
艾葉	사지발ᄡᅮᆨ	隰草		방합 13ㄱ
艾葉	ᄉᆞ지발ᄡᅮᆨ 氷臺 一名 醫草 一名			경신 45ㄴ10
艾葉	참쑥 사재발쑥	草部中品之下	鄕名	향성 79:620:3
濃煎艾湯	디투달힌ᄡᅮᆨ믈			구간 6:19ㄴ
乾艾	ᄆᆞᄅᆞᆫᄡᅮᆨ			구간 7:59ㄴ
白艾	흰ᄡᅮᆨ			구급 상27ㄱ7
白艾	흰ᄡᅮᆨ			구간 2:26ㄴ
熟艾	니근ᄡᅮᆨ			구급 상17ㄱ3
熟艾	니기디흔ᄡᅮᆨ			구간 2:103ㄴ
熟艾	디흔ᄡᅮᆨ			구간 2:99ㄱ
熟艾	쑥			치언 18ㄱ9
蔞蒿	믈ᄡᅮᆨ	菜部		동의 2:36ㄴ6
蔞蒿	믈쑥	菜部		양금 521:1
白蒿	ᄀᆞᆮ날제흰ᄡᅮᆨ	草部		동의 3:1ㄱ10
白蒿	ᄀᆞᆺ날졔흰ᄡᅮᆨ			본목 15ㄱ2
白蒿	갓날졔흰쑥	草部		양금 504:7
靑蒿	쳥호			구급 상87ㄴ5
草蒿	져븨ᄡᅮᆨ	草部		동의 3:16ㄱ1
靑蒿	져븨ᄡᅮᆨ			본목 15ㄱ1
靑蒿		草部		사의 2ㄱ2:10
草蒿	져비ᄡᅮᆨ	草部		양금 506:5
靑蒿	졉의쑥		俗	해혹 4ㄱ7
靑蒿	져비ᄡᅮᆨ	隰草		의종 7:10ㄱ10
靑蒿	져비ᄡᅮᆨ	隰草		방합 13ㄱ
草蒿	제비쑥 개사철쑥	草部下品之上	鄕名	향성 79:627:3

‘艾’와 ‘蒿’를 어근으로 하는 단어족이다. ‘쑥’과 관련된 것이다. 고유어 향약명 가운데 ‘ᄉᆞ지발

뿍'과 '져비뿍'이 많이 나타난다. 두 어형 모두 『동의』에서 비롯된다. 'ᄉᆞ지발뿍'은 'ᄉᆞᄌᆞ(獅子)+ᄋᆡ+발 # 뿍'으로 분석되며 '사자 발 모양의 쑥'이라는 뜻이다. 『동의』와 『양금』의 '蔞蒿'는 '국화과의 여러해살이풀'이다. 고유어 향약명은 '믈뿍' 즉 '물쑥'이다. '草蒿' 혹은 '靑蒿'로 불리는 '져븨뿍'은 '져비+의+뿍'으로 분석된다. 『표』에 각각 '사재발쑥'과 '제비쑥'으로 등재되어 있고, '사자발쑥'은 『샘』에 소개되어 있다.

1489) 艾蒳香 ☞ 松樹皮
1490) 崖蜜 ☞ 蜜

<액>

1491) 縊繩

縊繩	민얏던노	구급 상77ㄴ
縊繩	목미엿던노	구간 1:63ㄱ

'縊繩'은 사전류에서 찾기 어렵다. 『구간』의 설명형 고유어 향약명은 '목미엿던노'인데 '목을 매었던 노'를 말한다.

<앵>

1492) 鸎 ☞ 百舌鳥
1493) 櫻桃

櫻桃	이ᄉᆞ랏 含桃 一名	果部		동의 2:19ㄴ7
櫻桃	伊士ᄾ叱		鄕名	향동 84:6ㄱ
櫻桃	이ᄉᆞ랏			본목 30ㄱ5
櫻桃	잉도	果部		양금 518:4
櫻桃	잉도			제중 8:22ㄴ6
櫻桃	잉도	山果		의종 7:32ㄴ10
櫻桃	잉도	山果		방합 41ㄱ
櫻桃	앵도 이스랏	果部上品	鄕名	향성 84:697:1
櫻桃東行根		果部		동의 2:20ㄱ1
櫻桃葉		果部		동의 2:19ㄴ10

'櫻桃'는 '앵두'를 말한다. 한어명 이칭으로 『동의』의 '含桃'가 있다. 고유어 향약명은 '이ᄉᆞ랏'이 나타난다. 『표』에는 보이지 않는다. 대신 '이스랏나무'가 '산앵두나무'를 가리키는 것(『표』)을 고려하면 '이스랏'이 '앵두'임이 틀림없고 현대 국어에도 남아 있는 셈이다. 대부분의 의서에서는 한어명 '잉도'로 쓰였다. 『향동』의 차자표기 '伊士ᄉᆞ叱'은 '*이ᄉᆞ랏'으로 해독된다.

1494) 罌粟殼 / 甖子殼 / 御米 / 粟殼 ⇒ 甖子粟

罌粟殼	양고밋당아리			구간 2:13ㄴ
鸎粟殼	陽古米			촌구 4ㄴ3:2
鸎粟殼	陽古米 양구미		鄕名	촌가
甖子殼	양고미ᄡᆞᆯ든겁질	穀部		동의 1:27ㄱ5
鸎粟殼	양고미ᄡᆞᆯ든겁질	草部		사의 1ㄴ4:9
甖子米殼	양귀비ᄊᆞᆯ겁질	穀部		양금 525:1
罌粟殼	御米 一名			해혹 1ㄴ6
御米	鶯粟殼 一名 楊貴妃子 卽			해혹 9ㄴ5
粟殼	양귀비겁질 御米殼 一名	隰草		의종 7:14ㄱ10
粟殼	양귀비겁질 御米殼 一名	隰草		방합 18ㄱ
罌粟殼	양귀비ᄡᆞᆯ든겁질			경신 32ㄱ7

'罌粟殼'은 '양귀비 열매의 껍질'을 이른다. '罌粟殼'을 '양귀비'와 같은 것으로 기록한 의서도 있다. 『구간』의 '양고밋당아리'는 '양고미+ㅅ+당아리'로 분석되는데 '당아리'는 '껍질'을 이른다. 이 형태가 '양고미 # ᄡᆞᆯ # 들-+-ㄴ # 겁질'로 어형 교체를 겪었다. 『경신』의 '양귀비ᄡᆞᆯ든겁질'은 '양귀비ᄡᆞᆯ든겁질'의 오기이다. 『촌구』의 차자표기 '陽古米'는 '*양고미'로 해독된다. '양구미'보다 앞선 형태를 나타내고 있다. 『구간』의 향약명이 잘 말해 준다. 한어명 '御米'는 『표』에 등재되어 '양귀비의 씨'로 풀이되어 있는데 의서에는 '罌粟殼'과 '甖子粟'을 모두 나타낸 것으로 보인다. 『향채』의 차자표기가 같은 것도 이를 방증한다.

1495) 甖子粟 / 甖子米 / 甖子鴉片 ⇒ 罌粟殼

甖子粟	陽古米		鄕名	향채 12월
甖子粟	양고미ᄡᅵ 御米 一名	穀部		동의 1:27ㄱ3
罌子粟	羊古米		鄕名	향집 84:34ㄱ
甖子粟	양고미씨			본목 24ㄴ7
甖子米	양귀비씨 御米 一名	穀部		양금 524:10

罌子粟	阿芙蓉 一名 罌粟花 卽			경신 32ㄱ8
罌子粟	羊古米 양귀비	米穀部下品	鄕名	향성 84:708:3
罌子鴉片	양고미여르메진 啞芙蓉 一名	穀部		동의 1:27ㄱ7
鴉片	양귀비여름에진 啞芙蓉 一名	穀部		양금 525:1

'罌子粟'은 '양귀비의 씨'를 이른다. 『향채』의 차자표기 '陽古米'가 '*양고미'로 해독되는데 가장 고형이다. 『향집』과 『향성』의 '羊古米'도 마찬가지이다. 이 형태가 『동의』까지 쓰이다가 『양금』에 와서 '양귀비' 형태로 바뀐다. 어형 교체를 겪은 것이다. 한어명 이칭으로는 『동의』의 '御米'와 '啞芙蓉', 『경신』의 '阿芙蓉' 등이 있다.

<야>

1496) 野鷄 ☞ 雉肉
1497) 野故草, 野麻 ☞ 茺蔚子
1498) 夜光 ☞ 螢火
1499) 夜交藤 ☞ 何首烏
1500) 野菊, 野菊花 ☞ 甘菊
1501) 野綠豆 ☞ 決明子
1502) 夜明砂 ☞ 伏翼
1503) 野百合 ☞ 百合
1504) 野蒜 ☞ 大蒜
1505) 野蘇 ☞ 紫蘇
1506) 野樹豆花 ☞ 黃芩
1507) 野鴨肉 ☞ 鴨
1508) 椰李人 ☞ 郁李仁
1509) 野人乾

野人乾	사ᄅᆞ미ᄆᆞ른ᄯᅩᆼ	구급 하73ㄴ3
野人乾	사ᄅᆞ미ᄯᅩᆼᄆᆞᄅᆞ니	구간 6:40ㄴ

'野人乾'은 '마른 사람의 똥'을 이른다. 설명형 향약명이 정확히 대응한다. '사ᄅᆞᆷ+ᄋᆡ # ᄆᆞᄅᆞ-+-ㄴ # ᄯᅩᆼ'과 '사ᄅᆞᆷ+ᄋᆡ # ᄯᅩᆼ # 마ᄅᆞ-+-ㄴ #이'로 분석된다.

1510) 野人乾糞淸水 ☞ 水

1511) 椰子

椰子		唐 果部		동의 2:25ㄱ10
椰子		果部		양금 519:3

‘椰子’는 ‘야자나무’를 이른다. 『동의』와 『양금』에 한어명만 나타난다.

1512) 野茨菰1 ☞ 澤瀉

1513) 野茨菰2 ⇒ 山茨菰, 剪刀草

野茨菰	물웃 剪刀草 卽	草部		동의 3:23ㄴ8
野茨菰	믈옷	草部		사의 1ㄴ2:9
野茨菰	믈릇 剪刀草根 一名	草部		양금 508:5

‘野茨菰’는 ‘백합과의 여러해살이풀’ 곧 ‘무릇’을 이른다. 『동의』의 ‘물웃’이 그대로 이어져 ‘무릇’이 되었다. 한어명 이칭으로 ‘剪刀草’가 있다.

1514) 野薔薇子 ☞ 營實

1515) 野豬

野猪膽		獸部		동의 1:54ㄴ4
野猪外腎		獸部		동의 1:54ㄴ6
野猪肉		獸部		동의 1:54ㄱ10
野猪脂	묏도틔기름			구간 7:85ㄱ
野猪脂		獸部		동의 1:54ㄴ2
野猪齒		獸部		동의 1:54ㄴ5
野猪黃	묏도틔쁠게예뭉긘것	獸部		동의 1:54ㄱ8
野猪黃	뫼돗슬긔의뭉친것	獸部		양금 529:6
野豬黃	묏산돼지쓸개뭉킨것	獸部下品	鄕名	향성 81:668:3

‘野豬’를 핵심 어근으로 하는 단어족이다. ‘野豬’는 ‘멧돼지’를 뜻한다. ‘野豬黃’은 ‘멧돼지의 쓸개’를 뜻하는데 ‘묏도틔쁠게예뭉긘것’이 『양금』에서는 ‘뭉친 것’으로, 『향성』에는 ‘뭉킨 것’으로 어형이 교체되었다. ‘뭉긔다’, ‘뭉치다’, ‘뭉키다’의 차이를 보여준다.

1516) 野紵根 ☞ 紵根

1517) 野天麻 ☞ 茺蔚子

1518) 野甛瓜 ☞ 甛瓜

1519) 野駝脂 ☞ 駝

1520) 夜合木, 夜合花 ☞ 合歡皮

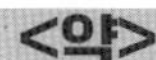

1521) 鑰匙鐵

鑰匙鐵	金部	동의 3:55ㄱ7

'鑰匙鐵'은 '자물쇠를 잠그거나 여는 데 사용하는 열쇠'를 말한다.

<양>

1522) 楊

楊柳皮	버듨겇	구급 하13ㄱ3
楊	버들 楊起者	훈몽 상10ㄱ

'楊'은 '버들'을 말한다. 15세기의 형태가 현대 국어까지 이어졌다.

1523) 穰

穰	於火	향구 중23ㄱ9

'穰'의 새김은 '볏짚'이다. 그런데 『향구』의 차자표기 '於火'는 무엇을 표기한 것인지 정확하지 않다. 『향구』의 차자표기 용자의 음가에 따르면 '*어블'로 해독된다(이은규 1993:166 참조). '於'를 석독할 수도 있으나 개연성이 매우 낮다. '지푸라기' 정도의 의미를 가진 어형으로 추정되는데 근거는 박약하다.

1524) 羊 ⇒ 羖羊

羊	양	본목 49ㄴ6

羊肝		畜		의종 7:44ㄴ6
羊肝		畜		방합 56ㄱ
羊骨	양의뼈	獸部中品	鄕名	향성 81:660:3
羊筋	양의힘			구급 하37ㄱ7
羊筋	양힘			언구 상33ㄴ7
羊膽	양담			구급 하40ㄱ
羊髓	양의뼈속기름	獸部中品	鄕名	향성 81:660:2
羊屎	양의똥			구간 6:27ㄴ
乾羊屎	ᄆᆞ른양의똥			구급 하6ㄴ6
烏羊屎	거믄양의똥			구급 하6ㄴ7
烏羊糞	거믄양의똥			구간 6:28ㄴ
烏羊屎	거믄양의똥			언구 하16ㄱ3
羊腎		畜		의종 7:44ㄴ6
羊腎		畜		의종 50ㄱ
羊腎	양의콩팟	獸部中品	鄕名	향성 81:660:2
羊心	양의염통	獸部中品	鄕名	향성 81:660:2
羊乳	양의젓			구급 하77ㄱ
羊乳	양의졋			구간 6:66ㄴ
羊乳		獸部		동의 1:44ㄱ8
羊乳		獸部		양금 528:6
羊乳	양의젓	獸部上品	鄕名	향성 81:656:1
肥羊肉	술진양의고기			구급 상51ㄱ1
羊肉	양의고기			제중 8:16ㄴ4
羊肉	양의고기	畜		의종 7:44ㄴ5
羊肉	양의고기	畜		방합 55ㄴ
羊血		畜		의종 7:44ㄴ6
羊血		畜		방합 50ㄱ
生羊血	ᄉᆡᆼᄒᆞᆫ양의피			언구 하23ㄴ6
新屠羊血熱	ᄀᆞᆺ자븐양의피			언구 상38ㄴ8
尸羊角		獸部		양금 529:1
肥羊脂	술진양의기름			구급 상51ㄱ1
羊齒	양의이	獸部中品	鄕名	향성 81:660:3
羊肺	양의허파	獸部中品	鄕名	향성 81:660:2

'羊'을 핵심 어근으로 하는 단어족이다. 단어형과 설명형의 다양한 합성어가 나타난다. 희귀한

형태는 보이지 않는다.

1525) 良薑 ☞ 高良薑

1526) 陽起石 ⇒ 雲母

陽起石		唐	石部	동의 3:47ㄴ5
陽起石	雲母根 一名	唐	石部	양금 512:10
陽起石			金石	의종 7:49ㄱ10
陽起石			金石	방합 62ㄱ
陽起石	雲母 卽			경신 48ㄴ5

‘陽起石’은 ‘칼슘, 마그네슘, 철 따위를 함유한 규산염 광물’이다. 한어명으로만 나타난다. 『양금』과 『경신』에 이칭으로 ‘雲母’가 제시되어 있는데 불분명하다.

1527) 穬麵 ☞ 麩

1528) 梁米 ☞ 白梁米

1529) 羊負来 ☞ 蒼耳

1530) 梁上塵 / 樑上塵 / 懸龍尾

梁上塵	보우흿드틀			구급 상78ㄴ5
梁上塵	보우흿드틀			구간 7:47ㄱ
梁上塵	집보우흿듣글			구간 3:87ㄱ
梁上塵	집보우흿드틀			구간 7:79ㄴ
梁上塵	들보우희몬지			언구 상44ㄴ4
梁上塵	들보우희듣글 懸龍尾 一名 烏龍尾 又名	土部		동의 1:20ㄱ6
樑上塵	들쌰우희뒷글	土部		양금 523:2
樑上塵	봇장우의몬주			광비
樑上塵	들보우희몬지			광향 4ㄱ01
樑上塵	들뽀위의몬지	石部下品	鄉名	향성 77:600:1
懸龍尾	들보우희틔글돌인것	虫部		사의 4ㄴ1:3
懸龍尾	거뮈쥴		俗	해혹 34ㄴ5

‘梁上塵’은 ‘대들보 위의 먼지’를 이른다(『지』). 이 한어명은 『표』에 없다. 고유어 향약명은 ‘보우흿드틀 > 집보우흿듣글 > 들보우희몬지 > 들보우희듣글 > 들보우희몬지 > 들보위의먼지’로 어형 교체를 많이 겪었다. 『광비』의 ‘봇장우희몬지’의 ‘봇장’은 ‘들보’와 동의어인데 『표』에 ‘봇

장', 『우리말사전』에 '보짱'이 등재되어 있다. '懸龍尾'는 사전류에서 찾기 어렵다.

1531) 涼水 ☞ 水
1532) 羊蹄 ⇒ 馬蹄菜

羊蹄根	所乙串		鄕名	향채 12월
羊蹄根	所乙串			촌구 4ㄴ1:1
蹄	솔옷 뎨			훈몽 상9ㄴ
羊蹄根	所乙串 솔옷		鄕名	촌가
羊蹄根	所串 斫串		鄕云	신마
羊蹄獨根	솔옷외불휘			구간 2:69ㄴ
羊蹄根	솔옷블휘			산경 598
羊蹄根	솔옷불휘	草部		동의 3:19ㄱ4
羊蹄	솔옷 所乙古叱			우마 3ㄱ
羊蹄	솔옷불휘			본목 22ㄱ1
羊蹄根	소롯블희			신황 보15ㄱ
羊蹄根	솔옷불휘	草部		사의 1ㄴ3:9
羊蹄根	솔오쟝이블희	草部		양금 508:3
羊蹄菜	소로쟝이			방유 3:28ㄱ
羊蹄	솔오댱이			물명 92
羊蹄	소루징이 쉬영			식휘 135
羊蹄	所乙串 소루쟁이 송구지	草部下品之下	鄕名	향성 79:631:3
羊蹄	솔구지 소로지			식명 718
羊蹄	참소루장이 참송구지 소리쟁이			식명 718
羊蹄根	소리쟁이			동사 1078
羊蹄	소루쟁이 참소루장이 참송구지			야초 73
羊蹄	소리쟁이 솔구지			야초 73
羊蹄實	金蕎麥 一名	草部		동의 3:19ㄱ6
羊蹄葉	솔옷닙			언구 하27ㄱ7
羊蹄葉		草部		동의 3:19ㄱ7

'羊蹄'는 '마디풀과의 여러해살이풀' 곧 '소루쟁이'를 뜻한다. 『향구』의 차자표기 '所乙串'은 '*솔곶'으로 해독된다. 2음절 초성이 'ㄱ'이었음을 알 수 있다. 15세기에 'ㄹ'에 후행하는 'ㄱ'이 탈락하는 음운 현상이 적용되어 '솔옷'이 되고 후대에 이어진다. 다른 차자표기도 동일하며 『우마』의 '所乙古叱'도 '*솔곶'으로 해독된다. 『신마』의 '斫串'은 사전류에 보이지 않는데 무엇인지

알 수 없다. '솔옷'은 '불휘'를 합성하여 '솔옷불휘'로 쓰이다가 『양금』에 와서 접미사 '장이'가 결합된 '솔오쟝이'가 생성되어 현대 국어까지 이어져 '소루쟁이'가 된다. '*솔곳 > 솔옷불휘 > 소루장이 > 소루쟁이'의 어형 교체가 일어난 것이다. 이 과정에서 '송구지' 혹은 '솔구지' 형태도 나타난다. 『샘』에서는 '송구지'를 '소루쟁이'의 북한말로 소개하고 있다(상세 어휘사는 3.2 참조).

1533) 羊蹄菜 ☞ 馬蹄菜

1534) 羊躑躅 / 躑躅

羊躑燭	盡月背 宜入白頭翁下		鄕名	향채 3월
羊躑躅花	늣거ᅀᅡ픈굴근진ᄃᆞᆯ욋곳			구간 2:44ㄴ
躑躅	텩튝곳			언구 하23ㄱ11
躑躅花	텩튝곳			언구 하34ㄴ11
羊躑躅	텩튝곳 躑躅花 卽今	草部		동의 3:17ㄴ7
羊蹢躅	텩튝ᄭᅩᆺ			본목 19ㄱ9
羊躑躅	쳑쵹ᄭᅩᆺ	草部		양금 507:1
洋躑躅	盡月背 진달래 철죽	草部下品之上	鄕名	향성 79:630:1

'洋躑躅'은 '진달랫과의 낙엽 활엽 관목' 즉 '산철쭉'을 가리킨다. 『향채』의 차자표기 '盡月背'는 '*진달비'로 해독된다. 3음절 초성이 'ㅂ'임이 확인된다. 15세기 『구간』에 이미 '진ᄃᆞᆯ외'가 나타난다. 이 향약명은 주로 혼성어 '텩튝곳'으로 나타난다. '*진달비 > 진달래'의 어형 변화를 거쳤다.

1535) 釀醋 ☞ 酢

1536) 羊齒, 羊肺 ☞ 羊

1537) 蘘荷 / 白蘘荷

蘘荷	蘘荷		鄕名亦同	향구 상12ㄴ5
蘘荷	양핫불휘			구급 하39ㄴ7
蘘荷	양하			언구 하31ㄱ7
蘘荷	양하	菜部		동의 2:35ㄱ1
蘘荷	양하			본목 16ㄱ3
蘘荷	양하	菜蔬部		사의 3ㄴ2:4
蘘荷		菜部		양금 520:7

白蘘荷	양하	菜部中品 鄕名	향성 85:713:3
蘘荷根	양핫ᄀᆞᆫ		구간 2:89ㄱ
東向蘘荷根	동녘으로향ᄒᆞᆫ양홧ᄀᆞᆫ		구간 2:104ㄴ
蘘荷根汁	양핫ᄀᆞᆫ즙		구간 2:84ㄱ
蘘荷根汁	양핫불휘즙		언구 상34ㄱ9

'蘘荷'은 '생강과의 여러해살이풀'이다. 『향구』에는 '蘘荷'로 기록하면서 '鄕名亦同'이라 하였는데 한어명을 차용해서 그대로 부른다는 뜻이다. 현대 국어에 이르기까지 한어명 그대로 쓰였다.

<어>

1538) 魚羹

魚羹	ᄉᆡᆼ션탕	구급 상47ㄱ8

'魚羹'은 사전류에 보이지 않는다. 『구급』에 'ᄉᆡᆼ션탕'이라는 합성어가 나타난다. 『표』에는 '어탕'과 '생선국'만 나온다.

1539) 魚骨

魚骨	믌고깃ᄲᅧ	구급 상52ㄴ1
魚骨	고ᄀᆡᄲᅧ	구간 6:3ㄱ

'魚骨'은 한어명대로 '고기의 뼈'이다. 『구급』과 『구간』에 '믌고깃ᄲᅧ', '고ᄀᆡᄲᅧ'가 나오는데 후대에 이어지지 않는다.

1540) 魚膠 / 魚鰾 / 鰾膠

魚膠	고ᄀᆡ부레		구간 6:82ㄱ
魚鰾	믈고기부레		언구 하16ㄴ4
魚鰾膠	불에	俗	해혹 7ㄱ6
鰾膠		魚	의종 7:40ㄱ3
鰾膠		魚	방합 50ㄱ
鰾	고ᄀᆡ부레		구간 6:79ㄱ

‘魚膠’는 ‘민어의 부레를 끓여서 만든 풀’이다. 이칭으로는 ‘魚鰾膠’, ‘鰾膠’ 등이 있다. 우리말 이칭으로 ‘부레풀’이 있다. 『구간』의 ‘고ᄀᆡ부레’는 ‘고기+ᄋᆡ+부레’로 분석되는데 『언구』에서 ‘믈고기부레’로 바뀐다. 어형 교체가 있었다. 후대에는 한어명으로만 쓰인다. ‘鰾’는 ‘부레’를 이르는 말이다.

1541) 魚狗

魚狗鳥	쇠새			언구 상28ㄴ9
魚狗	쇠새	禽部		동의 1:39ㄴ7
魚狗	쇠새			본목 47ㄱ10
魚狗	쇠ᄉᆡ	禽部		양금 527:6
魚狗	金鳥 쇠새	禽部下品	鄕名	향성 82:675:2

‘魚狗’는 ‘물총새’를 이른다. 『언구』에 ‘쇠새’는 형태 변화 없이 현대 국어로 이어져 ‘쇠새’로 『표』에 등재되어 있다. 『향성』의 차자표기 ‘金鳥’는 ‘*쇠새’로 해독된다.

1542) 魚網 ☞ 故魚網
1543) 魚網灰 ☞ 灰
1544) 魚尾

魚尾	고ᄀᆡᄭᅩ리	구간 6:4ㄴ

‘魚尾’는 ‘고기의 꼬리’를 이른다. 『구간』에 ‘고ᄉᆡᄭᅩ리’로 나온다. 후대에 이어지지 않는다.

1545) 御米 ☞ 罌粟殼, 罌子粟
1546) 魚子蘭 ☞ 麥門冬
1547) 魚鮓

魚鮓	믈고기젓	魚部	동의 2:5ㄱ2
魚鮓	믈고기젓	魚部	양금 515:8
魚鮓			제중 8:20ㄴ1

‘魚鮓’는 ‘젓. 새우, 멸치 따위를 소금에 짜게 절인 반찬’을 이른다(『고』). 『동의』에서 비롯되었는데 ‘믈고기젓’으로 나타난다. 상위 개념어로 한어명 ‘魚鮓’와 함께 『표』에 등재할 만하다.

1548) 魚鰾1 ☞ 魚膠
1549) 魚鰾2 ☞ 鮰魚
1550) 魚膾

魚膾	믈고기회	魚部		동의 2:5ㄱ3
魚鱠	회			본목 45ㄱ7
魚膾	믈고기회	魚部		양금 515:9
魚膾				제중 8:20ㄴ2

'魚膾'는 '회'를 말한다. 『동의』와 『양금』에는 '믈고기회'로, 『본목』에는 '회'로 나온다.

<언>

1551) 鼹鼠 / 田鼠 / 土鼠 / 地鼠

鼹鼠	두디쥐 鼢鼠 一名	獸部		동의 1:58ㄴ2
鼹鼠	두더쥐 粉鼠 一名	獸部		양금 530:1
田鼠	두더쥐			경국 126:1
土鼠	두더쥐			경국 134:4
鼹鼠	두더쥐	獸部下品	鄕名	향성 81:668:1
地鼠	두지기쥐			경국 63:2
地鼠	두지쥐			경국 47:4

'鼹鼠'는 '두더쥐'를 이른다. 『동의』에는 '두디쥐'로 나온다. '두더쥐'의 오기로 볼 수도 있지만, 『경국』의 '두지쥐'를 참고하면 오기가 아닐 수도 있다. 구개음화를 겪으면 '두지쥐'가 되기 때문이다. 한어명 이칭 '田鼠'는 『표』에 나오는데 '粉鼠'와 '土鼠'는 보이지 않는다. 『양금』의 '粉鼠'는 '鼢鼠'의 오기로 추정된다. 고유어 향약명은 '두더쥐' 형태가 현대 국어까지 이어진다. '地鼠'는 사전류에서 찾기 어렵다. 『경국』의 '두지기쥐'는 '두지기+쥐'로 분석된다. '두더지'를 나타내는 '두지기'에 '쥐'를 덧붙인 형태이다. '두지기'는 '두더지'의 강원, 충청, 전라 방언이다(『샘』). 그리고 '두지'는 '두더지'의 전라 방언이다. 『본목』(6ㄱ6)의 '두지쥐넌흙'에도 '두지쥐'가 확인된다.

<얼>

1552) 糵 ☞ 大麥

1553) 釅米醋, 釅醋 ☞ 酢

<여>

1554) 驢

驢	나귀			본목 50ㄱ3
驢尿	라귀오좀			구간 6:88ㄱ
驢尿		獸部		동의 1:55ㄱ4
驢尿		獸部		양금 529:7
驢尿		畜		의종 7:45ㄱ4
驢尿		畜		방합 56ㄴ
驢頭		獸部		동의 1:55ㄱ2
驢尾下軸垢		獸部		동의 1:55ㄱ6
驢屎	나귀똥			구간 2:37ㄴ
驢屎		獸部		동의 1:55ㄱ5
驢乳		獸部		동의 1:55ㄱ3
驢乳		獸部		양금 529:7
驢肉	나귀고기	獸部		동의 1:54ㄴ8
驢肉	나귀고기	獸部		양금 529:7
驢肉	나귀고기	畜		의종 7:45ㄱ4
驢肉	나귀고기	畜		방합 56ㄴ
驢脂		獸部		동의 1:54ㄴ10
驢皮		獸部		동의 1:55ㄱ1

'驢'를 핵심 어근으로 하는 단어족이다. '驢'는 '나귀'이다. 『구간』의 '라귀'가 어형 변화를 거쳐 현대 국어 '나귀'가 되었다.

1555) 蠣 ☞ 牡蠣

1556) 女蘿 ☞ 松蘿

1557) 藜蘆 / 蔡蘆

藜盧	箔草	俗云	향구 목46ㄴ6
藜蘆	箔草		향구 상2ㄴ6
藜蘆	朴鳥伊	鄕名	향채 3월
藜蘆	朴草	鄕名	향채 3월

藜蘆	려로			구급 상43ㄱ8
蘆藜	朴草			촌구 4ㄱ3:1
蘆藜	朴草		鄕名	촌가
蔡蘆	박씨 박새			산경 243
藜蘆	박새			언구 상2ㄱ8
藜蘆	박새	草部		동의 3:16ㄱ7
蔡蘆	박새 朴沙伊			우마 7ㄱ
藜蘆	박싀			본목 18ㄴ6
藜蘆	박싀	草部毒草類		본정 상90
蔡蘆	녀노			마초 하109ㄱ
藜蘆	박새	草部		사의 1ㄴ4:10
藜蘆	박싀 鹿葱 一名	草部		양금 506:5
蔡蘆	호라비좃			물명 65
藜蘆	박씨			해혹 28ㄴ10
藜蘆	박싀	毒草		의종 7:16ㄱ6
藜蘆	박싀	毒草		방합 20ㄴ
藜蘆	박싀 鹿葱 一名			경신 17ㄴ8
蔡蘆	박새 려로 山葱			식휘 95
藜蘆	朴草 박새	草部下品之上	鄕名	향성 79:628:1
蔡蘆	박새뿌리			동사 267

‘藜蘆’는 ‘백합과의 여러해살이풀’ 곧 ‘박새’를 말한다. 『향구』의 차자표기 ‘箔草’는 ‘*박새’로 해독된다. 『향채』의 ‘朴鳥伊’와 『우마』의 ‘朴沙伊’가 증명해 준다. ‘伊’는 ‘鳥’를 ‘이’로 끝나는 우리말로 읽으라는 뜻이므로 ‘*박새’가 된다. ‘草’가 ‘새’로 읽히는 것은 『촌구』의 ‘朴草’가 말해 준다. 한어명은 ‘蔡蘆’로도 나타나지만 사전류에서 찾기 어렵다. ‘박새’는 어형 교체 없이 현대 국어까지 이어진다. 『물명』의 ‘호라비좃’은 ‘호라지좃’의 옛말이 맞는다면(『샘』) 이는 ‘天門冬’을 가리키는 것이어서(『표』) 오류에 해당한다.

1558) 穭豆 ☞ 黑豆

1559) 礪石 / 磚石 / 砥石

礪石	뿟돌			구간 3:110ㄱ
磚石	磨刀石		卽	향집 77:9ㄴ
砥石	숫돌	石部		사의 4ㄱ2:9

礪石	磨刀石 숫돌	石部中品	鄕名	향성 77:594:3

'礪石'은 '숫돌'이다. 『구간』의 '뿟돌'이 어형 변화를 거쳐 '숫돌'이 되었다. 『향집』에서는 '磚石'을 '숫돌'이라 하고 있다. 『향집』과 『향성』의 '磨刀石'은 차자표기가 아니라 한어명인데 『샘』에서 '숫돌'의 북한말로 소개하고 있다.

1560) 蠡實 ☞ 馬藺

1561) 蠡魚 / 鱧魚 / 鳥蠡魚

蠡魚	가모티 鱧魚 一名 鮦魚 一名	魚部		동의 2:2ㄱ8
鱧魚	가모티			본목 44ㄴ2
蠡魚	가물치	鱗部無鱗魚類		본정 하206
鱧魚		虫部		사의 4ㄴ2:2
蠡魚	가물치	魚部		양금 515:3
蠡魚	가믈치			제중 8:19ㄴ2
鳥蠡魚	가물치		俗	해혹 33ㄱ6
蠡魚	가믈치 鱧魚 一名	無鱗魚		의종 7:40ㄱ7
蠡魚	가믈치 鱧魚 一名	無鱗魚		방합 50ㄱ
蠡魚	가물치 醴魚 一名 銅魚 一名			경신 56ㄱ8
蠡魚	加母致 가물치	蟲魚部上品	鄕名	향성 82:679:3
蠡魚膽		魚部		동의 2:2ㄴ2
蠡魚腸		魚部		동의 2:2ㄴ1

'蠡魚'는 '가물치'를 이른다. 한어명 이칭으로 '鱧魚', '銅魚' 등이 있다. 『동의』에는 '가모티'로 나온다. 이른 시기에는 '가모티'형이었는데 '가몰치'를 거쳐 '가물치'가 되었다. 어형 변화를 겪었다. 『향성』의 차자표기 '加母致'는 '*가모치'로 해독된다.

1562) 藺茹 ☞ 狼毒

1563) 女菀 ☞ 紫菀

1564) 女萎 ☞ 萎蕤

1565) 女人頭髮傀 ⇒ 髮髲

女人頭髮傀	둘외곡지	경국 91:1

'女人頭髮傀'은 설명형 한어명이다. 『경국』에 '돌외곡지'로 기록되어 있는데 '돌외'는 '달래'로 '예전에 여자들의 머리숱이 많아 보이라고 덧넣었던 딴머리'를 이른다(『표』). '돌외 > 드릐 > 다리'의 어형 변화를 겪었다. 『표』에 '다리'가 등재되어 있다. '곡지'는 '꼭지'이다.

1566) 女人月經衣 ☞ 經衣

1567) 女貞實

女貞實	冬青 一名	灌木	의종 7:26ㄴ10
女貞實	冬青 一名	灌木	방합 34ㄱ
女貞實	冬青子 一名		경신 42ㄱ7

'女貞實'은 '광나무의 열매'이다. 『의종』에서 비롯되었는데 한어명 이칭 '冬青'은 '노박덩굴과의 상록 관목' 즉 '사철나무'이다(『표』). '女貞實'과는 다른 대상이어서 좀더 정밀한 추정이 필요하다.

1568) 茘枝 / 茘核

茘枝			果部	동의 2:21ㄴ4
茘芰		唐	果部	양금 518:7
茘枝	례지			제중 8:22ㄴ7
茘枝	례치		夷果	의종 7:33ㄴ3
茘皮	례치		夷果	방합 41ㄴ
茘核			果部	동의 2:21ㄴ7
茘核			山果	의종 7:33ㄴ3
茘核			山果	방합 41ㄴ

'茘枝'는 '무환자과의 상록 교목'이다(『고』). 『표』에 보이지 않는다. '茘枝'는 '가지', '茘皮'는 '껍질', '茘核'은 '씨'를 말한다.

1569) 蠡花 ☞ 馬藺

1570) 藜灰 ☞ 灰

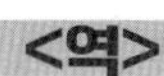

1571) 蘼 ☞ 葶藶

1572) 逆流水 ☞ 水

1573) 橡李 ☞ 橡實

1574) 櫟樹皮

櫟樹皮	덥갈나못겁질	木部	동의 3:41ㄱ4
櫟樹皮	덥갈나모겁질	木部	양금 511:8

'櫟樹皮'의 '櫟樹'는 사전류에서 찾기 어렵다. 『동의』와 『양금』의 '덥갈나못겁질'의 '덥갈나모'는 '떡갈나무'이다(위 '橡實' 항목 참조).

1575) 瀝靑 ☞ 松脂

1576) 瀝淸

瀝淸	력쳥	구급 하11ㄱ4

'瀝淸'은 '瀝靑'을 이른다. 석유를 정제할 때 잔류물로 얻어지는 고체나 반고체의 검은색이나 흑갈색 탄화수소 화합물이다(『표』).

<연>

1577) 鳶 ☞ 鴟頭

1578) 碾

碾	믹될	俗	해혹 2ㄱ10
碾	밋돌	俗	해혹 22ㄴ3

'碾'은 '멧돌'을 말한다. 『해혹』에 '밋돌'로 나오는데 다른 의서에 보이지 않는다.

1579) 鉛 / 鈆丹 / 鉛霜 / 黃丹 / 黑錫 ⇒ 白鑞

鈆	那勿		俗云	향구 목50ㄱ8
鈆		金部		동의 3:52ㄴ10
鉛		金部		양금 514:3
鉛	납	石部下品	鄕名	향성 77:597:1
鈆丹	黃丹		卽	향집 77:13ㄱ
鉛丹	黃丹 酸化鉛	石部下品	鄕名	향성 77:596:3

鉛粉	연분 韶粉				언두 하37ㄱ
鉛粉	분				언구 하21ㄱ10
鉛粉	定粉 一名 光粉 一名 瓦粉 一名		金部		동의 3:53ㄱ5
鉛粉	化鉛 卽今 定粉 瓦粉 胡粉 一名 眞粉 卽		金部		양금 514:3
鉛霜	鉛白霜 一名		金部		동의 3:53ㄱ3
鉛霜			金部		양금 514:3
鉛霜	초에색힌납의진서리 醋酸鉛		石部下品	鄕名	향성 77:600:2
黑錫	납			俗	해혹 29ㄴ2
黃丹	鉛丹 一名				향구 목50ㄱ8
黃丹	鉛草 又名				향구 목50ㄱ8
黃丹	황단				구급 상7ㄴ1
黃丹	황단				구간 1:94ㄴ
黃丹			石部		사의 4ㄱ3:1
黃丹	鉛丹 一名	唐	金部		동의 3:52ㄴ7
黃丹	鉛丹 一名 鉛華 一名	唐	金部		양금 514:3
黃丹			金石		의종 7:48ㄱ3
黃丹			金石		방합 60ㄴ

'鉛'을 핵심 어근으로 하는 단어족이다. 고유어 향약명의 기원형은 『향구』의 차자표기 '那勿' 인데 '*나믈'로 해독된다. 하지만 이 어형은 후대에 이어지지 않는다. '납'으로 어형 교체가 일어난다. '鉛'을 어근으로 다양한 합성어가 나타난다. 『향성』의 '초에색힌납의진서리'는 '초+에 # 삭히-+-ㄴ # 납+의 # 진서리'로 분석된다. '진서리'는 '수증기'의 강원방원이다. 따라서 '초에 삭힌 납에 어린 수증기'라는 뜻이다. '鉛霜'은 사전류에서 찾기 어렵다. '黃丹'은 '납을 가공하여 얻은 酸化鉛'을 이른다(『표』). 대응되는 향약명은 없으며 한어명 이칭으로 '鉛丹', '鉛華' 등이 있다.

1580) 鷰窠蓐 / 鷰蓐草

鷰窠蓐	鷰窠內草			향구 중27ㄴ9
鷰窠褥	鷰巢中草		俗云	향구 목47ㄴ1
鷰窠中草	져븨집깃			구간 6:93ㄴ
鷰蓐草	제비집속의북짤미	草部下品之下	鄕名	향성 79:635:3

'鷰窠蓐'의 '鷰窠'는 '제비집'을 뜻한다. 『향구』의 '鷰窠內草'와 '鷰巢中草'는 『구간』의 '져븨집

깃'을 참조하면 '*져븨집플' 정도로 해독된다. 그리고 '져븨집깃'과 『향성』의 '제비집속의북짤미'를 비교해 보면 '깃'과 '북짤미'가 대응한다. '깃'은 '새의 날개의 털' 그리고 '새의 집, 보금자리'를 뜻하기도 한다. 그런데 『향성』(79:636:2)에 '鷄窠中草 닭의둥우리속의북짤미'가 나오는데 여기의 '북짤미'도 '草'에 대응한다. 따라서 '새 둥우리의 풀' 정도의 의미로 판단된다. '북짤미'는 『표』에 등재할 만하다.

1581) 連翹

連翹	어어리나모여름	草部	동의 3:21ㄴ3
連翹	어어리나모여름		본목 17ㄱ9
連翹	어여리나모여름	草部隰草類	본정 상85
連翘	이스리나모	木部	사의 2ㄴ4:7
連翹	년효		치언 9ㄴ10
連翘	어어리나무여름	草部	양금 508:5
連翹	어어리나모여름		제중 8:2ㄴ4
連喬	連翹 卽		해혹 28ㄱ10
連翹	이어리나모여름	隰草	의종 7:14ㄴ6
連翹	이어리나모여름	隰草	방합 18ㄴ
連翘	어어리나모여름		경신 23ㄱ4
連翹	개나리 련요 신리화나무		식휘 286
連翹	노랑개나리 개나리		식명 383
連翹	세잎개나리 련교		동사 668
連翹	개나리 辛夷花 望春 개나리꽃나무		약식 53

'連翹'는 '물푸레나무과 식물인 세잎개나리의 익은 열매'를 말한다(『한』). 고유어 향약명은 『사의』의 '이스리나모'를 제외하면 『동의』의 '어어리나모여름'이 『의종』에 와서 '이어리나모여름'으로 바뀐다. 어형 변화를 겪은 것이다. 그러다가 이 어형은 사라지고 현대 국어에서는 '개나리'형이 나타난다. '이어리나무'는 『표』에 등재할 만하다. 『샘』에는 '어어리나모'가 '개나리'의 옛말로 소개되어 있다. 그런데 이른 시기 '개나리'는 '百合'에 대응하는 말이었다. 좀더 정밀한 추정이 필요하다(위 '百合' 항목 참조)(상세 어휘사는 3.2 참조).

1582) 楝根 / 楝實 / 楝子 / 川楝子 / 苦楝根

楝根	木部	동의 3:40ㄱ4

練根			제중 8:11ㄱ3
練根		喬木	의종 7:24ㄴ2
練根		喬木	방합 31ㄱ
練實	金鈴子 一名 川練子 一名 苦練子 一名	唐 木部	동의 3:40ㄱ1
練實	金鈴子 一名 練子 一名 苦練子 一名	唐 木部	양금 511:6
川練子	苦練子仁 金鈴子實 一名		해혹 22ㄴ6
楝宲	金鈴子 一名 苦練子 一名		경신 27ㄱ4
楝實	고련나무열매 멀구슬나무열매 구주목열매	木部下品 鄕名	향성 80:650:2
練子			제중 8:13ㄱ3
練子	金鈴子 一名	喬木	의종 7:24ㄴ4
練子	金鈴子 一名	喬木	방합 31ㄱ
苦練根			경신 27ㄱ7

'練根'은 『표』에 나오지 않고 대신 한어명 이칭 '金鈴子'가 나오는데 '소태나무의 열매'를 이르며 한어명 이칭 '苦楝實'이 소개되어 있다. '練根'은 주로 한어명으로 쓰였으며 『향성』에 와서 '멀구슬나무열매', '구주목열매' 등과 같은 새로운 형태가 나타난다.

1583) 連根葱, 連根葱白 ☞ 葱
1584) 鉛丹 ☞ 鉛
1585) 沿籬豆 ☞ 扁豆
1586) 燕麥 ☞ 雀麥
1587) 煉蜜 ☞ 蜜
1588) 軟飯

軟飯	믈은밥	언구 상47ㄱ1

'軟飯'은 사전류에서 찾기 어렵다. 한어명의 뜻대로 『언구』에 '믈은밥'으로 나온다. '무른 밥'이라는 뜻이다.

1589) 蓮房 ☞ 蓮實
1590) 鉛白霜 ☞ 鉛
1591) 鷰覆子 ☞ 通草
1592) 聯步 ☞ 續隨子
1593) 鷰糞, 鷰屎 ☞ 燕屎

1594) 鉛霜 ☞ 鉛

1595) 緣桑螺 ☞ 蝸牛

1596) 連鬚葱根 ☞ 葱

1597) 燕屎 / 胡鷰屎 / 鷰屎 ⇒ 胡燕

胡鷰屎	명마긔ᄯᅩᆼ			구급 상70ㄱ3
胡鷰屎	명마기ᄯᅩᆼ			구간 3:68ㄱ
燕屎	명마긔ᄯᅩᆼ 越燕 져비 胡燕 명마기	禽部		동의 1:36ㄴ9
越燕屎		禽部		동의 1:37ㄱ4
燕屎	멱막의ᄯᅩᆼ	禽部		양금 526:10
鷰屎	제비똥 명마긔똥	禽部中品	鄕名	향성 82:672:3
鷰糞	져비ᄯᅩᆼ			구간 3:112ㄱ

'燕屎'는 '제비의 똥'을 말한다. '胡鷰屎', '越鷰屎' 등으로 나타났는데 고유어 향약명은 '명마긔ᄯᅩᆼ'형이다. '명마긔'는 '명마기'를 거쳐 현대 국어에서는 움라우트가 반영된 '명매기'가 표준형이 되었다. 『향성』에 오면 '제비똥'과 '명마긔똥'이 함께 나타나는데 『표』에는 '제비똥'이 없다.

1598) 蓮實 / 蓮子 / 蓮房 / 石燕 / 石蓮子

蓮子	년ᄡᅡᆷ			언구 상47ㄴ7
蓮實	년밤 水芝丹 一名 瑞蓮 一名 藕實 亦謂		果部	동의 2:16ㄴ7
蓮實	년밤			본목 32ㄱ4
蓮實	연밤		果部	양금 518:1
蓮肉	연밥			광향 6ㄴ5
蓮肉	련밤			제중 8:6ㄴ8
蓮肉	련밤		水果	의종 7:34ㄴ3
蓮肉	련밤		水果	방합 43ㄱ
蓮肉	년밤 瑞蓮 一名 藕實 一名 水芝 一名			경신 55ㄴ9
蓮房	ᄅᆧᇇ송이			구간 7:53ㄴ
連房	ᄅᆧᇇ밤송이			구간 3:114ㄴ
石燕	셕연			구간 7:28ㄴ
石燕子	셕연ᄌᆞ			언구 하46ㄴ9
石燕		唐	石部	동의 3:50ㄴ5
石燕		唐	石部	양금 513:8
石蓮子			草部	사의 1ㄴ2:4

‘蓮實’은 ‘연꽃의 열매’를 이르는데 ‘연밥’이라고도 한다(『표』). 『언구』의 ‘년ᄡᅡᆷ’은 단독형으로 나타나는데 ‘밤’이 결합되었다. ‘밤 > 밥’의 어형 교체가 있었다. ‘芡實 거싀련밤’도 ‘가시연밥’으로 현대 국어에 정착되었다. ‘蓮實’도 ‘연밥’이고 ‘蓮肉’은 동의어이다. ‘蓮房’은 ‘연꽃의 열매가 들어 있는 송이’를 이른다. 『구간』의 고유어 향약명 ‘ᄅᆑᇇ밤송이’로 되어 있다. 이를 참고하면 ‘ᄅᆑᇇ밤 > 년밤 > 연밥’으로 형태 교체가 일어났음을 알 수 있다. ‘石燕(子)’와 ‘石蓮子’는 ‘오래 묵은 연꽃의 열매’를 이르는데 한어명으로만 쓰였고 『구간』을 비롯한 일부 의서에만 보인다.

1599) 楝實 ☞ 練根

1600) 鰱魚

鰱魚		魚部	동의 2:4ㄴ2
鰱魚		魚部	양금 515:7
鰱魚	련어		제중 8:20ㄱ7
鰱魚	련어	魚	의종 7:39ㄴ2
鰱魚	련어	魚	방합 49ㄱ

‘鰱魚’는 ‘연어’를 이른다. 『동의』에서 한어명으로 나타나 현대 국어에까지 이어진다.

1601) 蓮葉 / 荷葉 ⇒ 芙蓉

蓮葉	련닙		구간 3:65ㄱ
蓮葉	ᄅᆑᇇ닙		구간 7:25ㄱ
蓮葉及房	련닙과송이		구간 7:53ㄴ
霜後芙蓉葉	서리훗련닙		구급 하12ㄴ7
芙蓉葉	ᄀᆞᄉᆞᆳ련닙		구간 3:36ㄴ
荷葉蔕	련닙줄기		구급 하18ㄴ3
荷葉	련닙		구간 3:48ㄴ
荷葉		果部	동의 2:17ㄱ5
荷葉	연닙	果部	양금 518:1
乾荷葉	ᄆᆞᄅᆞᆫᄋᆑᇇ닙		구급 하34ㄴ

‘蓮葉’은 ‘연잎’을 말한다. 『구간』의 ‘ᄅᆑᇇ닙’에서 알 수 있다. ‘芙蓉’은 ‘연꽃’을 말하는데 ‘葉’을 결합해서 ‘연잎’을 나타내고 있다. ‘연잎’은 혼종어이다. 『구급』의 ‘서리훗련닙’은 ‘서리 # 후 + ㅅ # 련닙’으로 분석되는데 ‘서리가 내린 후의 연잎’이라는 뜻이다. 한어명 ‘蓮葉’과 ‘荷葉’은 동의

어이다.

1602) 鷰蕚草 ☞ 鷰窠蕚

1603) 蓮藕

蓮藕	蓮根 卽			경신 56ㄱ3

'蓮藕'는 '연꽃의 뿌리줄기'를 말한다. 『경신』에서도 한어명 이칭 '蓮根'으로 기록하고 있다.

1604) 蓮子 ☞ 蓮實

1605) 蓮子草 ☞ 鱧腸

1606) 練鵲

練鵲	댓가치	禽部		동의 1:38ㄴ3
練鵲	덧가치	禽部林禽類		본정 하227
練鵲	덧가치	禽部		양금 527:3
練鵲	唐鵲 대까치	禽部下品	鄕名	향성 82:674:1

'練鵲'은 '때까치'를 말한다. 『동의』의 '댓가치'가 현대 국어에 어형 교체없이 이어져 '때까치'가 되었다. 『향성』의 차자표기 '唐鵲'은 '*대가치'로 해독된다. '唐'은 우리말 접두사 '대'를 표기하는데 '중국'을 의미한다.

1607) 輭棗 ☞ 小柿

1608) 臙脂 ☞ 燕脂

1609) 燕脂 / 胭脂胚子

燕脂	你叱花		俗云	향구 목47ㄱ8
燕脂	연지			구간 7:81ㄴ
臙脂		草部		동의 3:11ㄱ10
胭脂胚子	연지딱지		俗	해혹 29ㄴ2
粉	연지분	石部下品	鄕名	향성 77:597:1

'臙脂'는 '화장할 때 뺨에 찍는 화장품'을 이른다. 『해혹』에 나오는 ''胭脂胚子'의 '胭脂'도 같은 뜻이다(『지』). 하지만 '연지딱지'가 무엇인지 불분명하다. '뺨에 찍은 연지가 굳은 것' 정도로 추정된다. 모두 한어명으로만 쓰였는데 '연지딱지'는 혼종어이다. 『향구』의 차자표기 '你叱

花'는 '*닛곶'으로 해독되는데 현대 국어의 '국화과의 두해살이풀' 곧 '잇꽃'을 말한다. 이것이 '연지'와 어떤 의미적 관련이 있는지 불분명하다.

1610) 胭脂胚子 ☞ 燕脂

1611) 煙草

煙草	담ᄇᆡ		제중 8:24ㄱ6
煙草	담ᄇᆡ	毒草	의종 7:17ㄱ9
煙草	담ᄇᆡ	毒草	방합 22ㄱ
煙草	담ᄇᆡ		경신 49ㄱ5

'煙草'는 '담배'를 이르는데 『제중』에서 비롯되어 현대 국어의 '담배'가 되었다. 어형 변화만을 거쳤다.

1612) 延胡索 ☞ 玄胡索

1613) 鉛華 ☞ 鉛

1614) 蓮花

蓮花	ᄅᆧᇇ곳		구간 7:25ㄱ
蓮花	佛座鬚 一名 蓮花蘂 卽	果部	동의 2:17ㄱ7
蓮花	연쏫	果部	양금 518:1

'蓮花'는 '연꽃'이다. 15세기부터 혼종어로 생성되어 현대 국어까지 이어진다. 『동의』에 한어명 이칭이 보인다.

1615) 鉛灰 ☞ 灰

<열>

1616) 鴷 ☞ 啄木鳥

1617) 熱煻灰 ☞ 灰

1618) 熱童便 ☞ 童便

1619) 熱小便 ☞ 小便

1620) 蠮螉

螉	바드리 옹			훈몽 상24
螉蠮	바드리벌			언구 하16ㄱ2
蠮螉	과내 蜾蠃 卽 蒲盧 一名	蟲部		동의 2:5ㄴ8
蠮螉	괘릭 蜾蠃 一名	蟲部		양금 516:1
蠮螉	所月伊蜂 나나니벌 과나	蟲魚部下品	鄕名	향성 83:691:1

'蠮螉'은 '나나니벌'을 뜻한다. 이는 '구멍벌과의 곤충'으로 '蜾蠃', '蒲盧', '細腰蜂' 등 다양한 한어명 이칭이 있다(『표』). 고유어 향약명은 16세기경에 '바드리'형이 나타난다. 의서에는 『언구』의 합성어 '바드리벌'에서 비롯된다. 이것이 『향성』의 차자표기 '所月伊蜂'로 이어지는바 '*바드리벌'로 해독된다. 『동의』와 『양금』의 '과내', '괘릭' 그리고 『향성』의 '과나'는 모두 한어명 '蜾蠃'이다. 현대 국어에 와서 '나나니벌'이 생성된다. 이의 앞선 형태는 '나나리벌'(『역해』49), '나나리'(『물명』17) 등이 있다. '바드리벌'의 후대형인 '바다리'가 현대 국어의 강원, 경기, 충남 방언에 남아 있다(『샘』) 결국 '바드리벌'과 '나나니벌'이 공존한 것으로 추정된다.

1621) 熱瓦子 ☞ 瓦子
1622) 熱牛屎 ☞ 牛糞
1623) 熱人溺 ☞ 小便
1624) 熱酒 ☞ 酒
1625) 熱塵土

熱塵土	더운몬지	구간 1:36ㄱ

'熱塵土'는 '더운 먼지'를 말한다. 『구간』에 나온다.

1626) 熱鐵 ☞ 柔鐵
1627) 熱醋 ☞ 酢
1628) 熱湯 ☞ 水
1629) 熱土 ☞ 土

<염>

1630) 鹽 / 食鹽 / 炒鹽 / 晉鹽 / 解鹽 ⇒ 淸鹽

戎塩	융염	구급 상66ㄴ8

戎鹽	소곰			구간 2:119ㄴ
食鹽	소곰			구간 1:32ㄱ
滄鹽	소곰			구간 3:68ㄴ
鹽	소곰			구급 상17ㄴ
塩	소곰			언구 상7ㄴ6
食塩	소곰	石部		동의 3:49ㄱ2
食鹽	소곰			본목 10ㄴ1
食鹽	쇼곰	石部		양금 513:5
食塩	먹는소곰			광향 2ㄴ10
滄塩	창염			광향 47ㄱ10
食鹽	소곰			제중 8:14ㄴ08
食鹽	소곰	金石		의종 7:50ㄱ3
食鹽	소곰	金石		방합 62ㄴ
食塩	소금			경신 27ㄴ4
食鹽	소금	石部中品	鄕名	향성 77:592:3
炒塩	봇ᄀᆞᆫ소곰			구급 상34ㄴ5
炒鹽	봇ᄀᆞᆫ소곰			구간 2:62ㄱ
熬塩	봇근소곰			언구 상23ㄴ1
白鹽	힌소곰			구급 하3ㄱ
白鹽	힌소곰			구간 6:62ㄱ
白塩		穀部		사의 3ㄱ4:9
百荷塩	년닙일빅의싸구온소금	穀部		사의 3ㄴ1:4
晉鹽	소곰			구간 2:24ㄴ
解鹽	소곰			구간 6:21ㄴ

'塩'을 핵심 어근으로 한 단어족이다. 일반적인 '소금'을 나타내는 것으로는 '食鹽'이 가장 많이 쓰였다. 고유어 향약명은 '소곰 > 소금'의 어형 변화를 거쳐 현대 국어에 이어진다.

1631) 塩滷 / 鹵鹹

鹵鹹	간슈		俗	해혹 22ㄱ1
塩滷	간슈	金石		의종 7:50ㄱ4
塩滷	간슈	金石		방합 62ㄴ

'塩滷'는 '간수'를 일컫는다(『지』). 우리말 향약명 '간슈'는 '간+水'로 구성된 혼종어이다.

1632) 鹽梅肉 ☞ 烏梅

1633) 焰焇1

焰焇	염쇼		구급 상38ㄱ3
焰焇	염소		구간 1:52ㄴ
焰硝	염소		언구 하41ㄱ3
焰硝	염소	石部	동의 3:48ㄴ7
焰硝		石部	양금 513:4
熖硝		金石	의종 7:50ㄱ9
熖硝		金石	방합 63ㄱ

'焰焇'는 사전류에서 찾기 어렵다. 한어명으로만 사용되었다.

1634) 焰焇2 ☞ 馬牙硝

1635) 鹽精 ⇒ 太陰玄精石

塩精	소곰미틔얼의니 泥精 一名	石部	동의 3:49ㄱ7
鹽精	쇼곰밋희얼의니 泥精 一名	石部	양금 513:5

'鹽精'과 한어명 이칭 '泥精'은 사전류에서 찾기 어렵다. 고유어 향약명 '소곰미틔얼의니'는 '소곰 # 밑+의 # 얼의-+-ㄴ # 이'로 분석되며 '소금 밑의 결정체'를 뜻한다.

1636) 塩汁

塩汁	소곰믈	구급 상24ㄴ2
塩汁	소곰믈	구간 1:32ㄴ

'塩汁'은 '소금물'이다. 『구급』과 『구간』에 '소곰믈'로 나온다.

1637) 鹽湯

鹽湯	소곰글힌믈	구간 2:50ㄱ
塩湯	더운소곰믈	언구 상23ㄱ9
塩湯	소곰달힌더운믈	언구 상18ㄴ3
塩湯	소곰믈	언구 상43ㄴ3
鹽湯水	소곰더인믈	치비 3ㄱ9

'鹽湯'은 '소금을 넣어서 끓인 국' 곧 '소금국'을 이른다. 『구간』에서부터 설명형 향약명으로 나온다. 『언구』의 '소곰믈'은 '鹽湯'이 다의어로 쓰였음을 말해준다.

1638) 鹽花

鹽花	ᄀᆞᆪ곶		구간 2:63ㄴ
塩花		穀部	사의 3ㄴ1:3
塩花	ᄀᆞᆯ곶		경국 23:4

'鹽花'는 『표』에 보이지 않고, 『지』에서는 '소금'으로 설명하고 있다. 『구간』의 'ᄀᆞᆪ곶'은 'ᄀᆞᆫ+ㅅ +곶'으로 분석된다. 현대 국어라면 '간꽂'이 될 터인데 『표』에 보이지 않는다. 『사의』와 『경국』에 보이는데 『경국』의 'ᄀᆞᆯ곶'은 'ᄀᆞᆫ곶'의 오기이다.

<영>

1639) 零陵香

零陵香		唐	草部	동의 3:12ㄴ8
零陵香		唐	草部	양금 507:8
零陵香	령릉향		草部中品之下 鄕名	향성 79:624:3

'零陵香'은 '콩과의 두해살이풀'로 이칭에는 '蕙草'가 있다. 『동의』에서 한어명으로 나오며 후대에까지 이어진다.

1640) 靈脾 ☞ 淫羊藿

1641) 靈砂

靈砂		唐	金部	동의 3:52ㄴ4
靈砂	二氣砂 一名	唐	金部	양금 514:2
靈砂				제중 8:13ㄴ4
靈砂	二氣砂 一名		金石	의종 7:48ㄴ8
靈砂	二氣砂 一名		金石	방합 61ㄱ
靈砂	二氣砂 一名			경신 53ㄱ6

'靈砂'는 '수은과 유황을 섞어 가열하여 결정체로 만든 약을 이른다. 한어명으로만 쓰였고 이칭에는 '二氣砂'가 있다.

1642) 靈神草 ☞ 遠志

1643) 營實

營實	딜위여름 野薔薇子 卽	草部		동의 2:46ㄴ2
營實	질위여름			본목 20ㄱ6
營實	딜위여름	草部		양금 504:4
營實	찔네열매 질위열매	草部上品之下	鄕名	향성 78:611:3
營實根		草部		동의 2:46ㄴ5

'營實'은 '찔레나무의 열매'를 이른다. 고유어 향약명은 『동의』의 '딜위여름'이 '질위여름'을 거쳐 『향성』의 '질위열매'가 되었다. 현대 국어에서 '찔레열매'형이 생성되어 공존한다.

1644) 羚羊 ⇒ 羊 / 羖羊

1645) 羚羊角

羚羊角	山羊角		俗云	향구 목50ㄱ2
羚羊角	山羊		卽	향채 12월
羚羊角	령양각			구급 하93ㄱ8
羚羊角	산양의뿔			구간 1:25ㄴ
羚羊角	녕양각 녕양의뿔			언두 하32ㄱ
羚羊角	녕양각			언태 38ㄴ
羚羊角	산양의뿔	獸部		동의 1:48ㄴ10
羚羊角	산양의뿔	獸部		양금 529:1
羚羊角	산양의뿔			제중 8:10ㄴ2
羚羊角	산양의뿔			해혹 5ㄴ5
羚羊角		獸		의종 7:45ㄴ3
羚羊角		獸		방합 57ㄱ
羚羊角	산양의뿔			경신 24ㄴ8
羚羊角	山羊角 산양이뿔	獸部中品	鄕名	향성 81:662:1
羚羊角屑	영양각설			구급 하40ㄴ
羚羊肉		獸部		동의 1:49ㄱ4

'羚羊角'은 '羚羊의 뿔'이다. 『향구』의 차자표기 '山羊角'은 '*산양쁠'로 해독된다. 이 어형이 현대 국어에까지 이어진다. 『표』에 '산양뿔'은 없고, 『샘』에서 북한말로 소개하고 있다. 『동의』의 '羚羊肉'은 '羚羊의 고기'이다.

1646) 蔞薁

蔞薁	뫼멀위 山葡萄 卽	果部	동의 2:18ㄴ7
蔞薁	머루		본목 31ㄴ9
蔞薁	葡萄 一名 木龍藤 名	菜部蓏果類	본정 상156
蔞薁	뫼머로	果部	양금 518:3
蔞薁	묏머루		제중 8:22ㄴ4
蔞薁	묏머류 山葡萄 卽	蓏果	의종 7:34ㄱ5
蔞薁	묏머루 山葡萄 卽	蓏果	방합 42ㄴ
蔞薁根		蓏果	의종 7:34ㄱ5
蔞薁根		蓏果	방합 42ㄴ

'蔞薁'은 '까마귀머루, 새우머루, 왕머루 따위의 머루를 통틀어 이르는 말'이다. 대표적인 한어명 이칭은 '山葡萄'이다. 고유어 향약명은 『동의』의 '뫼멀위'에서 비롯되는데 '묏+멀위'로 형태 분석된다. 이것이 어형 변화를 거쳐 '묏머루'가 된다. 『표』에는 '산머루'만 있다.

1647) 笭耳 ☞ 蒼耳
1648) 靈芝 ☞ 石耳
1649) 英綃 ☞ 馬牙硝
1650) 迎春 ☞ 馬藺

<예>

1651) 鱧魚 ☞ 蠡魚
1652) 鱧腸 / 旱蓮草

鱧腸	金陵中		俗謂	향채 2월
鱧腸	蓮子中		一名	향채 2월
鱧腸	旱蓮子		俗謂	향채 2월
鱧腸	한년초 蓮子草 卽 旱蓮 俗謂	草部		동의 3:14ㄱ5

鱧腸	한년초		본목 17ㄱ8
鱧腸	한녕초 蓮子草 一名 旱蓮草 一名	草部	양금 506:2
鱧腸	旱蓮草 한련초	草部中品之下 鄕名	향성 79:625:2
旱蓮草	한년초 鱧腸 卽	隰草	의종 7:13ㄴ7
旱蓮草	한년초 鱧腸 卽	隰草	방합 17ㄴ
旱蓮子	한렩여름		구간 3:115ㄱ

'鱧腸'은 '국화과의 한해살이풀'이다. 동의어로 '旱蓮'이 있다. 『향채』의 기록들은 후대 의서에 의하면 모두 한어명이다. 이후 의서에서도 모두 한어명으로만 나타난다.

<오>

1653) 五加皮 ⇒ 獨活

五加皮				촌구 5ㄱ2:3
五加皮			鄕名	촌가
五加皮	짯둘훕	木部		동의 3:29ㄱ1
五加	짯둘훕			본목 35ㄴ2
五加皮	짜둘훕	木部		사의 2ㄴ4:8
五加皮	셧두롭	木部		양금 509:10
五加	짯둘훕			제중 8:5ㄴ6
五加皮	닷둘훕	灌木		의종 7:27ㄱ2
五加皮	닷둘훕	灌木		방합 34ㄱ
五加皮	짜둘훕불휘겁딜			경신 20ㄱ7
五加皮	땃두릅나무 셧두릅나무껍질 오갈피나무껍질	木部上品	鄕名	향성 80:640:3

'오가피'는 '오갈피나무의 뿌리나 줄기의 껍질'로 '오갈피'라고도 한다. 『촌구』에는 한어명만 기록되었는데 『동의』에서 '짯둘훕'이 나타나 후대에까지 그대로 이어져 '땃두릅'이 된다. 『양금』에 '셧두롭'은 『향성』의 '셧두릅'으로 이어져 '땃두릅'과 공존한다. 『향성』에 나오는 '땃두릅나무', '셧두릅나무' 등은 『표』에 나오지 않는다.

1654) 五介龍草

五介龍草	五葉藤 卽	해혹 31ㄱ9

'五介龍草'는 『해혹』에 이칭 '五葉藤'과 함께 보이는데 사전류에서 찾기 어렵다.

1655) 烏犍牛

烏犍牛	검은수쇼	獸部		사의 3ㄱ2:5

'烏犍牛'는 사전류에서 찾기 어렵다. 향약명은 『사의』의 합성어 '검은수쇼'이다.

1656) 烏鷄

烏鷄	黑鷄	향구 상8ㄴ4
烏鷄	오계	구간 2:18ㄱ
烏鷄	오계돍	구간 1:55ㄴ
烏鷄	오계돍	언구 하12ㄴ2
烏鷄肝	오계간	구급 하16ㄴ3
烏鷄肝	오계돍의간	구간 6:71ㄴ
烏骨鷄糞	오계똥	구간 2:33ㄱ
烏鷄屎	거믄돍의똥	언구 하28ㄴ8
烏鷄子淸	오계돍긔알몰곤즈싀	언구 상25ㄴ7

'烏鷄'를 핵심 어근으로 하는 단어족이다. '烏鷄'는 『향구』에 '黑鷄'로 차자표기되어 있는데 '*거믄돍'으로 해독된다. 『언구』에 '거믄돍'이 나온다.

1657) 烏古瓦

烏古瓦		石部		동의 3:51ㄱ7
烏古瓦		石部		양금 513:9
烏古瓦	오랜검은기와	石部下品	鄕名	향성 77:600:2

'烏古瓦'는 '옛 기와의 하나'를 이른다. 『동의』에서부터 한어명으로 쓰이다가 『향성』에 설명형 향약명인 '오랜검은기와'가 나타난다.

1658) 烏骨鷄糞 ☞ 烏鷄

1659) 蜈蚣

蜈蚣	之乃	향구 상4ㄱ9

蜈蚣	之乃		俗云	향구 목49ㄴ4
蜈蚣	지네			구급 하74ㄱ7
蜈蚣	지네			구간 6:53ㄱ
蜈蚣	眞乃			촌구 4ㄱ9:2
蜈蚣	眞乃 진내		鄕名	촌가
蜈蚣	진에			언구 상3ㄱ9
蜈蚣	지네			언구 하32ㄴ1
蜈蚣	진에 蝍蛆 一名 天龍 一名	蟲部		동의 2:14ㄱ3
蜈蚣	진에			본목 42ㄱ5
蜈蚣	딘에	虫部		사의 4ㄴ3:4
蜈蚣	진에	蟲部		양금 517:5
蜈蚣	진에		俗	해혹 6ㄱ2
蜈蚣	진에	化蟲		의종 7:38ㄴ2
蜈蚣	진에	化蟲		방합 48ㄱ
蜈蚣	돌진에			경국 9:4
蜈蚣	돗진에			경국 33:4
蜈蚣	眞乃 지네	蟲魚部下品	鄕名	향성 83:691:2
蜈蚣	왕지네			동사 1105

‘蜈蚣’은 ‘지네’이다. 『향구』의 차자표기 ‘之乃’는 ‘*지내’로 해독된다. 『촌구』와 『향성』의 ‘眞乃’도 마찬가지이다. 이 형태가 어형 변화로 ‘지네’가 되어 현대 국어까지 이어진다. 『경국』의 ‘돌진에’는 ‘그리마’의 경북 방언이다(『샘』). ‘그리마’는 ‘蠼螋’의 고유어로서 ‘지네’와 다르다.

1660) 梧桐子 ☞ 桐

1661) 烏頭1 ☞ 附子

1662) 烏頭2 ☞ 草烏

1663) 烏頭3 ☞ 川烏

1664) 烏豆 ☞ 黑豆

1665) 烏爛死蠶 ☞ 蠶

1666) 五靈 / 五靈脂

五靈脂	오령지			구급 상27ㄴ7
五靈脂	오령지			구간 7:50ㄱ
五靈脂		唐	蟲部	동의 2:15ㄱ6
五靈脂			蟲部	양금 517:6

五靈 제중 8:7ㄱ8
五靈 原禽 의종 7:44ㄱ1
五靈 原禽 방합 55ㄱ
五靈脂 寒呼虫 卽 경신 46ㄴ1

'五靈脂'는 '날다람쥐의 말린 똥'을 이른다. 한어명으로만 쓰였는데 『경신』의 이칭 '寒呼虫'은 '寒號蟲'(『표』)이다. 그런데 '寒號蟲'은 '애기박쥣과의 포유동물'을 뜻하는 말이어서 '五靈脂'의 설명과 상충되는 면이 있다. 좀더 정밀한 추정이 필요하다. 사전류에서도 설명이 엇갈린다.

1667) 烏龍尾 ☞ 梁上塵
1668) 烏鱗魚
烏鱗魚 虫部 사의 4ㄴ3:2

'烏鱗魚'는 사전류에서 찾기 어렵다. 『사의』에 한어명만 나타난다.

1669) 烏麻油, 烏麻子 ☞ 胡麻
1670) 烏梅 ⇒ 梅實
烏梅 오ᄆᆡ 구급 하4ㄴ6
烏梅 果部 동의 2:20ㄱ7
烏梅 果部 양금 518:6
烏梅 ᄆᆡ화여름 제중 8:10ㄱ3
烏梅 ᄆᆡ화열음 五果 의종 7:31ㄴ1
烏梅 ᄆᆡ화열음 五果 방합 39ㄱ
烏梅 ᄆᆡ화여름 경신 36ㄴ2
烏梅葉 五果 의종 7:31ㄴ1
烏梅葉 五果 방합 39ㄴ
烏梅肉 오매육 구급 상2ㄱ6
烏梅肉 ᄆᆡ실ᄉᆞᆯ 언구 상1ㄴ5
烏梅肉 ᄆᆡ실ᄉᆞᆯ 언구 상1ㄴ5
鹽梅肉 ᄆᆡ실ᄉᆞᆯ 언구 상40ㄱ3
烏梅肉 ᄆᆡ홧여름검게그ᅀᅳ려ᄆᆞᄅᆞ니 구간 1:2ㄱ
大烏梅 ᄂᆡ예그ᅀᅳ린ᄆᆡ홧여름 구간 2:13ㄴ
烏梅肉 ᄂᆡ예그ᅀᅳ린ᄆᆡ실 구간 2:23ㄴ

烏梅	ᄂᆡᆨ예그ᅀᅳ린ᄆᆡ실		구간 3:72ㄱ
烏梅	ᄆᆡ홧여름ᄂᆡᆨ예그ᅀᅳ려ᄆᆞᆯ외요니		구간 2:109ㄱ
烏梅肉	ᄂᆡᆨ예그ᅀᅳ린ᄆᆡ실		구간 2:23ㄴ
烏梅	ᄂᆡᆨ쐬여거믄ᄆᆡ실	木部	사의 2ㄱ4:3

'烏梅'는 '덜 익은 푸른 매실을 짚불 연기에 쬐어 말린 것'이다. 『구급』에는 한어명으로 나타난다. 『구간』에서 'ᄂᆡᆨ예그ᅀᅳ린ᄆᆡ홧여름'으로 나오는데 내부 형태소가 교체되면서 'ᄆᆡ화여름'형으로 정착된다. '그ᅀᅳᆯ-'과 '쐬-', '여름'과 'ᄆᆡ실'의 어형 교체가 일어난 것이다. 한어명 '烏梅'와 '烏梅肉'이 표제어로 많이 등장하는데 고유어 향약명과의 대응이 일정하지 않다.

1671) 五木水 ☞ 水

1672) 烏目睛

烏目睛		禽部	동의 1:38ㄱ4

'烏目睛'은 『표』에 없다. 『지』에 따르면 '까마귀'를 이르는 것으로 판단된다. '귀신을 보는 것을 치료하는 효능이 있는 약재'로 풀이되어 있다.

1673) 五味子

五味子	오미ᄌᆞ			구간 2:25ㄱ
五味子	오미ᄌᆞ	草部		동의 2:47ㄱ7
五味子	오미ᄌᆞ			본목 19ㄴ9
五味子	오미ᄌᆞ	草部		양금 504:5
五味	오미ᄌᆞ			제중 8:12ㄱ4
五味	오미ᄌᆞ	蔓草		의종 7:18ㄱ4
五味	오미ᄌᆞ	蔓草		방합 23ㄱ
五味	오미자			경신 36ㄱ10
五味子	오미자	草部上品之下	鄕名	향성 78:612:1

'五味子'는 '오미자의 열매'이다. 『구간』에서부터 현대 국어까지 '오미ᄌᆞ' 형태를 유지한다.

1674) 五倍子 ⇒ 安息香

五倍子	文蛤	一名	향채 12월

五倍子	百蟲倉		一名	향채 12월
五倍子	오ᄇᆡᄌᆞ			구급 하24ㄴ3
五倍子	우ᄇᆡᄌᆞ			구간 2:120ㄴ
五倍子	븕나모여름 白虫倉 蚊蛤 一名	木部		동의 3:38ㄱ8
五倍子	븕나모여름			본목 40ㄱ1
五倍子	보리나모여름 文蛤 一名	蟲部卵生類		본정 하194
五倍子	븍나모이옴	木部		사의 2ㄱ4:5
五倍子	븍나모여름 白虫倉 蚊蛤 一名	木部		양금 511:4
五倍	북나모여름			제중 8:15ㄱ08
五倍	북나모여름 交蛤 一名	卵蟲		의종 7:37ㄴ3
五倍	북나모여름 交蛤 一名	卵蟲		방합 46ㄴ
五倍子	붉나모여름 蚊蛤 百虫倉 一名			경신 50ㄱ1
五倍子	북나무버레집	木部中品	鄕名	향성 80:648:3

'五倍子'는 '붉나무에 생긴 혹 모양의 벌레집'을 이르는데 '白蟲倉', '沒食子', '文蛤' 등의 이칭이 있다. 『향채』의 기록은 모두 한어명 이칭이다. 『동의』에서 비롯된 '븕나모여름'형이 어형 변화를 겪으면서 후대에 이어져 『향성』의 '붉나무버레집'이 되었다. '븕나모여름'의 '여름'이 '버레집'으로 어형 교체를 겪었다. 한편, 『본정』에는 '붉나무'에 해당하는 '보리나무'가 나타나는데 『표』에는 보이지 않는다.

1675) 烏蛇

烏蛇	거믄ᄇᆡ얌			언구 하41ㄱ10
烏蛇	거믄ᄇᆡ얌	蟲部		동의 2:12ㄴ5
烏蛇	검은ᄇᆡ얌	蟲部		양금 517:2
烏蛇		蛇		의종 7:39ㄱ6
烏蛇		蛇		방합 48ㄴ
烏蛇	먹구렁이	蟲魚部下品	鄕名	향성 83:693:1

'烏蛇'는 '뱀과의 구렁이' 즉 '누룩뱀'을 이른다. 『언구』에 '거믄ᄇᆡ얌'으로 나오는데 이것이 현대 국어로 이어졌다. 『표』에서는 '검은뱀'을 '누룩뱀'의 잘못된 말로 설명하고 있다. 『향성』에 '먹구렁이'라는 새로운 형태가 나타난다. '검다'를 뜻하는 접두사 '먹-'과 '구렁이'의 결합이다.

1676) 烏扇 ☞ 射干

1677) 吳茱萸 / 吳茱

吳茱萸	오슈유		구급 상31ㄴ1
吳茱萸	오슈유		구간 1:15ㄴ
吳茱萸	오슈유		언구 하16ㄴ3
吳茱萸	오슈유		언태 3ㄴ
吳茱萸		唐 木部	동의 3:31ㄱ1
吳茱萸		木部	사의 2ㄴ4:4
吳茱臾		唐 木部	양금 510:4
吳茱			제중 8:7ㄱ1
吳茱		香木	의종 7:22ㄴ2
吳茱		香木	방합 28ㄴ
吳茱萸			경신 47ㄴ2
吳茱萸	오수유	木部中品 鄕名	향성 80:644:1
吳茱萸	오수유나무 약수유나무 식수유나무		식명 646
吳茱萸	오수유		동사 1114
吳茱萸根白皮		木部	동의 3:31ㄱ6
吳茱萸葉		木部	동의 3:31ㄱ7

'吳茱萸'는 '운향과의 낙엽 활엽 교목'이다. 한어명으로만 쓰였으며 현대 국어에 와서 '약수유', '식수유' 등의 이칭이 생겨났다.

1678) 烏柿 ☞ 柿

1679) 烏翅翼

烏翅翼	禽部	동의 1:38ㄱ5

'烏翅翼'의 '翅翼'은 '새나 곤충의 몸 양쪽에 붙어서 날아다니는 데 쓰는 기관' 즉 '날개'를 이른다. '烏翅翼'은 사전류에 잘 보이지 않는데 '검은 날개'이다.

1680) 烏鴉 / 慈雅

烏鴉	가마괴	禽部	동의 1:38ㄱ3
烏鴉	가마괴		본목 48ㄴ8
烏鴉	가마귀	禽部	양금 527:2

烏鴉	가마귀	禽部下品	鄕名	향성 82:673:3
烏鴉翎	가마괴놀개짓			언구 하16ㄴ10
烏鴉右翅羽	가마괴올흔놀개짓			언구 하12ㄴ6
慈雅	골가마괴	禽部		동의 1:38ㄱ6
慈烏	골가마괴			본목 48ㄴ8
慈鴉	갈가마귀 寒鴉 今謂	禽部		양금 527:2
慈鴉	霧乙加亇耳 갈가마귀	禽部下品	鄕名	향성 82:674:3
慈雅目睛汁		禽部		동의 1:38ㄱ8
鴉肉	가마귀고기	林禽		의종 7:44ㄱ3
鴉肉	가마귀고기	林禽		방합 55ㄱ

'가마귀'를 핵심 어근으로 하는 단어족이다. 다양한 한어명이 표제어로 나타난다. '가마괴'는 어형 변화를 겪어 '가마귀'가 된다. 『향성』의 차자표기 '霧乙加亇耳'의 '霧'는 '*물가마귀'를 나타낸 것이 아니므로 [갈]로 읽히는 한자의 오기가 분명하다. '*갈가마귀'로 해독되어야 한다. '갈가마귀'는 강원 · 경북 · 전남 · 충청방언에 남아 있다.

1681) 烏藥

烏藥	오약			구급 하31ㄴ7
烏藥		唐	木部	동의 3:37ㄱ6
烏藥				제중 8:4ㄱ1
烏藥			香木	의종 7:23ㄱ1
烏藥			香木	방합 29ㄱ
烏藥	旁其 一名 天台烏藥 一名			경신 48ㄱ4

'烏藥'은 '天台烏藥'을 말린 덩이뿌리를 이른다. 『경신』에 이칭으로 나와 있는 '天台烏藥'은 녹나뭇과의 상록 관목이다. 한어명으로만 쓰였다.

1682) 烏羊屎 ☞ 羊

1683) 熬熱灰土 ☞ 灰

1684) 熬塩 ☞ 鹽

1685) 烏葉

烏葉		唐	木部	양금 511:2

‘烏葉’은 사전류에 보이지 않는다. 어떤 잎을 말하는지 알 수 없다. 위 항목의 ‘烏藥’의 오기가 아닐까 한다.

1686) 五葉藤 ☞ 五介龍草

1687) 烏芋 / 荸薺

荸薺	올믹			언구 상30ㄴ2
烏芋	올믹 가ᄎᆞ라기 又云 鳧茨 卽 葧臍 俗謂	菜部		동의 2:26ㄱ9
烏芋	吾乙未		鄕名	향집 84:11ㄱ
烏芋	올믹			본목 32ㄱ6
烏芋	올믹 鳧茨 黑三稜 一名	菜部水果類		본정 상159
烏芋	을믹 가치라기 或	菜部		양금 519:5
烏芋	吾乙未 올매 가차라기	果部中品	鄕名	향성 84:699:1

‘烏芋’는 ‘사초과의 여러해살이풀’을 이른다. 고유어 향약명은 ‘올믹’로 나타난다. 『향집』의 차자표기 ‘吾乙未’는 ‘*올믹’로 해독된다. 『동의』에 ‘가ᄎᆞ라기’도 나오는데 어형 변화를 거쳐 ‘가차라기’가 되었다. 그런데 ‘올매’와 ‘가차라기’는 『표』에 나오지 않는다.

1688) 烏牛糞 ☞ 牛糞

1689) 烏雄鷄 ☞ 雄鷄

1690) 烏雄鷄肶胵裏黃皮 ☞ 鷄內金

1691) 烏雌鷄 / 黑雌鷄 / 黃雌鷄

雌鷄	암ᄃᆞᆰ			구급 하17ㄴ
烏雌鷄		原禽		의종 7:43ㄱ8
烏雌鷄		原禽		방합 54ㄱ
烏雌鷄窠中草		禽部		동의 1:34ㄴ10
烏雌鷄翮羽		禽部		동의 1:34ㄴ9
黑雌鷄翮羽	검은암탉깃	禽部上品	鄕名	향성 82:670:2
烏雌鷄膽		禽部		동의 1:34ㄴ6
烏雌鷄糞		禽部		동의 1:35ㄱ1
烏雌鷄肉	거믄암ᄃᆞᆰ	禽部		동의 1:34ㄴ3
烏雌鷄肉	검은암ᄃᆞᆰ	禽部		양금 526:6
黑雌鷄	검은암탉	禽部上品	鄕名	향성 82:670:1
烏雌鷄翼		禽部		동의 1:34ㄴ8

烏雌鷄腸		禽部		동의 1:34ㄴ7
烏雌鷄血		禽部		동의 1:34ㄴ5
黃雌鷄肉	누른암ᄃᆞᆰ	禽部		동의 1:35ㄱ2
黃雌鷄肉	누른압ᄃᆞᆰ	禽部		양금 526:6
黃雌鷄		原禽		의종 7:43ㄱ8
黃雌鷄		原禽		방합 54ㄱ
黃雌鷄	누른암탉	禽部上品	鄕名	향성 82:670:2
黃雌鷄肋骨		禽部		동의 1:35ㄱ4
黃雌鷄筋骨	누른암탉의힘쭐과뼈	禽部上品	鄕名	향성 82:670:2

'雌鷄' 즉 '암탉'을 핵심 어근으로 하는 단어족이다. '검은 암탉'과 '누른 암탉'이 나타난다.

1692) 鏊子 黑煤 ☞ 百草霜

1693) 烏賊魚骨 / 海螵蛸

烏賊魚骨	未起骨		鄕名	향채 12월
烏賊魚骨	오즉어ᄡᅧ			구급 상64ㄱ3
烏賊魚骨	미긔치			구간 2:89ㄴ
賤魚骨	미긔치			구간 2:112ㄴ
烏賊骨	未起骨			촌구 4ㄴ10:1
烏賊骨	未起骨 미긔ᄡᅧ		鄕名	촌가
烏賊魚骨	오증어ᄡᅧ 미긔치 海螵蛸 一名	魚部		동의 2:2ㄱ2
烏賊魚骨	오증어ᄡᅧ	魚部		양금 515:2
五賊骨	오증어ᄡᅧ		俗	해혹 5ㄴ7
烏賊魚骨	未起骨 이긔치 오증어뼈	蟲魚部中品	鄕名	향성 83:684:2
海螵蛸	오증어ᄡᅧ			제중 8:10ㄴ6
海螵蛸	오증어ᄡᅧ	無鱗魚		의종 7:41ㄱ4
海螵蛸	오증어ᄡᅧ	無鱗魚		방합 51ㄱ
海螵蛸	오증에ᄡᅧ 纜魚 烏賊魚骨 一名			경신 53ㄴ2
烏賊魚	오증어			본목 45ㄱ1
烏賊魚	오증어			제중 8:19ㄱ10
烏賊魚	오증어	無鱗魚		의종 7:41ㄱ3
烏賊魚	오증어	無鱗魚		방합 51ㄱ
烏賊魚肉		魚部		동의 2:2ㄱ6
烏賊魚肉	오증어고기	魚部		양금 515:3
烏賊魚腹中墨		魚部		동의 2:2ㄱ7

'烏賊魚'는 '오징어'이다. 이전 시기에는 '오증어'형이었는데 어형 변화로 '오징어'가 되었다. 특히 '오징어의 뼈'를 한어명으로 '海螵蛸'라 하는데 고유어 향약명이 '오증어뼈' 혹은 '미긔치'이다. 『향채』의 차자표기 '未起骨'은 '*미긔치'로 해독된다. '骨'이 '치'음을 나타내는 특이한 예이다. 『향성』의 '이긔치'는 오기이다. 현대 국어 형태라면 '미기치'가 될 터인데 『표』에 없다(상세 어휘사는 3.2 참조).

1694) 熬杏仁 ☞ 杏仁
1695) 五行草 ☞ 馬齒莧
1696) 烏喙 ☞ 附子
1697) 熬灰土 ☞ 灰

<옥>

1698) 屋梁上塵 ☞ 梁上塵
1699) 屋漏水, 屋漏水, 屋霤水 ☞ 水
1700) 屋霤中泥

屋霤中泥	집중앙앳즌홁	구급 하63ㄱ
屋霤中泥	집외촘믈디는딧홁	구간 6:74ㄴ

'屋霤中泥'는 『구간』의 설명형 향약명을 참고하면 '집의 외진 구석에 낙숫물 떨어지는 곳의 홁'이라는 뜻이다. '집 # 외촘 # 믈 # 디-+-는 # 디+ㅅ # 홁'으로 분석된다. '외촘'은 '외진 구석'이라는 뜻이다.

1701) 屋滿水 ☞ 水
1702) 玉梅花根

玉梅花根	木部	사의 2ㄴ4:1

'玉梅花根'은 '玉梅' 즉 '장미과의 낙엽 관목'의 꽃을 이른다. 한어명만 보인다.

1703) 玉榧 ☞ 榧子
1704) 屋上熱瓦, 屋上南畔瓦 ☞ 瓦子

1705) 玉屑

玉屑		唐　木部	동의 3:43ㄴ9
玉屑	옥가로	唐　玉部	양금 512:6

'玉屑'은 '옥의 가루'이다. 『동의』와 『양금』에만 보인다.

1706) 玉豉 ☞ 地楡

1707) 玉延 ☞ 薯蕷

1708) 屋雨留水 ☞ 水

1709) 屋遊

屋遊		草部	동의 3:14ㄱ4
屋遊	오란기와의찌인잇기	草部	양금 506:1
屋游	기와골위잇기	草部下品之下　鄕名	향성 79:635:3

'屋遊'는 사전류에 잘 보이지 않는다. 『동의』에서 비롯된 향약명인데 『양금』과 『향성』의 기록을 참고하면 '오래 된 기와의 이끼'이다.

1710) 玉井水 ☞ 水

1711) 屋簷爛草節

屋簷爛草節	집기슭서근새ᄆᆞ듸	구간 3:68ㄴ

'屋簷爛草節'는 설명형 한어명이다. 『구간』의 설명형 향약명은 '집기슭(처마) # 석-+-은 # 새 # ᄆᆞ듸'로 분석된다. '집 처마의 썩은 풀의 마디' 정도로 해석된다.

1712) 玉蜀黍

玉蜀黍米	옥수슈	穀部麻麥類	본정 상116
玉蜀黍	옥슈슈		본목 24ㄱ10
玉蜀黍	옥슈슈	稷粟	의종 7:35ㄴ6
玉蜀黍	옥슈슈	稷粟	방합 44ㄴ

'玉蜀黍'는 '옥수수'를 이른다. '옥슈슈'가 어형 변화를 겪어 '옥수수'가 되었다.

1713) 溫石及燒塼 ☞ 磚

1714) 溫水, 溫漿, 溫泉, 溫湯 ☞ 水

1715) 溫酒 ☞ 酒

1716) 溫粥淸 ☞ 粥

<올>

1717) 膃肭臍 ⇒ 海獺

膃肭臍	海獺			촌구 4ㄴ6:1
膃肭臍	海獺		鄕名	촌가
膃肭臍		獸部		동의 1:56ㄴ9
膃肭臍	海狗外腎 一名	獸部		양금 529:9
膃肭臍				제중 8:17ㄱ6
膃訥	海狗腎			해혹 9ㄴ6
膃肭臍	海狗腎 一名	獸		의종 7:46ㄱ1
膃肭臍	海狗腎 一名	獸		방합 57ㄴ
腸肭臍	新羅海狗 卽			경신 48ㄱ7
膃肭臍	海獺 해구신	獸部下品	鄕名	향성 81:669:1

'膃肭臍'는 '해구신'을 이른다. 『촌구』의 '海獺'은 한어명이며 '물개'이다. 한어명으로만 쓰인 향약명이다. 『경신』의 '新羅 海狗'라는 설명이 특이하다.

<옹>

1718) 蓊蠮 ☞ 蠮蓊

1719) 癰疽瘡

癰疽瘡	包尒刀叱			향구 중15ㄴ6

'癰疽瘡'은 병명이다. '癰疽'는 '종기'를 이른다. 『향구』의 차자표기 '包尒刀叱'은 '*보금돗'으로 해독된다. 후대 의서에 이어지지 않고 사전류에서도 찾기 어렵다. 『샘』에는 '癰疽'의 북한말 '뽀두라지몰림'을 소개하고 있다. 『표』에 '뾰루지', '뾰두라지' 등도 있는데 이들은 '부스럼'이다.

<와>

1720) 鼃 ☞ 䵷

1721) 䵷 / 鼃 / 靑蛙 / 餠蛙 / 粘蛙 ⇒ 浮萍

䵷	머구리	蟲部		동의 2:10ㄴ8
鼃	머구리			본목 42ㄱ3
鼃	머구리	蟲部濕生類		본정 하200
鼃	머구리	蟲部		양금 516:10
鼃	未仇里 머구리	蟲魚部下品	鄕名	향성 83:693:3
靑蛙	플은개고리	虫部		사의 4ㄱ4:6
靑蛙	머구리	化蟲		의종 7:38ㄴ1
靑蛙	머구리	化蟲		방합 47ㄴ
靑蛙	쳥개고리			경국 77:13
餠蛙	썩머고리	虫部		사의 4ㄴ4:2
粘蛙	출머고리	虫部		사의 4ㄴ4:1

'䵷', '蛙', '鼃' 등은 모두 '개구리'를 뜻한다. 이른 시기에는 '머구리'였다. 이 형태가 '기구리'로 어형 교체가 일어난 것이다(위 '浮萍' 항목 참조). 『표』에는 '개구리'를 뜻하는 '머구리'가 보이지 않는다. 『사의』의 한어명 '餠蛙'와 '粘蛙'는 사전류에서 찾기 어렵다. 『한어대사전』에도 보이지 않는다. 따라서 우리말 향약명을 고려하면 이들은 차자표기일 가능성이 있다.

1722) 萵苣 / 白苣

苣	紫夫豆菜			향구 하41ㄱ8
萵苣	紫夫豆		俗云	향구 목49ㄱ5
萵苣	부루			구급 상58ㄱ7
萵苣	부룻대			구간 3:81ㄱ
苣	부루			훈몽 상14ㄴ
萵	부루			훈몽 상14ㄴ
萵苣	부로			산경 155
萵苣	부루			언구 상42ㄴ4
萵苣	부루	菜部		동의 2:30ㄱ6
萵苣	부루			본목 27ㄱ8
萵苣	부룻동			제중 8:23ㄴ5
萵苣	부로			물명 84

萵苣	부루			물보 5
萵苣	부루		俗	해혹 16ㄱ10
萵苣	상쀠	柔滑菜		의종 7:30ㄱ7
萵苣	상쀠	柔滑菜		방합 38ㄱ
苣	부루 흑임자			자석 312
萵	부루			자석 318
萵苣	싱치씨			의신 79ㄱ
萵苣	싱치 生菜			식휘 361
萵苣	대부루 부루 상추			식명 638
萵苣根	부룻불휘			구급 하75ㄱ2
萵苣根	부룻불휘			구간 6:47ㄴ
萵苣葉	부룻닙			경국 77:13
萵苣子	부룻삐			구간 7:84ㄴ
萵苣子	부루삐			언구 하13ㄴ7
萵苣子	부루삐			언태 61ㄴ
萵苣子		柔滑菜		의종 7:30ㄱ7
白苣	샤태부루			언구 하38ㄴ9
白苣		菜部		동의 2:30ㄱ6
白苣	斜羅夫老		鄕名	향집 85:21ㄱ
白苣	방귀아디			물명 84
白苣	斜羅夫老 부루 생치	菜部下品	鄕名	향성 85:717:2

'萵苣'는 '국화과의 한해살이풀' 즉 '상추'를 이른다. 『향구』의 차자표기 '紫夫豆菜'는 '*자부두ᄂᆞ물'로 해독된다. 이 어형은 후대에 이어지지 않는다. '*부두'가 '부루'로 어형 변화가 일어나 현대 국어에까지 이어졌다. 『표』에는 '상추'를 뜻하는 '부루'가 보이지 않는다. 『샘』에서 '상추'의 방언형으로 소개하고 있다. '상추'는 현대 국어에 와서 생성되었다. 한편, '白苣'는 『향집』에 '斜羅夫老'로 차자표기되어 있는데 '*사라부로'로 해독된다. '샤라부루'는 『훈몽』(상8)에 이미 '蕒 샤라부루'로 나오는데 한어명 '白苣'와 대응하면 '*사라'는 '흰색'과 관련된 말로 추정된다. 그렇게 보는 것은 '萵苣'의 기원형은 『향구』의 '紫夫豆'인데 '紫'가 '상추의 색깔'을 나타내는 것으로 보이기 때문이다. 그렇다면 '*자부두'는 '자색 상추'라는 뜻의 혼종어가 된다. 『언구』의 '샤태부루'는 '샤라부루'의 오기로 판단된다. 이른 시기에 이 어형이 있었음이 확인된다.

1723) 瓦壟子 / 瓦壟肉 / 蚶 / 魁蛤

瓦壟肉	강요쥬			제중 8:20ㄴ10
瓦壟子	강유쥬		俗	해혹 33ㄴ1
瓦壟肉	강요주 江瑤柱 一名	蚌蛤		의종 7:42ㄴ2
瓦壟肉	강요주 江瑤柱 一名	蚌蛤		방합 53ㄱ
瓦龍子	살조기 蚶穀 卽			경신 56ㄴ6
蚶	살죠개 瓦壟子 一名	蟲部		동의 2:12ㄱ1
魁蛤	살죠개			본목 46ㄴ1

'瓦壟子'는 '瓦壟子'는 '돌조갯과의 하나'로 '꼬막'을 이른다. 한어명 이칭으로 '江瑤柱', '蚶', '蚶殼', '魁蛤' 등이 있다. 표제어가 다르게 제시되어 혼동하기 쉽다. 『동의』에서 비롯된 것인데 '살죠개'라는 고유어 향약명이 쓰이면서 '江瑤柱'가 함께 나타난다.

1724) 瓦粉 ☞ 鉛

1725) 瓦松 ☞ 昨葉何草

1726) 蝸牛 / 緣桑螺 ⇒ 蛞蝓

蝸牛	돌파니			구급 하77ㄱ1
蝸牛	돌팡이			구간 3:9ㄱ
蝸牛	집진돌팡이 海羊 一名 負殼蛞蝓 卽	蟲部		동의 2:9ㄱ10
蝸牛	집진돌팡이			본목 42ㄱ9
蝸牛	집딘돌팡이	虫部		사의 4ㄴ3:10
蝸牛	집지은달팡이	蟲部		양금 516:8
蝸牛	달팡이		俗	해혹 31ㄴ4
蝸牛	有殼月乙板伊 집잇는달팽이	蟲魚部中品	鄕名	향성 83:686:2
緣桑螺	뽕나모우희인는돌팡이	蟲部		동의 2:9ㄱ5
緣桑螺	뽕나모우희달펑이	蟲部		양금 516:7
緣桑螺	桑樹上螺 뽕나무우에잇는달팽이	蟲魚部中品	鄕名	향성 83:685:3

'蝸牛'는 '달팽이'를 이른다. 의서에는 어떤 '달팽이'를 말하느냐에 따라 단어형과 설명형 두 유형으로 나타난다. 15세기의 '돌팡이'형이 어형 교체없이 '달팡이'를 거쳐 움라우트를 반영하여 '달팽이'가 된 것이다. 다른 한어명 '緣桑螺'는 '뽕나무 위에 있는 달팽이'를 뜻한다. 『동의』에는 향약명이 '집진돌팡이'로 나온다. 여기의 '집진'은 '집을 지다'는 뜻이다. 『동의』의 설명 '負殼蛞蝓'의 '負'가 이를 말해 준다. 『본목』, 『사의』, 『양금』에서 이 향약명을 유지하다가 『향성』에

와서 '집이 있는[有殼] 달팽이'로 나타난다. 어형 교체가 일어난 것으로 판단된다.

1727) 瓦葦 ☞ 石葦

1728) 瓦子 / 熱瓦子

瓦子	디새			구간 6:63ㄱ
熱瓦子	더운디새			구간 1:21ㄴ
屋上南畔瓦	집우ᄒᆡᆺ남녁ᄀᆞᅀᆡᆺ디새			구급 상10ㄱ
屋上熱瓦	집우ᄒᆡᆺ더운디새			구간 1:37ㄱ

'瓦子'는 '기와'를 이른다. 『구간』의 향약명은 '디새'인데 구개음화와 관련된 과도교정이 적용되는 어형 변화를 거쳐 '기와'가 된 것이다. 어떤 '디새'냐에 따라 향약명이 다르게 나타난다.

1729) 瓦蛆 ☞ 蠐螬

1730) 瓦甑

瓦甑	딜시르			구간 1:84ㄴ
瓦甑	시루	石部中品	鄕名	향성 77:595:3

'瓦甑'은 『표』에 없으며, 『샘』에서는 '질흙으로 구워 만든 시루'라는 뜻의 북한말로 소개하고 있다. 『향성』에만 보인다.

<완>

1731) 浣褌汁 ☞ 夫褌帶

1732) 豌豆

豌豆	완두콩			언구 상31ㄱ9
豌豆	원두 蚕豆 一名	穀部		동의 1:26ㄴ6
豌豆	원두			본목 25ㄱ3
豌豆	江南豆者 俗名	穀部菽豆類		본정 상121
豌豆	蚕豆 一名	穀部		양금 524:9
豌豆	선뷔져비콩		俗	해혹 33ㄱ7
豌豆	션븨잡이ᄭᅩᆼ		俗	해혹 14ㄴ6

'豌豆'는 '완두콩'을 이른다. 한어명으로 '蠶豆'가 있다. 『해혹』의 '션븨잡이콩'은 '약간 푸르고 눈 양편에 검고 둥근 점이 있는 콩'을 말하는데 『표』에 '선비잡이콩'으로 등재되어 있다.

1733) 頑涎

頑涎	건춤			구급 상43ㄴ1

'頑涎'은 '해수 천식과 그르렁거리는 소리를 나게 하는 타액'이다(『지』). 『구급』에는 '건춤'으로 나온다. 『표』에 나오지 않는다.

1734) 玩月砂 ☞ 兎屎

1735) 薍子 ☞ 大蒜

<왕>

1736) 王瓜 / 土瓜 ⇒ 甛瓜

王瓜	鼠瓜		鄕名	향채 3월
王苽	鼠眞苽			촌구 4ㄱ2:1
王苽	鼠眞苽		鄕名	촌가
王瓜	쥐춤외불휘 土瓜 一名	草部		동의 3:9ㄱ10
王瓜	쥐참외			본목 20ㄱ8
王苽	쥐춤외불휘	草部		사의 2ㄱ1:9
王瓜	쥐참외블희 瓜土 一名	草部		양금 505:7
王瓜	鼠瓜 쥐참외뿌리	草部中品之下	鄕名	향성 79:621:2
王瓜子	赤雹子 一名	草部		동의 3:9ㄴ3
土苽根	鼠苽根			향구 하36ㄱ7
土瓜	鼠瓜		俗云	향구 목46ㄱ8
土瓜	王瓜		一名	향구 목46ㄱ8
土瓜根	쥐ᄎᆞᆷ빗불휘			구간 7:82ㄴ
土瓜	토과			언태 61ㄱ
土瓜	쥐춤외		俗	해혹 32ㄱ10
土瓜	주먹참외			동사 878
土花粉	주먹참외뿌리			동사 881

'王瓜'는 '쥐참외'를 이른다. 『한』에는 '박과 식물인 주먹참외의 열매를 말린 것'으로 설명하고 있다. 한어명 이칭으로 '土瓜'가 있다. 『향채』의 차자표기 '鼠瓜'와 『촌구』의 '鼠眞苽'는 '*쥐촘외'로 해독된다. '眞瓜'가 '참외'를 가리키는 한어명이다. 이후 '쥐촘외불휘'가 현대 국어의 '쥐참외뿌리'가 되었다. '土瓜'는 '박과의 여러해살이풀' 곧 '노랑하눌타리'를 이르는 말로 『표』에 등재되어 있다. 그런데 의서의 향약명은 '쥐참외'로 나온다. '쥐참외' 역시 '박과의 여러해살이 덩굴풀'로 '하늘타리'를 이르는 것으로 『표』에 설명되어 있다. 결국 이전 시기 의서에서는 '土瓜'를 '쥐참외'로 불렀음을 알 수 있다. 『향구』의 '鼠瓜'는 모두 석독자로 '*쥐촘외'로 해독된다. 이것이 현대 국어에까지 그대로 이어졌다. 이어 새로운 이칭 '주먹참외'가 20세기 이후에 나타난다. '주먹참외'는 『표』에는 없고 『샘』에 북한말로 소개되어 있다. 『향구』에 나오는 '王瓜'도 '쥐참외'를 이른다(『지』). '주먹참외'와 '王瓜'는 『표』에 보이지 않는다.

1737) 王母牛 ☞ 商陸

1738) 王不留行

王不留行	왕불류힝			구간 6:28ㄴ
王不留行	댱고새 剪金花 金盞銀臺 一名	草部		동의 3:1ㄱ7
王不留行	長鼓草		鄕名	향집 78:28ㄴ
王不留行	댱고시 죠리치기			본목 17ㄱ2
王不留行	댱고시	草部隰草類		본정 상83
王不留行	쟝고새	草部		사의 1ㄴ2:10
王不留行	댱고치 剪金花 金盞銀臺子 一名	草部		양금 505:6
王不留行	장고지 剪金花		俗	해혹 31ㄴ3
王不留行	댱고시	隰草		의종 7:14ㄱ6
王不留行	댱고시	隰草		방합 18ㄱ
王不榴行	조리치기 俗名			경국 7:10
王不留行	長鼓草 장구새	草部上品之下	鄕名	향성 78:613:3

'王不留行'이라는 한어명은 『표』에 소개되어 있지 않다. '장구채'가 표제어로 등재되어 있다. 『구간』에는 한자음대로 쓰였다. 한어명 이칭으로는 '剪金花'와 '金盞銀臺'가 있다. 『동의』에서 '댱고새'가 나타나 어형 변화를 거쳐 『향성』의 '장구새'로 되었다. 어형 교체는 없었다. 『표』에서 '장구채'를 표제어로 삼은 것은 잘못으로 판단된다. 역사적 어형 변화를 고려하면 '장구새'가 더 옳다. 한편, 『본목』과 『경국』에 '조리치기'라는 속명이 나오는데 방언형으로 추정된다. 『표』에

등재된 '조리치기'는 '장구새'와 전혀 다르다. 장고지'와 함께 제시된 '죠리티기'는 『물보』에 '주리치기'로 나온다[예: 王不留行 주리치기 決非 『물보』(7ㄴ)]. 『샘』에서 '주리치기'를 '장구채'의 옛말로 소개해 두었다.

<요>

1739) 蓼 / 水蓼 / 赤蓼莖 ⇒ 紅草

蓼	엿귀			구급 상9ㄱ8
蓼	엿귀			언구 상22ㄴ2
蓼	엿긔			본목 17ㄴ3
蓼實	엿귀삐	菜部		동의 2:33ㄴ9
蓼實	여쑤씨	菜部		양금 520:1
蓼實	역귀씨	菜部中品	鄉名	향성 85:712:2
蓼葉		菜部		동의 2:34ㄱ3
水蓼	뭘엿귀	草部		동의 3:23ㄴ3
水蓼子		草部		동의 3:23ㄴ4
水蓼	말엿귀	草部		양금 508:4
水蓼	말역귀	草部下品之下	鄉名	향성 79:636:2
赤蓼莖	블근엿귓줄기			구급 상32ㄱ6
赤蓼葉	블근엿귓닙			구급 상32ㄱ6

'蓼'를 핵심 어근으로 하는 단어족이다. '蓼'는 '여뀌'를 말한다. 15세기부터 '엿귀'형으로 나타나 어형 변화를 겪어 현대 국어의 '여뀌'가 되었다. '水蓼'는 '마디풀과의 한해살이풀' 즉 '여뀌'를 말한다. 『동의』의 '믈엿귀'는 어형 변화만 거치면서 현대 국어의 '말여뀌'로 이어진다. '赤蓼'는 '마디풀과의 여러해살이풀' 곧 '이삭여뀌'를 이른다. 15세기 의서의 『구급』에 '불근엿귀'로 나온다. 이것이 현대 국어의 '이삭여뀌'로 어형이 교체된 것으로 보이는데 의서에서의 기록은 없다.

1740) 蓼藍汁 ☞ 大靑

蓼藍汁	료람집	구급 하17ㄱ3

'蓼藍'은 '십자화과의 두해살이풀' 즉 '大靑'을 이른다(『표』). 이의 즙을 말한다.

1741) 尿泥 ☞ 土

1742) 硇砂 ☞ 硭砂

1743) 潦水 ☞ 水

1744) 蓼汁, 蓼花 ☞ 紅草

<용>

1745) 龍骨

龍骨	용골			구급 상84ㄱ5
龍骨	룡골			구간 7:57ㄴ
龍骨	룡의뼈			구간 2:102ㄱ
龍骨	농의뼈	唐 獸部		동의 1:41ㄱ2
龍骨	농의뼈	唐 獸部		양금 528:2
龍骨	룡의뼈			제중 8:12ㄴ8
龍骨	용의뼈	龍		의종 7:38ㄴ6
龍骨	용의뼈	龍		방합 48ㄱ
龍骨	용의뼈			경신 53ㄱ8

'龍骨'은 '용의뼈'이다. 『구간』의 '룡의뼈'가 어형 변화를 거쳐 '용의뼈'가 되었다.

1746) 龍葵

龍葵菜	加亇曹而		鄕名	향채 12월
龍葵	가마조이	菜部		동의 2:34ㄴ3
龍葵	가마조이			본목 16ㄴ6
龍葵	가마종이	草部隰草類		본정 상81
龍葵	가마죵이	菜部		양금 520:6
龍葵	가마종이	隰草		의종 7:13ㄴ5
龍葵	가마종이	隰草		방합 17ㄴ
龍葵根	룡규불휘			구급 하2ㄱ5
龍葵根	가마조싀불휘			구간 6:23ㄱ
龍葵子		菜部		동의 2:34ㄴ5

'龍葵'는 '가짓과의 한해살이풀'로 '까마중', '까마종이'로 불린다. 『향채』의 차자표기 '加亇曹而'는 '*가마조싀'로 해독된다. '而'는 일모자(日母字)라서 'ㅿ'음을 반영한다. 『구간』의 '가마조

쉿불휘'가 이를 잘 말해 준다. 결국 '*가마조싀 > 가마조이 > 가마죵이 > 가마종이 > 까마종이'와 같이 '조이 > 종이'의 어형 변화를 겪는다.

1747) 龍腦 / 片腦 / 樟腦

龍惱	용뇌				구급 상2ㄴ3
龍腦	뇽노				언구 상27ㄴ1
龍腦香			唐	木部	동의 3:34ㄱ8
龍腦香			唐	木部	양금 510:7
龍腦					제중 8:14ㄱ2
片腦	龍腦				해혹 28ㄴ5
龍腦	片腦 一名 氷片 俗呼			香木	의종 7:23ㄱ10
龍腦	片腦 一名 氷片 俗呼			香木	방합 29ㄴ
龍腦香	氷片 一名 婆斯杉木 卽 昭腦 一名 樟木 卽				경신 50ㄴ6
白龍腦	빅용뇌				구급 상5ㄱ3
樟木	장목				구급 상15ㄴ6
樟腦	昭腦 一名	木部			동의 3:34ㄴ4
樟	쇼뢰나모				해혹 29ㄱ4

'龍腦'는 '龍腦香'을 이른다. '용뇌수과의 상록 교목으로부터 얻은 결정체'이다. 한어명으로만 쓰였다. 이칭인 '樟木'은 '녹나뭇과의 상록 활엽 교목'으로 '녹나무'를 이른다(『표』). 『구급』에는 한어명으로 나타난다. 『동의』의 '昭腦'가 『해혹』에서는 '쇼뢰나모'로 나타나는데 '쇼뢰'가 한어명 '昭腦'인지는 확실치 않다.

1748) 龍膽

龍膽	觀音草		鄕名	향채 2월
龍膽草	觀音草			촌구 3ㄱ9:2
龍膽草	觀音草 관음초		鄕名	촌가
草龍膽	과남플	草部山草類		본정 상55
草龍膽	과남플	草部		사의 1ㄱ4:5
龍膽	과남플	草部		동의 2:42ㄱ4
龍膽	과남플			본목 12ㄴ4
龍膽	觀音草		鄕名	향집 78:13ㄴ
龍膽	과납풀	草部		양금 503:9

龍膽	과남풀		제중 8:5ㄴ5
龍膽	과남풀	山草	의종 7:6ㄱ7
龍膽	과남풀	山草	방합 8ㄱ
龍膽草	과남풀		경신 25ㄴ5
龍膽	觀音草 관음풀 과남풀	草部上品之上 鄕名	향성 78:607:2

'龍膽'은 '용담과의 여러해살이풀'로 '과남풀', '용담초', '초용담' 등의 한어명 이칭이 있다. 『향채』의 차자표기 '觀音草'는 '*관음플'로 해독된다. 『향집』과 『향성』의 '觀音草'도 동일하다. 이것이 16세기 이후 '과남플'로 어형 변화가 일어난 뒤에 현대 국어의 '과남풀'이 된다.

1749) 榕木

榕木	귀롬나모		사의 24ㄴ10
榕木	귀룽나모	木部	사의 2ㄴ3:4

'榕木'은 사전류에서 찾기 어렵다. 『사의』에 '귀롬나모', '귀룽나모'로 나온다. '장미과의 낙엽 활엽 교목' 즉 '귀룽나무'이다(『표』). 『경국』(150:11)에 '귀릉나무'가 기록되어 있는데 '榕木'으로 추정된다. 『한』에 '귀룽나무잎'이 '구름나무잎의 딴 이름'으로 소개되어 있다. 그런데 『샘』에는 '구름나무'가 '귀룽나무'의 북한말로 소개되어 있는데 『표』에는 없다.

1750) 龍眼

龍眼	圓眼 一名 益智 一名	果部	동의 2:21ㄴ8
龍眼		唐 果部	양금 518:7
龍眼			제중 8:17ㄴ8
龍眼	圓眼 一名	夷果	의종 7:33ㄴ4
龍眼	圓眼 一名	夷果	방합 42ㄱ
龍眼肉	圓眼 一名 益智 荔枝 一名		경신 55ㄴ3
龍眼核		果部	동의 2:22ㄱ1

'龍眼'은 '무환자나뭇과의 상록 교목의 열매'로 '圓眼', '荔枝奴', '益智' 등의 이칭이 있다.

1751) 龍子衣 ☞ 蛇蛻皮

1752) 春杵頭細糠

春杵頭細糠　방핫고애무든겨　穀部　동의 1:30ㄱ6
春杵頭細糠　방아고의무든겨　穀部　양금 525:3
春杵頭細糠　방아공이에낀등겨　米穀部中品　鄕名　향성 84:705:3

'春杵頭細糠'은 설명형 한어명이다. 『동의』에도 설명형 향약명 '방핫고애무든겨'가 나온다. '방하+ㅅ # 고+애 # 묻-+-은 # 겨'로 분석된다. 이것이 『양금』을 거쳐 『향성』에 와서 '방아공이에낀등겨'로 어형 교체를 겪는다. '고'가 '공이'로, '묻-'이 '끼-'로, '겨'가 '등겨'로 교체된 것이다.

1753) 龍齒
龍齒　獸部　동의 1:41ㄱ5
龍齒　농의이　唐　獸部　양금 528:2
龍齒　龍　의종 7:38ㄴ7
龍齒　龍　방합 48ㄱ

'龍齒'는 『동의』에서 비롯된 향약명인데 『양금』의 기록대로 '용의 이'를 말한다.

<우>

1754) 牛 / 牛角䚡
牛　쇼　본목 49ㄴ9
牛角䚡　쇠쁠고기양　구간 7:57ㄴ
牛角䚡　쇠쁠고긔양　獸部　동의 1:42ㄱ8
牛角腮　쇠쁠고고양　獸部　양금 528:3
牛角䚡　畜　의종 7:44ㄴ9
牛角䚡　畜　방합 56ㄱ
牛角䚡　쇠뿔속의뼈　獸部中品　鄕名　향성 81:659:1
牛骨　獸部　동의 1:43ㄱ1
牛骨　쇠뼈　獸部　양금 528:4
牛口中涎　獸部　동의 1:42ㄴ9
牛口涎　畜　의종 7:44ㄴ9
牛口涎　畜　방합 56ㄱ
牛口中齝草　獸部　동의 1:42ㄴ10
牛筋　쇠힘　구급 상49ㄱ7

牛筋	쇠힘			구간 6:10ㄴ
牛筋	쇠힘			언구 상28ㄱ10
牛腦		獸部		동의 1:42ㄴ1
牛溺	牛矢小便			향구 중30ㄴ2
牛漩	쇠오좀			구급 하42ㄱ
牛尿		獸部		동의 1:43ㄱ3
牛尿	쇠오즘	獸部		양금 528:4
牛尿		畜		의종 7:44ㄴ9
牛尿		畜		방합 56ㄱ
牛兒尿	쇠야지오좀			광향 53ㄴ12
牛膽	与老		鄕名	향구 중28ㄱ2
牛膽		獸部		동의 1:42ㄴ7
牛膽	쇠슬긔	獸部		양금 528:4
牛膽		畜		의종 7:44ㄴ8
牛膽		畜		방합 56ㄱ
牛膽	쇠쓸개	獸部中品	鄕名	향성 81:659:2
牛膽	소열			동사 570
牛肚	양 胃 卽 膁 俗名	獸部		동의 1:42ㄴ5
牛肚	쇠양	獸部		양금 528:4
牛肚	양	畜		의종 7:44ㄴ8
牛肚	양	畜		방합 56ㄱ
牛頭蹄		獸部		동의 1:42ㄱ10
牛酪	쇠타락			구급 하43ㄴ4
牛酪乳	타락젓	獸部		사의 3ㄱ2:2
牛鼻		獸部		동의 1:42ㄴ8
牛鼻		畜		의종 7:44ㄴ7
牛髓	쇠뼈속의기름	獸部中品	鄕名	향성 81:659:1
牛腎		畜		의종 7:44ㄴ9
牛腎		畜		방합 56ㄱ
牛心	쇠염통	獸部中品	鄕名	향성 81:659:2
牛五藏		獸部		동의 1:42ㄴ4
牛乳	쇠졋			구간 1:94ㄴ
牛乳	쇠졎			언구 상32ㄴ1
牛乳	쇠졋	獸部		동의 1:44ㄱ5
牛乳		獸部		양금 528:6
牛妳	牛乳			해혹 31ㄴ4

牛乳		畜		의종 7:44ㄴ8
牛乳		畜		방합 56ㄱ
牛乳	쇠졋	獸部上品	鄕名	향성 81:656:2
牛肉	ᄉᆈ고기			언구 하24ㄴ11
牛肉		獸部		동의 1:42ㄱ6
牛肉		獸部		양금 528:3
牛肉	ᄉᆈ고기			제중 8:16ㄴ6
牛肉	쇠고기	畜		의종 7:44ㄴ7
牛肉	쇠고기	畜		방합 56ㄱ
牛陰莖	ᄉᆈ음깅			언구 상20ㄴ11
牛耳垢	ᄉᆈ귀엣ᄣᅵ			구급 하76ㄴ2
牛耳中垢	ᄉᆈ귀안해ᄣᅵ			구간 2:97ㄱ
牛耳中垢		獸部		동의 1:42ㄴ3
牛耳中毛	ᄉᆈ귓굼긧터럭			구간 3:103ㄱ
牛齒		獸部		동의 1:42ㄴ2
牛皮		畜		의종 7:44ㄴ8
牛皮		畜		방합 56ㄱ
牛皮膠	ᄉᆈ갓플			구급 상7ㄱ3
牛皮膠	ᄉᆈ갓플			구간 2:99ㄱ
牛血		畜		의종 7:44ㄴ8
牛血		畜		방합 56ㄱ

'牛'를 핵심 어근으로 하는 단어족이다. '소'의 여러 부위를 약재로 쓰는 탓에 아주 다양한 복합어가 생성되어 쓰였다. 분석이 어려운 형태는 특별히 없다. 『향구』의 차자표기 '牛矣小便'과 '与老'은 각각 '*쇼ᄋᆡ오좀'과 '*여로'로 해독된다. 후자는 '쓸개'를 뜻하는데 15세기의 '열'에 대응된다.

1755) 芋

芋	毛立	俗云	향구 목48ㄱ8
芋	白毛立		향구 상5ㄱ6
生芋頭	ᄂᆞᆯ토란		구간 6:65ㄱ
芋	토란 俗稱 芋頭 又 芋 미알 芋 俗作		훈몽 상14ㄱ
芋	토안 土芝 土蓮 一名		산경 597
芋	토란		언구 상47ㄴ7

芋子	토란 土芝 一名	菜部		동의 2:26ㄱ5
芋	土卵		鄕名	향집 84:10ㄱ
芋	토란			본목 27ㄴ7
芋	토란			신황 보3ㄴ
芋子	토란	菜部		양금 519:5
芋頭	토란			방유 3:28ㄴ
芋子	토란			제중 8:23ㄱ2
芋	토란			물명 109
芋子	土卵 一名	柔滑菜		의종 7:30ㄱ9
芋子	土卵 一名	柔滑菜		방합 38ㄱ
芋子	土卵			의신 79ㄱ
芋	토란 土蓮 土芝			의본 244
里芋	토란			식휘 79
芋	土卵 토란	果部中品	鄕名	향성 84:698:3
芋	토란			식명 748
芋莖根	우웡쑬휘			구간 2:5ㄴ
芋葉		菜部		동의 2:26ㄱ8
芋葉	토란닙	菜部		양금 519:5
野芋	야우			구급 하46ㄴ
土卵膏	토란고			치언 3ㄴ1

'芋'는 '토란'이다. '芋'를 핵심 어근으로 하는 단어족이다. 『향구』의 차자표기 '毛立'은 '*모리'로, '白毛立'은 '*힌모리'로 해독된다. 최범훈(1977ㄴ:3)에서는 진주 방언형 '모란'을 『향구』의 '모립'과 '토란'의 혼태어로 보기도 했다. 13세기 어형 '*모리'는 후대에 이어지지 않으며 이후 한어명 '토란'으로만 나타난다. 어형 교체가 있었다. 『치언』의 '土卵膏'는 치종에 쓰이는 대표적인 약재의 하나이다. 한어명으로만 쓰인다.

1756) 藕 / 乾藕 / 藕節 / 藕房 ⇒ 蓮

乾藕	蓮根			향구 상9ㄱ1
乾藕	蓮根		俗云	향구 목48ㄱ6
藕	련불휘			구급 하3ㄴ8
藕	년신			훈몽 상14ㄴ
生藕	년불희			언구 상36ㄴ5
藕	년불휘	草部		사의 1ㄴ3:3

生藕	년불휘			벽신 9ㄴ
藕	년불희			신황 보19ㄱ
藕	련슌			제중 8:17ㄴ7
藕	련슌	水果		의종 7:34ㄴ1
藕	련슌	水果		방합 42ㄴ
藕	련근			자석 327
藕	연뿌리			동사 1137
藕實	蓮子		卽	향집 84:1ㄱ
藕實	련밥	果部上品	鄕名	향성 84:695:1
藕節煎湯	렶ᄀᆞᆫ글힌믈			구간 7:63ㄱ
藕節		水果		의종 7:34ㄴ1
藕節		水果		방합 43ㄱ
藕房		水果		의종 7:34ㄴ2
藕房		水果		방합 43ㄱ
藕葉		水果		의종 7:34ㄴ2
藕葉		水果		방합 43ㄱ
生藕汁	ᄂᆞᆯ렶불휫즙			구급 하57ㄴ
生藕汁	렶ᄀᆞᆫ즙			구간 3:100ㄱ
藕汁	렶ᄀᆞᆫ즙			구간 2:100ㄱ
生藕汁	싱년불휘찌흔즙			언구 하27ㄴ2
藕汁		果部		동의 2:17ㄱ2
藕汁	연블희즙	果部		양금 518:1
藕菜	년근ᄎᆡ			방유 3:28ㄱ

'藕'를 핵심 어근으로 하는 단어족이다. '藕'는 '연뿌리'를 이른다. 『향구』에서는 한어명 '蓮根'로 기록하였는데 '*련ᄀᆞᆫ'으로 해독된다. 『구급』에서는 혼종어 '렶불휘'로 나타난다. 이 어형이 현대 국어까지 이어져 '연뿌리'가 되었다.

1757) 牛角䚡 ☞ 牛

1758) 牛骨灰 ☞ 灰

1759) 芋頭 ☞ 芋

1760) 牛頭子 ☞ 地膚子

1761) 牛李 / 鼠李

牛李子	鼠李子 一名	木部		동의 3:42ㄱ8

鼠李	갈ᄆᆡ		본목 35ㄱ7
牛李子	鼠李子 一名	木部	양금 512:1
牛李	ᄶᅡ마죵이		경국 122:4
牛李根汁		木部	동의 3:42ㄴ1
牛李樹皮		木部	동의 3:42ㄴ2

‘牛李子’는 ‘갈매나무의 열매’이다. 동의어로 ‘鼠李子’가 있다. 고유어 향약명은 『본목』의 ‘갈ᄆᆡ’만 나타나는데 이 형태가 현대 국어까지 형태가 이어진다. 『경국』의 ‘ᄶᅡ마죵이’는 오류로 판단된다(‘ᄶᅡ마죵이’는 위 ‘龍葵’ 항목 참조).

1762) 牛馬矢 ☞ 牛糞

1763) 疣目

疣目	斤次左只	俗云	향구 하40ㄴ11
疣目	틔눈		의본 258
疣目	사마귀		동사 1138

‘疣目’은 ‘사마귀’를 이른다(『한』). 『향구』의 차자표기 ‘斤次左只’는 후대형이 없어서 해독이 어렵다. 용자대로라면 모두 음독자이므로 ‘*긏자기’로 해독된다. 남풍현(1981:144-145)에서는 ‘근ᄌᆞ자기’로 추정하였다. 이은규(1993:187)에서는 ‘亇次老只’로 판독하고 ‘*맞로기’로 재구한 바 있다. 『향구』에 쓰인 용자 ‘老’와 비교하면 ‘左’로 보는 것이 합리적이다. 『훈몽』(중33)에 ‘疙疸’이 ‘ᄆᆞ딥’으로 나오는데 현대 국어의 ‘쥐부스럼’ 곧 ‘머리 위에 툭툭 불거지게 나는 부스럼’이다. 하지만 13세기 어형과는 거리가 있다. 현대 국어 시기의 『의본』에 ‘틔눈’이, 『동사』에 ‘사마귀’가 나온다.

1764) 牛木香 ☞ 防己

1765) 芋蒡 ☞ 牛蒡子

1766) 牛蒡子 / 惡實 / 鼠粘子

牛蒡	牛蒡		鄕名亦同	향구 상12ㄱ10
芋蒡	우웡			구간 2:5ㄴ
牛蒡子	우웡ᄡᅵ			구간 2:63ㄱ
牛蒡子	우엉씨	草部隰草類		본정 상75
牛蒡	울웡	草部		사의 2ㄱ1:10

牛蒡子	우웡씨 惡實 鼠粘子 一名		俗	해혹 5ㄴ4
苦牛蒡實	우웡씨	草部中品之下	鄕名	향성 79:620:3
生牛蒡根	놀우웏불휘			구간 1:105ㄴ
惡實	苦牛旁子		鄕名	향채 12월
惡實	쁜우웡삐			구간 2:67ㄱ
惡實	牛蒡子			촌구 4ㄱ9:3
惡實	牛蒡子 우웡삐		鄕名	촌가
惡實	우웡삐 牛蒡子 卽 大力子 一名	草部		동의 3:8ㄴ9
惡實	우웡삐			본목 15ㄴ9
惡宲	鼠粘子 一名	草部隰草類		본정 상75
惡實	우웡삐 牛蒡子 鼠粘子 一名	草部		양금 505:7
惡實	우웡씨	草部中品之下	鄕名	향성 79:620:3
惡實根莖		草部		동의 3:9ㄱ2
鼠粘子	쁜우웡삐			구간 7:22ㄱ
鼠粘子	우웡삐	草部		사의 2ㄱ3:7
鼠粘子	우엉씨			광향 3ㄱ07
鼠黏子	우웡삐			제중 8:9ㄱ10
鼠黏子	우웡삐 牛旁子 惡實 一名	隰草		의종 7:11ㄴ4
鼠黏子	우웡삐 牛旁子 惡實 一名	隰草		방합 14ㄴ
鼠粘子	우웡씨 牛旁子 惡宲 大力子 一名			경신 17ㄴ1
鼠粘草根	쁜우웏불휘			구간 3:52ㄱ

‘牛蒡子’은 ‘우엉의 씨’를 말한다. ‘惡實’, ‘鼠粘子’, ‘大力子’ 등의 한어명 이칭이 있다. 『향구』의 ‘牛蒡’은 한어명 그대로이다. ‘鄕名亦同’을 통해서 알 수 있다. 따라서 ‘牛蒡’은 ‘*우방’으로 해독된다. 『향채』의 차자표기 ‘苦牛旁子’는 ‘*쁜우방삐’로 해독될 수도 있고, 『구간』의 향약명처럼 ‘쁜우웡삐’로 해독될 수도 있다. 기원형 ‘*우방’은 15세기부터 ‘우웡’으로 어형 변화를 거치고 현대국어에서 ‘우엉’이 된다. 이 과정에 ‘삐’가 결합된 합성어로 나타나면서 어형 교체를 겪는다.

1767) 牛百葉

牛百葉	천엽	獸部	동의 1:42ㄴ6
牛百葉	쇠천엽	獸部	양금 528:4

‘牛百葉’은 ‘소의 비장’을 이른다(『지』). 『동의』와 『양금』의 ‘천엽’은 ‘소나 양 따위의 반추 동물

의 겹주름'으로 한어명이 '千葉'이다. '쳔엽'은 한어명이고 '쇠쳔엽'은 혼종어이다.

1768) 牛糞 / 牛屎

牛糞	쇠똥		구급 하1ㄴ5
牛糞	쇠똥		구간 2:55ㄴ
牛糞		獸部	동의 1:43ㄱ4
牛洞	쇠똥		구간 1:43ㄴ
牛屎	쇠똥		구급 하68ㄴ
牛屎	쇠똥		구간 3:54ㄴ
牛屎	쇠마른똥		광향 40ㄱ5
牛屎		畜	의종 7:44ㄴ9
牛屎		畜	방합 56ㄱ
牛濕屎	즌눈쇠똥		언구 하17ㄱ11
熱牛屎	더운쇠똥		구간 6:41ㄴ
烏牛糞	거믄쇠똥		구간 7:31ㄴ
烏牛糞	거믄쇠똥		구급 하9ㄱ7
牛馬矢	ᄆᆞ쇼똥		구간 7:78ㄴ
牛糞中大豆	쇠똥가온딧콩		구급 하86ㄱ2
牛糞中大豆	쇠똥읫콩		구간 7:39ㄱ

'牛糞'은 '소의 똥'을 이른다. 이와 관련된 어휘들이다. '熱牛屎'는 '소의 더운 똥'을 이른다. 『구간』에 보인다. '烏牛糞'은 '검은소의 똥'이다. 『구급』과 『구간』에 나오는데 후대 의서에 보이지 않는다.

1769) 雨師 ☞ 赤檉

1770) 牛膝

牛膝	牛膝草	俗云	향구 목45ㄱ5
牛膝	우슬		구급 상69ㄴ4
牛膝	쇠무룹픐불휘		구간 3:2ㄴ
牛膝	쇠무룹불휘		구간 7:23ㄴ
牛膝	쇠무룹픐불휘		구간 7:62ㄴ
川牛膝	쇠무룹불휘		구간 3:107ㄱ
牛膝根	쇠무룹불휘		구간 3:77ㄱ
牛膝葉	쇠무룹닙		구간 3:77ㄱ

牛膝根莖	쇠무룹불휘와줄기			구간 6:26ㄴ
牛膝莖	쇠무룹디기줄기			언구 하16ㄱ5
牛膝	牛無邑			촌구 3ㄱ10:1
牛膝	牛無邑 쇠무릅		鄕名	촌가
牛膝	쇠무릅지기			산경 515
牛膝	우슬			언태 2ㄱ
牛膝	쇠무룹디기 百倍 一名	草部		동의 2:39ㄴ6
牛膝	牛無樓邑		鄕名	향집 78:6ㄴ
牛膝	쇠무룹지기			본목 16ㄱ9
牛膝	쇠무룹디기	草部隰草類		본정 상79
牛膝	쇠므읍지기	草部		사의 1ㄴ1:7
牛膝	쇠무릅디기 百倍 一名	草部		양금 504:3
牛膝	쇠무룹디기			제중 8:12ㄴ6
牛膝	쇠무릅			물명 71
牛膝	쇠무룹디기	隰草		의종 7:13ㄱ5
牛膝	쇠무릅디기	隰草		방합 16ㄴ
牛膝	쇠무릅디기 百倍 一名			경신 39ㄱ10
牛膝	쇠무릅 우실			식휘 139
牛膝	牛無樓邑 쇠무릎지기뿌리	草部上品之上	鄕名	향성 78:604:3
牛膝	쇠무릅 쇠무릎			식명 471
牛膝	쇠무릎풀 백배			동사 669

'牛膝'은 '비름과의 여러해살이풀' 즉 '쇠무릎'이다. 『향구』의 차자표기 '牛膝草'는 '*쇠무룹플'로 해독된다. 『촌구』의 차자표기 '牛無邑'은 '*쇠무룹'으로 해독된다. '플'이 절단되는 어형 교체가 있었다. 이 차자표기를 『향집』과 『향성』이 이어받았는데 '牛無樓邑'이다. '*쇠무룹'으로 해독되는바 정확히 표기되었다. 이어 '쇠무룹'에 '풀'을 뜻하는 접미사 '디기'가 결합되어 '쇠무룹디기'형이 생성된다. 이것이 어형 변화를 거쳐 '쇠무룹지기'가 되고 현대 국어의 '쇠무릎지기'가 된다. 『표』에는 '쇠무릎지기'로 등재되어 있다. 『동의』의 한어명 이칭 '百倍'가 현대 국어에까지 이어져 『표』에 등재되어 있다.

1771) 牛屎灰 ☞ 灰

1772) 藕實 ☞ 蓮實

1773) 禹餘糧 ☞ 禹餘粮

1774) 禹餘粮

禹餘粮	우여량		구간 7:58ㄴ
禹餘粮		石部	동의 3:46ㄱ7
禹餘粮	太餘粮 一名	石部	양금 512:9
禹餘粮		金石	의종 7:49ㄴ6
禹餘粮		金石	방합 62ㄱ

'禹餘粮'은 '종유석의 하나'이다. 15세기부터 나타나는데 한어명으로만 쓰였다.

1775) 牛轉草 ☞ 馬鞭草, 萹蓄

1776) 牛黃

牛黃	우황			구급 상2ㄴ3
牛黃	우황			언구 하25ㄱ2
牛黃	쇠소개난우황	獸部		동의 1:42ㄱ1
牛黃	우황			치언 16ㄴ9
牛黃		獸部		양금 528:3
牛黃	쇠속애난우황			제중 8:13ㄴ08
牛黃	쇠속ᄋᆡ황	畜		의종 7:45ㄱ1
牛黃	쇠속ᄋᆡ황	畜		방합 56ㄱ
牛黃	쇠속에난우황			경신 19ㄱ3
牛黃	우황	獸部上品	鄕名	향성 81:655:1

'牛黃'은 '소의 쓸개 속에 병으로 생긴 덩어리'를 이른다. 『동의』의 '쇠소개난우황'이 이를 잘 말해 준다. 이처럼 '牛黃'은 한어명이나 설명형 향약명으로 쓰였다.

<욱>

1777) 郁李

郁李	山叱伊賜羅次		향구 상13ㄱ4
郁李仁	山梅子	俗云	향구 목48ㄱ2
郁李仁	山梅子	鄕名	향채 5월
郁李仁	산ᄆᆡᄌᆞᆺ삐		구간 3:65ㄴ
郁李人	산ᄆᆡᄌᆞ삐		구간 2:30ㄱ

郁李仁	山梅子			촌구 4ㄱ6:2
郁李仁	山梅子 산ᄆᆡᄌᆞᄡᅵ		鄕名	촌가
郁李仁	뫼이ᄉᆞ랏ᄡᅵ 산ᄆᆡ자 車下李 一名			산경 502
郁李仁	묏이스랏ᄡᅵ 산ᄆᆡᄌᆞ 又名 車下李 千金藤 一名	木部		동의 3:40ㄴ2
郁李	묏이스랏ᄡᅵ			본목 35ㄱ6
郁李仁	뫼이스랏씨	木部灌木類		본정 하184
郁李仁	묏니슬랏ᄡᅵ 山梅子 又 車下李 千金藤 一名	木部		양금 511:7
郁李仁	묏이스랏ᄡᅵ			제중 8:15ㄴ10
郁李仁		灌木		의종 7:26ㄴ9
郁李仁		灌木		방합 33ㄴ
郁李仁	묏이소랏ᄡᅵ 산ᄆᆡ자 千金藤 車下李 一名			경신 40ㄴ3
郁李仁	신이슬앗ᄡᅵ			경국 74:1
郁李	옥리인 산ᄆᆡ자 多葉郁李			식휘 208
郁李仁	山梅子 산매자나무 이스랏씨	木部下品	鄕名	향성 80:650:3
郁李	이스라치씨			동사 687
郁李仁	이스라치씨 郁里仁			동사 1142
郁李仁	오얏 벚나무 李子 양벗나무 산개벚지나무			약식 19
郁李根皮	산ᄆᆡᄌᆞᆺ불휫거플			구간 3:13ㄱ
郁李根		木部		동의 3:40ㄴ6
郁李根	묏이스랏불휘	木部		사의 2ㄴ1:5
郁李根	산모재나모불히			경국 28:2

‘郁李’는 ‘산앵두나무의 열매’이다(『표』). 한어명 이칭으로는 ‘山梅子’, ‘千金藤’, ‘車下梨’ 등이 있다. 고유어 향약명은 『향구』의 차자표기 ‘山叱伊賜羅次’에서 기원한다. ‘*묏이ᄉᆞ랏’으로 해독된다. 현대 국어에 ‘이스라지’가 있음을 고려하면 ‘次’는 ‘ㅈ’음 표기로 보는 것이 합리적이다. 15세기까지는 주로 한어명 ‘山梅子’가 쓰였다. 이후에는 13세기 어형 ‘묏이ᄉᆞ랏’형이 함께 쓰였다. 이후 어형 변화를 거쳐 현대 국어에 와서 ‘산이스랏’으로 되었다. 『경국』의 ‘산모재나모’는 앞선 시기의 한어명 ‘산ᄆᆡᄌᆞ’와 관련된 방언형으로 추정된다.

1778) 蕓薹

芸臺	운ᄃᆡ	구간 7:23ㄱ

芸薹	평지	菜部		동의 2:35ㄱ4
蕓薹	평지			본목 26ㄱ9
蕓薹	평지	菜部葷菜類		본정 상132
芸臺	평기	菜部		양금 520:7
芸薹	평지		俗	해혹 33ㄴ9
蕓薹	평지	葷辛菜		의종 7:28ㄴ9
蕓薹	평지	葷辛菜		방합 36ㄴ
蕓薹	평지	菜部下品	鄕名	향성 85:717:3
蕓薹子	운딕씨			구간 2:45ㄱ
蕓薹子		菜部		동의 2:35ㄱ5

'蕓薹'는 '십자화과의 두해살이풀'로 '油菜'라고도 한다. 의서에는 고유어 향약명 '평지'로 나타나며 현대 국어에서도 마찬가지이다.

1779) 雲母 ⇒ 陽起石

雲母	石鱗		鄕名	향채 2월
雲母	石鱗			촌구 3ㄱ9:1
雲母	石鱗 돌비늘		鄕名	촌가
雲母	돌비늘	石部		동의 3:44ㄴ6
雲母	石鱗		卽	향집 77:1ㄱ
雲母	돌비늘	石部		양금 512:8
雲母	돌비눌	金石		의종 7:48ㄱ8
雲母	돌비눌	金石		방합 60ㄴ
雲母	石鱗 돌비눌	石部上品	鄕名	향성 77:590:3
雲母粉	돗비눌ᄀ로	石部		사의 4ㄱ3:10

'雲母'는 '돌비늘'을 이른다. 『향채』, 『촌구』, 『향집』 그리고 『향성』의 차자표기 '石鱗'은 '*돌비늘'로 해독된다. 이 어형이 현대 국어에까지 어형 교체 없이 이어진다.

1780) 雲母根 ☞ 陽起石

1781) 蔚 ☞ 芜蔚子

1782) 鬱金 / 爵金 / 薑黃

爵金	深黃			鄕名	향채 12월
爵金香	深黃			一名	향채 3월
爵金香	爵金花			卽	향채 3월
鬱金	울금				구급 상41ㄴ7
鬱金	심황				구간 2:117ㄱ
鬱金末	심황ᆺᄀᆞᄅᆞ				구간 2:108ㄴ
鬱金	深黃				촌구 5ㄱ7:2
鬱金	深黃 심황			鄕名	촌가
鬱金	심황		草部		동의 3:12ㄱ5
鬱金	심황 深黃				우마 8ㄴ
鬱金	심황		草部		양금 506:9
鬱金	심황				제중 8:8ㄴ5
蔚金	심항 薑黃之大者			俗	해혹 34ㄴ2
鬱金	심황		芳草		의종 7:8ㄴ4
鬱金	심황		芳草		방합 11ㄱ
鬱金	심황 片子薑黃 一名				경신 46ㄴ5
鬱金	深黃 심황		草部中品之下	鄕名	향성 79:624:1
鬱金香	深黃花 심황		木部中品	鄕名	향성 80:647:3
薑黃	강황				구급 하27ㄱ
薑黃		唐	草部		동의 3:11ㄴ8
薑黃		唐	草部		양금 506:9
薑黃					제중 8:8ㄴ4
薑黃					의종 7:8ㄴ2
薑黃			芳草		방합 11ㄱ

'鬱金'은 '강황의 덩이뿌리를 말린 약재'이다. 한어명 이칭으로 '薑黃'이 있다. 『향채』의 차자 표기 '深黃'은 '*심황'으로 해독된다. 이 어형은 '심黃'으로 혼종어이다. 이 형태가 현대 국어까지 형태 교체 없이 이어진다.

1783) 熊

熊	곰			본목 51ㄴ4
熊骨		獸部		동의 1:43ㄴ2
熊腦		獸部		동의 1:43ㄴ1
熊肉		獸部		동의 1:43ㄱ8
熊肉		獸部		양금 528:5
熊掌		獸部		동의 1:43ㄴ4
熊脂				향채 11월
熊脂	곰의기름	獸部		동의 1:43ㄱ6
熊脂		獸部		양금 528:5
熊脂	곰의기름	獸部上品	鄕名	향성 81:655:2
熊血		獸部		동의 1:43ㄴ3

'熊'을 핵심 어근으로 하는 어휘들이다. 『동의』에 많이 나타난다.

1784) 雄鷄

雄鷄	수ᄃᆞᆰ		제중 8:16ㄴ2
雄鷄	슈ᄃᆞᆰ	原禽	의종 7:43ㄱ7
雄鷄	슈ᄃᆞᆰ	原禽	방합 54ㄱ
雄鷄冠	수ᄃᆞᆰ의볏		구간 1:44ㄴ
雄鷄冠血	수ᄐᆞᆯᄀᆡ벼셋피		구급 하77ㄱ3
雄鷄冠血	수ᄃᆞᆯᄀᆡ벼셋피		구간 6:60ㄴ
雄鷄冠血	수ᄃᆞᆰ의머리벼셋피		구간 1:25ㄱ
雄鷄冠血	수ᄃᆞᆰ긔볃세낸더운피		언구 상9ㄱ5
雄鷄冠血	수ᄃᆞᆰ긔볏피		언구 상9ㄱ11
朱雄鷄冠血		禽部	동의 1:33ㄴ5
雄鷄膽	수ᄐᆞᆰ의쁠게		구간 3:111ㄴ
雄鷄頭	수ᄃᆞᆯᄀᆡ머리		구급 상26ㄱ6
雄鷄糞	수ᄐᆞᆰ의ᄯᅩᇰ		구간 7:21ㄴ
雄鷄血	수ᄐᆞᆯᄀᆡ피		구급 하49ㄱ
雄鷄肝		原禽	의종 7:43ㄱ8
雄鷄肝		原禽	방합 54ㄱ
雄鷄腸		原禽	의종 7:43ㄱ9

雄鷄腸		原禽		방합 54ㄱ
雄鷄翮翎		原禽		의종 7:43ㄱ9
雄鷄翮翎		原禽		방합 54ㄱ
雄鷄窠中草		原禽		의종 7:43ㄱ9
雄鷄窠中草		原禽		방합 54ㄱ
雄鷄屎白		原禽		의종 7:43ㄱ9
雄鷄屎白		原禽		방합 54ㄱ
丹雄鷄	붉은수탉	禽部上品	鄕名	향성 82:669:3
丹雄鷄冠糞		禽部		동의 1:33ㄴ6
丹雄鷄頭		禽部		동의 1:33ㄴ4
丹雄鷄肉	블근수ᄃᆞᆰ	禽部		동의 1:33ㄱ10
丹雄鷄肉	블근숫ᄃᆞᆰ	禽部		양금 526:4
白雄鷄	힌수ᄐᆞᆰ			구간 6:5ㄱ
白雄鷄肉	흰수ᄃᆞᆰ	禽部		동의 1:33ㄴ7
白雄鷄肉	흰수탉고기	禽部上品	鄕名	향성 82:669:3
白雄鷄肉	흰숫ᄃᆞᆰ	禽部		양금 526:4
烏雄鷄肝		禽部		동의 1:34ㄱ7
烏雄鷄左翅毛		禽部		동의 1:34ㄱ7
烏雄鷄冠血		禽部		동의 1:34ㄱ8
烏雄鷄膽		禽部		동의 1:34ㄱ2
烏雄鷄膽	검은숫ᄃᆞᆰ의슬ᄀᆡ	禽部		양금 526:5
烏雄鷄頭		禽部		동의 1:34ㄱ9
烏雄鷄肪		禽部		동의 1:34ㄱ5
烏雄鷄肪	검문숫ᄃᆞᆰ의기름	禽部		양금 526:5
烏雄鷄肪	검은수탉의기름	禽部上品	鄕名	향성 82:670:1
烏雄鷄屎白		禽部		동의 1:34ㄴ2
屎白		禽部		양금 526:6
烏雄鷄屎白	검은수탉의흰똥	禽部上品	鄕名	향성 82:670:1
烏雄鷄心		禽部		동의 1:34ㄱ3
烏雄鷄心	검은수탉의염통	禽部上品	鄕名	향성 82:670:1
烏雄鷄肉	거믄수ᄃᆞᆰ	禽部		동의 1:33ㄴ10
烏雄鷄肉	검은수탉고기	禽部上品	鄕名	향성 82:669:3
烏雄鷄肉	검은숫ᄃᆞᆰ	禽部		양금 526:4
烏雄鷄腸		禽部		동의 1:34ㄱ6
烏雄鷄腸	검은수탉의창자	禽部上品	鄕名	향성 82:670:1
烏雄鷄血		禽部		동의 1:34ㄱ4

'雄鷄'를 핵심 어근으로 하는 단어족이다. 약재로 쓰는 부위가 많아 다양한 복합어가 생성되어 사용되었다. 접두사 '丹', '白', '烏'가 '雄鷄'의 종류를 나타낸다.

1785) 熊膽

熊膽	与老			향구 목49ㄴ8
熊膽	古音矣余老		鄕名	향채 11월
熊膽	고믹열			구간 2:38ㄱ
熊膽	고믹열			구간 3:38ㄴ
熊膽	곰의쓸게			산경 553
熊膽		獸部		동의 1:43ㄱ9
熊膽		獸部		양금 528:5
熊膽	곰의쁠기			제중 8:17ㄱ1
熊膽	곰의쁠기	獸		의종 7:45ㄴ1
熊膽	곰의쓸기	獸		방합 57ㄱ
熊膽				경신 56ㄱ5
熊膽	곰열			동사 1145

'熊膽'은 『향구』의 차자표기 '与老'에서 기원하는데 실제로 이는 '膽'의 차자표기이다. '*여로'로 재구된다. 『향채』의 차자표기도 이를 이어받고 있다. '古音矣余老'는 '*고믹여로'로 해독된다. '*여로'형으로 해독하는 것은 '老'가 'ㄹ' 말음을 표기한다는 근거가 없기 때문이다. '*고믹여로'는 15세기에 '고믹열'로 나타나며 이는 곧 '고믹쁠기'와 공존한다. 『구간』에 '고믹열'로 나타나는 것이 근거이다. '쓸개'를 뜻하는 '열'은 『표』에 나오지 않는다.

1786) 雄鼠, 雄鼠糞, 雄鼠屎 ☞ 牡鼠

1787) 雄猪

雄猪		獸部		사의 3ㄱ2:4

'雄猪'는 사전류에서 찾기 어렵다. '숫짐승' 정도의 의미가 아닐까 한다.

1788) 雄鵲 / 雄鵲巢 / 雄鵲肉

雄鵲巢		禽部		동의 1:38ㄴ2
雄鵲肉	수가치고기	禽部		동의 1:38ㄱ9

雄鵲肉	수가치고기	禽部		양금 527:2
雄鵲肉	숫까지고기	禽部下品	鄕名	향성 82:674:1

'雄鵲'을 어근으로 하는 항약명이다. '雄鵲'은 '수까치'이다.

1789) 雄雀矢 / 雀屎 / 白丁香 / 直雀屎

雄雀矢	雄鳥屎		鄕名	향구 상11ㄱ4
雄雀矢	鳥屎		俗云	향구 목50ㄱ7
雄雀糞	수새쫑			구급 상45ㄴ5
雄雀	수새쫑			구간 2:75ㄴ
雄雀糞	수새쫑			언구 상26ㄱ1
雄雀屎	白丁香 一名	禽部		동의 1:36ㄴ7
雄雀屎	참식슈식쫑 白丁香 一名	禽部		양금 526:10
雀屎	白丁香 名	原禽		의종 7:43ㄴ8
雀屎	白丁香 名	原禽		방합 54ㄴ
白丁香	雄雀屎			해혹 32ㄴ3
直雀屎	슈식쫑 白丁香 一名		俗	해혹 6ㄴ4

'雄雀矢'는 '숫참새의 똥'이다. 한어명 이칭이 '白丁香'인데 『표』에 나온다. 『향구』의 차자표기 '雄鳥屎'는 '*수새쫑'으로 해독된다. 이 어형이 후대에까지 이어진다.

1790) 雄黃 / 通明雄黃 / 石雄黃

雄黃	웅황			구급 상16ㄱ1
雄黃	우황			구간 1:84ㄱ
雄黃	셕우황			구간 2:31ㄴ
雄黃		唐 石部		동의 3:45ㄴ7
雄黃				제중 8:13ㄴ6
雄黃		金石		의종 7:48ㄴ9
雄黃		金石		방합 61ㄱ
雄黃石	雄黃	石部		사의 4ㄱ3:3
通明雄黃	ᄉᆞ뭇비ᄂᆞᆫ몰곤셕우황			구간 3:50ㄱ
雄黃末	셕우황ᄀᆞᄅᆞ			구간 6:69ㄱ
雄黃末	셕웅황ᄀᆞᄅᆞ			언구 상43ㄱ9
石雄黃	셕웅황			치언 18ㄱ8

石雄黃		唐 石部		양금 512:10
石雄黃				경신 51ㄴ9

'雄黃'은 '천연으로 나는 비소 화합물'이다. 15세기부터 '石雄黃'과 동의어로 쓰였음을 알 수 있다. 『구간』의 설명형 향약명 'ᄉᆞᄆᆞᆺ보ᄂᆞᆫ말ᄀᆞᆫ셕우황'은 'ᄉᆞᄆᆞᆺ # 보-+-ᄂᆞᆫ # ᄆᆞᆰ-+-ᄋᆞᆫ # 셕우황'으로 분석된다. '꿰뚫어 보이는 맑은 석우황'이라는 뜻이다. 'ᄉᆞᄆᆞᆺ다'는 용언인데 여기서는 어간이 접사없이 부사로 파생된 것이다.

1791) 雄黑豆 ☞ 黑豆

<원>

1792) 黿 ⇒ 鼈甲

黿	ᄀᆞ장큰쟈라	蟲部		동의 2:7ㄱ6
黿	큰쟈라			본목 45ㄴ10
黿	가쟝큰ᄌᆞ라	蟲部		양금 516:4

'黿'은 '자라'를 뜻한다. 『동의』의 'ᄀᆞ장큰쟈라'에서 보듯이 '큰 자라'를 약재로 썼음을 알 수 있다.

1793) 圓白天南星 ☞ 天南星
1794) 圓眼 ☞ 龍眼
1795) 鴛鴦

鴛鴦	증경이	禽部		동의 1:39ㄱ3
鴛鴦	증경이			본목 47ㄱ7
鴛鴦	증경이	禽部		양금 527:4
鴛鴦	證■鴦伊 징경이	禽部下品	鄕名	향성 82:675:2

'鴛鴦'은 '오릿과의 물새'이다. 고유어 향약명은 『동의』의 '증경이'로 나타나는데 이 어형이 현대 국어의 '징경이'로 어형 변화되었다. 그런데 『표』에서는 '징경이'를 '수릿과의 새' 곧 '물수리'로 풀이하고 있어서 '鴛鴦'과 차이를 보인다. 의서에서는 '증경이'와 '鴛鴦'을 동의어로 보고 있다.

1796) 垣衣

垣衣	담우희잇기	草部		동의 3:13ㄴ9
垣衣	담우희잇기			본목 23ㄱ8
垣衣	담우희잇기	草部		양금 505:10
垣衣	담우에낀잇기	草部中品之下	鄕名	향성 79:625:2

'垣衣'는 '포도과의 낙엽 활엽 덩굴나무' 곧 '담쟁이덩굴'을 이른다. 『동의』의 고유어 향약명은 '담우희잇기'인데 이 어형이 현대 국어까지 이어진다. 다만 『향성』에 와서 '담우에낀잇기'라 해서 형태 첨가에 의한 어형 교체를 보인다.

1797) 原蠶蛾 / 晩蠶蛾 ⇒ 蠶

原蠶蛾	도나기누에나ᄇᆡ	蟲部		동의 2:8ㄴ7
原蠶蛾	도나기누에나뷔	蟲部卵生類		본정 하196
原蠶蛾	두번수에나븨	蟲部		양금 516:6
原蚕蛾	도나기누에나ᄇᆡ	卵蟲		의종 7:37ㄴ5
原蚕■	도나기누에나ᄇᆡ	卵蟲		방합 47ㄱ
原蠶蛾	되내기누에나비	蟲魚部中品	鄕名	향성 83:685:2
晩蠢蛾	도나기누에나ᄇᆡ			구간 3:114ㄱ
蠶蛾	도나기누에나ᄇᆡ			구간 3:114ㄱ
蠶蛾	누에납의		俗	해혹 25ㄱ8
新生蠶蛾	ᄀᆞᆺ난누에나ᄇᆡ			구간 6:83ㄱ
原蠶	되나기누에			본목 40ㄱ4
原蠶子紙	누웨ᄢᅵ슨죠희			구급 하85ㄱ8
晩蠶蛾紙	누에낸죠희			구간 7:38ㄴ
原蠶沙	두번바든누에ᄯᅩᇰ			해혹 28ㄱ8

'原蠶'과 '蠶蛾'가 핵심 어근으로 기능한다. '原蠶'은 '1년에 두 번 부화하는 누에'를 이르고 '蠶蛾'는 '누에나방'을 말한다. '晩蠢蛾' 혹은 '原蠶蛾'는 '도나기누에나ᄇᆡ'로 나타난다. '도나기'는 '거듭 나기'를 뜻한다. '도-'는 현대 국어 접두사 '되-'의 소급형이다. 이것이 『향성』의 '되내기누에나비'가 되었다. 『양금』의 '두번수에나븨'에 나오는 '수에'가 무엇인지 불분명하다.

1798) 遠志 / 小草

遠志	非師豆刀草		俗云	향구 목45ㄴ2
遠志	阿只草		又云	향구 목45ㄴ2
遠志	非師豆刀草		朱書	향채 7월
遠志	阿只屮		鄕名	향채 7월
遠志	원지			구급 하55ㄱ4
遠志	아기촛불휘			구간 3:1ㄱ
遠志	阿只草			촌구 3ㄴ5:3
遠志	阿只草 아기플		鄕名	촌가
遠志	아기플블휘			산경 530
遠志	원지			언태 2ㄱ
遠志	아기플불휘	草部		동의 2:42ㄱ1
遠志	阿只草		鄕名	향집 78:13ㄱ
遠志	아기풀불휘			본목 11ㄴ5
遠志	아기플불휘	草部山草類		본정 상44
遠志	아기플불휘	草部		사의 1ㄴ1:8
遠志	원지			마초 상83ㄴ
遠志	아기풀블희	草部		양금 503:9
遠志	아기풀불휘			제중 8:5ㄴ10
遠志	아기풀불휘	山草		의종 7:3ㄱ3
遠志	아기플불휘	山草		방합 3ㄴ
遠志	아기풀불휘			경신 37ㄴ7
遠志	아기풀 령신쵸 靈神草			식휘 232
遠志	阿只草 아기풀뿌리	草部上品之上	鄕名	향성 78:607:2
遠志葉	小草 名	草部		동의 2:42ㄱ3
小草	遠志 一名			해혹 30ㄴ6

'遠志'는 '원지과의 여러해살이풀'로 '靈神草'라 한다. 한어명 '遠志'는 후대에까지 표제어로 나타난다. 『향구』와 『향채』의 차자표기 '非師豆刀草'는 '*비사두도플'로 해독되는데 후대에 전혀 이어지지 않는다. 다른 차자표기 '阿只草'과 '阿只屮'은 『향집』과 『향성』에 이어지는데 '*아기플'로 해독된다. 이 어형이 현대 국어까지 이어져 '아기풀'이 된다. 이른 시기부터 약재로 쓰는 '뿌리'를 결합한 합성어로 쓰인다. '아기풀'은 『표』에 나오지 않는다.

1799) 芫靑 ☞ 斑猫

1800) 芫花

芫花	완화		구간 2:44ㄴ
芫花		唐　木部	동의 3:43ㄱ5
芫花		唐　木部	양금 512:3
芫花			제중 8:7ㄴ10
芫花		毒草	의종 7:17ㄱ8
芫花		毒草	방합 22ㄱ
芫花			경신 34ㄱ1

'芫花'은 '말린 팥꽃나무의 꽃봉오리'로 '莞花'라고도 한다. 한어명으로만 나타난다.

<월>

1801) 月經衣 ☞ 經衣

1802) 越瓜

越瓜	菜部	동의 2:29ㄴ5
越瓜	菜部	양금 519:9

'越瓜'는 '참외과에 속하는 덩굴 식물' 즉 '울외'를 이른다. 『동의』와 『양금』에서는 한어명만 나온다. 『표』에 나오지 않는다.

1803) 越婢 ☞ 麻黃

1804) 月水 ☞ 婦人月水

1805) 越燕 ☞ 燕屎

1806) 輪回 ☞ 童便

<위>

1807) 葦 ☞ 蘆根

1808) 蝟, 蝟骨 ☞ 蝟皮

1809) 蝼蛄 ☞ 車前子

1810) 熨斗

熨斗	多里甫里	향구 중24ㄱ7
熨斗	多里甫伊	향구 상6ㄴ1

熨斗	다리우리		구급 상22ㄴ3
熨斗	다리우리		구간 1:43ㄱ
熨斗	다리우리		언구 상39ㄱ3
熨斗	달류리	俗	해혹 30ㄴ3

'熨斗'는 '다리미'를 이른다. 『향구』의 차자표기 '多里甫里'와 '多里甫伊'는 '*다리보리'로 해독된다. 제3 음절 초성에 'ㅂ'을 유지하는 방언형이 많은 것도 이 해독을 방증한다. 예를 들면 '대러비, 대레비, 대루비, 대리비, 데루비' 등이 그러하다(최학근 1987:580 참조). 이 어형이 15세기에 어형 변화를 겪어 『구급』의 '다리우리'가 된다. 『해혹』에 '달류리'는 '다리우리'의 축약형으로 보인다. 『샘』에서는 '다리우리'를 '다리미'의 함남 방언을 소개하고 있다. 『표』에는 나오지 않는다.

1811) 威靈仙

威灵仙	能消		一名	향구 하39ㄱ3
威灵仙	車矣菜		俗云	향구 목47ㄱ2
威灵仙	豹尾草		鄕名	향구 하39ㄱ3
威灵仙	豹尾草		鄕名	향구 하40ㄴ10
威灵仙	車衣菜		鄕名	향채 9월
葳靈仙	위령선			구급 하1ㄴ6
威靈仙	위령선			구간 6:80ㄱ
威靈仙	술위ᄂᆞ믈블휘			산경 535
威靈仙	위령선			언두 하57ㄱ
威靈仙	술위ᄂᆞ몰불휘	草部		동의 3:18ㄱ7
威靈仙	술위ᄂᆞ몰불휘			본목 20ㄴ10
威靈仙	술위ᄂᆞ무블휘	草部蔓草類		본정 상104
威靈仙	줄위ᄂᆞ몰불휘	草部		사의 1ㄱ1:3
威靈仙	술위나믈블희	草部		양금 507:3
威靈仙	어아리쑤리			광향 2ㄴ01
葳靈	술위나몰불휘			제중 8:5ㄱ9
威靈仙	어사리			물명 82
葳靈	술위나모불휘	蔓草		의종 7:19ㄴ1
葳靈	술위나모불휘	蔓草		방합 24ㄴ
威靈仙	술위나몰불휘			경신 16ㄴ10

威靈仙	숢위나물			식휘 319
威靈仙	불위나물 술위나물	草部下品之下	鄕名	향성 79:630:3
威靈仙	참으아리풀 위령선이뿌리	草部下品之下	鄕名	향성 79:630:3
威靈仙	누른종덩굴			식명 631
威靈仙	으아리			동사 1157
威靈仙	으아리 고추나물 천교			야화 27

'威靈仙'은 '큰꽃으아리의 뿌리'를 이른다. '으아리'는 '미나리아재빗과의 낙엽 활엽 덩굴나무'를 말한다. 『향구』의 '能消'는 한어명 이칭이다('能消'는 '玄蔘'의 이칭이기도 하다. 아래 '玄蔘' 항목 참조). 차자표기 '車矣菜'는 '*술위의ᄂᆞ믈'로 해독된다. 이 어형이 후대로 이어진다. 또 다른 차자표기 '豹尾草'는 대응되는 후대형이 없어서 해독이 어렵다. 이은규(1993:120-121)에서는 '豹'의 새김 '시라손이'를 참고하여 '*시라미ᄂᆞ믈'로 해독했지만 근거는 충분하지 않다. 『향채』의 차자표기 '車衣菜'는 '*술위의ᄂᆞ믈'로 해독된다. 이후 '술위ᄂᆞ믈'형이 쓰이다가 『광향』에 보이는 '어아리'형이 생성되어 점차 세력을 잃고 현대 국어에 와서 소멸된다. 어형 교체를 겪은 것이다. 『향성』에 오면 다양한 고유어 이칭이 나타난다(상세 어휘사는 3.2 참조).

1812) 衛矛 / 鬼箭羽 / 木猪苓 ⇒ 鬼煎

衛矛	件帶檜		鄕名	향채 9월
衛矛	ᄇᆞ딕회 鬼箭 一名	木部		동의 3:37ㄴ9
衛矛	非帶會		鄕名	향집 80:27ㄱ
衛矛	ᄇᆞ딕회			본목 35ㄱ9
鬼箭	衛矛 一名	木部灌木類		본정 하184
衛茅	바딕회 鬼箭 一名	木部		양금 511:4
衛矛	排帶會 배대회 화살나무	木部中品	鄕名	향성 80:647:3
衛矛	홋닢나무 참빗나무껍질	木部中品	鄕名	향성 80:647:3
鬼箭羽	ᄇᆞ딕회			구간 7:61ㄴ
鬼箭羽	ᄇᆞ딕회 衛茅 一名			경신 41ㄴ9
木猪苓	鬼箭羽 一名			해혹 4ㄱ10

'衛矛'는 노박덩굴과의 '화살나무'이다. 이칭으로는 '鬼箭羽', '魂箭羽' 등이 있다(『표』). 『향채』와 『향집』의 차자표기 '件帶檜'와 '非帶會'의 제1 음절 '件'과 '非'는 오기로 보인다. '件'은 석독이나 음독을 해도 후대형과 전혀 연결이 되지 않는다. '非' 역시 한글표기형과 대응이 쉽지 않다.

우리말 향약명은 15세기에 'ᄇᆞᄃᆡ회'가 있었고 이것이 20세기까지 이어진다. 『해혹』에 '木猪苓'이라는 이칭이 나오는데 유일례이다. 사전류에서 찾기 어렵다. 『향성』의 '홋닢나무'는 '회잎나무'가 아닐까 한다('鬼煎' 항목 참조). '회잎나무'의 '鬼煎'과 '화살나무'의 '鬼箭'은 같은 과에 속하는 나무이다. 그래서 이칭으로 함께 기록했을 가능성이 높다. 『표』에서는 『향성』의 '참빗나무껍질'을 '화살나무'의 잘못된 말로 규정하고 있는데 이칭으로 보아야 한다.

1813) 衛茅 ☞ 衛矛

1814) 萎蕤 / 女萎 / 蕤核

萎蕤	豆應仇羅			鄕名	향채 정월
萎蕤	豆應仇羅				촌구 3ㄱ8:1
萎蕤	豆應仇羅 둥구라			鄕名	촌가
萎蕤	豆應仇羅			鄕名	향집 78:7ㄴ
萎蕤	둥구레				본목 11ㄱ8
萎蕤	豆應仇羅 둥굴레뿌리		草部上品之上	鄕名	향성 78:605:1
女萎	둥구레				경국 84:10
女萎	豆應仇羅 둥굴레뿌리		草部上品之上	鄕名	향성 78:605:1
蕤核			木部		동의 3:31ㄴ9
蕤核		唐	木部		양금 510:5

'萎蕤'은 '둥굴레 뿌리를 말린 것'을 이른다. '둥굴레'의 기원형은 『향채』의 차자표기 '豆應仇羅'인데 후대에 그대로 인용된다. 이 차자표기는 『촌가』의 한글표기형과 같이 '*둥구라'로 해독된다. '*둥구라'는 '둥구레'를 거쳐 현대 국어 '둥굴레'가 된다. 어형 교체 없이 이어진 것이다. 『경국』과 『향성』에 '女萎'가 나타나는데 『표』에 나오지 않으며 『샘』에서 '미나리아재빗과에 속한 사위질빵의 생약명'으로 소개하고 있다. '萎蕤'와의 관계를 살펴볼 필요가 있다.

1815) 蝟皮 / 刺猬皮

猬皮	高參猪	俗云	향구 중23ㄴ5
蝟皮	苦蔘猪矣皮	俗云	향구 목49ㄱ8
蝟皮	高所音猪	鄕名	향채 12월
猬皮	고ᄉᆞᆷ도ᄐᆡ갓		구급 하66ㄱ5
蝟皮	고ᄉᆞᆷ도ᄐᆡ갓		구간 2:98ㄴ
蝟皮	古所音猪毛		촌구 4ㄴ9:1

蝟皮	古所音猪毛 고슴도틔털		鄕名	촌가
蝟皮	고솜도ᄐᆡ겁질	獸部		동의 1:57ㄴ7
猬	고솜도치			본목 52ㄴ7
蝟皮	고슴도치가족	獸部		양금 529:10
蝟皮	고숨도치겁질		俗	해혹 7ㄱ4
刺猬皮	고솜도치겁질	鼠		의종 7:46ㄱ8
刺猬皮	고솜도치겁질	鼠		방합 58ㄱ
蝟皮	高所音猪 고슴도치	蟲魚部中品	鄕名	향성 83:682:1
猬皮	고슴도치가죽 자위피			동사 75
刺猬皮	고슴도치가죽			동사 687
蝟	고솜돗			경국 82:3
蝟	고솜돗	虫部		사의 4ㄱ4:3
蝟	고슴돋			훈몽 상19ㄴ
蝟骨		獸部		동의 1:58ㄱ2
蝟肉	고슴도틔고기			산경 559
蝟肉		獸部		동의 1:57ㄴ10
蝟脂		獸部		동의 1:58ㄱ1

'蝟' 즉 '고슴도치'를 핵심 어근으로 하는 단어족이다. 대표적인 '蝟皮'는 '고슴도치의 가죽'이다. 『향구』의 차자표기 '高參猪'은 '*고솜돝'으로 '苦蔘猪矣皮'은 '*고솜도틔갗'으로 해독된다. 『향채』의 '高所音猪' 역시 '*고솜돝'으로 해독된다. 『촌구』에는 '古所音猪毛'로 차자표기되어 있는데 '*고솜도틔털'로 해독된다. 13세기의 '*고솜도틔갗'은 15세기에 '고솜도ᄐᆡ겁질'로 어형이 교체된다. '갗'이 '겁질'로 바뀐 것이다. 이후 '고솜돝'이 '고솜도치'로 바뀌는데 이는 접미사 '이'가 결합하고 구개음화를 겪은 어형 변화이다. 현대 국어로 오면서 '고솜도치가죽'이 되었다. 즉 '*고솜도틔갗 > 고솜도ᄐᆡ겁질 > 고솜도치겁질 > 고슴도치가죽'의 변화를 겪었다.

1816) 柳

柳根	버듨불휘		구간 7:72ㄱ
柳柳葉	버듨닙		구간 3:5ㄴ
柳	버들		언구 하42ㄱ6
柳桂		木部	동의 3:25ㄱ10

柳木中蟲屑　　木部　　동의 3:39ㄴ8
柳寄生　져의살이　　경국 94:7

'柳'를 핵심 어근으로 하는 단어족인데 '버들'을 이른다. 『경국』의 '柳寄生'은 '槲寄生'의 한어명 이칭이다(『지』). '져의살이'는 '저으살이'로 판단된다. '저으살이'는 '겨우살이'의 'ㄱ 구개음화'형이다. '버드나무겨우살이'가 아닐까 한다.

1817) 油
油　기름　　구간 7:39ㄱ
油淀　기릆즈싀　　구간 6:67ㄱ

'油'는 '기름'이고 '油淀'은 『구간』의 기록에 따르면 '기름 찌꺼기'이다.

1818) 萸 ☞ 山茱萸
1819) 鼬 ☞ 黃鼠
1820) 乳柑子 ☞ 柑子
1821) 楡根白皮 ☞ 楡白皮
1822) 劉寄奴草
劉寄奴　유긔노　　구급 하20ㄱ3
劉寄奴草　　草部　　동의 3:21ㄱ8
劉寄奴草　　草部　　양금 507:7

'劉寄奴草'는 '국화과의 여러해살이풀'이다. 『구급』의 한어명이 『동의』와 『양금』에 이어진다.

1823) 乳糖 ⇒ 蜜
乳糖　石蜜 一名 沙糖 或云　唐 果部　동의 2:22ㄱ2
乳糖　　唐 果部　양금 518:8

'乳糖'은 '포유류의 젖 속에 들어 있는 이당류' 즉 '젖당'을 이른다. '石蜜', '沙糖' 등의 한어명 이칭이 있다. 한어명으로만 나온다.

1824) 榴末 ☞ 石榴

1825) 杻木 ☞ 地膚子

1826) 油髮灰 ☞ 灰

1827) 楡白皮 / 楡皮 ⇒ 蕪荑

楡皮	느릅나못겇			구급 하73ㄴ4
楡白皮	느릅나모힌것			구급 하83ㄱ
楡白皮	느릅나못힌거플			구간 1:114ㄱ
楡白皮	느릅나모힌거플			구간 7:14ㄴ
楡根白皮	느릅나못불휫힌거플			구간 3:54ㄴ
楡皮	느릅나못거플			구간 3:61ㄴ
楡樹皮	느릅나못거플			구간 6:91ㄱ
楡皮	느릅나모겁질	木部		동의 3:27ㄴ8
楡	느릅나모			본목 34ㄱ9
楡白皮	느릅나무겁질	木部喬木類		본정 하175
楡皮	느릅겁질			치언 21ㄴ8
楡皮	느릅나모겁질	木部		양금 510:2
楡皮	늘음나모겁풀	喬木		의종 7:25ㄱ7
楡皮	늘음나모겁풀	喬木		방합 32ㄱ
楡皮	느릅나무껍질	木部上品	鄕名	향성 80:639:2
小楡葉	효곤느릅나못닙			구간 3:27ㄴ

'楡皮'는 '느릅나무껍질'이다. 『구급』의 '느릅나못겇'이 '느릅나못거플'과 '느릅나모겁질'을 거쳐 현대 국어의 '느릅나무껍질'이 되었다. 어형 교체가 있었다.

1828) 柳絮 / 柳花

柳花	버들가야지	木部		동의 3:39ㄴ3
柳絮	버들개야지	木部		사의 2ㄴ2:6
柳花	버들기야지	木部		양금 511:7
柳絮	버들개야지	喬木		의종 7:25ㄱ5
柳絮	버들개야지	喬木		방합 31ㄴ
柳■	기아지			경국 141:4
柳絮	기버들개아지			경국 110:8
柳華	버들개지	木部下品	鄕名	향성 80:650:1

'柳絮'는 '버드나무의 꽃' 곧 '버들개지'를 이른다. 『동의』의 '버들가야지'가 어형 교체없이 이어져 '버들개지'가 되었다. 『경국』에는 '물가'를 뜻하는 접두사 '기[浦]'가 결합된 형태가 나타난다.

1829) 柳樹上木耳 ☞ 菌

1830) 蚰蜒 ☞ 蠼螋

1831) 柳葉 / 柳枝

柳葉	버듨닙		구간 3:6ㄱ
柳葉		木部	동의 3:39ㄴ9
柳枝	버드나못가지		구급 상21ㄱ6
柳枝		木部	동의 3:39ㄴ7

'柳葉'은 '버드나무 잎'이다. 『동의』에만 표제어로 나타나다. '柳枝'는 '버드나무가지'이다. 『구급』에 '버드나못가지'가 현대 국어로 이어진다. 『동의』에는 한어명만 보인다.

1832) 柔荑

柔荑		草部	사의 1ㄱ3:10

'柔荑'는 사전류에서 찾기 어렵다. '荑'는 '蕪荑'(느릅나무의 씨)와 같이 '느릅나무'와 관련된 어휘에 쓰이는 한자이다.

1833) 楡仁 ☞ 蕪荑

1834) 柚子

柚子	유ᄌᆞ	果部	동의 2:18ㄱ3
柚	유ᄌᆞ		본목 30ㄱ3
柚子	유ᄌᆞ	果部	양금 518:2
柚子	유ᄌᆞ		제중 8:22ㄴ2
柚子	유ᄌᆞ	山果	의종 7:32ㄴ9
柚子	유ᄌᆞ	山果	방합 41ㄱ

'柚子'는 '유자나무의 열매'를 말한다. 한어명으로만 쓰였다.

1835) 油淀 ☞ 油

1836) 乳汁

乳汁	젓ᄧᆞ니			경신 42ㄱ1

'乳汁'은 '젖을 짠 것'이다 『경신』의 향약명도 이와 같다.

1837) 柳枝 ☞ 柳葉

1838) 柔鐵

柔鐵	熱鐵 一名	金部		동의 3:54ㄱ4
柔鐵		金部		양금 514:5

'柔鐵'은 '무쇠를 불에 달구어 단단하게 만든 쇠붙이' 즉 '시우쇠'를 이른다. 『동의』와 『양금』에 한어명으로 나오는데 이칭으로 '熱鐵'이 소개되어 있다.

1839) 鍒鐵 ⇒ 鐵精

鍒鐵	水鐵		卽	향집 77:9ㄱ
鍒鐵	水鐵 떡쇠	石部中品	鄉名	향성 77:594:2

'鍒鐵'은 '구리와 아연의 합금' 즉 '놋쇠'를 이른다. 『향성』의 '떡쇠'는 '아주 무른 쇠'의 뜻으로, '탄소강'를 말한다(『표』). '水鐵'은 '무쇠'를 말한다. 이칭간의 의미 관계를 규명할 필요가 있다.

1840) 楡皮 ☞ 楡白皮

1841) 蕤核 ☞ 萎蕤

1842) 乳香 / 薰陸香

乳香	유향			구급 상27ㄴ7
乳香	유향			구간 2:32ㄴ
乳香	유향			언구 상35ㄴ4
乳香			木部	사의 2ㄴ2:10
乳香			木部	동의 3:32ㄴ3
乳香	薰陸香 一名	唐	木部	양금 510:8
乳香				제중 8:13ㄱ10
乳香	薰陸香 一名		香木	의종 7:23ㄱ2

乳香	薰陸香 一名	香木	방합 29ㄱ
乳香	婆斯國松樹		경신 50ㄱ10
薰陸香	훈륙향		구급 하76ㄱ2

'乳香'은 '열대 식물인 乳香樹의 분비액을 말려 만든 수지'이다. 한어명 이칭 '薰陸香'은 '감람과에 속하는 상록수의 진이 녹아 흘러 땅속에서 굳어져 향기를 내는 물건'을 이른다(『표』). 한어명으로만 쓰였다.

1843) 柳花, 柳華 ☞ 柳絮

1844) 硫黃 / 石硫黃

硫黃	유황		구급 상38ㄱ4
流黃	유황		구급 하6ㄴ
硫黃	셕류황		구간 1:52ㄴ
硫黃	셔류황		구간 6:39ㄱ
硫黃	셕류황		언구 상35ㄴ3
硫黃	셕뉴황		광향 3ㄴ08
硫黃	셕류황		제중 8:14ㄱ01
硫黃	셕류황	金石	의종 7:50ㄴ6
硫黃	셕류황	金石	방합 63ㄱ
石硫黃	셕류황	石部	동의 3:46ㄴ7
石硫黃		石部	양금 513:1
石硫黃	석뉴황		경신 52ㄱ2

'硫黃'은 '천연산 황을 융해하여 雜質을 제거한 것'이다. 한어명 이칭 '石硫黃'이 있다. '石硫黃'은 비금속 원소의 하나로 '황'이라 불리기도 하는데(『표』) 『동의』에 나타난다.

<육>

1845) 肉桂 ⇒ 桂皮

肉桂	육계		구급 상13ㄱ5
肉桂	두터운계피		구간 1:21ㄴ
肉桂	육계		언구 상20ㄱ4
肉桂		木部	동의 3:25ㄱ5

肉桂			제중 8:6ㄴ9
肉桂		香木	의종 7:21ㄴ6
肉桂		香木	방합 27ㄴ
肉桂			경신 43ㄱ10

'肉桂'는 '5~6년 이상 자란 계수나무의 두꺼운 껍질'을 이른다. 『구간』의 '두터운계피'가 이를 잘 말해 준다.

1846) 肉荳蔲 / 肉蔲 / 肉果

肉荳蔲	肉果 一名	唐 草部	동의 3:12ㄴ2
肉荳蔲		唐 草部	양금 507:1
肉蔲			제중 8:7ㄱ4
肉果	肉豆蔲		해혹 34ㄴ10
肉蔲		芳草	의종 7:8ㄱ8
肉蔲		芳草	방합 10ㄴ
肉荳蔲	肉果 一名		경신 44ㄱ2
白豆蔲		唐 草部	동의 3:14ㄴ2
白豆蔲		唐 草部	양금 507:1
白蔲			제중 8:4ㄱ5
白蔲		芳草	의종 7:7ㄴ9
白蔲		芳草	방합 10ㄱ
白荳蔲			경신 43ㄴ8

'肉荳蔲'는 '육두구과의 상록 활엽 교목'이다. 한어명이 다양하게 나타난다. '白荳蔲'는 '빛깔이 흰 육두구'를 말하는데 줄여서 '白蔲'라 한다. 대응되는 고유어 향약명은 없다. '荳蔲'형 약재명에는 '肉荳蔲'와 '草荳蔲'가 있는데 '肉果'와 '草果'도 동형성을 보인다.

1847) 六月河中熱沙 ☞ 沙

1848) 六一泥 ☞ 蚯蚓

1849) 肉蓯蓉 / 瑣陽 / 蓯蓉

瑣陽	肉蓯蓉根 名	草部	동의 2:45ㄱ9
瑣陽肉	蓯蓉根	唐 草部	양금 509:5
肉蓯蓉		唐 草部	동의 2:45ㄱ6

肉蓯蓉		唐	草部		양금 505:1
肉蓯蓉					경신 39ㄱ7
蓯蓉					제중 8:12ㄴ1
蓯蓉			山草		의종 7:2ㄱ7
蓯蓉			山草		방합 2ㄴ

'肉蓯蓉'은 '열당과의 한해살이풀'로 '오리나무더부살이'를 이른다. 한어명 이칭으로 '瑣陽', '蓯蓉' 등이 있다. 한어명으로만 나타난다. 한편, 『표』에서는 '瑣陽'을 '중국의 간쑤성(甘肅省)과 내몽골에서 많이 나는 기생 식물'로 풀이하고 있다.

1850) 肉芝 ☞ 伏翼

1851) 六粟天氣 ☞ 水

<율>

1852) 栗 / 栗楔

栗	밤			언구 상47ㄴ8
栗	밤			본목 29ㄱ9
栗	밤	果部上品	鄕名	향성 84:696:1
栗子	밤			구급 하63ㄱ2
栗子	밤			구간 3:40ㄱ
栗子	밤			구간 6:31ㄱ
栗子	밤 피뎍닐 一種	果部		동의 2:18ㄴ8
栗子	밤	果部		양금 518:3
栗子	밤			제중 8:22ㄴ5
栗子	밤	五果		의종 7:31ㄴ6
栗子	밤	五果		방합 39ㄴ
栗殼	밤소이			구급 하42ㄱ6
栗殼	밤송이			구간 2:96ㄱ
栗殼	밤겁딜	木部		사의 2ㄱ4:9
栗毛殼	밤송이			구간 3:30ㄱ
栗毛殼		果部		동의 2:19ㄱ2
栗木朽皮	밤나못서근거플			구간 3:3ㄴ
栗生栗黃	눌밤			구간 3:15ㄴ

栗楔	세트리밤		언구 하16ㄱ4
栗楔		果部	동의 2:19ㄱ3
栗楔生	세트리밤가온댓치		언구 하16ㄱ4
栗子黃	밤		구간 6:25ㄱ
栗子黃	黃栗		구급 하6ㄴ8
栗皮		果部	동의 2:19ㄱ1

'栗'을 핵심 어근으로 하는 단어족이다. 『언구』의 '栗楔生'은 '세트리밤가온댓치'라는 설명형 향약명으로 기록되어 있다. '栗楔生'은 사전류에서 찾기 어렵다. '세트리밤가온댓치'는 '세 톨 밤의 가운데 것'으로 추정된다. 『동의』의 '피덕뉼'은 '皮荻栗'로 추정된다. 1815년경에 나온 『규합총서』의 '東國八道所産條'에 '咸從'에서 나는 특산물에 '皮荻栗'이 있다는 기록이 있다(『지』). 『구급』에 나오는 '黃栗'은 '말려서 껍질과 보늬를 벗긴 밤' 곧 '황밤'을 이른다(『표』). 『구급』에만 보이는데 한어명을 한자음대로 읽어 사용했다. 『표』의 '황밤'은 혼종어이다.

1853) 葎草

葎草	한삼		언구 하42ㄱ9
葎草	한삼	草部	동의 3:22ㄱ3
葎草	한삼		본목 21ㄱ7
葎草		草部	사의 2ㄱ3:3
葎草	한삼 물들인삼비 一名	草部	양금 508:8
葎草	汗三 한삼넝꿀	草部下品之下 鄕名	향성 79:634:2
葎草汁	한삼즛디허뽄즙		구간 3:117ㄴ

'葎草'는 '뽕나뭇과의 한해살이 덩굴풀'로 '한삼덩굴' 혹은 '환삼덩굴'이라 한다. 의서에는 '한삼'으로 나온다. 『구간』의 '한삼'이 현대 국어에까지 이어진다. 『향성』의 차자표기 '汗三'은 '*한삼'으로 해독되며, '한삼넝꿀'은 '한삼넝쿨'이다. 어형 교체가 일어난 것으로 파악된다.

1854) 戎鹽 ☞ 鹽

<은>

1855) 銀口魚 ☞ 銀條魚

1856) 銀屑 / 銀末

銀末	읁ᄀᆞᄅᆞ		구간 1:92ㄴ
銀屑		金部	동의 3:52ㄱ1
銀屑		金部	양금 514:2
銀屑	은	金石	의종 7:47ㄴ10
銀屑	은	金石	방합 60ㄱ

'銀屑'은 '은가루'를 이른다. 『구간』의 '읁ᄀᆞᄅᆞ'는 혼종어이다. 『동의』와 같이 주로 한어명 '銀'으로 쓰였다.

1857) 癮癃 ☞ 癮疹

1858) 銀條魚 / 鱠殘魚

銀條魚		魚部	동의 2:4ㄴ8
鱠殘魚	은구어		본목 44ㄱ8
銀條魚	은구어	魚部	양금 515:7
銀條魚	銀口魚 疑今		제중 8:20ㄱ10
銀條魚	銀口魚 疑今	無鱗魚	의종 7:41ㄴ2
銀條魚	銀口魚 疑今	無鱗魚	방합 51ㄴ

'銀條魚'는 '바다빙엇과의 민물고기'로 '銀魚', '銀口魚'로 불린다. 『동의』에서부터 한어명으로만 나타난다. 『본목』의 '鱠殘魚'는 '뱅엇과의 민물고기 벚꽃뱅어'를 이른다고 한다(『표』).

1859) 銀硃

銀硃	水花硃 一名	金部	동의 3:52ㄴ3

'銀硃'는 '수은으로 된 硃沙'를 말하는데 한어명 이칭으로 '水花硃'가 있다.

1860) 癮疹 / 癮癃

癮疹	置等ᄉᆞ只	鄕名	향구 중20ㄱ4
癮疹	豆等良只		향구 상5ㄱ7

癮瘡	두드러기		경국 58:13

'癮疹'은 병명으로 '두드러기'이다. 『향구』의 차자표기 '置等亽只', '豆等良只'는 모두 '*두드라기'로 해독된다. 이 어형이 현대 국어로 이어져 '두드러기'가 되었다. 『경국』의 한어명은 '癮瘡'으로 되어 있는데 사전류에서 찾기 어렵고 '瘡'은 '가슴병'을 이른다. 따라서 '疹'의 오기로 보인다.

1861) 銀杏 / 白菓

銀杏	은힝 白果 一名 鴨脚樹 又名	果部	동의 2:25ㄱ4
銀杏	은힝		본목 30ㄱ6
銀杏	은힝	果部	양금 519:2
白菓	은힝		제중 8:18ㄱ9
白菓	은힝 銀杏 一名	山果	의종 7:33ㄱ2
白菓	은힝 銀杏 一名	山果	방합 41ㄱ

'銀杏'은 한어명으로만 쓰였다. 이칭 '白菓'는 '白果'로도 표기하는데 '은힝'을 말한다.

<음>

1862) 淫羊藿 / 仙靈脾 / 靈脾

淫羊藿	삼지구엽플 仙靈脾 一名	草部	동의 3:6ㄱ3
淫羊藿	삼지구엽풀		본목 11ㄴ6
淫羊藿	三枝九葉草 俗名	草部山草類	본정 상44
淫羊藿	삼디구엽풀 仙靈脾 一名	草部	양금 505:2
仙靈脾	三枝九葉풀 淫羊藿 一名		해혹 5ㄴ4
靈脾	淫羊藿		해혹 30ㄴ7
淫羊藿	삼지구엽풀 仙靈脾 一名	山草	의종 7:3ㄱ5
淫羊藿	삼지구엽풀 仙靈脾 一名	山草	방합 4ㄱ
淫羊藿	삼지구엽초 仙靈脾 一名		경신 48ㄱ10
淫羊藿	三枝九葉草 삼지구엽초풀	草部中品之上 鄕名	향성 79:618:2

'淫羊藿'은 '말린 삼지구엽초의 잎과 줄기'를 이른다. '삼지구엽풀'형이 어형 교체 없이 현대

국어까지 이어진다. ‘仙靈脾’라는 이칭이 있다.

1863) 陰地流泉 ☞ 水

1864) 鷹

鷹	ᄆᆡ			본목 49ㄱ4
鷹頭		禽部		동의 1:37ㄴ5
鷹糞白	매ᄯᅩᆼ힌ᄃᆡ			구간 6:93ㄴ
鷹屎白	매ᄯᅩᆼ힌ᄃᆡ			구간 6:91ㄴ
鷹屎白	매ᄯᅩᆼ	禽部		동의 1:37ㄴ2
鷹屎白	ᄆᆡᄯᅩᆼ	禽部		양금 527:1
鷹屎白	매똥	禽部中品	鄕名	향성 82:673:1
鷹眼睛		禽部		동의 1:37ㄴ4
鷹肉	매고기			언구 상14ㄱ2
鷹肉		禽部		동의 1:37ㄴ7
鷹觜	매부리			언구 상14ㄱ3
鷹觜及爪		禽部		동의 1:37ㄴ6
鷹爪	매발톱			언구 상14ㄱ3

‘鷹’을 핵심 어근으로 하는 단어족이다. ‘매’는 형태 변화 없이 현대 국어까지 이어진다.

1865) 凝水石 ☞ 寒水石

1866) 蟻

蟻	ᄀᆡ암이			본목 40ㄴ6

‘蟻’는 ‘개미’를 말한다. 『본목』에 ‘ᄀᆡ암이’로 나오는데 이른 시기 형태는 ‘개야미’였다.

1867) 衣魚 / 白魚 / 白蟫

白魚	반대좀			구급 하38ㄱ7
衣白魚	옷소뱃반대좀			구간 6:93ㄱ
衣中白魚	옷ᄉᆞ이예잇ᄂᆞᆫ반대좀			구간 1:19ㄴ
衣魚	반대좀			언구 상34ㄱ1
衣魚	반대좀 壁魚 一名	蟲部		동의 2:16ㄱ6
衣魚	반ᄃᆡ좀			본목 41ㄴ4
衣魚	반대좀	虫部		사의 4ㄴ4:5
衣魚	반듸좀	蟲部		양금 517:8
衣魚	般多伊助音 반대좀 좀	蟲魚部下品	鄕名	향성 83:694:2
書中白魚	칙앳반대좀			구급 하38ㄱ
書中白魚	반대좀	虫部		사의 4ㄴ4:3
白蟫		虫部		사의 4ㄱ4:5

'衣魚'를 핵심 어근으로 하는 향약명이다. 고유어 향약명은 15세기부터 '반대좀'형으로 나타나며 이 어형이 현대 국어까지 어형 교체 없이 이어진다. 『향성』의 차자표기 '般多伊助音'은 15세기 어형을 적은 것으로 '*반대좀'으로 해독된다. '伊'는 하향 이중모음의 반모음을 나타낸다. '書中白魚'는 '책 속에 생기는 좀'을 이른다. '衣魚'는 '옷에 생기는 좀'을 이르는 것과 대비된다. 『사의』의 '白蟫'는 사전류에서 찾기 어려운데 '蟫'가 '좀'을 뜻한다.

1868) 薏苡

薏苡	伊乙梅	俗云	향구 목45ㄴ1
薏苡根	豆訟		향구 중24ㄴ4
薏苡根	伊乙每		향구 중24ㄴ4
薏苡仁	有乙梅	鄕名	향채 7월
薏苡	율믜		구급 상50ㄱ
薏	율믜		훈몽 상13ㄱ
薏苡仁	율미		산경 490
薏苡	의이		언두 하7ㄴ
薏苡	의이		언태 14ㄴ
薏苡仁	울미 율무		본목 24ㄴ6
薏苡	율무우		물명 58
薏苡	율모		물보 5
薏苡	율무 의이 回回米		식휘 41

薏苡仁	율무	草部上品之上	鄕名	향성 78:606:3
薏苡	율무 일미 인미 의주자 의미 의미인			식명 734
薏苡	율무 回回米 薏米 薏仁			약식 75
薏苡人	율믜밠			구간 1:11ㄴ
薏苡仁	율믜밠	穀部		동의 1:26ㄴ8
薏苡	율믜밠			제중 8:7ㄱ3
薏苡	율무밠	稷粟		의종 7:36ㄱ1
薏苡	율무밠	稷粟		방합 44ㄴ
薏苡	율미쌀 穿谷米 一名			경신 31ㄴ6
薏苡米	염주 大碗子 川穀			식휘 41
薏苡仁	율무쌀 해려 옥담 기실 공미			동사 1156
薏苡人	율믜씨			구간 2:65ㄱ
薏苡仁	율믜씨	穀部		양금 524:10
薏苡根		稷粟		의종 7:36ㄱ2
薏苡根		稷粟		방합 44ㄴ
薏苡子	율믯여름			구간 6:14ㄴ

'薏苡'를 핵심 어근으로 하는 단어족이다인데, 대응되는 우리말 향약명을 중심으로 배열한 것이다. '薏苡'는 '율무'를 이른다. 『향구』의 차자표기 '伊乙梅'는 '*이을믜'로 해독된다. 이것이 후대형과 연결된다. '豆訟'은 '*두송'으로 해독되지만 후대에 이어지지 않는다. 『향채』의 차자표기 '有乙梅'의 '有'는 '伊'의 오기로 보인다. 15세기 어형을 참조하면 '*율믜'로 해독된다. 이 어형이 '밠, 씨, 여름' 등과 결합하여 다양한 복합어를 생성한다. '율믜'는 어형 변화를 거쳐 '율무'로 정착된다. '*이을믜 > 율믜 > 율무'의 변화 과정을 거친 것이다.

1869) 衣中古綿絮

衣中古綿絮	두어입든오랜옷솜	人部	鄕名	향성 81:654:3

'衣中古綿絮'는 설명형 한어명이다. 『향성』에 나오는데 '두어입든오랜옷솜'은 '두-+-어 # 입-+-든 # 옷솜'으로 분석되며 '오래 입던 옷의 솜'을 말한다.

1870) 衣中白魚 ☞ 白魚

1871) 蟻垤土 ☞ 土

1872) 醫草 ☞ 艾
1873) 萱草根 ☞ 萱草
1874) 蟻穴中出土 ☞ 土

<이>

1875) 梨

梨	ᄇᆡ			구급 하15ㄱ5
梨	ᄇᆡ			구간 2:13ㄱ
生梨	ᄇᆡ			언구 상36ㄴ6
梨子	ᄇᆡ	果部		동의 2:23ㄴ7
梨	ᄇᆡ			본목 29ㄴ3
梨子	ᄇᆡ	果部		양금 518:10
梨	ᄇᆡ			제중 8:18ㄴ1
梨	ᄇᆡ	山果		의종 7:32ㄱ2
梨	ᄇᆡ	山果		방합 40ㄱ
梨	배	果部下品	鄕名	향성 84:700:2
梨木寄生	겨우ᄉᆞ리			경국 145:9
梨汁	ᄇᆡᆺ믈			구간 7:1ㄴ
梨葉	ᄇᆡ나못닙			구간 2:55ㄴ
梨子葉		果部		동의 2:23ㄴ9
梨葉		山果		의종 7:32ㄱ2
梨葉		山果		방합 40ㄱ
梨子樹皮		果部		동의 2:23ㄴ10

'梨'를 핵심 어근으로 하는 향약명 단어족이다. '梨'는 '배'이다. 이른 시기 의서의 'ᄇᆡ'가 어형 변화를 겪어 현대 국어의 '배'가 되었다.

1876) 貍 ☞ 狸
1877) 狸

狸	ᄉᆞᆰ	구간 6:1ㄱ
貍	삵	본목 51ㄴ9
狸骨	ᄉᆞᆯ긔ᄡᅧ	구급 상49ㄴ4
狸骨	ᄉᆞᆯᄀᆡᄡᅧ	구간 6:6ㄴ

狸骨	술긔쎠	獸部		동의 1:50ㄴ7
狸骨	삵의쎠	獸部		양금 529:2
狸骨	살괭이뼈 삵의뼈	獸部中品	鄕名	향성 81:663:3
狸糞		獸部		동의 1:51ㄱ1
狸肉		獸部		동의 1:50ㄴ9
狸肉	살괭이고기	獸部中品	鄕名	향성 81:664:1
狸陰莖		獸部		동의 1:50ㄴ10
狸陰莖	살괭이신	獸部中品	鄕名	향성 81:664:1
狸皮	술긔갗			언구 상14ㄱ4

'狸'를 핵심 어근으로 하는 단어족이다. 15세기의 '삵'이 현대 국어에까지 그대로 이어졌고, 현대 국어에 와서 '살쾡이'가 생성되어 공존한다.

1878) 泥芥菜 ☞ 芥

1879) 李根白皮 ☞ 李實

1880) 二氣砂 ☞ 靈砂

1881) 狸奴 ☞ 家狸

1882) 飴餹 / 餳糖

飴餹	엿			구급 상52ㄱ6
飴糖	엿			구간 2:10ㄱ
飴糖	거믄엿			언구 상29ㄱ1
飴餹	거믄엿			언구 상30ㄴ10
飴糖	흑탕 거믄엿 又云	穀部		동의 1:29ㄴ10
飴糖	余叱		鄕名	향집 84:20ㄴ
飴餹	엿			본목 25ㄴ6
飴餹	흑탕 거뭇엿 一名	穀部		양금 525:2
飴糖	엿			제중 8:18ㄱ7
飴糖	엿	造釀		의종 7:36ㄴ10
飴糖	엿	造釀		방합 46ㄱ
飴糖	여이라			경국 32:3
飴糖	余叱 엿	米穀部上品	鄕名	향성 84:703:1
餳糖	엿			구급 상52ㄱ

'飴餹'은 '엿'이다. 『동의』를 비롯한 여러 의서에는 '거믄엿'으로 나온다. 『향집』과 『향성』의

차자표기 '余叱'은 '*엿'으로 해독된다.

1883) 伊羅里

伊羅里	일아리	木部	사의 2ㄴ2:4

'伊羅里'는 『사의』에 나오는데 『지』에 의하면 '이라리나무' 곧 '누리장나무'를 말하는 것으로 추정된다. '누리장나무'는 '마편초과의 낙엽 활엽 관목'인데 '臭木', '臭梧桐' 등의 한어명 이칭이 있다. 그렇다면 『사의』의 표제어 '伊羅里'는 차자표기이다. '*이라리'로 해독된다. 다른 의서에 보이지 않는다.

1884) 耳麥 ☞ 雀麥

1885) 妳母

妳母	乳母		향구 하37ㄱ11

'妳母'는 '젖어미'를 이른다. 『향구』에는 한어명 '乳母'를 기록하고 있다.

1886) 梨木寄生 ☞ 梨

1887) 泥凡脂 ☞ 耳塞

1888) 膩粉 ☞ 輕粉

1889) 耳塞

耳塞	귀여지 泥凡脂 一名	人部	동의 1:31ㄱ3
耳塞	귀여지 耳丸脂 一名	人部	양금 525:6
耳中膜	귀예치		경국 9:5

'耳塞'은 '귓구멍 속에 낀 때' 곧 '귀지'를 이른다. 『동의』의 '귀여지' 형태가 『양금』에도 이어진다. 『경국』의 '귀예치'는 방언형이다. 이칭 '泥凡脂', '耳丸脂' 등은 사전류에서 찾기 어렵다.

1890) 李實

李	외얏		본목 29ㄱ6
李根白皮		果部	동의 2:24ㄱ7
李根白皮	외얏나모블희겁즐	果部	양금 519:1

李實	李子 卽	果部		동의 2:24ㄱ10
李實	외얏			제중 8:22ㄴ8
李實	외얏	五果		의종 7:31ㄱ6
李實	외얏	五果		방합 39ㄱ
李葉	오얏닙			구간 6:29ㄱ
李葉		果部		동의 2:24ㄱ9
李核仁	오얏삐	果部		동의 2:24ㄱ5
李核仁	외얏씨	果部		양금 518:10
李核仁	자도씨 오얏씨	果部下品	鄕名	향성 84:700:2

'李'를 핵심 어근으로 하는 단어족이다. '오얏' 곧 '자두'를 이른다. 『샘』에 '자두'의 옛말로 소개되어 있다. 15세기에 '오얒'으로 나타나는데(『두시언해』(초10:23) '블근 오야지 므레 ᄃᆞ마도 ᄎᆞ디 아니ᄒᆞ고' 참조) 현대 국어에까지 이어져 '오얏'이 되었다.

1891) 鮧魚 ☞ 鮎魚

1892) 鯉魚

鯉魚鱗	리어ㅅ비늘			구급 상52ㄴ6
鯉魚皮	리어ㅅ갖			구급 상52ㄴ6
鯉魚	리어			제중 8:17ㄴ2
鯉魚	니어	魚		의종 7:39ㄱ10
鯉魚	니어	魚		방합 49ㄱ
鯉魚骨		魚部		동의 2:1ㄴ1
鯉魚腦髓		魚部		동의 2:1ㄱ8
鯉魚膽	리어담			구급 하40ㄱ4
鯉魚膽	리어의담			구급 하37ㄴ3
鯉魚膽	니어쁠게	魚部		동의 2:1ㄱ4
鯉魚膽	니어슬긔	魚部		양금 515:2
鯉魚膽		魚		의종 7:39ㄴ1
鯉魚膽		魚		방합 49ㄱ
鯉魚膽	잉어쓸개	蟲魚部上品	鄕名	향성 82:681:2
鯉魚鱗皮		魚部		동의 2:1ㄴ3
鯉魚目		魚部		동의 2:1ㄱ10
鯉魚肉		魚部		동의 2:1ㄱ5
鯉魚肉	니어고기	魚部		양금 515:2

鯉魚腸		魚部	동의 2:1ㄴ2
鯉魚齒	링어니		구간 3:117ㄴ
鯉魚齒		魚部	동의 2:1ㄱ9
鯉魚血		魚部	동의 2:1ㄴ4

'鯉魚'를 핵심 어근으로 하는 단어족이다. '鯉魚'는 '잉어'를 말한다. 15세기 의서에는 '링어'로 나타난다. 한어명의 음가에 'ㅇ'이 첨가된 형태이다. '링어'는 한자음대로 읽은 '리어'와 '니어'를 거쳐 현대 국어의 '잉어'가 된다. 어형 교체는 겪지 않았다.

1893) 里芋 ☞ 芋
1894) 李子 ☞ 李實
1895) 二蚕 ☞ 蚕沙
1896) 泥精 ☞ 鹽精
1897) 泥葱 ☞ 葱
1898) 泥鰍 ☞ 鰌魚
1899) 梨花酒 ☞ 酒
1900) 耳丸脂 ☞ 耳塞

<익>

1901) 溺 ☞ 小便
1902) 益母草 ☞ 茺蔚子
1903) 溺白垽 ☞ 人中白
1904) 益智1 ☞ 龍眼
1905) 益智2 / 益智仁 / 益智子

益智仁	익디신			구급 상14ㄱ4
益智仁	익디신			구간 1:40ㄱ
益智子	익디즈			구간 3:119ㄱ
益智子		唐	木部	동의 3:42ㄱ5
益智仁		唐	木部	양금 512:1
益智				제중 8:6ㄱ5
益智			芳草	의종 7:8ㄱ4
益智			芳草	방합 10ㄴ
益智仁				경신 44ㄱ7

'益智'는 '중국 남부 지방에서 나는 풀'이다. 이의 열매가 '益智仁'이다. 한어명으로만 나타난다.

<인>

1906) 蚓 ☞ 蚯蚓

1907) 鱗 ☞ 鯉魚

鱗	고깃비늘			구간 6:2ㄱ

'鱗'은 '고기의 비늘'을 뜻한다. 『구급』의 예를 보면 '鯉魚鱗 리엇비늘'(상52ㄴ6), '鯉魚皮 리엇갗'(상52ㄴ6)과 같이 '皮'와 구분되었다.

1908) 人裩襠

人裩襠	사름의듕의믿	人部		동의 1:32ㄴ7
人裩襠	ᄉ람의듕의밋	人部		양금 525:10
男子裩襠	남진의듕의믿			구간 1:108ㄴ
婦人裩襠	겨지븨듕의믿			구간 1:108ㄴ
婦人裩襠	속속곳믿	人部	鄕名	향성 81:654:1
婦人中衣本	속속곳믿	人部	鄕名	향성 81:654:1
童女裩	아히겨집의듕의			언구 상5ㄱ8

'裩襠'을 핵심 어근으로 하는 단어족이다. '人裩襠'의 '裩襠'은 '바지 속에 껴입는 고의'를 이른다. 『동의』와 『양금』에 설명형 향약명 '사름의듕의믿'이 나오는데 '사름+의 # 듕의 # 믿'으로 분석된다. '男子裩襠'의 고유어 향약명은 '남진의듕의믿'이다. '남진의 # 듕의 # 믿'으로 분석된다. '裩襠'은 '바지 속에 껴입는 고의'로 '속고의'라고도 한다(『표』). '듕의'는 '中衣' 곧 '고의'를 말한다. '婦人裩襠'은 『구간』의 설명형은 '겨집+의 # 듕의 # 믿'으로 분석된다. 이것이 『향성』의 '속속곳믿'으로 이어졌다. 어형 교체가 일어난 것이다. '속속곳'은 '옛날에 여자들이 입던 아랫도리 속옷 가운데 맨 속에 입는 것'이다(『표』). 『구간』의 설명형을 향약명으로 보아야 하는 근거이기도 하다. '童女裩'은 『언구』에 나오는 대로 '여자 아이의 속옷'이다.

1909) 人垢

人垢		人		의종 7:46ㄴ6
人垢		人		방합 58ㄴ

'人垢'는 '사람의 때'를 말한다. 『의종』과 『방합』에 한어명만 나온다.

1910) 人口中涎及唾

人口中涎及唾	사람의침	人部	鄕名	향성 81:653:3

'人口中涎及唾'는 설명형 한어명이다. 『향성』에 나오는데 '사람의 침'을 이른다.

1911) 人尿 / 人溺

人溺	사ᄅᆞᄆᆡ오좀			구급 상24ㄴ6
人溺	사ᄅᆞᄆᆡ오좀			언구 하22ㄱ7
人尿	사ᄅᆞᄆᆡ오좀			구간 1:33ㄱ
人尿	오좀			구간 1:48ㄱ
人尿	오좀	人部		동의 1:32ㄱ5
人尿	오좀			본목 53ㄱ8
人尿	오좀	人部		양금 525:8
人尿	ᄉᆞ나의오좀 사ᄅᆞᆷ의오좀			광비
人尿	ᄉᆞ람의오좀			광향 2ㄴ09
人溺	오좀	人部	鄕名	향성 81:653:2

'人尿'는 '사람의 오줌'이다. '人溺'이라고도 한다. 15세기의 '사ᄅᆞᄆᆡ오좀'이 후대 의서로 이어지며 '오좀'으로도 나타난다.

1912) 忍冬 / 金銀花 ⇒ 麥門冬

忍冬	金銀花ㅣ		鄕名	향채 12월
忍冬	겨ᄋᆞ사리너출 老翁鬚草	草部		동의 2:48ㄱ1
忍冬	鷺鷥藤 一名 水楊藤 又名	草部		동의 2:48ㄱ1
忍冬	金銀花草		鄕名	향집 78:25ㄴ
忍冬	겨ᄋᆞ사리너출			본목 21ㄱ10
忍冬	겨우ᄉᆞ리너출	草部蔓草類		본정 상107

忍冬	겨으사리너출	草部		사의 2ㄱ1:7
忍冬	겨오ᄉᆞ리너출 水楊藤 左纏藤	草部		양금 504:6
忍冬	老翁須草 鷀鴦藤	草部		양금 504:6
忍冬	겨우ᄉᆞ리			광향 2ㄴ02
忍冬	겨ᄋᆞᄉᆞ리너출 金銀花 卽			제중 8:23ㄴ10
忍冬	겨ᄋᆞᄉᆞ리너출	蔓草		의종 7:20ㄱ1
忍冬	겨ᄋᆞᄉᆞ리너출	蔓草		방합 25ㄴ
忍冬	겨ᄋᆞ사리너출 金銀花藤			경신 28ㄱ7
忍冬	老翁鬚 鷺鷥藤 一名			경신 28ㄱ7
忍冬	金銀花草 금은화	草部上品之下	鄕名	향성 78:612:3
忍冬	인동넝쿨 게으사리넝쿨	草部上品之下	鄕名	향성 78:612:3
忍冬葉	잉동초닙			언구 하36ㄱ1
忍冬草	인동초			구급 하47ㄴ7
忍冬草	金銀花			촌구 4ㄱ7:3
忍冬草	金銀花 금은화		鄕名	촌가
忍冬草	인동초			치언 16ㄴ7
忍冬花	잉동초곳			언구 하36ㄱ1
金銀花	겨ᄋᆞ사리ᄭᅩᆽ			제중 8:8ㄴ6
金銀花	겨ᄋᆞᄉᆞ리봊 卽 忍冬花	蔓草		의종 7:20ㄱ3
金銀花	겨ᄋᆞᄉᆞ리봊 卽 忍冬花	蔓草		방합 25ㄴ
金銀花	겨오사리ᄭᅩᆽ			경신 49ㄱ10

‘忍冬’은 ‘인동과의 반상록 덩굴성 식물의 줄기와 잎사귀를 말린 것’을 이른다. 『향채』와 『향집』 그리고 『향성』에는 한어명 이칭 ‘金銀花’가 기록되어 있다. 15세기에는 주로 한어명대로 ‘잉동’ 또는 ‘인동’으로 나타난다. 이후 고유어 향약명은 ‘겨ᄋᆞ사리너출’형이 나타나 후대에까지 이어진다. 한어명 이칭은 ‘鷺鷥藤’, ‘水楊藤’, ‘老翁鬚草’, ‘左纏藤’ 등이 있다. ‘鷀鴦藤’은 ‘鷺鷥藤’의 오기이다. 『향성』에 ‘게으사리넝쿨’이 있는데 현대 국어의 ‘겨우살이넝쿨’에 해당한다. ‘겨ᄋᆞ사리너출’이 ‘겨우살이넝쿨’로 어형 교체가 일어난 것이다. ‘金銀花’는 ‘겨우살이의 꽃’을 이른다. ‘麥門冬’이 주로 ‘겨우살이의 뿌리’를 약재로 하는 데에 반해서 ‘金銀花’는 꽃을 쓴다.

1913) 人頭骨 ☞ 天靈蓋

1914) 人頭垢 ☞ 頭垢

1915) 人髮 ☞ 亂髮

1916) 人糞, 人糞汁 ☞ 人屎

1917) 人蔘

人蔘	싄숨		구급 상6ㄱ6
人參	심		구간 1:29ㄱ
人參	인숨		언구 상15ㄴ11
人參	인숨		언구 상36ㄱ11
人蔘	심 神草 一名	草部	동의 2:37ㄴ8
人蔘	심		본목 11ㄱ5
人蔘	삼 神艸	草部	양금 503:4
人蔘	인삼		광향 2ㄱ03
人參	심		제중 8:1ㄱ4
人參	심	山草	의종 7:1ㄱ3
人參	심	山草	방합 13ㄱ
人蔘	심 神草 一名 海■ 一名		경신 28ㄱ10
人蔘	인삼 삼	草部上品之上 鄕名	향성 78:603:1
人參湯	심글힌믈		구간 1:97ㄱ
人參膏	인숨고		언구 상15ㄴ10

'人蔘'은 고유어 향약명 '심'과 한어명 '인삼'이 함께 공존한다. 『구급』에서부터 보인다.

1918) 人手瓜甲

人手瓜甲	손톱ᄀᆞᄅᆞ	언구 상33ㄱ6

'人手瓜甲'은 설명형 한어명인데 『언구』에 '손톱ᄀᆞᄅᆞ'로 나온다.

1919) 人蝨

人蝨	사름의오세니	본목 40ㄴ9

'人蝨'은 『본목』에 '사름의오세니'로 나오는데 '사름+의 # 옷+에 # 니'로 분석된다.

1920) 人屎 / 人糞

人屎	사ᄅᆞ미ᄯᅩᆼ	구급 하47ㄴ
人屎	사ᄅᆞ미ᄯᅩᆼ	구간 3:14ㄴ

人屎	사ᄅᆞᆷᄆᆡᄯᅩᆼ			언구 하18ㄱ9
人屎	사ᄅᆞᆷ의ᄆᆞ른ᄯᅩᆼ	人部		동의 1:32ㄴ9
人屎	ᄉᆞ람의ᄯᅩᆼ	人部		양금 525:10
人屎	ᄉᆞ람의ᄯᅩᆼ			광향 2ㄴ08
人屎	ᄉᆞ람의ᄠᅩᆼ 人糞 一名	人		의종 7:46ㄴ7
人屎	ᄉᆞ람의ᄠᅩᆼ 人糞 一名	人		방합 58ㄴ
人屎	사람의마른똥	人部	鄕名	향성 81:653:1
人糞	사ᄅᆞᄆᆡᄯᅩᆼ			구간 7:79ㄱ
人屎尖	ᄯᅩᆼ덩이쇼죽ᄒᆞᆫ것			광향 39ㄱ3
人屎汁	사ᄅᆞᄆᆡᄯᅩᆼᄧᅩᆫ즙			구간 1:108ㄴ
人糞汁	사ᄅᆞᆷᄆᆡᄯᅩᆼ믈			언구 하21ㄴ9

‘人屎’는 ‘사ᄅᆞᄆᆡᄯᅩᆼ’을 이른다. 『광향』의 ‘ᄯᅩᆼ덩이쇼죽ᄒᆞᆫ것’의 ‘ᄯᅩᆼ덩이’는 다른 의서에 잘 보이지 않는다. 그리고 ‘쇼죽ᄒᆞᆫ 것’이 15세기의 ‘牛糞中大豆 쇠ᄯᅩᇰ가온딧콩(『구급』하86ㄱ2)’과 ‘牛糞中大豆 쇠ᄯᅩᆼ읫콩(『구간』7:39ㄱ)’과 관련이 있는 것이 아닐까 짐작된다(위 ‘牛糞’ 항목 참조).

1921) 人牙齒 ☞ 牙齒

1922) 人乳

人乳	사ᄅᆞᄆᆡ졋			구급 하42ㄱ
人乳	사ᄅᆞᄆᆡ졋			구간 7:5ㄴ
人乳	사ᄅᆞᆷᄆᆡ졋			언구 하25ㄱ1
人乳	졋			제중 8:15ㄱ05
人乳	졋	人		의종 7:47ㄴ2
人乳	졋	人		방합 59ㄱ
人乳汁	사ᄅᆞᄆᆡ졋즙			구급 하46ㄴ2
人乳汁	사ᄅᆞᄆᆡ졋			구간 1:17ㄴ
人乳汁	졋ᄡᅩ니	人部		동의 1:31ㄴ1
人乳汁	졋짠이	人部		양금 525:7
人乳汁	사람의젓	人部	鄕名	향성 81:652:3

‘人乳’는 ‘사람의 젖’을 말한다. 이른 시기의 어형이 현대 국어로 이어진다.

1923) 人耳中垢

人耳中垢	사ᄅᆞ미귀안햇ᄣᅵ			구간 6:83ㄴ

'人耳中垢'는 설명형 한어명이다. 『구간』의 '사ᄅᆞ미귀안햇ᄣᅵ'는 '귀 안의 때'이다.

1924) 人溺 ☞ 人尿

1925) 人髭

人髭	사람의ᄋᆞᆺ수염	人部	鄕名	향성 81:654:1

'人髭'는 사전류에서 찾기 어려운 한어명이다. 『향성』의 향약명은 '사람+의 # 윗수염'으로 분석되는데 'ᄋᆞᆺ수염'은 '윗수염'으로 '윗입술의 가장자리 위로 난 수염'을 말한다.

1926) 人爪甲 / 手足爪甲

手足爪甲	손톱발톱			언구 상5ㄱ11
人爪甲	손톱발톱	人部		동의 1:33ㄱ6
人爪甲	손톱발톱	人部		양금 525:1

'手足爪甲'은 『언구』의 고유어 향약명대로 '손톱'과 '발톱'을 이른다. 『동의』와 『양금』에서는 '人爪甲'으로 나온다.

1927) 人中白 / 溺白垽

人中白	딜분지ᄆᆡᆮ틔적			언구 상37ㄱ8
人中白	오란딜분지미틔얼읜적	人部		동의 1:32ㄱ8
人中白	오란질분지밋희안즌적	人部		양금 525:9
人中白	오좀적			해혹 28ㄴ4
人中白	오란딜분지미틔얼읜적	人		의종 7:47ㄱ1
人中白	오란딜분지미틔얼읜적	人		방합 59ㄱ
人中白	오줌버케			경국 100:5
溺白垽	오좀벅케	人部	鄕名	향성 81:653:2

'人中白'은 '오줌버캐'를 이른다. 『동의』에서 비롯되었는데 '오란딜분지미틔얼읜적'은 '오라-+-ㄴ # 딜분지 # 밑+ᄋᆡ # 얼의-+-ㄴ # 적'으로 분석된다. '딜분지'는 복합어인데, '딜'은

'토기'를 뜻하고 '분지'는 한어명 '糞池' 곧 '변기'를 뜻한다. '적'은 '찌꺼기'를 말한다. 따라서 '오래 된 변기 밑에 얼인 찌꺼기'라는 뜻이다. 『향성』에는 한어명이 '溺白垽'으로 나온다. '오좀벅케'는 '오좀 버캐'를 말한다. '버캐'는 '액체 속에 들었던 소금기가 엉겨 생긴 찌끼'를 뜻한다.

1928) 人中黃

人中黃	분짓미틧누른것		구간 1:112ㄱ
人中黃	대롱을쏘의고자든믈	人部	동의 1:33ㄱ2
人中黃	디롱을쏘의곳즈든믈 糞淸 一名	人部	양금 526:1
人中黃	人糞		해혹 28ㄱ5

'人中黃'은 '사람의 똥과 쌀겨, 그리고 감초 가루 따위를 넣어서 만드는 탕약'을 이르는데 '金汁'이라고도 한다. 『구간』의 설명형 향약명 '분짓미틧누른것'은 '분지+ㅅ # 밑+읫 # 누르-+-ㄴ # 것'으로 분석된다. '분지'는 '糞池' 즉 '변기'를 말한다. 이 어형이 『동의』에서 전혀 다른 형태로 변한다. '대롱을쏘의고자든믈'인데 '대롱+을 # 쏘+의 # 곶-+-아 # 들-+-ㄴ # 믈'로 분석된다. 어형 교체가 일어난 것이다. 『해혹』에는 '人糞'이라는 한어명으로 나타난다.

1929) 人之頭髮 ☞ 亂髮

1930) 茵蔯 / 茵陳蒿

茵陳蒿	加火左只		俗云	향구 목45ㄴ8
茵陳蒿	加火老只		鄕名	향채 4월
茵陳				촌구 4ㄱ9:1
茵陳	加外作只 가외자기		鄕名	촌가
茵蔯蒿	더위자기	草部		동의 3:1ㄱ4
茵陳蒿	加外左只		鄕名	향집 78:26ㄴ
茵蔯蒿	더위자기			본목 14ㄴ10
茵蔯	더위지기	草部隰草類		본정 상72
茵陳	인딘			마초 하22ㄴ
茵蔯	더우작이	草部		사의 2ㄱ1:6
茵蔯蒿	더위즈기	草部		양금 505:5
茵蔯	더위지기			제중 8:9ㄴ1
茵蔯	더위지기	隰草		의종 7:10ㄱ8
茵蔯	더위지기	隰草		방합 13ㄱ

茵蔯	더위지기			경신 23ㄴ5
茵蔯蒿	加外左只 더위지기	草部上品之下	鄕名	향성 78:613:2
茵陳蒿	다북쑥 애탕쑥			식명 736
茵陳蒿	사철쑥 더위지기 비쑥 다부제기			식명 736
茵蔯	숙대			경국 70:13

'茵蔯蒿'는 '국화과의 여러해살이풀'을 이른다. 『향구』의 차자표기 '加火左只'는 '*더블자기'로 해독된다. 최범훈(1976ㄱ:343)과 이은규(1993:123-124)에서는 '加火老只'로 판독하였다. 만약 그렇다면 '*더블로기'로 해독된다. 하지만 『향구』의 용자 '老'와 비교하고, 후대형을 고려하면 '-左只'로 판독하는 것이 합리적이다. 그 근거가 바로 『촌가』의 차자표기 '加外作只'이다. '作只'가 '*자기'로 해독되기 때문이다. 따라서 『향채』의 '加火老只'는 오기로 추정된다. 그리고 『촌가』의 한글표기 '가위자기'도 오기이다. '加'는 석독해야 한다. '*더블자기'가 15세기에 이르면 치조음 앞의 'ㄹ' 탈락 현상이 적용되어 '더븨자기'가 되고 어형 변화를 겪으면서 '더위자기'형이 된다. 이 형태가 '더위지기'로 바뀌어 현대 국어에 이르게 된다. '-자기'가 '-지기'로 바뀐 것을 어형 교체로 볼 수도 있다. 『경국』에는 향약명이 '숙대'로 나오는데 이는 '쑥대'이다. '더위지기'와 '사철쑥'이 동의어이고 '사철산쑥, 인진, 인진쑥, 인진호' 등도 동의어임을 고려할 때 분명하다. 따라서 '숙대'는 '사철쑥의 줄기'라는 뜻이다.

<일>

1931) 日當歸 ☞ 當歸

1932) 一日花 ☞ 黃蜀葵花

<임>

1933) 淋過灰 ⇒ 灰

1934) 林檎

林檎靑	선닝금		언구 상22ㄴ1
林檎	님금	果部	동의 2:24ㄱ1
林檎	님금		본목 29ㄴ9
林檎	능금	果部	양금 518:10

林檎	임금 來禽 文林郞 一名	山果		의종 7:32ㄱ7
林檎	임금 來禽 文林郞 一名	山果		방합 40ㄱ
林檎	능금	果部下品	鄕名	향성 84:700:3
林檎東行根		果部		동의 2:24ㄱ4
林檎根		山果		의종 7:32ㄱ7
林檎根		山果		방합 40ㄱ

'林檎'은 '사과'를 이른다. 한어명 '林檎'으로 쓰이기도 했고, 우리말 '능금'이 나타나기도 한다.

1935) 淋石

淋石	님질ᄒᆞᄂᆞᆫ사ᄅᆞᆷ오조매눈돌	石部		동의 3:51ㄱ4
淋石	님질알ᄂᆞᆫᄉᆞᄅᆞᆷ의오좀의눈돌	石部		양금 513:9
淋石	림질알는사람오즘속에섞여나온모래	石部下品	鄕名	향성 77:600:2

'淋石'은 '石淋 때 소변과 함께 나오는 돌 같은 것'을 이른다(『한』). '임질'을 이른다. 『동의』를 비롯한 의서에는 설명형 향약명으로 나타난다.

1936) 荏子 / 蘇麻 / 白蘇子 ⇒ 胡麻

荏子	들ᄢᅢ 속소리	菜部		동의 2:34ㄱ9
荏子	水荏子		郋	향집 85:6ㄱ
荏子	들ᄭᅢ	菜部		양금 520:6
荏子	들ᄭᅢ			제중 8:22ㄱ3
蘇麻	들ᄴᅢ			물명 69
荏子	들ᄭᅢ	麻麥稻		의종 7:35ㄴ2
荏子	들ᄭᅢ	麻麥稻		방합 44ㄱ
荏子	들깨	菜部上品	鄕名	향성 85:711:1
白蘇子	들깨			동사 449
荏葉	두리ᄢᅢᆺ닙			구간 6:54ㄱ
荏子葉		菜部		동의 2:34ㄴ2

'荏子'는 '꿀풀과의 한해살이풀' 곧 '들깨'를 말한다. 『동의』의 '들ᄢᅢ'형이 후대에까지 어형 교체 없이 이어져 '들깨'가 되었다.

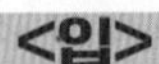

1937) 笠菌, 笠茸 ☞ 菌

1938) 立春雨水 ☞ 水

ㅈ

<자>

1939) 蔗 ☞ 砂糖

1940) 蚝 ☞ 雀甕

1941) 紫 ☞ 紫蘇

1942) 鷲 ☞ 鸕鷲

1943) 蟅

蟅	풍뎅이	俗	해혹 9ㄴ7

'蟅'의 새김은 '쥐며느리'이다. 그런데 『해혹』에는 '풍뎅이'라 기록되어 있다.

1944) 紫景天 ☞ 景天

1945) 刺薊 ☞ 小薊

1946) 雌鷄 ☞ 烏雌鷄

1947) 鵜鴣 ☞ 白鶴

1948) 鷓鴣 / 鷓蟅鴣

鷓蟅鴣		禽部	동의 1:40ㄴ10
鷓鴣		禽部	양금 527:10
鷓鴣血	검은숫돍의피	禽部	양금 527:10

'鷓鴣'는 '꿩과의 새'인 '자고새'를 이른다. 한어명으로 쓰였는데 『양금』에 '鷓鴣血'을 '검은숫돍의피'라 하고 있는데 '鷓鴣'와 뜻이 다르다.

1949) 慈菰 ☞ 山茨菰

1950) 紫礦

紫礦	ᄌᆞ광		구급 하90ㄱ1
紫礦		木部	동의 3:43ㄴ4

'紫礦'은 '황화철 소광(燒鑛)을 염화 배소하고 구리분을 침출하여 제거한 찌꺼기'이다(『지』). 『구급』과 『동의』에 한어명으로만 나타난다.

1951) 瓷甌中裏白灰

瓷甌中裏白灰	사기가마간맥이한재반대기	石部中品	鄕名	향성 77:595:1

'瓷甌中裏白灰'는 설명형 한어명이다. 『향성』에 나오는데 '사기가마간맥이한재반대기'는 '사기 # 가마 # 간맥이 # 하-+-ㄴ # 재 # 반대기'로 분석이 되는 듯하다. 하지만 정확한 형태소 분석이 어렵다. '사기 가마'와 '재' 정도만 분명하다. '반대기'가 하나의 형태소라면 '소래기'의 방언형이다(『샘』). 그렇다 하더라도 무엇을 가리키는지 불분명하다.

1952) 子規 ☞ 杜鵑

1953) 子芩 ☞ 黃芩

1954) 紫金紗, 紫金皮 ☞ 露蜂房

1955) 自己脚手爪甲

自己脚手爪甲	제밠톱숀톱	구간 3:78ㄱ

'自己脚手爪甲'은 『구간』에 나오는데 '환자 자신의 발톱과 손톱'을 이른다.

1956) 自己溺 ☞ 小便

1957) 自己髮尾

自己髮尾	제머리터럭귿	구간 7:54ㄱ

'自己髮尾'는 향약명과 같이 '자신의 머리의 끝'을 말한다.

1958) 紫檀, 紫檀香 ☞ 檀香

1959) 鵚鶖 ☞ 白鶴

1960) 柘木

柘木	뫼뽕	木部		동의 3:30ㄱ6
柘	뫼뽕나모			본목 34ㄴ10
柘木	뫼뽕	木部		양금 509:9
柘木	가시뽕나무	木部下品	鄕名	향성 80:652:1

'柘木'은 '뽕나뭇과의 낙엽 활엽 교목'이다. 『동의』에 '뫼뽕'으로 나온다. 이 형태가 현대 국어의 '메뽕나무'로 이어진다. 『향성』에 '가시뽕나무'가 나오는데 사전류에 보이지 않는다.

1961) 雌鼠屎 ⇒ 牡鼠

雌鼠屎	암쥐똥			광향 36ㄱ7

'雌鼠屎'는 한어명대로 '암쥐의 똥'을 이른다. 『광향』에 나오는 합성어이다. '수쥐의 똥'을 가리키는 '牡鼠矢'가 있는데 '雌鼠屎'는 드물다. 『표』에 등재할 만하다.

1962) 磁石 / 玄石 / 猛熁石 / 指南石

磁石	指南石		一名	향구 목50ㄴ2
磁石	指南石		鄕名	향채 12월
指南石	지남셕			구급 상53ㄴ5
磁石	지남셕			구간 3:20ㄱ
磁石	指南石			촌구 4ㄱ8:3
磁石	指南石 디남셕		鄕名	촌가
磁石	지남셕			언구 하17ㄱ4
磁石	지남셕	石部		동의 3:47ㄱ8
磁石	指南石		卽	향집 77:6ㄱ
磁石	지남셕	石部		양금 513:1
磁石	지남셕			제중 8:16ㄱ6
猛熁石	指南石			해혹 6ㄱ2
磁石	指南石			해혹 4ㄴ3
磁石	지남셕	金石		의종 7:49ㄴ2
磁石	지남셕	金石		방합 62ㄱ
磁石	지남셕			경신 48ㄴ2

磁石	지남석　磁鐵鑛	石部中品	鄕名	향성 77:593:1
磁石毛		石部		동의 3:47ㄴ2
磁石毛		石部		양금 513:1
懸針磁石	바늘븓는지남셕			구간 6:13ㄴ
上好磁石	ᄀᆞ장됴ᄒᆞᆫ지남셕			구간 6:13ㄴ
玄石	磁力이劣弱한磁鐵鑛	石部中品	鄕名	향성 77:593:2
玄石	黑色의塊狀赤鐵鑛 又	石部中品	鄕名	향성 77:593:2
玄石	玄水石	石部中品	鄕名	향성 77:593:2

'磁石'은 '쇠를 끌어당기는 자기를 띤 물체'를 이른다. '指南石' 혹은 '玄石'이라 한다. 『향구』부터 한어명 '指南石'으로 나타나며 현대 국어까지 이어진다. 『동의』와 『양금』의 '磁石毛'는 '자석 위에 돋은 가는 털'을 뜻한다(『표』). 『향성』에만 보이는 '玄石'은 향약명이라기보다 일반적인 설명문에 해당한다. '玄水石'은 사전류에서 찾기 어려운 한어명 이칭이다.

1963) 紫石英 ⇒ 玻瓈

紫石英	紫水晶		鄕名	향채 12월
紫石英	ᄌᆞ슈졍	石部		동의 3:46ㄱ10
紫石英	ᄌᆞ슈졍	石部		양금 512:10
紫石英	자슈졍	金石		의종 7:48ㄱ10
紫石英	자슈졍	金石		방합 60ㄴ

'紫石英'은 '자줏빛 수정' 곧 '자수정'을 이른다. 『향채』에서부터 한어명으로만 나타난다.

1964) 紫蘇 / 乾蘇葉 / 回回蘇

蘇子	紫蘇實		俗云	향구 목49ㄱ1
紫	ᄎᆞ소기소 紫蘇 俗呼			훈몽 상14ㄴ
紫	들빼 又 水蘇 믈왕하			훈몽 상14ㄴ
蘇	紫蘇		卽	향집 85:12ㄴ
蘇	ᄎᆞ소기			본목 14ㄴ3
蘇	들ᄭᅢ			방합 5
蘇	차조기	菜部中品	鄕名	향성 85:714:1
紫蘇	ᄌᆞ소			구급 하58ㄱ6
紫蘇	ᄎᆞ쇠			구간 2:13ㄴ

紫蘇	ᄎᆞ조기			산경 504
紫蘇	ᄎᆞ소기			언구 상32ㄴ6
紫蘇	ᄎᆞ소기	菜部		동의 2:32ㄴ7
紫蘇	ᄌᆞ소			언납 18ㄱ
紫蘇	ᄎᆞ조기	菜蔬部		사의 3ㄴ1:8
紫蘇	ᄎᆞ조기	菜部		양금 520:4
紫蘇	ᄎᆞ조기			제중 8:3ㄱ9
紫蘇	ᄎᆞ죠기			물보 69
紫蘇	ᄎᆞ죠기	芳草		의종 7:9ㄴ4
紫蘇	ᄎᆞ죠기	芳草		방합 12ㄱ
紫蘇	ᄎᆞ조긔			경신 6ㄴ4
紫蘇	자즈기 소엽			식휘 303
紫蘇	차조기	菜部中品	鄕名	향성 85:714:1
紫蘇	소엽 소자 자소자씨			식명 806
紫蘇	차조기 자주깨 붉은깨 차즈기			식명 806
紫蘇	차조기 차즈기			동사 802
紫蘇	차조기 자주깨 차즈기 붉은깨			야초 90
紫蘇子	ᄎᆞ쇠ᄡᅵ			구간 2:12ㄱ
紫蘇子	ᄌᆞ소엽			언두 상14ㄱ
紫蘇子		菜部		동의 2:32ㄴ10
紫蘇子	ᄌᆞ소			마초 하30ㄴ
蘇子	ᄎᆞ족이ᄡᅵ	草部		사의 1ㄱ3:7
野蘇	돌ᄎᆞ죠기			물명 69
蘇子	차조기ᄡᅵ			제중 8:7ㄴ6
蘇子	ᄎᆞ죠기씨	芳草		의종 7:9ㄴ7
蘇子	ᄎᆞ죠기씨	芳草		방합 12ㄴ
蘇子	ᄎᆞ조긔ᄡᅵ			경신 16ㄴ6
蘇子	차조기씨			동사 556
紫蘇莖		菜部		동의 2:33ㄱ2
紫蘇葉	ᄎᆞ쇳닙			구간 1:102ㄴ
紫蘇葉	ᄌᆞ소엽			간벽 6ㄱ
紫蘇葉	ᄎᆞ소기			언구 하27ㄴ2
紫蘇葉	ᄌᆞ소엽			언구 하33ㄱ7
紫蘇葉	ᄎᆞ소기닢			언구 상34ㄴ9
紫蘇葉	초셕이입			광비
紫蘇葉	ᄎᆞ족이입			광향 3ㄱ12

蘇葉　ᄎᆞ조미리　경국 11:11
乾蘇葉　ᄆᆞ론ᄎᆞ쇳닙　구간 2:17ㄴ
回回蘇　차조기풀 차즈기풀　식명 305

'紫蘇'는 '꿀풀과의 한해살이풀' 곧 '차조기'를 말한다. 이른 시기부터 한어명 '紫蘇'와 고유어 향약명 'ᄎᆞ조기'형이 공존하면서 현대 국어까지 이어진다. 『향구』의 '紫蘇實'은 '*ᄌᆞ소ᄡᅵ'로 해독되는데 혼종어로 추정된다. '풀', '잎'과 합성어를 이루기도 한다.

1965) 髭鬚 ⇒ 人髭
髭鬚　날옷　人部　동의 1:30ㄴ9
髭鬚　날옷　人部　양금 525:5

'髭鬚'는 '입술 위와 턱 아래의 수염'을 이른다. 『동의』와 『양금』의 '날옷'은 '구렛나룻'의 '나룻'에 해당한다.

1966) 慈鴉 ☞ 烏鴉
1967) 自然銅
自然銅　生銅　鄕名　향채 12월
自然銅　자연동　구급 하23ㄴ
自然銅　生銅　촌구 4ㄴ6:2
自然銅　生銅 산굴　鄕名　촌가
自然銅　산구리　언구 하15ㄱ10
自然銅　산골　金部　동의 3:53ㄴ9
自然銅　산골　金部　양금 514:5
自然銅　산골　俗　해혹 2ㄱ8
自然銅　산골　金石　의종 7:48ㄱ2
自然銅　산골　金石　방합 60ㄴ
自然銅　산골　石部下品　鄕名　향성 77:599:3

'自然銅'은 '천연적으로 홑원소 물질의 상태로 나는 구리'이고 이의 한어명 이칭 '生銅'은 '불리지 않은 구리'를 말한다(『표』). 『촌가』에 '산굴'이 고유어 향약명 형태이다. 이것이 『동의』에 와서 '산골'이 되어 현대 국어에까지 이어졌다. 『언구』의 '산구리'는 'ᄢᅦ것거ᄢᅧ든 산구리를 블에

술와'와 같이 나타나는데 이 어형의 기원적 형태가 '산 # 구리'임을 추정케 하는데 '불에 불리지 않는 구리'라는 뜻을 뒷받침한다.

1968) 紫菀 / 反魂 / 女菀

反魂	迨加乙 紫菀 一名		鄕名	향구 상11ㄱ3
紫菀	地加乙		俗云	향구 목46ㄱ7
紫菀	迨加乙 反魂 一名		鄕名	향구 상11ㄱ3
紫菀	吐伊遏		鄕名	향채 5월
紫莞	迨伊遏			촌구 4ㄴ5:3
紫莞	迨伊遏 틱알		鄕名	촌가
紫菀	즈완			언두 하2ㄴ
紫菀	팅알 返魂草 一名	草部		동의 3:6ㄴ10
紫菀	팅알			본목 16ㄱ10
紫菀	팅알	草部隰草類		본정 상79
紫菀	즈완			마초 하21ㄴ
紫菀	팅알 返魂草 一名	草部		양금 505:3
紫菀	팅알			제중 8:9ㄴ6
紫菀	팅알			물명 94
紫菀	팅알	隰草		의종 7:13ㄱ8
紫菀	팅알	隰草		방합 17ㄱ
紫莞	팅알 返魂草 一名			경신 37ㄱ1
紫菀	쟈원			식휘 348
紫菀	개미취 개미취뿌리			식명 807
紫菀	개미취 반혼초			동사 139
紫菀	개미취 자완 山白菀			약식 81
紫菀	벌개미취 朝鮮紫菀			야화 98
紫苑根	틱알불휘			구간 2:78ㄴ
紫菀茸	즈완용			언태 45ㄱ
女菀				본목 16ㄱ10

'紫菀'은 '국화과의 여러해살이풀 곧 개미취의 뿌리'를 이른다. 한어명은 '返魂草'이다. 『향구』의 차자표기 '迨加乙'은 '*틱갈'로 해독된다. 이는 『향채』의 '吐伊遏'과 『촌구』의 '迨伊遏'이 모두 '*틱갈'로 해독되는 것에 근거한다. '地加乙'은 '*짜갈'로 해독되는데 후대형과 연관짓기 어렵다.

한글표기는 『구간』의 '틱알불휘'가 가장 앞선다. 이 어형이 '텅알'형으로 어형 변화가 일어나고 이것이 현대 국어까지 이어진다. 『표』에는 '탱알'로 등재되어 있다. 현대 국어에 들어서 '개미취' 형태가 생성되어 '탱알'과 함께 쓰인다. 『본목』의 ''女菀'은 사전류에서 찾기 어렵다. '菀'의 새김에 기대어 여기에 두기로 한다.

1969) 紫葳 / 凌宵花

紫葳	금등화 凌霄花 一名	木部		동의 3:36ㄱ10
紫葳	금등화 凌宵花 一名	補遺蔓草		본정 하294
紫葳	금등화 凌宵 一名	木部		양금 511:4
凌宵花	금등화 紫葳 一名		俗	해혹 33ㄱ2
紫葳莖葉		木部		동의 3:36ㄴ3
紫葳根		木部		동의 3:36ㄴ4

'紫葳'는 '능소화과의 낙엽 활엽 덩굴나무'로 '凌霄花'라 부른다. 한어명 이칭으로 '金藤花'가 있는데 한어명으로만 나타난다. '凌霄'는 '玄蔘'의 이칭이기도 하다(아래 '玄蔘' 항목 참조).

1970) 刺猬皮 ☞ 蝟皮
1971) 鷓蔗鴣 ☞ 鷓鴣
1972) 煮酒 ☞ 酒
1973) 紫眞檀 ☞ 檀香
1974) 刺蒺藜 ☞ 蒺藜
1975) 紫菜 ☞ 海菜
1976) 煮鐵 ☞ 水
1977) 磁鐵鑛 ☞ 磁石
1978) 紫草

紫草	芝巾		鄕名	향채 3월
紫草	지최			구간 3:102ㄴ
紫草	지최	草部		동의 3:7ㄱ4
紫草	芝草		鄕名	향동 79:13ㄱ
紫草	지최			본목 11ㄴ9
紫草	디최	草部		양금 505:3
紫草	지초			제중 8:11ㄱ1
紫草	지치	山草		의종 7:3ㄴ6

紫草	지치	山草		방합 4ㄴ
紫草	지초			경신 33ㄱ2
紫草	지치	草部中品之上	鄕名	향성 79:619:1
紫草茸	지치순		俗	해혹 7ㄴ2

'紫草'는 '지칫과의 여러해살이풀'인데 말린 뿌리를 약재로 쓴다. 『향채』의 '芝屮'는 차자표기가 아니라 한어명이다. 『향동』의 '芝草'가 이를 말해준다. '草'는 차자표기에서 '플'이나 '새'음을 나타내는 용자이다. '지초'와 '지치'가 향약명으로 쓰인다.

1979) 紫稍花

紫稍花		獸部	동의 1:41ㄱ6
紫稍花	唐	獸部	양금 528:2
紫稍花		龍	의종 7:38ㄴ8
紫稍花		龍	방합 48ㄱ

'紫稍花'는 '호수, 못, 늪 따위의 물 위로 뻗어 나온 나뭇가지 위에 생기는 버섯'을 이른다. 한어명으로만 나타난다.

1980) 紫葱 ☞ 胡葱
1981) 雌雉 ☞ 生雉
1982) 紫貝 ☞ 貝子
1983) 紫萍 ☞ 浮萍
1984) 紫河車 / 婦人胞衣 / 胞衣 ⇒ 胞水

胞衣	■卅音		향구 하34ㄱ9
婦人胞衣	ᄌᆞ식나ᄒᆞᆫ안째 紫河車 混沌皮 一名 混元元 亦名	人部	동의 1:31ㄴ5
婦人胞衣	紫河車 一名 渾沌皮 又 混元衣 又	人部	양금 525:8
紫河車	ᄌᆞ식나ᄒᆞᆫ안씨		제중 8:15ㄱ04
紫河車	金線重樓 混元衣 初男胎		해혹 28ㄴ5
紫河車	初男胎衣		해혹 4ㄱ8
紫河車	ᄌᆞ식나은틔	人	의종 7:46ㄱ10
紫河車	ᄌᆞ식나은틔	人	방합 58ㄱ
紫河車	ᄌᆞ식나ᄒᆞᆫ안씨 混沌皮 混元衣 一名		경신 42ㄱ4

'紫河車'는 '사람의 태반'을 이른다. 『향구』의 '■卅音'은 무엇인지 알 수 없다. 『동의』의 'ᄌᆞ식나ᄒᆞᆫ안ᄶᅢ'가 후대로 이어지는데 『의종』에 와서 'ᄌᆞ식나은틔'로 어형이 교체된다. '안ᄶᅢ'가 '틔'로 바뀐 것이다. 이는 '안ᄶᅢ사근믈'이 '틔샤근믈'로 교체된 것과 같다(아래 '胞水' 항목 참조). '混沌皮', '混元元' 등의 한어명 이칭이 있다.

1985) 紫莧 ☞ 馬齒莧

1986) 紫胡, 茈胡 ☞ 柴胡

1987) 雌黃

雌黃	셕ᄌᆞ황			구간 1:94ㄴ
雌黃		石部		동의 3:46ㄱ2
雌黃		金石		의종 7:48ㄴ9
雌黃		金石		방합 61ㄱ

'雌黃'은 '삼황화 이비소를 주성분으로 하는 광석'을 이른다. 『구간』의 한어명 이칭 '셕ᄌᆞ황'은 '石紫黃'을 말하는데 '유황(硫黃)과 비소(砒素)의 화합물'이다(『고』). 한어명으로만 나타난다.

<작>

1988) 雀

雀	ᄎᆞᆷ새			본목 48ㄱ7
雀腦		禽部		동의 1:36ㄴ4
雀腦	새머리골	禽部		사의 3ㄱ1:2
雀腦	참ᄉᆡ골	禽部		양금 526:9
雀頭血		禽部		동의 1:36ㄴ5
雀頭血	참새대가리피	禽部中品	鄕名	향성 82:672:2
雀卵		禽部		동의 1:36ㄴ6
雀卵	참ᄉᆡ알	禽部		양금 526:10
雀卵	참새알			제중 8:19ㄱ8
雀卵	참ᄉᆡ알	原禽		의종 7:43ㄴ8
雀卵	참ᄉᆡ알	原禽		방합 54ㄴ
雀卵	참새알	禽部中品	鄕名	향성 82:672:1
雀兒腦髓	새머릿골슈			구급 상8ㄱ1
雀兒糞	새ᄯᅩᆼ			구간 7:79ㄱ

雀肉	춤새	禽部		동의 1:36ㄴ2
雀肉	참싀고기	禽部		양금 526:9
雀肉	참새고기			제중 8:22ㄱ6
雀肉	참싀고기	原禽		의종 7:43ㄴ7
雀肉	참싀고기	原禽		방합 54ㄴ

'雀'을 핵심 어근으로 하는 향약명 단어족이다. 고유어 핵심 어근은 '참싀'이고 이 형태가 현대 국어로 이어진다.

1989) 鵲

鵲巢	가치집			구간 7:83ㄴ
鵲巢中草	가치집안햇깃			구간 3:120ㄴ
鵲	가치			본목 48ㄴ9
鵲肉	가치고기	林禽		의종 7:44ㄱ4
鵲肉	가치고기	林禽		방합 55ㄱ

'鵲'을 핵심 어근으로 하는 단어족이다. '가치'가 '가치'를 거쳐 '까치'가 되었다.

1990) 爵金 ☞ 鬱金

1991) 雀腦芎 ☞ 芎藭

1992) 鵲豆 ☞ 扁豆

1993) 雀頭香 ☞ 香附子

1994) 雀麥

雀麥	鼠矢包衣			향구 상13ㄱ6
雀麥	鼠苞衣		俗云	향구 목47ㄱ6
雀麥	귀보리 燕麥 一名	草部		동의 3:22ㄱ6
雀麥	귀보리			본목 24ㄱ3
耳麥	귀오리 雀麥 又云	穀部		사의 3ㄱ4:4
雀麥	싀듁화	穀部		사의 3ㄱ4:1
雀麥	귀보리 燕麥 一名	草部		양금 508:9
雀麥	青稞麥			식휘 39
雀麥	참새귀리			식명 510

'雀麥'은 '볏과의 한해 또는 두해살이풀' 곧 '귀리'를 이른다. 『사의』의 '耳麥'은 한어명 이칭으로 『표』에도 등재되어 있다. 고유어 향약명은 『향구』의 차자표기 '鼠矣包衣'와 '鼠苞衣'에서 비롯된다. 각각 '*쥐의보릐', '*쥐보릐'로 해독된다. 후대 의서 기록을 참고하면 '*쥐의보릐'에서 '귀보리'가 되고 '귀오리'를 거쳐 '귀리'가 된 것으로 보인다(이은규 1993:126 참조). '쥐'가 '귀'로 바뀐 것은 음운 변화로 설명이 어렵다. 따라서 부분적인 어형 교체로 본다. 현대 국어에 '참새귀리'라는 형태가 생성되었다. 『표』에 등재되어 있다. 『사의』에서 '雀麥'을 '식둑화'라 했는데 이는 '셕듁화'를 적은 것으로 보인다. '石竹花'는 '패랭이꽃'을 가리키는 '瞿麥'의 이칭이다.

1995) 鵲蒜 ☞ 大蒜

1996) 鵲石 ☞ 寒水石

1997) 雀舌 ☞ 茶

1998) 鵲巢中草 ☞ 鵲

1999) 鵲巢灰 ☞ 灰

2000) 雀屎 ☞ 雄雀矢

2001) 芍藥 / 白芍藥 / 白芍 / 赤芍藥 / 赤芍

芍藥				향채 7월
芍藥	大朴花		鄕名	향채 2월
芍藥	작약			구급 상68ㄴ6
芍藥	함박곳불휘			구간 3:116ㄱ
芍藥	含朴花			촌구 3ㄱ10:3
芍藥	含朴花		鄕名	촌가
芍藥	함박곳불휘	草部		동의 3:4ㄱ1
芍藥	함박곳불휘			본목 13ㄱ9
芍藥	함박꼿블희 解倉 一名	草部		양금 504:10
芍藥	大朴花 함박꽃뿌리	草部中品之上	鄕名	향성 79:616:3
白芍藥	빅작약			구급 상87ㄱ6
白芍藥	흰함박곳블휘			구간 6:7ㄱ
白芍	함박곳불휘			제중 8:1ㄴ6
白芍	함박곳불휘	芳草		의종 7:7ㄱ7
白芍	함박곳불휘	芳草		방합 9ㄴ
白芍藥	함박꼿불휘			경신 38ㄴ7
赤芍藥	적작약			구급 상56ㄱ5
赤芍藥	블근함박곳불휘			구간 7:8ㄱ

赤芍藥	적쟉약			치언 9ㄴ8
赤芍				제중 8:1ㄴ8
赤芍		芳草		의종 7:7ㄱ10
赤芍		芳草		방합 9ㄴ
赤芍藥				경신 39ㄱ1

'芍藥'은 '작약과의 여러해살이풀'을 이른다. 『향채』의 차자표기 '大朴花'는 '*한박곶'으로 해독된다. 이 형태가 조음위치 동화를 겪어 '함박곶불휘'형으로 어형 변화가 일어나서 이것이 현대 국어에까지 이어진다. '芍藥'에는 '白芍藥'과 '赤芍藥'이 있음을 알 수 있다.

2002) 昨葉何草 / 瓦松 ⇒ 景天

昨葉荷草	집우디기 瓦松 一名	草部		동의 3:23ㄱ1
昨葉何草	집우지기			본목 23ㄱ9
昨葉荷草	집우지기 瓦松 一名	草部		양금 509:1
昨葉何草	지붕직이 바위솔	草部下品之下	鄕名	향성 79:635:2
瓦松	기와우희난나무			해혹 30ㄱ7

'昨葉何草'는 한어명 이칭대로 '瓦松'을 이른다. 『표』에는 '瓦松'만 등재되어 있는데 '바위솔'과 같은 것으로 설명되고 있다. 『동의』의 '집우디기'는 어형 교체 없이 현대 국어의 '지부지기'로 이어진다. 『향성』에는 '지붕직이'로 되어 있는데 어원을 고려한 표기로 보인다. 향약명 이칭 '바위솔'이 나온다.

2003) 雀甕 / 蚝虫 / 雀瓮 / 天漿子

蚝	所也只			향구 상5ㄱ5
蚝虫	所也只		俗云	향구 목49ㄴ5
蚝虫	蛅蟖		本名	향구 목49ㄴ5
雀甕	衰也只		鄕名	향채 9월
雀瓮	衰也只			촌구 5ㄱ10:1
雀瓮	衰也只 소야기		鄕名	촌가
雀瓮	쇠야기 天漿子 一名 蛅蟖房 卽	蟲部		동의 2:14ㄴ10
雀甕	쇠야기			본목 40ㄱ3
天漿子	쇠아기			사의 38ㄴ5

雀甕	쏘야기	蟲部		양금 517:6
雀甕	衰也只家 쇄기	蟲魚部下品	鄕名	향성 83:692:2

'雀甕'은 '안타깨비쐐기의 고치'를 이른다. 『향구』의 표제어 '蚝虫'은 『표』에 보이지 않는다. '안타깨비쐐기'는 '쐐기나방'의 애벌레이다. 형태 '쐐기'가 '雀甕'의 고유어 향약명으로 의서에 나타난다. 『향구』의 차자표기 '所也只'는 '*소야기'로 해독된다. '蛄螹'는 한어명 이칭으로 추정되는데 사전류에서 찾기 어렵다. 『향채』의 차자표기 '衰也只'는 '*쇠야기'로 해독되어 『향구』의 어형을 그대로 이어받는다. '쇠야기'형이 현대 국어에 와서 '쇄기' 혹은 '쐐기'가 된다. 어형 교체는 보이지 않는다. 『향성』의 차자표기는 '쇠야기'에 '집'이 결합된 형태를 보인다.

2004) 雀肉 ☞ 雀
2005) 雀瓢 ☞ 蘿藦子

<잔>

2006) 殘豆 ☞ 小豆

<잠>

2007) 蠶 / 繭 / 烏爛死蠶

繭	고티			구급 상48ㄴ3
繭	고티			구간 6:15ㄴ
蠶繭	누에고티			언구 하10ㄴ6
蠶	누에			본목 40ㄱ3
烏爛死蠶	셥우에서검어케타죽은누에	蟲魚部下品	鄕名	향성 83:694:2

'蠶'과 '繭'는 '누에'나 '누에고치'를 말한다. 『향성』의 '烏爛死蠶'는 설명형 한어명인데 '셥우에서검어케타죽은누에'는 '섶 위에서 검게 타 죽은 누에'라는 뜻이다.

2008) 蚕豆 ☞ 豌豆
2009) 蠶沙 / 二蚕 / 蠶屎

蠶沙	누엣똥			구급 하42ㄱ1
蠶沙	누에똥			구간 2:38ㄴ
蠶砂	蚕砂 一名 馬鳴肝 一名	蟲部		동의 2:8ㄴ10
蚕沙	누에똥	虫部		사의 4ㄴ1:4
蠶沙	누에똥	蟲部		양금 516:7
蚕沙	蚕屎			해혹 23ㄱ8
蚕沙	누에똥	卵蟲		의종 7:37ㄴ6
蚕沙	누에똥	卵蟲		방합 47ㄱ
蚕沙	누에똥			경국 11:3
蚕沙	뉘혜똥			경국 94:8
二蚕	도나기누에똥			경국 76:4
蚕沙	도나기누에똥			경국 49:1
蠶屎	누에똥	蟲魚部中品	鄕名	향성 83:685:2

'蠶沙'는 '누에의 똥'을 말한다. 15세기의 '누엣똥' 형태가 현대 국어까지 어형 교체 없이 이어져 『향성』의 '누에똥'이 되었다.

2010) 蠶蛾 ☞ 原蠶蛾

2011) 蚕連 ☞ 蠶退紙

2012) 蠶蛹子

蠶蛹	누엣본도기		구급 하72ㄴ
蠶蛹子	누엣고티예본도기	蟲部	동의 2:8ㄴ6
蠶蛹子	누에고치에본득이	蟲部	양금 516:6
蠶蛹子	누에고치에본도긔		경신 18ㄴ5

'蠶蛹'은 '누에의 번데기'를 이른다. 『동의』의 설명형 향약명 '누엣고티예본도기' 형태가 『경신』까지 어형 교체 없이 이어진다.

2013) 蠶退紙 / 馬鳴退 / 蚕布紙

蚕退	馬鳴退	一名	향채 12월
蚕退	蚕出紙	鄕名	향채 12월
蠶紙	누에삐난죠희		구급 하55ㄴ6
蠶退紙	누에삐난죠희		구급 상44ㄴ6

蠶子的舊紙	누에삐난죠히			구급 상37ㄱ5
蠶子的舊紙	누에삐낸죠히			구간 2:47ㄴ
蠶退紙	누에삐낸죠히			구간 2:79ㄴ
蠶退紙	누에낸죠히			구간 1:109ㄴ
蚕退	蚕子紙			촌구 4ㄴ1:2
蠶退	蠶子紙 누웨알스러난죠히		鄕名	촌가
蠶退紙	누에난죠히			언구 하32ㄱ1
蠶退紙	누에난죠히			언구 하32ㄱ1
蠶退紙	누에나고알겁질브튼죠히			언구 상13ㄱ11
蚕布紙	馬鳴退 一名 蚕連 亦謂	蟲部		동의 2:9ㄱ2
蚕退紙	누에슬엇던죵희	虫部		사의 4ㄴ1:6
蠶布紙	누에씨바다닌죠회	蟲部		양금 516:7
馬鳴退	蠶退			해혹 33ㄴ9
蠶退	蠶出紙 누에알낸종이	蟲魚部中品	鄕名	향성 83:685:3

'蠶退紙'는 '누에가 알을 부화한 후에 남은 껍질'이다(『지』). '馬鳴退'라고도 하는데 '蠶退紙'와 '馬鳴退'는 『표』에 나오지 않는다. 『향채』의 차자표기 '蚕出紙'가 기원적인 형태이다. '*누에난죠히'로 해독된다. 15세기의 '누에삐난죠히'형이 쓰였고 이 설명형 향약명이 내부 형태의 부분적인 교체를 하면서 다양하게 나타난다. 즉 『양금』의 '누에씨바다닌죠회'를 거쳐 『향성』의 '누에알낸종이'가 되었다.

<장>

2014) 醬

醬	쟝			언구 하17ㄴ1
醬	쟝	穀部		동의 1:29ㄴ3
醬	쟝			본목 25ㄴ6
醬	쟝	穀部		양금 525:2
醬	쟝			제중 8:22ㄱ4
醬	장	造釀		의종 7:37ㄱ2
醬	장	造釀		방합 46ㄱ
醬	맑은장	米穀部下品	鄕名	향성 84:708:2
醬汁	쟝즙			구급 하10ㄴ

醬汁	쟝			언구 하17ㄴ1
醬汁	쟝믈			언구 하22ㄱ7
醬湯	쟝쑥			구급 상9ㄱ2
三年陳醬	삼년무근쟝			구급 상3ㄱ5

'醬'은 한어명 차용어로 '쟝'이 나타나 쓰이다가 어형 변화를 겪어 '장'이 되었다.

2015) 麞 / 獐

麞	노로			본목 51ㄴ7
麞骨	놀의쎠	獸部		동의 1:47ㄴ2
獐骨	노로쎠	獸部		양금 528:10
麞骨	노루뼈	獸部中品	鄕名	향성 81:664:2
麞髓		獸部		동의 1:47ㄴ6
麞髓	노루의뼈속기름	獸部中品	鄕名	향성 81:664:2
獐肉	놀의고기			구간 7:85ㄱ
麞肉		獸部		동의 1:47ㄴ4
獐肉		獸部		양금 528:10
麞肉	노루고기	獸部中品	鄕名	향성 81:664:2
麞臍		獸部		동의 1:47ㄴ7

'麞' 혹은 '獐'을 핵심 어근으로 하는 단어족이다. '麞'의 우리말은 '노로'이다. 어형 교체 없이 '노루'가 되었다.

2016) 章擧魚 ☞ 小八梢魚

2017) 獐骨 ☞ 麞

2018) 腸肭臍 ☞ 膃肭臍

2019) 長流水 ☞ 水

2020) 長命菜 ☞ 馬齒莧

2021) 樟木 ☞ 龍腦

2022) 薔薇根

薔薇根	쟝밋불휘	구간 3:120ㄴ

'薔薇根'은 '장미과의 식물'인데 그 뿌리를 이른다. 『구간』에만 보인다.

2023) 漿水 / 淸漿水 / 酸漿水 / 燒灰漿 / 醋漿水

漿水	쟝슈			구급 하63ㄱ
漿	빨글힌믈			구간 2:69ㄱ
漿水	빨글힌믈			구간 1:54ㄴ
漿水	조빨쥭욷믈	水部		동의 1:17ㄴ3
漿水	조쌀듁웃믈	水部		양금 522:1
漿水	쓰물		俗	해혹 24ㄴ6
淸漿水	쓰물		俗	해혹 12ㄴ9
漿水	조빨쓰믈	水		의종 7:47ㄴ1
漿水	조빨쓰물	水		방합 59ㄴ
漿水	좁쌀죽윗물띄운것	石部下品	鄕名	향성 77:598:2
酸漿水	쉰쓰물		俗	해혹 7ㄴ3
燒灰漿	빨글힌믈			구간 2:69ㄱ
醋漿水	빨글힌싄믈			구간 7:70ㄴ

'漿水'는 '오래 흠씬 끓인 좁쌀 미음 또는 그 웃물'을 이른다. 『구간』에서는 '빨글힌믈'이었는데 『동의』에서 '조빨쥭욷믈'로 나타난다. 이후 '조빨쓰믈'을 거치고 『향성』에 오면 설명형 향약명인 '좁쌀죽윗물띄운것'으로 나타난다. 어형 교체를 거친 것으로 파악된다.

2024) 章魚 ☞ 小八梢魚
2025) 獐肉 ☞ 麞
2026) 長皀角 ☞ 皀角

<재>

2027) 梓

梓木	牙木	鄕名	신마
梓	박달나모	俗	해혹 22ㄴ4

'梓木'은 사전류에서 찾기 어렵다. 『신마』의 '牙木'은 『표』에 등재되어 있는데 '두릅나뭇과의 낙엽 교목'이며 이칭으로 '엄나무'가 있다. 따라서 『신마』의 '牙木'은 '엄나무'의 차자표기로 볼 수도 있다. 즉 차자표기가 그대로 한어명이 된 것이다. 『해혹』에는 '박달나모'로 나오는데 지시

대상이 다르다.

2028) 滓 ⇒ 糟

滓	건지		광향 53ㄱ9
滓	지검이		광향 14ㄴ1
滓	지게미		광향 17ㄴ6

'滓'는 '찌꺼기'를 뜻한다. 『광향』에는 두 가지 형태가 나타난다. '건지'는 '건더기', '지검이'와 '지게미'는 '재강에 물을 타서 모주를 짜내고 남은 찌꺼기'를 이른다(『표』).

<저>

2029) 楮 / 楮骨

楮	닥		훈몽 상10ㄴ
楮	닥		언구 하42ㄱ6
楮	닥나모		본목 35ㄱ1
楮木	닥나모		방합 317
楮	닥나무		식휘 123
楮骨	거플벗긴닥나모		구간 6:4ㄴ
楮樹皮		木部	동의 3:28ㄴ4
楮皮		灌木	의종 7:26ㄱ
楮皮		灌木	방합 33ㄱ

'楮'는 '닥나무'를 이른다. 이른 시기부터 '닥'이 쓰였고 '나무'를 결합한 복합어가 생성되어 현대 국어에 이어졌다. '楮皮'는 '닥나무껍질'을 이른다. 『동의』와 『의종』에 나온다. 한어명으로만 쓰였다.

2030) 蛆

蛆	귀덕이		본목 40ㄴ7

'蛆'는 '구더기'를 이른다. 『본목』에 '귀덕이'가 나온다. 16세기 『훈몽』에 '귀더기'가 나온다.

2031) 猪 / 生猪血

猪骨	도틔뼈			구급 하60ㄴ2
猪骨	도틔뼈			언구 하28ㄱ4
猪肚	돼지양	獸部下品	鄕名	향성 81:665:2
猪毛	도틔터리			구급 하9ㄱ4
猪膚		獸部		동의 1:54ㄱ5
猪四足	돼지네발	獸部下品	鄕名	향성 81:665:2
猪腰子	猪腎			해혹 11ㄱ7
猪腎	돼지콩팟	獸部下品	鄕名	향성 81:665:2
猪牙	뎌아			구급 하31ㄴ6
猪牙	도틔엄			구급 하59ㄱ1
猪齒	돼지이	獸部下品	鄕名	향성 81:665:2
豬靨子		獸部		동의 1:54ㄴ7
豬要	도야지허리			광향 6ㄴ9
猪耳垢	도틔귀옛떡			구급 하76ㄴ2
猪腸脬		畜		의종 7:44ㄱ9
猪腸脬		畜		방합 55ㄴ
猪胞	도틔오좀깨			언구 상27ㄱ7
猪心血	도틔렴통앳피			구간 1:97ㄱ
生猪血	싱호도틔피			언구 하22ㄴ6
猪血	도틔피			언구 상31ㄴ9

'猪'를 핵심 어근으로 하는 어휘들이다. 주로 '돼지의 부위'와 관련된 것을 모은 것이다. '猪骨'은 '돼지의 뼈'를 말한다. 이른 시기 의서에 '도틔뼈'가 나타난다. '猪肚'는 '돼지의 위장'을 이른다. 『향성』에 '돼지양'으로 나온다. 『표』에 나오지 않는다. '猪毛'는 '돼지털'이다. 『구급』의 '도틔터리'는 '돝+ᄋᆡ+터리'로 분석된다. '猪膚'는 '돼지의 피부'를 이른다(『지』). 『동의』에 한어명으로 나온다. '猪四足'은 『향성』에 나오는데 '돼지의 네 발'을 뜻한다. '猪腎'은 '돼지의 콩팥'이다. 한어명 이칭으로 『해혹』의 '猪腰子'가 있다. 『향성』의 '돼지콩팟'은 표기상의 오류이다. '猪牙'는 '돼지의 이'이다. 15세기의 '도틔엄'이 어형 교체를 겪어 '돼지이'가 되었다. '豬靨子'는 '돼지의 목구멍 옆에 들어 있는 구슬 모양의 물질'이다. 『동의』에만 나온다. '豬要'는 '돼지허리'를 이른다. 『광향』에 '도야지허리'로 나온다. '猪腸脬'는 '돼지의 방광'을 이른다. 『의종』에 한어명만 나온다. '猪耳垢'는 '돼지 귀의 때'이다. 15세기의 『구급』에 '도틔귀옛떡'로 나온다. '猪胞'는 '돼지의 오줌보'를

이른다. '猪血'은 '돼지의 피'이다. 15세기 의서에 설명형 향약명이 나온다.

2032) 樗鷄

樗鷄	뭇비히	蟲部	동의 2:9ㄱ7
樗鷄	뭇비히		본목 40ㄱ10
樗鷄	팟비이	蟲部	양금 516:8
樗鷄	팟비히 莎鷄 所謂 紅娘子 一名	卵蟲	의종 7:37ㄴ9
樗鷄	팟비히 莎鷄 所謂 紅娘子 一名	卵蟲	방합 47ㄱ

'樗鷄'는 '메뚜깃과의 곤충' 곧 '메뚜기'를 이른다. 『동의』의 '뭇비히'는 '팟비히'로 이어지지만 현대 국어에서는 잘 보이지 않는다. 한어명 이칭인 '紅娘子'는 '여칫과의 베짱이'를 이른다(『표』).

2033) 猪膏 ☞ 猪脂

2034) 楮骨 ☞ 楮

2035) 猪骨 ☞ 猪

2036) 紵根 / 野紵根 / 苧麻根

野紵根	모싯불휘		구급 상47ㄱ6
野紵根	모싯불휘		구간 6:11ㄱ
苧	모시		구간 2:47ㄱ
紵根	모싯불휘		구간 3:54ㄱ
苧根	모싯불휘	草部	동의 3:19ㄴ10
苧麻根	모시불휘		본목 15ㄴ5
苧根	모시블희	草部	양금 507:5
苧根	모시불휘	隰草	의종 7:11ㄴ1
苧根	모시불휘	隰草	방합 14ㄴ
苧根	모시뿔희		경신 56ㄴ9
苧根	모시풀뿌리	草部下品之下 鄕名	향성 79:632:2

'紵根'은 '모시풀의 뿌리'를 이른다. 『구급』의 '모싯불휘'가 현대 국어에까지 이어지다가 『향성』에서 '모시풀뿌리'로 어형 교체가 일어난다.

2037) 樗根白皮 / 樗根

樗根白皮	가듁나모불휫겁질 虎木樹 一名	木部	동의 3:40ㄱ6

樗根白皮	가듁나모블희겁질 春樗 虎目樹 一名	木部		양금 511:7
樗根	가쥭나모불휘겁질			제중 8:11ㄱ4
樗根	가쥭나모불휘겁질	喬木		의종 7:24ㄱ7
樗根	가쥭나모불휘겁질	喬木		방합 30ㄴ
樗根白皮	가쥭나모불휘겁질 虎目樹 一名			경신 34ㄴ6
樗根白	皮偸根白皮 一名			경국 7:11

'樗根白皮'는 '가죽나무 뿌리의 껍질'을 이른다. 『동의』의 '가듁나모불휫겁질'이 현대 국어에까지 이어진다. '虎木樹', '春樗', '虎目樹' 등의 한어명 이칭이 있다.

2038) 猪鬐膏

猪鬐膏	돼지수파머리기름	獸部下品	鄕名	향성 81:665:3

'猪鬐膏'는 사전류에서 찾기 어렵다. 『향성』에만 나오는 설명형 향약명인데 '돼지수파머리기름'은 '돼지 # 수파머리 # 기름'으로 분석된다. '수파머리'는 한어명의 '鬐'의 새김이 '갈기'라는 점에 착안하면 '목덜미의 갈기'를 뜻하는 것이 아닐까 한다. 즉 '수파'를 '水波'로 보면 '갈기'와도 상통한다. 그러나 좀더 정밀한 추정이 필요하다.

2039) 猪膽 / 生猪膽 / 山猪膽 / 猪黃

猪膽	도틱쁠게			구간 3:29ㄴ
猪擔	도틱쁠게			구간 3:70ㄱ
猪膽	도릭쁠게			언두 하14ㄱ
生猪膽	싱도틱쁠게			언구 상42ㄱ11
猪膽	도틱쁠게			언구 상40ㄴ9
猪黃		獸部		동의 1:54ㄱ3
猪膽		畜		의종 7:44ㄱ10
猪膽		畜		방합 55ㄴ
猪膽	돼지쓸개	獸部下品	鄕名	향성 81:665:2
山猪膽	메돼지열			동사 481

'猪膽'은 '돼지의 쓸개'이다. 『구간』에서 비롯된 고유어 향약명도 '도틱쁠게'로 나온다. 이 어형이 현대 국어에까지 쓰이다가 '돼지쓸개'로 어형 교체가 일어난다. '돝'이 '돼지'로 바뀐 것이다.

『동의』에는 '猪黃'으로 나온다. 사전류에서 찾기 어렵다. 『표』에는 '山猪黃'과 '野豬黃'이 '멧돼지의 쓸개'라는 뜻으로 등재되어 있다. 이를 참고하면 '猪黃'은 '돼지의 쓸개'가 아닐까 한다. 『동사』의 '메돼지열'은 '쓸개'의 옛말 '열'을 그대로 잇는다는 점에서 주목된다(위 '熊膽' 항목 참조).

2040) 猪肚 ☞ 猪

2041) 豬苓 / 猪苓

猪苓	朱苓 一名		木部	동의 3:36ㄴ10
猪苓	朱苓 一名	唐	木部	양금 511:2
豬苓				제중 8:5ㄱ3
豬苓			寓木	의종 7:28ㄱ1
豬苓			寓木	방합 35ㄱ
豬苓	朱苓 一名 楓樹笭 卽			경신 32ㄴ3

'猪苓'은 '참나무류의 뿌리에 기생하는 버섯의 菌核을 말린 것'을 이른다. 한어명으로만 나타나며 이칭으로 '朱苓'이 있다.

2042) 苧麻根 ☞ 紵根

2043) 猪毛, 猪膚 ☞ 猪

2044) 楮木 ☞ 楮

2045) 猪肪膏 ☞ 猪脂

2046) 猪糞 / 久乾猪糞 / 牡猪糞

久乾猪糞	오래ᄆᆞ론도틱ᄯᅩᇰ	구급 상37ㄴ1
久乾猪糞	도틱ᄯᅩᇰᄆᆞᄅᆞ니	구간 2:47ㄴ
猪糞	도틱ᄯᅩᇰ	구간 3:53ㄴ
牡猪糞	수도틱ᄯᅩᇰ	언구 하33ㄴ2

'猪糞'을 핵심 어근으로 하는 단어족이다. '돼지의 똥 마른 것'을 뜻한다.

2047) 猪四足, 猪腎 ☞ 猪

2048) 楮實 / 穀實

楮實	多只其實		俗云	향구 목47ㄴ6
楮實	닥나모여름	木部		동의 3:28ㄱ10

楮實	닥나모여름	木部		양금 510:2
楮實	닥나모여름	灌木		의종 7:26ㄱ5
楮實	닥나모여름	灌木		방합 33ㄱ
楮㝔子	닥나모여름	喬木		경신 34ㄴ2
楮實	닥나무열매	木部上品	鄕名	향성 80:640:2
穀	닥나무 楮也			자석 166
穀實	닥나무열매			동사 80

'楮實'은 '닥나무열매'이다. 『향구』의 차자표기 '多只其實'은 '多只 # 其實'로 '其實'은 설명구이다. '多只'은 '*닥'으로 해독된다. 『동의』의 '닥나모여름'이 현대 국어에까지 이어져 '닥나무열매'가 되었다. '穀實'은 '닥나무 또는 꾸지나무의 열매'이다. 후대 문헌에 나오는 향약명이다.

2049) 猪心血, 猪牙 ☞ 猪
2050) 猪牙皀角 ☞ 皀角
2051) 楮葉

楮葉	茶只葉		鄕名	향구 하39ㄱ8
楮葉	닥닙			구급 하79ㄴ8
楮葉	닥나못닙			구간 2:108ㄱ
楮葉	닥닙			구간 6:56ㄴ
楮葉		木部		동의 3:28ㄴ3
楮葉汁	닥닙디허뽄즙			구간 2:97ㄴ

'楮葉'은 '닥나무잎'이다. 『향구』의 '茶只葉'은 '*닥닢'으로 해독된다. 이 어형이 현대 국어까지 이어진다.

2052) 豬鬐子, 豬要, 猪腰子 ☞ 猪
2053) 猪肉 / 肥猪 / 宿冷猪肉

肥猪	술진도틔고기			언구 상31ㄱ8
宿冷猪肉	오래치온도틔고기			언구 하22ㄴ6
猪肉	돗틔고기			제중 8:16ㄴ5
猪肉	돗틔고기	畜		의종 7:44ㄱ8
猪肉	돗틔고기	畜		방합 55ㄴ
猪肉	발기름			경국 135:7

'猪肉'을 핵심 어근으로 하는 단어족이다. '猪肉'은 '돼지고기'이다. 이전 시기에는 '도틱고기' 형으로 나타난다. 『언구』의 '오래치온도틱고기'는 '오래 # 치오-+-ㄴ # 돝+의 # 고기'로 분석되는데 '오래된 차가운 돼지고기'이다. 『경국』의 '발기름'은 '짐승의 뱃가죽 안쪽에 낀 지방 덩어리'를 이른다(『표』). 돼지고기가 일반적으로 지방층이 있음을 고려하여 기록한 것으로 보인다.

2054) 猪耳垢, 猪腸脬 ☞ 猪

2055) 猪蹄 ☞ 馬夜目

2056) 猪槽上垢及土 ☞ 土

2057) 猪槽中水 ☞ 水

2058) 楮紙

楮紙		木部	동의 3:28ㄴ5
楮紙		灌木	의종 7:26ㄱ6
楮紙		灌木	방합 33ㄱ

'楮紙'는 '닥나무종이'를 말한다. 『동의』와 『의종』에 한어명으로 나온다.

2059) 猪脂 / 猪膏 / 煎猪膏 / 猪肪膏 / 臘月猪脂

猪脂	도틱기름			구급 상7ㄴ1
猪脂	저지			구급 상23ㄴ4
猪脂	도틱기름			구간 1:85ㄴ
猪脂	도틱기름			구간 3:31ㄱ
猪脂	도틱기름			언구 하21ㄴ9
猪脂		畜		의종 7:44ㄱ9
猪脂		畜		방합 55ㄴ
猪膏	져고			구급 상25ㄴ8
猪膏	도틱기름			구급 하68ㄴ
猪膏	도틱기름			구간 6:63ㄴ
煎猪膏	달힌도틱기름			구간 7:27ㄴ
猪膏		獸部		양금 529:6
猪肪膏	돼지기름	獸部下品	鄕名	향성 81:665:3
臘月猪脂	랍월뎌기름			구급 하9ㄱ7
臘月猪脂	섯ᄃᆞ래자븐도틱기름			구간 3:20ㄴ

臘月猪膏　납웘도틔기름　구급 하68ㄴ
臘月猪膏　섯ᄃᆞ래자본도틔기름　구간 6:42ㄴ
臘猪脂　납향도야지기름　광향 40ㄴ4

'猪脂'를 핵심 어근으로 하는 단어족이다. '도틔기름'형이 현대 국어까지 이어지고 '돼지기름'으로 어형 교체가 일어난다.

2060) 猪齒 ☞ 猪牙
2061) 楮実子 ☞ 楮實
2062) 猪胞, 猪血 ☞ 猪
2063) 楮皮 ☞ 楮
2064) 猪懸蹄 ☞ 馬夜目
2065) 猪黃 ☞ 猪膽
2066) 猪後蹄垂甲 ☞ 馬夜目

<적>

2067) 赤葛根 ☞ 葛根
2068) 赤斂 ☞ 何首烏
2069) 赤銅屑

赤銅屑		金部		동의 3:53ㄱ10
赤銅屑		金部		양금 514:4
赤銅屑	구리가루	石部下品	鄕名	향성 77:597:3

'赤銅屑'은 '구리로 만든 가루'를 이른다. 『동의』와 『양금』에서는 한어명만 나타나며 『향성』에 '구리가루'로 기록되어 있다.

2070) 赤豆 ☞ 赤小豆
2071) 赤蓼莖 ☞ 蓼
2072) 赤馬糞 / 赤馬通 / 赤馬皮

赤馬糞	블근ᄆᆞᆯᄯᅩᆼ	구급 상60ㄴ7
赤馬通	젹마통	구급 하96ㄱ3
赤馬通	졀다ᄆᆞᆯᄯᅩᆼ	구간 2:98ㄴ

赤馬皮	졀다몰갓			구간 7:36ㄱ
赤馬皮			獸部	동의 1:45ㄱ9

'赤馬'를 핵심 어근으로 한다. '赤馬糞'은 '붉은말의 똥'이다. 『구급』에 '블근몰똥'으로 나온다. 이것이 『구간』에는 '졀다몰똥'으로 어형이 교체되는데 '붉은 말'의 이전 시기 어휘가 '졀다몰'이었다. '赤馬皮'는 '붉은 말의 가죽'이다. 『구간』과 『동의』에 나오는데 『동의』에는 한어명만 있다.

2073) 赤茯苓 ☞ 茯苓
2074) 赤黍米 ☞ 黍米
2075) 赤石脂

赤石脂	젹셕지			구급 하11ㄴ7
赤石脂		唐	石部	동의 3:46ㄴ4
赤石脂		唐	石部	양금 512:10
赤石脂				제중 8:11ㄴ2
赤石脂			金石	의종 7:49ㄱ4
赤石脂			金石	방합 61ㄴ
赤石脂				경신 51ㄱ7
赤石脂	찰장흙 硬質의粘土		石部上品	향성 77:592:1

'赤石脂'는 '중국의 지난(濟南) 등지에서 나는 붉은색의 규산염 광물'을 말한다. '운모기원의 점토'이다(『약』). 『구급』에서부터 한어명으로만 나타나다가 『향성』에 '찰장흙'이 나온다. 이은 규(2019ㄱ:25)에 따르면 '찰+장흙'으로 분석되는데 '찰'은 '찰지다'는 뜻의 접두사이고, '장흙'은 '고령토'(강원 방언)로 보인다.

2076) 赤小豆 / 赤豆 ⇒ 小豆

赤小豆	퐃ᄀᆞᄅᆞ			구급 하21ㄴ7
赤小豆	블근퐃			구급 상6ㄴ8
赤小豆	젹소두			구급 상62ㄴ6
赤小豆	블근퐃			구간 2:31ㄴ
赤小豆	블근퐃		穀部	동의 1:22ㄱ5
赤小豆	불근퐃			본목 24ㄴ10
赤小豆	블근퐛		穀部	양금 523:9

赤豆	블근폿			제중 8:21ㄱ10
赤豆	불근팟	菽豆		의종 7:36ㄱ8
赤豆	불근팟	菽豆		방합 45ㄱ
赤小豆	븕은팟	米穀部中品	鄕名	향성 84:703:2
赤小豆葉	팟닙 藿 一名	穀部		양금 523:9

'赤小豆'는 '붉은팥'을 이른다. 15세기부터 '블근폿'으로 나타나 어형 변화만 겪고 지금의 '붉은팥'이 되었다.

2077) 赤小豆花 ☞ 腐婢花
2078) 赤芍藥 ☞ 芍藥
2079) 赤苧汁

赤苧汁		草部	동의 3:20ㄱ2

'赤苧汁'은 '赤苧'의 즙이 분명하나 사전류에서 찾기 어렵다. 『동의』에 한어명으로만 나온다.

2080) 赤箭, 赤箭根 ☞ 天麻
2081) 赤檉

赤檉	雨師 一名	木部	동의 3:39ㄴ10

'赤檉'의 '檉'은 '渭城柳'를 말한다. 이것은 '위성류과의 낙엽 활엽 교목'으로 '檉柳' 곧 '능수버들'을 가리킨다(『자』). 『동의』의 한어명 이칭 '雨師'는 '비를 맡은 신'을 뜻하는 어휘이다. 서로 맞지 않는데 좀더 정밀한 추정이 필요하다.

2082) 赤虫皮

赤虫皮		木部	사의 2ㄴ2:2

'赤虫皮'는 '赤虫'의 껍질일 것이다. '赤虫'은 『표』에 '장구벌레'로 풀이되어 있다. 『사의』에 한어명만 나온다.

2083) 赤土 ☞ 代赭

2084) 赤雹子 ☞ 王瓜

2085) 赤皮葱白 ☞ 葱

2086) 赤莧 ☞ 莧

<전>

2087) 箭

箭	살			구간 7:34ㄴ
箭頭	살촉		俗	해혹 23ㄴ3
箭鏃	살밑			언구 상31ㄱ6
箭簳及鏃	화살과살촉	木部中品	鄕名	향성 80:648:3

'箭'을 핵심 어근으로 하는 단어족이다. 특별한 형태가 나타나지는 않는다.

2088) 錢 ☞ 古文錢

2089) 磚 / 古磚 / 錢王磚 / 溫石及燒塼

磚石	벽돌			구간 2:38ㄴ
古磚		石部		동의 3:51ㄱ9
磚	벽장돌		俗	해혹 32ㄴ6
錢王磚	벽장돌		俗	해혹 3ㄱ10
古塼	오랜벽돌	石部中品	鄕名	향성 77:596:1
溫石及燒塼	불에구은돌과벽돌	石部上品	鄕名	향성 77:592:3

'磚'을 핵심 어근으로 하는 단어족이다. 『해혹』의 '벽장돌'은 '甓장돌'로 『표』에 등재되어 있는데 '네모반듯하고 두껍게 만든 커다란 벽돌'이다.

2090) 氈 ☞ 氈單

2091) 箭簳及鏃 ☞ 箭

2092) 全蝎 / 蝎 / 蠍 / 蝎梢

全蝎	전갈		구급 상2ㄱ2
全蝎	견갈		구간 1:2ㄴ
全蝎	젼갈		언구 상16ㄴ11
蝎	젼갈	唐 蟲部	동의 2:15ㄱ10

蠍	젼갈		본목 40ㄴ5
全蝎	젼갈	虫部	사의 4ㄴ4:4
蝎	젼갈	蟲部	양금 517:6
全蝎			제중 8:9ㄱ3
全蝎	젼갈	卵蟲	의종 7:38ㄱ3
全蝎	젼갈	卵蟲	방합 47ㄱ
全蝎	젼갈		경신 18ㄴ8
全蝎稍		卵蟲	의종 7:38ㄱ4
全蝎稍		卵蟲	방합 47ㄴ
蝎梢	갈쇼		구급 상43ㄱ7

'全蝎'은 한자어로 어형 변화 없이 사용되었다. 15세기부터 확인된다. 『구급』에는 '全蝎'이 아니라 '蝎梢'로 나오는데 이는 '전갈의 복부 뒷부분'을 가리키며 약재로 사용된다.(『전』) 후대 문헌에는 『의종』의 '全蝎梢'가 보이는데 '全蝎', '蝎梢', '全蝎梢'의 형태상의 상관 관계가 흥미롭다. 15세기의 우리말 표기 '갈쇼'는 한어명을 한자음대로 읽은 것이다.

2093) 顚棘根 ☞ 天門冬

2094) 剪金花 ☞ 金盞銀臺

2095) 氈單 / 黑氈 / 氍毹 / 氈襪後跟

氈	젼툐		언구 상46ㄱ9
黑氈	거믄시울		구급 상82ㄱ7
氈單	시울		구간 1:87ㄱ
氍毹	담 毛席	卽	구급 상75ㄱ
氈襪後跟	시울청뒤측		구간 2:33ㄴ

'氈'을 핵심 어근으로 하는 단어족이다. '氈'은 '짐승의 털로 짠 모직물'을 뜻한다. 대응되는 고유어는 '시울'인데 '담요'의 옛말이다(『샘』). '시울'은 『표』에 나오지 않는다. 『구급』의 '氍毹'는 '담요' 이전에 '담'이라는 말이 있었음을 알게 해 준다. '담자리'로 풀이하고 있다(『이조어사전』). 『샘』에는 '담자리꽃나무'와 '담자리참꽃'이 소개되어 있는데 모두 '털'이 많은 것이 참고된다. 『구간』의 '시울청'은 '氈襪'에 대응되는 '모직 버선'을 뜻한다. '청'이 '버선'이라는 뜻이었다.

2096) 剪刀草 ⇒ 馬鞭草, 野茨菰

剪刀草	大薊 地丁 一名			해혹 28ㄱ8

'剪刀草'는 『표』에 없다. 이전 시기 의서의 '剪刀草'는 '馬鞭草'와 '野茨菰'의 한어명 이칭이기도 하다. 한편 『해혹』의 한어명 이칭 '地丁'은 '大薊'의 다른 말이기도 하다. 따라서 『해혹』의 이 기록은 무엇을 나타내는지 불분명하다. 좀더 정밀한 추정이 필요하다.

2097) 箭頭 ☞ 箭

2098) 田螺 / 生大螺 / 螺螄殼 / 小螺

生大螺	눌골왕이			구간 3:69ㄴ
田螺	古乙方		鄕云	신마
田螺	우롱이 螺螄 一名 鬼眼睛 又名	蟲部		동의 2:12ㄱ10
田贏	우롱이			본목 46ㄴ5
田螺	우롱이	介部蚌蛤類		본정 하217
田螺	울엉이	虫部		사의 4ㄱ4:4
田螺	우렁이	蟲部		양금 517:2
田螺	우렁이			광향 3ㄴ12
田螺	우렁이			제중 8:19ㄱ1
田螺	우렁이	蚌蛤		의종 7:42ㄴ10
田螺	우렁이	蚌蛤		방합 53ㄴ
田螺	우렁이			경국 124:9
田中螺	牛吾濃伊 우렁이 又는 古乙方 골방	蟲魚部下品	鄕名	향성 83:692:1
田螺殼	우롱이겁질			언구 상17ㄴ7
田螺殼		蟲部		동의 2:12ㄴ3
田螺殼	우렁이			경국 38:3
螺螄殼	나삿당아리			구급 하14ㄱ7
生田螺	싱우롱			언구 상41ㄱ5
田螺生	싱우롱이			언구 상42ㄴ3
小螺	죠고만우롱이			언구 하44ㄱ2

'田螺'는 '우렁잇과의 고둥' 즉 '우렁이'를 이른다. '螺螄'는 '田螺'의 딴이름이다(『한』). 『구급』의 '나삿당아리'는 '우렁이의 딱지'를 말한다. '生大螺'는 사전류에 보이지 않는 설명형 한어명이다. 『구간』에 고유어 향약명 '눌골왕이'가 나온다. '골왕이'는 현대 국어 '골뱅이'의 소급형이다. '우롱이'의 기원형은 『신마』의 차자표기 '古乙方'로 '*골방(이)'로 해독된다(이건식 2011 참조). 이

어형이 15세기의 '골왕이'로 어형 변화를 겪는다. 그런데 의서에는 기록이 없다가 『향성』에 와서 차자표기와 한글표기의 기록을 남긴다. 현대 국어에 남아 있는 '골뱅이'이다. '우렁이'와 '골뱅이'는 상위 개념 '고둥'에 속한다. '우롱이'는 『동의』와 『본목』에 나타나다가 『사의』와 『양금』에서부터 '우렁이' 형태로 어형 변화가 일어나 현대 국어까지 이어진다. 『향성』의 차자표기 '牛吾濃伊'는 '*우옹이'로 해독되는데 2음절의 'ㄹ'음 표기를 하지 않았다. '田螺殼'은 『언구』에서 비롯되어 『동의』를 거쳐 『경국』으로 이어진다. 결국 '골방이'형과 '우렁이'형 두 향약명이 후대로 이어진 것으로 판단된다.

2099) 錢幕 ⇒ 蜘蛛

錢幕		卵蟲	의종 7:38ㄱ7
錢幕		卵蟲	방합 47ㄴ

'錢幕'은 사전류에서 찾기 어렵다. 『의종』과 『방합』에 나온다. '蜘蛛' 항목 내에 나타나는 한어명이다. 따라서 '벌레'의 일종이 아닐까 짐작된다. 두 의서에서는 '소아의 구토 증세에 효과적이다'라는 『본초강목』의 설명을 인용하고 있다.

2100) 氈襪後跟 ☞ 氈單

2101) 全鰒 ☞ 石決明

2102) 田鼠 ☞ 鼴鼠

2103) 磚石1 ☞ 礪石

2104) 磚石2 ☞ 磚

2105) 箭箬

箭箬	딕썹질		해혹 29ㄱ2

'箭箬'은 사전류에서 찾기 어렵다. '딕썹질'은 '대나무 껍질'로 추정되지만 명확하지 않다.

2106) 鱣魚 ⇒ 鮫魚

鱣魚	젼어	無鱗魚	의종 7:40ㄴ5
鱣魚	젼어	無鱗魚	방합 50ㄴ

'鱣魚'는 '철갑상엇과의 바닷물고기' 즉 '철갑상어'를 이른다. 『의종』과 『방합』에 한어명으로만

나온다.

2107) 錢王磚 ☞ 磚
2108) 煎猪膏 ☞ 猪脂
2109) 田中乾泥 ☞ 土
2110) 田中螺 ☞ 田螺
2111) 田中冷水 ☞ 水
2112) 剪草

剪草	騾耳草		俗云	향구 목47ㄴ2

'剪草'는 사전류에 보이지 않는다. 『향구』의 차자표기 '騾耳草'는 '*나귀플'로 해독된다. 하지만 이 어형은 후대에 이어지지 않는다.

2113) 箭鏃 ☞ 箭
2114) 剪春羅

剪春羅	젼츄란이	본목 17ㄱ3

'剪春羅'는 『표』에 '翦春羅'로 등재되어 있다. '석죽과의 여러해살이풀'로 '동자꽃(童子꽃)'이라고도 한다. 『본목』의 '젼츄란이'는 한어명 '剪春羅'가 고유어화한 형태로 추정된다. 『표』에는 '전추라(翦秋羅)'도 등재되어 있는데 같은 '석죽과의 여러해살이풀'로 이칭이 '털童子꽃'으로 소개되어 있다. 따라서 '전춘라'와 '전추라'는 엄밀히 말하면 다른 식물을 지칭하지만 모두 같은 단어족에 속하는 어형들이다. 그렇다면 『본목』의 '젼츄란이'는 '전추라+니'로 분석되며 '니'는 접미사이다. 『본목』의 형태 '전추라니'형을 『표』에 등재할 만하다.

2115) 前胡

前胡	蛇香菜		鄕名	향채 2월
前胡	射香葉			촌구 3ㄴ3:1
前胡	射香葉		鄕名	촌가
前胡	射香菜 샤향치		鄕名	촌가
前胡	샤양칫불휘	草部		동의 3:7ㄱ6
前胡	샤양칫불휘			본목 12ㄱ6
前胡	ᄉᆞ양치불휘	草部山草類		본정 상50

前胡	사향칫블희	草部	양금 505:3
前胡	사양칫불휘		제중 8:3ㄱ5
前胡	사양칫불휘	山草	의종 7:4ㄴ10
前胡	사양칫불휘	山草	방합 6ㄱ
前胡	샤양치불희		경신 22ㄱ1
前胡	蛇香菜 사양채뿌리 바듸나물뿌리	草部中品之上 鄕名	향성 79:619:2

'前胡'는 '산형과의 여러해살이풀' 곧 '바디나물의 뿌리'를 이른다. 고유어 이칭으로는 '사양채'가 있다. 이 어형이 이전 시기부터 쓰였다. 『향채』의 차자표기 '蛇香菜'와 『촌가』의 '射香菜 샤향치'를 비교하면 이들은 모두 '*샤향치'로 해독된다. 혼종어이다. 『촌구』의 '射香葉'은 '*샤향잎'으로 해독되는데 후대 어형과 이어지지 않는다. '샤향치'는 후대 의서에서 '불휘'를 결합한 '샤양칫불휘'로 어형이 교체되어 현대 국어에까지 이어진다. 『향성』에 와서 이전 시기에 보이지 않던 '바듸나물뿌리'가 나타난다. 『표』에는 '바디나물'이 '前胡'와 동의어로 되어 있다.

2116) 靛花實 ☞ 靑黛

<절>

2117) 菥蓂子 ☞ 菥蓂子

2118) 竊脂

竊脂	고지새	禽部	동의 1:40ㄴ8
竊脂	고지식	禽部	양금 527:10

'竊脂'는 '되샛과의 새'로 '콩새'라고도 한다(『표』). 『동의』와 『양금』에 나오는데 '고지새'형이다. '고지새'도 '되샛과의 새'로 '密話부리'라 부르기도 한다(『표』).

<점>

2119) 粘石 ☞ 方解石

2120) 鮎魚 / 鮧魚 / 鮎涎

鮎魚	머여기	魚部	동의 2:3ㄱ10

鮧魚	머여기			본목 44ㄴ
鮎魚	머어기	鱗部無鱗魚類		본정 하207
鮎魚	며여기	魚部		양금 515:5
鮎魚	머여기			제중 8:19ㄴ9
鮎魚	머역이 鮧魚 卽	無鱗魚		의종 7:40ㄴ6
鮎魚	머역이 鮧魚 卽	無鱗魚		방합 50ㄴ
鮎魚	메어기			경국 128:12
鮧魚	未由棄 멱이	蟲魚部上品	鄕名	향성 82:680:1
鮎涎	메역의춤			광비 32

'鮎魚'는 '메깃과의 민물고기' 즉 '메기'를 이른다. 『동의』의 '머여기'형이 어형 교체 없이 현대 국어의 '메기'가 되었다. 한어명 이칭으로 '鮧魚'가 있다. 『향성』의 차자표기 '未由棄'는 '*미유기'로 해독된다. 『광비』의 '메역의춤'은 '메여기+의 # 춤'으로 분석되며 '메기의 침'을 뜻한다. '멱이(며기)'는 '메기'의 강원・경기방언이기도 하다.

2121) 粘蛙 ☞ 䵷

2122) 點剢酒 ☞ 酒

2123) 蛅蟖, 蛅蟖房 ☞ 雀甕

<접>

2124) 接骨木 ☞ 蒴藋

<정>

2125) 釘

釘	몯	구급 상66ㄴ3
釘	몯	구간 2:119ㄴ

'釘'은 새김대로 '몯'을 이른다. 『구급』과 『구간』에 향약명으로 나온다.

2126) 蟶

蟶	가리맛	蟲部		동의 2:12ㄱ4
蟶	가리맛			본목 46ㄱ9
蟶	가리맛	介部蚌蛤類		본정 하216
蟶	가리맛	蟲部		양금 517:2
蟶	가리맛			제중 8:20ㄴ6
蟶	가리맛	蚌蛤		의종 7:42ㄴ5
蟶	가리맛	蚌蛤		방합 53ㄱ
蟶	痲致 맛 가리맛	蟲魚部下品	鄕名	향성 83:689:3

'蟶'은 '작두콩가리맛조갯과의 하나'이다. 이전 시기 의서에는 '가리맛'으로 나타나며 어형 변화나 형태 교체가 일어나지 않았다. 『향성』의 차자표기 '痲致'은 '*마치'로 해독된다. '致'가 음독자임이 분명한데 차자표기에서 종성 'ㅅ'이나 'ㅈ, ㅊ'을 나타내는 예가 없기 때문에 잠정적으로 '*치'로 해독한다.

2127) 丁公藤 / 南藤

丁公藤	마가목 南藤 一名	木部	동의 3:42ㄴ3
丁公藤	마가목 南藤莖 一名	木部	양금 512:1
丁公藤	마가목 南藤 一名	蔓草	의종 7:20ㄱ5
丁公藤	마가목 南藤 一名	蔓草	방합 25ㄴ
南藤	마가목		본목 21ㄴ3

'丁公藤'은 '마가목' 곧 장미과의 낙엽 활엽 교목이다. '南藤'과 동의어이다. 한편, '丁公藤'을 '마가목'이라 한 것은 『동의』에서 비롯되었는데 『재물보』(1798)에서는 '丁公藤 …… 醫鑑稱 마가목 誤(4:76ㄴ)'라 하면서 『동의』의 오류임을 지적하고 있다. 또한 『물명고』에서도 '丁公藤 …… 東醫稱馬價木誤矣 馬價木是樛槫之類 非藤也'(坤:2ㄴ)라고 하면서 『동의』의 오류를 비판하고 있다. 이 지적에 의하면 '마가목'은 '藤類'가 아닌 것이 된다.

2128) 井口邊草

井口邊草	우물두덩의풀	草部下品之上	鄕名	향성 79:630:1

'井口邊草'는 설명형 한어명이다. 『향성』의 설명형 고유어 향약명 '우물두덩의풀'의 '우물두

덩'은『샘』에서 '우물둔덕'의 북한말로 소개하고 있다. '우물둔덕'은 '우물 둘레의 작은 둑 모양으로 된 곳'을 이른다(『표』).

2129) 葶藶子 / 甛葶藶 ⇒ 菥蓂子, 薺菜

葶藶	豆音矣薺		俗云	향구 목46ㄴ4
葶藶子	豆衣乃耳			향구 중26ㄴ1
葶藶子	豆衣乃耳		鄕名	향구 하38ㄱ10
葶藶	豆音矣羅耳		鄕名	향채 7월
葶藶	두루믜나ᅀᅵ			구간 3:75ㄱ
葶藶子	두루믜나ᅀᅵᄡᅵ			구간 3:81ㄱ
葶藶	豆乙音羅伊			촌구 3ㄴ8:3
葶藶	豆乙音羅伊 두룸의나이		鄕名	촌가
葶藶子	두루믜나이ᄡᅵ	草部		동의 3:15ㄴ5
葶藶	두루믜나이ᄡᅵ			본목 17ㄱ4
葶藶	덩녁			마초 하104ㄱ
葶藶	두루믜나시ᄡᅵ	草部		사의 1ㄴ4:6
葶藶子	두로기낭이ᄡᅵ	草部		양금 506:4
葶藶	두루믜나이ᄡᅵ			제중 8:8ㄱ5
葶藶	한식나이			물명 85
葶藶	두르믜나이ᄡᅵ	隰草		의종 7:14ㄱ8
葶藶	두르뫼낭이ᄡᅵ	隰草		방합 18ㄱ
葶藶子	두루믜나이ᄡᅵ			경신 33ㄱ9
藶	두루미낭이			자석 327
葶	두루미낭이			자석 319
亭藶	솟ᄶᅡ지 덩녁			식휘 175
葶藶	豆音矣羅耳 두루미냉이씨 꽃따지씨	草部下品之上	鄕名	향성 79:627:1
葶藶	꽃다지			식명 614
丁藶	꽃다지씨			동사 714
葶藶子	꽃다지씨 대적 대실 정력			동사 1045
葶藶	꽃따지			야화 38
葶	솟다지			광향 23ㄱ9
甛葶藶	ᄃᆞᆫ두루ᄆᆡ나ᅀᅵᄡᅵ			구간 2:11ㄱ
甛葶藶	ᄃᆞᆫ두루믜나ᅀᅵ			구간 1:7ㄱ
甛葶藶	ᄃᆞᆫ두루믜나ᅀᅵᄡᅵ			구간 3:78ㄴ

'葶藶'을 핵심 어근으로 하는 단어족이다. '葶藶子'는 '다닥냉이의 씨'로 '꽃다지씨'를 말한다. 『향구』의 차자표기 '豆音矣薺'는 '*두믜나ᅀᅵ', '豆衣乃耳'는 '*두의나ᅀᅵ'가 된다. 후대형과 비교하면 2음절 초성의 'ㄹ'에 해당하는 표기가 없다. 표기상의 문제인지 어형이 달랐던 것인지 확실하지 않다. 모음 사이의 'ㄹ'음 표기가 잘 나타나지 않는 경향이 있는 점을 고려하면 각각 '*두르믜나ᅀᅵ', '*두릐나ᅀᅵ'로 해독할 수도 있다. 『향채』의 차자표기 '豆音矣羅耳'도 용자대로라면 '*두믜나ᅀᅵ'로 해독된다. 『향성』이 이 차자표기를 그대로 인용하고 있다. 『촌구』의 '豆乙音羅伊'은 '*두름나이'로 해독되는데 한글표기는 '두롬의나이'로 나온다. 이 어형은 15세기 한글표기형은 '두루믜나ᅀᅵ'의 '나ᅀᅵ'가 '나이'로 어형 변화가 일어난 것이다. 『사의』의 '두루믜나시삐'에는 '나시'라는 방언형이 쓰였다. 『동의』에 와서 '두루믜나이삐'가 형성된다. 이후 『양금』과 『제중』에서 '낭이' 형태로 교체된다. 이후 현대 국어로 오면서 '두루미냉이씨'가 된다. 어형 변화와 어형 교체를 모두 겪은 향약명이다. 현대 국어에 오면 새로운 향약명 '꽃다지'형이 나타난다. 『표』에 따르면, '꽃다지'는 동음어이다. '오이 가지, 참외, 호박 따위에서 맨 처음에 열린 열매'와 '십자화과의 두해살이풀'을 뜻하는데 '葶藶'은 후자에 해당한다. 『광비』의 '쏫다지'는 전자에 해당한다(이에 대해서는 이은규 2017:318 참조). 『표』에는 '두루미냉이'를 '꿀풀과의 여러해살이풀'로 풀이하고 있고, '葶藶'을 '십자화과의 두해살이풀'인 '다닥냉이'로 규정하고 있다. 전통적인 의서의 기록과 다르다. 또한 형태 '다닥'의 기원을 이전 시기 의서에서는 찾을 수 없다. 좀더 정밀한 추적이 필요하다.

2130) 正馬 ☞ 玄參
2131) 定粉 ☞ 鉛
2132) 井水 ☞ 水
2133) 頂心髮 ☞ 頭髮
2134) 井底泥 ☞ 土
2135) 井底沙 ☞ 沙
2136) 井中苔

井中苔		草部		동의 3:14ㄱ3
井中苔	우믈의찌인잇기	草部		양금 506:1
井中苔及萍	우물속의잇기	草部中品之下	鄕名	향성 79:625:3

'井中苔'는 설명형 한어명이다. 『동의』에는 한어명만 나오고 『양금』에 '우믈의찌인잇기'가 『향

성』의 '우물속의잇기'가 되었다. 어형 교체가 일어난 것이다.

2137) 淨土 ☞ 土

2138) 丁香 / 鷄舌 / 鷄舌香

丁香	뎡향			구급 상35ㄱ6
丁香	뎡향			구간 2:4ㄱ
丁香		唐	木部	동의 3:32ㄱ1
丁香			木部	사의 2ㄴ1:4
丁香		唐	木部	양금 510:5
丁香				제중 8:6ㄴ5
丁香			香木	의종 7:22ㄱ4
丁香			香木	방합 28ㄱ
丁香				경신 44ㄴ9
丁香末	뎡햜ᄀᆞᄅᆞ			구간 7:81ㄴ
鷄舌香			木部	동의 3:32ㄱ5
鷄舌				해혹 3ㄱ8

'丁香'은 '말린 정향나무의 꽃봉오리'를 이르며 한어명 이칭으로 '鷄舌香'이 있다. '丁香'은 15세기부터 한어명으로만 나타난다.

2139) 井華水, 井花水 ☞ 水

2140) 蹄

蹄			獸部	양금 528:8

'蹄'는 짐승의 '굽'을 말한다. 『양금』의 기록인데 본문의 특정 짐승의 굽을 이른다.

2141) 薺 ☞ 薺菜

2142) 諸葛菜 ☞ 蔓菁

2143) 猘犬 ☞ 犬

2144) 鵝鴣 / 鵝鴣油 / 鵝鴣觜

鵝鴣	沙月鳥		鄕名	향채 12월
鵝鴣油	沙月鳥油			촌구 4ㄴ10:2
鵝鴣油	沙月鳥油 사ᄃᆞ새지름		鄕名	촌가
鵝鴣觜	사ᄃᆞ새부리	禽部		동의 1:40ㄱ2
鵝鶘	사ᄃᆞ새			본목 47ㄱ3
鵝鴣嘴	시다시브리 逃河 一名	禽部		양금 527:7
鵝鴣觜	沙月鳥 사대새입부리	禽部下品	鄕名	향성 82:675:1

'鵝鶘'를 핵심 어근으로 하는 단어족이다. '鵝鶘'는 '사다샛과의 물새' 곧 '사다새'를 이른다. 의서에는 한어명 '鵝鴣'가 더 많이 나타난다. 『향채』의 차자표기 '沙月鳥'가 바로 '*사ᄃᆞ새'로 해독된다. 기원형은 치조음 앞에서 'ㄹ' 탈락이 일어나지 않는 시기의 형태 '*사ᄃᆞᆯ새'일 가능성이 있다. '*사ᄃᆞ새'는 어형 변화만 겪어 지금의 '사다새'로 정착되었다.

2145) 薺苨

薺苨	獐矣加次			향구 상2ㄱ4
薺苨	獐矣皮		俗云	향구 목46ㄴ2
薺苨	季奴只		鄕名	향채 2월
薺苨	제니			구급 하52ㄱ6
薺苨	季奴只			촌구 3ㄴ6:1
薺苨	季奴只		鄕名	촌가
薺苨	계로기			산경 407
薺苨	계로기			언구 하18ㄱ6
薺苨	계로기	菜部		동의 2:31ㄱ2
薺苨	계로기			본목 11ㄱ6
薺苨	계로기 牡蒙 一名	補遺山草		본정 하293
薺苨	계로기			언납 17ㄱ
薺苨	겨로기	菜部		양금 520:1
薺苨	계로기			물명 91
薺苨	계로기	山草		의종 7:1ㄴ7
薺苨	게로기	山草		방합 255
薺苨	모시ᄃᆡ			식휘 338
薺苨	季奴只 게로기 모시때	草部中品之下	鄕名	향성 79:624:3
薺苨	모계룩이 게로기 오시대			식명 315

薺苨	모시대 시때 게루기 뭉아지			식명 315
薺苨	게루기			동사 794
薺苨根	계로깃불휘			구간 3:22ㄱ
薺苨汁	계루기믈			언구 하22ㄴ1

'薺苨'는 '초롱꽃과의 여러해살이풀인 모싯대의 뿌리'를 말한다. 『향구』의 차자표기 '獐矣加次'은 '*노릐갗'으로 해독된다. '獐矣皮'도 마찬가지이다. 이 어형은 후대로 이어지지 않는다. 『향채』의 차자표기 '季奴只'는 '*계로기'로 해독되며 이 어형이 후대로 어형 교체 없이 이어져 『표』의 '게로기'로 정착한다. '季奴只'은 『촌구』와 『향성』에 그대로 인용된다. '계로기'가 어떤 연유로 '게로기'가 되었는지는 알 수 없다. 현대 국어에 와서 '모싯대'형이 생성되어 공존하게 된다.

2146) 穄米 ☞ 稷米

2147) 薺菟

薺菟		草部	사의 2ㄱ2:6

'薺菟'는 사전류에 보이지 않는다. '냉이'에 속하는 것인지 아니면 '菟絲子' 곧 '새삼'을 말하는 것인지 불명확하다.

2148) 滛羊藿 ☞ 淫羊藿

2149) 諸魚

諸魚膽	온갇고기쁠게			언구 상29ㄱ3
諸魚	여러가지물고기	蟲魚部中品	鄕名	향성 83:688:2

'諸魚'를 핵심 어근으로 하는 단어족이다. 『언구』의 '온갇고기쁠게'와 『향성』의 '여러가지물고기'는 설명형 향약명에 해당한다.

2150) 蠐螬 / 生蠐螬 / 瓦蛆

蠐螬	夫背也只		향구 중31ㄴ9
蠐螬	夫背也只	俗云	향구 목49ㄴ2
蠐螬	굼벙이		구급 하6ㄱ5

生螬蠐	산굼벙이			구간 3:44ㄴ
螬蠐	굼벙이			구간 6:25ㄱ
螬蠐虫	굼벙이			구간 6:31ㄴ
螬	굼벙이			훈몽 상21ㄴ
蠐	굼벙이			훈몽 상21ㄴ
螬蠐	굼벙이			산경 392
螬蠐	굼벙이			언두 하60ㄴ
螬蠐	굼벙이			언구 하16ㄱ3
螬蠐汁	굼벙이즙			언구 상25ㄴ11
螬蠐	굼벙의즙			언태 74ㄱ
螬蠐	굼벙이	蟲部		동의 2:8ㄱ9
螬蠐	굼벙이			본목 41ㄱ2
螬蠐	굼벙이	虫部		사의 4ㄴ1:7
螬蠐	굼벙이	蟲部		양금 516:5
瓦蛆	굼벙이		俗	해혹 29ㄴ10
螬蠐	굼벙이		俗	해혹 6ㄴ9
螬蠐	굼벙이			경국 9:7
螬蠐	久音方伊 굼벵이	蟲魚部中品	鄕名	향성 83:684:2
螬蠐	굼벵이 비제 분제 유제			동사 105

'螬蠐'는 '매미, 풍뎅이, 하늘소와 같은 딱정벌레목의 애벌레'로 '굼벵이'를 이른다. 『향구』의 차자표기 '夫背也只'는 '*부비야기'로 해독된다. 이 차자표기는 '無患子'의 차자표기와 동일하다(위 '無患子' 항목 참조). 이 어형은 후대에 이어지지 않는다. 15세기 의서에 '굼벙이'로 나타나고 이것이 현대 국어까지 이어져 움라우트를 겪은 뒤 '굼벵이'가 된다. 어형 교체는 일어나지 않았다. 『향성』의 차자표기 '久音方伊'는 '*굼방이'로 해독된다. 이전 시기에 이의 차자표기가 없었으므로 '굼벙이'를 기록하려 한 시도로 보인다.

2151) 虀汁

虀汁	싄칤국	언구 상2ㄱ9

'虀汁'은 사전류에서 찾기 어렵다. 『물명고』의 '김치 或曰細切曰虀全物曰菹 권3 草'에 따르면 '虀'는 채소를 절인 '김치'로 추정된다. 따라서 『언구』의 고유어 향약명 '싄칤국'은 '싀-+-ㄴ #

치+ㅅ+국'으로 분석되며 '신 김치의 국물'이라는 뜻으로 보인다.

2152) 薺菜 ⇒ 菥蓂子, 葶藶子

薺	나ᅀᅵ 薺菜 俗呼 薺 呼 계로기			훈몽 상14ㄱ
薺菜	나이	菜部		동의 2:30ㄴ4
薺	那耳		鄕名	향집 85:8ㄱ
薺	나이			본목 27ㄱ4
薺菜	낭이	菜部柔滑類		본정 상134
薺菜	나이	菜蔬部		사의 3ㄴ2:3
薺菜	낭이	菜部		양금 520:1
薺菜	낭이	柔滑菜		의종 7:29ㄴ10
薺菜	낭이	柔滑菜		방합 37ㄴ
薺菜	나이			경국 64:8
薺	那耳 냉이 나생이	菜部上品	鄕名	향성 85:712:1
薺菜根		菜部		동의 2:30ㄴ8
薺菜莖葉		菜部		동의 2:30ㄴ9
薺菜子	菥蓂子 一名	菜部		동의 2:30ㄴ6

'薺菜'는 '냉이'를 이른다. 이른 시기 형태 '나ᅀᅵ'가 '나이'를 거쳐 '낭이'가 되고 이것이 움라우트를 겪어 '냉이'가 된다. 『향성』의 차자표기 '那耳'는 이른 시기 형태 '*나ᅀᅵ'로 해독된다.118) 아울러 '나생이'는 현대 국어 방언형이다.

2153) 齊蛤 ☞ 馬刀

2154) 醍醐

醍醐		獸部		동의 1:44ㄴ4
醍醐		獸部		양금 528:6
醍醐	타락의웃국	獸部上品	鄕名	향성 81:656:3

'醍醐'는 '우유에 갈분을 타서 미음같이 쑨 죽'을 이른다. 『동의』와 『양금』에는 한어명만 나온다. 『향성』의 '타락의웃국'은 '타락을 가라앉힌 뒤에 위에 뜬 물'을 이른다. '웃국'은 '뜨물, 구정

118) 차자표기가 당대의 현실음을 반영하는 것인지 아니면 이른 시기의 표기를 그대로 인용한 것인지를 판단하기는 쉽지 않다. 따라서 이 경우 '*나이'로 해독할 수도 있다. 여기서는 『향성』의 어휘사적 성격을 고려하여(이은규 2019ㄱ 참조) 이전 시기 기록을 인용한 것으로 보았다.

물, 빗물 따위의 받아 놓은 물에서 찌꺼기가 가라앉고 남은 윗부분의 물'을 이른다(『표』).

<조>

2155) 鵰

鵰	수뤼		본목 49ㄱ5

'鵰'는 '수리'를 말한다. '독수리'이다. 『본목』에 '이'형 명사 '수뤼'로 나온다. 15세기 『법화』에도 '수리'로 나온다.

2156) 藻 ⇒ 芰實

藻菜水中	馬乙		향구 중20ㄱ9
藻	ᄆᆞᆯ 말왐		훈몽 상9ㄴ
藻	말		물보 11

'藻'는 '말'을 이른다. 『향구』의 차자표기 '馬乙'은 '*ᄆᆞᆯ'로 해독된다. 이 어형이 현대 국어까지 어형 변화만 겪고 이어져 '말'이 되었다. '말왐'의 기원형은 '*말밤'이었을 가능성이 높다.

2157) 棗 ☞ 大棗

2158) 糟 ☞ 酒糟

2159) 皀角 / 皀角樹 / 皀角刺 / 天丁 / 猪牙皀角 ⇒ 皀莢

皀角	조삭		구급 상2ㄱ4
皀角	조각		구간 1:2ㄴ
皀角	조각		언구 상12ㄱ10
皀角	당쥐염여름		광비
皀角	당쥬염여름		광향 4ㄱ02
皀角		喬木	의종 7:24ㄴ10
皀角		喬木	방합 31ㄴ
皀角	쥬엽나무여름 皀莢 一名		경신 18ㄱ3
皀角末	조각ᄀᆞᄅᆞ		언구 상12ㄱ10
皀角末	조협ᄀᆞᄅᆞ		언구 상35ㄴ1
皀角末	주엽나모여ᄅᆞᆷᄀᆞᄅᆞ		언구 상1ㄴ1

皀角末	쥐염ᄀᄅ		언구 상45ㄱ7
皀角樹	주염나모		방유 4:21ㄴ
皀角樹	쥬엄나무		물보 11
皀角刺	조각가싀		언구 상27ㄴ1
皀角刺	조협나모가싀		언구 하40ㄴ11
皀角刺	天丁 一名	木部	동의 3:39ㄱ7
皀角刺	주염나무가시		동사 722
天丁	주염나무가시		동사 817
皀角子	조협씨		언두 상28ㄱ
大皀角	주염나무열매 大皀莢		동사 252
長皀角	주염나무열매 長皀莢		동사 693
不蛀皀角	벌에먹디아니ᄒᆞᆫ조각		구급 상51ㄴ6
不蛀皀角	벌에먹디아니ᄒᆞᆫ조각		구간 6:11ㄴ
不蚛皀角	벌에아니머근조각		구간 3:63ㄱ
猪牙皀角	저아조각		구급 상4ㄴ3
猪牙皀角	도틔엄ᄀᆞᄐᆞᆫ조각		구간 1:5ㄴ

‘皀角’을 핵심 어근으로 하는 단어족이다. ‘皀角’은 ‘쥐엄나무의 열매를 말린 한약재’를 이른다. 한어명 ‘皀角’과 ‘주염나무’형이 함께 나타난다. 『구급』과 『구간』의 ‘猪牙皀角’은 ‘쥐엄나무’의 유래를 짐작케 해 주는 중요한 단서이다. 『구간』의 설명형 고유어 향약명 ‘도틔엄ᄀᆞᄐᆞᆫ조각’은 ‘돼지의 이빨 모양을 한 조각’이라는 뜻이다. 곧 이 나무의 모양이 ‘돼지의 이빨’과 같아서 ‘쥐엄나무’가 된 것이다. 『三才圖會』(권8)의 ‘云形如猪牙者’라는 기록도 이를 말해 준다(이은규 1993:131 참조).

2160) 釣鉤藤 ☞ 釣藤

2161) 竈突內煤, 竈突墨, 竈突中墨, 竈突黑 ☞ 百草霜

2162) 澡豆

澡豆	비누	俗	해혹 6ㄱ6

‘澡豆’는 ‘녹두나 팥 따위를 갈아서 만든 가루비누’를 이른다. 『박통사언해』에 ‘비노’가 나온다.

2163) 釣藤 / 鉤藤

釣藤		木部		동의 3:42ㄴ9
釣藤	唐	木部		양금 512:3
鉤藤			蔓草	의종 7:19ㄴ10
鉤藤			蔓草	방합 25ㄱ
釣鉤藤				경신 20ㄴ8

'釣藤'은 '꼭두서닛과 목질의 덩굴풀'인데 '釣鉤藤'이라고도 한다. 『표』에 '釣藤'과 '鉤藤'이 모두 등재되어 있다. 한어명으로만 나타난다.

2164) 鳥鰦魚 ☞ 鰦魚

2165) 竈馬

竈馬	귓도람이	본목 41ㄴ6

'竈馬'는 '꼽등잇과의 곤충' 즉 '꼽등이'를 이른다. 『본목』에서는 '귓도람이' 즉 '귀뚜라미'라 기록하고 있다. 좀더 정밀한 추정이 필요하다.

2166) 棗木根 ☞ 大棗

2167) 皀礬 ☞ 綠礬

2168) 繰絲湯 ☞ 水

2169) 朝生花

朝生花	됴싱화	구급 하1ㄴ6

'朝生花'는 『구급』에 한어명대로 나타나는데 '아침에 피는 꽃'을 이른다.

2170) 早小豆 ☞ 小豆

2171) 竈心土 ☞ 伏龍肝

2172) 糟淹, 糟 ☞ 酒糟

2173) 棗穰, 棗葉, 棗肉, 棗子 ☞ 大棗

2174) 竈屋上墨, 竈屋上塵墨, 竈中墨 ☞ 百草霜

2175) 稠粥 ☞ 粥

2176) 竈中熱灰, 竈中灰, 竈下熱灰 ☞ 灰

2177) 竈中黃土, 竈下黃土 ☞ 伏龍肝

2178) 藻菜水中 ☞ 藻菜

2179) 糟下酒 ☞ 酒

2180) 皂莢 / 牙皂 / 鬼皂莢 / 大皂莢 / 不虫皂莢 ⇒ 皂角

皂莢	鼠厭木實		俗云	향구 목48ㄱ4
皂莢	注也邑			향구 상6ㄱ3
皂莢	注也邑		鄉名	향구 상11ㄴ3
皂莢	注也邑		鄉名	향구 상7ㄱ2
皂莢	注也邑		鄉名	향구 상7ㄱ6
皂莢	注也邑		鄉名	향구 상7ㄴ10
皂莢	走葉木			향채 9월
皂莢	조협			구급 상22ㄴ
皂莢	조협			구간 1:41ㄴ
皂莢	注葉			촌구 5ㄱ3:1
皂莢	조협			분온 12ㄱ
皂莢	注葉		鄉名	촌가
皂莢	조협			간벽 20ㄱ
皂莢	주염나모여름			산경 503
皂莢	조협			언태 53ㄱ
皂莢	주엽나모여름 皂角 一名	木部		동의 3:39ㄱ1
皂莢	주엽			우마 13ㄴ
皂莢	주엽나모여름			본목 34ㄱ2
皂莢	쥐엽나모			벽신 12ㄱ
皂莢	쥐엄나모여름 皂角 一云	木部		사의 2ㄴ3:2
皂莢	쥬염나모여름 皂角 一名	木部		양금 511:6
牙皂	쥬염나모여름			제중 8:11ㄱ6
牙皂	쥬업나모여름	喬木		의종 7:24ㄴ8
牙皂	쥬업나모여름	喬木		방합 31ㄱ
皂莢	주업나무			식휘 215
皂莢	주염나무 아제베과질나무	木部下品	鄉名	향성 80:649:3
皂莢	개주염나무 주염나무			식명 768
皂莢	주염나무열매			동사 760
皂莢子		木部		동의 3:39ㄱ6
牙皂子		喬木		의종 7:24ㄴ9
牙皂子		喬木		방합 31ㄴ
鬼皂莢		木部		동의 3:39ㄱ8
不虫皂莢	벌에먹디아니흔조협			구간 3:81ㄴ

大皀莢　큰조협　구간 1:27ㄱ

'皀莢'은 '쥐엄나무의 열매를 말린 한약재'로 '皀角'과 동의어이다. 『향구』의 차자표기 '鼠厭木實'는 '*쥐염나모여름'으로 해독된다. 그리고 '注也邑'은 용자대로라면 '*주얍'으로 해독된다. 『향채』의 '走葉木'와 『촌구』의 '注葉'은 '*주엽나모'로 해독되는데 고대국어의 '*주얍'형이 15세기에 '주엽'형으로 어형 변화가 있었던 것으로 추정된다. 어원적 기원형은 '*쥐엄나모'일 가능성이 높다(위 '皀角' 항목 참조). 그렇다면 '*쥐엄' 형태가 어떻게 '주엽'형이 되었는가가 설명되어야 한다. '주엽+나모'가 동화를 입어 '주염나모'가 된 것으로 보면 아무 문제가 없다. 하지만 어원적으로는 '*쥐엄'에서 '주엽'형으로 된 것인데 설명이 간단하지 않다. 잠정적으로 볼 때 '쥐엄'과 한어명 '皀莢'이 혼태되어 '주엽'이 된 것이 아닐까 한다. 15세기 이후 '주엽나모'형으로 쓰이다가 현대 국어에 와서 '주염나무'로 쓰이게 된다. 『샘』에서는 '주염나무'를 '쥐엄나무'의 북한말로 소개하고 있지만 전통적 어형이었다. 『향성』의 '아제베과질나무'는 '아제배+과질+나무'로 분석되며, '아제배'는 '아저씨'의 방언형 '아재비(아저씨)'의 다른 형태이고, '과질'은 '과즐'로서 '아재비과즐나무'에 해당한다. 음운사적으로는 '과즐>과질'의 개연성이 더 높은데 『표』에는 '과즐'형이 표준형으로 되어 있다. 동의어로 '과줄주엽나무'가 있다.

2181) 早禾稈 ⇒ 糯稻
早禾稈　올볏딥　구급 하50ㄴ3

'早禾稈'는 『구급』의 고유어 향약명대로 '올벼의 짚'을 이른다.

2182) 蚤休
蚤休　躬身卄　鄕名　향채 3월
蚤休　紫河車　鄕名　향채 3월
蚤休　躬身草 삿갓나물　草部下品之下　鄕名　향성 79:634:3

'蚤休'는 『향성』의 표기대로 '삿갓나물'로 추정된다. '삿갓나물'은 이 어휘는 '백합과의 삿갓풀'과 '국화과의 우산나물'을 다 가리키는 다의어이다(『표』). 『향채』의 '躬身卄'은 '*궁신플' 정도로 해독되는데 이 기록이 『향성』에 인용되어 있다. 이 어형은 사전류에서 찾기 어렵다. 『향채』

의 '紫河車'는 '태반'을 이르는바 '蛋休'와는 전혀 다르다.

<종>

2183) 棕櫚皮

椶櫚	종려		구간 2:101ㄴ
棕櫚皮		唐　木部	동의 3:43ㄱ1
棕櫚皮		唐　木部	양금 512:3
棕櫚皮	종려	喬木	의종 7:25ㄴ3
棕櫚皮	종려	喬木	방합 32ㄱ

'棕櫚皮'는 '종려나무 껍질'을 말한다. 『구간』에서부터 한어명으로만 나타난다.

<좌>

2184) 左角髮

左角髮	왼녁귀미틧터리	구간 1:54ㄱ

'左角髮'은 『구간』의 설명형 고유어 향약명 '왼녁귀미틧터리'에 따르면 '구레나룻'을 이른다. 『구간』의 한문 원문에는 '왼녁귀미틧터리'로, 언해문에는 '왼녁귀미틧머리터리'로 되어 있다.

2185) 坐拏

坐拏	좌나	구급 하31ㄴ8

'坐拏'는 무엇인지 분명하지 않다.

2186) 左纏藤 ☞ 忍冬

2187) 酒

酒	술			언구 상13ㄱ11
酒	술	穀部		동의 1:27ㄴ1
酒	술			본목 25ㄴ8
酒	술	穀部		양금 525:1
酒	술			제중 8:15ㄱ01
酒	숩	造釀		의종 7:37ㄱ6
酒	숩	造釀		방합 46ㄱ
酒	술			경신 54ㄴ3
酒	술	米穀部中品	鄕名	향성 84:703:3
江西麻姑酒		穀部		동의 1:29ㄱ5
羔兒酒		穀部		동의 1:28ㄱ9
苦酒	쓴술			구급 하69ㄱ1
苦酒	초			구간 2:34ㄴ
枸杞酒		穀部		동의 1:28ㄱ2
菊花酒		穀部		동의 1:28ㄴ5
金盆露		穀部		동의 1:28ㄴ10
煖酒	더운술			구간 6:55ㄴ
南京金華酒		穀部		동의 1:29ㄱ3
當歸酒	승암촛불휘글힌술			구간 2:32ㄴ
東陽酒		穀部		동의 1:28ㄴ9
豆淋酒	콩ᄃᆞ믄술			구급 하26ㄱ
豆淋酒		穀部		동의 1:27ㄴ8
鹿頭酒		穀部		동의 1:28ㄱ8
梨花酒		穀部		동의 1:29ㄱ8
戊戌酒		穀部		동의 1:28ㄱ4
無灰老酒	틔업난막걸니 올맷숩			해혹 28ㄴ2
無灰常酒	됴흔술			구간 7:78ㄱ
無灰酒	됴흔술			구간 1:3ㄴ
無灰酒	직업슨술			구급 상88ㄱ
無灰酒	醇酒 卽	穀部		동의 1:28ㄴ2
無灰好酒	됴흔술			구간 7:59ㄱ
蜜酒		穀部		동의 1:28ㄱ10
白酒	탁쥬			구간 3:29ㄱ
餠子酒		穀部		동의 1:28ㄴ3
山東秋露白		穀部		동의 1:29ㄱ1
桑椹酒		穀部		동의 1:28ㄱ1

暹羅酒		穀部		동의 1:28ㄴ7
燒酒		穀部		동의 1:29ㄱ6
燒酒	쇼쥬			언구 상22ㄴ10
燒酒		造釀		의종 7:37ㄱ6
燒酒		造釀		방합 46ㄱ
蘇州小瓶酒		穀部		동의 1:29ㄱ2
松葉酒		穀部		동의 1:28ㄱ5
松節酒		穀部		동의 1:28ㄱ6
淳酒	됴ᄒᆞᆫ술			구급 상19ㄱ2
醇酒	됴ᄒᆞᆫ술			구간 1:56ㄴ
新熟酒	새니근술			구급 하34ㄴ5
新熟和糟酒	ᄀᆞᆮ니근젼ᄒᆞᆫ술			언구 하13ㄱ3
熱酒	더운술			구급 상37ㄱ5
熱酒	더운술			구간 1:86ㄴ
熱酒	더운술			언구 상3ㄴ4
熱酒	더운술			언구 상4ㄱ4
溫酒	ᄃᆞᄉᆞᆫ술			구급 상8ㄴ7
溫酒	ᄃᆞᄉᆞᆫ술			구간 1:10ㄴ
溫酒	더운술			언구 상9ㄴ4
煮酒		穀部		동의 1:29ㄱ7
點剢酒	송이지강		俗	해혹 10ㄱ8
糟下酒		穀部		동의 1:27ㄴ7
糟下酒		穀部		양금 525:1
地黃酒		穀部		동의 1:28ㄱ3
菖蒲酒		穀部		동의 1:28ㄱ7
天門冬酒		穀部		동의 1:28ㄴ6
淸酒	ᄆᆞᆯᄀᆞᆫ술			구간 1:26ㄴ
淸酒	청쥬			구급 상5ㄴ1
淸酒	ᄆᆞᆯᄀᆞᆫ술			언구 하26ㄱ3
葱豉酒		穀部		동의 1:27ㄴ9
春酒		穀部		동의 1:28ㄴ1
濁酒	탁쥬			구급 하87ㄱ3
蒲萄酒		穀部		동의 1:27ㄴ10
好舊酒	됴ᄒᆞᆫ므근술			구급 상38ㄱ5
好酒	됴ᄒᆞᆫ술			구급 상25ㄴ4
好酒	됴ᄒᆞᆫ술			구간 1:15ㄱ

好酒	됴호술		언구 하17ㄴ3
好淸酒	됴호물근술		구급 하65ㄱ
好淸酒	됴호물근술		구간 6:32ㄴ
好春酒	됴호봆술		구급 하77ㄴ1
紅麴酒		穀部	동의 1:28ㄴ8
紅酒	홍주		구급 하32ㄱ3
黃連酒		穀部	동의 1:28ㄴ4
黃酒	황쥬		언구 하43ㄱ5
淮安菉豆酒		穀部	동의 1:29ㄱ4

'酒'를 핵심 어근으로 하는 단어족이다. 술의 종류를 나타내는 한어명이 대부분이며 『동의』에 기록된 것이 가장 많다. 이를테면 '金盆露'는 중국에서 나는 술의 일종으로 『표』에 실려 있다. 『해혹』의 '송이지강'은 '전국만 떠내고 남은 술찌끼'를 이른다(『표』). 『동의』의 '江西麻姑酒'의 '麻姑'는 '전설에 나오는 신선 할미'를 이른다(『표』). 그리고 『동의』의 '山東秋露白'은 '色은 純하고 맛은 극렬한 술'을 뜻한다(『지』).

2188) 酒壜

酒壜	술담는딜그릇	구간 1:74ㄴ

'酒壜'은 『구간』에 의하면 '술담는 질그릇'을 이른다. '壜'은 '술병'의 뜻을 지니고 있다.

2189) 蛛 ☞ 蜘蛛

2190) 珠瑠 / 珠圓

珠瑠	구슬	구간 6:14ㄴ
珠圓	두렫호구슬	언구 상31ㄴ3

'珠瑠'은 '구슬'을 뜻한다. 한어명의 구성 요소는 모두 '구슬'을 의미한다. '珠圓'은 『언구』의 설명형 고유어 향약명대로 '둥근 구슬'을 뜻한다.

2191) 朱苓 ☞ 豬苓

2192) 周麻 ☞ 升麻

2193) 朱砂 / 辰砂 / 好辰砂

朱砂	쥬사			구급 상15ㄴ8
朱砂	쥬사			구간 1:4ㄴ
朱砂	쥬사			언구 상16ㄴ11
朱砂	丹砂 一名	唐 木部		동의 3:44ㄱ9
朱砂		唐 石部		양금 512:8
朱砂				제중 8:14ㄱ6
朱砂	丹砂 辰砂 一名	金石		의종 7:48ㄴ2
朱砂	丹砂 辰砂 一名	金石		방합 61ㄱ
朱砂	丹砂 一名 辰砂 一名			경신 52ㄱ8
辰砂	쥬사			구급 상19ㄱ
好辰砂	됴흔쥬사			구간 1:96ㄴ

'朱砂'는 '수은으로 이루어진 황화 광물'이다. '丹砂' 혹은 '辰砂'라고도 한다. 한어명으로만 나타난다. 『구급』에 '朱砂'의 이칭인 '辰砂'가 표제어로 나타나기도 한다.

2194) 朱雄鷄冠血 ☞ 雄鷄

2195) 珠圓 ☞ 珠瑠

2196) 珠子瀝靑

珠子瀝靑	방올쳥딕		俗	해혹 25ㄱ3

'珠子瀝靑'은 설명형 한어명이다. 『해혹』의 고유어 향약명은 '방올쳥딕'로 되어 있다. '구슬 모양의 청딕'이다. '瀝靑'은 '천연산 탄화수소 화합물'이다.

2197) 酒糟 / 糟 / 糟淹

酒糟	숤주여미			구간 6:65ㄴ
酒糟	술주여미	穀部		동의 1:29ㄱ9
糟	지강			본목 25ㄴ10
糟	술주엄이	穀部		양금 525:2
糟淹	지강지엄이		俗	해혹 33ㄱ7
酒糟		造釀		의종 7:37ㄱ7
酒糟		造釀		방합 46ㄱ

'酒糟'는 '술을 거르고 남은 찌꺼기' 곧 '재강'을 이른다. '糟'는 '지게미'를 뜻한다. 『구간』의

‘숤주여미’가 후대의 ‘술주엄이’ 혹은 ‘직강지엄이’ 등의 형태로 이어진다. 『양금』과 『해혹』의 ‘주엄이’, ‘지엄이’는 옛말 ‘술주여미’의 방언형으로 추정된다. 『표』에 ‘술지게미’가 등재되어 있다.

2198) 鑄鐘鉏孔中黃土 ☞ 土
2199) 柱下土 ☞ 土

<죽>

2200) 粥 / 粥飮 / 溫粥淸 / 稠粥 / 陳米飮 / 稀米飮 / 淸粥飮

粥飮	쥭믈	구급 상9ㄱ2
粥飮	쥭믈	구급 상39ㄴ6
粥飮	쥭	구간 1:101ㄴ
粥飮	쥭믈	구간 1:61ㄱ
米飮	쌀글힌믈	구간 2:108ㄴ
米飮	쥭믈	언구 상5ㄱ11
米湯	쥭믈	언구 상22ㄴ7
白粥	힌쥭	구급 하46ㄴ6
溫粥淸	드슨쥭믈	언구 상44ㄴ9
稠粥	건쥭	언구 상47ㄱ1
濃米飮	디투글힌쌀믈	구간 2:112ㄴ
陳米飮	무근쌀글힌믈	구간 2:112ㄱ
淸粥飮	믈ᄀᆞᆫ쥭믈	구간 2:113ㄱ
稀米飮	믈근쥭믈	언구 상22ㄴ9
稀粥淸	믈근쥭	언구 상46ㄴ11

‘粥’을 핵심 어근으로 하는 단어족이다. 주로 15, 16세기 의서에 나온다. ‘陳米飮’은 설명형 한어명인데 『구간』에 ‘무근쌀글힌믈’로 나온다. ‘묵은 쌀로 끓인 미음’이라는 뜻이다.

2201) 竹 / 竹笋 / 竹實 / 生竹皮 / 蓬仰上竹皮

竹根

竹根		木部	동의 3:30ㄴ8
竹笋	듁순	菜部	동의 2:28ㄱ9
竹筍	듁순	菜部	양금 519:8

竹筍	죽순			제중 8:23ㄱ7
竹筍	죽순	苞木		의종 7:28ㄱ8
竹筍	죽순	苞木		방합 35ㄴ
竹實		木部		동의 3:30ㄴ6
竹皮	댓갗			구급 상65ㄴ2
生竹皮	눌댓갗			구급 상66ㄱ2
生竹皮	눌댓거플			구간 2:118ㄱ
蓬仰上竹皮	실엉우의두어든듁엽		俗	해혹 6ㄴ5

'竹根'은 '대나무 뿌리'이다. 『동의』에 한어명으로 나타난다. '竹筍'은 '대나무의 어린 싹'을 말한다. 한어명으로만 나타난다. '竹實'는 '대나무 열매의 씨'이다. 『동의』에 한어명으로 나타난다. '竹皮'를 핵심 어근으로 하는 단어족이다. '대나무 껍질'을 이른다. 『해혹』의 설명형 향약명은 '실엉(시렁) # 우+의 # 두-+-엇-+-더-+-ㄴ # 듁엽'으로 분석된다. '시렁 위에 두었던 대나무 잎'이다.

2202) 竹膏 ☞ 天竺黃

2203) 竹根 ☞ 竹

2204) 竹根黃 ☞ 黃粱米

2205) 竹瀝 ⇒ 淡竹葉

竹瀝	■青竹■汁		향구 중28ㄱ7
竹瀝	댓진		구급 상2ㄴ4
竹瀝	댓진		구간 1:24ㄴ
竹瀝	듁녁		언구 상1ㄴ10
竹瀝		木部	동의 3:30ㄴ3
竹瀝	참대기름		광비
竹瀝	참딕기름		광향 3ㄴ11
竹瀝			제중 8:14ㄱ9
竹瀝		苞木	의종 7:28ㄱ6
竹瀝		苞木	방합 35ㄴ
竹瀝			경신 37ㄱ10

'竹瀝'은 '솜대의 신선한 줄기를 불에 구워서 받은 액즙' 곧 '댓진'을 이른다. 『향구』의 차자표기 '■青竹■汁'는 판독이 불분명하다. 15세기의 '댓진'이 형태 교체 없이 현대 국어까지 이어진

다. 『광향』과 『광비』에 '참대기름'형이 나타나는데, 이 향약명은 '淡竹瀝 소옴댓진'과 구분된다는 점에서 의미가 있다. 즉 '참대'와 '솜대'를 구분한 것이다. '참대'는 '왕대'를 이르는데 '대나무 가운데 가장 굵은 것'이고, '솜대'는 '참대보다 가지가 가늘게 갈라지는 것'이다.

2206) 竹木 ☞ 萆薢

2207) 竹篦

竹篦	비치기		俗	해혹 32ㄴ4

'竹篦'는 '대빗'을 이른다. 『해혹』의 '비치기'는 어원 추정이 어려운 어휘이다. 접미사 '-개' 결합형이 아닐까 한다.

2208) 竹笋, 竹實 ☞ 竹

2209) 竹茹 / 靑竹茹 / 靑竹箄子 / 靑竹葉

竹茹	댓거플			구급 상66ㄱ3
竹茹	대골고니			구간 1:115ㄱ
竹茹	댓거플골고니			구간 2:118ㄱ
竹茹	靑竹皮			촌구 5ㄱ4:2
竹茹	靑竹皮 댓겁지글근것		鄕名	촌가
竹茹		木部		동의 3:30ㄴ9
竹茹	왕때겁딜	木部		사의 2ㄴ3:8
竹茹				제중 8:14ㄱ7
竹筎	竹上靑皮	苞木		의종 7:28ㄱ7
竹筎		苞木		방합 35ㄴ
竹茹				경신 27ㄱ3
靑竹茹	프른댓거플			구급 상63ㄴ7
靑竹	프른대			구간 1:81ㄱ
靑竹茹	프른대골고니			구간 2:114ㄴ
靑竹茹	프른댓거플골고니			구간 1:104ㄴ
靑竹筎	프른왕대			언구 상5ㄴ1
靑竹皮	프른댓거플			구간 7:9ㄱ
靑竹箄子	대로밍ᄀ론산			구간 2:87ㄴ
靑竹葉	프른댓닙			구간 3:61ㄱ

'竹茹'는 '솜대의 얇은 속껍질'을 이른다. '竹茹'는 '靑竹茹'와 함께 의서에 나타나는데 『표』에서는 동의어로 처리하고 있다. 이런 사정은 『촌구』의 차자표기 '靑竹皮'를 통해서 분명히 알 수 있다. 『촌가』의 설명형 향약명 '댓겁지글근것'은 '겁딜', '거플'과 함께 '겁지'라는 형태가 있었음을 말해 준다. 동시에 이 설명형은 『구간』의 '프른댓거플갈고니'를 잇고 있다. 『구간』과 『촌구』 및 『촌가』의 향약명을 근거로 하면 기원적으로는 '프른댓거플'형이었을 가능성이 더 높다고 본다. 다른 이름으로 '淡竹茹'라 한다. 『구급』의 '댓거플' 형태가 '껍질'형으로 바뀌면서 어형 교체가 일어났다. 『사의』의 '왕때겁딜'은 『언구』의 '프른왕대'와 같은 계열을 이룬다. 후대에는 '竹茹'가 주로 쓰이면서 한어명으로 정착되는 과정을 보여준다.

2210) 竹葉, 竹葉湯 ☞ 淡竹葉
2211) 竹葉細辛 ☞ 白薇
2212) 竹園荽 ☞ 胡荽
2213) 粥飮 ☞ 粥
2214) 竹皮 ☞ 竹
2215) 竹黃 ⇒ 天竺黃

竹黃		木部		동의 3:30ㄴ10

'竹黃'은 '댓속에 병으로 생기는 누런 빛깔의 흙 같은 물질'을 이른다. 『동의』에 한어명으로만 나온다. 『동의』에서는 '竹黃'과 '天竺黃'을 별도의 표제어로 등재하고 있는데 『표』에서는 동의어로 처리하고 있다.

2216) 鯽魚

鯽魚	붕어 鮒魚 一名	魚部		동의 2:1ㄴ5
鯽魚	붕어			본목 44ㄱ3
鯽魚	부어	鱗部魚類		본정 하205
鯽魚	붕어	虫部		사의 4ㄴ2:9
鯽魚	부어	魚部		양금 515:2
鯽魚	부어			제중 8:17ㄴ3
鯽	부어		俗	해혹 7ㄱ4

鯽魚	부어 鮒魚 一名	魚		의종 7:39ㄴ4
鯽魚	부어 鮒魚 一名	魚		방합 49ㄱ
鯽魚	붕어	蟲魚部上品	鄕名	향성 82:681:1
鯽魚膽	부어쓸게			언구 상30ㄱ4
鯽魚膽		魚部		동의 2:1ㄴ10
鯽魚頭		魚部		동의 2:1ㄴ9
鯽魚頭	부어디가리	魚部		양금 515:2
鯽魚子		魚部		동의 2:2ㄱ1

'鯽魚'는 '붕어'를 이른다. 이른 시기 한어명 '鮒魚'를 음가대로 읽어 사용하다가 『동의』에서 '붕어'가 생성되어 현대 국어까지 이어졌다.

2217) 蝍蛆 ☞ 蜈蚣

2218) 汁

汁	노근물	경국 50:6

'汁'은 '무엇을 짠 물'을 말하는데 『경국』에서는 '노근물'로 기록하고 있다. 지칭 대상이 없다.

2219) 蕺 / 蕺菜

蕺菜	멸	菜部		동의 2:35ㄱ3
蕺	滅乙		鄕名	향집 85:21ㄴ
蕺	멸			본목 27ㄴ2
蕺菜	멸	菜部		양금 520:7
蕺	滅乙 멸 밀때	菜部下品	鄕名	향성 85:717:3

'蕺'은 『고』에 따르면, '蔬菜의 하나'고 '筆管菜', '龍鬚菜'라고도 한다. 향약명 '멸'은 '삼백초과의 여러해살이풀'을 이르는데 『표』에는 한어명 이칭 '藥모밀'이 소개되어 있다. 『훈몽』(상7ㄱ)에 '蕺'의 새김으로 '멸'이 제시되어 있다. 『향집』과 『향성』의 차자표기 '滅乙'은 '*멸'로 해독된다. 『향성』의 '밀때'라는 고유어 향약명은 무엇인지 알 수 없다.

2220) 甑氣水 ☞ 水
2221) 甑帶
　　甑帶　　시르ᄡᅴ　　　　　　　　　　구간 3:61ㄴ

'甑帶'는 한어명을 참조하면 '시루의 띠'를 말한다.

2222) 甑帶灰 ☞ 灰
2223) 蒸土 ☞ 土
2224) 蒸餠
　　蒸餠　　증편　　　　　　　　　　본목 25ㄴ2

'蒸餠'은 '여름에 먹는 떡의 하나'로 『본목』의 기록대로 흔히 '증편'이라 한다(『표』). 한어명이 고유어화한 혼종어로 판단된다.

2225) 曾青 ☞ 空青

<지>

2226) 枳殼 / 枳 / 枳樹皮　⇒ 枳實
　　枳殼　　只沙里皮　　　　　　　　향구 중23ㄱ8
　　枳殼　　지각　　　　　　　　　　구급 상68ㄴ6
　　枳穀　　ᄐᆡᆼᄌᆞᆺ거플　　　　　　　구간 7:11ㄴ
　　枳殼　　기각　　　　　　　　　　분온 16ㄱ
　　枳　　　ᄐᆡᆼᄌᆞ 醜橙樹 俗呼　　　　훈몽 상10ㄱ
　　枳殼　　기각　　　　　　　　　　언두 상14ㄱ
　　枳殼　　기각　　　　　　　　　　언태 30ㄱ
　　枳殼　　　　　　唐　木部　　　　동의 3:35ㄱ3
　　枳　　　ᄐᆡᆼᄌᆞ　　　　　　　　　　본목 35ㄱ2
　　枳角　　기각　　　　　　　　　　두경 17ㄴ
　　枳殼　　기가　　　　　　　　　　마초 상104ㄱ
　　枳殼　　　　　　　果部　　　　사의 3ㄴ3:8

枳殼	기각				치언 9ㄴ8
枳殼		唐	木部		양금 510:7
枳殼					제중 8:4ㄱ3
枳殼			灌木		의종 7:26ㄱ9
枳殼			灌木		방합 33ㄱ
枳角					경신 30ㄴ4
枳子	텡ᄌ				경국 134:2
枳殼	텡ᄌ나무 지각 枳橘				식휘 231
枳殼	탱자열매잘익것		木部中品	鄕名	향성 80:645:2
枳	탱자나무 청피				식명 785
枳殼	탱자열매				동사 772
枳莖皮			木部		동의 3:35ㄱ1
枳根皮			木部		동의 3:35ㄱ2
枳樹皮	텡ᄌ나못거플				구간 1:28ㄱ

'枳殼'은 '탱자를 썰어 말린 약재'를 이른다. 고유어 향약명의 기원형은 『향구』의 차자표기 '只沙里皮'인데 '*기사리거플'로 해독된다. 이 어형은 후대 의서에 이어지지 않는다. 15세기에는 '텡ᄌ'로 어형이 교체된다. 그리고 한어명 '기각'과 함께 공존한다.

2227) 指甲

指甲	손톱	구간 3:94ㄱ

'指甲'은 원래 '손톱과 발톱을 통틀어 이르는 말' 곧 '爪甲'을 말한다(『표』). 『구간』에 '손톱'으로 나온다.

2228) 枳莖皮 ☞ 枳殼

2229) 地骨皮 ⇒ 枸杞子

地骨皮	디골피		구급 하18ㄱ1
地骨皮	구깃블휫거플		구간 6:71ㄱ
地骨皮	枸杞子根		촌구 4ㄴ7:3
地骨皮	枸杞子根	鄕名	촌가
地骨皮	枸杞子根 구구줏불휘	鄕名	촌가
地骨皮	디골피		언구 하44ㄱ7

地骨皮		木部	동의 3:26ㄴ9
地骨皮	괴좃나모		본목 35ㄴ2
地骨皮	구긔ᄌ불휘	草部	사의 1ㄱ4:6
地骨皮	괴좃나모불휘겁질		제중 8:5ㄱ7
地骨皮	구긔나모불휘	灌木	의종 7:27ㄱ5
地骨皮	구긔나모불휘	灌木	방합 34ㄱ
地骨皮	괴초나모불휘겁질		경신 36ㄱ8

'地骨皮'는 '구기자나무의 뿌리'를 이른다. 『구간』의 '구긔자'형이 '구기자나무'로 이어진다. 『촌구』와 『촌가』는 한어명 '枸枸子'에 '불휘[根]'를 결합한 형태를 기록하고 있다. 이 한어명은 '구긔자'의 다른 형태이다. 함께 사용된 것으로 보인다. 이 두 형태는 현대 국어에까지 이어진다. 『본목』에서부터 '괴좃나무'형이 생성되어 함께 쓰인다. 하지만 '괴좃나무'는 사전류에 보이지 않는다. 『표』에도 나오지 않는다.

2230) 枳椇

枳椇		香木	의종 7:22ㄴ8
枳椇		香木	방합 29ㄱ

'枳椇'는 '갈매나뭇과의 낙엽 활엽 교목'인 '헛개나무'의 열매를 이른다. 『의종』과 『방합』에 한어명으로만 나온다.

2231) 枳根皮 ☞ 枳殼
2232) 指南石 ☞ 磁石
2233) 地膽 ☞ 斑猫
2234) 地龍 / 乾地龍末 / 生地龍 ⇒ 蚯蚓

地龍	居叱■乎	향구 중33ㄱ10
地龍	것위	구급 하77ㄴ8
地龍	겄위	구간 1:89ㄴ
地龍	디룡이	언구 상15ㄱ7
地龍糞	겄위똥	구간 6:43ㄱ
地龍屎	지렁이똥	광향 3ㄴ06
地龍汁	디룡즙	언구 하33ㄴ4

乾地龍末	ᄆᆞᄅᆞᆫ디룡ㅅᄀᆞᄅᆞ	구급 상65ㄱ2
乾地龍末	ᄆᆞᄅᆞᆫ거ᇫ위ᄀᆞ론ᄀᆞᄅᆞ	구간 2:116ㄴ
生地龍	산거ᇫ위	구간 6:61ㄱ

'地龍'을 핵심 어근으로 하는 단어족이다. '地龍'은 '지렁이'를 이른다. 이른 시기 의서의 기록에 따르면 '地龍'은 '蚯蚓'와 동의어이다. 여기서는 한어명을 기준으로 별도 항목으로 처리한 것이다. 『향구』의 차자표기 '居叱■乎'는 『구간』의 '거ᇫ위'를 참고하면 '居叱兒乎'일 가능성이 높다. 이 용자대로라면 '*것ᅀᅱ'로 해독된다. 한어명 '地龍'과 고유어 '거ᇫ위'가 함께 쓰였다.

2235) 脂麻, 芝麻 ☞ 胡麻

2236) 知母

知母	디모불휘			구간 2:25ㄱ
知母		草部		동의 3:5ㄱ10
知母		草部		사의 1ㄴ2:1
知母	디모			치언 9ㄴ10
知母		草部		양금 505:10
知母				제중 8:2ㄴ7
知母		山草		의종 7:2ㄱ4
知母		山草		방합 2ㄴ
知母				경신 35ㄴ3
知母	지모	草部中品之上	鄕名	향성 79:617:3

'知母'는 '백합과의 여러해살이풀'의 뿌리 줄기를 이른다. 고유어 향약명은 나타나지 않는다.

2237) 地膚子 / 生地膚苗

地膚苗	唐杻		俗云	향구 목45ㄴ7
地膚子	唐杻伊			향구 중31ㄴ2
地膚子	唐杻		鄕名	향채 7월
地膚子	唐杻		鄕名	향채 7월
地膚子	대ᄡᆞ릿ᄡᅵ			구간 3:107ㄴ
地膚草	대ᄡᆞ리			언구 상41ㄴ7
地膚子	대ᄡᆞ리여름 落箒子 千頭子 一名	草部		동의 2:48ㄱ10
地膚子	唐杻		鄕名	향집 78:26ㄴ

地膚	대ᄊᆞ리		본목 17ㄱ1
地膚子	ᄃᆡᄡᆞ리여름	草部隰草類	본정 상82
地膚子	ᄣᅢᄡᆞ리여름	草部	사의 1ㄱ3:8
地膚子	ᄃᆡᄊᆞ리여름 天頭子 落箒子 一名	草部	양금 505:5
地膚子	대ᄡᆞ리ᄡᅵ		제중 8:11ㄱ2
地膚	ᄃᆡ샤리		물보 6
地膚	딥ᄊᆞ리		물명 104
地膚子	ᄃᆡᄡᆞ리ᄡᅵ	隰草	의종 7:14ㄱ3
地膚子	ᄃᆡᄡᆞ리ᄡᅵ	隰草	방합 18ㄱ
地膚子	ᄃᆡ삽리여름 落蒂子 牛頭子 一名		경신 26ㄱ6
地膚	뎝싸리 掃破草		식휘 138
地膚子	唐杻 답싸리씨	草部上品之下 鄕名	향성 78:613:1
地膚	대싸리 답싸리 비싸리 공장이		식명 157
地膚	락추자 대싸리열매 공쟁이		식명 157
地膚子	댑싸리씨 지맥 지규 락추자 천두자		동사 259
地膚葉		草部	동의 2:48ㄴ3
生地膚苗	싱디붓삯		구급 하40ㄱ8
杻木	ᄡᆞ리	木部	사의 2ㄴ3:3

'地膚子'는 '댑싸리의 씨'를 이른다. 한어명 이칭으로는 『동의』의 '落箒子'와 '千頭子'가 대표적이다. 『향구』의 차자표기 '唐杻'와 '唐杻伊'는 '*대ᄡᆞ리'로 해독된다. 이 차자표기는 『향채』, 『향집』, 『향성』에 그대로 이어진다. 『향구』의 형태가 그대로 어형 변화만을 거친 채 현대 국어까지 이어져서 '댑싸리씨'로 정착된다. 현대 국어에 와서 아주 다양한 이칭이 생성되어 공존한다. '답싸리'는 경기 · 경남 · 평남 · 함북방언에 남아 있다.

2238) 地盆子蔓 ☞ 蛇梅

2239) 脂肥肉

脂肥肉	기름진고기	구간 6:14ㄱ

'脂肥肉'은 『구간』에 '기름진고기'로 나온다. 설명형 향약명으로 판단된다.

2240) 地蛇

地蛇	獸部	사의 3ㄱ2:3

'地蛇'는 사전류에서 찾기 어렵다. 『사의』에 한어명만 나오는데 '땅뱀' 정도의 의미로 보인다.

2241) 地鼠 ☞ 鼴鼠
2242) 砥石 ☞ 礪石
2243) 地髓 ☞ 地黃
2244) 枳樹皮 ☞ 枳殼
2245) 地笋 ☞ 澤蘭
2246) 枳實 ⇒ 枳殼

枳實	只沙伊		俗云	향구 목47ㄴ8
枳實	선팅ᄌ			구간 1:114ㄴ
枳實	팅ᄌ여름	木部		동의 3:34ㄴ7
枳實	기실			벽신 7ㄱ
枳實	팅ᄌ여름	果部		사의 3ㄴ4:7
枳實	팅ᄌ여름	木部		양금 510:6
枳實	팅ᄌ여름			제중 8:4ㄱ2
枳實	탕ᄌ여름	灌木		의종 7:26ㄱ7
枳實	탕ᄌ여름	灌木		방합 33ㄱ
枳寀	팅ᄌ여름			경신 30ㄴ6
枳實	탱자들익은것	木部中品	鄕名	향성 80:645:3
枳實	선탱자 탱자나무			동사 538
枳實上靑	팅ᄌ우희프른거플			구간 1:28ㄱ

'枳實'은 '덜 익은 탱자를 썰어 말린 약재'를 이른다. 고유어 향약명은 『향구』의 차자표기 '只沙伊'에서 비롯된다. '枳殼'의 '只沙里皮'와 함께 기록되어 있는데 '*기사리'로 해독된다.[119] '里'와 '伊'가 같은 음가를 표기한 것으로 추정한다. 이 어형은 후대에 이어지지 않는다. 후대 의서에는 어형 교체가 일어나 '팅ᄌ여름'형이 현대 국어에까지 쓰인다. 『향성』에 오면 설명형 향약명 '탱자들익은것'으로 어형이 다시 교체되는데 '枳實'의 원래 의미를 가장 잘 나타내고 있다. 한편, 의서의 기록으로 볼 때, '枳殼'은 '탱자의 껍질'을, '枳實'은 '탱자의 열매'를 나타내는 것으로 보아 별도의 항목으로 분리하는 것이 옳다. 『표』에서는 둘을 거의 같은 의미로 규정하고 있다(위 '枳殼' 항목 참조).

119) 『향구』의 차자표기에는 모음 사이의 'ㄹ'음이 나타나기도 하고 탈락되기도 하는 몇몇 예가 나온다.

2247) 地榆 / 地榆根 / 地榆草 ☞ 苽, 西瓜

地榆	苽菜			향구 중20ㄴ7
地榆	苽菜			향구 중23ㄱ6
地榆	瓜葉		俗云	향구 목46ㄴ1
地榆	瓜菜		鄕名	향채 2월
地榆	디유			구급 하66ㄴ1
地榆	외ᄂᆞᄆᆞᆳ불휘			구간 6:34ㄴ
地榆	菰菜			촌구 3ㄴ4:1
地榆	菰菜		鄕名	촌가
地榆	苽菜 ᄶᅡ외		鄕名	촌가
地榆	외ᄂᆞ물불휘 玉豉 一名	草部		동의 3:9ㄴ4
地榆	외ᄂᆞ물불휘			본목 11ㄴ7
地榆	외ᄂᆞ믈불휘	木部		사의 2ㄴ1:7
地榆	외나믈블희 王豉根 一名	草部		양금 505:8
地榆	외나물불휘			제중 8:5ㄴ8
地榆	슈박나물			물보 10
地榆	슈박나물			물명 99
地榆	외나물불휘	山草		의종 7:3ㄴ2
地榆	외나물불휘	山草		방합 4ㄴ
地榆	외나모불휘 玉豉 一名			경신 26ㄱ7
地榆	슈박ᄂᆡ나ᄂᆞᆫ초			경국 105:9
地榆	瓜葉 외나물 수박풀뿌리	草部中品之下	鄕名	향성 79:621:3
地榆	양승마 수박풀뿌리			식명 160
地榆	오이풀 가는오이풀 외순나물			식명 160
地榆	오이풀뿌리			동사 782
地榆	수박풀 양승마			약식 15
地榆	오이풀 가는오이풀 외순나물			약식 15
地榆根	슈박내나ᄂᆞᆫ초			경국 29:4
地榆草	슈박내나ᄂᆞᆫ草			경국 54:10

'地榆'는 '오이풀의 뿌리'를 이른다. 한어명 이칭으로 『동의』의 '玉豉'가 있다. 『향구』의 차자 표기 '苽菜'는 '*외ᄂᆞ물'로 해독된다. 『향채』의 '瓜菜'도 마찬가지이다. 이는 『구간』의 '외ᄂᆞᄆᆞᆳ불휘'와 일치한다. 이 어형은 『동의』의 '외ᄂᆞ물불휘'를 거쳐 『향성』의 '외나물'이 된다. 어형 변화를 거친 것이다. 이 과정에서 '슈박나물'이 생성되어 공존하는데 현대 국어의 '수박풀뿌리'형이

된다. 그런데 『표』에 따르면 '수박풀'은 '오이풀'과 함께 '아욱과의 한해살이풀'도 나타내는 다의어이다.

2248) 漬油 ☞ 淸油

2249) 地衣

地衣	짜해찌인잇기	草部		동의 3:13ㄴ10
地衣草	짜히찌인잇기			본목 23ㄱ7
地衣	짜희찌인잇기	草部		양금 506:1

'地衣'는 '지의류 식물을 통틀어 이르는 말'로 '石花'를 이른다. 『동의』에서 비롯된 고유어 향약명 '짜해찌인잇기'는 '짷+애 # 찌이-+-ㄴ # 잇기'로 분석된다.

2250) 地漿 / 地漿蒜水

地漿	짜해져근굳픈고믈브서니기홍두윤믈			구급 상9ㄴ5
地漿	딜홁짜홀픈고믈브서홍둥인믈			구간 1:34ㄴ
地漿	누른홁믈			언구 하21ㄱ10
地漿	딜흙믈			언구 하29ㄱ5
地漿	누른홁믈	水部		동의 1:17ㄴ5
地漿	누른흐리믈	水部		양금 522:2
地漿	누른흙믈	水		의종 7:47ㄱ10
地漿	누른흙믈	水		방합 59ㄴ
地漿	누른흙물	石部下品	鄕名	향성 77:598:3
地漿蒜水	지장션슈			광향 43ㄱ7

'地漿'은 '황토로 된 땅을 석 자쯤 팠을 때에 그 속에 고이는 맑은 물'을 이른다. 『구급』의 설명형 향약명이 바로 '地漿'을 가장 잘 설명하고 있다. '짷+애 # 젹-+-은 # 굳 # 픈-+-고 # 믈 # 븟-+-어 # 니기 # 홍두이-+-우-+-ㄴ # 믈'로 분석된다. '홍두이다'는 '물을 저어 흐리게 하다'는 의미이다. 『구급』의 이 향약명은 『구간』에서도 같은 형식으로 나타난다. 이것이 『언구』에서부터 '누른홁믈'형으로 정착되어 현대 국어에까지 이어진다. 어형 교체가 일어났다.

2251) 地丁 ☞ 大薊, 剪刀草, 蒲公英

2252) 地主

地主	흙속에뭇친오랜나무	木部中品	鄕名	향성 80:648:3

‘地主’에 대응되는 『향성』의 고유어 향약명은 ‘흙속에뭇친오랜나무’로 되어 있다. 한어명 ‘地主’와의 대응이 어렵다.

2253) 蜘蛛 / 大蜘蛛 / 斑蜘蛛 ⇒ 錢幕

蜘蛛	居毛		俗云	향구 목49ㄴ5
蜘蛛	居毛伊			향구 상5ㄴ3
蜘蛛	거믜			구급 하77ㄱ
蜘蛛	거믜			구간 6:59ㄴ
蜘蛛子	거믜			구간 1:22ㄴ
蛛	거믜			훈몽 상21ㄱ
蜘	거믜			훈몽 상21ㄱ
蜘蛛	ᄆᆞᆫ검의 ᄆᆞᆯ검의			산경 441
大蜘蛛	ᄆᆞᆯ거믜			언구 하39ㄴ1
蜘蛛	ᄆᆞᆯ거믜	蟲部		동의 2:13ㄴ2
蜘蛛	ᄆᆞᆯ거믜			본목 40ㄴ3
蜘蛛	납검믜	虫部		사의 4ㄱ4:9
蜘蛛	말거믜	蟲部		양금 517:4
蜘蛛	말거믜	卵蟲		의종 7:38ㄱ6
蜘蛛	말거믜	卵蟲		방합 47ㄴ
蜘蛛	거뮈			경국 84:10
蜘蛛	블진			경국 53:11
蜘蛛	거미	蟲魚部下品	鄕名	향성 83:690:2
大蜘蛛	큰거믜			구간 3:48ㄴ
蜘蛛網		蟲部		동의 2:13ㄴ4
斑蜘蛛		蟲部		동의 2:13ㄴ5
斑蜘蛛	젹고아롱진검의	蟲部		양금 517:4

‘蜘蛛’는 ‘거미’를 뜻한다. 고유어 향약명의 기원형은 『향구』의 차자표기 ‘居毛’와 ‘居毛伊’이다. 각각 ‘*거모’와 ‘*거뫼’이다.[120] 이 어형은 15세기에 ‘거믜’로 어형이 변화한다. 이는 어형이 교체된 것으로 보기 어렵다. ‘거믜’는 『언구』의 ‘ᄆᆞᆯ거믜’로 어형이 교체된다. 그리고 ‘말거미’형이 후대

120) 『향구』의 향약명 차자표기의 한 특징으로 어말 모음 ‘이’의 들고남 현상이 있다.

에까지 이어진다. 그러다가 『향성』에서 다시 '거미'로 나타난다. 이 과정을 '거믜 > 말거미 > 거미'의 어형 교체로 보아 둔다. 『표』에는 '거미'와 '말거미'가 별도로 등재되어 있는데 상하위어 관계에 있다. 한편, 『사의』에서는 '蜘蛛'를 '납검믜'로 기록하고 있는데 '납거미'는 '壁錢'의 고유어 향약명이다(위 '壁錢' 항목 참조). 오류로 판단된다.

2254) 地芝 ☞ 冬瓜

2255) 地蒼

地蒼	ᄀᆡ흙이ᄭᅵ	俗	해혹 26ㄴ9

'地蒼'은 사전류에 잘 보이지 않는다. 『해혹』의 고유어 향약명은 'ᄀᆡ흙이ᄭᅵ'로 되어 있다. 'ᄀᆡ흙' 즉 '개흙'은 '갯바닥이나 늪 바닥에 있는 거무스름하고 미끈미끈한 고운 흙'(『표』) 혹은 '진흙'의 강원 방언이다. 따라서 'ᄀᆡ흙이ᄭᅵ'는 그런 흙에 낀 이끼를 이른다. '개흙이끼'는 『표』에 나오지 않는다.

2256) 紙花

紙花	죠히		구간 6:22ㄱ

'紙花'는 『표』에 '종이로 만든 꽃' 이른바 '종이꽃'으로 풀이되어 있다. 『구간』의 고유어 향약명은 '죠히'이다. 즉 '종이'를 말한다.

2257) 地黃 / 生地黃 / 熟地黃

地黃	디황		구급 하6ㄱ
地黃		草部	사의 1ㄱ2:7
地黃汁	디황즙		구간 1:34ㄱ
乾地黃	말린지황	草部上品之上 鄕名	향성 78:603:3
生地黃	ᄉᆡᇰ디황		구급 상62ㄱ1
生地黃	ᄂᆞᆯ디황불휘		구간 2:104ㄱ
生地黃	ᄉᆡᇰ디홠불휘		구간 3:116ㄱ
生地黃	ᄉᆡᇰ디황		언구 상37ㄱ10
生地黃	地髓 一名 芐 一名	草部	동의 2:38ㄴ4
生地黃	ᄉᆡᇰ디황	草部	양금 503:5

生地黃	地髓 一名 ■ 一名		경신 38ㄱ2
生地黃	생지황	草部上品之上 鄕名	향성 78:603:3
生地黃汁	ᄉᆡᆼ디황즙		구급 상9ㄴ2
生地黃汁	ᄉᆡᆼ디ᅘᅪᆼ즙		구간 2:105ㄴ
生地黃汁	ᄉᆡᆼ디황즛디허ᄧᆞᆫ즙		구간 1:24ㄴ
生乾地黃	ᄂᆞᆯᄆᆞ론디ᅘᅪᆼ불휘		구간 7:7ㄱ
生乾地黃	ᄉᆡᆼ디ᅘᅪᆼ불휘		구간 2:93ㄱ
生乾地黃	ᄉᆡᆼ건디황		치언 16ㄴ6
生乾地		隰草	의종 7:12ㄴ6
生乾地		隰草	방합 16ㄱ
生地			제중 8:1ㄴ9
生地	芐 一名	隰草	의종 7:12ㄴ2
生地	芐 一名	隰草	방합 16ㄱ
熟地黃		草部	동의 2:38ㄴ9
熟地黃	슉디황	草部	양금 503:5
熟地			제중 8:2ㄱ1
熟地		隰草	의종 7:12ㄴ8
熟地		隰草	방합 16ㄱ
熟地黃			경신 38ㄱ6

'地黃'을 핵심 어근으로 하는 단어족이다. '地黃'은 '현삼과의 여러해살이풀'이다. 의서에서는 한어명으로만 쓰였고 대응되는 고유어 향약명은 없다. 『동의』에 한어명 이칭 '地髓'와 '芐'이 나온다. '熟地黃'은 '地黃'을 여러 번 찐 것을 말한다.

2258) 地黃酒 ☞ 酒

<직>

2259) 稷米

稷米	피ᄡᆞᆯ		언구 하29ㄴ10
稷米	피ᄡᆞᆯ	穀部	동의 1:30ㄱ8
稷	피ᄊᆞᆯ		본목 24ㄱ9
稷米	피쌀 穄米 卽今 次米 又	穀部	양금 525:3
稷米	피ᄡᆞᆯ		제중 8:21ㄴ8

稷米	피뿔 次米 一名	稷粟		의종 7:35ㄴ4
稷米	피뿔 次米 一名	稷粟		방합 44ㄱ
稷米	피쌀	米穀部下品	鄕名	향성 84:708:1

'稷米'는 『표』에 등재되어 있지 않다. 『샘』에서는 '핍쌀'의 북한말로 소개하고 있다. 한어명 이칭으로는 『양금』의 '穄米'와 '次米'가 있다. 이전 시기 의서에서도 고유어 향약명이 '피뿔'로 나타난다. 『언구』에서 비롯된 이 형태는 현대 국어까지 이어져 『향성』의 '피쌀'로 수용되고 『표』에 '핍쌀'로 등재되어 있다. 어형 변화만을 겪었다.

2260) 直雀屎 ☞ 雄雀矢

<진>

2261) 陳 ☞ 茵蔯
2262) 眞苽蔕 ☞ 瓜蔕
2263) 眞瓜 ☞ 甛瓜
2264) 秦瓜 ☞ 秦艽
2265) 秦艽 / 秦芃

秦芃	網草		鄕名	향채 2월
秦艽	진교			구간 3:38ㄱ
秦芃	網草			촌구 3ㄴ1:1
秦芃	網草 그믈플		鄕名	촌가
秦艽	망초불휘 秦瓜 一名	草部		동의 3:5ㄱ2
秦艽	망초불휘			본목 12ㄱ5
秦艽	망초블희 秦瓜 一名	草部		양금 505:9
秦芃	망초불휘			제중 8:9ㄴ5
秦芃	망초불휘	山草		의종 7:4ㄴ5
秦芃	망초불휘	山草		방합 6ㄱ
秦艽	망초불휘 秦苽 一名			경신 16ㄴ8
秦艽	網草 망초뿌리	草部中品之上	鄕名	향성 79:617:2

'秦艽'는 '미나리아재빗과의 여러해살이풀의 뿌리'를 말한다. 『한』에서도 『동의』의 한어명 이칭 '秦瓜'가 '진교'의 딴이름임을 밝히고 있다. 『향채』의 차자표기는 '網草'로 되어 있다. '*망초'

로 해독된다. 이후 후대 의서에 '망초불휘'형이 지속적으로 나타나고 『향성』에 와서 '망초뿌리'로 정착된다. 『촌가』에서는 차자표기 '網草'를 기록하고 '그믈플'로 주석하고 있는데 이는 '網'을 석독한 것이다. 하지만 '그물풀'은 사전류에서 찾기 어렵다. 『촌가』의 오류로 판단된다. 그런데 의서에서 이어져 온 '망초뿌리'는 『표』에 나오지 않는다. 『표』에 등재된 '망초'는 '莽草'로 '붓순나뭇과의 여러해살이풀'이다. 동일한 것인지 좀더 정밀한 추정이 필요하다. 한편, 한어명 '秦艽'는 '秦芁', '秦茪' 등으로도 나타나는바, 이전 시기에 명칭에 혼란을 보인다(한어명 명칭에 대해서는 이은규 2014:119와 신현철 외 2017:333 참조).

2266) 秦龜 ☞ 龜

2267) 陳葵子 ☞ 葵子

2268) 陳橘皮 ☞ 橘

2269) 陳廩米 / 陳倉米 / 陳倉穀米

陳倉米	대창애무근쌀			구간 2:31ㄱ
陳廩米	창의드러무근쌀 陳倉米 卽	穀部		동의 1:23ㄱ7
陳倉米	창의드러무근쌀	穀部		사의 3ㄱ3:8
陳廩米	창의셔무근쌀	穀部		양금 524:1
陳倉穀米	창의드러무근쌀			제중 8:18ㄱ2
陳倉穀米	창의드러무근쌀	造釀		의종 7:36ㄴ5
陳倉穀米	창의드러무근쌀	造釀		방합 45ㄴ
陳倉穀米				경신 54ㄱ8
陳廩米	곳집에서묵은쌀	米穀部下品	鄕名	향성 84:708:3

'陳倉米'는 '곳집 속에 오래 쌓여 묵은 쌀'을 이른다. 고유어 향약명도 이런 뜻을 나타내는 설명형이다. '대창'과 '창'은 모두 '곳집'을 말한다. '대창 > 창 > 곳집'의 어형 교체를 겪었다.

2270) 眞麻油 ☞ 麻油

2271) 眞木皮

眞木皮	굴겁딜	木部	사의 2ㄴ2:1
眞木皮	굴겁질		사의 13ㄴ3

'眞木皮'는 '材木으로 쓰는 참나무'를 이른다. 그런데 『사의』에서는 '굴껍질'로 기록하고 있다.

오류로 보인다. 『샘』에서는 '굴겁딜' 즉 '굴껍질'을 '갓굴과 참굴의 껍데기를 갈아 만든 생약'을 이르는 북한말로 소개하고 있다.

2272) 陳米飮 ☞ 粥
2273) 秦白皮 ☞ 秦皮
2274) 陳壁土 ☞ 土
2275) 秦芃 ☞ 秦艽
2276) 眞粉

眞粉		石部		사의 4ㄱ3:4

'眞粉'은 '순백색의 건축 도료'로 풀이되어 있다. 『사의』의 '眞粉'이 이것인지 불분명하다.

2277) 辰砂 ☞ 朱砂
2278) 眞石 ☞ 方解石
2279) 眞巢

眞巢	춤깃			촌구 20ㄱ3

'眞巢'는 사전류에서 찾기 어렵다. 『촌구』에 보이는 유일례이다. '巢'가 '집'이라는 뜻이므로 '참된 집' 정도의 의미로 추정되지만 근거가 없다. '춤깃'은 한어명을 축자번역해서 읽은 것으로 보인다.

2280) 陳粟米 ☞ 粟米
2281) 晉鹽 ☞ 鹽
2282) 陳粟米 ☞ 粟米
2283) 眞阿魏 ☞ 阿魏
2284) 震肉

震肉	벼락마자주근즘승의고기	獸部		동의 1:59ㄱ2
震肉	별악마ᄌᆞ죽은즘싱의고기	獸部		양금 530:3
震肉	벼락마저죽은즘생의고기	獸部中品	鄕名	향성 81:665:1

'震肉'은 '벼락을 맞아 죽은 짐승의 고기'를 이른다. 『동의』의 설명형 향약명이 『향성』에까지 어형 교체 없이 그대로 이어진다.

2285) 榛子 / 榛木 / 榛松

榛子	개옴			구간 2:83ㄴ
榛子	가얌			언구 상47ㄴ8
榛子	가얌	果部		동의 2:25ㄱ3
榛	가얌			본목 30ㄱ7
榛木	개얌나모	木部		사의 2ㄱ4:6
榛子	ᄀᆡ암	果部		양금 519:2
榛子	ᄀᆡ얌			제중 8:23ㄱ1
榛松	ᄀᆡ암		俗	해혹 24ㄱ5
榛子	ᄀᆡ얌	山果		의종 7:33ㄱ6
榛子	ᄀᆡ얌	山果		방합 41ㄴ
榛子	가얌	果部下品	鄕名	향성 84:701:2

'榛子'는 '개암나무의 열매'를 이른다. 『구간』의 '개옴'이 '가얌 > 개얌'으로 음운 변화를 거쳐 현대 국어의 '개암'이 되었다. 어근의 형태를 그대로 유지하고 있는 셈이다. '가얌'은 경기 · 경북 · 전남방언으로 남아 있다.

2286) 陳醬

陳醬	무근쟝	구간 6:65ㄴ
陳醬汁	무근쟝즙	구간 7:5ㄴ

'陳醬'은 '검정콩으로 쑨 메주로 담가 빛이 까맣게 된 간장'을 이른다. 『구간』에는 '묵은 장'으로 나온다.

2287) 眞靛花 ☞ 大靑

2288) 珍珠 / 眞珠

眞珠	木部	동의 3:44ㄱ6
眞珠	玉部	양금 512:6
珍珠		제중 8:13ㄴ7
珍珠	蚌蛤	의종 7:42ㄴ1
珍珠	蚌蛤	방합 53ㄱ
珍珠		경신 27ㄴ2

'珍珠'는 한어명이 '眞珠'로 나타나기도 하는데 한어명으로만 쓰였다. 『동의』에서 '木部'로 분류되어 있는 점이 특이하다.

2289) 陳皮 ☞ 橘
2290) 陳倉米, 陳倉穀米 ☞ 陳廩米
2291) 陳醋 ☞ 酢
2292) 秦椒 / 山椒 ⇒ 川椒

秦椒	川椒		구급 하43ㄱ
秦椒	분디여름 눈뢰 又云	木部	동의 3:36ㄱ7
秦椒	분디여름 눈닉 又云	木部	사의 2ㄱ4:2
秦椒	분디여름 난뢰	木部	양금 511:1
秦椒	난듸		물보 6
山椒樹	분지나모		방유 4:21ㄴ
山椒	산초나무 秦椒		식휘 231
山椒	조피열매		동사 738

'秦椒'와 '山椒'는 동의어로 '분디나무의 열매'를 이르는데 우리말 이칭이 '분디'이다. 『동의』에서부터 '분디여름'으로 나온다. '분디'형이 '분지'로도 나타나는데 통시적 구개음화가 적용된 '분지'형이 아니라 이른 형태 '분디'형이 현대 국어에 이어진 것이 특이하다. 고유어 이칭이 『사의』에 '눈닉'로 나오는데 이는 '눈뢰'의 오기로 판단된다. 『동의』와 『양금』의 '눈뢰'와 『물명』의 '난듸나모'가 근거이다. '난뢰'는 『표』에는 없고 『샘』에서 '난듸나모'를 '난디나무'의 옛말로 소개하고 있다. '난듸나모'는 사어가 된 것으로 판단된다.

2293) 陳葱白 ☞ 葱
2294) 陳皮 ☞ 橘
2295) 秦皮 / 梣 / 白蠟 / 虫白蠟

秦皮	水靑木皮		俗云	향구 목47ㄴ8
秦皮	무프렛겁질	木部		동의 3:35ㄴ6
秦皮	무프릐겁질			본목 34ㄱ1
秦皮	무푸레겁질	木部		양금 510:6
梣	무풀에		俗	해혹 22ㄴ4
秦皮	무풀에껍질		俗	해혹 5ㄴ6

秦皮	무풀에겁풀	喬木		의종 7:24ㄴ7
秦皮	무풀애겁플	喬木		방합 31ㄱ
秦皮	무풀애겁풀			의신 77ㄴ
秦皮	물푸래나무 진피			식휘 286
秦皮	水靑木 물푸레나무껍질	木部中品	鄕名	향성 80:646:3
秦皮	물푸레껍질 秦白皮 잠피 석단 백심목피			동사 345
白蠟	무프레나못진 虫蠟 一名	木部		동의 3:43ㄴ5
虫白蠟	무프레ᄂᆞ모진	蟲部卵生類		본정 하194
白蠟	무푸례남모진 虫蠟 一名	木部		양금 512:4

‘秦皮’는 ‘물푸레나무의 껍질’을 이른다. 한어명 이칭으로는 ‘梣皮’가 있다. 『향구』의 ‘水靑木皮’를 한어명으로 보아야 할지 아니면 차자표기로 보아야 할지 의문이다. 기존의 연구에서는 모두 차자표기로 보고 ‘*믈프레나모겁질’로 해독했다. 그런데 『표』나 일부 문헌에 ‘水靑木’이 한어명으로 등재되어 있다. 『동의』의 고유어 향약명 ‘무프렛겁질’이 『해혹』까지 나타나다가 『의종』에서 ‘무풀에겁풀’로 어형이 교체된다. ‘겁질’이 ‘겁풀’로 바뀐 것이다. 이어 『향성』에 와서 ‘물푸레나무껍질’로 된다. 어휘사적으로 볼 때에는 ‘거플’이 ‘겁질’보다 앞서는데 이 경우는 ‘겁질’이 ‘거플’보다 먼저 나오는 것이 특징이다. 한편, ‘白蠟’은 이 나무의 진액을 이른다.

2296) 眞血蝎 ☞ 血竭
2297) 眞黃土 ☞ 土

2298) 蛭 ☞ 水蛭
2299) 蒺藜 / 蒺莉子 / 蒺藜子 / 白蒺藜

蒺藜子	古冬非居參		俗云	향구 목45ㄴ4
蒺莉子	古今非居■		朱書	향채 7월
蒺藜子	지리ᄌᆞ			구간 3:15ㄱ
蒺藜子				촌구 5ㄱ9:2
蒺藜	질려			분온 11ㄱ
蒺藜子	蠟居塞 납가시		鄕名	촌가
白蒺藜	납거싀	草部		동의 2:44ㄴ6

蒺藜	납거싀		본목 17ㄴ10
白蒺蔾	납거싀	草部隰草類	본정 상86
蒺藜子	납가싀	草部	사의 1ㄱ3:5
白蒺藜	납가시	草部	양금 504:2
蒺藜	납가싀		제중 8:8ㄴ8
蒺藜	싀마름		물보 10
刺蒺藜	납가싀		물명 83
蒺藜	납가싀	隰草	의종 7:15ㄱ2
蒺藜	남가싀	隰草	방합 19ㄱ
白蒺藜	납가싀		경신 19ㄴ2
蒺藜	남가싀 빅질녀		식휘 220
蒺藜子	납가새씨	草部上品之下 鄕名	향성 78:610:1
蒺藜	남가새 질리 질려 백질 려		식명 312
蒺藜	자질려 남가새열열매		식명 312
白蒺藜	남가새열매 자생 방통 굴인		동사 167
白蒺藜	지행 시우 승추 즉려		동사 167
蒺藜子	남가새열매		동사 792

'蒺藜'는 '남가샛과의 한해살이풀'이고 '蒺藜子'는 '말린 남가새의 열매'이다. 고유어 향약명의 기원은 『향구』의 '古冬非居參'이다. '*고돌비거삼'으로 해독되는데 후대에 이어지지 않는다. 『향채』의 '古今非居■'도 마찬가지이다. 『촌가』의 차자표기 '蠟居塞'는 '*납거싀'로 해독되는데 이 어형이 후대로 이어진다. 한글표기형은 '납가싀'로 나타나며 『향성』의 '납가새씨'까지 이어진다. 현대 국어에는 '남가새'로 『표』에 등재되어 있다. '납가새'가 '남가새'로 바뀐 연유는 알 수 없다. 한편, '白蒺藜'는 '남가새의 흰 꽃'을 이른다(『표』).

<차>

2300) 車轂中脂 ☞ 釭中膏

2301) 車輪土 ☞ 土

2302) 次米 ☞ 稷米

2303) 車蛾殼

車蛾殼	가지썹질	俗	해혹 3ㄱ6

'車蛾殼'은 사전류에서 찾기 어렵다. 『해혹』의 '가지썹질'은 '가재의 껍질'로 추정되는데 확실하지 않다.

2304) 車螯

車螯	바다히ᄀ장큰죠개 蜄 一名	蟲部	동의 2:11ㄱ7
車鰲	바다ᄀ장큰죠개		본목 46ㄱ10
車螯	바다희가장큰죠기	蟲部	양금 517:1

'車螯'는 『표』에 보이지 않는데 '무명조개의 껍질'로 추정된다(『지』). 『동의』의 한어명 이칭 '蜄'도 새김이 '무명조개'이다. 『동의』의 고유어 향약명은 설명형인데 '바닿+ᄋᆡ # ᄀ장 # 크-+-ㄴ # 죠개'로 분석된다. '바다의 가장 큰 조개'라는 뜻이다. 이것이 『본목』과 『양금』에도 그대로 나타난다.

2305) 釵子 ☞ 鐵篦

2306) 車前子 / 車前草

車前子	吉刑菜實		俗云	향구 목45ㄱ8
車前子	大伊古■			향구 중25ㄱ4
車前子	차젼ᄌᆞ			구급 상58ㄴ8
車前子	뵈빵이삐			구간 7:13ㄱ
車前草	뵈빵이			구간 3:87ㄴ
車前子	길경이삐			산경 514
車前子	챠젼ᄌᆞ			언두 하18ㄴ
車前草	길경이			언구 상41ㄴ6
車前子	차젼ᄌᆞ			언태 3ㄱ
車前子	길경이삐 뵈빵이삐 一名	草部		동의 2:41ㄱ7
車前子	布伊作只		鄕名	향집 78:10ㄴ
車前	길경이			본목 17ㄱ4
車前子	길경이씨	草部隰草類		본정 상84
車前子	차젼ᄌᆞ			마초 하79ㄱ
車前子	길경이삐	草部		사의 1ㄱ4:10
車前子	길경삐 뵈짱이삐 一名	草部		양금 503:8
車前	길경이삐			제중 8:5ㄱ6
車前	길경이			물보 10
車前草	길경이			물명 93
車前	길경이삐 芣苡 一名	隰草		의종 7:14ㄴ4
車前	길경이삐 芣苡 一名	隰草		방합 18ㄴ
車前子	길경이삐 뵈짱이씨 又云 芣苢 一名			경신 26ㄱ3
車前草	길경이 칠장구			식휘 322
車前子	布伊作只 뵈쌍이씨	草部上品之上	鄕名	향성 78:606:2
車前子	길장구씨 질경이씨	草部上品之上	鄕名	향성 78:606:2
車前	배합조개 배짜개			식명 96
車前	질경이 길장구 차전자 배부장이			식명 96
車前	길짱구			동사 801
車前子	길짱구씨 당도 우유 마오			동사 137
車前	길짱귀 배부장이 뱀조개			야초 42
車前	질경이 배짜개 길장구 길경이			야초 42
車前	질경이			경국 138:11
車前根		草部		동의 2:41ㄱ10
車前葉	차젼닙			구급 상84ㄴ
車前葉	뵈빵이삐			구간 3:95ㄱ

車前葉		草部	동의 2:41ㄱ10
車前子末	뵈짱이씨ᄀ론ᄀᄅ		구간 2:97ㄱ
車前葉汁	뵈짱잇닙즛디허뽄즙		구간 3:88ㄱ
車前汁	뵈짱이즛디허뽄믈		구간 3:79ㄱ
車前根葉	뵈짱잇불휘		구간 3:95ㄱ

'車前子'는 '질경이의 씨'를 이른다. 고유어 향약명의 기원은 『향구』의 차자표기 '吉刑菜實'이다. '*길경ᄂᆞ물씨'로 해독된다. '菜'를 음독할 수도 있다. 또다른 차자표기 '大伊古■'는 판독조차도 불분명하다. '*길경ᄂᆞ물'형은 후대에 이어지지 않는다. 15세기의 고유어 향약명은 『구간』의 '뵈짱이씨'이다. 『향집』과 『향성』의 차자표기 '布伊作只'가 이 형태를 반영한 것이다. '*뵈자기'로 해독된다. 한글표기형과는 사뭇 다른 형태를 보여준다. '뵈짱이'형은 형태 교체 없이 어형 변화만을 거쳐 현대 국어에까지 이어져 '뵈짱이', '배부장이' 등으로 사용된다. 지금도 경북 방언에는 '빼뿌쟁이'가 쓰이고 있다. '뵈짱이'형과 함께 17세기 즈음에 '길경이'형이 생성되어 함께 공존한다. 이 '길경이' 형태는 현대 국어에 오면서 '칠장구', '길짱구' 등의 이칭을 낳아 공존한다. '길경이'는 『표』에 '질경이'로 등재되어 있는데 이는 'ㄱ구개음화형'이 표준형이 된 것이다. 이 향약명은 어형 교체를 보이지는 않으며 시대별로 여러 형태가 생성되어 공존하는 양상을 보여준다.

2307) 車脂 / 車軸脂 / 車轂中脂 / 釭中膏

車脂	술위옛기름			구급 하7ㄱ4
車脂	술윗기름			구급 하5ㄴ8
車脂	술위통앳기름			구간 6:26ㄱ
車脂	술위통앳기름			구간 6:21ㄱ
車脂	술위갇모쇠진			언구 하17ㄱ
車脂	수레에바른기름	石部下品	鄕名	향성 77:600:1
車軸脂	술윗통앳기름			구간 7:29ㄴ
車轂中脂	술윗통앳기름			구간 2:50ㄴ
釭中膏	굴때에엉킨기름	石部下品	鄕名	향성 77:600:1

'車脂'는 먼저 『구급』과 『향성』에 함께 나오는 향약명 '술위옛기름'류는 '수레바퀴에 바른 기름'이라는 뜻이다. 그런데 『구간』과 『향성』에 함께 나오는 것은 좀더 구체적이다. 『구간』과 『향

성』의 한어명은 전혀 다르지만 동일한 것을 지칭한다. '車轂中脂'는 설명형 한어명이다. '轂'이 '바퀴'를 뜻하므로 '車轂'은 옛말 형태로 '술위통'을 이른다. 『구간』에서도 설명형 고유어 항약명이 '술윗통앳기름'으로 나온다. '술윗통+앳 # 기름'으로 분석되며 '술윗통'은 '수레의 굴대통'을 말한다. '굴대통'은 '수레바퀴의 한가운데 굴대를 끼우는 부분'을 이른다(『표』). 이때의 '술윗통'이 『표』에 등재되어 있는 '바퀴통'으로 '바퀴의 축이 꿰이고, 바큇살이 그 주위에 꽂힌 바퀴의 중앙 부분'을 이른다. 결국 '술윗통 > 바퀴통'의 어형 교체가 있었다. 『향성』의 '釭中膏'는 『구간』의 '車轂中脂'를 그대로 이은 것이다. '釭中膏'는 사전류에서 찾기 어렵다. '釭'의 뜻에 '바퀴 통쇠'가 있는데 『표』의 '바퀴통'에 해당한다. 따라서 고유어 향약명 '굴때에엉킨기름'은 '굴대+에 # 엉키-+-ㄴ # 기름'으로 분석된다. '굴때'는 『표』에 '굴대'로 등재되어 있는데 '수레바퀴의 한가운데에 뚫린 구멍에 끼우는 긴 나무 막대나 쇠막대'를 말한다. 『구간』의 향약명이 『향성』에 이어지는 과정에서 어형 교체가 일어난 것이다.

2308) 車軸脂 ☞ 車脂

2309) 車下李 ☞郁李仁

2310) 車割 / 車轄鐵 / 車轄脂

車轄鐵	술윗바회간모쇠	金部		동의 3:55ㄱ6
車割	車所也只		鄕名	향집 77:9ㄴ
車鎋鐵	술위박회간못쇠	金部		양금 514:9
車轄	車所也只 수레쐐기 굴대빗장 메뚜기쇠	石部中品	鄕名	향성 77:594:3
車轄脂	술윗갈모앳기름			구급 하45ㄱ1

'車割'을 핵심 어근으로 하는 단어족이다. '車割' 또는 '車轄'은 사전류에 잘 보이지 않는다. 모두 동일한 지시물을 가리킨다. 고유어 향약명은 대부분 설명형이다. 『구급』의 '술윗갈모앳기름'은 '술위+ㅅ # 갈모+앳 # 기름'으로 분석된다. '갈모'는 '수레바퀴 끝을 덮어 싸는 휘갑쇠' 곧 '줏대'를 이른다(『표』). '줏대'는 '수레바퀴 끝의 휘갑쇠', '휘갑쇠'는 '물건의 가장자리나 끝을 보강하기 위하여 휘갑쳐 싼 쇠'를 이른다. 『향집』과 『향성』의 차자표기 '車所也只'는 '*술위소야기'로 해독된다. '소야기'는 '쐐기'에 해당한다. 바로 『향성』의 '수레쐐기'에 대응되는 차자표기이다. '수레쐐기'는 사전류에서 찾기 어렵다. 『표』에도 보이지 않는다. 『향성』의 '메뚜기쇠'는 '바퀴가 벗어나지 않도록 굴대 머리 구멍에 끼우는 큰 못'을 가리키는 '비녀장'의 경북 방언이다(『

샘』). 이 어휘도 『표』에 등재할 만하다. 결국 '車轄鐵'의 고유어 향약명인 『동의』와 『양금』의 '술윗바회간모쇠'와 '술위박회간못쇠'의 간모'는 '갈모'의 오기로 보인다.

<착>

2311) 鑿孔中木

鑿孔中木	쇠못구멍속에나무	木部中品	鄕名	향성 80:648:3

'鑿孔中木'는 설명형 한어명이다. 『향성』의 설명형 고유어 향약명 '쇠못구멍속에나무'는 '쇠못 # 구멍 # 속+에 # 나무'로 분석되지만 구체적으로 무엇인지 불분명하다.

2312) 鑿下馬蹄 ☞ 馬蹄

<찬>

2313) 竄灰 ☞ 灰

<창>

2314) 鶬鶊 ⇒ 百舌鳥

鶬鶊	아리새	禽部	동의 1:40ㄴ9
鶬鶊	알이식	禽部	양금 527:10

'鶬鶊'은 '까마귓과의 새'인 '꾀꼬리'를 이른다. 그러나 의서에 '꾀꼬리'는 '百舌鳥'로 나오며 『동의』에서도 둘을 구분하고 있다. '鶬鶊'은 '아리새'로 되어 있는데 현대 국어 사전류에서 찾기 어렵다. '아리새'를 『표』에 등재할 만하다.

2315) 蒼白朮 ☞ 蒼朮
2316) 滄鹽 ☞ 鹽
2317) 蒼耳 / 菒耳 / 蒼耳子 / 道人頭

蒼耳	刀古休伊	俗云	향구 목45ㄴ8

蒼耳	升古亇伊			향구 상4ㄴ7
蒼茸葉	升古体伊			향채 4월
蒼耳苗	됫고마릿움			구급 하74ㄱ
蒼耳苗	돗귀마릿움			구간 6:52ㄴ
蒼耳	됫고마리			구간 2:94ㄴ
蒼耳	吐叱古亇里			촌구 4ㄴ1:3
蒼茸	돗고마리			분온 27ㄱ
蒼耳	吐叱古亇里 톳고마리		鄕名	촌가
蒼耳	독고말이 돋고말이 돋고아리			산경 131, 48
蒼耳莖	돗고마리줄기			언구 하38ㄱ3
蒼耳葉	돗고마리닙			언구 하38ㄱ3
蒼茸	됙고리 됫곰이			광비
蒼耳	독고마리			광향 3ㄱ08
蒼茸	독고마리	草部		사의 1ㄱ1:4
蒼耳	돗고마리			물명 93
蒼耳	독고마리 葈耳 道人頭 牛旁 一名		俗	해혹 6ㄴ8
蒼耳	독고마리 惡實 鼠粘子 一名		俗	해혹 6ㄴ8
蒼耳子	돗고마리 葈耳 卷耳 一名	隰草		의종 7:11ㄴ6
蒼耳子	돗고마리 葈耳 卷耳 一名	隰草		방합 14ㄴ
蒼耳子	돗고말리씨 葈耳 喝起草 一名			경신 17ㄱ8
蒼耳子	羊負来 道人 一名			경신 17ㄱ8
蒼茸子	돗고마리			경국 10:13
蒼耳子	도고마리			경국 27:5
蒼耳子	독고마리			경국 135:5
蒼耳	도꼬마리 상의ᄌ 笭ㅂ 靑茸子			식휘 372
蒼耳實	독고마리	草部中品之上	鄕名	향성 79:614:3
蒼耳	도꼬마리 되꼬리 창의자열매			식명 59
蒼耳子	도꼬마리열매 상사 蒼耳			동사 212
蒼耳	도꼬마리 卷耳 蒼耳草 되꼬리			야초 26
蒼耳	독고마리 蒼耳子			야초 26
道人頭	독고마리		俗	해혹 7ㄱ8
葈	돗고마리			훈몽 상8ㄴ
葈耳	돋고마리 喝起草 一名	草部		동의 3:1ㄴ2
葈耳	돋고마리			본목 15ㄴ9
葈耳	돗고마리 蒼耳 喝起草 一名	草部		양금 504:7
葈	독고마이 蒼耳 一名		俗	해혹 25ㄴ2

菒耳實	道人頭 一名	草部	동의 3:1ㄴ5
菒耳實	독고마리	草部中品之上 鄕名	향성 79:614:3
蒼耳莖葉	돗귀마리줄기와닙		구간 6:53ㄴ
蒼耳根	됫고마릿불휘		구간 2:77ㄱ
蒼耳根葉	됫고마릿닙과불휘		구간 3:12ㄴ
蒼耳根莖苗子	됫고마릿불휘와줄기와움과삐		구간 3:14ㄴ 시

'蒼耳'는 '국화과의 한해살이풀'로 '도꼬마리'를 이른다. 고유어 향약명의 기원은 『향구』의 차자표기 '刀古休伊'와 '升古ケ伊'이다. 각각 '*도고마리'와 '*되고마리'로 해독된다. 이 어형은 후대로 그대로 이어져 현대 국어의 '도꼬마리'가 되었다. 『향채』와 『촌구』의 차자표기 '升古体伊', '吐叱古ケ里'도 각각 '*되고마리'와 '*돗고마리'로 해독된다. 결국 이른 시기에 이 향약명은 '도고-'형과 '되-고'형이 있었음을 알 수 있다. 그러나 '되고-'형은 『광비』의 '뙥고리'와 '됫곰이'라는 형태를 남기고 의서에 더 이상 나타나지 않는다. 『식명』에 '뙤꼬리'가 보이기는 하지만 드문 어형이다. '도고-'형은 '돗고-'와 '독고-'의 표기상의 차이를 보이다가 '도꼬마리'로 정착된다. 어형 교체는 겪지 않았다.

2318) 蒼朮 / 蒼白朮 ⇒ 朮

蒼朮	창출		구급 상1ㄴ6
蒼朮	삽듓불휘니비치프러코ᄆᆞ딕기니		구간 1:1ㄴ
蒼朮	삽듓불휘니비치프러ᄒᆞ고ᄆᆞ딕기니		구간 1:8ㄱ
蒼朮	삽듓불휘		구간 1:2ㄱ
蒼朮	창튤 삽듓불휘		분온 23ㄱ
蒼朮	창튤		간벽 17ㄱ
蒼朮	삽듀불희		산경 241
蒼朮	창튤		언두 하46ㄴ
蒼朮	山精 一名	草部	동의 2:39ㄱ7
蒼朮	두희무근삽돗불휘		우마 10ㄱ
蒼朮	삽됴불희		벽신 14ㄱ
蒼朮	창튤		마초 상92ㄴ
蒼朮	삽쬬불휘	草部	사의 1ㄱ2:10
蒼朮	챵츌 山精 一名	草部	양금 503:5
蒼朮			제중 8:4ㄱ10
蒼朮		山草	의종 7:2ㄴ7

蒼朮		山草	방합 3ㄱ
蒼朮	山精 一名		경신 29ㄴ10
蒼朮	삽주 빅츌 白朮 馬薊 山薊		식휘 349
蒼朮	삽주땅줄기 출 포력자 산계		식명 59
蒼朮	산계 산강 산련		동사 808
蒼朮	백출 창출 山蓮 天生朮		야초 25
蒼朮	참삽주 白朮 山薊		야초 25
蒼朮菜	삽듀		방유 3:28ㄴ
蒼白朮	삽쥬블희 山精 一名		산경 521

'蒼朮'은 '국화과의 여러해살이풀'인 '당삽주'의 뿌리를 이른다. 대표적인 한어명 이칭은 『동의』의 '山精'이다. 20세기에 오면 더 다양한 이칭이 나타난다. 고유어 향약명은 15세기 『구간』의 '삽듓불휘'에서 비롯된다. 이 어형은 한어명 '창튤'과 함께 후대 의서에 어형 교체 없이 나타난다. 『표』에는 '흰삽주뿌리'만 등재되어 있다. '삽주뿌리'를 등재할 만하다.

2319) 菖蒲 / 石菖蒲 / 生菖蒲

菖蒲	消衣亇			향구 상4ㄱ2
菖蒲	松衣亇		俗云	향구 목45ㄱ2
菖蒲	松衣亇		鄕名	향채 4월
生菖蒲根	ᄂᆞᆯ챵폿불휘			구급 상16ㄴ1
菖蒲	숑의맛불휘			구간 1:45ㄴ
菖蒲	챵포			분온 6ㄱ
菖	챵포 부들			훈몽 상8ㄱ
菖蒲	챵포			간벽 18ㄱ
菖蒲	챵포			언구 상33ㄱ8
菖蒲	셕챵포	草部		동의 2:37ㄱ5
菖蒲	松衣亇叱根 숑의맛불휘			우마 7ㄱ
菖蒲	셕챵포			본목 22ㄱ3
菖蒲	챵포			언납 9ㄱ
菖蒲	九節者	草部		사의 1ㄱ2:6
菖蒲	셕챵포	草部		양금 503:3
菖蒲	셕챵포			제중 8:6ㄱ3
菖蒲	챵포			물명 65
菖蒲	셕챵포	水草		의종 7:20ㄴ1

菖蒲	셕창포	水草	방합 303
菖蒲	창포 白草		식휘 78
菖蒲	석창뿌리	草部上品之上　鄕名	향성 78:602:2
菖蒲	창포 쟁피 백창		식명 69
菖蒲	니창 수창 창포땅줄기		식명 69
菖蒲	챵폿ᄀᄅ		구급 상23ㄱ2
生菖蒲	눌숑의맛불휘		구간 3:32ㄴ
乾菖蒲	ᄆ론숑의맛불휘		구간 7:60ㄱ
菖蒲末	숑의맛불휘ᄀ론ᄀᄅ		구간 1:84ㄴ
菖蒲湯	숑의마달힌믈		구간 2:28ㄱ
石昌蒲	셕창포		구급 하56ㄱ
石菖蒲	돌서리예난숑의맛불휘		구간 2:40ㄱ
石菖蒲	돌서리옛숑의맛불휘		구간 2:28ㄱ
石菖蒲	셕챵포		언두 하50ㄱ
石菖蒲	챵포		언구 상33ㄱ8
石菖蒲	셕챵포		언태 57ㄱ
石菖蒲	숑의맛불휘 松衣亇叱根		우마 8ㄴ
石菖蒲	돌밧테탄장포		광향 2ㄴ03
石菖蒲	셕챵포		경신 37ㄴ3
石菖蒲	셕창포		식휘 78
石菖蒲	석창포		식명 564

'菖蒲'와 '石菖蒲'는 '천남성과의 상록 여러해살이풀의 뿌리'를 이른다. 한어명 '菖蒲', '石菖蒲' 그리고 고유어 향약명 '숑의맛불휘'형이 함께 나타난다. 『향구』의 차자표기 '消衣亇'와 '松衣亇'는 각각 '*쇼의마'와 '*숑의마'로 해독된다. 이은규(1993:141-142)에서는 '松'을 석독했으나 『구간』의 '숑의마'를 고려하면 음독자일 가능성이 더 높다. 『향채』의 '松衣亇'도 마찬가지이다. 『구간』의 '숑의맛불휘' 이후 한어명과 함께 섞여 나타난다. 그러다가 '숑의맛'형은 『우마』를 끝으로 보이지 않으며 한어명만 나타난다. 『우마』의 차자표기 '松衣亇叱根'는 전래 고유어 향약명의 완전한 모습을 적은 것으로 '*숑의맛불휘'로 해독된다. '숑의맛' 형태는 현대 국어 사전류에 보이지 않는다.

2320) 菖蒲酒 ☞ 酒

<책>

2321) 蔡蘆 ☞ 藜蘆

<책>

2322) 蚱蟬

蚱蟬	每阿未 맴이	蟲魚部中品	鄕名	향성 83:683:3

'蚱蟬'은 '매밋과의 곤충'을 이른다. '말매미'와 동의어이다. 『향성』의 차자표기 '每阿未'는 '*매아미'로 해독된다.

<척>

2323) 躑躅 ☞ 洋躑躅

<천>

2324) 穿谷米, 川穀 ☞ 薏苡
2325) 天瓜 ☞ 栝蔞
2326) 蚕痾 ☞ 白殭蠶
2327) 川芎 / 山川芎 / 土川芎 ⇒ 芎藭

川芎	천궁		구급 상44ㄱ1
川芎	궁궁잇불휘		구간 6:78ㄴ
川芎	쳔궁		간벽 7ㄱ
川芎	쳔궁		언두 상14ㄱ
川芎	궁궁이		언구 하34ㄴ10
川芎	쳔궁		언태 3ㄴ
川芎	쳔궁		두경 18ㄱ
川芎	쳔궁		마초 상92ㄴ
川芎	궁궁		제중 8:1ㄴ4
川芎	궁궁	芳草	의종 7:6ㄴ8
川芎	궁궁	芳草	방합 8ㄴ

川芎	궁궁이			경신 38ㄴ2
川芎	궁궁이 當歸			식휘 268
川芎	천궁 궁궁이			식명 108
山川芎	산궁궁이			동사 483
川芎	궁궁이 호궁 향과 작뇌궁			동사 106
土川芎	산궁궁이			동사 880

'川芎'은 '궁궁이의 뿌리'를 이른다. 『구간』의 '궁궁잇불휘'가 이를 잘 말해 준다. 이른 시기에는 한어명 '천궁'과 함께 쓰였는데 후대에는 '궁궁이'형이 주로 나타난다. 15세기 이후 핵심 어근의 어형 교체를 겪지 않고 현대 국어에까지 이어진다.

2328) 茜根 / 過山龍 / 茜草

茜根	古邑豆訟		鄕名	향채 2월
茜根	쳔ᄀᆞᆫ			구급 상61ㄴ8
茜根	곱도소ᇫ불휘			구간 2:106ㄴ
茜草	곱도소ᇫ불휘			구간 3:28ㄱ
茜根	古邑豆松			촌구 3ㄱ10:2
茜根	古邑豆松		鄕名	촌가
茜草	곡도숑이			언구 하32ㄱ11
茜根	곡도숑 過山龍 一名	草部		동의 2:47ㄱ4
茜根	高邑豆訟		鄕名	향집 78:24ㄱ
茜草	곡도숑			본목 20ㄴ10
茜根	곡ᄯᅩ숀이	草部蔓草類		본정 상104
茜根	곡도숑 過山龍 一名	草部		양금 504:5
茜根	씌뿌리			광향 38ㄴ12
過山龍	곡도손이 茜根 卽		俗	해혹 10ㄴ4
茜根	ᄭᅩᆨ도손니ᄲᅮᆯ의		俗	해혹 7ㄱ3
茜草	곡도손	蔓草		의종 7:19ㄴ3
茜草	곡도손	蔓草		방합 25ㄱ
茜根	高邑豆訟 꼭두선이뿌리	草部上品之下	鄕名	향성 78:612:1

'茜根'은 '꼭두서니'의 뿌리를 이른다. 15・6세기까지는 '곱도숑' 형태가 나타나며 이후 '곡도손이' 형이 나타나 어형 교체가 일어난다. 어근은 '곱도숑 > 곡도손'의 변화와 접미사 '이'의 결합

과정을 거쳐 현대 국어의 '꼭두서니' 형태로 정착되었다. 음운 변화로는 설명이 어려운 어형 교체를 겪은 대표적인 향약명이다. 이칭으로는 '過山龍'이 『동의』에 기록된 이래 지금까지 전해져 온다. 다른 이칭으로는 '茅蒐'와 '茜草'가 있다(『표』). 15세기 『향채』의 차자표기 '古邑豆訟'은 '*곱두숑'으로 해독되는데 이를 보면 이전 시기에도 '곱도숑'형이 있었던 것으로 추정된다.

2329) 千金藤 ☞ 郁李仁
2330) 千金木 ☞ 安息香
2331) 千金子 ☞ 續隨子
2332) 天南星 / 南星 / 鬼臼 / 圓白天南星

天南星	豆也亇次火			향구 상9ㄴ7
天南星	豆也味次		俗云	향구 목47ㄱ4
天南星	豆也摩次作只		鄕名	향채 2월
天南星	쳔남셩			구급 하73ㄱ
天南星	두야머주저깃불휘			구간 1:6ㄱ
天南星	豆也麻造作			촌구 3ㄴ6:2
天南星	豆也麻造作		鄕名	촌가
天南星	豆也麻造作只 두여마조자기		鄕名	촌가
天南星	두어머조자기			산경 523
天南星	텬남셩			언두 하3ㄱ
天南星	텬람셩			언구 상21ㄴ5
天南星	두여머조자기	草部		동의 3:18ㄴ9
天南星	뒤여머조기			본목 19ㄱ2
天南星	텬남셩			마초 하33ㄱ
天南星	두여머조자기	草部		사의 1ㄱ1:6
天南星	두어머죠쟈기	草部		양금 508:2
天南星	텬남셩 두어며조자기			식휘 78
天南星	豆也未注作只 두여미조자기뿌리	草部下品之下	鄕名	향성 79:631:2
天南星	토여미초뿌리	草部下品之下	鄕名	향성 79:631:2
天南星	천남성			식명 607
天南星	두여미조자기 半夏精 토여미초			동사 813
天南星	천남생이 蛇頭草 獨足蓮 讀脚蓮			약식 55
圓白天南星	두렴고흰텬남셩			구급 상1ㄴ5
圓白天南星	두렴고흰두야머주자깃불휘			구간 1:1ㄴ
南星	쥐여머주저기불히			언구 상1ㄴ5

南星	텬남셩ᄀᆞᄅᆞ			언구 상9ㄱ7
南星	두여머조자기			제중 8:4ㄴ3
南星	두여머조자기 虎掌 一名	毒草		의종 7:16ㄴ9
南星	두어머조자기 虎掌 一名	毒草		방합 21ㄴ
南星	두여머초자기			경신 17ㄴ3
生南星	ᄉᆡᆼ남셩			구급 상2ㄱ
兎臼	天南星大者			향채 2월
鬼臼	두야머주저깃불휘크니			구간 7:23ㄴ
鬼臼		草部		동의 3:19ㄱ2
鬼臼	두야머조자기 豆也亇注作只			우마 7ㄱ
鬼臼	머주저기			경국 88:8
鬼臼	큰두여미조자기	草部下品之下	鄕名	향성 79:633:2

'天南星'은 '천남성과의 여러해살이풀'로 '두여머조자기'라 이른다. 고유어 향약명의 기원은 『향구』의 차자표기 '豆也亇次火'과 '豆也味次'이다. 각각 '*두야맞블'과 '*두야맞'으로 해독된다. '火'가 무엇을 표기한 것인지가 관건이다. 이은규(1993:143-144)에 따르면, 『향채』의 차자표기 '豆也摩次作只'를 참고할 필요가 있다. 이는 '*두야맞자기'로 해독된다. '作只'는 '-자기'를 적은 것으로 향약명에서는 '草'와 대응한다('茵陳 加外作只' 참조). 결국 『향구』의 '火'는 석독자로서 '*블'로 읽히는데 이는 '불휘'에 대응하는 것이 아니라 '플'에 대응한다. 고대 한국어 시기에 유기음의 발달이 늦었다는 것을 고려하면(김동소 2007 참조), '플'의 고대국어형 '*블'을 표기한 것으로 추정된다. 이 어형은 『구간』에서 '두야머주저깃불휘' 형태로 나타난다. '*두야맞자기'가 '두야머주저기'로 바뀐 것인데 모음 첨가와 모음 교체가 반영된 것으로 어형 교체보다 어형 변화로 보는 것이 합리적이다. 이 형태를 잘 나타낸 것이 『촌가』의 차자표기 '豆也麻造作只'이다. '*두야마조자기'로 해독된다. 그러나 이 시기 한글표기형은 '두여머조자기'로 나타나 모음 교체를 겪었음을 보여준다. 이후 현대 국어에까지 이 형태가 이어진다. 『향성』의 차자표기 '豆也未注作只'는 '*두야미주자기'로 해독된다. 결국 이 향약명은 여러 차례 모음 교체를 거쳐 '두여머조자기'가 『표』에 등재되어 있다. 현대 국어에 와서 한어명에 접미사 '이'가 결합된 혼종어 '천남생이'나 '토여미초뿌리' 등과 같은 이칭이 생성되었다. 『향성』과 『동사』의 '토여미초'는 특이한 형태이다. '토여미'는 '두여머'와 대응되는데 '토여미'형의 근원을 파악하기 어렵다. 한어명 '鬼臼'는 '매자나뭇과의 여러해살이풀'인데(『표』), 의서에서는 '천남성'과 동의어로 나타난다. 『향채』의 '兎臼'는

'鬼臼'의 오기로 판단된다. '鬼臼'와 '天南星'의 관련성을 사전류에서도 기술해야 한다. 특히 『향채』와 『구간』 그리고 『향성』의 설명은 '鬼臼'가 '천남성 큰 것'을 뜻함을 분명히 하고 있다.

2333) 川大黃 ☞ 大黃
2334) 川獨活 ☞ 獨活
2335) 千頭子 ☞ 地膚子
2336) 天蘿, 天絡絲 ☞ 絲瓜
2337) 川楝子 ☞ 楝根
2338) 天靈蓋

天靈盖	오란딕골릭뎡바기뼈	人部		동의 1:31ㄱ7
天靈蓋	오란딕골정박이뼈	人部		양금 525:7
天靈蓋	人頭骨			해혹 29ㄴ10
天靈蓋	오랜사람의해골	人部	鄕名	향성 81:653:3

'天靈蓋'는 '머리뼈 윗면의 뒤쪽 약 2/3를 이루는 네모꼴의 편평한 뼈'를 이르는데 고유어로는 '마루뼈'라 한다(『표』). 고유어 향약명은 설명형으로 나타난다. 『동의』의 향약명은 '오라-+-ㄴ # 딕골+익 # 뎡바기뼈'로 분석되며 『양금』도 마찬가지이다. 『해혹』에는 한자어 '人頭骨'로 나타나며 『향성』에 와서 『동의』의 설명형이 어형 교체를 겪어 다른 구조가 된다.

2339) 天龍 ☞ 蜈蚣
2340) 千里光 ☞ 石決明
2341) 千里馬 ☞ 屐屧鼻繩
2342) 千里水, 千里水及東流水 ☞ 水
2343) 天麻 / 赤箭

天麻	都羅本		鄕名	향채 5월
天麻	赤前根			촌구 4ㄴ2:3
天麻	赤箭根 젹젼불히		鄕名	촌가
天麻	슈자히좃 赤箭根 卽	草部		동의 3:10ㄱ8
天麻	슈자히좃	草部		양금 506:7
天麻	슈ᄌ히좃			제중 8:9ㄱ1
天麻	슈ᄌ히좃	山草		의종 7:2ㄱ10
天麻	슈ᄌ히좃	山草		방합 3ㄱ
天麻	슈ᄌ히좃			경신 17ㄱ3

天痲	都羅本 수자해좃	草部中品之下	鄕名	향성 79:623:1
天痲	천마싹 수자해좃	草部上品之上	鄕名	향성 78:608:2
赤箭	天痲苗			촌구 3ㄴ2:3
赤箭	天痲苗		鄕名	촌가
赤箭	텬맛삭 卽 天痲苗	草部		동의 2:42ㄴ7
赤箭	天痲苗		卽	향집 78:15ㄱ
赤箭	천마삭	草部		양금 503:10
赤箭	天痲苗 卽	山草		의종 7:2ㄴ2
赤箭	天痲苗 卽	山草		방합 3ㄱ
赤箭	천마싹 수자해좃	草部上品之上	鄕名	향성 78:608:2

의서에는 '天痲'와 '赤箭'이 동의어로 나타난다. 『표』에 '天痲'는 '난초과의 여러해살이풀'로, '赤箭'은 '天痲의 땅속줄기'로 풀이되어 있다. 고유어 향약명은 네 가지 형태이다. 『향채』의 차자표기 '都羅本'의 경우 용자 '本'이 음독자인지 석독자인지 분명치 않다. 일단 음독하여 '*도라본'으로 해독해 둔다. 그러나 '本'을 석독하여 '*밑' 정도로 해독할 개연성도 있다. 이 형태는 20세기의 『향성』에 차자표기로 인용될 뿐 다른 의서에는 나타나지 않는다. 사전류에서도 이 어형을 찾기는 어렵다. 『촌가』에서는 '天痲'를 '赤箭根 젹젼불히'로, '赤箭'을 '天痲苗'로 기록하고 있다. '天痲苗'는 '천마싹'으로 읽힌다. 따라서 두 어형은 혼종어이다. 고유어 향약명은 『동의』에서 비롯된 '슈자히좃'이다. 이것이 어형 변화를 겪어 현대 국어의 '수자해좃'으로 정착되었다. 의서에서는 '天痲'는 '*도라본'과 '赤箭根' 및 '슈자히좃'으로, '赤箭'는 '天痲苗'로 구분한 것으로 판단된다. 『향성』에서 '赤箭'을 '천마싹', '수자해좃'으로 기록함으로써 혼동이 있기는 하다. 『표』에서도 '赤箭'을 '천마의 땅속줄기'라 한 것을 보면 여전히 혼동되는 면이 있다.

2344) 天名精 ☞ 鶴蝨

2345) 天門冬

天門冬	텬문동불휘			구간 7:17ㄱ
天門冬				촌구 5ㄱ8:2
天門冬			鄕名	촌가
天門冬		草部		동의 2:38ㄱ5
天門冬	텬문동	草部		양금 503:4
天門				제중 8:1ㄱ5
天門	홀아비좃	蔓草		의종 7:18ㄴ9

天門	홀아비좆	蔓草	방합 24ㄱ
天門冬	顚棘根 一名		경신 35ㄱ7
天門冬	홀아지좆 부지깽이나물뿌리	草部上品之上 鄕名	향성 78:603:2

'天門冬'은 '백합과의 여러해살이풀'로 '호라지좆'이라 한다. 이 향약명은 15세기부터 한어명으로 나타나다가 『의종』에 와서 '홀아비좆'형이 생성되었으며 『향성』에서 '홀아지좆'으로 정착되었다. '홀아비'가 '홀아지'로 어형 교체가 일어난 것이다. 『표』에는 '호라지좆'으로 등재되어 있다. 『향성』에 '부지깽이나물뿌리'가 나오는데 이는 '십자화과의 두해살이풀'이다(『표』). '天門冬'과는 다른 것인데 좀더 정밀한 추정이 필요하다.

2346) 天門冬酒 ☞ 酒

2347) 千步峯泥 / 天步峯

千步峯泥	사ᄅᆞᆷᄃᆞᆫ녀시녯ᄒᆞᆰ이모다도ᄃᆞ록ᄒᆞᆫᄯᅡᆺᄒᆞᆰ		구간 3:55ㄴ
天步峯		土	의종 7:47ㄴ4
天步峯		土	방합 60ㄱ

'千步峯泥'는 설명형 한어명이다. 『구간』의 향약명은 '사ᄅᆞᆷ # ᄃᆞᆫ니-+-어 # 신+엣 # ᄒᆞᆰ+이 # 몯-+-아 # 도ᄃᆞ록ᄒᆞ-+-ㄴ # ᄯᅡ+ㅅ # ᄒᆞᆰ'으로 분석된다. '사람이 다녀서 신의 흙이 모여 도도록한 곳의 흙'이라는 뜻이다. 『의종』의 '天步峯'은 '千步峯'의 오기로 보인다.

2348) 穿山甲 / 川山甲 ⇒ 鱔魚

穿山甲	천산갑			구급 하33ㄴ4
川山甲	천산갑			구간 7:53ㄴ
穿山甲	천산갑			구간 7:85ㄴ
穿山甲	천산갑			언구 상13ㄴ1
穿山甲	鯪鯉甲 一名	唐	蟲部	동의 2:15ㄴ7
穿山甲			蟲部	양금 517:7
穿山甲				제중 8:16ㄱ4
穿山甲	되롱룡 蔆鯉甲			해혹 29ㄱ4
穿山甲			龍	의종 7:38ㄴ9
穿山甲			龍	방합 48ㄴ
穿山甲	鯪鯉甲 一名			경신 53ㄴ5

'穿山甲'은 '천산갑의 껍질을 말린 것'을 이른다. 한어명 이칭으로는 '鯪鯉'가 있다. 이른 시기부터 주로 한어명으로만 나타난다. 『해혹』의 '되롱룡'은 '도롱뇽'을 말하는데(『샘』) '穿山甲'과는 다른 동물이다.

2349) 天生朮 ☞ 蒼朮
2350) 天鼠 ☞ 伏翼
2351) 薦席 / 藁薦 / 蒿薦 ⇒ 敗蒲席

薦席	딥지즑		구간 1:67ㄱ
藁薦	거적		구간 1:87ㄱ
蒿薦	딥지즑		언구 상46ㄱ9

'薦席'은 '딥지즑' 즉 '짚자리'를 말한다. 『표』에는 '짚으로 새끼 날을 만들어 네모지게 결어 만든 큰 깔개' 곧 '멍석'으로 풀이되어 있다. '藁薦'은 '거적자리' 곧 '깔개로 쓰는 거적'이다(『표』). 『언구』의 '蒿薦'도 '딥지즑'으로 되어 있다. 『표』에 '蒿薦'은 실려 있지 않다.

2352) 泉水 ☞ 水
2353) 川升麻 ☞ 升麻
2354) 天鵝 / 鵠

天鵝肉	곤이	禽部	동의 1:39ㄴ1
鵠	곤이		본목 47ㄱ4
天鵝	곤이	禽部水禽類	본정 하218
天鵝肉	곤이	禽部	양금 527:5

'天鵝'는 '오릿과의 물새' 곧 '고니'를 이른다. 『동의』에서 '곤이'로 나타나 어형 변화나 형태 교체 없이 현대 국어로 이어진다. 『본목』의 '鵠'도 '고니'를 뜻한다.

2355) 賤魚骨 ☞ 烏賊魚骨
2356) 川烏 / 烏頭 / 川烏頭 / 大川烏

川烏	쳔오		구급 상14ㄱ2
川烏	쳔오		구간 1:39ㄴ
川烏	쳔오		언구 상16ㄴ10
川烏		草部	사의 2ㄱ3:10

川烏			제중 8:6ㄴ2
川烏	烏頭 郎	毒草	의종 7:16ㄴ3
川烏	烏頭 郎	毒草	방합 21ㄱ
川烏	烏頭 一名 堇 一名 奚毒 一名		경신 42ㄴ5
川烏頭	쳔오두		구급 상56ㄱ5
川烏頭	쳔오두		구간 2:1ㄴ
大川烏	대쳔오		구간 3:1ㄴ
烏頭	오두		언구 하20ㄴ7
烏頭	川烏 郎 堇 一名 奚 一名	唐 草部	동의 3:14ㄴ10
烏頭	堇 一名 奚毒 一名	唐 草部	양금 507:1

'川烏'는 '말린 오두의 덩이뿌리'를 이른다. 한어명 이칭으로 '烏頭'가 있다. 이들은 모두 한어명으로만 쓰였다.

2357) 川牛膝 ☞ 牛膝

2358) 天雄 ⇒ 附子

天雄	텬웅		언구 하20ㄴ7
天雄		唐 草部	동의 3:15ㄱ3
天雄		唐 草部	양금 507:2

'天雄'은 '烏頭의 홑뿌리'를 이른다. '烏頭'는 '바꽃'을 멀한다.

2359) 天圓子 ☞ 栝蔞

2360) 千日草 ☞ 鶴蝨

2361) 天漿子 ☞ 雀甕

2362) 天丁 ☞ 皀角

2363) 茜草 ☞ 茜根

2364) 川椒 / 生椒 / 合口椒 / 蜀椒

川椒	眞椒	俗云	향구 목48ㄱ1
川椒	蜀椒		향구 목48ㄱ1
川椒	쳔초		구급 상58ㄱ8
川椒	죠핏여름		구간 2:33ㄴ
川椒	천쵸		분온 10ㄱ
川椒	쳔쵸		언구 상19ㄱ9

川椒	젼쵸	果部		사의 3ㄴ4:1
川椒	쵸피나모여름			제중 8:14ㄴ02
川椒	쵸피나모여름 蜀椒 一名	香木		의종 7:22ㄱ9
川椒	쵸피나모여름 蜀椒 一名	香木		방합 28ㄱ
川椒	초피나모여금 蜀椒 巴椒 漢椒 一名			경신 45ㄴ1
川椒	산촌나무 花椒			식휘 231
川椒	조피열매 川椒目			동사 819
生椒	싱ᄒᆞᆫ쳔쵸			구급 하76ㄱ
生椒	ᄂᆞᆯ죠피			구간 6:48ㄴ
生椒	ᄂᆞᆯ죠핏여름			구간 6:54ㄴ
生椒	ᄂᆞᆯ쳔쵸			구간 6:56ㄱ
生椒葉	ᄂᆞᆯ죠핏닙			구간 3:38ㄱ
合口椒	입마고믄젼쵸			구급 하74ㄱ3
合口椒	부리벙으디아니ᄒᆞᆫ젼쵸			구간 6:52ㄴ
合口椒	부리다믄쳔쵸			언구 하22ㄱ3
蜀椒	川椒			구급 상58ㄱ
蜀椒	川椒			촌구 4ㄱ1:3
蜀椒	川椒 젼쵸		鄕名	촌가
蜀椒	쇽쵸			간벽 9ㄱ
蜀椒	쵸피나모 川椒 巴椒 漖椒			산경 499
蜀椒	쵸피나모여름 川椒 巴椒 漢椒 一名	木部		동의 3:35ㄴ9
蜀椒	죠피나모여름 巴椒 漢椒 川椒 一名	木部		양금 510:9
蜀椒	椒皮 초피나무	木部下品	鄕名	향성 80:649:2
蜀椒	난듸나무열매 분지나무열매	木部下品	鄕名	향성 80:649:2

'川椒'와 '蜀椒'는 동의어로 나타난다. 이는 『향구』의 기록에 이미 나타난다. '川椒'는 '운향과의 낙엽 활엽 관목' 즉 '초피나무'를 이른다(『표』). 『향구』의 차자표기 '眞椒'는 '*촘초'일지 '*진초'인지 알 수 없다. 후대형과 이어지지 않기 때문이다. 다만 용자 '眞'이 차자표기에서 주로 '촘'으로 읽히는 점을 고려하면 전자일 가능성이 높다. 15세기에 와서 『구간』에 '죠피'가 나타나 어형이 교체된다. 이후 현대 국어에까지 형태 교체 없이 이어진다. 『향성』에 '난듸나무열매'와 '분지나무열매'라는 새로운 향약명이 나타난다. '분지나무'의 '분지'는 '山椒'를 가리키는 '분디'의 구개음화형이 아닐까 한다. 『표』에는 '분디'는 '山椒'에 대응하는 우리말로 등재되어 있다. '분지나무골'이라는 지명도 있다. '난디나무'는 사전류에서 찾기 어렵다. 두 향약명 모두 『표』에

등재할 만하다. '合口椒'도 사전류에서 찾기 어렵다. 15세기 무렵의 의서에만 보인다. 『구급』에 나오는 설명형 향약명이 일부 어형 교체를 거쳐 나타난다. 즉 '마고믈다'가 '벙을다'와 '다믈다'로 교체된 것과 어휘 형태소의 의미에 따라 부정소가 결합된 것으로 나뉜다. '입을 벌리지 아니한 천초'를 뜻한다. 후대에는 나타나지 않는 향약명이다.

2365) 天竺黃 ⇒ 竹黃

天竺黃		唐 木部	동의 3:38ㄴ1
天竺黃	竹膏 一名	唐 木部	양금 510:10
天竺黃		苞木	의종 7:28ㄱ10
天竺黃		苞木	방합 28ㄱ10

'天竺黃'은 '댓속에 병으로 생기는 누런 빛깔의 흙 같은 물질'로 '竹黃'이라고도 한다. 한어명으로만 쓰인다.

2366) 天台烏藥 ☞ 烏藥
2367) 天花粉 ☞ 栝蔞
2368) 川黃連 ☞ 黃連

<철>

2369) 鐵落 ☞ 鐵屑
2370) 鐵斧

鐵斧		金部	동의 3:55ㄱ9
鐵斧		金部	양금 514:10

'鐵斧'는 '쇠도끼'를 이른다. 『표』에 등재되어 있지 않다. 『동의』와 『양금』에만 나온다.

2371) 鐵粉

鐵粉	텰분		구급 하46ㄱ3
鐵粉	쇳ᄀᆞᄅᆞ		구간 1:92ㄴ
鐵粉		金部	동의 3:54ㄴ4
鐵粉		金部	양금 514:7

鐵粉	강철가루	石部中品	鄕名	향성 77:594:1

'鐵粉'은 '쇳가루'를 말한다. 『구급』에서부터 나타나는데 대응되는 고유어 향약명은 일정하지 않다. 『구간』의 '쇳ᄀᆞᄅᆞ'가 가장 적확한 형태를 보여준다. 주로 한어명으로만 쓰인 것으로 보인다.

2372) 鐵篦

鐵篦	쇠빈혀			구급 상67ㄴ1
鐵篦	쇠빈혀			구간 2:120ㄴ
釵子	빈혀			언구 상30ㄴ8

'鐵篦'는 『표』에 나오지 않는데 '쇠로 만든 빗치개'를 말한다. 그런데 『구급』과 『구간』에는 '쇠로 만든 비녀'로 나온다.

2373) 鐵砂 ☞ 鍼砂

2374) 鐵屑 / 鐵落

鐵屑	쇳ᄇᆞᄉᆞ라기			구급 하89ㄱ6
鐵屑	쇠똥	金部		동의 3:54ㄱ7
鐵屑	쇠똥	金部		양금 514:6
鐵落	쇠칠때머름에떠러진쇠부스럭이	石部中品	鄕名	향성 77:594:2

'鐵屑'은 '쇠를 불에 달구어 불릴 때에 달아오른 쇠에서 떨어지는 부스러기' 곧 '쇠똥'을 이른다. 15세기부터 나타나며 『향성』에서는 이칭 한어명 '鐵落'으로 되어 있다. 『구급』에는 '쇳ᄇᆞᄉᆞ라기'로 나타나던 것이 『동의』에 와서 '쇠똥'으로 어형 교체가 일어난다. 『향성』의 설명형 향약명 '쇠칠때머름에떠러진쇠부스럭이'는 '쇠 # 치-+-ㄹ # 때 # 머름+에 # 떨어지-+-ㄴ # 쇠 # 부스러기'로 분석된다. '머름'이 무엇인지 분명하지 않다. 『표』에는 '바람을 막거나 모양을 내기 위하여 미닫이 문지방 아래나 벽 아래 중방에 대는 널조각'을 의미하는 '머름'이 등재되어 있는데 향약명의 '머름'과는 거리가 있는 듯하다. 달구어진 쇠를 칠 때 튀기는 쇠 부스러기이므로 달구어진 쇠를 놓는 판이 아닐까 짐작된다.

2375) 鐵爇 / 鐵藝火

鐵爇	刀煙 一名	金部		동의 3:54ㄴ5
鐵藝火		金部		양금 514:7

'鐵爇'은 '칼이나 도끼를 달구어 대나무 껍질에 댈 때 묻어 오르는 진'을 이른다. 이칭으로 '刀煙'이라 한다. 『양금』의 '鐵藝火'는 '鐵爇'를 적은 것이다.

2376) 鐵繡 ⇒ 銅綠

鐵繡	쇠녹	石部上品	鄕名	향성 77:592:2

'鐵繡'는 '쇠에 생기는 녹' 곧 '鐵衣'를 이른다. 『향성』에 보이는 한어명인데 『표』에는 '쇳녹'으로 등재되어 있다.

2377) 鐵液, 鐵液漿 ☞ 水
2378) 鐵胤粉 ☞ 鐵華粉
2379) 鐵漿 ☞ 水
2380) 鐵精 ⇒ 鍒鐵

鐵精		金部		동의 3:54ㄴ10
鐵精		金部		양금 514:8
鐵精	鐵粉 떡쇠가루	石部中品	鄕名	향성 77:593:2

'鐵精'은 『표』나 사전류에서 찾기 어렵다. 『동의』와 『양금』에 한어명만 보인다. 『향성』에서는 '鐵粉' 즉 '떡쇠가루'라고 풀이하고 있다. '떡쇠'는 '아주 무른 쇠' 곧 '탄소강'을 이른다(『표』).

2381) 鐵藝火 ☞ 鐵爇
2382) 鐵秤錘 ☞ 秤錘
2383) 鐵華粉

鐵華粉	鐵胤粉 一名	金部		동의 3:54ㄴ1
鐵華粉	鐵胤粉 一名	金部		양금 514:6
鐵華粉	쇠애쓸은녹가루 醋酸鐵의粉末		鄕名	향성 77:594:1

'鐵華粉'은 '강철을 소금물에 담가서 나게 한 녹'을 이른다. 『동의』와 『양금』에 이칭 한어명

'鐵胤粉'이 나오는데 사전류에 보이지 않는다. 『향성』의 주석 '醋酸鐵의粉末'이 이 약재의 성격을 잘 설명하고 있다. 설명형 향약명 '쇠애쓸은녹가루'는 '쇠에 쓴 녹의 가루' 정도의 의미만 나타내고 있다.

<첨>

2384) 甛瓜 / 眞瓜 / 野甛瓜 ⇒ 王瓜

甛瓜	眞苽			촌구 4ㄴ4:2
甛瓜	眞苽		鄕名	촌가
甛瓜	眞瓜 춤외		鄕名	촌가
甛瓜	춤외	菜部		동의 2:28ㄴ5
甛瓜	眞瓜		鄕名	향집 85:6ㄴ
甛瓜	춤외			본목 31ㄴ8
甛瓜	참외	菜部蓏果類		본정 상154
甛瓜	참외	菜部		양금 519:8
甛瓜	춤외			제중 8:23ㄱ9
甛瓜	춤외		俗	해혹 7ㄱ2
甛瓜	춤외	苽果		의종 7:33ㄴ9
甛瓜	춤외	苽果		방합 42ㄱ
眞瓜	참외	菜部上品	鄕名	향성 85:711:2
甛瓜	참외	菜部上品	鄕名	향성 85:711:2
甛瓜葉		菜部		동의 2:29ㄱ2
甛瓜葉	苽		卽	향집 85:7ㄱ
甛瓜子	眞瓜子		鄕名	향채 12월
甛瓜子		菜部		동의 2:28ㄴ10
甛瓜花		菜部		동의 2:29ㄱ3
野甛瓜		菜部		동의 2:29ㄱ4

'甛瓜'는 '참외의 열매'이다. 『촌구』와 『촌가』의 차자표기 '眞苽'의 용자는 모두 석독자로 '*춤외'에 해당한다. 이 형태가 변화 과정을 거치지 않고 현대 국어에까지 이어진다. '참외'의 꽃, 잎, 씨 등을 나타내는 파생어 한어명 여럿이 『동의』를 중심으로 나타난다.

2385) 甛瓜蔕 ☞ 瓜蔕

2386) 甛葶藶 ☞ 葶藶子

2387) 菾菜 ☞ 莙薘

2388) 甛瓠, 甛瓢 ☞ 苦瓠

<청>

2389) 菁 ☞ 蔓菁

2390) 靑顆麥

靑顆麥	ᄡᅡᆯ보리	穀部	동의 1:25ㄴ5
靑顆麥	쌀보리	穀部	양금 524:6

'靑顆麥'은 '볏과의 한해살이풀'로 '겉보리'와 구분하여 부르는 명칭이다. 우리말 향약명은 '쌀보리'인데 『동의』와 『양금』에서도 이와 같은 형태로 나타난다.

2391) 靑顆麥 ☞ 雀麥

2392) 靑橘葉, 靑橘皮 ☞ 橘

2393) 菁根 ☞ 蔓菁

2394) 靑娘子 ☞ 蜻蛉

2395) 靑黛 / 蓼藍 / 靑澱 ⇒ 藍, 大靑

靑黛	청ᄃᆡ			구급 하47ㄱ6
靑黛	청ᄃᆡ			구간 3:49ㄱ
靑藍	족닙			언구 하21ㄱ11
靑黛		草部		동의 2:43ㄴ4
靑黛	청ᄃᆡ	草部		양금 509:1
靑黛				제중 8:11ㄴ3
靑黛	청ᄃᆡ		俗	해혹 5ㄱ10
靑黛		隰草		의종 7:14ㄴ8
靑黛		隰草		방합 19ㄱ
靑黛	靛화 靛花實 一名			경신 22ㄴ3
靑黛	쪽닢사귀를짓찌서생긴거품뭉치	草部中品之下	鄕名	향성 79:624:1
靑藍	프른족			구급 하49ㄴ4
蓼藍	쪽			식휘 134
蓼藍	쪽 람실 쪽열매			식명 388
靑澱	청ᄃᆡᆺ즈싀			구간 3:53ㄱ

靑澱	靑黛 卽			해혹 7ㄱ7

'靑黛'는 '쪽을 가공하여 만든 약재'를 이른다. '쪽의 잎에 들어 있는 천연 색소'를 뜻하는 '靑藍'과 함께 쓰인 한어명이다. 이와 함께 『구간』과 『해혹』에서는 '靑澱'이라는 한어명이 쓰이기도 했다(한어명 이칭에 대해서는 '藍' 항목 참조). 『향성』에는 '쪽 잎사귀를 찌어 생긴 거품 덩어리'라는 구체적인 설명이 나온다. '거품뭉치'라는 어휘는 사전류에 보이지 않는데 살려쓸 만하다.

2396) 靑頭鴨 ☞ 鴨
2397) 靑藤子, 靑藤香 ☞ 防己
2398) 靑藍 ☞ 靑黛
2399) 靑藍汁 ☞ 藍
2400) 靑粱米

靑粱米	싱동출	穀部		동의 1:23ㄴ7
靑粱米	生洞粘		鄕名	향집 84:24ㄴ
靑粱米	싱동찰	穀部		양금 524:2
靑樑	싱동찰			제중 8:21ㄴ4
靑粱	싱동찰	稷粟		의종 7:35ㄴ8
靑粱	싱동찰	稷粟		방합 44ㄴ
靑粱米	生洞粘 생동찰 청정미	米穀部中品	鄕名	향성 84:704:3

'靑粱米'는 '차조의 하나인 생동찰의 알맹이'를 이른다. 16세기 『훈몽』에 '싱동출'로 나타나면서 이후 이 형태가 우리말 향약명으로 정착되었다. 『향집』과 『향성』의 차자표기 '生洞粘'은 '*싱동출'로 해독된다. 어형 변화만 겪었고 어형 교체는 일어나지 않았다. 『표』에는 '생동찰'과 '생동쌀'이 모두 등재되어 있다.

2401) 蜻蛉 / 蜻蜓 / 紅娘子

蜻蛉	존자리 蜻蜓 一名 靑娘子 一名	蟲部		동의 2:15ㄴ9
蜻蛉	존즈리			본목 40ㄱ10
蜻蜓	존자리	蟲部卵生類		본정 하196
蜻蛉	잔즈리	蟲部		양금 517:7
紅娘子	蜻蜓 壁虎 一名			해혹 16ㄱ4
蜻蛉	존자리	卵蟲		의종 7:37ㄴ8

蜻蛉	존자리	卵蟲		방합 47ㄱ
蜻蛉	잠자리 짱아 벍어숭이	蟲魚部下品	鄕名	향성 83:693:3

'蜻蛉'은 '잠자리'를 말한다. 이의 기원형은 '존자리'이다. 한어명 이칭으로 '蜻蜓'과 '青娘子' 등이 있다. 『해혹』의 '紅娘子'는 '베짱이'와 '꽈리'를 뜻하는 말이며, '壁虎'는 '도마뱀'을 뜻한다(『표』). 따라서 이들의 이칭 관계를 좀더 살펴볼 필요가 있다. 우리말 이칭이 『향성』에 나오는데 '짱아'는 '어린아이의 말로, 잠자리를 이르는 말'이다(『표』). 한편 '잠자리'를 뜻하는 이칭 '벌거숭이'는 사전류에 보이지 않는다. 방언형으로 짐작된다.

2402) 淸麻油 ☞ 麻油
2403) 青木香 ☞ 木香
2404) 青礞石

青礞石	唐	石部	동의 3:49ㄴ3
青礞石	唐	石部	양금 513:6
青礞石			제중 8:16ㄱ7
青礞石		金石	의종 7:49ㄴ10
青礞石		金石	방합 62ㄴ
青礞石			경신 51ㄱ9

'青礞石'은 '중국 양쯔강(揚子江) 북쪽에서 나는 돌'을 이른다. '礞石'으로 불리기도 한다. 대응되는 우리말 향약명은 없다.

2405) 淸蜜 ☞ 蜜
2406) 青葙子 ⇒ 鷄冠

青葙子	白蔓月阿比		鄕名	향채 3월
青葙草	힌만드라미			구간 2:95ㄴ
青葙子	■■■■			촌구 4ㄱ4:1
青葙子	■■■■		鄕名	촌가
青葙子	만드라미씨 鷄冠花子 卽今	草部		동의 3:18ㄱ3
青葙子	마다람씨	草部		양금 507:2
青葙子	민드라미씨	隰草		의종 7:10ㄴ10
青葙子	민드라미씨	隰草		방합 14ㄱ

青箱子	민다라미씨		경신 19ㄴ6
青葙子	白蔓月阿比 맨드라미씨	草部下品之上 鄕名	향성 79:628:3

'青箱子'는 '개맨드라미의 씨'를 한방에서 이르는 말로 '강남조'를 말한다. 『향채』의 차자표기 '白蔓月阿比'는 『구간』의 '힌만드라미'에 대응되는데 '白', '月'은 석독자, 나머지는 음독자이다. '比'의 음가는 '비'인데 '만드라미'는 '미'로 되어 있고 이 형태가 현대 국어까지 이어진다. 기원형이 '*비'였는지 아니면 오기인지 판단하기 어렵다. 이 어휘는 원래 '만-'형이었는데 17세기 이후 '맨-'형으로 음운 변화를 겪어 '맨드라미'가 되었다. 『향성』에는 현대 국어 표준형인 '맨드라미'가 기록되어 있다. 『양금』의 '마다람'은 불완전한 표기인지 방언형인지 불확실하다.

2407) 青鼠 ☞ 貂鼠

2408) 青松葉 ☞ 松葉

2409) 青蘘 ☞ 胡麻

2410) 青魚

青魚		魚部	동의 2:3ㄱ3
青魚	비웃		본목 43ㄴ7
青魚		魚部	양금 515:4
青魚	비웃	魚	의종 7:40ㄱ4
青魚	비웃	魚	방합 50ㄱ

'青魚'는 물고기의 한 종류이다. 우리말로는 '비웃'이다. 한어명 이칭으로는 '鰱魚'와 '鯡魚'가 있는데 우리말 향약명 '비웃'은 후대 의서에 보인다. 『본목』에는 '비옷'으로 기록되어 있는데 원래 형태가 '비옷'이었는지 '비웃'이었는지 불확실하다. 『표』에는 '비웃'으로 등재되어 있다.

2411) 蜻蜓 ☞ 蜻蛉

2412) 青鹽 ⇒ 鹽

青鹽		唐 石部	동의 3:49ㄴ1
青塩	업거든소금을쓰라	穀部	사의 3ㄴ1:2
青鹽		唐 石部	양금 513:6
青鹽	戎鹽 卽	金石	의종 7:50ㄱ4
青鹽	戎鹽 卽	金石	방합 62ㄴ

'青鹽'은 '염소와 암모니아의 화합물'로 '강염' 혹은 '융염'이라고도 한다. 『사의』에는 '청염이 없으면 일반 소금을 쓰라'는 주석을 달고 있다. 한편 『표』에는 '淸鹽'도 등재되어 있는데 이는 '중국에서 나는 굵고 거친 소금' 곧 '胡鹽'을 뜻한다.

2413) 靑玉葵 ☞ 柴胡
2414) 靑蛙 ☞ 黽
2415) 靑茸子 ☞ 蒼耳
2416) 淸油 / 淸麻油 / 生淸油 ⇒ 麻油

淸麻油	몰ᄀᆞᆫ기름	구급 하9ㄴ7
漬油	몰ᄀᆞᆫ기름	구간 6:32ㄱ
淸油	몰ᄀᆞᆫ기름	구간 2:78ㄱ
淸油	참기룸	언구 상7ㄱ3
生淸油	놀몰ᄀᆞᆫ기름	구간 2:16ㄱ

'淸油'는 사전류에 보이지 않는다. 15 · 16세기 의서에만 나타난다. '맑은 기름'을 지칭한다. 현대 국어에서는 '참기름'을 지칭하기도 한다(『지』).

2417) 淸漿水 ☞ 漿水
2418) 靑澱 ☞ 靑黛
2419) 靑錢 ☞ 古文錢
2420) 淸酒 ☞ 酒
2421) 靑竹, 靑竹箄子, 靑竹茹, 靑竹葉, 靑竹皮 ☞ 竹茹
2422) 淸粥飮 ☞ 粥
2423) 靑葱葉 ☞ 葱
2424) 靑竹筒

靑竹筒	프른대롱	구간 6:56ㄱ

'靑竹筒'은 『구간』에 나오는데 '푸른 대나무 통'을 이른다. 삶아서 약재로 쓴다.

2425) 靑苔 ☞ 甘苔
2426) 靑布

靑布	프른뵈	구급 상83ㄱ8

靑布	쳥믈든뵈		구간 2:27ㄱ
靑布		草部	동의 2:43ㄴ8
靑布	쪽믈드린푸른헌겁	草部	양금 509:5

'靑布'는 '푸른 빛깔의 베'를 이른다. 『구급』, 『구간』, 『양금』의 우리말 향약명은 모두 다르다. 『양금』의 '헌겁'은 '베'와는 다른 개념이다. 『구급』의 '프른뵈'가 가장 정확한 우리말을 보여준다. 『구간』의 '쳥믈'은 한자어와 우리말이 결합된 합성어이다. 어형 교체가 일어난 경우에 해당한다.

2427) 靑皮 ☞ 橘
2428) 靑蒿 ☞ 艾
2429) 靑花 ☞ 大靑
2430) 靑花麻

靑花麻	삼		구급 상22ㄴ1
靑花麻	삼		구간 1:57ㄴ

'靑花麻'는 사전류에 보이지 않는다. '靑花'는 '靑黛' 곧 '藍'과 동의어이다. 『구급』과 『구간』에 '삼'으로 나오며 후대 의서에는 보이지 않는다.

<체>

2431) 葶 ☞ 葶藶

<초>

2432) 酢 / 醋 / 酸醋 / 釅醋 / 陳醋 / 頭醋

醋	초		구급 상25ㄴ8
酢	초		구간 1:15ㄱ
醋	초		언구 상23ㄴ2
醋	초	穀部	동의 1:29ㄴ6
醋	초		본목 25ㄴ8
醋	苦酒 一名	穀部	양금 525:2

醋	초			제중 8:15ㄱ02
醋	쵸	造釀		의종 7:37ㄱ4
醋	쵸	造釀		방합 46ㄱ
醋	苦酒 一名			경신 54ㄴ6
醋	초 단것	米穀部下品	鄕名	향성 84:707:2
醋滓	초즈싀			언구 하17ㄴ1
酸醋	싄초			구간 3:17ㄴ
釀醋	됴흔초			구간 3:34ㄱ
釅醋	믹온초			구급 하93ㄴ2
釅醋	됴흔초			구간 1:90ㄱ
釅米醋	쌀로밍ᄀᆞᆫ됴흔초			구간 3:63ㄴ
陳醋	무근초			구간 3:13ㄱ
頭醋	됴흔초			구간 6:56ㄱ
頭醋	순초			구간 7:79ㄱ
三年大酢	새히무근됴흔초			구간 1:27ㄱ
苦酒	초			구간 2:34ㄴ
熱醋	더운초			언구 하30ㄱ4
好醋	됴흔초			구간 7:37ㄱ

'醋'는 '식초'를 말한다. '醋'를 핵심 어근으로 하는 어휘들이다. '식초'의 종류를 나타내는 한어명이 다양하게 나타난다.

2433) 椒 / 椒目 ⇒ 川椒

椒	죠핏여름		구간 6:60ㄱ
椒	쵸피 분디 又 山椒 曰		훈몽 상12ㄱ
椒目	쳔쵸씨	木部	동의 3:36ㄱ4
椒目	쳔쵸씨	木部	양금 510:10
椒目		香木	의종 7:22ㄴ1
椒目		香木	방합 28ㄴ
椒葉		木部	동의 3:36ㄱ6
椒葉	쵸피나모닙	木部	양금 511:1

'椒目'은 '산초피나무 열매의 씨'를 이른다. '目'이 '씨'에 대응되는 점이 흥미롭다. '눈'과 '씨'의 의미론적 연관성에 따른 것으로 짐작된다. '椒葉'은 '초피나무의 잎'이다. 『동의』와 『양금』의 '쳔

쵸'는 한어명 '川椒'를 이르는데 '川椒', '蜀椒', '胡椒'는 모두 동의어로 사용된다. 이들의 명확한 의미 관계를 따져볼 필요가 있다.

2434) 草■頭 ☞ 草烏頭

2435) 草決明 ☞ 決明子

2436) 草果 / 草菓 ⇒ 草荳蔻

草菓	초과			구급 상27ㄴ7
草果		唐	草部	동의 3:24ㄱ4
草果		唐	草部	양금 508:9
草果				제중 8:7ㄱ8
草果			芳草	의종 7:7ㄴ7
草果			芳草	방합 10ㄱ
草菓仁				경신 46ㄱ8

'草果'는 '草荳蔻의 하나로 말린 초과의 열매'를 이른다. 『구급』에서부터 한어명으로만 쓰였고 원산지는 중국이다.

2437) 初男胎衣 ☞ 紫河車

2438) 草豆蔻 / 草寇 ⇒ 草果, 肉荳蔻

草豆蔻	唐	草部	동의 3:24ㄱ1
草豆蔻	唐	草部	양금 509:2
草寇			제중 8:7ㄱ6
草寇		芳草	의종 7:7ㄴ6
草蔻		芳草	방합 10ㄱ
草豆蔻			경신 43ㄴ10

'草豆蔻'는 '생강과의 열대 식물로 말린 열매'를 이른다. '荳蔻'형 향약명으로는 '肉荳蔻'와 '草荳蔻'가 있으며 '肉果'와 '草果'도 동형성을 보인다.

2439) 鷦鷯 ☞ 巧婦鳥

2440) 草龍膽 ☞ 龍膽

2441) 椒目 ☞ 椒

2442) 峭粉 ☞ 輕粉

2443) 醋酸鉛 ☞ 鉛

2444) 草三稜 ☞ 三稜

2445) 初生青胡桃 ☞ 胡桃

2446) 貂鼠

貂鼠	돈피		언구 상20ㄴ10
貂鼠	돈피 青鼠 셔피	獸部	동의 1:58ㄴ9
貂鼠	돈피 青鼠 同功	獸部	양금 530:2

'貂鼠'는 '족제비'를 이른다. 『표』에는 이칭으로 '유럽소나무담비'가 등재되어 있다. '돈피'는 '獤皮'를 말하는 것으로 '담비 종류 동물의 모피'를 이른다(『표』). '青鼠'는 다람쥣과의 하나로 '청설모'를 말하는데 『동의』와 『양금』에는 '貂鼠'의 동의어로 나온다. 『양금』의 '同功'은 무엇인지 불분명하다.

2447) 硝石 ☞ 芒硝

2448) 鷦鷯 ☞ 鶴蝨

2449) 炒鹽 ☞ 鹽

2450) 草烏 / 草烏頭

草烏頭	波事		鄕名	향채 2월
草烏	초오			구급 하31ㄴ8
烏頭	바곳불휘			구간 3:30ㄴ
草烏頭	바곳불휘			구간 1:8ㄴ
草烏	바곳불휘			구간 3:9ㄴ
草■頭	波串			촌구 3ㄴ1:3
草■頭	波串		鄕名	촌가
草烏	바곳			언구 하23ㄴ10
草烏	바곳 淮烏 一名	草部		동의 3:24ㄱ8
草烏	바곳	草部毒草類		본정 상93
草烏	바곳 淮烏 一名	草部		양금 508:10
草烏	바곳	毒草		의종 7:16ㄴ5
草烏	바곳	毒草		방합 21ㄱ

'草烏' 혹은 '草烏頭'라 불리는데 우리말 향약명은 '바꽃 뿌리'를 이른다. 『향채』의 차자표기

'波事'는 '波串'의 오기가 분명하다. 『촌구』와 『촌가』의 차자표기 '波串'이 이를 잘 말해 준다. '*바곶'으로 해독된다. 『동의』와 『양금』에는 한어명 이칭 '淮鳥'가 나오는데 '草烏'와 동의어이다.

2451) 醋漿水 ☞ 漿水

2452) 酢漿草 ⇒ 酸模

酢漿草	괴승아 酸車草 俗名	草部		동의 3:22ㄴ9
酢漿草	怪僧牙		鄕名	향집 79:50ㄴ
酢漿草	괴송아			본목 22ㄴ8
酢醬草	괴승아 酸車草 俗名	草部		양금 508:2
酢漿草	怪僧牙 괴싱아 괭이밥	草部下品之下	鄕名	향성 79:635:2

'酢漿草'는 '괭이밥과의 여러해살이풀'로 '괭이밥'을 이른다. 『향집』과 『향성』의 차자표기 '怪僧牙'의 용자는 모두 음독자로 '*괴승아'로 해독되며 이른 시기 형태임을 짐작할 수 있다. 『동의』에는 한어명 이칭 '酸車草'가 속명으로 소개되어 있고 『양금』이 이를 잇고 있다. 새로운 한어명으로 사전에 등재될 필요가 있다. 우리말 향약명 '괴승아'는 현대 국어에 와서 '괭이밥'으로 어형이 교체된다. '괴승아' 형태의 어원은 알 수 없으며, 현대 국어 사전류에도 보이지 않는다. '酸車草', '酢漿草' 등은 등재되어 있는데 우리말 '괴승아'가 없다. '승아' 형태는 '酸模'의 우리말 '승아'에도 보이는데 '酸模'와 '酢漿草'가 다른 것이어서 연관성을 짐작하기 어렵다.

2453) 鷦鳥 ☞ 巧婦鳥

2454) 椒菜 ☞ 柴胡

2455) 草薢 ☞ 萆薢

2456) 草蒿 ☞ 艾

<촉>

2457) 蜀葵 ⇒ 紅蜀葵

蜀葵子	누른규화씨			구간 3:56ㄱ
蜀蔡花	쵹규화			구간 6:18ㄱ
蜀葵	葵花		卽	향집 85:6ㄴ
蜀葵花	규화			경신 41ㄱ3
蜀葵	촉규	菜部上品	鄕名	향성 85:711:2

‘蜀葵’는 ‘아욱과의 여러해살이풀인 접시꽃’을 말한다. 의서에서는 줄곧 한어명으로만 나타난다. 우리말 형태 ‘접시꽃’이 언제부터 사용되었는지 규명될 필요가 있다.

2458) 髑髏骨

髑髏骨	주근사ᄅᆞᄆᆡ머릿ᄃᆡ골	구간 6:44ㄴ

‘髑髏骨’은 『구간』에 나오는 향약명인데 대응되는 우리말이 설명형 향약명으로 되어 있다. ‘죽은 사람의 머리 골’을 뜻한다.

2459) 蜀米, 薥黍 ☞ 秫薥

2460) 鸀鳿

鸀鳿	禽部	동의 1:39ㄱ4

‘鸀鳿’은 『동의』에만 보이는데 ‘새의 명칭’인데 사전류에서 찾기 어렵다. ‘鸀’은 ‘까마귀’를, ‘鳿’은 ‘독수리’를 뜻하는데 ‘鸀鳿’이 무엇인지는 불분명하다.

2461) 觸衣

觸衣	오래니븐솝옷	구급 상16ㄱ4

‘觸衣’는 『구급』에 보이는데 설명형 향약명 ‘오래 니븐 솝옷’의 뜻은 ‘오래 입은 속옷’을 뜻한다.

2462) 蜀椒 ☞ 川椒

2463) 蜀漆 ☞ 常山

2464) 葱 / 葱白

葱	파	본목 26ㄱ5
葱根	믿	구간 7:38ㄱ
葱根		경사 64:6
葱白	파	구급 상26ㄴ

蔥白	팟믿			구급 하9ㄴ7
葱白	파믿힌디			구간 1:3ㄴ
葱白	파흰믿			언구 상4ㄱ8
葱白	파흰믿			언구 상4ㄱ8
葱白	팟밑			언구 상21ㄱ1
葱白	파흰믿 凍葱 一名	菜部		동의 2:31ㄱ8
葱白	팟흰밋	菜部		양금 520:2
葱白	파뿌리흰것			광향 3ㄱ01
蔥白	파흰밋			제중 8:14ㄴ05
蔥白	파흰밋	葷辛菜		의종 7:28ㄴ6
蔥白	파흰밋	葷辛菜		방합 36ㄱ
葱白根	葱鬚 卽	菜部		동의 2:31ㄱ4
葱白實	葱子 卽	菜部		동의 2:31ㄴ3
葱白葉		菜部		동의 2:31ㄱ5
葱白汁	팟믿힌딧즙			구간 1:74ㄱ
葱白湯	파믿달힌믈			언구 상19ㄱ10
葱白煎湯	파흰믿달힌믈			언구 하23ㄱ5
葱白花		菜部		동의 2:31ㄱ6
葱實	파씨	菜部中品	鄕名	향성 85:712:2
葱心	파심			광향 58ㄴ1
葱心黃	팟누런고기양			구간 1:48ㄱ
葱心黃	파속누른고깅이			광향 57ㄱ10
葱黃心	팟누른엄			구급 상20ㄱ5
葱黃心	팟누른고기양			구간 1:41ㄴ
葱管	팟닙			구급 상20ㄱ7
靑葱葉	팟닙			구급 하77ㄴ7
靑葱葉	프른팟닙			구간 6:67ㄴ
葱葉	판닙			언구 상42ㄴ5
葱茶淸	파와차와글힌더온믈			구간 1:101ㄴ
葱涕	팟닙소뱃믈			구급 하44ㄴ3
葱淀	팟닙소뱃건믈			구간 6:78ㄱ
葱鬚		葷辛菜		의종 7:28ㄴ7
葱鬚		葷辛菜		방합 26ㄱ
葱涎	팟소뱃믓믓혼믈			구간 3:20ㄱ
隔年蔥	여러히무근파			구간 3:12ㄱ
帶根葱頭	불휘조촌팟믿			구간 1:103ㄴ

連根葱	불휘조ᄎᆞᆫ파	구간 3:64ㄴ
連根葱白	불휘조ᄎᆞᆫ팟믿흰ᄃᆡ	구간 3:73ㄱ
連鬚葱根	불휘조ᄎᆞᆫ파	구간 3:92ㄱ
葱白連根	불휘조ᄎᆞᆫ파흰믿	언구 하33ㄱ3
陳葱白	무근파흰믿	언구 상18ㄱ5
生葱	ᄉᆡᆼ파	구급 하70ㄴ
生葱	ᄂᆞᆯ파	구간 1:35ㄱ
白葱	凍葱 一名	경신 55ㄱ1
泥葱	흙조ᄎᆞᆫ파	구간 7:76ㄴ
泥葱	ᄌᆞᆺ두드린파	구간 3:108ㄴ
赤皮葱白	블근팟믿	구급 하21ㄴ4
葱豉	번더기	경국 24:4
葱蒜	大蒜	향구 상2ㄴ10
葱湯	파글힌믈	구간 6:61ㄴ

'葱'을 핵심 어근으로 하는 복합어들이다. 일반적으로 의서에 가장 많이 나타나는 것은 '葱白' 곧 '파믿흰ᄃᆡ'이다. '파'의 부위나 특징에 따라 다른 명칭이 쓰인다. '흙조ᄎᆞᆫ파'와 같은 설명형 향약명도 여럿 나타난다. 『향구』의 '蔥蒜'과 '大蒜'의 대응은 설명하기 어렵다. '大蒜'은 분명히 '마늘'을 뜻하는데 '蔥蒜'은 '파와 마늘'인지 아니면 다른 것을 지칭하는 하나의 어휘인지 불분명하다. 『경국』의 '葱豉'는 사전류에서 찾기 어렵다. '淡豆豉'와 '葱白'을 배합하여 만든 것을 '葱豉湯'이라 하는 것을 참조하면 '葱白'과 '淡豆豉'를 함께 이르는 말로 짐작된다. 『동의』(1:27ㄴ9)에 나오는 '葱豉酒'도 참조된다. 우리말 향약명으로 기록된 '번더기'도 어떤 어휘인지 알 수 없다.

2465) 塚上土及磚石 ☞ 土
2466) 葱鬚, 葱豉, 葱子 ☞ 葱
2467) 葱豉酒 ☞ 酒
2468) 葰蓉 ☞ 肉葰蓉

2469) 楸 / 楸木皮
楸木白皮　ᄀᆞ래나모흰거플　구간 6:87ㄴ

楸木皮	ᄀᆞ래나못겁질	木部		동의 3:43ㄱ7
楸	가릐			본목 33ㄴ5
楸木皮	가릐나모겁질	木部		양금 512:2
楸木皮	가래나무껍질	木部下品	鄕名	향성 80:652:1

'楸木'은 '가래나무'를 이른다. 『구간』의 'ᄀᆞ래나모'가 어형 변화를 겪어 '가래나무'가 되었다. 그리고 '거플'이 '겁질'로 어형이 교체되었다.

2470) 秋露水

秋露水	ᄀᆞ올이슬믈	水部		동의 1:15ㄴ2
秋露水	가을이슬믈	水部		양금 521:5
試水	이슬		俗	해혹 33ㄴ10
秋露水	가을이슬	石部下品	鄕名	향성 77:600:3
繁露水	가을철만은때에받은이슬	石部下品	鄕名	향성 77:600:3

'秋露水'는 '가을에 내리는 이슬'을 말한다. 『동의』의 'ᄀᆞ올이슬믈'이 후대로 오면서 '믈'이 절단되는 어형 교체를 겪어서 '가을이슬'로 정착된다. 『향성』에는 설명형 향약명으로 되어 있다.

2471) 楸木皮 ☞ 楸

2472) 秋石

秋石	오좀만히안초와고ᄋᆞᆫ것	人部		동의 1:32ㄴ1
秋石	오즘만이안초와고흔젹	人部		양금 525:9
秋石	오좀마히안쵸와고은것	人		의종 7:46ㄴ10
秋石	오좀마히안쵸와고은것	人		방합 58ㄴ

'秋石'은 '어린아이의 오줌을 고아서 정제한 결정물'을 이른다. 『동의』의 설명형 향약명 '오좀만히안초와고ᄋᆞᆫ것'이 이를 잘 말해 준다. 어형의 교체는 보이지 않는다.

2473) 鰍魚 ☞ 鰌魚

2474) 鰌魚 / 鰍魚

鰍魚	믜ᄭᅮ리 鰌魚 一名	魚部		동의 2:4ㄴ4
鰌魚	믜ᄭᅮ리			본목 44ㄴ4

鰌魚	미ᄭᅮ리 泥鰍 俗名	鱗部無鱗魚類	본정 하207
鰍魚	미ᄭᅮ리	魚部	양금 515:7
鰌魚	미ᄶᅵ리 鰍魚 一名	無鱗魚	의종 7:40ㄴ3
鰌魚	미ᄶᅵ리 鰍魚 一名	無鱗魚	방합 50ㄴ

'鰌魚'는 '미꾸라지'를 말한다. 한어명이 '鰌魚'와 '鰍魚'가 다 나타나며 속명 표기로 '泥鰍'도 있다. '믜ᄭᅮ리 > 미ᄭᅮ리 > 미ᄶᅵ리'의 어형 변화 과정을 보인다. 『동의』와 『양금』과는 달리 『의종』과 『방합』에 기록된 '미끼리'는 '미꾸라지'의 충남 방언으로 남아 있다(『샘』). 『표』에는 '미꾸리'가 등재되어 있다. '미끌다'가 '미끌어지다'의 북한말로 되어 있는데(『샘』) 이를 보면 '(미끌- >) 미꿀-+-이'가 '미꾸리'가 되었고, '미꿀-+-아지'가 '미꾸라지'가 된 것으로 볼 수 있다.

<축>

2475) 逐馬 ☞ 玄參

2476) 縮砂 / 砂仁

縮砂	축사			구급 상37ㄴ1
縮砂	축사			구간 6:6ㄱ
縮砂	축사			언구 상28ㄴ11
縮砂蜜	砂仁 又名	唐	草部	동의 3:12ㄴ10
縮砂蜜		唐	草部	양금 507:9
砂仁				제중 8:6ㄴ7
砂仁			芳草	의종 7:8ㄱ1
砂仁			芳草	방합 10ㄱ
砂仁	縮砂 一名			경신 44ㄱ5

'縮砂'는 '생강과의 여러해살이풀'인 '축사'의 씨를 이른다. 동의어 한어명으로 '沙仁' 혹은 '砂仁'이 있다. 이른 시기에는 주로 '縮砂'형이 쓰였고 『동의』와 『양금』 이후에는 '砂仁'형이 표제어로 등장한다. 그리고 『동의』와 『양금』의 표제어 '縮砂蜜'도 '縮砂'의 또 다른 이름이다. 한어명으로만 쓰였고, 대응되는 우리말 향약명은 없다.

2477) 椿木 / 椿根皮

椿木葉	苦木 一名	木部		동의 3:40ㄴ1
椿根皮	苦木 一名			경신 34ㄴ7
椿木葉	참죽나무닢	木部下品	鄕名	향성 80:650:2

'椿木'은 사전류에 보이지 않는다. '椿'은 '참죽나무'를 가리키는 말이다. 『향성』에 '참죽나무'로 되어 있다. 『동의』에 '椿木'이 처음 등장하는데 『향성』이 이를 잇고 있다. 『표』에 나오지 않는다. 『동의』의 이칭 '苦木'은 '소태나뭇과의 낙엽 활엽 소교목'이고, '참죽나무'는 '멀구슬나뭇과의 낙엽 활엽 교목'이다(『표』). 이칭 관계를 규명할 필요가 있다.

2478) 春牛角上土 ☞ 土
2479) 春雨水 ☞ 水
2480) 春樗 ☞ 樗根白皮
2481) 春酒 ☞ 酒

2482) 朮 ☞ 白朮
2483) 秫米 ⇒ 秫薥

秫米	기장ᄎᆞ발			언구 하26ㄱ1
秫米	출기장발	穀部		동의 1:24ㄱ8
秫米	粟粘		卽	향집 84:24ㄱ
秫	출기장 슈슈 一云			본목 24ㄴ2
秫米	출기장	穀部麻麥類		본정 상117
秫米	출기장발	穀部		사의 3ㄱ3:9
秫米	찰기쟝쏠	穀部		양금 524:4
秫米	粟古 卽 수수쌀	米穀部中品	鄕名	향성 84:704:2

'秫米'는 '차조의 열매를 찧은 쌀' 곧 '차좁쌀'을 이른다. 우리말 향약명의 구성 요소로 '조'와 동의어인 '기장'이 쓰이고 있다. '조'는 『향집』과 『향성』의 차자표기 '粟粘'에만 보인다. 그런데 차자표기 '粟粘'은 우리말 '출기장발'에 올바르게 대응되려면 '粘粟'으로 표기하는 것이 옳다.

『향성』의 차자표기는 '粟古'로 되어 있는데 '古'는 잘못된 표기이다. 그리고 『본목』의 '슈슈'와 『향성』의 '수수쌀'은 잘못된 것으로 추정된다. '수수'는 '秫薥'의 우리말에 해당한다('秫薥' 항목 참조). '출기장발'형이 기저형인 것으로 판단된다. 『언구』에는 '기장ㅅ발'로 되어 있는데 실재한 형태인지 오기인지 알 수 없다.

2484) 秫薥 / 蜀黍 / 唐米葉 ⇒ 秫米

秫薥	슈슈	穀部	동의 1:27ㄱ1
秫薥	슈슈	穀部	양금 524:10
秫薥	슈슈		제중 8:22ㄱ2
秫薥	슈슈	稷粟	의종 7:35ㄴ10
秫薥	슈슈	稷粟	방합 44ㄴ
蜀黍	수슈	穀部蔴麥類	본정 상116
薥米	수슈발		광비 66
秫薥葉	슈슌닢		언구 상22ㄴ2
唐米葉	슈슈입		경국 140:6

'秫薥'은 '볏과의 한해살이풀인 수수'를 이른다. 『표』에 '薥黍'가 등재되어 있고, 『샘』에서는 '秫薥'을 '수수의 북한말'로 소개하고 있다. 전통적인 의서에서 '秫薥'이 더 일반적인 명칭이었음을 고려하면 이는 재고되어야 한다. 『경국』의 '唐米'는 '수수 열매를 깨끗이 찧어 껍질을 벗겨 낸 낟알'을 이르는데(『표』) 결국 '슈슈'를 말한다.

<충>

2485) 虫蠟, 虫白蠟 ☞ 秦皮

2486) 蝕疣 ☞ 桑螵蛸

2487) 茺蔚子 / 益母草

茺蔚子	目非也次	俗云	향구 목45ㄱ6
茺蔚草	目非阿叱		향구 상5ㄴ4
茺蔚子	目非也叱	鄕名	향채 4월
茺蔚子苗	눈비엿움		구간 7:77ㄴ
茺蔚子			촌구 4ㄱ7:1
蔚	눈비얏 울 益母 一名		훈몽 상9ㄱ

茺	눈비얏 츙			훈몽 상9ㄱ
茺蔚子	目非也叱 눈비얏		鄕名	촌가
茺蔚子	암눈비얏삐 益母草 野天麻 一名	草部		동의 2:39ㄴ10
茺蔚子	目非也叱		鄕名	향집 78:7ㄱ
茺蔚	암눈비앗			본목 15ㄱ5
茺蔚子	암눈비얏삐 益母草 野天麻 一名	草部		양금 503:6
茺蔚	암눈비얏			물명 69
茺蔚子	益母草 野天麻 一名			해혹 5ㄴ4
茺蔚子	암눈바얏삐	隰草		의종 7:10ㄴ4
茺蔚子	암눈바얏삐	隰草		방합 13ㄴ
茺蔚	익모초 토을ᄌᆞ 益母草			식휘 302
茺蔚子	目非也叱 암눈비얏씨	草部上品之上	鄕名	향성 78:605:1
茺蔚	익모초			동사 851
茺蔚子	坤草 四稜草			야초 89
茺蔚子	암눈비앗 益母草 野麻 野故草			야초 89
茺蔚莖葉		草部		동의 2:40ㄱ3
益母草	익모초			구급 하17ㄴ7
益每草	눈비엿			구간 3:94ㄴ
益每草	눈비엿불휘			구간 6:89ㄱ
益母草	암눈비앗 野天麻 一名			산경 525
益母草	눈비앚			언구 하46ㄴ3
益母草	암눈비앚			언태 16ㄱ
益母草	눈비앗	草部		사의 1ㄱ3:3
益母草	암눈비얏			제중 8:10ㄴ10
益母草	암눈바앗	隰草		의종 7:10ㄴ2
益母草	암눈바얏	隰草		방합 13ㄴ
益母草	암문비얏 野天麻 益母草子 茺蔚子 一名			경신 41ㄱ8
益母草	눈비야치			경국 59:2
益母草汁	눈비엿불휘뽄즙			구간 7:56ㄴ

'茺蔚子'는 '꿀풀과의 두해살이풀' 곧 '益母草'의 씨를 이른다. 따라서 한어명으로 보면 '茺蔚子'와 '益母草'는 같은 식물이다. 실제로 의서에서도 '茺蔚子'와 '益母草'에 대응되는 우리말 향약명은 같은 어형이 제시되고 있다. 한어명 이칭으로는 '野天麻'가 있고, 현대 국어에서는 '坤草', '四稜草' 등도 나타난다. 우리말 향약명의 기원형은 『향구』의 차자표기 '目非也次'과 '目非阿叱'

이다. 둘 다 '*눈비얏'으로 해독된다. 후대 차자표기 자료에서는 '目非也叱'로 나타난다. 15, 16세기에는 '눈비얏'과 '눈비엿'형이 함께 나타나는데 후대에는 '눈비얏'형이 이어진다. 특이한 것은 『동의』에서 기원형에 '암-'이 덧붙은 '암눈비얏'형이 나타나서 현대 국어에까지 이어진다. 결국 '눈비얏'에서 '암눈비얏'으로 형태소 첨가에 의한 어형 교체가 일어난 것이다. 『표』에는 '암눈비얏'으로 등재되어 있다. 『경국』의 '눈비야치'는 이와 다른 형태를 보여주는데 이른 시기 형태를 보존하면서 접미사 '-치'를 결합한 방언형으로 판단된다. 혹은 '눈비얒-'에 접미사 '이'가 결합되었을 가능성도 있다.

<취>

2488) 炊湯 ☞ 水

<측>

2489) 側栢 / 大柏 / 栢白皮

側栢葉	측빅닙			구급 상59ㄴ5
栢樹	측빅나모			구간 1:109ㄴ
栢葉	측빅닙			구간 7:58ㄴ
側栢葉	측빅닙			구간 2:111ㄱ
側栢葉	측빅닙			언구 상36ㄱ11
側柏葉	鳳尾草			해혹 28ㄱ7
側栢	측빅ᄂᆞ모닙	香木		의종 7:21ㄱ10
側栢	측빅ᄂᆞ모닙	香木		방합 27ㄱ
栢葉	젓닙			언구 상47ㄱ11
栢葉		木部		동의 3:27ㄱ3
柏葉	측백나무잎사귀	木部上品	鄕名	향성 80:638:2
側栢葉末	측빅닙ᄀᆞᄅᆞ			언구 상38ㄴ9
大柏	대빅			구간 3:7ㄴ
柏	측빅나모			본목 32ㄴ1
栢實	측빅나모여름	木部		동의 3:26ㄴ10
側栢子	측빅나모여름	果部		사의 3ㄴ3:7
栢實	측빅나무여름 側栢子 一名	木部		양금 509:9

栢子仁	측빅나모여름			경신 39ㄴ10
柏實	측백나무열매	木部上品	鄕名	향성 80:638:2
柏子仁	측백나무열매	木部上品	鄕名	향성 80:638:2
栢白皮	즉빅힌겆			구급 하10ㄱ
栢白皮	즉빅나못힌거플			구간 3:120ㄱ
栢白皮		木部		동의 3:27ㄱ4
柏白皮	측백나무속껍질	木部上品	鄕名	향성 80:638:2
栢子				제중 8:6ㄱ4
栢子		香木		의종 7:21ㄴ2
栢子		香木		방합 27ㄱ

'側柏'은 '측백나무'를 말하는데 '측백'을 어근으로 하는 향약명이다. '柏'과 '栢'이 통용자로 쓰였다. 이 향약명은 한어명의 한자음을 그대로 읽어 쓰면서 정착되었다. 15세기 한글표기에 '즉빅'이 나타나는데 이는 '側'의 한자음과 관련된 것으로 보인다. 『해혹』에 '鳳尾草'가 나오는데 이는 '고사릿과의 여러해살이풀'이어서 '측백'과는 다른 식물이다. 이칭 관계를 규명할 필요가 있다. 『구간』에 '大柏'이 나오는데 사전류에서 찾기 어렵다.

2490) 側子 ☞ 附子

2491) 厠前已用草

厠前已用草	뒷간앳요목	구간 7:32ㄴ

'厠前已用草'는 한문 문장의 한 부분일 수도 있다. 우리말 향약명은 '뒷간앳요목'으로 '뒷간+애+ㅅ # 요목'으로 분석되는데 '요목'이 무엇인지 불분명하다. 한어명이 '草'로 끝나는데 대응 관계를 찾기가 어렵다.

<치>

2492) 齒垢

齒垢	닛믜욤	구간 6:64ㄱ

'齒垢'는 '이의 표면에 엉겨 붙어서 굳은 물질' 곧 '齒石'을 이른다. 『구간』에 대응되는 우리말

을 '닛믜욤'인데 '잇몸'을 뜻한다.

2493) 鴟頭 / 鴟

鴟頭	쇠로ᄀᆡ머리			구간 1:96ㄱ
鴟頭	쇼로ᄀᆡ머리 鳶 一名	禽部		동의 1:38ㄱ1
鴟頭	솔오ᄀᆡ머리	禽部		양금 527:2
鴟頭	솔개머리 흘개미머리	禽部下品	鄕名	향성 82:673:3
鴟	쇼르기			본목 49ㄱ6
鴟	쇼르기	禽部		사의 2ㄴ4:10

'鴟頭'는 '솔개의 머리'를 말한다. '솔개'는 '쇠로기'나 '쇼로기'형이 어형 변천을 거쳐 '솔개'가 된 것이다. 『향성』의 '흘개미'는 사전류에서 찾기 어렵다. 『표』에도 나오지 않는다. 『구간』의 원문에는 '飛鴟頭'로 되어 있다. 『사의』와 『본목』의 '鴟'는 '새매' 곧 '수릿과의 새'를 뜻한다(『표』). 그런데 향약명은 '쇼르기'로 되어 있다. 따라서 '솔개'를 뜻하는 '鴟'를 '鴟'로 잘못 적은 것이다.

2494) 鯔魚

鯔魚	슝어	魚部		동의 2:3ㄱ6
鯔魚	슝어			본목 43ㄴ8
鯔魚	슝어	鱗部魚類		본정 하204
鯔魚	슈어	魚部		양금 515:5
鯔魚	슈어			제중 8:19ㄴ7
鯔魚	슈어 秀魚 一名	魚		의종 7:39ㄴ6
鯔魚	슈어 秀魚 一名	魚		방합 49ㄴ
鯔魚	水魚 숭어 모쟁이	蟲魚部中品	鄕名	향성 83:688:1

'鯔魚'는 '숭어'를 말한다. '秀魚'라고도 한다. 이러한 이름은 의서에도 드러난다. 『동의』의 '슝어'가 『양금』 이후 '슈어'로 기록되어 있다. 『의종』과 『방합』에 한어명 이칭 '秀魚'가 소개되어 있다. 『향성』에는 '모쟁이'가 있는데 이는 '숭어의 새끼'를 이른다(『표』). '모롱이'가 동의어이다.

2495) 雉肉

雉肉	ᄭᅯᇰ의고기			언구 하26ㄱ5
雉肉	ᄭᅯᇰ의고기	禽部		동의 1:37ㄴ8

雉	쭹			본목 47ㄴ10
雉肉	쭹의고기 野鷄 一名	禽部		양금 527:1
雉肉	싱치고기			제중 8:22ㄱ7
雉肉	싱치고기	原禽		의종 7:43ㄴ3
雉肉	싱치고기	原禽		방합 54ㄴ
雉肉	꿩고기	禽部中品	鄕名	향성 82:673:2

'雉肉'은 '꿩고기'를 이른다. 한어명은 '雉肉'으로 이어지는데 반해 우리말 향약명은 '쭹의고기'에서 '싱치고기'가 생겨나 공존한다. 『언구』의 '쭹의고기'가 『제중』 이후 '싱치고기'라는 혼종어를 거쳐서 『향성』에 이르러 '꿩고기'로 정착된 것이다. 『양금』에는 '野鷄'라는 한어명이 동의어로 제시되어 있는데 이는 '멧닭'과 '꿩'을 뜻하는 다의어이다.

2496) 齒垽

齒垽	닛믜욤글근것		구간 6:23ㄱ
齒垽	니예브튼적	人部	동의 1:31ㄱ5
齒垽	니의브트젹	人部	양금 525:6

'齒垽'은 사전류에서 찾기 어렵다. 『구간』의 설명형 향약명 '닛믜욤글근것'은 '잇몸을 긁은 것'이란 뜻이다. 『동의』와 『양금』의 향약명은 '이에 붙은 적'이라는 뜻인데 '적'은 '덕지덕지 붙은 것'을 뜻한다.

2497) 梔子 / 山梔子

梔子	体大而長者 伏尸梔子			향구 중29ㄱ10
梔子	体夏而小者 山梔子			향구 중29ㄱ10
梔子	芝止		朱書	향채 9월
梔子	지ᄌᆞ			구급 상29ㄱ5
梔子	지지삐			구간 2:2ㄴ
梔子	지지			언구 상20ㄴ4
梔子	지자			언구 하23ㄱ11
梔子	지지	木部		동의 3:34ㄱ2
巵子	지지			본목 35ㄱ3
梔子	지직	果部		사의 3ㄴ4:6

梔子		木部		양금 510:5
梔子	지지			제중 8:2ㄴ2
梔子	치자	灌木		의종 7:26ㄴ1
梔子	치자	灌木		방합 33ㄴ
梔子	지지			경신 21ㄴ2
梔子	치자	木部中品	鄕名	향성 80:644:3
山梔	효ᄀᆞᆫ지지			구간 3:56ㄱ
山梔子	묏지지삐			구간 2:24ㄴ
山梔子	햐ᄀᆞᆫ지지삐			구간 2:101ㄴ
山梔子	효ᄀᆞᆫ지지삐			구간 3:91ㄴ
梔子殼	치즛당아리			구급 하5ㄴ
梔子殼	지짓당아리			구간 6:26ㄱ
梔子仁	지지삐			구간 3:84ㄱ
梔子仁	지지			언구 상20ㄴ4
梔子仁	치ᄌᆞ인			언구 상39ㄱ7

'梔子'는 '치자나무의 열매'를 말한다. 우리말 향약명을 보면 '지지'형과 '치자'형이 함께 나타나는데 '치자'는 한어명을 한자음대로 읽은 것이고 '지지'가 고유어 향약명이다. 『향채』의 차자표기 '芝止'는 한어명이 아님이 분명하다. '*지지'로 해독된다. 형태 '지지'는 후대에까지 이어지는데 『표』에는 한어명 '梔子'만 등재되어 있다. '지지'를 올림말로 등재할 필요가 있다. 『향구』에는 두 종류의 '梔子' 곧 '体大而長者 伏尸梔子'와 '体夏而小者 山梔子'가 나오는데 구분해서 불렀음을 알 수 있다. 후자는 '山梔子'로 '작은 치자'를 이른다. 이 향약명은 『구간』에 나오는 '효ᄀᆞᆫ지지'와 '햐ᄀᆞᆫ지지'에 대응한다. 전자는 '크고 긴 치자'를 설명한 것인데 '伏尸梔子'의 '伏尸'가 무엇인지 추정하기 어렵다.[121] '伏尸'는 한의학에서 병명으로 쓰이는 한어명이다. 만약 차자표기라면 용자 '尸'의 쓰임에 기대어 '*볼' 정도로 해독될 수 있는데 '*볼치자'가 가능할지 가능하다면 무엇인지 좀더 정밀한 추적이 필요하다. 15, 16세기에 '-삐', '당아리' 등이 결합된 복합어가 나타난다. 『동의』(3:34ㄱ)의 설명에도 '伏尸梔子'에 대한 언급은 없다.

2498) 齒齼

121) 남풍현(1981)과 이은규(1993)에서는 판독하지 않았고, 손병태(1996)에서는 다루지 않았다. 이경록(2018:199)에서는 '体大而長者 伏尸梔子'와 '体員而小者 山梔子'로 판독했는데 '伏尸'를 한어명의 구성 요소로 읽었다.

齒齼	齒所叱史如		향구 하38ㄱ1
齒齼	이발이새큰거림		동사

'齒齼'는 '신 것을 지나치게 많이 먹어 이가 시큰거리면서 잘 씹을 수 없는 증상'을 이른다. 『동사』의 설명형 향약명 '이빨이 새큰거림'이라는 설명이 이에 걸맞는다. 『향구』의 차자표기 '齒所叱史如'는 '*니 솟시다' 정도로 해독된다.

2499) 齒莧 ☞ 馬齒莧

<칠>

2500) 漆 ☞ 乾漆

2501) 漆姑 / 漆姑草

漆姑	漆矣於耳	鄕名	향구 중19ㄴ5
漆姑	漆矣母	俗云	향구 목47ㄴ2
漆姑草	개미나물		동사 857

'漆姑'는 '옻나무과에 속하는 낙엽성의 큰키나무인 옻나무의 목심'을 이른다. 『향구』의 차자표기 '漆矣於耳'와 '漆矣母'의 이표기를 비교하면 '母'와 '於耳'가 대응되는데 '母'는 석독자, '於耳'는 음독자이다. '*어싀'로 해독된다. 따라서 '*치릐어싀'로 읽힌다. '漆姑'는 다른 의서에 나타나지 않으며 『표』나 『샘』에도 보이지 않는다. '옻나무과에 속하는 낙엽성의 큰키나무인 옻나무의 목심'을 뜻한다고 한다(『고』). 『동사』에는 '개미나물'로 되어 있지만 『표』나 『샘』에 나오지 않는다. 대신 『샘』에는 북한말 '나도개미나물'이 나오는데 이는 석죽과의 여러해살이풀 '나도개미자리'이다. '漆姑'와는 관계가 없는 것으로 판단된다.

<침>

2502) 鍼砂

鍼砂	바늘밍ᄀᆞ노라슬흔ᄀᆞᄅᆞ	金部	동의 3:54ㄴ7
鐵砂	바늘만드노라쓸온기로	金部	양금 514:8

'鍼砂'는 '침을 만들기 위하여 쇠를 갈 때에 나오는 고운 쇳가루'를 말한다. 『동의』와 『양금』의 설명형 향약명이 이를 잘 말해 준다.

2503) 鍼線袋

鍼線袋	바눌결이	蟲魚部下品	鄕名	향성 83:694:3

'鍼線袋'는 사전류에서 찾기 어렵다. '鍼線'도 마찬가지인데 『표』에 나오지 않는다. 『향성』에서는 우리말 향약명으로 '바눌결이'를 제시하고 있는데 이는 '바늘겨레'의 경기·연변방언 '바늘겨리'에 해당한다. '바늘겨레'는 '예전에 부녀자들이 바늘을 꽂아 둘 목적으로 헝겊 속에 솜이나 머리카락을 넣어 만든 수공예품'을 이른다(『표』). 동의어로 '바늘방석'이 있다.

2504) 浸苧水 ☞ 水
2505) 浸椒水 ☞ 水
2506) 沉香

沉香	唐	木部	동의 3:32ㄱ8
沉香	唐	木部	양금 510:7
沉香			제중 8:6ㄴ4
沉香		香木	의종 7:22ㄱ3
沉香		香木	방합 28ㄱ
沉香			경신 45ㄱ4

'沉香'은 '팥꽃나뭇과의 상록 교목' 곧 '침향나무'를 이른다. 이 나무의 '樹脂'를 약재로 쓴다. 『동의』에서부터 한어명으로만 쓰였고 대응되는 우리말 향약명은 없다.

<칭>

2507) 秤錘 / 鐵秤錘

秤錘	저욼드림쇠			구간 2:64ㄱ
秤錘	저울추	石部中品	鄕名	향성 77:593:3
鐵秤錘	저욼드림쇠			구간 3:57ㄱ

'秤錘'는 '저울대 한쪽에 걸거나 저울판에 올려놓는, 일정한 무게의 쇠' 곧 '저울추'를 이른다. 『구간』과 『향성』에 나오는데 『향성』에서는 현대 국어 '저울추'를 제시하고 있다. 『구간』의 '저욼ᄃᆞ림쇠'는 '저울+ㅅ # ᄃᆞᆯ이-+-ㅁ # 쇠'로 분석되며 '저울을 다는 쇠'라는 뜻이다.

<타>

2508) 駝 / 野駝脂

駝	약뒤		본목 50ㄱ4
駝	약뒤	俗	해혹 24ㄱ3
野駝脂	약대기름	唐 獸部	동의 1:57ㄴ3
野駝脂	약뒤기름	唐 獸部	양금 529:10

'駝'는 '낙타과 낙타속의 짐승을 통틀어 이르는 말'로 '낙타' 곧 '약대'를 말한다. 『샘』에서는 『동의』와 『양금』의 '野駝脂'를 북한말로 소개하고 있는데 수정할 필요가 있다. 『표』에 나오지 않는다.

2509) 鮀

鮀	모릐무지	俗	해혹 23ㄱ7

'鮀'는 물고기의 하나인 '모래무지'를 말한다. 『해혹』에만 나온다.

<탁>

2510) 濁脚

濁脚	탁흔줄기	해혹 32ㄴ7

'濁脚'은 사물을 지칭하는 말이 아니라 무엇에 대해 설명하는 것으로 보인다.

2511) 啄木鳥 / 啄木禽

啄木鳥	뎌고리 鴷 一名 山啄木 댓뎌근리	禽部		동의 1:39ㄱ6
啄木鳥	뎌고리			본목 48ㄴ7
啄木鳥	딱져구리	禽部		양금 527:5
啄木禽	닷져고리			해혹 30ㄱ1
啄木鳥	廸古里 저구리 땟저구리	禽部下品	鄕名	향성 82:674:3

'啄木鳥'는 '딱따구리'를 말한다. 『동의』의 '山啄木'은 '청딱따구리'를 이르는데 '메딱따구리, 산탁목조'라 하기도 한다(『표』). 『동의』의 '一名 鴷'은 한어명 이칭이라기보다는 '啄木鳥'를 설명한 것으로 보인다. 『동의』의 우리말 향약명은 기저형이 '뎌고리'였는데 『양금』에서 '딱져구리'로 첨가에 의한 어형 교체가 일어났고 이것이 현대 국어의 '딱따구리'로 정착하게 되었다. 함경방언에 '저고리'가 남아 있다. 『표』에서 '졸망저구리'를 등재하고 '쇠딱따구리'의 잘못된 말로 풀이하고 있는 것도 참조된다. 『동의』의 또다른 표기 '댓뎌근리'는 원래 '山啄木鳥'를 이르는 말이었던 것으로 추정된다. 즉 '啄木鳥'는 '뎌고리', '山啄木鳥'는 '댓뎌근리'로 구분되어 있었는데 후대로 이어져 오면서 '啄木鳥'가 '딱져구리'로 되면서 '山啄木鳥'는 '청딱따구리, 메딱따구리'로 바뀐 것이다. 어형 교체와 함께 어형 합류와 분화를 겪은 대표적인 어휘이다. 형태 '뎌고리 / 저고리'가 어떻게 '딱따구리'로 되었는지 설명하기 어렵다. 『향성』의 차자표기 '廸古里'는 모두 음독자로 '*저고리'로 해독된다. 『향성』에서는 '저구리'와 '땟저구리' 두 어형을 모두 소개하고 있는데 동의어로 인식한 듯하다.

2512) 濁酒 ☞ 酒

<탄>

2513) 炭, 炭煙, 炭火 ☞ 木炭

2514) 彈丸土 ☞ 土

2515) 炭灰 ☞ 灰

<태>

2516) 苔蘚

苔蘚	잇		구간 2:101ㄱ

'苔蘚'은 '이끼'를 이른다. 『구간』에 나온다. 『표』에는 '관다발 조직이 발달되지 않은 식물을 통틀어 이르는 말'로 풀이되어 있다.

2517) 太餘粮 ☞ 禹餘粮

2518) 太陰玄精石 ⇒ 鹽精

太陰玄精石		唐　石部	동의 3:49ㄱ9
太陰玄精石		唐　石部	양금 513:6
太陰玄精石	소금밋희얼윈것		해혹 1ㄴ9

'玄精石'은 '간수가 땅속에 스며 오래되어 이루어진 돌'을 이른다. 의서에서는 '太陰'을 덧붙여 '오래된 것임'을 강조하고 있다. 『해혹』에 '소금밋희얼윈것'은 '소금+밑+의 # 얼의-+-ㄴ # 것'으로 분석되는 설명형 향약명인데 '玄精石'의 뜻을 잘 풀이하고 있다.

<택>

2519) 澤蘭 / 地笋 ⇒ 澤瀉

澤蘭	틱란		구급 하26ㄱ3
澤蘭葉	틱란엽		구급 하94ㄴ3
澤蘭		草部	동의 3:10ㄱ2
澤蘭		草部	양금 505:8
澤蘭		芳草	의종 7:9ㄱ5
澤蘭		芳草	방합 11ㄴ
澤蘭葉			경신 34ㄴ4
澤蘭	쉽사리뿌리 쇠귀나물뿌리	草部中品之下　鄕名	향성 79:622:2
地笋	澤蘭 띄동골나물뿌리	草部中品之下　鄕名	향성 79:626:1

'澤蘭'은 '꿀풀과의 여러해살이풀'이다. 『구급』에서부터 줄곧 한어명으로 쓰이다가 『향성』에

와서 다양한 우리말 이칭이 나타난다. 『표』에 '쉽싸리'라는 우리말이 등재되어 있다. 이는 『향성』의 '쉽사리뿌리'와 같은 어형이다. 기원적으로는 '쇠+ᄡᅡ리'인 것으로 보인다. '쇠귀나물뿌리'도 소개되어 있는데 '쇠귀나물'은 '澤蘭'이 아니라 '澤瀉'에 해당한다. 잘못된 기술이다. '띄동골나물뿌리'는 근거를 찾기가 어렵다. 『향성』의 한어명 '地笋'은 『표』에 나오지 않는다.

2520) 澤瀉 ⇒ 澤蘭

澤瀉	牛耳菜		俗云	향구 목45ㄴ1
澤瀉	牛耳菜		鄕名	향채 4월
澤瀉	쇠귀ᄂᆞᄆᆞᆳ불휘			구간 3:75ㄱ
澤瀉				촌구 4ㄱ6:1
澤瀉	牛耳菜 쇠귀ᄂᆞᄆᆞᆯ		鄕名	촌가
澤瀉	쇠긔ᄂᆞᄆᆞᆯ블휘			산경 529
澤瀉	턱샤			언두 상21ㄱ
澤瀉	턱샤			언태 41ㄴ
澤瀉	쇠귀ᄂᆞᄆᆞᆯ불휘	草部		동의 2:41ㄴ8
澤瀉	牛耳菜		鄕名	향집 78:12ㄱ
澤瀉	쇠귀ᄂᆞᄆᆞᆯ불휘			본목 21ㄴ10
澤瀉	쇠귀나ᄆᆞᆯ불휘	草部水草類		본정 상108
澤瀉	턱샤			마초 상108ㄴ
澤瀉	쇠귀ᄂᆞᄆᆞᆯ불휘	草部		사의 1ㄴ2:5
澤瀉	쇠귀나믈블희	草部		양금 503:9
澤瀉	쇠귀나모불휘			제중 8:5ㄱ4
澤瀉	쇠귀나물			물명 93
澤瀉	쇠귀ᄂᆞᄆᆞᆯ불휘	水草		의종 7:20ㄱ9
澤瀉	쇠귀ᄂᆞᄆᆞᆯ불휘	水草		방합 302
澤瀉	쇠귀나ᄆᆞᆯ불휘			경신 32ㄴ6
澤瀉	쇠딕나물 벗풀 野茨菰 水慈菰			식휘 34
澤瀉	牛耳菜 쇠귀나물뿌리	草部上品之上	鄕名	향성 78:607:1
澤瀉	벗풀 쐬귀나물			식명 769
澤瀉	질경이택사 택사 쇠귀나물			식명 769
澤瀉	망우 곡사 澤芝			동사 897
澤瀉	질경이택사 수사 급사			동사 897
澤瀉	물배짜개 질경이택사			야초 82
澤瀉	쇠귀나물 벗풀 芒芋 쐬귀나물			야초 82

‘澤瀉’는 ‘택사과의 여러해살이풀’ 곧 ‘소태나물’을 말한다. 『표』에는 ‘소귀나물’과 ‘쇠귀나물’이 별도의 표제어로 등재되어 있는데 ‘芒芋, 水瀉, 慈姑’ 등의 한어명 이칭이 있음도 밝히고 있다. 20세기 자료에 이들 한어명이 나오는 것을 알 수 있다. ‘쇠귀나물’은 『향구』에서부터 등장한다. 차자표기 ‘牛耳菜’은 모두 석독자로 ‘*쇠귀ᄂᆞ물’로 해독된다. 이것이 현대 국어에까지 어형 교체 없이 그대로 이어진다. 20세기에 다양한 우리말 이칭이 나타난다. ‘벗풀’은 등재되어 있는데 ‘물배짜개’는 사전류에 보이지 않는다.

2521) 澤漆 ☞ 大戟

2522) 兎 / 臘月兎頭

蹶兎		獸部		동의 1:51ㄴ3
兎	톳기			본목 52ㄱ6
兎骨	톳ᄀᆡ뼈			구간 7:55ㄴ
兎骨	토끼뼈	獸部中品	鄕名	향성 81:663:2
兎頭	톳ᄀᆡ머리			구간 7:68ㄴ
兎肝		獸部		동의 1:51ㄱ10
兎腦髓	톳긔머릿골슈			구급 상6ㄴ3
兎腦		獸部		동의 1:51ㄱ9
兎腦	토끼골	獸部中品	鄕名	향성 81:663:2
兎毛		獸部		동의 1:51ㄴ1
兎屎	玩月砂 一名	獸部		동의 1:51ㄴ2
兎頭骨	톳긔머리	獸部		동의 1:51ㄱ3
兎頭骨		獸部		양금 529:3
兎頭骨	토끼머리뼈	獸部中品	鄕名	향성 81:663:1
臘月兎頭	섯ᄃᆞ래자ᄇᆞᆫ톳ᄀᆡ머리			구간 7:31ㄱ
兎肉		獸部		동의 1:51ㄱ6
兎肉		獸部		양금 529:3
兎肉	토ᄭᅴ고기			제중 8:19ㄱ5
兎肉	토ᄭᅴ고기	獸		의종 7:45ㄴ10
兎肉	토ᄭᅴ고기	獸		방합 57ㄴ
兎肉	토끼고기	獸部中品	鄕名	향성 81:663:2

兎皮	톳기갓			구간 7:33ㄴ

'兎'는 '토끼'를 지칭하는데 이를 어근으로 하는 단어족이다. 우리말 향약명에서 특이한 형태는 보이지 않는다. 『동의』의 한어명 '玩月砂'는 '토끼의 똥'을 이르는 말로 『표』에 등재되어 있다. 『동의』의 '蹶兎'도 '토끼'를 말한다(『지』).

2523) 土

古鞋底下土	신창바닥에부튼흙	石部中品	鄕名	향성 77:595:3
寡婦床頭塵土	과부침상의먼지	石部中品	鄕名	향성 77:595:3
尿泥	오좀눈덧흙			구간 6:65ㄱ
多年空屋下鼠穴中土	여러히뷘지빗쥐굼긧흙			구간 7:18ㄱ
多年烟熏壁土	여러히너에그슨ᄇᆞᄅᆞᆷ앳흙			구간 3:32ㄱ
大甑中蒸土	시루에찐흙	石部中品	鄕名	향성 77:595:2
道上熱塵土	길헷더운흙			구급 상9ㄴ8
道上熱土	길헷더운흙			구간 1:32ㄴ
路上熱土	길헷더운흙			구급 상11ㄱ3
道中熱土	길가온ᄃᆡ더온흙			언구 상5ㄴ10
道中熱塵土	녀름길가온대더온흙	土部		동의 1:19ㄴ4
道中熱塵土	여름길가온ᄃᆡ더온흙	土部		양금 522:10
道中熱塵土	녀름질가운대흙	石部中品	鄕名	향성 77:596:1
東壁土	히몬져쬐ᄂᆞᆫ동녁ᄇᆞᄅᆞᆷ흙	土部		동의 1:18ㄴ8
東壁土	히믄져쬐ᄂᆞᆫ발음흙	土部		양금 522:7
東壁土	히먼져쐬인동벽흙	土		의종 7:47ㄴ4
東壁土	히먼져쐬인동벽흙	土		방합 60ㄱ
東壁土	햇볕먼저받는동쪽바람벽흙	石部下品	鄕名	향성 77:597:2
冷竈內中心土	츤브섭앉가온딧흙			구급 하12ㄴ4
路行人糞下土	길녈사ᄅᆞ미똥아랫흙			구간 6:78ㄴ
門限裏土	문젼아랫흙			구간 7:31ㄴ
百舌鳥窠中土	꾀꼬리집속의흙	石部中品	鄕名	향성 77:596:1
壁底黃土	ᄇᆞᄅᆞᆷ미틧누른흙			구급 하58ㄴ1
壁土	ᄇᆞᄅᆞᆷ앳흙			구간 1:68ㄱ
社壇	사직단흙	石部中品	鄕名	향성 77:594:3
四壁土	션녁히딜제쬐ᄂᆞᆫᄇᆞᄅᆞᆷ흙	土部		동의 1:19ㄱ2
牀四脚下土	마루밑의흙	石部中品	鄕名	향성 77:595:3

桑上鵲巢土	뽕남긧가치지븻홁			구간 1:49ㄴ
桑根下土	뽕나무뿌리밑의흙	石部中品	鄕名	향성 77:595:2
床下土	평상아랫홁			구간 1:47ㄱ
西壁土	히질제쬐는흙	土部		양금 522:7
市門土	장벌흙	石部中品	鄕名	향성 77:595:1
熱土	더운홁			구급 상9ㄱ6
熱土	더운홁			구간 1:33ㄱ
屋霤中泥	집中央앳즌홁			구급 하63ㄴ1
蟻垤土	가야미멋			구간 7:20ㄴ
蟻穴中出土	개미성속의흙	石部中品	鄕名	향성 77:596:1
猪槽上垢及土	도틱구이옛떠와홁			구간 7:30ㄱ
猪槽上垢及土	돼지귀융에무든때와흙	石部中品	鄕名	향성 77:596:2
田中乾泥	논ᄡ해ᄆ론홁			언구 상32ㄱ5
井底泥	우믌미틧홁			구급 하78ㄱ6
井底泥	우믌미틧홁			구간 7:9ㄱ
淨土	조흔홁			구급 하36ㄱ8
淨土	조흔홁			구간 1:80ㄱ
井下泥	우믈아랫홁			구급 하7ㄴ
鑄鐘鉏孔中黃土	보습부을때개댕이속의황토	石部中品	鄕名	향성 77:595:1
鑄鐘黃土	쇠북부어낸흙번	石部中品	鄕名	향성 77:595:1
柱下土	기동밑흙	石部中品	鄕名	향성 77:595:3
蒸土	찐홁			구간 2:38ㄴ
陳壁土	무근ᄇᄅ맷홁			구급 상73ㄴ3
陳壁土	오란ᄇᄅ맷홁			구간 1:66ㄴ
車輪土	슬윗삐옛무든홁			구급 상10ㄴ3
車輪土	술윗바회예무든홁			구간 1:36ㄴ
塚上土及磚石	무덤위의흙	石部中品	鄕名	향성 77:595:2
春牛角上土	뜸배질한쇠뿔에무든흙	石部中品	鄕名	향성 77:595:2
彈丸土	탄ᄌ홁			구간 7:30ㄱ
彈丸土	진익여둥글게만든흙	石部中品	鄕名	향성 77:595:2
土蜂窠上土	싹버리집운홁	土部		동의 1:19ㄴ5
土蜂窠中土	싸벌의집우의흙	土部		양금 522:9
土蜂窠上細土	땅벌집위의흙	石部中品	鄕名	향성 77:595:2
土地	흙	石部中品	鄕名	향성 77:594:3
胡鷰窠內土	제비집속의흙	石部中品	鄕名	향성 77:595:3
戶垠下土	문턱밑흙	石部中品	鄕名	향성 77:595:1

好黃土	조흔누른딜홁	土部	동의 1:19ㄱ3
好黃土	죠흔누른질흙	土部	양금 522:8
黃土	불근흑		광향 3ㄴ05
黃土	룰은흙	土	의종 7:47ㄴ3
黃土	룰은흙	土	방합 59ㄴ
眞黃土	진짓누른홁		언구 하20ㄱ3

'土' 곧 '흙'을 어근으로 하는 향약명 단어족이다. 설명형 향약명이 많다. 해당 흙의 위치를 명확히 밝히려는 데에 목적이 있기 때문에 설명형 향약명이 많을 수밖에 없다. 분석이나 해석이 어려운 형태는 크게 보이지 않는다. '尿泥'는 '오줌을 눈 흙'을 말한다. 『향성』의 '鑄鐘鉏孔中黃土 보습부을때개댕이속의황토'에 나오는 '개댕이'는 무엇인지 불분명하다. 『향성』의 '장벌흙'은 한어명 '市門土'에 대응하므로 '장벌+흙'으로 분석된 다. '市門'이 '시(市)의 입구가 되는 문'이라는 뜻이므로 '장벌흙'은 '시문의 벽(돌) 흙'이 아닐까 추정해 본다. 『샘』에는 '벽돌 따위를 한 장 쌓은 높이나 두께를 나타내는 단위'를 뜻하는 북한말 '장벌'을 소개했지만 여기의 향약명 '장벌'과는 다르다. 또 '바닷가, 해안가'를 일컫는 서산 안면도 지역의 말(『샘』)도 있지만 '市門'과 사뭇 거리가 있다. 『향성』의 '쇠북부어낸흙번'에 나오는 '흙번' '쇠북'을 주조하고 난 '거푸집'으로 판단된다. 따라서 '흙+번'으로 분석되고, '번'은 '본(本)'이 아닐까 한다. 그렇다면 '흙으로 만든 거푸집'으로 추정된다.

2524) 土瓜 ☞ 王瓜
2525) 兎臼 ☞ 天南星
2526) 土狗 ☞ 螻蛄
2527) 土菌 ☞ 菌
2528) 土桃蛇 / 土蛇

土桃蛇	굳빅얌	蟲部	동의 2:13ㄴ1
土蛇	굿빅암	虫部	사의 4ㄴ2:3
土跳蛇	굿빅얌	蟲部	양금 517:3
土徘蛇	능구리		경국 123:7

'土桃蛇'는 '흙구덩이 속에 무리를 지어 사는 작은 뱀'을 이른다. 『사의』에서 비롯된 향약명이다. 『양금』과 『경국』의 한어명의 기록은 오기로 판단된다. '굿빅암'의 '굿'이 무엇인지는 불분명

하다. '굼비늘'이 있는 것을 참고하면 '*굼뱀'이 아닐까 추측해 보지만 근거가 없다. 『경국』에는 '능구리'로 되어 있는데 '능구렁이'가 '土桃蛇'와 어떤 관계인지 불분명하다.

2529) 土卵膏 ☞ 芋
2530) 土木香 ☞ 防己
2531) 土茯苓 ☞ 萆薢
2532) 土蜂窠上細土, 土蜂窠上土, 土蜂窠中土 ☞ 土
2533) 土蜂子

土蜂子	땅벌의색기	蟲魚部上品	鄕名	향성 82:676:2

'土蜂子'의 '土蜂'은 '땅벌'을 말한다. 『향성』의 향약명은 한어명 '土蜂子'에 대응되는 어휘로 '색기' 즉 '새끼'를 결합한 어형으로 되어 있다.

2534) 土蛇 ☞ 土桃蛇
2535) 兔絲子

兎絲子	鳥伊麻		俗云	향구 목45ㄱ4
兎絲子	鳥麻		鄕名	향채 9월
兎絲子	토사ᄌᆞ			구급 하82ㄱ8
菟絲子	새삼여름			구간 7:43ㄱ
菟絲子				촌구 4ㄱ10:1
菟絲子	鳥麻 새삼		鄕名	촌가
兎絲子	새삳ᄣᅵ			산경 524
兎絲子	토ᄉᆞᄌᆞ			언태 2ㄱ
兎絲子	새삼ᄣᅵ	草部		동의 2:39ㄴ1
兎絲子	鳥麻		鄕名	향집 78:6ㄱ
菟絲子	ᄉᆡ삼ᄣᅵ			본목 19ㄴ8
兔絲子	새삼씨	草部蔓草類		본정 상97
兎絲子	새삼씨			신황 보19ㄴ
兔絲子	새삼ᄣᅵ	草部		사의 1ㄴ2:3
兎絲子	ᄉᆡ삼ᄣᅵ	草部		양금 504:2
兔絲	새삼ᄣᅵ			제중 8:12ㄴ2
兎絲子	ᄉᆡ샴			물보 10
兎絲	새삼			물명 82
兔絲子	ᄉᆡ삼씨		俗	해혹 3ㄱ5

兎絲	싀삼삐	蔓草	의종 7:17ㄴ8
兎絲	싀삼삐	蔓草	방합 22ㄴ
菟絲子	새삼삐		경신 47ㄱ3
兎絲子	싀삼씨		의본 237
兎絲	싀삼사 血葉藤		식휘 295
菟絲子	새삼씨	草部上品之上 鄕名	향성 78:604:2

'菟絲子'는 '새삼의 씨'를 뜻한다. 이 향약명은 『향구』에서부터 나타나는데 어형 교체 없이 음운 변화만 반영하여 현대 국어까지 이어진다. 『향구』의 차자표기 '鳥伊麻'는 '*새삼'으로 해독된다. '伊'는 말음첨기자이다. 『향채』의 '鳥麻'는 '鳥麻'의 오기임이 분명하며 모두 석독자이다. 15세기 이후 한어명의 '子'를 반영한 '삐'를 결합한 형태가 형성되어 이어져서 현대 국어에서도 '새삼씨'가 『표』에 등재되어 있다.

2536) 土鼠 ☞ 鼴鼠
2537) 土石間新出泉水 ☞ 水
2538) 兎屎, 兎肉 ☞ 兎
2539) 土藷 ☞ 薯蕷
2540) 土猪 ☞ 猯肉
2541) 土地 ☞ 土
2542) 土芝 ☞ 芋
2543) 土川芎 ☞ 川芎
2544) 土豹

土豹	시러손	獸部	동의 1:50ㄴ6
土豹	시러논이	獸部	양금 529:2

'土豹'는 '스라소니'를 이른다. 『동의』에서는 '시러손'으로 나오는데 『양금』으로 이어지면서 접미사 '이'가 결합한 파생어가 되었다. 형태소 첨가에 의한 어형 교체이다. 『양금』의 '시러논이'는 '시러소니'의 오기가 분명하다.

2545) 兎皮 ☞ 兎
2546) 土花粉 ☞ 土瓜

<통>

2547) 筒桂 ☞ 桂皮

2548) 通明雄黃 ☞ 雄黃

2549) 通草 / 木通

通草	伊乙吾音蔓			향구 중27ㄴ7
通草	伊屹烏音		俗云	향구 목46ㄱ3
通草	水左耳		鄕名	향채 12월
通草	이흐름너출			구간 2:84ㄱ
通草	이흐름너출 木通 卽	草部		동의 3:3ㄴ2
通草	이흐름너출			본목 21ㄱ2
通草	으흐롬너츨	木部		사의 2ㄴ4:3
通草	으흐름너출 木防己 或云 木通 一名	草部		양금 504:9
通草	으흐름너출			제중 8:11ㄴ8
通草	이흐름너출			물명 77
通草	으흐름너출	蔓草		의종 7:19ㄴ7
通草	으흐름너출	蔓草		방합 301
通草	으흐름너출			경신 25ㄴ10
通草	어름덩굴 목통			식휘 164
通草	어름덩굴	草部中品之上	鄕名	향성 79:616:2
通草	등칡줄기 通脫木			동사 244
通草根	木通根 卽	草部		동의 3:2ㄱ10
通草子	鷰覆子 木通實 名	草部		동의 3:2ㄴ8
通草煎湯	이흐름너출글힌믈			구간 3:107ㄴ
木通	목통			구급 상68ㄴ
木通	이흐름너출			구간 3:75ㄴ
木通	이흐름줄기			촌구 5ㄱ6:1
木通	이흐름줄기 흐름줄기		鄕名	촌가
木通	으흐름너즐 通草 一名			산경 527
木通	목통			언구 하43ㄱ3
木通	으흐름나모불휘			제중 8:5ㄱ5
木通	으흐름 通脫木			물보 10
木通	으흐름나모불휘	蔓草		의종 7:19ㄴ8
木通	으흐름나모불휘	蔓草		방합 301
木通				경신 25ㄴ8
木通	어름덩굴	草部中品之上	鄕名	향성 79:616:2

木通	언복자 목통실	식명 456
木通	으름덩굴 으름 통초 어름나무넌출	식명 456
木通	으름덩굴줄기 으름덩굴 어름나무	동사 1156
木通	으름덩굴 목통실 어름나무넌츨 연복 자	약식 74

‘通草’는 ‘으름덩굴의 줄기를 말린 것’으로 ‘木通’과 동의어이다. 우리말 향약명은 ‘으름덩굴’인 셈인데 그 기원형은 『향구』의 차자표기 ‘伊乙吾音蔓’과 ‘伊屹烏音’이다. 후대형 ‘이흐름너출’을 참고하면 앞의 것은 ‘*이롬덩굴’로, 뒤의 것은 ‘*이흐롬’으로 해독된다. 차이는 유성음 사이의 ‘ㅎ’ 유무인데 13세기에도 같은 환경에서 ‘ㅎ’이 탈락하기도 했음을 말해 준다. 이 형태에 ‘덩굴’을 뜻하는 ‘너출’이 결합된 ‘이흐름너출’이 이른 시기부터 쓰이고 이것이 후대에까지 그 기저 형태를 유지하면서 이어진다. 『동의』 이후 첫 음절 모음이 ‘으’로 바뀌고, ‘너출’이 ‘줄기’ 혹은 ‘덩굴’로 교체되기도 한다. ‘너출’이 생산성을 잃은 결과로 보인다. 한편 『향채』의 차자표기 ‘水左耳’는 ‘左’가 [자]음을 표기하는 경우가 있으므로 ‘*믈자귀’로 해독되는데, 15세기 일반적인 음운 현상인 ‘ㄹ 탈락’과 ‘草’를 의미하는 ‘-자기’를 고려하면 ‘*므자기’에 대응될 수 있지만 근거를 찾기 어렵다.

2550) 通脫木 ☞ 通草
2551) 通紅炭火 ☞ 木炭

<퇴>

2552) 退下兎毫筆

退下兎毫筆	쓰던톳기터리붇	구간 7:41ㄱ

‘兎毫筆’은 ‘토끼의 털로 만든 붓’을 뜻한다. 『구간』에만 보인다. ‘兎毫’는 ‘毛筆’을 달리 이르기도 한다(『표』). ‘退下’는 설명형 향약명과 같이 ‘사용하던’이라는 뜻의 수식어이다.

2553) 透明阿膠 ☞ 阿膠

2554) 特牛莖

特牛莖	獸部	동의 1:43ㄱ2

'特牛莖'은 '자식을 가질 수 있도록 도와주는 효능이 있는 약재'이다(『지』).

ㅍ

<파>

2555) 破古紙 / 補骨脂

補骨脂	破古紙 一名	唐	草部	동의 3:12ㄴ6
補骨脂	破故紙 一名	唐	草部	양금 507:8
補骨脂	破古紙 一名			해혹 1ㄱ7
補骨脂	破古紙		草部中品之下 鄕名	향성 79:624:2
破古紙	補骨脂 卽			제중 8:12ㄱ9
破古紙	補骨脂 一名		芳草	의종 7:8ㄱ10
破古紙	補骨脂 一名		芳草	방합 10ㄴ
破古紙	韮子 卽 補骨脂 一名			경신 47ㄱ5

의학서의 기록에 의하면 '破古紙'와 '補骨脂'는 동의어이다. 『표』에서도 마찬가지이다. '콩과의 한해살이풀'이다. 대응되는 우리말 향약명은 없으며 한어명으로만 쓰였다. 『경신』의 '韮子'는 '부추씨'를 말하는데 '破古紙'와는 관련이 없다.

2556) 巴戟 / 巴戟天

巴戟天		唐	草部	동의 2:42ㄴ5
巴戟天		唐	草部	양금 503:9
巴戟				제중 8:12ㄴ7
巴戟			山草	의종 7:3ㄱ1
巴戟			山草	방합 3ㄴ
巴戟				경신 20ㄱ3

'巴戟'과 '巴戟天'은 동의어로 '잎이 늘 푸른 풀'인 '不凋草'의 뿌리를 말린 것을 이른다. '括巴天'이라고도 한다. 대응되는 우리말 향약명은 없으며 한어명으로만 쓰였다.

2557) 巴豆 / 江子

巴豆	파두			구급 상39ㄴ4
巴豆	파두			구간 1:7ㄴ
巴豆肉	파두술			언구 상25ㄴ8
巴豆	江子 一名	唐	木部	동의 3:38ㄴ6
巴豆			穀部	사의 3ㄱ3:6
巴豆		唐	木部	양금 511:5
巴豆				제중 8:11ㄱ8
巴豆			喬木	의종 7:25ㄴ5
巴豆			喬木	방합 32ㄴ
巴豆	杷椒 一名			경신 46ㄴ7
江子	巴豆 一名			해혹 30ㄱ9

'巴豆'는 '대극과의 상록 활엽 관목'의 씨를 이른다. 『동의』와 『해혹』에 의하면 '江子'라는 한어명도 있다. 『표』에 나오지 않는다. 『언구』의 '파두술'과 같은 혼종어를 제외하면 우리말 향약명 없이 한어명으로만 쓰였다.

2558) 玻瓈 ⇒ 紫石英

玻瓈	唐		동의 3:44ㄱ2
玻瓈	唐	玉部	양금 512:6

'玻瓈'는 '수정'을 일컫는 말인데 '玻璃'라고도 한다. 한어명으로만 쓰였다.

2559) 菠薐

菠薐	시근치	菜部	동의 2:35ㄱ8
菠薐	시근치		본목 27ㄱ2
菠薐	시근치	菜部	양금 520:8

'菠薐'은 '시금치'를 말한다. 의서에서는 우리말 향약명으로 '시근치'로 나온다. '칙 > 치'는

음운 변화에 의한 것인데 '시근'이 '시금'으로 어형이 교체된 것은 그 연유를 찾기 어렵다. 어형 교체를 겪은 것으로 판단된다.

2560) 婆斯杉木 ☞ 龍腦
2561) 破衣草 ☞ 蛇床子
2562) 巴椒 ☞ 川椒
2563) 杷椒 ☞ 巴豆
2564) 芭蕉 / 甘蕉

芭蕉	파쵸			구급 하21ㄱ6
芭焦	반쵸			구간 1:97ㄴ
芭蕉	반쵸 盤蕉			우마 8ㄴ
芭蕉	파쵸	草部		사의 1ㄴ3:10
芭蕉根	반춋불휘			구간 3:115ㄱ
芭蕉根	반쵸불휘	草部		동의 3:20ㄴ6
芭蕉根	파초블희	草部		양금 507:7
芭蕉油		草部		동의 3:20ㄴ8
甘蕉	반초			본목 16ㄱ3
甘蕉	반쵸불휘 芭蕉 一名	隰草		의종 7:11ㄴ10
甘蕉	반쵸불휘 芭蕉 一名	隰草		방합 15ㄱ
甘蕉根	파초뿌리	草部下品之下	鄕名	향성 79:632:3

'芭蕉'와 '甘蕉'는 동의어이다. 이에 대응되는 고유어 '반초'가 함께 사용되었다. 기록상으로는 이른 시기에는 주로 '芭蕉'가 쓰이다가 『동의』 이후에 '甘蕉'가 표제어로 나선다. '반초'가 한어명 '芭蕉'에서 유래된 것으로 추정되지만 근거는 찾기 어렵다. '반초'는 사전류에서 찾기 어렵다.

<판>

2565) 瓣

瓣	엉얼이	俗	해혹 6ㄱ2

'瓣'은 '외씨의 핵이나 꽃잎'을 뜻하는 한자이다. 『해혹』에서는 한자음을 [판]으로 명시하고 있다. 향약명은 '엉얼이'로 나오는데 형태의 근원을 알 수 없다. 비슷한 형태인 '영얼이'가 『경국』

(101:9)에도 나오는데 역시 대응되는 한어명이 없어서 무엇을 지시하는지 알 수는 없다. 사전류에서 찾기 어렵다.

2566) 板藍根

板藍根　판람ᄀᆞᆫ　구급 하47ㄱ6

'板藍根'은 '십자화과에 속한 대청의 생약명'이다(『샘』). 『표』에서는 '板藍'을 등재하고 '쪽의 하나'로 풀이하고 있다. 『고』에서도 '草卉의 하나. 청대. 쪽의 한 가지. 大藍'으로 소개하고 있다. 『구급』에서도 한어명의 한자음만 기록하고 있다. 뿌리를 약재로 쓴다.

<팔>

2567) 八梢魚 ⇒ 小八梢魚

八梢魚　문어 八帶魚 又名 文魚 俗名　魚部　동의 2:4ㄱ7
八稍魚　문어　본목 45ㄱ2
八梢魚　문어　魚部　양금 515:6
八梢　문어　제중 8:20ㄱ5
八梢　문어　無鱗魚　의종 7:41ㄱ8
八梢　문어　無鱗魚　방합 51ㄴ

'八梢魚'는 '문어'를 말한다. 한어명 '文魚'로 통칭된다. '八帶魚'라고도 한다.

<패>

2568) 稗 ☞ 稗子米
2569) 敗鼓皮

敗鼓皮　ᄒᆡ여딘북가족　언구 하31ㄱ10
敗鼓皮　붑메워오라ᄒᆞ여딘가족　獸部　동의 1:58ㄴ7
敗鼓皮　북메여오래ᄒᆡ야진가족　獸部　양금 530:2

'敗鼓皮'는 '오래 된 북 가죽'을 뜻한다. 『동의』의 향약명은 '붑 # 메우-+-어 # 오라 # ᄒᆞ여디-+-ㄴ # 가족'으로 분석된다. '히여디-'는 '해어지다'의 뜻이다.

2570) 敗芒箔

敗芒箔	해진발	草部下品之下	鄕名	향성 79:636:2

'敗芒箔'은 『향성』의 향약명대로 '오래 되어 해진 발'을 말한다. 『향성』에만 보인다.

2571) 貝母

貝母	패모			구간 2:25ㄱ
貝母	莔根 一名	唐	草部	동의 3:5ㄴ5
貝母			草部	사의 1ㄱ2:8
貝母		唐	草部	양금 505:10
貝母				제중 8:2ㄴ9
貝母			山草	의종 7:6ㄱ2
貝母			山草	방합 7ㄴ
貝母	莔根 一名			경신 35ㄴ7

'貝母'는 '백합과의 여러해살이풀'로 '商山草'라는 한어명 이칭이 있다. 『동의』와 『경신』의 '莔根'은 '패모의 비늘줄기'를 이르는데 '貝母'와 동의어이다. 우리말 향약명은 없다.

2572) 敗船茹

敗船茹	배에박친오랜댓속	草部下品之下	鄕名	향성 79:636:1

'敗船茹'는 『향성』에만 나오는 향약명이다. 대응되는 설명형 향약명이 '배에박친오랜댓속'으로 기록되어 있는데 '배에 # 박친 # 오랜 # 댓속'으로 어절이 구분된다. 그런데 한어명 '敗船茹'는 [[敗船]茹]의 구조로 보이는데 우리말 향약명에 따르면 [[船][敗茹]]가 되어야 한다. 물론 [敗[船茹]]로 보면 우리말 향약명과 일치한다. 그리고 '茹'는 '대나무 껍질'을 이르는 말인데 '댓속'으로 되어 있는 점도 문제이다. '배에 쓰인 오래된 대나무의 속' 정도로 파악된다. '박친'은 '박치-+-ㄴ'으로 분석되는데 어근 '박치-'의 뜻이 불분명하다. 『표』의 '박치-'는 '집어서 냅다 던지다'로 풀이되어 있어서 향약명의 '박치-'와는 다르다. 혹시 '박히-'가 아닐까 짐작된다.

2573) 貝子 / 紫貝

貝齒	패치			구급 하46ㄱ8
貝子	효근쟈개 貝齒 一名	蟲部		동의 2:10ㄱ3
貝子	효근쟈개			본목 46ㄴ2
貝子	ᄌᆞᄀᆡ	介部蚌蛤類		본정 하216
貝子	져근ᄌᆞᄀᆡ	蟲部		양금 516:9
貝子	굴근ᄌᆞᄀᆡ	蚌蛤		의종 7:42ㄴ6
貝子	굴근ᄌᆞᄀᆡ	蚌蛤		방합 53ㄱ
貝子	효근자개 자근자개	蟲魚部下品	鄕名	향성 83:692:2
紫貝	굴근쟈개	蟲部		동의 2:10ㄱ2
紫貝	굴근쟈개			본목 46ㄴ2
紫貝	굴고ᄌᆞᄀᆡ	蟲部		양금 516:9
紫貝	굵은자개	蟲魚部中品	鄕名	향성 83:688:1

'貝子'는 '조개'를 이른다. 『동의』에 따르면 『구급』에 나오는 '貝齒'는 '貝子'의 이칭이다. 대응되는 우리말 향약명은 '효근'과 '굴근ᄌᆞᄀᆡ'가 섞여 나타난다. 『동의』의 '효근쟈개'가 『양금』에 와서는 '져근ᄌᆞᄀᆡ'로 어형이 교체된다. 이 둘을 이은 것은 『향성』의 '효근자개'와 '자근자개'이다. 『의종』과 『방합』에서는 '굴근ᄌᆞᄀᆡ'로 되어 있는데, '貝子'가 상위어로 쓰였을 가능성이 있는 것인지 분명하지 않다. '굴근쟈개'를 나타내는 한어명은 '紫貝'인데, 『표』에서는 '복족강의 조개'로 풀이하고 있다. '紫貝'는 모두 '굵은쟈개'로 나타난다.

2574) 稗子米

稗子米	살히ᄡᆞᆯ	穀部	동의 1:27ㄱ2
稗	살히ᄡᆞᆯ		본목 24ㄴ3
稗子米	살이ᄡᆞᆯ	穀部	양금 524:10

'稗子米'는 사전류에 보이지 않는다. 『동의』의 우리말 향약명은 '살히ᄡᆞᆯ'이다. '稗'가 '피'를 말하므로 '稗子米'는 '핍쌀'에 해당한다. '핍쌀'은 '껍질을 벗기지 않은 피 곧 겉피를 찧어 겉겨를 벗긴 쌀'을 말하는데(『표』), '살히ᄡᆞᆯ'과 '핍쌀'의 의미 관계를 추정할 필요가 있다. 아마도 동의어였을 가능성이 높다. '살히ᄡᆞᆯ'은 '싸리쌀'로 이어졌을 가능성이 있는데 사전류에는 이 형태가 보이지 않는다. 현재로서는 '살히ᄡᆞᆯ'이 '핍쌀'의 생성으로 소멸했을 것으로 추측된다.

2575) 敗醬

敗醬		草部	동의 3:7ㄱ8
敗醬		草部	양금 505:4

'敗醬'은 『동의』와 『양금』에만 보인다. '마타릿과의 여러해살이풀'로 '마타리'를 이른다(『표』). '마타리'에 대응하는 한어명은 '敗醬'과 '女郞花'가 있다. '마타리'라는 이름이 언제부터 사용되었는지는 불분명하다.

2576) 敗天公

敗天公	놀ㄱ펴량ㅈ갇		구간 1:98ㄱ
敗天公	오래스던펴랑이	草部	동의 3:23ㄴ10
敗天公	오래쓰든혀랑이	草部	양금 509:2
敗天公	오래쓰든패랑이꼭지	草部下品之下 鄕名	향성 79:636:3

'敗天公'은 '헌 패랭이'를 이른다. 『구간』의 '놀ㄱ펴량ㅈ갇'에서 비롯되어 '오래'가 결합되고 『향성』에 오면 '꼭지'가 덧붙는 어형 교체를 겪는다. 『동의』에서부터 '草部'에 분류되어 있다.

2577) 貝齒 ☞ 貝子

2578) 敗蒲席 ⇒ 薦席

敗痛席	헌부들지즑		구급 상34ㄱ8
敗蒲席		草部	동의 2:46ㄱ3
敗蒲席	해진부들자리	草部下品之下 鄕名	향성 79:634:1

'敗蒲席'은 [敗[蒲席]]의 구조이다. '蒲席'은 '부들자리'를 말한다. 따라서 '敗蒲席'은 '오래된 부들자리'를 말한다. 『구급』에 '헌 부들지즑'로 나오는데 『동의』에는 우리말 향약명이 나오지 않으며 『향성』에는 '헌'이 '해지-'로, '지즑'이 '자리'로 교체된 '해진부들자리'로 나온다. 어형 교체를 겪은 결과이다.

<편>

2579) 編苣 ☞ 苦苣

2580) 片腦 ☞ 龍腦

2581) 扁豆 / 白扁豆

萹豆	汝注乙豆		俗云	향구 목48ㄴ6
藊豆	편두			구급 하58ㄴ7
篇豆	빅변두			구간 2:60ㄱ
藊豆	동뷔			산경 121
藊豆	변두콩 鵲豆 亦名 白扁豆 卽	穀部		동의 1:26ㄱ6
藊豆	변두콩			본목 25ㄱ4
藊豆	변두콩 白扁豆 卽	穀部		양금 524:8
扁豆	변두콩			제중 8:5ㄱ2
扁豆	변두콩	蔓草		의종 7:18ㄱ2
扁豆	변두콩	蔓草		방합 23ㄱ
藊豆	변두콩	米穀部中品	鄕名	향성 84:707:1
扁豆	나물콩 까치콩 제비콩 공두 백편두			식명 48
藊豆	까치콩			동사 379
扁豆	까치콩			동사 907
白扁豆	빅변두			구급 하56ㄱ5
白扁豆	변두콩 沿籬豆 一名			산경 488
白扁豆	빅변두			언두 하7ㄴ
白扁豆	빅편두			언구 하18ㄱ7
白扁豆	편두콩 ■豆 一名			경신 31ㄴ4
白扁豆	까치콩 작두 변두			동사 1044
南扁豆	까치콩			동사 168
藊豆葉	변두닙	穀部		동의 1:26ㄱ9
藊豆葉	변두닙	穀部		양금 524:8
藊豆花	변두쏫	穀部		동의 1:26ㄱ10
藊豆花	변두쏫	穀部		양금 524:9

'扁豆'는 '콩과의 덩굴성 여러해살이풀'을 이르며 이칭으로 '까치콩, 작두, 제비콩' 등이 있다. '白藊豆'는 '흰 빛깔의 변두의 열매'를 이른다(『표』). '변두'는 한어명 '扁豆'의 한자음을 속음으로 읽은 것으로 보인다. 『동의』에 따르면 '扁豆'와 '白扁豆'는 동의어이다. 이 향약명의 기원은 『향구』의 차자표기에 소급된다. 차자표기 '汝注乙豆'의 '汝注乙'은 음독자 '豆'는 석독자로 '*너줄콩'으로 해독된다. 이 기원형은 후대에 이어지지 않는다. 『동의』의 '변두콩'이 현대 국어까지 이어진다. 현대 국어에서 '까치콩'이라는 형태가 나타나는데 이는 『동의』의 '鵲豆'의 번역어가

정착된 것으로 판단된다. 『표』에는 혼종어 '편두콩'은 나오지 않는다. 한편 『산경』에는 '동뷔'로 기록되어 있는데 『농가집성』의 차자표기 '同輩'와 같은 형태를 보여준다. 이 어휘는 현대 국어의 '콩과의 한해살이 덩굴성 식물'인 '동부'에(『표』) 이어진다. 또한 『산경』에서 '白扁豆'의 한어명 이칭으로 '沿籬豆'를 소개하고 있다.

2582) 蝙蝠 ☞ 伏翼
2583) 扁竹 ☞ 射干
2584) 鞭鞘

鞭鞘	獸部	사의 3ㄱ3:1

'鞭鞘'는 '말이나 소 따위를 때려 모는 데에 쓰기 위하여, 가는 나무 막대나 댓가지 끝에 노끈이나 가죽 오리 따위를 달아 만든 물건' 곧 '채찍'을 이른다. 『사의』에만 보인다.

2585) 萹蓄 / 百節草

萹蓄	百節		鄕名	향채 5월
萹蓄	百節草			촌구 5ㄱ8:1
萹蓄	百節草 온미딕		鄕名	촌가
萹蓄	온므둡			언구 상41ㄴ8
褊蓄	온므둡	草部		동의 3:19ㄴ2
萹蓄	온므둡			본목 17ㄱ9
萹蓄	온마답	草部		양금 508:3
萹蓄	온마답			제중 8:16ㄴ10
萹蓄	혼마답		俗	해혹 4ㄴ7
萹蓄	옥미답	隰草		의종 7:15ㄱ1
萹蓄	옥미답	隰草		방합 19ㄱ
萹蓄	온므둡			경신 28ㄱ3
萹蓄	옷므딕			경국 74:2
萹蓄葉	옷므득			경국 102:3
萹蓄	百節 온매듭	草部下品之下	鄕名	향성 79:631:3
百節草	牛轉草 卽			해혹 31ㄱ3

'萹蓄'은 '마디풀과의 한해살이풀' 곧 '마디풀'을 이른다. 『향채』의 차자표기 '百節'과 『촌구』

의 '百節草'가 기원형인데 모두 석독자로 '*온ᄆᆞ듸'로 해독된다. 이 형태가 이후 '온ᄆᆞᄃᆞᆸ'으로 바뀐다. 'ᄆᆞ듸'와 'ᄆᆞᄃᆞᆸ'은 모두 '마디'라는 뜻의 동의어이다. 'ᄆᆞ듸'형은 공존하는 다른 형태 'ᄆᆞᄃᆞᆸ'으로 교체된 뒤에 후대에까지 이어진다. 'ᄆᆞᄃᆞᆸ'이 '매듭'으로 바뀐 것은 음운 변화이다. 『의종』과 『방합』에서 '온'이 '옥'으로 바뀌어 '옥미답'으로 되었다. 『해혹』의 '牛轉草'는 사전류에서 찾기 어렵다. '牛轉草'가 '牛囀草'인지도 알 수 없다(상세 어휘사는 3.2 참조).

2586) 扁把草 ☞ 射干
2587) 便香附末 ☞ 香附子

<평>

2588) 苹 ☞ 浮萍

<폐>

2589) 弊馬梳 ☞ 故梳

<포>

2590) 脬

脬	안ᄭᅵᆺ	俗	해혹 30ㄴ4

'脬'는 '오줌통'을 뜻하는 한자이다. 『해혹』에 필사된 '안ᄭᅵᆺ'은 무엇인지 알 수 없다. 참고로 형태 '안ᄶᅢ'는 '紫河車'의 향약명으로 쓰였다.

2591) 炮薑 ☞ 生薑
2592) 布穀 ⇒ 鸃鳥

布穀	벅국새	禽部		동의 1:40ㄱ10
布穀	벅구이	禽部		양금 527:8
布穀脚腦骨	뻐국새골과뼈	禽部下品	鄕名	향성 82:675:2

'布穀'은 '뻐꾸기'를 말한다. 『동의』의 '벅국새'가 『양금』에서 '벅구이' 곧 '뻐꾸기'형으로 교체된다. 형태 교체를 거쳐 현대 국어의 '뻐꾸기'가 된 것이다. 『향성』에서는 '뻐꾸기'의 '골'과 '뼈'를 약재로 한다는 것을 나타내고 있다.

2593) 蒲公英 / 蒲公草

蒲公英	므은드레			언구 하16ㄱ5
蒲公草	안즌방이 므은드레 又名 蒲公英 俗呼 地丁 一名	草部		동의 3:22ㄴ5
蒲公英	안즌방이 무은드레 又			본목 27ㄱ10
蒲公英	안준방이 무은드레 又名	草部		사의 2ㄱ2:9
蒲公草	안즌방이 무음둘네 地丁 一名	草部		양금 508:1
蒲公英	안준방이		俗	해혹 32ㄱ9
蒲公英	안즌방이 므음둘네 又名	隰草		의종 7:15ㄱ5
蒲公英	안즌방이 므음둘네 又名	隰草		방합 19ㄱ
蒲公草	안즌방이 므음드레 又云 蒲公英 黃花 一名			경신 49ㄴ5

'蒲公英'은 '국화과의 여러해살이풀'인 '민들레'를 이른다. '蒲公草'라 부르기도 한다. 이른 시기의 '므은드레'가 음운 변화를 거쳐 '민들레'가 된 것이다. 『동의』의 '안준방이'는 현대 국어의 '앉은뱅이'이다. '므은드레'형과 공존하면서 후대로 이어졌다. 『샘』에 의하면 '앉은뱅이꽃'이 '채송화'(강원, 함남), '제비꽃'(강원, 평안), '민들레'(평안)의 방언으로 쓰인다. 이른 시기부터 사용된 형태이며 '민들레'의 이칭으로 『표』에 등재할 만하다.

2594) 蒲公草 ☞ 蒲公英

2595) 抱狗子 ☞ 狗

2596) 枹杞根皮 ☞ 枸杞子

2597) 葡萄 ⇒ 蘡薁

葡萄	보도			구간 7:79ㄱ
蒲萄	보도	果部		동의 2:18ㄴ3
葡萄	포도	果部		양금 518:2
蒲萄	포도			제중 8:22ㄴ3
葡萄	포도	蓏果		의종 7:34ㄱ3
葡萄	포도	蓏果		방합 42ㄴ
葡萄	포도	果部上品	鄕名	향성 84:696:2

葡萄根	보돗불휘		구간 7:84ㄴ
葡萄根		果部	동의 2:18ㄴ6
葡萄根	포도블희	果部	양금 518:3
葡萄根		苽果	의종 7:35ㄱ3
葡萄根		苽果	방합 42ㄴ

'葡萄'는 한어명 그대로 '포도'를 말한다. 한어명으로만 쓰였다. 『구간』에서 『동의』까지는 '보도'로 표기되어 있다. '蒲'의 한자음과 관련된 현상으로 파악된다.

2598) 葡萄酒 ☞ 酒
2599) 蒲盧 ☞ 蠮螉
2600) 泡水 ☞ 豆腐
2601) 胞水 / 胞衣變成水 ⇒ 紫河車

胞水	안깨사근믈		산경 562
胞衣變成水	안깨사근믈	人部	동의 1:32ㄱ4
胞衣變成水	틔삭은믈	人部	양금 525:8
胞水	틔샤근물	人	의종 7:46ㄴ2
胞水	틔샤근물	人	방합 58ㄱ

'胞水'는 『산경』에서부터 나오는데 설명형 향약명 '안깨사근믈'이다. 『동의』의 한어명 표제어가 '胞衣變成水'로 되어 있는데 무엇을 가리키는지 잘 설명하고 있다. '胞衣'의 고유어 향약명이 '안깨'이다. 『양금』에서 한어명 '틔'로 바뀌었다. 어형 교체가 이루어졌고 이것이 후대에 이어진다. '안깨'는 사전류에서 찾기 어렵다. 『표』에도 보이지 않는다.

2602) 胞衣 ☞ 紫河車
2603) 胞衣變成水 ☞ 水
2604) 布鍼

布鍼	작대기바늘	石部上品	鄉名	향성 77:592:2

'布鍼'은 사전류에 보이지 않는다. 『향성』에 우리말 향약명이 '작대기바늘'로 표기되어 있는데 '작대기바늘'이다. '길고 굵은 바늘'을 뜻한다(『표』).

2605) 蒲黃 ⇒ 香蒲

蒲黃	助背槌		俗云	향구 목45ㄴ5
蒲黃	蒲搥上黃粉			향구 상8ㄴ11
蒲黃	蒲槌上黃粉			향구 중28ㄴ4
蒲黃	蒲槌上黃粉		鄕名	향구 중29ㄱ9
蒲黃	포황			구급 상63ㄴ7
蒲黃	부들마치우흿누른ᄀᆞᄅᆞ			구간 2:89ㄴ
蒲黃	부들마치우희누른ᄀᆞᄅᆞ			구간 2:115ㄱ
蒲黃	부들마치옛누른ᄀᆞᄅᆞ			구간 3:61ㄴ
蒲黃	蒲槌黃根			촌구 3ㄴ6:3
蒲黃	蒲槌黃根		鄕名	촌가
蒲黃	蒲槌黃粉 부도ᄌᆞᆺ우희누른분		鄕名	촌가
蒲黃	부ᄃᆞᆯᄭᅩᆺᄀᆞᄅᆞ			산경 241
蒲黃	부들ᄌᆞᆺᄀᆞᄅᆞ			언구 하11ㄱ3
蒲黃	포황			언구 상36ㄴ3
蒲黃末	포황ᄀᆞᄅᆞ			언구 상27ㄴ3
蒲黃	포황			언태 43ㄴ
蒲黃	부들ᄭᅩᆺᄀᆞᄅᆞ	草部		동의 2:45ㄴ8
蒲黃	蒲槌上黃粉		卽	향집 78:21ㄱ
蒲黃	부도조잿ᄀᆞᄅᆞ			우마 9ㄱ
蒲黃	부들ᄭᅩᆺᄀᆞᄅᆞ			본목 22ㄱ4
蒲黃	부들곳ᄀᆞᆯ오	草部		사의 1ㄴ3:4
蒲黃	부들ᄭᅩᆺ가로	草部		양금 504:3
蒲黃	부들종의곳			광비
蒲黃	부들종의곳친데 부들방망이 所謂			광향 2ㄴ04
蒲黃	부들ᄭᅩᆺᄀᆞᄅᆞ			제중 8:8ㄱ10
蒲黃	부들ᄭᅩᆺ	水草		의종 7:20ㄴ3
蒲黃	부들ᄭᅩᆺ	水草		방합 303
蒲黃	부들ᄭᅩᆺ가라			경신 40ㄱ2
蒲黃	부들 포황			식휘 30
蒲黃	蒲槌花上黃粉 부들꽂솔가루	草部上品之下	鄕名	향성 78:610:3
蒲黃	부들꽂가루			동사 913
蒲黃	부들 좀부들 香蒲 蒲棒 蒲草 甘蒲 醮石			야초 76

‘蒲黃’은 ‘부들의 꽃가루’를 이른다. 『구간』의 우리말 향약명 ‘부들마치우흿누른ᄀᆞᄅᆞ’에서는

형태 '부들마치'가 확인되고 이것이 『산경』 이후 '부들쏫' 형태로 교체된다. 『표』나 『샘』에는 '부들마치'나 '부들망치'가 나타나지 않는다. '부들'이 표준어로 설정되어 있다. 한어명 이칭으로는 '香蒲'가 소개되어 있다. 『향구』의 차자표기 '助背槌'와 '蒲搥上黃粉'가 가장 앞선 표기이다. 남풍현(1981:134)에서는 '助背搥'의 '助'을 석독하면 '도비마치' 음독하면 '조비마치'로 읽을 수 있다고 하였다. 후대형이 뒷받침되지 않아 어느 것도 확실하지 않다. 다른 차자표기 '蒲搥上黃粉'는 '*부들마치우횟누른ᄀᆞᄅᆞ' 정도로 해독되는데 『촌가』의 '蒲槌黃粉 부도죳우희누른분'과 『향집』의 '蒲槌上黃粉', 『향성』의 '蒲槌花上黃粉'으로 이어진다. 대개 동일한 형태를 나타낸다. '부들마치'와 '부들죳' 형태가 공존했던 것으로 파악된다. 그러다가 '부들쏫' 형태가 생성되어 앞선 두 형태는 소멸된 것으로 보인다. 『광비』와 『광향』에서는 '부들종' 형태가 기록되어 있다. '부들방망이'와 함께 기록된 것을 보아 같은 뜻을 나타내는 것으로 보인다.

<표>

2606) 鰾 ☞ 魚膠

2607) 豹

豹	표범			본목 51ㄱ9
豹頭骨		獸部		동의 1:50ㄴ3
豹鼻		獸部		동의 1:50ㄴ4
豹肉	표버믜고기	獸部		동의 1:50ㄱ9
豹肉	승냥이	獸部獸類		본정 하249
豹肉		獸部		양금 529:2
豹肉	불범의고기 표범의고기	獸部中品	鄕名	향성 81:664:3
豹脂		獸部		동의 1:50ㄴ2
豹皮		獸部		동의 1:50ㄴ5

'豹'를 어근으로 하는 단어족이다. 대응되는 향약명이 '표범', '승냥이', '불범' 등으로 나타난다.

2608) 鰾膠 ☞ 魚膠

2609) 瓢葉 ☞ 苦瓠

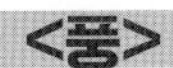

<풍>

2610) 風鷄 ☞ 蟾蜍

2611) 楓根白皮

楓根白皮	싣나못불휫힌거플	구간 3:41ㄴ

'楓'은 '단풍나무'를 이른다. 15세기의 '싣나모'에 해당한다. 『구간』의 설명형 향약명은 '싣나모+ㅅ # 불휘+ㅅ # 희-+-ㄴ # 거플'로 분석되며 '단풍나무뿌리의 흰 껍질'이라는 뜻이다.

2612) 楓樹菌 ☞ 菌

2613) 楓樹笭 ☞ 豬苓

2614) 風香脂 ☞ 白膠香

2615) 風化石灰 ☞ 石灰

2616) 風化硝

風化硝	石部	동의 3:48ㄴ4
風化硝	金石	의종 7:50ㄱ9
風化硝	金石	방합 63ㄱ

'風化硝'는 한의학에서 '망소를 끓는 물에 녹여 거른 다음 거른 액을 식힌 덩어리'를 이른다. 대응되는 우리말 향약명은 나타나지 않는다.

<피>

2617) 皮偸根白皮 ☞ 樗根白皮

<필>

2618) 筆 ☞ 筆頭

2619) 筆管草 ☞ 木賊

2620) 筆頭

筆	붇	구간 6:45ㄴ
筆頭	붇머리	구급 상17ㄴ6
筆頭	붇귿	구간 2:69ㄱ

筆頭	붇머리		구간 1:51ㄱ

'筆'은 '붓'을 이른다. 『구간』에는 '붇즈롯대'(1:76ㄱ)도 보인다. '筆頭'는 '붓의 끝'을 이른다. 『구급』에서는 '붇머리'로 나타나는데 『구간』에는 '붇귿'으로 나타나기도 한다. 두 어형이 공존했던 것으로 보인다.

2621) 筆頭燒灰, 筆頭灰 ☞ 灰

2622) 華撥

華撥		唐 草部	동의 3:12ㄱ1
華撥		唐 草部	양금 506:9
華撥			제중 8:17ㄴ1
華撥		芳草	의종 7:8ㄱ6
華撥		芳草	방합 10ㄴ
華撥			경신 44ㄱ10

'華撥'은 '후추과의 필발의 덜 익은 열매'를 말한다(『지』). 『표』에는 '후춧과의 풀의 말린 열매' '蓽茇'을 등재하고 있다. '蓽茇'과 '華撥'이 같은 것인지 불분명하다. 대응되는 우리말 향약명은 없으며 『동의』에서 원산지가 중국임을 밝히고 있다.

2623) 華澄茄

華澄茄		木部	동의 3:41ㄴ9
華澄茄	嫩胡椒	唐 獸部	양금 530:5
華澄茄			제중 8:15ㄱ10
華澄茄		蔓草	의종 7:17ㄴ3
華澄茄		蔓草	방합 22ㄴ

'華澄茄'는 '후춧과의 덜 익은 열매'를 뜻한다(『한약재감별도감』). 중국이 원산지인 것으로 보인다. 『동의』에서부터 나타난다. 『양금』에 기록된 이칭 '嫩胡椒'는 사전류에서 찾기 어렵다.

2624) 華薢 ☞ 革薢

<하>

2625) 蝦

鰕	사요	蟲部		동의 2:12ㄱ8
鰕	사요			본목 45ㄱ5
鰕	ᄉᆡ오	鱗部無鱗魚類		본정 하208
蝦	ᄉᆡ오	蟲部		양금 517:2
鰕	ᄉᆡ오			제중 8:21ㄱ2
鰕	ᄉᆡ오	無鱗魚		의종 7:41ㄱ5
鰕	ᄉᆡ오	無鱗魚		방합 51ㄴ
蝦	새우	蟲魚部下品	鄕名	향성 83:690:1

'鰕'와 '蝦'는 모두 '새우'를 뜻하는 한자어이다. 의서에서는 『동의』에서부터 나타난다. 형태 'ᄉᆡ오'가 어형 교체 없이 음운 변화만 겪어 현대 국어의 '새우'가 되었다.

2626) 荷 ☞ 薄荷

2627) 苄 ☞ 地黃

2628) 夏枯草

夏枯草	鷰蜜		鄕名	향채 3월
夏枯草	져븨ᄭᅮᆯ	草部		동의 3:23ㄱ3
夏枯草	져비ᄭᅳᆯ	草部		사의 1ㄴ4:5
夏枯草	져뷔ᄭᅮᆯ 䕷草 一名	草部		양금 509:1
夏枯草	져븨ᄭᅮᆯ		俗	해혹 11ㄱ9

夏枯草	져븨욿	隰草		의종 7:10ㄴ6
夏枯草	져븨욿	隰草		방합 13ㄴ
夏枯草	져븨욿 蘼草 一名			경신 49ㄴ2
夏枯草	葉夏枯草 조개나물	草部下品之下	鄕名	향성 79:635:2

'夏枯草'는 '말린 꿀풀의 이삭'을 이른다. 『향채』의 차자표기 '鷰蜜'은 모두 석독자로 '*져븨욿'로 해독된다. 이 형태가 음운 변화를 겪어 '제비꿀'로 정착되었다. 『향성』에 '조개나물'이 나타난다. 형태 교체는 겪지 않았다. '제비꿀'은 '단향과의 여러해살이풀'로 『표』에 등재되어 있다. 『표』에는 '꿀풀'과 이칭 '徐州夏枯草', '夏枯草', '제비꿀' 등이 모두 다르게 등재되어 있다. 이들의 의미 관계를 따져볼 필요가 있다. 『양금』과 『경신』의 한어명 이칭 '蘼草'는 사전류에서 찾기 어렵다. 『향성』의 '葉夏枯草'은 '夏枯草葉'의 오기로 판단된다.

2629) 河豚 / 河豘

河豚	복			구급 하57ㄴ7
河豚	복			언구 하27ㄱ3
河豘	복	魚部		동의 2:4ㄱ3
河豚	복			본목 44ㄴ8
河豚魚	복	鱗部無鱗魚類		본정 하207
河豚	복	魚部		양금 515:6
河豚	물돗고기			광향 50ㄴ11
河豘	복			제중 8:20ㄱ3
河豚	복		俗	해혹 32ㄴ9
河豘	복	無鱗魚		의종 7:40ㄴ9
河豚	복	無鱗魚		방합 51ㄱ
河豚	복싱션			경국 149:2
河豘	伏只 복재기 복	蟲魚部中品	鄕名	향성 83:687:3

'河豚'은 '참복과의 바닷물고기' 곧 '복어'를 이른다. 15세기부터 '복'으로 나오고 현대 국어까지 이어진다. 『표』에서는 '복'을 '복어'의 준말로 풀이하고 있다. 『향성』의 차자표기 '伏只'가 '*복'으로 해독된다. 『광향』의 '물돗고기'와 『향성』의 '복재기'는 방언형으로 보이는데 사전류에서 확인이 어렵다.

2630) 蝦蟆 / 蝦蟇 ⇒ 蟾蜍

蝦蟆	두터비			구간 1:111ㄱ
蝦蟇	개고리	蟲部		동의 2:10ㄴ6
蝦蟆	개고리			본목 42ㄱ2
蝦蟆	ᄀᆡ고리	蟲部濕生類		본정 하199
蝦蟇	ᄀᆡ고리	蟲部		양금 516:10
蝦蟆	ᄀᆡ구리			해혹 28ㄱ7
蝦蟆	개고리	化蟲		의종 7:38ㄴ1
蝦蟆	ᄀᆡ고리	化蟲		방합 47ㄴ
蝦蟆	둑거비 머고리 或曰			경국 57:6
蝦蟆	둣거비			경국 51:2
蝦蟆	둑겁이	蟲魚部下品	鄕名	향성 83:688:2
生蝦蟆	산두터비			구간 6:55ㄱ

‘蝦蟆’는 ‘청개구리’를 이른다. 『구간』에는 ‘두터비’로 나오는데 이 시기 ‘두터비’는 ‘두꺼비’를 가리키는바 ‘蟾蜍’에 해당한다. 『향구』에는 ‘蟾蜍’가 ‘豆何非’로 나오는데 ‘*두가비’로 해독된다. 15세기에는 ‘두터비’와 ‘두꺼비’형이 공존했던 것으로 판단된다. 그리고 ‘蝦蟆’와도 동의어 관계를 형성했던 것으로 파악된다. ‘蝦蟆’는 16세기 이후에 ‘개고리’형이 생성되어 공존하다가 ‘두터비’형이 ‘둣겁이’형으로 어형이 교체된다. 즉 ‘두터비 ∽ 둣거비 ∽ 두꺼비’의 과정을 겪는다. 『경국』에 나오는 ‘머고리’는 ‘개구리’의 옛말로 함경도 방언에 남아 있다. ‘蝦蟆’가 『표』에 ‘청개구리’로 되어 있는 점과 함께 ‘蟾蜍’와 ‘蝦蟆’의 의미 관계를 정밀하게 추정해 볼 필요가 있다.

2631) 蝦蟆灰 ☞ 灰

2632) 夏氷 ☞ 氷

2633) 何首烏 / 交藤 / 赤斂 ⇒ 蘿藦子, 赤斂

何首烏	交藤 一名 夜合 一名 九眞藤 一名	草部	동의 3:20ㄱ5
何首烏	온죠롱 江原 새박불휘 黃海 夜交藤 本名	草部	동의 3:20ㄱ5
何首烏	온죠롱 새박불휘 又		본목 20ㄱ10
何首烏	온죠롱 江原道 ᄉᆡ박불휘 黃海道	草部蔓草類	본정 상102
何首烏		草部	사의 1ㄴ1:3
何首烏	온됴롱 夜交藤 夜合 九眞藤 交藤 一名	草部	양금 508:6
何首烏	온죠롱 江原 새박불휘 黃海		제중 8:12ㄱ2

何首烏	온조롱 江原 싀박불휘 黃海	蔓草		의종 7:19ㄱ2
何首烏	온조롱 江原 싀박불휘 黃海	蔓草		방합 24ㄱ
何首烏	夜交藤 一名 夜合 一名 九眞藤 一名			경신 18ㄱ9
何首烏	은조롱 강원 싀박불휘 황해			경신 18ㄱ9
交藤	덩덩이			경사 48:4
赤歛		草部		동의 3:17ㄱ5
赤蘞		草部		양금 507:4

'何首烏'는 '마디풀과의 여러해살이풀'의 뿌리를 이른다. 『표』에는 '赤葛', '土芋' 등의 이칭이 소개되어 있다. 『표』에는 '새박뿌리'가 등재되어 있다. 우리말 향약명은 두 가지인데 강원도 방언 '온죠롱'과 황해도 방언 '새박불휘'가 그것이다. 이 형태가 형태 교체 없이 현대 국어로 이어져 '은조롱'과 '새박뿌리'로 쓰인다. 또한 의서에는 '夜交藤', '夜合', '九眞藤', '交藤' 등의 한어명 이칭이 소개되어 있다. 『경사』의 '덩덩이'는 '댕댕이'로 판단되는데 '새모래덩굴과의 여러해살이 덩굴풀'로 '何首烏'와는 다르다(『표』). '赤歛'은 '하수오의 뿌리'를 말하는데(『지』) 『동의』와 『양금』에 한어명으로 나온다.

2634) 荷葉, 荷葉蔕 ☞ 蓮葉
2635) 鍛鐵竈中灰 ☞ 灰
2636) 夏開豆豉 ☞ 淡豆豉

<학>

2637) 鶴

鶴	두루미			본목 46ㄴ10
鶴骨	大隱鳥 황새뼈	禽部下品	鄕名	향성 82:675:1

'鶴'은 '두루미'인데 『향성』에서는 '황새'로 기록되어 있다. 차자표기 '大隱鳥'는 '隱'이 말음 표기 'ㄴ'을 가리키고 '大'와 '鳥'를 석독하면 '*한새'가 된다.

2638) 鶴蝨 / 鶴膝 / 天名精

鶴虱	狐矣尿	俗云	향구 목47ㄱ5

鶴虱	狐矣屎		鄕名	향채 12월
鶴蝨	엿의오좀플			구간 2:37ㄴ
鶴膝	狐矣屎			촌구 5ㄱ2:2
鶴膝	狐矣屎 여의오좀		鄕名	촌가
鶴虱	여의오좀	草部		동의 3:22ㄱ4
鳥蝨	학슬			마초 하99ㄱ
鶴虱	여의오즘	草部		양금 508:8
鶴蝨	여의오좀			제중 8:15ㄴ06
鶴虱	여의오좀플		俗	해혹 30ㄴ10
鶴蝨	여의오좀	隰草		의종 7:12ㄱ2
鶴蝨	여의오좀	隰草		방합 15ㄱ
鶴虱	여의오좀 天明精 卽			경신 51ㄱ5
鳥蝨	여의오좀 쳔일초 千日草			식휘 351
鶴虱	狐矣屎 여의오즘 담배풀	草部下品之下	鄕名	향성 79:634:2
鳥蝨	담배풀열매			동사 944
天名精	여의오듐	草部隰草類		본정 상75
天名精	여의오좀			본목 15ㄴ10

'鶴蝨'은 '국화과의 여러해살이풀인 여우오줌의 열매'를 이른다. 『촌구』의 '鶴膝'은 '무릎이 붓고 아프며 다리 살이 여위어 마치 학의 다리처럼 된 병'을 가리킨다(『표』). 오기이다. 『향구』의 차자표기 '狐矣屎'은 '*엿의오좀'으로 해독된다. 이 형태가 20세기까지 이어지며, 20세기에 '담배풀'이라는 형태가 생성되어 공존한다. 한어명 이칭으로 '天名精', '千日草' 등이 있다.

<한>

2639) 旱蓮, 旱蓮子 ☞ 鱧腸

2640) 漢防己 ☞ 防己

2641) 寒水石 / 凝水石

寒水石	한슈셕				구급 하11ㄴ7
寒水石	한슈셕				구간 6:8ㄴ
寒水石末	한슈셕ᄀᆞᄅᆞ				언구 하17ㄴ9
寒水石	凝水石 一名 鵲石 一名	唐	石部		동의 3:47ㄴ8
寒水石	凝水石 一名 鵲石 一名	唐	石部		양금 513:2
寒水石	凝水石 一名				해혹 6ㄱ7

凝水石	寒水石 一名	金石	의종 7:50ㄱ6
凝水石	寒水石 一名	金石	방합 62ㄴ
寒水石	凝水石 一名 鵲石 一名		경신 51ㄴ2

'寒水石'은 '황산 칼슘 또는 탄산 칼슘을 주성분으로 하는 석고 또는 방해석'이다. 15세기 『구급』에서부터 나오며 대응되는 우리말 향약명은 없다. 한어명 이칭으로 '凝水石', '鵲石' 등이 있다. 한편 『표』에서는 '凝水石'을 '巖鹽이 굳어서 된 고체'라 풀이하고 있는바 이칭 관계가 규명될 필요가 있다. 또한 '鵲石'은 사전에서 찾기 어렵다.

2642) 寒食麪

寒食麵	한식날밍근밀ᄀᆞᄅᆞ국슈	穀部	동의 1:24ㄴ7
寒食麪	한식날민든밀국슈	穀部	양금 524:4
寒食麪	한식날만단밀가로국슈	造釀	의종 7:36ㄴ7
寒食麪	한식날만단밀가로국슈	造釀	방합 45ㄴ

'寒食麵'은 '한식날에 먹는 메밀국수'이다. 『동의』에서는 '한실날에 만든 밀가루 국수'로 되어 있고 이 설명형 향약명이 후대로 이어진다. 향약명을 구성하는 형태의 교체는 보이지 않는다.

2643) 寒鴉 ☞ 慈鴉
2644) 旱蓮草 ☞ 鱧腸
2645) 寒泉水 ☞ 水
2646) 漢椒, 澣椒 ☞ 川椒
2647) 寒呼虫 ☞ 五靈脂

<할>

2648) 鶡鷄

鶡鷄		禽部	동의 1:40ㄱ7

'鶡鷄'는 '닭과 비슷하게 생긴 꿩과의 새'를 이른다. 우리말로는 '멧닭'이라 한다.

<합>

2649) 蛤蚧

蛤蚧		蟲部		동의 2:14ㄱ8
蛤蚧		蟲部		양금 517:5
蛤蚧	도마ᄇᆡ암		俗	해혹 30ㄱ3
蛤蚧		龍		의종 7:39ㄱ1
蛤蚧		龍		방합 48ㄴ

'蛤蚧'는 '도마뱀'을 이르며 한어명 이칭으로는 '仙蟾', '蛤蟹' 등이 있다. 우리말 향약명은 『해혹』의 '도마ᄇᆡ암'만 나온다.

2650) 合口椒 ☞ 川椒

2651) 蛤蜊 / 蛤粉 / 蛤甲

蛤蜊	ᄎᆞᆷ죠개	蟲部	동의 2:11ㄱ4
蛤蜊肉	ᄎᆞᆷ조ᄀᆡ	介部蚌蛤類	본정 하215
蛤蜊肉	ᄎᆞᆷ죠개		제중 8:18ㄴ10
蛤蜊肉	ᄎᆞᆷ죠ᄀᆡ	蚌蛤	의종 7:42ㄱ7
蛤蜊肉	ᄎᆞᆷ죠ᄀᆡ	蚌蛤	방합 52ㄴ
蛤粉	바ᄅᆞᆺ죠개		구간 2:21ㄱ
蛤甲	죠개썹딜	虫部	사의 4ㄱ4:7

'蛤蜊'는 '백합과의 조개'를 말하는데 '바지락'을 이른다. 『동의』의 'ᄎᆞᆷ죠개'가 후대까지 그대로 유지된다. 『표』에도 '바지락'의 동의어로 '참조개'가 등재되어 있다. 『구간』의 '바ᄅᆞᆺ죠개'와 『사의』의 '죠개썹딜'은 '蛤'을 어근으로 하는 어휘이며 직접적으로 '蛤蜊'를 가리키는 것은 아니다.

2652) 合歡皮 / 夜合花

夜合花	沙乙木花		향구 상9ㄴ5
夜合花	沙乙木花	俗云	향구 목48ㄱ3
夜合樹皮	자괴나모겁질		언구 하14ㄱ8
夜合木	작구나무		경사 41:2
合歡皮	자괴나모겁질 合昏 一名 夜合皮 又名 木部		동의 3:38ㄱ4
合歡	자괴나모		본목 34ㄱ1

合歡皮	쟈괴나무겁질	木部喬木類		본정 하174
合歡皮	ᄌ괴나모겁질 合昬 一名	木部		양금 511:4
合歡	佐歸木 자귀나무껍질	木部中品	鄕名	향성 80:648:1

'合歡皮'와 '夜合花' 그리고 '夜合木' 등은 모두 '자귀나무'의 단어족에 속한다. 가장 기원적인 형태는 『향구』의 차자표기 '沙乙木花'인데 '*살나모곶'으로 해독된다. 이 형태는 후대에 이어지지 않는다. 『언구』부터는 '자괴나무'형이 나타난다. 어형 교체가 일어난 것이다. 한어명 '合歡'은 『표』에 '合歡木'으로 등재되어 있고 고유어 이칭은 '자귀나무'이다(『표』). '夜合木'은 사전류에서 찾기 어렵다. 『동의』의 '쟈괴나무겁질'이 현대 국어에까지 이어져 『향성』의 '자귀나무껍질'이 되었다. 『향성』의 차자표기 '佐歸木'는 '*자귀나모'로 해독된다. 『경사』의 '작구나무'는 방언형으로 추정된다.

2653) 合昬 ☞ 合歡皮

<해>

2654) 蟹

蟹	게 鰟蟹 一名	蟲部		동의 2:7ㄴ5
蟹	게			본목 45ㄴ10
蟹	게	蟲部		양금 516:5
蟹	게			제중 8:20ㄴ4
蟹	게	龜鱉		의종 7:42ㄱ2
蟹	게	龜鱉		방합 52ㄴ
蟹	가재			경국 27:1
蟹	게	蟲魚部中品	鄕名	향성 83:683:1
蟹脚中髓	게발애골			언구 하13ㄴ4
蟹脚中髓及殼中黃		蟲部		동의 2:8ㄱ1
蟹膏	게장	石部下品	鄕名	향성 77:601:3
蟹殼中黃	게닥지안해누른쟝			언구 하13ㄴ4
蟹漖	게거품			해혹 4ㄴ3
蟹爪		蟲部		동의 2:8ㄱ2
蟹汁	게쟝			언구 하22ㄴ1

蟹黃	게당		虫部		사의 4ㄴ2:10

'蟹'를 어근으로 하는 단어족이다. '蟹'는 '게'를 말하는데 『동의』에서부터 '게'로 나타나 후대에까지 이어진다. 한어명 이칭 '螃蟹'가 『동의』에 소개되어 있다. 『언구』의 '게발애골'에 나오는 '골'은 '게의 살'을 뜻한다.

2655) 薤 ☞ 韭

2656) 海狗腎, 海狗外腎 ☞ 膃肭臍

2657) 海金沙

海金沙		唐	土部		동의 1:19ㄱ10
海金沙		唐	土部		양금 522:9
海金沙			隰草		의종 7:15ㄱ4
海金沙			隰草		방합 19ㄱ

'海金沙'는 '말린 실고사리의 홀씨'를 말한다. 대응되는 우리말 향약명은 없으며 원산지가 중국임을 알 수 있다. 『동의』에서부터 나오며 후대에 이어진다.

2658) 海獺 ☞ 膃肭臍

2659) 海獺 ⇒ 膃肭臍

海獺	바닷반달피		獸部		동의 1:44ㄴ9
海獺	바다반ᄃᆞ리		獸部		양금 528:6
海獺	바다만달찌 바다수달		獸部上品	鄕名	향성 81:657:1

'海獺'은 '족제빗과의 바다짐승'을 이른다. 『동의』에 우리말 향약명 '바닷반달피'가 나오는데 『양금』에는 '반ᄃᆞᆯ+이'로 나타나 형태소 일부가 교체된다. 이것이 『향성』에서는 '바다만달찌'로 교체된다. '만달찌'의 어원이 무엇인지 불분명하다. 『샘』에서는 '바닷반달'을 '해달'의 옛말로 풀이하고 있는데 『동의』의 표제어에 '바닷반달피'로 되어 있어서 분명하지 않다. 『표』에서도 『동의』의 '바닷반달피'를 다루어야 한다. '이칭으로 '바다수달'이 소개되어 있다. 『샘』에서 '바다수달'을 '해달'의 북한말로 소개하고 있는데 『표』에 등재될 만하다.

2660) 海帶

海帶	多士摩		鄕名	향채 12월
海帶	多士麻			촌구 5ㄱ5:1
海帶	多士麻 다ᄉᆞ마		鄕名	촌가
海帶	다ᄉᆞ마	菜部		동의 2:36ㄱ10
海帶	다ᄉᆞ마			본목 22ㄱ9
海帶	다ᄉᆞ마	草部水草類		본정 상110
海帶	다ᄉᆞ마	菜部		양금 521:1
海帶	다ᄉᆞ마			제중 8:21ㄱ5
海帶	다사마	水草		의종 7:20ㄴ8
海帶	다사마	水草		방합 26ㄱ
海帶	多士摩 다시마	草部中品之下	鄕名	향성 79:626:1

'海帶'는 '다시마'이다. 『향채』와 『촌구』의 차자표기 '多士摩'와 '多士麻'는 '*다ᄉᆞ마'로 해독된다. 이것이 현대 국어에서 '다시마'가 되었다. 형태 변화를 거치지 않았다.

2661) 奚毒 ☞ 川烏

2662) 海豘

海豘	믈가치	魚部		동의 2:4ㄴ9
海豘	믈가치	魚部		양금 515:8
海豘魚	勿乙可致 물까치	蟲魚部上品	鄕名	향성 82:681:3

'海豘'은 '돌고래'를 말한다. 『동의』에 '믈가치'로 나온다. 『표』에서는 '물까치'를 '물돼짓과의 포유류' 곧 '쇠돌고래'라 풀이하였다. 『향성』의 차자표기 '勿乙可致'는 '*믈가치'로 해독된다.

2663) 海桐皮

海東皮	掩木皮		卽	향채 12월
海東皮	掩木			촌구 4ㄴ5:1
海東皮	掩木皮 엄나모거피		鄕名	촌가
海桐皮	엄나모겁질	木部		동의 3:38ㄱ2
海桐皮	엄나모겁질	木部喬木類		본정 하171
海桐皮	엄나모겁질	木部		양금 511:3
海桐皮	엄나모겁질			제중 8:24ㄱ4
海桐皮	엄나모겁질	喬木		의종 7:24ㄴ1

海桐皮	엄나모겁질	喬木		방합 31ㄱ
海桐皮	엄나모겁질			경신 20ㄴ4
海桐皮	掩木皮 엄마나무껍질	木部中品	鄕名	향성 80:648:1

'海桐皮'는 '음나무의 껍질'을 이른다. 『표』에서는 '엄나무'와 '음나무'를 동의어로 처리하고 있다. 『향채』의 차자표기 '掩木皮'는 '*엄나모겁질'로 해독된다. 『촌가』의 '엄나모거피'는 '겁질'의 동의어 '거피'가 사용되고 있는데 이 형태는 『촌가』에만 나온다. 이 형태가 변화 없이 후대에까지 이어진다. 『표』에서는 '엄나무'와 함께 '음나무'를 표제어로 등재하고 있다.

2664) 海螺 / 白螺螄殼

海螺	바다히나는쇼라	蟲部	동의 2:12ㄴ4
海螺	쇼라	蟲部	양금 517:2
白螺螄殼	쇼라겁질		해혹 30ㄱ8

'海螺'는 '소라'를 말한다. 『동의』에는 설명형 향약명 '바다히나는쇼라'로 되어 있다. 『양금』과 『해혹』에는 모두 '쇼라'로 나온다.

2665) 海莱 ☞ 海菜

2666) 海馬 / 水馬

海馬	힉마			언구 하46ㄴ9
海馬	水馬 一名	唐	蟲部	동의 2:10ㄱ5
海馬			蟲部	양금 516:9
海馬			無鱗魚	의종 7:41ㄱ7
海馬			無鱗魚	방합 51ㄴ
水馬	슈마			구간 7:28ㄴ

'海馬'는 '실고깃과의 바닷물고기'를 이른다. 『동의』에 한어명 이칭 '水馬'가 소개되어 있는데 『표』에도 나온다. 대응되는 우리말 향약명은 없다.

2667) 海鰻 ☞ 鰻鱺魚

2668) 薤白 ☞ 韭

2669) 海粉 ⇒ 蚌蛤

海粉 蟲部 동의 2:11ㄱ9
海粉 바다굴근죠개ᄀᆞᄅᆞ 虫部 사의 4ㄴ4:7
海粉 蚌蛤 의종 7:42ㄱ10
海粉 蚌蛤 방합 52ㄱ
海粉 海石 卽 경신 56ㄴ4

'海粉'은 '바다의 조개껍데기로 만든 가루'를 이른다. 『사의』의 설명과 일치한다. 『경신』에서는 '海石'과 같은 것이라 하였는데 '海石'은 '海粉'과 다르다.

2670) 海粉水 ☞ 水
2671) 海參
海參 믜 제중 8:20ㄴ9
海參 믜 蚌蛤 의종 7:42ㄴ9
海參 믜 蚌蛤 방합 53ㄴ

'海蔘'에 대응되는 우리말 향약명 '믜'는 현대 국어 '미'의 앞선 형태인데 '해삼을 예스럽게 이르는 말'로 풀이되어 있다(『표』). 이른 시기 의서에서는 확인이 되지 않는다.

2672) 解石 ☞ 石膏
2673) 海石 ☞ 水泡石, 海粉
2674) 海松子
海松子 잣 언구 상47ㄴ8
海松子 잣 果部 동의 2:24ㄴ9
海松子 佐叱 鄕名 향집 84:16ㄴ
海松子 ᄌᆞᆺ 본목 30ㄴ8
海松子 잣 菜部夷果類 본정 상150
海松子 잣 果部 사의 3ㄴ4:4
海松子 잣 果部 양금 519:1
海松子 잣 제중 8:22ㄴ10
海松子 잣 夷果 의종 7:33ㄴ7
海松子 잣 夷果 방합 42ㄱ
海松子 佐叱 잣 실백자 果部下品 鄕名 향성 84:701:1

'海松子'는 '잣'을 말한다. 『향집』과 『향성』의 차자표기 '佐叱'은 '*잣'으로 해독된다. 형태 교체를 겪지 않았다. 『향성』의 '實柏子'는 '껍데기를 벗긴 알맹이 잣'을 이른다(『표』).

2675) 孩兒茶

孩兒茶			草部	동의 3:24ㄴ5
孩兒茶	烏爹泥 本名		土部	본정 하291
孩兒茶		唐	草部	양금 509:4

'孩兒茶'는 '아카시아, 미모사 따위의 잎이나 가지를 졸여 만든 약'을 이른다. 대응되는 우리말 향약명은 없다. 『한』에서는 '콩과 식물인 兒茶의 줄기나 꼭두서니과 식물인 아다구(아선약나무)의 가지와 잎을 졸여서 만든 마른 엑스덩어리'로 풀이하고 있다. 『본정』에 한어명 이칭 '烏爹泥'가 소개되어 있는데 사전류에서 찾기 어렵다. 『한』에도 '孩兒茶'를 가리키는 말로만 되어 있다.

2676) 海羊 ☞ 蝸牛
2677) 解鹽 ☞ 鹽
2678) 薤葉 ☞ 韭
2679) 海藻 ⇒ 海菜

海藻	바룻몰			구간 2:83ㄴ
海藻	몰			촌구 5ㄱ1:1
海藻	몰		鄕名	촌가
海藻	몰	菜部		동의 2:36ㄱ8
海藻	몰			본목 22ㄱ8
海藻	몰 海菜 一名	草部水草類		본정 상109
海藻	몰자반			언납 1ㄴ
海藻	말	菜部		양금 520:10
海藻	말			물보 7
海藻	말			해혹 5ㄱ8
海藻	몰	水草		의종 7:20ㄴ6
海藻	몰	水草		방합 26ㄱ
海藻	몰			경신 34ㄱ9
海藻	박닷물			경국 53:9
海藻	갯말음	草部中品之下	鄕名	향성 79:622:1

'海藻'는 '바다에서 나는 조류'를 이른다. 이 의미를 가장 잘 보여주는 형태가 『구간』의 '바룻물'이다. 이후 형태 교체를 거쳐 '몰'이 되는데 후대에까지 그대로 이어진다. 『언납』의 '몰자반'은 『표』에 등재된 '모자반'의 앞선 형태로 파악된다. '갈조류 모자반과의 海藻'를 말하는데 한어명 이칭으로 '馬尾藻'가 있다(『표』). 『경국』의 '박닷물'은 '바다말'의 잘못된 표기로 판단된다. 『향성』의 '갯말음'은 사전에 등재할 만하다. 사전류에 '갯말'이 있을 것으로 예견되지만 '갯마을'의 방언만 나온다.

2680) 薤汁, 薤菜 ☞ 韭
2681) 解倉 ☞ 芍藥
2682) 海菜 / 海中菜 ⇒ 海藻

海中菜	바다희나는머육		언구 하30ㄱ2
海菜	머육 紫菜 一名	菜部	동의 2:36ㄱ7
紫菜	머육		본목 28ㄴ1
海菜		菜蔬部	사의 3ㄴ2:9
海菜	머육	菜部	양금 520:10
海菜	머육		제중 8:21ㄱ4
海菜	머육 甘藿 俗名	水草	의종 7:20ㄴ10
海菜	머육 甘藿 俗名	水草	방합 26ㄴ

'海菜'는 '갈조류 미역과의 한해살이 바닷말' 곧 '미역'을 이른다. 『구간』에 '머육'으로 나오면서 이 형태가 후대로 이어진다. '머육'이 음운 변화를 거쳐 '미역'이 되었다. 『의종』의 한어명 이칭 '甘藿'은 『표』에도 등재되어 있다.

2683) 海螵蛸 ☞ 烏賊魚骨
2684) 海蛤 ☞ 文蛤
2685) 海鷂魚 ☞ 鯕魚

<행>

2686) 行夜 ⇒ 燕屎

行夜	방귀져비	본목 41ㄴ6

『본목』의 '行夜'는 사전류에서 찾기 어렵다. 우리말 향약명 '방귀져비'도 무엇인지 불분명하다. 그런데 '제빗과의 여름 철새'로 '귀제비'가 있다(『표』). 이칭으로 '명매기'가 있는데 『구급』에 나오는 '명막'에서 파생된 말이다. 문헌에는 '명마기' 혹은 '멱마기'로 나타난다('燕屎' 항목 참조). 그렇다면 '방귀져비'는 '방+귀져비'로 분석되는데 접두사처럼 결합된 '방'이 무엇인지 알 수 없다.

2687) 杏仁 / 杏實 / 雙杏仁 / 熬杏仁

杏實		果部		동의 2:23ㄴ
杏	살고			본목 29ㄱ6
杏實	살고	果部		양금 518:10
杏實		五果		의종 7:31ㄱ81
杏實		五果		방합 39ㄱ
杏仁	힝싄			구급 상6ㄴ
杏人	술곳즈ᅀ			구급 상83ㄱ
杏仁	술곳즈ᅀ			구급 하67ㄱ5
杏仁	힝인			구급 상6ㄴ3
杏仁	술고씨			구간 2:11ㄴ
杏仁	술고씨솝			구간 2:10ㄱ
杏仁	술고씨			언구 상34ㄴ5
杏核仁	술고씨	果部		동의 2:23ㄱ6
杏仁	술고씨	木部		사의 2ㄱ4:10
杏核仁	살고씨	果部		양금 518:9
杏仁	살구씨			광향 3ㄴ01
杏仁	술고씨			제중 8:10ㄱ1
杏仁	술고씨	五果		의종 7:31ㄱ8
杏仁	술고씨	五果		방합 39ㄱ
杏仁	술고씨			경신 40ㄱ9
杏核仁	살구씨	果部下品	鄕名	향성 84:699:3
杏花	술곳곳			구간 3:8ㄱ
雙杏仁	쌍힝인			구급 하7ㄱ4
雙杏仁	어우렁술고씨			구간 6:21ㄱ
雙仁杏仁	술고씨어우렁이			언구 하17ㄱ1
熬杏仁	술고씨솝봇그니			구간 6:41ㄴ

'杏'을 어근으로 하는 단어족이다. '술고' 즉 '살구'가 핵심 어근이다. '술고'가 음운 변화를 거쳐 '살구'가 된 것이다. 『구급』의 '술곳즈수'가 『구간』에서 '술고씨'로 어형 교체가 일어나고 이것이 후대에 이어진다. 15세기 의서의 '雙杏仁'은 '어우렁' 혹은 '어우렁이'이라는 형태가 결합되는데 '雙'의 의미를 가진다.

<향>

2688) 香墨 ☞ 墨

2689) 香白芷 ⇒ 白芷

2690) 香附子 / 便香附子 / 莎草根

香附子	향부즈			구간 2:108ㄴ
香附子	莎草根			촌구 4ㄴ4:3
香附子	莎草根		鄕名	촌가
香附子	沙草根 새촛불히		鄕名	촌가
香附子		草部		사의 1ㄴ2:6
香附子	스초쁘리			광향 2ㄱ09
香附	향부즈			제중 8:3ㄴ10
香附	향부즈 沙根 卽	芳草		의종 7:9ㄱ1
香附	향부즈 沙根 卽	芳草		방합 11ㄴ
香附子	향부즈 莎草根 卽 雀頭香 一名			경신 44ㄴ2
便香附子	변향부즈			언구 상6ㄴ5
莎草根	향부즈	草部		동의 3:13ㄱ8
莎草	향부즈 香附子			본목 13ㄴ10
莎草		草部		사의 2ㄱ1:4
莎草根	향부즈 香附子 一名 雀頭香 一名	草部		양금 507:10
莎草根	사초뿌리 향부자 香附子	草部中品之下	鄕名	향성 79:625:1

'香附子'는 '사초과의 여러해살이풀의 뿌리'를 이른다. 표제어는 '香附子'가 나타나는데 『동의』를 비롯한 일부 의서에서는 '莎草根'으로 제시되어 있다. '스초쁘리'와 같은 혼종어가 있지만 주로 한어명으로만 쓰였다. 『촌가』의 한글표기 '새촛불히'가 우리말 향약명에 가장 가깝다. '새초+ㅅ+불히'로 분석되며 '새초'는 '사초'가 움라우트를 겪은 것으로 방언형일 가능성이 높다. 한어명 이칭 '雀頭香'이 소개되어 있다.

2691) 香茹 ☞ 香薷
2692) 香油 ☞ 麻油
2693) 香薷

香薷	奴也只		鄕名	향채 10월
香薷	노야기			구간 2:60ㄱ
香薷	奴也只			촌구 4ㄱ6:3
香薷	奴也只 노야기		鄕名	촌가
香薷	노야기 香茹 一名	菜部		동의 2:33ㄱ3
香薷	奴也只		鄕名	향집 85:14ㄱ
香薷	노야기			본목 14ㄱ9
香薷	노아기	草部芳草類		본정 상68
香薷	노야기	菜部		양금 520:4
香薷	노야기			제중 8:5ㄱ1
香薷	소야기 香茹 一名	芳草		의종 7:9ㄱ7
香薷	소야기 香茹 一名	芳草		방합 11ㄴ
香薷	노야기 香茹 一名			경신 23ㄴ3
香薷	奴也只 노야기	菜部中品	鄕名	향성 85:714:2

'香薷'는 '꿀풀과의 한해살이풀'을 이른다. 한어명 이칭으로 '香茹'가 있다. 우리말 향약명은 '노야기'이다. 『향채』의 차자표기 '奴也只'가 '*노야기'로 해독된다. 이 형태가 현대 국어까지 이어져 그대로 쓰인다.

2694) 香蒲 ⇒ 蒲黃

香蒲	蒲黃苗 卽	草部		동의 2:46ㄱ1
香蒲	次乙皆		鄕名	향집 78:22ㄱ
香蒲	蒲黃苗 卽	草部		양금 509:2
香蒲	次乙皆 부들순	草部上品之下	鄕名	향성 78:611:1

'香蒲'는 '부들과의 여러해살이풀' 곧 '부들'을 이른다. 『동의』에서는 '蒲黃苗'으로 설명하고 있는데 '포황의 싹'이라는 뜻이다. 이것이 『양금』에 그대로 이어져 있고, 『향성』에서는 '부들순'으로 나타나 있다. '蒲黃'이 '부들'이고 그 싹을 '순'이라 하여 형성된 어형이다. '부들순'은 새말로 『표』에 등재할 만하다. 『향집』과 『향성』의 차자표기 '次乙皆'는 다른 형태를 보여준다. 차자표기에 사용된 용자의 일반적인 쓰임을 고려하면 '*잘개' 혹은 '*찰개' 정도로 해독이 된다. 하지만

이 형태는 사전류에서 확인이 어렵다.

<현>

2695) 蜆

蜆	가막죠개	蟲部		동의 2:11ㄴ9
蜆	가막죠개			본목 46ㄱ6
蜆肉	가막조기	介部蚌蛤類		본정 하214
蜆	가막죠개	虫部		사의 4ㄴ4:6
蜆	가막죠기	蟲部		양금 517:1

'蜆'은 '백합과의 조개'로 '가무락조개'라고도 한다. 우리말 향약명 '가막죠개'가 나타난다. 『동의』와 가까우면서 상관 관계가 높은 의서들에만 나타난다.

2696) 莧 / 赤莧 / 莧實 / 莧菜 ⇒ 馬齒莧

赤莧		菜部		동의 2:27ㄱ8
莧	비름			본목 27ㄱ6
莧莖葉		菜部		동의 2:27ㄱ7
莧實	비름삐	菜部		동의 2:27ㄱ5
莧實	비롬씨	菜部		양금 519:6
莧實	非廩子 비름씨	菜部上品	鄕名	향성 85:710:1
莧實	非禀子		鄕名	향집 85:3ㄴ
莧菜	비름	菜部柔滑類		본정 상134

'莧'을 어근으로 하는 단어족이다. '莧'은 '비름'을 말한다. 『향집』과 『향성』의 차자표기 '非禀子'는 '*비름삐'로 해독된다.

2697) 懸龍尾 ☞ 梁上塵

2698) 玄明粉

玄明粉		石部		동의 3:48ㄴ1
玄胡粉		石部		양금 513:4
玄明粉				제중 8:11ㄴ6

玄明粉		金石		의종 7:50ㄴ1
玄明粉		金石		방합 63ㄱ
玄明粉				경신 24ㄱ6

'玄明粉'은 '박초와 무를 함께 달여 얻은 망초의 結晶과 감초 가루를 섞어 만든 약'을 이른다. 대응하는 우리말 향약명은 나타나지 않는다. 『양금』의 '玄胡粉'은 '玄明粉'의 오기가 분명하다.

2699) 玄蔘

玄蔘	心回草			향구 상12ㄱ3
玄蔘	心廻草		俗云	향구 목46ㄱ5
玄蔘	能消中		鄕名	향채 3월
玄參	凌宵草			촌구 3ㄴ3:3
玄蔘	凌霄草 릉소초		鄕名	촌가
玄蔘	凌宵草		鄕名	촌가
玄蔘		草部		동의 3:4ㄴ7
玄蔘		草部		양금 505:1
玄參				제중 8:5ㄴ1
玄參		山草		의종 7:3ㄱ9
玄蔘		山草		방합 4ㄱ
玄蔘				경신 21ㄴ6
玄參	현삼 逐馬			식휘 316
玄蔘	能消草 능소초 야지마	草部中品之上	鄕名	향성 79:617:2
玄參	현삼 正馬 현대 록장 중대			동사 969

'玄蔘'은 '현삼과의 여러해살이풀'이며 뿌리를 약재로 쓴다. 『향구』의 차자표기 '心回草'는 '*심회초'로 해독된다. 용자들이 석독자로 읽힐 가능성은 적다고 판단된다. 『향구』의 향약명은 후대에 이어지지 않는다. 『향채』에 오면 어형이 완전히 교체되어 '能消中'로 나타나는데 '*능소초'로 해독되며, 이 형태가 현대 국어에까지 이어진다. 한편 『향성』에 소개된 '야지마'는 '꿀풀과에 속한 광대수염의 생약명'을 이르는데(『샘』) '玄蔘'과는 다른 것으로 판단된다. 20세기 자료에 보이는 '逐馬', '록장', '중대' 등은 사전류에서 찾기가 어렵다.

2700) 玄石, 玄水石 ☞ 磁石

2701) 懸蹄 ☞ 馬夜目

2702) 懸針磁石 ☞ 磁石

2703) 玄胡粉 ☞ 玄明粉

2704) 玄胡索 / 延胡索

玄胡索	현호쇠		구급 상27ㄴ7
玄胡索	현호삭		언구 하34ㄴ10
玄胡索		草部	동의 3:12ㄱ9
玄胡索		草部	양금 506:9
玄胡索	延胡索 本名		해혹 3ㄱ7
玄胡索	延胡索 一名		경신 46ㄱ10
延胡索	연호삭		구급 하20ㄱ3
延胡索	연호삭불휘		구간 3:79ㄴ
延胡			제중 8:7ㄱ2
延胡	玄胡索 本名	山草	의종 7:5ㄴ9
延胡	玄胡索 本名	山草	방합 7ㄴ
延胡索	현호색	草部中品之下 鄕名	향성 79:624:2

'玄胡索'은 '현호색과의 여러해살이풀'로 한어명 이칭은 '延胡索'이다. 한어명으로만 쓰였는데 '索'의 한자음에 따라 '삭'으로 나타나기도 하였다.

<혈>

2705) 血竭 / 眞血蝎

眞血蝎	진딧혈갈		구급 하90ㄱ1
血竭	혈갈		구급 상87ㄴ
血竭	麒麟竭 一名	唐 木部	동의 3:43ㄴ1
血竭	麒獜竭 一名	唐 木部	양금 512:4
血竭			제중 8:13ㄴ10
血竭	猉麟竭 一名		해혹 2ㄴ9
血竭	騏驎竭 一名	香木	의종 7:23ㄱ5
血竭	麒麟竭 一名	香木	방합 29ㄱ
血竭	猉獜竭 一名 猉獜樹津液 卽		경신 50ㄴ2

'血竭'은 '기린갈의 열매에서 뽑아낸 붉은색의 樹脂'를 이른다. '기린갈'은 '야자과의 덩굴성

식물'이다. 『구급』에 '혈갈'이 한어명으로 쓰였다. 이후 『동의』에 한어명 이칭 '麒麟竭'과 함께 소개된 이후 후대에까지 이어진다. 『경신』에 한문으로 된 설명문이 나온다.

2706) 血師 ☞ 代赭
2707) 血余灰油

血余灰油		獸部	사의 3ㄱ3:2

'血余灰油'는 사전류에서 찾기 어렵다. '血餘'는 '사람의 머리털을 불에 태워 만든 재'를 뜻한다. '亂髮灰'라고도 한다. '血余灰'와 단어의 구성이 동일하다. 그리고 '血餘'와 '血余'는 통용자 관계로 판단된다. 그렇다면 '血余灰油'는 '혈여회를 탄 기름'을 뜻하는 것으로 추정된다. 대응되는 우리말 향약명은 없으며 『사의』에만 보인다.

2708) 血葉藤 ☞ 菟絲子

<형>

2709) 荊芥, 荊芥穗, 荊芥葉, 荊芥子 ☞ 假蘇
2710) 荊瀝

荊瀝	가싀나모진		구간 1:15ㄴ
荊瀝	가싀나모진		구간 7:2ㄴ

'荊瀝'은 '牡荊瀝의 딴 이름'이다(『한』). '말초리풀과 식물인 모형의 줄기를 베어 덥힐 때 흘러내린 즙을 모은 것'이다. 『구간』에만 보이는데 우리말 향약명은 '가싀나모진'으로 되어 있다. '가시나무의 액'을 말한다. 『표』에 나오지 않는다.

2711) 荊三稜 ☞ 三稜
2712) 荊葉汁, 荊汁 ☞ 假蘇
2713) 荊津

荊津	눈디	木部	사의 2ㄱ4:7

'荊津'은 사전류에서 찾기 어렵다. 우리말 향약명이 '눈디'로 되어 있는데 '난듸'가 아닐까

추정된다. '난듸나모'는 '秦椒'를 말하는데 이것과 어떤 관련이 있는지 불분명하다.

2714) 螢火

螢火	반듸 夜光 一名	蟲部		동의 2:16ㄱ1
螢火	반듸블			본목 41ㄴ3
螢火	반딋블	蟲部		양금 517:7
螢火	반듸불 개똥버레 개똥파리	蟲魚部下品	鄕名	향성 83:694:1

'螢火'는 '반딧불이의 꽁무니에서 나오는 빛' 곧 '반딧불'을 이른다. 『동의』에 '반듸'로 나오는데 이 형태가 '반듸'를 거쳐 '반디'가 된 것이다. 음운 교체를 겪었고 어형 교체는 없었다. 『동의』의 한어명 이칭 '夜光'도 사전류에서 찾기 어렵다. 『표』에 등재할 만하다. 『향성』에는 '개똥버레', '개똥파리'가 나오는데 '개똥버레'는 '반딧불잇과의 딱정벌레'를 말하고(『표』), '개똥파리'는 '반딧불이'의 황해도 방언이다(『샘』). '개똥파리'도 『표』에 등재할 만하다.

<혜>

2715) 鼷鼠

鼷鼠				본목 52ㄴ6

'鼷鼠'는 '쥣과의 하나'인 '생쥐'를 일컫는다. 대응되는 우리말 향약명은 제시되어 있지 않다. 『본목』에만 보인다.

<호>

2716) 狐

狐	여호		본목 52ㄱ3
狐肝	여의간		언구 상13ㄴ11
狐膽		獸部	동의 1:55ㄴ3
狐頭	여익머리 *汝兒頭*		우마 2ㄱ
狐頭尾		獸部	동의 1:55ㄴ5
狐屑		獸部	동의 1:55ㄴ6

狐屎		獸部		동의 1:55ㄴ7
狐五臟		獸部		동의 1:55ㄴ2
狐五臟		獸部		양금 529:8
狐肉	여의고기			언구 하32ㄴ1
狐肉		獸部		동의 1:55ㄱ10
狐肉		獸部		양금 529:8
狐陰莖	여의음깅	獸部		동의 1:55ㄱ8
狐陰莖	여호의腎	獸部		양금 529:7
狐陰莖	여호신	獸部下品	鄕名	향성 81:667:1
狐肚	여의양			언구 상14ㄱ2
狐腸	여싀챵즈 汝兒昌子			우마 1ㄴ
狐腸	여의챵즈			언구 상14ㄱ2
狐腸肚		獸部		동의 1:55ㄴ4
狐腸肚		獸部		양금 529:8
狐皮	여의갗			언구 상14ㄱ4

'狐'를 어근으로 하는 단어족이다. '여우'에 해당하는데 '여의'와 '여호'가 공존했던 것으로 판단된다. 『샘』에 따르면 '여호'는 '여우'의 방언(경남, 제주, 충청)이다. 동물 '여의'의 각 부위를 약재로 썼음을 알 수 있다.

2717) 虎

虎	범			구간 6:1ㄱ
虎	범			본목 51ㄱ8
虎脛骨	범의앏허튀엣뼈			구간 1:88ㄴ
虎脛骨		獸部		동의 1:49ㄴ6
虎脛骨	갈범에뼈			경신 19ㄱ6
虎膏		獸部		동의 1:49ㄴ10
虎膏	범의기름	獸部中品	鄕名	향성 81:662:3
虎骨	버믜뼈			구급 하67ㄱ5
虎骨	버믜뼈			구간 6:6ㄴ
虎骨	갈버믜뼈 大虫 一名	獸部		동의 1:49ㄴ3
虎骨	갈범의뼈	獸部		양금 529:2
虎骨	갈범의뼈			제중 8:13ㄱ4
虎骨	갈범의뼈	獸		의종 7:45ㄱ7

虎骨	갈범의쎠	獸		방합 56ㄴ
虎骨	범의뼈 호랭이의뼈	獸部中品	鄕名	향성 81:662:3
虎口	범아괴			경국 25:11
虎膽		獸部		동의 1:50ㄱ6
虎頭骨		獸部		동의 1:49ㄴ5
虎糞	버믜쫑			구급 상49ㄴ2
虎糞	버믜쫑			구간 6:6ㄴ
虎鼻		獸部		동의 1:50ㄱ2
虎屎		獸部		동의 1:50ㄱ7
虎鬚		獸部		동의 1:50ㄱ1
虎牙	버믜엄			구급 하66ㄴ
虎牙	버믜니			구간 6:35ㄴ
虎牙		獸部		동의 1:50ㄱ4
虎眼睛		獸部		동의 1:50ㄱ8
虎豹肉	범의고기			언구 상13ㄴ4
虎肉		獸部		동의 1:49ㄴ8
虎肉		獸部		양금 529:2
虎爪		獸部		동의 1:50ㄱ3
虎皮		獸部		동의 1:50ㄱ5

'虎'를 어근으로 하는 단어족이다. 주로 '虎骨'과 '虎脛骨'이 많이 나타난다. 일반적으로 '虎脛骨'은 '호랑이의 앞 정강뼈'를, '虎骨'은 '호랑이의 뼈'를 일컫는다(『표』). 이러한 사정은 『구간』의 '범의앒허튀엣쎠'를 통해서 분명히 알 수 있다. '범+의 # 앒 # 허튀+엣 # 쎠'로 분석되며 '허튀'가 '정강이'에 해당한다. 그런데 의서에서는 일반적으로 두 한어명 모두 '갈범의쎠'로 나타난다. 이른 시기에는 두 가지가 구분되었으나 15세기 이후에 '虎骨'과 '虎脛骨'이 모두 '갈범의쎠'로 나온다. '갈범'은 '몸에 칡덩굴 같은 어룽어룽한 줄무늬가 있는 범' 곧 '칡범'을 일컫는다(『표』). '갈-'은 접두사이다.

2718) 葫 ☞ 大蒜

2719) 胡瓜

胡瓜	외	菜部	동의 2:29ㄴ2
胡瓜	외		본목 28ㄱ8
胡瓜	외	菜部蓏菜類	본정 상138

胡瓜	외	菜部		양금 519:9
胡瓜	외			제중 8:23ㄴ1
胡瓜	외	苽菜		의종 7:31ㄱ1
胡瓜	외	苽菜		방합 38ㄴ
胡瓜根		菜部		동의 2:29ㄴ4
胡瓜葉		菜部		동의 2:29ㄴ3
胡瓜葉	외 물외잎사귀	菜部上品	鄕名	향성 85:711:2
胡瓜子	외씨	菜部		양금 519:9

'胡瓜'는 '오이'를 말한다. 『표』에서는 '오이'의 잘못된 말로 풀이하고 있다. 그런데 전통적으로 사용되어 온 한어명이다. 이른 시기의 형태 '외'가 그대로 이어진 것으로 어형 교체는 없었다.

2720) 好舊酒 ☞ 酒

2721) 蒿根 ☞ 大蒜

2722) 胡桃 / 初生靑胡桃

胡桃	唐楸子			향구 하38ㄱ1
胡桃	唐楸子		俗云	향구 목48ㄱ7
胡桃	唐秋子		鄕名	향채 12월
胡桃	당츄ᄌᆞ			구간 2:36ㄱ
胡桃肉	당츄ᄌᆞᆺ솔			구간 2:15ㄱ
胡桃	唐楸子			촌구 4ㄴ2:2
胡桃	唐楸子 당추ᄌᆞ		鄕名	촌가
胡桃	당츄ᄌᆞ			언구 상30ㄴ3
胡桃	당츄ᄌᆞ	果部		동의 2:24ㄴ1
胡桃	唐楸子		卽	향집 84:15ㄴ
胡桃	당츄ᄌᆞ			본목 30ㄱ7
胡桃	호도			신황 보20ㄱ
胡桃	호도			두경 13ㄱ
胡桃	호도	果部		양금 519:1
胡桃	호도			제중 8:18ㄱ10
胡桃	호도	山果		방합 41ㄱ
胡桃	호도나무			식휘 113
胡桃	唐楸子 당추 호도	果部下品	鄕名	향성 84:700:3
胡桃油		山果		의종 7:33ㄱ5

胡桃油		山果	방합 41ㄱ
胡桃肉	호도	山果	의종 7:33ㄱ4
胡桃肉	호도	山果	방합 41ㄱ
胡桃仁	호두씨		동사 987
胡桃仁	唐楸子 호도 호두 核桃		약식 90
胡桃樹皮		果部	동의 2:24ㄴ6
胡桃外靑皮		果部	동의 2:24ㄴ5
初生靑胡桃	ᄀᆞᆺ여러프른당츄ᄌᆞ		구간 6:87ㄴ

'胡桃'는 '호두'를 말한다. 『표』에서는 '호도'를 '호두'의 잘못된 말로 풀이하고 있는데 이 역시 전통적으로 이어져 온 한어명이므로 한자어로 다룰 필요가 있다. 이 향약명은 어형 교체가 뚜렷하다. 『향구』의 차자표기 '唐楸子'는 '*당츄ᄌᆞ'로 해독되는데 이 어형이 16세기경까지 사용되다가 17세기경부터 '호도'가 나타나 현대 국어에까지 이어진다. '추자'는 경상도 방언으로 남아 있다. 의서에서는 어형 교체가 분명하지만 실제 우리말에서는 '호도'와 '추자'가 공존했던 것이다. 한어명 '胡桃'는 '호두'가 되었는데 이는 이른바 한어명의 고유어화라 할 수 있다. '호도'와 관련된 향약명이 『구간』과 『동의』에 보인다.

2723) 胡桐淚

胡桐淚		唐	木部	동의 3:36ㄴ5
胡桐淚		唐	木部	양금 510:10
胡桐淚			香木	의종 7:23ㄴ5
胡桐淚			香木	방합 29ㄴ
胡桐淚	木津 一名			경신 20ㄴ5

'胡桐淚'는 '땅속에 묻혀 오래된 호동의 나뭇진'을 이르며 한어명 이칭으로 '胡桐律'이 있다. 대응되는 우리말 향약명은 나타나지 않는다. 『경신』의 '木津'은 사전류에서 찾기 어려운데 '나무의 진'임을 설명한 것으로 추정된다.

2724) 好臘茶 ☞ 茶

2725) 葫蘆巴 / 胡巴

葫蘆巴	호로파			구간 2:5ㄱ
葫蘆巴		唐	草部	동의 3:22ㄱ10

葫蘆巴		唐	草部		양금 507:10
葫蘆巴	南番 卽				경신 47ㄱ10
葫蘆巴	호로파		草部下品之下	鄕名	향성 79:635:1
胡巴					제중 8:12ㄴ9
胡巴			隰草		의종 7:11ㄴ2
胡巴			隰草		방합 14ㄴ

'胡蘆巴'는 '콩과의 한해살이풀'인 '큰노랑꽃자리풀'의 씨를 이른다. 이칭으로 '胡巴'가 있다(『한』). 『구간』에 나오는 향약명인데 『동의』로 이어진다. 한어명으로만 쓰였다.

2726) 胡麻 / 芝麻 / 烏麻子 / 脂麻 / 靑蘘 / 黑麻 ⇒ 大麻

胡麻	荏子			향구 중20ㄱ3
胡麻	荏子		俗云	향구 목48ㄴ2
胡麻子	荏子		鄕名	향구 중28ㄴ10
芝麻	지마			구급 하12ㄴ1
芝麻	춤빼			구간 7:80ㄱ
胡麻	춤빼			구간 2:42ㄱ
烏麻子	거믄춤빼			구간 3:116ㄴ
胡麻	거믄춤깨 거믄깨 巨勝 一名			산경 79
脂麻	춤빼			언구 상29ㄴ8
胡麻	거믄춤빼 巨勝 方莖 一名	穀部		동의 1:20ㄱ10
胡麻	黑荏子		卽	향집 84:17ㄴ
胡麻	거문춤깨			본목 23ㄴ10
胡麻	거믄참씨 巨勝仙 一名	穀部麻麥類		본정 상112
胡麻	거믄춤깨			신황 보19ㄱ
胡麻	검은춤개	穀部		사의 3ㄱ4:5
胡麻	검은참씨	穀部		양금 523:5
胡麻	거믄깨			방유 3:26ㄱ
胡麻仁	거문참씨 巨勝 一名			제중 8:19ㄱ3
胡麻	거믄깨			물명 69
生芝麻	거문참씨			해혹 28ㄴ9
脂麻	참씨		俗	해혹 6ㄱ9
胡麻仁	검은참씨 巨勝 一名	麻麥稻		의종 7:34ㄴ8
胡麻	거믄참씨 巨勝 一名	麻麥稻		방합 43ㄱ

胡麻	거믄ᄎᆞᆷ개			경국 80:2
胡麻	참ᄶᅢ			식휘 319
胡麻	黑荏子 검은참깨	米穀部上品	鄕名	향성 84:701:3
胡麻	참깨			동사 987
靑蘘	거믄ᄎᆞᆷᄢᅢ닙 胡麻葉 卽	穀部		동의 1:20ㄴ5
靑蘘	ᄎᆞᆷᄢᅢ닙 眞荏子葉			우마 5ㄱ
靑蘘	검은참씨닙	穀部		양금 523:5
靑蘘	검은참깨닢	米穀部上品	鄕名	향성 84:702:1
胡麻葉	거믄ᄎᆞᆷᄶᅢ닙			산경 256
胡麻葉	靑蘘 名	麻麥稻		의종 34ㄴ9
胡麻葉	靑蘘 名	麻麥稻		방합 43ㄱ
烏麻油	ᄎᆞᆷ기름			구급 상89ㄱ1
烏麻油	거믄ᄎᆞᆷᄣᅢ기름			구간 6:67ㄱ
胡麻油	ᄎᆞᆷ기름			구간 2:52ㄱ
胡麻油	거믄ᄎᆞᆷᄢᅢ기름	穀部		동의 1:20ㄴ6
胡麻油	거믄참깨기름	米穀部上品	鄕名	향성 84:702:3
黑麻油	거믄ᄎᆞᆷᄢᅢ			구간 6:86ㄴ
生胡麻油	ᄂᆞᆯᄎᆞᆷ기름			구간 6:84ㄴ

'胡麻'를 어근으로 하는 단어족이다. '胡麻'는 '검은깨나 참깨 따위를 통틀어 이르는 말'이다(『표』). 한어명 이칭으로 '芝麻', '脂麻', '油麻' 등이 있다. '芝麻'는 『구간』에도 나온다. 『향구』에는 '荏子'로 되어 있는데 '꿀풀과의 한해살이풀' 곧 '들깨'를 말한다. 결국 『향구』의 '荏子'는 차자표기가 아닌 한어명 이칭이다. 우리말 향약명은 『구간』의 '거믄ᄎᆞᆷᄢᅢ' 혹은 'ᄎᆞᆷᄢᅢ'로 나오는데 이 형태가 현대 국어까지 이어져 쓰인다. 특별한 어형 교체는 일어나지 않았다. 『동의』에는 '巨勝', '方莖' 등의 한어명이 소개되어 있고 후대 의서에 이어진다.

2727) 蒿麻 ☞ 白芷
2728) 胡鷰屎 ☞ 燕屎
2729) 虎木樹, 虎目樹 ☞ 樗根白皮
2730) 好墨 ☞ 墨
2731) 好蜜 ☞ 蜜
2732) 琥珀 / 琥珀珠

琥珀珠	호박구슬		구급 상50ㄱ
琥珀珠	호박구슬		구간 6:15ㄱ
琥珀		木部	동의 3:27ㄴ5
琥珀	호박	木部	양금 509:9
琥珀			제중 8:13ㄴ9
琥珀		寓木	의종 7:27ㄴ10
琥珀		寓木	방합 35ㄱ
琥珀			경신 34ㄴ9

'琥珀'은 '지질 시대 나무의 진 따위가 땅속에 묻혀서 탄소, 수소, 산소 따위와 화합하여 굳어진 누런색 광물'을 이른다. 『구간』에는 '호박구슬'로 나오고 『양금』에 한어명의 한자음을 그대로 읽은 '호박'이 기록되어 있다.

2733) 胡粉1 ☞ 鉛

2734) 胡粉2

胡粉	호분		구급 하46ㄱ8
胡粉	됴흔분		구간 3:7ㄱ
胡粉		草部	사의 2ㄱ1:2

'胡粉'은 '화장품의 하나인 분'을 이른다. 『구급』에 한어명이 『구간』에는 '됴흔분'이 나온다. '胡粉'은 '白堊'과 동의어이기도 하다. 의미 관계를 정밀히 추정할 필요가 있다.

2735) 蒿苿 ☞ 藁本

2736) 好豉 ☞ 淡豆豉

2737) 好辰砂 ☞ 朱砂

2738) 胡燕 ⇒ 燕屎

胡燕窠	명마기집		구간 3:25ㄱ
胡燕卵		禽部	동의 1:37ㄱ2
胡燕肉		禽部	동의 1:37ㄱ3
胡燕窠	명막의딥	禽部	사의 3ㄱ1:7
胡燕	명막기		경국 73:9

'胡燕'을 어근으로 하는 단어족이다. '胡燕'은 『구간』에 '명마기'로 나온다('명마기'는 '燕屎' 항

목 참조).

2739) 胡鸛屎 ☞ 燕屎
2740) 胡鸛窠內土 ☞ 土
2741) 胡燕窠, 胡燕卵, 胡燕肉 ☞ 胡燕
2742) 胡王使者 ☞ 白頭翁
2743) 胡荽 / 竹園荽

胡荽	高柴		鄕名	향채 5월
胡荽	高柴			촌구 4ㄱ8:2
胡荽	高柴 고싀		鄕名	촌가
胡荽	고싀	菜部		동의 2:34ㄱ4
胡荽	高柴		鄕名	향집 85:4ㄴ
胡荽	고싀			본목 26ㄴ4
胡荽	고싀	菜部葷菜類		본정 상133
胡荽根	고싀	木部		사의 2ㄴ1:8
胡荽	고싀	菜部		양금 520:5
竹園荽	고싀		俗	해혹 5ㄱ1
胡荽	고싀		俗	해혹 34ㄴ5
胡荽	고싀	葷辛菜		의종 7:29ㄴ6
胡荽	고싀	葷辛菜		방합 37ㄴ
胡荽	高柴 고시풀 고소	菜部上品	鄕名	향성 85:710:2
胡荽子	고싀삐			언구 하24ㄱ7
胡荽子		菜部		동의 2:34ㄱ6
胡荽子		葷辛菜		의종 7:29ㄴ6
胡荽子		葷辛菜		방합 32ㄴ

'胡荽'는 '산형과의 한해살이풀'인 '고시'를 말한다. 『향채』의 차자표기 '高柴'에서 비롯된 것인데 이는 '*고싀'로 해독된다. 이 형태가 후대에까지 이어져 '고시'로 정착되었다. 어형 교체는 일어나지 않았다.

2744) 戶垠下土 ☞ 土
2745) 瓠子 ☞ 苦瓠
2746) 蒿雀 ⇒ 巧婦鳥

蒿雀	촉새	禽部		동의 1:40ㄱ6

蒿雀肉	촉시 巧婦鳥 一名	禽部原禽類		본정 하225
蒿雀	촉시	禽部		양금 527:8

'蒿雀'은 '되샛과의 촉새'를 이른다. 『본정』에 한어명 이칭 '巧婦鳥'가 소개되어 있다. 그런데 의서에서는 '巧婦鳥'의 우리말 향약명이 '볍새'로 되어 있다. 의미 관계를 추정해 볼 필요가 있다.

2747) 虎掌 ☞ 天南星

2748) 虎杖根

虎杖根	紺著		鄕名	향채 2월
虎杖	감뎟불휘			구간 3:106ㄴ
虎杖根	甘除根			촌구 3ㄴ8:2
虎杖根	甘除根 감뎻불히		鄕名	촌가
虎杖根	감뎻불휘 苦杖 大虫杖 一名	草部		동의 3:24ㄱ6
虎杖	감뎻불휘			본목 17ㄱ8
虎杖根	감뎻불휘	草部隰草類		본정 상86
虎杖根	감뎟블의 苦杖 大虫杖 一名	草部		양금 508:9
虎杖	감뎻불휘	隰草		의종 7:14ㄴ10
虎杖	감뎻불휘	隰草		방합 19ㄱ
虎杖根	紺著 감제풀뿌리	木部中品	鄕名	향성 80:648:2

'虎杖根'은 '마디풀과의 여러해살이풀' 곧 '잠제풀'을 이른다. 『향채』의 차자표기 '紺著'는 '*감뎌'로 해독된다. 뿌리를 약재로 쓰는 탓에 『구간』 이후 '감뎻불휘'형으로 정착되어 현대 국어에까지 이어져 '감제풀뿌리'가 되었다. 『동의』에는 '苦杖', '大虫杖' 등의 한어명 이칭이 소개되어 있다. 『표』에는 '斑杖', '酸杖', '虎杖' 등의 이칭도 등재되어 있다.

2749) 好井水 ☞ 水

2750) 好酒 ☞ 酒

2751) 蒿薦 ☞ 薦席

2752) 好醋 ☞ 酢

2753) 胡椒 ⇒ 川椒

胡椒	호쵸	구급 상35ㄴ1
椒	고쵸	구간 2:13ㄱ
胡椒	고쵸	구간 1:32ㄱ

椒	고쵸쵸 胡椒 川椒 秦椒 蜀椒 又			훈몽 상12ㄱ
胡椒	호쵸			언구 상18ㄱ2
胡椒	浮椒 一名	唐 木部		동의 3:41ㄴ7
胡椒	浮草 一名	唐 木部		양금 511:10
胡椒				제중 8:14ㄴ3
胡椒		蔓草		의종 7:17ㄴ5
胡椒		蔓草		방합 22ㄴ
胡椒	浮權 一名			경신 45ㄱ8

'胡椒'는 '초피나무의 열매' 곧 '후추'를 이른다. 『구급』에서부터 한어명을 사용했으며 '浮草'라는 한어명 이칭이 있다. 『구간』에서는 '胡椒'를 '고쵸'라 하기도 했다. '호초'와 '고초'의 의미 관계를 밝힐 필요가 있다.

2754) 胡葱

胡葱	ᄌᆞ총			구급 하76ㄴ7
胡葱	파			구간 6:60ㄱ
胡葱		菜部		동의 2:31ㄱ7
胡葱	紫葱		鄕名	향집 85:17ㄴ
胡葱	ᄌᆞ총			본목 26ㄱ6
胡葱		菜部		양금 520:2
胡葱	紫葱 자총이	菜部下品	鄕名	향성 85:716:1

'胡葱'은 『표』에 나오지 않는다. 『샘』에서는 '양파'의 북한말로 풀이하고 있다. 한어명 '紫葱'과 혼종어 '자총이'가 『표』에 실려 있는데 '겉껍질은 누런 자줏빛, 속껍질은 자줏빛이고 속은 흰 파'를 이른다.

2755) 好春酒 ☞ 酒
2756) 好炭皮 ☞ 木炭
2757) 胡巴 ☞ 葫蘆巴
2758) 胡黃連 ⇒ 黃連

胡黃連	唐 草部		동의 3:13ㄴ4
胡黃連	唐 草部		양금 507:9
胡黃連			제중 8:11ㄱ10

胡黃連	山草	의종 7:4ㄱ9
胡黃連	山草	방합 5ㄴ
胡黃蓮	山草	경신 23ㄱ2

'胡黃連'은 '미나리아재빗과의 여러해살이풀'을 이른다. 『표』에서는 '胡黃蓮'과 '黃連'을 모두 등재하고 동의어로 처리하고 있다. 그런데 의서에서는 별도의 표제어로 제시하고 있어서 그 차이를 규명할 필요가 있다(아래 '黃連' 항목 참조). 대응되는 우리말 향약명은 없다.

2759) 好黃土 ☞ 土

<혼>

2760) 混沌皮 ☞ 紫河車
2761) 餛飩

餛飩	편시		구간 3:73ㄴ
餛飩	완즈	俗	해혹 24ㄱ6

'餛飩'은 '밀가루나 쌀가루 반죽을 둥글게 빚어 그 속에 소를 넣어 찐 떡'을 이른다. 『구간』에는 '편시'로 나오는데 『훈몽』에 '餛 만두 혼, 飩 만두 둔, 餛飩 卽 변시'로 나온다. '만두'를 이르는 것으로 판단된다. 『해혹』에는 '완즈'로 되어 있는데 '편시'와는 의미가 다른 어휘이다. 두 어휘 간의 관계를 살펴볼 필요가 있다.

2762) 混元元 ☞ 紫河車
2763) 昏花

昏花	아즐앙이	俗	해혹 15ㄱ4

'昏花'는 일반적인 사전류에 잘 보이지 않는다. 『지』에는 '눈이 잘 보이지 않고 눈 앞에 꽃 같은 것이 나타나는 것' 혹은 '정신의 희미하고 눈앞에 검정 꽃이 핀 것같이 눈이 어둡고 아찔한 증상'으로 풀이하고 있다. 그렇다면 '昏花'는 병명에 해당하며, 『해혹』의 '아즐앙이'는 '눈 앞이 잘 보이지 않는 상태'를 일컫는 말로 보인다. '아지랑이'의 형상과 관련이 있지 않을까 추측해

보지만 근거를 찾기가 어렵다.

<홍>

2764) 汞 ☞ 水銀

2765) 紅麯

紅麯		造釀	의종 7:36ㄴ7
紅麯		造釀	방합 45ㄴ

'紅麯'은 사전류에 보이지 않는다. '누룩'을 뜻하는 '紅麴'의 이칭이 아닌가 추정된다. 어휘의 분류가 '造釀'으로 되어 있고, '麯'이 '누룩'을 뜻하기 때문이다.

2766) 紅麴酒 ☞ 酒

2767) 紅娘子1 ☞ 蜻蛉

2768) 紅娘子2 ☞ 樗鷄

2769) 紅豆蔻 / 紅豆 ⇒ 肉荳蔻, 草荳蔻

紅豆蔻		唐 草部	동의 3:13ㄴ6
紅荳蔻		唐 草部	양금 507:10
紅豆	紅豆蔻		해혹 33ㄴ2

'紅豆蔻'는 '말린 고량강의 열매'를 이른다. 대응되는 우리말 향약명은 나타나지 않는다. 『동의』, 『양금』, 『해혹』에만 보인다.

2770) 紅藍花 / 紅花

紅藍花	니싓곳		구간 1:90ㄱ
紅藍花	닛 紅花 卽今	草部	동의 3:11ㄱ6
紅藍花	닛		본목 15ㄴ1
紅藍花	닛쏫 紅花 一名	草部	양금 505:10
紅藍	닛		물명 94
紅藍花	紅花 닛꽃	草部中品之下 鄕名	향성 79:623:2
紅藍苗		草部	동의 3:11ㄱ8
紅藍子		草部	동의 3:11ㄱ9

紅花	홍화			구급 하33ㄴ5
紅花	니싓곳			구간 7:52ㄱ
紅花	닛			산경 520
紅花	잇삐라	草部		사의 1ㄴ1:5
紅花	닛곳			방유 4:23ㄱ
紅花	닛			제중 8:8ㄴ3
紅花	닛	隰草		의종 7:11ㄱ2
紅花	닛	隰草		방합 14ㄱ
紅花	닛			경신 41ㄱ6
紅花	닛	隰草		방합 14ㄱ
野紅花	니싀			구간 1:113ㄱ

'紅藍花'는 '국화과의 두해살이풀' 곧 '잇꽃'을 말한다. 한어명 '紅花'로도 불린다. 『구간』의 '니싓곳'이 가장 앞서는 우리말 향약명이다. 이 형태가 『동의』의 '닛', 『양금』의 '닛꼿'을 거쳐 『향성』의 '닛꽃'으로 정착되었다. 어형 교체는 겪지 않았다.

2771) 紅礬 ☞ 綠礬
2772) 汞粉 ☞ 輕粉
2773) 紅柹 ☞ 柹
2774) 紅鉛 ☞ 婦人月水
2775) 紅酒 ☞ 酒
2776) 葒草 ☞ 紅草
2777) 紅草 / 蓼汁 ⇒ 蓼

紅中	蓼花		鄕名	향채 4월
紅草	蓼花			촌구 4ㄱ2:2
紅草	蓼花 엿쒸		鄕名	촌가
葒草	뇨화	草部		동의 3:13ㄱ7
葒草	뇨화			본목 17ㄱ4
葒草	뇨화	草部		양금 507:10
葒草	蓼花 털역귀 말역귀	草部中品之下	鄕名	향성 79:625:1
蓼汁	료화글힌즙			구간 1:34ㄱ

'紅草'는 '蓼花' 곧 '여뀌의 꽃'을 말한다. 『향채』의 '蓼花'는 차자표기가 아니라 한어명 이칭이

다. 대응되는 우리말 향약명은 『촌가』의 '엿쒸'에서 확인된다. 『향성』에는 '털역귀'와 '말역귀'가 소개되어 있는데, '마디풀과의 한해살이풀'로 전체에 털이 많다. '털여뀌'와 '말여뀌'는 동의어이다(『표』). '老人長대', '馬蓼' 등의 이칭도 있다. '老人長대'는 혼종어이다.

2778) 紅蜀葵 ⇒ 葵花

紅蜀葵	블근ᄭᅩᆺ픠ᄂᆞᆫ규화	菜部	동의 2:26ㄴ7
紅蜀葵葉		菜部	동의 2:26ㄴ9
紅蜀葵子		菜部	동의 2:27ㄱ1
紅蜀葵花		菜部	동의 2:26ㄴ10
紅蜀葵	블근ᄭᅩᆺ규화	菜部	양금 519:6

'紅蜀葵'는 '접시꽃'을 말한다. 그런데 의서에는 '접시꽃'이 나오지 않는다. 『동의』에 나오는 '블근ᄭᅩᆺ픠ᄂᆞᆫ규화'와 이를 잇는 『양금』의 '블근ᄭᅩᆺ규화'는 한어명 '紅蜀葵'를 번역해서 만든 설명형 향약명이다.

2779) 紅蛤 ☞ 淡菜
2780) 紅莧菜 ☞ 馬齒莧
2781) 紅花 ☞ 紅藍花

<화>

2782) 樺, 樺木 ☞ 樺木皮
2783) 火麻, 火麻根 ☞ 大麻
2784) 花麥 ☞ 蕎麥
2785) 樺木皮 / 樺木

樺木皮	봇	木部		동의 3:42ㄴ5
樺木	봇나모			본목 34ㄴ1
樺皮	봇	木部		사의 2ㄴ3:1
樺木皮	봇	木部		양금 512:2
樺	봇		俗	해혹 33ㄱ4
樺皮	봇겁풀	喬木		의종 7:25ㄴ2
樺皮	봇겁풀	喬木		방합 32ㄱ

樺木皮	벗나무껍질	木部下品	鄕名	향성 80:651:3

'樺木皮'의 '樺木'은 '벚나무'를 이른다. 『동의』에서부터 '봇'으로 나오는데 '봇'은 '벚' 곧 '버찌'를 말한다. 『표』에서는 '봊'이 '벚'의 잘못된 말로 풀이되어 있지만 전통적 우리말 이름이 '봇'이었다. 그렇다면 '버찌'의 축약형이 '벚'이 아니라 '벚'에서 '버찌'가 되었을 가능성도 있다. 어원을 좀더 정밀하게 추정해 볼 만하다.

2786) 化鉛 ☞ 鉛

2787) 花蛇 / 白花蛇 / 黑質白章

白花蛇	빅화샤			언구 하41ㄱ7
白花蛇	산므에비얌 褰鼻蛇 一名	蟲部		동의 2:12ㄴ10
白花蛇	신무의비얌	蟲部		양금 517:3
白花蛇	산므에배얌	蟲魚部下品	鄕名	향성 83:692:3
花蛇	산므애비얌			제중 8:9ㄱ8
花蛇	산므애비얌 褰鼻蛇 一名	蛇		의종 7:39ㄱ5
花蛇	산므애비얌 褰鼻蛇 一名	蛇		방합 48ㄴ
黑質白章		蛇		의종 7:39ㄱ6
黑質白章		蛇		방합 48ㄴ

'白花蛇'는 '산무애뱀'이다. 『표』에서는 '山무애뱀'으로 밝히고 있다. 『동의』에 나오는 이칭 '褰鼻蛇'는 '얕은 산, 풀밭, 습지, 물가 등지에 사는' 뱀의 하나로 『샘』에 소개되어 있다. 따라서 '산+므에+비얌'으로 분석된다. '므에'가 무엇인지 분명치 않은데 이은규(2019ㄱ:22)에서는 '믈+에'일 것으로 추정하였다. '花蛇'는 '검은 바탕에 배에 흰무늬가 아롱진 산무애뱀'을 이른다(『표』). 한어명 이칭으로 『의종』과 『방합』의 '黑質白章'이 있다. 『의종』과 『방합』에 소개된 또다른 한어명 이칭 '褰鼻蛇'는 『표』에 없으며 『샘』에서 '갈색 바탕에 검은색 또는 갈색 무늬가 많은 뱀'으로 소개되어 있다. 대응되는 우리말 향약명 '산므애비얌'이 현대 국어에까지 형태 교체 없이 이어져 '산무애뱀'이 되었다.

2788) 花蘂石

花蘂石	花乳石 一名	唐	石部	동의 3:49ㄴ6
花蘂石	花乳石 一名	唐	石部	양금 513:6

花蘂石			제중 8:16ㄱ9
花蘂石		金石	의종 7:50ㄱ2
花蘂石		金石	방합 62ㄴ
花藥石	火乳石 一名		경신 52ㄴ4

'花蘂石'은 '누런 빛깔의 바탕에 흰색 점이 아롱져 박힌 돌'을 이른다. '花乳石'이라는 한어명 이칭이 있다. 『경신』의 '火乳石'은 오기로 짐작된다. 대응되는 우리말 향약명은 없다.

2789) 杏魚 ☞ 大口
2790) 花乳石, 火乳石 ☞ 花蘂石
2791) 花椒 ☞ 川椒
2792) 樺皮 ☞ 樺木皮
2793) 火杴草 ☞ 稀薟

<확>

2794) 蠖螋 ☞ 蠼螋
2795) 鸌鳥 ⇒ 布穀

鸌鳥	왁식		광비 130

'鸌鳥'는 사전류에 잘 보이지 않는다. 『광비』의 '왁새'는 '뻐꾸기'의 제주 방언, '왜가리'의 북한 말이다(『샘』). '왁새'는 『표』에 나오지 않는다. '鸌'의 훈은 '슴새'로 되어 있는데 '슴샛과의 새로 머리 옆쪽과 목은 백색에 검은색 세로줄 무늬가 있고, 등 쪽은 갈색, 배 쪽은 백색'이다(『표』). '뻐구기'에 대응하는 한어명은 의서에 '布穀'으로 나온다('布穀' 항목 참조). '鸌鳥', '뻐꾸기', '왜가리' 등의 의미 관계를 추정해 볼 필요가 있다.

<환>

2796) 貛 / 水狗皮

貛	너구리		본목 52ㄱ4
水狗皮	너구리	獸部獸類	본정 하249
獺糞	너고리똥 汝古里叱同		우마 1ㄱ

獺肉	너고릐고기 汝古里古其			우마 1ㄱ
獾肉	너고리고기	獸部		양금 529:9
獾肉	너구릐고기 山獺 俗名	獸部		동의 1:56ㄴ5

'獾'을 어근으로 하는 단어족이다. '獾'은 '오소리'를 뜻한다. 대응되는 우리말 향약명은 '너구리'이다. 『우마』의 차자표기 '汝古里古其'와 '汝古里叱同'은 '*너고리고기'와 '*너고리똥'으로 해독된다. 『동의』의 '너구릐고기'는 '너구리+의+고기'로 분석된다. 『동의』에 소개된 속명 '山獺'은 '족제빗과의 담비'를 이르는데(『표』) '너구리'와는 다른 것이어서 별도의 추정이 필요하다. 『본정』의 '水狗皮'는 '水獺'을 이른다.

2797) 獾豚 ☞ 猯肉
2798) 還瞳子 ☞ 決明子
2799) 還元 ☞ 童便

<활>

2800) 活師 ☞ 蝌蚪
2801) 滑石

滑石	膏石			향구 중27ㄱ10
滑石	膏石		俗云	향구 목50ㄴ3
滑石	활셕			구급 상69ㄱ
滑石	활셕			구간 3:75ㄴ
滑石	곱돌			산경 543
滑石	활셕			언두 하2ㄴ
滑石末	곱돌ᄀᆞᄅᆞ			언구 하46ㄴ2
滑石	곱돌	石部		동의 3:46ㄱ3
滑石	활셕			벽신 10ㄱ
滑石	활셕			두경 19ㄱ
滑石	곱돌	石部		양금 512:9
滑石	곱돌			제중 8:2ㄴ6
滑石	곱돌	金石		의종 7:49ㄱ2
滑石	곱돌	金石		방합 61ㄴ
滑石	곱돌			경신 24ㄴ2

滑石	곱돌	石部上品	鄕名	향성 77:591:2
滑石	곱돌 액석 탈석 번석 공석			동사 86

'滑石'은 '마그네슘으로 이루어진 규산염 광물'을 이른다. 우리말 향약명은 '곱돌'로 나오는데 이것은 '蠟石' 곧 '기름 같은 광택이 있고 만지면 양초처럼 매끈매끈한 암석과 광물'을 이르는 것이어서 둘 사이의 의미 관계를 추정할 필요가 있다. 『향구』의 차자표기 '膏石'은 '*곱돌'로 해독된다. '膏'의 새김이 '곱'이었다(『훈몽』중 25ㄱ). 어형 교체나 변화없이 현대 국어로 이어졌다.

2802) 蛞蝓 ⇒ 蝸牛

蛞蝓	집업슨돌팡이	蟲部		동의 2:9ㄴ3
蛞蝓	집업슨돌팡이			본목 42ㄱ9
蛞蝓	집업슨달팡이	蟲部		양금 516:8
蛞蝓	無殼月乙板伊 집업는달팽이	蟲魚部中品	鄕名	향성 83:685:3

'蛞蝓'는 '민달팽이'를 이른다. 『동의』에서부터 나타나는데 우리말 향약명은 설명형 '집 # 없-+-은 # 돌팡이'로 나온다. 『향성』의 '無殼月乙板伊'는 한문 '無殼'과 차자표기 '月乙板伊'로 분석되고 차자표기는 '*달팡이'로 해독된다. '집이 없는 달팽이'를 뜻한다. 반면 '집 있는 달팽이'는 한어명이 '蝸牛'로 나타난다('蝸牛' 항목 참조).

<황>

2803) 黃褐候 / 黃褐衣

黃褐候	호도애	禽部	동의 1:40ㄱ9
黃褐衣	호도익	禽部	양금 527:8

'黃褐候'는 '비둘깃과의 새' 곧 '염주비둘기'를 이른다. 『동의』에 우리말 향약명으로 '호도애'가 소개되어 있다. 『표』에도 '호도애'가 '염주비둘기'로 풀이되어 있다.

2804) 黃犍牛烏牯牛溺

黃犍牛烏牯牛溺	불친소나암소의오좀	獸部中品	鄕名	향성 81:659:2

『향성』에만 나오는 향약명으로 '黃犍牛와 烏牯牛의 오좀'을 말하고 있다. '黃犍牛'와 '烏牯牛'는 사전류에서 찾기 어렵다. 대응되는 설명형 향약명을 볼 때 '黃犍牛'는 '불친 소'이고 '烏牯牛'는 '암소'를 말한다. '불치다'는 '불까다'의 제주방언이다.

2805) 黃菰蔞 ☞ 栝蔞
2806) 黃狂, 黃獷皮 ☞ 黃鼠
2807) 黃葵子 ☞ 葵子
2808) 黃芩

黃芩	所邑朽斤草			향구 상8ㄱ9
黃芩	精朽草		俗云	향구 목46ㄱ6
黃芩	裏腐中		上層	향채 2월
黃芩	裏朽斤中		鄕名	향채 3월
黃芩	황금			구급 상62ㄱ1
黃芩	솝서근픐불휘			구간 3:53ㄱ
黃芩	內朽草			촌구 3ㄴ5:2
黃芩	황금			분온 16ㄱ
黃芩	內朽草		鄕名	촌가
黃芩	裏朽草 속서근플		鄕名	촌가
黃芩	속서근플			산경 533
黃芩	황금			언두 상13ㄱ
黃芩	황금			언구 하35ㄱ9
黃芩	속서근플 腐腸 一名 子芩 名	草部		동의 3:6ㄱ8
黃芩	속서근풀			우마 12ㄱ
黃芩	속서근플			본목 12ㄱ5
黃芩	속셔근플	草部山草類		본정 상48
黃芩	황금			벽신 6ㄱ
黃芩	황금			두경 35ㄱ
黃芩	황금			마초 상83ㄴ
黃芩	속서근풀 腐腸圓者 子芩破者 宿芩	草部		양금 505:2
黃芩	속서근풀			제중 8:2ㄱ8
黃芩	황금			물보 10
黃芩	속셕은풀			물명 99

黃芩	無心草			해혹 2ㄱ7
黃芩	腐腸 無心草 一名			해혹 21ㄱ6
黃芩	속서근풀	山草		의종 7:4ㄴ1
黃芩	속서근풀	山草		방합 5ㄴ
黃芩	속석근풀 腐腸 一名			경신 21ㄱ5
黃芩	속셔근풀 野樹豆花			식휘 306
黃芩	裏朽斤草 속썩은풀	草部中品之上	鄕名	향성 79:618:3
黃芩	골무꽃 속썩은풀			식명 300
黃芩	속썩은풀 편금 고금 자금 조금			동사 573
黃芩	속썩은풀 골무꽃 黃芥菜 土金茶根			약식 66
黃芩子		草部		동의 3:6ㄴ2

'黃芩'은 '꿀풀과의 여러해살이풀의 뿌리' 곧 '속서근풀'을 이른다. 『표』에는 '속서근풀', '속썩은풀', '황금초' 등이 이칭으로 등재되어 있다. '속서근풀'은 '속썩은풀'의 이전 시기 표기이다. 이 향약명은 『향구』의 차자표기 형태가 어형 교체없이 현대 국어까지 이어진다. 『향구』의 차자표기 '所邑朽斤草'와 '精朽草'는 모두 '*솝서근플'로 해독된다. 이 형태는 『향채』의 차자표기 '裏腐屮'와 '裏朽斤屮'에 그대로 이어진다. 이 둘 역시 모두 '*솝서근플'로 해독된다. 『촌구』와 『촌가』의 '內朽草'와 '裏朽草' 역시 마찬가지이다. 이들 차자표기는 모두 음독자와 석독자의 대응을 보여주는 것이어서 해독이 정교하게 이루어질 수 있다. 몇몇 한어명 이칭이 보이고 현대 국어에 함께 반영된다. 『향성』에는 새로운 형태 '골무꽃'이 소개되어 있는데 '황금'과 동일한 꿀풀과의 여러해살이풀이다(『표』).

2809) 黃芪 / 黃耆

黃耆	甘板麻			향구 중23ㄱ8
黃耆	目白甘板麻		俗云	향구 목45ㄴ5
黃耆	數板麻		俗云	향구 목45ㄴ5
黃耆	甘板麻		鄕名	향채 2월
黃耆末	둔너삾불휘			구간 1:93ㄱ
黃芪	둔너삼불휘	草部		동의 2:44ㄴ10
黃耆	甘板麻		鄕名	향집 78:19ㄴ
黃芪	둔너삼불휘			본목 11ㄱ4
黃耆	둔너숨불희	草部草類		본정 상37

黃芪	둔너삼불휘	木部		사의 2ㄴ4:6
黃芪	단너삼블희	草部		양금 504:2
黃芪	단너솜불휘			제중 8:1ㄱ6
黃芪	단너솜불휘	山草		의종 7:1ㄴ2
黃芪	단너솜불휘	山草		방합 1ㄴ
黃芪	둔너삼뿔휘			경신 28ㄴ5
黃芪	甘板麻 단너삼뿌리	草部上品之下	鄕名	향성 78:610:1
黃芪莖葉		草部		동의 2:45ㄱ5

'黃芪'는 '단너삼의 뿌리'를 이른다. 이른 시기 한어명은 주로 '黃耆'로 『동의』 이후에는 '黃芪'로 표기되었다. 우리말 향약명은 '단너삼뿌리'이다. 『향구』의 차자표기 '甘板麻', '目白甘板麻', '數板麻' 등에서 '甘板麻'와 '數板麻'가 이표기인데 '甘'과 '數'를 비롯한 모든 용자가 석독자로 쓰인바 '*둔너삼'으로 해독된다. 이 형태에 '불휘'가 결합된 '둔너삼불휘'가 15세기에 형성되고 이것이 현대 국어까지 이어져 『향성』의 '단너삼뿌리'와 같은 형태가 된다. 어형 교체를 겪지 않았다.

2810) 黃大豆 ☞ 大豆

2811) 黃丹 ☞ 鉛

2812) 黃犢子糞 ☞ 犢子

2813) 黃蠟 ☞ 蜜

2814) 黃粱米 / 黃粱 ⇒ 白粱米

黃粱米	누른조발			구간 2:59ㄱ
黃粱米	누른냥미	穀部		동의 1:23ㄴ10
黃粱米	누른냥미	穀部		사의 3ㄱ4:6
黃粱米	누른양미 竹根黃 一名	穀部		양금 524:2
黃粱	누른조발			제중 8:21ㄴ5
黃粱	누른조발	稷粟		의종 7:35ㄴ7
黃粱	누른조발	稷粟		방합 44ㄴ
黃粱米	누른냥미	米穀部中品	鄕名	향성 84:705:2

'黃粱米'는 '찰기가 없는 조' 곧 '메조'를 말한다. 우리말 향약명은 '누른조발'이고 혼종어 '누른냥미'도 보인다. 『사의』, 『동의』, 『양금』 그리고 『향성』에는 한어명 '黃粱米'와 우리말 '누른조발'의 부분 결합을 통해 혼성어 '누른냥미'가 형성되기도 했다. 어형 교체라기보다 혼종어가 공존한

것으로 판단된다.

2815) 黃連 ⇒ 胡黃連

黃蓮	황련			구급 상57ㄱ7
黃連	황련			구간 3:56ㄴ
黃連	황련			구간 7:18ㄴ
黃連	황년			언구 하20ㄱ11
黃連		唐	草部	동의 2:44ㄱ7
黃連			草部	사의 1ㄱ3:4
黃連	황년			치언 9ㄴ10
黃連		唐	草部	양금 504:1
黃連				제중 8:1ㄱ6
黃連			山草	의종 7:4ㄱ2
黃連			山草	방합 5ㄱ
黃連				경신 22ㄴ7
黃連煎湯	황년달힌믈			언구 상27ㄴ3
川黃連	천황련			구간 7:18ㄴ

'黃連'은 '미나리아재빗과의 여러해살이풀'이다. 대응되는 우리말 향약명은 없으며 한어명으로만 쓰였다. 『표』에서는 '胡黃蓮'과 '黃連'을 모두 등재하고 동의어로 처리하고 있다. 그런데 의서에서는 별도의 표제어로 제시하고 있다(위 '胡黃蓮' 항목 참조).

2816) 黃連酒 ☞ 酒

2817) 黃栗 ☞ 栗

2818) 黃梅

黃梅	싱강나모		제중 8:24ㄱ5
黃梅	싱강나모	香木	의종 7:23ㄴ8
黃梅	싱강나모	香木	방합 30ㄱ
黃梅	시양나무		경국 128:10

'黃梅'는 '생강나무의 열매'를 이른다. 『제중』, 『의종』, 『방합』 등 후대 의서에 주로 보인다. 우리말 향약명이 '싱강나모'로 되어 있는데 어형 교체를 겪지 않았다. 『경국』의 '시양'은 '생강'의 충청 방언이다(『샘』).

2819) 黃麥 ☞ 大麥

2820) 黃明膠 ☞ 白膠

2821) 黃米 ☞ 黍米

2822) 黃礬石 ☞ 綠礬

2823) 黃栢 / 黃蘗 / 蘗木

黃蘗皮	黃蘗皮		鄕名亦同	향구 중19ㄱ3
黃蘗	황벽			구급 상7ㄱ5
黃蘗	황벽피			구간 2:109ㄴ
黃蘗末	황벽ᄀᆞᄅᆞ			구급 하58ㄴ
黃蘗末	황벽핏ᄀᆞᄅᆞ			구간 2:68ㄴ
黃栢	황벽피			언구 하20ㄱ11
黃蘗	황벽나못겁질 黃栢 俗名	木部		동의 3:28ㄱ4
黃蘗根	檀桓 名	木部		동의 3:28ㄱ9
蘗木	黃蘗也		卽	향집 80:8ㄱ
黃蘗皮	황경피 黃柏 一云	木部		사의 2ㄴ1:2
黃蘗	황벽나모겁질 黃栢 一名	木部		양금 509:10
黃栢樹皮	황빅숫겁질			구급 하14ㄱ
黃栢	황빅			치언 9ㄴ10
黃栢	황경거플			광비
黃栢	황경나무썹풀			광향 2ㄱ05
黃栢	황벽나모겁질			제중 8:2ㄱ10
黃蘗	黃栢 卽			해혹 9ㄱ10
黃栢	황벽나모겁질 黃蘗 一名	喬木		의종 7:23ㄴ10
黃栢	황벽나모겁질 黃蘗 一名	喬木		방합 30ㄱ
黃栢	황벽나모겁질 黃蘗皮 一名			경신 24ㄴ10
蘗木	황벽나무 황경피나무껍질	木部上品	鄕名	향성 80:640:1

한어명 '黃栢'과 '黃蘗'은 동의어이다. 『표』에는 '黃柏'으로 등재되어 있다. '栢'과 '柏'은 통용자이다. 황벽나무의 껍질을 이른다(『표』). 『향구』의 '黃蘗皮'는 '鄕名亦同'으로 알 수 있듯이 한어명과 향명이 동일하다. '黃蘗皮'라는 한어명과 '황벽나모겁질'의 혼종어가 함께 사용되었고 현대국어에까지 이어진다. 『사의』에 '황경피'가 등장한 이후 『광비』과 『광향』이 이를 계승하였고 『향성』에도 소개되어 있다. '황벽나모'와 '황경나모'가 공존했던 것으로 파악된다. 두 어형이 모두 『표』에 등재되어 있다. 어형 교체를 겪지는 않았으며 새로운 어형의 생존과 공존을 보여준다.

2824) 黃蘗 ☞ 黃栢

2825) 黃顙魚

黃顙魚	鉠軋 一名	魚部	동의 2:4ㄴ5 앙
黃顙魚		魚部	양금 515:7
黃顙魚	자가ᄉᆞ리	無鱗魚	의종 7:40ㄴ4
黃顙魚	자가ᄉᆞ리	無鱗魚	방합 50ㄴ

'黃顙魚'는 '黃鱨魚'라고도 하는데 '퉁가릿과의 민물고기'인 '자가사리'를 이른다. 『동의』와 인접한 의서에 나타난다. 대응되는 우리말 향약명 '자가ᄉᆞ리'가 보이는 것은 『의종』에서이다. 『동의』에 한어명 이칭 '鉠軋'이 소개되어 있는데 『표』에 나오지 않는다.

2826) 黃鼠 / 黃獚 / 黃狂 / 鼬

黃獚皮	죡져븨갗			언구 상20ㄴ10
黃鼠	죡져비	獸部		동의 1:58ㄴ10
鼬	죡져비			본목 52ㄴ5
黃獚	죡져비	獸部		사의 3ㄱ2:6
黃鼠	죡접이 鼠狼 一名 獚 一名	獸部		양금 530:3
黃狂	召西肥		鄕云	신마
獚肉末	죡져비고기ᄀᆞᄅᆞ			치언 14ㄴ6

'黃鼠'는 '족제비'를 이른다. 『언구』의 '죡져비'가 형태 교체를 겪지 않고 후대에 이어진다. 한어명은 여러 표기를 보인다. 『신마』의 '黃狂'은 사전류에서 찾기 어렵다. 차자표기 '召西肥'는 '*죡져비'로 해독된다(이건식 2011:292-293 참조).

2827) 黃松節 ☞ 茯神

2828) 黃水 ☞ 水

2829) 黃牛乳

黃牛乳	누른쇠졋	구간 3:105ㄴ

'黃牛乳'는 한어명의 뜻대로 '누른 소의 젖'을 말한다. 『구간』에만 보이는데 한어명을 번역해서 얻은 향약명이다.

2830) 黃雌鷄 ☞ 烏雌鷄

2831) 黃精

黃精	듁대불휘			언구 상47ㄴ6
黃精	듁댓불휘 仙人飯 一名	草部		동의 2:36ㄴ10
黃精	듁댓불휘			본목 11ㄱ7
黃精	듁뎃불휘	草部山草類		본정 상40
黃精	듁댓불휘	石部		사의 4ㄱ3:9
黃精	듁쎠블희 仙人飯 一名	草部		양금 503:3
黃精	쥭뎃불휘			제중 8:11ㄴ10
黃精	듁뎃불휘	山草		의종 7:2ㄱ1
黃精	듁뎃불휘	山草		방합 2ㄱ
黃精	竹大根 죽대뿌리	草部上品之上	鄕名	향성 78:602:2

'黃精'은 '백합과의 여러해살이 풀인 죽대의 뿌리'를 이른다. 『동의』와 『양금』의 한어명 이칭 '仙人飯'은 '萎蕤' 즉 '둥굴레'를 말하는 것이다. '黃精'과 '仙人飯'의 의미 관계를 추정할 필요가 있다. '듁댓불휘'형이 어형 교체없이 현대 국어로 이어져 '죽대뿌리'로 정착하였다.

2832) 黃酒 ☞ 酒

2833) 黃蜀葵 / 黃蜀葵花 / 黃蜀葵子

黃蜀葵花	一日花		卽	향채 六月
黃蜀葵花	黃蜀花		卽	향채 六月
黃蜀葵花	누른규화			구간 3:107ㄴ
黃蜀葵子		菜部		동의 2:27ㄱ4
黃蜀葵花	일일화	菜部		동의 2:27ㄱ2
黃蜀葵花	一日花		卽	향집 85:6ㄱ
黃蜀葵花	黃葵花		卽	향집 85:6ㄱ
黃蜀葵	일일화	菜部		양금 519:6
黃蜀葵花	一日花 일일화	菜部上品	鄕名	향성 85:711:1

'황촉규화'는 '아욱과의 한해살이풀인 닥풀'을 이른다(『표』). 축약형 한어명 '黃蜀花', '黃葵花' 등이 보인다. 『향채』에는 한어명 '一日花'가 소개되어 있는데 후대에까지 이어진다. 『샘』에서 '一日花'를 '닥풀'의 옛말이라 풀이하고 있는데 『표』에는 '一日花'가 나오지 않는다. 『구간』의 '누른규화'는 한어명 '黃葵花'를 번역 차용한 혼종어이다.

2834) 黃土 ☞ 土

2835) 黃蛤

黃蛤	ᄂᆞᆯ은죠개	虫部		사의 4ㄴ2:4

'黃蛤'은 '백합과의 조개로, 껍데기는 갈색이고 가장자리는 자색인 가무락조개'를 이른다. 『사의』에만 보이는데 대응되는 우리말 향약명이 'ᄂᆞᆯ은죠개'로 되어 있다. 한어명을 번역 차용한 혼종어로 보인다.

2836) 黃花 ☞ 蒲公英

2837) 黃獚 ☞ 黃鼠

<회>

2838) 灰(재)

古炊箒	오랜부억비탠재	草部下品之上	鄕名	향성 79:630:2
葵莖灰	아혹줄기ᄉᆞ론지			구간 7:70ㄴ
亂髮灰	머리터리ᄉᆞ론지			구간 2:94ㄴ
亂髮灰	허튼머리터럭ᄉᆞ론지			구간 3:30ㄴ
髮灰	머리터럭ᄉᆞ론지			구간 3:95ㄴ
亂髮灰	머리터럭ᄉᆞ론ᄀᆞᄅᆞ			언구 하44ㄱ8
亂髮灰	머리털ᄉᆞᆫ지			언구 상37ㄱ7
髮灰		人部		사의 4ㄱ2:6
亂髮	머리ᄡᅳᆯ쓸온것			광비
亂髮灰	머리카락ᄉᆞ른것			광향 3ㄴ10
冷灰	ᄎᆞᆫ지			구급 하8ㄴ4
爐中煖灰	화로앳더운지			구간 1:66ㄴ
鹿角灰	사ᄉᆞ미ᄲᅳᆯᄉᆞ론지			구급 하75ㄴ6
鍛鐵竈中灰	불무질ᄒᆞᄂᆞᆫ브억의지	土部		동의 1:19ㄴ6
鍛鐵竈中灰	풀무질ᄒᆞᄂᆞᆫ부억의지	土部		양금 523:1
鍛竈灰	풀무독속의재 ᄉᆞᆺ탕속의재	石部下品	鄕名	향성 77:600:1
熱煻灰	더운노ᄋᆞᆯ압지			구간 6:24ㄴ
煻灰	모닥불		俗	해혹 31ㄴ2
獨顆栗子灰	외토리밤사론지			구간 6:70ㄴ
冬灰	명회ᄉᆞᆫ지 藜灰 一名	土部		동의 1:19ㄴ7

冬灰	명화산지 藜灰 一名	土部		양금 522:10
冬灰	겨울재	石部下品	鄕名	향성 77:599:2
麻籸灰	깨목지			구급 하27ㄴ2
茅根灰	뒷불휫지			구급 하27ㄱ
百草灰	빅가지플손지	土部		동의 1:20ㄱ1
百草灰	빅가지플산지	土部		양금 523:1
百草灰	여러가지풀땐맨재	草部下品之上	鄕名	향성 79:630:1
蛇蛻皮灰	비야미헝울사론지			구간 3:16ㄴ
桑柴灰	뽕나모ᄉᆞ론지			구간 6:88ㄴ
桑柴灰	뽕나못지			구간 6:19ㄱ
桑柴灰	뽕나모손지	土部		동의 1:19ㄴ9
桑柴灰淋汁		木部		동의 3:29ㄱ4
桑柴灰	뽕나모산지	土部		양금 523:1
桑柴灰淋汁	뽕나모짓물	木部		양금 510:3
桑柴灰		灌木		의종 7:26ㄱ1
桑柴灰		灌木		방합 32ㄴ
魚網灰	고기그믈ᄉᆞ론지			구간 6:4ㄱ
鉛灰		金部		동의 3:53ㄱ8
熬熱灰土	봇근더운지			구급 상9ㄱ7
熬灰土	봇근지			구간 1:33ㄴ
牛骨灰	쇠뼈ᄉᆞ론지			구급 하12ㄴ5
牛糞灰	쇠똥ᄉᆞ론지			구급 하78ㄴ
牛屎灰	쇠똥ᄉᆞ론지			구간 6:64ㄱ
牛皮膠灰	쇠갓플지			구급 하27ㄱ
油髮灰	유발회			광향 32ㄴ4
淋過灰	믈바톤지			구급 하23ㄴ
猪牙燒灰	도틱엄ᄉᆞ론지			구급 하58ㄴ
鵲巢灰	가치깃ᄉᆞ론지			구간 3:121ㄱ
竈中熱灰	브ᅀᅥ븻더운지			구급 하68ㄱ8
竈中灰	브ᅀᅥ븻지			구급 상71ㄴ6
竈中灰	브ᅀᅥ긧지			구간 1:72ㄴ
竈灰	브ᅀᅥ긧지			구간 1:86ㄱ
竈中熱灰	브ᅀᅥ긧더운지			구간 6:42ㄱ
竈下熱灰	브ᅀᅥᆨ아래더운지			구간 2:29ㄴ
竈中熱灰	브어긔더운지			언구 상45ㄴ2
甑帶灰	실우테탠재	草部下品之下	鄕名	향성 79:634:3

炭灰	숫ᄉᆞ론ᄌᆡ			구간 1:90ㄱ
筆頭燒灰	븓ᄉᆞ론ᄌᆡ			구간 3:87ㄱ
筆頭灰	오래ᄡᅳᆫ붇ᄉᆞ로니	獸部		동의 1:59ㄱ1
筆頭灰	오래쓴붓살은ᄌᆡ	獸部		양금 530:3
筆頭灰	몽당붓살은재	獸部中品	鄕名	향성 81:665:1
蝦蟆灰	두터비ᄉᆞ론ᄌᆡ			구급 하67ㄴ5
蝦蟆灰	두터비ᄉᆞ론ᄌᆡ			구간 6:36ㄱ
灰汁	ᄌᆡᆺ믈			구급 하8ㄴ4

'灰'를 핵심 어근으로 하는 단어족이다. 설명형 향약명이 대부분이다. 이들 중 어형 교체를 겪은 것으로는 '亂髮灰', '冬灰', '竈中熱灰', '筆頭灰' 등이 있다. 향약명을 구성하는 일부 어휘가 교체된 양상을 보인다. 『향성』의 '풀무독속의재'와 '숫탕속의재'에서 '풀무독'은 '풀무의 경기방언이다(『샘』). '숫탕'은 '광산에서 풀무를 이르는 말'을 뜻하는 현대국어 '소탕'에 해당한다. '풀무독'은 '풀무+독'으로 분석된다(『샘』). 『양금』(523:1)의 '鍛鐵竈中灰 풀무질ᄒᆞ는부억의ᄌᆡ'가 참고된다. 그리고 『동의』와 『양금』의 '冬灰'에 대응되는 '명회ᄉᆞᆫᄌᆡ'는 『향성』에서 겨울재'로 교체되었다. 한어명을 직역한 것으로 보인다. '명회ᄉᆞᆫᄌᆡ'는 '명회를 사른 재'로 추정된다. '명회'는 '명아주'의 옛말이다('藜 명회 려' 『신증유합』(상:8) 참조).

2839) 淮安菉豆酒 ☞ 酒

2840) 鮰魚

鮰魚	江鰾 一名 魚鰾 一名	魚部	동의 2:5ㄱ1
鮰魚	江鰾 魚鰾 一名	魚	의종 7:40ㄱ1
鮰魚	江鰾 魚鰾 一名	魚	방합 49ㄴ

'鮰魚'는 '민어'를 말한다. 『동의』에 나오는데 대응되는 우리말 향약명은 없다. 한어명 이칭 '江鰾'는 '조기 부레풀'이라는 뜻이고(『지』), '魚鰾'는 '신선한 어류의 부레를 녹인 후 식혀서 젤리 상태로 만든 생약'을 이르는데(『표』) 표제어 '鮰魚'와는 의미가 다르다. 의미 관계에 대한 정밀한 추정이 필요하다.

2841) 淮烏 ☞ 草烏

2842) 懷妊婦人爪甲

懷妊婦人爪甲	애밴부인의손톱	人部	鄕名	향성 81:653:3

'懷妊婦人爪甲'은 한문 구절 형식으로 된 한어명이다. 『향성』에만 나오는데 이의 우리말 향약명도 설명형으로 되어 있다. '애 # 배-+-ㄴ # 부인+의 # 손톱'으로 분석된다.

2843) 鱠殘魚 ☞ 銀條魚
2844) 灰汁 ☞ 灰
2845) 茴蔯 ☞ 茵蔯
2846) 蚘蟲 / 蚘虫

蚘蟲	사ᄅᆞ미모긔셔난거위	蟲部	동의 2:16ㄴ2
蚘蟲	사ᄅᆞᆷ의게셔난거위		본목 42ㄴ3
蚘虫	사ᄅᆞᆷ의목의셔난거의	虫部	사의 4ㄴ1:1
蚘虫	ᄉᆞ람의목궁으로난거위	蟲部	양금 517:8

'蚘虫'은 '회충과의 기생충'이다. 『동의』의 설명형 향약명이 이어진다. 『양금』에서는 '목'을 '목궁'으로 적고 있는데 방언형으로 보인다. '거위'는 '기생충'을 뜻한다.

2847) 烸炱 ☞ 百草霜
2848) 茴香 / 蘹香子 / 舶上茴香

茴香草	茴香草		鄕名亦同	향구 중17ㄱ3
蘹香子	加音中		朱書	향채 9월
茴香子	회향씨			구급 상57ㄴ6
茴香	회향			구간 3:90ㄴ
茴香		草部		동의 3:10ㄴ8
回香		木部		사의 2ㄴ1:6
茴香		草部		양금 506:8
茴香	蘹香 一名			경신 47ㄱ8
茴香	회향	草部中品之下	鄕名	향성 79:623:2
蘹香子	회향	草部中品之下	鄕名	향성 79:623:2
舶上茴香	빅상회향			구급 하31ㄴ8

'茴香'은 '산형과의 여러해살이풀'인 '회향풀의 열매'를 이른다. 『향구』에는 한어명과 향약명이 같음을 적시하고 있다. 우리말 향약명으로는 『향채』의 차자표기 '加音中'이 있는데 일반적인

차자표기 용자의 쓰임에 따르면 '*덤플' 정도로 해독이 가능하다. 그러나 이 어형은 후대에 이어지지 않는다. 『구급』 이후의 의서에서는 한어명 '회향'으로 나타난다.

2849) 回回米 ☞ 薏苡
2850) 回回蘇 ☞ 紫蘇

<효>

2851) 梟 ☞ 鴞
2852) 鴞 / 鴞目 / 鶚目

鴞目	옫바믜눈 梟 一名	禽部	동의 1:40ㄴ2
鴞	옷밤이		본목 49ㄱ7
梟肉	옷밤의고기	禽部	사의 3ㄱ1:4
鶚目	옷밤의눈 梟 又 鵩 又	禽部	양금 527:9

'梟'는 '올빼미', '鴞'는 '부엉이'를 일컫는 말이다. 향약명은 '옷밤이'로 나타난다. '옷밤이'의 고기나 눈을 약재로 쓰는 것을 알 수 있다. '옷밤이'는 '올빼미'로 정착되었다.

<후>

2853) 厚朴

厚朴	후박				구간 7:7ㄴ
厚朴		唐	木部		동의 3:35ㄱ7
厚朴			木部		사의 2ㄴ3:7
厚朴		唐	木部		양금 510:6
厚朴					제중 8:4ㄴ1
厚朴			喬木		의종 7:24ㄱ3
厚朴			喬木		방합 30ㄱ
厚朴					경신 30ㄴ9
厚朴	후박나무것껍질 楠木 南仔木		木部中品	鄕名	향성 80:646:1

'厚朴'은 '후박나무의 껍질'을 이른다. 대응되는 우리말 향약명은 없으며 한어명으로만 쓰였다.

2854) 鱟魚

鱟魚		魚部	동의 2:4ㄴ6
鱟魚		魚部	양금 515:8

'鱟魚'는 '투구게 곧 협각아문에 속하는 절지동물의 고기'를 이른다(『지』). '절지동물문 협각아문 검미아강에 속하는 동물로 말발굽을 닮은 게'로 알려져 있다. 대응되는 우리말 향약명은 없으며 『동의』와 『양금』에만 보인다.

<훈>

2855) 薰陸香 ☞ 乳香
2856) 葷菜 ☞ 大蒜

<훤>

2857) 萱草

萱草根	넙ᄂᆞ물불휘			언구 상40ㄴ11
萱草根汁	넙ᄂᆞ물불휘즙			언구 상28ㄴ10
萱草根	원츄리 넙ᄂᆞ물 又名 鹿葱 一名	草部		동의 3:23ㄴ5
萱草	원추리			본목 16ㄴ2
萱草根	원츄리 넙나믈 鹿葱 一名	草部		양금 508:5
萱草根	범부체			경국 70:12
萱草根	仍叱菜 넘나물 원추리뿌리	草部下品之下	鄕名	향성 79:636:3

'萱草'는 '원추리의 뿌리'를 이른다. 『언구』에는 '넙ᄂᆞ물불휘'형이, 『동의』에는 이와 함께 '원츄리' 형태가 나타난다. 두 어형은 공존해서 쓰였고 어형 교체 없이 현대 국어까지 이어진다. 『경국』의 '범부체'는 '射干'을 이르는 말인데 오기로 판단된다. 『표』에는 두 어형과 함께 한어명 '廣菜'와 '黃花菜'가 소개되어 있다. 『향성』의 차자표기 '仍叱菜'는 해독이 쉽지 않다. '넘나물'과 '원추리' 어느 것과도 대응되지 않는다. '仍'을 음독하면 '*잉ᄉᆞᄂᆞ물'이 되고 석독한다면 '*지즑ᄂᆞ물' 정도로 해독되는데 근거가 없다.

2858) 鵂鶹 ☞ 鉤鵅

<휼>

2859) 鷸

鷸肉	도요	禽部	동의 1:39ㄱ5
鷸	도요	禽部	양금 527:5

'鷸'은 '도요새'를 일컫는 말이다. 『동의』와 『양금』에도 '도요'로 나타난다.

<흑>

2860) 黑牽牛 ☞ 牽牛子

2861) 黑豆 / 烏頭 / 穭豆 / 雄黑豆 ⇒ 大豆

黑豆	거믄콩		구급 상88ㄴ4
黑豆	거믄ᄑᆞᆺ		구급 하90ㄴ5
黑豆	흑두		구급 하56ㄱ8
烏豆	거믄콩		구간 7:30ㄱ
黑豆	거믄콩		구간 1:16ㄱ
黑豆	거믄콩		언구 하20ㄱ1
黑大豆	거믄콩	穀部菽豆類	본정 상119
烏豆	거문콩		광향 15ㄴ11
烏豆	검졍콩		광향 15ㄴ4
穭豆	효근거믄콩	穀部	동의 1:21ㄴ8
穭豆	효근거믄콩		본목 25ㄱ
穭豆	효근검은콩	穀部	양금 523:8
穭豆	자근검은콩	菽豆	의종 7:36ㄱ5
穭豆	자근검은콩	菽豆	방합 45ㄱ
雄黑豆	쥐눈이콩 俗稱	菽豆	의종 7:36ㄱ6
雄黑豆	쥐눈이콩 俗稱	菽豆	방합 45ㄱ
黑豆煮汁	거믄ᄑᆞᆺ글흔즙		구급 하70ㄱ6
黑豆煮汁	거믄콩달힌믈		언구 하20ㄱ1

黑豆汁　　거믄콩술믄믈　　　　　　　　　　　　　　　　언구 하22ㄱ6

'黑豆'는 '검은콩'을 이른다. 『구급』에서부터 '거믄콩'으로 나타나는데 형용사 '검-'의 활용형 '거믄'이 『광향』에 와서 '검정'으로 교체된 예가 있다. 두 어형이 공존한 것으로 판단된다. 『표』에도 '검은콩'과 '검정콩'을 동의어로 등재하고 있다. '櫓豆'는 '효근검은콩'으로 나타나다가 '효근'이 쓰이지 않게 됨에 따라 '작다'로 교체되어 '자근검은콩'으로 나타난다. 『의종』과 『방합』에는 '櫓豆'는 '雄黑豆 쥐눈이콩'과 같은 뜻으로 쓰인다고 기록되어 있다. 『표』에는 '쥐눈이콩'에 대응되는 한어명은 나오지 않으며 동의어로 '여우콩'이 소개되어 있다.

2862) 黑驢乳

黑驢乳　　거믄라귀졋　　　　　　　　　　　　　　　　구간 1:95ㄱ

'黑驢乳'는 한문 원문을 번역해서 향약명으로 한 경우에 해당한다. 대응되는 향약명 '거믄라귀졋'은 '검은 나귀의 젖'을 이른다.

2863) 黑麻油 ☞ 胡麻
2864) 黑猫兒糞 ☞ 猫
2865) 黑礬 ☞ 綠礬
2866) 黑三稜 ☞ 烏芋
2867) 黑錫 ☞ 鉛
2868) 黑虱

黑虱　　머리엣니　　　　　　　　　　　　　　　　구간 6:23ㄱ

'黑虱'은 '머리의 이'를 이르는데 화살촉을 빼내는데 도움을 주는 약재이다(『지』). 『구간』의 '머리엣니'가 바로 '머리의 이'에 정확히 대응한다. 『표』와 『샘』에 나오지 않는다.

2869) 黑鴨肉 ☞ 鴨
2870) 黑羊糞 ☞ 羊
2871) 黑鉛

黑鈆	흑연		구급 하49ㄴ2
黑鉛	납	金石	의종 7:48ㄱ1

黑鉛	납	金石		방합 60ㄱ

'黑鉛'은 '순수한 탄소로 이루어진 광물' 곧 '石墨'을 이른다. 『구급』에서는 한어명으로 쓰였다. 그런데 『의종』과 『방합』에서는 향약명이 '납'으로 되어 있다. 의미 관계를 따져볼 필요가 있다.

2872) 黑牛垢

黑牛垢	거믄쇠삐			구간 3:22ㄱ

'黑牛垢'는 한문의 구절을 향약명으로 취한 경우이다. 이를 번역한 것이 『구간』의 '거믄쇠삐'이다. 번역형 향약명에 해당한다.

2873) 黑雌鷄 ☞ 烏雌鷄
2874) 黑氈 ☞ 氈單
2875) 黑質白章 ☞ 花蛇
2876) 黑丑 ☞ 牽牛子

<희>

2877) 莃薟 / 稀薟 / 豨薟

稀薟	蟾矣衿		鄕名	향채 7월
稀薟	진득출 火杴草 一名	草部		동의 3:19ㄴ8
豨薟	진득출			본목 16ㄱ1
豨薟	진득찰	草部隰草類		본정 상75
莃薟	진득찰 火杴草 一名	草部		양금 507:5
稀薟	진득출			해혹 32ㄴ7
稀薟	진득찰	隰草		의종 7:11ㄴ8
稀薟	진득찰	隰草		방합 15ㄱ
豨薟	蟾矣衿 희검 진득찰 진득이 실품이씨	草部下品之下	鄕名	향성 79:632:1

한어명 '莃薟'은 사전류에서 찾기 어렵다. 한자 '稀'와 '薟'은 다양한 글자로 표기되었다. '국화과의 한해살이풀' '진득찰'을 말하는데, 풀 전체에 끈적끈적한 선모가 있어 옷에 잘 달라붙고 열매는 약용한다(『표』). 한어명으로는 『동의』와 『양금』에 소개된 '火杴草' 외에 '粘糊菜', '希仙'

등이 있다(『표』). 이 가운데 '粘糊菜'는 '진득찰'의 점성 때문에 생긴 말로 판단된다. 『향채』의 차자표기 '蟾矣衿'은 '矣'를 제외한 두 용자를 석독한다면 '*두터븨니블' 정도로 해독된다(『한국식물생태보감』 참조). 하지만 이 형태는 후대에 이어지지 않는다. 이후 의서에서는 '진득찰'형이 쓰였고 『향성』에 오면 '실품이'라는 새로운 향약명도 나타난다. 한어명 '豨薟'은 『표』와 『샘』에 보이지 않는데 등재할 만하다. 1517년에 간행된 『사성통해』에서는 '豨薟'과 관련된 어휘로 '두터븨니블'이 제시되어 있다[예: 稀薟 豨薟藥 두터븨니블 『사성통해』(하:85)]. '두터븨니블'은 '두꺼비'를 뜻하는 '두터비'에 속격조사 '의', 그리고 '이불'을 뜻하는 명사 '니블'이 결합된 것인데 어떻게 이와 같은 이름을 갖게 된 것인지는 명확하지 않다. 다만 두꺼비 표면이 끈적끈적한 특성이 연관되었을 것으로 짐작될 뿐이다(상세 어휘사는 3.2 참조).

2878) 稀米飮 ☞ 粥

2879) 稀粥 ☞ 粥

2880) ■鱗 ☞ 鱗

참고문헌

강순애(2011), "허준 편 · 간의 언해본 의서와 관련 판본에 관한 연구", 『서지학연구』 48, 서지학회, 5-45.

강연석 · 안상우(2004), "『重修政和經史證類備用本草』에 나타난 향약본초에 대한 고찰", 『한국의사학회지』 17-2, 한국의사학회, 63-72.

강유리(2004), "『구급간이방언해』와 『동의보감 탕액편』의 약재명에 대한 비교", 공주대 석사학위논문.

강진주(2012), "15 · 16세기 의약서 언해의 표기와 음운 현상 연구", 전북대 석사학위논문.

강헌규(1976), "소화판 태교신기와 필사본 태교신긔언해의 비교 연구", 『공주교대논총』 13-1, 공주교대 초등연구원.

과학백과사전출판사(1991), 『향약집성방』, 여강출판사.

권영배 외(2005), "'본초정화' '人部'에 대한 고찰", 『한국한의학연구원논문집』 11-2, 한국한의학연구원, 1-22.

김광해(1993), 『국어 어휘론 개설』, 집문당.

김근수(1962), "『향약구급방』", 『국어국문학고서잡록』.

김남경(2000ㄱ), "『구급간이방언해』의 서지와 어휘 연구", 대구가톨릭대 석사학위논문.

김남경(2000ㄴ), "『구급간이방』의 국어학적 연구", 『어문학』 70, 한국어문학회, 23-50.

김남경(2004ㄱ), "『언해구급방』 하의 국어학적 고찰", 『국어사연구』 4, 국어사학회, 255-281.

김남경(2004ㄴ), "『언해구급방』의 어휘에 대하여", 『한국말글학』 21, 한국말글학회, 1-18.

김남경(2005ㄱ), "구급방류 언해서의 국어학적 연구", 대구가톨릭대 박사학위논문.

김남경(2005ㄴ), "구급방류 의서의 언해 비교 - 동일 원문을 대상으로", 『언어과학연구』 32, 언어과학회, 21-40.

김남경(2006), "구급방류 구문 연구 - 증세 구문을 중심으로", 『민족문화논총』 33, 영남대 민족문화연구소, 163-187.

김남경(2007), "구급방류 의서의 구문 연구 - 처방과 관련된 구문을 중심으로", 『어문연구』 53, 어문연구학회, 389-413.

김남경(2008), "구급방류 의서의 치료 구문 연구", 『민족문화논총』 40, 영남대 민족문화연구소, 319-343.

김남경(2010), "조선시대 의서에 나타난 병명에 대하여 - 구급방류를 중심으로", 『국어사연구』 11, 국어사학회, 7-36.

김남경(2016), 『구급방류 의서 연구』, 경인문화사.

김동소(1997), "한국어 역사의 시대 구분에 관한 연구", 『국어국문학』 118, 국어국문학회, 19-31.

김동소(2003), 『역주 구급방언해 상』, 세종대왕기념사업회.

김동소(2007), 『한국어의 역사』, 정림사.

김두종(1979), 『한국의학사』, 탐구당.
김두찬(1983), "차자표기 향명의 통시적 연구 - 『향약집성방』을 중심으로", 단국대 석사학위논문.
김두찬(1983), "향명 '叱乙○夫乙田仲'의 해독 - 『향약채취월령』에서", 『어문연구』 11, 한국어문교육연구회, 114-132.
김문오(2000), "『동의보감 탕액편』 소재 고유어 어휘의 조어법 연구", 『언어과학연구』 18, 언어과학회, 48-82.
김문웅(2004), 『역주 구급방언해 하』, 세종대왕기념사업회.
김문웅(2008ㄱ), 『역주 구급간이방언해 3』, 세종대왕기념사업회.
김문웅(2008ㄴ), 『역주 구급간이방언해 6』, 세종대왕기념사업회.
김병제(1980), 『방언사전』, 과학백과사전출판사.
김순자(1984), "마경초집언해의 국어학적 연구 - 음운과 형태를 중심으로", 부산대 석사학위논문.
김신근(1989), 『한의약서고』, 서울대 출판부.
김영배(1997), 『평안방언연구(자료편)』, 태학사.
김이협(1981), 『평북방언사전』, 한국정신문화연구원.
김영신(1975), "『간이벽온방』 연구", 『어문학』 33, 한국어문학회.
김영신(1976), "『구급방언해』 상·하의 어휘 고찰 - <붙임> 어휘 색인", 『수련어문논집』 4, 부산여대, 133-164.
김영신(1978), "구급방언해 연구 - 굴곡론을 중심으로", 『논문집』 6, 신라대, 9-40.
김영태(1990), "우리나라 들꽃의 이름 - 창원지역어의 경우", 『경남어문』 23, 경남어문학회.
김원표(1948), "'벼[稻]'와 '쌀[米]'의 어원에 대한 고찰", 『한글』 104호, 한글학회, 165-169.
김원표(1949ㄱ), "'누에[蠶]'의 기원과 그 어원고", 『한글』 108호, 한글학회, 468-480.
김원표(1949ㄴ), "'보리[麥]'의 어원과 그 유래", 『한글』 107호, 한글학회, 404-407.
김유범(2009), "『언해태산집요』의 국어학적 특징에 대하여", 『국어사연구』 9, 국어사학회, 173-210.
김일권(2015), "전통시대 생물분류체계와 관련 문헌자료 고찰", 『정신문화연구』 38-1, 한국학중앙연구원, 117-161.
김일권(2019), "장서각 소장본 『향약집성방』의 판본가치 재조명과 「향약본초부」 초부편의 향명식물 목록화 연구", 『장서각』 41, 한국학중앙연구원, 90-145.
김종택(1992), 『국어어휘론』, 탑출판사.
김종택·송창선(1991), "『천자문』, 『유합』, 『훈몽자회』의 어휘분류체계 대비", 『어문학』 52, 한국어문학회, 159-192.
김종택·이문규(1999), "15세기 국어 어두 합용병서의 음가 연구", 『국어교육연구』 31-1, 국어교육학회, 153-179.
김종학(1988), "향약문헌에 나타난 약재명 어휘 연구", 중앙대 석사학위논문.
김종학(1992), "향약 약재명 어휘의 변천고", 『어문논집』 22, 중앙대 국어국문학과, 91-114.
김주원(1993), 『모음조화의 연구』, 영남대 출판부.
김주원(1997), "구개음화와 과도교정", 『국어학』 29, 국어학회, 33-49.

김중진(1999), 『국어 표기사 연구』, 태학사.
김지용(1971), "구급방언해 문헌고", 『한글』 148, 한글학회, 269-280.
김태균(1986), 『함북방언사전』, 경기대출판국.
김태정(1990), 『약용식물』, 대원사.
김태정(1989), 『약이 되는 야생초』, 대원사.
김태정(1989), 『집에서 기르는 야생화』, 대원사.
김태정(1990), 『우리 꽃 백 가지』, 현암사.
김현진(2010), "『구급방언해』의 표기법과 음운현상 연구", 공주대 교대원 석사학위논문.
김홍균(2011), "『본초정화』의 해제에 관한 의사학적 접근", 『한국의사학회지』 24-2, 한국의사학회, 25-55.
김홍석(2001), "『향약채취월령』에 나타난 향약명 연구(상)", 『한어문교육』 9, 한국언어문학교육학회, 87-107.
김홍석(2002), "『향약채취월령』에 나타난 향약명 연구(중)", 『한어문교육』 10, 한국언어문학교육학회, 93-115.
김홍석(2003), "『향약채취월령』에 나타난 향약명 연구(하)", 『한어문교육』 11, 한국언어문학교육학회, 133-151.
김효현(1996), "조선조 의서에 관한 서지적 연구", 이화여대 문헌정보학과 석사학위논문.
김희경(2011), "한자어의 번역 어휘 연구 - 『구급방언해』의 어휘적 특징을 중심으로", 『어문학』 112, 한국어문학회, 27-47.
남광우(1962), "향약채취월령 해독 고찰", 『국어학논문집』, 일조각.
남광우(1997), 『교학 고어사전』, 교학사.
남권희(1997), "차자 표기 자료의 서지", 『새국어생활』 7-4, 국립국어연구원, 147-194.
남권희(2001), "영천판(永川版) 『구황촬요』", 『영남학』 1, 경북대 영남문화연구원, 293-378.
남권희 · 이은규 · 이문규(2002), 『장수경언해 연구』, 홍문각.
남성우(1999), "『구급방언해』와 『구급간이방』의 번역", 『한국어문학연구』 10, 한국외대 한국어문학연구회, 1-138.
남성우(2011), "『창진방촬요』의 동의어 연구", 『국어사연구』 13, 국어사학회, 7-57.
남풍현(1981), 『차자표기법 연구』, 단국대 출판부.
남풍현(1990), "고려말 · 조선초기의 구결 연구 - 능엄경 기입토의 표기법을 중심으로", 『진단학보』 69, 진단학회, 75-101.
남풍현(1999), "『향약집성방』의 향명에 대하여", 『진단학보』 78, 진단학회, 171-194.
문세영(1950), 『우리말사전』, 삼문사.
민은숙(1982), "향약 명칭의 이두표기와 어형변천 연구", 대구가톨릭대 석사학위논문.
민현식(1995), "국어 어휘사의 시대 구분에 대하여", 『국어학』 25, 국어학회, 335-366.
박경련(2009), "『동의보감』의 서지학적 연구", 전남대 문헌정보학과 박사학위논문.
박병철(1997), 『한국어 훈석 어휘 연구』, 이회.
박부자(2021), "유희 『물명고』에 수록된 한글대응어의 가치", 『동방학지』 196, 연세대 국학연구원, 125-150.
박상영 외(2011), "아사미문고 언해본 『광제비급향약오십종치법』 발굴과 그 의의", 『한국한의학연구원논문집』

17-1, 한국한의학연구원, 69-73.
박상영(2016), "조선후기 실학자의 의학문헌 연구", 고려대 박사학위논문.
박성종(2011), "『우마양저염역병치료방』과 그 이두에 대하여", 『국어사연구』 12, 국어사학회, 193-228.
박소연(2010), "『구급간이방』의 문자 체계와 표기법", 연세대 석사학위논문.
박수진(2009), "『촌가구급방』의 서지학적 연구", 충남대 문헌정보학과 석사학위논문.
박영섭(2001), "『구급방언해』 상·하에 나타난 한자 대역어 및 어휘연구(1)", 『논문집』 37, 강남대, 1-38.
박영섭(2002), "『구급방언해』 상·하에 나타난 한자 대역어 및 어휘연구(2)", 『논문집』 39, 강남대, 1-28.
박영섭(2004), "『태산집요언해』에 나타난 한자 대역 어휘 연구(1)", 『인문과학논집』 13, 강남대 인문과학연구소, 79-119.
박영섭(2004), 『구급방언해 한자 대역어 연구』, 박이정.
박영섭(2005), "『태산집요언해』에 나타난 한자 대역 어휘 연구(2)", 『인문과학논집』 14, 강남대 인문과학연구소, 105-151.
박영섭(2006), 『두창경험방 납약증치방언해 - 한자 대역어 연구』, 박이정.
박은용(1966), "<矣>차표기에 대하여 - 이두문에 나타난 이형태소 연구", 『논문집』 16, 대구가톨릭대, 39-77.
박은용(1977), "莧과 疥癬의 명칭을 통해 본 한국어와 만주어의 비교 연구", 『논문집』 19, 대구가톨릭대.
박지연(2011), "문헌별 한약 '약명' 사용 양상 연구 - 15-17세기 의약서 언해본 자료를 중심으로", 『어문학』 113, 한국어문학회, 25-71.
박훈평(2016), "새로 발견된 조선 전기 의학서 『태산집요』 연구", 『장서각』 36, 한국학중앙연구원, 6-30.
방종현(1963), "향약명 연구", 『일사국어학논집』, 민중서관.
배대온(1985), "조선조 초기의 이두 조사 연구", 동아대 대학원.
백두현(1992), 『영남 문헌어의 음운사 연구』, 국어학회.
백두현(1997), "19세기 국어의 음운사적 고찰", 『한국문화』 20, 서울대 한국문화연구소.
백승창(2008), "『물명고』류에 대한 국어학적 연구 - 어휘 분류와 조어법을 중심으로", 단국대 박사학위논문.
서종학(1986), "『구황촬요』와 『신간구황촬요』에 관한 고찰", 『국어학』 15, 국어학회, 163-194.
성환갑(1994), "『창진방촬요』의 어휘 연구(Ⅰ)", 『인문학연구』 21, 중앙대 인문과학연구소, 3-32.
성환갑(1995), "『창진방촬요』 어휘 목록", 『어문논집』 24, 중앙어문학회, 19-67.
손병태(1989), "『우역방』의 이두문 연구", 『한민족어문학』 16, 한민족어문학회, 409-420.
손병태(1990), "『촌가구급방』의 향약명 연구", 『한민족어문학』 17, 한민족어문학회, 73-112.
손병태(1992), "경북 동남방언의 산채류명에 대하여", 『영남어문학』 19, 한민족어문학회, 239-259.
손병태(1994), "『향약채취월령』의 약재명 어휘에 대하여", 『외골 권재선 박사 화갑논문집』, 간행위원회.
손병태(1996), "향약 약재명의 국어학적 연구", 영남대 박사학위논문.
손희하(1991), "새김 어휘 연구", 전남대 박사학위논문.
송미영(2014), "목판본 『벽온신방』의 국어학적 고찰", 『어문연구』 81, 어문연구학회, 5-26.
송창선(1995), "『마경초집언해』의 어휘 연구", 『경산어문학』 1, 경산대 국문과, 35-58.
신경철(1984), "『물명고』의 동물명 어휘고", 『논문집』 3, 상지실업전문대.

신경철(1985), "『물명고』의 식물명 어휘고", 『선오당 김형기 선생 팔질기념 국어학논총』, 창학사.
신경철(1987), "『물명고』의 어휘 고찰", 『한국언어문학』 25, 한국언어문학회, 41-66.
신승운(2008), "조선초기의 의학서 『식료찬요』에 대한 연구", 『서지학연구』 40, 서지학회, 121-151.
신영일(1995), "『향약구급방』에 대한 연구 - 복원 및 의사학적 고찰", 경희대 한의학과 박사학위논문.
신영일(1996), "『향약구급방』에 대한 고증", 『한국한의학연구원논문집』 2-1, 한국한의학연구원, 71-83.
신전희 · 신용욱(2006), 『향약집성방의 향약본초』, 계명대 출판부.
신중진(2007), "'냉이'의 어원과 방언분화 분석", 『우리말연구』 21, 우리말학회, 239-262.
신중진(2008), "'두드러기[癮疹]'의 형태사와 그 방언형 연구", 『국어학』 53, 국어학회, 257-278.
신중진(2012), "『연경재전집(研經齋全集)』에 실린 <稻벼> 곡물명에 대한 어휘사적 연구", 『동아시아문화연구』 52, 한양대 동아시아문화연구소, 83-118.
신중진(2013), "동아시아 인문학의 계보학; 곡물명 수록 어휘 자료집의 계보와 그 어휘 목록 분석을 위한 기초 연구", 『동아시아 문화연구』 54, 한양대 동아시아문화연구소, 67-95.
신중진(2014), "『연경재전집(研經齋全集)』에 실린 잡곡명에 대한 어휘체계사 연구", 『동아시아문화연구』 56, 한양대 동아시아문화연구소, 101-134.
신현철 외(2017), "다시 진교(秦艽)를 찾아서", 『식물분류학회지』 47-4, 한국식물분류학회, 328-335.
심재완(1966), "『간이벽온방』과 『우마양저염역병치료방』의 자료 및 해설", 『청구대논문집』 9, 청구대.
심재완 · 조규설(1966), "『우마양저염역병치료방』에 대하여", 『논문집』 9, 청구대.
안대현(2007), "『창진방촬요』의 서지와 언어", 『국어사연구』 7, 국어사학회, 71-105.
안덕균(1983), 『향약채취월령』, 세종대왕기념사업회.
안병희(1977), "양잠경험촬요와 우역방의 이두의 연구", 『동양학』 7, 단국대 동양학연구소, 3-22.
안병희(1978), "『촌가구급방』의 향명에 대하여", 『언어학』 3, 한국언어학회, 191-199.
안상우(2007), "해외에서 찾아낸 우리 옛 의학책", 『한국한의학연구원 기타 간행물』, 한국한의학연구원, 2-167.
안상우 외(2011), 『국역 침구경험방 · 치종방』, 한국한의학연구원.
안상우 외(2012), 『신찬벽온방(국역)』, 한국한의학연구원.
양승률(2011), "주촌 신만의 『보유신편』 편찬과 『주촌신방』", 『장서각』 25, 한국학중앙연구원, 52-77.
양연희(1976), "물명류고에 관한 고찰 - 어휘, 음운과 문자표기를 중심으로", 서울대 석사학위논문.
양주동(1942), 『고가연구』, 박문서관.
여강출판사(1989), 『동의학사전』.
여찬영(1990), "우리말 동물 명칭어에 대하여", 『국문학연구』 13, 대구가톨릭대 국문과, 1-28.
여찬영(1991), "식물 명칭어 연구", 『한국전통문화연구』 7, 대구가톨릭대 한국전통문화연구소, 11-33.
연규동(1996), "근대국어 어휘집", 서울대 언어학과 박사학위논문.
오재근(2010), "조선 의서 수재 약성가 연구", 대전대 한의학과 박사학위논문.
오재근 · 김용진(2010), "『동의보감 탕액편』의 본초 분류에 대한 연구", 『대한한의학원전학회지』 23-5, 대한한의학원전학회, 55-66.

오재근·윤창열(2011), "조선 의서 중의 약성가에 대한 연구 - 『제중신편』, 『의종손익』을 중심으로", 『대한한의학원전학회지』 24-3, 대한한의학원전학회, 49-64.

옥영정(2010), "『동의보감』 초간본과 한글본 『동의보감』의 서지적 연구", 『장서각』 24, 한국학중앙연구원, 7-37.

옥영정(2012), "『重修政和經史證類備用本草』의 조선간본과 그 배경", 『서지학보』 40, 한국서지학회, 175-196.

원순옥(1996), "『구급방언해』의 어휘 연구", 대가대 석사학위논문.

원순옥(2003), "『구급방언해』의 희귀어 연구", 『한국말글학』 20, 한국말글학회, 127-158.

유재영(1985), "이름 표기의 고찰 - 『구급간이방언해』를 중심으로", 『선오당 김형기 선생 팔질 기념 국어학논총』 창학사.

유재영(1987), "물명의 한 연구 - 『동의보감』 탕액편을 중심으로", 『국어국문학연구』 12, 원광대학교 출판부, 1-45.

유창돈(1987), 『이조어사전』, 연세대출판부.

윤장규(2004), "『향약채취월령』의 국어학적 연구 - 차자표기음과 한·중 한자음의 비교를 중심으로", 성균관대 박사학위논문.

윤천탁(2001), "향명 표기 연구 - 15c~17c 문헌을 중심으로", 한국교원대 석사학위논문.

윤향림(2017), "물명어휘집의 계통과 어휘 연구", 안동대 박사학위논문.

윤혜정(1996), "『언해구급방』의 어휘 연구", 숙명여대 석사학위논문.

이건식(2011), "『신편집성마의방』의 향명 표기 해독", 『진단학보』 113, 진단학회, 271-296.

이경록(2012), "고려와 조선 전기의 위령선 활용 - 동아시아 본초학의 한 사례", 『대동문화연구』 77, 성균관대 대동문화연구원, 189-222.

이경록(2018), 『국역 향약구급방』, 역사공간.

이경미(2002), "남북한 한의학 전문용어 비교 - 국역 『향약집성방』을 중심으로", 이화여대 문헌정보학과 석사학위논문.

이광호(2004), "조선시대 농서 어휘 연구", 『우리말글』 32, 우리말글학회, 51-76.

이광호(2013), "구황 자료에 나타난 구황 작물 어휘의 국어사적 고찰", 『언어과학연구』 64, 언어과학회, 291-310.

이광호(2014), "중세 국어 '거플'과 '겁질'의 형태·의미 변화", 『한어문교육』 30, 57-78.

이기갑 외(1998), 『전남 방언 사전』, 태학사.

이기문(1963), "13세기 중엽의 국어 자료", 『동아문화』 1, 서울대 동아문화연구소, 63-91.

이기문(1977), 『국어 음운사 연구』, 탑출판사.

이기문(1991), 『국어 어휘사 연구』, 동아출판사.

이기문(1998), 『신정판 국어사 개설』, 태학사.

이덕봉(1937), "조선산 식물의 조선명고", 『한글』 5-1, 한글학회.

이덕봉(1963ㄱ), "향약구급방의 방중향약목 연구", 『아세아연구』 6-1, 고려대 아세아문제연구소, 339-364.

이덕봉(1963ㄴ), "향약구급방의 방중향약목 연구(완)", 『아세아연구』 6-2, 고려대 아세아문제연구소,

169-217.
이덕호 · 엄동명 · 김홍균(2005), “『본초정화』 초부 향약명에 관한 연구”, 『한국한의학연구원논문집』 11-1, 한국한의학연구원, 1-18.
이덕희(2007), “근대국어 물명 어휘집 연구 - 사전적 분류와 어휘 체계를 중심으로”, 부경대 박사학위논문.
이래호(2009), “장서각 소장 한글 필사본 『동의보감 니경편』의 국어학적 고찰”, 『장서각』 21, 한국학중앙연구원, 197-225.
이래호(2012), “한글본 『동의보감』의 언해 양상과 국어학적 특징”, 『인문학연구』 22, 경희대 인문학연구원, 297-327.
이문규(1995), “합용병서의 음가에 대한 연구사적 고찰”, 『문화와융합』 16, 문학과언어연구회, 81-102.
이병근(2004), 『어휘사』, 태학사.
이숭녕(1955), 『신라시대의 표기법 체계에 관한 시론』, 탑출판사.
이영아(1999), “『신간구황촬요』의 국어학적 연구”, 숙명여대 석사학위논문.
이우철(2005), 『한국 식물명의 유래』, 일조각.
이유기(2004), “『마경초집언해』의 어휘 연구(1)”, 『한국어문학연구』 43, 한국어문학연구학회, 105-136.
이은규(1993), “『향약구급방』의 국어학적 연구”, 대구가톨릭대 박사학위논문.
이은규(1994ㄱ), “향약명 차자표기 해독상의 몇 문제”, 『국어교육연구』 26, 국어교육연구회, 133-157.
이은규(1994ㄴ), “『촌가구급방』 이본의 차자표기 비교 연구”, 『한국전통문화연구』 9, 대구가톨릭대 한국전통문화연구소, 91-128.
이은규(1995), “『향약구급방』 차자표기 용자례”, 『소곡 남풍현 선생 회갑기념논총』, 태학사.
이은규(1996), “향약명 차자표기의 통시적 연구(1) - 표기 양상과 분류를 중심으로”, 『어문학』 57, 한국어문학회, 257-279.
이은규(1997), “필사본 『우역방』의 전산 처리 - 원문, 이본 대교, 어휘 찾아보기”, 『한국전통문화연구』 12, 대구가톨릭대 한국전통문화연구소, 161-195.
이은규(1998), “필사본 『우역방』 연구 - 이본과의 비교를 중심으로”, 『어문학』 63, 한국어문학회, 45-65.
이은규(1999), “『구급신방』의 표기와 음운”, 『언어과학연구』 20, 언어과학회, 459-481.
이은규(2000ㄱ), “을해자본 『분문온역이해방』의 낙장에 대하여”, 『국어사연구』 1, 국어사학회, 53-68.
이은규(2000ㄴ), “『두창경험방』 이본의 비교 연구”, 『언어과학연구』 18, 언어과학회, 209-234.
이은규(2003), “『백병구급신방』의 표기와 음운 고찰”, 『언어과학연구』 27, 언어과학회, 315-338.
이은규(2004), “소창문고본 『우역방』에 대하여”, 『국어교육연구』 36, 국어교육학회, 171-190.
이은규(2006), 『고대 한국어 차자표기 용자 사전』, 제이앤씨.
이은규(2009), “향약명 어휘의 변천 연구”, 『국어교육연구』 45, 국어교육학회, 475-520.
이은규(2010ㄱ), “필사본 『두역신방』의 국어학적 연구”, 『언어과학연구』 55, 언어과학회, 191-216.
이은규(2010ㄴ), “구급방류 의서의 병명 번역 양상”, 『한국말글학』 27, 한국말글학회, 77-119.
이은규(2011ㄱ), “『백병구급신방』의 어휘 연구”, 『민족문화논총』 49, 영남대 민족문화연구소, 253-278.
이은규(2011ㄴ), “『구급신방』의 어휘 분석”, 『한국말글학』 28, 한국말글학회, 169-227.

이은규(2014), “향약명 어휘 연구의 현황과 과제”, 『정신문화연구』 37권 4호, 한국학중앙연구원, 95-135.
이은규(2015), “『본초정화』의 향약명 어휘에 대하여”, 『국어교육연구』 57, 국어교육학회, 195-222.
이은규(2017), “『광제비급향약오십종치법』과 『광제비급』의 어휘 연구”, 『국어교육연구』 63, 국어교육학회, 303-334.
이은규(2018), “『대월 서상기』의 어휘 연구”, 『국어교육연구』 66, 국어교육학회, 69-102.
이은규(2019ㄱ), “행림서원판 『향약집성방』 향약명의 어휘사적 성격』, 『국어교육연구』 70, 국어교육학회, 1-36.
이은규(2019ㄴ), “향약명 어휘의 의미”, 『한국어 의미 탐구의 현황과 과제』, 565-588.
이은규(2022), “향약명 어휘사의 시대 구분”, 『국어교육연구』 79, 국어교육학회, 215-248.
이지영(2016), “『마경초(馬經抄)』 이본에 대한 고찰”, 『한국문화』 76, 서울대 규장각한국학연구원, 79-104.
이철용(1991), “온역에 관한 의서의 국어학적 연구”, 『한국언어문화』 9, 한국언어문화학회, 127-160.
이철용(1992), “의약서 어휘의 국어사적 연구”, 한양대 박사학위논문.
이철용(1992), “『동의보감』 이본들에 대한 국어학적 고찰”, 『동아시아문화연구』 20, 한양대 한국학연구소, 5-39.
이현숙(2008), “『언해 벽온신방』과 『언해 납약증치방』의 역사적 의의”, 『한국문화연구』 14, 이화여대 한국문화연구원, 233-271.
이화숙(2022), “『물보』 이본의 선후 관계”, 『국어사연구』 34, 국어사학회, 149-194.
임록재 외(1997), 『조선식물지』, 한국문화사.
임소영(1997), 『한국어 식물이름의 연구』, 한국문화사.
임지룡(1989), “국어 분류어휘집의 체제와 상관성”, 『국어학』 19, 국어학회, 395-425.
장영길(2004), “동국대 경주도서관본 『언해두창집요』에 대하여”, 『불교어문논집』 9, 한국불교어문학회, 121-137.
장영길(2005), “『언해두창집요』의 희귀어 고찰”, 『어문학』 87, 한국어문학회, 235-252.
장윤희(2019), “한국어사의 시대 구분, 무엇이 문제인가?”, 『국어사연구』 29, 국어사학회, 7-31.
장충덕(2005), “한자에서 유래한 채소명 몇 고찰”, 『개신어문연구』 23, 개신어문학회, 77-97.
장충덕(2007ㄱ), “국어 식물 어휘의 통시적 연구”, 충북대 박사학위논문.
장충덕(2007ㄴ), “‘엉겅퀴’ 관련 어휘의 통시적 고찰”, 『새국어교육』 77, 한국국어교육학회, 583-600.
장충덕(2007ㄷ), “‘맨드라미’의 어휘사”, 『새국어교육』 75, 한국국어교육학회, 423-437.
장충덕(2008), “근대국어 식물 어휘의 조어 유형 고찰”, 『언어학연구』 13, 한국중원언어학회, 243-262.
장충덕(2009), “꽃 이름의 통시적 고찰”, 『언어학연구』 15, 한국중원언어학회, 185-201.
전몽수(1941), “菜名攷(1), (2) - 훈몽자회의 연구”, 『한글』 85 · 86, 한글학회.
정승혜(2016), “물명류의 특징과 자료적 가치”, 『국어사연구』 22, 국어사학회, 81-135.
정승혜(2019), “『사의경험방』의 약물명에 대하여”, 『서지학연구』 78, 한국서지학회, 149-173.
정연정(2019), “『태교신기언해』의 국어학적 고찰 - 표기와 음운을 중심으로”, 『어문론총』 79, 한국문학언어학회, 47-78.

정영인(1997), "『신간구황촬요』의 표기와 음운 연구", 『인문논총』 4, 우석대 인문과학연구소, 69-86.
정우영(1993), "『신선태을자금단』의 국어학적 연구", 『한국어문학연구』 28, 동악어문학회, 67-104.
정태현 외(1937), 『조선식물향명집』, 조선박물연구회.
정혜린(2009), "『벽온신방』에 대한 국어학적 고찰 - 어휘, 구문, 번역 양상을 중심으로", 『관악어문연구』 34, 서울대 국문과, 231-256.
조민제 외(2021), 『한국 식물 이름의 유래』, 심플라이프
조성오(1983), "『향약채취월령』의 차자표기체계 연구", 단국대 석사학위논문.
조재윤(1978), "『물명유고(物名類攷)』의 연구 - 표기와 음운을 중심으로", 고려대 석사학위논문.
조항범(2002), "'돼지'의 語彙史", 『한국어의미학』 11, 한국어의미학회, 13-47.
조항범(2020ㄱ), "나무 이름 '개나리'의 어휘사", 『한글』 330, 한글학회, 849-878.
조항범(2020ㄴ), "몇몇 '나무' 이름의 어휘사 - '개암나무, 곰솔, 구기자나무, 물푸레나무'를 중심으로", 『우리말연구』 63, 우리말학회, 47-79.
조항범(2020ㄷ), "몇몇 '나무' 이름의 어휘사(2) - '노간주나무, 노린재나무, 담쟁이, 엄나무'를 중심으로", 『국어사연구』 31, 국어사학회, 199-231.
조항범(2021), "'쥐엄나무'의 어휘사", 『한글』 333, 한글학회, 751-779.
차웅석(1997), "『광제비급』에 대한 서지학적 연구", 경희대 한의학과 석사학위논문.
채인숙(1986), "17세기 의서 언해의 국어학적 고찰", 한양대 석사학위논문.
최금순(1997), "『신간구황촬요』의 음운론적 연구", 우석대 석사학위논문.
최미현(2009ㄱ), "『동의보감』 탕액편에 반영된 한자음 연구", 『한말연구』 24, 한말연구학회, 267-286.
최미현(2009ㄴ), "『언해태산집요』와 『동의보감』의 원문 대조 연구(1)", 『우리말연구』 25, 우리말학회, 283-322.
최범훈(1976ㄱ), "고려시대 차자법 연구 - 『향약구급방』을 중심으로", 『한국학논고』, 통문관, 329-344.
최범훈(1976ㄴ), "고려시대 차자법 연구(2) - 『향약구급방』을 중심으로", 『연민 이가원 박사 송수기념 논총』, 범학도서.
최범훈(1976ㄷ), "고려시대 차자법 연구(3) - 『향약구급방』을 중심으로", 『성봉 김성배 박사 회갑기념 논문집』, 형설출판사.
최범훈(1988), "『우마양저염역병치료방』의 이두 연구", 『인산 김원경 박사 화갑기념논총』
최영순(1995), "『마경초집언해』 연구", 대구가톨릭대 석사학위논문.
최중호(2008), "『언해태산집요』의 약재명 한자음 연구", 『한말연구』 22, 한말연구학회, 317-348.
최학근(1987), 『한국방언사전』, 명문당.
하동호(1987), "『동의보감』에 보인 국어 어휘고』, 『열므나 이응호 박사 회갑기념 논문집』, 논문집 간행위원회.
한글학회(1992), 『우리말큰사전4 옛말과 이두』, 어문각.
한진건 외(1982), 『한조식물명칭사전』, 료녕인민출판사.
현평효(1968), "'나물' 어사에 대한 어원적 고찰", 『제주도』 37,
현평효(1969), "제주도 방언에서의 '나무'와 '나물' 어사에 대하여", 『국어국문학 논문집』 7・8, 동국대 국어국

문학과, 19-35.
홍문각(1998), 『광재물보』(한글색인), 영인본.
홍순탁(1964), “『향약구급방』 어사고”, 『호남문화연구』 2, 전남대, 61-73.
홍순탁(1965), “혜암심서 『방약합편』 색인”, 『한국언어문학』 3, 한국언어문학회, 143-154.
홍윤표 외(1995), 『17세기 국어사전』, 태학사.
홍윤표(1984), 『근대 국어 연구(1)』, 태학사.
홍윤표(1985), “국어 어휘 문헌자료에 대하여”, 『소당 천시권 박사 화갑기념 국어학논총』, 간행위원회, 747-773.
홍윤표(1993), 『국어사 문헌자료 연구』, 태학사.
홍윤표(1995), “국어사 시대구분의 문제점과 문법사의 측면에서 본 시대구분”, 『국어학』 25, 국어학회, 319-333.
홍윤표(2009), 『살아있는 우리말의 역사 - 어떻게 다르고 언제부터 생긴 말일까』, 태학사.
홍윤표(2012), “『치종비방부언해』 해제 · 영인”, 『한국어연구』 9, 한국어연구회, 181-249.
홍윤표(2013), “『물명고』에 대한 고찰”, 『진단학보』 118, 진단학회, 167-211.
홍윤표(2014), “국어 어휘사 연구 방법”, 『국어사연구』 18, 국어사학회, 7-43.
홍윤표(2017), 『물명의 연구 방법과 과제』, ‘조선 후기 물명 집성과 DB 구축’ 과제 제1차 컬로퀴엄 발표 자료집, 한국학중앙연구원.
홍윤표(2019), “국어 어원 연구의 성과와 과제”, 『국어사연구』 28, 국어사학회, 7-65.
황문환(2007), “물명고 해제”, 『진주유씨 서파유희전저(1)』, 한국학자료총서 38, 한국학중앙연구원.
황문환 외(2018), 『역주 동의보감언해』, 한국학중앙연구원 출판부.
황문환 · 김정민(2022), “『재물보』의 이본 계열과 선후 관계”, 『국어사연구』 35, 175-213.
황선엽(2006), “‘명아주’(藜)의 어휘사”, 『국어학』 55, 국어학회, 213-238.
황선엽(2008), “금단의 꽃 양귀비”, 『문헌과 해석』 43, 문헌과해석사, 79-98.
황선엽(2009), “‘강아지풀(莠)’의 어휘사”, 『한국어학』 45, 한국어학회, 421-446.
황선엽(2019), “한국어 어휘사의 시대 구분”, 2019년 여름 국어사학회 전국학술대회 논문발표집.

橘井清五郎(1936), “韓板 鄉藥救急方”, 『서지학』 6-6, 汲古書院 (일본, 동경).
三木榮(1956), 『朝鮮醫書誌』, 학술도서간행회.
森爲三(1922), 『朝鮮植物名彙』, 조선총독부학무국.
小倉進平(1929), “鄉歌及び吏讀の硏究”, 아세아문화사 영인본(1974).
小倉進平(1932), “本草綱目啓蒙に 引用せられたる 朝鮮動植鑛物名”, 『青丘學叢』 10.
小倉進平(1933), “‘鄉藥採取月令’及び‘鄉藥集成’に現はれた朝鮮語動植鑛物名 解釋 補遺”, 『青丘學叢』 14.
王 圻(1607), 『三才圖會』(영인본), 성문출판사유한공사.

저자 이은규

경북대학교 사범대학 국어교육과 졸업
경북대학교 대학원 석사과정 졸업
대구가톨릭대학교 대학원 박사과정 졸업
대구가톨릭대학교 국어국문학과 교수(1993~2009)
대구가톨릭대학교 국어교육과 교수(2010~현재)

주요 논저

『고대 한국어 차자표기 용자 사전』, 『중국 조선족 언어 연구』(공저), 『학교 문법과 문법 교육』(공저) 등의 저서와, 「『향약구급방』의 국어학적 연구」, 「석독 입겿문의 동사 '삼-'의 의미 기능」, 「향약명 어휘의 변천 연구」, 「향약명 어휘 연구의 현황과 과제」, 「『본초정화』의 향약명 어휘에 대하여」, 「『선한쌍문 서상기』의 어휘 연구」, 「향약명 어휘사의 시대 구분」 등 학술 논문 다수.

향약명 어휘의 체계와 변천

초판 1쇄 인쇄 2022년 10월 13일
초판 1쇄 발행 2022년 10월 20일

지 은 이 이은규
펴 낸 이 이대현

편 집 이태곤 권분옥 임애정 강윤경
디 자 인 안혜진 최선주 이경진
마 케 팅 박태훈

펴 낸 곳 도서출판 역락
주 소 서울시 서초구 동광로 46길 6-6(반포4동 문창빌딩 2F)
전 화 02-3409-2060(편집부), 2058(영업부)
팩 스 02-3409-2059
등 록 1999년 4월 19일 제303-2002-000014호
이 메 일 youkrack@hanmail.net
역락홈페이지 http://www.youkrackbooks.com

ISBN 979-11-6742-409-9 93710